U0593771

福建理学史

高令印　薛鹏志　著

厦门大学出版社
XIAMEN UNIVERSITY PRESS
国家一级出版社
全国百佳图书出版单位

图书在版编目（CIP）数据

福建理学史 / 高令印，薛鹏志著. -- 厦门 ：厦门大学出版社，2022.12

ISBN 978-7-5615-8147-6

Ⅰ. ①福… Ⅱ. ①高… ②薛… Ⅲ. ①理学—哲学史—福建 Ⅳ. ①B244

中国版本图书馆CIP数据核字(2021)第049163号

出 版 人 郑文礼
责任编辑 章木良
封面设计 蒋卓群
技术编辑 朱 楷

出版发行 厦门大学出版社
社　　址 厦门市软件园二期望海路39号
邮政编码 361008
总　　机 0592-2181111　0592-2181406(传真)
营销中心 0592-2184458　0592-2181365
网　　址 http://www.xmupress.com
邮　　箱 xmup@xmupress.com
印　　刷 厦门集大印刷有限公司

开本 720 mm×1 000 mm　1/16
印张 53
字数 900 千字
版次 2022 年 12 月第 1 版
印次 2022 年 12 月第 1 次印刷
定价 288.00 元

本书如有印装质量问题请直接寄承印厂调换

厦门大学出版社
微信二维码

厦门大学出版社
微博二维码

序

张立文

“旧书不厌百回读，熟读深思子自知。”厦门大学高令印等先生对福建主要理学家的原典不仅百回读，而能千回读。熟读而精思，精思而熟读。习之熟而通之晓，思之精而知其意。通之晓而有得，知其意而有悟。有得有悟而匠心独具，匠心独具而智能创新矣。

“和也者，天下之达道也。”朱子学“走出去”，逐渐成为普适的学说，而被朝鲜、日本、越南等国所受容、传播和发扬。朱子学在与受容国传统文化的融合中，建构诸多朱子学派，并成为其主导的意识形态。朝鲜、越南仿中国科举制度，选拔官吏，科考均以朱子学为标准答案，因而朱子学大盛，影响深远，于明清时形成“朱子学文化圈”。

朱熹生在福建，长在福建，在福建创办书院，讲学授徒，代有传人，形成福建理学。高令印先生研究朱子学有年，累年研究福建理学史，故有《福建理学史》之作面世。本书具有纵贯性、横摄性、系统性、全面性、独创性的特点。

纵贯性。从唐五代、北宋、南宋前期、南宋后期、元代、明代前期、明代后期、清代初期、清代中期直到清代后期和民国初期，福建理学共分十个发展阶段。从朱熹之前的闽中理学的欧阳詹、林蕴直到近代辜鸿铭，福建理学家的生平著述、理学思想各层面都详为诠释。既有福建理学历史发展的纵贯，又有人物本身思想发展的纵贯，体现了历史性，使福建理学发展历史的路径、线索、条理非常清晰，理学思想的产生、发展、集大成以至尽精微，逐渐明朗呈现。

横摄性。纵横相应，交感联通。既有纵贯，必有横摄，学术著作才显致广大而充实。既然理学是道学与心学的合称，则程颢、程颐与朱熹的理学(《宋史》立"道学传")亦称道学,与陆九渊、王守仁的心学合。故《福建理学史》横摄心学学者,以至包括佛儒学家怀海、慧海、希运等思想,乃至王慎中、李贽等的心学思想。宋明理学或分程朱理体论、陆王心体论为二系说;或分三系说,即加张(载)王(夫之)气体论;或分四系说,即再加胡(宏)刘(宗周)的性体论等。各说其是,是其所是。这种多元疏理,对学术研究的深入有益,对钩深致远有利。

系统性。一般说来,系统是指在规则的互相作用或互相依存中连接起来的那些对象所构成的一个聚集体网络,由人工智能而成一个完整的、有机的、有组织的整体集合体。[①]《福建理学史》就是由诸多互相依赖、渗透、吸收、作用的理学家、心学家构成起来的网络。系统网络具有整体性,所有理学家、心学家都是为了达到一个共同的理念或目标,而构成福建理学整体性网络。若不顾系统网络的整体性,而造成破缺,则无法说是完整的《福建理学史》。从本书分成十阶段以观,已圆满了系统网络的整体性。

全面性。全面不是不分主次、轻重、源流、大小,面面俱到,蜻蜓点水。《福建理学史》紧紧抓住朱熹这个集大成的大家详为论述,或经学、哲学、伦理学、宗教学,或政治学、经济学、教育学、自然科学,或文学、美学、历史学,都加以仔细深入诠释,对朱熹弟子的理学思想亦予以详论。这是福建理学的重头戏,得以鲜活呈现。从福建理学发展兴盛的人文语境,农商和手工业的繁荣、科技的进步、文教的兴盛、人才的聚集,到各个时期理学名家的辈出,全面铸成福建理学璀璨的画卷,在中国理学史上具有突出的重要地位、价值和意义。

独创性。独有独特、特异之义。《吕氏春秋·制乐》说:"圣人所独见,众人焉知其极?"独者,与同类不同,有其独有的特色。创是指前所未有,即发前人所未发,语前人所未语,是一种新观点、新诠释、新方法。近现代以降,有关宋明理学的著作甚多,如夏君虞的《宋学概要》、容肇祖的《明代思想史》、冯友兰的《新理学》等。改革开放以

① 参见(美)小拉尔夫·弗·迈尔斯主编,杨浩信、葛明浩译:《系统思想》,成都:四川人民出版社,1986年,第4页。

后，有关宋明理学的学术著作不可胜计。虽有以地域性为主的理学专著，但当均无《福建理学史》这样的规模。在其他理学著作中，诸多人物的理学思想未曾见述，诸多问题没被涉及，而《福建理学史》特为论析，故谓其具有独特性。

《福建理学史》的纵贯性、横摄性、系统性、全面性、独创性，使其具有突出的理论价值和现实意义。它的出版，将会在国内外产生重要影响。

是为序。

于中国人民大学孔子研究院

2018 年 9 月 28 日

目　　录

第一章

绪 论

第一节 理学是中国儒学发展的新阶段

福建理学(新儒学)不是历史上的一般闽中之学,它与中国古代社会后期理学思潮相关联、共始终,是其核心部分。因此,论述福建理学史,首先要认识理学的整体与部分及其相互关系,然后才能说明福建理学的产生发展及其文化价值。

据史学家研究,唐宋期间,基于朝廷承认土地私有制,并且农民起义提出"等贵贱,均贫富"口号等,中国封建社会由前期往后期过渡,经济、政治、文化重心由北方往南方转移,致使理学(新儒学)在福建地区发展兴盛起来,并扩大上升为国家的主体文化思想。①

一、宋明新儒学的复兴与发展

中国古代思想文化的发展,一般概括为先秦诸子百家、两汉经学、魏晋玄学、隋唐释道之学、宋明理学、清代汉学等。每个时期思想文化的产生发展都有其社会与思想条件。宋明理学的产生与发展,是基于中国古代社会由前期向后期转变,在经济和思想上都发生重大的变化。

在经济方面,唐德宗建中元年(780),朝廷废止均田法,实行两税法,规定百姓按田亩多少纳税。进而又出现租佃制,农民依附地主的关系松弛。由于承认土地私有制,地主阶级由士族地主向庶族地主转变,而庶族地主又通过科举考试进入国家的统治阶层。唐朝后期王仙芝、黄巢等农民起义提

① 侯外庐等主编:《宋明理学史》上册,北京:人民出版社,1984 年,第 5 页;郑学檬:《中国古代经济重心南移和唐宋江南经济研究》,长沙:岳麓书社,1996 年,第 17 页。

出“天补均平”的口号，宋朝农民起义又提出“等贵贱，均贫富”等口号，农民由争取人身保障进一步要求财富平均，表明百姓的思想意识提高。这就大大提高了劳动者的生产积极性，生产技术不断改进。同时，在陶瓷、造纸、印刷、矿冶业等都有很大的改进革新，整个国家的经济实力大大提高。

人们的社会生活主要是物质和精神两个大方面，精神所需求的就是文化。春秋末年，孔子创立的儒学奠定了中华民族生存和发展的理论基础。西汉董仲舒提出“独尊儒术”，儒学便成为中华民族的主体文化思想。佛教于两汉之际传入中国，东汉时又产生了道教。经过三国、两晋、南北朝，到了隋唐，佛教中国化，道教在与佛教论争中成为强大的宗教派别。儒、佛、道是中国传统文化的三大形态，但是它们的地位和作用是不同的。知名学者蔡仁厚述说：

> 道家（教）是中国土生土长的，但它不能担纲，相对于作为中国文化主流的儒家而言，它是居于副从旁枝的地位，所以儒与道是“主从”的关系。佛教从印度来，它在中国是客位。而佛教亦自知这一点，所以能自觉守住这个分，这就使它和儒家之间形成“主宾”的关系。①

对此，知名学者南怀瑾通俗地说：儒学“是粮食店，是天天要吃的”，“佛学像百货店，里面百货杂陈，样样俱全”，可买可不买；道学“则像药店，不生病可以不去，生了病则非去不可”。“五四运动的时候，药店不打，百货店也不打，偏要把粮食店打倒。打倒了粮食店，我们中国人不吃饭，只吃洋面包”，“吃到后来，西方思想出现了”，亡国先亡文化，必须来个“文艺复兴运动”才能救中国。②

这就是说，儒学是中华民族的主体文化思想，是中华民族的精神支柱和生活方式，和衣食住行等物质需求一样不可须臾离。但是汉唐以来，儒家思想的主体地位逐渐动摇。董仲舒用阴阳释儒，形成神秘主义的天人感应论。魏晋玄学用老庄释《易》，就是用道家思想解释儒家典籍，以无为本，无与空相通，招致两汉之际传入中国的主空佛教盛行。当时产生的五斗米道等道教——民间信仰，思想贫乏，在与佛教论争中以先秦老子做教主，把《老子》作为自己的理论武器，壮大起来。三教经过论争融合，到了唐朝，佛教中国化。道教（家）因老子（名李耳）和唐朝皇帝李氏同姓（其实唐朝皇族的李氏

---

① 蔡仁厚：《新儒家的精神方向》，台北：学生书局，1984 年，第 21 页。

② 南怀瑾：《论语别裁》，台北：老古文化事业公司，1976 年，第 6 页。

是少数民族，与老子的“李”氏不同），得到朝廷的支持，进一步壮大起来。这时儒家的地位最低，佛教势力最强。南北朝和隋唐皇室大都笃信佛教，中国知识分子大都出入佛、道。佛、道倾国信奉，几成主体。而中华民族的主体文化思想儒学却奄奄一息。中国有成为佛教国家的可能。朱熹忧患地说：“某常叹息，天下有些英雄人，都被释氏引将去”[①]；“三世之后，亦必被他转了”，“可畏！可畏！”[②]

正是因为中华民族的主体文化思想儒学动摇，缺乏精神支柱，人们的思想品质败坏。没有了儒家的内圣成德，社会人心堕落。唐末五代人道扫地，人无廉耻。最显明的例子是，冯道竟是五代的“十朝元老”，厚颜无耻至极。近现代新儒家牟宗三说：“汉、唐两代为盛世，国势强大，典章制度亦甚多可取之处。但是于道德性方面正视人道、人性的学问，偏无所用心。宋儒深感唐末五代社会的堕落与人道的扫地，因而以其强烈的道德意识，复苏了先秦的儒学。”他又述道：

> 宋儒是真能清澈而透切地立于道德意识上而用其诚的，因而亦真正能把握儒圣立教之本质。新儒学的兴起，五代的坠落是直接唤醒其道德意识的机缘。但其兴起的机缘还不止于此，还有另一方面，就是对佛教的抵御，间接地因佛教之刺激而益显其“道德性的理性”之骨干之不同于佛老。……残唐、五代衰乱，世道人心败坏，人无廉耻，这是最大的惨局。在这个背景下，才要求儒家的复兴。宋明儒家完全是道德的觉醒。宋儒的兴起就是对着残唐、五代的人无廉耻而来的一个道德意识的觉醒。道德意识的觉醒就是一种存在的呼唤，存在的呼唤就是从内部发出来的要求。[③]

一般认为唐、宋两个时代，唐比宋文化高，外国人也以唐代表中国，把中国人称为唐人。但是唐的文化主要是诗歌等文学艺术，是形象化的、表面的，没有树立起和传承下来中国主体文化思想儒学的内在本质。因此，接着唐的五代十国，人们无道德意识，人心不古，社会混乱，割据政权反复更替，人民生活陷于水深火热之中。相反，宋朝的文化最成熟，人们的道德意识最高。南宋末年朝廷大势已去，还出现文天祥等伟大的爱国志士。当代史学

---

① （宋）黎靖德编：《朱子语类》卷一二六，《释氏》，北京：中华书局，1986 年，第 3041 页。

② （宋）黎靖德编：《朱子语类》卷四，《性理一》，北京：中华书局，1986 年，第 80 页。

③ 牟宗三：《宋明儒学的问题与发展》，上海：华东师范大学出版社，2004 年，第 17～18 页、第 74 页。

家陈寅恪、邓广铭等，谓“华夏民族文化，历数千载之演进，造极于赵宋之世”[①]，宋代文化“在中国整个封建社会历史时期内，可以说是空前绝后的”[②]。

唐代韩愈和闽籍学者欧阳詹、林蕴等率先提出复兴理学(即新儒学)，他们以孟子之后中断了的儒家道统的继承者自居。他们虽然没有能力，且在当时历史条件下也不可能真正恢复中国主体文化思想儒学的权威，却代表了儒学复兴的必然趋势。从中国文化对中国古代社会后期封建王朝统治的发展和巩固来说，他们的思路是对了。

北宋建立后，复兴儒学、抑制佛道之学的趋势继续向前发展。宋太祖赵匡胤下令增修儒祠，塑绘先圣、先贤、先儒像。北宋王朝在崇儒的同时，也崇尚佛、道，提倡三教合流。在朝廷的大力倡导下，周敦颐、程颢、程颐、张载、邵雍等思想家创立濂、洛、关等新儒学派别，沿着复兴儒学的方向进行研究、探索。

到了南宋初期，朱熹等从根本上研究、探索复兴儒学的问题。他们继续北宋新儒学家的学术方向，研究汉唐时期中国主体文化思想儒学的经典“五经”(即《诗》《书》《礼》《易》《春秋》)，辨伪存真，认为《诗》多讲男女情爱，《书》为伪书，《礼》是秦汉后作品，《易》是卜辞，《春秋》三传皆历史，推倒两汉以来树立起的“五经”在国家上层建筑意识形态中的主导地位，提出用《大学》《中庸》《论语》《孟子》此“四书”代替“五经”的权威，准确地指出“四书”才真正直接体现出以孔子为代表的中国文化的内在本质。在朱熹之前，称古圣贤为“周(公)孔”，之后则称“孔孟”。由周孔到孔孟的重大转折，可以说是中国文化的根本转变。从公元1世纪初佛教传入中国和本土道教产生到朱熹时代约略历经千年，可以说朱熹拨千年之乱而反正，使中华民族文化生命返本归位，并开创出中国文化发展的光辉灿烂的未来。

中国主体文化思想儒学的核心价值可以概括为内圣成德与外王事功，即“内圣外王”，就是《大学》所讲的“修身、齐家、治国、平天下”。所谓“外王”，就是用王道、文化治理天下。“外王”的前提是“内圣”，无“内圣”就无“外王”。以朱熹为代表的理学家所生活的南宋时代，是一个需要复兴新儒学(理学)的时代，这个任务是由朱熹等理学家最终完成的。他们重建道统，

---

① 陈寅恪:《金明馆丛稿二编》，上海：上海古籍出版社，1980年，第245页。

② 邓广铭:《谈宋史研究的几个问题》，《社会科学战线》1986年第2期。

恢复孔孟儒学权威，并加以充实和当代化，使之适合于现实社会的需要。正是社会对这种思想文化的需要，才促使朱熹等理学家创立发展这种满足社会需要的新儒学（理学）。

二、理学是道学和心学的合称

原来，程朱学派被称为道学，陆王学派被称为心学，经过发展演变，合起来称之为理学。

宋明理学中的程朱学派，当时被称为道学。"道学"最早见于北宋程颐的著作，他说："道学日明，至言日进，弊风日革。"[①]他又说："自予兄弟倡明道学，世方惊疑。"[②]这里的道学，是指二程兄弟的学说。到了南宋，朱熹肯定二程学说是道学。朱熹说："二先生唱明道学于孔孟既没、千载不传之后，可谓盛矣。"[③]"今日人才之坏，皆由于诋排道学。治道必本于正心、修身，实见得恁地，然后从这里做出。如今士大夫，但说据我逐时恁地做，也做得事业。说道学，说正心、修身，都是闲说话，我自不消得用此。"[④]这里朱熹讲了道学的核心思想是正心、修身，是道德高尚。当时是把程朱这派的学说称为道学。朱熹的《伊洛渊源录》，所选人物如周敦颐、程颢、程颐、邵雍、张载、张戬、吕希哲、范祖禹、杨国宝、朱光庭、刘绚、李吁、吕大忠、吕大临、苏昞、谢良佐、游酢、杨时、刘安节、尹焞、张绎等，是二程道学系统，或称其为程朱道学学派。《宋史》列传特立"道学传"一门，置在"儒林传"之前，列周、程、张、邵、朱及其门人等。《宋史·道学传》列传的人物与《伊洛渊源录》所选人物基本一致，而陆九渊等人则被列入《儒林传》。朱熹述说：

> 一有刚毅正直、守道循理之士出乎其间，则群讥众排，指为道学之人而加以矫激之罪。上惑圣聪，下鼓流俗。[⑤]

禁锢"道学"，即禁锢天下贤者，以至社会风气由此变坏。

在"庆元党禁"（1195—1200）时期，朝野称程朱学派为道学。兵部侍郎

---

① （宋）程颢、程颐：《二程集》，北京：中华书局，1981年，第552页。

② （宋）程颢、程颐：《二程集》，北京：中华书局，1981年，第603页。

③ （宋）朱熹：《朱子文集》卷七五，《程氏遗书后序》。

④ （宋）黎靖德编：《朱子语类》一〇八，《论治道》，北京：中华书局，1986年，第2686页。

⑤ （宋）朱熹撰，陈俊民校编：《朱子文集》卷一一，《戊申封事》，台北：德富文教基金会，2000年，第380页。

林栗弹劾朱熹，谓“窃张载、程颐之余绪，为浮诞宗主，谓之道学”[①]。这里十分明确地把张载、程氏、朱熹之学称为道学。

再者，当时陆九渊兄弟的学说被排斥于道学之外，称为心学。陆九渊兄弟亦批评道学，表明自己非道学。陆九渊述说：

道本日用常行，近日学者却把做一事，张大虚声，名过于实，起人不平之心。是以为道学之说者，必为人深排力诋。……世之人所以攻道学者，亦未可全责也。盖自家骄其声色，立门户与之为敌，哓哓腾口实，有所未孚，自然起人不平之心。[②]

“心学”是发明“本心之学”，当时已有“心学”名称。陆九渊的弟子袁燮后人袁甫述说：

宁宗皇帝更化之末年，兴崇正学，尊礼故老。慨念先朝鸿儒之师，咸赐嘉谥，风励四方，谓象山陆先生发明本心之学，大有功于业教，赐名文安。[③]

这里明确说明陆氏兄弟之学“发明本心”，故为心学。

“理学”之名，南宋已有出现。开始只是一个学术范畴，朱熹谓“理学最难”[④]，陆九渊认为，“本朝理学，远过汉唐，复有师道”[⑤]。宋宁宗嘉定九年(1216)，魏了翁等上疏请赐周敦颐谥，考工郎官楼复观议论：

理学之说，隐然于唐虞三代之躬行，开端于孔门洙泗之设教，推广于子思、孟轲之讲明，驳杂于汉唐诸儒之议论，而恢复于我宋濂溪先生周公敦颐。[⑥]

这里的理学是泛指孔孟儒学。

到了明成祖永乐年间(1403—1424)，朝廷敕胡广等纂《性理大全》等，把程朱道学与陆九渊心学，即道学与心学融合在一起。接着，明代王阳明发扬陆九渊心学。王阳明说：“圣人之学，心学也。尧舜禹之相授受曰：‘人心惟

① (元)脱脱等：《宋史》卷三九四，《林栗传》，北京：中华书局，1985年。

② (宋)陆九渊：《陆九渊集》卷三五，《语录下》，北京：中华书局，1980年，第440、437页。

③ (清)杨长杰修，黄联珏纂：(同治)《贵溪县志》卷四三，《学术·书院》，南京：江苏古籍出版社，1996年。

④ (宋)黎靖德编：《朱子语类》卷六二，《中庸·纲领》，北京：中华书局，1986年，第1685页。

⑤ (宋)陆九渊：《陆九渊集》卷一，《与李省干》，北京：中华书局，1980年，第14页。

⑥ (宋)周敦颐：《周子全书》卷二一，《濂溪先生周元公复谥议》。

危,道心惟微。惟精惟一,允执厥中。'此心学之源也。……故吾尝断以陆氏之学,孟氏之学也。"[①]王阳明企图调和朱学与陆学,宣扬理学。他述说:

晦庵之与象山,虽其所为学者若有不同,而要皆不失为圣人之徒。今晦庵之学,天下之人,童而习之,既已入人之深,有不容于论辨者。而独惟象山之学,则以其尝与晦庵之有言,而遂藩篱之。……而象山辨义利之分,立大本,求放心,以示后学笃实为己之道,其功亦宁可得而尽诬之。而世之儒者,附和雷同,不究其实,而概目之以禅学,则诚可冤也已。故仆尝欲冒天下之讥,以为象山一暴其说,虽以此得罪,无恨。[②]

理学包括道学与心学,明初黄宗羲评说:

从来理学之书,前有周海门《圣学宗传》,近在孙钟元《理学宗传》,诸儒之说颇备。[③]

明清之际的孙奇逢著《理学宗传》,内容包括道学与心学。理学涵盖道学与心学,是学者所认同的。宋明时期的学者建构自己的哲学体系,从不同方面论证"性即理""心即理""气即理",都以理学来统摄,是宋明理学内部的问题。

三、近现代"新儒学"(理学)概念的提出

中国近现代学者对宋明新儒学、理学也有不同的说法。知名学者刘述先在其《论儒家哲学的三个大时代》中,有"新儒家的名称"一节,专门探讨这个问题。他论述道:

我一向怀疑"新儒家"一词是外转内销的结果,经过长时期的考察,终于证明的确是这样的情况。1923 年,冯友兰在哥伦比亚大学通过博士论文答辩,论文题为"A Comparative Study of Life Ideals",翌年由上海商务印书馆出版,里面有一章为"Neo-Confucianism"(按:下文译此为"宋明理学")。冯氏返国后,应邀把博士论文改写为中文版,1926 年在商务印书馆出版《人生哲学》一书,里边有一章为"新儒家",主要介绍王阳明的学说。但冯友兰著《中国哲学史》上下二卷,也由商务印书馆于 1934 年出版,却不用"新儒家"一词,而跟着《宋史》用"道学"一词。

① (明)王守仁:《阳明全书》卷七,《象山文集序》,四部备要本。

② (明)王守仁:《阳明全书》卷二一,《答徐成之(壬午)二》。

③ (清)黄宗羲:《明儒学案》卷首,《明儒学案发凡》,北京:中华书局,2008 年,第 14 页。

书中提到"韩愈提出'道'字，又为道统之说。此说孟子本已略言之，经韩愈提倡，宋明道学家皆持之，而道学亦遂为宋明新儒学之新名"。显然冯氏认为"近所谓新儒家之学"仅只是一般用语，"道学"才明确界定了这一门学问的内容。哪知冯氏的学生卜德(Derk Bodde)把这书译为英文，第十章的标题"道学之初兴及道学中'二氏'之成分"却译成："The Rise of Neo-Confucianism and the Borrowings from Buddhism and Taoism"。了解西方汉学的人就明白，其实卜德的改译是有其必要的。"道学"的英译是"School of the Study of the Tao"，再以白话译回中文是"研究'道'的学派"，这岂不是很容易与"道家"或者"道教"混淆。卜德的英译由普林斯顿大学出版社于1952年至1953年出版，很快变成英文的《中国哲学史》标准教本，"Neo-Confucianism"也变成了英译"宋明理学"的专门用语。这门学问的专家学者如张君劢(Carsun Chang)、陈荣捷(Wing-tsit Chan)、狄百瑞(W. Theodore de Bary)都接受了这一术语。转译回中文"新儒家"，也广泛为中国学者所接受。而我对外转内销的猜测竟为冯友兰本人的话所证实，在英文的《中国哲学简史》中，他直承："新儒家一词是相当于道学为西方造的新词。"……贺麟在1941年首次自觉地打出新儒学的旗号，提倡新心学，与冯友兰的新理学漠视心性之学相区隔，把握到了时代的新脉搏，不期而然地预言了当代新儒家的崛起。①

如上引述表明，贺麟在1941年首次打出"新儒学"的旗号。最早出现"新儒家"一词的公开出版物是冯友兰于1926年出版的《人生哲学》，而冯氏于1934年出版的《中国哲学史》中，又认为"新儒家"名称不妥，改用"道学"。卜德用英文翻译冯友兰的《中国哲学史》，于1952年至1953年出版，把"研究'道'的学派"改译为"宋明理学"，再转译回中文为"新儒家"。因此，"新儒家的名称"是"外转内销"。此后，"新儒家"名称遂为国内外专家学者广泛认同和应用。

上述刘述先拐弯抹角、费大力气讲述"新儒家"概念如何出现的问题。其实，我们认为，近代以来最先提出"新儒学"(理学)概念并加以论证的是闽籍学者辜鸿铭。

---

① 刘述先：《论儒家哲学的三个大时代》，香港：香港中文大学出版社，2008年，第73～75页。

早在1920年前后，闽籍学者辜鸿铭(1857—1928)在《中国文明的历史发展》中讲了先秦孔子等人的思想之后，接着讲“宋代儒学”，称为“新儒学运动”。他认为，西汉孔子思想成为中国的国教，中国文化又有了转机。但是东汉时代，“人们对‘智’的东西不闻不问，却在‘心’方面下了很多工夫”。“为了弥补这个缺陷，便有了佛教哲学的兴起，因为佛教恰恰就在此时传入中国。佛教所带来的‘智’的东西，同孔子思想中‘仁’的方面相结合，形成一种新的思想，它使得中国进入了一个浪漫的时代，即三国时代。佛教给中国文明增添了不少色彩，但同时也招致了混乱。”他又述道：

> 为挽救流于文弱的中国文明，出现了推崇真正的孔子学说的学派，即“宋代儒学”。同欧洲相比，汉代儒学相当于古罗马的旧教，而宋代儒学则类似新教。众所周知，在欧洲出现了马丁·路德，经他的手创立了新教派，在中国起路德作用的是韩愈，由他发起了“新儒学”运动。韩愈虽然生在唐代，但从他的行为思想来考察，他应是宋代人。宋代的学者弥补了唐代文化的缺陷，努力地使中国文化趋于完美。为此，他们吸收了不少佛教的东西。大家都知道，佛教是个有严密体系、有深刻内涵的宗教，它像药引一样，可以治疗唐代社会的疾病。因此，当中国社会出现不正常时，人们就皈依佛教，因而到宋代时，由于佛教势力的扩张，中国文明就显得过于狭隘了。现代中国文明也同这时一样，同样地陷入了困境。……宋代若同欧洲比较，是一个清教派兴起的时代。中国出现了朱子学派，朱子是个伟大的学者，可以说是韩愈以后的大儒。朱子试图改变宋代儒学眼光狭窄的现状，使其能宽容万物，精深博大。后来，明代的王阳明也有这个想法，不过朱子主张必须完全地按孔子所说的办，有些近于盲目地教人服从孔子的学说。王阳明不然，他主张依“良知”即常识去确定自己的行动，尔后去遵从孔子的教义。[①]

把宋明理学称为“新儒学”，应该是辜鸿铭最早提出来的，而且他把新儒学运动之始追溯至唐代韩愈，也是可以的。辜鸿铭认为，儒家思想的发展有三个大的时代，新儒学思维方法的基本点，即以儒学为主干，吸取佛学中适用的东西。在这里，“新儒学”主要指朱子学，也包括阳明学，合之称为宋明儒学。辜鸿铭也似乎预示到，在宋明儒学之后会出现“现代新儒学”。他述说：

---

① 黄兴涛等编译：《辜鸿铭文集》下册，海口：海南出版社，1996年，第300～301页。

中国现在面临的问题是怎样从儒学的束缚中走出来，我认为可以依靠同西方文明的交流来解决这个问题。这倒是东西方文明互相接触所带来的一大好处。仅仅靠学讲外国话，住帝国旅馆，跳跳舞是无法领会西方文明的。诸君不要只学其表面的东西，而要领会它的本质，想真正地登入文化的殿堂是相当不易的，而且不存在捷径。我个人或许知识浅陋，没有资格这样说，但我还是衷心希望诸君能继续我的事业，加深拓宽自己的学问，为世界文明的发展做出贡献。[①]

在这里，辜鸿铭也有现代新儒学要用“儒家学说融合会通西学的谋求现代化理论”的思维方式的意思。[②]

此外，1946 年陈荣捷在麦克奈尔主编的《中国》一书中，自撰“新儒学”一章，较详细地介绍了朱熹等人的思想。1951 年张君劢在美国撰写《理学的发展》一书，自称为“二十世纪新儒家”。

20 世纪以来，学术界对于中国儒学发展的第三个大时代的儒学研究，有称“现代新儒学”或“现代新儒家”。这两个概念是有所不同的，因为儒学是中国的主体文化思想，是“东亚文明的体现”（日本岛田虔次语），是人们的精神支柱和生活方式，需要众多学者从诸多方面综合研究和体认。因此，应由“现代新儒家”转用“现代新儒学”，由“家”的一元性（学派性）转为“学”的多元性，这样就能包容较多的近现代对儒学研究有成就的学者，包括日、韩等国的世界著名学者。[③]

第二节　福建理学萌发的社会历史条件

中国古代经济重心本来在北方，到了唐宋时期逐步往南方转移。“中国古代经济重心南移的时间下限，亦即其终点，应确定在宋代。具体的说，经济重心南移至北宋后期已接近完成，至南宋则全面实现。”[④]

学者对中国古代经济重心南移过程之完成制定出三条标准，即“人口众

---

① 黄兴涛等编译：《辜鸿铭文集》下册，海口：海南出版社，1996 年，第 301 页。

② 方克立：《要重视对现代新儒家的研究》，《天津社会科学》1986 年第 5 期。

③ 参见刘述先等：《当代新儒家人物论》，台北：文津出版社，1994 年。

④ 程民生：《宋代北方经济及其地位新探》，《中国经济史研究》1987 年第 3 期；郑学檬：《中国古代经济重心南移和唐宋江南经济研究》，长沙：岳麓书社，1996 年，第 19 页。

多,劳动力充足;主要生产部门的产量与质量名列前茅;商品经济发达"[①]。我们用此标准来检验衡量这个时期福建社会历史的发展状况。

一、人口的骤增

早在汉唐时期,北方民众就不断地移入福建地区,至两宋期间达到高潮。北宋朝廷实行土地私有制,土地兼并更加严重,贫苦农民的土地越来越少,加上北宋有契丹、西夏的困扰,南宋有女真、蒙古的袭扰,民族矛盾斗争的战场均在北方中原一带,而南方则相对稳定,特别是在"靖康之难"北宋覆亡后,兵荒马乱,社会动荡不安,迫使北方民众寻找生存空间,举家避乱迁入福建地区,出现中国历史上又一次人口大规模往南迁移。据记载:

> 当时入闽有三条大道,一是从分水关经崇安入闽,二是由杉关经光泽、邵武入闽,三是越仙霞经浦城入闽。三条入闽大道都在闽北,而闽北山清水秀,社会安定,故避乱入闽的中原人士,在闽北安家者甚多。《八闽通志·风俗》:"自五季乱离,江北士大夫、豪商、巨贾多避乱于此。故建安备五方之俗。"宋知蕲州杨焕于宣和六年(1124)五月二十五日在《东阳族谱序》中亦说:"自五季丧乱,闽独僻在海隅,浦城又邻衢、信,当地山水无瘴疠,非若齐、秦、晋、楚九达之地。故兵革罕及,而明哲保身兹焉,避难者尤多。"[②]

由于大量民众移入福建,人口急剧增加。北宋太平兴国年间(976—983),福建全路总户数467815户。到元丰初年(1078),福建全路总户数增至1043839户;崇宁元年(1102),福建全路总户数增至1061759户。南宋绍兴三十二年(1162),福建全路户数增至1390566户,人口2808851人。[③] 南宋诗人陆游记述:

> 自高宗皇帝至今天子,历四圣,宽赋薄征,休养元气,岁且屡丰,公饶私余,生齿繁滋。考之《九域志》,郡户八万七千九百有奇,今增五万四千二百有奇,可谓盛矣!而邵武一邑,独当户五万六千四百有奇,为

① 郑学檬:《中国古代经济重心南移和唐宋江南经济研究》,长沙:岳麓书社,1996年,第13页。

② 蒋仁、余奎元:《试论朱熹学术思想在闽北产生的社会条件》,高令印、薛鹏志主编:《国际朱子学研究的新开端:厦门朱子学国际学术会议论集》,厦门:厦门大学出版社,2015年,第559页。

③ 参见方彦寿:《建阳刻书史》,北京:中国社会出版社,2003年,第45页。

郡境十之三四。[①]

陆游这里讲的只是邵武县人口的增加情况。再看福州地区人口的增加情况，据记载：

> 邦民皓首，不识兵革，以故生齿繁毓。国初(960—962)主客户凡九万四千五百一十，景德(1004—1007)一十一万四千八百六十二，治平(1064—1067)一十九万七千一百七十六，元丰(1078—1085)二十一万一千五百四十六。建炎(1127—1130)以来，户至二十七万二百有一，口四十万七千三百四十四。以今较之，户加建炎五之一，口加三之二。[②]

约在北宋初期，延平府(南剑州)56670户，到了两宋间，增加到157089户。两宋期间，建宁府197137户439677口，泉州255758户358874口，等等。当时只计算户数，每户平均二三口，实际人口比这里的数字要多得多。[③]

二、农商和手工业的发展

人口增加，劳动力资源充足，劳动者“力勤”，劳动质量高，真德秀称之为“良农”。真德秀对“良农”标准进行了总结：

> 凡为农人，岂可不勤？勤且多，旷惰复何望。勤于耕畬，土熟如酥；勤于耕耔，草根尽死；勤修沟塍，蓄水必盈；勤于粪壤，苗稼倍长。勤而不惰，是为良农。[④]

勤劳再加上生产技术的提高，在自然经济占主导地位的历史时期，必然促进农业生产的发展。

福建地区多山，山地约占三分之二，其余是丘陵、平原。福建的先民闽越族人数较少，较大规模的开发是在北宋以来北方移民入闽之后。他们带来中原先进的生产工具与经验，定居于福建各地，成为经济发展的主力军。福建地区气候温暖，雨量充足，适合农作物的生长，农业、林业、水果业的栽种是当时经济发展的基本部分。

福建地区的农业，突出表现在耕山填海上，扩大了耕地面积。福建沿海

---

① (宋)陆游:《渭南文集》卷二〇,《邵武县兴造记》。

② (宋)梁克家:《三山志》卷一〇,《版籍·户口》,北京:方志出版社,2003年。

③ 郑学檬:《中国古代经济重心南移和唐宋江南经济研究》,长沙:岳麓书社,1996年,第199~200页。

④ (宋)真德秀:《真西山集》卷七,《福州劝农文》。

人口稠密，商业发展，对农业提出高的要求，推动农民开垦荒地海涂；重视利用土地，精耕细作。南宋初年，福建耕地面积在11万顷以上，比北宋初年增加了很多。

图1-1　莆田木兰陂　（金文亨供图）

同时，还兴修水利。水利当推福州、泉州、连江、莆田等为最。连江知县曾模，“开浚东湖塘二十余里，造水闸、筑岸塍一百二十余所，溉田二千余亩”。还有赵汝愚疏治福州西湖，灌溉附近土地等。最为有名的是神宗熙宁年间(1068—1077)，李宏在莆田筑木兰陂，灌溉莆南平原。据记载：

木兰之溪，源永春，流德化，历仙游，趋莆而注之海，不为不远；汇三百六十涧之流，不为不多；引以溉南北二洋万余顷之田，不为不利以溥。……李长者仅富民，皆自邻郡而至，捐金济物，不待一命而然，俱伟以烈矣。……长者重有创焉，木兰相基，天假神授，两山夹峙，左右翊以当其冲。伐石海洲，卧牛抛马，横纵牙互，而钩锁以固。盖以人之力，助其中坚，水不得不循我渠道以行支川，走二洋归斗门，以溉以宿以节而入海。陂成而利莆，世世命脉在此也。[①]

李长者弘，应诏相地木兰山下，为今坡。地在钱下林上，溪广水漫，布石柱三十二间，纵横钩锁，上下数里。布长石，浪不能啮干，溪流南行

① (明)林俊:《木兰陂集序》，见(清)涂庆澜:《莆阳文辑》，福州:福建人民出版社，2009年，第147～148页。

为大沟七，小沟一百有九。以分受之，长四十余里，广十余里。创洋城、林墩、东山三斗门，泄水入海。①

木兰陂遏溪通渠以溉南洋，即灌溉莆田木兰溪以南的广大平原。② 木兰陂是当时最大的水利工程，现被列入国家重点文物保护单位。

当时就闽北的水利建设来说，浦城有陂坝 520 座，建安有陂坝 255 座，邵武有陂坝 129 座，普遍地出现用筒车灌溉高田，并出现水碓。这就使农业种植品种和收获量大大增加。③

杨时在萧山任职时，仿福建的水利建设，主持疏通萧山湘湖，灌溉 9 乡 13 万亩，至今仍造福于当地人民。④

图 1-2　杨时主持建设的萧山湘湖

朱熹在提举浙东常平茶盐公事期间，台州先旱后涝。朱熹便在台州造

① (清)陈池养：《莆田水利志 · 木兰陂图说》，清咸丰刻本。

② 金文亨主编：《莆田历史文化研究》，厦门：厦门大学出版社，1996 年，第 16 页；新华社莆田电：《“人水和谐”的生动实践——福建莆田木兰溪治理纪实》，《厦门日报》2018 年 9 月 21 日。

③ 参见朱维幹：《福建史稿》，福州：福建教育出版社，1985 年，上册，第 187 页。

④ 将乐弘农杨氏联谊会编：《龟山公祠文集》，将乐：将乐弘农杨氏联谊会，2013 年，第 11 页。

六闸，现遗址仍存。[①]

图 1-3　朱熹倡建的台州迂浦闸、周洋闸

衣食住行与人们的生活息息相关，而衣服的主要原料就是棉花。棉花是宋代福建人由海外引进来的，然后再传播至全国。“木棉，一名吉贝，谷雨前后种之，立秋时随获所收”，种子以“中间时月收者为上，须经日晒燥，带绵收贮，临时种再晒”。苗高二尺，打去冲天心。棉桃成熟时，“旋熟旋摘，随即摊于箔上。日曝夜露，待子粒干，取下制造”，即取下轧花去籽。[②] 可见当时棉花生产技术已相当科学。朱熹父朱松有咏吉贝诗云：

炎海霜雪少，畏寒直过忧。驼褐阻关河，吉贝亦可裘。[③]

南宋福建棉花的种植和棉织业的发展，是中国经济史上的重大事件。这也说明当时福建手工业技术的先进。

竹是福建的特产，是生产日用品的原料。闽北遍地竹林，是当时竹纸的主要产地。建阳麻沙刻书业所用的纸，即其地所产扣纸，优点是不蠹。在真德秀著述中也讲到福建产甲纸，而造纸业和文化的发展是互相促进的。[④] 建阳麻沙刻书业在后文“文教的兴盛”中论述。

南宋时，闽北的陶瓷业也进入鼎盛时期。建窑是宋代八大窑系之一，在建阳县水吉镇池中、后井两个村山坡上的建盏御窑属于建窑。建窑所产黑釉瓷器，在日月光照耀下能发出如珠似玉的奇光异彩，远销国内外。

---

① 参见朱安木：《朱熹台州建六闸》，《朱子文化》2006 年第 1 期。

② （元）王祯：《农书》卷一〇，《木棉》。

③ （宋）朱松：《韦斋集》卷三。

④ （宋）真德秀：《真西山集》卷八。

当时闽北矿冶业以生产铁为主，还有铜、银、铅等，冶炼技术相当高。据记载，神宗元丰年间（1078—1085）全国各路铁矿场79处，福建有11处。[①]福建还有银场数十处。浦城因奖（今属忠信镇）矿能生产铜银混合品，还能将两种金属分离提炼出来。建州的蔡池、邵武郡的黄齐，有用胆水（一种矿泉水，含有硫酸铜）浸铜法提炼出胆铜（赤铜）来。[②]

南宋全国对外开放的城市，泉州首屈一指，两宋期间是国家最大的港口，说明当时福建造船业和商业的发达。泉州对内对外贸易至为发达，若欲船舶泛至外国贸易，则自泉州便可出海。从泉州出口的商品主要有陶瓷器等，有德化、安溪、晋江和江西、浙江等诸窑的产品。当时泉州港可以通行巨型海舶，载重2000多斛，几乎和全球港口都有所联系和往来。

图1-4　提举市舶程祐之奉调石刻

宋熙宁五年（1072），有臣僚请于泉州设立市舶司（海关），管理沿海对外通商贸易。宋神宗诏发运使薛向"创法讲求之"。元祐二年（1087）十月，泉州正式设立市舶司。朝廷责成市舶司"务要招徕番商，课额增羡"[③]。自建炎元年（1127）至绍兴四年（1134）收净利钱98万余贯，以市舶之利助国财用。乾道四年（1168）九月二十九日泉州提举市舶程祐之奉调广州，在延福寺设宴饯别，存留纪事石刻曰："河南程祐之吉老，提举舶事以

① 陈衍德：《宋代福建矿冶业》，《福建论坛》1983年第2期；（宋）李心传：《建炎以来系年要录》卷一七七，绍兴二十七年，北京：中华书局，1988年。

② 参见（清）徐松辑：《宋会要辑稿·食货》卷一一、卷五一。

③ （宋）李心传：《建炎以来系年要录》卷五八，绍兴二年九月，北京：中华书局，1988年。

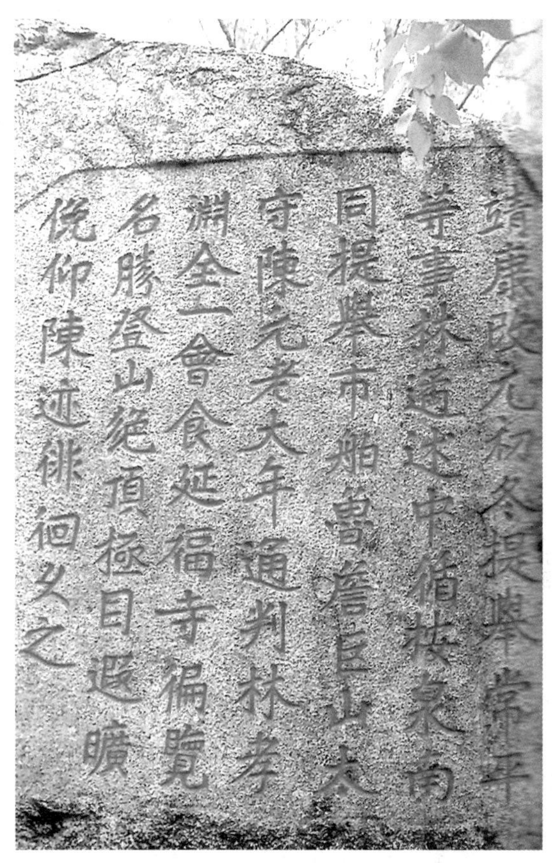

图 1-5 提举常平等事林遹市舶石刻

深最闻，得秘阁移宪广东，金华王流季充，帅永嘉薛伯室士昭，天台鹿何伯可，浚仪赵庠夫元序，莆阳陈谠正仲，蒋雝元肃，饮饯于延福寺。”所述场面宏大，说明市舶司地位之高。[①]

“北风航海南风回”[②]，市舶司往往每年夏冬两次遣舶祈风于延福寺通远王祠，在丰州九日山石刻遗留诸多的祈风踪迹。有如：“靖康改元初冬，提举常平等事林遹述中，循按泉南，同提举市舶鲁詹巨山、太守陈元老大年、通判林孝渊全一，会食延福寺，遍览名胜，登山绝顶，极目遐旷，俯仰陈迹，徘徊久之。”[③]

三、科技的进步

手工业的发展是科学进步的标志。早在北宋时，闽浙沿海一带的造船业和海上贸易就很发达。海船航行，必然要求造船工业和指南针设备的先进。南宋科学家沈括对指南针进行了改进和制作，又有人在沈括制作的基础上制成罗盘。两宋期间，指南针普遍用于航海。徽宗宣和年间（1119—

① 福建省政协文史委：《福建摩崖石刻精品》，福州：福建人民出版社，2005 年，第 180 页。

② （宋）王十朋：《梅溪后集》卷二〇，《提舶生日》。

③ 黄柏龄：《九日山志》，泉州：晋江地区文化局、晋江地区文管会，1983 年，第 66 页。

1125),朱彧在广州港见闻:“舟师识地理,夜则观星,昼则观日,阴晦则观指针。”①

图 1-6　北宋楼船图

同安人苏颂(字子容,1020—1101)同韩公廉等,于哲宗元祐三年(1088)创造了世界上第一座水运仪象台,说明宋代科学发展水平之高。据记载:“颂既邃于律历,以吏部令史韩公廉晓算术,有巧思,奏用之。授以古法,为台三层,上设浑仪,中设浑象,下设司辰。贯以一机,激水转轮,不假人力。时至刻临,则司辰出指皇辰躔度。所次占候,测验不差晷刻,昼夜晦明皆可推见。前此未有也。”②苏颂的水运仪象台成功地把时钟机械和观测用浑仪结合起来,比欧洲出现同性质的浑仪早 700 多年。苏

图 1-7　苏　颂
(同安芦山堂供图)

① (宋)朱彧:《萍洲可谈》卷二。

② (清)吴堂修,刘光鼎纂:(嘉庆)《同安县志》卷一三,《苏颂传》。

颂不仅是当时世界上第一流的天文学家，还是药物学家、政治家、思想家。他官至右仆射兼中书门下侍郎。著有《新仪象法要》《本草图经》《迩英要览》等。卒后追封魏国公，谥正简。

苏颂的思想对朱熹和其他闽学学者具有很大的影响。朱熹在创办同安县学的过程中，特立苏颂祠于县学，借以鼓励后学。朱熹述说：

图 1-8　水运仪象台

出处：《厦门日报》2011 年 5 月 3 日。

> 右某等伏睹故观文殿大学士、太子太保致仕、赠司空赵郡苏公，道德博闻，号称贤相。立朝一节，终始不亏。自其高曾，世居此县。比因游宦，始寓丹阳。今忠义、荣义二坊故宅基地，宛然尚在，而后生晚学，不复讲闻前贤风节、学问源流，是致士风日就凋弊。某等今欲乞改荣义坊为丞相坊，仍于县学空闲地，架造祠堂一所。不惟增修故事，永前烈之风声，庶以激励将来，俾后生之竦饬。谨具状申主簿学士，伏乞备申县衔，照会施行。①

朱熹首建的苏丞相正简祠堂，是同安历代县学、书院教育的中心。

跟朱熹差不多同时和同乡（建阳）的宋慈（字惠父，1186—1249），在法医学上达到了当时世界上最先进的水平。宋慈幼师事朱熹弟子吴稚（字和中，稚也作雉），在太学读书时为朱熹的私淑弟子真德秀所器重。宋慈于南宋宁宗嘉定十年（1217）中进士，任赣州信丰县主簿。宋慈为官清正，勤政爱民。他任长汀知县时，曾采取改变运盐路线和降低盐价的办法，减轻人民的负

① （宋）朱熹撰，陈俊民校编：《朱子文集》卷二〇，《代同安县学职事乞立苏丞相祠堂状》，台北：德富文教基金会，2000 年，第 690～691 页。

担。任南剑州(今南平市)通判时,适荒年灾歉,他劝富户开仓赈济。理宗端平二年(1235),为朱熹私淑弟子魏了翁幕属。后任广州提刑,雪冤禁暴,8个月“决辟”狱囚200余人,革粤吏数年不予详复之积弊。后改任江西提刑,知赣州,为防民贩盐滋事,使民保伍,讯其出入。理宗淳祐八年(1248),为广东经略安抚使,知广州,卒于任上。

图 1-9　宋慈墓

图 1-10　宋慈治案图

(刘通供图)

淳祐七年(1247),宋慈完成了法医学专著《洗冤集录》五卷,奉旨颁行,成为南宋末年刑狱官吏必读之书。宋慈根据自己多年任法官所积累的经验和丰富的医学知识,在该书中详细地叙述了验尸步骤、尸体勘别、四时尸变、死因究竟、真假伤痕,以及凶杀、自刎、绳缢、服毒、火烧、水溺等,涉及医学内、外、妇、儿、伤、骨诸科和生、病、药诸理以及诊治、急救、解剖等许多方面的学问。是书是世界上第一部权威法医学著作,比西方国家最早的意大利人菲德里(F. Fedeli)的法医学著作早350多年。元、明、清三代,也把该书作为刑官必读之书。15世纪中叶以来,该书传到国外,先后被翻译成朝、日、法、英、俄、德、荷等诸国文字流传。宋慈的法医学思想,对朱熹门人蔡沈、黄榦、真德秀等,以及其后闽学学者,在确立自己为官利民思想的过程中有较大的影响。

基于当时的科学发展水平,朱熹在天文学、地质学、堪舆学等自然科学领域有很深的造诣，将在后文第四章第四节的“朱熹的自然科学”部分论述。朱熹和其主要后学在创建理学思想的过程中，不断地吸取当时自然科学研究的成果，对天文、地理进行深入观察和研究，把理学的哲学世界观建立在坚固的科学研究基础之上。

四、文教的兴盛

基于唐末五代武臣乱政的教训，宋朝廷奉行重文轻武的国策，着意扶持文化教育事业。民初陈衍说：“文教之开兴，吾闽最晚，至唐始有诗人。至唐末五代，中土诗人时有流寓入闽者，诗教乃渐昌，至宋而益盛。”[①]韩偓、崔道融等唐末文人，避乱入闽治学，改变了闽人未知学的状况。抚养教育朱熹的崇安刘子羽、刘子翚，其先辈系“五季之乱，由京兆之万年县迁入闽中，散居建阳、浦城”[②]。胡安国的先世胡夔，也是这个时候从河南陈留（今属开封市）迁居落籍崇安籍溪。李纲的父亲李夔为陇西县开国男食邑三百户，“其先江南人，唐末避乱，徙家邵武，故今为邵武人”。[③] 福建崇安（今武夷山市）五夫里张氏宗堂所列祖位，谓其祖先是北宋陕西关中大理学家张载。

根据笔者所撰《朱熹籍贯由鲁至闽考》考订，朱熹的远祖邾子春秋时居住于邾国。邾国，即今山东邹县，“春秋后八世而（邾）为楚所灭，故子孙去邑为朱氏，世居沛国相县”[④]。沛国，在今安徽境内。后因避党锢之祸，又迁至江西等地，至南宋时定居于闽北。朱熹因远祖与孔孟同乡而自豪。因此，朱熹在个别文章中自称“邹䜣”[⑤]“吴郡朱熹”[⑥]“丹阳朱熹”[⑦]“平陵朱熹”[⑧]等。“䜣”通“熹”，即邹县朱熹。“丹阳”，系指今安徽当涂境内东南之小丹阳镇，

---

① （清）郑杰辑，陈衍补订：《全闽诗录》甲集卷首，《补订全闽诗录叙》，福州：福建人民出版社，2011年，第1页。

② 清光绪《刘氏宗谱》卷首，《胡宪序》。

③ （宋）杨时：《杨时集》卷三二，《李修撰墓志铭》，福州：福建人民出版社，1993年，第717页。

④ （宋）欧阳修等：《新唐书》卷七四下，《宰相世家》，北京：中华书局，1975年。

⑤ 见（宋）朱熹：《朱子文集》卷八四，《书〈周易参同契考异〉后》；《朱子遗书二刻》之《周易参同契注》《阴符经注》。

⑥ 见（宋）朱熹：《朱子文集》卷七五，《家藏石刻序》；卷八三，《跋李参仲行状》。

⑦ 见（宋）朱熹：《朱子文集》卷七五，《赠李尧举序》；卷八一，《跋郑景元简》；卷八二，《曾文昭公与朱给事帖》《跋蔡端明献寿仪》《跋叶氏慕堂诗》等。

⑧ 见（宋）朱熹：《朱子文集》卷八五，《题魏府藏赵公饮器》。

古属丹阳郡，非今江苏之丹阳县。平陵县原属丹阳郡，县治早已撤置，故址今历史地图上仅标明平陵山名。[①] 邾国故址已被考古发掘所证实。

图 1-11 邾国遗址 （朱政光供图）

出处：选自《世界朱氏联合会会讯》2006 年第 18 期。

唐末五代以来，战乱频仍，福建僻处东南沿海，“福建幸未扰及，当时湖南、江西、浙江故家世族搬去的很多，所以能够形成一种文化”。[②] 外省人特别是北方人纷纷迁移入闽，他们都是从文化发达的地区来的，本身文化水平较高，有的世代以儒学为业，把发达的外省文化带到福建，再和当地风俗习惯相结合，便形成一种较高的具有特色的地域性文化。

同时，福建也有许多学者，到外省学习先进的文化，又带回福建来。唐末五代禅宗的大批宗匠，如长乐人百丈怀海、福清人黄檗希运、建瓯人大珠慧海、霞浦人沩山灵祐、莆田人曹山本寂等，都到过浙江、江西等地求法传道。他们回闽后，传播外地文化。如百丈怀海运用中国儒家的宗法制度，改造印度式的佛教戒律，制定出一套适合于中国禅宗传法特点的清规戒律，称作《百丈清规》或《禅门规式》，促使印度佛教戒律中国化，成为中国佛教丛林制度的创始人，在中国佛教史上占有很重要的地位。朱熹多次讲到《禅门规

① 参见高令印、陈其芳：《朱熹籍贯由鲁至闽考》，《齐鲁学刊》1983 年第 6 期。

② 《顾颉刚致胡适之的信》，见《胡适的日记》上册，第 290 页。

式》，如说："人心有散缓时，故立许多规矩来维持之"①；"先生曰：做禅苑清规样做，亦自好"。②

再如，五代南唐泉州人谭峭（字景升，号紫霄真人），是五代时期著名的道家学者，他到北方，"经终南、太白、太行、王屋、嵩、华、泰、岳，迤逦游历名山"。谭峭杂糅汉唐以来儒、佛、道的思想，提出以虚、气、化等范畴为核心的哲学，为宋明理学家从不同方面所汲取和效法，成为唐宋哲学发展中一个承上启下的中间环节。③

最为有名的是北宋建阳人游酢、将乐人杨时等到河南洛阳拜程颢、程颐等为师，把理学移植到福建，成为闽中理学创立的最重要先驱者。

图 1-12　建阳书坊"聚墨池"和书坊稀世雕版

出处：方彦寿：《建阳刻书史》，北京：中国社会出版社，2003 年，第 46 页。

文教的兴盛和造纸、雕版印刷业是紧密地联系在一起的，两者相互促进。福建造纸、雕版印刷业至为发达。据记载，南宋"闽人刻书摹印成市成邑，极至四海"；"建阳麻沙、崇化两坊产书，号图书之府"，又称潭阳书林。雕版印刷业的匠户数以千计。书坊刻书的内容、种类、印数多，特别是印行大量的"四书五经"，被称为"小邹鲁"。④ 建阳书坊环境优美，朱熹爱之。据记载：

> 龙湖山，在崇化、崇政二里间，又名龙峰。山上有古庵，朝大同峰，尖秀特异。而罗岩黄连峰，左右排列，风烟益胜。庵内有井，冬夏不竭。旧有龙藏于此，故名。朱子诣大同，曾冒雨登之。爱其幽胜，筑室以居。

① （宋）黎靖德编：《朱子语类》卷一二，《持守》，北京：中华书局，1986 年，第 200 页。

② （宋）黎靖德编：《朱子语类》卷一二六，《释氏》，北京：中华书局，1986 年，第 3016 页。

③ 高令印、陈其芳：《谭峭在唐宋哲学发展中的地位》，《福建论坛》1984 年第 4 期。

④ （宋）祝穆：《方舆胜览》卷一一、卷五一，北京：中华书局，2003 年。

与蔡元定帖云:“书堂高敞,远胜云谷、武夷,他时可以聚也。”今废址犹有。①

朱熹是学问家,是离不开刻书业的,建阳书坊是与朱熹紧密地联系在一起的,朱熹广泛阅读使用了麻沙、崇化刻版的书籍。书坊现在还有遗址、遗物。

朱熹自己也精通金石镌刻。朱熹在任福建同安县主簿期间,抛弃县官陋俗,与下层人接近,教授其从事金石镌刻,培养工艺人才,促进了泉州木刻书版事业的发展。据调查考察,泉州历代书版刻工俱出于近郊涂门的田庵村,而其祖传的刻艺为朱熹所传授。今人载记:

> 田庵这村落,为洪姓聚族而居。据其故老所述,他们的祖先自宋代即从安徽省迁泉,他们全族从事于刻版技术,认为与朱熹来泉讲学有关。我们访问过田庵几位老艺人,俱说他们的一世祖洪荣山,从朱熹学习金石镌刻,初以镌刻私章,逐渐发展到木刻,乃至书版。随着文化事业的发达,操这技艺的日见普遍。到了元朝,该村前此一部分从事经商的也全部弃商就艺,后更传开到邻乡的淮口、后坂两村。考朱熹于绍兴十八年(1148)登进士,二十一年(1151)任同安簿,其来泉讲学当开始于任同安簿。如果靖康间开元寺大藏经的确系出于泉州的刻工,则早在二十五年前,泉州已有刻版工人了。但田庵洪氏向朱熹学刻金石成为专业刻版,根据田庵旧俗,每当旧历二月十五日,家家户户必须张办筵席,奉其上刻“祖师朱文公”木牌,轮流祭祀。这一礼节足证他们刻版艺术是出于朱熹的传授。②

这里值得注意的是,朱熹的祖籍是安徽徽州婺源(今属江西),朱熹所传授的泉州金石刻工正是从安徽搬迁来的。

五、人才的崛起

从晋至五代以来,中原士人入闽从政知名者有王彬任建安(今建瓯)太守,范缜、林禄任晋安(今福州)太守,李崇、黄元任晋江郡守,王审知为闽王等。

宋代福建的文化与王审知关系密切。他治闽崇儒兴学,培养人才,极力

---

① 万文衡修,罗应辰纂:(民国)《建阳县志》卷二,《山川》。

② 吴坤:《泉州的木版镌刻和书坊》,《泉州文史资料》第7辑,1962年9月,第75页。

发展文化教育事业。据记载：

图 1-13 王审知

出处：《炎黄源流》2006 年第 1 期。

> (王审知)兴崇儒道，好尚文艺，建学校以训诲，设厨馔以供给。于是兵革之后，庠序皆亡，独振古风，郁更旧俗。岂须齐鲁之变，自成洙泗之乡。此得以称善政化矣。怀尊贤之志，弘爱客之道，四方名士，万里咸来。①

战争混乱之后，教育破坏，典籍丧失，王审知“亟命访寻，精于缮写，远贡刘歆之阁，不假陈农之求。次第签题，森罗卷轴。……常以学校之设，是为教化之原。乃令诱掖童蒙，兴行敬让，幼以佩于师训，长皆置于国庠。俊造相望，廉秀特盛”②。对于王审知在闽中的文教建设，后人评价很高：

> 王氏据有全闽，虽不知书，一时浮光士族，与之俱南。其后折节下士，开四门学。以育才为急，凡唐宋士大夫避地而南者，皆厚礼延纳，作招贤院以馆之。闽之风声，与上国争列。③

在用人方面，王审知就地取材，用闽人在闽中从事政府机要工作。他以翁承赞为相，徐寅掌书记，陈峤为大司农，黄滔为节度推官，皆是北方入闽定居者。王审知在闽中的文化教育和用人理念，对后来宋朝廷对闽中人才的使用有很大的影响。

宋朝廷奉行重文轻武的国策，用文人，崇儒术。对科举制度进行改革，以文取士，激发社会各阶层人士为求取功名而倾心研习经史、诗赋；给予上层文人优厚的政治待遇，得到朝廷的重用。同时，这也基于南方经济的发展，朝廷对南方经济的倚重。今人林拓述说：

> 进入宋代，迎面而来的便是福建文化的高度繁荣。各种统计不断说明，两宋福建各类人才的涌现与文化地位的显赫：《宋史》所列《儒林

---

① (清)吴任臣：《十国春秋》卷九〇，附钱昱《忠懿王庙碑》，北京：中华书局，2010 年。

② (清)吴任臣：《十国春秋》卷九〇，附于竞《王审知记功碑》，北京：中华书局，2010 年。

③ (清)陈云程：《闽中摭闻》卷一，清乾隆晋江陈氏刊本，台湾文献丛刊第 216 种。

传》和《道学传》中闽人17位,居全国第一;"福建出秀才"列全国第一(太平老人《袖中锦·天下第一》)。两宋进士总数为28900多人,福建占五分之一,居全国第一;《宋元学案》立案学者988人,福建178人,居全国第一。《宋史》闽人居宰辅之职,居全国第三位。《全宋词》福建北宋词人14人,居全国第六位;南宋词人63人,全国第三位。若以著名词人而论,福建29人,亦居全国第三位(唐圭璋《全宋词简编》)。《宋诗纪事》福建诗人128人,居全国第二位。至于宋代文献言及福建文化之盛,更是接踵而至,"冠带诗书,翕然大肆,人才之盛甲于天下"(洪迈《容斋四笔》卷四),"今世之衣冠文物之盛,必称七闽"(陈心复《南宋群贤小集》),以至朱熹慨然叹曰:"天旋地转,闽浙反居天下之中。"①

北宋中期以后,大批南方的知识分子逐步参政。到北宋末年,朝廷中最活跃的士大夫大都是南方的知识分子。他们通过科举进入政坛,仅就中央机构的宰相来说,北宋就有陈升之、章得象、章惇、吴育、吴充、曾公亮、苏颂、蔡确、吕惠卿、李纲等。他们得到参政的机会,在国家政权中成为重大力量,大都是改革派的中坚。后来,南方士人在政治上扮演的角色更加重要,"范仲淹起于吴,欧阳修起于楚,蔡襄起于闽,杜衍起于会稽,余靖起于岭南,皆为一时名臣"②。他们大多数参与或赞助新政改革。王安石变法中的核心人物均为闽、赣士人,吕惠卿、章惇就是福建人。他们在改革运动中所起的重大作用,反映出福建上层士人政治力量的强大。福建上层人才的崛起和成为改革派的中坚,反过来说明福建经济力量的强大。他们在国家中的地位重要,也反映出中国文化重心往南方转移。所以在福建产生的理学,很快上升为国家的主体文化思想。

朱熹生活的南宋王朝,其统治地区被压缩到仅江南一隅,北方大批知识分子南迁至后方基地闽、浙一带。当时朱熹的家乡崇安、建阳等闽北地区,离政治中心首都临安(今杭州)较近,会聚了大批知识分子,成为议论朝政、学术研究的中心。在这里,有许多著名的学者。就思想家来说,有略早于朱熹的游酢、杨时、胡安国、胡宏、胡宪、胡寅、刘勉之、刘子翚、罗从彦、李侗、朱松等。和朱熹同时的有张栻、吕祖谦,并称"东南三贤"。他们大都属于庶族

① 林拓:《文化的地理过程分析:福建文化的地域性考察》,上海:上海书店出版社,2004年,第47页。

② 任爽:《唐宋之际统治集团内部矛盾的地域特征》,《历史研究》1987年第2期。

地主阶层，不像大官僚地主阶层那样安于既得利益，对国家的前途和命运置之不顾，而是模仿孔孟的行为，企图说服皇帝和各级官吏，学习圣贤遗教，奉行先王的修身、齐家、治国、平天下之大道。例如南宋熊克记载的高宗绍兴二年(1132)五月、十二月的两桩事：

左仆射秦桧与故给事中胡安国及其子徽猷阁直学士胡寅皆厚善，寅是年省其生母于建州，复还湖南。桧以白银助其行，寅书谢之，略曰："愿公修政用贤，勿替初志。尊内攘外，以开后功。"桧谓其讥己，始大怒之。……

福州旧行产盐法，民岁输钱而受盐于官。其后法坏，输钱如故，而民不得盐，其间多私鬻以自给，而官亦不问。至是帅臣龙图阁学士张宗元始再权盐，犯者滋众，人不以为是。帅司属官胡宪上书于宗元，告以为政大体。宗元不悦。久之，宪请岳祠而去。同时在幕中，有轻薄者用其姓名，为诗嘲之曰："献陈利害如何益?"盖宪、献同音，谓胡宪也。[①]

这些闽中学者十分关心民族、国家的存亡问题。他们聚会议论时事，撰写奏疏，向朝廷和地方官府提出积极的建议。孝宗隆兴元年(1163)十一月，朱熹应诏赴京，他给皇帝上疏中的一些问题就是预先在家乡和李侗等讨论过的，其上疏也是根据李侗所说的意见撰写的，指出国家衰败的根源在于，"今日三纲不立，义利不分，故中国之道衰而夷狄盛，人皆趋利不顾义而主势孤"。[②] 由于南宋朝廷的极端腐败，他们的改良政见得不到采纳，包括朱熹也大多得不到重用。于是他们大都从事于思想理论研究和文化教育，为统治者改铸新的精神武器和培养新的人才。清王懋竑在讲到朱熹经历时说：

先生守南康，使浙东，始得行其所学。已试之效卓然，而卒不果用，退而奉崇道、云台、鸿庆之祠者五年。……及是知道之难行，退而奉祠，杜门不出，海内学者尊信益众。然忧世之意未尝亡也。[③]

朱熹在崇安南15公里的武夷山筑武夷精舍(后称紫阳书院)，和友徒深究学术和讲学。朱熹等人教研的宗旨是："惟诸君子相与坚守而力持之，使义理有以博其心，规矩有以约其外。"[④]于是海内学者尊信益众，使武夷山成为南宋的一个重要的学术研究和文化教育的中心，在当时和其后都具有重

---

① (宋)熊克：《中兴小纪》，福州：福建人民出版社，1985年，第450、480页。
② (清)王懋竑：《朱子年谱》卷一，上海：商务印书馆，1937年，第20页。
③ (清)王懋竑：《朱子年谱》卷三，上海：商务印书馆，1937年，第120～121页。
④ (宋)朱熹：《朱子文集》卷七四，《谕诸职事》。

大的意义。

图 1-14 武夷山五曲大隐屏峰下朱熹所建武夷精舍及其在“文革”时的残余

史称自朱熹开紫阳书院，诸大儒云从星拱，流风相继，迄元明以至于今，而闽学集濂、洛、关之大成，则皆讲学于此山者。清人何瀚述说：

迄朱文公开紫阳书院，四方向道者云集，诸贤儒相继星拱，如蔡氏之咏归堂、南山书屋，游氏之水云寮，熊氏之洪源书院，真氏与詹氏筑室幔亭峰。其为最著者，且与文公前后主管(武夷)冲佑观者，共二十有四人，皆当时名儒。是终宋之世，诸名贤之行藏出处，皆名山所托重者也。后乎宋者，元则有杜清碧，于平川结筑思学斋、怀有轩，授徒讲学，名闻朝野。时有陈霍童居武夷，修明朱子之学，从游者数百人，称石堂先生。詹月崖、唐白云俱为武夷山长。虞伯仁作《太和宫记》，称隐空建宫依文公旧游为得地。明郭青螺《记武夷山房》谓，自文公五百年来，继以王文成、李见罗，为名山大川托重高贤，皆笃论也。明时望重艺林者，如湛甘泉、邹东廓、唐荆川、罗念庵、黄石斋诸儒，皆后先讲学于武夷。①

可见，福建理学形成和发展于闽北武夷山地区，是有其深厚的思想文化基础的。笔者从民国初期《蒋叔南游记》中发现至今可见到的最早武夷精舍图，应当比较接近于朱熹时代的武夷精舍规模。“文革”期间，笔者到武夷山“批林批孔(朱)”时看到的武夷精舍，只剩下一边的厢房墙基。

以朱熹为代表的南宋统治阶层的思想家，经过一个时期的全面研究和

---

① (清)董天工:《武夷山志》卷首，何瀚:《武夷山志序》，北京:方志出版社，2007 年，第 23～24 页。

总结中国思想文化的衍化和发展，根据现实社会的需要，摸索、寻找出理学这种新儒学的思想意识形态。

第三节 福建理学的产生发展和核心思想

一、朱熹之前的福建理学与闽学

研究福建理学史，首先要划分朱熹之前的福建理学与闽学，这是一个大界线。

对于朱熹之前的福建理学，一般都讲道南学，忽视福建地区的新儒学（理学）的先驱者。道南学之所以兴盛，是因为有这种土壤。外因通过内因起作用。早在新儒学始出时，唐代福建的欧阳詹等就和韩愈一起率先提出新儒学，复兴儒家道统，反对佛教。清李清馥在《闽中理学渊源考》中说："闽中理学，开先始于唐欧四门。"[①]因其曾任"国子监四门助教"，故称之。唐末五代兴盛于闽浙赣武夷山一带的佛教禅宗五宗七家，其直接和间接的宗派创始人大部分是闽籍僧人。以禅宗为典型的中国佛教，用中国儒家思想重新组织佛教的世界观（即心是佛）和认识论（见性成佛，顿悟成佛），成为中国文化儒释道三大形态之一。禅宗的心性论是后来理学家的重要理论来源。五代闽籍道教哲学家谭峭，其哲学概念与后来的理学概念有很多相似。他是唐代宗教哲学过渡到宋明理学的中间环节。这些问题，我们将在后文有较详细的论述。

两宋以来，闽浙赣武夷山一带的文化发展兴盛起来，成为继北方中原之后新的国家文化重心。这一重心的源头活水是闽中学者到河南和在朝廷拜师中原学者，学习新儒家（理学）。最为有名的是游酢、杨时等拜程颢、程颐为师，"程门立雪"。他们学成回闽时，程颢有"吾道南矣"之叹，"载道南归"。[②] 他们在闽中传授，闽中便出现道南学和以朱熹为代表的集濂、洛、关之学以至整个传统文化之大成的闽学。因此，闽中便成为以新儒学为核心的新的国家文化重心地区。

---

① （清）李清馥：《闽中理学渊源考》卷首，南京：凤凰出版社，2001年。

② （元）脱脱等：《宋史》卷四二八，《杨时传》，北京：中华书局，1985年；（宋）程颢、程颐：《二程集》，北京：中华书局，1981年，第428～429页。

承续游酢、杨时等学的先后有闽中沙县罗从彦、延平李侗，称为道南学系。北宋闽中其他学者的新儒学，如海滨四先生、胡（安国等）氏家学、邵清王蘋之学等，他们也曾向中原学者学习，或者与其论学，却非游酢、杨时的道南学系，但其学说中也有濂、洛、关等之学。因此可以把他们归并为道南学系。朱熹及其友徒之学，被称为闽学系。这就形成道南学和闽学两个大的学术系统。

对于以朱熹代表的闽学系，一般学者没有异疑。然而，有的学者认为，游酢、杨时等的道南学系之学也可以称为闽学，甚至两宋以来闽籍儒学家之学，皆可称之为闽学。例如，“盲目听信古人所谓‘尽精微’‘集大成’的说法，把朱熹说成是‘闽学体系的构建者’，颠倒是非，混淆黑白，是十分错误的。……今人谈闽学，应该杨、朱并举”，“朱熹好胜，嘴硬，惯于要弄手段，掩饰自己”，等等。此论出于 2018 年中华书局修订出版的重要典籍《杨时集》的“前言”中，令人十分惊讶。这是不符历史事实的，是很不确切的学术言论。

闽学是朱熹之学，正如濂学是濂溪之学、关学是横渠之学、洛学是二程之学一样，乃以其学说产生地域标示其学派名称。历史上闽学是与濂学、洛学、关学并称的宋代四大学派之一，是朱熹及其学派学说的专称。当代中国哲学史家张岱年述说：“闽学与北宋的濂、洛、关之学并称为‘濂洛关闽’，这是宋明时代占统治地位的思想。在朱熹生存期间，经常与江西陆九渊的心学、浙江陈亮的功利之学进行辩论。学派的划分与地域有一定的关系，而福建地区是朱学的主要根据地。”[①]这一历史事实是历代知名学者所肯定的，是不可动摇的。这是个学术问题，不能持之无故，单从字面上信口而言。

对于闽学即是朱熹学派，中国理学思想史上已有定说。例如，明大儒宋濂（1310—1381）在《理学纂言序》中述说：

> 自孟子之殁，大道晦冥，世人擿埴而索涂者，千有余载。天生濂洛关闽四夫子，始揭白日于中天，万象罗列，无不毕见，其功固伟矣。而集其大成者，唯考亭朱子而已。……朱子之学，菽粟布帛也，天下不可一日无也。[②]

清蒋垣述说：

> 濂洛关闽皆以周、程、张、朱四大儒所居而称。然朱子徽州人，属

① 张岱年：《序言》，高令印、陈其芳：《福建朱子学》，福州：福建人民出版社，1986 年。

② （明）宋濂：《理学纂言序》，《宋学士全集》卷五，明嘉靖三山刻本。

> 矣，乃独以闽称，何也？盖朱子生长于闽之尤溪，受学于李延平及崇安胡籍溪、刘屏山、刘白水数先生。学以成德，故特称闽。盖不忘道统所自。①

此外，清张伯行编纂《濂洛关闽书》，只录有周敦颐、张载、二程、朱熹五人的著述。

所有这些，不仅强调学派的地域性，更为重要的是推崇朱熹，把朱熹与周敦颐、张载、程颢、程颐并列，而且指明闽学是濂、洛、关之学的集大成者。钱穆述说：

> 后人言北宋理学，必兼举周、张、二程。然此事定论，实由朱子。朱子与北宋理学，汇通周、张、二程四家，使之会归合一。故朱子虽为理学大宗师，其名字与濂溪、横渠、明道、伊川并重，后人称为濂洛关闽。然朱子之理学疆界，实较北宋四家远为开阔，称之为集北宋理学之大成，朱子决无愧色。②

由是之故，明理学家薛瑄提倡，“自今当一刮旧习，一言一行求合于道，否则匪人矣”；“濂洛关闽之学，一日不可不读。周程张朱之道，一日不可不尊。舍此而他学，则非矣”。③

更为重要的原因，就是道南学系和闽学系的学术核心内涵和师承是不同的。

游酢、杨时拜二程为师，学成归闽时，程颢谓“吾道南矣”，是符合事实的。游、杨把程颢之道传给罗从彦，从彦传至李侗，至此而止。程颢、游酢、杨时、罗从彦、李侗、朱熹虽是先后相继的师承关系，而朱熹实际上未承其核心之学。游、杨、罗、李一脉相传的“指诀”，是体会所谓“未发之中”。这是游、杨从程颢那里学来的。《礼记·中庸》曰：“喜怒哀乐之未发，谓之中；发而皆中节，谓之和。中也者，天下之大本也；和也者，天下之达道也。致中和，天地位焉，万物育焉。”这就是说，人在喜怒哀乐未发之前有一种纯是理的精神本体，它是天下的根本，体察了它，人就达到了圣人的境界，天下也就可以得到治理了。杨时述说：

> 学者当于喜怒哀乐未发之际以心体之，则中之义自见。执而勿失，

---

① (清)蒋垣：《八闽理学源流》卷一，福建省图书馆藏清传抄本。

② 钱穆：《朱子新学案》，成都：巴蜀书社，1986年，第18～19页。

③ (明)薛瑄：《读书续录》卷二，明嘉靖二十四年(1545)德化沈维藩刊本。

图 1-15 道南学派图

无人欲之私焉，发而中节矣！发而中节，中固未尝亡也。孔子之恸，孟子之喜，因其可恸、可喜而已，于孔、孟何有哉？其恸也，其喜也，中固自若也。[①]

在杨时看来，能做到这一点，就是遵循了天理。这是"静复以见体"之功，是逆觉体证之路。杨时还就恻隐说仁，以"万物皆备于我"说仁之体，也明显是本于程颢。[②]

游酢 20 岁时见程颐，程颐即谓其资可以适道。当时，程颢正为扶沟县令，特召游酢来职学事。他欣然而往，得闻微言，遂为受业弟子。可见他聪明早发，资质超逸。29 岁，又偕同杨时见程颢于颍昌。二人归闽时，即上引程颢有"吾道南矣"之叹。程颢卒后，游、杨二人再赴洛阳师事程颐，历史上有尊师重道的"程门立雪"的著名故事。游酢和杨时一样，始终遵循程颢的"静复以见体"的体认工夫。例如他说：

孟子说："仁，人心也。"则仁之为言，得其本心而已。心之本体，则喜、怒、哀、乐之未发者是也。惟其徇己之私，则汩于忿欲而人道息矣！诚能脱人心之私，以还道心之公，则将视人如己、视物如人，而人心之本

---

① (宋)杨时：《杨时集》卷二一，《书六·答学者其一》，福州：福建人民出版社，1993 年，第 501 页。

② (宋)杨时：《杨时集》卷二一，《书六·答练质夫》，福州：福建人民出版社，1993 年，第 514 页。

体见矣。[①]

游酢在《书明道先生行状后》中述说：

> 天地之心，其太一之体欤？天地之化，其太和之运欤？确然高明，万物复焉。溃然博厚，万物载焉，非以其一欤？阳至此舒，阴至此凝，消息满虚，莫见其形，非以其和欤？夫子之德，其融心涤虑，默契于此欤？不然，何穆穆不已，浑浑无涯，而能言之士，莫足以颂其美欤？嗟乎！孰谓此道未施，此民未觉，而先觉者逝欤？百世之下，有想见夫子而不可得者，亦能观诸天地之际欤？[②]

这显然是讲程颢"未发之中"的精神本体之气象。

罗从彦从学于杨时 20 多年，其真得力处，也是"静复以见体"的体证工夫，李侗也是如此。朱熹在《答何叔京》中述说：

> 李先生教人，大抵令于静中体认大本未发时气象分明，即处事应物，自然中节。此乃龟山门下相传指诀。[③]

朱熹早年依据李侗的教导，体会所谓"未发之中"，始终未能揳入逆觉体证之路。朱熹后来回忆说：

> 当亲炙之时，贪听讲论，又方窃好章句训诂之习，不得尽心于此。至今若存若亡，无一的实见处，辜负教育之意。……及其久也，渐次昏暗淡泊。又久则遂泯灭，而顽然如初无所睹。此无他，其所见者，非卓然真见道体之全，特因闻见揣度而知故耳。[④]

这说明朱熹对他所谓"未发之中"不予重视，未曾学进去，并且还提出批评，如说"罗仲素（罗从彦）《春秋说》不及文定（胡安国），盖文定才大"，"罗先生说（按：指教人静坐）终恐做病。如明道亦说静坐可以为学，谢上蔡亦言多著静不妨。此说终是小偏，才偏便是病。道理自有动时，自有静时，学者只是'敬以直内，义以方外'。……不可专要去静处求。所以伊川（程颐）谓'只

---

① （宋）游酢：《宋·游酢文集》，延吉：延边大学出版社，1998 年，第 110 页。

② （宋）游酢：《宋·游酢文集》，延吉：延边大学出版社，1998 年，第 180 页。

③ （宋）朱熹撰，陈俊民校编：《朱子文集》卷四〇，《答何叔京》，台北：德富文教基金会，2000 年，第 1699 页。

④ （宋）朱熹撰，陈俊民校编：《朱子文集》卷四〇，《答何叔京》，台北：德富文教基金会，2000 年，第 1699 页。

用敬，不用静’，便说得平”[1]。李侗“说敬字不分明，所以许多时无捉摸处。……若一向如此(静坐)，又似坐禅入定”[2]，等等。

这样，朱熹对程颢、游酢、杨时、罗从彦、李侗等道南学系所悟解的“静复以见体”的体证工夫未有真实契会。今人刘述先述说：

> 程门另一高弟杨龟山(时)倡道东南，再传弟子李侗(延平)即为朱子之业师。但朱子并未契于龟山一系的“默坐澄心”之教，且不幸延平早逝，不得不自己努力，强探力索，苦参“中和”，一直到三十九岁才真正找到自己成熟的思路。朱子自述早年误以“性为未发，心为已发”，乃在未发上面用不上工夫，不免急迫浮露。后来仔细咀嚼伊川(程颐)遗教，特别是“涵养须用敬，进学则在致知”二语，才涣然冰释，为问题找到了满意的答案。从此认定性即是理，心则周流贯彻、通贯乎未发已发，在未发时只是涵养，已发之后则用省察。如此静养动察，分有所属，而敬贯动静，自此不复有疑。朱子所发展的是一心性情之三分架局。性即是理，而心是情，心统性情。这套思想的背景则是一理气二元不离不杂之形上学。理是超越而永恒的，气则是内在而具体的，性可以进一步解释为义理之性与气质之性。爱、情是气。心是气之精爽者，具众理而应万事。[3]

这就是朱熹别走蹊径直承程颐的思路。朱熹曾谓，“道理不可专要去静处求，所以伊川(程颐)谓只用敬，不用静，便说中了”[4]。朱熹是由“中和”问题的参究把握住制心的枢要的，其天理论之形上学由此逼出。对于《中庸》之“喜怒哀乐之未发，谓之中；发而皆中节，谓之和。中也者，天下之大本也；和也者天下之达道也。致中和，天地位焉，万物育焉”，朱熹认为喜怒哀乐是情，其未发是性，发而无所偏倚是中，发而皆中节是情之正。“无所乖戾，故谓之和”，“未发之前，万理备具”，而应事接物“能省察得皆合于理处”。[5] 这

① (宋)黎靖德编：《朱子语类》卷一〇二，《杨氏门人・罗仲素》，北京：中华书局，1986年，第2596页。

② (宋)黎靖德编：《朱子语类》卷一〇三，《罗氏门人・李愿中》，北京：中华书局，1986年，第2603～2604页。

③ 刘述先：《文化与哲学的探索》，台北：学生书局，1986年，第267页。

④ 转引自(清)黄宗羲、全祖望：《宋元学案》卷四九，《晦翁学案》，北京：中华书局，1986年。

⑤ (宋)黎靖德编：《朱子语类》卷六二，《中庸一》，北京：中华书局，1986年，第1509页。

就肯定人有“自发自律自定方面而非在感官觉感中受制约的超越道德本心”。[①] 故其格物穷理、应对万事无不廓然贯通，合乎道德天理。

对于朱熹思想之上承脉络，今知名学者蔡仁厚有综合的说明。他述说：

> 朱子之学，直承程伊川（颐），而并不承续杨龟山（时）、罗豫章（从彦）、李延平（侗）之慧命。……三人之学，皆从《中庸》“观未发之中”入，乃明道（程颢）先生所授。有独立意义，非朱子所可概括。[②]
>
> 从师承上说，朱子当然是延平弟子。但若专就理之脉传而言，朱子实不传龟山、延平之学。黄梨洲所谓“龟山三传而得朱子，而其道益光”，其实只是单从师承上说的仿佛之见。朱子所光大的，乃是伊川之道，并非龟山之道。龟山一脉，实到延平而止。[③]

可见，程颢、游酢、杨时、罗从彦、李侗是一系，在闽中至李侗而止。朱熹思想不是附此系而发展壮大起来的，而是直承程颐等人的核心思想。就闽学渊源于洛学来说，闽学属于程颐、朱熹一系。

需要特别指出的是，闽中历代学者，如明朱衡的《道南源委》、清蒋垣的《八闽理学源流》、清李清馥的《闽中理学渊源考》等，皆把朱熹之前的闽中理学与闽学等同起来，认为它们都是闽学。这种讲法是有道理的。事实上，道南学与闽学是紧密地联系在一起的，可以说没有道南学就没有闽学。闽学是在道南学的基础上创立起来的。道南学不只是“静复以见体”的体证工夫，还有许多其他方面。先后相继的学术派别，后者对于前者，有继承也有摒弃，是学术思想发展的一般规律。这就是冯友兰所说的，不是“照着讲”，而是“接着讲”。[④] 照此，认为朱熹绕过杨时、李侗等闽中早期理学家的思想，直承程颐，所谓“程朱理学”，即程颐朱熹理学，是不全面的、片面的，是绝对化的说法。朱熹等理学家在研究“四书”等的著作中，大量引用游酢、杨时、李侗等人的观点说明自己的思想。以朱熹为代表的闽学，集濂、洛、关等诸学术派别以至整个传统文化之大成，不可能对自己一脉相承的业师思想没有继承关系。

宋代理学，号称“濂洛关闽”，前三者形成于北宋，而朱熹闽学则起于和

---

① 牟宗三：《心体与性体》，台北：正中书局，1996 年，第 327 页。

② 蔡仁厚：《哲学史与儒学评论》，台北：学生书局，2001 年，第 184 页。

③ 蔡仁厚：《新儒家的精神方向》，台北：学生书局，1982 年，第 211 页。

④ 冯友兰：《三松堂全集》第 4 卷，郑州：河南人民出版社，1986 年，第 5 页。

大成于南宋。它们有不可分开的关系，而关系再密切也是前后两个部分，有的人称道南学为“前闽学”。①

二、道南学是儒学正宗

游酢、杨时生活在两宋之间，其学术活动和思想形成主要是在北宋末年和南宋初年。北宋新儒学的代表者主要是周敦颐、程颢、程颐、张载、邵雍，被称为北宋五子。邵雍另成系统，就前四子研究北宋新儒学。据研究，此四子分成两个体系：一是周敦颐、程颢系，以程颢为主，下开以胡宏、张栻为代表的湖湘学统和以游酢、杨时为代表的道南学统，道南学统主要还有罗从彦、李侗，即所谓游、杨、罗、李。二是张载、程颐、朱熹系，主要是程颐、朱熹。据当今新儒学家牟宗三研究，周敦颐、程颢系“这条路线是宋学的正宗”，是新儒学的正宗。而程颐、朱熹系，至朱熹集大，也是宗主，称为“别子为宗”，即其源头程颐非正宗。此是借用中国古代宗法制嫡长子孙为大宗、正宗的说法。明代福建理学家马明衡说：“大宗无子，族人以支子后大宗，此为宗法而言之。宗法之立，岂所以为天子诸侯设乎？故曰：‘别子为祖，继别为宗。’别子者，诸侯之庶子也。”②牟宗三认为：

> 程明道(颢)讲仁有两个意思。仁就是主观地讲的道体，可以跟客观讲的道体同一，这就是以“一体”说仁，是明道讲仁的第一个意思；第二个意思是以“觉”训仁，反过来说，仁就是不麻木。这两个意思是一个意思。有感觉、不麻木，有感通，就涵着“一体”，“一体”从感通来，所以这两个意思是相连的。……程明道提出来的以“一体”说仁、以“觉”训仁这两个观念后，他的后学中，杨龟山喜欢讲“以一体说仁”，谢上蔡喜欢讲“以觉训仁”。杨龟山、谢上蔡是二程门下的两个大弟子。朱夫子批评杨龟山“以一体说仁”，批评谢上蔡讲“以觉训仁”，其实是批评程明道。③

游酢就是“一体”说仁的，把仁之主观的道体跟客观的道体同一，谓“仁

---

① “前闽学”是林拓提出的，见林拓：《文化的地理过程分析：福建文化的地域性考察》，上海：上海书店出版社，2004年，第27页。

② (明)马思聪、马明衡、马朝龙撰，王传龙、何柳惠编校：《莆田马氏三代集》，武汉：武汉大学出版社，2018年，第213页。

③ 牟宗三：《宋明儒学的问题与发展》，上海：华东师范大学出版社，2004年，第117～118页。

者，人也。仁为众善之首，故足以长人，犹之万物发育乎春而震为长子也”。[①]

为什么周敦颐、程颢系为新儒学之正宗呢？因其渊源于孟子，而程颐、朱熹系则是渊源于荀子。孔子创立的儒学，是由孟子和荀子真正继承发展起来的。孟子沿着孔子的“性相近”[②]往前发展，提出性善。而荀子却主张性恶，缺乏内圣成德之教，偏离儒家道统之主流。所以后世仅称“孔孟之道”。对于程（颐）朱与程（颢）陆王分疏之源流，蔡元培说得很清楚。他在《中国伦理学史》中论曰：

> 宋之理学，创始于邵、周、张诸子，而确立于二程。二程以后，学者又各以性之所近，递相传演，而至朱、陆二子，遂截然分派。朱子偏于道问学，尚墨守古义，近于荀子。陆子偏于尊德性，尚自由思想，近于孟子。朱学平实，能使社会中各种阶级修私德，安名分。故当其及身，虽常受攻讦，而自明以后，顿为政治家所提倡，其势力或弥漫全国。然承学者之思想，卒不敢溢于其范围之外。陆学则至明之王阳明而益光大焉。
>
> 伊川与明道，虽为兄弟，而明道温厚，伊川严正。其性质皎然不同，故所持之主义，遂不能一致。虽其间互通之学说甚多，而揭其特具之见较之，则显为二派。如明道以性即气（按：此不确切），而伊川则以性即理，又特严理气之辨。明道主忘内外，而伊川则特重寡欲。明道重自得，而伊川尚穷理。盖明道者，粹然孟子学派；伊川者，虽亦依违孟学，而实荀子之学派也。其后由明道而递演之，则象山、阳明。由伊川而递演之，则为晦庵。所谓学焉各得其性之所近者也。
>
> 宋之有晦庵，犹周之有孔子，皆吾族道德之集大成者出。……晦庵学术，近以横渠、伊川为本，而附益之濂溪、明道。远以荀卿为本，而用语则多取孟子。……当朱学成立之始，而有陆象山；当朱学盛行之后，而有王阳明。虽其得社会信用不及朱学之悠久，而当其发展之时，其势几足以倾朱学而有余焉。大抵朱学毗于横渠、伊川，而陆、王毗于濂溪、明道；朱学毗于荀，陆、王毗于孟。以周季之思潮比例之，朱学纯然为北

---

① （宋）游酢：《宋·游酢文集》，延吉：延边大学出版社，1998年，第19页。

② 《论语·阳货》。

方思想，而陆、王则毗于南方思想也。[①]

蔡元培主要讲了四个问题：一、程（颐）、朱与程（颢）、陆、王分别上承荀子、孟子。二、因孟子与孔子是一脉相承的，故程（颢）、陆、王之学是儒学正宗。三、朱学集儒学之大成。四、基于汉唐北南学术思想的不同：北方两汉经学盛行，尚实学，朱偏于道问学、穷理，“纯然为北方思想”；南方魏晋玄学盛行，尚玄思，陆、王偏于尊德性，“重自得”，则“毗于南方思想”。

宋明理学一般分陆（九渊）王（阳明）心学和程（颐）朱道（理）学。上述程颢系与程颐系，是和陆王心学与程（颐）朱理学相对应的，可以说后者是前者的发展。陆、王之上，很少有人深入研究，其实也就是程（颢）陆王心学。程颢、程颐兄弟思想的差异衍变为后来的两系。程（颐）朱理学主张“性即理”，即程颐谓“性即理也。所谓理，性是也”[②]。程（颢）陆王心学，程颢有“心即理”的意思，曾谓“心是理，理是心”[③]，后来衍变为陆王的“心即理”。陆九渊认为二程思想，“伊川（颐）蔽固深，明道（颢）却通疏”[④]，肯定程颢，因而将程颢思想推阐扩充，形成自己的“心即理”的思想体系。所以陆王心学应是程（颢）陆王心学。[⑤] 列示如下：

北宋理学
- 周敦颐、程颢 —— 胡宏、张栻：湖湘学派；游酢、杨时：道南学派 —— 陆王心学（儒学正宗）
- 程颐、张载 —— 朱熹：程朱理学（闽学，别子为宗）

游酢、杨时是程门四大弟子之前两人，历来称其学为“道南正脉”“程氏正宗”，是符合实际的。综合《杨龟山先生年谱》的记载可见：

> 时明道（程颢）之门，皆西北士，最后先生（按：指龟山）与建安游定夫酢往从学焉。于言无所不说，明道甚喜。每言杨君最会得容易，独以大宾敬先生。后辞归，明道送之出门，谓坐客曰：“吾道南矣！”时谢显道亦在，为人诚实，但聪悟不及先生（按：指龟山）。故明道尝言杨君聪明。元符间，伊川（颐）先生归自（涪）陵，见学人多从佛学，独先生与谢（良

① 蔡元培：《中国伦理学史》，北京：中国和平出版社，2014年，第119、143～153页。

② （宋）程颢、程颐：《二程集》，北京：中华书局，1981年，第292页。

③ （宋）程颢、程颐：《二程集》，北京：中华书局，1981年，第139页。

④ （宋）陆九渊：《陆九渊集》卷三四，《语录上》。

⑤ 徐远和：《洛学源流》，济南：齐鲁书社，1987年，第183～190、274～275页。

佐)不变,因叹曰:"学者多流于夷狄,唯有杨、谢长进。"[①]

游酢、杨时"道南"之"道"是正宗新儒学,是内圣外王之学,以故后世历有定论:"孔孟之道得二程而明,故朱子以二程继闻知之统;二程之教得游、杨而广,故先儒以游、杨为亲炙之宗。"[②]后来,因朱熹集大成,名气大,把"源头",即游酢、杨时"道南"之学的儒学正宗地位掩盖了。这是把中华文化发展史上继往开来、承前启后的伟大思想家埋没了。

后世一直是对游酢"不公道"的。明清时代学者所撰之闽学史,皆褒杨贬游,如晋江刘廷昆的《闽学传宗》、建瓯杨应诏的《闽学源流》、安溪李清馥的《闽中理学渊源考》、惠安黄廷玉的《闽中文献录》等。此后人云亦云,旧说相因,没有人进行具体分析。直至近现代,仍然是如此,国学大师钱穆认为游酢"逃禅"[③],予以批判。其实这是一种误解,游酢是以儒学融合释、道之学的宋学思维方式,由此形成一种学以致用、传统为现实服务的学风。在此基础上才有朱熹等理学家总结出外来文化中国化的一般模式。[④] 匡亚明主持的声势浩大的南京大学中国思想家研究中心,邀请最知名的中国思想史专家,诸如冯友兰、张岱年等,反复论证,确定200个人物为传主,请国内外专家撰写"中国思想家评传丛书"。历时10年,于2009年完成,却无游酢、杨时。侯外庐主编的多卷本《宋明理学史》,200多万字,1984年由人民出版社出版,仅以游酢"无多大建树"[⑤]五字了之,置而不论。20世纪以来,正式发表有关研究游酢的学术论文不过十余篇,这说明至今对游酢及其思想的研究十分冷落。

如此这般,显然是"不公道"的,对阐明中华文化的发展规律是十分有害的。知名学者蔡仁厚曾谓:"今观游氏文集,不但未见佞佛之言,且能指出释氏谬妄。故'游氏入禅'之说,应属浮论。"着力呼吁要"还先贤以公道"。[⑥]因此,加强对游酢、杨时的研究,填补中国思想史上这段空白,是非常有价

① (宋)程颢、程颐:《二程集》,北京:中华书局,1981年,第428～429页;(宋)杨时:《杨时集》,福州:福建人民出版社,1993年,第1115～1116页。

② (宋)游酢:《宋·游酢文集》卷首,清左宰序,延吉:延边大学出版社,1998年,第18页。

③ 钱穆:《朱子新学案》,成都:巴蜀书社,1987年,第864页。

④ 陈寅恪:《审查报告》,见冯友兰:《中国哲学史》附录,上海:商务印书馆,1934年。

⑤ 侯外庐:《宋明理学史》,北京:人民出版社,1984年,第180页。

⑥ 高令印:《游酢评传》,江右蔡仁厚序,香港:中国翰林出版公司,2002年,第3～4页。

值、有意义的。

三、"内圣外王"之学

孔子创立的儒学，到西汉董仲舒提出"独尊儒术"，便成为中国的主体文化思想。中国的主体文化思想是中华民族的精神支柱和生活方式，像衣食住行一样，是不可须臾离。其核心价值可以概括为内圣成德与外王事功，即"内圣外王"。就是《大学》所讲的"修身、齐家、治国、平天下"。所谓"外王"，就是用王道、文化治理天下，此是与"霸道"、武力相对称的。"外王"的前提是"内圣"，无"内圣"就无"外王"。此就是"道统"，是民族文化生命的常道——生活的原理和生命的途径。其内在本质是由孔子的"仁"而开发出的内圣成德和外王事功之教。宋代新儒学就是要恢复和发扬儒家的"内圣"之学。

程颢谓，"吾学虽有所受，'天理'二字却是自家体贴出来"，因此"天理"论是其学的特点。程颢是如何"体贴""天理"的呢？他有段话可以帮助我们去理解：

> 万物皆只是一个天理，己何与焉？至如言："天讨有罪，五刑五用焉；天命有德，五服五章哉。"此都只是天理，自然当如此。人几时与？与则便是私意。有善有恶，善则理当喜。如五服自有一个次第以章显之。恶则理当怒。彼自绝于理，故五刑五用。何尝容心喜怒于其间哉？舜举十六相，尧岂不知？只以他善未著，故不自举。舜诛四凶，尧岂不察？只为他恶未著，那诛得他？举与诛，曷尝有毫发厕于其间哉？只有一个义理，义之与比。[①]

在程颢看来，天秩、天序、天命、天讨、天伦、天德，可以概括为天理，是天理之当然。程颐说："天有是理，圣人循而行之，所谓道也。"[②]天理是实实在在的，天理是实理，是道德意识、德性生命的体现。"圣人循天理"即道，就是社会以至自然界都遵天理这个实理。程颢所反复强调的仁与万物浑然为一体，即是天理，被称为"一本论"。他主张默坐澄心，于喜怒哀乐未发之际体会天下之大本，即天理，从而达到道德人格的贤圣境界。他说："圣人本天，

---

① （宋）程颢、程颐：《二程集》，北京：中华书局，1981年，第30页。

② （宋）程颢、程颐：《二程集》，北京：中华书局，1981年，第274页。

释氏本心。”[①]圣人是崇高人格的化身，是人们所企及的最高目标和最高境界。

游酢、杨时就是沿着程颢的这种思维模式建立自己的思想体系的，沿着儒学正宗的方向发展的。他们反复研读《大学》《中庸》《论语》《孟子》“四书”。在现存《游酢文集》《杨时集》中，对“四书”的论说是其主要内容。《游酢文集》共八卷，其中四卷是书函、诗文，其他四卷是《论语杂解》《孟子杂解》《中庸义》《易说》《二程语录》，篇幅占全书的三分之二。其中讲得最多的是内圣成德和外王事功。游酢于30岁中进士后，历任知县、知府、监察御史，于民情困苦之际，处之裕如，民不劳而事集。所以史称他有治世之才。处于兵革动荡之世，其才足以应事变而安民。这是一般理学家比不上的。

游酢反复强调，由内圣而外王。他在《论语杂解》中述说：

> 修身之学可以自强矣！正心以修身，自强而不息，此孔子所谓好学，而颜子所以三月不违仁也。若夫绝学者，则心无所于正，身无所于修，暖然似春，凄然似秋，天德而已。此圣贤之辨也。[②]

此讲儒家的“为己之学”。在儒家看来，格物致知的内涵主要是学。“正心”即正心诚意。通过学习而正心，自强不息，就可以达到修身的目的。游酢又在《中庸义》中述说：

> 欲修其身，先正其心，知微之显也。夫道视之不见，听之不闻，而常不离心术日用之间，可不谓显矣乎？所谓德者，非甚高而难知也，甚远而难至也，举之则是。[③]

游酢强调的是，《大学》之修身、齐家、治国、平天下，是合内外之道的，即由内圣而外王。“《大学》自诚意、正心至治国、天下平，只一斑。此《中庸》所谓‘合内外之道’也。”[④]游酢当时提出两项重大治国之策：一是“倡清议于天下”[⑤]，即由民众对官僚士大夫的优劣好坏进行公开评议。用今天的话讲，就是实行民众监督，由民众、舆论使他们改邪归正。这在当时是极其难能可贵的。二是在太平时想到不太平。他在《陈太平策》中述说：

> 毋谓四海已合，民生已泰，可以安意肆志而不思。否泰相因，离合

① (宋)程颢、程颐：《二程集》，北京：中华书局，1981年，第274页。

② (宋)游酢：《宋·游酢文集》，延吉：延边大学出版社，1998年，第100页。

③ (宋)游酢：《宋·游酢文集》，延吉：延边大学出版社，1998年，第147页。

④ (宋)游酢：《宋·游酢文集》，延吉：延边大学出版社，1998年，第167页。

⑤ (宋)游酢：《宋·游酢文集》，延吉：延边大学出版社，1998年，第100页。

相仍，大有可忧可虑者存也。若贾谊当汉文帝晏安之时，犹为之痛哭，为之流涕，为之长太息。方今之世，恐更甚焉，安得如谊者复生，为朝廷画久安长治之策？……高见远视之士，虽以斧钺在前，刀锯在后，岂能自已于言乎？[①]

杨时进一步指出述说：

《论语》之书，皆圣人微言，而其徒传守之，以明斯道者也。故于终篇，具载尧、舜咨命之言，汤、武誓师之意，与夫施诸政事者，以明至学之所传者，一于是而已。所以著名二十篇之大旨也。《孟子》于终篇，亦历叙尧、舜、汤、文、孔子相承之次，皆此意也。[②]

杨时还说，《孟子》一书，“只是要正人心，教人存心养性，收其放心。至于论仁、义、礼、智，则以恻隐、羞恶、辞让、是非之心为之端。论邪说之害，则曰‘生于其心，害于其政’；论事君，则曰‘格君心之非，一正君则国定’。千变万化，只说从心上来。人能正心，则事无足为者矣！《大学》之修身、齐家、治国、平天下，其本只是正心、诚意而已。心得其正，然后知性之善。故孟子遇人便道性善。欧阳永叔却言圣人之教人，性非所先，可谓误矣。人性上不可添一物。尧、舜所以为万世法，亦是率性而已。所谓率性，循天理是也。外边用计用数，假饶立得功业，只是人欲之私，与圣贤作处，天地悬隔”。[③]

此外，杨时还用“理一分殊”说分析道德伦理和人生。他认为最高的道德观念是仁，由其派出的道德观念是义。依“理一分殊”说遵循道德伦理，就是遵循“天理”。这也是通过“起心诚意”，使言行符合于天理。这就是他常说的“率性，循天理也”。他遵循程颢的教导，用“天理”贯串一切方面。他述说：

夫精义入神，乃所以致用；利用安身，乃所以崇德。此合内外之道也。天下之物，理一而分殊，知其理一，所以为仁；知其分殊，所以为义。权其分之，轻重无铢分之差，则精矣。[④]

游酢、杨时之学是“内圣”学，即“为己之学”，就是孔子所说的“古之学者为己”[⑤]。“为己之学”就是人生的“终极关怀”，刘述先进一步指出：

---

① （宋）游酢：《宋・游酢文集》，延吉：延边大学出版社，1998年，第163～164页。

② （宋）杨时：《杨时集》，福州：福建人民出版社，1993年，第1104页。

③ （宋）杨时：《杨时集》，福州：福建人民出版社，1993年，第1104页。

④ （宋）杨时：《杨时集》，福州：福建人民出版社，1993年，第476页。

⑤ （宋）朱熹：《论语集注》卷七，《宪问第十四》。

孔子说："古之学者为己，今之学者为人。"这就是说，做学问是为了解决自己内在的问题，不是做给人看的，最后孔子找到了仁，以仁为"终极关怀"。儒家的伦理是要解决自己内在的问题。你要改变社会，首先自己要站得起来。孔子当然说得不够明白，到了孟子把架构撑开，提出"尽心，知性，知天"。也就是说，生命的意义须往自己内心里去找根源，然后人的行为就发生社会的影响，"终极关怀"即是把你生命安顿在什么地方。生命的意义既已建立，就要进一步发扬光大，这就是文化的开创。[①]

习研中国文化，不仅能增加学术文化知识，更能使学者随着习研的深入和年岁的增加，对人生价值和生命追求的境界逐渐提高，越来越感觉到在精神上是充实和富有的。它要求自身圆满成就内在德性和外在事业，即"内圣外王"。这是人们终生奋斗的最高目标，称之为"终极关怀"。"终极关怀"是安顿自己生命的，要用全部的生命力去追求它。比如说，实现了外在的平等自由和物质生活富裕后，人生的意义价值在哪里？只是尽情地享用吗？在当今太平盛世，自由平等、物质生活富裕的人，为什么还有的去自杀？在实际生活中，生绝症、贫穷等生理、物质困惑的人求生的欲望至为强烈，而自杀者绝大部分是由于精神心理的困惑。这就是没有安顿好自己的生命。有人不懂得活着的意义价值，或失去活着的意义价值。一个人即使财产很多，但是他的内心还会空虚。唯一可以克服内心空虚的，是在自己内心树立起生命的意义价值。在游酢、杨时看来，人的道德伦理责任，不是基于外在的要求，是发自自己的生命力，是自己的生命力有这种要求。这种"终极关怀"，往政治、经济或科学、宗教里去找是找不到的，只能求诸自己。这就是孔子所说的"为仁由己"[②]。朱熹所说的"仁者，人之所以为人之理也"[③]，"譬如为山，未成一篑，止，吾止也；譬如平地，虽覆一篑，进，吾往也"[④]。这是孔子用堆山或平地成功与否全靠自己的努力程度来比喻"为仁由己"。游酢、杨时之学是成熟心智、健全人格、安身立命之学，是中华民族的精神支柱和生活方式。

---

① （香港）《九十年代月刊》1988年4月号。

② （宋）朱熹：《论语集注》卷六，《颜渊第十二》。

③ （宋）朱熹：《孟子集注》卷一四，《尽心章句下》。

④ （宋）朱熹：《论语集注》卷一，《学而第一》。

四、朱熹之后福建理学的繁盛

以朱熹为代表的福建理学于宋元间超出福建范围而成为国家主体文化思想和世界性学说之后，它在故乡福建仍然继续衍变发扬光大，著名的理学家层出不穷，使福建理学思想体系进一步完善和充实，具有十分丰富的文化学术内容，不仅完善和发展了朱熹的思想体系，还成为福建文化的核心，对福建文化的发展起了巨大的作用。清代闽籍学者陈衍锟在讲到元末明初福建著名理学家吴海时述说：

> 闽学之倡也始于龟山（按：指杨时），其盛也集于朱子，其末也振于西山（按：指真德秀）。又二百余年，而剩夫陈氏（按：指陈真晟）、翠渠周氏（按：指周瑛）、虚斋蔡氏（按：指蔡清）。向非有先生（按：指吴海）之辟邪崇正，傺然挺出于绝续之间，何以继以往而启将来哉！[①]

这里陈衍锟讲杨时是福建闽学的创始者，实指闽中早期理学，即道南学。陈衍锟所强调的是，在朱熹之后，吴海在福建理学发展过程中居有继往开来的关键性地位。对吴海之后的明代福建理学，清代闽籍学者李清馥述说：

> 由元阅明成化间，蔡虚斋、陈剩夫、周翠渠诸贤，后先生（按：指朱熹）讲学，称一时之盛。中明以后，学术漓杂。[②]

“学术漓杂”，是指明中叶王阳明心学出现后，攻击朱子学，全国朱子学急趋下坡。阳明学是经由朱熹后学，南宋末年的真德秀、魏了翁，元朝的许衡、吴澄，明朝的吴与弼、陈献章等人，从朱子学中发展分化出来的，然后与朱子学相对立。这在哲学上叫作异化，即从母体分化出来后又和母体相对抗。这在日常生活中的实例是很多的。王阳明始终打着朱子学的旗号与朱子对立，如其撰编《朱子晚年定论》等。但是福建朱子学却在和阳明学的辩论中有一定的发展，福建理学至清代而不衰。清代闽籍学者李光地述说：

> 吾闽辟在天末，然自晦庵朱子以来，道学之正为海内宗。至于明兴科名，与吴越争雄焉。[③]

“与吴越争雄”，就是福建朱子学在与以阳明学为代表的江浙文化并驾

---

① （元）吴海：《闻过斋集》卷首，蔡衍锟：《闻过斋集序》。

② （清）李清馥：《闽中理学渊源考》卷首，《原序》，南京：凤凰出版社，2001 年。

③ （清）李光地：《重修文庄蔡先生祠序》，榕村全书本。

齐驱，不相上下。当时虽有晋江王慎中和李贽、莆田陈茂烈等在福建宣扬推广阳明学，但是由于福建朱子学的强盛，福建阳明学没有形成比较一致的学术派别。特别是清代初年，李光地等福建理学学者，为纠正明中叶以来阳明学对朱子学诋毁所造成的影响，竭力提倡朱子学，使福建理学复兴强盛起来。

由两汉开创的中国古代思想学术的思维方式——经今古文学，到了宋明，又演变成为宋汉之学。清代前期以朱子学为核心的宋学盛行。一般认为，当时的宋学程朱学派，以李光地、汤斌、张履祥、陆陇其等为代表。李光地是清初提倡朱子学的代表者，使福建理学在理论和实践上都达到了那个时代理学的最高水平。经今文学与宋学接近，强调"经学即理学"，通过义理思辨，重在发扬经书中的"微言大义"，倾向于哲学。在福建仅有个别学者由理学（宋学）转治汉学，如福州陈寿祺等。清知名今文经理学家方东树（安徽桐城人）用功于心性之学，认为朱熹与孔孟无二。别人所著书凡与朱熹著述抵触者，他便进行辩解。他所著《汉学商兑》为宋学辩护，力诋汉学之非。他在该书自序中述说：

> 近世汉学，辟宋儒、攻朱子，以言心言性言理为厉禁。观其所著书，不出于训诂小学、名物制度。弃本贵末，违戾诋诬，于圣人躬行求仁修齐治平之教，一切抹煞，名为治经，实足乱经；名为卫道，实则畔道。①

方东树批判汉学多切中要害，清代苏惇元在《方东树传》中谓方东树的《汉学商兑》"书出，汉学遂渐熄"。果然，汉学之古文经学派在此以后不久就一落千丈，被今文经学派公羊学家所代替。

清代还有王懋竑（江苏宝应人）撰著《朱子年谱》，捍卫朱子学。特别是清人张伯行（河南仪封人）在抚闽期间，编辑《濂洛关闽书》19卷，闽士翕然向风，大开福建理学研究之风。

第四节 福建理学的文化地位和研究价值

一、福建理学的地位和特点

福建理学的重大特点和优点，是著述的义理诠释与事迹的考察辨析并

---

① （清）方东树：《汉学商兑》卷首，方植之全集本。

行，形成福建理学思想研究的两个大领域。

福建理学思想的核心命题是“性与天道”，以此为核心，论及经学、哲学、道德、宗教、文学、美学、科学、教育、史学、政治、经济等中国文化的诸个领域。性，即人性，理学家也讲物性。先秦典籍《中庸》说：“天命之谓性，率性之谓道，修道之谓教。”《易・乾卦・彖辞》说：“乾道变化，各正性命，保和太和，乃利贞。”提出性、道、教三个范畴。理学家沿着这三个范畴，综合《大学》《孟子》《论语》等，探讨“性与天道”的问题。他们以儒学为主干，吸取释、道之学等诸种传统思想，结合现实社会的需要而发展起来，并由地域性学派上升为国家的主体思想。

福建理学思想体系的出发点是天理论。他们所继承的是儒家的“为己之学”，朱熹之后的闽学学者称之为“治心之学”，把成就“内圣成德和外王事功”作为核心价值。他们是由躬行践履来展示自己的天理论思想体系的。一般处理理学思想之不当，乃是由于受到西方主客观相分立二元论思想的影响，先由其形上学天道观讲起，然后才讲他的心性论、践履论。这样的讲法是整个的本末倒置，以致把握不到理学思想的核心价值之所在。

闽学的创立者朱熹，是由“中和”问题的参究把握住制心的枢要的，其天理论之形上学由此逼出。这就是遵循孔子的下学（日用践履）上达（心性理天）的“为己之学”“内圣之学”之教的。朱熹述说：

> 道学不明，元来不是上面欠却工夫，乃是下面元无根脚。若信得及，脚踏实地，如此做去，良心自然不放，践履自然纯熟。[①]

这种由具体体会抽象的思维模式，是闽学学者代代相传的。直到清代，著名的理学家李光地奉旨纂辑《朱子全书》，其架势仍是从小学、大学讲起，然后及于天道性命之说。清张伯行在讲到明理学家陈真晟时述说：

> 吾儒之学则不然，以穷理为端，以力行为务。体之于身，而实推之于家国天下而无不当。至语其本源之地，不过曰此心之敬而已。[②]

这就是说，闽学是唯理的和实践的学问。具体就是以格物穷理和居敬存养并进互发为主旨的新儒学。他们遵循程氏的“涵养须用敬，进学在致知”的教导，将居敬存养即实践工夫作为学说加以提倡。这是闽学所独具的特色。闽学的居敬存养包含两个要素：一是内在的心性存养，二是对天理的

---

① （宋）黎靖德编：《朱子语类》卷一四，《大学》，北京：中华书局，1986 年，第 250 页。

② （清）张伯行：《正谊堂文集》卷七，《陈布衣文集序》。

体认。这两者是紧密联系着的,是不可分割的整体。

福建理学是“为己之学”,是“内圣之学”,他们自己概括为“治心之学”。朱熹所到之处为“过化”,就是因为朱熹以身教人。明知名理学家陈真晟认为要先得朱子之心,“拳拳以主敬穷理修己为首训,以口耳浮靡之习为痛革,正与程朱心教之法相表里,真所谓大哉皇言者矣”,“以程朱心学以端国本,澄治源而正风化”[①]。“主敬穷理”就是治心。清童能灵述说:

心者万化之源,由心而著之于身,则为言行;由心而施之于事,则为政教。古人之学必先有以治其心。治心之道奈何?曰:必欲其清而不欲其浊也,欲其定而不欲其扰也。由是内以检其身而枢机不失,外以施诸事而正教旁达焉。[②]

为了阐发朱熹的治心之学,陈真晟著《心学图说》,把主敬存心(穷理)和知行并进两个方面结合起来,强调“治心修身”是朱子学的入门要道。[③] 清张伯行深刻地评析道:

或问余曰:陈布衣(真晟)先生之书多言心学,近世立言之士谓心学,异端之教也。先生以之为言可乎?予应之曰:横渠谓观书当总其言以求作者之意,如不得其意,而徒以言,则圣贤之言,其为异端所窃而乱之者,岂可一二数!孔子言道德,老子亦言道德。言道德同,而其为道德者不同。吾儒言心,释氏亦言心。孔子曰:“从心所欲,不逾矩。”孟子亦曰:“学问之道无他,求其放心而已。”释氏乃曰:“即心是佛。”是释氏徒事于心,何尝知学。吾儒之用功则不然,以穷理为端,以力行为务。体之于心,而实推之于家国天下而无不当。至语其本源之地,不过曰此心之敬而已。自尧舜以讫周公、孔子,自孔子以迄周、程、张、朱,未有能舍是以为学者。上蔡谢氏曰:“常惺惺法,在吾儒言之则为敬,在释氏之则为觉。”先生之言心,不过谓其活变出入无时,非主敬无以操持之也。可与异端之虚无寂灭同日语哉![④]

---

① (明)陈真晟:《陈剩夫集》卷二,《再上当道书》,上海:商务印书馆,1935 年,第 23 页。

② (清)童能灵:《冠豸山堂全集》卷三,《澄心堂碑记》,清光绪二十三年(1897)连城活字排印本。

③ (明)陈真晟:《陈剩夫集》卷二,《答耻斋周轸举人书》,上海:商务印书馆,1935 年,第 32 页。

④ (清)张伯行:《正谊堂文集》卷七,《陈布衣文集序》,上海:商务印书馆,1936 年,第 92 页。

朱子闽学的心学为认识论和道德修养论，陈白沙、王阳明心学派的心学则是本体论。陈真晟言“此心之敬”与心学派言“吾心之体”，与禅宗讲“即心是佛”，语句相同而实质不同，正如孔子、老子皆言道德，其含义各异；子思、陆九渊皆言尊德性，其本质不同；韩愈、朱熹皆言道统，而途径背驰。福建理学的这套践履程序，展现出其丰富多彩的文化内容和实用价值。

理学学者是思想家、哲学家、教育家，更为重要的是文化家。在对他们的思想研究中，学者应特别注重其以文教化的功能。他们以言教人，更为重要的是以身教人。朱熹所到之处叫“过化处”，是其后历代文化教育和精神文明昌盛的中心。直至今天，走一趟“朱子之路”，其道德意识就有显著的提高。反复走“朱子之路”，已成为社会主义精神文明建设的一个途径。

二、福建理学研究的意义和方法

福建理学的传承与衍变，到清末民初基本终结。其后是对它的研究与发扬，古为今用。

在中国近代，西学东渐，冲击国学，特别是五四新文化运动时期，把国家的落后、民族的受辱错误地归罪于传统文化上，“打倒孔家店”，福建理学受到批判。但是曾国藩、唐鉴、张之洞、严复、辜鸿铭、冯友兰、梁漱溟等，推崇维护朱子学。唐才常的《〈朱子语类〉已有西人格致之理条证》(1898)、谢无量的《朱子学派》(1916)、辜鸿铭的《中国文明的历史发展》(1924)、周予同的《朱熹》(1929)、吴其昌的《朱子之根本精神——即物穷理》(1930)、唐文治的《紫阳学术发微》(1930)、吕思勉的《理学纲要》(1931)、陈中凡的《两宋思想述评》(1931)、冯友兰的《朱熹哲学》(1932)、姚廷杰的《朱学钩玄》(1934)、高名凯的《朱子论心》(1935)等，是这个时期重要的朱子学著作。这些著作的作者都是这个时期知名的学者，他们都十分肯定朱子学、理学的学术文化价值，特别是试图从其“即物穷理”等思想中疏导出现代科学意识，寻求中国现代化的文化传统精神。

民国十九年(1930)阴历九月十五日朱熹诞辰日前后，全国学术界开展了纪念朱熹的活动，全国性报刊出版专号。如 10 月 27 日，上海《大公报·文学副刊》出版专号“朱晦翁诞生八百年纪念”，刊出吴其昌《朱子之根本精神——即物穷理》等多个知名学者的文章，发扬朱熹的文化思想。在朱熹长子朱塾的繁衍地建瓯博士府举行了“朱文公诞生八百周年”祭祀，持续 3 天。由当时省教育厅督导叶积新、建瓯县县长刘达潜等轮流主持“官祭”。参加者除闽北朱氏、社会名流外，还有国外人士。

20 世纪 30 年代，福州福建协和大学成立福建文化研究会，创办《福建文化》杂志。1937 年 4 月，《福建文化》第 4 卷第 24 期刊出“福建理学”专号，把历代福建理学系统概括为“福建文化”，以朱熹为代表的闽学是福建“大文化”的核心部分，可以说是福建理学发展的新阶段。

大公報

中華民國十九年十月二十七日

文學副刊

朱晦翁誕生八百年紀念

一、朱子之根本精神—即物窮理（吳其昌）
二、朱熹與黑格爾太極說之比較觀（賀麟）
三、關於朱熹太極說之討論（素痴）
四、朱子治學方法考（吳其昌）

朱子之根本精神—即物窮理

吳其昌

图 1-16 1930 年 10 月 27 日上海《大公报》出版纪念朱熹诞生 800 周年专刊

到了现代，认为理学是唯心主义，曾一度受到批判。特别是 20 世纪后半期，“文化大革命”期间，在“批林批孔”运动中，南方批判“孔子第二”朱熹，朱熹及其后学的思想受到严厉批判，闽学事迹受到不同程度的破坏。如当时出版的《朱熹的丑恶面目》《朱熹丑史》《批判朱熹专辑》等，书内目录和文章题目就使人啼笑皆非，诸如“反理学的鼓吹者”“反法的急先锋”“两面三刀”“朱熹理学是杀人的软刀子”等。[①] 但正是在这十分严峻之时，福建人极力维护闽学事迹和闽学学说。在闽北，知名者有张木良、蒋步荣、朱清、金文钦、马照南、朱庆珪、黄向阳、庄炳璋等。厦门大学教授陈在正、周祖譔、李家田、高令印等，被上级派至闽北“批林批朱”，但他们不仅不“批朱”，还保护和

① 分别是上饶地区革委会：《朱熹的丑恶面目》，南昌：江西人民出版社，1975 年；福建师范大学历史系：《朱熹丑史》，福州：福建人民出版社，1976 年；建阳地区宣传组编：《批判朱熹专辑》，1975 年。

搜集大量闽学事迹，如在建瓯发现丢弃于乱石中的朱熹“对镜写真题以自警”石刻碑，极其珍贵。后来高令印撰写出版的《朱子事迹考》，主要依据这个时期搜集的文献。当时厦门大学校刊室下放闽北的干部陈天霖，把朱熹在闽北的遗迹大部分拍摄成照片，撰写成《武夷山水》一书。[①] 所有这些，是在严峻时期保护了朱熹事迹和传播了朱熹思想。

到了改革开放以后，基于精神文明建设和物质文明建设相结合，中国社会科学院、中国哲学史学会等国家学术单位和知名学者，倡导研究和发扬宋明理学。1981 年 10 月，由中国哲学史学会、浙江省社会科学院在杭州联合举办全国宋明理学学术讨论会，首次邀请美国、日本等海外学者参加，引导了以后国内外研究程朱理学的大方向，省内外以至国外形成研究朱子学的热潮。1982 年 7 月，在美国大力研究和传播朱子学的陈荣捷教授在美国夏威夷大学发起举办第一届朱子学国际学术讨论会。1985 年 8 月，日本筑波大学举行第八届退溪学国际学术讨论会。1987 年 1 月，香港中文大学举行第九届退溪学国际学术讨论会。福建是朱熹的故乡，厦门大学有朱子学研究的优良传统。1987 年 12 月，厦门大学发起与福建省社会科学院、福建省社会科学联合会、福建省中国哲学史研究会、厦门市社会科学联合会、闽北闽学研究会等单位在厦门联合举办朱子学国际学术讨论会，国内外 129 位专家学者出席会议，知名的朱子学专家大都出席。诸如美国狄百瑞、陈荣捷、成中英、黄秀玑、田浩，德国余蓓荷，加拿大秦家懿，日本冈田武彦、佐藤仁、高桥进、沟口雄三，中国刘述先、张岱年、任继愈、朱伯崑、邱汉生、张立文、沈善洪、包遵信、虞思，等等，精英齐聚一堂，主题讨论朱熹的哲学、经学、伦理、教育等思想特征、价值和意义，以及朱子学在世界的传播和发展。之后相继有武夷山、台北等朱子学国际会议召开，大大推动了朱子学研究的国际化趋势。

鉴于当今世界对儒家思想现代化的研究热潮，学者们自然对集儒家思想之大成的朱子学也加以特别重视。海内外国际频繁地举行朱子学和与朱子学有关的国际学术会议，特别是对朱子学的分支朝鲜半岛退溪学的研究热潮，对福建理学研究产生了很大的影响和促进作用。很多福建学者对朱熹之后闽学故乡的理学的衍变和发展，它在福建开发和文明中所起的重大作用，以及它在国外的传播和影响，等等，都进行了深入的研究，频繁地举行

---

① 陈天霖：《武夷山水》，福州：福建人民出版社，1980 年。

图 1-17 厦门朱子学国际学术讨论会代表留影

形式不断翻新的有关理学的活动，如举行研讨会、文化节、宗亲会，走“朱子之路”等，在学术、文献搜集整理上都取得了很大的成绩。

对朱熹之后的福建理学的衍变和发展，南宋至清时代已有些学者进行研究。他们所编撰的理学“渊源”和“源委”之类的著作，多为罗列人头的纪传体，大同小异，没有综合论述福建理学的一般特点、历史作用和社会价值，对我们今天研究福建理学无多大借鉴之处。

我们今天研究福建理学，在资料上要全面搜集，在观点上要，运用马克思主义辩证唯物主义和历史唯物主义的理论和方法进行综合分析。古为今用，对照富强、民主、文明、和谐、自由、平等、公正、法治、爱国、敬业、诚信、友善等社会主义核心价值观，提高现代人的思想文化水平。我们应当立足本国，又面向世界，不断创新当代中国文化成果，既继承中华优秀传统文化，又弘扬新时代精神，使中华民族最基本的文化基因与当代文化相适应、与现代社会相协调，以人们喜闻乐见、具有广泛参与性的方式推广开来，把跨越时空、跨越国度、富有永恒魅力、具有当代价值的文化精神弘扬起来和传播出去。[①] 只有从这样的高度去认识福建理学思想的地位和价值，紧密地结合着社会主义建设和国家文化发展战略，努力实现其创造性转化、创新性发

① 参见黎昕：《闽学研究十年录》，福州：福建人民出版社，2015 年，第 2 页。

展，才能不断地提高福建文化的软实力、影响力和竞争力，把福建理学文化打造成国家级、世界级的文化品牌。

在福建理学的研究上，过去纯学术经院式的研究，扼杀了其生机和文化价值。因此，必须开拓福建理学研究的新境界，用解释的方法代替阐述的方法，在应用上下工夫，挖掘理学思想的借鉴、启示价值。

首先，在理学的观念中有今天人们照着做的部分。时代在前进，总要从已积累的哲学文化总体中把符合进步潮流的成果转化为现时代的文明。如"仁义道德"，其共性、超越性就适应现代社会。仁是确立人的主体性格，说明人的存在和价值；义则规定人在言行和思想中必备的德性素质。二者显示出人之所以为人的本质存在。朱熹说："仁者，人之所以为人之理也。然仁理也，人物也，以仁之理合于人之身而言之，乃所谓道者也。"[①]"仁义道德"是常理常道，我们今天可以照着做。

其次，赋予某些理学观念以现代价值。此即所谓"旧瓶装新酒"，也就是冯友兰所说的"抽象继承法"。朱熹说："释言空，儒言实。释言无，儒言有。……释言虚，吾儒实。释氏二，吾儒一。释氏以事理为不紧要而不理会。"[②]就是在佛家的空理中填进实理，便成为儒家的实理。利用佛家的外壳，装进新的内容。实际上，佛家的"月印万川"是理学家"理一分殊"的来源之一。

最后，创造性地诠释。中国古代经今文学，有所谓"六经注我"[③]等命题，主要就是创造性的诠释。对于理学的命题、观念，不仅指出其本意是什么，可以进一步指出应当、应该说什么，从中启发、引申出什么，等等。"应用"是一种加工、启示，可以保留其框架，装进新的内容，肯定其积极因素，抛弃其消极因素，从中悟出一些道理。这些道理可能是理学家本人也没有想到的，像有人从八卦中悟出二进制那样。例如，理学家的教学方法与现代教学改革、人才培养，理学家办书院的经验与当今社区书院的创办，理学家道德教育的得失与现代道德教育的结构，理学的伦理思想与现代的社会病，朱

---

① （宋）朱熹：《孟子集注》卷一四，《尽心章句下》，《四书五经》，北京：中国书店，1985年，第112页。

② （宋）黎靖德编：《朱子语类》卷一二六，《释氏》，北京：中华书局，1986年，第3015页。

③ （清）章学诚：《文史通义》卷一，《内篇一·易教上》，长沙：岳麓书社，1993年，第1页。

陆之争与现代学术争鸣，等等。[①] 当前学界着重于探讨朱子学的发展启示和现代价值等具有强烈时代感和现实感的议题。这种开启理学研究新境界的势头，是时代和现实的要求和需要，是理学研究的正确方向。

福建理学在宋明理学中特别突出的特点，是强调成贤成圣，是治心之学，是"内圣外王"之学。以传统方式按学科分类、不同角度的研究已趋向饱和，再这样继续下去，会在过去已涉及的理、气等问题上兜圈子，难有突破性的进展。特别是很多研究成果缺乏可读性和普及性，作者群即读者群，在理学著作的范围内反反复复，扼杀了其思想的生机和文化价值。因此，必须继往开来，开发出福建理学思想研究的新领域和新境界。

① 饶祖天：《朱子学研究方法的新开拓》，《上饶师范学院学报》（朱子学专刊）1987 年第 2 期。

第二章

唐五代的福建理学

中国文化是以儒家思想为主体的儒、佛、道三大形态，这是中华民族的精神支柱和生活方式。经过汉唐时期，儒家思想的主体地位发生了动摇，即所谓道统中断，于是必须复兴儒家思想。首先打出复兴儒家思想旗帜的是唐代韩愈、欧阳詹，接着唐宋时期许多学者参与，形成儒家思想发展的一个大时期——宋明理学(新儒学)时期。

一般认为，福建新儒学(理学)是过去外省传进来的，即所谓“儒学入闽”，或曰“道南”。这是历史事实，却不够全面，还要深入研究福建地区本身出现的这种思想文化。福建在东南沿海地区，离政治中心的中原一带较远，唐宋时期，福建与中原相比，经济文化落后了一大截。但是以孔子为代表的儒家文化是中华民族的主体思想，体现于每个人身上，不可须臾离。在统一的国家中，尽管各地的经济文化发展不平衡，而主体思想形态的改进或早或迟地都会发生，产生相类似的思想家。

新儒学(理学)开始出现于唐代，其代表者过去大都讲韩愈、李翱等，却未注意还有闽籍学者欧阳詹、林藻、林蕴等。欧阳詹与韩愈同榜进士，名列韩愈之前，并为好友，在某个方面欧高于韩。欧阳詹谦虚谨慎，曾以国子监助教的身份，率太学生上书，请求朝廷任命韩愈到国子监当他们的老师。他们在国家朝野信奉佛教的形势下，力排众议，批判佛教，主张复兴儒学，畅通儒家道统。这在当时是大胆而具远见卓识的，起了思想启蒙的作用。作为中国文化三大形态之一的佛教，主要是慧能创立的禅宗，其兴盛时的重心由粤鄂转移到闽浙赣武夷山一带。其五宗七家直接和间接的创始人有三分之二是闽籍僧人，如怀海(唐代长乐人)、慧海(唐代建瓯人)、灵祐(唐代霞浦人)、希运(唐代闽侯人)、本寂(唐代莆田人)等。所谓中国佛教，就是用中国传统的儒家思想，重新组制佛教义理。在世界观上，把印度佛教所讲的佛从遥远彼岸(西方)纳入每个人的内心，人人有佛性，人人可以成佛；在认识论上，主张见性成佛，顿悟成佛。他们提出的万法唯心、心性、君臣等义理，对福建理学的理一分殊论等有直接的影响。特别是五代晋江道教人物谭峭，其哲学的多个命题与福建理学家的哲学概念相类似，其“化”是汉唐哲学的“天”过渡到宋明哲学“理”的中间环节。诸如此类，在许多问题上都是福建理学产生发展的理论渊源。

本章主要论述欧阳詹、林蕴、怀海、慧海、灵祐、希运、本寂、谭峭等福建理学的先驱者。

第一节　欧阳詹

一、欧阳詹的生平著述

欧阳詹，字行周，唐代福建晋江潘湖欧厝人，祖籍福建南安诗山。欧阳詹的祖先于唐初由江西迁至晋江，传至欧阳詹为六世。因欧阳詹一生没有离开过国子监四门助教官职，所以被称为欧阳四门。约生于唐肃宗至德元年(756)，卒于唐德宗贞元十六年(800)，卒年45岁。欧阳詹的祖父欧阳衍任过温州长史，父欧阳昌任过博罗县丞，两个哥哥欧阳谟、欧阳巩也任过地方官员。

欧阳詹曾到好友林藻、林蕴兄弟的家乡莆田求学5年，在广化寺灵岩精舍、福平山等地读书。唐代宗大历十年(775)三月，欧阳詹与林藻、林蕴兄弟结庐于清源山赐恩岩(后辟为欧阳室，即欧阳书院)读书。唐德宗建中元年(780)三月，欧阳詹往莆田福平山与林藻、林蕴攻读诗书，商议北上京城长安(今西安市)参加科举考试，并与林萍(林藻妹)相恋结婚。

图 2-1　欧阳詹

欧阳詹与韩愈同登“龙虎榜”(贞元七年，791)进士，名列韩愈之前。当时是贾棱(今河北冀县人)第一名，欧阳詹第二名，韩愈第三名，总共23名。

欧阳詹及第后，未即得到官职，回家乡省亲。他日夜思念的母亲黄昌靖

已经长眠于地下,再也听不到母亲的叮咛声,看不到其身影。相隔层土,比重山远。欧阳詹在一首纪念其母亲的诗中写道:

> 高盖山前日影微,黄昏宿鸟傍林飞。
> 坟前滴酒空流泪,不见丁宁道早归。[①]

欧阳詹回到京城长安又等了一段时间,才被朝廷授予"国子监四门助教"的官职。此是皇家高等学府"四门学"中最低职衔。据记载,唐代自设助教这个官职以来,欧阳詹最为尽职。但是,朝廷并没有重用他,虽然进士及第在韩愈之前,却以韩愈为师,过着安贫乐道的客旅生活。贞元十六年(800)十二月卒于京师任上。

欧阳詹生活在安史之乱后的中后唐,当时社会矛盾尖锐,他在政治上主张革新,属改革派。欧阳詹在政治、哲学、文学等领域都有较高的成就,是当时著名的新儒学家、文学家。欧阳詹十分佩服韩愈,他曾以国子监助教身份率太学生上书朝廷,请求任命韩愈为国子监博士,即"率其徒伏阙下,举(韩)愈博士",就是请韩愈为他们的老师,欧阳詹自谓韩愈的门生。[②] 他们共同极力倡导儒家道统,复兴儒学,反对佛教。

欧阳詹在游太原时,爱上一个艺女李倩,与她相约回长安后再来接她。别后艺女非常思念,作诗曰:"自从别后减容光,半是思郎半恨郎。欲识旧来云髻样,为奴开取缕金箱。"[③]她把诗和发髻托人转给欧阳詹后即病逝。后欧阳詹在太原看见遗物,百感交集,悲恸而病,回长安后不久也病逝。孟简曾作《咏欧阳行周事》,哀悼此事。[④] 他逝世后,好友崔群大哭,大儒学家李翱为他立传。欧阳詹笃于友谊,临终时立遗嘱将灵柩运回南方,要求葬在年轻时与林藻、林蕴兄弟读书的莆田广化寺北灵岩塔阴

图 2-2　莆田广化寺旁欧阳詹墓

① (唐)欧阳詹:《欧阳行周文集》卷三,四部丛刊集部本。
② (宋)欧阳修等:《新唐书》卷二〇三,《欧阳詹传》,北京:中华书局,1975 年。
③ (宋)李昉:《太平广记》卷二七四,《情感·欧阳詹》。
④ 《全唐诗》卷四七三,孟简:《咏欧阳行周事》诗序。

处。现在广化寺遗存有欧阳詹墓。[①]

欧阳詹有三子,欧阳檟(781年生)、欧阳萌(783年生)、欧阳秬(785年生)。欧阳檟居甲第巷,早卒,无嗣(欧阳秬长子欧阳澥入嗣);次子欧阳萌徙莆田福平山,护扫父欧阳詹墓;季子欧阳秬出继欧阳谟为嗣,居潘湖。在晋江传至二十三世,至欧阳至,其后人于明太祖洪武二年(1369),因黑蜂之灾迁往泉州、同安、漳州等地。[②]

欧阳詹英年早逝,仅活了40多岁。韩愈在为其作的《欧阳生哀辞》中谓其"命虽短兮,其存者长终"。韩愈又述道:

生不显荣于前,又惧其泯灭于后。……闽越之人举进士繇詹始。[③]

当时,韩愈官小名微寡闻,不知道闽中莆田人林蕴于唐德宗贞元四年(788)进士及第、林藻贞元七年(791)进士及第,林藻与欧阳詹同年。闽中长溪(今福安)人薛令之于唐中宗神龙二年(706)进士及第,比欧阳詹早85年。上引韩愈的这句话引起历史上谁是福建第一个进士的公案。在这个问题上朱熹曾纠正韩愈的错误说法,朱熹在为泉州欧阳四门祠题诗联曰:

事业经邦,闽海贤才开气运;文章华国,温陵甲第破天荒。[④]

温陵是泉州的古称,欧阳詹故居遗址在泉州市鲤城区新门街甲第巷95号。朱熹非常熟悉林藻的事迹,指出林藻进士及第是闽中"破天荒",欧阳詹进士及第是"温陵甲第破天荒"。其实,朱熹也不知道薛令之、林蕴进士及第比欧阳詹更早。[⑤]

后人搜集欧阳詹赋、诗、记、传、铭、颂、箴、论、述、序、书等各种遗文,编辑为《欧阳行周文集》10卷,是欧阳詹诗文作品的汇编。唐福州刺史兼御史中丞李贻孙在《欧阳行周文集序》中,言及该书纂集的经过。

二、欧阳詹的新儒学

欧阳詹"开八闽文教之先",倡导知天尽性之说。他相信天命和性三品。

---

① 参见泉州市历史名人研究会欧阳詹委员会:《欧阳詹年谱》,未刊稿。

② 参见张伟民:《欧阳詹年谱及作品系年》,华中科学大学硕士学位论文,2006年。

③ (唐)韩愈:《欧阳生哀辞》,转见(宋)欧阳修等:《新唐书》卷二〇三,《欧阳詹传》,北京:中华书局,1975年。

④ (唐)林蕴:《泉山铭》,见(清)涂庆澜:《莆阳文辑》,福州:福建人民出版社,2009年,第257页。

⑤ 参见林振礼:《朱熹与泉州文化》,福州:福建人民出版社,1999年,第42~45页;陈国代:《朱子学关涉人物裒辑:拱辰集》,北京:大众文艺出版社,2008年,第3页。

他认为，勿谓人在暗室可以瞒天，“神在无形，天不长慝。神实正直，神怒天诛，未始有极”，“神忿天忿，身无所隐”。因此要加强道德修养。他说：“恐惧其所不见，戒慎乎其所不闻，先师有言，敢告天君。”欧阳詹具有敬天畏天的思想。在欧阳詹看来，能否得到天神的庇护，是由人的德行决定的。他述说：

虢叔得神丧其国，西伯无神人以归。……淫如虢叔，虽获神祜，不如西伯，无所祷祈也。邪如孔甲，虽有嘉祥，不如武丁之妖怪也。①

这就是说，有德君主，事以化凶为吉。这是强调人要加强道德修养。

欧阳詹的性三品说，把受教育的人分为二等。欧阳詹述说：

自性达物曰诚，自学达诚曰明，上圣述诚以启明，其次自明以得诚。②

欧阳詹把周公、孔子等儒家第一流人物看成“自性达物”的圣人，而通过学习达到“诚”者是次等人。他虽未讲下品人，显然是指上述两种人之外者。欧阳詹的性三品比韩愈的性三品强调通过学习，由明而诚，可以改变性品。

欧阳詹反对汉武帝与道士交往，认为从政与修道是两类性质不同的行为，一个人不可兼而得之，就像有角的动物没有利牙、有利牙的动物不长角一样。欧阳詹述说：

帝者，亦本于亲人。仙者，宜先于远世。以林泉为意者可居于草泽，以天下为念者可谨于朝廷。是以唐尧虞舜无野心，子晋许由辞宝祚，诚以帝王与神仙有隔，林泉将市朝难并也。③

欧阳詹指出，汉武帝心怀“帝王与神仙”的矛盾，“履其位而不知所以守，好其事而不知所以从”④。欧阳詹批评汉武帝，实际是借古讽今。唐代皇帝修道者甚多。由此可见，欧阳詹所讲的天神实际是哲学概念，是道、理，没有神灵。他所批判的帝王迷恋神仙，反映出其世界观。

欧阳詹说：“哲人有作，不唯利身，在利人；不唯利今，在利后。”⑤孔子说子路“片言折狱者，其由也欤”。学者普遍认为，这是称赞子路善于折狱。而

① （唐）欧阳詹：《欧阳行周文集》卷七，《暗室箴》。
② （唐）欧阳詹：《欧阳行周文集》卷七，《自明诚论》。
③ （唐）欧阳詹：《欧阳行周文集》卷七，《吊汉武帝文》。
④ （唐）欧阳詹：《欧阳行周文集》卷七，《吊汉武帝文》。
⑤ （唐）欧阳詹：《欧阳行周文集》卷八，《片言折狱论》。

欧阳詹却指出，这句话并非称赞子路，是指世代“以片言折狱”为害不浅。[①]

明代著名福建理学家、欧阳詹的同乡蔡清为《欧阳行周文集》作序，认为欧阳詹中进士后，福建文士才开始向慕读书，儒学风气开始振兴。欧阳詹的影响绵延不绝。传到杨时、李侗辈，“分河洛之派，授之朱子，而正学大明，道统有归，吾闽遂称海滨邹鲁矣”。[②]

欧阳詹被誉为“闽文宗祖”，是八闽文化的先驱者。他的新儒学思想虽未充分发展起来，正如李清馥所说：“闽学开自有唐，欧阳四门倡起，彼时人文未著也。”[③]值得注意的是，欧阳詹“文起闽荒，为闽学鼻祖”，说明早在唐代新儒学萌芽阶段，闽中就出现新儒学了。

三、欧阳詹的文学思想

欧阳詹卓有文才，是当时著名的文学家、诗人。他 20 岁时就能写一手好文章，大气磅礴，汪洋恣肆。“建中、贞元时，文词崛兴，遂大振耀，欧闽之乡不知有他人。”[④]例如，唐德宗贞元十五年(799)，欧阳詹上书相府，议论国政大事，文风清正雅浩，辞旨恳切质直，很有说服力。

图 2-3　朱熹为欧阳詹故居题联

欧阳詹诗遗存有 78 篇。综观欧阳詹的文学作品，大致有下列几个方面的内容。

一是关于古文运动的问题。欧阳詹的文章以古文运动“文以载道”的理论来创作，精于说理，是古文运动理论的实践者。韩愈评欧阳詹的文章为

---

① (唐)欧阳詹：《欧阳行周文集》卷八，《片言折狱论》。

② (明)蔡清：《虚斋集》卷三，《欧阳行周文集序》。

③ (清)李清馥：《闽中理学渊源考》卷一，《文靖杨龟山先生时学派》，南京：凤凰出版社，2001 年。

④ (唐)欧阳詹：《欧阳行周文集》卷首，李贻孙《欧阳行周文集序》，清道光重刻本。

"切深,喜反复,善自道"。[①] 唐末李贻孙述说:

> 常与君同道而相上下者,有韩侍郎愈、李校书观。洎君并数百岁杰出,人到今伏之。君之文新无所袭,才未尝困。精于理,故言多周详;切于情,故叙事重复。宜其司当代文柄,以变风雅,一命而卒,天其绝邪![②]

欧阳詹的作品与他所处的时代和地域环境有着密不可分的联系。

在国子监四门助教任上,欧阳詹全力支持和参与韩愈、柳宗元等人共同倡导的古文运动。韩愈曾作《十八驽骥吟》表达自己有志不为朝廷所用的怨叹,欧阳詹作诗和之曰:

> 故人舒其愤,昨示驽骥篇。驽以易售陈,骥以难知言。委曲感既深,咨嗟词亦殷。伊情有远澜,余志逊其源。室在周孔堂,道通尧舜门。调雅声寡同,途遐势难翻。顾兹万恨来,假彼二物云。贱贵而贵贱,世人良共然。巴蕉一叶妖,茙葵一花妍。毕无才实资,手植阶墀前。楩楠十围瑰,松柏百尺坚。罔念梁栋功,野长丘墟边。伤哉昌黎韩,焉得不迍邅。上帝本厚生,大君方建元。宝将庇群甿,庶此规崇轩。班尔图永安,抡择期精专。君看广厦中,岂有树庭萱。(《答韩十八驽骥吟》)

他们一样有着"室在周孔堂,道通尧舜门"的志向,一样无法实现志向。

二是眷恋家乡。欧阳詹离家背井,满是乡愁。如其诗中有曰:

> 天高地阔多歧路,身即飞蓬共水萍。匹马将驱岂容易,弟兄亲故满离亭。(《赴上都留别舍弟及故人》)
>
> 南下斯须隔帝乡,北行一步掩南方。(《题秦岭》)
>
> 客路度年华,故园云未返。悠悠去源水,日日只有远。始叹秋叶零,又看春草晚。寄书南飞鸿,相忆剧乡县。(《春日途中寄故园所亲》)
>
> 宁体即云构,方前恒玉食。贫居岂及此,要自怀归忆。在梦关山远,如流岁华逼。明晨首乡路,迢递孤飞翼。(《蜀中将归留辞韩相公贯之》)
>
> 三语又为掾,大家闻屈声。多年名下人,四姓江南英。衡岳半天秀,湘潭无底清。何言驱车远,去有蒙庄情。(《送潭州陆户曹之任》)
>
> 驱马渐觉远,回头长路尘。高城已不见,况复城中人。去意自未

---

① (宋)欧阳修等:《新唐书》卷二〇三,《欧阳詹传》,北京:中华书局,1975年。

② (唐)欧阳詹:《欧阳行周文集》卷首,李贻孙《欧阳行周文集序》。

甘，居情谅犹辛。五原东北晋，千里西南秦。一履不出门，一车无停轮。流萍与系瓠，早晚期相亲。（《初发太原途中寄太原所思》）

三是羁旅行役之苦。例如：

东风叶时，匪沃匪飘。莫雪凝川，莫阴冱郊。朝不徯夕，乃销，东风之行地上兮。上德临慝，匪戮匪枭。莫暴在野，莫丑在阶。以蹐以歼，夕不徯朝，陇西公来浚都兮。东风叶时，匪凿匪穮。莫蛰在泉，莫枯在条。宵不徯晨，乃繇，东风之行地上兮。上德为政，匪食匪招。莫顾于家，莫流于辽。以饱以回，晨不徯宵，陇西公来浚都兮。（《东风二章》）

相思君子，吁嗟万里。亦既至止，曷不觏止。本不信巫，谓巫言是履。在门五日，如待之死。有所恨兮，相思遗衣，为忆以贻。亦既受止，曷不保持。本不欺友，谓友情是违。隔生之赠，造次亡之。有所恨兮。（《有所恨二章》）

八月十五夕，旧嘉蟾兔光。斯从古人好，共下今宵堂。素魄皎孤凝，芳辉纷四扬。裴回林上头，泛滟天中央。皓露助流华，轻风佐浮凉。清冷到肌骨，洁白盈衣裳。惜此苦宜玩，揽之非可将。含情顾广庭，愿勿沉西方。（《玩月》）

惆怅策疲马，孤蓬被风吹。昨东今又西，冉冉长路岐。岁晚树无叶，夜寒霜满枝。旅人恒苦辛，冥寞天何知。（《自淮中却赴洛途中作》）

村店月西出，山林鹎鵊声。旅灯彻夜席，束囊事晨征。寂寂人尚眠，悠悠天未明。岂无偃息心，所务前有程。（《晨装行》）

萧条登古台，回首黄金屋。落叶不归林，高陵永为谷。妆容徒自丽，舞态阅谁目。惆怅穗帷空，歌声苦于哭。（《铜雀妓》）

四是记载劳动人民的苦难。例如：

汝坟春女蚕忙月，朝起采桑日西没。（《汝川行》）

驱马至益昌，倍惊风俗和。耕夫陇上谣，负者途中歌。处处川复原，重重山与河。人烟遍余田，时稼无闲坡。问业一何修，太守德化加。问身一何安，太守恩怀多。贤哉我太守，在古无以过。爱人甚爱身，治郡如治家。云雷既奋腾，草木遂萌芽。乃知良二千，德足为国华。今时固精求，汉帝非徒嗟。四海有青春，众植伫扬葩。期当作说霖，天下同滂沱。（《益昌行》）

嘉谷不夏熟，大器当晚成。徐生异凡鸟，安得非时鸣。汲汲有所为，驱驱无本情。懿哉苍梧凤，终见排云征。（《徐十八晦落第》）

欧阳詹的作品很有美学价值，值得进一步研究，但是少见研究者的论著。

第二节　林　蕴

一、林蕴的生平著述

林蕴，字梦复[①]，唐代福建莆田人。生卒年不详，与欧阳詹差不多。林藻之弟，为唐刺史林披的第六子。父字茂彦，曾任职临汀。此地多山鬼淫祠，民厌苦之，林披撰《无鬼论》。此文对林藻、林蕴兄弟有很大的影响。蕴初试贤良方正科，在对策中写道："臣远祖比干，因（一作忠）谏而死。天不厌直，复生微（一作愚）臣。"因这些话，被主司斥之不取。至唐德宗贞元四年(788)，才由明经及第(进士)，授集贤殿书院校理、西川节度推官、邵州刺史、礼部员外郎等。

图 2-4　林　蕴

林蕴和仲兄林藻与欧阳詹是挚友，青少年时一起读书作文。林藻，字纬乾，进士，是当时知名的儒学（理学）家。林藻说："格物之在修身，修身而后物遂。"[②]林蕴述说：

> 予仲兄藻，怀此耿耿，不怡十年。谓张令公出自韶阳，陈拾遗生于蜀郡，我以彼况，彼亦何人。遂首倡与欧阳詹结志攻文，同指此山(按：指泉山)，誓报山灵。不四五年，继踵登第，天下改观。大光州闾，美名

① 梦复，《新唐书·林蕴传》作"复梦"。

② (唐)林藻：《合浦还珠赋》，见(清)涂庆澜：《莆阳文辑》，福州：福建人民出版社，2009年，第235页。

馨香，鼓动群彦。三十年内，文星在闽，东堂桂枝，折无虚岁。呜呼！《诗》所谓“维岳降神，生申及甫”，瞻彼泉山，实墟我土。封植未达，岂由乎人！苟知本知源，则张令公之位不难至；不懈不怠，则陈拾遗之文亦可为。敢告群彦，且铭此山。铭曰：山之秀耶，压彼沧溟。人亶生耶，蕴此至灵。展以群英，谁德不馨。①

这些话，充分地说明林藻、林蕴与欧阳詹等早年之伟大理想，以及努力学习以实现的过程。

林蕴博学广知，秉性耿直，不畏强权，从小就有忧国忧民的济世之心。他曾说：“（蕴）幼读书不求甚解，但见古人之有建功立事者，心则慕之，以是十试艺于春闱，竟不成名，今为河溯一从事耳。”②据林振礼考证，林蕴以气节为朱熹所重。③ 他坚持国家的统一，反对分裂割据。

林蕴任西川节度使刘辟的推官时，知刘辟有反叛意图。“蕴经世通经，善言直谏，辟不听。辟怒，命杀之，又惜其直，阴戒刑人抽剑磨其颈，以胁服之”，即背后嘱咐行刑的人以刀磨其颈威胁他。蕴大叱说：“死即死矣！我颈岂顽奴磨砺石耶？”刘辟深知林蕴不服，把他斥为唐昌尉。后刘辟败，林蕴名扬京师，迁礼部员外郎，出为邵州刺史。唐懿宗咸通十年（869），赠洪州刺史。卒于任上，谥忠烈。④

林蕴历经德宗、顺宗、宪宗、懿宗诸朝，深知朝廷无振作决心。他虽有救世之志、济世之才，无从施展抱负，后回乡教授子弟。

林蕴工书法，得拨镫法。林蕴撰写有《拨镫序》。

林蕴的著作原有十余卷，大部分早佚。今有《林邵州遗集》2 卷，诗集 1 卷，《文献通考》载其文，传于世。

二、林蕴的理学思想

林蕴和韩愈、欧阳詹一起提倡儒家道统，复兴儒学，亦反对佛教。

林蕴在哲学上提倡天人感应，认为天与人事关系是很密切的。他述说：

---

① （唐）林蕴：《上宰相元衡宏靖书》，见（清）涂庆澜：《莆阳文辑》，福州：福建人民出版社，2009 年，第 69 页。

② （唐）林蕴：《泉山铭》，见（清）涂庆澜：《莆阳文辑》，福州：福建人民出版社，2009 年，第 257 页。

③ 参见林振礼：《朱熹新探》，北京：中国广播电视出版社，2004 年，第 370 页。

④ 参见（宋）欧阳修等：《新唐书・林蕴传》，北京：中华书局，1975 年。

> 人生天地间，必合达天地之性；苟违天地之性者，是天地之弃物也。今淮西凶党，是天地已弃之物，相公诚顺天而诛，岂不伟哉！[①]

林蕴用天人合一论释人事，是有新意的。

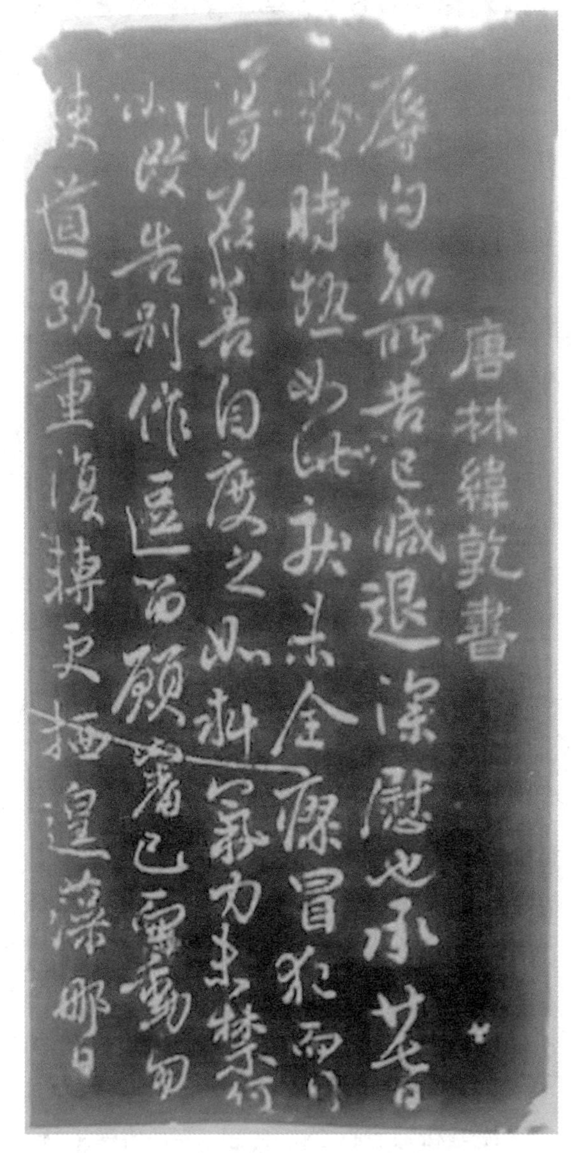

图 2-5　林藻行书帖　　（林振礼供图）

林蕴指斥朝廷用人不当的弊端，并提出改革的建议。他主张国家应该选拔天下“岩居谷隐”而“敢露肺肝”之人，并施行“三年考绩，能则优奖，否则孥谬”的制度。更要“开东阁以延天下之士”，量才委用。他抨击当时把持朝政及胡作非为的官吏。他述说：

> （这些人）朝受命而夕寝行，日富贵而月骄慢，跨广衢而罗甲第，指长河而固胤嗣。[②]
>
> 兵以售死为效，国以厚锡为诚，某窃知比者行管师徒若役，锡赉纳

① （唐）林蕴：《上宰相元衡宏靖书》，见（清）涂庆澜：《莆阳文辑》，福州：福建人民出版社，2009 年，第 69 页。

② （唐）林蕴：《林邵州遗集》卷一。

于将帅，饥寒加于士卒，欲其破虏，岂可得乎？又朝廷奖用多借旧人，盖取官崇，或言望重，殊不料已崇重，更复何求？以此取人，往往皆失。[①]

林蕴指出，权臣奢侈专横，营谋自己及子孙的福利，国家安能不乱？

林蕴竭力反对节度使兼并土地，压榨农民，指出这样会使“农夫一人给百口，蚕妇一人供百身。竭力于下者，饥不得食，寒不得衣”。他大胆揭发“边兵菜色”，“将帅纵侈”，及“百卒不足奉一骄将”的情况。主张“将帅有不用命者，许以军法按之”。对于饥寒之士，则必须以“赤子保之”。[②]

林蕴有首诗，很能反映其思想。诗曰：

散发长林下，松风入太清。空山容暮色，落叶起秋声。世险江天窄，云深草木平。从兹归故土，勿作失群鸣。[③]

李吉甫、李绛、武元衡为相，林蕴贻书讽曰：

国家有西土，犹右臂也。今臂不附体，北弥豳郊，西极汧、陇，不数百里为外域。泾原、凤翔、邠宁三镇皆右臂，大藩拥旄钺数十百人，唯李抱玉请复河、湟。命将不得其人，宜拔行伍之长，使守秦、陇。王者功成作乐，治定制礼。有权臣制乐曲，自立丧纪。舜命契：“百姓弗亲，五品不逊，汝作司徒。”唐以皋、祐、锷、季安为司徒，官不择人。卢从史、于皋谟罪大而刑轻。农桑无百分之一，农夫一人给百口，蚕妇一人供百身。竭力于下者，饥不得食，寒不得衣。边兵菜色，而将帅纵侈自养。中人十户不足以给一无功之卒，百卒不足奉一骄将。[④]

此讲诸事皆当时积弊。

此外，林蕴认为泉州地灵人杰，适合生活和治学。他述说：

泉山，古泉州也，今福州据其地焉。（董奉昇注云：“泉州，侯官界也。无何，析侯官为闽州，改温陵为泉州，迹其源，本一地也。”）山瞰巨浸，见于扶桑，人生其间，或明或哲。驰骋畋猎，习学为常。自大历纪年，犹未以文进。学者满门，终安豪富。寂寞我里，曾无闻人。是以独孤及制《李成公碑》云：“缦胡之缨，化为青衿。”得非以我为异俗，而刊于

① （唐）林蕴：《上宰相元衡宏靖书》，见（清）涂庆澜：《莆阳文辑》，福州：福建人民出版社，2009 年，第 70 页。

② （唐）林蕴：《林邵州遗集》卷二。

③ （唐）林蕴：《林邵州遗集》卷三。

④ （唐）林蕴：《林邵州遗集》卷一。

贞珉，不已甚欤！①

第三节　佛儒学家

中国佛教是中国文化的三大形态之一，影响最大的主要是以慧能为代表的禅宗流派。禅宗用中国传统的儒家思想改造重建佛教义理，其思想是佛儒结合而成的。中国佛教禅宗的主要思想家，我们称之为佛儒学家，他们的佛学思想对福建理学的产生发展起了积极的作用。这里着重介绍唐代闽籍佛儒学家怀海（唐代长乐人）、慧海（唐代建瓯人）、灵祐（唐代霞浦人）、希运（唐代闽侯人）、本寂（唐代莆田人）等。

一、怀　海

（一）怀海的生平著述

怀海本姓王，因曾住江西奉新百丈山传法，又称百丈禅师，唐代福建长乐人。生于唐玄宗开元八年（720），卒于唐宪宗元和九年（814）。怀海幼年出家，后成为禅宗的创始人慧能的四世法嗣。

怀海的著作有《百丈怀海禅师语录》1 卷、《百丈怀海禅师广录》1 卷、《禅门规式》等。此外，《宋高僧传》卷十、《古尊宿语录》卷一、《福建通志·高僧传》等见有怀海传。

（二）怀海的《禅门规式》

怀海是中国佛寺丛林制度的创始人，在中国佛教史上占有很重要的地位。他采录大小乘戒律，结合中国传统的宗法制度，创制一套适合于中国禅宗传法特点的清规戒律，称作《禅门规式》（后称《百丈清规》）。以前禅僧多住律寺别院，怀海规定一律入僧堂，并且要坐禅、参见、聚会等，以防止外出破戒。规定寺院有院主，有僧众，有嗣子，像个地主庄园。怀海用中国儒家的礼法改造印度式的佛教戒律，使佛教戒律真正中国化。

怀海制定的《禅门规式》到宋代已经失传，见录《景德传灯录》卷六。元

---

① （唐）林蕴：《泉山铭》，见（清）涂庆澜：《莆阳文辑》，福州：福建人民出版社，2009 年，第 257 页。

至元元年(1335)颁行《敕修百丈清规》(8卷),前有闽籍学者杨亿序,略述《禅门规式》梗概。“清规戒律”已成为人们的口头禅,说明它在人们生活中的深刻价值意义。

《百丈清规》在福建理学中有深刻的影响。例如,朱熹针对儒者思想散乱,无规矩,以“禅苑清规”比之。据《朱子语类》记载:

> (或言)当思欲做一小学规,使人自小教之便有法,如此亦须有益。先生说:“禅苑清规样使,亦自好。”[①]

朱熹述说:

> 某常说,吾儒这边难得如此。看他(禅者)下工夫直是自日至夜,无一念走作别处去。学者一时一日之间,是多少闲杂念虑。如何得似他?[②]

这是说儒者要学习禅者的精神专一集中的修养方法。

(三)怀海的禅即无心

怀海沿着其师马祖道一的“触类是道而任心”[③]的方向往前发展。他进一步把佛教生活与世俗生活结合起来,具有随缘任运的特点,形成百丈禅。怀海对弟子灵祐说:

> 经云:“欲识佛性义,当观时节因缘。”时节既至,如迷忽悟,如忘忽忆,方省已物不从他得。故祖师云:“悟了同未悟,无心得无法。”只是无虚妄、凡圣等心,本来心法元自备足。汝今既尔,善自护持。[④]

禅宗的主旨是“见性成佛”,而在“见性”上各家的说法和做法很不一致。在怀海以前,一般把性看成是“真心”“清净心”,即“无念”。只要达到无念,了此真心,就算“见性成佛”了。

在怀海看来,人的本心原来是没有诸缘诸念的,一涉下本心,便显露、发生而见用。因此,禅的生活不外是日常行事中随时体现出来的境界。他们常说“触目是道”“即事即真”,认为人们生活的各个方面都是寻求解说的“妙

---

① (宋)黎靖德编:《朱子语类》卷七,《学二》,北京:中华书局,1986年,第126页。

② (宋)黎靖德编:《朱子语类》卷一二六,《释氏》,北京:中华书局,1986年,第3018页。

③ 《洪州百丈大智禅师语录》卷一,《续藏经》第二编第二十四套第一册。

④ 《灵觉大圆沩山灵祐禅师语录》,(清)雍正:《御选语录》,金陵刻经处清光绪四年(1878)线装本,第2册,第15页。

道”。[①] 据记载：

因普请锄地次，有僧闻鼓声，举起锄头，大笑而去。师（按：指怀海）云：“俊哉！此是观音入理之门。”[②]

普请是出家人集体劳作。这就把佛性或成佛看成是劳作、吃饭等日常琐事，否定以“真心”“清净心”为佛性或成佛的观点。这是禅学的一大转型。其语录曰：

无情有佛性，只是无其情系，故名无情。不同木石、太虚、黄花、翠竹之无情，将为有佛性。若言有者，何故经中不见，（草木）受记而成为佛者？[③]

这样，怀海把佛性生活化、佛教义理世俗化，把“见性成佛”体现于其人的日常生活之中，把宗教生活看成是“日用常行”。

对于顿悟成佛，怀海有一段综合说明。问其“如何是大乘人道顿悟法要”，他回答曰：

你先歇诸缘，休息万事，善与不善，世出世间，一切诸法并皆放却，莫记、莫忆、莫缘、莫念，放舍身心，全令自在。心如木石，口无所辩。心无所行，心地若空，慧日自现，如云开日出。但歇一切攀缘，贪嗔爱取，垢净情尽。对五欲八风不动，不被见闻觉知所阂，不被诸法所惑，自然具足一切功德，具足一切神通妙用，是解脱人。对一切境法，心无诤乱，不摄不散，透一切声色，无有滞阂，名为道人。善恶是非俱不运用，亦不爱一法，亦不舍一法，名大乘人。不被一切善恶，空有垢净，有为无为，世出世间，福德智慧之所拘系，名为佛慧。是非好丑，是理非理，诸智解情，尽不能系缚，处处自在，名为初发心菩萨，便登佛地。[④]

总之，怀海使佛教由出世转向入世的方向，拆除了彼岸世界和此岸世界（现实社会）之间的藩篱。在怀海看来，人的一切生活都是佛性的具体表现。只要心中不着一物，在心理上不做任何区别，世俗生活也就是宗教生活。他沿着慧能指引的方向，更加具体明确地肯定人世间的一切，大大扩展了佛的管辖范围。因此，怀海的禅学，从佛教本身的发展来看，应该是一个很大的

① 《洪州百丈大智禅师语录》卷一，《续藏经》第二编第二十四套第一册。

② （宋）赜藏主：《古尊宿语录》卷一，北京：中华书局，1994 年。

③ （宋）赜藏主：《古尊宿语录》卷一，北京：中华书局，1994 年。

④ 《洪州百丈大智禅师语录》卷一，《续藏经》第二编第二十四套第一册。

进步。

二、慧海、灵祐

禅宗五宗较早创立的是沩仰宗，创立者是沩山灵祐和其弟子仰山慧寂，其禅学源于百丈怀海、大珠慧海。怀海上面已有讲过，慧寂是广东人，这里主要讲的是沩仰宗闽籍慧海、灵祐。因他俩的禅学差不多，合在一起叙述。

（一）慧海、灵祐的生平著述

慧海本姓朱，别号大珠，或称大珠慧海，唐代建州（今建瓯市）人。生卒年月不详，约与怀海同时。他早年出家，依越州大云寺道智法师，后到江西师事马祖道一禅师 6 年，得其大加赏识，遂成为著名的佛教禅宗大师。

慧海的著述有《顿悟入道要门论》1 卷、《大珠禅师语录》1 卷。此外，还可以参考《景德传灯录》卷六、卷二八，《福建通志・高僧传》等。

灵祐本姓赵，或称之沩山灵祐，唐代长溪（今霞浦县南）人。生于唐代宗大历六年（771），卒于唐宣宗大中七年（853）。15 岁时，在本郡建善寺依法常律师出家；23 岁时，到江西百丈山拜怀海为师，成为怀海的上首弟子。唐宪宗元和十五年（820），他遵照怀海之嘱，到潭州沩山（今湖南长沙附近之宁乡县西）传教。沩山险要人稀，起初他与猿为伍，以橡栗充饥食。后有山民帮助他营建庙宇，名为同庆寺。后发展到僧众 15000 多人。他和其上首弟子慧寂（后住袁州仰山，今江西宜春县南），共创沩仰宗，此为中国佛教禅宗五大派别之一。卒后相国郑愚为其撰评墓志铭。

灵祐的著述有《潭平沩山灵祐禅师语录》一卷。此外，还可能参考《宋高僧传》卷一一、《景德传灯录》卷九、《福建通志・高僧传》《御选语录》卷四等。

（二）慧海、灵祐的万法唯心院主论

慧海把心看成是最根本的。他说："心生即种种法生，心灭即种种法灭。"他认为客观世界的一切事物（种种法），都是由人的妄念引起的，是一心起妄所影现。他从妄念引起万法，进而得出万法唯心，"善恶一切，皆由心生"。他把客观事物的看作是人的感觉偶然积聚而成的虚幻妄见。他基于这种感觉论，提出：

求解脱唯有顿悟一门。顿者,顿除妄念,悟无所得。[①]

“无所得”即是慧海所追求的成佛境界。但是和尚在物质享受上不能“无所得”。于是他提出佛即日常生活的著名观点。有人问他如何修行,他以“饿来吃饭,困来即眠”答之。至于一般的生活与成佛人的生活有什么不同,他说:

他吃饭时不肯吃饭,百种须索;睡时不肯睡,千般计较。所以不同也。[②]

慧海提出把宗教生活和日常生活结合起来,只要心中不着一物,在心理上不做任何区别,世俗生活也就是宗教生活。这就使佛教从否定人世反过来肯定人世,由出世转到入世的方向,把神学问题转化为社会问题,从佛教发展本身来说,应该是一个进步现象。因此,慧海的佛教哲学思想在中国佛教学史上具有深远的影响。

灵祐从佛教的基本观点出发,提出抽象与具体、共性与个性的关系问题,很有深意,对后来福建理学家有很大的影响,虽然他的意图是否认客观世界的存在。据记载:

师一日唤院主。主便来,师曰:“我唤院主,汝来做什么?”主无对。又令侍者唤第一座,座便至。师曰:“我唤第一座,汝来做什么?”座亦无对。[③]

在灵祐看来,没有实在的“院主”“第一座”,他们是纯主观的观念,世界是虚幻不实的。灵祐述说:

净除现业流识,即是修也。……实际理地不受一尘,万行门中不舍一法。[④]

他认为,客观事物是“浊边过患”,“恶觉情见”,“须叫渠净除现业流识,即是修也”,“实际理地不受一尘,万行门中不舍一法”。灵祐所谓修行,不是

---

① 以上见(唐)慧海:《顿悟入道要门论》。

② 以上见(唐)慧海:《大珠禅师语录》。

③ 《灵觉大圆沩山灵祐禅师语录》,(清)雍正:《御选语录》,金陵刻经处清光绪四年(1878)线装本,第2册,第2、4页。

④ 《灵觉大圆沩山灵祐禅师语录》,(清)雍正:《御选语录》,金陵刻经处清光绪四年(1878)线装本,第2册,第2页。

“闭目塞耳，但情不附物即得”。[1]

这就是说，心如木石，对客观事物视而不见，闻而不觉，一切善恶是非都无思量，内无所得，外无所求，达到这种境界，“即如如佛”。灵祐就是叫人们应物随缘，随遇而安，听任命运的安排。但是人们在世界上，接触社会和自然的各种事情，不可避免地要表示赞成或反对，灵祐说的是不可能的。

其实，灵祐讲了个非常深刻、通俗易懂的哲学问题。他所讲的“院主”“第一座”，是具体（个别）“院主”“第一座”的共性，抽象概括。灵祐是把一般与个别、共性与个性对立起来。所以福建理学家常说，要把佛家的空理填进实理。朱熹述说：

> 释言空，儒言实。释言无，儒言有。……释氏虚，吾儒实。释氏二，吾儒一。释氏以事理为不紧要而不理会。[2]

一切皆空，那就主观与客观、一般与个别、共性与个性都泯灭了。灵祐主张心性无染离妄缘，妄念一息，则一切众生皆是不动菩提之座。无为无事即是道。他述说：

> 夫道人之心，质直无伪，无背无面，无诈妄心，一切时中，视听寻见更无委曲，亦不闭眼塞耳。但情不附物即得。从上诸圣只说浊边过患，若无如许多恶觉情见想习之事，譬如秋水澄浮，清净无为，澹泞无碍，唤他作道人，亦名无事人。……以要言之，则实际地理不受一尘，万行门中不舍一法。若也单刀直入，则凡圣情尽，体露真常，理事不二，即如如佛。[3]

在灵祐看来，诸法和谐相处无事，各住各位非于人事，诸人各住自位而无碍，此亦是成佛。

理学家的重要范畴理一分殊论，是受到佛儒学家启示的。朱熹述说：

> 万物皆有此理，理皆同出一原。但所居位不同，则其理之用不一。如为君须仁，为臣须敬，为子须孝，为父须慈。物物各具此理，而物物各异其用，然莫非一理之流行也。……释氏云：“一月普现一切水，一切水

① 《灵觉大圆沩山灵祐禅师语录》，（清）雍正：《御选语录》，金陵刻经处清光绪四年（1878）线装本，第2册，第2、4页。

② （宋）黎靖德编：《朱子语类》卷一二六，《释氏》，北京：中华书局，1986年，第3015页。

③ 《灵觉大圆沩山灵祐禅师语录》，（清）雍正：《御选语录》，金陵刻经处清光绪四年（1878）线装本，第2册，第3页。

月一月摄。”这是那释氏也窥见得这些道理。濂溪《通书》只是说这一事。①

这是理学家理一分殊论的理论渊源之一。

三、希　运

禅宗五宗之临济宗，是由希运及其弟子义玄创立的。上面讲到，禅宗五宗之临济宗兴盛发展到近现代。义玄是山东人。这里主要讲希运。

（一）希运的生平著述

希运，唐代福建闽侯人。生年不详，卒于唐宣宗大中四年（850）。家贫，幼年出家。活动于洪州高安（今属江西）黄檗山，故称其为黄檗希运。曾见一妪，叫他往江西洪州（今南昌）参见马祖道一。而他到达时道一已卒，遂于道一塔旁参见怀海，随其到百丈山参学。后住宛陵（今安徽宣城）开元寺。卒谥断际禅师。希运的著述主要有《传法心要》《宛陵录》等。

（二）希运的心性论

义玄及其临济宗之禅学，来源于其师黄檗希运的禅学。

希运认为“学禅道者，皆著一切声龥，何不与我心心同虚空去，如枯木石头去，如寒灭死火去，方有少分相应”。他还说：

> 若无歧路心，一切取舍心，心如木石，始有学道分。……但一切时中，行、住、坐、卧但学无心，亦无分别，亦无依倚，亦无住着。终日任运腾腾，如痴人相似。……心如顽石头，都无缝罅，一切法透汝心不入，兀然无着。如此始有少分相应。②

“腾腾”“如痴”等，都是讲禅定，通过方便法门而证得悟解。希运还说：

> 是法平等，无有高下，是名菩提。即此本源清净心，与众生诸佛、世界山河、有相无相，遍十法界，一切平等，无彼我相。此本源清净心，常日圆明遍照。世人不悟，只识见闻觉知为心，为见闻觉知所复，所以不

---

① （宋）黎靖德编：《朱子语类》卷一八，《大学五》，北京：中华书局，1986 年，第 398～399 页。

② （唐）圆智：《传法心要》（《黄檗禅师传法心要》与《黄檗山断际禅师宛陵录》合编），《大正藏》第 48 册。

睹见精明本体。但直下无心，本体自现。如大日轮升于虚空，遍照十方，更无障碍。……然本心不属见闻觉知，亦不离见闻觉知。但莫于见闻觉知上起见解，莫于见闻觉知动念，亦莫离见闻觉知上觅心，亦莫舍见闻觉知取法。不即不离，不住不着，纵横自在，无非道场。[①]

由上可见，希运以"性在作用"为原则，教导学人要从自己的生命现象去悟入。

四、本　寂

禅宗五宗之曹洞宗，创始人为洞山良价及其弟子曹山本寂。在禅宗五宗中，有的数代即法系不明，只有曹洞宗和临济宗传承发展到近现代，有"临天下，曹一角"的说法。曹洞宗最为兴盛。良价是浙江人。这里主要讲本寂。

（一）本寂的生平著述

本寂本姓黄，又称曹山本寂，唐代莆田人。生于唐文宗开成五年(840)，卒于唐僖宗广明元年(880)。他的家乡儒学盛行，"号小稷下"。他少慕儒学，"素修举业之优"。[②] 但是他在 19 岁时，由儒入佛，到福州云名山出家，后又到江西高安拜佛教禅宗大师洞山良价为师，成为上首弟子，得其秘授《宝镜三昧》。在 25 岁时，他到抚州吉水传法。他崇奉曾在广东韶州曹溪传法的禅宗创始人慧能的禅学，和其老师洞山良价共创曹洞宗，是佛教禅宗五大宗派之一。在五代以后，禅宗五派中只有曹洞宗、临济宗等两派盛行，以至于今。他融合佛教各宗派，所创曹洞宗成为中国古代佛教的主流。

本寂的著作有《解释洞山五位显诀》《抚州曹山本寂禅师语录》《寒山子诗注》等。此外，还可参考《宋高僧传》卷一三、《景德传灯录》卷一七、《人天眼目》卷三、《福建通志·高僧传》等。

（二）本寂的君臣正偏论

良价、本寂用君臣正偏来概括其禅学，他们认为"君为正位，臣为偏位"。

① (唐)圆智：《传法心要》，《大正藏》第 48 册。

② 以上见(宋)赞宁：《宋高僧传》卷一三，《梁抚州曹山本寂传》，北京：中华书局，1987 年，第 308 页。

君臣原是中国古代社会的政治伦理观念，他们将其作为哲学范畴，用来说明本体和现象的关系，即“正位即属空界，本来无物；偏位即属色界，有万形象”。这就是说，空无之理是世界万物的本体，所以被称为君、正位，正如君子支配臣下一样。世界上的事事物物都是由空无的本体产生的，所以被称为臣、偏位。本体和现象如同君臣道合。本寂述说：

> 正中偏者，背理兢事；偏中正者，舍事入理。兼带者，冥应众缘，不堕（随）诸有，非染非净，非正非偏，故曰虚玄大道无著真宗。……此吾法之宗要也。因作偈曰：学者先须识自宗，莫将真际杂顽空。妙明体尽知伤触，力在逢缘不借中。出语直叫烧不着，潜行须与古人同。无身有事超歧路，无事终身落始终。[①]

这就是说，偏于理则“舍事”，偏于事则“背理”，只有“兼带”才能理事圆融，空有不无，达到成佛的最高境界。君臣正偏之禅学是曹洞宗的核心。

本寂认为“五位君臣”，前两位为“定性”，表明第一是“本体”，是主体；第二是现象，是从属的。后三位讲相互关系，而第三、四位，都有所“偏”，或“偏”于“理”，或“偏”于“事”。偏于理，则“废事”，有“将真际当顽空”的危险；偏于事，则“昧理”，有以“无”为“有”、以“假”当“真”的危险。只有第五位的“兼中到”（“兼带”）能使“君臣会”，是“空有不二”“理事圆融”的最高境界。[②]他们说：

> 正中偏者，体起用也；偏中正者，用归体也。兼中至，体、用并至也；兼中到，体、用俱泯也。[③]

这是讲体用，就是本末，用以论证真如本体的虚构性。他又述道：

> 正中偏，乃垂慈接物，即主中宾，第一句夺人也。偏中正，有照有用，即宾中主，第二句夺境也。正中来，乃奇特受用，即主中主，第三句人、境俱夺也。兼中至，乃非有非无，即宾中宾。第四句人、境俱不夺也。兼中到，出格自在。离四句，绝百非，妙尽本无之妙也。[④]

曹洞宗的“四宾主，不同于临济宗（四宾主）。主中宾，体中用也；宾中主，用中体也。宾中宾，用中用，头上安头也；主中主，物我双忘，人、法俱泯，

---

① （宋）智昭：《人天眼目》卷三，《五位君臣》；（宋）普济：《五灯会元》卷一三，《曹崇山本寂禅师》，北京：中华书局，1987年，第787页。

② （宋）智昭：《人天眼目》卷三，《五位君臣》。

③ （宋）智昭：《人天眼目》卷三，《曹洞门庭》。

④ （宋）智昭：《人天眼目》卷三，《明安五位宾主》。

不涉正、偏位也”[①]。这就是说，临济宗是就师徒关系上讲“宾”“主”，而曹洞宗则是从“体”“用”关系上讲“宾”“主”。其实，基本上是一样的。

本寂用儒家的君臣关系来论证佛教的世界观，使印度式佛教中国化，成为中国上层建筑的重要部分。因此，在禅宗对佛教的革新过程中，本寂是起了一定作用的。

第四节　谭　峭

在中国哲学史上，隋唐宗教哲学和宋明理学是前后相继的两个大发展阶段。隋唐宗教哲学怎样过渡到宋明理学，这是很值得探讨的。五代南唐时福建泉州人谭峭在这一过渡中起了很重要的作用。长期以来，对谭峭哲学的研究文字极为少见，是个空白点。这里钩元提要，旨在提出谭峭哲学的历史地位，引起学者的重视。

一、谭峭的生平著述

谭峭，字景升，亦称紫霄真人，五代南唐泉州人。生年不详，卒年北宋太祖开宝六年(973)。他是个道士，是五代时期道教的思想家。其父谭洙为南唐国子监司业(监之副职)，学识渊博，从小就对谭峭进行儒家经典的教育。五代闽王王昶尊重谭峭，赐号金门羽客、正一先生。南唐后主闻其名，召见赐官，皆不受，赐号紫阳真人。谭峭游历各地后，于泉州清源山紫峰洞修炼。据记载：

> (谭峭早年)颇涉经史，强记，问所不知，属文清丽。洙训以进士为业，而峭不然，迥好黄老诸子，及周穆、汉武、茅君、列仙内传，靡不精研。……峭师于嵩山道士十余年，得辟谷养气之卫。唯以酒为乐，常醉腾腾周游，无所不之。夏服乌裘，冬则绿布衫。或外于风霜雪中经日，人谓其已毙，视之气出休休然。父常念之，每遣家童寻访，春冬必寄之以衣及钱帛。捧之且喜，复书，遽厚遣家童回。才去，便以父所寄衣出街路，见贫寒者与之，及寄于酒家，一无所留。[②]

谭峭对当时的社会大动乱和封建统治者极为不满，不以“进士为业”，隐

① (宋)智昭:《人天眼目》卷三，《曹洞门庭》。

② (五代)沈汾:《续仙传》卷下，《谭峭传》。

居著书立说。

在唐末五代半个多世纪的社会大动乱中，尖锐的阶级斗争伴随着复杂的民族矛盾，加上统治阶级内部的互相倾轧，使得战祸绵延，杀戮、饥饿、瘟疫接踵而至，中国大地成了惨不忍睹的人间地狱。这种无休止的长期动乱给百姓带来深重的苦难。在这种历史条件下，出现抨击封建统治者、反映农民阶级利益的思想家，其代表人物就是谭峭。谭峭是当时道教的著名学者，是唐宋之际的主要哲学家。

流传至今的谭峭的主要著作《化书》，是他隐居在终南山时撰写的，相传是书曾为南唐大臣宋齐丘盗为己作，故又名《齐丘子》。今本《化书》，亦曰《谭子化书》，共六卷，前两卷论述道与术，中两卷论述德与仁，后两卷论述食和俭。全书大旨是用道佛之说附会儒家思想，谈论道德礼乐仁义忠信，特尊孔孟。《化书》充满了对封建统治者的尖刻揭露和对广大农民的深切同情，是谭峭历史观中极有意义的部分。由于谭峭哲学杂糅了汉唐以来儒道佛的思想，为出入佛道的新儒学家——宋明理学家从不同方面所吸取和效法，成为唐宋哲学发展中的一个十分重要的中间环节。

谭峭的著作，流传下来的主要是《化书》六卷。此外，还可以参考《福建通志·道士传》等。

二、谭峭的"物塞虚通"与理学家的"神妙万物"

谭峭哲学的最高范畴是"虚"，把"虚"作为世界万物的本体。他认为，"虚化神，神化气，气化形，形生而万物所以塞也"，"塞"是指事物之间的界限、区别，即不同的事物。在谭峭看来，世界上形形色色的不同事物都是由"虚"变化而来的，就是"虚"通过"神""气"而产生有形体的世界万物。在"虚"到万物之间，"神"至为重要。他说："虚无所不至，神无所不通。"由此虚到有神而万物。他所说的"神"是哲学概念。他认为，包括人在内的整个世界万物都是"虚"产生的，"死复化为虚"，世界统一于"虚"。他还认为，"万物非欲生，不得不生；非欲死，不得不死"[①]，世界万物的生灭变化是不依人的主观意志为转移的。谭峭作为一个道士，提出没有人格化的造物主，否认天命论，在当时历史条件下是难能可贵的。谭峭把精神性的"虚"看得比物质性的"形"更为重要，认为"气"是由"神"派生出来的。谭峭把"虚"作为世界

① 以上见（五代）谭峭：《化书·死生》。

万物的本体,使“虚”成为中国哲学史上的重要范畴。谭峭的“虚”实际上是在杂糅了唐代儒、道、佛关于无、空的思想的基础上提出来的。[①]

宋明理学的最高范畴是“太极”或“理”。理学的奠基人周敦颐把世界万物的本体归为“太极”,又说“无极而太极”,他的代表著作《太极图说》,就是取谭峭一类的道士用于修炼之太极图而赋予新解的。[②] 理学家的宇宙发生论多就此推衍。他们认为“太极”(“理”)生阴阳五行之气,而后气化生人和万物。这种“理在气先”实际上就是谭峭“虚在气先”的翻版,特别是张载在批判佛道空虚论的基础上提出了“太虚即气,则无无”的著名命题。他说:“彼语寂灭者,往而不返;循生执有者,物而不化。”[③]这里,前者是张载批判佛教所宣扬的空寂之说,指出其是“往而不返”,失去了物质依据;后者是张载批判道教企图长生不死的观点,指出其是“物而不化”,追求一种不死的虚幻境界。张载把“太虚”和“气”等同起来,反对把离开“气”的“虚”作为世界万物的本体。他把道家颠倒了的气和虚的关系再颠倒过来,以“气”为体,“太虚即气”。总之,谭峭哲学中的“虚”“气”概念对宋明理学的本体论无疑是有深刻影响的。

宋明理学家喜欢讲的“物则不通,神妙万物”[④]的命题,也是和谭峭的“物塞虚通”的思想相通的。谭峭认为,有形体的事物会造成滞碍(塞),具体事物之间是不相通的,而“虚”则会使万物通达。理学家在谭峭这种观点的基础上做了进一步的发挥,他们认为凡是有形体的事物,于动时则只有动而无静,于静时则只有静而无动,因此事物是此则即为此,决不能是彼;事物是彼则即为彼,决不能是此。这就是所谓“物则不通”。“太极”或“理”这个最高本体则是动而无动,动中有静;静而无静,静中有动。因此,其阴中有阳、阳中有阴。这就是所谓“神妙万物”。很显然,谭峭的“物塞虚通”的思想为理学家所吸取。[⑤]

谭峭的五行配五常之说也为理学家所吸取和发挥。谭峭说:“五常者,五行也。”“始则五常相济之业,终则五常相伐之道,斯大化之往也。”[⑥]理学

---

① 以上见(五代)谭峭:《化书·死生》。

② (宋)周敦颐:《太极图说》(全一卷)。

③ (宋)张载:《正蒙·太和》。

④ (宋)周敦颐:《通书·动静》。

⑤ (宋)周敦颐:《太极图说》(全一卷)。

⑥ (五代)谭峭:《化书·五行》。

家们直截了当地说："金木水火土是仁义礼智信。"[①]他们认为，"在天只是阴阳五行，在人得之只是刚柔五常之德"。[②] 他们以自然界的金木水火土等物质现象比附社会的仁义礼智信等伦理道德观念，其目的是要把五常说成是超社会、超阶级的永恒存在的东西。

谭峭吸取佛教"无情有性"的思想，提出"土木金石皆有性情精魄"。[③]理学家随之也说："天下无无情之物。盖有此物，则有此性；无此物，则无此性。"[④]谭峭认为不仅人具有五常的道德属性，而且物特别是动物，也具有五常的道德属性。他述说：

> 夫禽兽之于人也何异！有巢穴之居，有夫妇之配，有父子之性，有生死之情。乌反哺，仁也；隼悯胎，义也；蜂有君，礼也；羊跪乳，智也；雉不再接，信也。孰究其道，万物之中五常百行无所不有也。[⑤]

谭峭的道家哲学不离儒家的三纲、五伦，而且赋予它普遍意义，并推及于禽兽。理学家的看法几乎同谭峭一样，认为禽兽也有三纲、五伦。朱熹说："物亦有是理，如虎狼之父子，蜂蚁之君臣，豺獭之报本，雎鸠之有别，曰仁兽义兽是也。"[⑥]很明显，理学家继承了谭峭的动物也有三纲、五常之性的观点。

三、从谭峭的"一切皆化"到理学家的"化生万物"

谭峭哲学的一个突出特点，是其一切皆"化"的思想。"化"是谭峭哲学的重要范畴。"化"指演变和转化，谭峭认为生死变化是客观事物的规律。先有自然的变化，然后才有社会的变化。他说："其生非始，其死非终。"[⑦]谭峭猜测到了事物无限发展的辩证过程，他认为一切事物，不论是自然的还是社会的，不论是有形的实体还是无形的精神，都在变化发展。谭峭的一切皆"化"的观点，突破了以往道教所宣扬的"静生万物"之说，恢复了老子的生生

---

① (宋)黎靖德编：《朱子语类》卷九四，《周子之书》，北京：中华书局，1986年，第2366页。

② (宋)黎靖德编：《朱子语类》卷六，《性理三》，北京：中华书局，1986年，第106页。

③ (五代)谭峭：《化书·老枫》。

④ (宋)黎靖德编：《朱子语类》卷四，《性理一》，北京：中华书局，1986年，第56页。

⑤ (五代)谭峭：《化书·畋渔》。

⑥ (宋)黎靖德编：《朱子语类》卷四，《性理一》，北京：中华书局，1986年，第66页。

⑦ (五代)谭峭：《化书·龙虎》。

不息的思想。他述说：

> 虚化神，神化气，气化血，血化形，形化婴，婴化童，童化少，少化壮，壮化老，老化死。死复化为虚，虚复化为神，神复化为气，气复化为物。化化不间，犹环之无穷。[①]

谭峭的这种“化”法，猜测到了人从受胎到出生以至老死的发展转化过程。由于谭峭的“化”是建立在其精神性的“虚”之上的，无条件地讲转化，他陷入了神秘主义的循环论。他还认为，“有无相通，物我相同”[②]，精神是物质，物质也是精神，二者原为一体，不分彼此。谭峭在企图解决世界统一性的问题时，通过相对主义的认识论，滑到虚无主义那里去了。

谭峭还初步认识到，一切皆“化”的原因。他认为“化”之因是由于“对待”之相磨、相推，即事物内部两种对立（待）势力相互作用。他述说：

> 动静相磨，所以化火也；燥湿相蒸，所以化云也。汤盎投井，所以化雪也；饮水雨日，所以化虹霓也。[③]

把火水云雪虹等自然现象的变化看成是动静两种物质形态互相磨荡所引起的，这是辩证法的思想。谭峭的这种思想，是当时不成熟的科学知识在其思想中的反映。

“化”也是宋明理学的重要范畴。他们认为“化”是事物的根本特征，宇宙是生生不息的历程。周敦颐说：“二气交感，化生万物。万物生生，而变化无穷焉。”[④]程颐说：“天地之化，一息不留。”[⑤]他们也认为事物变化发展是由其内部互相作用的结果。程颐又述道：

> 天地之化，既是两物，必动已不齐，譬之两扇相磨行，便共齿齐不得。齿不齐已动，则物之出者何可得齐？从此参差万变，巧历不能穷也。[⑥]

程颐的语言表述几乎和谭峭相同。

---

① （五代）谭峭：《化书·死生》。

② （五代）谭峭：《化书·死生》。

③ （五代）谭峭：《化书·动静》。

④ （宋）周敦颐：《太极图说》（全一卷）。

⑤ （宋）程颢、程颐：《二程语录》卷一一。

⑥ （宋）程颢、程颐：《二程语录》卷一五。

四、谭峭的“太和”与理学家的“民胞物与”

谭峭生活在五代乱世，他以“虚”和“化”的世界观来观察社会问题，提出了许多进步的观点。他基于世界是“虚”的思想，认为当时的社会是虚伪的和腐朽的。他述说：

> 道德有所不实，仁义有所不至，刑礼有所不足。是教民为奸诈，使民为淫邪，化民为悖逆，驱民为盗贼。上昏昏然，不知其弊；下恍恍然，不知其病。其何以救之哉！[①]

谭峭从一切皆“化”的思想出发，认为当时统治者的所作所为必然会激化社会的矛盾。他述说：

> 天子作弓矢以威天下，天下盗弓矢以侮天子。君子作礼乐以防小人，小人盗礼乐以潜君子。有国者好聚敛，蓄粟帛，具甲兵，以防御贼盗；贼盗擅甲兵，踞粟帛，以夺其国。[②]

他认为，人民群众对统治者的反抗，完全是统治者剥削压迫造成的。他对当时处于水深火热中的广大人民群众予以深切的同情。他述说：

> 非兔狡，猎狡也；非民诈，吏诈也。慎勿怨盗贼，盗贼唯我召；慎乎怨判乱，判乱禀我教。不有和睦，焉有仇雠？不有赏劝，焉得斗争？[③]

这种官逼民反的思想，反映了谭峭对当时社会的深刻认识。

谭峭从同情人民的政治立场出发，提出唯“食”的历史观点。他认为，吃饭是人民最低的，也是首要的要求。他述说：

> 一日不食则惫，二日不食则病，三日不食则死。民事之急无甚于食，而王者夺其一，卿士夺其一，兵吏夺其一，战伐夺其一，工艺夺其一，商贾夺其一，道释之族夺其一。[④]

这是对剥削者的严正抗议。农民的劳动成果绝大部分被王、士，兵、吏、工、商、道、释等所侵夺，这是最大的不公平。谭峭本人是个道士，但他并不站在僧侣地主阶级的立场，仍然指责道士是剥削者。

谭峭指出“食”的问题是社会治乱的根本问题，那么怎样解决这种社会问题呢？谭峭提出“能均食者，天下可治”，“民事之急，无甚于食”。他认为，

---

① （五代）谭峭：《化书·道化》。

② （五代）谭峭：《化书·弓矢》。

③ （五代）谭峭：《化书·死生》。

④ （五代）谭峭：《化书·七夺》。

只有用“均食”的办法才能解决食的问题。他要求统治者要做到“无亲、无疏、无爱、无恶，是谓太和”。谭峭的“太和”，就是他所说的“均食”的社会。在阶级社会里，“均食”是根本不可能的。谭峭的“太和”社会在当时根本无法实现，但其为农民着想的善良愿望是应该肯定的。①

谭峭的进步历史观对宋明时期的进步思想家有深刻的影响。如宋代的李觏说：“生民之道，食为大。”他认为，对人民缺食问题要用“均田”“平土”的办法来解决：“均田则耕者得食，食足则蚕者得衣。不耕不蚕，不饥寒者希也。”“均则无贫。”他把“均田”“平土”作为均贫富的根本。由谭峭的“均食”到李觏的“均田”“平土”应该是一脉相承的。二者无疑是有思想理论渊源的。②

宋代张载提出的“民胞物与”的泛爱的伦理思想，和谭峭的“太和”思想亦有一定的联系。谭峭主张统治者和人民之间要上下相通，真正互相关怀。他说：“心相通而后神相通，神相通而后气相通，气相通而后形相通。”③做到“我病则众病，我痛则众痛”，并进一步扩大到“物我相同”。④ 张载认为必须从人类万有都是天地所生，即从所谓“乾称父，坤称母”出发，把全宇宙看作是一个大家族，从而说明每个人的道德义务，要爱一切人，如爱同胞手足一样，并进一步扩大到“视天下无一物非我”。⑤ 这种世界观必然对人民的疾苦予以同情。很显然，张载的“民胞物与”和谭峭的“太和”思想有着理论上的继承关系。

综上所述，谭峭哲学是中国古代哲学发展的一个“圆圈”——唐宋哲学上的重要一环。谭峭哲学在唐宋哲学发展中的地位和作用，应该加以充分肯定。

---

① (五代)谭峭：《化书·奢僭》。

② 以上见(宋)李觏：《直讲李先生文集》卷一九，《平土书》。

③ (五代)谭峭：《化书·蝼蚁》。

④ (五代)谭峭：《化书·龙虎》。

⑤ (宋)张载：《张子全书》卷一。

第三章

北宋的福建理学

到了北宋时期，福建地区自身的经济文化有了很大的发展，特别是外省先进的生产技术和文化不断地进入福建。当代陈嘉庚曾自述，“我始祖自宋朝末由河南光州固始县迁来，至我为十九世”①。知名历史学家顾颉刚在给胡适的信中，论及唐末五代以来外省人避乱而入闽时说：“福建幸未扰及，当时湖南、江西、浙江故家世族搬去的很多，所以能够形成一种文化。”②

同时，福建到外地谋生、求学和做官的人也多起来。如上述讲到的五代南唐泉州人谭峭，曾“自终南游太白、太行、王屋、嵩、华、泰、岳，迤逦游历名山”③。特别是北宋后期，随着福建经济文化的发展，在政治上朝廷对福建人也重视起来，不少人到朝廷任重要职务。如福建籍的苏颂、蔡襄、李纲、吕惠卿、章惇等，有的做到宰相，参与国家的新政改革。这反过来也说明福建经济文化和上层人士政治力量的强大，对国家的重要性和影响力增强。

在这种形势下，福建理学的发展兴盛起来。这可以从两个方面来说：一是福建在朝廷的官员与北方学者交往，相互学习、探讨，或者向北方学者学习、拜师。如下面将要论述的闽中侯官人陈襄、陈烈、周希孟、郑穆“海滨四先生”在朝廷与北方胡瑗、孙复、石介“宋初三先生”往来，同时倡导理学，后来他们又倡道于闽中。陕西关中新儒学的创始人张载为崇文殿校理，“闽中邵清及门学易”④。二是闽中学者直接到河南拜师程颢、程颐。如“周敦颐理学之教，得二程而益盛。闽福清王蘋，将乐杨时，沙县陈渊、陈瓘，崇安游醇、游酢，皆从二程受业，濂、洛之教入闽，亦由此而盛”⑤。此外，罗从彦还

① 厦门集美陈嘉庚纪念馆文献展品。

② 《顾颉刚致胡适的信》，《胡适的日记》上册，北京：中华书局，1985年，第85页。

③ （五代）沈汾：《续仙传》卷下，《谭峭传》。

④ （清）蒋垣：《八闽理学源流》卷一。

⑤ （清）蒋垣：《八闽理学源流》卷一。

专程到河南向程氏印证杨时对其所教。

福建学者在向北方学者学习交往中，游酢、杨时“程门立雪”“载道南归”，最为典型。杨时传之罗从彦，从彦传之李侗，是为道南学系。其他学者向北方学者学习，虽与杨时等师承不同，却也是北学南传，也应归为道南学系统。

本章主要论述“海滨四先生”“武夷胡氏五贤”“南剑四先生”等。

第一节　“海滨四先生”与“海滨邹鲁”

一、“海滨四先生”

北宋初年，是理学的开创时代。北方有“宋初三先生”胡瑗（安定）、孙复（泰山）、石介（徂徕），“始以师道明正学，继而濂洛兴”。他们以儒家的《周易》《论语》《春秋》等经典为依据，倡导道德性命，继承和发扬韩愈的道统说，揭开北宋理学的序幕。三先生之学上承洙泗（孔孟）、下启洛闽（程朱），开辟宋代理学的先河。清全祖望说：“宋世学术之盛，安定、泰山为之先河，程、朱二先生皆以为然。以为安定沉潜，泰山高明；安定笃实，泰山刚健。各得其性禀之所近，要其力肩斯道之传则一也。”[①]而南方的倡道先驱则有闽中侯官（今福州）人陈襄、陈烈、周希孟、郑穆“海滨四先生”。他们在朝廷往来，相互探讨，倡讲道学（理学）。清全祖望指明：

> 宋仁之世，安定先生起于南，泰山先生起于北，天下之士从者如云，而正学至此造端矣。闽海古灵先生于安定盖稍后，其孜孜讲道则与之相埒。安定之门，先后至一千七百余弟子。泰山弗逮也，而古灵亦过千人。安定之门，如孙莘老、管卧云辈，皆兼师古灵者也。于时濂溪已起于南，涑水、横渠、康节、明道兄弟亦起于北，直登圣人之堂。古灵所得虽逊之，然其倡道之功，则固安定、泰山之亚，较之程、张为前茅焉。[②]

全祖望接着还说：“宋人溯导源之功，独不及四先生，似有阙焉。”这里，把当时南北理学之概况讲清楚了。

---

① （清）黄宗羲、全祖望：《宋元学案》卷首，《宋元儒学案序录》，北京：中华书局，1986年，第1页。

② （清）黄宗羲、全祖望：《宋元学案》卷五，《古灵四先生学案》，北京：中华书局，1986年，第228页。

"海滨四先生"载道回闽，倡道于闽中，被称为在福建较系统地倡导理学者。陈烈，字季慈，号季甫，北宋福州侯官人。生于北宋真宗大中祥符五年(1012)，卒于哲宗元祐二年(1087)。乡荐试京师不第，诏以宣德郎致仕。朱熹赞之说：

昔陈烈先生苦无记性。一日，读《孟子》"学问之道无他，求其放心而已"，忽悟曰："我心不曾收得，如何记得书？"遂闭门静坐，不读书百余日，以收放心，却去读书，遂一览无余。①

接着，朱熹又说："(陈烈)行甚高，然古怪太甚。"著有《孝报经》等。②

周希孟，字公伟，北宋福州侯官人。生年不详，卒年北宋仁宗庆历五年(1045)。遍读"五经"，尤精于《易》。试国子监四门助教，充本州教授。著有《易义》《春秋义》等。

郑穆，字闳中，福州侯官人。生于北宋真宗天僖二年(1018)，卒于哲宗元祐七年(1092)。宋仁宗皇祐五年(1053)进士，为官寿安主簿、嘉王侍讲等。"性淳好学"，进退容止必以礼。

陈烈、周希孟、郑穆与陈襄交游甚笃，称"海滨四先生"。在"海滨四先生"中，陈襄最为有名。

二、陈　襄

(一)陈襄的生平著述

陈襄，字述古，号古灵，学者称古灵先生，北宋侯官(今福州)人。生于宋真宗天禧元年(1017)，卒于宋神宗元丰三年(1080)。他 26 岁登进士，历任浦城主簿、仙居县令、河阳县令、常州知府、山西运转使、著作佐郎、天章阁侍讲等。陈襄做地方官时极其关心教育，到处兴办学堂，官事之余，为人讲学。出巡时，遇有学堂，必送儒家经典。当时学者崇尚词章，他却潜心于孔孟知天尽心之说。他反对王安石变法，主张以仁义治天下，一言一行以儒家古人为法。他与周敦颐、二程、张载同时提倡儒家道统，成就不及他们，却是闽中倡道的第一人，颇有名声。

---

① (宋)黎靖德编：《朱子语类》卷一一，《学五》，北京：中华书局，1986 年，第 177 页。

② 参见陈国代：《朱子学关涉人物裒辑：拱辰集》，北京：大众文艺出版社，2008 年，第 58 页。

陈襄的著作有《易讲义》《奉使录》《中庸讲义》《郊庙奉祀礼文》《州县莅民提纲》《陈古灵奏议》等，结辑为《古灵先生文集》。此外，还可参考《宋元学案·古灵四先生学案》、《福建通志·儒林传》，以及宋陈辉《古灵先生年谱》等。

（二）陈襄的理学思想

陈襄的哲学体系乃以“诚”为最高范畴，陈襄在《中庸讲义》中较全面地论述了他的理学思想。

他说：“诚者，天之道，物之始终。”[①]认为“诚”是天地万物的主宰者，“诚即神”。天离不开诚，物也离不开诚。人得到了“诚”，也就达到了人生的最高境界。诚是有高明博厚的，有了诚就有了最完善的道德品质，就能确定各种事物应如何来处理。谁能得到诚呢？他认为，圣人生平就有诚的美德，因此对于仁义礼智信等人伦道德，不学而知，懂得天理，一言一行毫无差错。而一般人虽然没有圣人那样的先知先觉，但是可以通过学习，明白了天理、圣道，也可以达到诚。一般人要达到诚的美德，就是要去邪，即保持礼义之正，去异端邪念；要存公去私，即保持国家之公、清除个人私欲。他认为，如果任何时候都能按此办理，那就达到了诚。

对于道德修养，陈襄认为人不能丧失本心，丧失了本心就要加强道德修养，恢复本心。他所谓本心，是指遵守三纲五常的善心。他还认为，人最重要的是有道，道就是义，“不苟且求利，不苟且求进，不苟且求得，一言一行都要符合于义”。[②]

在认识论上，陈襄提出：

> 好学以尽心，诚心以尽物，推物以尽理，明理以尽性。[③]

在陈襄看来，通过学习儒家经典，就能达到尽知人的仁义礼智之善心；要诚心诚意待人接物；通过对事物的观察以达到尽知事物的道理；明白了事物的道理，才能尽知自己的本性。他认为，人的本性和事物的道理，是上天给的，是先天就有的。对于陈襄的道德伦理思想，朱熹述说：

> 古灵先生陈公劝谕为民者：父义（能正其家），兄友（能养其弟），弟

---

① （宋）陈襄：《中庸讲义》卷一。

② （宋）陈襄：《中庸讲义》卷一。

③ （宋）陈襄：《中庸讲义》卷一。

敬(能敬其兄),子孝(能事父母)。夫妇有恩(贫穷相守为恩。若弃妻不养,夫丧改嫁,皆是无恩也),男女有别(男有妇,女有夫,分别不乱),子弟有学(能知礼义廉耻),乡闾有礼(岁时寒暄,皆以恩意往来。燕饮序老少,坐立拜起)。贫穷患难,亲戚相救(借贷财谷)。婚姻死丧,邻保相助。无堕农桑,无作盗贼,无学赌博,无好争讼。无以恶凌善,无以富吞贫。行者逊路(少避长,贱避贵,轻避重,去避来),耕者逊畔(地有畔,不相争夺),班白者不负戴于道路(子弟负重执役,不令老者担擎),则为礼义之俗矣!……其不率教者,亦仰申举,依法究治。……各宜遵守,毋至违犯。①

陈襄把理学家的道德伦理具体化,朱熹至为赏识。

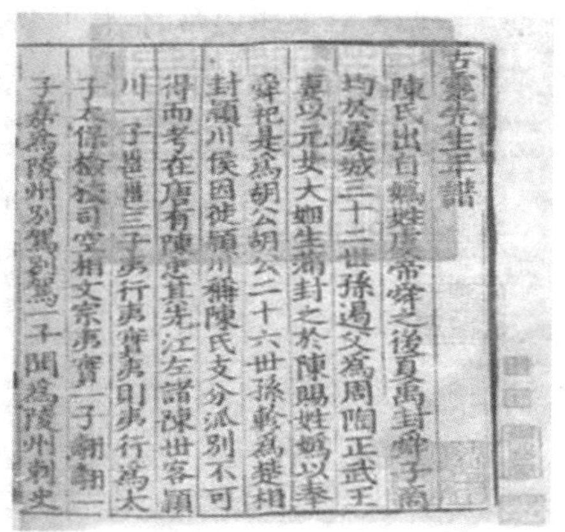

古靈先生年譜

陳氏出自嬀姓虞帝舜之後夏禹封舜子商均於虞城三十二世孫遏父為周陶正武王妻以元女大姬生滿封之於陳賜姓嬀以奉舜祀是為胡公胡公二十六世孫軫為楚相封潁川侯因徙潁川稱陳氏支分派別不可得而考在唐有陳邕其先江左諸陳世客潁川一子曰邕三子夷行夷實夷則夷行為太子太保檢校司空相文宗夷實一子翺翺一子嘉為陵州別駕別駕一子閩為陵州刺史

图 3-1　古灵书院遗址和《古灵先生年谱》首页

三、朱熹榜书"海滨邹鲁"

朱熹对"海滨四先生"的儒学评价很高,认为其是真正的孔孟之道。他们在闽中传播儒学,遂使闽中成为"海滨邹鲁"。清蒋垣述说:

福州当理学将兴之日,陈季慈、陈古灵、周公辟、郑闳中四先生相与倡明道学于天下,称为"海滨四先生"。德动朝廷,遂召陈季慈为国子直讲,而林文昭、黄勉斋继之,儒道大行。故吕东莱诗云:"路逢十客九青衿,半是同窗旧兄弟。最忆市桥灯火静,巷南巷北读书声。"朱子当时见

① (宋)朱熹撰,陈俊民校编:《朱子文集》卷一〇〇,《揭示古灵先生劝谕文》,台北:德富文教基金会,2000 年,第 4861～4862 页。

诸儒辈出，大书“海滨邹鲁”四大字，匾于西关谯楼。则“海滨四先生”实振古人豪彦掺道化之始，以丕变旧俗，遂使闽邦荒裔得与圣人之居并传千古。[①]

上引清蒋垣又说：“宋初‘海滨四先生’与安定胡氏诸公同时倡道，有鲁一变之风。”朱熹认为，“海滨四先生”的儒学是孔孟之道，所以书题“海滨邹鲁”。福建历史上的有关文献，特别是各地的谱志，反复讲自己是“海滨邹鲁”。人云亦云，觉得这是理所当然的。其实，这是不大符合历史实际的。一般讲，福建之所以称“海滨邹鲁”，指的是朱子学发源和盛行于福建。这里特别强调，“海滨邹鲁”榜书出自朱熹，是朱熹的墨迹。“海滨”取之于“海滨四先生”，而“邹鲁”当时主要指“四先生”的思想，此后指以朱子学为核心的整个东南沿海的儒学思想。

图 3-2 现存金门朱子祠“海滨邹鲁”匾额

第二节 武夷胡氏五贤

一、胡氏家学

以北宋闽中崇安人胡安国为首的胡氏家学，包括胡安国、胡寅、胡宁、胡宏、胡宪五人父子叔侄。清李清馥说：“胡氏父子叔侄，阐发经旨，绍述儒学，世以五贤并称。”[②]他们的理学渊源于北方理学。清谢山述说：

致堂（胡寅）、籍溪（胡宪）、五峰（胡宏）、茅堂（胡宁）四先生并以大

① （清）蒋垣：《八闽理学源流》卷一。

② （清）李清馥：《闽中理学渊源考》卷三，《武夷胡氏家世学派》，南京：凤凰出版社，2001年，第201页。

儒树节南宋之初，盖当时伊洛世适，莫有过于文定一门者。四先生殁后，广仲尚能禅其家学，而伯逢、季随兄弟游于朱、张之门，称高弟，可谓盛矣。①

这段记载，概括地说明了胡氏诸贤的学术情况。

朱熹吸取胡氏五贤的观点很多。清全祖望述说：

武夷诸子，致堂、五峰最著。而其学又分为二，五峰不满其兄之学，故致堂之传不广。然当洛学陷入异端之日，致堂独皭然不染，亦已贤矣。故朱子亦多取焉。②

以胡安国为首的武夷胡氏五贤是闽中理学的一大学系，衍化为以张栻为代表的湖湘之学。闽籍理学家真德秀述说：

上蔡谢良佐传之武夷胡氏（安国），胡氏传其子五峰（宏），五峰传之南轩（张栻），此又一派也。③

武夷胡氏五贤之学，有的观点对闽学学者有所批评。但是批评也是一种启示，闽学学者从中吸取经验教训，更多的是承续到许多观点。明彭时述说：

（胡氏五贤）俱为大儒，遂启新安朱氏（熹）、东莱吕氏（祖谦）、南轩张氏（栻）之传，而道学兴盛以显。④

综观闽中理学学者的著述，引用、论述胡氏五贤之学多多。

此外，胡氏五贤多承续游酢。游酢是道南学的首要学者，是洛学与闽学的桥梁。从这个意义上，胡氏五贤与闽学（理学）也是有源流关系的。

下面先简单介绍胡宪、胡寅、胡宁三人，另外专门论述胡安国、胡宏。

胡宪，字原仲，人称籍溪先生，福建崇安五夫人。生于北宋神宗元丰八年（1085），卒于南宋高宗绍兴三十二年（1162）。其是朱松临终时命朱熹从学的三师之一。幼年从学于胡安国，尝从谯定学《易》。赐进士，授左迪功郎、建州教授。清全祖望说："籍溪少尝卖药，其后书堂中尚有胡居士熟药正

---

① （清）黄宗羲、全祖望：《宋元学案》卷三四，《武夷学案・参议胡茅堂先生宁》，北京：中华书局，1986 年，第 1182 页。

② （清）黄宗羲、全祖望：《宋元学案》卷三四，《衡麓学案・衡麓学案序录》，北京：中华书局，1986 年，第 1340～1341 页。

③ （宋）真德秀：《真文忠公读书记》卷三一。

④ 清嘉庆《建宁府志》卷一七。

铺牌。卒成一代儒者，真人豪杰！”[①]著有《论语说》等。

图 3-3　胡氏五贤

出处：(清)董天工：《武夷山志》卷首，《绘像》。

胡寅，字仲明，号仲虎、仲冈，别号致堂，学者称致堂先生，南宋崇安人。生于北宋哲宗元符元年(1098)，卒于南宋高宗绍兴二十六年(1156)。他是胡安国之侄。他将生时，母以多男不欲举，安国妻取而子之。“少桀黠难制，父闭之空阁，其上有杂木，寅尽刻为人形”，“当时有移其志，别置书数千卷于上。年余，寅悉成诵”。登宣和进士，历官永州知县、中书舍人、礼部侍郎兼侍讲、徽猷阁直学士。他反对奸臣卖国求和，主张抗金。他说：“女真……吾国之大仇也。误国之臣，遣使求和，苟延岁月……幸陛下灼见邪言，渐图恢复。”[②]他为官较为正直，不趋炎附势。朝廷大臣、卖国贼张邦昌欲以女妻

① (清)黄宗羲、全祖望：《宋元学案》卷四三，《武夷学案・刘胡诸儒学案》，北京：中华书局，1986 年，第 1394 页。

② 以上见(清)黄宗羲、全祖望：《宋元学案》卷四一，《衡麓学案・武夷家学・文忠胡致堂先生寅》，北京：中华书局，1986 年，第 1341 页。

之，他不许。因安国与秦桧善，秦桧任宰相时有意拉拢他，他拒绝，并揭发秦桧罪行。后被秦桧所害，充军新州。当洛阳陷入异端之日，他独自皭然不染，为朱熹所称道。朱熹从胡寅学说中摄取了不少观点。

胡寅是杨时门人，其学源于胡安国，主心理合一说。胡寅为学以心为本。他述说：

圣人教人正其心，谓理也义也，穷理而精义，则心之体用全矣。佛氏教人以心为法，起灭天地而梦幻人世，于理不穷，于义不精，乃心之害。

他认为，心即是理，理即是心，一以贯之。他述说：

人目视耳听，手执而足行。若非心能为之主，则视不明，听不聪，执不固，行不正，无一二当矣。目聱耳聩，心能视听乎？手废足蹇，心能执行乎？一身之中有本有末，有体有用，相无以相须。相有以相成，未有焦灼其肌肤，而心不知者也。[①]

胡寅还提出养心保身论。他说："凡人之生，无不自爱其身。自爱乃能爱人，爱人乃能爱物。故养心保身者，济人利物之本也。"[②]

胡寅的著述有《读史管见》《崇正辨》《论语详说》《二五君臣论》《三国六朝攻守要论》《西汉史钞》《斐然集》《中兴七策》《无逸传》《述古千字文》等，还可参考《宋元学案·衡麓学案》，《宋史·儒林传》《福建通志·儒林传》《全闽道学总纂·胡寅》等。

胡宁，字和仲，学者称茅堂先生。胡安国次子。生于北宋徽宗大观三年(1109)，卒于南宋孝宗隆兴元年(1163)。曾知澧州等，因触怒秦桧，罢官归里，隐居治学。据记载：

茅堂还朝，秦相问曰："令兄有何言?"对曰："家兄致意丞相：善类久废，民力久困。"秦相已愠，因谓茅堂曰："先公《春秋》议论好，只是行不得。"茅堂曰："惟其可行，方是议论。"又问："柳下惠降志辱身，如何?"对曰："总不若夷、齐之不降不辱也。"遂以书劝避相位，以顺消息盈虚之理，秦相愈怒。一日，忽招茅堂饭，意极拳拳，归而台章以下。《宋史》只载其蔡京之对，且谓因致堂与秦相绝，遂并罢。不知茅堂自不为秦屈，

---

① (宋)胡寅：《崇正辨》卷二。

② (宋)胡寅：《崇正辨》卷二。

不一而足,非以致堂之牵连也。[①]

这段记载,说明了胡宁的道德人品和爱国精神。跟其父治《春秋》,著有《春秋通旨》等。

二、胡安国

(一)胡安国的生平著述

胡安国,字康侯,号青山,谥号文定,学者称武夷先生,福建崇安人。生于北宋神宗熙宁七年(1074),卒于南宋高宗绍兴八年(1138),终年65岁。哲宗绍圣四年(1097)进士及第,历官太学博士、荆南教授、提举湖南学事、尚书员外郎、通州知府、中书舍人兼侍讲、宝文阁直学士等。胡安国的一生,虽在官40年,但实际历职不及六载。

胡安国十分注重个人品格的修养。其为人、处事,"以圣人为标的",重操守,讲忠信,性格耿直,不趋炎附势,安贫乐道。曾对人说:"对人言贫,其意将何求?"[②]他述说:

吾平生出处皆内断于心,浮世利名如蠛蠓过前,何足道哉![③]

胡安国这种不求利达的处世态度,很像程颐"安贫守节,言必忠信,动遵礼法","不求仕进"。[④] 同时代之人把胡安国与二程相提并论。

胡安国笃宗程颐之学。一般认为二程之后,一是杨时得之南传于罗从彦,罗从彦传于李侗,李侗传于朱熹;一是谢良佐得之传于胡安国,胡安国传其子胡宏,胡宏传于张栻。胡安国与谢良佐的师承授受关系的说法,始于朱熹。朱熹说,胡安国"以弟子礼见,入门,见吏卒植立庭中,如土木偶人,肃然起敬,遂禀学焉"。[⑤] 清黄宗羲沿其说,谓"先生(安国)之学,后来得于上蔡者为多",遂列胡安国于谢良佐门下。而全祖望却认为,"南渡昌明洛学之

---

① (清)黄宗羲、全祖望:《宋元学案》卷三四,《武夷学案·参议胡茅堂先生宁》,北京:中华书局,1986年,第1182页。

② (清)黄宗羲、全祖望:《宋元学案》卷三四,《武夷学案》,北京:中华书局,1986年,第1366页。

③ (元)脱脱等:《宋史》卷四三五,《胡安国传》,北京:中华书局,1985年。

④ (元)脱脱等:《宋史》卷四二七,《程颐传》,北京:中华书局,1985年。

⑤ (宋)朱熹撰,陈俊民校编:《朱子文集》卷八〇,《德安府应城县上蔡谢先生祠记》,台北:德富文教基金会,2000年,第3957～3958页。

功，文定几侔于龟山（杨时）”，而朱熹、张栻、吕祖谦“皆其再传”。[①] 这样，全祖望不仅认为胡安国与程门谢、杨、游三先生之间是师友关系，而且肯定他在南宋洛学中的地位，与程门高足杨时齐观。

胡安国在政治上保守，倾向旧党，反对新法，主张复古。但是钦宗时，他针对北宋末年的吏治败坏、朋党猖獗，建议钦宗革新朝政。“若不扫除旧迹，乘势更张，窃恐大势一倾不可复正”。[②]

南宋高宗绍兴五年（1135），诏胡安国为经筵旧臣，令纂修所著《春秋传》；绍兴八年（1138），书成，高宗谓“深得圣人之旨”，进安国为宝文阁直学士。王安石废《春秋》，不列于学宫，胡安国潜心《春秋》二十余年，著《春秋传》。当时学者研究《春秋》的著作甚多，唯胡安国的《春秋传》最为出名，是当时春秋学的最主要代表作。元仁宗元祐定科举法，五经注释，《春秋》用胡安国传。

胡安国的著述有《上蔡语录》《资治通鉴举要补遗》《春秋传》《春秋通例》《春秋年表》《武夷集》等。此外，还可以参考《宋史·儒林传》、《宋元学案·武夷学案》、胡寅《胡文定公行状》等。

（二）胡安国的《春秋传》

胡安国为学，强调穷理尽性。他说：“物物而察，知之始也。一以贯之，知之重也。”“致知为穷理之门，主敬为持养之道。”[③]他还重视将其应用于当时的社会。他述说：

> 圣门之学，则以致知为始，穷理为要。知至理得，不迷本心，如日方中，万象皆见，则不疑所行，而内外合也。故自修身至于家国天下，无所处而不当矣。[④]

这是通过“格”“致”“正”“诚”达到“修”“齐”“治”“平”。胡安国这里讲的是《大学》的意思。

胡安国熟识儒学典籍，他是以孔子的教导为准。他认为，孔子作《春秋》

---

① （清）黄宗羲、全祖望：《宋元学案》卷三四，《武夷学案》，北京：中华书局，1986 年，第 1182 页。

② （元）脱脱等：《宋史》卷四三五，《胡安国传》，北京：中华书局，1985 年。

③ （宋）胡安国：《胡氏传家录》。

④ （清）黄宗羲、全祖望：《宋元学案》卷三四，《武夷学案》，北京：中华书局，1986 年，第 1182 页。

是“假鲁史以寓王法,拨乱世反之正”。他述说:

> “知我者其惟《春秋》乎?罪我者其惟《春秋》乎?”知孔子者,谓此书之作,遏人欲于横流,存天理于既灭,为后世虑至深远也。[①]

胡安国把孔子作《春秋》和宋儒明天理革尽人欲的道德观联系起来。《春秋》是治世大典,是胡安国撰写《春秋传》的宗旨。

据记载,宋高宗曾与胡安国论《春秋》的问题:

> 高宗曰:“闻卿深于《春秋》,方欲讲论。”遂以《左氏传》付安国点句正音。安国奏:“《春秋》经世大典,见诸行事,非空言比。今方思济艰难,《左氏》繁碎,不宜虚费光阴,耽玩文采,莫若潜心圣经。”高宗称善。寻除安国兼侍读,专讲《春秋》。[②]

在胡安国看来,《春秋》能经邦济世。他还说:“百王之法度,万世之准绳,皆在此书。”[③]《春秋》是一部可以供人主“经世”取法的书。

胡安国的这种讲法是有所本的。孟子最先提出《春秋》“经世”说:“世衰道微,邪说暴行有作,臣弑其君者有之,子弑其父者有之。孔子惧,作《春秋》。《春秋》,天子之事也。”[④]《春秋公羊传》亦说:“君子曷为为《春秋》?拨乱世反诸正,莫近诸《春秋》。”[⑤]对《春秋》的这种观点,便成了宋明理学家治儒家典籍的共同方法。朱熹说:“通得《大学》了,去看他经,方见得此是格物致知事。此是正、心诚意事,此是修身事,此是齐家、治国、平天下事。”[⑥]

胡安国从治《春秋》到著《春秋传》历时30多年。胡安国述说:

> 某初学《春秋》用功十年,遍览诸家,欲求博取,以会要妙,然但得其糟粕耳。又十年,时有省发,遂集众传,附以己说,犹未敢以为得也。又五年,去者或取,取者或去。己说之不可于心者,尚多有之。又五年,书成,旧说之得存者寡矣。及此二年,所习似益察,所造似益深,乃知圣人之旨益无穷,信非言论所能尽也。[⑦]

---

① (宋)胡安国:《春秋传》卷首,《序》。

② (元)脱脱等:《宋史》卷四二五,《胡安国传》,北京:中华书局,1985年。

③ (宋)胡安国:《春秋传·序》。

④ 《孟子·滕文公下》。

⑤ 《春秋公羊传·哀公十四年》。

⑥ (宋)黎靖德编:《朱子语类》卷一四,《大学一》,北京:中华书局,1986年,第252页。

⑦ (清)黄宗羲、全祖望:《宋元学案》卷三四,《武夷学案》,北京:中华书局,1986年,第1183页。

胡安国的治学方法，是从宏观到微观，以“博”求“约”，他在遍阅儒家典籍的基础上撰写成《春秋传》。高宗绍兴五年(1135)，皇帝令其纂修所著《春秋传》，是年胡安国卒。胡安国于30多岁治《春秋》，50多岁治《春秋传》，说此书是其一生所系是确切的。此与《宋元学案》谓其自壮年即服膺于《春秋》正合。王安石废弃《春秋》，直斥《春秋》为“断烂朝报”，毫无意义可言，不列学宫，至崇宁年间循而未改，且“防禁益甚”，春秋学不绝如缕。胡安国正于此时“潜心刻意”于《春秋》，立意著《春秋传》，表明他以继绝学为己任。[①]

基于当时的宋金对抗，胡安国的春秋学特别发挥《春秋》大义，尊王攘夷，宣扬爱国主义思想。例如定周王为一尊。胡安国《春秋传》训《春秋》隐公元年“王正月”说：“谓正月为王正，则知天下之定于一也。”何谓“定于一”？胡安国特别提到“土无二王”“尊无二上”，说明“定于一”的实质在于定周王为一尊。他认为这符合“《春秋》‘大一统’之义”。[②] 按《春秋》“大一统”本为公羊家言，《公羊传》隐公元年：“何言乎王正月？大一统也。”颜师古注：“此言诸侯皆系统天子，不得自专也。”[③]《春秋传》训“王正月”为“定于一”，正是发挥了公羊家“大一统”之义，意在明周王一尊的地位，这和颜师古注是一致的。

胡安国特别强调诛讨篡弑之贼。《春秋传》认为春秋时代，“周衰道微，乾纲解纽，乱臣贼子接迹于世，人欲肆而天理灭矣”[④]。孔子惧，作《春秋》，诛乱臣贼子，以示王法，明尊王之义。如果说，诸侯“上不请命”，《春秋》“不书即位”，以示尊王之义，那么弑君篡国更是罪不得赦，为《春秋》所不容。故说：“夫篡弑之贼，毁灭天理，无所容于天地之间，身无存没，时无古今，其罪不得赦也。”[⑤]《春秋传》进而指出，《春秋》诛讨篡弑之贼还表现在：君弑而贼不讨，与篡弑者同罪，均在诛讨之列。

封建社会的伦理道德规范，是维护王朝的精神支柱。胡安国著《春秋传》，言《春秋》“大义”，特别强调封建纲常，认为纲常为“国政”“人伦”之“大本”。例如《春秋》隐公元年载：“秋七月，天王使宰晅来归，惠公仲子之赗。”《春秋传》述说：

---

① (清)永瑢、纪昀：《四库全书总目提要》卷二七。

② (宋)胡安国：《春秋传》卷三。

③ (汉)班固：《汉书》卷五六，《董仲舒传》，北京：中华书局，1962年。

④ (宋)胡安国：《春秋传》卷首，《序》。

⑤ (宋)胡安国：《春秋传》卷一六。

> 咺者，名也。王朝公卿书官，大夫书字，上士、中士书名，下士书人。咺位六卿之长而名之，何也？仲子，惠公（按：隐公父）之妾尔。以天王之尊，下赗诸侯之妾，是加冠于屦，人道之大经拂矣。……（赗）承命以赗诸侯之妾，是坏法乱纪自王朝始也。《春秋》重嫡妾之分，故特贬而名，以见宰之非宰也。或曰："僖公之母成风，亦庄公妾也。其卒也，王使荣叔归含且赗；其葬也，王使召伯来会葬。下赗诸侯之妾而名其宰，荣、召何以书字而不名也？"于前仲子则名冢宰，于后葬成风，王不称天，其法严矣。[①]

可见胡安国特别重"嫡妾之分"的《春秋》"大义"。他认为以天王之尊而"下赗诸侯之妾"，派遣冢宰为其丧事送财物，是冠屦倒置，乱了"嫡妾之分"。因此，《春秋》加以贬损，或冢宰称名不称字，"以见宰之非宰"；或"王不称天"，以见周王之不被尊为天王，其法甚严。

胡安国还强调夫妇之伦。《春秋》隐公二年载："十有二月乙卯，夫人子氏薨。"胡安国《春秋传》述说：

> 邦君之妻，国人称之曰"小君"，卒则书薨，以明齐也；先卒则不书葬，以明顺也。有夫妇然后有父子，有父子然后有君臣。夫妇，人伦之大本也。《春秋》之始于子氏，书薨不书葬，明示大伦。苟知其义，则夫夫、妇妇而家道正矣。[②]

此在严分"夫为妻纲"。夫妇是主从关系，这是"人伦之大本"。"夫为妻纲"是前提，由此延伸为"父为子纲""君为臣纲"，三者为封建三纲，并成为维护封建等级制度的支柱。

可见胡安国《春秋传》是以宋儒的伦理观念和道德标准来评骘、衡量《春秋》的人与事的，因而带有宋代理学的鲜明特色。

三、胡　宏

（一）胡宏的生平著述

胡宏，字仁仲，号五峰，学者称五峰先生，因为他在湖南衡山讲学20余年，人们又称他为湖南学者。他是南宋崇安人。生于北宋徽宗崇宁四年

① （宋）胡安国：《春秋传》卷一。

② （宋）胡安国：《春秋传》卷一。

(1105),卒于南宋高宗绍兴二十五年(1155)。他是胡安国季子,初以父荫补右承务郎,朝廷数次召他,均不赴任。他一生没有做官,洁身自好,不求闻达,不慕权势,不仕官职,卒于家。

其父亲与秦桧善,家中人多依附秦桧,秦桧又拉拢他,他却始终反对秦桧。这种高尚的品质为人称道。

胡宏师事杨时,是二程再传弟子,卒传胡安国之学。他开辟湖湘理学学统,培养出一批理学家,如南宋著名理学家张栻是他的门人。他的著作《知言》可与张载《正蒙》比美。胡宏在学术观点上,有许多创见,如他反对"以善恶言性""存理去欲"等,受到朱熹等的批评。全祖望说:"绍兴诸儒,所造莫出于五峰之上。其所作《知言》,东莱以为过于《正蒙》,卒开湖湘之学统。今豫章以晦翁故祀泽宫,五峰阙焉,非公论也。"①他是宋高宗绍兴年间造诣最高的理学家,在学术上的成就是很多的。

胡宏的著述有《知言》六卷、《皇王大纪》八十卷、《论语指南》、《易外传》、《叙古蒙求》等,结辑《五峰集》。此外,还可参考《宋元学案·五峰学案》和《福建通志·儒林传》等。

(二)胡宏的心性论

胡宏的学术创见,有的学者非难,但有很多学者推崇。清全祖望述说:

> 绍兴诸儒所造,莫出于五峰之上。……卒开湖湘之学统。②

现代儒学家牟宗三至为推崇胡宏,认为他是宋明理学的一大学系。

胡宏主要是在心性上与众不同,对理学有贡献。

对于心性,程氏说:"心则性也,在天为命,在人为性。所主为心,实一道也。"③朱熹说:"心,统性情者也。"④而陆王却认为心体性用。象山说:"宇宙便是吾心,吾心即是宇宙。"⑤把"心"看成是宇宙本体。王阳明说:"所谓汝

---

① (清)黄宗羲、全祖望:《宋元学案》卷三四,《衡麓学案·五峰学案序录》,北京:中华书局,1986年,第1366页。

② (清)黄宗羲、全祖望:《宋元学案》卷三四,《衡麓学案·五峰学案》,北京:中华书局,1986年,第1366页。

③ (宋)程颢、程颐:《二程集》,北京:中华书局,1981年,第1252页。

④ (宋)朱熹:《孟子集注》卷三,《公孙丑章句上》。

⑤ (宋)陆九渊:《象山全集》卷二二,《杂说》。

心，却是那能视、听、言、动的，这个便是性。”[①]认为“性”是“心”的作用或功能。

胡宏对这两种说法都不同意。胡宏从性本论出发，主张性体心用。胡宏述说：

> 道之所以名也，非圣人能名道也。有是道则有是名也。圣人指明其体曰性，指明其用曰心。性不能不动，动则心矣。圣人传心，教天下以仁也。[②]

在胡宏看来，“心也者，知天地、宰万物以成性者也”[③]。他认为，“性无不体者，心也”。胡宏述说：

> 未发只可言性，已发乃可言心。[④]

胡宏的“性体心用”说，认为“性”是本体，“心”是作用。因此，“性”决定“心”，“性”即“心”，“性”“心”为一。“性不能不动，动则心矣”，“已发乃可言心”。这也是说，“心”是“性”的体现者，“性”是被体现的。在胡宏看来，“性”是内在的、深藏的，“心”是“性”的外在表现。这类似本质与现象的关系。

可见胡宏把心排除在宇宙本传之外，性才是最高范畴，是哲学的本体。

胡宏进一步指出，人性本中，无善与恶。实际上胡宏同意告子的性无善恶论。这与孟子的性善说是对立的。宋代理学家多主孟子性善说，故对胡宏的性无善恶论也多有微词。朱熹深以此论为非。

胡宏还提出“好恶为性”的命题。他述说：

> 好恶，性也。小人好恶以己，君子好恶以道，察乎此则天理人欲可知。[⑤]

胡宏认为，人皆有好恶之性，只是所据以好恶的标准不同：“小人”以“己”，“君子”以“道”，说明好恶之性本身是相对的，不是绝对的。所恶，因为其标准、对象、内容不同，有好与不好。因此，性有好恶即是性无善恶。朱熹

---

① (明)王阳明：《传习录》上。

② 引自(宋)朱熹：《朱子文集》卷七三，《胡子知言疑义》，台北：德富文教基金会，2000年，第3705页。

③ 引自(宋)朱熹：《朱子文集》卷七三，《胡子知言疑义》，台北：德富文教基金会，2000年，第3695页。

④ (清)黄宗羲、全祖望：《宋元学案》卷四二，《五峰学案》，北京：中华书局，1986年，第1186页。

⑤ 引自(宋)朱熹：《朱子文集》卷七三，《胡子知言疑义》，台北：德富文教基金会，2000年，第3698页。

早就觉察到这一点，指出胡宏的“性但有好恶”，“即性无善恶之意”。[①]

胡宏强调性是天地的根本，性的善恶、好恶也是性。在胡宏看来，天理、人欲是同体而异用，同行而异情，圣人不去情，也不绝欲。朱熹所撰《胡子知言疑义》，与胡宏论难。据今知名学者牟宗三研究，朱熹的批评不确切。

第三节　南剑四先生

图 3-4　游酢、杨时“程门立雪”像与程颢“吾道南矣”图

出处：将乐弘农杨氏联谊会：《龟山公祠文集》；《朱子文化》2008 年第 4 期。

图 3-5　杨时、罗从彦、李侗和朱熹塑像

杨时、罗从彦、李侗是一脉相承的师承关系，被称为“南剑三先生”。其实，还有个与杨时同时和齐名的游酢，将在下文说明，所以应改称“南剑四先

---

① 引自(宋)朱熹：《朱子文集》卷七三，《胡子知言疑义》，台北：德富文教基金会，2000 年，第 3698～3699 页。

生”才符合历史事实。他们是洛学与闽学的重要中介人物，是闽学的先驱者，有的称其为“前闽学”。①

北宋末年，闽中许多学者到中原拜师学习。如古田邵清学于张载；福清王蘋，沙县陈渊、陈瓘、罗从彦，建阳游酢、游醇，将乐杨时等，都学于程颢、程颐。其中游酢、杨时“程门立雪”和其学成回闽时程颢谓“吾道南矣”，最为有名。他们“载道南归”，在闽中传播周、张、二程之理学。

在闽中二程的传人中，游酢、杨时最有代表性，其后学有罗从彦、李侗等。如今南平当地称朱熹、杨时、罗从彦、李侗四人为“闽北四贤”，不包括游酢，而有朱熹，这是失之偏颇的。

图 3-6 游 酢

一、游 酢

（一）游酢的生平著述

游酢，字子通，改字定夫，号广平，因曾筑草堂于故乡豸山之麓，学者称豸山先生。北宋建州建阳县禾坪里（今福建省建阳市麻沙镇长坪村）人。生于宋仁宗皇祐五年（1053），卒于宋徽宗宣和五年（1123）。宋神宗元丰五年（1082）登进士第，历官萧山县尉、泉州签判、太学博士、府学教授、监察御史等，又历知汉阳军、和州、舒州、濠州而卒，终年71岁。因家人无财力运棺柩归原籍，葬于和州历阳县升城乡车辕岭（今安徽省含山县林头镇杨山村林场）。游酢德宇粹然，惠政于民，“问学日进，

① “前闽学”是林拓提出的，见林拓：《文化的地理过程分析：福建文化的地域性考察》，上海：上海书店出版社，2004年，第69页。

政事亦绝人远甚";"若其道学,足以觉斯人,余润足以泽天下"。[1] 受业门人有吕本中(文清)、曾开(天游)、陈侁(复之)、江琦(全叔)等,皆得其"治气养心,行己接物"之精要。[2]《宋史·道学传》有传。卒后115年,宋理宗皇帝于嘉熙二年(1238年)追封游酢大中大夫,追谥文肃。敕曰:

> 游酢言正而行端,德闳而学粹。趋蹡礼乐之场,超卓传注之表;群经独得其趣,诸子莫遁其情。罗纲百家,驰骋千古。进宪台以率僚属,推圣学以明大义。士风疏奏,足以扶国本于当时;注释经书,足以开来学于后世。顾功德之兼全,宜恩隆之特巽。[3]

清德宗光绪十八年(1892),游酢以先贤从祀府文庙西庑。

图3-7　南平游酢雕像和清乾隆皇帝题"道南正脉"匾额

出处:游恒派:《中华游酢文化导览·南平》,2013年。

游酢是宋代闻名的书法名家,其翰墨草书被收录清乾隆五十一年(1786)石梁的《古代名家草字汇》,2001年6月游恒派整理《游酢书法和墨宝》印发。游酢的著述有《易说》1卷、《中庸解》1卷、《中庸解义》5卷(已佚)、《诗二南义》1卷、《论语杂解》1卷(《文献通考》题录十卷)、《孟子杂解》1卷(《宋史·艺文志》著录《孟子解义》十四卷)、《二程语录》1卷、《豸山粹言》1卷、《荆斋诗集》1卷等,并有《游定夫文集》14卷藏于家。

---

① (宋)游酢:《宋·游酢文集》卷八,杨时:《御史游公墓志铭》,延吉:延边大学出版社,1998年,第213~214页。

② (清)黄宗羲、全祖望:《宋元学案》卷二六,《豸山学案》,北京:中华书局,1986年,第997页。

③ (宋)游酢:《宋·游酢文集》卷一,《宋追谥故朝奉大夫赠大中大夫游酢谥文肃敕》,延吉:延边大学出版社,1998年,第6~7页。

游酢的传世文集，宋明版本已无存，清乾隆后见传三种版本。一是《游豸山先生集》（10卷），清乾隆七年（1742）至同治三年（1864）建阳豸山书院多次刊刻，乾隆四十七年（1782）《钦定四库全书》收入《游豸山先生集》四卷。二是《游定夫先生集》（8卷），同治六年（1867）游酢裔孙游智开编辑、安徽和州官舍刊刻，此本最为清整完备。三是《宋游文肃公全集》（8卷），同治九年（1870）游酢裔孙游凤台重刊，见藏福建省南平游定夫纪念馆。按此版本，福建省姓氏源流研究会游氏分会、闽台文化交流协会南平分会整理点校《宋·游酢文集》，1998年延边大学出版社出版。

（二）游酢的易说

游酢解《易》极为精彩独到，深入浅出，皆能切入社会实际问题。他把人与社会、自然界的种种学问归根于《易》，都以易学为旨归。他说："天下之道至于《易》而尽，故曰《易》其至矣。"[①]此是说《周易》穷尽了天下的道理，易理是天下道理之极致。

游酢与杨时曾讨论过《周易》的核心思想。杨时在给游酢的信中说："细思之，如《系辞》云：'圣人之作《易》也，将以顺性命之理。'""不可谓《易》与性命为二也。……更思之如何？"[②]游酢经过深入习究，得出结论说："《易》之为书，该括万有。而一言以蔽之，则顺性命之理而已。"[③]这是极其有见地的观点。

游酢认为，人之性是由天命所赋予的。游酢述说：

> 惟皇上帝降衷于下民，则天命也。若遁天背情，则非性矣。天之所以命万物者，道也。而性者，具道以生也。因其性之固然，而无容私焉，则道在我矣。夫道不可擅而有也，固将与天下共之。故修礼以示之中，修乐以道之和，此修道之谓教也。或蔽于天，或蔽于人，为我至于无君，兼爱至于无父，则非教矣。知天命之谓性，则孟子性善之说可见矣。或

---

① （宋）游酢：《宋·游酢文集》卷二，《易说》，延吉：延边大学出版社，1998年，第22页。

② （宋）游酢：《宋·游酢文集》卷八，杨时《与游定夫书》第五书，延吉：延边大学出版社，1998年，第210页。

③ （宋）游酢：《宋·游酢文集》卷八，《孙莘老〈易传〉序》，延吉：延边大学出版社，1998年，第171页。

曰性恶，或曰善恶混，或曰有三品，皆非知天命者也。[①]

这就是说，天地（自然界）把自己的法则下降于人以成人性，此谓天命之性；遵循着天命之性而言思行为，就是行道，叫作率（循）性之谓道。此即《中庸》上所说的"天命之谓性，率性之谓道"。游酢这里强调顺性命之理不能掺杂私心，掺杂私心不能行道。而且道是不能独占的，应当和天下人所共有，大家要适中和谐。如果一切都为了自己，无君无父，就不能顺性而行道。天命叫作性，孟子的性善说法是很确切的。至于性恶、性善恶混等种种说法，都不算是知天命。中国古代曾有性之善恶的争论。先秦的孟子主张人性本善；先秦荀子则提出人性本恶，认为人的天性都有情欲，顺之而不抑则做出种种恶事来；汉代扬雄认为"修其善则为善人，修其恶则为恶人"[②]，是善恶混论者。性三品是汉代董仲舒提出来的，把人性分为上、中、下三品，上品纯善，下品纯恶，而中品是善恶混。到了唐代，韩愈、欧阳詹又提出性情三品说。游酢这里是指韩愈、欧阳詹的性情三品说。

天（地）赋人以性，人率性以行道，是中国文化的最核心思想。中国古代人观察自然界（天地），多从善上着眼，认为人心之德性寓于其中。在天，于其运转不穷而知人应有自强不息之德；在地，于其广大无疆而知人应有博厚载物之德。如对水，游酢述说：

> 山下出泉，其一未散，其势未逸。观其势之未达则果行，观其一之未散则育德。[③]

意思是说，山下涌出来的泉水，其专一未有散开，趋向还没有达到，我们由其趋向未达到之志而应该行事果断不要犹豫，由其专一未散开之志而应该养成坚强志向。这就是天人合一的思想。

基于上述，游酢对《周易》的社会价值做出深刻的阐发。他述说：

> 体《易》而崇德，则日新；体《易》而广业，则富有。故曰盛德大业至矣哉！……体坤德以有行者，非君子不足以与此。故曰君子攸行。天行健者，天之不已也；无不覆帱者，天之无疆而地之持载足以配之。故曰德合无疆。盖无疆者，以形言也。德合无疆者，地之配天也。应地无

---

① （宋）游酢：《宋·游酢文集》卷四，《中庸义》，延吉：延边大学出版社，1998年，第124页。

② （汉）扬雄：《法言·修身》。

③ （宋）游酢：《宋·游酢文集》卷二，《易说》，延吉：延边大学出版社，1998年，第29页。

疆者，君子之法地也。知君子攸行，应地无疆，则知乃顺承天之下德。合无疆者，合乎天也。[①]

在游酢看来，体会崇信《周易》，道德就会日渐有新的内容；体会推广《周易》，则事业就会日渐昌盛，盛德大业就会到达极限。君子体会坤德而必有所作为。天永不停息地运行，大地满载事物与天相配合，由此可以说大地也是没有边际的。说大地没有边际，是指有德行人以地为效法的对象。从而可知有德行的人的行为，和没有边际的大地相应，是顺应承受天施下来的恩德，是间接与天结合。

游酢深刻论述了易演“三才”的道理。中国古代把天、地、人合称为“三才”。中国人时时谈天说地论人，一言一行都是“仰取象于天，俯取度于地，中取法于人”[②]的，强调天时、地利、人和，以达到以人为中心的天地与人合一的理想和谐境界。游酢述说：

阴阳之有消长，刚柔之有进退，仁义之有隆污，三极之道皆原于一而会于理。其所遭者时也，其所托者义也，其所致也用也。知斯三者，而天下之理得矣。斯理也，仰则著于天文，俯则形于地理，中则隐于人心。[③]

“三极之道”即“三才之道”，“三极”是指天、地、人“三才”。天之特征是阴阳消长，地之特征是刚柔进退，人之特征是仁义隆污。人性是天地之命赋予的，而人性即仁义。这就是说，仁义是对应天之阴阳、地之刚柔而来的。阴阳、刚柔、仁义归为一理。在这里，游酢把中国文化世界观的基础“天人合一”讲得十分清楚、深刻。

通过分析天、地、人的关系，游酢提出“天(地)人交助”的著名论断：“天人交助之，宜其吉无不利也。……至于天人交助，则贤路自我而四达矣！”[④]“天人交助”，就是人与天地自然界的和谐平衡，它们是相成相益相长的。天地有益于人，而人同样也会有益于天地自然。游酢的“天(地)人交助”思想，是人类取之不尽的文化资源。游酢述说：

财成天地之道，犹言燮理阴阳也；辅天地之宜，犹言寅天地也。寅

① (宋)游酢:《宋·游酢文集》卷二,《易说》,延吉:延边大学出版社,1998年,第23页。

② 《淮南子·泰族训》。

③ (宋)游酢:《宋·游酢文集》卷八,《孙莘老〈易传〉序》,延吉:延边大学出版社,1998年,第171页。

④ (宋)游酢:《宋·游酢文集》卷二,《易说》,延吉:延边大学出版社,1998年,第58页。

亮者，事功之所及，如羲和之职是也。此体天地交泰之事也。至于燮理，则非体道之全，而与天地相流通者，不足以与此。此体天地交泰之道也。财者节其过也，犹言范围；成者补其亏也，犹言弥纶。范之使有常，则日月无薄蚀，陵谷无迁易，四时常若，风雨常均，若此者范之者也。围之使无逾，则春无凄风，秋无苦雨，冬无愆阳，夏无伏阴，若此者围之者也。弥之使不亏其体，则履帱者统元气，持载者统元形，阳敷而能生，阴肃而能成，夫是之谓弥。纶之使无失其叙，则日月代明，寒暑迭运，将来者进，成功者退，夫是之谓纶。[①]

财即裁。羲和，传说时代掌管天文历法的官。司马贞《史记索隐》曰："黄帝使羲和占日。"这段意思是说，裁制补助天地之道，就是协调处理好阴阳；协助天地的运转，就是恭敬地侍奉天地。恭敬侍奉是可以做得到的事情，比如掌管天地四时的官羲和便是如此。这是体察天地之气交融而生万物的原理。裁制是节制对天地过分的地方，或者说是从法度和程度上加以限制。补助是补足天地不够的地方，或者说是弥纶(弥缝补合)。范是使其合于常规，日和月不要暗蚀，山和谷不要变迁，春、夏、秋、冬四季和平时一样风雨分布均匀。围是使其不要过分，做到春天没有凄风，秋天没有淫雨，冬天没有过热，夏天没有过冷。弥是使其本体没有亏损，覆盖的天统帅着混一之气，持载的地统帅着原本之形，阳气遍布而且不断产生，阴气深藏而能积累。纶是使其不至失去顺序，做到日月互相替代发出光辉，冷天和热天互相交接，未来的前进，完成的退却。游酢的"天(地)人交助"，不仅是指人认识和改造自然界，还指人帮助自然界处理好自然界的各种关系，如今天所说的环保问题。

(三)游酢的天理论

游酢同二程一样，以"理"为其哲学的最高范畴。上引他谓"斯理也，仰则著于天文，俯则形于地理，中则隐于人心"，把理看成是天、地、人"三才"的本体。他述说：

道者，天也，道为万物之奥，故足以统天。仁者，人也，仁为众善之

① (宋)游酢:《宋·游酢文集》卷二，《易说》，延吉：延边大学出版社，1998年，第40～41页。

首，故足以长人，犹之万物发育乎春而震为长子也。[①]

此谓理在天为道、在人为仁，皆为生育发展之意。游酢的这一思想源出于二程，并为朱熹所继承。

程子说："仁者，浑然与物同体。"[②]朱熹说："仁者，心之德，程子所谓心如谷种，仁则其生之性是也。"[③]程朱视仁为人心之根本德性，是人心所具之天理，而天理的本性是生生不息的，故仁为生之性或生之理。《易》之元、亨、利、贞，指的是宇宙变化发展的道。朱熹认为，"仁、义、礼、智便是元、亨、利、贞。若春间不曾发生，到夏无缘得长，秋冬亦无可收藏"，故仁是万化之机轴。[④] 可见二程、游酢、朱熹的宇宙论是一致的。

上引游酢谓理"隐于人心"，即人先天本能地具有天地万物之理。他认为，人后天的私欲却把先天本能所具有的天地万物之理蒙蔽了。他说："而民之迷日久，不能以自得(天理)也。冥行于利害之域，而莫知所向。"[⑤]因此，只能去人欲才能明天理。存天理，即存人之所以为人之理——仁。他述说：

> 仁，人心也，不可须臾离也，犹饥之于食、渴之于饮，一日缺之则必颠扑饥踣而殒命矣。人心一日不依于仁，则不足以为人焉。[⑥]
>
> 理也，义也，人心之所同然也。学问之道无他，求其心所同然者而已。[⑦]

明天理革去人欲的基本方法是变化气质，实现仁性的复归。游酢提出"治气养心，行己接物"的修养方法。[⑧] 游酢的这一思想，本于子思的《中庸》和张载的《西铭》。程颢说："游酢于《西铭》，读之已能不逆于心，言语之外别

---

① (宋)游酢：《宋·游酢文集》卷二，《易说》，延吉：延边大学出版社，1998年，第19页。

② (宋)程颢、程颐：《二程集》，北京：中华书局，1981年，第16页。

③ (宋)朱熹：《孟子集注》卷一一，《告子章句上》。

④ (宋)黎靖德编：《朱子语类》卷六，《性理三》，北京：中华书局，1986年，第107页。

⑤ (宋)游酢：《宋·游酢文集》卷八，《孙莘老〈易传〉序》，延吉：延边大学出版社，1998年，第171页。

⑥ (宋)游酢：《宋·游酢文集》卷三，《论语杂解》，延吉：延边大学出版社，1998年，第101页。

⑦ (宋)游酢：《宋·游酢文集》卷三，《论语杂解》，延吉：延边大学出版社，1998年，第76页。

⑧ (清)黄宗羲、全祖望：《宋元学案》卷二六，《豸山学案》，北京：中华书局，1986年，第997页。

立得这个义理,便道《中庸》矣。”[①]对此,真德秀解释为:

明道先生称其能求之言语之外,近世学者或未喻其旨。愚谓《中庸》纲领,在性、道、教三言,而终篇之义无非教人以全天命之性。《西铭》纲领,亦在其体其性之二言,而终篇反复推明。亦欲人不失乾父、坤母之所赋予者,为天地克肖之子而已。故游先生以为即《中庸》之理也。岂不信哉![②]

这里所谓“性、道、教三言”,即《中庸》之“天命之谓性,率性之谓道,修道之教”。所谓“体其性之二言”,即《西铭》之“天地之塞吾其体,天地之帅吾其性”。真德秀确切地指出,游酢跟二程一样,认为《西铭》所论述的是《中庸》之理,即乾父、坤母所赋予人的“天地克肖之子”。此亦称“天地之性”“天命之性”“义理之性”,与“气质之性”相对应。理学家所谓义理之性,即把仁、义、礼、智四德看作是天理在人身上的体现,至善至纯。而气质之性则是理与气杂,故有智愚、贤不肖之别,这就是明天理去欲说的理论根据。

游酢基于二程把理与心看成是一致的观点,进一步把理与仁、义联系在一起。仁即心仁,即心中相符合天理。因此,心仁即去人欲,依理行事;去欲得仁,则知理。人应该做的就是义。什么是应该做的呢?凡是符合天理,符合三纲五常的,就是应该做的。

游酢所讲的“行己接物”,是立身处世之道。他特别强调戒慎诚身。他认为“能戒慎于不睹不闻之中,则上天之载可循序而进矣”。戒慎是一种心存敬畏,不染杂念的精神状态,由此境界即可达到诚身。朱熹很赞赏游酢这一思想,在《孟子集注》中特别引用了游酢的有关论述。如述说:

不明乎善,不诚乎身矣。学至于诚身,则安往而不致其极哉?以内则顺乎亲,以外则信乎友,以上则可以得君,以下则可以得民矣。[③]

在他看来,达到诚身这个为学的极限,就能人心与天命合一,正确地处理与亲友、君民的关系,达到至善的道德境界。

(四)宋学中坚

在中国文化史上有所谓汉学与宋学之分,它们分别代表了两种文化系

---

① (宋)程颢、程颐:《二程集》,北京:中华书局,1981年,第403页。

② (宋)游酢:《游定夫先生集》卷首,《诸儒论述》,清同治六年(1867)和州官舍刻本。

③ (宋)朱熹:《孟子集注》卷三,《公孙丑章句上》。

统和两种治学思维方式。“要其归宿，则不过汉学、宋学两家互为胜负。”①汉学亦称朴学，指汉儒考据训诂之学，在古籍整理和辨别真伪上做出了巨大贡献，但是由此也形成烦琐的脱离实际的学风和思维方式。汉儒治经偏重于注解名物，唐儒治经以汉注作疏，以“疏不破注”为原则。末流所及，以疑经为背道、破注为非法，严重禁锢了整个思想界。到宋代，理学家被强烈的社会责任心和历史使命感所驱使，他们意识到首先必须打破汉学的思想禁锢，实现思想解放，民族文化才能发展。宋学即宋明理学，“为宋学者，不第攻汉儒而已也”。② 宋明儒者为学重在发挥经书中的义理，由此形成一种学以致用、传统为现实服务的学风和思维方式。

对宋学的这种学风和思维方式的形成，游酢起了中坚作用。先是二程在《经说》中竭力抬高《大学》《中庸》在经书中的地位，抛弃原注，按己意发挥，并移易《大学》章次。接着是游酢“本其躬行心得之言以说经”。他所撰写的《易说》《中庸义》《论语杂解》《孟子杂解》等，都是宋学的典型著作。在他的这些著作中，“足资深发者固已多矣”。③ 对游酢在这方面的贡献，清人方宗诚述说：

> 自二程夫子起，始独得于章句笺疏之外，而见圣贤立言之本心。先生（按：指游酢）及同门诸子，互有以发明之，于是经之大体大用始著。朱子继起，乃合汉唐之训诂。宋诸儒之义理，择之极其精，语之极其详，由是对圣贤之精义始如日月经天、江河行地，布帛菽粟之切于人生日用而不可离。譬之农焉，朱子则陈列修治而为之疆畎者也。然非始有既勤敷菑如先生（按：指游酢）辈者，则朱子一人，又岂易芟柞而耕获也哉。④

这就是说，如果没有游酢等人的“既勤敷菑”，就不可能有朱熹的“芟柞而耕获”。朱熹断定《周易》为卜筮之书，《诗经》讲男女之爱，《尚书》为历史文献记录，等等，这就把“五经”为圣人之言揭穿了，实现了思想解放，进而以儒融合释、道，形成闽学（理学），把中国哲学推至高峰。上述方宗诚的见解，确实说中了游酢思想是二程到朱熹集大成的宋学（义理之学）思想形成过程

---

① （清）永瑢、纪昀：《四库全书总目提要·经部总叙》。

② （清）江藩：《汉学师承记》，上海：商务印书馆，1937 年，第 1 页。

③ （宋）游酢：《游定夫先生集》卷首，《诸儒论述》。

④ （宋）游酢：《游定夫先生集》卷首，《诸儒论述》。

中的必经阶段。

事实正是如此。游酢对经书的诸多新的见解，朱熹在《四书章句集注》和其他著作中多有采用。上引游酢关于“诚身”一段，朱熹《孟子集注·公孙丑章句上》即采用。再如朱熹在注释《论语》“贤贤易色，事父母能竭其力，事君能致其身，与朋友交言而有信”一段时，即采用游酢的解释。游酢述说：

> 三代之学，皆所以明人伦也。能是四者（按：指上引《论语》中的四句），则于人伦厚矣。学之为道，何以如此。……故《学而》一篇，大抵皆在于务本。[①]

朱熹据游酢的这一观点，确定《学而》篇“所记多务本之意，乃入道之门，积德之基，学者之先务也”[②]。朱熹的《四书章句集注》等，采用游酢的言论多多矣。

（五）以儒知禅融佛的理学思维方式

有谓游酢靠近禅学，由此后儒冷落游酢。这个问题是研究游酢思想的一大障碍。此也是对游酢思想未深入研究和具体分析所致。

游酢思想有前后两个阶段。游酢早年确实曾对禅学发生过浓厚的兴趣，并有一定的信仰。但是他经过实践证明，禅学是行不通的。对此，他的老师程子有明确说明：“游酢、杨时先知学禅，已知向里没安泊处，故来此。”[③]这里是说，游酢知道禅学里“没安泊处”后，便去拜二程为师，从佛学转移到儒学上来。游酢 20 岁认识程颐，26 岁拜二程为师，29 岁又与杨时师事二程。上引程子谓“故来此”，应在其 30 岁以前。应该说，游酢在 30 岁以后就完全转移到儒家立场上来。

对于游酢思想的这种转变，朱熹是知情的，也曾隐约予以肯定。朱熹所编《伊洛渊源录》中有曰：

> 游定夫后更为禅学。大观间，（吕）本中尝以书问之云：“儒者之道，以为父子、君臣、夫妇、朋友、兄弟。顺此五者，则可以至于圣人。佛者之道，去此然后可以至于圣人。吾又既从二程先生学，后又以诸禅、老游，则二者之间必无滞阂。敢问所以不同何也？”游又答书云：“佛书所

① （宋）朱熹：《论语集注》卷一，《学而第一》。

② （宋）朱熹：《论语集注》卷一，《学而第一》。

③ （宋）程颢、程颐：《二程集》，北京：中华书局，1981 年，第 38 页。

说，世儒亦未深考。往年尝见伊川先生云：吾之所攻者，迹也。然迹安所从出哉？要之，此事须亲至此地，方能辨其同异。不然，难以口舌争也。”①

“大观”为北宋徽宗年号，为1107—1110年，其时游酢55～58岁，应属晚年。“更为禅学”，应理解为对禅学“深考”，即深入进行研究。

以儒家思想为主干，融合释、道义理，是宋明理学家的一般思维模式。游酢在这里表现得比较突出，不仅无可非议，还应该肯定。他认为，理学家要复兴儒学，要从佛教手中把中国文化的主导权夺过来，必须吸收佛学中一些成分以充实自己。这就是游酢所说的儒者不接触佛书是不行的。他是在对佛学进行深的研究，实现儒佛融合，建立起自己的理学思想体系。

综观游酢的著作，很难找到他信仰禅学的言行，反而有不少他强调要严加区分儒、佛，认为二者不能混淆。例如，他说：

> 儒者，守父子、君臣、夫妇、兄弟、朋友，各尽其分，罔有不合道者。释氏谓世间虚幻，要人反常合道，旨殊用异，而声可入，心可通。此其说之谬妄矣，“吾道岂若是哉！敢以管陈白”。②

二、杨　时

（一）杨时的生平著述

杨时，字行可，后改字中立，因隐居家乡龟山，学者称龟山先生。北宋将乐人。生于北宋仁宗皇祐五年（1053），卒于南宋高宗绍兴五年（1135）。宋神宗熙宁九年（1076）进士，历官余杭知县、秘书郎、迩英殿说书、龙图阁直学士、右谏议大夫兼侍讲、工部侍郎等。他主张抗金，反对蔡京误国，调和王安石变法派与元祐党人的矛盾。他推崇程颐、程颢，拜二程为师，与游酢、吕大临、谢良佐并称程门四大弟子。他求学极其诚心。40岁时拜程颐为师，一日，见程颐，程颐偶瞑坐，杨时与游酢侍立不去，程颐觉则门外雪深尺余。此谓“程门立雪”，是历史上著名的尊师重教典范。他得程氏真传，辞别老师回闽时，其师程颢说：“吾道南矣！”后来学者奉为“程氏正宗”。③

---

① （宋）朱熹：《伊洛渊源录》卷九，《游察院》。

② （宋）游酢：《宋·游酢文集》卷六，《答吕居仁辟佛说》，延吉：延边大学出版社，1998年，第175页。

③ （元）脱脱等：《宋史》卷四二八，《杨时传》，北京：中华书局，1985年。

杨时卒赠左大中大夫，谥文靖。南宋高宗绍兴十二年(1142)，追封吴国公。南宋度宗咸淳三年(1267)，立龟山书院，御书“龟山书院”额。明宪宗成化元年(1465)，敕建延平道南祠像祀，以罗从彦、李侗配享。明孝宗弘治八年(1495)，从祀府文庙。

杨时的著述主要有《经筵讲义》《诗辨疑》《二程粹言》《经解》《孟子义》《礼记解》《中庸解》《春秋说》《周礼辨疑》《尚书讲义》《龟山易传》《龟山语录》《龟山文集》等，清初张伯行重订辑刊为《杨龟山先生集》四十二卷。此外，明莆田宋端仪的《道南三先生遗书》摘录杨时语录四卷。其十八世孙杨起佐编辑《龟山先生通纪》五卷，汇录其言行事迹。此两书所记载的杨时言论有多处在《杨时集》中所未收录，对于研究杨时思想很有价值。此外，还可参考《福建通志・儒林传》、《宋史・道学传》、《宋元学案・龟山学案》、宋胡安国《龟山先生墓志铭》、清沈涵《杨龟山年谱》等。

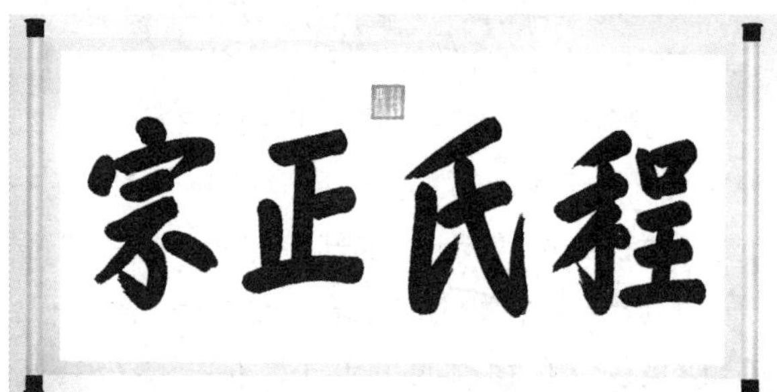

图 3-8　杨时像和清康熙皇帝书赠杨时“程氏正宗”匾额

(二)杨时的理本论

杨时和二程一样，认为“天下只是一理”①，“天理之常，匪往匪来兮，虽

① (宋)杨时：《杨时集》卷一三，《语录四》，福州：福建人民出版社，1993 年，第 334 页。

寿夭兮何伤”[①]。这是讲天地间人物有寿命的长短，而天理却是永恒长存的。他述说：

所谓天之所为者，如河决是也。天地之大德曰然。河决以坏民屋，而天不恤者，任理而无情故也。[②]

在这里，杨时肯定了天理及其运动的客观性、必然性。他认为这种天理包含有阴阳二气的对立和转化，便产生天地万物，“阴阳之运，万物由之而生成焉”[③]。他又述道：

惟天地万物之母，惟人万物之灵。(亶)聪明作元后，元后作民父母。夫盈天地之间皆物也，而人居一焉。人者，物之灵而已。天地子万物，其生养之具，皆天之所以惠也。元后继天而为天子，其聪明足以父民，民之父母也。其子民也，授之常产，使寒而衣，饥而食。盖天而惠民者也。[④]

这就是说，天理不仅产生人类，还命天子作为父母以教之，以万物养育之。

杨时进一步指出，“天地之性”来源于理，故善；“气质之性”可以为恶，乃是反常。他述说：

人所质禀，固有不同者。若论其本，则无不善。盖“一阴一阳之谓道”，阴阳无不善，而人则受之，以生故也。然而善者其常也，亦有时而恶矣。犹人之生也，气得其和，则为安乐人。及其有疾也，以气不和，则反常矣。其常者，性也。此孟子所以言性善也。横渠说气质之性，亦云人之性有刚柔、缓急、强弱、昏明而已，非谓天地之性然也。今夫水，清者其常然也。至于汩浊，则沙泥混之矣。沙泥既去，其清者自若也。是故君子于气质之性，必有以变之，其澄浊以求清之义欤！[⑤]

在杨时看来，天理在人为性，性即理。在这里，他把性、命、道统一起来，都统一于天理。

---

① (宋)杨时：《杨时集》卷二八，《哀明道先生》，福州：福建人民出版社，1993年，第652页。

② (宋)杨时：《杨时集》卷一，《上书》，福州：福建人民出版社，1993年，第11页。

③ (宋)杨时：《杨时集》卷七，《辨二》，福州：福建人民出版社，1993年，第140页。

④ (宋)杨时：《杨时集》卷五，《尚书》，福州：福建人民出版社，1993年，第81页。

⑤ (宋)杨时：《杨时集》卷一三，《语录三》，福州：福建人民出版社，1993年，第310～311页。

（三）杨时的格物致知论

杨时认为，“致知必先于格物，格物而后知至。知至，斯知止矣。此其序也”[①]。杨时述说：

明善在致知，致知在格物。号物之多至于万，则物盖有不可胜穷者。反身而诚，则举天地之物在我矣！[②]

在杨时看来，为道必先明于善，然后才能知道所以为善。而明善在致知，致知在格物。通过格物达到致知，是明善的唯一途径。

杨时认为，检验认识是否正确的标准不是客观实践，而是心中所具有之万理，“夫心犹镜，居其所而物自以形来，则所鉴者广矣”[③]。杨时说：“故之度在身，操之以验物则审矣。镜在心，故物来而照之妍媸无逃焉。”[④]

（四）杨时的理一分殊论

理学家们认为，“理”是世界万物本体，是“一”；万事万物是“多”，是“分殊”。多由一而生，一因多而成，就是“理一分殊”。比较形象地表述即“月印万川”。月亮投放于众多的河海湖泊中，仍然是一个月亮。朱熹的业师李侗说：“吾儒之学，所以异于异端者，理一分殊也。理其不患其不一，所难者分殊耳。此其也。”[⑤]理一分殊论是理学的核心思想。

理一分殊论，是程颐回答杨时的问题时提出来的。杨时怀疑张载《西铭》“民吾同胞物无与”等提法似墨家的兼爱说。程颐在《答杨时论〈西铭〉》中述说：

《西铭》之为书，推理以存义，扩前圣所未发，与孟子性善养气之论同功（二者亦前圣所未发），岂墨氏之比哉！《西铭》明理一分殊，墨氏则二本无分（老幼及人，理一也。爱无差等，本二也），分殊之蔽，私胜而失仁；无分之罪，兼爱而无义。分立而推理一，以止私胜之流，仁之方也。无别而迷兼爱，至于无父，至于无父之极，义之贼也。[⑥]

---

① （宋）杨时：《杨时集》卷二一，《答学者》，福州：福建人民出版社，1993年，第502页。

② （宋）杨时：《杨时集》卷一八，《语录三》，福州：福建人民出版社，1993年，第439页。

③ （宋）杨时：《杨时集》卷一〇，《语录一》，福州：福建人民出版社，1993年，第222页。

④ （宋）杨时：《杨时集》卷二四，《记》，福州：福建人民出版社，1993年，第555页。

⑤ （宋）朱熹：《延平答问》卷上，《赵师夏跋》。

⑥ （宋）程颢、程颐：《二程集》，北京：中华书局，1981年，第99～100页。

张载《西铭》没有明确提出理一分殊概念，是程颐体会出来的。程颐认为，墨家是“二本而无分”，因其在理论上未分途人与父母，在实际上则施由亲始，不勉二本。吾儒则是老吾老以及人之老，幼吾幼以及人之幼。道理是同一的，个别人分位不同，责任也就各个殊异。程颐强调爱有等差。虽然对一切人都应该仁爱，但是在具体实施时，则又各有所分别。前者是理一，后者是分殊。一般的道德原则可以表现为不同的道德规范，不同的道德规范含有共同的道德原则。

杨时论《西铭》说：

> 河南先生言“理一而分殊”，知其理一，所以为仁；知其分殊，所以为义。所谓分殊，犹孟子言“亲亲而仁民，仁民而爱物”。其分不同，故所施不能无差等。[①]

这是杨时得到程颐教导后的见解。

杨时进一步发挥了理一分殊多方面的含义。他述说：

> 用未尝离体也。且以一身观之，四体百骸皆具，所谓体也。至其用处，则履不可加之于首，冠不可以纳之于足。则即体而言，分在其中矣。[②]

这是讲理一分殊的体用关系。杨时又述道：

> 夫精义而入神，乃所以致用，利用安身，乃所以崇德，此合内外之道也。天下之物，理一分殊，知其理一，所以为仁，知其分殊，所以为义。[③]

这是讲理一分殊的道德伦理关系。

明程敏政说：“朱子于理一分殊之论，称其年高德盛，所见益精，于是为《西铭》之跋。要之，无龟山则无朱子。”[④]此说龟山理一分殊论对朱熹的影响。

---

① （宋）杨时：《杨时集》卷一一，《龟山语录·西铭》，福州：福建人民出版社，1993 年，第 269～270 页。

② （宋）杨时：《杨时集》卷一一，福州：福建人民出版社，1993 年，第 270 页。

③ （宋）杨时：《杨时集》卷一二，福州：福建人民出版社，1993 年，第 282 页。

④ （明）程敏政：《杨龟山先生通纪》卷一。

三、罗从彦

(一)罗从彦的生平著述

罗从彦,字仲素,南剑州沙县(今福建沙县)人。原籍豫章(今江西南昌),自号豫章,学者称豫章先生。生于北宋神宗熙宁五年(1072),卒于南宋高宗绍兴五年(1135)。于世俗嗜好淡泊,官满便入罗浮山静坐。绍兴二年(1132)进士,授惠州博罗县主簿,在任二年而卒。南宋理宗淳祐七年(1247),赠太师邹国公,谥文质。明神宗万历四十二年(1614)从祀府文庙,在西庑司马光之下,胡安国之上。清圣祖康熙四十五年(1706),皇帝赐御书祠额“奥学清节”。

唐宪宗元和十五年(820),罗从彦远祖罗周文由江西洪州豫章(今南昌)迁至今福建沙县,任县尉,是为罗氏入闽始祖。至北宋仁宗天圣年间(1023—1031),七世祖罗觉民由沙县迁至剑浦(今南平)县城。此后,十世祖罗世南(罗从彦祖父)定居于剑浦县溪南罗源里,从彦生于此。北宋徽宗崇宁二年(1103),罗从彦到沙县西郊洞天岩讲学9年,到外地拜师杨时等皆从此出发,他便以沙县为家,后来文献记载便谓其为沙县人。由上可知,谓罗从彦为沙县人或南平人均可。

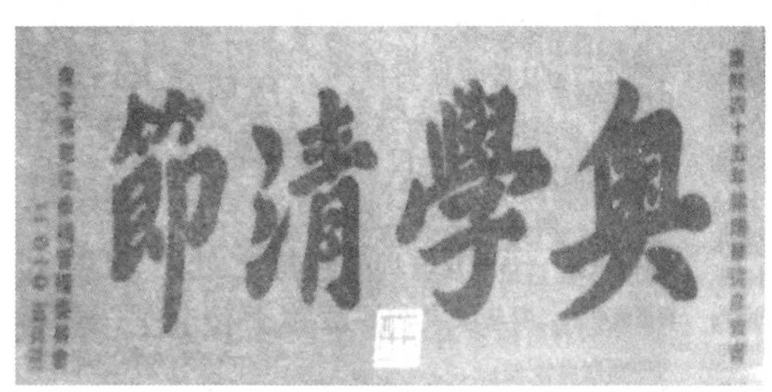

图 3-9　罗从彦像和清康熙皇帝书题“奥学清节”匾额

罗从彦一生主要从事儒学的研究和体认,以及文化教育活动。

罗从彦的著述,主要有《遵尧录》《诗解》《春秋指归》《语孟师说》《中庸说》《台衡录》《议论要语》《春秋毛氏语解》《二程龟山语录》《豫章问答》《诗文集》等，多佚失，结辑为《罗豫章先生集》。林仟典点校的《豫章文集》，由沙县政协于 2004 年 12 月编印。此外，还有《宋史・道学传》、《宋元学案・豫章学案》、清毛念恃《罗豫章先生年谱》等。《罗从彦研究文集》(海风出版社，2007 年)也可以参考。

(二)罗从彦与师徒杨时、李侗

罗从彦自幼聪明好学，10 岁能诗，13 岁从吴仪(字国华)学经学。后闻杨时得程氏之学，遂师事焉。据专家的研究，罗从彦师事杨时 4 次。(1)北宋哲宗元符三年(1100)，杨时职事浏阳，被诬告，罢官返乡将乐，在含云寺讲学，罗从彦前往受教，时年 29 岁。(2)北宋徽宗政和元年(1111)，杨时在南京(今河南商丘)任职，是年七月、八月，罗从彦前往受学，时年 40 岁。(3)北宋徽宗政和二年(1112)，杨时赴浙江萧山任知县，罗从彦前往受学，时年 41 岁。(4)政和七年(1117)，杨时在毗陵(今江苏常州、无锡、镇江一带)任提点均州明道观，罗从彦前往受学，时年 46 岁。

罗从彦在师事杨时过程中，曾直接到河南向程颐求教，验证杨时所教。有一次罗从彦问杨时《周易》上的问题，杨时讲了后，罗从彦有疑色，杨时便说："以前我是听伊川(程颐)先生讲的，他讲得可透彻呢。"罗从彦便立即鬻田裹粮、筹够资费到河南洛阳拜程颐为师。他听程颐讲《周易》之后，说："以前我听龟山先生的讲解也是这样。"[①]回闽后，便专心向杨时问学，"尽得龟山不传之秘"[②]。

罗从彦初听杨时讲学，即"惊汗浃背"，认为不向杨时问学，是虚度此生。因此，他在杨时门下非常努力学习，杨时"弟子千余人，无及从彦者"[③]。杨时非常喜欢罗从彦，认为唯从彦可以言道。

罗从彦之学传授给李侗。李侗于 24 岁时拜罗从彦为师。李侗认为，罗从彦之学为程氏、龟山真传。他称颂罗从彦说：

> 其惟先生服膺龟山先生之讲席有年，况尝及伊川先生之门，得不传之道于千五百年之后。惟明而修，行完而浩，扩之以广大，体之以仁恕，精深微妙，各极其至，汉唐诸儒无近似者。[④]

---

① (元)脱脱等：《宋史》卷四二八，《罗从彦传》，北京：中华书局，1985 年。

② (宋)罗从彦：《罗豫章先生集》卷首，(清)张伯行：《重刻罗先生集序》。

③ 《豫章罗氏族谱・从彦公传》。

④ 《延平答问・初见罗豫章先生书》。

"得不传之道于千五百年之后",是程颐对其兄程颢的评论。这里李侗加在罗从彦头上,可谓评价至高。这也是借此以抬高自己。接着,李侗强调,"愿受业于门下,以求安身之要"。李侗说:"故吾可舍,今我尚存。昔之所趋,无途辙之勾留。今之所受,无关键之能碍。"誓将孜孜于斯道,"死而后已"。[①]

杨时、罗从彦、李侗被认为"南剑三先生"。他们是闽中早期理学的代表者,朱子学的先驱,是二程洛学发展到朱熹闽学的中间环节,在程朱理学发展史上占有很重要的地位。正如上引朱熹所说:"龟山倡道东南,士之游其门者甚众,然潜思力行任重诣极,惟仲素一人而已。"

(三)罗从彦以主静为宗

罗从彦跟二程、杨时一样,把理作为世界的本体。他反复强调:"天地之先也是理。"[②]"有理而后有物。"[③]这是他们一致的观点。罗从彦比较突出的观点是静中观(穷)理,以"主静为宗"。[④] 周敦颐以主静开宗,后来程颐,以及朱熹,为了与佛教禅学的主静区别开来,以"敬"易"静",提出主敬。而罗从彦仍以主静为宗,这说明其学说有自己的特点。

罗从彦曾入罗浮山"静坐三年,所以穷极天地万物之理"[⑤]。他是通过静坐体验天理,而不是格物而穷理。

罗从彦的主静,主要是体验未发前之气象。他认为,"于静中观喜怒哀乐未发时作何气象,不惟进学有力,亦是养心之要"[⑥],这就是心性修养要从喜怒哀乐未发、思虑未萌的本然状态开始下工夫。只要能于静中体认到大本未发时气象分明,处事应事接物就会自然合理、中节。这就是程颢、杨时一系的"相传指决"。[⑦] 对此,清张伯行在《罗豫章文集序》中述说:

> 先生(按:指罗从彦)之学,传之者,李延平也。常教延平静中看喜

---

① 《延平答问·初见罗豫章先生书》。

② (宋)罗从彦:《罗豫章先生集》卷六,《中庸说》。

③ (宋)罗从彦:《罗豫章先生集》卷一〇,《议论要语》。

④ (宋)罗从彦:《罗豫章先生集》卷首,罗天广:《重刻豫章先生集序》。

⑤ (宋)罗从彦:《罗豫章先生集》卷首,冯梦得:《文集原序》。

⑥ (宋)罗从彦:《罗豫章先生集》卷一〇,《议论要语》。

⑦ (宋)朱熹撰,陈俊民校编:《朱子文集》卷四〇,《答何叔京》,台北:德富文教基金会,2000年,第1699页。

怒哀乐未发时作何气象，盖以寂然不动之中。[①]

张伯行接着以“静本动用，心体理心”释罗从彦的未发说，是确切的。这种“静复见体”的工夫是逆觉体证之路，如以恻隐说仁等。

罗从彦的“以主静为宗”的修养工夫，是跟程颢、杨时一脉相承的。后来的李侗也以此教导朱熹，而朱熹始终未契入此逆觉体认之路。朱熹后来述说：

当亲炙之时，贪听讲论。又方窃好章句训诂之习，不得尽心于此，至今若存若亡，无一的实见处，辜负教育之意。[②]

这说明朱熹对逆觉体认之路不重视，未曾学进去，还提出批评，如谓“罗仲素(从彦)《春秋说》不及文定(胡安国)，盖文定才大”，“罗先生说(按指教人静坐)恐终坐病，此说终是小偏”。[③] 朱熹明确指出：

乃在未发上面用不上工夫，不免急迫浮露。后仔细咀嚼伊川遗教，特是“涵养须用敬，进学则在致知”二语，才涣然冰释，为问题找到了满意的答案。从此认定性即是理，心则周流贯彻，通贯乎未发已发，在未发时只是涵养，已发之后则用省察。如此静养动察，分有所属，而敬贯动静。[④]

朱熹曾谓：“道理不可专要去静处求，所以伊川谓自用敬，不用静，便说中了。”[⑤]

(四)罗从彦的道德观

儒家的基本内涵是内圣外王，其纲目就是修身、齐家、治国、平天下。修身是出发点，是前提，否则齐家、治国、平天下是不可能的。那么修身的内涵又是什么呢？那就是孟子所说的仁、义、礼、智四端(汉代又加了信，合之为五德)。这是做人必须具备的，否则就不是人。罗从彦述说：

仁义礼智，所以为立身之本，而缺一不可。故孟子以恻隐之心为仁

---

① (宋)罗从彦：《罗豫章先生集》卷首，张伯行：《罗豫章文集序》。

② (宋)朱熹撰，陈俊民校编：《朱子文集》卷四〇，《答何叔京》，台北：德富文教基金会，2000年，第1699页。

③ (宋)黎靖德编：《朱子语类》卷八七，《小戴礼》，北京：中华书局，1986年，第2225页。

④ (宋)朱熹撰，陈俊民校编：《朱子文集》卷七五，台北：德富文教基金会，2000年，第3786页。

⑤ (清)黄宗羲、全祖望：《宋元学案》卷四九，北京：中华书局，1986年，第267页。

之端，而无恻隐之心则非人；以羞恶之心为义之端，而无羞恶心则非人；以辞让之心为礼之端，而无辞让之心则非人；以是非之心为智之端，而无是非之心则非人。李林甫为宰相，在廷之臣皆非人也。掊克生灵，无恻隐之心；阿附宦官，无羞恶之心；势利相倾，无辞让之心；上下雷同，无是非之心。夫一端之亡，则非人矣，况四端俱亡，安得谓之人？宜乎有天宝之乱也。[①]

这里罗从彦对孟子四端的解释是针对当时的社会问题的，指名道姓，大胆而深刻。“掊克生灵”，即剥削民众，就是“无恻隐之心”；阿附宦官而谋私利，就是“无羞恶之心”；在势力和财利上伸手，就是“无辞让之心”；盲目信从在上者，就是“无是非之心”。而且四端缺一“则非人”，非人即是禽兽。这样，仁义礼智四端是“立身之本”，是人之所以是人的标志。

鉴于当时金人欲灭宋之大势，在道德修养上，罗从彦特别强调“名节忠义”。他认为，“士之立身，要以名节忠义为本。不名节，则不枉道以求进；不忠义，则不固宠以欺君”。他的“名节忠义”的具体化，就是他提出的“三热爱”，即爱君、爱国、爱民。他述说：

立朝之士，当爱君如爱父母，爱国如爱家，爱民如爱子。然三者未尝不相赖也。凡人爱君则必爱国，爱国则必爱民，未有以君为心而不以民为心者。故范希文谓：“居庙堂之上则爱其民，处江湖之远则忧其君。”[②]

“三热爱”的主旨是热爱自己的国家，在当时国家危亡的关键时刻，发出这样的呼吁是有特别意义的。

由此可见，罗从彦把道德教育看成是治国之先务，立国之根本。他又述道：

教化者，朝廷之先务；廉耻者，士人之美节；风俗者，天下之大事。朝廷有教化，则士人有廉耻；士人有廉耻，则天下有风俗。或朝廷不务教化，而责士人之廉耻。士人不尚廉耻，而望风俗之美，其可得乎？[③]

这就是说，只有教化才会有好士风，有好士风就会有好的社会风俗，而好的社会风俗就会社会安定太平。这样，全民一致抵御外敌，朝廷国家就能

① (宋)罗从彦：《罗豫章先生集》卷一〇，《议论要语》。

② (宋)罗从彦：《罗豫章先生集》卷一〇，《议论要语》。

③ (宋)罗从彦：《罗豫章先生集》卷一〇，《议论要语》。

保存下来。

上述罗从彦的道德观，主要是指"立朝之士"，对他们提严格要求，修己以安百姓。这是儒家"絜矩之道"的具体化。絜矩之道，是要求统治者要以身作则，人民就会跟着效法。孔子曰："上好礼，则民莫敢不敬；上好义，则民莫敢不服；上好信，则民莫敢不用情。夫如是，则四方之民襁负其子而至矣！"[①]这就是说，给民做出榜样、模范，使之效法。

在罗从彦看来，天下之治乱，在于君主之心，"君主善心生，故天下所以必活"。他主张加强封建道德教育，他说："教化者，朝廷之先务。"[②]

罗从彦反对佛道之学，他述说：

> 老氏之学，无情而已。大之诋訾尧舜，而其下流为申韩，不可不辨。……佛氏之学，绝乎人伦，外乎世务，非尧舜孔子之道。[③]

罗从彦对生死看得很淡，视生死去来如寒暑昼夜之移。

（五）罗从彦的遵尧论

罗从彦的政治思想核心，是以"遵尧"为出发点，尊崇国家君主。据记载：

> 著《遵尧录》，述祖宗以来宏规懿范，及名臣硕辅论建谟画，下至元丰功臣之人，纷更宽度，贻患国家，撮要提纲，无非理（治）乱治安危之大。[④]

所谓遵尧，就是以尧舜为帝王的最高典范。由此臣下对君主要有爱君之心，事君之礼，告君之道。这表面上是复古，实际上是着眼于现实，针对当时的弊端，对君主做到爱、事、告。这表现出罗从彦对国事民瘼的关注，是很有实际意义的。

罗从彦花了三年的时间精心撰写《遵尧录》，即从北宋徽宗宣和六年(1124)至钦宗靖康元年(1126)，正是北宋最后之时，金兵步步进逼京城，徽、钦二帝则节节后退，屈膝投降，以致灭亡。罗从彦在《遵尧录》中所表达出的思想，与徽、钦二帝和蔡京、童贯等人的行为形成鲜明对照。如其述说：

---

① 《论语·子路》。

② （清）黄宗羲、全祖望：《宋元学案》卷三九，《豫章学案·议论要语》，北京：中华书局，1986年。

③ （宋）罗从彦：《遵尧录》卷一。

④ （元）脱脱等：《宋史》卷四二八，《罗从彦传》，北京：中华书局，1985年。

人君者，天下之表，若自心正，则天下正矣；自心邪曲，何以正天下！

人君之所以有天下者，以其有民也。民之所恃以为养者，以其有食也；所恃以为安者，以其有兵也。《书》曰："民为邦本，本固邦宁。"昔孟轲氏以民为贵，贵邦本也。故有民而后有食，有食而后有兵。自子贡问政、孔子所答观之，则先后重轻可知矣！

尧舜之时，垂拱无为，而天下太平者，以其举元凯，去四恶也。夫君子与小人，相为消长。虽文明之世，不能必天下无小人；虽乱世，不能必天下无君子。惟能辨之，使各当其分。此南面之事，而天子所守者也。故近君子、远小人，则为宜其职。忠佞杂处，小人在位，是为旷职矣！天子而旷其职，则乱亡而已矣！

孔子曰："三年无改于父之道。"此言孝子居丧，志存父在之道，不必主事而言也。况当易危为安、易乱为治之时，速则济，缓则不及。则其改之，所以为孝也。天子之孝，在于保天下。[①]

罗从彦反复强调，做君主的必须按尧舜内圣外王之道治理天下。君主心正天下才正，修己才能爱民、安百姓。他强调，君主必须坚内以防奸。对于朝廷将要被金人灭亡，罗从彦劝君要树立信心。他认为君主要变危为安，变乱为治，从而保住天下。

罗从彦针对朝廷用人的弊端，向皇帝建议用人之策。他提出，用人在德才兼备的前提下以德为尚，贪人才而不讲究其道德是不行的。他强调，"古之用人，以德器为先。才大而德不足，只为累耳"。此外，他主张全面考察人才，不能求全责备，"尺有所短，寸有所长"，"人才各有所用，自非大贤不可责备"。[②] 他特别反对对人才问题急功近利的做法。他述说：

善道以久而后立，人才以久而后成。故处之以燕闲之地，而宽之以岁月之期，俾专其业。俟其志定，则其仕也，不迁于利，不屈于欲。道之于民，天下被其泽矣。[③]

罗从彦的原则是："器博者无近用，道长者其功远。"[④]这确是中国古代人才观的箴言。他还指出，用人要心存至公，善于与不同意见者合作共事。他述说：

---

① 以上见(宋)罗从彦:《遵尧录》卷一、卷五、卷七。

② (宋)罗从彦:《遵尧录》卷五。

③ (宋)罗从彦:《遵尧录》卷五。

④ (宋)罗从彦:《遵尧录》卷五。

世俗之人，莫不喜人同乎己，而恶人异于己也。同于己而欲之，异于己而不欲者，以出乎众为心也。以出乎众为心，则以其不大故也。惟大为能有容，善者共说之，不善者共改之，宜无彼己之异。故舜曰大舜，禹曰大禹者，明乎此而已矣！[①]

在此前提下，罗从彦主张明君贤臣同心同德，君明臣忠，国家就会长治久安，向上发展。

上面讲的罗从彦正君心、用善人才的政治主张，是建立在其仁义思想的基础之上的。他特别强调仁义兼隆。他述说：

仁义者，人主之术也。一于仁，天下爱之而不知畏；一于义，天下畏之而不知爱。三代之主，仁义兼隆，所以享国至于长久。自汉以来，或得其偏，如汉文帝过于仁，宣帝过于义。夫仁可过也，义不过也。[②]

此谓"仁可过，义不可过"，很有深意。这也是古人常说的刑德、赏罚并用。

综观罗从彦的政治思想，是针对现实的弊端，而其改正的方法却多向后看，具有保守性，有些复古改制的味道。所以罗从彦坚决反对王安石变法，认为"祖宗之法不可废，废法度则变乱之时起"[③]。他述说：

祖宗法度不可废，德泽不可恃。废法度则变乱之事起，恃德泽则骄佚之心性。自古德泽最厚，莫若尧舜。向使子孙可恃，则尧舜必传其子。至于法度，则莫若周家之最明。向使子孙世守，则历年至今犹存可也。[④]

"德泽不可恃"，就是治国光行使仁政是不行的，必须德刑兼施才行。

四、李　侗

（一）李侗的生平著述

李侗，字愿中，号延平，学者称延平先生。南宋延平（今南平市）人。生于北宋哲宗元祐八年（1093），卒于南宋孝宗隆兴元年（1163）。他一生没有

① （宋）罗从彦：《遵尧录》卷五。

② （宋）罗从彦：《遵尧录》卷五。

③ （宋）罗从彦：《遵尧录》卷五。

④ （宋）罗从彦：《遵尧录》卷五。

做过官，但“伤时忧国，论事感激动人”。[①] 当时金兵入侵，他反对和议，主张抗金。他鼓励门人朱熹上书皇帝，进言教正时弊以利抗金。李侗心慕程氏道学，拜罗从彦为师，后屏居山田，谢绝世故40年，潜心《春秋》、《中庸》、“语孟”等。他继承和发挥了二程的理学思想，并传于朱熹。他是朱熹的入室之师，因此自己更加闻名。

李侗出身于儒学家庭，其祖辈三代都是进士出身，任过朝廷文官，从幼年起就接受严格的正统儒家经典的教育。他自谓“徒以祖父以儒学起家，不忍坠箕裘之业，孜孜矻矻为利禄之学。两终星纪，虽知真儒有作，闻风而起，固不若先生亲炙之”[②]。“先生”即罗从彦，这是其向罗求教。

图 3-10　朱熹业师李侗

李侗一生不著书，没有著作，其言论和书信《延平语录》《延平李先生师弟子答问》《延平李先生答问后录》等，后人编辑为《延平文集》三卷，附二卷，清康熙间张伯行辑刊为《李延平集》四卷，列入正谊堂大型丛书刊行。此外，研究李侗还可以参考《宋史・道学传・李侗传》、《宋元学案・豫章延平学案》、嘉靖《延平府志・李侗传》、赵师夏跋《延平答问》、朱熹《延平李先生行状》、清毛念恃《李延平年谱》等。

---

① (元)脱脱等:《宋史》卷四二八,《李侗传》,北京:中华书局,1985年。

② (宋)李侗:《李延平集》卷一,《初见罗豫章先生书》。

（二）李侗与“未发”

李侗的理学思想与杨时、罗从彦是一脉相承的。李侗说：“（天地）亦只是此理一贯”，“二气交感化生万物”，只是此理；“就人物上推，亦只是此理”。李侗在给朱熹的信中述说：

> 太极动而生阳，至理之源，只是动静阖辟。至于终万物，始万物，亦只是此理一贯也。到得二气交感化生万物时，又就人物上推，亦只是此理。……又就人身上推寻。至于见得大本达道处，又衮同此理。……在天地只是理也。[①]

李侗强调“理一分殊”，肯定儒家和佛、道等异端的不同，在于“理一分殊”之旨。李侗述说：

> 吾儒之学，所以异于异端者，理一分殊也。理不患其不一，所然者，分殊也耳！此其要也。[②]

这是李侗的名言。李侗遵循孔子的下学（日用践履）上达（心性天理）的“内圣外王”之教，由具体到抽象，强调道德实践。朱熹述说：

> 道学不明，元来不是上面欠却工夫，乃是下面元无根脚。若信得及，脚踏实地，如此做去，良心自然不放，踏履自然纯熟。[③]

李侗强调，“学问之道，不在多言，但默坐澄心，体认天理”。求学不为别的，在于践道履圣贤之道德。他述说：

> 凡圣贤所圣，而吾所未至者，皆可知矣。若直以文字求之，悦其词义以资诵说，其不为现物表志者几希。[④]

他主张以心治心，反对趋利而忘义。

北宋徽宗政和六年（1116），李侗 24 岁，闻郡人罗从彦在杨时处得二程“不传之学”，便慕名而去拜罗从彦为师。此后，舍利禄而习二程理学。他对罗从彦说：

> 圣学未有见处，在佛子中，有绝嗜欲、捐想念，即无住以生心者，特相与游。亦足以澄汰滓秽，洗涤垢坋，忘情乾慧，得所休歇，言踪义路有依倚处。日用之中，不无益也。若曰：儒者之道可会为一，所以穷理尽

---

① 以上见（宋）李侗：《李延平集》卷二，《答问上》。

② （宋）朱熹：《延平答问》卷上，《赵师夏跋》。

③ （宋）黎靖德编：《朱子语类》卷一二，《持守》，北京：中华书局，1986 年，第 201 页。

④ （宋）朱熹：《延平答问》卷上，《赵师夏跋》。

> 性、治国平天下者，举积诸此。非自愚则欺也。众人皆坐侗以此，而不知侗暂引此以为入道之门也。[①]

李侗起初对佛学也有兴趣。师事罗从彦后，觉得找到了真正的“入道之门”，罗称赞他“向道甚锐”，“趋向大抵近正”。[②]

此后，李侗言论、行为以罗从彦为楷模。罗入罗浮山静坐，绝意仕进。李侗也不做官，“侗退入室中，亦静坐”。罗从彦“严毅清苦”，“于世之嗜好泊如”[③]。李侗从游罗门深得赞许，“于是退而屏居山田，结茅水竹之间，谢绝世故余四十年。箪瓢屡空，怡然自适”。他弃科举，穷经谈道，“不著书，不作文，颓然若一田夫野老”，“故上之人既莫如之，而学者亦莫之识。是以进不获之于时，退未及传之于后”。[④] 李侗一生绝大部分时间都在家静坐涵养和教授门徒。

在罗从彦处，李侗“从之累年，受《春秋》《中庸》《语》《孟》之说”[⑤]。李侗从老师那里学习了新儒学，思想逐渐成熟。李侗“忧时论事，感激动人。其语论道，必以明天理、正人心、崇节义、励廉耻为先”。[⑥] 李侗死后，在宋明理学占统治地位的700多年中，宋、元、明、清历代帝王先后数次赐谥号、追封爵、从祀祭。明万历四十二年（1614），从祀府文庙。清康熙四十五年（1706），赐御书匾额“静中气象”，悬于其祠门。

基于上述，杨、罗、李一脉相传的新儒学是宋学、新儒学之正宗，是内圣之学，其特点是于静中体会喜怒哀乐之“未发气象”。这是杨时从程颢那里学来的，上引程颢谓“吾道南矣”是符合实际的。《礼记·中庸》曰：“喜怒哀乐之未发，谓之中；发而皆中节，谓之和。中也者，天下之大本也；和也者，天下之达道也。致中和，天地位焉，万物育焉。”这就是说，人在喜怒哀乐未发之前有一种纯是理的精神本体，它是天下的根本，体察了它，人就达到了圣人的境界，天下也就可以得到治理了。杨时述说：

> 学者当于喜怒哀乐未发之际以心体之，则中之义自见。执而勿失，无人欲之私焉，发而中节矣！发而中节，中固未尝亡也。孔子之恸，孟

---

① （宋）李侗：《李延平集》卷一，《初见罗豫先生书》。

② （宋）李侗：《李延平集》卷四，（宋）朱熹：《延平李先生行状》。

③ （宋）李侗：《李延平集》卷四，（宋）朱熹：《延平李先生行状》。

④ （宋）李侗：《李延平集》卷四，（宋）朱熹：《延平李先生行状》。

⑤ （元）脱脱等：《宋史》卷四二八，《李侗传》，北京：中华书局，1985年。

⑥ （宋）李侗：《李延平集》卷四，（宋）朱熹：《延平李先生行状》。

子之喜，因其可恸、可喜而已，于孔、孟何有哉？其恸也，其喜也，中固自若也。[①]

在杨时看来，能做到了这一点，就是遵循了天理。这是“静复以见体”的工夫，是逆觉体证之路。杨时还就恻隐说仁，以“万物皆备于我”说仁之体，也是明显地本于程颢。[②] 罗从彦从学于杨时20多年，其真得力处，也是“静复以见体”的体证工夫。李侗也是如此。

他们把《中庸》之“未发”提高到本体论的高度。李侗在信中对朱熹说：

某晚景别无他，唯求道之心甚切。……某曩时从罗先生问学，终日相对静坐，只说文字，未尝及一杂语。先生极好静坐，某时未有知，退入室中，亦只静坐而已。先生令静中看喜怒哀乐未发谓之中，未发时作何气象。此意不惟于进学有力，兼亦是养心之要。元晦偶有心恙，不可思索，更于此一句内求之，静坐看如何？往往不能无补也。[③]

这是李侗要把“未发”之学传授给朱熹。朱熹在《答何叔京》中述说：

李先生教人，大抵令于静中体认大本未发时气象分明，即处事应物，自然中节。此乃龟山门下相传指诀。[④]

《中庸》“未发”原意是不喜、不怒、不哀、不乐之时，看不出常人和圣人的区别，叫作“中”。而有了喜怒哀乐，就能分别出谁能事事中节，即符合于礼，叫作“和”。程颢、杨时、罗从彦、李侗却一脉相承地从本体论上理解，提出所谓“未发时作何气象”。这就把简单的问题复杂化。他们认为喜怒哀乐是心之“已发”，是情；其“未发”，是性。性即理，理为世界的本体。因此，研究“未发”前做何气象，就是研究性，研究作为世界本体的理。由此，李侗认为“未发”前性中充满着理。人由于有物欲（即人欲）的干扰，不能以理制情时，其喜怒哀乐就不能“中节”。因此，人要能保持喜怒哀乐“未发”前气象，就要接受理学教育，做到去欲明天理，就能达到最高尚的圣人境界。李侗述说：

《中庸》以喜怒哀乐未发、已发言之，又就人身上推导，至于见得大

---

① （宋）杨时：《杨时集》卷二一，《书六·答学者其一》，福州：福建人民出版社，1993年，第501页。

② （宋）杨时：《杨时集》卷二一，《书六·答练质夫》，福州：福建人民出版社，1993年，第514页。

③ （宋）李侗：《李延平集》卷二，《延平答问·庚辰五月八日书》。

④ （宋）朱熹撰，陈俊民校编：《朱子文集》卷四〇，《答何叔京》，台北：德富文教基金会，2000年，第1669页。

本达道处，又浑然只是此理。此理就人身上推导。若不于未发、已发处看，即何缘知之？[①]

见得天下之"大本"，即心即性即理。依理而行是古今之人共同要走的路，即"达道"。这是由体验"未发"之前作何气象才能懂得的道理。因此，在李侗们看来，是个非常重要的问题。

李侗的结论是：

人与天，理一也。就是理上皆收摄来，与天地合其德，与日月合其明，与四时合其序，与鬼神合其吉凶，皆其度内尔。受形天地，各有定数。治乱穷通，断非人力，惟当守吾之正而已。然而爱身明道修己俟时，则不可一日忘于心。此圣贤传心之要法。

某窃以为不然，今日之事，只为不曾于原本处理会。末流虽是亦何益？不共戴天正今日之第一义，举此不知其他，即弘上下之道而气正矣。外裔所以盛者，只为三纲五常之道衰也。……今日三纲不振，义利不分……此二事皆今日之急者，欲人主如此留意二者。苟不尔，则是虽有要，吾得而食诸也！[②]

在李侗看来，"未发气象"就是天人合一境界。天人合一，就是《易经》上讲的，天仁生人、物，地厚载人、物，因此人亦要仁慈、敦厚。这叫作本天道以立人道，立人道以合天德。达到了天人合一，人们都有了最崇高的道德品质，治国、御敌也就不难了。李侗是坚定的抗金派。

（三）李侗与朱熹

1.朱熹六次拜见李侗

朱熹24岁，遵父朱松遗言，"夏，将赴同安任，特往受学于延平李先生侗之门"[③]。此是说朱熹在赴同安任途中路过南平拜见李侗的，即绍兴二十三年（1153）六月底或七月初。对于朱熹受学李侗的过程，方志有所记载：

戊寅春，熹见侗于延平。庚辰冬，又见侗于延平，寓舍旁西林院者阅月。壬午春，迎谒侗于建安，遂与俱归延平，复寓西林数月。问答论难，及往来书甚夥。熹之能承圣道，皆得于侗。[④]

---

① （宋）李侗：《李延平集》卷二，《延平答问》。

② 以上见（宋）李侗：《李延平集》卷二，《延平答问》。

③ （清）童能灵：《子朱子为学次第考》卷一。

④ 清嘉庆《南平县志》卷一八，《人物》。

此处记载了朱熹4次往南平见李侗：一是上面讲到的癸酉夏，即绍兴二十三年(1153)六月底或七月初，朱熹赴同安主簿任路过南平特往见之，相处20天左右。二是戊寅春，即绍兴二十八年(1158)一月，朱熹同安主簿任满回崇安途中，步行数百里再往南平见之。相处一个月左右，是时朱熹29岁。三是庚辰冬，即绍兴三十年(1160)十月，再到南平见之，寓李侗宅傍之西林院，“朝夕往来受教焉，阅数月而后去”[①]。正式拜李侗为师[②]，是时朱熹31岁。四是壬午春，即绍兴三十二年(1162)正月，朱熹到建州府治之建安(今建瓯，当时李侗次子李信甫任建安主簿)见之，然后两人同归南平，又住西林院“几月，师不予厌也”。[③]

对于李侗与朱熹最后二次(即第五、六次。癸未，孝宗隆兴元年，1163年)的活动，民国《五夫里志》之李侗传有较详细的记载：

> 癸未，愿中(李侗)子友直官信州，请迎养。愿中自建安如铅山，取道崇境。有五月二十三、六月十四、七月十三日与朱子书。时熹将趋召，问所宜言者。愿中答以“三纲不振，义利不分。王安石用事以来，人只趋利不顾义，故主势孤”。是年十月，愿中以闽帅汪应辰召，赴福州，卒。故熹为文祭告，有“安车暑行，过我衡门。返旆相遭，凉秋已分。熹于此时，适有命召。问所宜言，反复教诏。何意斯言，而诀终天”等语。[④]

据记载，李侗“十月游武夷，归赴福州”，十月十五日卒于福州汪应辰帅治。[⑤] 这年三月，朝廷召朱熹赴首都临安，朱熹“辞，有旨趣行，冬十月至行在。……十一月六日，奏事垂拱殿”。[⑥] 由此可见，所谓李侗“取道崇境”，似非为和朱熹见面。但此引朱熹所作延平祭文，有谓“安车暑行，过我衡门。返旆相遭，凉秋已分。熹于此时，适有命召”[⑦]。衡门，即简陋的房屋。据此，朱熹和李侗最后两次相见是这年夏、秋，即李侗往返铅山途经崇安五夫

① 清嘉庆《南平县志》卷一八，《人物》。

② 参见(清)王懋竑：《朱子年谱考异》卷一，上海：商务印书馆，1937年，第248页。

③ (宋)朱熹：《朱子文集》卷三，《再题西林可师达观轩》。

④ 詹继良：民国《五夫里志》卷一一，《人物志·游寓》。

⑤ 清嘉庆《南平县志》卷一一，《四贤年志》。

⑥ (清)王懋竑：《朱子年谱》卷一上，上海：商务印书馆，1937年，第16页。

⑦ (宋)朱熹撰，陈俊民校编：《朱子文集》卷八七，《祭延平李先生文》，台北：德富文教基金会，2000年，第4283页。

里朱熹的家中。朱、李最后相会，主要是朱熹向李侗请教他到首都临安(今杭州)后应向皇帝讲些什么。次年一月，朱熹专程到南平哭李侗。

2.由禅道文章转到儒学上来

朱熹和李侗交往前后10年，正式拜李侗为师是后5年。[①] 朱熹谓“熹获从先生游，每一去而复来，则所闻必益超绝。盖其上达不已，日新如此……先生之道德纯备，学术通明，求之当世，殆绝伦比”[②]。

朱熹父朱松与李侗同是罗从彦的门生。朱熹执父礼见李侗，首先向李侗介绍了他在崇安刘子翚等老师那里所学禅道文章。李侗对朱熹过去所学之禅学做了批评，朱熹起初“心疑而不服。同安官余，以延平之言反复思之，始知不我欺矣”[③]。据记载：

> 初见侗，即与论禅。侗正其误曰：“悬空理空，而前事却理会不得。道亦无元妙，只在日用间着实做工夫外领会，便自己见道。”教熹看圣贤言语。熹将圣贤书读了，渐渐有味，顿悟异学之失。乃返朴归约，就平实处为学，于道日进。侗喜之……云：“此人别无他事，一味潜心于此。初讲学时，颇为道理所缚，今渐能融释于日用处，一意下工夫。若与此渐熟，则体用合矣。此道理全在日用处，孰若静处有而动处无，所非矣。”[④]

朱熹师事李侗，是其思想一个大转变的时期。关于朱熹这期间的思想转变，清闽籍理学家童能灵有概括的说明。他述说：

> 朱子初好禅学，至此延平始教以从日用间做工夫。又教以只看圣贤之书，则其学亦一变矣。[⑤]

朱熹经过李侗的教导，认识到过去所学佛教禅学思想空言无实，即其“以君臣父子为幻妄”[⑥]，此后便致力于所谓切实工夫。朱熹用“鸢飞鱼跃”四字来概括自己这一思想转变。用“鸢飞鱼跃”比喻圣王的所谓“教化明

---

① 参见(清)王懋竑：《朱子年谱考异》卷一，上海：商务印书馆，1937年，第246页。

② (宋)朱熹撰，陈俊民校编：《朱子文集》卷九七，《延平李先生行状》，台北：德富文教基金会，2000年，第4755页。

③ (宋)李侗：《李延平集》卷二，《延平答问·赵师夏跋》卷上。

④ 清嘉庆《南平县志》卷一八，《人物》。

⑤ (清)童能灵：《子朱子为学次第考》卷一，上海：商务印书馆，1937年，第264～265页。

⑥ (宋)黎靖德编：《朱子语类》卷九四，《周子之书》，北京：中华书局，1986年，第2406页。

察”，使万物各得其所。朱熹手书“鸢飞鱼跃”匾，悬于他到南平见李侗时住的塘源李子坑西林院，是向他的老师表明自己已接受了儒家的伦理纲常思想。

3.朱熹未契李侗“未发气象”，而主“心贯未发涵养已发省察”

朱熹早年依据李侗的教导，体会所谓“未发气象”，始终未能契入逆觉体证之路。朱熹曾回忆说：

> 当亲炙之时，贪听讲论。又方窃好章句训诂之习，不得尽心于此，至今若存若亡，无一的实见处，辜负教育之意。……及其久也，渐次昏暗淡泊。又久则遂泯灭，而颓然如初无所睹。此无他，其所见者，非卓然真见道体之全，特因闻见揣度而知故耳。①

这说明朱熹对李侗所谓“未发”说不予重视，未曾学进去，还提出批评，如说李侗“居常无甚异同，颓如也。真得龟山法门，亦常议龟山之失。……不著书，不作文，颓然若一田夫野老。若一向如此（按：指静坐），又似坐禅入定”，等等。② 这样，朱熹对程颢、杨时一系所悟解的性道之体未有真实契会。今人刘述先说：“（朱子）后来仔细咀嚼伊川（程颐）遗教，特别是‘涵养须用敬，进学则在致知’二语，才涣然冰释，为问题找到了满意的答案。从此认定性即是理，心则周流贯彻，通贯乎未发、已发。在未发时只是涵养，已发之后则用省察。如此静养动察，分有所属，而敬贯动静，自此不复有疑。朱子所发展的是一心性情之三分架局。性即是理，而心是情，心统性情。这套思想的背景则是一理气二元不离不杂之形上学。”③这就是朱熹别走蹊径，直承程颐的思路。

朱熹曾说：“道理不可专要去静处求，所以伊川（程颐）谓只用敬，不用静，便说中了。”④朱熹的思想结构是心统性情、理气不离不杂。

朱熹认为，性是理，心是气之灵，情是心气之发或之变，此便是“心性情三分”。仁只是性、只是理，恻隐之心与爱之情则属于气。谓“仁者，心之德，

---

① （宋）朱熹撰，陈俊民校编：《朱子文集》卷四〇，《答何叔京》，台北：德富文教基金会，2000年，第1699页。

② （宋）黎靖德编：《朱子语类》卷一〇三，《罗氏门人·李愿中》，北京：中华书局，1986年，第2601页。

③ 刘述先：《文化与哲学的探索》，台北：学生书局，1986年，第267页。

④ 转引自（清）黄宗羲、全祖望：《宋元学案》卷四九，《晦翁学案》，北京：中华书局，1986年，第462～467页。

爱之理”，表示仁不是心，不是爱，只是“爱之所以然的理，而为心所当具之德”。这样，仁只成一个形而上的抽象理，而不再是具体的活泼泼的生生之仁。仁这个“理”，必须通过心知之明的静涵后方能为心所具；仁这个“德”亦须通过心气之摄具此理，方能成为心自身之德。这就是说，德由理而转成，理不寓于心则不能成德。

以朱熹为代表的福建理学，有一套修养工夫。因心不是理，为了使心能够合乎理，需要涵养。不是涵养本心性体，而是肃整庄敬之心，汰滤私意杂念。通过逐渐涵养，达到“镜明止水”、心静明理。这叫作“涵养敬心”。静时涵养敬心，以求近合“未发”之“中”；动时察识情变，以期至“中节”之“和”。这叫作“静养动察”。无论静时动时，皆以“敬”贯串：敬既立于存养之时，即涵养于“未发”，亦行于省察之间，即察识于“已发”。这叫作“敬贯动静”。而由察识工夫再推进一步，便是致知格物以穷理。①

朱熹后学明确把朱熹这套修养方法概括为治心之学，如明初理学家陈真晟（1411—1474）的《心学图说》。陈真晟述说：

> 先讲求夫心要，心要既明则于圣学工夫已思过半矣。盖其心体是静坚固而能自立，则光明洞达作得主宰。所以一心有主，万事有纲，圣学之所以成始成终之要得矣。然后可依节目补小学、大学工夫，而其尤急务则专在于致知诚意而已，皆不外乎一敬以为之也。再假以一二年诱掖激励渐摩成就之功，则皆有自得之实矣。②

陈真晟《心学图说》的心学思想是：天命之理具于人心，是谓之（善）性（五常之性）；性为利欲所惑，“法天之当然是性之复”。复性需主敬，敬以直内，义以方外，义即知行，此即是一动一静在于理。质言之，就是天理——善性、复性——敬（存心）、义（知行）。他认为“敬以直内，义以方外”，“此二者为为学之要。主敬即存心，择义即致知。道体极乎其大，非存心无以极其大；道体极其微，非致知无以尽其微。静而涵养致知，动而慎独诚意，使交养互发之机自不能已，则美在其中。畅于四肢，发于事业，是美之至。因外美而益充内美，发而为至美”。这是陈真晟对朱子学的一个重大发掘。

---

① 参见蔡仁厚：《儒家心性之学论要》，台北：文津出版社，1990 年，第 144 页。

② （明）陈真晟：《陈剩夫集》卷一，《二补正学》。

第四章

南宋前期的福建理学

在一个半世纪的南宋，福建理学分为前后两个大时期。前期以朱熹创建确立闽学为核心；后期主要是朱熹门人进一步充实发扬闽学，使其尔后成为福建文化的主流。

本章论述南宋前期的福建理学。

北宋末年，国家社会极端混乱，人民群众陷入水深火热之中，极为苦难。南宋建立后，国家社会相对稳定，经济文化有所发展，社会各阶层又有了新的希望、生机，大都希望抗金，收复中原，为国家的统一和发展做出贡献。当时，南宋的首都在临安（今杭州），是经济较为富饶和文化较为发达的南宋国家的政治中心。福建与浙江比邻，特别是闽北武夷山一带，离杭州很近。福建是南宋国家的大后方基地，是南宋国家最为依赖的地区之一。

在北宋将要灭亡之时，北宋上下的一些有识之士，把北方的一些经济文化设施、财产、生产技术，或多或少地转移到南方，对南宋的经济发展有一定的作用。同时，高度发展的中原文化（主要是刚刚兴起来的濂、洛、关等理学、新儒学），文化落后的金人承担不了，也转移到南方。特别是许多北方知识分子退居闽北武夷山一带，隐居治学，把北方文化带到南方，进一步深化研究发扬。笔者到闽北崇安县（今武夷山市）考察朱熹事迹，对于交通极为不便、深山老林中的朱熹家乡五夫镇，于两宋之间出现那么多的理学家，不大理解。如除朱熹外，还有胡安国、胡宏胡氏父子侄五贤，刘子翚、刘勉之、朱松等。一个姓张的人家大堂供奉着关学创始人大理学家张载，他们说祖先是从陕西关中迁移过来的。在武夷山一带，还出现道南学等大理学家游酢、杨时、罗从彦、李侗等。

武夷山是道教名山，闽籍道士白玉蟾在武夷山集道教理论之大成。在中国古代社会由前期向后期过渡的时期，以慧能为代表的中国佛教禅宗，其兴盛时的“五宗七家”由粤、鄂转移到闽、浙、赣武夷山一带。“五宗七家”直接和间接的创始人有三分之二是闽籍僧人，还有闽籍僧人怀海创制了适合中国佛教特点的《百丈清规》。当时武夷山一带是中国文化三大形态儒、佛、道汇集之地。

朱熹在武夷山60多年，进一步以儒学为主干，融合佛、道之学，集濂、洛、关以至整个传统文化之大成，创立闽学（新儒学，理学）——武夷文化的核心，在闽、浙、赣之武夷山一带形成国家新的文化重心。朱熹自豪地说："天旋地转，闽浙反居天下之中。"朱熹的挚友张栻说："当今道在武夷。"十分生动地说明当时武夷山一带是国家的文化重心。南宋都城设在临安（今杭州），成为国家的政治中心，武夷山一带离此也较中原为近。中国"经济重心南移至北宋后期已接近完成，至南宋已全面实现"。[①] 这样，国家的政治、经济、文化重心都由北方的中原一带转移到南方，完成了中国古代社会由前期向后期的过渡。

南宋前期的福建理学是以朱熹为核心的，朱熹集濂、洛、关以至整个传统文化之大成，形成中国哲学文化史发展的一个至高点，然后由此作为新的出发点往前发展。正是因为它"集大成"，不仅某个学者所不可能全面继承，且其庞大的思想体系本身必然要分化，逐渐形成心学与气学两个发展大方向，到明末清初心学、气学相融合，出现启蒙思想家，中国社会向近代发展。

南宋前期我们主要论述林光朝、朱熹的思想及其现代价值。

第一节　林光朝

一、林光朝的生平著述

林光朝，字谦之，号艾轩，兴化军莆田县黄石（今荔城区）人。生于北宋徽宗政和四年（1114），卒于南宋孝宗淳熙五年（1178）。孝宗隆兴元年（1163）进士，历任袁州（今属江西）司户参军，知永福（今福建永泰县）、婺州（今属江西），秘书省正字兼史职、著作郎兼礼部郎官、国子司业兼太子侍读、中书舍人、工部侍郎等。卒谥文节。

林光朝自幼聪颖好学，受业于同邑名儒林霆。曾游浙江钱塘、吴兴一

① 郑学檬：《中国古代经济重心南移和唐宋江南经济研究》，长沙：岳麓书社，1996年，第17页。

带，访师求学，“过吴中，从陆（景瑞）子正游而得洛学（理学）”[①]。同时，他还与著名的理学家王蘋及其学生施德操等论学，研究理学。林光朝还结识大史学家、同乡郑樵，互借图书，探讨学问，史有“红泉夹漈（郑樵字）”的佳话。因此，林光朝的“学问气节俱有自来”。他研读程颢、程颐之学，“学通六经，旁贯百氏”。他明经博古，其行堪为一邑所矜式，其文也多为时人所称道。林光朝博学，学问高尚，是南宋初著名的理学家，时称“南夫子”。

图 4-1　宋代理学名家林光朝

南宋绍兴十年（1140），林光朝在族人的帮助下，在红泉宫兴学，史称红泉义学。黄石镇有黄石文庙，建有红泉宫，故名。因其在黄石东井，又称东井书堂。他教学徒不重词章训诂，皆在义理上下工夫，“惟于《易》《诗》《礼》，精通默识，间为章句，口授学者，使心通理解”[②]。明同邑林文在《红泉讲道序》中述说：

> 吾莆自陈隋间郑露讲学于南湖，在唐则吾祖（林）蕴、（林）藻、欧阳詹读书于泉山。至宋，艾轩讲道于红泉，由是文风大振，遂有海滨洙泗之称，其盛矣哉！[③]

林光朝在讲学时曾形象地说道：“譬如一块精金，欲道不是金，非金之不好，是不识金也。”朱熹对此感叹道：“说的道理极精细，为之踊跃鼓动；退而思之，忘寝食者数时。”[④]

此外，林光朝还在谷城山的松隐岩、国清塘旁的濯缨亭和五侯山的涌泉岩等地构筑草堂，传道讲学。明同邑柯潜在《蒲弄草堂》诗中赞叹曰：

> 艾轩先生鸣大宋，绝世文才岂天纵？横经讲道倡莆中，别构茅堂向蒲弄。蒲弄山高矗天起，倒影平湖三十里。渡头频系问奇船，门巷纷纷向珠履。一从观化去不来，旧基零落荒苍苔。高林日暮鸟相语，废圃春

① （明）周瑛、黄仲昭：《重刊兴化府志》，福州：福建人民出版社，2007 年，第 445 页。

② （宋）林光朝：《艾轩先生文集》卷一〇附录，牟子才：《谥议》，福州：海峡文艺出版社，2018 年，第 213 页。

③ （明）周瑛、黄仲昭：《重刊兴化府志》，福州：福建人民出版社，2007 年，第 834 页。

④ （明）周瑛、黄仲昭：《重刊兴化府志》，福州：福建人民出版社，2007 年，第 860～861 页。

深花自开。花开花落几今古,风教何曾化尘土。绵绵书泽犹在人,满邑弦歌比邹鲁。我来曾过山之陬,夕阳驻马空回头。九原之魂不可作,临风一啸云悠悠。①

明何乔远述说:

红泉,在裴观察庙后,水作红色,宋林回年延林光朝讲学其处,朱文公尝过之。光朝没,学者祠焉,名水南书院。皇朝宋景濂《林氏先祠记》:"莆田县东二十里,有山曰谷城。罔岳秀拔,林樾苍润。其下汇为巨浸,号国清塘。一望无际,波涛吞吐于风日云月间,真绝胜之境也。"《黄四如序》曰:"濂洛中微,考亭未兴,艾轩林公光朝,倡道莆阳,从之如归市,红泉东井之学闻天下。其后,纲山林公亦之,乐轩陈公藻,先后起而继之。乐轩家长乐,纲山居福清,岁来讲学东井,风声所被,气习所熏,人皆有邹鲁之风。"……黄石西街有双庆井,或谓其人凿井时遇父母双庆,或谓井栏如双磬然。……林光朝诗:"烛龙醉倒不开眼,遮空万里云张伞。小舟塘外日溶溶,渔歌忽断荷花风。倚岩僧舍扃深户,我来跋涉拳肩股。喘停更促短筇上,怪石周遭卧万鼓。"②

林光朝继承濂洛之学,在闽中一带传播,声名远播,桃李芬芳。他所创立的学术思想为其弟子所传承,并形成颇具规模的红泉学派。据《闽书》载,红泉学派源远流长,门徒枝繁叶茂。红泉学派大大促进了福建理学的发展。

林光朝从政多年,成绩卓越。时人评之曰:"出使入朝,徇义忘私,凡三仕而三已,前此所未有也";"高风特操,表表在人,尤非时贤所敢望以及者。呜呼!以如是之节,有如是之文,此公所以特立于孝宗之朝而无愧于一时诸贤之盛欤"。③ 特别是林光朝向皇帝建议施行公议,即今天所讲的群众监督。他述说:

苟或人人皆可为御史,则公议不立;公议不立,则天下亦何所畏哉!是国体轻重在于此,不可不早定也。④

林光朝的著述,主要有《中庸九义》《九经口义》等,多有散佚。今有其外

---

① (明)周瑛、黄仲昭:《重刊兴化府志》,福州:福建人民出版社,2007年,第891页。

② (明)何乔远:《闽书》,福州:福建人民出版社,1995年,第557~558页。

③ (宋)林光朝:《艾轩先生文集》卷一〇附录,牟子才:《谥议》,福州:海峡文艺出版社,2018年,第214~215页。

④ (宋)林光朝:《艾轩先生文集》卷二,《缴奏谢廓然赐出身除殿中侍御史词头》,福州:海峡文艺出版社,2018年,第50~51页。

孙方之泰搜集整理的诗文《艾轩先生文集》20 卷，附录 1 卷，现有其明正德年间(1506—1521)刻本，今人林祖泉校注本《艾轩先生文集》10 卷，于 2018 年由海峡文艺出版社出版。

二、林光朝与朱熹

南宋莆田余谦一诗云：“我有师儒，号‘南夫子’，非国非乡，实天下士。道在太虚，书留天地，考亭(朱熹)东莱(吕祖谦)，之所严事。”[①]宋朝廷南渡初期，濂洛之学中辍，“朱(朱熹)张(张栻)未起，以经行倡东南，使诸生涵咏体践，知圣贤之心不在于训诂者，自艾轩(林光朝)始”[②]。出仕泉州同安的朱熹多次前往莆田追随林光朝访学，“于当世之学间有异同，惟于先生(林光朝)加敬”，朱熹称赞其“为后学之所观仰”。

朱熹于莆田的行迹鲜为人所重，根据莆田学者俞宗建在其所著《朱熹半亩方塘考》的研究，朱熹十数次途经莆田，俞宗建并对朱熹到莆田的时间和事迹详细列举，有如：

绍兴二十三年(1153)六月，朱熹拜访丁忧在家守孝的陈俊卿，首次访见林光朝。

绍兴二十五年(1155)夏秋间，朱熹自泉州同安奉檄至福州，经过莆田见前任同安主簿方士端。

绍兴二十五年(1155)八月，朱熹自福州返回泉州路过莆田，访见兴化知军傅自得。

绍兴二十六年(1156)十一月，朱熹奉檄路过莆田城关，见前任同安主簿方士端。

绍兴二十七年(1157)初春，朱熹自崇安返回同安时过莆田，夜宿囊山寺，有诗《题囊山寺》。

绍兴二十八年(1158)初春，朱熹自行离开同安归返故里，过仙游榜头，朱熹为朱丰咸员外书斋题“澜斋”匾。

绍兴三十年(1160)十一月下旬至绍兴三十一年(1161)暮春初夏，朱熹自崇安专程过莆田访师求学，拜见林光朝。在群仙书社、兴化南寺、红泉书

---

① (宋)林光朝：《艾轩先生文集》卷一〇附录，余谦一：《城山三先生祠堂告艾轩文》，福州：海峡文艺出版社，2018 年，第 222 页。

② (宋)林光朝：《艾轩先生文集》卷一〇附录，刘克庄：《兴化军城山三先生祠堂记》，福州：海峡文艺出版社，2018 年，第 208 页。

院、谷城山、国清塘、濯缨池、濯缨亭和木兰陂等遗留踪迹。

淳熙十年(1183)十月,朱熹在莆田访名相陈俊卿。

淳熙十年(1183)十一月,朱熹南下莆田,访见陈俊卿,教授陈俊卿之子陈宓,登棠坡并题刻。

淳熙十四年(1187)正月,朱熹南下莆田,吊唁陈俊卿。

绍熙元年(1190)四月,朱熹过莆田城关,见龚茂良二子龚晸及其孙龚堪、蔡襄季孙蔡谊,题蔡襄像赞。

绍熙二年(1191)五月,朱熹过仙游、莆田,以治子朱塾丧请祠。

朱熹在莆田撰有《群仙书社记》《归乐堂记》《曾点》《春日》《春日偶作》《观书有感二首》等多种诗文。[①]

朱熹的《曾点》诗曰:

> 春服初成丽景迟,步随流水玩晴漪。
> 微吟缓节归来晚,一任清风拂面吹。[②]

对于《论语》所记"曾点言志",《朱子语类》载有朱熹与林光朝的一段对话:

> 在兴化南寺,见艾轩(林光朝)言曾点言志一段,"归"字,自释音作"馈"字,此是物各付物之意。某云:"如何见得?"艾轩云:"曾点不是要与冠者、童子真个去浴沂风雩,只是见那人有冠者、有童子,也有在那里澡浴底,也有在那里乘凉底,也有在里馈饷馌南亩底。曾点见得这意思,此谓物各付物。"艾轩甚秘其说,密言于先生(朱熹)也。[③]

曾点,字皙,孔子早期的学生,曾参之父。此讲孔子的学生子路、冉有、公西华、曾点各言其志,孔子同意曾点的说法,故曰"曾点言志"。据《论语》记载:

> 子曰:"以吾一日长乎尔,毋吾以也。居则曰:'不吾知也!'如或知尔,则何以哉?"子路率尔而对曰:"千乘之国,摄乎大国之间,加之以师旅,因之以饥馑;由也为之,比及三年,可使有勇,且知方也。"夫子哂之:"求! 尔何如?"对曰:"方六七十,如五六十,求也为之,比及三年,可使

---

① 俞宗建:《朱熹半亩方塘考》,杭州:中国美术学院出版社,2018年,第83~88页。

② (宋)朱熹撰,陈俊民校编:《朱子文集》卷一,台北:德富文教基金会,2000年,第72页。

③ (宋)黎靖德编:《朱子语类》卷一三二,《本朝六·中兴至今日人物下》,北京:中华书局,1986年,第3177~3178页。

足民。如其礼乐，以俟君子。”“赤！尔何如？”对曰：“非曰能之，愿学焉，宗庙之事，如会同，端章甫，愿为小相焉。”“点！尔何如？”鼓瑟希，铿尔，舍瑟而作。对曰：“异乎三子者之撰。”子曰：“何伤乎？亦各言其志也。”曰：“莫春者，春服既成。冠者五六人，童子六七人，浴乎沂，风乎舞雩，咏而归。”夫子喟然叹曰：“吾与点也！”

以上这段记载，俞宗建译白如下：

孔子说：“我年龄比你们大一些，不要因为我年长而不敢说。你们平时总说：‘没有人了解我呀！’假如有人了解你们，那你们要怎样去做呢？”子路赶忙回答：“一个拥有一千辆兵车的国家，夹在大国中间，常常受到别的国家侵犯，加上国内又闹饥荒，让我去治理，只要三年，就可以使人们勇敢善战，而且懂得礼仪。”孔子听了，微微一笑。孔子又问：“冉求，你怎么样呢？”冉求答道：“国土有六七十里或五六十里见方的国家，让我去治理，三年以后，就可以使百姓饱暖。至于这个国家的礼乐教化，就要等君子来施行了。”孔子又问：“公西华，你怎么样？”公西赤答道：“我不敢说能做到，而是愿意学习。在宗庙祭祀的活动中，或者在同别国的盟会中，我愿意穿着礼服，戴着礼帽，做一个小小的赞礼人。”孔子又问：“曾点，你怎么样呢？”这时曾点弹瑟的声音逐渐放慢，接着“铿”的一声，离开瑟站起来，回答说：“我想的和他们三位说的不一样。”孔子说：“那有什么关系呢？也就是各人讲自己的志向而已。”曾皙说：“暮春三月，已经穿上了春天的衣服，我和五六位成年人、六七个少年，去沂河里洗洗澡，在舞雩台上吹吹风，一路唱着歌走回来。”孔子长叹一声说：“我是赞成曾皙的想法的。”就是说，在孔子看来，只有社会安定、国家自主、经济稳定、天下太平，每个个人才能享受真、善、美的人生，才能有真正的潇洒自由。孔子知道，这是很难做到的，是故长叹。他也知道，这是美好的境界，是故赞同。①

曾皙的观点体现了孔子追求的大同社会。孔子向往大同之世，终其一生也都在极力促成以周礼为代表的小康社会的实现。当其时也，贤能在位，百姓各得其所，上下尊卑，秩序井然，社会和谐。士大夫不必穿梭于各诸侯之间鼓唇弄舌，这是曾皙心向往之的生活美景，也是孔子追求的“无为而成”“无为而治”的大同社会。

① 参见俞宗建：《朱熹半亩方塘考》，杭州：中国美术学院出版社，2018 年，第 112 页。

朱熹曾作诗《观书有感二首》,其一曰:

半亩方塘一鉴开,天光云影共徘徊。
问渠那得清如许?为有源头活水来。

其二曰:

昨夜江边春水生,蒙冲巨舰一毛轻。
向来枉费推移力,此日中流自在行。[①]

俞宗建独出心裁考证,《观书有感二首》是朱熹在莆田所作,"半亩方塘"是指莆田黄石谷城山麓国清塘旁的濯缨池。要确定朱熹这两首诗的撰写时间和地点,需要解决两个问题。一是如何解释朱熹书信《答许顺之》之所言。朱熹述说:

此间穷陋,夏秋间伯崇来,相聚得数十日,讲论稍有所契。自其去,此间几绝讲矣。幸秋来老人粗健,心间无事,得一意体验,比之旧日渐觉明快,方有下工夫处。日前真是一盲引众盲耳。其说在石丈书中,更不缕缕,试取观之为如何?却一语也。更有一绝云:"半亩方塘一鉴开,天光云影共裴回。问渠那得清如许,为有源头活水来。"试举似石丈如何?[②]

据朱熹的这封书信,有的认为,朱熹的《观书有感二首》撰写于乾道二年(1166)秋。[③] 俞宗建据自己对朱熹这封书信的解释,认为撰写于1161年春。他述说:

整句意思是,朱熹告诉门人许升(字顺之,同安人):自己曾经得一体验,作过一首绝句"半亩方塘"诗,意指人的知识和思想观念要不断学习和更新,近段(按:1166年秋),心闲无事,得一体验,比之旧日(按:"旧日"意指1161年春),渐觉明快,方有下工夫处。日前真是一盲引众盲耳(按:"一盲"在几位名家著作中皆写成"一目")。我这一体验所感悟观点曾致函告诉石丈(按:石子重当时正在许升家乡同安任县丞),我这里不再重复,你试着去找他,再看看如何?[④]

---

① (宋)朱熹撰,陈俊民校编:《朱子文集》卷二,台北:德富文教基金会,2000年,第73页。

② (宋)朱熹撰,陈俊民校编:《朱子文集》卷三九,《答许顺之十一》,台北:德富文教基金会,1900年,第1635~1636页。

③ 参见陈来:《朱熹观书诗小考》,《中国哲学》第7辑,1995年。

④ 俞宗建:《朱熹半亩方塘考》,杭州:中国美术学院出版社,2018年,第44页。

二是半亩方塘在何处。俞宗建述说：

> 朱子《观书有感二首》既是景物诗，又是哲理诗；既有作者现实生活所见的实景描写，又有其哲学层面的思想意蕴和艺术价值。笔者经过深入实地调查、考察、访问，收集相关史料，分析归纳，总结推理，甄别论证，发现朱子笔下真实的“半亩方塘”，它既不在朱子的出生地——福建尤溪，也不在其成长地——福建崇安（武夷山），而是在朱子“胜日寻芳泗水滨”的游学地——福建莆田。朱熹笔下真实的“半亩方塘”就在莆田二十四景之一“谷城梅雪”所在地黄石。具体位于黄石谷城山麓国清塘旁，系宋时慈善家林回年所构林氏宅（横塘别墅）门前的一块面积半亩见方的池塘——濯缨池。[①]

俞宗建搜集大量资料，大都在于说明濯缨池的真实存在。至于濯缨池为什么即朱熹讲的半亩方塘，我们觉得其证据中有三点值得重视。

一是在濯缨池至今遗存有朱熹遗墨榜书“濯缨亭”“天光云影”。俞宗建述说：

> 朱熹《观书有感二首》笔下的“半亩方塘”，其创作诗境取自莆田黄石城山国清塘之“濯缨池”。据明代旅行家林登名《莆舆纪胜》濯缨池条载：“濯缨池，在谷城山之麓，名国清塘，亦名姑青。木兰水相灌注，澄碧百顷，壶山、谷城倒影其中。上有亭，朱子匾曰‘濯缨亭’，宋时林回年所构也。故老相传……”
>
> 据莆田清代学者林岵瞻修《莆田县志稿》古迹中载：在国清塘上，朱文公（朱熹）书“濯缨亭”及“天光云影”二匾。另据清代水利专家陈池养游谷城山国清塘《题濯缨亭》诗句：“当时（1161 年）紫阳（朱熹别称）闻风至（莆田），尤爱于渊饶理致。况复澜回木兰陂，更得影倒壶公翠。”[②]

“天光云影”是半亩方塘诗中语，即“天光云影共徘徊”，由此说明朱熹的“半亩方塘”诗可能撰写于此。

二是南宋诗人李丑父《城山国清塘》诗中有“方塘”语。其曰：“平田一水自潆洄，汇入方塘亦壮哉。夏潦久收犹浩渺，壶山近看更崔嵬。刺船葑蓼中边去，唤月烟岚外面来。见说艾轩诗句好，不逢墨迹重徘徊。”

李丑父（1194—1267），字艮翁，莆田县人，南宋理宗端平二年（1235）进

---

① 俞宗建：《朱熹半亩方塘考》，杭州：中国美术学院出版社，2018 年，第 6 页。

② 俞宗建：《朱熹半亩方塘考》，杭州：中国美术学院出版社，2018 年，第 9 页。

士，官至礼部郎官。李丑父在林光朝、朱熹之后数十年。李丑父诗中所说“方塘”有可能是指朱熹的方塘诗境。俞宗建把李丑父此《城山国清塘》与朱熹的方塘做了比附：“‘平田一水自潆洄，汇入方塘（半亩方塘）亦壮哉’，与朱子‘半亩方塘一鉴开，天光云影共徘徊’相对照。两位诗人前后两组诗句对调，押韵相类，诗境相似；朱子‘半亩方塘一鉴开’与李丑父‘汇入方塘（半亩方塘）亦壮哉’，朱子‘天光云影共徘徊’与李丑父‘平田一水自潆洄’，两句诗意内容相对照，显而易见，南宋这两位诗人是在描写同一个地点、同一现象，连诗句押韵亦相同。诗句对比如下：朱子‘半亩方塘’与李丑父‘汇入方塘’，朱熹‘一鉴开’与李丑父‘亦壮哉’，朱熹‘天光云影’与李丑父‘平田一水’，朱熹‘共徘徊’与李丑父‘自潆洄’，可谓相为表里，相映成趣，相得益彰。”①

三是用木兰溪释《观书有感二首》之第二首诗。木兰溪水可以用以释《观书有感二首》之第二首诗，其曰：

昨夜江边春水生，蒙冲巨舰一毛轻。
向来枉费推移力，此日中流自在行。②

这就是说，昨天晚上木兰溪边因春雨水生，滚滚洪水翻过木兰陂堤坝，冲走搁浅在泥滩上的大船，看似羽毛一样轻盈。原来去推搁浅在泥滩上的大船白费力气，今日因溪流大水冲走船儿在那自行漂移。③

据记载，“木兰之溪，源永春，流德化，历仙游，趋莆而注之海，不为不远；汇三百六十涧之流，不为不多；引以溉南北二洋万余顷之田，不为不利以溥”。④ 木兰溪迄今犹存。这样巨大的溪流，可以说明朱熹诗中的“蒙冲巨舰一毛轻”。朱熹诗《观书有感二首》，既然是一个题目，应该是同时撰写的。既然是同时撰写的，从客观自然背景来说，论者说此半亩方塘在其他地方，皆没法说明《观书有感二首》之第二首之客观自然背景，只有把它与木兰溪联系起来才讲得通。

---

① 俞宗建：《朱熹半亩方塘考》，杭州：中国美术学院出版社，2018 年，第 64 页。

② （宋）朱熹撰，陈俊民校编：《朱子文集》卷二，台北：德富文教基金会，2000 年，第 73 页。

③ 俞宗建：《朱熹半亩方塘考》，杭州：中国美术学院出版社，2018 年，第 75 页。

④ （明）林俊：《木兰陂集序》，（清）涂庆澜：《莆阳文辑》，福州：福建人民出版社，2009 年，第 147～148 页。

三、林光朝的理学思想

《宋史》林光朝本传曰：

> (林光朝)闻吴中陆子正尝从尹焞学，因往从之游。自是专心圣贤践履之学，通六经，贯百氏，言动必以礼，四方来学者亡虑数百人。南渡后，以伊洛之学倡东南者，自光朝始。然未尝著书，惟口授学者，使之心通理解。尝曰："道之全体，全乎太虚。六经既发明之，后世注解固已支离，若复增加，道愈远矣。"[①]

林光朝创立"体用为本"的理学思想体系，但是，"未尝著书，惟口授学者"。因此，难以详细展开论述。下面录林光朝致朱熹和朱熹致林光朝两封书信，可见一斑。

林光朝致朱熹函：

> 前此数得来书，每祝耕老有五夫便人去，令来取书，因循如许，言之愧甚。去年过黄亭，只相隔得三二日，所欲道者亦何数，唯耿耿。比承除书之下，此在公论以为太迟，不知贤者出处自有时，直道之信，善类增气。见教恭而安数语，乃是从根株上说过来。别后对此如一对面语，但所谓与虞仲达及此一节，更记忆不上。是日说数件话，当不止此耳。林用中闻以馆舍处之，得质正所闻而求所未闻，甚善。复之(刘朔)到官已三月，偶痰，唾中有血杂出，令人忧悬也。[②]

书信中讲到的林用中，字择之，号东平、草堂，宋福州古田人。先后学于林光朝和朱熹。曾陪同朱熹至长沙南岳访张栻，有《南岳唱酬集》传世。自著有《东平集》等。

下面是朱熹致林光朝的书函。其中有讲到，林光朝"发明道学之要，切中当世之病"；"仁义充塞"，"无非实学"；"过蒙谆谆，荷爱之深"。是书函说明林光朝与朱熹有深厚的学术关系。书函全文如下：

> 兹承祗召还朝，不获为问，以候行李。伏奉黄亭所赐教帖，恭审执御，在行神相，起居万福，感慰之至。比日伏想，已遂对扬，从容启沃，必有以发明道学之要，切中当世之病者，恨未得闻。至于不次之除，非常

---

① (元)脱脱等:《宋史》卷四三三,《林光朝传》,北京:中华书局,1985年。

② (宋)林光朝:《艾轩先生文集》卷六,《与朱编修元晦》,福州:海峡文艺出版社,2018年,第137～138页。

之数，则不足为执事道也。某愚不适时，自量甚审，所愿不过力田养亲，以求寡过而已。所谓趋赴事功，自当世贤人君子事，岂某所敢议哉。过蒙谆谆，荷爱之深，书尾丁宁，尤为切至。属数日前已申祠官之请，闻命不早，虽欲奉教，而不可得矣。抑某久欲有请于门下，而未敢以进，今辄因执事之问而一言之。盖某闻之，自昔圣贤教人之法，莫不使之以孝悌忠信，庄敬持养，为下学之本，而后博观众理，近思密察，因践履之实，以致其知。其发端启要，又皆坦易明白，初若无难改者，而及其至也，则有学者终身思勉，而不能至焉。盖非思虑揣度之难，而躬行默契之不易。故曰："夫子之文章，可得而闻也；夫子之言性与天道，不可得而闻也。"夫圣门之学，所以从容积累，涵养成就，随其深浅，无非实学者其以此欤？今之学者则不然。盖未明一理，即已傲然自处，以上智生知之流，视圣贤平日指示学者入德之门至亲切处，例以为钝根小子之学，无足留意。其平居道说，无非子贡所谓不可得而闻者，往往务为险怪悬绝之言以相高，甚者至于周行却立，瞬目扬眉，内以自欺，外以惑众，此风盛行，日以益甚，使圣贤至诚善诱之教，反为荒幻险薄之资。仁义充塞，甚可惧也。某绵力薄材，学无所至，徒抱忧叹，末如之何。窃独以为非如执事之贤，素为后学所观仰者，不能有以正而救之，故敢以为请。执事诚有意焉，则某虽不敏，且将勉策驽钝，以佐下风之万一。不识执事亦许之否乎？谨此布闻，因谢先辱。余惟为道自重，以慰后学之望。[①]

综观《艾轩先生文集》和《朱子文集》，林光朝与朱熹的书函仅以上这两通，至为珍贵，全抄在这里，以知两人的学术关系。

此外，林光朝同乡好友、知名理学家陈俊卿，在《艾轩祠堂记》中，论述了林光朝的理学思想。其曰：

莆虽小垒，儒风特盛。自绍兴以来，四五十年，士知洛学，而以行义修饬兴于乡里者，艾轩林先生实作成之也。先生学通六经，旁贯百氏，早游上庠，已而思亲还里，开门教授，四方之士，抠衣从学者，岁率数百人，其取巍科登显仕者甚众。先生之教人，以身为律，以道德为权舆，不专习词章为进取计也。其出入起居，语言问对，无非率礼蹈义，士皆化之。间有经行井邑，而衣冠肃然，有不可犯之色。人虽不识，望之知其

① （宋）林光朝：《艾轩先生文集》卷一〇附录，朱熹：《答林谦之书》，福州：海峡文艺出版社，2018年，第217～218页。

为艾轩弟子也。莆之士风一变，岂无所自？先生殁已六年，人思其矩范，愿得立为祠宫，春秋荐以苾芬，以慰邦人之思，而垂后来之劝。[①]

陈俊卿强调，林光朝之学是程颢程颐洛学，是和闽学一脉相承的；还指出，“艾轩之学行文章，为吾里宗师”。林光朝的学术思想，在福建理学发展上占有一定的地位。

第二节　朱熹(上)

这节主要论述朱熹的生平著述。

朱子，名熹，字元晦、仲晦，号晦庵、晦翁等，祖籍徽州婺源(今属江西)，自称建州人，其学说被称为闽学、朱子学。朱熹的父亲朱松(1097—1143)，字乔年，号韦斋，官至尚书吏部员外郎兼史馆校勘。朱松于北宋徽宗宣和五年(1123)八月来福建，任建州(府治在今建瓯)政和县尉，南宋高宗建炎二年(1128)三月更调南剑州(府治在今南平)尤溪县尉。建炎三年(1129)五月任满后，闲居在尤溪朋友郑安道(号义斋)家里。建炎四年九月十五日(1130年10月18日)，朱熹出生于尤溪郑安道家里，宁宗庆元六年三月初九日(1200年4月23日)，卒于建阳考亭沧洲精舍，终年71岁。当年11月20日，葬于建阳县唐石里大林谷(今黄坑)。

高宗绍兴十七年(1147)秋，朱熹18岁，举建州乡贡，次年春考中进士。绍兴二十一年(1151)春，朱熹22岁，铨试中等，授左迪功郎，被任命为泉州府同安县主簿。历任泉州府同安县主簿，知南康军，提举浙东常平茶盐公事，知漳州、知潭州，焕章阁待制兼侍讲等。著有《四书章句集注》《周易本义》《诗集传》等，后人结辑为《朱子文集》《朱子语类》《朱子全书》等。卒谥曰文，追封徽国公。理宗淳祐元年(1241)从祀府文庙，清圣祖康熙五十一年(1712)升十哲之一，是与孔子后先相继的中国文化巨人。朱熹集宋代以至其前传统文化思想之大成，其理学(新儒学)是中国古代社会后期的主体文化思想，并传至国外，成为世界性的学说。

---

① (宋)林光朝:《艾轩先生文集》卷一〇附录，陈俊卿:《艾轩祠堂记》，福州:海峡文艺出版社，2018年，第207页。

一、朱熹籍贯建州建阳

朱熹的籍贯存在分歧，近来在全国范围历代家训的征集中，争议又起。笔者撰写《朱熹籍贯考辨》，得到诸多学者的认同。[①] 有的说，通过此文的考证，朱熹是建州建阳人可以定论。此文后，2021年出版的第七版《辞海》，朱熹条，由原来的“籍贯徽州婺源”，改为“祖籍徽州婺源”。

朱熹十分眷恋祖籍，其在序跋和论著中，时有写作“邹䜣”（邹县朱熹）、“丹阳朱熹”等。[②] 这里从朱熹祖籍徽州婺源说起。

朱熹在《婺源茶院朱氏世谱原序》中说：“相传望出吴郡，秋祭率用鱼鳖。唐天祐中，陶雅为歙州（按：指徽州）刺史。初克婺源，乃命吾祖瓌领兵三千戍之……子孙因家焉。”[③]朱氏谱记：朱瓌，“又名古僚，字舜臣，唐殿中丞后，子奢仲子，弟开国亭英侯。……广明间，以克复著绩，实府君（按：朱瓌）承弼之故。……府君以陶雅之命，主婺源输赋。……是为婺源之始祖。资业甚富，仕至制置茶院。夫人杜氏，生三子：廷杰、廷滔、廷俊”[④]。朱瓌为婺源初祖，传二世廷俊，三世昭元，四世惟甫，五世朱振，六世朱绚，七世朱森，八世朱松，至朱熹为九世。[⑤] 朱熹的祖父朱森、父朱松入闽定居，朱熹遵父遗言，入籍建州建阳。朱熹籍贯建州建阳，祖籍徽州婺源，朱熹是福建人。

（一）朱熹以上三世迁闽定居

按照中国的传统，一般在新居住地居住三代后可以改变自己的籍贯。朱森、朱松入闽，至朱熹已是三代，朱熹还说“居闽五世”，朱松“为建人”[⑥]，

---

① 高令印：《朱熹籍贯考辨》，《福建日报》2017年10月30日，《闽北日报》2017年10月27日、《闽南日报》2017年11月10日、《厦门日报》2017年11月19日转载。知名学者董金裕认为，朱熹籍贯是福建建阳，可以作为定论。上海辞书出版社2021年第七版的《辞海》，“朱熹”条目，由原据《宋史·朱熹传》籍贯徽州婺源，修改为：“祖籍徽州婺源（今属江西），生于南剑州尤溪（今属福建），定居建阳（今属福建）。”

② 参见高令印、陈其芳：《朱熹籍贯由鲁至闽考》，《齐鲁学刊》1983年第6期。

③ 闽北朱子后裔联谊会编：《考亭紫阳朱氏总谱》卷首，《婺源茶院朱氏世谱原序》，1996年。

④ 清光绪《海宁朱氏宗谱》卷一六，《行状》。

⑤ （日）三浦国雄：《朱子》，东京：讲谈社，1986年，第63页；翟屯建：《新安朱氏考述》，张脉贤主编：《朱熹与徽州》，黄山：黄山市新安朱子研究会，2001年，第5页。

⑥ 闽北朱子后裔联谊会编：《考亭紫阳朱氏总谱》卷首，《婺源茶院朱氏世谱原序》，1996年2月。

朱熹包括他自己的子孙都是建阳人。参照当今国家的规定，公民的籍贯应为本人出生时祖父的居住地（户口所在地），祖父去世的，填写祖父去世时的户口所在地；祖父未落常住户口的，填写祖父应落常住户口地。公民登记籍贯后，祖父又迁移户口的，该公民的籍贯不再随之更改。1999年，中共中央组织部和国家档案局联合下发的《干部履历表·填表说明》规定，祖父或曾祖父出生地和其长久居住地作为某个人的籍贯。

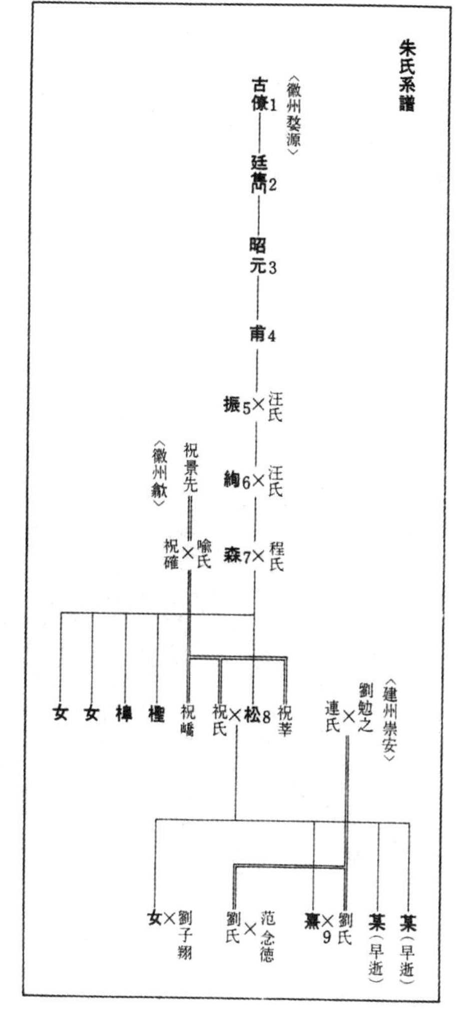

图 4-2　朱氏系谱

出处：（日）三浦国雄：《朱子》，东京：讲谈社，1986年，第63页。

从历史来看，不仅朱熹祖父朱森、父朱松入闽时即决意定居，而且后来朱熹入籍于建州建阳。

1.朱森举家迁闽定居

朱熹的曾祖父朱绚的次子朱森（1075—1125），即朱熹祖父，赠承事郎，是儒学家。朱森兄弟四人，兄和两个弟弟早逝，婺源朱氏此支脉唯有朱森。[①] 北宋宣和元年（1118），朱松登第进士，被任命为福建路建州（府治在今建瓯）政和县尉。朱森对婺源祖传遗产做了处理，“质先业百亩”[②]，于宣和五年（1123），趁其子朱松赴任，举家八口人全部随之，迁入福建：朱森夫妇，三子（松、柽、槔）、二女、媳（朱松妻）。朱熹记述：“先世南来，八人度

① 清光绪《续修紫阳堂朱氏家乘·朱氏系图》。

② （元）虞集：《朱氏家庙复田记》，见（明）戴铣：《朱子实纪》卷一一，《纪题·碑记》。

(关)岭(按:指仙霞岭)入闽。"[①]

当时朱松岳父祝确劝其不要全家入闽,朱森不予采纳。[②] 一般认为,朱森举家迁入福建是为避方腊乱,其实当时方腊起义(1120—1121)已被镇压下去,婺源一带社会趋于安定,乱不是主要原因。[③] 朱熹远祖历代多为仕宦之家,大都置有较多田产,至朱森以上"三世皆不仕"[④]。当时婺源朱森这支朱家近乎败落,入闽很大程度上是企图寻找新的发展契机。可是朱森到福建仅2年即逝,葬于政和护国寺侧。

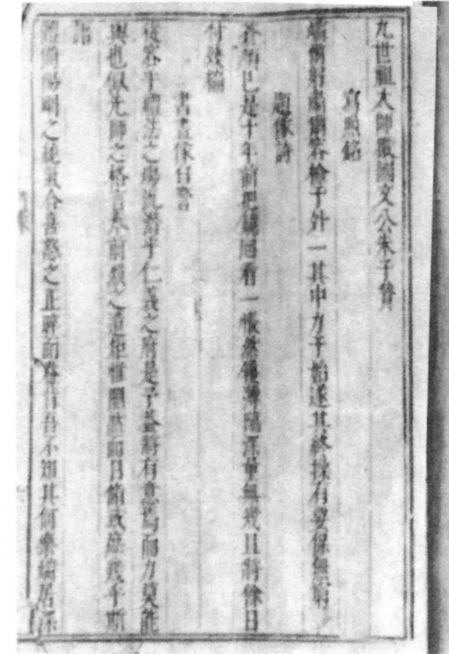

图4-3 在尤溪发现的朱熹家谱 (林启宇摄)

朱松述说:

某少贫贱,进不能操十百之金,贸易取资,以长雄一乡;退不能求百

① 《朱子文集·别集》卷三,《与程允夫书二》,台北:德富文教基金会,2000年,第5145页。

② (宋)朱松:《韦斋集·韦斋年谱》。

③ (清)王懋竑:《朱子年谱考异》卷一,上海:商务印书馆,1937年,第243页。

④ 朱熹撰,陈俊民校编:《朱子文集》卷九四,《朱府君迁墓记》,台北:德富文教基金会,2000年,第4567页。

亩之田，于长山大谷之中，躬耕以为养。自顾其家，四壁萧然，沟壑之忧，近在朝夕。[①]

可见朱森举家入闽是拟定居，振兴家业。同时，更为重要的是朱森不忘初心。朱森述说：

> 吾家业儒，积德五世矣。后必有显者，更当勉励，无坠先世之业。[②]

朱森眼光深远，有先见之明，后果然出现大儒朱熹。朱松也对朱熹说："故乡无厚业，旧箍有残书。"[③]

当时，正值两宋之际，刚刚复兴起来的程颢、程颐等中原理学由游酢、杨时等移植于闽中，形成道南学，是继中原后新的国家儒学重心。且这里离首都临安（今杭州）近，是南宋国家的后方基地。要振兴朱氏一脉相承的儒学传统，只能入闽才行。朱松少年博览群书，深闻闽中儒辈佚出。朱森、朱松入闽近乎儒学移民。移民是指个人或群体离开原住地，超过一定的行政界限，到另外地方定居。[④]

2.朱松入闽即决意入籍建阳

当朱松的岳父祝确劝其回婺源时，他婉言谢绝。朱松述说：

> 婺源先庐所在，兴寐未尝忘也。来书相劝以归，当俟国家克复中州，南北大定，归未晚。[⑤]

明知"南北大定"不知何年何月，几乎不可能，显然是托词。朱松决意不回婺源，不是无力。其岳父祝确在徽州富至"半州"，"济人利物之事不胜计，虽倾资竭力，无吝色，乡人高其行"。[⑥] 朱松即是穷，若有意回婺源，祝确也会支持他的。

朱松在闽，生前整整 20 年（1123—1143），做官累计不到 6 年，主要时间都是和福建理学家论道讲学。朱松入闽时 27 岁，即迫不及待地拜杨时女婿陈渊为师。据记载：

> 朱公松因师友浦城萧顗子庄、剑浦（按：南平）罗从彦仲素而得龟山

① （宋）朱松：《韦斋集·上赵漕书》。

② （宋）朱松：《韦斋集·承事府君行状》。

③ （宋）朱松：《韦斋集·送五二郎读书诗》。

④ 参见《中国大百科全书·社会学》。

⑤ （宋）朱松：《韦斋集·与祝公书》。

⑥ （宋）朱熹撰，陈俊民校编：《朱子文集》卷九八，《外大父祝公遗事》，台北：德富文教基金会，2000 年，第 4807 页。

杨文靖公河洛学问之要，拳拳服膺。[①]

"韦斋笃志于伊洛之学，其视游（酢）、杨（时）、罗（从彦）、李（侗），孰敢议其先后。"[②]朱松述说：

> 某年行二十七八，闻河南二程先生之余论，皆圣贤未发之奥，始捐旧习，祛除其心，以从事于致知诚意之学。虽未能窥其藩篱，然自是所为文，视十年前，无十之三四。[③]

就是弃过去所学而学闽中学者所传二程新儒学。朱松几乎拜师或交友于当时闽中所有的新儒学家。朱熹述说：

> 先君子吏部府君亦从罗公（从彦）问学，与（李侗）先生为同门友，雅敬重焉。尝与沙县邓迪天启语及先生，邓曰："愿中（李侗）如冰壶秋月，莹彻无瑕，非吾曹所及。"先君子深以为知言，极称道之。其后，熹获从先生游，每一去而复来，则所闻必益超绝。盖上达不已，日新如此。呜呼！若先生之道德纯备，学术通明，求之当时，殆绝伦比。[④]

清李丹桂说："韦斋（朱松）独得伊洛之传于龟山（杨时）杨氏，盖自克励，日诵《大学》《中庸》之书，以用力于致知诚意之地。又与罗豫章（从彦）、李延平（侗）诸君子为友，讲明考证。"[⑤]

朱松入闽后，社会动乱，为避难辗转各地，拒绝外任高官，始终不出福建范围，更不回故乡婺源。宣和五年（1123）八月，朱松 27 岁，任政和县尉，举家居政和，住官舍。此首次居政和 5 年，"云根书院，在政和县治西五十余步。宋宣和间，县尉朱松建"[⑥]。建炎二年（1128）七月至次年十二月，朱松举家居尤溪，其中约 1 年任尤溪县尉，住官舍。这是首次居尤溪，约一年半。建炎三年（1129）十二月至建炎四年（1130）五月，举家居政和垄寺。这是第二次居政和，约 5 个月。

建炎四年（1130）五月至绍兴元年（1131）冬，朱松举家居尤溪郑安道的南溪别墅，朱熹就在这年的九月十五日出生于此。这是第二次居尤溪，约一

---

① （宋）朱松：《韦斋集·宋周必大〈宋吏部朱公松墓碑铭〉》。

② （宋）朱松：《韦斋集·元刘性〈重刊韦斋集序〉》。

③ （宋）朱松：《韦斋集·上赵丞相札子》。

④ （宋）朱熹撰，陈俊民校编：《朱子文集》卷九七，《延平李先生行状》，台北：德富文教基金会，2000 年，第 4755 页。

⑤ （宋）朱松：《韦斋集·重刊韦斋集跋》。

⑥ 明嘉靖《建宁府志·学校》。

年半。朱松述说：

> 去年十二月初……携家上政和，寓垄寺。(今年)五月初间，龚仪叛兵烧处州，入龙泉，买舟仓皇携家下南剑，入尤溪。而某自以单车下福唐(福州)，见程帅。在福唐闻贼兵破松溪隘，骎骎东下，已入建州，攻南剑甚急，又匆匆自间道还尤溪。六月十四日早到县，而贼兵已在十数里外矣。幸二舍弟已搬家深遁，是日即刻与县官同走，至家间所遁处。……家中上下幸皆无恙，而随行及留寓舍中衣物、文字之类，皆无所损失，比他人为尤幸也。[①]

朱熹诞生地尤溪郑氏旧宅。时，朱松赋诗：「有子添丁助征战，肯令辛苦更儒冠。」抒发他的爱国情怀。

图 4-4　朱熹出生地尤溪郑安道故宅

(雁绶摄)

就中"二舍弟"，即朱柽、朱槔，说明全家在一起。绍兴元年(1131)冬至第二年春，又举家居长溪(今霞浦县)龟龄寺。绍兴二年(1132)春，朱松"欲携家之福州，度鸡屿洋，卜寓桐江，不果"[②]。绍兴三年(1133)，朱松寄家属于浦城，赴首都杭州应召，后举家居政和，约1年。次年，朱松的母亲程氏(朱森妻)病逝，其葬母于政和将溪。这是第三次居政和。同年，朱松举家居尤溪，仍寓南溪别墅，约3年。绍兴七年(1137)，朱松41岁，举家迁居建瓯："遂筑精舍于(建瓯城南)环溪之上，迁居焉。时文公已八岁矣。"[③]是年，朱松还举家居建阳城关其妹夫家。朱熹说："绍兴庚申，熹年十一，先君罢官行朝，来寓建阳，登高丘氏之居。"[④]是年，朱松罢朝官，朝廷任命他知饶州，辞。赵鼎都督川陕荆襄军马，给朱松个较高的官职，亦婉辞。而得到台州崇道观

---

① 《朱子文集·续集》卷八，《韦斋与祝公书跋》，台北：德富文教基金会，2000年，第5049页。

② 以上见(宋)朱松：《韦斋集·韦斋年谱》。

③ (宋)朱松：《韦斋集·韦斋年谱》。

④ 《朱子文集·续集》卷八，《跋韦斋书〈昆阳赋〉》，台北：德富文教基金会，2000年，第5051页。

祠禄，即至建阳。朱松说："余方食崇道之禄，来客于建（阳）。"[①]不久，朱松举家又回建瓯，直至绍兴十三年（1143）三月，卒于建瓯环溪精舍。遵朱松遗嘱，次年祝夫人偕子熹等移居崇安五夫。

朱松考察福建各地，决定安家于建阳考亭。他"游潭阳（即建阳），见考亭溪山清邃，可以卜居，尝书之日记"[②]。朱松来不及在考亭定居即卒，"朱子不忘先君子之言，盖至于晚岁而后能筑室，以承其志而终身焉"[③]。

《婺源朱氏祖卷》中的《课子图》，图中是朱松与十三岁侧坐的朱熹。

图 4-5　朱松与十三岁侧坐的朱熹

后人称朱子为朱考亭，不仅以里名，而且是称颂朱子遵父训入籍。朱松生前宦游闽中，见"溪山清邃"多处，而决定入籍建阳，原因是多方面的。考亭有个文化团体盖竹社，主要成员为考亭陈国器、陈和仲和朱松及其弟朱槔等，他们交往至深。考亭原名盖竹，唐末侍御史黄子稜葬母于群玉乡三桂里盖竹山上，在半山筑亭，以望其母墓，曰望考亭，简称考亭。朱松在《寄题容膝斋诗陈国器》中有"国器青云姿，逸志追孔鸾。曲肱数椽底，尚友千载前。……要知丘壑志，本出轩裳先"句，朱松弟朱槔在《盖竹社与陈和仲昆季诗》中有"朱陈自古同乡社，更约青云作往还"句。[④] 这种情谊非同一般。还有，朱松和朱熹认为，这里是风水宝地。孝宗乾道六年（1170）正月，朱熹 41 岁，葬母于建阳县崇泰里后山天湖之阳，名曰寒泉坞（村），即今莒口镇。朱熹的岳父刘勉之原籍建阳马伏，侨居崇安白水，晚年回籍建阳，居住在离考亭很近的萧屯。刘勉之无子，视朱熹为己出，聘为婿。朱熹常到考亭萧屯看望其岳父母，后并葬岳父母于考亭。

① （宋）朱松：《韦斋集·富沙驿记》。

② （宋）朱松：《韦斋集·韦斋公年谱》。

③ （明）林俊：《重修考亭书院记》。

④ （清）柳正芳修，王维文等纂：（康熙）《建阳县志》卷三，《杂类志》。

朱森举家入闽时，朱松胞弟妹也一同随行。朱松卒时他们都健在，并有一定的功名。但是，朱松并不把孤儿女和寡妻托付给他们，而托付异姓福建之朋友。这不是朱家贫困或不和睦，全是为朱熹习研儒学着想。朱熹大叔朱柽，字大年，任官承事郎，其在乾道七年(1171)前居政和，有子名朱熏。朱柽妻死于乾道七年，朱熹亲操丧葬诸事："来月之初，须且扶送叔母之丧还政和。"[①]"叔母之丧……熹贫家独力，卜地营葬，已及半年。"[②]朱熹述说：

近遭叔母之丧，别无得力子弟，丧葬之役，须当躬亲营奉。度至来春，方得了办。欲望朝廷矜怜，特赐宽假，许熹候叔母丧事了日，别听指挥，不胜幸甚。谨具状申尚书，伏乞照会。[③]

朱熹二叔朱槔，字玉澜，生二女梧、秋。朱槔自负有才，精于诗，著《玉澜集》，上面已引用其诗作。宋知名文学家尤袤说：朱槔"心胸雍容广大，有经世之志"，其诗"高远近道"。[④] 朱熹大姑或说早逝，不见记载。二姑于建炎三年(1129)嫁于建阳城关登高山邱萧，生子邱子野。邱萧早逝，朱熹二姑30多岁守寡，家境困难。朱熹述说：

(府君)抚孤甥，教之学。而经理其家事，曲有条理，人无间言。[⑤]

朱松为甥邱子野定婚事。[⑥]《朱子文集》载有朱熹与邱子野唱和诗多首，书信多封。在朱松的教导下，邱子野有较高学识，精于易学。

3.朱熹谢绝婺源朱氏迁回故乡请求

绍兴二十年(1150)，朱熹21岁，以新进士的身份还乡祭祖，乡亲把朱森离乡时典押的百亩田产赎回，交还朱熹掌管，恳请他迁回故乡婺源。这时朱熹虽未入籍建阳，但定居于福建之志已决，根本无意迁回故乡婺源。他把赎回的田产全部归入祠堂，"以其租入充省扫祭之用"[⑦]，并把长期乏人祭扫的

---

① (宋)朱熹撰，陈俊民校编：《朱子文集》卷四四，《答方伯谟五》，台北：德富文教基金会，2000年，第1940页。

② (宋)朱熹撰，陈俊民校编：《朱子文集》卷二二，《辞免召命状》四、五，台北：德富文教基金会，2000年，第780～781页。

③ (宋)朱熹撰，陈俊民校编：《朱子文集》卷二二，《辞免召命状》四，台北：德富文教基金会，2000年，第780页。

④ (宋)朱松：《韦斋集·附玉澜集跋》。

⑤ (宋)朱熹撰，陈俊民校编：《朱子文集》卷九七，《朱府君行状》，台北：德富文教基金会，2000年，第4750页。

⑥ (宋)朱松：《韦斋集·定婚启》。

⑦ (清)王懋竑：《朱子年谱》卷二，上海：商务印书馆，1937年，第57页。

近亲之墓委托具体人负责管理。

朱熹也和朱松一样,在社会动乱和困难时不回故乡婺源。如在“庆元党禁”时期,朱熹的生命安全没有保障,“避迹无定所”,仍始终在福建辗转。[①] 朱松病危时,托孤于右朝议大夫刘子羽:

> 吏部侍郎韦斋朱松,疾病在家,托公筑室于舍傍,名曰紫阳楼。教其子熹,卒以道义成立。[②]

图 4-6　五夫新修复之朱熹故居紫阳楼

朱熹和母等迁至刘子羽在其家乡崇安五夫屏山下潭溪旁所筑的紫阳楼居住。刘子羽致刘致中的信说:“于绯溪得屋五间,器用完备。又于七仑前得地,可以树,有圃可蔬,有池可鱼。朱家人口不多,可以居。”[③] 朱熹一家在此一直住到1192年迁到考亭,有50年之久。

图 4-7　刘子翚和刘勉之

朱松还把朱熹的学业托付给刘子翚等三人:“手书告诀,所善胡公宪原仲、刘公勉之致中、刘公子翚彦冲,属以其子,而顾谓熹往受学焉。”[④]他们精心培养朱熹。据记载:“初屏山与朱子讲习武夷,去家颇远。时于中途建歇马庄,买田二百余亩,以供诸费,实与朱子共之。屏山既殁,忠肃

---

① 清道光《重纂福建通志·福州府》。

② 清光绪《刘氏宗谱》卷一,《刘子羽》。

③ (宋)罗大经:《鹤林玉露·弟子为干官》。

④ (宋)朱熹撰,陈俊民校编:《朱子文集》卷九七,《朱府君行状》,台北:德富文教基金会,2000年,第4750页。

公珙(按:刘子羽子)尽以畀朱子,资其养母。"[①]

朱熹一家又特别得到刘勉之的照顾。朱熹自述:

及弃诸孤,先生慨然为经理其家事,而教诲熹如子侄。既又以其息女归之。亲旧羁贫,收恤扶助,亦皆曲尽恩意。学子造门,随其材品,为说圣贤教学门户,以及前言往行之懿,终日娓娓无倦色,自壮至老,如一日也。[②]

朱熹叔父朱槔有谓"孤侄携母依诸刘"[③]。朱熹久居崇安五夫,既成了家,又立了业。

由上所述,朱熹祖父朱森、父朱松一家从婺源迁居福建,朱熹生于福建,定居于福建,求学于福建,著述于福建,逝世于福建,墓葬也在福建,除二三年外出从政外,近70年在福建,其学也被称为闽学。至今其子孙仍在福建。认定一个人的籍贯要从实际出发,如果他三代定居于某地,就不能再说他的籍贯是其祖先的籍贯。特别是朱熹祖、父一开始就决意定居于福建。按照中国的传统,一般三代后就可以改变其籍贯。

(二)朱熹自书"建人",自署籍贯"建州建阳"

徽州婺源朱氏为修族谱,派人来福建调查迁移到这里的朱氏情况,并请朱熹为此在编朱氏谱撰写序言。朱熹一生回婺源仅2次,初次上面已经讲到。另一次即淳熙三年(1176),朱熹47岁,主要是祭扫"复远祖墓"[④],为撰写《婺源茶院朱氏世谱序》查对资料。这次回乡,朱熹发现祖墓不仅未管理好,上次花了很大力气找到的祖墓还少了三穴。朱熹至为感慨。淳熙十年(1183),朱熹在所撰写的《婺源茶院朱氏世谱序》中述说:

先吏部(按:指朱松)于茶院(按:指朱瓌)为八世孙,宣和中始官建之政和,而葬承事府君于其邑,遂为建人。于今六十年矣,而熹抱孙焉,则居闽五世矣。……徽建二派,自今每岁当以新收名数更相告语,而附益之,庶千里之外,两书如一,传之永远,有以不忘宗族之义。……访求

---

① (清)王懋竑:《朱子年谱》卷二,上海:商务印书馆,1937年,第57页。

② (宋)朱熹撰,陈俊民校编:《朱子文集》卷九〇,《聘士刘公先生墓表》,台北:德富文教基金会,2000年,第4417页。

③ (宋)朱松:《韦斋集·附玉澜集》。

④ (清)王懋竑:《朱子年谱》卷二,上海:商务印书馆,1937年,第61页。

三墓(按:上述淹没祖墓)所在而表识之,以塞子孙之责。[①]

朱熹把建与徽并列,自书朱松是建人,建是福建朱氏的籍贯,入闽朱氏是福建人。这是考察朱熹籍贯的最主要根据,是铁证。

朱熹晚年,据其父朱松遗言,定居于建阳考亭。据记载:"绍熙壬子,文公始筑精舍,以继先志云。"[②]朱熹正式迁居建阳是光宗绍熙三年(1192),63岁。而决定安家于建阳考亭,是其父朱松在世之时。高宗绍兴十七年(1147),朱熹18岁,参加建阳乡贡考试。次年,朱熹入京会试,登第进士。

据《王佐榜进士题名录》(又名《绍兴十八年同年录》)记载:

> 第五甲……第九十名朱熹,本贯建州建阳县群玉乡三桂里,父为户。[③]

科举题名榜明确登载朱熹的籍贯为"建州建阳",这也是铁证。这是经朱钰确认的,朱钰是朱熹第十六代孙,其所编《朱子文集类编》翔实权威,得到学者的肯定。三桂里,即考亭,此是里籍,非讲居住地。此时朱熹的住址是"建州崇安县开耀乡五夫里"。朱熹从光宗绍熙三年(1192)移居考亭,至宁宗庆元六年(1200)卒,在考亭共住8年。这里,一方面是朱熹的父亲朱松生前决定入籍之地,另一方面是朱熹思想成熟和完成时期所居之地,因此"世以考亭称文公"[④],谓"朱考亭"[⑤],称朱子学为考亭学派。赴首都临安(今杭州)应试,殿试中得第五甲九十名,赐同进士出身。

中国古代科举考试对籍贯审查特别严格。宋代科举考试对籍贯的准确与否审查规则:凡是高祖以下直系亲属未得到籍贯者,不能参加考试。绍兴十七年(1147)秋,朱熹18岁,举建州乡贡,这说明他已获得建州籍贯,否则他必须回婺源应试。北宋景德年间(1004—1007)颁行的《考校进士程式》等规定:

> 士不还乡里而窃户他州应选者,严其法。……贯不应法及校试不实者,监官、试官停任。[⑥]

就是应考要到其籍贯地参加,否则要受到法律的制裁。若有人籍贯不

---

① 清光绪《续修紫阳堂朱氏家乘·明宗》。

② (明)朱世泽:《考亭志·考亭图说》。

③ (清)朱钰编:《朱子文集类编·题赞》。

④ (清)周亮工:《闽小记·考亭》。

⑤ 民国《重修建阳县志·园宅》。

⑥ 《宋史·选举志》。

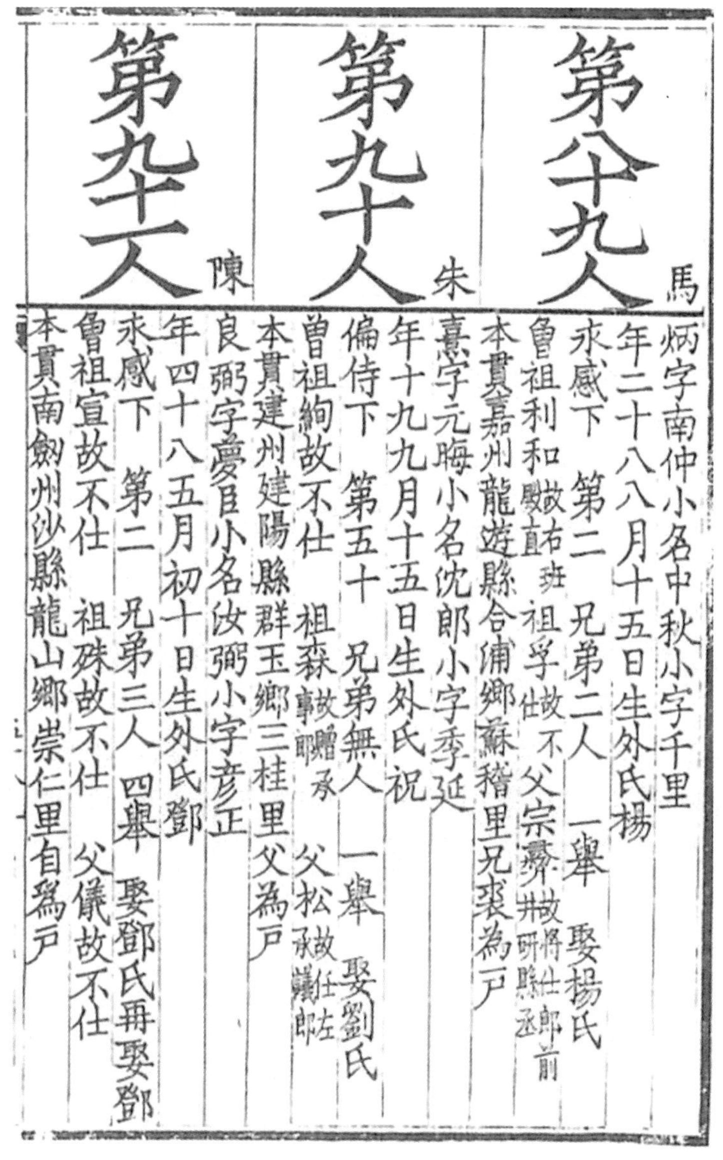

第八十九人 馬

炳字南仲小名中秋小字千里
年二十八八月十五日生外氏楊
永感下 第二 兄弟二人 一舉 娶楊氏
曾祖利和故右班殿直 祖孚故不仕 父宗彝故將仕郎前研縣丞
本貫嘉州龍游縣合浦鄉蘇稽里兄裘為戶

第九十人 朱

熹字元晦小名沈郎小字季延
年十九九月十五日生外氏祝
偏侍下 第五十 兄弟無人 一舉 娶劉氏
曾祖絢故不仕 祖森故贈承事郎 父松故任左承議郎
本貫建州建陽縣群玉鄉三桂里父為戶

第九十一人 陳

良弼字夢臣小名汝弼小字彥正
年四十八五月初十日生外氏鄧
永感下 第二 兄弟三人 四舉 娶鄧氏再娶鄧
曾祖宣故不仕 祖殊故不仕 父儀故不仕
本貫南劍州沙縣龍山鄉崇仁里自為戶

图 4-8 朱熹进士第题榜

出处:(日)三浦国雄:《朱子》,东京:讲谈社,1986 年,第 53 页。

符而参加考试,对失察官员予以停职处分。这样,谁敢不认真审察而弄虚作假?朱熹籍贯建州建阳,是实实在在的,没有虚假。

（三）朱熹署冠“新安”“吴郡”眷恋祖籍

有人认为，朱熹屡署“新安朱熹”或“紫阳朱熹”，这就充分表明他“以其祖籍为自己的籍贯。所以说，朱熹是新安人氏，或者徽州人氏，或者安徽人氏”。[①] 朱熹对祖籍很眷恋，在序、跋和论著中屡署祖籍，甚至还署已消失的祖籍，这并不表明朱熹自己认为是徽州人或者安徽人。朱熹的祖籍为徽州婺源（今属江西）。由于徽州在北宋徽宗宣和三年（1121）前曾称新安，又因新安有紫阳山，朱熹署“新安朱熹”或“紫阳朱熹”，这是讲祖籍。这在朱熹的序、跋和论著中多多，例如“邹䜣”[②]“吴郡朱熹”[③]“丹阳朱熹”[④]“平陵朱熹”[⑤]等。宋俞德邻述说：

> 朱文公解《周易参同契》，而曰“邹䜣”，识者多不知其意。闻之先辈，谓邹本春秋邾子之国，朱其后也。《乐记》读䜣为熹，实文公姓名也。[⑥]

“邹䜣”即邹县朱熹。东汉灵帝时（约175年前后），“司徒校尉（朱）寓，灵帝时坐党锢诛，子孙避难丹阳，因家焉”[⑦]。汉代今浙江以西为吴郡、丹阳（古之丹阳，在今安徽马鞍山东南，属当涂县，非今之丹阳县，今为小村镇）属地。东汉末年，又将吴郡分为吴兴和丹阳两郡，丹阳郡包括丹阳、溧阳等县。东汉献帝时（约200年前后），朱寓的后代“朱良，字朝重，徙居平陵”[⑧]。晋代曾置平陵县。南朝刘宋时，“平陵并入永世、溧阳二县，具属丹阳”[⑨]。到了朱熹生活的南宋时代，已无平陵县名，其故地今《中国历史地图》仅见平陵山名。总之，新安、紫阳、邹、吴郡、丹阳、平陵等都是朱熹祖先的迁移居住之地。到了唐天祐年间（约904），其祖先才定居于婺源。

朱熹屡署祖籍，而且署在南宋时早已撤置的县名，这反映了他的怀祖思想，是和他遵循孔孟之道的思想紧密地联系在一起的。朱熹标榜自己与孔、

---

① 《安徽师大学报》2011年第5期。

② （宋）朱熹：《朱子文集》卷八四，《书周易参同契考异后》。

③ （宋）朱熹：《朱子文集》卷八三，《跋李参仲行状》。

④ （宋）朱熹：《朱子文集》卷七五，《赠李尧举序》。

⑤ （宋）朱熹：《朱子文集》卷七五，《题魏府藏赵公饮器》。

⑥ （宋）俞德邻：《佩韦斋辑闻》卷一。

⑦ 清乾隆《日担山紫阳朱氏宗谱·原姓论》。

⑧ 清咸丰《朱氏通谱·原流考》。

⑨ 清乾隆《溧阳县志·舆地》。

孟同乡。孔、孟及其门人也确实多为今山东曲阜、邹县人。孔门高徒子游(字偃)的故乡虽不属曲阜、邹县，却是汉代的吴郡，因此又和朱熹的远祖同乡。此外，朱熹远祖于汉代徙居今苏南，是由于党锢避祸。是时宦官擅政，朝廷腐败，而党锢被诛者多为正直的读书人和廉洁清官。这也是朱熹引为自豪的。[①]

二、朱熹的家事

北宋徽宗宣和五年(1123)，朱松父子举家迁入福建，其时徽州婺源之田产仅百亩质给别人。元虞集在《朱氏家庙复田记》中述说：

> 吏部(按：朱松)之来闽，质其先业百亩以为资，归则无以食也。张侯请为赎之，计十年之入，可以当其值，而后以田归朱氏。癸亥，吏部殁，张侯以书慰文公于丧次，而归田焉。既葬吏部于建之崇安。丁卯，公自建宁举进士，明年登第，授同安簿。绍兴庚午，省墓于婺源，以其租入充省扫祭祀之用。乾道己丑，丁母忧。淳熙丙申，归省，故乡松楸已伤于乡人矣。与乡子弟讲学于汪氏之敬斋，修墓而去。宋之将亡，徽、建阻于兵，族人藏其契卷而窃售之。又见侵于富民。而某丘某方父老犹识朱氏故物之所在也。……婺源守臣前进士乾侯文传，始复其宅基于城南，请于朝，得旨立徽国文公庙于其于地。……田归朱氏之庙矣，今奉祀者文公五世孙勋。[②]

朱熹任职同安簿职后，虽婺源百亩之田赎归朱熹，但是朱熹决意不回婺源，而是用于“充省扫祭祀之用”。[③]

清王懋竑谓，“虞集《复田记》，此后人所增入，于文集、语录，其事皆无所考，不知虞何所据也。李本尚存其真，洪本删其首。按虞集作《复田记》句，则似元本所有，后人遂无从考证矣，今姑仍李本而附论之”[④]。王氏所谓“元本”，系指已失传的朱熹门人李方子所撰《紫阳年谱》三卷。“似元本所有”为猜测之词，此足证王氏在撰《朱子年谱》时，未见李谱。明戴铣《朱子实纪》有“按《虞学士集》作《复田记》略云：韦斋之仕于闽，尝质其先田百亩以为质，同

---

① 详见高令印、陈其芳：《朱熹籍贯由鲁至闽考》，《齐鲁学刊》1983年第6期。

② (明)戴铣：《朱子实纪》卷一一，《纪题·碑记》。

③ 参见翟屯建：《新安朱氏考述》，载张脉贤主编：《朱熹与徽州》，黄山：黄山市新安朱子研究会，2001年，第5页。

④ 《朱子年谱考异》卷一，上海：商务印书馆，1937年，第245页。

邑张敦颐教授于剑，请为赎之。韦斋殁，敦颐以书慰朱子于丧次，而归田焉”，有虞集《朱氏家庙复田记》全文。[①] 戴氏《朱子实纪》是据朱熹门人李方子的《紫阳年谱》撰写的，其卷二至四《年谱》三卷直接渊源于李方子的《紫阳年谱》三卷，是现存《朱子年谱》之最早者。[②] 此外，明王袆述说：

> 徽之婺源，文公先生朱子父母之邦也。先生之先家歙之黄墩。唐天祐中，八世祖制置公瓌以官留居婺源，今州东万安乡松岩里，其世所居也。盖自吏部公当宋宣和、建炎间，历建之政和、剑之尤溪尉，因葬其亲于政和。而先生生于尤溪，由是侨居建、剑之间。吏部之卒，复葬建之崇安，而先生遂定居于建矣。先生于绍兴戊辰即登进士第，至淳熙丙申属于祠家食雨，尝归婺源展省丘墓、宗族而去。当丙申之归也，先垄松楸已伤于乡人，而与乡之子弟讲学于汪氏之敬斋，则故居已不复存。厥后事异而世殊，故居之遗址亦非朱氏子孙之所能有矣。……有元延祐戊午，先生之四世孙甘肃儒学提举林、儒学提举彬偕来婺源省丘墓，访故居遗址，悉为他姓侵据。于是移文本州，令从孙光听决其事。久无定论，光始诉于省宪。至元统甲戌，而吴郡乾侯文传守是州，两府以其事诿之，然后故址以复。且请于朝，用颜子、孟子故宅立庙例，立朱子家庙于其地。得旨如所请，而家庙以建庙成之岁为后。至元乙亥，上距先生之殁一百三十六年矣。然庙虽成而无田以为祭，朱氏故有田百亩久占于富民。光复以为言，继而茶陵李侯祈佐是州，为之经理而尽复之，实得用其田入以供祀事。而五世嫡孙勋，实自建来归奉祠焉。[③]

此记写于明太祖“洪武庚戌春正月”，即洪武三年（1370）。[④] 其中有谓“先生遂定居于建”，即谓朱熹是建阳人。

总之，同乡人为之赎田，足见朱熹婺源家境之贫乏。

朱熹的父亲朱松，入闽至卒的20年间，正值宋金两朝斗争最激烈之时，北宋灭亡、南宋初建，民族和阶级矛盾极其尖锐复杂，社会很不安定。特别是朱松是激进的抗金派，遭到以秦桧为首的当权的投降派的排挤，致使由县尉改任镇监税，为当时官僚所瞧不起的小吏，以至奉祠闲居，住无定所，俸禄

---

① （明）戴铣：《朱子实纪》卷二，《年谱》；卷一一，《纪题·碑记》。

② （明）戴铣：《朱子实纪》卷一一，《纪题·碑记·明王袆〈重建文公家庙记〉》；参见容肇祖：《记正德本〈朱子实纪〉并说朱子年谱的本子》，《燕京学报》1935年第18期。

③ （清）朱玉编：《朱子文集大全类编》第一册卷三，《历朝褒典》。

④ 清光绪《续修紫阳堂朱氏家乘》卷一，《图像》等。

甚微，“厄穷卑辱”[①]。因此朱松在福建不可能置有固定田产。朱松的父亲朱森，在北宋徽宗宣和七年(1125)卒于朱松县尉治所之政和，贫不能归葬。朱熹述说：

> (府君)政和八年，以同上舍出身，授迪功郎建州政和县尉。承事公卒，贫不能归，因葬其邑，而游宦往来闽中。[②]

朱森葬于政和县西10公里咸化里四都桂林坊护国寺西庑外，土名索谷，坐戌向辰，前有三台、文笔诸峰。文公手植树木，拱映秀茂。这是葬于公共的庙田里。朱熹到了做官后，才给朱森购置墓田。据记载：

> 按邵武旧谱云：文公置有墓田四十把，在第三都，地名李檀。收禾二十把，该白米七斗。官付主僧收掌。

“把”表示约数，就是40多亩，每亩收禾20多斗之意。[③] 朱森墓在政和县铁山镇凤林村后护国寺西侧，因其晚年在凤林村清居。明成化十四年(1478)，福建提学周孟中倡修，由邑人王窗捐资在护国寺旁重修。1996年，朱熹第二十五代孙、马来西亚籍、世界朱氏联合会会长朱祥南捐资重修。墓坐西北朝东南，鹅卵石铺地，中央是石碑，曰“宋承事郎朱公墓”。

朱松因“忤和议于朝”，遭秦桧攻击，被贬为权监泉州石井镇(今晋江安海镇)。高宗绍兴二年(1132)夏到任，至绍兴四年(1134)秋，朱熹等家人随之至安海。这时，朱松在政治上是不得志的，在生活上是不安定的，这在三四岁的朱熹的幼小心灵中是不会没有痕迹的。[④]

朱熹8岁时，即高宗绍兴七年(1137)，跟父朱松由尤溪迁居建瓯。南宋高宗绍兴十三年(1143)三月，朱松病死于建瓯，年47岁。其实，朱松也仅葬于崇安县西塔山灵梵寺侧，即葬于公共的庙田里。

总之，不论在婺源还是福建，朱松都没有给朱熹留下财产。

朱松临死时托孤于崇安县五夫里的刘子羽。

刘子羽一生大部分时间都离开崇安五夫里，在朝廷从事政治和军事活动，在学术上没有高名，而且在朱熹16岁时(即朱熹迁居五夫里后的第二年)卒，朱熹在学业上受其教益很少。因此，刘子羽只能算是“收养”朱熹。

---

① (宋)朱松：《韦斋集》卷一〇，《清轩记》。

② (宋)朱熹撰，陈俊民校编：《朱子文集》卷九四，《朱府君迁墓记》，台北：德富文教基金会，2000年，第4567页。

③ 以上清光绪《续修紫阳堂朱氏家乘》卷一，《图像·索谷墓图》。

④ 摘自今晋江安海石井书院遗址碑文。

绍兴十八年(1148)春正月，19岁的朱熹娶其老师刘勉之之女刘清四为妻，不久其长子出生，此后共生三男五女。这是个很庞大的家庭。刘子羽之弟刘子翚与朱熹学习于武夷山，因五夫至武夷山较远，刘子翚于途中置田200亩建“歇马庄”，名为供其学费，实为朱家以此为生活费用。

20岁左右的朱熹即成为庞大家庭的一家之长，其求学和生计之艰难可想而知。这是朱熹刻苦自强的重要动力之一。绍兴十八年(1148)春，朱熹赴首都临安(今杭州)应试，殿试中得赐同进士出身。朱熹中进士至到任同安主簿中间有数年。绍兴二十一年(1151)十月，朱熹曾辗转行役于崇安附近的邵武、建阳等地，为家中生计寻一塾馆之职未果。

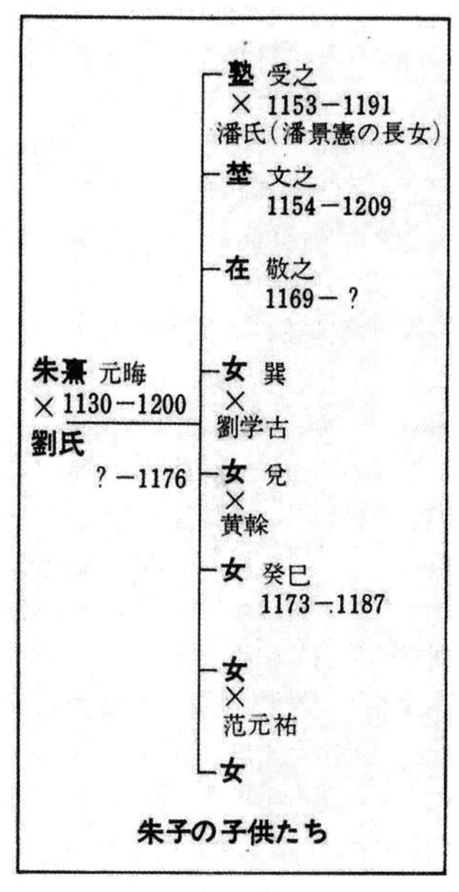

图 4-9 朱熹子女表

出处：(日)三浦国雄：《朱子》，东京：讲谈社，1986年，第196页。

对于朱熹的婚姻，陈荣捷在《朱子新探索》中述说：

> (刘清四)何年出世与何年结婚，则无从而知。假若绍兴三年癸丑(1133)出世，少朱子三岁，十七岁(1149)出嫁，二十一岁生长子，四十三岁生幼女，则死时四十四岁，婚姻生活二十八年而已。[①]

《诗经·国风·桃夭》中有“之子于归，宜其家人”之语，可以此说明婚姻使朱熹更早地趋于成熟。关于其夫妇间关系，中国传统传记不予提及，以此为私人之事，与局外人无关。据上引陈荣捷推测，“其夫妇关

① 陈荣捷：《朱子新探索》，台北：学生书局，1988年，第54页。

系必甚圆满”。黄榦谓其“闺庭之间，内外斩斩。恩义之笃，怡怡如也”[①]。“内外斩斩”说明朱熹在家中是严格按照“男尊女卑”和“男女有别”的规矩行事的，而“恩义之笃”似属中国古代夫妇之关系的一般说辞。

朱、刘结合的婚姻形式属于“择婿婚”。婚姻史专家陈鹏述说：

> 择婿婚是指女方家庭主动选择男方为女婿的一种婚姻形式，或称“赠女婚”。主要特点有女方选择男方，女方的条件（政治、经济等方面）优于男方，男方的前途往往需要依靠女方。这种不合“男尊女卑”传统的婚姻形式，自春秋以来就见诸史载。而魏晋以降逐渐盛行，权门富室，均重择婿，而富戚豪家，依倚权势，更有以考选比试之法择婿者。……宋时此风愈益盛行，宰相贵戚……士大夫之家，等而下之，至于土豪富室，莫不于春榜之时，竞脔佳婿。[②]

“择婿婚”仍然是女方嫁到男家，但由于女方处于优势位置，男方就有投靠依附女方之嫌，所以男方常常居于“准赘婿”的地位。

朱松临终命朱熹师事刘勉之，之后刘便成为朱熹的岳父。15 岁到 17 岁的朱熹主要以刘子翚为师。朱熹刚刚乡试成功，离大成还很远，刘子翚便去世。因此，刘勉之在朱熹婚后承担了朱熹一家的生活所费和负责其学习，是理所当然的。特别是刘勉之无子，过继堂兄之子思温，看重朱熹也是情理之中。而朱熹婚姻初期，还没有经济来源，生活上多依赖刘勉之也是理所当然的。朱熹亦曾自谓自己婚姻高攀，“自我少日，托婚高门”[③]。

论者认为，朱熹的这种婚姻直接影响了其女性观，即承袭儒家与二程的女性观的最主要内容：男女有别和男尊女卑，以及与刘清四的情感，特别是朱熹的重大学业成就，其在中华文化史上的里程碑式的卓越贡献。朱熹的主要爱情诗是《拟古八首》，其中二首有曰：

> 离离原上树，戢戢涧中蒲。娟娟东家子，郁郁方幽居。濯濯明月姿，靡靡朝华敷。昔为春兰芳，今为秋蘼芜。寸心未销歇，托体思同车。
>
> 众星何历历，严霄丽中天。殷忧在之子，起步荒庭前。出门今几

---

① （宋）黄榦：《勉斋集》卷八，《朱子行状》。

② 参见陈鹏：《中国婚姻史稿》，北京：中华书局，1990 年，第 288～291 页。

③ （宋）朱熹撰，陈俊民校编：《朱子文集》卷八七，《祭刘子礼文》，台北：德富文教基金会，2000 年，第 4309 页。

时，书札何由宣？沉吟不能释，愁结当谁怜？临风一长叹，泪落如奔泉。①

有人认为，这是朱熹与刘氏新婚之后的情诗。但是朱熹自己却说：

向来初见拟古诗，将谓只是学古人之诗。元来却是如古人说"灼灼园中花"，自家也做一句如此；"迟迟涧畔松"，自家也做一句如此；"磊磊涧中石"，自家也做一句如此；"人生天地间"，自家也做一句如此。意思语脉，皆要似他底，只换却字。某后来依如此做得二三十首诗，便觉得长进。盖意思句语血脉势向，皆效它底。大率古人文章皆是行正路，后来杜撰底皆是行狭隘邪路上去了。而今只是依正底路脉做将去，少间文章自会高人。②

由此可见，朱熹的情诗只是一种文字练习，更多的是学作诗的技巧，而"意思语脉，皆要似他底"，则感情内容仅是模仿而已。

朱熹恪守"男主外，女主内"的家庭模式，而刘清四则无疑是一个贤妻良母，她大约只活到44岁。她的死应与频繁生育、过度劳累有关。刘氏共生养了三男五女：长子朱塾，生于绍兴二十三年(1153)七月；次子朱埜，生于绍兴二十四年(1154)七月。长女朱巽，约生于绍兴三十年(1160)；次女朱兑，生于乾道元年(1165)。三子朱在，生于乾道五年(1169)；三女朱巳，生于乾道九年(1173)；四女朱癸，生于淳熙元年(1174)；五女朱小妹，生于淳熙三年(1175)。朱熹时年46岁，刘氏约43岁。

从刘氏的生活经历可以看出，其家庭负担极其沉重，一家老小的生活重担都落在她身上。朱熹大部分时间都不在家。不仅有多个子女要照顾，还有活到70岁高龄的婆婆祝氏也是刘清四供奉伺候。婆婆过世之后，刘氏以40多岁的年纪连续3年生下3个女儿。其时长子、长媳却远在江西婺州，次子未娶，缺少帮手。而朱熹长期潜心于"往圣继绝学"之事业，仅有泉州同安初仕后的祠禄维持全家生计，所以朱熹也说当时是"贫穷困蹙，人所不甚"。③ 因此，刘氏的一生是贫困的一生，她是在劳累中早早病死的。

---

① (宋)朱熹撰，陈俊民校编：《朱子文集》卷一，台北：德富文教基金会，2000年，第9页。

② (宋)黎靖德编：《朱子语类》卷一三九，《论文上》，北京：中华书局，1986年，第3301页。

③ (宋)朱熹撰，陈俊民校编：《朱子文集》卷九四，《尚书吏部员外郎朱府君祝氏圹志》，台北：德富文教基金会，2000年，第4568页。

图 4-10　建阳黄坑朱熹和夫人刘氏合葬墓

图 4-11　崇安五夫蜈蚣山下朱熹撰并书《少傅刘公神道碑》细部，是碑现在武夷山武夷宫

值得注意的是，在刘氏去世的25年间，朱熹在十分艰难和十分可能的情况下，皆未续弦再婚，特别是生前便决定卒时与刘氏合葬在一起。[①]

三、朱熹的经历和著述

(一)求　学

朱松在临终时，托孤于刘子翚等3人，主要是在朱熹的学业方面，而对朱熹思想影响最大的是刘子翚。刘子翚(1101—1147)，字彦冲，号屏山。他隐居武夷山研究学问达17年之久，刘子翚死时朱熹18岁。朱熹从15岁至17岁的两三年中，在受学于刘勉之的同时，经常到武夷山跟刘子翚学习。朝夕于之侧，顿首受教。"屏山与朱子讲习武夷"[②]的地方是水帘洞，现在那里仍有遗迹。

二刘早卒，朱熹受学胡原仲为最久。胡宪(1085—1162)，字原仲，学者称籍溪先生。从时间上讲，朱熹受其学前后有18年之久。但是，这期间胡原仲在外做官多年，朱熹实际上受其学的时间不长。遍观朱熹论述，有关胡原仲的文字仅有《与籍溪胡先生》四书、《祭籍溪胡先生文》、《籍溪先生胡公行状》等数篇，而且讲到跟其学习的体会很少。

其实，朱熹在24岁以后，已转向师事李侗。朱熹在24岁时往见李侗。李侗(1093—1163)，字愿中，号延平，剑浦(即延平，今南平)人。李侗与朱松同是二程的再传弟子南剑州沙县罗从彦的学生，李侗是二程的三传弟子。高宗绍兴二十三年(1153)，"夏，将赴同安任，特往受学于延平李先生侗之门"[③]。朱熹是在赴同安任途中路过南平拜见李侗的，即绍兴二十三年(1153)夏六月底或七月初。朱熹执父礼见李侗，向李侗介绍他在二刘及胡处之所学。李侗对朱熹过去所学之禅学做了批评。朱熹起初"心疑而不服。同安官余，以延平之言反复思之，始知不我欺矣"[④]。

朱熹和李侗交往前后10年，正式拜李侗为师是后5年。朱熹说："熹获

---

① 以上参见林振礼：《朱熹新探》，北京：中国广播电视出版社，2004年，第7～11页。

② (清)王懋竑：《朱子年谱》卷一上，上海：商务印书馆，1937年，第4页。

③ (清)童能灵：《子朱子为学次第考》卷一。

④ (宋)朱熹：《延平答问》卷上，《赵师夏跋》。

从先生游，每一去而复来，则所闻必益超绝。盖其上达不已，日新如此。”[①]朱熹师事李侗，是其思想一个大转变的时期。清童能灵述说：

> 朱子初好禅学，至此延平始教以从日用间做工夫。又教以只看圣贤之书，则其学亦一变矣。然有不能尽变者，如后此数年答人书驰心空妙之悔是也。[②]

朱熹经过李侗的教导，认识到过去所学佛教禅学思想空言无实，即其以君臣父子为幻妄，此后便致力于儒家的切实工夫。

（二）仕　途

据黄榦《朱子行状》，朱熹从政 9 年，实际累积计算整整 7 年：朱熹任同安县主簿 3 年，知南康军 2 年，提举浙东常平茶盐公事 9 个月，知漳州 1 年，知潭州 2 个月，任焕章阁待制兼侍讲 46 日。

1.任同安县主簿

图 4-12　朱熹题同安县署

高宗绍兴十七年(1147)秋，朱熹 18 岁，举建州乡贡，次年春考中进士。绍兴二十一年(1151)春，朱熹 22 岁，铨试中等，授左迪功郎，被任命为泉州府同安县主簿。主簿之职，在南宋时是掌出纳官物，销注簿书。他到任是绍兴二十三年(1153)七月，24 岁。朱熹离任同安县主簿之职的时间是绍兴二十六年(1156)七月，在同安任主簿之职整整 3 年。朱熹任满后，从七月至次年一月离开同安，奉檄走旁郡，并载其老幼，回到崇安。涉春而返，回同安后，他已不视簿事，并且搬出县府，住在陈氏家里，等待接替者。朱熹说：“晨兴吟诵余，体物随所安。杜门不复出，悠然得真欢。”[③]朱熹等到这年的冬十月，代者卒不至，以四考满罢归，最后离开同安。

---

① (宋)朱熹撰，陈俊民校编：《朱子文集》卷一七，《延平李先生行状》，台北：德富文教基金会，2000 年，第 4755 页。

② (清)童能灵：《子朱子为学次第考》卷一。

③ (宋)朱熹撰，陈俊民校编：《朱子文集》卷二，《再至同安假民舍以居示诸生》，台北：德富文教基金会，2000 年，第 57 页。

因此，说朱熹任同安县主簿 4 年，仅就其前后在同安的时间而言。

2.知南康军

朱熹归自同安，弥乐道，其于仕进泊如，直至知江西南康（今星子）军，其间 23 年，以养亲请祠。朱熹在任有禄无事、住地听便的祠职期间，主要是在崇安武夷山和五夫里进行教育和著述活动。这期间的政治活动：绍兴三十二年（1162）八月，朱熹应诏赴首都临安（今杭州）上封事，即所谓《壬午应诏封事》，提出朝廷的当务之急是讲学、定计和任贤。朱熹在首都临安至这年的十月，然后归崇安。孝宗隆兴元年（1163）十一月，朱熹又应诏至首都临安奏事垂拱殿，即所谓《癸未奏札》，提出大学之道在于明理，国家之计需顺理而行，而明理必须举贤才和致知格物。隆兴元年十二月，朱熹被任命为武学博士（军事顾问），他辞职不就，即请祠回至崇安。《壬午应诏封事》和《癸未奏札》很能反映出朱熹 30 多岁时的政治和哲学观点。

孝宗淳熙五年（1178），朱熹 49 岁，八月被朝廷任命为知江西南康军。朱熹是在淳熙六年（1179）一月二十五日离开崇安，行至信州铅山俟命，寓止崇寿僧舍，陆子寿来访。三月三十日到任。淳熙八年（1181 年）三月二十五日离任，知南康军整整两年。

朱熹在南康军任内主要是办荒政和重建白鹿洞书院等兴学授徒，充分地表现出了朱熹的行政才干，也可以从他的施政和讲学的主旨中看出其哲学思想。朱熹述说：

> 某为极口说《西铭》“民吾同胞物吾与也”一段。今人为秀才者便主张秀才，为武官者便主张武官，为弟子者便主张弟子。其所陷溺，一至于此。[①]

《西铭》是北宋哲学家张载的著作，其内容主要是讲“民胞物与”的泛爱伦理思想。在朱熹看来，施政治国不能如“为秀才者便主张秀才”之类的就事论事，必须从人类万有都是天地所生，把全宇宙看作是一个大家族，从而说明每个人的道德义务，要爱一切人，如爱同胞手足一样。

3.提举浙东常平茶盐公事

淳熙八年（1181）闰三月二十七日，朱熹离开南康军，未就任新职提举江南西路常平茶盐公事。寻以女弟之讣，悲伤殊甚，宜不可以他适，遂罢前意。

① （宋）黎靖德编：《朱子语类》卷一〇六，《朱子三 · 外任》，北京：中华书局，1986 年，第 2641 页。

只走山南山北旬日，拜谒濂溪书堂而归，以四月十九日至家，回到崇安。

因朱熹在南康救荒有方，宰相王淮推荐他提举浙东常平茶盐公事。时浙东荐饥，上轸宸虑，遂拜命不敢辞，即日单车上道。朱熹于这年的八月中旬从武夷山赴任。但是还未走到任所，到了十一月，朱熹即到首都临安奏事延和殿。共七札，是谓《辛丑奏札》。到了这年的十二月初六日，朱熹才到浙东任职（治所在今浙江萧山）。朱熹因在浙东奏劾前知台州唐仲友不法，为唐之姻亲宰相王淮等所嫉，到了次年九月十二日，朱熹即离任回家，他在浙东任职仅 9 个月。[①] 这时是 1182 年，朱熹 53 岁。

4.知漳州

朱熹从浙东回崇安后，知道之难行，在家闲居 5 年，到了淳熙十五年（1188），朱熹 59 岁，六月应召到首都临安入对，奏事延和殿，共五札，是谓《戊申奏札》。朱熹奏事之后，十月又应召到首都临安，十一月上疏，是谓《戊申封事》。不久朱熹即归崇安。次年十一月，朱熹被任命为知州。

朱熹于光宗绍熙元年（1190，61 岁）四月二十四日到漳州任职，次年三月复秘阁修撰职，主管南京鸿庆宫，于四月二十九日离开漳州，在漳州任职整整 1 年。据方志和有关文献记载，朱熹在漳州，“僚属励志，节而不敢恣所欲。仕族奉绳检，而不敢于以私。胥徒易虑，而不敢行奸。豪猾敛纵，而不敢冒于法。平时习浮屠为传经礼塔朝岳之会者，皆为之屏息。平时附鬼为妖，迎游于街衢而掠抄于闾巷，亦皆相礼敛戢，不敢辄举。良家子女从空门者，各避精庐，或复人道之常。四境狗偷之民亦望风奔遁，改复生业”。[②] 由此足见朱熹在漳州的治绩了。

5.知潭州兼荆湖南路安抚副使

朱熹离开漳州直至建阳。这时是 1191 年，朱熹 62 岁。朱熹原居崇安的五夫里和武夷山，这时他决定迁居建阳。

绍熙二年（1191）九月，朱熹被朝廷任命为荆湖南路转运副使，次年十二月又被任命为知静江府兼广南西路经略安抚使，皆辞官不就。绍熙四年（1193）十二月，朱熹被任命为潭州（今湖南长沙）知州兼荆湖南路安抚副使。于绍熙五年（1194）五月初五日到任。这年的七月十一日，朱熹应召赴首都临安，行且辞，十月至临安任焕章阁待制兼侍讲。他在潭州任职仅两个月。

---

① （元）脱脱等：《宋史》卷四二九，《朱熹传》，北京：中华书局，1985 年。

② 参见（清）王懋竑：《朱子年谱》卷四上，上海：商务印书馆，1937 年，第 182 页。

朱熹在潭州主要做了两件大事：一是处理少数民族瑶族农民起义，用镇压、安抚、赈恤等办法把农民起义平息下去；二是办岳麓书院，讲学授徒。朱熹认为当时湖南社会不安定的原因，是比年以来，师道陵夷，讲论废息，士气不振。他想通过儒家思想的教育，来消除人民的反抗意识，使社会安定。

6.任焕章阁待制兼侍讲

朱熹于绍熙五年(1194)十月十一日任焕章阁待制兼侍讲。朱熹借向皇帝进讲的机会，多次进言干预朝政，如谓“左右或窃其柄”，“臣恐名为独断，而主威不免于下移，欲以求治而反不免于致乱。盖自隆兴以来已有此失”，等等，[①]引起宁宗皇帝和执政韩侂胄的不满，于是在这年的闰十月二十一日被宁宗皇帝解除待制兼侍讲职务。朱熹在此职上总共46日。朱熹任侍讲，按黄榦行状说是40日，实为46日。余英时考证说：

> 樵川樵叟《庆元党禁》云：“熹以十月辛卯入见，中间进讲者七，内引留身奏事者再，面对赐食各一，在朝辅四十有六日云。”……(朱熹)有《辞免待制改作说书状》(《文集》卷二三)可证，由于辞请最后未获批准，从朝廷方面说，朱熹任职从十月初五日便已算正式开始了。朱熹《谢谕笔与宫观状》云：“右臣今日二十一日伏准降到御笔赐臣：朕悯卿耆艾，方此隆冬，恐难立讲，已除卿宫观，可知悉。”(《文集》卷二三)据此，则他的焕章阁待制侍讲职位在闰十月二十一日正式解除，任期止于闰十月二十日。从十月初五日到闰十月二十日，恰恰是四十六日。[②]

朱熹在被解除职务的第三天，即闰十月二十三日辞谢，随之离开首都临安。十一月十三日，朱熹至玉山(今属江西)，讲学于县学。二十二日回到建阳。

朱熹在从政之外是奉祠，即任有禄无事、住地听便的祠职，获得俸禄，维持生活，专事学术研究和讲学教育活动。奉祠，即管庙，是为安置年老力衰或与朝廷意见不合的高级官僚的名义官职。朱熹奉祠21年，累计12次：(1)监潭州南岳庙，高宗绍兴二十八年(1158)十二月至绍兴三十二年(1162)五月，共3年5个月；(2)再监南岳庙，绍兴三十二年(1162)六月至孝宗隆兴元年(1163)十二月，共1年7个月；(3)复监南岳庙，孝宗乾道元年(1165)五

① (宋)朱熹撰，陈俊民校编：《朱子文集》卷一四，《经延留身面陈四事札子》，台北：德富文教基金会，2000年，第462页。

② 余英时：《朱熹的历史世界》下册，北京：三联书店，2004年，第552～553页。

月至乾道三年(1167)十二月，共 2 年 7 个月；(4)主管台州崇道观，孝宗淳熙元年(1174)六月至淳熙三年(1176)六月，共 2 年；(5)主管武夷山冲佑观，淳熙三年(1176)八月至淳熙五年(1178)八月，共 2 年；(6)主管台州崇道观，淳熙十年(1183)二月至淳熙十二年(1185)二月，共 2 年；(7)主管华州云台观，淳熙十二年(1185)四月至淳熙十四年(1187)四月，共 2 年；(8)主管南京鸿庆宫，淳熙十四年(1187)四月至七月，共 3 个月；(9)主管西京嵩山崇福宫，淳熙十五年(1188)七月至十二月，淳熙十六年(1189)一月至八月，前后共 1 年 2 个月；(10)主管西太乙宫，淳熙十五年(1188)十二月至淳熙十六年(1189)一月，共 1 个月；(11)主管南京鸿庆宫，光宗绍熙二年(1191)三月至绍熙四年(1193)十二月，共 2 年 9 个月；(12)提举南京鸿庆宫，绍熙五年(1194)十二月至宁宗庆元二年(1196)十二月，共 2 年。

宁宗庆元二年(1196)，朱熹 67 岁，十二月以伪学罪首落职罢祠。至此，朱熹的政治生涯结束。此后，是“履薄临深谅无几，且将余日付残篇”。此后至卒，便是所谓“庆元党禁”时期。

到了庆元六年(1200)，朱熹 71 岁，三月初九日(阳历 4 月 23 日)病死于建阳考亭沧洲精舍，十一月二十日葬于建阳的唐石里(今黄坑)。

图 4-13　2018 年新落成的考亭书院　　(徐萍供图)

(三)讲　论

朱熹在从政之外，主要是在崇安武夷山、建阳考亭等，从事著述和教育活动。

朱熹最早到武夷山是高宗绍兴十四年(1144)至绍兴十六年(1146)间，即其15～17岁时，跟刘子翚学习于水濂洞。此后，他经常到武夷山活动。淳熙十年(1183)四月，朱熹在武夷山五曲大隐屏下建成武夷精舍，遂迁居之。他的《怀潭溪旧居》曰：

忆住潭溪四十年，好峰无数列窗前。虽非水抱山环地，却是冬温夏冷天。绕舍扶疏千个竹，傍崖寒冽一泓泉。谁叫失计东迁缪，惫卧西窗日满川。[①]

朱熹15岁迁居崇安五夫潭溪旁之紫阳楼，至这时54岁，迁居武夷山，恰好40年。他把五夫潭溪叫"旧居"，把至武夷山叫"东迁"，可知这次迁至武夷山是定居。因为朱熹的夫人刘氏早在淳熙三年(1176)十一月病卒，其在武夷山基本上是定居。朱熹定居武夷山至光宗绍熙二年(1191，62岁)迁至建阳考亭，前后8年。

朱熹在定居武夷山期间，领得有禄无事的祠职虚名，著述讲学，遂有海内学者尊信益重。朱熹在武夷山时的主要著作有《太极图说解》《西铭解义》《周易启蒙》《孝经刊误》《小学》等。朱熹闲居武夷山期间，是其思想体系发展到成熟的时期。

光宗绍熙二年(1191)四月二十六日，朱熹62岁，离任漳州直接至建阳考亭定居。建阳考亭是朱熹父亲朱松生前定好的迁居之地，是朱氏在福建安家的地方。因此，明代以来有关朱熹的文献资料中有称其为建阳考亭人，称朱熹为朱考亭，称朱子学为考亭学派。朱熹在早年考进士时，所填写的籍贯是建宁府建阳县群玉乡三桂里，上面已有讲到。其所撰《婺源茶院朱氏世谱序》谓，"先吏部于茶院为八世孙，宣和中始官建之政和，而葬承事府君于其邑，遂为建人"。[②]

朱熹最初在考亭建的房屋不是精舍。两年后，因学徒增多，复造精舍于

---

① (宋)朱熹撰，陈俊民校编：《朱子文集》卷九，《诗》，台北：德富文教基金会，2000年，第309页。

② 光绪《续修紫阳堂朱氏家乘》卷一，《明宗》；参见陈其芳：《八闽古籍急需抢救》，《高教科研信息》1986年第22期。

图 4-14　新修朱熹园和武夷精舍

所居之侧。精舍，即竹林精舍，建成于光宗绍熙五年(1194)。后来，因学徒增多，对竹林精舍进行扩建，更名为沧洲精舍，朱熹自号为沧洲病叟。其《水调歌头》曰：

> 富贵有余乐，贫贱不堪忧。谁知天路幽险，倚伏互相酬。……春昼五湖烟浪，秋夜一天云月，此外尽悠悠。永弃人间事，吾道付沧洲。[①]

用无限的感慨总结自己的经历事迹。[②]

(四)"庆元党禁"避难

光宗绍熙五年(1194)七月宁宗即位，十月朱熹任宁宗侍讲，讲《大学》。朱熹利用侍讲之便，攻击执政韩侂胄。韩为太皇太后的亲属。韩为排除异己，指示其党羽猛击朱熹及其学派。结果，朱熹仅做 46 日的皇帝侍讲，就被解职回建阳。朱熹离首都临安(今杭州)后，韩侂胄的势力益张，其党羽以

---

① (宋)朱熹撰，陈俊民校编：《朱子文集》卷一〇，《水调歌头》，台北：德富文教基金会，2000 年，第 337 页。

② (民国)《古田县志》卷一一，《学校》。

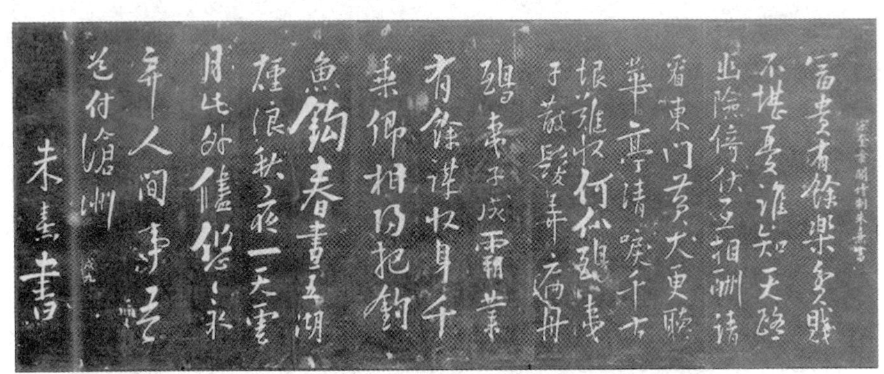

图 4-15　疑似朱熹《水调歌头》墨迹

"伪学"之名，诬朱熹为伪学罪首。宁宗庆元二年(1196)，监察御史胡纮上疏列朱熹六罪，又丑行四项，故或云十罪。于是朱熹被"褫职落祠"，朱熹的政治生命至此结束。自此至庆元六年(1200)朱熹卒，史称"庆元党禁"时期。在这期间，朱熹及其主要门人的生命安全都没有保障。

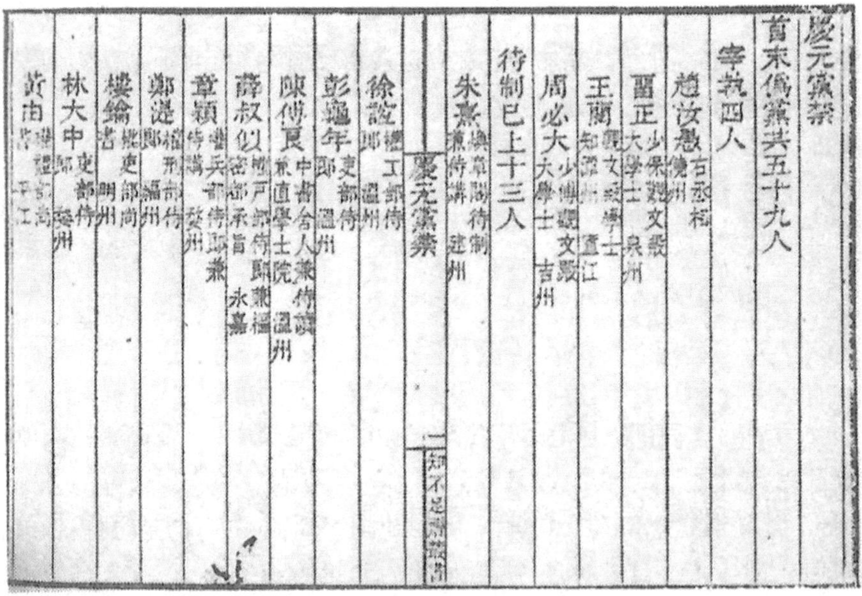

慶元黨禁

首末僞黨共五十九人

宰執四人

趙汝愚

留正

王藺

周必大

待制已上十三人

朱熹

慶元黨禁

徐誼

彭龜年

陳傅良

薛叔似

章穎

鄭湜

樓鑰

林大中

黄由

图 4-16　"庆元党禁""伪学"名单

关于朱熹在"庆元党禁"期间的活动，朱熹和其后学有许多不合实际的记载。例如朱熹门人黄榦在《朱子行状》中谓，朱熹始终在建阳考亭"日与诸生讲学竹林精舍”，撰述不停。[①] 庆元元年（1195），朱熹门人杨道夫，闻乡曲射利者多撰造事迹，以投合当政者之意，亟以告朱熹。朱熹回答说：

死生祸福，久已置之度外，不烦过虑。[②]

当时曾有一人微讽朱熹，谓其“有天生德于予的意思，却无微服过宋之意”[③]。据记载，孔子不悦于鲁、卫，逃至宋，宋桓司马欲杀孔子。孔子“微服而过宋”，仍主于宋贤大夫司城贞子。这就是说，“孔子虽当厄难，然犹择所主”[④]。而这时朱熹“却无微服过宋之意”，即逃跑了。对此，朱熹回答曰：

某又不曾上书自辩，又不曾作诗谤讪，只是与朋友讲习古书，说这道理，更不教做，却做何事？……遇小小利害，便生趋避计较之心。古人刀锯在前，鼎镬在后，视之如无物者。盖缘只见得这道理，都不见那刀锯、鼎镬。[⑤]

这时，朱熹门人劝其离开考亭避难。朱熹述说：

祸福之来，命也。如某辈皆不能保，只是做将去，事到则尽付之。人欲避祸，终不能避。……今为避祸之说者，固出于相爱。然得某壁立万仞，岂不益为吾道之光！[⑥]

上述这种言论，朱熹及其门人是非常多的。

朱熹及其门人关于朱熹在“庆元党禁”期间的这些言论，在后世成了定论，方志、传记及其他有关论著，都极为赞赏。世称翔实的清人王懋竑《朱子年谱》卷四下详细地记载了朱熹及其门人的这些言论。

其实，朱熹在“庆元党禁”时期“避迹无定所”[⑦]，曾数次逃到福建各地避难。

庆元三年（1197），朱熹避难顺昌。朱熹在《题袁机仲所校〈参同契〉后》中述说：

予顷年经行顺昌，憩篔筜铺，见有题“煌煌灵芝，一年三秀。予独何

---

① （宋）黄榦：《勉斋集》卷八，《朱子行状》。

② （明）戴铣：《朱子实纪》卷四，《年谱》，上海：商务印书馆，1937年。

③ （明）戴铣：《朱子实纪》卷四，《年谱》。

④ （宋）朱熹：《孟子集注》卷九，《万章章句上》。

⑤ （宋）黎靖德编：《朱子语类》卷一〇七，《朱子四・内任》，北京：中华书局，1986年，第2670页。

⑥ （清）王懋竑：《朱子年谱》卷四下，上海：商务印书馆，1937年，第218页。

⑦ 清道光《重纂福建通志》卷二七三，《丛谈・福州府》。

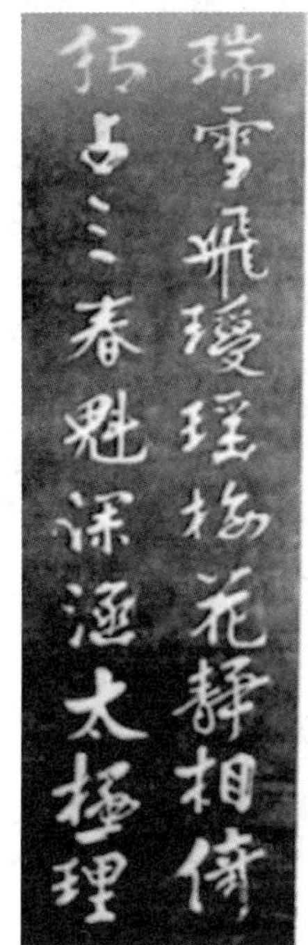
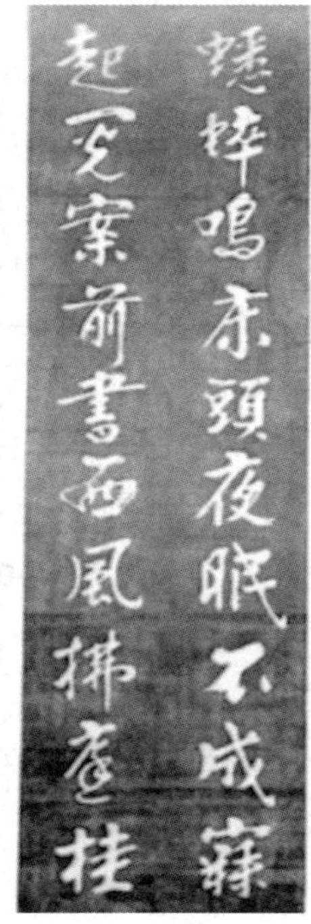

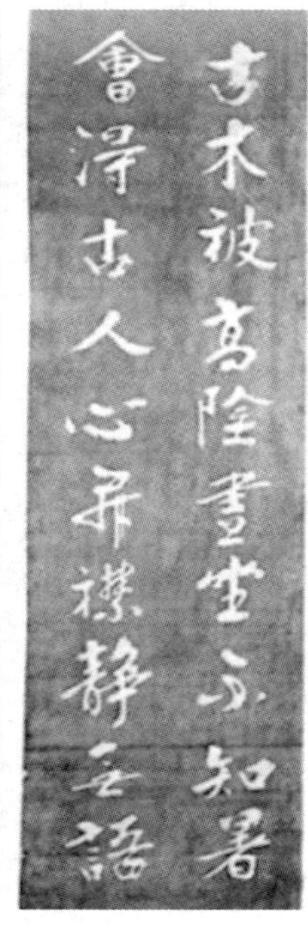

图 4-17　泰宁朱熹墨迹《春夏秋冬》

为？有志不就"之语于壁间者，三复其词而悲之。不知题者何人，适与予意会也。庆元丁巳八月七日，再过其处，旧题固不复见，而屈指岁月，忽忽余四十年，此志真不就矣！道间偶读此书，并感前事，戏题绝句："鼎鼎百年能几时，灵芝三秀欲何为？金丹岁晚无消息，重叹筼筜壁上诗。"[①]

"庆元丁巳"即庆元三年(1197)，正是"党禁"猛烈之时。从朱熹到顺昌的时间和心情，可知此行也是避难。

福建泰宁发现朱熹撰并书的《春夏秋冬》四时诗石刻，证明朱熹在"庆元党禁"时期曾避难泰宁。据记载：

> 朱子题壁诗……朱子隐居小坳时作也。时禁伪学，故不书名，以避祸也。版存邑诸生丁焰处。[②]

---

① (宋)朱熹撰，陈俊民校编：《朱子文集》卷八四，《题袁机仲所校〈参同契〉后》，台北：德富文教基金会，2000 年，第 4188 页。

② 清道光《重纂福建通志》卷四六，《古迹·泰宁县》。

此刻现藏于泰宁县博物馆。

据记载，当时朱熹曾到长乐：

因避伪学禁寓邑之二都龙门，后人名其所寓楼曰紫阳，即复寓于方安里之龙峰岩。里人刘砥、刘砺兄弟从而受业，今其地称为晦翁岩。①

又据记载：

紫阳楼在后澳，知县事高赞建。朱子避伪学禁寓此，故名。②

龙峰岩后建龙峰书院：

龙峰书院，在方安里，为宋儒刘砥、刘砺读书处。朱子避伪学寓此，二刘从而受业。明弘治间，知县潘府建为书院。③

据记载，朱熹曾到长溪：

旧志载，公随父寓龟龄，当在十四岁以前。又庆元元年乙卯，公六十六岁。旧志载，庆元间禁伪学，公至长溪，住杨楫家。④

图 4-18　长乐纪念朱熹避难的“晦翁岩”

出处：李义：《长乐行记》，《朱子文化》2013 年第 4 期。

长溪，在今霞浦县和福鼎县境内。杨楫，字通老，朱熹门人。对此，民国《霞浦县志》有数处记载：

朱公祠在县治东，祀朱文公。……祠创于宋代。……公以伪学禁避地长溪，授学赤岸乡。及他适，学生林湜等不忍别，塑像以祀于其处。

文星明村在大南，宋庆元时禁伪学，朱元晦避地此村，仰观天象曰：“文星其复明乎？”遂以名其地。

---

① 清同治《长乐县志》卷一六，《列传 · 流寓》；参见李义：《长乐行记》，《朱子文化》2013 年第 4 期。

② 清道光《重纂福建通志》卷四〇，《古迹 · 长乐县》。

③ 清道光《重纂福建通志》卷六二，《学校 · 长乐县》。

④ 清道光《重纂福建通志》卷二七六，《丛谈》。

紫阳朱子，庆元间以伪学禁避地于闽，至长溪，住黄榦、杨楫家，讲学于石湖馆、龟龄寺、石堂等处。从游者甚众，而黄榦、杨复、林湜、高松、陈骏、郑师孟、龚郯、张泳，其最著者也。过黄崎村，作《中庸序》。[1]

关于"作《中庸序》"：

黄崎山，朱子避伪学禁到此止焉。作《中庸序》于乡，地僻无纸，写序于屏，后存入州库。[2]

据记载，朱熹曾避难闽县：

铁冶坊，在龙迳溪傍，朱子以避伪学禁至此。[3]

铁冶坊在闽县，闽县即今闽侯县。

还有记载：

朱文公于伪学之禁，避迹无定所。其于闽清，凡数至，所历名胜题识殆遍，如广济岩之"溪山第一"、白岩之"八闽岳祖"，皆其亲笔，现勒石尚存。第不知居停何地，想亦止在林正卿兄弟处也。

宋龙门精舍，在石鼎峰梅溪之阳。山水奇秀，双崖之下传为神龙所居。先儒林学蒙和弟学履俱从朱子学。伪学禁起，学蒙筑室居此，朱子镌"龙门"二字于石。

宋庆元间，严伪学之禁，朱文公避迹至连江，入安中里仁山留数日。主人礼奉甚周，公取厅门，书《大学》圣经其上，谓曰："留此为礼义之报。"遂行。[4]

朱熹的这些墨迹尚有遗存，有力地说明了上述记载的真实性。

在福建古田县杉洋挖掘出朱熹手书"蓝田书院""引月""聚星"等石刻，并有石室和相传朱熹当年夜观星象的聚星台，还发现木刻匾、条幅对联等。据记载：

蓝田书院，在杉洋北门外，朱晦翁书"蓝田书院"四字勒石。……距书院左边数武有聚星台，相传宋韩侂胄禁伪学时晦翁尝潜居此处。台圮。后至光绪间，乡入窥其旧址，山明水秀，占掘为坟。及数尺，有方砖砌成七斗，斗中藏铜钱、铁筋，不知何用。后该地葬坟不利，另迁他处。乡之好义者立碑纪以"先贤遗迹"四字。其右边数武有一池，名引月池，

---

① 以上见民国《古田县志》卷二四，《祠祀》；卷八，《名胜》；卷八，《寓贤》。

② 清嘉庆《福鼎县志》卷一，《山川》。

③ 清道光《重纂福建通志》卷三八，《古迹・闽县》。

④ 清道光《重纂福建通志》卷二七三，《丛谈・福州府》。

晦翁书“引月”二字，惟署名则用“茶仙”。其池无论春冬，月初出时即照此池，故名引月。①

图 4-19　古田杉洋朱熹墨迹“蓝田书院”“引月”摩崖　（林泽建供图）

特别值得注意的是，“蓝田书院”四大字石刻上款题有“庆元丁巳春三月”，即宁宗庆元三年(1197)三月，是“党禁”最高潮时期。朱熹手书“引月”石刻，当地人传为因学禁而署假名“茶仙”。又据记载：

> 庆元间，韩侂胄禁伪学，逆寓古田。宗室诸进士与其门人构书院，延而讲学。所寄寓附县治者，匾其亭曰溪山第一。往来于三十九都……螺峰、浣溪、杉洋诸所，皆其游息而训诲也。文公尝曰东有余、李，西有王、魏，盖自纪其乐育云。
>
> 邑人徐连仲《重建溪山书院碑记》：邑东郭外溪山书院，旧系宋庆元间，紫阳朱子避伪学禁，逆寓而讲学之区。考古碑，溪山原作青溪，后人因朱子尝书“溪山第一”四字，慕其芳名，遂以易此。
>
> 朱子避地玉田时，韩侂胄遣人迹其后，将甘心焉。是人宁自刎死，不肯杀道学以媚权奸。邑人祀于溪山书院前，即今太保庙也。②

玉田是古田主要地区。清人万有正述说：

> “蓝田书院”旧有朱晦翁刻四大字，其半埋于土。历数武而上，又有

① 民国《古田县志》卷一四，《学校》。

② 以上见民国《古田县志》卷三四，《学校》；卷三七，《杂录》，卷三五，《流寓》。

> 引月池，横泐“引月”，款出“茶仙”，共四字。……夫濂洛关闽之学，至文公而集其大成。当时新说纷纷，而文公一以诚意正心为本，斥逐暇方，几不自容。而我古田人士从游者，西山则有林择之、林扩之，螺峰则有黄直卿，浣溪则有魏评事，杉洋则有余隅、余范。[①]

石刻上款题“堂长李□□□学李元鼎立石”，下款题“宋庆元丁巳春三月吉旦”。方志还有较详细的记载。其中讲到《风雅集》，是书未有见到。其曰：

> 引月池石刻，在杉洋石室之石壁，横镌“引月”二字，款泐“茶仙”二小字。蓝田八景曰天池。引月诗见《风雅集》。[②]
>
> 相传庆元间，紫阳文公尝至此，书“蓝田书院”刻于石壁。其西五里为西斋院，曰擢秀书斋者。时余公隅字占之，偕其侄亮从文公游，与东莱、勉斋为友，著《克斋集》。同邑蒋康国、林夔孙、林师鲁、林大春、林允中，皆游文公门。盖地邻延、建，近大贤之居，宜夫一时贤哲，闻风蔚兴。而晦公手迹，如“聚星”“引月”，遍于高岩深广间也。[③]

对于古田水口莪洋，朱熹曾撰写《水口行舟》二首：

图 4-20　蓝田书院遗址

（黄向阳供图）

> 昨夜扁舟雨一蓑，满江风浪夜如何？今朝试捲孤蓬看，依旧青山绿树多。
>
> 郁郁层峦隔岸青，青山绿水去无声。烟波一棹知何许？鶗鴂两山相对鸣。[④]

---

① 民国《古田县志》卷二四，《艺文・重建蓝田书院序》。

② 民国《古田县志》卷二五，《金石》。

③ （明）嘉靖《建阳县志》卷七，《杂志・古迹》；民国《古田县志》，卷二四《艺文・重修蓝田书院记》。

④ （宋）朱熹撰，陈俊民校编：《朱子文集》卷一〇，《诗・水口行舟二首》，台北：德富文教基金会，2000 年，第 330 页。

如果未到过古田水口莪洋，怎么能撰写出描写此地的诗篇呢！

据记载，在杉洋之西横路坂，朱熹书匾联“碧海开龙藏，青云起雁堂”，尚存。余隅余范读书处、兴贤书院、螺峰书院、溪山书院、浣溪书院、文昌阁，朱熹书匾、墨迹大都有遗存。这些地方多为朱熹讲学之所。欣木亭，在溪山书院前，林用中与弟允中读书处，晦翁诗题：“危亭俯清川，登览自晨暮。佳哉阳春节，看此隔溪树。连林争秀发，生意各呈露。大化本无言，此心谁与晤。真欢水菽外，一笑和乐孺。聊复其徜徉，殊形乃同趣。”这些遗存大都反映了“庆元党禁”时期的事迹。①

福安县的龟仙山在福安治西。朱文公到此，乡人饭之。文公赠之句：“水云深处神仙府，禾稻丰时富庶家。”②

福鼎石湖书院，朱熹题词曰：“溪流石作柱，湖影月为潭。”③福鼎县在文物普查中，于太姥山的水湖发现一块元代的摩崖石刻，上面记述了朱熹在山中璇玑阁授徒讲学逸事。朱子草堂遗址之上有巨石，刻有“林下相逢”四字。④ 保存有瑞安陈傅良《送长溪高国楹从学朱子诗》：

> 洛学今无恙，东南属此翁。从游虽已晚，趋向竟谁同？一第收良易，遗经语未终。归期定何日？我欲叩新功。⑤

寿宁县水孟村，朱熹曾寓叶氏家中，为其书一联曰：“水云深处神仙府，禾泰丰时钟鼎家。”武曲朱氏宅，朱子尝住其家，其有朱熹漆书曰：“文章华国，诗礼传家。”⑥

朱熹在闽东的门人、讲友有二三十人，分布在古田、福安、连江、罗源、霞浦、福鼎、宁德等县。他们在“庆元党禁”期间关系至为密切。

方志记载的朱熹在“庆元党禁”时期“避迹无定所”，具有较高的学术价值。韦政通述说：

> 有关朱熹避难的情形，以往所知甚少，高足又是女婿的黄榦，在《朱子行状》中且说，朱熹在学禁期间，始终在建阳考亭“日与诸生讲学于竹林精舍”，撰述不停。执教于厦门大学的高令印，根据福建地方志和新

① 民国《古田县志》卷一一，《学校》。

② （明）何乔远：《闽书》卷三八，《杂记》，福州：福建人民出版社，1995 年。

③ 清嘉庆《福鼎县志》卷二，《名胜》。

④ 清嘉庆《福鼎县志》卷八，《艺文》。

⑤ 明万历《太姥山志》卷三。

⑥ 民国《霞浦县志》卷二五，《名胜》。

出土的朱子墨迹，考证出朱熹不但在考亭附近的闽北避难，还逃到遥远的闽东等地避难，前后到过古田、长乐、长溪、黄崎山、闽清、连江等地，有时候且照样授徒讲学。这不但纠正了行状所言，也证实了《福建通志》中“避迹无定所”的说法。[①]

(五)著　述

1.撰　述

高宗绍兴二十二年(1152)，朱熹23岁：撰《曾子固年谱》1卷，佚。曾子固(1019—1083)，名巩，唐宋散文八大家之一。

图4-21　朱熹对镜写真题像拓碑

绍兴二十五年(1155)，朱熹26岁：编《牧斋净稿》，收入其早年诗作。“牧斋”为朱熹早年在五夫里紫阳楼内的室名。亦说此稿是其于绍兴二十七年(1157)居南平西林院牧斋前后3年间所撰诗文。

绍兴二十七年(1157)，朱熹28岁：撰《孟子集说》，佚。撰《诗集传》，佚。

绍兴三十二年(1162)，朱熹33岁：撰《论语纂训序》(即《论语详说》)，佚。

孝宗隆兴元年(1163)，朱熹34岁：撰《论语训蒙口义》，佚。此书为儿童读《论语》做注解。撰《论语要义》，佚。此二书是其后《论语集注》的前身。

隆兴二年(1164)，朱熹35岁：撰《困学恐闻》，佚。

① 韦政通：《“庆元党禁”中的朱熹》，《国际朱子学会议论文集》上册，台北：“中央研究院”中国文哲研究所，1993年，第143页。

孝宗乾道二年(1166),朱熹37岁:撰《杂学辨》1卷。

孝宗乾道三年(1167),朱熹38岁:编《东归乱稿》。撰《诗序辨说》1卷。与张栻、林用中合著《南岳唱和集》1卷,附录1卷。

乾道五年(1169),朱熹40岁:撰《家礼》5卷。据记载:"淳熙二三年之间,朱子根据司马光的《书仪》一书,参考诸家之说,增损简裁成《家礼》一书。此书在寺院被人窃去,直至朱子死后会葬之日,始又重现。"[①]"(乾道)六年……《家礼》成。"[②]

乾道六年(1170),朱熹41岁:撰《太极图说解》1卷。

乾道八年(1172),朱熹43岁:撰《西铭解义》1卷。此书至淳熙十五年(1188)才公布于世。编《论语精义》10卷。此是将其所撰《论语要义》精选为此《精义》。到了淳熙七年(1180,51岁),又改为《要义》,认为所收之语未必精。编《论语或问》20卷、《孟子或问》10卷。撰《资治通鉴纲目》59卷,序例1卷。此书是纲目提要,笔削北宋司马光之《资治通鉴》《通鉴目录》《举要历》以及胡安国之《资治通鉴举要补遗》四书,以授门徒。撰编《西铭解义》1卷。撰《中和旧说》,佚。撰《论性答稿》,佚。

乾道九年(1173),朱熹44岁:撰《太极解》(又名《太极解义》《太极图说解》)1卷,《通书解》2卷。

孝宗淳熙元年(1174),朱熹45岁:撰《古今家祭礼》2卷,佚。

淳熙二年(1175),朱熹46岁:撰《阴符经考异》1卷。

淳熙四年(1177),朱熹48岁:撰《论语集注》10卷、《论语或问》20卷、《孟子集注》14卷、《孟子或问》14卷、《大学章句》1卷、《中庸章句》2卷、《诗集传》20卷、《周易本义》12卷。撰《易传》11卷,佚。撰《诗集解》20卷,佚。

淳熙七年(1180),朱熹51岁:撰《孟子要义》5卷,佚。

淳熙十三年(1186),朱熹57岁:撰《小学》6卷,是书刘子澄等搜集资料,非撰者。撰《童蒙须知》1卷、《蓍卦考误》1卷、《易学启蒙》3卷。

淳熙十四年(1187),朱熹58岁:由蔡元定首刊《诗集传》20卷。撰《诗序辨说》1卷,佚。撰《通书解》1卷。撰《小学书》4卷。

淳熙十六年(1189),朱熹60岁:撰《大学章句集注》1卷、《中庸章句集注》1卷、《中庸辑略》1卷、《大学或问》2卷、《中庸或问》3卷。

---

① (宋)陈淳:《北溪大全集》卷一四,《代陈宪跋家礼》,四库全书本。

② (明)戴铣:《朱子实纪》卷二,《年谱》。

光宗绍熙元年(1190),朱熹61岁:《四书章句集注》刊刻于漳州。其中《大学章句集注》1卷、《中庸章句集注》1卷、《论语章句集注》10卷、《孟子章句集注》7卷。章句是汉朝以来注经的一种方式,分章断句,更多发挥注疏者的思想。撰《楚辞协韵》1卷,佚。

宁宗庆元二年(1196),朱熹67岁:撰《楚辞集注》8卷及其《辩证》2卷、《后语》6卷。是书以王逸本为底本,删去《七谏》《九怀》《九叹》《九思》4篇,增入贾谊《吊屈原》《服赋》,把屈原的25篇划为《离骚》类,宋玉16篇划为续《离骚》类,按赋、比、兴等古诗的不同形式手法进行解析。撰《仪礼经传通解》37卷。撰《翁季录》,佚。

庆元三年(1197),朱熹68岁:撰《周易参同契考异》1卷、《琴说》(又名《琴律说》)、《韩文考异》10卷。韩愈文集诸本互有异同,因以订正。其例为先摘取正文,考证之文夹注于内。

庆元四年(1198),朱熹69岁:约是年前后,撰《礼仪经传通解》37卷。撰《损益象说》1卷,佚。撰《诗风雅颂》1卷,佚。

庆元五年(1199),朱熹70岁:撰《书集传》部分稿,其余口授蔡沈,蔡沈完成《书经集传》。

2.编　辑

高宗绍兴二十九年(1159),朱熹30岁:编《校定谢上蔡先生语录》3卷。

孝宗隆兴二年(1164),朱熹35岁:编《延平答问》2卷。

孝宗乾道二年(1166),朱熹37岁:编《周子太极通书》1卷。

乾道四年(1168),朱熹39岁:编《二程遗书》25卷,附录1卷。编《校正伊川易传》4卷。

乾道八年(1172),朱熹43岁:编《八朝名臣言行录》24卷。此书《前编》10卷,《后编》14卷,二部书。八朝即宋朝太祖、太宗、真宗、仁宗、英宗、神宗、哲宗、徽宗,取同时代人之文集及纪事书所载八朝名臣言行有补于世教者录之成此书。

乾道九年(1173),朱熹44岁:编《伊洛渊源录》14卷、《程氏外书》12卷。编《弟子职》1卷,佚。

孝宗淳熙元年(1174),朱熹45岁:编《古今家祭礼》20卷,佚。

孝宗淳熙二年(1175),朱熹46岁:与吕祖谦合编《近思录》14卷。编《家礼》5卷。

淳熙三年(1176),朱熹47岁:编《婺源茶院朱氏世谱》1卷,佚。(今本是后人编的，其后序是原谱朱熹撰写的。）

淳熙八年（1181），朱熹 52 岁：编《南轩文集》44 卷。

淳熙十三年（1186），朱熹 57 岁：编《孝经刊误》1 卷。

淳熙十六年（1189），朱熹 60 岁：编《中庸辑略》2 卷。

光宗绍熙元年（1190），朱熹 61 岁：编《书古经》4 卷序 1 卷、《春秋经》1 卷。编《四子》4 卷，佚。

3.后人编辑

《朱子语类》140 卷，南宋理宗景定四年（1263），黎靖德编。根据各本《朱子语录》，互相参校，考其同异，拾遗正误，削去重复。南宋度宗咸淳六年（1270）刊行。

《朱子遗书》，清康熙浙江吕氏宝诰堂刊行，包括《近思录》《延平答问》《杂学辨》《中庸辑略》《论孟或问》《伊洛渊源录》《谢上蔡语录》等。

《朱子遗书二刻》，清贺瑞麟辑，西京清麓丛书刊行，包括《论孟精义》《易学启蒙》《诗序辨说》《孝经刊误》《周易参同契注》《阴符经注》等。

《朱子文集》（又名《朱文公文集》《晦庵集》《朱熹集》等）100 卷，《续集》11 卷，《别集》10 卷。南宋末朱在、余师鲁等编，有四部备要本等。今有郭齐、尹波点校，成都四川教育出版社 1996 年出版；陈俊民校编，台北德富文教基金会 2000 年出版。

《朱子全书》64 卷，清圣祖康熙五十二年（1713），李光地奉御旨编纂。

《朱子节要》20 卷（一说 14 卷），明高攀龙编。

《朱子语录类要》18 卷，黄榦门人叶士龙编。

《朱文公易说》23 卷，朱熹长孙朱鉴编，汇集朱熹有关说《易》的语录。

《朱子学的》2 卷，明丘濬编。

《朱子晚年定论》2 卷，明王阳明编。

《朱子书节要》14 卷，朝鲜李滉编。

《朱子文集大全类编》111 卷，清朱玉编。朱熹第十六代孙清朱玉将年谱、行状、历朝褒典等增入《朱子文集》，名为《朱子文集大全类编》。

《朱子晚年全论》8 卷，清李绂编。

《朱文公诗集》4 卷，清杜庭珠编。

《朱子书说》7 卷，宋黄士毅编，汇集朱熹关于《尚书》的言论。

《朱子学大系》15 卷，日本诸桥辙次、安冈正笃、冈田武彦等编，其第 4～9 卷为朱熹的主要著作。

《朱子全书》30册，朱杰人、严佐之、刘永翔主编，上海古籍出版社、安徽教育出版社2002年出版。是书把朱熹所有的著述都汇辑在一起。

第三节 朱熹(中)

这节主要论述朱熹思想的确立。

朱熹思想的形成与确立，是基于上述社会的需要和思想文化的背景，以及朱熹自身的主客观条件。朱熹是在不断地吸取发展闽中理学先驱者的思想和历代思想文化的过程中实现两个转变，在对濂、洛、关诸理学派别和闽中早期儒学思想的整合和提高的基础上，达到思想成熟，创建闽学、福建朱子学。

一、朱熹由禅道之学转变到儒学本体

朱熹出生于充满佛、道气氛的家庭中。祖父朱森、叔父朱槔和外祖父祝确、舅父祝华及祝莘，皆究心佛典，母亲祝氏更是时时诵经拜佛。父亲朱松广与禅师、道士交游。朱熹回忆说："先君子少日喜与物外高人往还，而于净悟师为尤厚。"又述道：

> 净悟，建阳后山人。晚自尊胜，退居南山云际院，一室萧然。禅定之余，礼佛以百万计。年过八十，目光炯然，非常僧也。常为余道富文忠、赵清献学佛事。其言收敛，确实无近世衲僧大言欺世之病。以是知先君子之厚之，非偶然也。①

朱熹在师事李侗之前，主要在崇安五夫里和武夷山求学。这期间，朱熹直接和间接师事的是杨时道南学系的罗从彦、刘勉之、刘子翚等和武夷五贤(胡安国、胡寅、胡宪、胡宏、胡宁)，而朱松临终时把朱熹的学业托付于胡宪、刘勉之、刘子翚。清全祖望述说：

> 白水(刘勉之)、籍溪(胡宪)、屏山(刘子翚)三先生，晦翁所尝师事也。白水师元城，兼师龟山。籍溪师武夷(胡安国)，又与白水同师谯天授。独屏山不知所师。三家之学略同，然似皆不能不杂于禅，故五峰(胡宏)所以规籍溪者甚详。其时闽中又有支离先生陆祐者，迹于三先

① 以上见(宋)朱熹撰，陈俊民校编：《朱子文集》卷八四，《书先吏部与净悟书后》，台北：德富文教基金会，2000年，第4172页。

生为学侣焉。[①]

当时，朱熹所学儒、佛、道皆有，而禅学比较突出。后来朱熹回忆说：

某年十五六时，亦尝留心于此（按：指禅）。一日，在病翁所会一僧，与之语。其僧只相应和了说，也不说是不是，却与刘说：某也理会得个昭昭灵灵底禅。刘后说与某，某遂疑此僧更有要妙处在。遂去扣问他，见他说得也煞好。[②]

这个禅师就是崇安五夫附近的开善寺道谦禅师。道谦与刘勉之、胡宪信奉的是径山宗杲派禅宗，而刘子翚所信奉的是天童正觉派。前者以主悟为特征，称之为看话禅；后者以主静为特征，称之为默照禅。但是刘子翚在莆田通判任上结识能静坐入定的禅师后，又信奉正觉派禅宗。朱熹说："屏山少年能为举业，官莆田，接塔下一僧，能入定数日。后乃见了老，归家读佛书，以为与佛合，故作《圣传论》。"[③]了老，是正觉的大弟子思彻禅师。据记载：

朱文公少年不乐读时文，因听一尊宿说禅，直指本心，遂悟昭昭灵灵一著。十八岁请举，时从刘屏山（子翚），屏山意其必留心举业，暨搜其箧，只《大慧语录》一帙尔。[④]

总之，朱熹在崇安五夫里和武夷山求学期间，实际上是接受佛教禅学时期。[⑤]

高宗绍兴二十三年（1153），朱熹24岁，"夏，将赴同安任，特往受学于延平李先生侗之门"。[⑥] 朱熹是七月到达泉州同安县就任主簿之职的。从崇安五夫到泉州同安，必须经过南平。朱熹是在赴同安就任途中路过南平拜见李侗的，即绍兴二十三年（1153）夏六月底或七月初。

李侗与朱松同是二程的再传弟子南剑州沙县罗从彦的学生。李侗是二程的三传弟子。

---

① （清）黄宗羲、全祖望：《宋元学案》卷四三，《刘胡诸儒学案·刘胡诸儒学案序录》，北京：中华书局，1986年，第1395页。

② （宋）黎靖德编：《朱子语类》卷一〇四，《朱子一·自论为学工夫》，北京：中华书局，1986年，第2620页。

③ （宋）黎靖德编：《朱子语类》卷一二六，《释氏》，北京：中华书局，1986年。

④ 《大慧宗杲语录》卷二七。

⑤ 参见高令印：《中国禅学通史》，北京：宗教文化出版社，2004年，第367～465页；姜立煌：《朱熹在五夫》，北京：作家出版社，2005年。

⑥ （清）童能灵：《子朱子为学次第考》卷一。

朱熹执父礼见李侗，首先向李侗介绍了他在二刘及胡处所学之情况。李侗对朱熹过去所学之禅学做了批评，朱熹起初“心疑而不服。同安官余，以延平之言反复思之，始知不我欺矣”。[①] 对朱熹受学于李侗的过程，方志有比较详细的记载：

图 4-22　与朱熹关系密切的五夫道谦和尚

初见侗，即与论禅。侗正其误曰：“悬空理会，面前事却理会不得。道亦无元妙，只在日用间着实做工夫处领会，便自己见道。”教熹看圣贤言语。熹将圣贤书读了，渐渐有味，顿悟异学之失。乃返朴归约，就平实处为学，于道日进。侗喜之……云：“此人别无他事，一味潜心于此。初讲学时，颇为道理所缚，今渐能融释于日用处，一意下工夫。若与此渐熟，则体用合矣。此道理全在日用处，孰若静处有而动处无，所非矣。”戊寅春，熹见侗于延平。庚辰冬，又见侗于延平，寓舍旁西林院者阅月。壬午春，迎谒侗于建安。遂与俱归延平，复寓西林数月。问答论难，及往来书甚夥。熹之能承圣道，皆得于侗。[②]

朱熹和李侗交往前后 10 年，正式拜李侗为师是后 5 年，前后拜见李侗有 6 次。朱熹说：“熹获从先生游，每一去而复来，则所闻必益超绝。盖其上达不已，日新如此。”[③]

朱熹经过李侗的教导，认识到过去所学佛教禅学思想空言无实，即其以君臣父子为幻妄。此后便致力于儒家的所谓“切实工夫”。概括地说，就是“默坐澄心，体认天理”八个字。朱熹说：“李先生教人，大抵令于静中体认大

① (宋)朱熹：《延平答问》卷上，《赵师夏跋》。

② 清嘉庆《南平县志》卷一八，《人物传》。

③ (宋)朱熹撰，陈俊民校编：《朱子文集》卷九七，《答何叔京》，台北：德富文教基金会，2000 年，第 4755 页。

本未发时气象分明，即处事应物，自然中节。此乃龟山门下相传指诀。”[①]“于静中体认大本未发时气象”，是指体验一种没有任何思虑情感、物我两忘的心理状态，就是体验圣人喜、怒、哀、乐未发前之气象，即最崇高的道德人格精神境界。李侗述说：

谓之有物，则不得于言；谓之无物，则必有事焉。不得于言者，视之不见，听之不闻，无声形接乎耳目而可以道也。必有事焉者，莫见乎隐，莫显乎微，体物而不可遗者也。学者见乎此，则庶乎能择乎中庸而执之隐微之间。不可求之于耳目，不可道之于言语。然有所谓昭昭而不欺，感之而能应者，正惟虚心以求之，则庶乎见之。[②]

这是指心之道德本体，不可以闻见得，不可以思虑求，不是认知对象，却是真实的存在，通过操存涵养即能得之。这是儒家道德人格的最高境界。

朱熹曾手书“鸢飞鱼跃”匾额来概括自己思想的这一转变。是匾原悬挂于他到南平见李侗时住的塘源李子坑西林寺（院），用以表明自己已接受儒家的伦理纲常思想。朱熹述说：

熹近日因事方有少省发处，如“鸢飞鱼跃”，明道以为与必有事焉，勿正之意同者。今乃晓然无疑。日用之间，观此流行之体，初无间断处，有下工夫处。乃知日前自诳诳人之罪，盖不可胜赎也。此与守书册、泥言语全无交涉。幸于日用间察之，知此则知仁矣。[③]

“鸢飞鱼跃”原出于《诗经·大雅·旱麓》：“鸢飞戾天，鱼跃于渊。”朱熹解释说：“鸢飞全不用力，亦如鱼跃，怡然自得，而不知其所以然也。”[④]用“鸢飞鱼跃”比喻圣王的所谓“教化明察”，使万物各得其所，以说明儒家伦理纲常思想的作用。

对此，朝鲜李朝李退溪述说：

鸢而必戾于天，鱼而必跃于渊，是君君臣臣父父子子各止其所而不可乱也。若如释氏之云，则鸢可以跃渊、鱼可以戾天矣，安可同日而语哉！且子思以夫妇言之，所以明人事之至近，而天理在焉。……此言明

---

① （宋）朱熹：《朱子文集》卷一七，《延平李先生行状》。

② （宋）李侗：《李延平集》卷二，《答问上》，上海：商务印书馆，1935 年，第 20 页。

③ （宋）朱熹：《朱子文集》卷四〇，《答何叔京第十三书》，台北：德富文教基金会，2000 年，第 1726 页。

④ （宋）朱熹：《诗集传注》。

图 4-23　朱熹墨迹“鸢飞鱼跃”匾

白的确，宜深味之。[①]

李退溪的解释明白切当。朱熹手书“鸢飞鱼跃”匾已经发现，现藏于福建建阳文化馆中。

二、朱熹由苦参“中和”确立治心之学

孝宗隆兴元年(1163，朱熹 34 岁)李侗卒后，朱熹自己努力，强探力索，苦参“中和”。“中和”源于先秦《中庸》，即“喜怒哀乐之未发，谓之中；发而皆中节，谓之和”。到了乾道二年(丙戌，1166，朱熹 37 岁)，朱熹有“中和”之悟，谓之“丙戌之悟”“中和旧说”。此是受程颐、胡宏的影响，在上述延平思想的基础上，提出性为未发，心为已发。后来，朱熹逐步认识到性为未发、心为已发的观点有问题。朱熹说：“乾道己丑(按五年，1169，朱熹 40 岁)之春，为友人蔡季通(元定)言之，问辨之际，予忽自疑斯理也。……则复取程氏书虚心而徐读之，未及数行，冻解冰释。然后知情性之本然，圣贤之微旨，其平正明白乃如此。……又窃自惧，亟以书报钦夫，及尝同为此论者，惟钦夫复书深以为然。……暇日料检故书，得当时往还书稿一篇，辄序其所以，而题之曰《中和旧说》，盖所深惩前日之病，亦使有志于学者读之，因予之可戒而知所戒也。”[②]提出“心兼已发、未发，性为未发，情为已发，心统性情”。这就是“己丑之悟”“中和新说”。至此，朱熹才真正走上程颐的“涵养须用敬，进学在致知”的路向上来。

---

① (韩)李滉：《增补退溪全书》第 4 册，首尔：成均馆大学大东文化研究院，1984 年，第 217 页。

② (宋)朱熹撰，陈俊民校编：《朱子文集》卷七五，《中和旧说序》，台北：德富文教基金会，2000 年，第 3786～3787 页。

综观朱熹对心性情的论说：性是理，心是气之灵，情是心气之发或之变，此便是“心性情三分”。仁只是性、只是理，恻隐之心与爱之情则属于气。谓“仁者，心之德、爱之理”，表示仁不是心、不是爱，只是“爱之所以然的理，而为心所当具之德”。这样，仁只成一个形而上的抽象的理，而不再是具体的、活泼泼的生生之仁。仁这个“理”，必须通过心知之明的静涵后方能为心所具；仁这个“德”亦须通过心气之摄具此理，方能成为心自身之德。这就是说，德由理而转成，理不寓于心则不能成德。“心统性情”，这是心即统贯于“未发”之性。心统情，是行动统摄情而敷施发用。这是心发出情，心统贯于“已发”之情。

在朱熹看来，人性中有道心和人心，道心包含着仁、义、礼、智，人心包含着喜、怒、哀、惧、爱、恶、欲。前者是本然之性，是纯粹的精神作用；后者是气质之性，出自身体的欲求作用。人性易于跟随人的欲望，而又可借着自身的省察修养，避免人的欲望走入歧途。

朱熹于44岁时改定的《仁说》，对于闽学的确立至为重要。该文的上半部曰：

> 天地以生物为心者也，而人物之生又各得夫天地之心以为心者也。故语心之德，虽其总摄贯通，无所不备，然一言以蔽之，则曰仁而已矣。请试详之，盖天地之心，其德有四，曰元亨利贞，而元无不统。其运行焉，则为春夏秋冬之序，而春生之气无所不通。故人之为心，其德亦有四，曰仁义礼智，而仁无所不包。其发用焉，则为爱恭宜别之情而恻隐之心无所不贯。故论天地之心者，则曰乾元坤元，则四德之体用不待悉数而足。论人心之妙者，则曰仁人心也，则四德之体用亦不待遍举而该。盖仁之为道，乃天地生物之心即物而在。情之未发而此体已具，情之既发而其用不穷。诚能体而存之，则众善之源，百行之本，莫不在是。此孔门之教所以必使学者汲汲于求仁也。[①]

《仁说》是朱熹认为“心之德、爱之理”、心性情三分、理气不离不杂的理论基础。

三、朱熹集诸儒之大成

朱熹创立的福建理学，历来称“集诸儒之大成”，“集圣贤之大成”，“集濂

---

①　(宋)朱熹撰，陈俊民校编：《朱子文集》卷七五，《仁说》，台北：德富文教基金会，2000年，第3390～3391页。

洛关之大成”,“致广大,尽精微,综罗百代”等。对于“集大成”的内涵,没有一致的看法。“集大成”原是孟子赞述孔子的。朱熹释《孟子》谓孔子集大成:伯夷“圣之清”,伊尹“圣之任”,柳下惠“圣之和”,皆小成。而孔子“圣之时”,合众小成而为大成。[①] 就朱熹的新儒学之成就,和孔子一样集前圣之大成。朱熹之集大成,清黄百家述说:

明嘉靖十年(1531)创建的考亭书院牌坊

图 4-24 初创的考亭书院牌坊

> 紫阳以韦斋为父,延平、白水、屏山、籍溪为师,南轩、东莱诸君子为友,其传道切磋之人,俱非夫人之所易姤也。禀颖敏之资,用辛苦之力。尝自言曰:“某旧时用心甚苦,思量这道理,如过危木桥子,相去只在毫发之间,才失脚便跌失下去。”可见先生用功之苦矣。而又孜孜不肯一时放懈。其为学也,主敬以立其本,穷理以致其知,反躬以践其实。而博极群书,自经史著述而外,凡夫诸子、佛老、天文、地理之学,无不涉猎而讲究也。其为世间之巨儒,复何言哉![②]

这就是说朱熹是集当时诸子百家、释道、天文、地理之学,是当时之“巨儒”。

(一)新儒学思想体系之完成

福建理学以儒家思想为主体,吸取佛、道之学和中国古代诸种思想,以及大量自然科学成果,去伪存真,广泛综合提高,构成了一个庞大的理学思想体系。他们把中国古代思想文化发展到一个新阶段,标志着中国古代社会意识形态臻至完备和成熟。

朱子理学是以天理为中心和最高范畴的理学思想体系。天理是其思想的出发点和归宿。朱熹以理(太极)生气(阴阳为气,五行为气之质)、气生万物(理气合一)的逻辑结构来展示理产生天地万物和社会人事的过程。天理

---

① (宋)朱熹:《孟子集注》卷九,《万章章句下》。

② (清)黄宗羲、全祖望:《宋元学案》卷四九,《晦翁学案》,北京:中华书局,1986 年。

体现在社会伦理中就是仁义礼智，表现在政治生活中就是礼乐刑政。通过把天理的伦理化，使其日益世俗化，成为人人必须遵行的政治和道德原则。以一理万殊、万殊一理的理一分殊论，解决世界的多样性和统一性问题。用“化育流行”来说明天地之间一切品类的活动，如鸢飞戾天、鱼跃于渊，无一不体现着天理的作用。

在朱子理学的现实政治理论中，依据古代典籍的基本思想，正君求治，要求统治者家齐于上而教化于下，即把仁义礼智和孝悌忠信修之于身，齐之于家，成为实践道德伦理的样板，然后去御众理而治国家。朱熹提出了以德治为主的德治和法治不可偏废的主张；还提出“学以明伦”的教育原则，“下学”而“上达”，即下学人事以明人伦，从而达到父子有亲，君臣有义，夫妇有别，长幼有序，朋友有信。由此上达对天理的体认，因为天理本来就体现在人伦之中。

朱子理学学说由太极而理气、阴阳，至于中正仁义、修齐治平，体用兼顾，完整齐全，是中国传统思想文化的集大成。

（二）创建四书学思想文化体系

上面讲到，朱熹等理学家深研各种古代典籍，辨伪存真，用“四书”（《大学》《中庸》《论语》《孟子》）代替原在国家上层建筑意识形态中占主导地位的“五经”（《诗》《书》《礼》《易》《春秋》）的权威，准确地指出“四书”才能真正体现出以孔子为代表的中国思想文化的内在本质。他们认为，《论语》《孟子》直接记述孔孟的言行，而“五经”则只是关于孔孟的间接资料。朱熹说：“《大学》《中庸》《论》《孟》四书道理粲然……何理不可究，何事不可处？”[①]他们把“四书”看成是儒学的百科全书，认为“四书”包含了儒家思想的各个方面。

朱熹把“四书”联成一体，并精加注释，形成以“四书”为核心的集大成的新儒学思想体系。朱熹的《四书章句集注》成为元、明、清时代国家科举取士和学校教育的标准典籍。《论语》在汉代仅为小学所必修，《孟子》在汉代以前不被认为是经书。《大学》《中庸》原是《礼记》中的两篇短文。朱熹用毕生精力研究“四书”，临终前三日还改《大学・诚意章》之注释。光宗绍熙元年（1190），朱熹 61 岁，刊行《四书章句集注》，遂成为儒家经典之定本。福建理

---

① （宋）黎靖德编：《朱子语类》卷一四，《大学一・纲领》，北京：中华书局，1986 年，第 249 页。

学家大都毕生致力于"四书"的研究。清蓝鼎元述说：

> 朱子之学，具在于《四书》《易》《诗》集注及《或问语录》《近思录》《小学》《纲目》诸书，而尤《大学》为入道之序。居敬以立其本，穷理以致其知，克己以灭其私，存诚以致其实。所以集周程之大成，绍邹鲁之嫡统。前圣后贤之道，该括全备，则又孔孟以后之一人也。[①]

明邱锡说："若吾夫子于群贤之经，则删定之，赞述之，而集群圣之大成者也。文公于诸儒之书，则去取之，考正之，而集诸儒之大成者也。"[②]福建理学家通过注释"四书"，充分地阐发了自己的思想。

他们通过注释"四书"集儒家学说之大成。

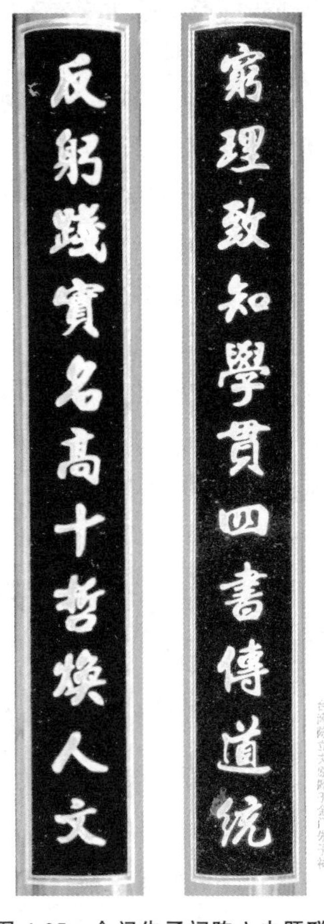

图 4-25　金门朱子祠陈立夫题联

（三）儒家道统内涵之完善

道统原是唐人韩愈提出来的，认为一脉相承的传道之统由尧、舜、禹、汤传之文、武、周公，"文、武、周公传之孔子，孔子传之孟轲。轲之死不得其传焉"。韩愈认为中断的"道统由愈而粗传"。[③] 朱熹抛开韩愈，认为他和周敦颐、程颢、程颐、张载直接继承到孟轲中断了的道统。朱熹说："河南程氏两夫子出，而有以接乎孟氏之传。……虽以熹之不敏，亦幸私淑而与有闻焉。"[④]

---

① （清）蓝鼎元：《棉阳学准》卷五，《道学源流》，蒋炳钊、王钿点校：《鹿洲全集》，厦门：厦门大学出版社，1995 年，第 515 页。

② （清）董天工：《武夷山志》卷一〇，邱锡：《重修武夷书院记》，北京：方志出版社，2007 年，第 347 页。

③ （唐）韩愈：《韩昌黎全集》卷一一，《原道》。

④ （宋）朱熹：《大学章句集注·大学章句序》。

朱熹于孝宗淳熙十六年(1189)首次使用“道统”概念时，曾引述了《尚书·大禹谟》中的“人心惟危，道心惟微。惟精惟一，允执厥中”，作为道统的内涵，其核心是“明天理，灭人欲”。朱熹述说：

> 孔子所谓“克己复礼”，《中庸》所谓“致中和”“尊德性”“道问学”，《大学》所谓“明明德”，《书》曰“人心惟危，道心惟微，惟精惟一，允执厥中”。圣贤千言万语，只是教人明天理，灭人欲。①

朱熹以自己所理解的道统内涵为标准，选择周、程、张为道统传授之主要脉络，而把汉、唐以来诸儒排斥在道统之外，是可以理解的。因为汉、唐以来诸儒对儒学没有重大贡献。汉董仲舒是用阴阳家的思想解释孔、孟之道；唐人韩愈是用道统来对抗佛家的法统，没有哲理。北宋邵雍的象数过于富有道家气味，以至南宋朱熹的先师和老师杨时、罗从彦、李侗、刘勉之、刘子翚等，其哲学论为方法论，他们所谓一脉相传的“指诀”只是于静中体察喜怒哀乐未发之气象。所有这些儒家思想的代表人物，对于儒学都未有多少阐发，因而很难把他们容纳于从孔、孟直至朱熹这个道统系列之中。

在儒家道统中，朱熹特别尊崇程颢、程颐。二程在理学上有特殊贡献，在道统中占有重要位置是当然的。朱熹列周敦颐于其间，是因为其传《太极图说》《通书》于二程，即周敦颐把自己所继承的孔孟之道传给二程。此外，张载在理学上的贡献是对“气”的阐发，“气”被朱熹吸取为由理产生世界万物的中间环节。

总之，在朱熹哲学中，其主要范畴太极、理、气、性、心等，是通过周、程、张等而渊源于孔孟的。可见朱熹的理学思想，从道统论上来说亦属集大成。

(四)国家的主体文化思想

朱子理学的庞大新儒学思想文化体系，由朱熹创立后很快上升为中国古代社会后期上层建筑意识形态的核心部分，成为国家的主体文化思想。明邱锡在《重修武夷书院记》中述说：

> (文公)集诸儒之大成者也。夫子以前之群圣，行明斯道于当时，而夫子则述之于后世者也。文公以前之诸儒，亦明斯道于当时，而文公则传之后世者也。斯道之明也，犹斯道之行也，非有功于人，而实有功于

① (宋)黎靖德编：《朱子语类》卷一二，《学六·持守》，北京：中华书局，1986年，第207页。

天地也。[①]

邱锡所谓“斯道之明”，即指闽学学说更全面和更完整，超越时空，对整个中国古代社会后期都是适用的。因而对统治者治国平天下更具有实际意义，即邱锡谓“斯道之行”“实有功于天地”。

正因为如此，以朱熹为代表的福建理学思想，从南宋末年至清末始终是国家的主体文化思想，成为国家上层建筑意识形态的核心部分。

（五）健全人格安身立命之学

朱子学所承续的是周公、孔子以至濂、洛、关传承下来的全民族的思想文化，是常理常道，不是一时之见、一家之说。常理常道，是恒常不变的理，是人们所当行的道，它不完全是一套专门的知识，而是我们天天生活的依据，就是上面讲到的精神支柱与生活方式。离开常理常道，人的价值意义就不能表现出来。这是人与动物相区别的标志。所以福建理学是行为之学，是实践之学。

福建理学重实践，就必然正视实践的主体——人的生命。人的生命有正负两个方面。正面的是德性生命，负面是气质生命（或说情欲生命）。对于正面的德性生命，要进一步涵养充实，发扬上升，以求得圆满。对于负面的气质生命（情欲生命），予以变化和节制，即变化气质，化掉气质中的偏与杂，使情欲纳入轨道，如男女之性纳入夫妇之伦。

福建理学的道德实践，分主客观两个方面，前者是完善自己的德性人格，后者是成就天下事物。这就是常说的内圣成德和外理事功，即“内圣外王”。朱子学的世界观即人生观。人们所追求的精神境界，包括个人和人类两个方面价值的最高实现。它要求自身圆满成就内在德性和外在事业。这种境界，是人们终生奋斗的最高目标。学者蔡茂松述说：

> 朱子学的特色是，以众人的立场来论学，来如何做学问，如何修养，以达到圣贤的境界。所以说朱子学是圣学。圣学是成圣之学，是成就为圣贤的一门学问。在朱子的思想中，圣人是人格道德完美的人。[②]

成圣，必须从学入手，所以叫作“为己之学”“治心之学”。朱子学认为，

---

① （清）董天工：《武夷山志》卷一〇，邱锡：《重修武夷书院记》，北京：方志出版社，2007年，第347页。

② 蔡茂松：《朱子学》，台北：大千世界出版社，2007年，第7页。

人们要用全部的生命力去追求它，把追求它看得比人生的其他一切方面都重要。人最根本的是要懂得生命的意义价值，如何安顿自己的生命。比如说，实现了外在的平等自由和物质生活富裕后，人生的意义价值在哪里？只是尽情地享用吗？在当今太平盛世，自由平等、物质生活富裕的人，为什么还有的去自杀？这就是没有安顿好自己的生命。有人不懂得活着的意义价值，或失去活着的意义价值，闽学之圣学是对人的生命意义价值的回答。在闽学学者看来，一个人即使财产很多，但是他的内心还会空虚，唯一可以克服内心空虚的，是在自己的内心树立起生命的意义价值。人的道德伦理的责任，不全是基于外在的要求，是发自自己的生命力，是自己的生命力有这种要求。往政治、经济或科学、宗教里去找是找不到的，只能求诸自己。这就是儒家所说的"为仁由己"[①]，"譬如为山，未成一篑，止，吾止也；譬如平地，虽覆一篑，进，吾往也"。[②] 这里以堆山和平地为喻，成功或失败全由自己的努力与否。这是对朱子学道德修养的生动描写。

朱子学是成熟心智、健全人格、安身立命之学。

第四节　朱熹(下)

这节主要论述朱熹思想的基本内容。

学科分为文、史、哲等，是近代兴起的。中国古代把各种学科都纳入经学之中，因此经学最为综合。学者对经典进行整理和研究，按照现代学科分类分析，才形成哲学、伦理学、政治学、经济学、文学、史学、自然科学等。所以我们论述朱熹的基本内容，不按一般讲法，先论述他最综合的经学。

一、朱熹的经学

(一)经与经学

中国古代典籍浩如烟海，前人分为经、史、子、集四类。经是指以孔子为代表的儒家典籍(近年倡导读经者，基于释道之学也是中国文化的组成部分，把《老子》《坛经》等也列为读经之列)。先秦儒家典籍主要有六经，即

---

① 《论语·颜渊》。

② 《论语·学而》。

《诗》《书》《礼》《乐》《易》《春秋》。因《乐》有目无书，说法不一，汉人删去而增入《孝》《论语》，合称“七经”。唐人把《礼》析为《周礼》《仪礼》《礼记》，再加上《春秋》三传《左传》《公羊传》《穀梁传》，以及《尔雅》，宋人增进《孟子》，总称“十三经”。此外，宋人从《礼记》中分化出《大学》《中庸》，再加上《论语》《孟子》合称“四书”，是经书的选本。经学家林庆彰述说：

> 先秦有所谓《易》《诗》《书》《礼》《乐》《春秋》六经。汉兴以后，《乐经》亡佚，仅剩五经。东汉时，又有七经之目，即在五经之外加《论语》《孝经》。唐时，孔颖达作《周易》《尚书》《毛诗》《礼记》《左传》等五经义疏，称为《五经正义》。后来贾公彦又撰《周礼义疏》《仪礼义疏》，徐彦撰《公羊义疏》，杨士勋撰《穀梁义疏》。这九部经书的义疏，世或称为“九经义疏”。唐文宗开成二年(837)，刻石经，则以《周易》《尚书》《毛诗》《周礼》《仪礼》《礼记》《春秋左氏传》《春秋公羊传》《春秋穀梁传》《论语》《孝经》《尔雅》为“十二经”。自北宋起，孟子渐受推崇。南宋初，有人假托孙奭为《孟子》作义疏，“十三经”之名从此确立。此外，宋人将《大学》《中庸》从《礼记》中裁篇而出，加以表彰，至南宋朱熹时，为《大学》《中庸》作章句，为《论语》《孟子》作集注，称《四书章句集注》，“四书”之名也告确立。就《论语》或《孟子》来说，既是十三经之一，也是“四书”之一，两者并行，并无不妥。但就《大学》或《中庸》来说，它们虽是“四书”之一，却不是十三经之一，而仅是十三经中《礼记》一书的两篇论文而已。自宋以来，《大学》《中庸》已由《礼记》系统转入“四书”系统。吾人今日谈十三经虽必述及《礼记》，但《礼记》一书似无法涵摄宋明以来《中庸》《大学》在整个学术思想中的地位，应兼顾“十三经”和“四书”两个系统。[①]

林庆彰对经书的概括说明是深刻的，是研究经学首先要知道的。

经学是指训解、阐述和研究儒家经典之学。战国时的儒家学者已开始阐释儒家经典，好经术，尚礼乐。至西汉，经学大盛。经学之名见于《汉书》：兒宽“见上(汉武帝)，语经学。上说(悦)之，从问《尚书》一篇”[②]。西汉“独尊儒术”后，经学成为国家学术的正宗思想文化。先是有注重名物训诂的古文经学与注重微言大义的今文经学两派，到东汉末年两派合流，实际上古文

① 林庆彰：《清初的群经辨伪学》，台北：文津出版社，1990年，第1～2页。

② (汉)班固：《汉书》卷五八，《兒宽传》。

经学占上风，逐渐形成所谓汉学。到宋代，又形成所谓宋学。梁启超说："汉人解经，注重训诂名物；宋人解经，专讲义理。"①

经学是以儒家经典作为注释和研究的对象，并结合各个时代社会历史发展的需要，提出一些新的见解，为现实社会服务。离开儒学，便无经学。而离开经学，也谈不上儒学的流传和发展。既不能把经学与儒学混为一谈，亦不可把二者截然分开，看不到它们之间的密切联系。

朱熹在汉唐训诂注疏之经学的基础上，在新儒学诸派思想的指导下，结合时代的需要，提出自己系统的经学思想。关于朱熹之经学，周予同、邱汉生、蔡方鹿、林庆彰、姜广辉等都有全面深刻的论述。② 朱熹的经学包括了经学的各个领域，诸如四书学、易学、诗经学、尚书学、礼学、春秋学、孝经学等。

在中国经学史上，以朱熹为代表的福建理学经学，是宋学的核心部分。朱熹集宋代经学之大成。朱熹经学在中国经学史上占有十分重要的地位。

（二）四书学及其他

"四书"是儒家经典的精选本。著名经学家周予同述说：

> 按《论语》，汉文帝时曾立博士，《汉书·艺文志》附于六经之末。《孟子》本战国儒书，列于子部儒家，与《荀子》并称《孟》《荀》。至于《大学》与《中庸》，本《小戴礼记》中之二篇，《汉志》有《中庸说》二篇，《隋志》有戴颙《中庸传》二卷，梁武帝《中庸讲疏》一卷。《中庸》别行，古已有之。唯《大学》一篇，向附《戴记》，李唐以前，未有别行之本。自宋儒性理之学兴，于是开《孟子》以配《论语》，出《学》《庸》以别《戴记》。……朱熹承小程之学，以四书为其哲学上之论据，于是殚精悉力，从事训释。既成《四书章句集注》十九卷，复撰《四书或问》三十九卷，而其他《论孟精义》《论孟要义》《学庸详说》等之初稿尚不计焉。③

---

① 梁启超：《儒家哲学》，北京：中华书局，1980年，第36页。

② 参见周予同：《周予同经学史论著选集》，上海：上海人民出版社，1983年；邱汉生：《四书集注简论》，北京：中国社会科学出版社，1980年；蔡方鹿：《朱熹经学与中国经学》，北京：人民出版社，2004年；林庆彰：《清初群经辨伪学》，台北：文津出版社，1990年；姜广辉：《中国经学史》，北京：人民出版社，2005年。

③ 周予同：《朱熹之经学》，武夷山朱熹研究中心编：《朱熹与中国文化》，上海：学林出版社，1989年，第23页。

朱熹的《四书章句集注》，是儒家经典的精选读本。其中《大学章句集注》1卷、《论语章句集注》10卷、《孟子章句集注》14卷、《中庸章句集注》1卷，共26卷。光宗绍熙元年(1190)，朱熹首次刻刊于漳州。这部书，朱熹集40年之功而成。这部书的形成是基于朱熹下列诸书:《论语要义》，已佚，取二程及其门人、朋友数家之说，补辑订正。此书是朱熹以后所著《论语集注》的前身。《论孟集义》34卷，取二程、张载、杨时、游酢等12家之说，荟萃条疏。此书是后来成为《论语章句集注》《孟子章句集注》的基础。《四书或问》39卷(其中《大学或问》2卷、《中庸或问》3卷、《论语或问》20卷、《孟子或问》14卷)，把纷杂不一的诸家之说梳理，并把取舍的道理设问答由门人议论。《孟子问辨》11卷，阐述《孟子》的义理与践履。《论语详说》8卷，已佚。此为儿童读《论语》作注解，有句解章旨和自己的心得。此外，朱熹还有诸多关于"四书"的著述，皆是《四书章句集注》的预备著述。

朱熹在《四书章句集注》里，很少引用汉唐注家之说，主要是理学家的言论，更多的是朱熹自己的注解。据统计，《四书章句集注》征引历代注家50多人，其中引程颢、程颐239处，尹焞99处，杨时72处，范祖禹69处，谢良佐48处，胡安国42处，张载29处，赵岐26处，吕大临16处，吴棫14处，李郁13处，苏轼、苏辙13处，林之奇11处，张栻10处，孔安国、孔文仲8处，游酢8处，徐氏8处，洪兴祖7处，侯仲良5处，丰积5处，晁说之5处，郑玄5处，邹浩4处，马融4处，陈旸4处，李侗4处，王安石3处，刘安世3处，王勉3处，张氏2处，董仲舒2处，邵雍2处，吕希哲2处，陆元朗2处，周孚先1处，赵匡1处，黄祖舜1处，刘勉之、邢昺1处，曾几1处，何休1处，周敦颐1处，何镐1处，晁错1处，诸葛亮1处，潘兴嗣1处，兒宽1处，范濬1处，丁公著1处，王肃1处。此统计可以看出，《四书章句集注》引二程言论居于首位，其次是二程的弟子和后学，以及张载、胡安国等理学家的言论。再就是苏轼、王安石、吴棫等宋学学者和郑玄、马融、赵岐等汉学学者的资料。由此可见，朱熹对理学、宋学、汉学的远近亲疏的认同程度。也体现了朱熹对二程以来"四书"学研究成果的吸取，并在此基础上加以发展，以宋学义理取代汉学训诂。①

朱熹首创"四书"之名，首次将"四书"结集，并将《大学章句集注》《论语

① 参见王国轩:《二程与〈四书集注〉研究》，《中州学刊》1989年第1期，第66～67页；蔡方鹿:《朱熹经学与中国经学》，北京:人民出版社，2004年，第266～267页。

章句集注》《孟子章句集注》《中庸章句集注》合在一块刻刊。“四书”的排列，按照“四书”的逻辑顺序、内在结构和由易到难的“入道之序”，即由《大学》而《论语》、而《孟子》、而《中庸》之次第，目的是发明圣人之道。朱熹述说：

某要人先读《大学》，以定其规模；次读《论语》，以立其根本；次读《孟子》，以观其发越；次读《中庸》，以求古人之微妙处。《大学》一篇有等级次第，总作一处，易晓，宜先看。《论语》却实，但言语散见，初看亦难。《孟子》有感激兴发人心处。《中庸》亦难读，看三书后，方宜读之。[①]

在朱熹看来，《大学》不仅是“四书”之先，而且是儒家思想之先导。因为《大学》系统地论述了三纲领（明明德、亲民、止于至善）、八条目（格物、致知、诚意、正心、修身、齐家、治国、平天下），以及治学、践履次第，是修身、治国的纲领。通过治《大学》，打下根基，才能真正明白儒家思想之意蕴。对于朱熹的这种说法，黄榦讲得更为确切明白：

先生（朱熹）教人，以《大学》《语》《孟》《中庸》为入道之序，而后及诸经。以为不先乎《大学》，则无以提纲挈领而尽《论》《孟》之精微；不参之以《论》《孟》，则无以融会贯通而极《中庸》之旨趣。然不会其极于《中庸》，则又何以建立大本，经纶大经，而读天下之书，论天下之事哉？[②]

朱熹用“四书”替代“六经”的权威，准确地指出“四书”才真正直接体现出以孔子为代表的中国文化的内在本质，使得“四书”在国家上层建筑意识形态中占主导地位。这是朱熹四书学的要旨。朱熹述说：

河南程夫子之教人，必先使之用力乎《大学》《论语》《中庸》、《孟子》之书，然后及乎“六经”。盖其难易远近大小之序，固如此而不可乱也。故今刻四古经，而遂及乎此“四书”者，以先后之。且考旧闻，为之音训，以便观者。又悉著凡程子之言及于此者，附于其后，以见读之之法，学者得以览焉。抑尝妄谓《中庸》虽七篇之所自出，然读者不先于《孟子》而遽及之，则亦非所以为入道之渐也。[③]

朱熹强调“四书”重于“六经”。但是他并没有否定“六经”，他对“六经”

---

① （宋）黎靖德编：《朱子语类》卷一四，《大学·纲领》，北京：中华书局，1986 年，第 249 页。

② （宋）黄榦：《勉斋集》卷三六，《朱子行状》。

③ （宋）朱熹撰，陈俊民校编：《朱子文集》卷八二，《书临漳所刊四子后》，台北：德富文教基金会，2000 年，第 4079 页。

以至“十三经”都有深入的研究。朱熹的经学是全面的。除四书学外，还有易学、诗经学、尚书学、礼学、春秋学等。

易学是朱熹经学之重要内容，在朱熹的整个经学思想体系中占有重要地位。朱熹主张直求《周易》之经文本义，推说其义理。他将义理、卜筮、象数、图书相结合，把宋易之义理派、象数派和图书学统一起来，集其大成。朱熹针对程颐过分讲义理而轻视象数，以及象数派的忽视义理的偏向，提出“《易》本卜筮之书”，其辞必根于象数，由此求经文本义。又提出经传相分，把《周易》分为伏羲、文王、孔子三圣之《易》，探求伏羲之《易》的原始本义。认为古《易》经传相分，彖、象、文言等与经各在一处，后世义理学派把经传混合为一，使得经文本义晦而难明。朱熹把易学的发展分为以卜筮为教和以义理为教两大阶段，强调义理、卜筮、象数相结合，集理、占、数为一体，从而克服程颐义理学派和邵雍象数学派之不足。在这个过程中，将《周易》的原理高度哲理化。

朱熹由早期著《易传》到后来著《周易本义》，又由《周易本义》到著《易学启蒙》，再对《周易本义》做修改的思想发展过程，其易学思想最终趋于成熟。朱熹的易学思想集中体现在他所著的《周易本义》和他与蔡元定合著的《易学启蒙》，以及其文集、语类等有关易说的论述里。

（三）经学的特点与方法

汉唐儒者大多用对“六经”训诂注疏的方法来治经，不注重通过治“六经”来阐发义理。而宋学学者，尤其是朱熹等福建理学学者，主要是通过治“四书”经来阐发义理和新儒学的天理论。故“六经”和“四书”分别为汉学学者和宋学学者所看重，而成为各自治经学所主要依据的经典。这在朱熹提出“四书”重于“六经”思想后的南宋更是如此。

朱熹站在时代发展的高度，以理学理论为标准，在对经书的阐释中，发挥新儒学的义理，用重义理及天理论的理学思维模式取代传统汉学的单纯注经模式。鉴于唐末五代社会动乱中士风败坏、纲常沦丧，宋代朝廷在宋金斗争中投降意识严重，特别以“礼”整治纲纪，发挥《春秋》大义，尊王攘夷。朱熹述说：

> 夫金虏于我有不共戴天之仇，则其不可和也明矣。……所谓讲和者，有百害而无一利，何苦而必为之？夫复仇讨贼、自强为善之说，见于

经传者，不啻详矣。[①]

在这里，朱熹引经据典，“复仇讨贼、自强为善之说，见于经传”。接着，他向皇帝建议三策，即讲学、定计、任贤。当时由于强敌金兵的严重威胁，朝廷昏乱，政令不一，人民不知所从，朱熹提出用《大学》中的格物、致知、诚意、正心、修身、齐家、治国、平天下的理念来统一人民的思想和意志，使皇帝振作起来，用贤修政图强，重建国家。

福建理学学者治经，主张通经致用，强调结合当前社会的实际问题，通过解释经书，将经书义理与解决当时社会的迫切问题联系起来，发明经旨，注重义理，有感而发，力求突破前人治经寻章摘句的学风，趋向于从义理的纵深处进行探索，发挥自己的社会政治见解，对经书做出符合现实需要的新解释，为现实社会服务。朱熹述说：

《大学》“明明德于天下”，只是且说个规模如此。学者须是有如此规模，却是自家本来合如此，不如此便是欠了他底。……只是自家规模自当如此，不如此不得。到得做不去处，却无可奈何。规模自是着恁地，工夫便却用寸寸进。若无规模次第，只管去细碎处走，便入世之计功谋利处去。若有规模而无细密工夫，又只是一空规模。外极规模之大，内推至于事事物物处，莫不尽其工夫。此所以为圣贤之学。[②]

朱熹在对《大学》的注解中，把三纲领“明明德”“亲民”“止于至善”中的明德与天理相联系。朱熹说：“明德者，人之所得乎天，而虚灵不昧，以具众理而应万事者也。……盖必其有以尽夫天理之极，而无一毫人欲之私也。”[③]强调通过自明其德，又推己及人，去私欲，达于至善，以尽天理之极。“明明德于天下”，从格物入手，通过修身，内修圣人之德，而治国平天下，由内圣达于外王。朱熹强调治《大学》最终是为了穷理，如果穷得理，对《大学》的注解，乃至经文，都可不用。朱熹的经学诠释，对经文的注解，是为发挥义理并为论证天理论服务的。朱熹述说：

圣人不令人悬空穷理，须要格物者，是要人就那上见得道理破，便实。只如《大学》一书，有正经，有注解，有《或问》。看来看去，不用《或

---

① (宋)朱熹撰，陈俊民校编：《朱子文集》卷一一，《壬午应诏封事》，台北：德富文教基金会，2000年，第348页。

② (宋)黎靖德编：《朱子语类》卷一七，《大学四》，北京：中华书局，1986年，第381～382页。

③ (宋)朱熹：《大学章句集注》。

问》,只看注解便了。久之,又只看正经便了,又久之,自有一部《大学》在我胸中,而正经亦不用矣。然不用某许多工夫,亦看某底不出;不用圣贤许多工夫,亦看圣贤底不出。①

在朱熹看来,穷理须建立在格物的基础上,就是要在遵循《大学》的入道之序下工夫。朱熹的《大学》系统,其《大学或问》与《大学章句》详略互补,《或问》可帮助理解《章句》。《章句》是解释《大学》经文的,朱熹要求学者"看《大学》,且逐章理会。须先读本文,念得,次将《章句》来解本文,又将《或问》来参《章句》。须逐一令记得,待他浃洽。既逐段晓得,将来统看温寻过便实"。② 这就是说,圣贤之学,继天地之志,述天地之事,范围天地之化而不过,曲成万物而不遗。立此规模,就是教人们尽此道德修养。朱熹述说:

《春秋》义例,《易》爻象,虽是圣人立下,今说者用之,各信己见。然于人伦大纲皆通,但未知曾得圣人当初本意否。……今欲直得圣人本意不差,未须理会经,先须于《论语》《孟子》中专意看他。③

朱熹基于治经发扬义理的宗旨,其治经之方主要是"虚心切己"法。朱熹在长期的治经实践中总结出来的别具特色的经典释读方法——"虚心切己"法,强调阅读儒家经典,既要虚心以求本义,又要切己体察义理。把虚心与切己地客观读书以求本义,与主观体察以明义理结合起来,既避免以己意推说经文本义而与本文正意不符,又防止停留在文字表面而不反求诸身以体察义理。朱熹说:"读书须是虚心切己。虚心,方能得圣贤意;切己,则圣贤之言不为虚说。"所谓虚心,指学者读经书时要虚其心,站在客观的立场,不要把己见带进去。朱熹说:"看文字须是虚心,莫先立己意,少刻多错了。……大抵义理须是且虚心,随他本文正意看。"④所谓切己,指在虚心读书。求得经文本义的基础上,反身求诸己,把自己带进去体验省察,使自家精神与圣贤之旨契合,体认出义理来,并贯彻到日用中去。朱熹强调,"读

---

① (宋)黎靖德编:《朱子语类》卷一四,《大学一·纲领》,北京:中华书局,1986 年,第 257 页。

② (宋)黎靖德编:《朱子语类》卷一四,《大学一·纲领》,北京:中华书局,1986 年,第 257 页。

③ (宋)黎靖德编:《朱子语类》卷一〇四,《朱子一·自论为学工夫》,北京:中华书局,1986 年,第 2614 页。

④ (宋)黎靖德编:《朱子语类》卷一一,《学五·读书法下》,北京:中华书局,1986 年,第 181 页。

书，须要切己体验，不可只作文字看”。朱熹述说：

> 学者当以圣贤之言反求诸身，一一体察。须是晓然无疑，积日既久，当自有见。但恐用意不精，或贪多务广，或得少为足，则无由明耳。读书，不可只专就纸上求理义，须反来就自家身上推究。秦汉以后无人说到此，亦只是一向去书册上求，不就自家身上理会。自家见未到，圣人先说在那里。自家只借他言语来就身上推究始得。①

朱熹治经，重视治心，强调内外结合，通过读书以切己体察，不能只向外读书求文义而不从自家身上理会义理。朱熹说：“学问，就自家身己上切要处理会方是，那读书底已是第二义。”②朱熹把读书放在切己体察以自明本心之义理之后，是“学者第二事”。这充分体现了朱熹“虚心切己”法的鲜明特点。

在中国经学发展史上，汉学、宋学各具特点，都为中国经学的发展做出贡献。汉学的特点是重训诂，宋学的特点是重义理。但是，并不是说汉学不阐发微言大义，宋学不训诂考辨，只是二者有所偏重。朱熹把二者有机地结合起来。朱熹在经典诠释方法上提出训诂与义理相结合的方法，就是吸取汉学、宋学各自的特点而加以综合创新的。朱熹述说：

> 秦汉以来，圣学不传，儒者惟知章句训诂之为事，而不知复求圣人之意，以明夫性命道德之归。至于近世，先知先觉之士始发明之，则学者既有以知夫前日之为陋矣。然或乃徒诵其言以为高，而又初不知深求其意。甚者遂至于脱略章句，陵籍训诂，坐谈空妙，辗转相迷，而其为患反有甚于前日之陋者。③

这里，朱熹批评治经中的两种偏向：一是秦汉以来由于秦始皇焚书和战乱，儒家经典遭到很大的损坏，以致汉学学者只知训诂章句而不知求圣人之意，于性命道德的来源上未明；二是宋代以来的新儒学学者发明义理和性命道德之学，却徒诵其言，不知深求其义理的内在根据，以致不讲究章句训诂，谈空说妙。此弊端更甚于汉学的流弊。

---

① （宋）黎靖德编：《朱子语类》卷一一，《学五·读书法下》，北京：中华书局，1986年，第181页。

② （宋）黎靖德编：《朱子语类》卷一〇，《学四·读书法上》，北京：中华书局，1986年，第161页。

③ （宋）朱熹撰，陈俊民校编：《朱子文集》卷七五，《中庸集解序》，台北：德富文教基金会，2000年，第3792～3793页。

基于汉学、宋学的流弊，朱熹提出训诂与义理相结合的经典诠释方法原则，朱熹说："字求其训，句索其旨，未得乎前，则不敢求其后；未通乎此，则不敢志乎彼。如是循序而渐进焉，则意定理明而无疏易凌躐之患矣。是不惟读书之法，是乃操心之要，尤学者不可不知也。"[①]主张通过对经典字、句的训诂考索，掌握经意以明理。朱熹强调对经文的"字求其训，句索其旨"在前，而"意定理明"在后，二者的结合有一个循序渐进的过程，从其先后次第上表明训诂考索是发明义理的基础和前提。而发明义理则是训诂考索进一步深化的结果，二者相辅相成，缺一不可。由此，朱熹站在宋学的立场，对汉学重训诂考释的方法多有吸取，他要求学者做到：

> 学者观书，先须读得正文，记得注解，成诵精熟。注中训释文意、事物、名义，发明经指，相穿纽处，一一认得，如自己做出来底一般，方能玩味反复，向上有透处。若不如此，只是虚设议论，如举业一般，非为己之学也。曾见得有人说《诗》，问他《关雎》篇，于其训诂名物全未晓，便说"乐而不淫，哀而不伤"。某因说与他道："公而今说《诗》，只消这八字，更添'思无邪'三字，共成十一字，便是一部《毛诗》了。其他三百篇，皆成渣滓矣！"……始知前日空言无实，不济事，自此读书益加详细云。[②]

在这里，朱熹对于汉学诠释经典的方法表示认同，并举出治《诗经》的例子。朱熹指出，不能不讲训诂，如《诗经》，如果于其训诂名物全不知晓，只讲所谓的诗旨，那么三百篇诗岂不皆成了渣滓？这是批评宋学学者"空言无实"之弊。朱熹说："自晋以来，解经者却改变得不同，如王弼、郭象辈是也。汉儒解经，依经演绎。晋人则不然，舍经而自作文。"[③]魏晋玄学以老庄思想解经，是经学讲义理的新风气，宋学学者应予以吸取。但是朱熹也看到玄学家"舍经而自作文"，与汉儒的"依经演绎"不同。汉人"依经"，晋人"舍经"，这是他们的不同。朱熹肯定汉人以经典为据，否定晋人以自作文为据。

朱熹是宋学的集大成者，提出训诂与义理相结合作为经典诠释的方法原则。朱熹站在宋学的立场上，对汉学训诂考释的方法加以吸取，批评宋学

① (宋)朱熹撰，陈俊民校编：《朱子文集》卷七四，《读书之要》，台北：德富文教基金会，2000年，第3727页。

② (宋)黎靖德编：《朱子语类》卷一一，《学五·读书法下》，北京：中华书局，1986年，第191～192页。

③ (宋)黎靖德编：《朱子语类》卷六七，《易三·纲领下》，北京：中华书局，1986年，第1645页。

空言义理而义理无据的流弊。这就超越了汉学、宋学之对立，建立起自己的经学思想体系。

二、朱熹的哲学

（一）无极而太极

周敦颐据《易经·系辞上传》“易有太极，是生两仪”之说，著《太极图说》，谓“无极而太极。太极动而生阳，动极而静；静而生阴，静极复动。一动一静，互为其根。分阴分阳，两仪立焉”。此说当时学者并不大注意。程颢、程颐不言太极。张载《正蒙·参两》和《正蒙·大易》提到太极。邵雍以“道为太极”“心为太极”。[①] 陈淳述说：

> 谓道为太极者，言道即太极，无二理也。谓心为太极者，只是万理总会于吾心。此心浑沦，是一个理耳。[②]

朱熹采用太极说论述理的意义与理气关系，所以表彰《太极图说》，使之在其编《近思录》中居于首位。孙奇逢《理学宗传》、胡广等《性理大全》、李光地《性理精义》皆如此排列。朱熹谓周子著此图以传二程，“程子不以《太极图》授门人，盖以未有能受之也”。[③]

朱熹释“极”为“至极无余之谓”。朱熹说：“太极者，如屋之有极，天之有极。到这里，更没去处。”[④]意为至、终、尽、穷、枢极，含有动静转运之意。古训亦以“极”为“中”，朱熹所不取。理学家吴澄说：“太极者，盖曰此极乃甚大之极，非若一物一处之极也。”[⑤]朱熹述说：

> 极者，至极之义，标准之名。常在物之中央，而四外望之，以取正焉者也。故以极为在中之准的则可，而便训“极”为“中”则不可。若北辰之为天极，脊栋之为屋极，其义皆然。[⑥]

---

① （宋）邵雍：《皇极经世书》卷七下。

② （宋）陈淳：《北溪字义》卷下，《太极》。

③ （宋）黎靖德编：《朱子语类》卷九四，《周子之书·太极图》，北京：中华书局，1986年，第2387页。

④ （宋）黎靖德编：《朱子语类》卷九四，《周子之书·太极图》，北京：中华书局，1986年，第2372页。

⑤ （元）吴澄：《吴文正集》卷四，《无极而太极说》。

⑥ （宋）朱熹撰，陈俊民校编：《朱子文集》卷七二，《皇极辨》，台北：德富文教基金会，2000年，第3587页。

朱熹以太极只是天地万物之理。在天地言，则天地中有太极。在万物言，则万物中各有太极。朱熹述说：

盖天地之间，只有动静两端，循环不已，更无余事。此之谓易。而其动其静，则必有所以动静之理焉，是则所谓太极者也。……圣人谓之太极者，以指夫天地万物之根也。[①]

在朱熹看来，太极只是二气五行之理，非别有物为太极。心具太极，是谓心之理是太极，而非谓心即太极。太极既为天地万物之理，又是造化之枢纽。

在朱熹的著述里，把“太极”与“无极”联系在一起的比较少。“无极”出自《老子》第28章。朱熹释“无极”为“只是极至更无去处”，“至无之中，乃至有存”，“至无之中，乃万物之至有”，“至高至妙，至精至神，更没去处”。[②] 朱熹注《太极图说》首说：“上天之载，无声无臭。”下自注：“是解无极二字。”朱熹述说：

（伏羲、文王）皆未尝云太极也，而孔子言之。孔子……未尝说无极也，而周子言之。……周子所以谓之无极，正以其无方所，无形状。以为在无物之前，而未尝不立于有物之后；以为在阴阳之外，而未尝不行乎阴阳之中。以为通贯全体，无乎不在。则又初无声臭影响之可言也。[③]

朱熹强调“无极而太极”，不是说太极之外还有无极。无中自有此理，又不可将无极便做太极。“无极而太极”，此“而”字轻，指无次序。无次序即无时间之先后，不是无极之后别生太极，太极之上先有无极，“以其无器与形，而天地万物之理无不在是，故曰‘无极而太极’。以其具天地万物之理，无器与形，故曰‘太极本无极’也。是岂离乎生民日用之常，而自为一物哉”。朱熹述说：

先生之精，立图以示。先生之蕴，因图以发。而其所谓无极而太极云者，又一图之纲领。所以明乎道之未始有物，而实为万物之根柢也。

---

① （宋）朱熹撰，陈俊民校编：《朱子文集》卷四五，《答杨子直》，台北：德富文教基金会，2000年，第2009页。

② （宋）黎靖德编：《朱子语类》卷九四，《周子之书·太极图》，北京：中华书局，1986年，第2367页。

③ 以上见（宋）朱熹撰，陈俊民校编：《朱子文集》卷三六，《答陆子静第五书》，台北：德富文教基金会，2000年，第1440～1441页。

夫岂以为太极之上，复有所谓无极者哉。[1]

朱熹反复说明这个问题："周子曰：'无极而太极'，盖云无此形状，而有此道理耳。""'无极而太极'，只是无形而有理。周子恐人于太极之外，更寻太极，故以无极说之。""'无极而太极'，盖恐人将太极做一个有形象物看。故又说无极。言只是此理也。""今曰'而'，则只是一理。'无极而太极'，言无能生有也。""只为这本来都无物事，故说'无极而太极'。""太极只是理，理不可以动静言。惟动而生阳，静而生阴。理寓于气，不能无动静。""有这动之理，便能动而生阳。有这静之理，便能静而生阴。既动则理又在动之中。既静则理又在静之中。""只太极之动便是阳，静便是阴。方其动时，则不见静。方其静时，则不见动。然动而生阳，亦只是且从此说起。""不是动后方生阳，盖才动便属阳，静使属阴。动而生阳，其初本是静。静之上又须动矣，所谓动静无端。""太极犹人，动静犹马。马所以载人，人所以乘马。马之一出一入，人亦与之一出一入。盖一动一静，而太极之妙，未尝不在焉。此所谓所乘之机，无极二五所以妙合而凝也。"[2]

关于太极与动静之关系，朱熹"向以太极为体，动静为用。其言固有病。后已谓之曰太极者本然之妙，动静者所乘之机也。此则庶几近之"，并谓"盖谓太极含动静则可（以本体而言也），谓太极有动静则可（以流行而言也）。若谓太极便是动静，则是形而上下者不可分，而易有太极之谓亦赘矣"[3]。

朱熹不同意用体用理解静动，他认为太极本来就是涵有动静之理的，却不能以静动分体用。这是因为静即太极之体，动即太极之用。"譬如扇子，只是一个扇子。摇动便是用，放下便是体。才放下时，便只是这一个道理。及摇动时，亦只是这一个道理。"[4]朱熹的门人大都沿着朱熹的这个说法发挥。如陈普认为，人和万物两端的胚胎既成，就能繁衍无穷。究其最终的根源在于"理"，理是生物之本体。

---

① （宋）朱熹撰，陈俊民校编：《朱子文集》卷八〇，《邵州州学濂溪先生祠记》，台北：德富文教基金会，2000年，第3968～3969页。

② （宋）黎靖德编：《朱子语类》卷九四，《周子之书·太极图》，北京：中华书局，1986年，第2365页。

③ （宋）朱熹撰，陈俊民校编：《朱子文集》卷四〇，《答杨子直》，台北：德富文教基金会，2000年，第1741页。

④ （宋）黎靖德编：《朱子语类》卷九四，《周子之书·太极图》，北京：中华书局，1986年，第2365页。

（二）理气关系

1.理气不离不杂

程颢、程颐发明理之大旨，但未及言气。朱熹吸取张载的气论，全面论述了理气，提出理气不离杂说。

朱熹由古代的尊天上升到讲理。西汉董仲舒提出天人感应论，断定天是有意志的。朱熹认为天不外是苍苍之形体，而天意是理。这就摒弃了原先对天认识的宗教神秘主义色彩。朱熹说："天之所以为天者理而已，天非有此理不能为天，故苍苍者即此道理之天。"[①]天即理，是朱熹哲学的本色。由此，他把人们对天的认识上升到哲学本体论的高度。

朱熹每每理气联用。朱熹说："人之所以生，理与气合而已。"[②]"故人物之生，必得是理，然后有以为健顺仁义礼智之性。必得是气，然后有以为魂魄五藏百骸之身"；"有理便有气流行，发育万物"。[③] "天下未有无理之气，亦未有无气之理"；"不论气之精粗，莫不有是理"；"有是理便有是气，但理是本"。[④]

对于理气的不同特点，朱熹有反复的说明。朱熹说："聚而生，散而死者，气而已。……故聚则有，散则无。若理则亘古今常存，不复有聚散消长也。"[⑤]又述道：

> 天地之间，有理有气。理也者，形而上之道也，生物之本也。气也者，形而下之器，生物之具也。是以人物之生，必禀此理然后有性，必禀此气然后有形。其形虽不外乎一身，然其道器之间，分际甚明，不可乱也。[⑥]
>
> 所谓理与气，此决是二物。但在物上看，则二物浑沦，不可分开各在一处，然不害二物之各为一物也。若在理上看，则虽未有物，而已有

---

① （宋）黎靖德编：《朱子语类》卷九四，《周子之书 · 太极图》，北京：中华书局，1986年，第2365页。

② （宋）黎靖德编：《朱子语类》卷四，《性理一》，北京：中华书局，1986年，第65页。

③ （宋）黎靖德编：《朱子语类》卷四，《性理一》，北京：中华书局，1986年，第57～58页。

④ （宋）黎靖德编：《朱子语类》卷一，《理气上 · 太极天地》，北京：中华书局，1986年，第1～2页。

⑤ （宋）黎靖德编：《朱子语类》卷三，《鬼神》，北京：中华书局，1986年，第36页。

⑥ （宋）朱熹撰，陈俊民校编：《朱子文集》卷五八，《答黄道夫》，台北：德富文教基金会，2000年，第2798页。

物之理。然亦但有其理而已，未尝实有是物也。大凡看此等处，须认得分明，又兼始终，方是不错。[①]

门人问朱熹："先生《答黄商伯书》有云：'论万物之一原，则理同而气异。观万物之异体，则气犹相近，而理绝不同。'问'理同而气异'，此一句，是说方寸与万物之初，以其天命流行，只是一般，故理同。以其二五之气，有清浊纯驳，故气异。下句是就万物已得之后说。以其虽有清浊之不同，而同此二五之气，故气相近。以其昏明开塞之甚远，故理绝不同。"朱子答说："气相近，如知寒缓。……人与物都一般。理不同，如蜂蚁之君臣，只是他义上有一点子明。……其他更推下去。"[②]

朱熹认为在事物之先，此理已具。"理未尝离乎气，然理形而上者，气形而下者。自形而上下言，岂无先后？理无形，气便粗，有渣滓"，"此本无先后之可言，然必欲推其所从来，则须说先有是理。然理非别为一物，即存于是气之中，无是气，则是理亦无挂搭处"，"如阴阳五行，错综不失条绪，便是理。若气不结聚时，理亦无所附着"。或问先有理后有气之说，朱熹述说：

不消如此说。而今知得他合下是先有理后有气邪？后有理先有气邪？皆不可得而推究。然以意度之，则疑此气是依傍这理行。及此气之聚，则理亦在焉。盖气则能凝结造作，理却无情意，无造作。只是此气凝聚处，理便在其中。

要之也先有理。只不可说是今日有理，明日却有是气，也须有先后。且如万一山河大地都陷了，毕竟理却只在这里。

"问天地未判时，下面都多却已有否？"答曰："只是都有此理。天地生物千万年，古今只不离许多物。"[③]

朱子论太极动静，以太极比人，动静比马。人乘马，马之出入，人而随之而出入。曹端评之说："谓理之乘气，犹人之乘马。马之一出一入而人亦与之一出一入，以喻气之一动一静，而理亦与之一动一静。若然，则人为死人，

① （宋）朱熹撰，陈俊民校编：《朱子文集》卷四六，《答刘叔文一》，台北：德富文教基金会，2000年，第2095页。

② （宋）黎靖德编：《朱子语类》卷四，《性理一·人物之性气质之性》，北京：中华书局，1986年，第58页。

③ （宋）黎靖德编：《朱子语类》卷一，《理气上·太极天地》，北京：中华书局，1986年，第2～4页。

而不足以为万物之灵。理为死理,而不足以为万物之原。"[①]黄宗羲驳之曰:"抑知理气之名,由人而造。自其浮沉升降者而言,则谓之气。自其浮沉升降不失其则而言,则谓之理。盖一物而两名,非两物而一体也。薛文清有日光飞鸟之喻。一时之言理气者,大略相同耳。"[②]

朱熹进一步指出,理离不开气,理气不离不杂。理属形而上,气属形而下,这个界限不能混淆。而理寓于气,理离开了气就无挂搭处。朱熹述说:

> 天地之间有理有气。理也者,形而上之道也;气也者,形而下之器也,生物之具也。是以人、物之生必有理,然后有气;必禀此性,然后有形。[③]

在朱熹看来,理无情意,无计度,无造作,是形而上的实有,只存有不活动,不能妙运气化生生。气则能依理而行,凝结造作。

一般认为,朱熹主理气不杂,是理气二元论。其实,分理气为二,不一定就是二元论。所谓二元论,是指理气二者平行各自为主。朱熹理气二分,只是形而上下之分判,不涉及理为主、气为主的问题,理与气仍然是主从关系。有主有从,显然不是二元论。朱熹强调理本无形,又无独发之理。天下无无理之气,无无气之理。理是本体,看起来是无为,实际上是无不为的,其作用随寓而发,妙用显行。

对于朱熹理气关系的道德意识,朝鲜李朝"海东之朱子"李退溪明白直说:

> 人之一身,理气兼备,理贵气贱。然理无为而气有欲,故主于践理者,养气在其中,圣贤是也;偏于养气者,必至于贱性,老庄是也。[④]

李退溪还强调理在上位、气在下位,上位贵,下位贱。理是本体,看起来无为,实际上是无不为的。

朱熹认为心只有一个,那就是合理气而成的心。人之生,同得天地之气以为体,同得天地之理以为性,理气合而为心。天即理,其四德是元、亨、利、贞。元、亨、利、贞之理以为性,即五常仁、义、礼、智、信。四德五常上下一

---

① (明)曹端:《太极图说述解·辨戾》。

② (清)黄宗羲:《明儒学案》卷四四,《诸儒学案》,北京:中华书局,2008年。

③ (宋)朱熹撰,陈俊民校编:《朱子文集》卷五八,《答黄道夫》,台北:德富文教基金会,2000年,第2798页。

④ (韩)李滉:《增补退溪全书》第1册,首尔:成均馆大学大东文化研究院,1978年,第335页。

理，未尝有间于天人之分。然其所以有圣愚之不同，是气的作用，不是元、亨、利、贞之所致。

朱子学是主张严格地区分理和气的，并以理来治气，由气顺从理，才能确立其道德意识。也就是说，理智和感情应和谐统一。由理智来克制感情，社会才能和谐进步。

2.理一分殊

“理一分殊”是理学的核心范畴，是其由微观到宏观、由宏观到微观的框架，概括出其基本的世界观和人生观。朱熹说：“盖延平之言曰：吾儒之学，所以异于异端者，理一分殊也。”[①]这是说“理一分殊”在理学中至为重要。

理学家们认为，理是世界万物万事的基本原理，是“一”；万物万事是“多”，是分殊。多由一而生，一因多而成，就是“理一分殊”。理是同一的，而万物万事分别的责任与表现则是殊异的。《朱子语类》记载：

> 问：“万物粲然，还同不同？”曰：“理只这是一个。道理则同，其分不同。君臣有君臣之理，父子有父子之理。”……理者，有条理，仁义礼智皆有之。……理，只是一个理。理举着，全无欠缺。且如言着仁，则都在仁上；言着诚，则都在诚上；言着忠恕，则都在忠恕上；言着忠信，则都在忠信上。只为只是这个道理，自然血脉贯通。[②]

万物万事由气演变而生，其理为一，成形之后其分则殊。其分殊，是自然之理，其理在分殊之中。推其生生之序，是一本(理)散万殊。理一只能呈于分殊里。最确切的表述即是“月印万川”。月亮投影于水中，显现出了千变万化的形象，仍然只是一个月亮。

理一分殊论，是程颐回答杨时的问题时提出来的。杨时怀疑张载《西铭》中的提法有似墨家的兼爱说。程颐在《答杨时论〈西铭〉书》中曰：

> 前所寄《史论》十篇，其意甚正，才一观，便为人借去，俟更子细看。《西铭》之论，则未然。横渠立言，诚有过者，乃在《正蒙》。《西铭》之为书，推理以存义，扩前圣所未发，与孟子性善养气之论同功(原注：二者亦前圣所未发)，岂墨氏之比哉！《西铭》明理一而分殊，墨氏则二本而无分(原注：老幼及人，理一也。爱无差等，本二也)，分殊之蔽，私胜而

---

① (宋)朱熹：《延平答问》卷上，《赵师夏跋》。

② (宋)黎靖德编：《朱子语类》卷六，《性理三》，北京：中华书局，1986年，第99～100页。

失仁；无分之罪，兼爱而无义。分立而推理一，以止私胜之流，仁之方也。无别而迷兼爱，至于无父之极，义之贼也。子比而同之，过矣。且谓“言体而不及用”。彼欲使人推而行之，本为用也，反谓“不及”，不亦异乎！[①]

张载的《西铭》没有明确提出“理一分殊”概念，是程颐体会出来的。杨时认为，张载《西铭》“民胞物与”是墨家兼爱之旨。程颐指出，墨家是“二本而无分”，因其在理论上未分途人与父母，在实行上则施由亲始，不勉二本。吾儒则是老吾老以及人之老，幼吾幼以及人之幼。道理是同一的，个别人分位不同，责任也就各个殊异。程颐的理一分殊论是个伦理范畴，他强调的是爱有等差，虽然对一切人都应该仁爱，但是在具体实施时，则又各有所分别。前者是“理一”，后者则为“分殊”。程颐的这一思想虽然强调《西铭》的万物一体，并不排斥个人对不同对象承担的义务不同。这就是说，一般的道德原理可以表现为不同的具体规范，不同的具体规范中含有共同的道德原理。

张载的《西铭》，全文仅250余字，是张载的代表作品。其重要内容在前部分。其曰：

乾称父，坤称母。予兹藐焉，乃混然中处。故天地之塞，吾其体；天地之帅，吾其性。民，吾胞也；物，吾与也。大君者，吾父母宗子；其大臣，宗子之家相也。尊高年，所以长其长；慈孤弱，所以幼吾幼。圣，其合德；贤，其秀也。凡天下疲癃残疾、茕独鳏寡，皆吾兄弟之颠连而无告者也。于时保之，子之翼也；乐且不忧，纯乎孝者也。[②]

据《朱子语类》记载：“龟山有论《西铭》二书，皆非，终不识‘理一’。至于‘称物平施’，亦说不着。（《易传》说是。）大抵《西铭》前三句便是纲要，了得，即句句上自有‘理一分殊’。（后来已有一篇说了。）方云：‘指其名者分之殊，推其同者理之一。’”[③]杨时论《西铭》曰：

论《西铭》，曰：“河南先生言‘理一而分殊’，知其‘理一’，所以为仁；知其‘分殊’所以为义。所谓分殊，犹孟子言：‘亲亲而仁民，仁民而爱物’。其分不同，故所施不能无差等。”……曰：“用未尝离体也。且以一身观之，四体百骸皆具，所谓体也。至其用处，则履不可加之于首，冠不

① （宋）程颢、程颐：《二程集》，北京：中华书局，1981年，第609页。

② 《正蒙·乾坤篇》。

③ （宋）黎靖德编：《朱子语类》卷九八，《张子之书一》，北京：中华书局，1986年，第2527页。

可纳之于足。则即体而言，分在其中矣。”[1]

这是杨时得到程颐教导后的见解，是确切的观点。

朱子十分赞同程颐的理一分殊论。朱子曰：

《西铭》大纲是理一而分自尔殊。然有二说：自天地言之，其中固有分别；自万殊观之，其中亦自有分别。不可认是一理也，只滚做一看，这里各自有等级差别。且如人之一家，自有等级之别。所以乾则称父，坤则称母，不可弃了自家父母，却把乾坤做自家父母看。且如“民，吾同胞”，与自家兄弟同胞，又自别。龟山疑其兼爱，想亦未深晓《西铭》之意。《西铭》一篇，正在“天地之塞，吾其体；天地之帅，吾其性”两句上。……民物固是分殊，须是就民物中又知得分殊。不是伊川说破，也难理会。然看久，自觉里面有分别。[2]

天地之间，理一而已。然乾道成男，坤道成女，二气交感，化生万物，则其大小之分、亲疏之别等，至于十千百万而不能齐也。程子以为明“理一而殊”，可谓一言以蔽之矣。[3]

在朱子看来，程颐以《西铭》为明理一分殊，是很确切的。以乾为父、坤为母，有生之类，无物不然，即是“理一”。而人物之生，血脉之属，各亲其亲，各子其子，就是“分殊”。

《论语·里仁》曰：“子曰：‘参乎！吾道一以贯之。’曾子曰：‘唯。’子出。门人问曰：‘何谓也？’曾子曰：‘夫子之道，忠恕而已矣。’”就是说，孔子的一贯之道是“忠恕”，贯串于整个孔子思想体系之中。朱子在《论语集注》中曰：

尽己之谓忠。推己之谓恕。而已矣者，竭尽而无余之辞也。夫子之一理浑然而泛应曲当，譬则天地之至诚无息，而万物各得其所也。自此之外，固无余法，而亦无待于推矣。曾子有见于此而难言之，故借学者尽己推己之目以著明之，欲人之易晓也。盖至诚无息者，道之体也，万殊之所以一本也；各得其所者，道之用也，一本之所以万殊也。以此

---

① (宋)杨时：《龟山集》卷一一，《龟山语录·西铭》，《杨时集》，福州：福建人民出版社，1993 年，第 269～270 页。

② (宋)黎靖德编：《朱子语类》卷九八，《张子之书一》，北京：中华书局，1986 年，第 2524 页。

③ (宋)张载：《张载集》附，《朱熹西铭论》。

观之，一以贯之之实可见也。[1]

朱子以“一理浑然而泛应曲当”解“一以贯之”。“一理浑然”即一，“泛应曲当”即贯。这就是说，孔子能以心中一理（一仁，一仁心）对应万物万事皆得其当。此喻孔子之心犹天道之化育万物。“忠恕”是孔子思想体系的“一以贯之”的道，即其核心、架构。对孔子思想的“一以贯之”的道，朱子用“理一分殊”来概括。朱子以“理一分殊”言道之体用，以理一为道之体，万殊为道之用。万殊皆理一之所为，是一理贯万殊。朱子曰：

> “忠恕”一贯。圣人与天地为一，浑然只有道理，自然应去，不待尽己方为忠，不待推己方为恕，不待安排，不待恃度，不待睹当。如水源滔滔流出，分而为支派，任其自然，不待布置入那沟，入那渎。故云：“曾子怕人晓不得一贯，故借忠恕而言。某初年看不破，后被侯氏所收程先生语，方晓得。”又云：“自孔子告曾子，曾子说下在此，千五百年无人晓得。待得二程先生出，方得明白。前前后后许多人说，今看来都一似说梦。”[2]

在朱子看来，“一以贯之”与“理一分殊”是一致的。朱子曰：“‘一以贯之’，犹言以一心应万事。‘忠恕’是一贯的注脚，一是忠，贯是恕的事。……一是一心，贯是万事。看有什么事来，圣人只是这个心。”[3]一心之理，尽贯众理。一是心，朱子在“心统性情”等说中做了充分的论述。朱子认为，人之动静云为，皆一身所为。一心应万事，即是一以贯之，即是理一而分殊。

理一分殊论是朱子思想理论体系的核心、架构，它贯串于朱子学的整个思想体系之中。在朱子的整个思想的逻辑结构中，当气开始不断演变、动静之中，理搭气而行，即发育流行。这个世界万物万事变化的过程，是理一分殊的过程，是“月印万川”的过程。

朱子的理一分殊论有显著的特点。他遵照业师李侗的教导，特别强调“分殊”。朱子曰：

> 盖延平之言曰：“吾儒之学，所以异于异端者，理一分殊也。理不患

---

① （宋）朱熹：《论语集注》卷二，《里仁第四》，《四书五经》，北京：中国书店，1985年，第15页。

② （宋）黎靖德编：《朱子语类》卷二七，《论语九·里仁篇下》，北京：中华书局，1986年，第698页。

③ （宋）黎靖德编：《朱子语类》卷二七，《论语九·里仁篇下》，北京：中华书局，1986年，第669页。

其不一,所难者分殊耳。此其要也。”[1]

万物一理,而理同出于一个源头,但由于所处的位置和作用不同,其理的作用也就不一样。万事万物的具体规律、具体性质各有不同,却都是理的具体表现。朱子特别强调的是“分殊”。理一分殊主要是在“分殊”上。这显然与佛、老专注“理一”是根本不同的。佛、老重视“理一”,不重视分殊。能于分殊上理会得其当然,然后方知理本一贯。朱子的“分殊”的“分”,是“分享”,是“份额”或“等级”;而其“殊”,是“多”或“差异”。朱子曰:“圣人未尝言‘理一’,多只言‘分殊’。盖能于分殊中事事物物,头头项项,理会得其当然,然后方知理本一贯。不知万殊各有一理,而徒言理一,不知理一在何处。圣人千言万语教人,学者终身从事,只是理会这个。要得事事物物,头头件件,各知其所当然,而得其所当然,只此便是‘理一’矣。如颜子颖悟,‘闻一知十’,固不甚费力。曾子之鲁,逐件逐事一一根究着落到底。孔子见他用功如此,故告以‘吾道一以贯之’。”[2]

朱子很强调“分殊”,认为分殊之理明,则理一之理亦明。朱子曰:

为学纤毫丝忽,不可不察。若小者分明,大者越分明。如《中庸》说,“发育万物,峻极于天”,大也;“礼仪三百,威仪三千”,细也。“尊德性,致广大,极高明,温故,敦厚”,此是大者五事;“道问学,尽精微,道中庸,知新,崇礼”,此是小者五事。然不先立得大者,不能尽得小者。此理愈说愈无穷,言不可尽,如“小德川流,大德敦化”,亦此理。千溪万壑,所流不同,各是一川,须是知得,然其理则一。……盖能尊德性,便能道问学,所谓本得而末自顺也。其余四者皆然。本即是所谓“礼仪三百”,末即是所谓“威仪三千”。“三百”即“大德敦化”也,“三千”即“小德川流”也。[3]

大者是理一,小者是分殊。朱子强调,“不先立得大者,不能尽得小者”。这就是孔子“下学上达”之意。朱子曰:“道学不明,元来不是上面欠却工夫,乃是下面元无根脚。若信得及,脚踏实地,如此做去,良心自然不放,践履自

---

① (宋)朱熹:《延平答问》卷上,《赵师夏跋》。

② (宋)黎靖德编:《朱子语类》卷二七,《论语九·里仁篇下》,北京:中华书局,1986年,第677～678页。

③ (宋)黎靖德编:《朱子语类》卷六四,《中庸三》,北京:中华书局,1986年,第1588～1589页。

然纯熟。非但读书一事也。”[①]

周敦颐的《太极图说》《通书》、张载的《西铭》是朱子理一分殊论的三大源头。理一分殊论起于程颐，继于杨时、李侗，成于朱子。朱子对理一分殊论有进一步的创造性的诠释。朱子的理一分殊论，赵师夏在朱子所编《延平答问》跋语中认为，最初是接受李侗的教导。朱子承二程、李侗的旨意，进一步用理一分殊论架构自己的思想理论范畴体系，是朱子思想理论体系的核心和基础，贯串于其经学、哲学、道德伦理学、政治学、经济学、文学、教育学、宗教学、历史学等所有学说之中，是其学说的一贯之道。

基于上述，朱子给传统的新儒学思想赋予“理一分殊”的新意，找到了天（自然界）如何衍化出人、物，使人们的世界观更加严密完整。朱子曰：“熹所谓‘仁者，天生物之心，而人物所得之为心’，此虽出于一时之臆见，然窃自谓正发明得天人无间断处。稍似精密，若看得破，则见‘仁’字与‘心’字浑然一体之中，自有分别，毫厘有变之际，却不破碎，恐非如来教所疑也。”[②]这是说此观点是自己的一大创见。此是朱子讲到天地生物之心“仁”（理一）与人物之心（分殊）说的。天（自然界）与人物之关系，即今天常讲的客观与主观、存在与思维的关系，也就是中国古代哲人讲的“天人合一”思想，是中国人今古最基础的、最根本的世界观。朱子曰：

> 仁无不统，故恻隐无不通，此正是体用不相离之妙。若仁无不统，而恻隐有不通，则体大用小、体圆用偏矣。……（孟子）但言“不忍之心”，因引“孺子入井”之事以验之，而其后即云：“由是观之，无恻隐、羞恶、辞逊、是非之心，则非人也。”此亦可见矣。[③]

由此可见，“仁”（理一）与人物之恻隐、羞恶、辞逊、是非之心（分殊）是紧密地联系在一起的，仁（理一）即寓于人物之恻隐、羞恶、辞逊、是非之心（分殊）之中，它们是理一而分殊的。

理一分殊论是朱子学的核心思想，贯串于整个朱子学之中，是其由微观到宏观、由宏观到微观的框架，概括出其基本的世界观和人生观。理一分殊论阐明了宇宙本体与万物万事的同一性，含有一般与个别、共性与个性的关

---

① （宋）黎靖德编：《朱子语类》卷一四，《大学一》，北京：中华书局，1986 年，第 250 页。

② （宋）朱熹撰，陈俊民校编：《朱子文集》卷四〇，《答何叔京第十八书》，台北：德富文教基金会，2000 年，第 1731 页。

③ （宋）朱熹撰，陈俊民校编：《朱子文集》卷四〇，《答何叔京第十八书》，台北：德富文教基金会，2000 年，第 1731 页。

系。一理摄万理，万理归一理。理只有一个，万物万事分享此一理而成为自身。朱子在《朱子语类》中说：

> 万物皆有此理，理皆同出一原。但所居之不同，则其理之用不一。如为君须仁，为臣须敬，为子须孝，为父须慈。物物各具此理，而物物各异其用，然莫非一理之流行也。……凡世间所有之物，莫不穷极其理，无一事一物不得其宜，除是无此物，方无此理；既有此物，圣人无有不尽其理者。……近而一身之中，远而八荒之外，微而一草一木之众，莫不各具此理。如此四人在坐，各有这个道理，某不用假借于公，公不用求于某，仲思与廷秀亦不用自相假借。然各自有一个理，却又同出于一个理尔。……此所以可推而无不通也。所以谓格得多后自能贯通者，只为是一理。释氏云："一月普现一切水，一切水月一月摄。"这是那释氏也窥见得这些道理。濂溪《通书》只是说这一事。[①]

这段话很有现代价值意义。理一分殊论具有普遍性的品格，它适用各个时代和一切事物。因此，理一分殊论运用非常广泛。例如，朱子在讲到《大学》时，认为此书是专讲治国平天下的，其格局可分为三段。朱子曰："致知、格物，是穷此理；诚意、正心、修身，是体此理；齐家、治国、平天下，只是推此理。要做三节看。……《大学》一篇却是有两个大节目：格物、致知是一个，诚意、修身是一个。才过此二关了，则便可以行将去。"[②]人世间所有的一切都可以是理的发用和推广，即分殊出去的。在人伦秩序上，朱子尤其强调理一之分殊或在"用"中的那种差序之爱，以及每个人对不同对象所承担义务的差别。朱子曰："天地间，人物之众，其理本一，而分未尝不殊也。以其理一，故推己可以及人；以其分殊，故立爱必自亲始。"[③]

"理一分殊"展示出朱子学的多方面的文化价值意义：个人身心的修养整合，个人与社会、国家、自然界的合理互动——从亲亲到仁民、爱物、爱国。这是一条由近及远、由亲到疏、由低级到高级的自觉、自然的过程。这诸方面的综合就能呈现出"大和谐"。这是朱子学的核心价值，能体现于实际、实践之中。如能给予新的诠释，有贯通古今中外的新义。例如，教师教好学生是"教师"之理，父母养育和培养好子女是"父母"之理，等等，以此类推。而

---

① （宋）黎靖德编：《朱子语类》卷一八，《大学五》，北京：中华书局，1986 年，第 398～399 页。

② （宋）黎靖德编：《朱子语类》卷一五，《大学二》，北京：中华书局，1986 年，第 312 页。

③ （宋）朱熹：《孟子或问》卷一。

其上还有个总理，即“天理”，人之所以为人的基本道德伦理原则。人、物之理都是由“天理”分殊出来的。

现在常常讲的“和”“同”“求同存异”，用“理一分殊”去理解，就会有新的意义、价值。“和”的对立面是“同”，相同的东西整合是“同”；而“和”的前提是“异”、差异，差异才能使“和”的内容丰富多彩，像烹调一样。绝对不能把“和”看成是“同”。“同则不继”，就不能前进，更说不上创造力。必须通过“不同”来展现“和”的价值。

我们也可以对应一与多、普遍性与多样性的关系，如全球一体化与民族文化的多元化、一国两制等都可以用理一分殊进行诠释和指导，重建道德伦理。

在全球化的今天，还可以倒过来使用，既强调全球一体化的理一，也要保持各民族文化的自身特点，求同存异，和而不同。

此外，用“理一分殊”分析今天常说的“宏观调控”，也会有新的意义。

朱子的理一分殊论，含有人生的最高和最终的目标和境界。据此建立起完整的思想文化体系：天道（理气）—人道（心性）—天人（理心）合一（知行）。这就是宇宙理气论、道德心性论、践履知行论。知行是认识理一分殊和实现天人合一的途径和方法。“理一分殊”具有共性与个性、一般与个别的意义，也不完全相同。

（三）心统性情

朱熹是基于自己的理气论来说明心、性、情三分和心统性情的。

朱熹认为心是气之灵。朱熹述说：

> 心者，气之精爽。
>
> 所觉者，心之理也；能觉者，气之灵也。
>
> 问：“灵处是心，抑是性？”曰：“灵处只是心，不是性。性只是理。”①

这就是说，心是气之灵，能知觉，有动静。而其所以知觉、所以动静的所以然之理，则是性。因此，心既不是性也不是理。

在朱熹看来，性只是理，性即理。朱熹述说：

> 性即理也。
>
> 生之理谓性。

---

① （宋）黎靖德编：《朱子语类》卷五，《性理二》，北京：中华书局，1986年，第82～86页。

> 性则是纯善底。[①]

朱熹认为性不是心，也不是情。心与情皆属气，只有性才是理。性是纯善的理。

朱熹把情看作气之变，即气之发。

在朱熹看来，性是理，心是气之灵，而情则是气之发或之变。此便是"心性情三分"。《朱子语类》载：

> 问心性情之辨，曰："程子（颐）云：'心譬如谷种，其中具生之理是性，阳气发动是情。'"推而论之，物物皆然。[②]

仁只是性，只是理，恻隐之心与爱之情则属于气。其谓"仁者，心之德、爱之理"[③]，表示仁不是心、不是爱，只是爱之所以然的理，而为心所当具之德。这样，仁只是一个形而上的抽象的理，而不再是具体的活泼泼的生生之仁。仁这个"理"，必须通过心知之明的静涵后方能为心所具；仁这个"德"亦须通过心气之摄具此理，方能成为心自身之德。这就是说，德由理而转成，理不寓于心则不能成德。

"心统性情"，统为统摄、统贯义，非统帅、统属义。心统性，是认知地、关联地统摄性而彰显之。这是心统贯于"未发"之性。心统情，是行动统摄情而敷施发用。这是心发出情，心统贯于"已发"之情。朱熹述说：

> 性是未动，情是已动，心包得已动未动。盖心之未动则是性，已动则为情，所以心统性情者也。
>
> 性以理言，情乃发用处，心则管摄性情者也。
>
> 心，统摄性情者也。[④]

性是未动（未发），情是已动（已发），心则统摄未发之性和已发之情。心性情虽然三分，但是无论静时未发之性和动时已发之情，都为心所统摄。如下所示：

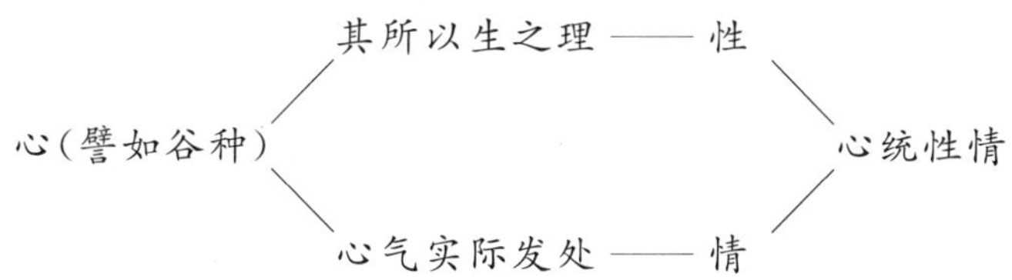

① （宋）黎靖德编：《朱子语类》卷三，《鬼神》，北京：中华书局，1986 年，第 33～36 页。

② （宋）黎靖德编：《朱子语类》卷五，《性理二》，北京：中华书局，1986 年，第 95 页。

③ （宋）朱熹：《论语集注》卷一，《学而第一》。

④ （宋）黎靖德编：《朱子语类》卷五，《性理二》，北京：中华书局，1986 年，第 94 页。

在道德修养上，朱熹强调涵养、察识。“涵养于未发”，即把心涵养得“镜明水止”，就可以达到心静理明。心静，就能复其虚灵，复其虚灵知觉以明理，而性（理）因心知之摄具而彰显出来。情是从心上发出来的，情因事（如好恶喜怒哀乐）而发，所以朱熹叫“察识于已发”。通过察识，情之发用中节合理，达到崇高的道德境界。

朱熹认为情之恻隐、羞恶、辞让、是非是发于仁、义、礼、智之性。喜、怒、哀、惧、爱、恶、欲是接触外物，其形动于中，缘境而出现的。四端都是善的，无四端之心非人。七情善恶未定，故一有之而不能察识，则心不得其正。必发而中节，然后才谓之和。二者虽是皆理气所致，而因其所从来，各指其所主与所重，才能说之某为理某为气。

理气合而为心，自然有虚灵知觉之妙。静而具众理，是性。而盛贮该载此性者，则是心。动而应万事，是情，而敷施发用此情的是心。故曰心统性情。

朱熹的理气为心说，强调四端，理之发，纯善；七情，气之发，有善有恶。这就言简意赅地说明了心是统性情的。

人性中有人心和道心，道心包含仁、义、礼、智，人心包含着喜、怒、哀、惧、爱、恶、欲。前者是本然之性，是纯粹的精神作用；后者是气质的，出自身体的欲求作用。人性易于跟随人的欲望，而人可以借着自身的涵养、察识，避免人的欲望走入歧途。朱熹述说：

> 本然之性，固浑然至善，不与恶对。此天之赋于我者然也。然行之在人，则有善有恶。做得是者为善，做得不是者为恶，岂可谓善者非本然之性？只是行于人有二者之异，然行得善者，便是那本然之性也。[①]

总之，性是理，心是气之灵，情是心气之发或之变，此便是“心性情三分”。仁只是性、只是理，恻隐之心与爱之情则属于气。谓“仁者，心之德、爱之理”，表示仁不是心、不是爱，只是“爱之所以然的理，而为心所当具之德”。这样，仁只成一个形而上的抽象的理，而不再是具体的活泼泼的生生之仁。仁这个“理”，必须通过心知之明的静涵后方能为心所具；仁这个“德”亦须通过心气之摄具此理，方能成为心自身之德。这就是说，德由理而转成，理不寓于心则不能成德。

---

① （宋）黎靖德编：《朱子语类》卷一〇一，《程子门人》，北京：中华书局，1986年，第2555页。

对于心统性情，清理学家陈庚焕有一段精彩的比喻。陈庚焕述说：

> 心，譬如官府衙门。心统性情，性具众理，譬如官府有是敕，敕内开载，事事皆其职掌。情应万事，譬如官府奉此敕，照敕行事，事事皆得施行。气质，譬如官之才调。气质有昏明、厚薄、强弱，昏，如官糊涂。明，如官晓事。厚，如官有心。薄，如官无情。强，如官出力。弱，如官畏事。[①]

陈庚焕用气质划分人的智力贤愚和能力的强弱，即是所谓情。

（四）四端七情

“四端七情”是闽学的重大命题。四端，源于《孟子》的“恻隐之心，仁之端也；羞恶之心，义之端也；辞让之心，礼之端也；是非之心，智之端也”。端，是指善性表露的开端，四端是纯善的。七情，源于《礼记·礼运》的“何谓人情？喜、怒、哀、惧、爱、恶、欲七者，勿学而能”。七情具有从善或从恶的两种可能。四端与七情的关系，是理气与心性情的关系，即四端、七情的来源问题。

这个问题，朱熹说：“四端是理之发，七情是气之发。……心包性情者也，自其动言之，虽谓之情亦可也。”[②]这种讲法含糊，不明确；又提出：性为未发，心为已发。后来，朱熹逐步认识到性为未发、心为已发的观点有问题。朱熹说：“乾道己丑（1169）之春，为友人蔡季通（元定）言之。问辨之际，予忽自疑斯理也。……则复取程氏书虚心而徐读之，未及数行，冻解冰释。”[③]明确提出：心兼已发、未发，性为未发，情为已发，心统性情。至此，朱熹才真正走上程颐的“涵养须用敬，进学在致知”的路向上来。全意为“主敬以立其本，穷理以致其知，反躬以践其实”。[④]

在朱熹看来，四端理之发，纯善；七情气之发，有善有恶。四端是依理而发出来的情，却不能说情是从理上发出来的。理是发之所以然，是气发时所遵依的标准，而实际的发者乃是气。就是发之者是气，而所以发之者是理。据孟子所说，本心即性，心性是一，心亦是理，四端即是本心性体自身之发用。因此可以说四端是理之发或发于理。但是据朱熹的“心性情三分，理气

① （清）陈庚焕：《惕园全集·性道图》。

② （宋）黎靖德编：《朱子语类》卷五，《性理二》，北京：中华书局，1986 年，第 90～91 页。

③ （宋）朱熹：《朱子文集》卷七五，《中和旧说序》。

④ （清）黄宗羲、全祖望：《宋元学案》卷四九，《晦翁学案》，北京：中华书局，1986 年。

二分”思想结构,“四端是理之发”的真实含义,只能说四端是依理而发出来的情,不能说四端之情是从理上发出来的。

韩国学者郑仁在《朱子学在韩国的展开》中,以韩国伦理学的发展过程,深刻地说明了朱熹“四端七情”说的道德伦理价值。他述说:

> 朝鲜中期的四七论争,而是着重分辨义理实践之根据,也为拥护朱子学正统、批异端提供坚实的理据。当时阳明学也传入朝鲜……退溪为辨明阳明心学与朱子学心学的不同,乃研究《心经附注》,并批判程敏政折中朱陆的态度,以保存纯粹的朱子学。……经过朝鲜中期的辩论后,朝鲜儒学对朱子学的理解,达到哲学的高度。随之发展的,便是以自律的精神,遵行并落实《朱子家礼》,由此有“礼学”的发展。换言之,礼学是理学的内在化或心学化的结果。礼学蓬勃发展后,也独立于理学之外,独自发展,并与政治相结合。在围绕丧服问题上,礼学分为“南人派”“西人派”,双方辩论极为激烈,遂出现所谓的“礼讼”。朝鲜后期,经两乱(按:指壬辰倭乱、丙子胡乱)之祸后,为导正社会民心,有拥护朱子学正统派的学者,也有受西学(天主教)传入影响而要求改革社会的学者。由此产生以北学与西学为主的“实学”,试图摆脱朱子学的笼罩。朝鲜末期,为西学东渐时期,为了对抗西洋文物,不论岭南学派或畿湖学派,皆积极参与并展开“卫正斥邪”运动。透过以上的论述,“本源朱子学”与“修正朱子学”在韩国的展开,确有清晰脉络可寻,而韩国朱子学的特色,亦昭然若揭。①

在这里,郑仁在先生深刻地说明了朱熹的“四端七情”说左右朝鲜半岛数百年道德伦理思想发展史的过程。由此可见,朱熹的“四端七情”说在道德伦理文化上的重大价值。

《礼记·中庸》中有谓“喜怒哀乐之未发,谓之中;发而皆中节,谓之和。中也者,天下之大本也;和也者,天下之达道也。致中和,天地位焉,万物育焉”。就是认为人在喜、怒、哀、乐未发之前有一种精神实体,它是天下的根本,操存、省察了它,人就达到了圣人的境界,天下也就可以得到治理了。

这种操存、省察“未发之中”“已发之和”的问题,本来是杨时、罗从彦、李

---

① 黄俊杰主编:《东亚朱子学的同调与异趣》,台北:台湾大学出版中心,2006年,第328～329页。

侗等道南一脉的“相传指诀”。[①] 后来,理学家曾讨论操存、省察的先后问题。朱熹早年主张先省察,后操存,即人应该先在自己的思想中找寻善的苗头,然后紧紧抓住,加以培养扩充。后来主张“人自有未发时,此处便合存养,岂可必待发而后察,察而后存耶”? 即认为人在喜、怒、哀、乐诸情“未发”时就要操存,不能等待“已发”时再去省察。操存、省察是逐步深入(“愈说愈密”)的过程。喜、怒、哀、乐兼人心、道心,“未发之中全是道心,中节则人心无非道心矣,且中节则喜、怒、哀、乐无非恻隐、羞恶、辞让、是非之心”,把“未发”“已发”与道心、人心联系起来。[②]

(五)涵养致知

在福建理学学者看来,人之修身养性的最高境界是具备仁、义、礼、智四德。仁为四德之首。朱熹指出:“仁者,人之所以为人之理也。”[③]朱熹在《玉山讲义》中也反复讲到,四德之中以仁为首,因为仁包括其他三德。程颐说:“心譬如谷种。心之性,便是仁也。”[④]真德秀述说:

> 人受天地之中而生,而仁、义、礼、智之性具于其心。仁虽专主于爱而实为心之全德,礼则专主于敬而实于理之节文也。然人是身则耳、目、口、体之间不能无私欲之累,以违于礼而害夫仁。故要克己复礼为仁。欲其克去自己之私欲而复于天理之本然。[⑤]

因此,福建理学家无日不言仁,在仁上下工夫。他们特别强调孔子讲的“为仁由己”[⑥],注重人的尊严、独立人格,肯定人有内在生命价值的泉源,提高和升华主体的自觉性。

为仁之方,以敬为要。“主敬”是朱子学家的最主要的修养工夫。所谓敬,就是主一无适,把心集中于儒家的道德伦理之上。敬是认真,居敬是行笃。只有居敬才能行笃。敬在心为诚,敬在口为谦,敬在心为重,敬在脸为庄。诚、谦、重、庄是敬之表现,诚则明,明则诚;谦则不傲,不傲则有恒;重则有威,学则固。因此,理学家强调“涵养须用敬”。朱熹在答门人问题时说:

---

① (宋)朱熹:《朱子文集》卷四〇,《答何叔京书》。

② (宋)朱熹:《朱子文集》卷三二,《答张敬夫书》。

③ (宋)朱熹:《孟子集注》卷一四,《尽心章句下》。

④ (宋)程颢、程颐:《二程遗书》卷一八。

⑤ (宋)真德秀:《四书集编》卷一二,《论语集编》。

⑥ 《论语·颜渊》。

敬字工夫,乃圣门第一义,彻头彻尾,不可顷刻间断。敬之一字,真圣门之纲领,存养之要法。一主于此,更无内外精粗之间。……敬则万理具在。仲思问:“敬者,德之聚?”曰:“敬则德聚,不敬则都散了。”敬胜万邪。只敬,心便一。敬,只是此心自做主宰处。……敬不是只凭坐地。举足动步,常要此心在这里。敬非块然兀坐,耳无所闻,目无所见,心无所思,而后谓之敬。只是有所畏谨,不敢放纵。如此则身心收敛,如有所畏。常常如此,气象自别。存得此心,乃可以为学。①

在主敬修养上,他们较多地吸收了佛教禅学的心地法门。朱熹反复表明,“佛家于心地上煞下工夫”,“佛家说心处尽有好处”,等等。他们最欣赏释、道的主要有两个方面。一是“警省”。朱熹述说:

大抵学问须是警省。且如瑞岩和尚,每日间常自问:“主人翁惺惺否?”又自答曰:“惺惺。”今时学者却不如此。人之本心不明,一如睡人都昏了,不知有此身。须是唤醒,方知。恰如瞌睡,强自唤醒,唤之不已,终会醒。某看来,大要工夫只在唤醒上。然如此等处,须是体验教自分明。……心只是一个心,非是以一个心治一个心。所谓存,所谓收,只是唤醒。人惟有一心是主,要常常唤醒。须是猛省。②

惺惺,警省意。此引前面几句,反其意是要求儒者学习释者的惺惺法。当然,儒、释所警省的内容是不同的。朱熹认为,“人心有散缓时,故立许多规矩来维持之。但常常提警,教身入规矩内,则此心不放逸,而炯然在矣。心既常惺惺,又以规矩绳检之,此内外交相养之道也”。这里说的“规矩”,朱熹也以《禅苑清规》比之,“(或言)尝思欲做一小学规,使人自小教之便有法,如此亦须有益。先生曰:做《禅苑清规》样做,亦自好”。此指唐僧怀海所制《百丈清规》。“样做”,即按《百丈清规》的形式做。朱熹又说:“某常说,吾儒这边难得如此,看他(禅者)下工夫,直是白日至夜,无一念走作别处去。学者一时一日之间,是多少闲杂念虑。如何得似他?”③这是说儒者要学习禅者的精神专一集中的修养工夫。

二是淡泊名利。朱熹述说:

某尝说,怪不得今日士大夫,是他心里无可作做,无可思量,“饱食

---

① (宋)黎靖德编:《朱子语类》卷一二,《学六·持守》,北京:中华书局,1986年。

② (宋)黎靖德编:《朱子语类》卷一二,《学六·持守》,北京:中华书局,1986年。

③ 以上见(宋)黎靖德编:《朱子语类》卷七,《小学》;卷一二六,《释氏》,北京:中华书局,1986年。

终日无所用心”，自然是只随利欲走。间有务记诵为词章者，又不足以救其本心之陷溺，所以个个如此。只缘无所用心，故如此。前辈多有得于佛学，当利害祸福之际而不变者。盖佛氏“勇猛精进，清净坚固”之说，犹足以使人淡泊有守，不为外物所移也。若记览词章之学，这般伎俩，如何救拔得他那利欲底窠窟动！[①]

妙喜赞某禅师有曰：“当初若非这个，定是做个渠魁。”观之信然。其气貌如此，则世之所谓富贵利达，声色货利，如何能笼络得他住！他视之亦无足以动其心者。[②]

这是讲一些释、道之人人格高尚，值得学习。

程颐讲的“涵养须用敬，进学则在致知”，福建理学学者反复引用论说，认为“致知须用涵养，涵养必用致知”是入德之门。[③] 因为“此二言者，体用本末，无不该备”，“此两言者，如车两轮，如鸟两翼，未有废其一而可行可飞者也”[④]。

（六）格物力行

中国古代的认识论是围绕《大学》提出的“格物”而展开的。朱熹曾谓，“自十五六时，知读是书（按：指《大学》）而不晓格物之义。往来于心，余三十年”[⑤]。可见朱熹一直着力于格物上。格，意为至、极，也可以理解为接近。物即事物。朱熹提出“天下之事皆谓之物”[⑥]，包括自然界和社会中的各种现象，当然也有心理现象和道德规范。

《大学》提出“格物”概念，却无具体内容。朱熹认为《大学》之格物内容遗失，于是他为之补传。朱熹强调，合天地万物而言只是一个理，格物而穷理。他述说：

盖人心之灵莫不有知，而天下之物莫不有理。惟于理有未穷，故其

---

① （宋）黎靖德编：《朱子语类》卷一三二，《本朝六 · 中兴至今日人物下》，北京：中华书局，1984 年。

② （宋）黎靖德编：《朱子语类》卷四，《性理一 · 人物之性气质之性》，北京：中华书局，1986 年。

③ （宋）程颢、程颐：《二程遗书》卷一八。

④ （宋）朱熹：《朱子文集》卷三三，《答吕伯恭一》。

⑤ （宋）朱熹：《朱子文集》卷四四，《答江德功二》。

⑥ （宋）黎靖德编：《朱子语类》卷一五，《大学二》，北京：中华书局，1986 年。

知有不尽也。是以《大学》始教,必使学者即凡天下之物,莫不因其已知之理而益穷之,以求至乎其极。至于用力之久,而一旦豁然贯通焉,则众物之表里、精粗无不到,而吾心之全体大用无不明矣。此谓格物。[①]

在这里,朱熹十分明确地把主客观置于认识与被认识的关系,是中国哲学史上认识论的里程碑。

图 4-26 《白鹿洞书院学规》碑刻

朱熹在《白鹿洞书院揭示(学规)》中提出博学、审问、慎思、明辨为格物之事。其在《朱子语类》中随时解答门人问题,大都讲此四目。如其谓,"且就事物上格去,如读书,便就文字上格。听人说话,便就说话上格。接物,便就接物上格。精粗大小,都要格他"。身之内与身外之物,都要格,"须是四方八面都理会教通晓,仍更理会向里来,譬如吃果子一般,先去其皮壳,然后食其肉。又更和那中间核子都咬破,始得"。格物之目的是穷理,"所谓穷理者,事事物物各有个事物的道理,穷之须要周尽"。[②] 朱熹与门人问答,每每以"格物穷理"连用,因为物内有理,通过格物而穷其理。在格物穷理中,读书是重要方法。

格物就能致知。致,推极、推出之意。《朱子语类》多处谓,推到极处,穷究彻底,真见真知,得道(规律)而通其余。格物是就个性说,致知是就共性

① (宋)朱熹:《大学章句集注·格物补》。

② (宋)黎靖德编:《朱子语类》卷一五,《大学二·经下》,北京:中华书局,1986 年,第 289 页。

(全体)说。格物是逐物而格,以个性知共性;致知是逐类旁通,以共性知个性。格物是物物上穷其至理,致知是吾心无所不知,是理与心之联接。两者是合一的,“格物致知亦是因其所已知推之以及其所未知,只是一本,元无两样工夫”。[①] 此即谓致知在格物之中,非格物之外另有致知,两者是同时的。

格物致知是与知行联系在一起的。朱熹说:“格物致知为用力之始,然非谓初不涵养践履,而直从事于此也。又非谓物未格、知未至,则意可以不诚、心可以不正、身可以不修、家可以不齐也。”[②]格物致知是知,涵养践履是行,“知与行工夫须着并到,知之愈明则行之愈笃,行之愈笃则知之益明。二者皆不可偏废”[③]。由此,福建理学学者深刻论述了知行的问题。

知行是中国传统哲学认识论的核心问题。知行先后、难易之争贯串了中国哲学史认识论的始终。朱熹在知行先后问题上,犹如其理气论一样,本无先后,如鸟之双翼、车之两轮,而推论之也可以说知先行后。闽学学者反复强调,“知行常相须,如目无足不行,足无目不见”,二者皆不可偏废。朱熹说:“知而未能行,乃未得之于己。此所谓知者,亦非真知也。真知则未有不能行者。”[④]真知则必行,因为能行才算真知。此与后来王阳明所说的“知而不行,只是未知”之知行合一论有所一致。其所不同的,朱熹的知是通过格物穷理所得,而王阳明则是由良知所得,不须格物。

上面讲到,朱熹所说的格物之“物”,是指天下所有事物,包括心理现象和道德规范。因此,通过格致与力行的反复进行,道德伦理意识不断提高,以至达到贤圣境界。

三、朱熹的道德伦理学

“仁”是儒家思想的核心。儒家把“仁”作为终生奋斗的最崇高目标,即所谓“终极关怀”。为此,必须从学入手,所以叫作“为己之学”,即孔子所说的“古之学者为己”[⑤]。就是说,人们要用全部的生命力去追求它。现代人谈论道德伦理问题,陷入完全的相对主义,非此即彼,非彼即此,或者把道德伦理的责任交给所信仰的超自然力量(宗教)或社会党派。而儒家则把道德

① 以上见(宋)朱熹:《朱子文集》卷五九,《答陈才卿五》。

② (宋)朱熹:《朱子文集》卷四二,《答吴晦叔九》。

③ (宋)黎靖德编:《朱子语类》卷一三,《力行》,北京:中华书局,1986 年。

④ (宋)朱熹:《朱子文集》卷七二,《杂学辨》。

⑤ 《论语・宪问》。

伦理的责任归之于自己的生命力，是自己的生命有这种要求。也就是说，生命的价值和意义须从自己内心找出根源，再发扬光大，然后人们的行为就发挥出社会作用，才有文明的创造、文化的发展。

为了实现“终极关怀”和“为己之学”，朱熹全面论述了为君子成贤圣与道德伦理规范，及其践履程序，内容十分丰富，是现代人道德伦理建设的最主要资源。

（一）为君子成贤圣

朱熹认为学者必须对君子与贤圣有个明确的认识，然后才有为学的阶梯和目标。

朱熹指出，君子不像器皿那样只有一定的用途，是事事都能做，无所不通。朱熹述说：

> 君子不器，事事有些，非若一善一行之可名也。贤人则器，获此而失彼，长于此又短于彼。贤人不及君子，君子不及圣人。[①]

古代人知识范围狭小，无所不通也是相对于一定较大的范围说的。而贤人则像器皿一样，只有一定的用途，其作用范围狭小，“获此而失彼，长于此又短于彼”。“君子不及圣人”，这是因为：

> 圣人事事会，但不见用，所以只见他小小技艺。若使其得用，便做出大功业来，不复有小小技艺之可见也。……圣人只是一个大本大原理发出，视自然明，听自然聪，色自然温，貌自然恭，在父子则为仁，在君臣则为义。从大本中流出，便成许多道理，只是这个一便贯将去。所主是忠，发出去无非是恕。
>
> （贤圣）这一个道理，从头贯将法，如一源之水，流出为千条万脉。不可谓下流者不是此一源之水。只是一个心，如事父孝，也是这一心。事君忠，事弟长，也只是这一心。老者安，少者怀，朋友信，皆是此一心。精粗本末，一以贯之，便无余法。[②]

在朱熹看来，君子是介于贤与圣之间的，即贤人、君子、圣人历阶而上。君子具有承前启后的作用，靠近圣人，是成圣的关键。

---

① （宋）黎靖德编：《朱子语类》卷二四，《君子不器章》，北京：中华书局，1986 年。

② 以上见（宋）黎靖德编：《朱子语类》卷三五，《泰伯篇》；卷四五，《子曰赐也章》；卷二七，《里仁篇》；卷一三四，《历代一》；卷四，《性理一》，北京：中华书局，1986 年。

在朱熹看来,才德出众才是君子。因为有德有才才有用;有德无才,则不能用。若无才而徒有节,虽死无益。朱熹说:“德者体也,才者用也。君子亦具圣人之体,但其体不如圣人之大,而其用不如圣人之妙。”朱熹主张德才兼备,体用合一。以道德与才用并用,用才用来体现道德。朱熹深入至人的本质里进行探讨。朱熹述说:

才是性中出,德也是有是气而后有是德。人之有才者出来做得事业,也是它性中有了,便出来做得。但温厚笃实便是德,刚明果断便是才。只有他气之所禀生到那里多,故为才。

温厚笃实,是指人之温良、忠厚、诚实。温良、忠厚是自持工夫,诚实是待人接物之态度。有了这种德性就能做出善的事业来。这就是朱熹所讲的“能为善而本善者是才”。做善事必须有才,刚明果断就是才。此意谓刚强、明理、果断、勇敢,这也是德的内容。可见德才是一致的。朱熹说:“德而不才,德匪其德;才而不德,乃才之贼。”他要求德者要有才,德才兼备才是君子,才能成圣人,为人民国家做出大事业来。不能说才出于气,否则才便“有善有恶”。只能说才是“性中出”,做出的事业是性中有的。①

朱熹强调,在德才全备、体用兼尽的前提下,由德制才,德决定才,“有道德,则功术乃道德之功,道德之术。无道德,则功术方不好”。道德无妨于事功,事功必待于道德,“有禹汤之德,便有禹汤之业。有伊周之德,便有伊周之业。终不如万躬之行,凡事一切不理会。有一家便当理会一家之事,有一国便当理会一国之事。……亲民必本于明德,而明德所以为亲民。”德者,得之于己;才者,能有所为。它们是体用的关系,体决定用,用表现体,体用是一源的。“圣人之学本末精粗,无一不备。但不可轻本而重末矣”!他又述道:

圣主于德,固不在多能,然圣人未有不多能者。夫子以多能不可律人,故言君子不多。尚德不尚艺之意,其实圣人未尝不多能也。……圣人自是多能。今若只去学多能,则只是一个杂古董的人,所以说“君子多乎哉?不多也”。②

---

① 以上见(宋)黎靖德编:《朱子语类》卷六四,《中庸三》;卷一三四,《历代一》;卷四,《性理一》;卷一三四,《历代一》;卷四,《性理一》;卷四,《性理一》;卷九四,《承务郎李墓志铭》;卷五,《性理二》,北京:中华书局,1986年。

② 以上见(宋)黎靖德编:《朱子语类》卷一五,《经下》;卷三五,《泰伯篇》,北京:中华书局,1986年。

这就是说，既无圣人之聪明，便不能尽去学圣人之多能。朱熹意中之圣人，必道德事功兼具。其事功是道德之事功，故表现出来的多是道德，不是多能之事功。这里，朱熹强调不能离开道德而多能事功，否则就“只是一个杂古董的人”。就是因为很难真正做到这一点，所以说君子不多。

朱熹进一步指出，君子近乎圣人，有时候君子就是圣人，“才如何全做不好？人有刚明果决之才，此自是好。德亦有所谓昏德。若块然无能为，亦何取于德？德是得诸己，才是所能为。若以才德兼全为圣人”。这说明真正做到君子，就离圣人不远，就能成为圣人。因此，朱熹提出要把为君子成圣人作为为学之道。这样，为学才有目标，才有动力。朱熹述说：

古之学者，始乎为士，终乎为圣人。此言知所以为士，则知所以为圣人矣。今之为士者众，而求其至于圣人者，或未闻焉。岂亦未知所以为士而然耶？将圣人者固不出于斯人之类，而古语有不足信者耶？颜子曰：“舜何人哉，予何人哉。”孟子所愿则学孔子。二子者，岂不自量其力之所至而过为斯言耶？不然，则士之所以为士而至于圣人者，其必有道矣。[①]

此文是朱熹在官同安时所作，乃其早年语。当年他就知道为学(士)之最终目标，即成圣人，为学是为君子成圣人之途辙。途辙正，道路虽远而终至。他认为学者与君子、圣人之不同，只在勉强与自然、生与熟之别。有的学者做得和君子、圣人一样，但不坚固，又会失却，而君子、圣人则是自然坚固，“圣人只是做到极至处，自然安行，不待勉强，故谓之圣”，“圣人只是事事做到，恰到好处”，“圣人熟，学者生。圣人自胸中流出，学者须着勉强”，“圣人则皆自然流行出来，学者则须用推将去。圣人则动以天，贤人则动以人”。他还说：

学者是学圣人而未至者，圣人是为学而极至者。只是一个自然，一个勉强尔。惟自然，故久而不变。惟勉强，故有时而放失。因举程子说：“孟子若做孔子事尽做得，只是未能如圣人。”龟山言：“孔子似知州，孟子似通判权州。”此喻甚好。通判权州，也做得，只是不久长。[②]

这就是说，君子、圣人固无异于常人。由常人至君子、圣人，就是由生到

---

① 以上见(宋)黎靖德编：《朱子语类》卷一三四，《历代二》；卷七四，《策问》首条，北京：中华书局，1986年。

② (宋)黎靖德编：《朱子语类》卷五八，《万章上》；卷二四，《为政篇下》；卷二，《学而篇上》；卷二七，《里仁篇下》；卷二一，《曾子曰吾日三省吾身章》，北京：中华书局，1986年。

熟。为学就要以圣人为标准，否则就无以为学。朱熹说："舜诚大圣人，不可及也。而古之人有颜子者？其言曰：'舜何人也？予何人也？有为者亦若是。'夫岂不知舜之不可以几及而必云尔者？盖曰学所以求为圣人，不以是为标的，则无所望走而之焉耳。"[①]此文朱熹作于37岁，其当时已知是理。"舜之不可以几及"，是说圣人难为，而又不能不为。不为就无以为，做人就无意义了。

君子、圣人无异于常人，皆是一般，所做之事是一样的。朱熹强调，"不要说高了圣人。高后，学者如何企及。越说得圣人低，越有意思"，"若以圣比圣，则自有是与不是处，须与他分个优劣"。学者、君子、贤圣是相对的，是可以贯通的，都皆由人事做起。"方其下学，人事之卑，与众人所共，又无奇特耸动人处。"[②]

学者、君子、贤圣皆由人事做起，就是皆践履儒家的道德伦理。道德伦理是人们生活的准则和生命的表现。道德观是体，伦理观是用。体即是理论，用就是实践，两者是统一的。为了把道德体现于伦理之中，儒家规定了一整套践履程序，即所谓"三纲八目"，由此使人们能达到为君子成贤圣的人格境界和大同和谐社会。

（二）道德与伦理

福建理学是"治心之学"，是"内圣外王之学"，对儒家的道德伦理进行了全面阐释和发扬，并贯串到自己的行为之中，以身作则和以文教化（即所谓"过化"），使儒家的道德伦理成为成熟心智、健全人格、安身立命之学。朱子理学对儒家的道德伦理的诸范畴及其践履程序和用功方法进行综合，形成一套完整严密的道德伦理修养体系。

儒家的道德纲领，是仁、义、礼、智、信五德，也叫作五常。这是做人的道理，人之所以为人的表征，社会人际关系的基本准则。朱熹结合社会实际，进行了深入的阐释。

一仁德。孔子释仁为"爱人"[③]。汉许慎《说文解字》释仁字为"二人"，

---

① （宋）朱熹撰，陈俊民校编：《朱子文集》卷七五，《林用中字序》，台北：德富文教基金会，2000年。

② （宋）黎靖德编：《朱子语类》卷四四，《宪问篇》；卷五八，《万章上》；卷四四，《子路篇》，北京：中华书局，1986年。

③ （宋）朱熹：《论语集注》卷六，《颜渊第十二》。

表示人与人之间相互关系的基本原是相爱。那么如何爱呢？孔子有具体的说明。孔子说：

> 仁者，人也，亲亲为大。……亲亲之杀……礼所生也。[①]

此是说要在人类中讲爱，而且要先从自己的亲人开始，然后以爱亲人的标准扩大到人、物，即老吾老以及人之老，幼吾幼以及人之幼。亲亲而仁民，仁民而爱物。《吕氏春秋》明确地把仁爱限定在人类之内，谓“仁也者，仁乎其类”，“不仁于他物，独仁乎人”。[②]

朱熹释仁为爱之理。朱熹说，“仁是爱之理，爱是仁之用”，“仁主于爱，便有爱亲、爱故旧、爱朋友的许多般道理”。[③] 朱熹认为仁是人心之根本德性，是人心固有之天理。而天理之本性是生生不息的，故仁又可以叫作生之理。有爱才有生，故生理之实质是爱，即其谓仁为“爱之理”。现代有人释“仁”为“人人”，如古人讲“君君”“臣臣”一样，就是人其人，即把人当人之意。自己要争取做人，也要把别人看作是人。仁之于人，是先天本有的，是人之内在生命。人之所以为人的标准，即朱熹所说的“仁者，人之所以为人之理也。然仁理也，人物也。以人之理合于人之身而言之，乃所谓道也”。[④] 就是说，如果没仁，就不是人，是禽兽。朱熹又述道：

> 孔门之教所以必使学者汲汲于求仁也，其言有曰：“克己复礼为仁。”言能克去己私，复乎天理，则此心之体无不在，而此心之用无不行也。又曰：“居处恭，执事敬，与人忠。”则亦所以行此心也。又曰：“事亲孝，事兄悌，及物恕。”则亦所以行此心也。又曰：“求仁得仁。”则以让国而逃，谏伐而饿，为能不失乎此心。又曰：“杀身成仁。”则以欲甚于生，恶甚于死，为能不害乎此心也。此心何心也？在天地则块然为生物之心，在人则温然爱人利物之心，包“四德”而贯“四端”也。[⑤]

“克己复礼”，能使此心之体无不在和其用无不用，便是仁之纲领。行仁所表现出来的各种善行，皆只是一个心。如事父孝，是这一心。事君忠，事兄悌，只是这一心。老者安，少者怀，朋友信，皆是此心。朱熹确切地理解

---

① 《中庸》第二十章。

② 《吕氏春秋·爱类》。

③ （宋）黎靖德编：《朱子语类》卷二〇，《论语二·有子曰其为人也孝弟章》，北京：中华书局，1986 年。

④ （宋）朱熹：《孟子集注》卷一四，《尽心章句下》。

⑤ （宋）朱熹：《孟子集注》卷一四，《尽心章句下》。

到，孔子所说的“克己”不完全是克制，是自觉的内在超越，是人生的最高标准和境界。

二义德。义之本意为事之宜、正义。朱熹说：“义者，事之宜也。”[1]义是事之所当然和人之所应为。孟子说：“人皆有所不为，达之于其所为，义也。……人能充无穿窬之心，而义不可胜用也。人能充无受尔汝之实，无所往而不为，义也。”[2]在孟子看来，人要树立起公正的信念，并推己及人，即用公正的信念对待别人，就实现了义。朱熹在释《周易・坤卦・文言》之“君子敬以直内，义以方外。敬义立而德不孤”时说：

> 君子主敬以直其内，守义以方其外。敬立而内直，义形而外方。义形于外，非在外也。敬义既立，其德盛矣！不期大而大矣。德不孤也，无所用而不周，无所施而不利。孰为疑乎。[3]

君子对内诚敬以求其有秩序，对外行义以求其合乎事理。按敬义的原则行事，合乎道德伦理规范，在社会人际关系中就不会孤立了。

孔子说：

> 义者，宜也，尊贤为大。……尊贤之等，礼所生也。[4]

这是讲义的实施，首先应该尊重和运用贤人的才能，并形成制度。此意是很有实际意义的。

《易》谓“立人道，曰仁与义”[5]。仁讲做人，义讲秩序，合之是整个社会之道。著名的闽籍儒学家辜鸿铭述说：

> 仁以爱人，义以断事，发扬而光大之，庸讵不足使世界改恶迁善，而息争解纷耶！[6]

三礼德。礼是指人的社会行为规范和典章制度。朱熹说：“礼者，人事之仪规也。”[7]《左传》说：“礼，经国家、定社稷、秩民人、利后嗣者也。”[8]礼是处理人与人、个人与社会国家关系的。礼这种行为规范跟今天讲的法律不

---

① (宋)朱熹:《论语集注》卷一,《学而第一》。

② 《孟子・尽心下》。

③ (宋)朱熹:《周易本义》卷一,《周易上经》。

④ 《中庸》第二十章。

⑤ 《易・说卦传》。

⑥ 辜鸿铭:《义利辨》,《辜鸿铭文集》,长沙:岳麓书社,1985 年,第 16 页。

⑦ (宋)朱熹:《论语集注》卷一,《学而第一》。

⑧ 《左传・隐公十一年》。

同。法律是靠外在的权力来推行的，具有强制性。人遵守法律往往是被动的，有时具有抗拒心理。礼是靠传统的习惯和公认的经验来维系。人对礼有敬畏，使人服膺，感到合适，为人所好。因此，人服从礼是主动的。礼对人虽也有强制性的一面，但是这种强制性服从于强大的社会舆论。违礼首先是自己感到良心上过不去，有内疚之感。礼之所以有这种特点，就是因为礼是由义而起的。

四智德。智的含义是识和才。唐李鼎祚说："孔子曰：仁者乐山，知(智)者乐水。则智之明证矣。"[1]水象征着太阳从南回归线北返之时万物所具有的属性。所以智与五行的北方水相应。水性寒，水寒则静。智是大脑的功能，大脑对内外环境的要求是喜冷恶热，喜静恶动。这就是孔子所说的"智者乐水"的含义。朱熹说："知(智)，犹识也。"[2]指智具有一定的知识和才能，能明辨是非。

五信德。实即诚，诚即信。朱熹说："以实之谓信。……信者，言之有实也。"古代人有剖竹为符，合而以信，叫作"合符信"。信是社会人际关系的安全阀，是人际关系的精神纽带。孔子曰："言必信，行必果"，"与朋友交，言而有信"。[3] 信德契约化，如当今之"信用卡"之类。

对于五德，朱熹做了综合性的概括。朱熹述说：

> 仁义礼智，自天之生人，便有此四件，如火炉便有四角，天便有四时，地便有四方，日便有昼夜昏旦。天下道理千枝万叶，千条万绪，都是这四者做出来。四者之用，便自各有许多般样。且如仁主于爱，便有爱亲、爱故旧、爱朋友底许多般道理。义主于敬，如贵贵，则自敬君而下，以至"与上大夫、下大夫言"许多般；如尊贤，便有"师之者，友之者"许多般。礼、智亦然。但是爱亲爱兄，是行仁之本。仁便是本了，上面更无本。如水之流……仁便是水之源。[4]

信德是东汉时才提出来的，先秦只讲四端(德)。理想的德性是五德兼具，使之保持动态平衡，由致"中和"而达到为君子成贤圣的境界。东汉扬雄述说：

---

① (唐)李鼎祚：《周易集解》卷一。

② (宋)朱熹：《大学章句集注》。

③ (宋)朱熹：《论语集注》卷一，《学而第一》。

④ (宋)黎靖德编：《朱子语类》卷二〇，《论语二・学而篇上》，北京：中华书局，1986年。

或问仁、义、礼、智、信之用？曰："仁，宅也；义，路也；礼，服也；智，烛也；信，符也。处宅，由路，正服，明烛，执符。君子不动，动斯得矣。"①

这里讲的"君子不动，动斯得矣"，意为五德全具才是君子贤圣。

儒家的伦理纲领，是君臣、父子、夫妇、兄弟、朋友五伦。儒家的道德纲领仁、义、礼、智、信五德，是儒家社会思想的理论基础，它们必须体现于人们的伦理关系之中才能发挥作用。明理学家薛瑄述说：

人之所以异于禽兽者，伦理而已矣。何谓伦？父子、君臣、夫妇、长幼、朋友五者之伦序是也。何谓理？即父子有亲、君臣有义、夫妇有别、长幼有序、朋友有信，五者之天理也。②

在五伦中，君臣、父子、夫妇三伦最为重要，称为"三纲"。朱熹说："纲，网上大绳也。三纲者，君为臣纲，父为子纲，夫为妻纲。"③三纲（三伦）或五伦，中心思想是明尊卑上下。儒家把伦理和道德概括起来叫作"三纲五常"，简称纲常。《白虎通》说："人皆怀五常之情，有亲爱之心。是以纪纲为化，若罗网之有纪纲之万目张也。"④

朱熹明确认为，"君为臣纲，父为子纲，夫为妻纲"，五德（五常）体现于五伦（三纲）之中，并对五德（五常）与五伦（三纲）的关系做了深入阐述。

一者"君为臣纲"——"忠"。国家之国君具有最高权威和享有最大权力，主宰一切，作为臣子的必须绝对服从，恪守"忠"的道德规范。朱熹说："尽己之心而无隐，所谓忠也。"又述道：

尽己只是尽自家之心，不要有一毫不尽。如为人谋一事，须直与他说这事合做与否。若不合做，则直与说这事决然不可为。不可说道，这事恐也不可做，或做也不妨。此便是尽忠。

就是对上要竭尽心之意，毫无隐瞒，"忠者，诚实不欺之名"。⑤

值得注意的是，朱熹讲"忠"，除了"臣事君以忠"外，还强调"君使臣以礼"。他说：

为君当知为君之道，不可不使臣以礼；为臣当尽为臣之道，不可不

① （汉）扬雄：《法言》卷三，《修身》。

② （清）黄宗羲：《明儒学案》卷七，《河东学案》，北京：中华书局，2008年。

③ 《通书·乐上解》。

④ 《白虎通·三纲六纪》。

⑤ （宋）朱熹：《论语或问》卷一。

事君以忠。君臣上下，两尽其道，天下其有不治者哉！

这里明显地包含着君臣双方是一种对应关系，并非单独要求臣民对君主的绝对服从。下要对上负责，上也要对下有礼。“君臣上下，两尽其道”，是很有实际意义的。①

二者“父为子纲”——“孝”。在家庭中，父是一家之长，居于最高的地位，作为子女的必须遵守“孝”的道德规范。朱熹说：“善事父母为孝。”父在，子不得自专，“父没，然而其行可见。故观此足以知其人之善恶，然后必能三年无改于父之道，乃见其孝。不然，则所行虽善，亦不得为孝矣”。朱熹并不主张愚孝，他还指出，“父母有过，下气怡色，柔声以谏也”。② 朱熹讲“父为子纲”，是基于家庭是国家的出发点和基础上讲的，“其为人孝悌，则必须柔恭，柔恭则必无犯上作乱之事”。③

三者“夫为妻纲”——“节”。做妻子的要服从丈夫，从一而终，不受第三者引诱，遵守“节”的道德要求。朱熹说：“盖闻人之大伦，夫妇居一，三纲之首，理不可废。是以先王之世，男各有分，女各有归，有媒有聘，以相配偶。是以男正乎外，女正乎内，身修家齐，风俗严整，嗣续分明，人心和平，百物顺治。”④站在今天的观点上，这里并不是一无是处。朱熹早年在福建同安任主簿时曾说：

> 访闻本县自旧相承，无婚姻之礼，里巷之民贫不能聘，或至奔诱，则谓之引伴为妻，习以成风。其流及于士子富室，亦或为之，无复忌惮。其弊非特乖违礼典，渎乱国章而已。至于妒娟相形，稔成祸衅，则或以此杀身而不悔。习俗昏愚，深可悲悯。欲乞检坐见行条法，晓谕禁止。仍乞备申使州，检会《政和五礼·士庶婚娶仪式》行下，以凭遵守，约束施行。⑤

朱熹所指责的“引伴为妻”，是指不具备结婚条件和不办理结婚手续而私奔苟合者，虽然对于贫苦百姓因无钱置备聘礼而追求爱情是一种限制，但是他同时斥责“士子富室”也这样干，“无复忌惮”，勾引良家女儿、有夫之妇，

---

① 以上见(宋)黎靖德编：《朱子语类》卷二一，《论语三·学而篇中》，北京：中华书局，1986年。

② (宋)朱熹：《论语集注》卷一，《为政第二》。

③ 以上见(宋)黎靖德编：《朱子语类》卷二，《学而篇上》，北京：中华书局，1986年。

④ (宋)朱熹：《朱子文集》卷一〇〇，《劝女道还俗榜》

⑤ (宋)朱熹：《朱子文集》卷二〇，《申严婚礼状》。

渎国章酿祸殃。并强调士庶婚娶，仪式行下，以凭遵守，约束施行。朱熹说："士民当知夫妇婚姻，人伦之道，媒妁聘问礼律甚严。而此邦之俗，有所谓管顾者，则本非妻妾，而公然同室；有所谓逃叛者，则不待媒娉，而潜相奔诱。犯礼违法，莫甚于斯。宜亟自新，毋陷刑辟。"①这应该是对的。

对于朱熹的上述论说，亲临其境的漳州陈淳进一步说：

> 天之生人，独阴不生，独阳不成，必阴阳合德，然后能生成。是夫妇亦天所命，自然如此也。然乾道生男，坤道生女，其分固一定而不可乱。则夫妇之所以当别，亦岂自外来乎？②

夫妇关系是"天所命"，乾（天）为夫，坤（地）为妇，乾健而坤顺，应该夫支配妇，妇受夫支配。夫为妇纲，其"别"一定不可变。

（三）修养程序与用功方法

如何把五德体现在五伦（三纲）之中呢？儒家规定了一整套践履程序和用功方法，这就是《大学》所讲的"三纲领八条目"："明明德""亲民""止于至善""格物""致知""诚意""正心""修身""齐家""治国""平天下"。五德是体，五伦和三纲八目是用，由此便构成个人、家庭、社会的整个网络。对此，朱熹在《大学章句》中做了深入的论述。

在"三纲领八条目"中，"修身"是中心环节，因此应先从修身说起。

1.修　身

修身有三个目的，即《大学》所说的："大学之道，在明明德，在亲民，在止于至善。""明明德"，是说要把自己的德性修养得光明清净，不为私欲所蔽。朱熹在《大学章句》中认为明德就是人之性得乎天而虚灵不昧，能具众理而应万事。但是因有气禀所拘，人欲所蔽，则有时而昏。然其本体之明则有未尝息者。故学者当因其所发而遂发之，以复其初。对于"明明德"，《朱子语类》记载了朱熹的一段话：

> 《大学》"明明德于天下"，只是且说个规模如此。学者须是有如此规模，却是自家本来合如此，不如此便是欠了他底。……只是自家规模自当如此，不如此不得。到得做不去处，却无可奈何。规模自是着恁地，工夫便却用寸寸进。若无规模次第，只管去细碎处走，便入世之计

---

① （宋）朱熹：《朱子文集》卷一〇〇，《劝谕榜》。
② （宋）陈淳：《北溪大全集》卷一五，《君臣夫妇兄弟朋友根源》。

功谋利处去。若有规模而无细密工夫，又只是一空规模。外极规模之大，内推至于事事物物处，莫不尽其工夫。此所以为圣贤之学。[①]

这就是说，圣贤之学，继天地之志，述天地之事，范围天地之化而不过，曲成万物而不遗。立此规模，并亦尽此工夫。“亲民”，是说修养要以国家民众的利益为标准。亲民，即亲亲而仁民。亲民有教养之意。对于“亲民”，朱熹述说：

古之圣贤，别无用心，只这两者是吃紧处：明明德便欲无一毫私欲，亲民便欲人于事事物物上皆是当。正如佛家说，“为此一大事因缘出现于世”，此亦是圣贤一大事也。千言万语，只是说这个道理。若还一日不扶持，便倒了。圣人只是常欲扶持这个道理，教他掌天柱地。[②]

圣贤之学，要以明德、亲民来掌天柱地。天地须人扶持，而人则须圣贤扶持。至于“止于至善”，朱熹说：“言明明德、亲民，皆当至于至善之地而不迁。盖必其有以至夫天理之极而无一毫人欲之私也。”[③]朱熹释“止”为“至于至善之地而不迁”，“至善”为“事理当然之极至”。就是说，“明明德”“亲民”要达到“至善”的境地。

修身的方法即格物致知、诚意正心。朱熹强调“言欲致吾之知，在即物而穷其理也。盖人心之灵莫不有知，而天下之物莫不有理”，“学者即凡天下之物，莫不因其已知之理而益穷之，以求至乎其极。至于用力之久，一旦豁然贯通，则众物之表里、精粗无不到，而吾心之全体大用无不明”。格物致知，穷致事物之理，欲其极处无不到。格物致知后必然诚意正心。朱熹述说：

格物者，物理之极处无不到也。知至者，吾心之所知无不尽也。知既尽，则意可得而实矣。意既实，则心可得而正矣。[④]

“诚意”是“无自欺”“慎其独”。《大学》说：“所谓诚其意者，毋自欺也。如恶恶臭，如好好色。此之谓自谦，故君子必慎其独也。”毋，禁止；自欺，知为善去恶而心之所发未实之；谦，足；独，人所不知己所独知。就是说，不要

---

① （宋）黎靖德编：《朱子语类》卷一七，《大学四·古之欲明明德于天下一段》，北京：中华书局，1986年，第381～382页。

② （宋）黎靖德编：《朱子语类》卷一七，《大学四·此篇所谓在明明德一段》，北京：中华书局，1986年，第379页。

③ （宋）朱熹：《大学章句集注》。

④ （宋）朱熹：《大学章句集注》。

自己欺骗自己，在个人独处时不做亏心事，使其恶恶则如恶恶臭，好好则如好好色。

2.齐　家

儒家的最大特色是重视家庭，家庭被视为整个社会关系的根源。儒家的道德伦理思想体系就是建立在家庭关系之上的。现在的“国家”一词，就是由家到国，所以叫国家。五伦中的父子、夫妇、兄弟就是家庭关系。齐家的前提是修身。《大学》说：

> 所谓齐其家在修其身者，人之其所亲爱而辟焉，之其所贱恶而辟焉，之其所畏敬而辟焉，之其所哀矜而辟焉，之其所敖惰而辟焉。故好而知其恶，恶而知其美者，天下鲜矣。故谚有之曰：“人莫知其子之恶，莫知其苗之硕。”此谓身不修不可以齐其家。

辟为偏意，亲爱、贱恶、畏敬、哀矜、敖惰五者会使人偏心。朱熹说：“溺爱其不明，贪得者无厌，是则偏得者为害，而家之所以不齐也。”①

对于齐家，程颐有段精彩的论说。他述说：

> 古今莫难于齐家，而家之所以齐者，分与情耳。分之不严，则尊卑长幼，不能各安其所，而家道紊矣。情之不亲，则受敬绸缪，不能相通无间，而家道乖矣。故必正伦理，使父父子子，兄兄弟弟，夫夫妇妇，有秩然不敢干之名分，然后大小相畏，上下相维，而家道以正，家运以兴。又必笃恩义，使父慈子孝，兄友弟恭，夫和妻柔，有肫然不可解之至情，然后天合者不拂，人合者无违，而家道以和，家声亦振。家人之道，孰有逾于此乎。②

齐家即治家，《大学》提出以孝、悌、慈和仁、让为治家内容，福建理学学者都有深入的论述。

3.治　国

齐了家必然要跨出家庭的范围，走入社会治国、平天下。《大学》述说：

> 所谓治国必先齐其家者，其家不可教而能教人者，无之。故君子不出家而成教于国。孝者所以事君也，悌者所以事长也，慈者所以使众也。……一家仁，一国兴仁；一家让，一国兴让。

孝道不仅是每个家庭成员必须履行的义务，也是衡量每个社会成员道

---

① （宋）朱熹：《大学章句集注》。

② （宋）朱熹、吕祖谦：《近思录》卷六。

德品质的主要标准。"移孝为忠",把孝道由家庭扩大到社会国家,由家庭的亲属关系,即家长对子女的支配关系,来处理个人与社会国家的关系。有国者居家能兴仁让之风,则上行下效,国家社会自然就会兴起仁让之风,把亲亲之情推广到国家社会。这样,孝道就具有强大的社会功能,或者说成为社会的纽带,这种功能或纽带就成为社会安定的基础。

4.平天下

《论语·颜渊》中有谓,"四海之内,皆兄弟也"。中国文化能超出国界,具有宏大的世界胸怀。儒家讲"亲亲而仁民,仁民而爱物"①,由亲亲而仁民,显示出天伦人类之爱,由爱物显示出万物宇宙之爱。《礼记·礼运》曰:

> 大道之行也,天下为公。选贤与能,讲信修睦。故人不独亲其亲,不独子其子,使老有所终,壮有所用,幼有所长,矜寡孤独废疾者皆有所养。男有分,女有归。货,恶其弃于地也,不必藏于己;力,恶其不出于身也,不必为己。是故,谋闭而不兴,盗窃乱贼而不作,故外户而不闭。是谓大同。

中国传统文化主张通过贤者、能者任事的途径,建立一个大同理想社会。中国古代这种大同思想,为历代思想家所继承和发扬。康有为撰著《大同书》,孙中山提出"天下为公",都体现了这种大同思想。

对于上述思想,在《大学》中概括曰:

> 古之欲明明德于天下者,先治其国;欲治其国者,先齐其家;欲齐其家者,先修其身;欲修其身者,先正其心;欲正其心者,先诚其意;欲诚其意者,先致其知。致知在格物。物格而后知至,知至而后意诚,意诚而后心正,心正而后身修,身修而后家齐,家齐而后国治,国治而后天下平。自天子以至于庶人,壹是皆以修身为本。其本乱而末治者否矣。其所厚者薄,而其所薄者厚,未之有也。

朱熹说:"本谓身也,所厚谓家也。"②这就是上面所讲的,在儒家的道德伦理践履程序和用功方法中,修身是关键。

中国人当分身、家、国、天下四个阶层,其与修、齐、治、平是一致的。故《大学》强调"自天子以至于庶人,壹是以修身为本"。此为中国文化的核心思想。

---

① 《孟子·尽心上》。

② (宋)朱熹:《大学章句集注》。

中国传统文化之伟大，强调个人之上有家，家之上有国，国之上有一天下。身、家、国、天下，递演递进，层累而上。其核心是心理修养。故《大学》八条目于修、齐、治、平之上，必先有诚意、正心两关；而诚意、正心之上，又必有格物、致知两关。此虽《论语》《孟子》已有的思想，而明白简要综合说的，则首在《小戴礼记》中之《大学》篇。朱熹定此篇为“四书”之一，并冠“四书”之首，成为而后中国初为学的人必读之书。这是朱熹对中国文化的重大贡献。

西方人主张个人主义，家与国受限制，更谈不上天下。西方人视国外尽是敌人，不讲敌我相安共处。中国人的“天下”，则敌我为一体。同此天，同在天之下；同为人，不同政府，此谓小别而大同。中国人常说国之外有天下，中国之万里长城，是闭关自守，但是仍认为长城外有异族同居此天下。孟子以大国事小国为“乐天”，小国事大国为“畏天”。而西方人则认为“天”非可畏，亦非可乐，非信天，以科学战胜“天”（自然）为务。天属自然，是被战胜之列。人与人、国与国相争，而天之与其他自然界万物，则尚无与人类平等相争之资格。故西方没有中国文化之天人关系。

德才全备即君子，为君子即可成圣人。福建理学的君子贤圣和道德伦理思想，是通过个人（个体）到群体的不断反思和人格的逐渐完善，由修身、齐家到治国、平天下的道德伦理践履，以达到国家社会和谐一致的理想。“一方面，个人的精神要通过向社会的转化来完成自我；另一方面，要通过身、心、灵、神的四个层面逐渐深化。”[①]这就是说，出发点是每个人的人格塑造，而个人（个体）人格的塑造又不能离开社会群体，而落实、体现于社会群体之中。这种社会人文主义是企图通过道德伦理理想而转化为社会现实政治经济的。这种君子、圣贤的东方人的思想传统，是福建理学的基本思想。

由上可见，福建理学是历史的，更是现实社会的。基于当今世界众多的学者，从各个不同角度研究和弘扬朱子学，把朱熹的思想和人格介绍给现代人，将会使人们对人生价值和生活意义进行再认识，使孔子、朱熹所建立起来的中华文化主导人们的精神力量和生活方式，成为挽救人类社会道德伦理危机的良方之一，促进社会健康地往前发展。

以朱熹为代表的福建理学，不仅具有真理的价值，更具有实践价值。理

---

① 薛涌：《文化价值与社会变迁——访哈佛大学教授杜维明》，《东方文化研究》1988年创刊号。

学家言出躬行，他们的言行影响了当时的社会，更为后世所效法。在物质文明高度发达而人的心灵日见衰竭的今天，福建理学于世道人心大有裨益。这是我们研习闽学的最主要体会和反复表明的。

(四)人心道心

北宋理学家有讲到人心、道心，没有论说。程颐说："人心，私欲也。道心，正心也。"[①]"人心私欲，道心天理。"[②]

朱熹不厌其详地讲人心、道心问题，因其重道统。道统之传授，源于《尚书·大禹谟》："人心惟危，道心惟微。惟精惟一，允执厥中。"此为道统授受之内涵。儒家道统传授不必如佛家"以心传心"，而只是要辨别心的纯杂，由此便产生人心、道心的问题。《朱子语类》载录训门人：

曰："且道如何是人心？如何是道心？"

曰："心一也。方寸之间，人欲交杂，则谓之人心；纯然天理，则谓之道心。"

曰："人心，尧舜不能无；道心，桀纣不能无。盖人心不全是人欲，若全是人欲，则直是丧乱，岂止危而已哉！只饥食渴饮，目视耳听之类是也，易流故危。道心即恻隐、羞恶之心，其端甚微故也。"[③]

朱熹认为，此心之灵，其觉于理者道心，其觉于欲者人心也。只是公与私，只是一个天理、一个人欲。后来又觉得"人心人欲也，此语有病。……陆子静亦以此语人，非有两个心。道心、人心，本只是一个物事，但所知觉不同"。[④] 朱熹述说：

心者，人之知觉，主于身而应事物者也。指其生于形气之私者而言，则谓之人心。指其发于义理之公者而言，则谓之道心。[⑤]

这是说，人心道心，一个生于血气，一个生于义理。饥寒痛痒，此人心。恻隐善恶是非辞逊，此道心。如喜怒，此人心。须是喜其所当喜，怒其所当

---

① (宋)程颢、程颐：《二程遗书》卷一九。

② (宋)程颢、程颐：《二程遗书》卷二四。

③ (宋)黎靖德编：《朱子语类》卷一一八，《朱子十五·训门人六》，北京：中华书局，1986年，第2864页。

④ (宋)黎靖德编：《朱子语类》卷七八，《尚书一·大禹谟》，北京：中华书局，1986年，第2010页。

⑤ (宋)朱熹：《朱子文集》卷六五，《大禹谟注》。

怒，乃是道心。人心，如孟子言耳目之官不思。道心，如言心之官则思。用朱熹的话说："自人心而收之，则是道心。自道心而放之，便是人心。"如是"心只是一个心，只是分别两边说"。[①]

程颐所言"人心私欲，道心天理"的"私欲"太重。朱熹提出："盖心一也。自其天理备具，随处发见而言，则谓之道心。自其有所营为谋虑而言，则谓之人心。夫营为谋虑，非皆不善也。只要从这些计较，全体是天理流行，即人心而识道心也。"[②]此即程颐所谓天理、人欲，亦"不是有两物，如两个石头样相挨相打。只是一人之心，合道理底是天理，徇性欲底是人欲。正当于其分界处理会"。如孟子谓"操之则存，舍之则亡"，"心安有存亡？此正人心、道心交界之辨"。人心尧舜不能无，道心桀纣不能无。虽圣人不能无人心，如饿食渴饮之类。虽小人不能无道心，如恻隐之心是也。大抵人心、道心只是交界，不是两个物，"人心不成都流，只是占得多。道心不成十全，亦是占得多"。圣人之所以为圣人，则圣人全是道心主宰。要使道心常为一身之主，而使人心听命。[③] 王阳明在《传习录》中以此分作二心，盖未细究朱熹一心说。其所谓道心为心体，为良知，为心体之自然，均与朱子之言无碍。若谓"率性之谓道，便是道心。但着些人的意思在，便是人心"，此是直述朱熹之说。至于必以道心为主，人心听命，则以人心惟危、道心惟微之故。朱熹说："如单说人心，则都是好。对道心说着，便是劳攘物事，会生病痛底。"[④]

人心非全不好，故不言凶咎而言危。其所以危，则因人心出于形气之私。故有私之底本，可为善，可为不善，且易于从恶，故不可靠。人心无方向，不知是非，无义理，正在欲堕未堕之间，故危而难安。[⑤] 朱熹述说：

> 人心易动而难反，故危而不安。义理难明而易昧，故微而不显。惟能省察于二者于公私之间，以现其精而不使其毫厘之杂，持守于道心微妙之本以致其一，而不使其有顷刻之杂。则其日用之间，思虑动作，自无过不及之差，而信能执其中矣。[⑥]

所谓道心为主人心听命，朱熹以佗船将卒喻之。此不是分心为二。朱

---

① (宋)黎靖德编：《朱子语类》卷六二，《中庸一》，北京：中华书局，1986 年。

② (宋)朱熹：《朱子文集》卷三二，《答张敬夫》。

③ 参见(宋)黎靖德编：《朱子语类》卷七八，《尚书一》，北京：中华书局，1986 年。

④ (宋)黎靖德编：《朱子语类》卷六二，《中庸一》，北京：中华书局，1986 年。

⑤ (宋)黎靖德编：《朱子语类》卷七八，《尚书一・大禹谟》，北京：中华书局，1986 年。

⑥ (宋)朱熹：《朱子文集》卷六五，《大禹谟注》。

熹评佛氏以心观心之失，不可能不自陷其误。所谓为主听命，即变化气质。盖道心杂出于人心之间，微而难见，因此必须精之一之。如是则人心为道心所节制，人心皆成道心，达乎性命之理。则虽人心之用，亦无非道心。道心为主，而人心亦可化为道心。

天理、人欲是道德伦理的重大问题。朱熹《中庸章句集注序》撰于孝宗淳熙十五年(1188)，宁宗庆元四年(1198)传《大禹谟》，其《朱子语类》讲录以至《朱子文集》书札等都有讨论理欲。朱熹关于人心、道心之言，皆晚年之事。

陆九渊对朱熹道统之人心、道心之说有所论及。其说："人心，人伪也。道心，天理也"[①]；"指人心为人欲，道心为天理，此说非是。心一也，人安有二心？"[②]陆九渊或早年于朱熹以人欲、天理分人心、道心有所警发，亦未可知。他没有见到朱熹的《书集传》，但对于朱熹的《中庸章句集注序》，陆九渊应有所闻，未有评语。至戴东原著《孟子字义疏证》大骂宋儒，谓天理、人欲之说是"以理杀人"，人心、道心之辨便终结。

朱熹之后的福建理学学者一般不讨论人心、道心问题，大都按着朱熹、陈淳的论说施行践履。

(五)天理人欲

天理、人欲是道德伦理的重大问题。《中庸》有讲到天理、人欲。《礼记》说："好恶无节于内，知诱于外，不能反躬，天理灭矣。……人化物也者，灭天理而穷人欲者也。"[③]

天理、人欲之辨，发端于张载。张载认为上达及天理，下达殉人欲，"烛天理如向明，万象无所隐。穷人欲如专顾影间，区区于一物之中"。此说儒家传统并不能息欲，只是节而不能灭。张载《正蒙》还屡言天德天道。天德是体，天道是用，俱是天理。要穷神知化，变化气质，复乎天理。此与《中庸》之尽性与达天德，无有分别。张载说："天人异用，不足以言诚。"[④]《正蒙·乾称篇》曰："诚则天人合一，亦即理欲合一。"王夫之注此句说："理，天也。意欲，人也。"此说以天人为意欲，不确。意欲非天理。后来王夫之有所修

---

① (宋)陆九渊：《象山全集》卷三五。

② (宋)陆九渊：《象山全集》卷三四。

③ 《礼记·乐记篇》。

④ (宋)张载：《正蒙·诚明篇》。

正:"理不行于意欲于中,意欲有时而睑乎理,天人异用也。"其谓理不行于意欲之中,意欲中理不运行,则人欲胜天理。王夫之注张载"饮食男女,皆性也"句说:"理皆行乎其中也。"

程颢、程颐对天理、人欲的论说很有贡献。程氏说:"天下善恶皆天理,谓之恶者本非恶,但或过或不及,便如此。""万物皆只是一个天理。""天理云者。……更有甚穷已。不为尧存,不为桀亡。……元无少欠,百理具备。"[①]"人于天理昏者,是只为嗜欲乱著。""万物无一物失所,便是天理时中。"[②]这些是二程的共同观点。此外,程颢说:"人心惟危,人欲也。道心惟微,天理也。惟精惟一,所以至之。允执其中,所以行之。"[③]程颐认为,不是天理,便是私欲。无人欲,即皆天理。理欲不能并立。程颐又说:"人心私欲故危殆,道心天理故精微,灭私欲则天理矣。"[④]二程皆主存天理,而存理之道在诚敬。程颢说:"'天理'二字,却是自家体贴出来的。"[⑤]此为理学名言。上引《乐记》只云中节,而程颢却视天理为宇宙原则,人生之至善,有如西方哲学的自然律(natural law),也就是康德之无上律令。即自己由诚而明,与天为一。所有视听言动,不止合礼,至中和,更使天人浑然一体。

朱熹反复言天理、人欲。朱熹强调,人欲隐于天理之中,有个天理,便有个人欲。人欲中有个天理,日用之间莫非天理。朱熹讲的理欲非二,是其一大贡献。天理、人欲之分界是朱熹又一贡献,朱熹说:"人之一心,天理有则人欲亡,人欲胜则天理藏,未有天理人欲夹杂者。""天理人欲常相对。"[⑥]此讲天理、人欲不相容。所谓相对,乃"是底即是天理之公,非区即是人欲之私"。"此胜则彼退,彼胜则此退。""天理人欲,几微之间。""天理人欲之分,只争些子。故周先生(周敦颐)只管说'几'字。然辨之又不可不早,故横渠(张载)每说'豫'字。"[⑦]因此,天理、人欲乃同是一心,而理欲升沉,如水之清浊,不在诚欲而在善恶。朱熹述说:

> 天理人欲,无硬定界,此是两界分上工夫。这边工夫多,那边不到

① (宋)程颢、程颐:《二程遗书》卷二。

② (宋)程颢、程颐:《二程遗书》卷五。

③ (宋)程颢、程颐:《二程遗书》卷一一。

④ (宋)程颢、程颐:《二程遗书》卷二四。

⑤ (宋)程颢、程颐:《二程遗书·外书》卷一二。

⑥ (宋)黎靖德编:《朱子语类》卷五三,北京:中华书局,1986年。

⑦ (宋)黎靖德编:《朱子语类》卷一三,北京:中华书局,1986年。

占过来。若这边工夫少，那边必侵过来。

在朱熹看来，“有个天理，便有个人欲。盖缘这个天理，须有个安顿处。才安顿得不恰好，便有人欲出来”。[①]

朱熹的《知言疑义》，引胡宏《知言》说：“天理、人欲，同体而异用，同行而异情，精修君子宜深别焉。”对此，朱熹评说：“此章亦性无善恶之意。”[②]胡宏同体异用说，本是《知言》中一个问题，不是其哲学中心。而与朱熹之说不同，故批评之。牟宗三谓同体指“同一事体”而非体用之体。[③] 其实，胡宏并未如朱熹所说天理、人欲混在一起。胡宏言天理、人欲之分，实与程朱无异。胡宏说：“帝王所以顺天理……公天下之大端大本也。……暴主所以纵人欲……私一身之大孽大贼也。”[④]朱熹反对胡宏主要是其以好恶言性，其他方面分别不大。

朱熹进一步指出：“所谓天理，复是何物？仁、义、礼、智岂不是天理？君臣、父子、兄弟、夫妇、朋友岂不是天理。”[⑤]这是说，仁、义、礼、智四德便是“天理”。天理便是仁，居仁由义，即循天理。“仁”“义”是天理之自然，若“仁”等四德是体、是理，它们必须体现于人伦之中。父慈、子孝、兄悌、夫敬，都是天理之自然，由此便推出“天理”是善的。据《朱子语类》记载：

> 问：“程子曰天下善恶皆天理，何也？”曰：“恻隐是善，于不当恻隐处恻隐，即是恶；刚断是善，于不当刚断处刚断，即是恶。然原头若无这物事，却如何做得。本皆天理，只是被人欲反了，故用之不善而为恶耳。”[⑥]

这里讲仁、义。仁恻隐、慈爱；义刚断，规范行为。因此，“恻隐”“刚断”本来都是“善”的，但是“恻隐”“刚断”不当便转化为“恶”。这里所说的“不当”，是指“过与不及”。上引又说：“问：‘善恶皆天理如何？’此只是指其过处言，如恻隐之心仁之端，本是善，才过便至于姑息；羞恶之心义之端，本是善，才过便至于残忍。故它下面亦自云谓之恶者本非恶，但或过或不及便如此。”“恻隐”和“羞恶”本是“仁”“义”之端，本是“善”的，但是“过”了便是“姑

① (宋)黎靖德编：《朱子语类》卷四〇，北京：中华书局，1986 年。

② (宋)朱熹：《朱子文集》卷七三，《知言疑义》。

③ 牟宗三：《心体与性体》第 2 册，第 457 页。

④ (宋)胡宏：《知言》卷六，《中原》。

⑤ (宋)黎靖德编：《朱子语类》卷五九，《告子下》，北京：中华书局，1986 年。

⑥ (宋)黎靖德编：《朱子语类》卷九七，《程子之书三》，北京：中华书局，1986 年。

息”“残忍”，即转变为“恶”。

对朱熹的天理论，真德秀有所补充，肯定人有些情欲是合理的。真德秀述说：

> 好勇、好货、好色之心皆天理之所有，而人情之所不能无者。然天理人欲同行异情，循理而公于天下者，圣贤之所以尽其性也；纵欲而私于一己者，众人之所以灭其天也。二者之间不能以发（按：极短时间）而共。[①]

人之利欲亦本于天理。真德秀说：“循天理则不求利而自无不利。”[②]欲求利者不得利，不求利者而得利。真德秀的这种说法在日常生活中的例子是很多的。

福建理学家把“人欲”看成是“恻隐”“羞恶”的反面。如人之残忍，其反面便是恻隐；如放火杀人，可谓至恶，若去炊饭，杀其人之所当杀，还是天理。“欲”是有区别的，对于物质生活的正当要求和欲望不能说是恶的。据《朱子语类》记载：

> 问：“饮食之间，孰为天理，孰为人欲？”曰：“饮食者，天理也；要求美味，人欲也。”……不为欲所昏，则浑然天理矣！天理人欲，无硬定界，此是两界分上工夫。这边工夫多，那边不到占过来。若这边工夫少，那边必侵过来。凡人不进便退也。……只此一心，但看天理私欲之消长如何尔。以至千载之前，千载之后，与天地相为始终，只此一心。[③]

朱熹把人们对日常饮食的要求，说成是“天理”；把超出当前社会的物质生活水平，而“要求美味”，便是“人欲”。若是饥欲食、渴欲饮，则此欲仍是天理。

“天理”与“人欲”是相反相成的。就“天理”与“人欲”相成说，朱熹述说：

> 有个天理，便有个人欲。盖缘这个天理，须有个安顿处。才安顿得不恰好，便有人欲出来。天理人欲分数有多少，天理本多，人欲便也是天理里面做出来的。虽有人欲，人欲中自有天理。

“天理”与“理”一样需要有个安顿和寄搭的地方，这个地方便是“欲”，但是由于安顿“不恰好”或“不当”，便有“人欲”产生出来。从这个意义上说，

---

① （宋）真德秀：《四书集编》卷二七，《孟子集编》。

② （宋）真德秀：《四书集编》卷一二，《论语集编》。

③ （宋）黎靖德编：《朱子语类》卷一三，《力行》，北京：中华书局，1986年。

"天理"与"人欲"是相互存依的。朱熹认为天理、人欲分数有多少,天理本多,人欲便也是天理里面做出来的。既然"人欲"是从"天理"里面做出来,两者便不可相离,而共同处在一个统一体中。因此,"人欲"自有"天理"。

就"天理"与"人欲"相反说,有公私、是非、善恶之别。朱熹述说:

> 同是事,是者便是天理,非者便是人欲。如视、听、言、动,人所同也,非礼勿视、听、言、动,便是天理;非礼而视、听、言、动,便是人欲。

"是"的是"天理","非"的是"人欲"。

基于"天理"与"人欲"之相反,朱熹便提出二者之相克。朱熹述说:

> 人只有个天理、人欲,此胜则彼退,彼胜则此退,无中立不进退之理。凡人不进便退也。……人之一心,天理存则人欲亡,人欲胜则天理灭。[①]

这种"天理、人欲相胜之地,自家这里胜得一分,他那个便退一分;自家这里退得一分,他那个便进一分"。一方进,一方退;一方胜,一方败。便是"天理"一方战胜"人欲"一方。"天理"与"人欲"之战,犹如刘邦与项羽荥阳成皋之战,便是一方吃掉一方。[②]

对于如何去尽人欲,朱熹设喻说:

> 如剥百合,须去了一重,方始去那第二重……如做屋柱一般,且去了重粗皮,又慢慢出细。今人不曾做得第一重,便要做第二重工夫去。[③]

克去人欲犹如剥百合,一层一层地往里剥,剥尽了,"天理"自明。"克得那一分人欲去,便复得这一分天理来;克得那二分己私,便复得这二分礼来。"[④]明天理克去人欲的过程,就是"克己复礼"的践履,而不是在克己之外,别有复礼之功。"克己"就能"复礼""复理","克人欲"就能"明天理"。"克己复礼"的道德修养过程,便是明天理克去人欲的修养过程。克己复礼为仁,言能克去己私、复乎天理。

朱熹还进一步指出,要把人欲纳入天理的轨道,如男女之欲纳入夫妇之伦。朱熹说:"人之一心,天理存则人欲亡,人欲胜则天理灭,未有天理人欲夹杂者。学者须要于此体认少察之。大抵能于天理人欲上立得脚住,则尽

---

① (宋)黎靖德编:《朱子语类》卷一三,《力行》,北京:中华书局,1986年。

② (宋)黎靖德编:《朱子语类》卷四,《先进篇下》,北京:中华书局,1986年。

③ (宋)黎靖德编:《朱子语类》卷四一,《颜渊篇上》,北京:中华书局,1986年。

④ (宋)周敦颐:《周子全书》卷一,《太极图说解》。

长进在。”[①]

朱熹的结论是：

> 孔子所谓“克己复礼”，《中庸》所谓“致中和，尊德性，道问学”，《大学》所谓“明明德”，《书》曰：“人心惟危，道心惟微，惟精惟一，允执厥中。”圣贤千言万语，只是教人明天理，灭人欲。天理明，自不消讲学。[②]

清儒戴震大反宋儒理欲说：“此理欲之辨，适成忍而残杀之具，为祸又如是也。”[③]近儒亦有攻击宋明儒理欲说为杀人工具，“以理杀人”已超出学术范围，成了为政治服务的口号。

（六）义　利

义利之辨，源自《论语》“君子喻于义，小人喻于利”[④]。董仲舒的“正其义不谋其利，明其道不计其功”之名言，为理学家所乐道。[⑤] 以后义利分明，势不两立。邵雍说：“尚义必让，君子道长。尚利必争，小人道行。”又说：“尚利则乱，尚义则治。”[⑥]程颢说：“大凡出义则入利，出利则入义。天下之事，惟义与利而已。”程颐述说：

> 孟子辨舜跖之分，只在义利之间。其间者，谓相去不甚远，所争毫末尔。义与利，只是个公与私也。才出义，便以利言也。只都计较，便是为有利害。[⑦]

杨时说：“自非狙诈之徒，皆知义足以胜利。然不为利疚而迁者几希。……自孔子而后，为天下国家，不以利言者，惟孟子一人守得定。”又说：“荆公（按：王安石）云：‘利者阴也，阴当隐伏。义者阳也，阳当宣著。’此说源流发于董仲舒。然此正王氏心术之蔽。观其所为，虽名为义，其实为利。”[⑧]以上为北宋理学家一般见解，皆以义利不兼容，二者乃公私争让治乱之分，然义终能胜利。

---

① （宋）黎靖德编：《朱子语类》卷一三，《力行》，北京：中华书局，1986 年。

② （宋）黎靖德编：《朱子语类》卷一二，《持守》，北京：中华书局，1986 年，第 207 页。

③ 《孟子字义疏证》四十三。

④ 《论语·里仁篇》。

⑤ （汉）班固：《汉书》卷五六，《董仲舒传》。

⑥ （宋）邵雍：《伊川击壤集·义利吟》。

⑦ （宋）程颢、程颐：《二程遗书》卷一七。

⑧ （宋）杨时：《杨时集》卷一一，《京师所闻》，福州：福建人民出版社，1993 年，第 268 页。

朱熹在上述见解的基础上，提出自己的观点。朱熹在答“君子喻于义章”之问题时说：“见义理底，不见得利害。见利害底，不见得义理。”或问义利之别，朱熹答说：“只是为己为人之分。”[①]朱熹答刘季章说：“天下只有一理。此是即彼非，此非即彼是，不容相立。故古之圣贤，心存目见，只有义理，都不见有利害可计较。日用之间，应事接物，直是判断得直截分明。”[②]答时子云说：

> 但请逐日那三五分工夫，将古今圣贤之言，剖析义利处，反复熟读。时时思省义理何自而来？利欲何以而有？二者于人孰亲孰疏？孰轻孰重？必不得已孰取孰舍？孰缓孰急？自看时似无滋味，久之，须自得合割判处，则自然放得下矣。[③]

以理欲分义利，是理学家一般见解。朱熹多从哲学上讲，朱熹说：“仁义根于人心之固有，利心生于物我之相形。”[④]此谓义乃人心之自然，利则因我之物欲而生。张栻说：“学者潜心孔孟，必得其门而入。愚以为莫先于义利之辨，盖圣学无所为而然也。……凡谓有所为而然者，皆人欲之私，而非天理之昕存。此义利之分也。”[⑤]

陆九渊与朱熹意见每每不同，而义利观点上却差不多。淳熙八年(1181)，陆九渊访朱熹于南康。朱熹请其登白鹿洞书院讲席，讲“君子喻于义”章，说得痛快，听者流涕。朱熹请书讲义，寻以讲义刻于石。此略说：

> 人之所喻，由其所习，所习由其所志。志乎义，则所习者必在于义。所习在义，斯念于义矣。……故学者之志，不可不辨也。……专志乎义，而日勉焉。博学、审问、慎思、明辨，而笃行之。由是而进于场屋……由是而仕……得不谓之君子乎？[⑥]

朱熹与陈亮有义利之辨。陈氏主义利双行，王霸并用。三代与汉唐并非义利之别，只是做尽做不尽耳。朱熹则以天理人欲，不必求之于古今王霸之说，反之吾心义利邪正之间便见。此义利之辨不了了之。

---

① (宋)黎靖德编：《朱子语类》卷二七，《论语九·里仁篇下》，北京：中华书局，1986年。

② (宋)朱熹：《朱子文集》卷五三，台北：德富文教基金会，2000年。

③ (宋)朱熹：《朱子文集》卷五四，台北：德富文教基金会，2000年。

④ (宋)黎靖德编：《朱子语类》卷一三，《力行》，北京：中华书局，1986年。

⑤ (宋)张栻：《南轩先生文集》卷一四，《孟子讲义序》。

⑥ (宋)陆九渊：《象山全集》卷二三。

在陈淳的《性理字义》里，特别设义利一节。其述说：

义与利相对而实相反，才出乎义，便入乎利。其间相去甚微，学者当精察之。自文义而言，义者，天理之所宜；利者，人情之所欲。欲是所欲得者。就其中推广之，才是天理所宜底，即不是人情所欲。才是人情所欲底，即不合于天理之所宜。天理所宜者，即是当然而然，无所为而然也。人情所欲者，只是不当然而然，有所为而然也。天理所宜是公，人情所欲是私。如货财、名位、爵禄等，此特利之粗者。如计较强弱、多寡便是利，如取己之便宜亦是利，如求名觊效，如徇己自私，如徇人情而为之，如有外慕底心，皆是利。①

义利不容，是福建理学家家义利思想的一个方面。此外，他们认为义亦可以为利。程颐说："利物足以和义。"又述道：

阴为小人，利为不善，不可一概论。夫阴助阳以成物者，君子也，其害阳者小人也。夫利和义者，善也，其害义者不善也。……凡顺理无害处便是利。君子未尝不欲利。然孟子言何必曰利者，盖只以利为心则有害。②

朱熹赞同这种观点。朱熹述说：

义利犹头尾然。义者，宜也，君子见得这事合当如此，却那事合当如彼。但裁处其宜而为之，则何不利之有？君子只理会义，下一截利处，更不理会。小人只理会下一截利。③

朱熹在答刘季章说："孟子说未有仁而遗其亲，未有义而后其君，便是仁义未尝不利。"④此是讲义利之分不在效果而在用心。此是朱熹与陈亮争辩之焦点。

"义"与"利"之辨是和"天理"与"人欲"之辨联系着的。朱熹述说：

仁义根于人心之固有，天理之公也；利心生于物我之相形，人欲之私也。循天理，则不求利而自无不利；徇人欲，则求利未得而害已随之。所谓毫厘之差，千里之谬。此孟子之书所以造端托始之深意，学者所宜

---

① （宋）陈淳：《北溪字义》卷下，《义利》。

② （宋）程颢、程颐：《二程遗书》卷一九，《伊川易传》。

③ （宋）黎靖德编：《朱子语类》卷二七，《论语九·里仁篇下》，北京：中华书局，1986年。

④ （宋）朱熹：《朱子文集》卷五三，台北：德富文教基金会，2000年。

精察而明辨也。……惟仁义则不求利,而未尝不利也。①

"义"是先天固有的心,属于"天理"之公;"利"出于物我的相互比较,是后天的,属于"人欲"之私。若遵循"天理",不求"利"而无不"利";循人欲,求"利"不得反而害己。这是说,追求"利"要按义(即"天理")原则去做。

"义"是天理之所宜。在朱熹看来,"宜"是说"合当如此"。"天理之所宜"便是"天理"所当做的,合乎"义"的。朱熹述说:

> 如今做官,须是恁地廉勤。自君子为之,只是道做官合着如此。自小人为之,他只道如此做,可以得人说好,可以求知于人。②

做官应当廉勤,这便合乎"天理"之所宜。也可以说,这便是"宜之理"。因此,当门人问"《集注》谓义者,天理之所宜,一说又谓义者宜之理",有何不同?朱熹回答:"只宜处便是义,宜之理,理之宜,都一般。但便做文恁地变,只如冷底水、热底水,水冷底、水热底一般。"这是说,两者没有本质不同,只是作文时的表述方式不同。③

朱熹进一步解释"义"为"心之制"。他述说:

> "心之制"却是说义之体,程子所谓处物为义是也。扬雄言义以宜之,韩愈言行而宜之之谓义。若只以义为宜,则义有在外意。须如程子言处物为义,则是处物者在心而非外也。④

事之宜,此事合当做,彼事不合当做,只是指处物而言,似与人们的道德无关。因此,朱熹进一步规定"义"为"心之制"。此是说"事之宜虽若在外,然所以制其义,则在心也。程子曰:处物为义,非此一句,则后人恐未免有义外之见。如义者事之宜,事得其宜之谓义,皆说得未分晓。盖物之宜,虽在外而所以处之,使得其宜者,则在内也"。所以使事"得其宜"的,不在外,而在于"心"。在这个意义上说,"心"起着支配的作用,"问:'心之制是裁制?'曰:'是裁制。'问:'莫是以制其心?'曰:'心自有这制,制如快利刀斧,事来劈将法,可底从这一边去,不可底从那一边去。'"可见"义"是"天理之所宜",是

---

① (宋)朱熹:《孟子集注》卷一,《梁惠王章句上》。

② (宋)黎靖德编:《朱子语类》卷二七,《论语·君子喻于义章》,北京:中华书局,1986年。

③ (宋)黎靖德编:《朱子语类》卷二七,《论语·君子喻于义章》,北京:中华书局,1986年。

④ (宋)黎靖德编:《朱子语类》卷五一,《孟子·见梁惠王章》,北京:中华书局,1986年。

"心之制",根于人心之固有。是先验的"仁""义"之"心"。它是"君子"所具有的,而"小人"往往所不具备。[①]

在朱熹看来,利是人情之所私欲。朱熹反复讲了这个观点,"小人只理会下一截利,更不理会上一截义。盖是君子之心,虚明洞彻,见得义分明;小人只管计较利,虽然毫底利也自理会得"。"利"就是只计较利害,或只计较对自己有利无利,而不顾"义","且如有白金遗道中,君子过之,曰此他人物,不可妄取;小人过之,则便以为利而取之矣"。君子讲"义",不当得就不取,小人不管当得不当,取之为"利",这便是"人情之所欲"。朱熹述说:

> 昨有李某,当寿皇登极之初,上一书,极说道学恁地不好。那时某人在要路,故以此说投之,即得超升上州教官。前日某方赴召到行在,忽又上书,极称道学之美。他便道某有甚势要,便以此相投,极好笑。[②]

这是说为自己的升官,而投上司所好,出尔反尔。对此,陈淳在《北溪字义》中注说:

> 利者,人情之所欲。欲是所欲得者。……如货财、名位、爵禄等,此特利之粗者。如计较强弱多寡便是利,如取己之便宜亦是利,如求名觊效,如徇己自私,如徇人情而为之,如有外慕底心,皆是利。[③]

不该如此而如此的"人欲",便是人情之所欲。陈淳之说是符合朱熹原意的。

此外,朱熹在《朱子语类》中,对何谓"徇己是私""徇人情""觊效""外慕"等,释为"如为己谋则尽心,为他人谋则不尽心",是"徇己是私"。"凡事不顾理之当然,只徇人情而不解决",是"徇人情"。"如先难后获,先事后得,皆是。先尽其在我所当为,而不计其效",是"觊效"。"如今科举之学,全是外慕"。[④] 这些都是"利"。"利"为"人情所欲","人欲"为"私",那么"利"就必然为"私"。因此,可以说是"天理人欲,义利公私"。朱熹说:"将天下正大底

① (宋)黎靖德编:《朱子语类》卷五一,《孟子·见梁惠王章》,北京:中华书局,1986年。

② (宋)黎靖德编:《朱子语类》卷二七,《论语·君子喻于利章》,北京:中华书局,1986年。

③ (宋)陈淳:《北溪字义》卷一,《义利》。

④ (宋)黎靖德编:《朱子语类》卷二七,《论语·君子喻于义章》,北京:中华书局,1986年。

道理去处置事，便公；以自家私意去处之，便私。”[①]

对此，陈淳在《北溪字义·义利》中也有说明：“才是人情所欲底，即不合于天理之所宜。……只是不当然而然，有所为而然也。天理所宜是公，人情所欲是私。”在陈淳看来，“利”是“人欲之私”，是由“气禀”决定的。小人于利，他见这一物便思量做一物事，计较精密，更有非君子所能知者，是他气禀中自原有许多鏖糟恶浊底物。所以才见那物事，便出来谋私利。由于“气禀”中原来就有恶浊，所以便有“人欲之私”而与之相应。因此，“利”对“义”来说，则“利”为不善。

福建理学家力辨“义利”之别，是为了“自天子以至于庶人，人人皆得其本心以制万事”[②]，不去追求不应该得到的物质利益或各种权益，去掉种种物质的和精神的奢求，使人际和谐，社会安定。

从上述“人欲”之所必然，可以看出闽学学者并不完全否认“利”，他们提出的是“重义”而“轻利”。朱熹在《拙斋记》中述说：

> 尝闻之，天下之事不可胜穷，其理则一而已矣。君子之学，所以穷是理而守之也。其穷之也，欲其通于一；其守之也，欲其安以固。以其一而固也，是以近于拙。盖无所用其巧智之私，而唯理之从。极其言，则正其谊(义)不谋其利，明其道不计其功，是亦拙而已矣。[③]

在这里，动机和效果是统一的。在朱熹看来，好的动机必然有好的效果，动机和效果相对立只是个别现象。

四、朱熹的政治学

(一)正君使臣

《礼记》说：“君以民为本。”[④]“以民为本”是儒家政治学的核心。类似的说法还有《尚书》说：“民惟邦本，本固邦宁。”[⑤]孟子说：“民为贵，社稷次之，

---

① (宋)黎靖德编：《朱子语类》卷一三，《力行》，北京：中华书局，1986年。

② (宋)朱熹撰，陈俊民校编：《朱子文集》卷七二，《皇极辨》，台北：德富文教基金会，2000年。

③ (宋)朱熹撰，陈俊民校编：《朱子文集》卷七八，《拙斋记》，台北：德富文教基金会，2000年。

④ 《礼记·缁衣》。

⑤ 《尚书·五子歌》。

君为轻。”[1]荀子以舟水喻君民关系，即“水能载舟，亦能覆舟”，由此来警诫和防范君主的为所欲为。[2] 闽学的正君说，就是以此为前提和基础的。

朱熹认为正君心是天下事之大根本，其余都是小根本。君权神授，天下之事千变万化，其端无穷，无一不本于人主之一心。人主之心正，则天下之事无一不出于正；人主之心不正，则天下之事无一能得于正。君心正则以正朝廷，正朝廷则以正百官，正百官则以正万民，正万民则以正四方。朱熹强调南宋王朝只剩下东南一隅之半壁江山，都是因为不讲帝王之学，不讲正心，以致君心不正；君主的心术正与不正，直接关系到国家的兴衰存亡。眼下最要紧的是正君心，这乃是治国之首先要做的。[3]

朱熹据《大学》中所说的，“自天子以至于庶人，壹是皆以修身为本”，强调“盖欲治人者不可不先治己，欲体道者不可不先知道。此则天下国家之达道通义，而为人君者，尤不可以不审”。按照《大学》之“三纲领”（明明德，亲民，止于至善）、“八条目”（格物、致知、诚意、正心、修身、齐家、治国、平天下），修身要达到三个目的，即上引“三纲领”，就是朱熹所说的“明明德于天下，自新以新其民”，以及止于至善。明德的实质，归结为自觉辨别邪正，去私而立公，把自己内在的德性充分地表达出来，从而把“亲民”达到至善的地步。而修身的方法，就是格物致知和诚意正心。朱熹述说：

> 格物者，物理之极处无不到也。知至者，吾心之所知无不尽也。知既尽，则意可得而实矣。意既实，则心可得而正矣。[4]

“诚意”是“无自欺”“慎其独”。《大学》说：“所谓诚其意者，毋自欺也。如恶恶臭，如好好色。此之谓自谦，故君子必慎其独也。”所谓自欺，就是知为善去恶而心之所发未实之。谦，足；独，人所不知己所独知。不要自己欺骗自己，在个人独处时也一定不要做亏心事，使其恶臭则如恶恶臭，好色则如好好色。这里的关键是一个“诚”字，就是诚信无欺。

朱熹的正君心，是其反对君主专制的开明专制论。朱熹述说：

> 盖君虽以制命为职，然必谋之大臣，参之给舍，使之熟议，以求公议

---

① 《孟子·尽心下》。

② （清）王先谦：《荀子集解·哀公》，北京：中华书局，1983年。

③ 参见（宋）朱熹撰，陈俊民校编：《朱子文集》卷一一，《戊申封事》，台北：德富文教基金会，2000年。

④ （宋）朱熹撰，陈俊民校编：《朱子文集》卷一五，《经筵讲义》，台北：德富文教基金会，2000年。

之所在。然后扬于王庭，明出命令，而公行之。是以朝廷尊严，命令详审，虽有不当，天下亦皆晓然知其谬之出于某人，而人主不至独任其责。臣下欲议之者，亦得以极意尽言而无所惮。此古今之常理，亦祖宗之家法也。今者陛下即位未能旬月，而进退宰执，移易台谏，甚者方骤进而匆退之，皆出于陛下之独断。而大臣与不谋，给舍不及议，正使实出于陛下之独断。而其事悉当于理，亦非为治之体，以启将来之弊。况中外传闻，无不疑惑，皆谓左右或窃其柄，而其所行，又未能尽允于公议乎！此弊不革，臣恐名为独断，而主威不免于下移。欲以求治，而反不免于致乱。[①]

把君主制定的政令，要与大臣、官吏公议，共同制定决策，提高到“古今之常理”“祖宗之家法”的高度，目的在于促使大臣、官吏公议朝政，得以极意尽言而无所畏惧。朱熹主张：“朝廷正而内外远近莫敢不一于正矣。监司得其人而后列郡之得失可得而知，郡守得其人而后属县之治否可得而察，重其任以责其成，举其善以惩其恶。夫如是，则事之所谓利，民之所谓休，将无所不举；事之所谓病，民之所谓戚，将无所不除。”[②]这种开明专制论表达出了中下层官僚地主士大夫谋求参政的强烈要求。

朱熹的这种“公议”观点，应该是来源于道南学派的游酢。游酢撰《论士风疏》，向皇帝建议朝廷“倡清议于天下”[③]，由民众对官吏的好坏进行公开评议，即今天所说的实行群众监督，用舆论使他们改邪归正。

（二）进贤退奸

“尊贤使能”是儒家的一贯政治主张。孔子说：“仁者，人也，亲亲为大；义者，宜也，尊贤为大。亲亲之杀，尊贤之等，礼所生也。”[④]尊贤就要使能，充分发挥其才能。朱熹述说：

为政在人，取人以身，故不可以不修身；修身以道，修道以仁，故思修身不可以不事亲。欲尽亲亲之仁，必由尊贤之义，故又当知人。亲亲

① （宋）朱熹撰，陈俊民校编：《朱子文集》卷一四，《经筵留身面陈四事札子》，台北：德富文教基金会，2000年。

② （宋）朱熹撰，陈俊民校编：《朱子文集》卷一五，《经筵讲义》，台北：德富文教基金会，2000年。

③ （宋）游酢：《宋·游酢文集》，延吉：延边大学出版社，1998年，第167页。

④ 《中庸》第二十章。

之杀，尊贤之等，皆天理也，故又当知天。[①]

朱熹强调："治天下莫过于亲贤。""所谓亲贤者，乃治天下者不易之务。若当务之急，是随其时势之不同。尧之历象治水，舜之举相去凶，汤之伐夏救民，皆所务之急者。"[②]朱熹认为"官无大小，凡事只是一个公。若公时，做得来也精彩，便若小官，人也望风畏服；若不公，便是宰相，做来做去，也只得个没下梢"。[③]

在朱熹看来，当时之急务是进贤退奸。朱熹说："大开公正之路，使宗社尊安，生灵有庇。"[④]他特别强调不成才之人，不能参与政治。朱熹反复指出："今世士大夫惟以苟且逐旋挨去为事，挨得过时且过，上下相咻，以勿生事。不要十分分明理会事，且恁鹘突，才理会得分明，便做官不得。……一切刓方为圆，且恁随俗苟且，自道是年高见识长进。"[⑤]这是讲得过且过的官员。他接着说：

> 当官者，大小上下，以不见吏民，不治事为得策。曲直在前，只不理会，庶几民自不来，以此为正讼之道。民有冤抑，无处伸诉，只得忍遏。便有讼者，半年周岁不见消息，不得了决，民亦只得休和。居官者遂以为无讼之可听。风俗如此，可畏！可畏！[⑥]

这种不治事的官吏，不顾民之死活，真是可怕！这样下去，国家能太平吗？

因此，只有选拔才能做官，才能把国家治好。朱熹在《己酉拟上封事》中提出选才之标准："选之以其能正已而可畏，则必有以得自重之士。而吾所以任之不得不重，任之既重，则彼得以尽其献可替否之志，而行其经世宰物之心。而又公选天下直谅敢言之士，使为台谏、给舍，以参其议论，使吾腹心耳目之寄，常在于贤士大夫，而不在于群小；陟罚臧否之柄，常在于廊庙，而不出于私门。如此而主威不立，国势不强，纲维不举，刑政不清，民力不裕，

---

① （宋）朱熹：《中庸章句集注》。

② （宋）朱熹撰，陈俊民校编：《朱子文集》卷六，《答潘子善士》，台北：德富文教基金会，2000年。

③ （宋）黎靖德编：《朱子语类》卷一一二，《论官》，北京：中华书局，1986年。

④ （宋）朱熹撰，陈俊民校编：《朱子文集》卷二七，《与赵帅书二》，台北：德富文教基金会，2000年。

⑤ （宋）黎靖德编：《朱子语类》卷一八，《论治道》，北京：中华书局，1986年。

⑥ （宋）黎靖德编：《朱子语类》卷一〇八，《论治道》，北京：中华书局，1986年。

军政不修者,臣不信也。”[1]在朝廷和地方政权中都是刚明公正不谋私利的贤士,国家就必然纲纪立、刑政清、军政修、民力裕,从而使国势强。

对于选拔才能做官,真德秀有进一步的说明。他认为做官必须做到四事而能去民十害。他在《潭州谕同官咨目》中说:“何谓四事?曰律己以廉、抚民以仁、存心于公、莅事以勤是也。何谓十害?曰断狱不公、淹延囚系、残酷用刑、泛滥追呼、招引告讦、重叠催税、纠罚取财、纵吏下乡、低价买物是也。”[2]由此,他提出为官要以身作则。他在《矩堂记》中述说:

> 始吾患隶于己者之不忠也,故立朝不敢不以父事吾君;患长吏者之不仁也,故居官不敢不以子视吾民。尝以椽属其府矣,其情不吾定,吾患焉,故为长吏必视有以通下情。当以监司临所部矣,其令不吾行,吾病焉,故虽帅一道,而于吏者之命未当忽。私居而挠公府,吾当不平之,故于其所属不敢以毫发干焉。大家而侵细民,吾当不直之,故于乡党邻里,虽无以厚之,而亦不敢伤之也。[3]

朱熹特别强调改革地方吏治。朱熹述说:

> 国初,缘藩镇强,故收其兵权,置通判官。故已无前日可防之弊,却依旧守此法,可谓不知变也。置通判是要何用?谬者事事不管,只任知州自为。强者又必妄作,以挠郡政,是何益哉?[4]

朱熹提出各路只置一人为刺史之职,称之为按察使,其下却置判官数员以佐之,如转运判官、刑狱判官、农田判官之类。转运专主财赋,刑狱专主盗贼,刺史总之。有事上奏朝廷,则由刺史为之发奏。如果刺史不肯发,则许判官自径申御史台、尚书省,以分刺史之权。这就会除暴安民,社会稳定。

朱熹强烈反对当时压抑人才的“荫恩”“资考”制度。“荫恩”制是宋代官禄的世袭制度,曾经与国家共休戚而有卓著建树的公卿,其子孙可以世袭继承其前辈祖先的爵禄与官职。朱熹认为这些公卿的子孙,既不知义理,又莫不骄奢淫逸,参与治理国家有害而无利。他主张以德才兼备的“草茅新进之士”取而代之,将他们破格晋升为公卿之位。“资考”制则是宋代凭资格晋升官职的制度。朱熹认为官吏晋升不能凭“资考”,而应当选用贤能。他说:

---

① (宋)朱熹撰,陈俊民校编:《朱子文集》卷一二,《己酉拟上封事》,台北:德富文教基金会,2000年。

② (宋)真德秀:《真西山文集》卷三四,《潭州谕同官咨目》。

③ (宋)真德秀:《真西山文集》卷二五,《矩堂记》。

④ (宋)黎靖德编:《朱子语类》卷一一二,《论官》,北京:中华书局,1986年。

"今日学官,只是计资考迁用,又学识短浅,学者亦不尊尚。"[1]朱熹的这种主张是很有价值的。

(三)为政以德与刑

朱熹与门人有段关于政治的问答,很能说明福建理学家的一般政治思想:

> 吴英茂实云:"政治当明其号令,不必严刑以为威。"曰:"号令既明,刑罚亦不可弛。苟不用刑罚,则号令徒挂墙壁尔。与其不遵以梗吾治,曷若惩其一以戒百?与其核实检察于其终,曷若严其始而使之无犯?做大事,岂可以小不忍为心!"[2]

国家颁布的法律制度是"号令","刑罚"是施行"号令"的。这里,朱熹讲的国家政权和维护这个政权的法律制度,是福建理学政治学说的核心问题。

孔子说:"道之以政,齐之以刑,民免而无耻。道之以德,齐之以礼,有耻且格。"[3]此是后世德治先于法治的理论渊源。朱熹说:

> 愚谓政者,为治之具;刑者,辅治之法。德礼则所以出治之本,而德又礼之本也。此其相为终始,虽不可以偏废,然政刑能使民远罪而已。德礼之效,则有以使民日迁善而不自知。故治民者不可徒恃其末,又当深探其本也。[4]

"政"是指法制禁令,即统治的工具。"刑"是辅助统治的方法,"德礼"是统治工具和方法的根本。德礼高于政刑,是朱熹的基本主张。《朱子语类》记载董铢与朱熹的问答:

> 或问:"为政以德。"曰:"为政以德,不是欲以德去为政,亦不是块然全无所作为。但德修于己而人自感化。然感化不在政事上,却在德上。盖政者,所以正人之不正,岂无所作为?但人所以归往,乃以其德耳。故不待作为而天下归之,如众星之拱北极也。"[5]

这是孔子修己以安百姓的思想。

---

① (宋)黎靖德编:《朱子语类》卷一〇九,《论取士》,北京:中华书局,1986年。

② (宋)黎靖德编:《朱子语类》卷一〇八,《论治道》,北京:中华书局,1986年。

③ 《论语·为政》。

④ (宋)朱熹:《论语集注》卷一,《为政第二》。

⑤ (宋)黎靖德编:《朱子语类》卷二三,《论语五·为政以德章》,北京:中华书局,1986年。

朱熹指出，省赋为德政之本。当时赋税名目繁多，除夏秋二税的农业正税之外，有经总制钱、月桩钱、版账钱等，其中经总制钱竟达正税的3倍。而农业正税本身也有正税加耗、折帛钱、和买、和籴、科配等。此外，还有身丁税、商税、盐税、酒税等。朱熹认为罢去冗费，而悉除无名之赋，方能救百姓于汤火之中。若不认百姓是自家百姓，便不恤。他主张须一切从正赋，凡所增各色，一齐除尽，民方始得脱净。朱熹在漳州任上，曾奏除属县无名之赋700万，减经总制钱400万。[①]

荒年赈济是朱熹德政的重要措施。最为突出的是，他到处推广社仓，为灾民提供免息贷粮。他强调荒年所当忧者不止于饿殍，而还有盗贼。蒙其害者不止于官吏，而上及于国家。孝宗乾道三年(1167)秋，福建崇安发大水，朱熹奉府檄，视察灾区。他走遍了崇安各地，认识到"今时肉食者，漠然无意于民，直是难与图事"。为了赈灾救贫，照顾鳏寡孤独，他提出设立社仓于五夫里。他说："山谷细民无盖藏之积，新陈未接，虽乐岁，不免出倍称之息，贷食豪右。而官粟积于无用之地，后将红腐，不复可食。愿自今以来，岁一敛散，既以纾民之急，又得易新以藏，俾愿贷者出息什二。又可以抑侥幸，广储蓄，即不欲者勿强，岁或不幸，小饥则弛半息，大侵则尽蠲之。于以惠活鳏寡，塞祸乱原，甚大惠也。诸着为例。"[②]

朱熹所创立的五夫社仓，具有官办的性质。他在《延和奏札四》中述说：

> 臣所居建宁府崇安县开耀乡，有社仓一所，系昨乾道四年，乡民难食，本府给到常旧贷与人户，冬间纳还。臣等申府措置，每石量收息米二斗。自后逐年以此敛散。或遇小歉，即蠲其息之半；大饥，即尽蠲之。至今十有四年，其支息米，造成仓廒三间收贮，已将原米六百石纳还本府。其见管三千一百石，并是累年人户纳到息米。已申本府照会，将来依前敛散，更不收息，每石只收耗米三升。系臣与本乡土居官及士人数人共掌管。遇敛散时，即申府，差县官一员监视出纳。以此之故，一乡四五十里之间，虽遇凶年，人不缺食。

---

① (宋)黎靖德编：《朱子语类》卷一一一，《论民》，北京：中华书局，1986年。

② (宋)朱熹撰，陈俊民校编：《朱子文集》卷七七，《建宁府崇安县五夫社仓记》，台北：德富文教基金会，2000年。

图 4-28 现存五夫朱子巷

朱熹在《辛丑延和奏札》中，当面请孝宗皇帝批准他的五夫社仓法“行下诸路州军”。“淳熙八年公疏其法，请行天下，从之。后寝废，今遗址犹存，条约具在。”[①]现遗存的五夫社仓、朱子社仓，虽是后人修复的，能反映出朱熹当年倡导社仓的情况。在朱熹创立五夫社仓的带动下，别处闻风相继设立，“立社仓崇安县凡十七所”[②]。

社仓不是朱熹最早提出来的。据南宋李心传记载，社(义)仓创建于北宋仁宗庆历元年(1041)。他说：“惟闽中魏元履、处士朱元晦先生尝置于里社，每岁以贷乡民，至冬而取，有司不与焉。今若以义仓米置仓于乡社，命乡人立有行谊者掌之，则合先生之遗意矣。”[③]

基于朱熹的恤民思想，其后福建理学学者为政特别强调施仁政，收民心。真德秀从其性善论出发，认为行仁政是天理决定的。真德秀在《论田里戚休之实》中述说：

> 天地造化无他作为，惟以生物为事。观夫春夏秋冬，往古来今，生

---

① 清嘉庆《崇安县志》卷二，《社仓》。

② 明嘉靖《建宁府志》卷二，《古迹》。

③ (宋)李心传：《建炎以来朝野杂记》甲集卷一五，《财赋二》。

意同流何尝一息间断，天地之心于此可见。万物之生既从天地生意中出，故物物皆具此理（按：指有仁的本性），何况人为至灵，宜乎皆有不忍人之心也。然人有是心而私欲间断，故不能达之以用。惟圣人全体本心，私欲不杂，故有此仁心，便有此仁政，自然流出，更无雍遏。天下虽大，运于此心而有余矣。[①]

真德秀认为圣人之心随感而应，故其所行无非不忍人之政。施仁政，是真德秀在长期从政中的经验总结。

从范汝为农民起义被镇压后的记载，亦可知农民揭竿而起的原因和范汝为起义的影响。例如和朱熹同时的南宋著名学者熊克述说：

建州瓯宁县有洞曰源，其地与建阳接境，乃建炎初剧寇范汝为窃发之地。民性悍而习为暴，小遇饥馑即群起剽夺。去岁因旱，凶民杜八子乘时啸聚，道破建阳，逐官吏，杀居民。是夏，张大一、李大二复于洞中作过。本路帅臣，乃率官军荡定。进士魏掞谓民之易动，盖缘难食。乃请于提举常平官袁复一，得一千六百，以贷乡民，至冬而取，遂置仓于邑之长滩铺。自后，再岁敛散如常。民得以济，不复思乱，而草寇遂熄。[②]

范汝为的农民起义迫使统治者让步和实行改良政策。

朱熹对此也有深切的议论。他述说：

乾道戊子(1168)春夏之际，建人大饥。予居崇安之开耀乡，知县事诸葛侯廷瑞以书来，属予及其乡之耆艾左朝奉郎刘侯如愚，曰："民饥矣！盖为劝豪民发藏粟，下其直以赈之。"刘侯与予奉书从事，里人方幸以不饥。俄而盗发浦城，距境不二十里，人情大震，藏粟亦且竭。刘侯与予忧之，不知所出，则以书请于县于府。时敷文阁待制信安徐公嚞知府事，即日命有司以船粟六百斛溯溪以来。刘侯与予率乡人行四十里，受之黄亭步下，归籍民口大小仰食者若干人以率受粟。[③]

由上可见，统治阶层中的知识分子，时时注视农民的起义和反抗，企图从中总结出历史经验和教训。

对于社仓，据记载："社仓、举子仓，非官司所掌，其原出于乡先生、乡大夫，念饥民苟求一饱而轻犯刑辟者。于是与里人仗义协力，买田积谷，立为

① 参见(宋)真德秀:《大学衍义》卷二七,《格物致知之要四》。

② (宋)熊克:《中兴小纪》,福州:福建人民出版社,1985年,第451页。

③ (宋)朱熹撰,陈俊民校编:《朱子文集》卷七七,《建宁府崇安县五夫社仓记》,台北:德富文教基金会,2000年。

社仓。每乡一所，乡官一名主其出纳。每岁以九月敛收，五月给借，是曰社仓。又念贫民之迫于寒窭，生子弗能举者，相与议立举子仓，以赈给之。凡四等以下之家，遇受孕五月以上者，附书于籍，至免乳日，人给米一石二斗。乡官专主名数，主首僧专司出纳。其所支米以帅司义庄及仓司佃户租课充给。”[①]

在中国古代社会里，占统治地位的思想发展和形式的变换，都是和农民的起义和反抗联系在一起的。北宋末和南宋时的农民起义，提出“均贫富”，要求土地，并对神、佛、祖先产生怀疑。祖先是儒家伦理的崇拜对象之一。这样，被汉代董仲舒神化了的天命论儒学和隋唐以来盛行的佛教，对现实社会都不大适用了。生活在南宋腹地的统治阶级中的知识分子，必然要研究和总结这些问题，寻找出适合于现时社会需要的思想统治武器。

朱熹在从政期间十分重视风俗教化，约民以礼，止息讼风，政教齐下，树正气，正民风。如朱熹在南康，通过走访体察民情，针对民间利弊，下教三条以治民俗颓败、士风衰敝：一是延访高明之士献计，二是令父老教诫子弟，三是劝民遣弟子入学。朱熹述说：

(白鹿洞书院)四方之士多来受业，其后出为世用，名迹彰显者甚众。……其后既有军学，而洞之书院遂废。累年于今，基地埋没。近因搜访，乃复得之。窃惟庐山，山水之胜甲于东南，老、佛之居以百十数。中间虽有废坏，今日鲜不兴葺。独此一居，乃前贤旧隐，儒学精舍，又蒙圣朝恩赐褒显。所以惠养一方之士，德意甚厚。顾乃废坏不修，至于如此。长民之吏，不得不任其责。[②]

在军学文庙左侧，修建曾任过南康知军、上继孔下启程心传道统的先贤濂溪之祠；右侧建立忠教仁义、大节显名的南康故人陶靖节、刘西涧父子、李公择、陈了翁的五贤祠，仰先人儒道典范，以发扬淳厚的民风。朱熹在《知南康榜文》中述说：

本军背负羌庐，前据彭蠡，地势雄秀，甲于东南。禹迹所经，太史所游，有圣贤遗风。下隶东晋陶氏，则长沙靖节，祖孙相望。爰及圣朝刘氏，则屯田秘丞，父子相继，皆有德业，著在丹青，宜在风声气俗犹有存

① 明嘉靖《建宁府志》卷二〇，《古迹》。

② (宋)朱熹撰，陈俊民校编：《朱子文集》卷二〇，《申修白鹿洞书院状》，台北：德富文教基金会，2000年。

者。后来之秀，接踵比肩。……右[上]出榜星子、都昌、建昌县并市曹，晓谕管下士民父老等，请详前项事理，逐一遵禀，仰副圣朝爱民敦化之美意。……(右牒)遍呈寄居过往贤大夫，恐有知得本军上件事迹详细，切幸特赐开谕……赴军衙申说，切待并行审实，措置施行。[①]

上引朱熹“榜文”“牒”，即如今之“告示”“通告”。当时将告示等张贴于公众场所，向民调查先贤事迹，然后予以修复弘扬，以激励后学，改变民风。[②]

在潭州任上，朱熹施政不仅有法治，更有礼治，德教和刑罚相结合，以“三纲五常”来拯救世风，使人性复善，振兴士风学风，光大湖湘理学。朱熹还在长沙城内修建纪念屈原的三闾忠洁侯庙，在北门城隍庙内修建纪念抗金死难志士的五忠祠，以弘扬爱国主义精神。[③]

(四)严法制平冤案

在漳州任上，朱熹为刹住词讼之风，迅速依法判决词讼243案，以告诫民众。他先官后民，严厉吏治，对“官吏违法扰民事理彰著者”，依法送狱。劝谕官户仕宦之家，安分循理，克己利人，不可恃强凌弱。对于郡民蛮横无理的词讼，坐罪遭刑。而对于争竞些少钱米田宅者，则感发其善心，予以规劝，妥善解决。

朱熹强调公正办案，予夺之间不得差误，务必不扰良民，不长奸恶。朱熹述说：

契勘本州近准提刑行司判下词状，计二百四十三道。其间官吏违法扰民事理彰著者，即已遵依送狱根治。其有关系一方百姓公共利害而非一旦所能遽革者，亦已广行咨询，别行措置讫。其余词状，亦有只是一时争竞些少钱米田宅，以至互相诬赖，结成仇雠。遂失邻里之欢，且亏廉耻之节，甚则忘骨肉之恩，又甚则犯尊卑之分。细民如此，已足伤嗟。间有自称进士学生、官族子弟而其所诉，亦不免此。此邦之俗，旧称醇厚，一旦下衰至于如此，长民者安得不任其责？又何忍一切徒以

① (宋)朱熹撰，陈俊民校编：《朱子文集》卷九九，《知南康榜文》，台北：德富文教基金会，2000年。

② (宋)朱熹撰，陈俊民校编：《朱子文集》卷二，台北：德富文教基金会，2000年。

③ (宋)朱熹撰，陈俊民校编：《朱子文集》卷一〇〇，《潭州委教授措置岳麓书院牒》，台北：德富文教基金会，2000年。

柱后惠文为事，而不深求所以感发其善心者哉！又况所论，或人数众多，或地里遥远，或事非干己而出于把持告讦之私，或词涉虚妄而肆为诡名匿迹之计。前此未知情由，便行追对。及至得实，善良被扰，已不胜言，虑之还深，徒自悔咎。今已刷出所承判状，委官置籍，先索案祖，逐旋看详，然后逐人引问供对，庶几深审，得见实情。予夺之间，不至差误。[①]

朱熹特别“劝谕要孝顺父母，恭敬长上，和睦宗姻，周恤邻里。各修本业，莫作奸盗，莫纵饮博，莫相斗打，莫相论诉。不得宰杀耕牛。对事迹显著者，当依条格挂赏。对不率教者，申举依法究治”。他要求“保伍”和“保人”。保伍，古代民人五家为伍，立保相统摄。此是基层户籍编制。保人，在一定范围内，人与人互保，某人犯事，连坐保人。

在漳州任上，朱熹闻知郡人高登蒙冤32年，即上书《乞褒录高登状》，竭力陈情，为高登昭雪。

高登(1104—1159)，字彦先，号东溪，漳州漳浦县人，北宋宣和年间太学生。刚正耿直，不畏权贵，奏劾奸党，屡被诬陷。靖康之难时，伏阙上书，力主抗金，请诛卖国贼蔡京、童贯等。后又反对秦桧，入狱，于绍兴二十九年(1159)死于容州。朱熹上状，朝官响应，光宗下诏，对高登“追复原官，仍赠承务郎”。福建安抚使、福州知府赵汝愚批准建高东溪祠。朱熹撰写《漳州州学东溪先生高公祠记》，又先后写《谒高东溪祠文》《又谒高东溪祠文》，还题写一副对联：

获鹿感鱼，千秋称孝子；朋东仇桧，万古识忠臣。

两道横额：“忠孝双全”“百世师表”。[②] 淳熙十四年(1187)，朱熹在所撰《漳州州学东溪先生高公祠记》中述说：

公没之后二十余年，延平田君澹为郡博士，乃始求其遗文刻之方版，又肖公像而奉祠之，以风励其学者。间因郡人王君遇来求文以为记属予。……予惟高公孤高之节既如彼，而诸贤崇立之志又如此，则予文之陋，诚不宜久，以疾病为解。强起书之，辞不逮意。林(按：当时漳州太守林元仲)侯试为刻之，陷为祠壁。漳之学子与凡四方之士，往来而

---

① (宋)朱熹撰，陈俊民校编：《朱子文集》卷一〇〇，《漳州晓谕词讼榜》，台北：德富文教基金会，2000年。

② 程楷：《读朱熹“诗书”名联》，《朱子文化》2012年第3期。

有事于此者，读之，果能有感慨而兴起乎哉！[1]

田澹，南剑州剑浦县人，进士。时任漳州州学教授，刻印高登文集。[2]

图 4-29　左为高东溪祠外景和正厅，右为大宋皇帝钦诏“浩气长存”匾和朱熹“百世师”题匾

（五）抗金治军

朱熹所生活的是宋、金激烈对抗的时代。朱熹一贯主张抗金，收复失地，恢复中原。高宗绍兴三十一年(1161)，南宋朝廷在一批主战将领和贤臣的艰苦奋战下，抗金取得一些胜利，收复了一批失地。奉祠在家的朱熹，十分振奋激动，欢欣鼓舞，赋诗多首，以示庆贺，并期望朝廷要乘胜追击，还表示自己要出山报国。同时，向掌握朝政大权、素不相识的黄枢密上书，提出在当时有利形势下，应采取抗金复国的对策。不久，形势逆转，高宗又对金称臣求和。朱熹十分沉痛，四处奔走呼号，他到参知政事周葵府第抗论，又向新任宰相张俊献分兵进取中原的大计。[3]

隆兴元年(1163)，孝宗即位，诏求直言，朱熹乘机上疏，向皇帝提出强烈的抗金主张。他在《壬午应诏封事》中述说：

夫金虏于我有不共戴天之仇，则其不可和也明矣。……所谓讲和

① (宋)朱熹撰，陈俊民校编：《朱子文集》卷七九，《漳州州学东溪先生高公祠记》，台北：德富文教基金会，2000年。

② 参见方征：《被遗忘的田澹》，《朱子文化》2006年第1期。

③ 参见(宋)朱熹撰，陈俊民校编：《朱子文集》卷二四，《与黄枢密书(辛丑冬)》，台北：德富文教基金，2000年。

者，有百害而无一利，何苦而必为之？夫复仇讨贼、自强为善之说，见于经传者，不啻详矣。①

接着，他向皇帝建议三策，即讲学、定计、任贤。当时由于强敌金兵的严重威胁，朝廷昏乱，政令不一，人民不知所从，朱熹提出用《大学》中的格物、致知、诚意、正心、修身、齐家、治国、平天下的理论来统一人民的思想和意志，请皇帝振作起来，用贤修政图强，重建国家。因宰相汤思退正倡和议，当然不高兴朱熹的这种激烈言论，勉强留他在首都国子监任武学博士，做军事顾问。朱熹辞官不就，仍回乡著述讲学。

这年秋，朱熹被孝宗召见于垂拱殿，上札奏事，坚论外攘夷狄的复仇之义，痛斥议和之计。他根据李侗的教导，以君臣父子的"三纲五常"论证宋金的"不共戴天"和抗金用兵的正义性，认为"今日所当为者，非战无以复仇，非守无以制胜，是皆天理之自然，非人欲之私忿也"。他请孝宗"亟罢讲和之议，大明黜陟，以示天下，使知复仇雪耻之本意未尝少衰"。他还从军事上提出了收复中原的方略："表里江淮，合战守之计以为一，使守固而有以战，战胜而有以守。奇正相生，如环之无端，持以岁月，以必复中原、必灭胡虏为期而后已。"②

孝宗乾道元年(1165)夏，朱熹在朝中贤臣的力荐下，又奉诏进京供职，但是他看到大多数朝臣沉浸在苟安的歌舞升平之中，再次痛斥议和之非，愤而离都。孝宗淳熙十五年(1188)，朱熹上《戊申封事》，仍坚持抗金主战复国的立场。但是他清醒冷静地看到了政治、经济和军事形势的变化，宋金之间已形成相持局面，主张"正本修政，裕民持守，数十年后再向北用兵"。③

在朱熹离任同安主簿后的20多年中，主要被任用有禄无事的祠职，大部分时间居住在闽北乡镇间，和下层人民比较接近，目睹了人民的悲惨生活。由于参与和经历了朝野的一系列斗争，其懂得了统治阶级内部的腐败情况。在宋金关系上，自孝宗隆兴二年(1164)签订和议后，30年来处于休战状态。这样，阶级矛盾逐渐上升为主要地位。他根据对当时形势的分析，

---

① (宋)朱熹撰，陈俊民校编:《朱子文集》卷一一，《壬午应诏封事》，台北:德富文教基金会，2000年。

② (宋)朱熹撰，陈俊民校编:《朱子文集》卷一三，《垂拱奏札二》，台北:德富文教基金会，2000年。

③ (宋)朱熹撰，陈俊民校编:《朱子文集》卷一一，《戊申封事》，台北:德富文教基金会，2000年。

提出励精图治的政治主张。直到临终，朱熹还念念不忘恢复中原，他对弟子们叹息说："某要见复中原，今老矣，不及见矣。"[①]

朱熹在《庚子应诏封事》中指出，恤民之实在省赋，而省赋之实在治军。他把省赋与治军联系在一起。

宋朝实行严密的中央集权，军权、财权悉集中在中央，致使当时全国军队费用不足，无以建树，羸弱无战斗力。朱熹述说：

> 财用不足，皆起于养兵，十分(之)八分是养兵，其他用度止在二分之中。古者刻剥之法，本朝皆备，所以有靖康之乱。……今朝廷尽力养兵，而兵常有不足之患。自兵农既分之后，计其所费，却是无日不用兵也。[②]

宋初以来，选任将帅，一是选曾任边郡郡守者，一是帅臣子弟而谙于军事者。朱熹认为这不是唯才是用。他强调朝廷选拔将帅要公议，务求忠勇沉毅，实经行阵，曾立劳效之人。择帅须用严毅，素有威名，足以畏压人心，则喜乱之徒不敢作，"今日诸生，坐于屋下，何以知其能？纵有韩(信)、白(起)复生，亦何由而辨之"。他提出通过实践选拔将帅："兵以用而见其强弱，将以用而见其能否。"以"用"作为衡量将帅贤能的标准，实际上就是强调在具体的军事斗争实践中选拔将帅。他接着说："边警之时，两兵相抗，恁时人才自急。且如国家中兴，张(濬)、韩(世忠)、刘(锜)、岳(飞)突然而出，岂平时诸公所赏识者？不过事期到此，厮拶出来耳。"朱熹认为，北宋灭亡，其原因是州郡无兵无财。今日之患，又却在于主兵之员多，朝廷虽知其无用，姑存其名，日费国家之财，不可胜计。他主张解散京师之兵，精练州郡之兵，责成各州郡太守，练习士卒，修治器甲，筑固城垒，以强化各方之守备。[③]

朱熹还主张恢复宋初的"更戍法"，"当今要复太祖兵法，方可收复中原"。这就是每年对兵实行"更戍"卫边，如"福建之兵趱去饶州，饶州之兵趱去衢信，衢信趱去行在，迤逦趱去淮上。今年如此，明年又趱去"。这样，既训练了军队，而京师又"全无养兵之费，岂不大好"[④]。朱熹述说：

> 须就今日边郡官田，略以古法，画为丘井沟洫之制，亦不必尽如《周礼》古制，但以孟子所言为准，画为一法，使通行之。边郡之地已有民田

① (宋)黎靖德编：《朱子语类》卷一五，《经下》，北京：中华书局，1986年。

② (宋)黎靖德编：《朱子语类》卷一一〇，《论兵》，北京：中华书局，1986年。

③ 以上见(宋)黎靖德编：《朱子语类》卷一一〇，《论兵》，北京：中华书局，1986年。

④ (宋)黎靖德编：《朱子语类》卷一一〇，《论兵》，北京：中华书局，1986年。

在其间者，以内地见耕之官田易之，使彼此无疆场之争，军民无杂耕之忧。此则非惟利于一时，又可渐为复古之绪。[①]

这是讲边郡屯田。此屯田民兵之源，一是军之汰卒，北来之归正者；二是才勇事艺之人；三是诸军子弟之骁勇者。朱熹说："兵民兼用，各自为屯。彼地沃衍，收谷必多。若做得成，敌人亦不敢窥伺。兵民得利既多，且耕且战，便是金城汤池。兵食既足，可省漕运，民力自苏。"[②]

朱熹指出，战争是关系到人之生死、国之存亡的大事，是杀人、耗物的凶器，所以只能不得已而用之。他说："天下事最大而不可轻者，无过于兵刑。临阵时，是胡乱错杀了几人。所以老子云：'夫佳兵者，不祥之器，圣人不得已而用之。'"[③]用兵作战，胡乱杀人，人死不能复生。因此，用兵必须慎之又慎。朱熹是十分强调慎用兵、不得已而用兵的。

为了备兵行战，提高军队战斗力，朱熹主张教民而战。不教民而令民去战，则等于叫民去送死。他在阐释《论语·子路》之"子曰'善人教民七年，亦可以即戎矣'"和"子曰'以不教民战，是谓弃之'"时，一再申明"教民而战"的重要性。他述说：

> 教民者，教之孝悌忠信之行，务农讲武之法。即，就也。戎，兵也。民知亲其上，死其长，故可以即戎。……以，用也。言用不教之民以战，必有败亡之祸，是弃其民也。[④]

朱熹认为，古代"以民为兵""兵出于民"，故圣人教民习武，以修武备，使之去战，方可胜利。不教民习武，令民去战，则是弃民。因为自古以来，就有战争发生，就有用兵作战之事，"黄帝亦曾用兵战斗，亦不是全然无所作为也"，"若征伐也免不得，亦如征有苗等事，又如黄帝大段用兵"。所以古人很注意"修武备""习武事""教民战"的问题，即使像尧、舜、黄帝这样的圣君，亦不例外。[⑤]

其所以如此，是因为当独夫民贼、无道之人残害民众之时，只得用武力征服、讨伐，方可以杀止杀，解救生灵，解民倒悬。朱熹说："纣之时，天下大

---

① (宋)朱熹撰，陈俊民校编：《朱子文集》卷二五，《答张敬夫书四》，台北：德富文教基金会，2000年。

② (宋)黎靖德编：《朱子语类》卷一一〇，《论兵》，北京：中华书局，1986年。

③ (宋)黎靖德编：《朱子语类》卷一一〇，《论刑》，北京：中华书局，1986年。

④ (宋)朱熹：《论语集注》卷七，《子路第十三》。

⑤ (宋)黎靖德编：《朱子语类》卷一一〇，《论兵》，北京：中华书局，1986年。

乱，得武王仗仁义，诛残贼，天下遂大治。……汤、武之征伐，只知一意恻怛救民而已，不知其他。”[①]他认为，“成汤东征西怨，南征北怨，皆是拯民于水火之中，皆是行仁也”。朱熹清楚地揭示了以义伐不义的战争，是为了救民于水火之中。这种战争，虽然死人，却是行仁的义举，故得到人民的拥护、欢迎，而有“东征西怨，南征北怨”的群情，唯恐救之不及。如此说来，用兵作战，必不可免，只有常备，才能常胜。[②]

朱熹继承了“兵者诡道”“兵不厌诈”的思想，肯定“兵甲诡名不可免”，所以对敌作战必须用诡诈之术，欺骗敌人，战胜敌人。他认为，“军中若无此，便不足以使”。据此，朱熹主张指挥作战的将帅必须运用诈术，还必须懂得奇正、分合的战术。国家应当以此为标准来选择任用将帅。他述说：

> 兵法以能分合为变，不独一阵之间有分合，天下之兵皆然。今日之兵，分者便不可合，合者便不可分。[③]

正因为南宋军中的将帅不懂得诡诈、奇正、分合之术，所以不能战胜金虏，恢复中原，中兴复国。这使朱熹深以为忧，深以为憾，故反复论之。

朱熹虽曾被皇帝任命为武学博士，但是他是个书生，其所以语兵事，累言兵政之弊，是为抗击金虏，图谋中兴。朱熹不仅在文论中阐发自己的军事主张，而且在诗词中也抒发了自己的抗敌情怀，展现了一个爱国者的高尚品格。

五、朱熹的经济学

朱熹所生活的南宋时代，正是宋室南渡重建，以临安(今杭州)为首都，国家的经济重心转移至闽、浙、赣一带。在北方金人的强力压迫下，仅有半壁山河的南宋，除了政治文化问题外，当务之急是发展经济，解决国家的财政困难，稳定人民的生活。在这种形势下，朱熹及其后学提出许多经济观点。

---

① (宋)黎靖德编:《朱子语类》卷二五,《论语·子谓韶尽美矣章》,北京:中华书局,1986年。

② (宋)黎靖德编:《朱子语类》卷五三,《孟子·以力假仁章》,北京:中华书局,1986年。

③ (宋)黎靖德编:《朱子语类》卷一一〇,《论兵》,北京:中华书局,1986年。

（一）重农为本

中国古代社会最基本的经济来源是农业，发展农业生产是当政者首先要考虑的。朱熹强调，“民生之本在食，足食之本在农，此自然之理也”。[①]朱熹述说：

> 契勘生民之本，足食为先，是以国家务农重谷。是凡州县守倅，皆以劝农为职，每岁二月载酒出郊，延见父老，喻以课督子弟，竭力耕田之意。盖欲吾民衣裳食足而知荣辱，仓廪实而知礼节，以共趋于富庶仁寿之域，德至渥也。[②]

在朱熹看来，如果不发展农业生产，就不能创造社会财富。朱熹提出官吏必须善于管理农业生产，以劝农为职。当职久处田间，习知穑事，兹忝郡寄，职在劝农。地瘠税重，民间如不勤力于耕种耘耨，有效地组织农业生产，民众以至国家经济问题将十分严重。

因此，朱熹在为官施政和向朝廷的建议中，反复提出重视农业，并提出许多改进农业的措施，希望官员督促组织施行。

一是不误农时。在朱熹对农业的论述中，强调不误农时。他认为错过了季节，就会影响农作物的正常生长，因此要掌握农作物的生长规律。他述说：

> 今来春气已中，土膏脉起，正是耕农（种）时节，不可迟缓。仰诸父老，教训子弟，递相劝率，浸种下秧，深耕浅种。趋时早者，所得亦早；用力多者，所收亦多。无致因循，自取饥饿。[③]

他强调“秧苗既长，便须及时趁早栽插，莫令迟缓，过却时节”。这是劝农民早浸种下秧，抢季节。朱熹所生活的闽北地区，一般是在清明节时插秧。

二是改良土壤。在朱熹看来，改良土壤是提高农业生产的重要手段。他指出：

---

① （宋）朱熹撰，陈俊民校编：《朱子文集》卷一〇〇，《劝农文三》，台北：德富文教基金会，2000年。

② （宋）朱熹撰，陈俊民校编：《朱子文集》卷九九，《劝农文一》，台北：德富文教基金会，2000年。

③ （宋）朱熹撰，陈俊民校编：《朱子文集》卷一〇〇，《劝农文三》，台北：德富文教基金会，2000年。

大凡秋间收成之后，须趁冬月以前，便将户下所有田段一例犁翻，冻令酥脆。至正月以后，更多着变数，节次犁耙，然后布种。自然田泥深熟，土肉肥厚，种禾易长，盛水难干。①

改变了土壤团粒结构，保持了水分，就会使土肉肥厚，土块酥脆，生土变肥土，自然庄稼就长得好，增加粮食收获量。“耕田之后，春间须是拣选肥好田段，多用粪壤，拌和种子，种出秧苗。其造粪壤，亦须秋冬无事之时，预先划取土画草根，晒暴烧灰。旋用大粪拌和，入种子在内，然后撒种。”用草木灰和大粪（即人粪）拌和种子撒种，这样就使入土的种子在发芽过程中直接地较快地吸收草木灰和大粪中的氮、磷、钾等养分，促进农作物的较快生长。

三是加强田间管理。禾苗种下之后，如果不加强田间管理，及时松土、除草、施肥，也是不行的。朱熹述说：

禾苗既长，秆草亦生，须是放干田水，子（仔）细辨认，逐一拔出，踏在泥里，以培禾根。其塍畔斜生茅草之属，亦须节次芟削，取令净尽，免得分耗土力，侵害田苗，将来谷实必须繁盛坚好。②

四是兴修水利。兴修水利，既可防旱，又可防涝。朱熹特别强调，“陂塘之利，农事之本”。朱熹述说：

陂塘之利，农事之本，尤当协力兴修。如有怠惰，不趁时工作之人，仰众列状申县，乞行惩戒；如有工力浩瀚去处，私下难以纠集，即仰经县自陈，官为修筑。如县司不为措置，即仰经军投陈，切待别作行遣。③

如何兴修水利，朱熹提出几种办法：一是由陂塘用水得利人协力兴修，多蓄水，准备将来多灌溉；二是对于兴修陂塘持怠惰态度的，列状申县，给予惩戒；三是对于水利工程比较浩大的，费用较大而私下难以纠集，则报县由政府来修筑。④

五是多种经营。多种经营是科学种植农作物的方法，它不仅充分地利

① （宋）朱熹撰，陈俊民校编：《朱子文集》卷九九，《劝农文一》，台北：德富文教基金会，2000年。

② （宋）朱熹撰，陈俊民校编：《朱子文集》卷九九，《劝农文一》，台北：德富文教基金会，2000年。

③ （宋）朱熹撰，陈俊民校编：《朱子文集》卷一〇〇，《劝农文三》，台北：德富文教基金会，2000年。

④ 以上见（宋）朱熹撰，陈俊民校编：《朱子文集》卷九九，《劝农文一》，台北：德富文教基金会，2000年。

用土地的肥力，也可以间种些经济作物，增加农民的经济收入，在青黄不接时予以接济。朱熹指出："种田固是本业，然粟、豆、麻、麦、菜疏、茄芋之属，亦是可食之物。若能种植，青黄未交，得以接济，不为无补。今仰人户，更以余力，广行栽种。"朱熹述说：

山原陆地，可种粟麦、麻、豆去处，亦须趁时竭力耕种，务尽地力，庶几青黄未交之际，有以接续饮食，不至饥饿。[①]

利用山地、旱地，种植粟、麦、麻、豆、菜蔬、茄芋等作物，不仅不会减少水田的稻谷种植面积，而且把不能种植水稻的田地开发起来，便能增加生产。同时，由于作物生长期的不同，粟、豆、麦等可在水稻未收成的青黄不接时收获，便可接济饥荒。

朱熹主张可利用多余劳力，大力广种多种，扩大生产门路。朱熹述说：

蚕桑之务，亦是本业。而本州从来不宜桑柘，盖缘民间种植不得法。今仰人户常于冬月多往外路买置桑栽，相地之宜，逐根相去一二丈间，深开窠窟，多用粪壤，试行栽种。待其稍长，即与削去细碎拳曲枝条。数年之后，必见其利。如未能然，更加多种蚕桑麻苎，亦可供备衣着，免被寒冻。[②]

朱熹把蚕桑地看成是农本，食、衣缺一不可。朱熹强调，"桑麻之利，衣服所资，切须多种桑柘、麻苎"。要设法种植桑树，饲养蚕茧。这些经济作物，不仅可提供市场蚕茧，增加收入，而且可备自己衣着，免受寒冻。同时，在不宜植桑的地方，种植麻苎，纺线织布。

六是奖励垦荒。朱熹在任福建漳州知府时，反复提出奖励垦荒，特别是讲到由于"官司有俵寄之扰"，致田地荒芜，农民不敢去开垦。朱熹述说：

本州管内荒田颇多，盖缘官司有俵寄之扰，象兽有踏食之患，是致人户不敢开垦。今来朝廷推行经界，向去产钱官米各有归着，自无俵寄之扰。本州又已出榜，劝谕人户陷杀象兽，约束官司不得追取牙齿蹄角。今更别立赏钱三十贯，如有人户杀得象者，前来请赏，即时支给，庶几去除灾害，民乐耕耘。有欲陈请荒田之人，即仰前来陈状，切待勘会

① （宋）朱熹撰，陈俊民校编：《朱子文集》卷九九，《劝农文一》，台北：德富文教基金会，2000年。

② （宋）朱熹撰，陈俊民校编：《朱子文集》卷九九，《劝农文一》，台北：德富文教基金会，2000年。

给付，永为己业。仍依条制，与免三年租税。[①]

在朱熹看来，产生荒田的原因有二：一是"倈寄"的干扰，二是象兽的糟蹋，致使农民不敢开垦。朱熹的"经界法"，使无倈寄的问题得以解决；同时约束官吏不得勒取农民陷杀象兽，并给予奖励，杀一头象兽赏钱三十贯，以解决象兽踏食的祸害。如果有人愿意垦荒，可以到官府报请。不仅开垦出来田地永为己业，而且可免三年的租税。

朱熹长期生活于闽北乡下，目睹农民的生活困苦，极为关注农民的农业生产，而且也很懂得农作物的种植生成规律。从浸种、下秧、插秧到除草、收割等，深耕细作，不误农时，对整个农作物的生长过程了如指掌。朱熹关心下层人民的疾苦，跃然纸上。

（二）井田经界

在朱熹"为政以德"的思想中，重视制民以产。朱熹述说：

> 荀氏论曰："……夫地者，天下之大本也。《春秋》之义，诸侯不得专封，大夫不得专地。今豪民占田，或至数百千顷，富过王侯，是自封也；买卖由己，是自专其地也。"……就未悉备井田之法，宜以口数占田，为立科限。民得耕种，不得买卖，以赡贫弱，以防兼并，且为制度张本，不亦宜乎！[②]

土地是天下人民生存和发展的根本。朱熹看到了土地占有上的两大弊病：一是"专封"，豪强占田连州跨郡，数百千顷，而贫者无立锥之地；二是"专地"，豪强通过土地买卖，兼并土地。为了改变当时豪强地主"自封""自专"兼并土地的现象，缓和土地兼并，改革田制，抑制大地主，保持和恢复中小地主的经济地位，朱熹提出以"井田之法"解决。

朱熹称赞林勋在《本政书》中提出的"井田"设想："今本政之制，每十六夫为一井，提封百里，为三千四百井，率税米五万一千斛，钱万二千缗。每井赋二兵，马二匹，率为兵六千八百人，马三千四百匹。岁取五之一以为上番之额，以给征役。无事则又分为四番，以直官府，以给守卫。是民凡三十五

---

① （宋）朱熹撰，陈俊民校编：《朱子文集》卷一〇〇，《劝农文三》，台北：德富文教基金会，2000年。

② （宋）朱熹撰，陈俊民校编：《朱子文集》卷六八，《井田类说》，台北：德富文教基金会，2000年。

年而役使一遍也。”[①]林勋的《本政书》，还得到陈亮的赞扬：“勋为此书，考古验今，思虑周密，可谓勤矣。世之为耕地之学者，孰有加于勋者乎？”朱熹主要是赞赏是书所讲每乡开具字号田。朱熹说：“林勋《本政书》，每乡开具若干字号田，田下注人姓名，是以田为母，人为子，说得甚好。”[②]朱熹述说：

井田之法，宜以口数占田，为立科限。民得耕种，不得买卖，以赡贫弱，以防兼并，且为制度张本，不亦宜乎？

孟子的井田制，强调收“什一之税”，要求八家同养百亩公田，先公后私。而朱熹井田法则强调“以口数占田”（即“计口授田”）和“不得买卖（土地）”，其目的在于赡贫弱和防兼并。[③]

朱熹主张“井田制”，名为复古，实为改革。“以口数占田”，即按人口来占有土地，能限制豪民霸占大量土地。他依“井田制”的授田方法，描绘出“口数占田”的设想。朱熹述说：

一夫一妇受私田百亩，公田十亩，是为八百八十亩。余二十亩以为庐舍。出入相交，伫望相接，疾病相救。民受田，上田夫百亩，中田夫二百亩，下田夫三百亩。岁更耕之，换易其处。其家众男为余夫，亦以口受田如此比。士、工、商家受田，五口乃当农夫一人。[④]

这样，从户主到子女，从农民到士、工、商都计口授田。田分上、中、下三等。考虑到士、工、商的工商业收入，故以5口抵农民1人授田。这就是“均田”法。

“不得买卖”，是限制官僚大地主通过买卖占有大量土地。朱熹企图通过禁止买卖来控制土地所有权的转移。他以为这样既可以照顾贫弱，又可防止兼并。

朱熹的这种善良设想，在当时的历史条件，是不可能实现的。

因“井田制”难以施行，朱熹又提出新的恤民构想，即“正经界”。他认

① （元）脱脱等：《宋史》卷四二二，《林勋传》。林勋，生卒年不详，和州（今广西和县）人。北宋政和年间进士，为广州教授等。南宋建炎三年（1129），献《本政书》十三卷，陈述当时农贫、兵骄等弊。朱熹甚爱其书。

② 以上见（宋）黎靖德编：《朱子语类》卷一一一，《论民》，北京：中华书局，1986年。

③ 以上见（宋）朱熹撰，陈俊民校编：《朱子文集》卷六八，《井田类说》，台北：德富文教基金会，2000年。

④ （宋）朱熹撰，陈俊民校编：《朱子文集》卷六八，《井田类说》，台北：德富文教基金会，2000年。

为，孟子论王道，以制民产为先。今井田之制未能遽讲，而财利之柄制于聚敛掊克之臣，朝廷不恤诸道之虚实，监司不恤州县之有无，而为州县者又不复知民间之苦乐。他述说：

> 愚意莫若因制国用之名而遂备其实，明降诏旨，哀悯民力之凋悴，而思所以膏泽之者，令逐州逐县各具：民田一亩，岁入几何？输税几何？非泛科率又几何（一县内逐乡里不同，亦依实开）？州县一岁所收金谷总计几何？诸色支费总计几何（逐项开）？有余者归之何许？不足者何所取之？俟其毕集，然后选忠厚通练之士数人，类会考究，而大均节之，有余者取，不足者与，务使州县贫富不至相悬，则民力之惨舒亦不至相绝矣。……是则虽未能遽复古人井田之法，而于制民产之意，亦仿佛其万一。如此，然后先王不忍人之政，庶乎其可施也。①

孝宗淳熙十六年（1189）十一月，光宗即位，任命他为漳州知州。他感到推行和实现他的政治主张的时机到了。因此，翌年正月，他就“对镜写真题以自警”，表示自己要竭尽毕生精力推行和发展儒家思想，维护封建统治制度。到了四月，他到漳州就任。朱熹在漳州至绍熙二年（1191）四月底，仅方逾年，他做了很多事。他一到任，就“奏除属县无名之赋七百万，减经总制钱四百万”。最主要的是，向朝廷提出在漳州“正经界”。他述说：

> 版籍不正，田税不均，虽若小事，然其实最为公私莫大之害。盖贫者无业而有税，则私家有输纳欠负追呼监系之苦；富者有业而无税，则公家有隐瞒失陷岁计不足之患。②

朱熹为了纠正这种“田税不均”的现象，提出普查核实田亩（正版籍），编造鱼鳞图（造账画鱼鳞图），随田纳税（均田赋），平衡税收，“打量步亩，从实均摊”，使“民无业去产存之弊”，“豪家大姓不容侥幸隐瞒”③，使富者有业有税，取有余而与不足，做到“随产均税，特许过乡通县均纽，庶几百里之内轻重齐同”④。按人口占有土地，禁止土地买卖。朱熹述说：

---

① （宋）朱熹撰，陈俊民校编：《朱子文集》卷二五，《答张敬夫书四》，台北：德富文教基金会，2000年。

② （宋）朱熹撰，陈俊民校编：《朱子文集》卷二一，《经界申诸司状》，台北：德富文教基金会，2000年。

③ 以上见（宋）朱熹撰，陈俊民校编：《朱子文集》卷一〇〇，《晓示经界差甲头榜》、《劝农文三》，台北：德富文教基金会，2000年。

④ （元）脱脱等：《宋史》卷一七三，《食货上一·农田》。

细民业去产存，其苦固不胜言，而州县坐失常赋，日朘月削，其势亦将何所底止？然而此法之行，其利在于官府、细民，而豪家大姓、猾吏奸民皆所不便。故向来议臣屡请施行，辄为浮言所沮。甚者，至以汀州盗贼借口，恐协朝廷。殊不知往岁汀州累次贼盗，正以不曾经界，贫民失业，更被追扰，无所告诉，是以轻以从乱。其时未尝有经界之役也。[①]

豪强大姓有力之家，包并民田而不受产，则其产虚桩在无业之家；冒占官地而纽租，则其租俵寄于不佃之户。奸胥猾吏，寅夜作弊，走弄出入，不可稽考。贫民下户，枉被追呼、监系、棰楚，无所告诉。至于官司财计，因此失陷。则又巧为名色，以取于民。……务使田税均平，贫富得实，免致贫民下户困于兼并豪猾之手。虽知应役之人不无少扰。然欲革百年深锢之弊，为斯民久远之计，势不得已者。

“经界法”目的是企图抑制豪强地主过分剥削掠夺，解决土地兼并与赋税不均的问题。朱熹述说：

今上下匮乏，势须先正经界。赋入既正，总见数目。量入为出，罢去冗费，而悉除无名之赋，方能救百姓于汤火中。若不认百姓是自家百姓，便不恤。[②]

除去无名的苛捐杂税，罢冗费，这显然是农民的普遍要求。但是，真正做到“正经界”是很难的，“量入为出”也很难做到。“救百姓于汤火”，是善良的愿望，能起一点抑制作用也就不错了。

朱熹在注解《孟子·滕文公上》“夫仁政，必自经界始”章时说：

经界，谓治地分田，经画其沟涂封植之界也。此法不修，则田无定分，而豪强得以兼并。故进地有不钧，赋无定法，而贪暴得以多取，故谷禄有不平。此欲行仁政者之所以必从此始，而暴君污吏，则必欲慢而废之也。有以正之，则分田制禄，可不劳而定矣。[③]

孟子以“正经界”作为行“仁政”的重要措施。“经界”是土地所有权的地理标志。“正经界”是为了土地均、谷禄平，即国家皇室、贵族、官吏有关土地分封和世袭爵禄得以确定。如果说“经界”不正，是由于“暴君污吏”“慢其经界”的话，那么“慢”就是“井田”中公田与私田之间的“经界”。因是公田“慢”

① (宋)朱熹撰，陈俊民校编:《朱子文集》卷一九，《条奏经界状》，台北:德富文教基金会，2000 年。

② (宋)黎靖德编:《朱子语类》卷一一一，《论民》，北京:中华书局，1986 年。

③ (宋)朱熹:《孟子集注》卷五，《滕文公章句上》。

私田，则是“暴君污吏”对于“井田”的破坏。朱熹继承了孟子“经界”说，把“经界”看作是给予土地所有权以法律效力。由于当时豪强大肆兼并，出现了“业去产存”和“有产者无税，有税者无产”[①]的状况。因此，朱熹倡导行“经界法”，“置立土封桩标界至”[②]，使田税均平。但是“暴君污吏”为贪暴多取，必欲慢而废“经界”，所以朱熹似乎主张“田有定分”，即限制占田数，作为缓和土地兼并的措施。

这是有利于朝廷和农民的改革措施，遭到大官僚地主的激烈反对，结果“方行遽罢”[③]，以失败而告终。

此外，宋末元初的朱熹后学熊禾，强烈反对豪强兼并土地。他述说：

> 举天下农桑大利，上不在国，下不在民，而悉归于兼并豪强之家。……耕夫织妇终岁丝丝而计，粒粒而数，有不得以遂其一日之温饱者矣。……不能制民之产，虽朝讲夕究，徒为空言；月要岁成，亦无益于实政也。[④]

熊禾正视“耕夫织妇终岁丝丝而计，粒粒而数，有不得以遂其一日之温饱者”的现实，主张用“制民之产”的办法来解决。这种同情受苦受难的劳动者的人民性思想，在当时统治者中是难能可贵的，所说是十分深刻的。

（三）节用薄赋

当时国家的基本财政收入是赋税，因此不纳税是不行的。朱熹认为国家要节约，减少财政开支，就可对农民进行“薄赋”。朱熹说：“有土有财而言，以明足国之道，在乎务本而节用，非必外本内末，而后财可聚也。”[⑤]有土即有国。而国家富足的道理，在于“务本”而“节用”。《大学》以“德”为“本”、为“外”，以财为“末”、为“内”。朱熹非“外本内末”说，认为不必遵循外德内财的旧说，而后聚财。把“聚财”作为“足国之道”的重要条件，这是对《大学》的新解说。

---

① （宋）黎靖德编：《朱子语类》卷一〇八，《论治道》，北京：中华书局，1986年。

② （宋）朱熹撰，陈俊民校编：《朱子文集》卷一〇〇，《晓示经界差甲头榜》，台北：德富文教基金会，2000年。

③ （宋）朱熹撰，陈俊民校编：《朱子文集》卷二三，《辞免湖南运使状二》，台北：德富文教基金会，2000年。

④ （宋）熊禾：《农桑辑要序》。

⑤ （宋）朱熹：《大学章句集注》第一章。

朱熹提出，“节用”首先是人君的问题。他述说：

如今民生日困，头只管重，更起不得。为人君，为人臣，又不以为急，又不相知，如何得好。这须是上之人一切扫除妄费，卧薪尝胆，合天下之智力，日夜图求，一起而更新之，方始得。……不知名园丽圃，其费几何？日费几何？下面头会箕敛以供上之求。[①]

只有人君、大臣以身作则，卧薪尝胆，不搞什么名园丽圃，扫除一切不必要的开支，下面才不会重敛以供上求。光宗绍熙五年(1194)，朱熹在首都临安(今杭州)向皇帝面奏四事，其一就是谏光宗勿修葺旧日东宫三数百间。朱熹述说：

数日来，乃闻有旨修葺旧日东宫，为屋三数百间。外议皆谓陛下意欲速成，早遂移跸，以为便安之计。不惟未能抑损，乃是过有增加。臣不知此果出于陛下之心、大臣之议、军民之愿耶？抑亦左右近习倡为此说以误陛下，而欲因以遂其奸心也。臣恐不惟上帝震怒，灾异数出，正当恐惧修省之时，不当兴此大役，以咈谴告警动之意。亦恐畿甸百姓饥饿流离，阽于死亡之际，忽见朝廷正用此时大兴土木，修造宫室，但以适己自奉为事，而无矜恻悯怜之心。或可能怨望忿切，以生他变。[②]

其次是裁减军用。当时养兵的费用占国家整个财政年度开支的80%，除了专为增加军费而加征的“月桩钱”“版账钱”以外，国家以及地方行政开支，只得在两税以外，附加繁重的赋税。朱熹述说：

财用不足，皆起于养兵。十分、八分是养兵，其他用度，止在二分之中。古者刻剥之法，本朝皆备，所以有靖康之乱。……合当精练禁兵，汰其老弱，以为厢兵。[③]

在朱熹看来，这样庞大的军事开支，怎不使国家贫困？国家养了一批老弱的冗兵，不仅影响军队的战斗力，而且增加了国家财政开支。国家赋税的收入尽以供军使用，州县别立名目巧取是不可避免的。只有汰去坐食之兵，才能禁止州县苛敛，使其省赋、恤民，老百姓才能得保生业。

从朱熹个人的节用，也看出其节俭思想。

孝宗淳熙六年(1179)，朱熹在南康军任内修建白鹿洞书院。他说：“本

① (宋)黎靖德编：《朱子语类》卷一一一，《论民》，北京：中华书局，1986年。

② (宋)朱熹撰，陈俊民校编：《朱子文集》卷一四，《经筵留身面陈四事札子》，台北：德富文教基金会，2000年。

③ (宋)黎靖德编：《朱子语类》卷一一〇，《论兵》，北京：中华书局，1986年。

军已有军学以养士。其白鹿洞所立书院，不过小屋三五间，姑以表识旧迹，使不至于荒废淹没而已。不敢妄有破费官钱，伤耗民力。”[①]朱熹具有不事浮华的思想。我们以朱熹结庐、衣食、应酬等数端，可窥见其俭用。例如朱熹的衣食，其门人黄榦说：“其自奉，则衣取蔽体，食取充腹，居止取足以障风雨。人不能堪，而处之裕如也。”[②]

有谓朱熹与诸生平日“豆饭藜羹率与之共”。朱熹一生中绝大部分时间活动于乡镇间，颇了解下层民众的疾苦。曾有记载朱熹这样一件轶事，有一次朱熹“访婿未遇”，其女儿以葱汤麦饭款待，感到不安。朱熹即题诗曰：“葱汤麦饭两相宜，葱补丹田麦疗饥。莫谓此中滋味薄，前村还有未炊时。”[③]这不仅说明了朱熹平时的食用情况，也看出他对农民的疾苦寄予同情。据叶绍翁记载：

> 胡纮谒考亭先生于武夷，先生待学子惟脱粟饭。至茄熟，则用姜醢浸三四枚共食。胡至，先生遇礼不殊。胡不悦，退语人曰：“此非人情，只鸡樽酒，山中未为乏也。”[④]

据说，朱熹由此得罪胡纮。后来胡纮做监察御史，劾赵汝愚（时为宰相），且诋其引用朱熹为伪学罪首。此故事是稍后于朱熹的南宋叶绍翁所记，当为真实可靠。不过胡纮诋毁朱熹，此为其表面现象。

国家厉行节约，财政不那么困难，自然对百姓就可以“薄赋”。在朱熹看来，当时为了增加财政收入，赋税的征课十分繁重，且弊病很多。官吏横敛无数，民不聊生，“丁钱至有三千五百者”。他说：“此外有各目科敛不一，官艰于催科，民苦于重敛，更无措手足处。”“今日有一件事最不好，州县多取于民，监司知之当禁止，却要分一分，此是何义理？”州县官吏巧立名目，横征暴敛，人民苦于重敛，以致不能聊生。[⑤]

朱熹针对这种重敛的情况，提出“恤民”“省赋”主张。朱熹的基本原则是：“宁过于予民，不可过于取民。”他写道：“臣尝谓天下国家之大务，莫大于

---

① （宋）朱熹撰，陈俊民校编：《朱子文集》卷二〇，《申修白鹿洞书院状·小贴子》，台北：德富文教基金会，2000年。

② （元）脱脱等：《宋史》卷四二九，《朱熹传》，北京：中华书局，1985年。

③ （元）脱脱等：《宋史》卷四二九，《朱熹传》，北京：中华书局，1985年；（宋）褚人获：《坚瓠集》丙集卷三，《葱汤麦饭》。

④ （宋）叶绍翁：《四朝闻见录》卷四，《庆元党》。

⑤ （宋）黎靖德编：《朱子语类》卷一一一，《论民》，北京：中华书局，1986年。

恤民。而恤民之实在省赋，省赋之实在治军。若夫治军省赋以为恤民之本，则又在夫人君正其心术，以立纪纲而已矣。”“恤民之实在省赋，省赋之实在治军”，是对当时社会矛盾的深刻之见，是切中时弊的。

朱熹在任地方官期间，目睹赋税苛重，对于社会带来的“荒畴败屋”“流移四出”景象深感痛心，请求朝廷减轻赋税，以使“一方憔悴困穷之民，自此庶几复有更生之望”，能够继续生存下去。少取就是“薄赋”。朱熹述说：

> 南康为郡……赋税偏重，比之他处或相倍蓰。民间虽复尽力耕种，所收之利或不足为子孙久远之计。……故臣自到任之初，即尝具奏，乞且将星子一县税钱特赐蠲减。又尝具申提点坑冶司，乞为敷凑，将夏税所折木炭价钱，量减分数。①

朱熹时代的国家税收除正税农业税之外，名目不可胜计，诸如“经总制钱”“月桩钱”“版账钱”等。仅“经总制钱”的征收，竟达正税的三倍。另外两税的附加税如耗米、折帛钱、和买、和籴、科配等，层出不穷，而使人民陷于汤火之中。②

朱熹主张除夏、秋正税以外，其他名目的苛捐杂税统统取消。他说：“须一切从民正赋，凡所增各色，一齐除尽，民方始得脱净。”“从民正赋”，是为民向朝廷请命。农民无力纳税，甚至尽力耕种一年，所收还不足赋税。于是农民只得逃亡，“所有田业或抛荒，或隐没，都无归着”③。结果，不仅民贫，而且国家赋税征收的负担者也大量减少，而造成国家财政的匮乏。因此，朱熹极力主张除尽正税以外的赋税，以减轻百姓赋税负担。

（四）调节货币

在朱熹时代，由于手工业和商业的繁盛，商品交换频繁，作为交换手段的货币广泛流行，当时已有铜钱、铁钱、纸币等。因此，朱熹也讲到货币的问题。

1.促进货币流通

南宋的货币不是全国统一的，有区域分别，如两淮的“交子”，东南的“会子”，四川的“川引”，湖北的“会子”等，它们只能在自己的地区内流通，在其

---

① （宋）朱熹：《朱子文集》卷一一，《庚子应诏封事》。

② （元）脱脱等：《宋史》卷一七四，《食货上二·赋税》，北京：中华书局，1985 年。

③ （宋）黎靖德编：《朱子语类》卷一一一，《论民》，北京：中华书局，1986 年。

他地区则不通。朱熹述说：

两淮铁钱交子，试就今不行处作个措置，不若禁行在会子不许过江，只专令用交子。如淮人要过江买卖，江南须自有人停榻交子，便能换钱。又不若朝廷捐数万贯钱，在江南收买交子，却发过淮南，自可流通。①

“交子”是中国也是世界最早的纸币，是宋、金时期纸币名称之一。最早出现于四川，成都十多家富商联合发行。后改为官府发行，以铁钱为币值本位，用统一的纸张印刷，面额不一。金和南宋有的地区发行交子。据《朱子语类》记载：

论淮西铁钱交子，曰：交子本是代钱，今朝廷只以纸视之。今须是铜钱交子，不得用于淮；铁钱交子，不得用于江南。又须江南官司置场，兑换铜钱交子，乃可行耳。②

朱熹认为，这种地区性的货币流通，妨碍和限制了商品的交换。据记载：

然自绍兴末年，铜钱禁用于淮，而易以铁钱。会子既用于淮而易以交子，于是商贾不行，淮民自困。右司谏陈良祐言交子不便，诏两淮郡守、漕臣条其利害，皆谓所降交子数多，而铜钱并会子不过江，是致民旅不便。③

因此，朱熹提出政府要设置兑换场所，规定一定的兑换率。如政府在江南设兑换两淮“交子”的机构，淮人过江买卖方便，从而加强了两淮与江南的经济联系。而政府所收的“交子”，也可发回两淮，自可流通。在自给自足的自然经济占支配地位的宋代，货币不仅是流通手段，而且是流通的渠道。

从全社会来看，不能没有一定流通渠道来促使商品流通。这种渠道只能由货币来担当，否则商品流通很难实现。但是朱熹对货币职能的认识是很不全面的，他对货币的支付、储藏、价值职能，似乎都没有论述，是个缺陷。

2.调节货币发行与商品流通

货币流通数量的多寡要与商品流通的需要自行调节，否则会造成市场的混乱，“绍兴末，会子未有两淮、湖广之分，其后会子太多而本钱不足，遂致

---

① (宋)黎靖德编:《朱子语类》卷一一一,《论财》,北京:中华书局,1986年。

② (宋)黎靖德编:《朱子语类》卷一一一,《论财》,北京:中华书局,1986年。

③ (元)脱脱等:《宋史》卷一八一,《食货志三·会子》,北京:中华书局,1985年。

有弊"[1]。这种由于货币发行数量过多而引起货币价值的贬值,朱熹已经认识到。据《朱子语类》记载:

> 或论会子之弊。曰:"这物事轻了,是诱人入于死地。若是一片白纸,也直一钱在。而今要革其弊,须是从头理会方得。"[2]

如果流通中的货币数量增多,而商品数量不变,则币值下跌而物价上升。反之,如果流通中的货币数量减少,不能满足商品流通的需求,则币值上升物价下跌。在朱熹看来,这个问题要解决。

据朱熹门人吴必大在《朱子语类》中记载:"必大因言:'铁钱之轻,亦缘积年铸得多了,又只用之淮十余郡,所以至此益贱。'先生(朱熹)遂言:'古者只是荒岁方铸钱,《周礼》所谓国凶荒札丧,则市无征而作布。既可因此以养饥民,又可以权物之重轻。盖古人钱阙,方铸将来添。今淮上亦可且住铸数岁,候少时却铸(次年臣僚请罢舒蕲鼓铸)。'"[3]这里朱熹未讲清楚。货币充作价值的尺度并规定商品的价格,而不是商品的价格由流通中货币数量的多寡来决定的。商品价格是商品价值的货币表现,先有商品价值才有其货币表现。朱熹似乎以货币数量的多寡来权衡,本末颠倒。货币数量超过其对象物的价值,会造成通货膨胀。

3.严禁私铸铜器外流

南宋时,由于铜的产量少,加上商品流通的需求,不法分子坏铜钱改铸铜器。朱熹说:"东南铜钱,已是甚少,其坏之又多端。私铸铜器者,动整四五缗坏了。只某乡间旧有此,想见别处更多。"[4]为了保证货币的流通量,朱熹反对改铸铜钱为铜器。更为严重的是导致铜器外流,朱熹述说:

> 又有海舶之泄,海船高大,多以货物覆其上,其内尽载铜钱,转之外国。朝廷虽设官禁,那曾检点得出。其不廉官吏,反以此为利。又其一,则淮上透漏,监官点税物,但得多纳几钱,他不复问。铜钱过彼(按:指金朝)极有利,六七百文可得好绢一匹。若不更禁,那个不要带去?又闻入川中用,若放入川蜀,其透漏之路更多。[5]

这就造成宋朝严重的钱荒。因此,公私商品交易和政府军政财务开支

① (元)脱脱等:《宋史》卷一八一,《食货下三·会子》,北京:中华书局,1985年。
② (宋)黎靖德编:《朱子语类》卷一一一,《论财》,北京:中华书局,1986年。
③ (宋)黎靖德编:《朱子语类》卷一一一,《论财》,北京:中华书局,1986年。
④ (宋)黎靖德编:《朱子语类》卷一一一,《论财》,北京:中华书局,1986年。
⑤ (元)脱脱等:《宋史》卷一八〇,《食货下二·钱币》,北京:中华书局,1985年。

不得不以纸币为主。纸币本身没有价值，只是代替金属货币充当流通的手段。由于南宋政府没有足够的金属货币(铜钱)作为商品流通中所需要的金属货币量，纸币的大量发行便引起了纸币的贬值。

历代学者囿于朱熹与陈亮的"王霸义利"之辩，认为朱熹只谈理气、心性而不言利益，因而只注意其伦理道德学说，而甚少研究其经济思想。朱熹思想是全面向的，说其集大成是实实在在的。朱熹的形而上学思想是与现实社会息息相关的，是指导现实社会生活的理论基础。①

六、朱熹的教育学

教育是福建理学学者最主要的事业。他们一生都建立精舍，开办书院，创办官学、私学，以讲学、著述为己任，接引后学。黄榦在《朱子行状》中谓，朱熹"一日不讲学，则惕然以为忧"，培养出大批人才。② 他们制定学规，编撰教科书，在长期教学活动中形成了自己的教育思想，在当时和历代都有很大的影响。

(一)教育目的

基于儒家的内圣成德和外王事功的基本思想，朱熹强调教育首要的是明"本"。朱熹述说：

> 后世学校之设，虽或不异乎先王之时，然其师之所以教，弟子之所以学，则皆忘本逐末，怀利去义，而无复先王之意。以故学校之名虽在，而其实不举。其效至于风俗日敝，人材日衰，虽以汉唐之盛隆，而无以仿佛乎三代之叔季。然犹莫有察其所以然者，顾遂以学校为虚文，而无所与于道德政理之实。于是为士者求道于老子、释氏之门，为吏者责治乎簿书期会之最。盖学校之谨存而不至于遂废者，亦无几耳。③

这就是说，由于学校教育的教学目的不明确，"怀利去义"，"忘本逐末"，学校虽然还存在，但是无异于虚设，无有道德政理之实。因而教育便一代不如一代，比三代季世还不如。

那么这个"本"是什么呢？就是儒家的"道"。朱熹说："道者，古今共由

① 参见张立文：《朱熹思想研究》，北京：中国社会科学出版社，2001 年，第 97～102 页。

② (宋)黄榦：《勉斋集》卷八，《朱子行状》。

③ (宋)朱熹撰，陈俊民校编：《朱子文集》卷七八，《静州府学记》，台北：德富文教基金会，2000 年。

之理。如父之慈，子之孝，君仁，臣忠，是个公共底道理。德，便是得此道于身，则为君必仁，为臣必忠之类，皆是自有得于己，方解恁地。”[①]这是因为人之以生，天与之以仁、义、礼、智之性(德)，而赋予君、臣、父、子之伦，制其事物之当然之则。可见，明“道”就是明道德伦理。朱熹在《静江府学记》中记述：

> 古者圣王设为学校，以教其民。由家及国，大小有序，使其民无不入乎其中，而受学焉。而其所以教之之具，则皆因其天赋之秉彝，而为之品节以开导而劝勉之，使其明诸心，修诸身，行于父子、兄弟、夫妇、朋友之间，而推之于达乎君臣上下、人民事物之际，必无不尽其分焉者。……此先王学校之官，所以为政事之本，道德之归，而不可以一日废焉者。[②]

先王设学校以教民，因赋开导，使其明心修身，行于父子、兄弟、夫妇之间，而推之君臣、社会人际。古之君子以是行之其身，而推之以教其子弟，莫不由此。此其风俗所以淳厚而德业所以崇高的原因。

在儒家看来，人们一日不能离开父子、君臣、夫妇、长幼、朋友五者之伦理；也不能一日离开仁、义、礼、智、信五者之道德。因此，父子有亲，君臣有义，夫妇有别，长幼有序，朋友有信，此五者为圣王教民之目。朱熹述说：

> 昔者圣王作民君师，设官分职，以长其治，而其教民之目，则曰：父子有亲，君臣有义，夫妇有别，长幼有序，朋友有信，五者而已。盖民有是身，则必有是五者，而不能以一日离；有是心，则必有是五者之理，而不可以一日离也。是以圣王之教，因其固有，还以道之，使不忘乎其初。然又虑其由而不知，无以久而不坏也。则为之择其民之秀者，群之以学校，而联之以师儒，开之以《诗》《书》，而成之礼乐。凡所以使之明是理，而守之不失，传是教而施之无穷者，盖亦莫非因其固有而发明之，而未始有所务于外也。夫如是，是以其教易明，其学易成，而其施之之博，至于无远之不暨，而无微而不仕。此先王教化之泽所以为盛，而非后世所能及也。[③]

---

① (宋)黎靖德编：《朱子语类》卷一三，《力行》，北京：中华书局，1986年。

② (宋)朱熹撰，陈俊民校编：《朱子文集》卷七八，《静江府学记》，台北：德富文教基金会，2000年。

③ (宋)朱熹撰，陈俊民校编：《朱子文集》卷七九，《琼州学记》，台北：德富文教基金会，2000年。

朱熹重建江西庐山白鹿洞书院，亲撰《白鹿洞书院揭示(学规)》。其五教之目，即“父子有亲，君臣有义，夫妇有别，长幼有序，朋友有信”。此简要地揭示出尊德性、道问学、道德伦理之要旨。这是中国教育史上的里程碑。对此五教之目，朱熹说：“右五教之目，尧舜使契为司徒，敬敷五教，即此是也。学者学此而已。”[①]又说：“臣闻昔者帝舜以百姓不亲，五品不逊，而使契为司徒之官，教以人伦：父子有亲，君臣有义，夫妇有别，长幼有序，朋友有信。”[②]朱熹便把此“五伦”概括为“五教”，“五伦”或“五教”便是朱熹教育的根本目的。朱熹说：“父子有亲，君臣有义，夫妇有别，长幼有序，朋友有信，此人之大伦也。庠序学校，皆以明此而已。”[③]这样，朱熹就把“明人伦”作为国家各类学校的共同教育目的。

朱熹据《大学》所说的“自天子以至于庶人，壹是皆以修身为本”，十分强调修身适用于所有的人。朱熹述说：

> 古之圣王，设为学校，以教天下之人。使自王世子、王子，公侯、卿大夫、元士之适子，以至庶人之子，皆以八岁而入小学，十有五岁而入大学。必皆有以去其气质之偏，物欲之蔽，以复其性，以尽其伦而后已焉。此先王之世，所以自天子至于庶人，无一人之不学，而天下国家所以治日常多，而乱日常少也。[④]

人人必须“明人伦”，通过不断教育，使人去其气质之偏、物欲之蔽，而恢复其天命之性，做到尽人伦。

朱熹对教育的宗旨，在《玉山讲义》中还有综合的说明：“圣贤教人为学，非是使人缀辑言语，造作文辞。但为科名爵禄之计，须是格物、致知、诚意、正心、修身，而推之以至于齐家、治国，可以平治天下，方是正当学问。诸君肄业于此，朝夕讲明于此。”[⑤]齐家、治国、平天下，为封建国家的最终教育目的。

---

① (宋)朱熹：《朱子文集》卷七九，《琼州学记》。

② (宋)朱熹：《朱子文集》卷一四，《戊申延和奏札一》。

③ (宋)朱熹：《孟子集注》卷五，《滕文公章句上》。

④ (宋)朱熹撰，陈俊民校编：《朱子文集》卷一五，《经筵讲义》，台北：德富文教基金会，2000年。

⑤ (宋)朱熹：《朱子文集》卷七四，《玉山讲义》；(日)保科正之编：《玉山讲义附录》，台北：“中央研究院”中国文哲研究所，1994年，第2～3页。

(二)教育体制

早在殷商时期,中国就已经出现学校。在周代,正式出现中央和诸侯所办的国学,以及地方所办的乡学。当时的国学就分为小学和大学,入学者大都是贵族子弟。这一分法一直延续下来。对于小学,朱熹述说:

> 人生八岁,则自王公以下至于庶人之弟子皆入小学,而教之以洒扫、应对、进退之节,礼、乐、射、御、书、数之文。[①]

可见小学教育有两方面的职能:一是品德教育,教之如何做人;二是知识教育,教之如何做事,合之为德、智、体、美四个方面的统一。礼属德育;乐属美育;射、御属于体育,也有军事技能;书、数属智育。其中德育为首位。

洒扫、应对、进退之节,是指对于道德伦理规范的践履。儿童幼稚,只教他如何去做。《朱子语类》有反复的说明。小学是事,如事君、事父、事兄、处友等事,只是教他依此规矩做去。就是教儿童按照忠、孝、悌、信等道德伦理规矩去做。由于小儿只是学怎样去做,而不明白其中之所以这样做的道理,没有辨别的能力,因此,在教儿童洒扫、应对、进退之事时,也避免使其染上恶习,“圣人教小儿洒扫、应对,件件要谨。某外家子侄,未论其贤否如何,一出来便齐整,缘是他家长上元初教诲得如此”。只有从小好好地学习洒扫、应对,长大了才不会养成坏习惯,这就是要从小打下好的基础。至于礼、乐、射、御、书、数,则是所谓“六艺”。这里既有贵族所用的礼乐,也包括实用的知识技能,“古人便都从小学中学了,所以大来都不费力。如礼、乐、射、御、书、数,大纲都学了。及至长大,也更不大段学,便只理会穷理致知工夫。而今自小失了,要补填,实是难”。[②]

此外,朱熹在《题小学》中说:“古者小学,教人以洒扫、应对、进退之节,爱亲、敬长、隆师、亲友之道,皆所以为修身、齐家、治国、平天下之本,而必使其讲而习之于幼稚之时。欲其习与知长,化与心成,而无扞格不胜之患也。”这些都是属于酬酢之事。

同时,朱熹也注意到儿童教育内容的多样化。譬如在洒扫、应对、入孝、出弟之外,还可以“行有余力,诵诗读书,咏歌舞蹈”。[③] 根据儿童的特点,

---

① (宋)朱熹:《大学章句集注·序》。

② (宋)黎靖德编:《朱子语类》卷七,《小学》,北京:中华书局,1986 年。

③ (宋)朱熹:《朱子文集》卷七六,《小学题辞》。

“授书莫限长短，但文理断处便住。若文势未断者，虽多授数行亦不妨”。还要根据男女的区别，对女孩子需要教“如曹大家《女戒》，温公《家范》，亦好”，等等。[①]

受小学教育后，便入大学。当时周京城郊外有辟雍，天子常到辟宫射箭或泛舟，其中有学宫。东边有东序，西边有瞽宗，北边有上庠，南边有成均，分别在辟雍之四门，故叫作四门学，都属于大学。大学也是养老、祭祀和举行典礼的地方。

到了宋代，朱熹述说：

> 及其十有五年，则自天子之元子、众子，以至公卿大夫元士之适子，与凡民之俊秀，皆入大学。而教之以穷理、正心、修己、治人之道。此又学校之教，大小之节，所以分也。[②]

大学没有“庶人”弟子的份，它只限于统治阶层。真正“民之俊秀”入大学是很难的，大学教育的范围是很狭隘的。

大学有 9 年，隔年考查一次，即第 3、5、7、9 年考查。第 7 年的考查符合标准者名为小成，第 9 年的考查符合标准者名为大成，毕业后可量才授官。

大学开学时，学生要诵《诗经》中的《鹿鸣》《四牡》《皇皇者华》，说明是要学习从政。具体学习要十分认真，在《礼记·学记》有详细的规定。

在大学阶段，以《大学》为教学内容。朱熹述说：

> 《大学》之书，古之大学所以教人之法也。……子程子曰：《大学》孔氏之遗书，而初学入德之门也。于今可见古人为学次第者，独赖此篇之存，而《论》《孟》次之。学者必由是而学焉，则庶乎其不差矣！[③]

《大学》原是《礼记》中的一篇，朱熹把它独立出来，与《论语》《孟子》《中庸》合为“四书”。朱熹撰写的《四书章句集注》，为元朝后诸朝科举考试的标准教科书。《大学》的结构为经 1 章，传 10 章，其内容是讲格物、致知、诚意、正心、修身、齐家、治国、平天下，是儒家伦理、政治、哲学的纲领性文献。大学以此为教材，可知古代大学教育的基本内容。

朱熹说：“大人之学，穷理、修身、齐家、治国、平天下之道是也。”“穷理”“修身”“正心”“齐家”是内事，即是讲自身的修养；“治国”“平天下”是外事，

---

① （宋）黎靖德编：《朱子语类》卷七，《小学》，北京：中华书局，1986 年。

② （宋）朱熹：《大学章句集注·序》。

③ （宋）朱熹：《大学章句集注》。

即是《大学章句序》中所说的“治人”。由此可见，小学与大学的教育内容是有区别的。据记载：

问：“小学、大学如何？”曰：“小学涵养此性，大学则所以实其理也。忠、信、孝、悌之类，须于小学中出。然正心、诚意之类，小学如何知得，须其有识后，以此实之。大抵大学一节一节恢廓展布将去，然必到于此而后进。既到而不进，固不可；未到而求进，亦不可。且如国既治，又却挈矩，则又欲其四方皆准之也。”①

小学与大学的教育内容既有联系，亦有区别。大学教育主要是培养高级人才，朱熹说：“国家建立学校之官，遍于郡国。盖所以幸教天下之士，使之知所以修身、齐家、治国、平天下之道，而待朝廷之用也。……其有慨然兴起于学，而明乎所以修身、齐家、治国、平天下之道者，是则伯之德之修之验也夫！”②这就是说，通过教育培养朝廷的有用之才，为国家服务。

中国古代教育的经典内容，在汉代是“六经”，亦叫“六艺”，即《诗》《书》《礼》《乐》《易》《春秋》。汉代以后，除去《乐》，称为“五经”。朱熹以“四书”代替“五经”。朱熹把《大学》《论语》《孟子》《中庸》联成“四书”，零散的儒家经典有了个精确选本，并精加“集注”，使中国古代文化以“四书”为骨干，形成完善的思想体系。朱熹述说：

某要人先读《大学》，以定其规模；次读《论语》，以立其根本；次读《孟子》，以观其发越；次读《中庸》，以求古人之微妙处。《大学》一篇有等级次第，总作一处，易晓，宜先看。《论语》却实，但言语散见，初看亦难。《孟子》有感激兴发人心处。《中庸》亦难读，看三书后，方宜读之。先看《大学》，次《语》《孟》，次《中庸》。果然下工夫，句句字字，涵泳切己，看得透彻，一生受用不尽。只怕人不下工(夫)，虽多读古人书，无益。书只是明得道理，却要人做出书中所说圣贤工夫来。若果看此数书，他书可一见而决矣。……《论语》如田亩阔狭去处，逐段子耕将去。……须熟究《大学》作间架，却以他书填补去。。③

朱熹并未否认“六经”的教育功能。他在《论语课会说》中说：“古之学者，潜心乎六艺之文，退而考诸日用，有疑焉则问，问之弗得弗措也。古之所

① (宋)黎靖德编：《朱子语类》卷一四，《大学一·纲领》，北京：中华书局，1986年。

② (宋)朱熹：《朱子文集》卷七五，《送李伯谏序》。

③ (宋)黎靖德编：《朱子语类》卷一四，《大学一·纲领》，北京：中华书局，1986年。

谓‘传道、授业、解惑’者，如此而已。后世设师弟子员，立学校以群之，师之所讲。……自秦汉以迄今，千有余年，所谓弟子者，皆不过如此。”古代教师以六经为传道、授业、解惑的教本，后世亦应这样。

不仅如此，朱熹还提倡学习“六经”之外的史籍。据《朱子语类》记载，朱熹说：“先看《语》《孟》《中庸》，更看一经，却看史，方易看。先读《史记》，《史记》与《左传》相包。次看《左传》，次看《通鉴》，有余力则看全史。……凡读书，先读《语》《孟》，然后观史，则如明鉴在此，而妍丑不可逃。若未读彻《语》《孟》《中庸》《大学》便去看史，胸中无一个权衡，多为所惑。”[①]不过朱熹主要还是读“六经”。

对于“六经”，朱熹提出新的认识。他认为《易》之作，本只是为卜筮，如极数知来之谓，占莫大乎蓍龟，是兴神物。他述说：

盖古人淳质，不似后人心机巧，事事理会得。古人遇一事，理会不下，便须去占。占得乾时，元亨便是大亨，利贞便是利在于正。古人便守此占，知其大亨，却守其正以俟之。

他确定《易》是一部卜筮的书，是符合《易》的本来面目的。既然本为卜筮而作，便否定了《易》具有神圣不可违背的经书的性质。他又述道：

上古民淳，未有如今士人识理义峣崎，蠢然而已，事事都晓不得。圣人因做《易》，教他占，吉则为，凶则否。所谓通天下之志，定天下之业，断天下之疑者，即此也。及后来理义明，有事则便断以理义。[②]

在朱熹看来，古人很淳朴，蠢然不晓得“义理”，因此而有《易》之作；后人明“理义”，事事理会得，便不卜以决疑，而是断以“义理”。这就动摇了《易》为经的神圣地位。对于《诗》，朱熹认为《诗》不是如孔子所说的是讲“思无邪”的。如“圣人言郑声淫者。盖郑人之诗，多是言当时风俗男女淫奔，故有此等语”。[③] 至于孔子删《诗》，朱熹说：“那曾见得圣人执笔删那个，存那个，也只得就相传上说去。”以为孔子删《诗》为传说，并不可靠。如果以郑、卫之《诗》都是“鄙俚之言”“男女淫奔相诱之语”，则《诗》为经书的地位也就产生疑问了。[④] 对于《春秋》，朱熹认为未必如先儒所言，字字有义。孔子当年是想写二三百年的历史的，并没有寓褒贬于其中。如果“要去一字两字上讨意

---

① (宋)黎靖德编：《朱子语类》卷一一，《学五・读书法下》，北京：中华书局，1986 年。

② (宋)黎靖德编：《朱子语类》卷六六，《易二・卜筮》，北京：中华书局，1986 年。

③ (宋)黎靖德编：《朱子语类》卷八〇，《诗一・纲领》，北京：中华书局，1986 年。

④ (宋)黎靖德编：《朱子语类》卷八一，《诗二・周南关雎》，北京：中华书局，1986 年。

思，甚至以日月、爵氏、名字上皆寓褒贬”，便是穿凿附会了。“或有解《春秋》者，专以日月为褒贬，书时月则以为贬，书日则以为褒，穿凿得全无义理。”这样，《春秋》也不具经书的地位。朱熹认为，《礼》学多不可考，盖其为书不全，考来考去，考得更没下梢。故学《礼》者多迂阔。“其他礼制皆然，大抵存于今者，只是个题目在尔”，“古礼繁缛，后人于礼日益疏略。然居今而欲行古礼，亦恐情文不相称”。他述说：

古礼于今实难行，尝谓后世有大圣人者作，与他整理一番，令人苏醒，必不一一尽如古人之繁。但放古之大意。

对于“三礼”，朱熹认为《仪礼》为主，大戴《礼》与小戴《礼》为《仪礼》之传。这样《礼》的经书地位也没有了。此外，怀疑《古文尚书》为伪书，清人考据学派的学者予以肯定。

由此可见，朱熹又把“四书”作为主要教育内容，辅以“五经”、史籍。早年他在同安任职时，就发布《谕学者》《谕诸生》《谕诸职事》等文告，强调读“四书”“五经”，要求入圣贤之域，纠正只追求科举考试的偏向。后来在南康郡任上，向文庙虔诚地献上《南康谒先圣文》，亲自任白鹿洞书院洞主，以《大学》之意制定《白鹿洞书院学规》，并主讲“四书”“五经”。之后，把《白鹿洞书院学规》推广到岳麓书院，以“四书”为主要。

（三）教育内容

朱子理学书院教育和民间自由讲学的内容，全是孔孟程朱思想。朱熹在规定《书院学规》时，主张“‘六经’、《语》、《孟》，皆圣贤遗书，皆当读”。朱熹早年强调儒家经典都要读，中年以后提出书院的教学内容主要是“四书”。陈荣捷述说：

在《朱子文集》卷七四，在《白鹿洞书院堂策问》与《白鹿洞书院学规》两者所保存的文献，都显示出其重点多在《语》《孟》。除强调读书之要外，对《语》《孟》这些经典，都有专篇。与朱子在1153—1156年任县主簿时，同安县学中授课与问答相较显而易见，以前侧重者为所有儒家经典，而现在则仅侧重选授几种。朱子在1190年编辑《大学》、《论语》、《孟子》以及《中庸》为四子书，在以后的数百年，“四书”支配了中国人的思想。我们可以设想，在白鹿洞书院所授的课程，乃是从一般儒家经典演进到四子书的一个过渡时期呢!①

朱熹之后的闽学书院,皆以朱子学为宗。张伯行在讲到崇安武夷山紫阳书院时述说:

> 钦定紫阳全书以教天下万世,其论遂归于一。始知学者之所以为学与教者之所以为教,当以紫阳为宗。而俗学、异学有不得易参焉者矣。不佞乐与多士恪遵圣教,讲明朱子之道,而身体之。②

书院的教学目标,大抵以朱熹的《白鹿洞书院学规》为准,讲明义理以修其身,然后推己及人,治国平天下。书院的主持人和教授,大都是著名的理学家和乡贤,如“鳌峰书院,延揽名儒,讲求程朱之学,有罗源蔡学博训士有方,日近诸生,教以修身厉行之旨,不专器人于语言文字之间”。蔡氏品学兼优,循循善诱,年 60 岁仍亲自讲论,诸生服教。像林则徐、陈化成等这样出类拔萃的人物,就是出身于鳌峰书院。③

图 4-30 朱熹修复和讲学的岳麓书院

图 4-31 朱熹讲学的金门浯江书院

应该特别强调的是,大多数的福建理学书院都以教育为中心,同时又是学术研究的“胜地”,他们把教学、研究和收藏图书、刊刻经籍等结合起来。因此,书院的教学研究内容是多方面的。再加上教育的普及,“有教无类”,各界士子都可以入学。方大琮在《与乡守项寺丞书》中说:“吾邑(按:福州永

① 陈荣捷:《朱子与书院》,《史学评论》1985 年第 9 期。

② (清)张伯行:《正谊堂文集》卷九,《紫阳书院碑记》。

③ (清)张伯行:《正谊堂文集》卷一二,《蔡恭靖先生墓志铭》。

福县）家书玄诵，人试律令，非独士为然，工、农、商各教子读书，虽牧儿食盍妇，亦能口诵古人语言。”[①]

这说明教育的普及程度。工、农、商等各行各业皆能重视对子弟的教育。不少商人为了满足经商的需要，更为重视教育。福建历史上许多商人受到了比较好的教育，一般认为闽商的文化素质高，经商能力强，到海外得到当地统治者的重视。宋代以来，中国著名的海商大都是福建人。到了近代，由于西学的传入，书院也涉及西学的许多方面，而其主旨乃是闽学的致用精神。

（四）教学方法

福建理学学者在自己长期的教学活动中，对教与学的方法有深刻的认识，形成了他们自己的一套教学方法。这里讲三个方面。

1.因材施教

因材施教是中国古代教育的重大特点。“因”是根据，“材”是学生的智能高低或特点。孔子说：“由也果，赐也达，求也艺。”[②]孔子又说：“从我于陈蔡者，皆不及门也。德行：颜渊、闵子骞、冉伯牛、仲弓。言语：宰我、子贡。政事：冉有、季路。文学：子游、子夏。”[③]孔子将自己的十大弟子分为德行、言语、政事、文学四科。对此，朱熹解释说：“目其所长，分为四科。孔子教人，各因其材，于此可见。”[④]这是朱熹借孔子的教学方法，启发出自己因材施教的教学方法。因为学生的“材”有所不同，就得因材施教，划分不同的科目。朱熹借孔子之因材施教，提出自己的观点。他认为，教师根据每个学生的特点，而分别科目，进行不同的教育，这是培养学生成材的重要方法。朱熹述说：

> 德行者，潜心体道，默契于中，笃志力行，不言而信者也；言语者，善为辞令者也；政事者，达于为国治民之事者也；文学者，学于《诗》《书》《礼》《乐》之文，而能言其意者也。盖夫子教人，使各因其所长以入于道。[⑤]

① （宋）方大琮：《铁庵方公文集》卷二一，《与乡守项寺丞书》。
② 《论语·雍也》。
③ 《论语·先进》。
④ （宋）朱熹：《论语或问》。
⑤ （宋）朱熹：《孟子或问》。

这是讲根据每人的特长而使之“入于道”。他又说:“草木之生,播种封植,人力已至,而未能自化。所少者,雨露之滋耳!及此时而雨之,则其化速矣。教人之妙,亦犹是也。”这是说人的成长犹草木之生,如得及时雨,便能迅速变化生长;依人特点,进行教育,也能迅速成长。又说:“圣贤施教,各因其材,小以成小,大以成大,无弃人也。”材有大小,教育的任务是,根据材的不同,而使其小成小材,大成大材,都能成材。这就是各因其所长而教之。①

2.教学相长

教学相长是朱子理学教学方法的又一个重大特点。《礼记》说:“学,然后知不足;教,然后知困。知不足,然后能自反也;知困,然后能自强也。故曰教学相长也。”②朱熹据《孟子》的记载:“昔者子贡问于孔子曰:‘夫子圣矣乎?’孔子曰:‘圣,则吾不能。我学不厌,而教不倦也。’子贡曰:‘学不厌,智也;教不倦,仁也。仁且智,夫子既矣!’”得出师生在教与学中皆日新其德、共同进步的结论。朱熹解释说:

> 学不厌者,智之所以自明;教不倦者,仁之所以及物。③

在这里,孔子、朱熹把“学”看作是智,而把“教”看作是仁。前者是对自己,后者是对人,所以叫作“及物”。他们把教学相长看成仁智,是非常高尚的。

3.知行并进

朱熹认为知行必须并进,要把读书与体察结合起来。《朱子语类》中反复记载了朱熹的说法:

> 学者当以圣贤之言反求诸身,一一体察。须是晓然无疑,积日既久,当自有见。但恐用意不精或贪多务广,或得少为足,则无由明耳。④

不能为读书而读书,必须反求诸身,从自家身上一一体察。“读书须要切己体验,不可只作文字看”、“读书不可只专就纸上求理义,须反来就自家身上(以手自指)推究”。这就是说,读书不是目的,目的是体察。只有联系自家,才能真正有所得。如果不切己体察,读书有何用,“今人读书,多不就切己上体察,但于纸上看,文义上说得去便了。如此济得甚事,何必读书,然后为学”。朱熹述说:

---

① (宋)朱熹:《孟子集注》卷一三,《尽心章句上》。

② 《礼记·学记》。

③ (宋)朱熹:《孟子集注》卷三,《公孙丑章句上》。

④ (宋)黎靖德编:《朱子语类》卷一一,《学五·读书法下》,北京:中华书局,1986年。

> 一向只就书册上理会，不曾体认着自家身己，也不济事。如说仁、义、礼、智，曾认得自家如何是仁，自家如何是义，如何是礼，如何是智？须是着身己体认得。如读学而时习之，自家曾如何学，自家曾如何习？不亦说乎。[①]

这种学以致用的思想，贯串了理学家的教学“知行并进”的教育传统。

上面讲的是朱熹教学方法的“教”的主要方面，而其“学”的方面，在《白鹿洞书院学规》中有极为言简意赅的说明。必须特别注意的是，朱熹所谓“学”，包括了知与行两个方面，且强调行。其学规讲得极其全面，其中“五教之目”，前文已有引述。其余《白鹿洞书院学规》抄录如下：

> 博学之，审问之，谨思之，明辨之，笃行之。右（上）为学之序。
>
> 学、问、思、辨四者，所以穷理也。若夫笃行之事，则自修身以至于处事、接物，亦各有要，其别如左（下）：
>
> 言忠信，行笃敬，惩忿窒欲，迁善改过。右（上）为修身之要。
>
> 正其义，不谋其利。明其道，不计其功。右（上）处事之要。
>
> 己所不欲，勿施于人。行有不得，反求诸己。右（上）接物之要。
>
> 熹窃观古昔圣贤所以教人为学之意，莫非使之讲明义理，以修其身，然后推以及人，非徒欲其务记览、为词章，以钓声明、取利禄而已也。……圣贤所以教人之法具存于“经”，有志之士，固当熟读深思而问辨之。苟知其理之当然，而责其身以必然，则夫规矩禁防之具，岂待他人设之而后有所持循哉！……特取凡圣贤所以教人为学之大端，条列如右（上），而揭之楣间。诸君其相与讲明遵守，而责之于身焉。则夫思虑云为之际，其所以戒谨而恐惧者，必有严于彼者矣！[②]

朱熹上列为学之序，修身之要，处事之要，接物之要，已为其后历代学者所赞赏和熟知、履行。

七、朱熹的宗教学

宗教是信仰。社会必须有信仰，没有信仰的社会是不可能存在的。只要有人类存在，就必然有宗教。宗教信仰发自人们心灵的最深处，是人们最崇高、最净洁精神的结晶，它能给人们意志、希望，认识人生的意义、价值，使

---

① （宋）黎靖德编：《朱子语类》卷一一，《学五・读书法下》，北京：中华书局，1986 年。

② （宋）朱熹：《朱子文集》卷七四，《白鹿洞书院学规》。

道德伦理理性化，升华人格境界。因此，宗教是意识形态，是文化，是人类精神生活所必需的。当然，只有国家允许和赞同的信仰才是宗教。邪教的根本点在于反国家性和反世俗生活。国家应对合法的宗教给予尊重，信仰自由。

（一）朱熹的宗教意识和论宗教功能

一般讲，福建理学的宗教思想，多集中于其对释、道之教（学）的判释和吸取上。以儒家思想为主体，包括释道之教（学）在内，是中国传统文化三大基本形态。此外，还有民间信仰，以及摩尼教等，朱子学都有涉及。朱子学本身亦具有宗教意识和功能。

儒家是中国传统文化的“主”，佛教是“宾”，道教（家）是“从”，儒、释、道三教在中华民族文化生命中有着不同的地位和价值，又在中国文化整体之中，相互作用，水乳交融。这种三向互动，促成导致儒学的释道化和释道之学的儒学化。儒学的释道化，使儒学像吃营养剂强身一样，获得新生命，走向繁荣。而释道之学的儒学化，则使释道之学依附于儒学，在一定程度上削弱了释道之学的独立性，使其衰微。基于儒、释、道的互动，朱子学思想具有鲜明的宗教品格与功能。

知名学者任继愈述说：

> 朱熹认为，天地之大德曰生，天地有生物之心。人也有从天得来的爱物之心——仁。没有仁的人不成为人，没有仁的天地不成为天地。朱熹为学，不仅在于纯知识的探索，他确实用实践来体验古代圣贤的教导。以朱熹对《论语》“观过，斯知仁矣”理解为例：……“若谓观己过，窃赏试之，犹觉未稳。若必俟有过而后观，则过恶已形，观之无及，久自悔咎，乃是反为心害而非所以养心；若曰不俟有过而预观平时所偏，则此心廓然本无一事，却不直下栽培涵养，乃预求偏处而注心观之。圣人平时教人养心求仁之术，似不如此之支离也”。可见朱熹的为学，不是口头讲论，确实从体验中得来。它不是纯思辨之学，而是指导行为的学问，它是宗教而不是哲学。宗教不是教人会说，而是教人去做的。……朱熹的“天”，不是活灵活现的人格神，而是封建宗法化的理性之神。它不具有人形，而具有人性，有“盎然生物之心”。……天是君权的神学依据，地是天的陪衬，师是代天地君亲立言的神职人员，握有对封建制度

最高的解释权。正如佛教奉佛、法、僧为三宝，离开了僧，佛与法就无法传播。[①]

把儒家思想说成宗教是任氏的观点。这里取其对朱熹思想宗教价值意义的分析，在朱子学中确实具有宗教价值意义。朱熹说："吾儒若见得道理透，就自家身上理会得'本领'，便自兼得禅底；讲说辨讨，便自兼得教底；动由规矩，便自兼得律底。事事是自家合理会。"[②]朱熹把儒家学说比附为佛教的禅、教、律，具有宗教意识和功能，应该是符合实际的。

（二）朱熹对诸宗教派别的评论

1.用理气释雷电鬼神等民间信仰

朱熹对于一些民间信仰，大都用哲学进行理论分析，做出符合当时科学水平的解释。例如，朱熹不信日月蚀为灾异，认为皆是阴阳二气的衰微。古人以其为预兆，盖因古人不懂得历法。对于下雨打雷，认为只是气，如今之鞭炮，"盖郁积之极而迸散者也"。朱熹说："恐发动了阳气，所以大雪为丰年之兆者。雪非丰年，盖为凝结得阳气在地，来年发达，生长万物。"对于雹，朱熹释"雹"为"雨"从"包"，"是这气包住，所以为雹也"。当时有雹为蜥蜴含水吐出，即龙行雨之说。朱熹解释说，蜥蜴状如龙，属阴。阴气感应而成雹。朱熹说："龙，水物也。其出而与阳气交蒸，故能成雨。但寻常雨自是阴阳气蒸郁而成，非必龙之为也。"[③]朱熹对于天气之怪异，均以阴阳二气之解释，排弃了宗教神秘主义之信仰。

对于民间盛传的鬼、鬼火、佛灯等，朱熹也认为是未散之气。朱熹述说：

> 俗言佛灯，此是气盛而有光。又恐是宝气，又恐是腐叶飞虫之光。……昔人有以合子合得一团光，来日看之，乃一腐叶。……此中有人随汪圣锡（汪应辰）到峨眉山，云五更初去看。初布白气，已而有圆光如镜，其中有佛，然其人以手裹头巾，则光中之佛亦裹头巾，则知乃人影耳！[④]

这是讲到峨眉山绝高处金顶晨观佛光的事，朱熹早就揭穿了佛光的

---

① 任继愈：《朱熹与宗教》，《中国社会科学》1982年第5期，第59页。

② （宋）黎靖德编：《朱子语类》卷八，《学二》，北京：中华书局，1986年。

③ 以上见（宋）黎靖德编：《朱子语类》卷二，《理气下·天地》，北京：中华书局，1986年。

④ （宋）黎靖德编：《朱子语类》卷一二六，《释氏》，北京：中华书局，1986年。

真相。

对于世俗所谓冤鬼、神仙,朱熹亦以理气释之。朱熹述说:

> 世俗大抵十分有八分是胡说,二分亦有此理。多有是非命死者,或溺死,或杀死,或暴病卒死。是他气未尽,故凭依如此。又有是乍死后气未消尽,是他当初禀得气盛,故如此。然终久亦消了。盖精与气合,便生人物。"游鬼为变",便无了。如人说神仙,古来神仙皆不见,只是后来神仙。如《左传》伯有为厉,此鬼今亦不见。①

伯有后有子产为其立嗣,故其冤气释消。朱熹曾说,漳州有妇与人通奸而杀夫。其鬼冤气不散而为祟。及妇与奸夫决罪偿命后乃息。人鬼亦如雷如雹,是虹霓之类,日久必散。②

朱子反对迷信,莫若其不肯入祖籍徽州婺源之五通庙。朱熹至徽州婺源省墓,乡人以其地五通庙为最灵,力迫其谒五通庙,朱熹不去。是夜,族人设宴,朱熹饮酒至醉,动怒。次日,一蛇出现在阶旁。众人皆以为不谒庙之故,益劝谒之。朱熹愤然说:"某幸归此,去祖墓甚近。若能为祸福,请即葬某于祖墓之旁,甚便。"③朱熹发大脾气,仅此一次。

朱熹基本上不信鬼神,也不是全不注意民间习俗,未完全脱离民间信仰。朱熹述说:

> 神杀之类,亦只是五行旺衰之气,推亦有此理。但是后人推得小了,太拘忌耳。晓得了,见得破底好。如上蔡(按:谢良佐)言"我要有便有,我要无便无",方好。④

朱熹还说:"鬼神死生之理,定不如释家所云,世俗所见。然又有其事昭昭,不可以理推者。此等处切莫要理会。"⑤

2.严禁摩尼教

朱熹早年任泉州同安主簿和晚年知漳州时,均与摩尼教(明教)发生过关系。"庆元党禁"时,监察御史沈继祖奏劾朱熹六大罪状,开头就是"剽张

---

① (宋)黎靖德编:《朱子语类》卷三,《鬼神》,北京:中华书局,1986 年。

② (宋)黎靖德编:《朱子语类》卷一五,《大学二》,第五六条,北京:中华书局,1986 年。

③ (宋)黎靖德编:《朱子语类》卷三,《鬼神》,第七九条,北京:中华书局,1986 年。

④ (宋)黎靖德编:《朱子语类》卷一三八,《杂类》,第一〇〇条,北京:中华书局,1986 年。

⑤ (宋)黎靖德编:《朱子语类》卷三,《鬼神》,第一二条,北京:中华书局,1986 年

载、程颐之余论，寓以吃菜事魔之妖术，以簧鼓后进"。[①] 其中"吃菜事魔"即指摩尼教。沈氏是道听途说以诬陷朱熹，学者多回避或否定这个问题，既不利于弄清事实，也没有为朱熹辩解。其实，在这个问题上，朱熹是非常正面的。

摩尼教出现于3世纪，由南巴比伦人摩尼创立，后发展为世界性宗教。675年，摩尼教传入中国新疆一带，然后逐步进入中国内地。约8世纪，回鹘（蒙古地区）登里可汗立其为国教。唐王朝为平息"安史之乱"，向登里可汗求援。762年，登里可汗派兵进入洛阳等地，后在长安（今西安）、扬州等全国各地建立摩尼教寺庙，于是成为一个宗教派别。唐武宗"灭佛"，摩尼教被禁止。此后宋、元、明、清历代也限制摩尼教，遂使其湮没。

据何乔远《闽书》记载，摩尼教法师呼禄于唐会昌年间（841—846）到福建，死后葬于泉州清源山下。[②] 据学者考证，绍兴二十三年（1153）秋，朱熹在泉州同安主簿任上，与同僚往泉州清源山考察呼禄法师墓。朱熹当时作的诗《与诸同僚谒奠北山过白岩小憩》中的"明灵自安宅"，即指"明教之灵"，整句意为"呼禄法师安息于此"。朱熹榜书"勇猛精进"木刻匾，原悬挂于泉州摩尼教寺——草庵中。1933年冬，弘一法师挂锡于此，在"勇猛精进"木刻匾后半截书一段小字："岁次癸酉，与传贯法师同住草庵度岁，书此以作遗念。除夕朝演音，时五十有四，贻赠庵中。"此匾于"文革"中下落不明。这些只能说明作为学者的朱熹对摩尼教的事迹进行考察，且当时朱熹正处于由禅道向儒学转变的过程之中。

绍熙元年（1190）四月，61岁的朱熹知漳州，次年三月离任，整整一年，政绩卓越。他大力实施社会改良，转变社会风俗。他的《劝谕榜》次条就是：

> 禁约保伍互相纠察事件：常切停水防火，常切觉察盗贼。不得贩卖私盐，不得宰杀耕牛，不得赌博财物，不得传习魔教。保内之人互相觉察，知而不纠，并行坐罪。[③]

其《劝女道还俗榜》述说：

> 盖闻人之大伦，夫妇居一，三纲之首，理不可废。……降及后世，礼

---

① 转引自林振礼：《朱熹新探》，北京：中国广播电视出版社，2004年，第189页。

② （明）何乔远：《闽书》卷七，《方域志》。

③ （宋）朱熹撰，陈俊民校编：《朱子文集》卷一〇〇，《劝谕榜》，台北：德富文教基金会，2000年。

> 教不明，佛法摩宗乘间窃发，唱为邪说，惑乱人心，使人男大不婚，女大不嫁，谓之出家修道，妄希来生福报。……于是不婚之男无不盗人之妻，不嫁之女无不肆为淫行。……息摩佛之妖言，革淫乱之污俗，岂不美哉！①

这里的“传习摩教”“佛法摩宗”“摩佛”，均指摩尼教，而非指佛教。

佛教是当时国家认同的宗教。朱熹尊重佛教，并大量吸取佛教的合理成分充实理学。综观朱熹有关佛教的论说，从没有像这里所引两榜所用如此激烈的语言攻击佛教。再者，摩尼教当时为国家不认可，对朝廷构成威协，或被视为邪教。据朱熹的朋友陆游在《老学庵笔记》中记载：“闽中有习左道者，谓之明教。亦有明教经。”“此摩也，奈何与之游？”参与活动的读书人回答说：“不然，男女无别者为摩，男女不亲授者为明教。明教，妇人所作食则不食。”陆游曾取其经文观看，认为内容荒诞不经，“俚俗习妖妄之所为”。② 陆游在《应诏条对状》中，谓摩尼教之害甚于“盗贼之兴”，请朝廷予以取缔：

> 伏缘此色人，处处皆有，淮南谓之二裣子，两浙谓之牟尼教，江东谓之四果，江西谓之金刚禅，福建谓之明教、揭谛斋之类，名号不一，明教尤甚。至有秀才、吏人、军兵，亦有传习。其神号曰明使，又有肉佛、骨佛、血佛等号。白衣乌帽，所在成社。伪经妖像，至于刻版流布，假借政和中道官程若清等为校勘，福州知州黄裳为雕监。以祭祖考为引鬼，永绝血食，以溺为法水，用以沐浴。其他妖滥，未易概举。……汉之张角，晋之孙恩，近岁之方腊，皆是类也。③

可见，当时朝野视摩尼教为邪教。正因为如此，摩尼教打着佛教旗号传播。所以朱熹称其为“摩佛”。

基于上述分析，朱熹在漳州全盘否定的“摩佛”不是佛教，而是摩尼教。此是事实，西方学者数人“坚持摩为摩教，即吃菜事摩教，亦即摩尼教。其中Erik Zurcher为中国佛教史世界权威，对我国历史上外来宗教，甚为熟识。彼谓南宋时代，摩尼教犹存云”④。朱熹私淑弟子真德秀也有“莫习摩教，莫

---

① （宋）朱熹撰，陈俊民校编：《朱子文集》卷一〇〇，《劝女道还俗榜》，台北：德富文教基金会，2000年。

② （宋）陆游：《老学庵笔记》，北京：中华书局，1979年，第125页。

③ （宋）陆游：《陆放翁集》，北京：中国书店，1986年，第27～28页。

④ 陈荣捷：《朱子新探索》，台北：学生书局，1988年，第345页。

信邪师"的说法，把摩尼教称为邪教。[1] 朱熹在漳州的论说与措施，使漳州地区"摩佛之妖言"得以平息，"淫乱之污俗"得以革除。[2]

3.对佛道之学的阐释与吸取

中国佛教与道教（家）是中国文化的组成部分，朱熹对佛教、道教（家）进行深入研究，于批判中予以吸取，充实朱子理学的思想体系。

朱熹认为，"佛家有三门，曰教，曰律，曰禅。禅家不立文，只直接要识心见性。律本法甚严，毫发有罪。如云不许饮水，饮水便有罪过。……教自有三项，曰天台教，曰慈恩教，曰延寿教。……天台教专理会讲解。慈恩教亦只是讲解"。[3] 这里说的延寿教，后来无有论说。对于佛教的"三身"说，朱熹解释说：

> 佛氏所谓三身：法身者，释迦为本性也；报身者，释迦之德业也；肉身者，释迦之真身而实有之人也。[4]

这种说法是符合佛教原意的。慧能在答智通时说："三身者：清净法身，汝之性也；圆满报身，汝之智也；千百亿化身，汝之行也。"[5]

朱熹指出，佛教的思想本质是"空"，而道家（教）则是"把有无做两截看"。朱熹述说：

> 佛氏只是空豁豁然，和有（疑作无）都无了，所谓"终日吃饭，不曾咬破一粒米；终日着衣，不曾挂着一条丝"。若老氏犹骨（疑作有）是有，只是清静无为，一向恁地深藏固守，自为玄妙。教人摸索不得，便是把有无做两截看了。[6]

佛只是指出米和丝、吃和穿都没在自性，只是现象，其本质是虚与无。朱熹以实践生活经验为真实，执着和相信这些是实有。但是这只是信念，而并非理论上的证明。

《朱子语类》记载朱熹门人问佛、道之"无"有何不同：

> 问："释氏之无与老氏之无何以异？"曰："老氏依旧有，如所谓'无欲观其妙，有欲观其徼'是也。若释氏，则以天地为幻妄，以四大为假合，

---

① （宋）真德秀：《西山文集》，上海：上海古籍出版社，1987年，第634页。

② 参见林振礼：《朱熹新探》，北京：中国广播电视出版社，2004年，第192～206页。

③ （宋）黎靖德编：《朱子语类》卷八，《学二》，北京：中华书局，1986年。

④ （宋）黎靖德编：《朱子语类》卷一二五，《老氏》，北京：中华书局，1986年。

⑤ （宋）释道原：《景德传灯录》卷五。

⑥ （宋）黎靖德编：《朱子语类》卷一二六，《释氏》，北京：中华书局，1986年。

则是全无也。"[1]

在朱熹看来，道家讲的"无"，仍然是有，与佛教的"无"不同。

朱熹反对佛教的轮回说，认为"以偷生夺荫之说皆脱空"。朱熹述说：

释氏却谓人死为鬼，鬼复为人。如此则天地间常只是许多人来来去去，更不由造化生生。必无是理。[2]

与佛教轮回说相联系的，是道教的长生不死，朱熹予以否定。朱熹述说：

人言仙人不死，不是不死，但只是渐渐销融了，不觉耳。盖他能炼其形气，使渣滓都销融了。唯有那些清虚之气，故能升腾变化。……然久后亦须散了。且如秦汉所说仙人，后来都不见了。[3]

当时武夷山武夷君传为神仙，朱熹说："盖亦避世之士，生为众所臣服，没而传以为仙也。"[4]

在儒与佛、道的比较上，朱熹讲得最多。其总的观点是：

儒释之分，只争虚实而已。如老氏亦谓"恍兮惚兮，其中有物。窈兮冥兮，其中有精"，所谓物精，亦是虚。吾道虽有"寂然不动"，然其中粲然者存，事事有。以道为高远玄妙而不可学邪！则道之得名，正以人生日用当然之理，犹四海九州百千万人常行之路尔。非若老佛之所谓道者，空虚寂灭，而无与于人也。[5]

朱熹认为儒家也讲无，而"无者无物，却有此理。有此理则有矣。老氏乃云：'物生于有，有生于无。'和理也无，便错了"[6]。

朱熹进一步指出，有这事便有这道理，而这道理即为有。朱熹述说：

今人只见前面一段事无形无兆，将谓是空荡荡，却不知道"冲漠无

---

① (宋)黎靖德编：《朱子语类》卷一二六，《释氏》，北京：中华书局，1986年。

② (宋)黎靖德编：《朱子语类》卷三，《鬼神》，第十九条，北京：中华书局，1986年。

③ (宋)黎靖德编：《朱子语类》卷一二五，《老氏》，第五十九条，北京：中华书局，1986年。

④ (宋)朱熹撰，陈俊民校编：《朱子文集》卷七六，《武夷图序》，台北：德富文教基金会，2000年。

⑤ (宋)朱熹撰，陈俊民校编：《朱子文集》卷三八，《答周益公第三书》，台北：德富文教基金会，2000年。

⑥ (宋)黎靖德编：《朱子语类》卷九八，《张子之书一》，第一二四条，北京：中华书局，1986年。

朕，万象森然已具”。如释氏便只是说空，老氏便只是说无。[①]

对于儒、佛“只争虚实”，具体到“识心见性”这个重大命题上，其区别是：儒以性为理，心含万理；而佛以性为清净、空寂。朱熹述说：

> 释氏虽自谓惟本一心，然实不识心体。虽云心生万法，而实心外无法。故无以立天下之大本，而内外之道不备。……若圣门所谓心，则天序、天秩、天命、天讨、恻隐、羞恶、是非、辞让，莫不皆备，而无心外之法。故孟子曰：“尽其心者，知其性也。知其性则知天矣。”

这是说，“释氏之言见性，只见虚见；儒者之言见性，只是仁、义、礼、智，皆是事实”。[②] 朱熹又述道：

> 故上蔡云：“佛氏所谓性，正圣人所谓心；佛氏所谓心，正圣所谓意。”心只是该得这道理。佛氏元不曾识得这理一节，便认知觉运动做性。……只认得那能视、能听、能言、能思、能动底，便是性。视明也得，不明也得；听聪也得，不聪也得。……它最怕人说这理字，都要除掉了。此正告子生之谓性之说。[③]

在朱熹看来，佛实际上取消了先验、内具之性，而以心之空灵虚明之本然作用为性。朱熹认为在儒家，心虽然空灵虚明，但其中含具万理，实际就是仁、义、礼、智之理，归根到底则只是仁。此先验的含具万理之心乃心之本体，此本体即性。佛则以心之虚寂灵明，即知觉之性为性。因此，朱熹说释氏之所谓性，相当于圣人所谓心。朱熹进一步指出：

> 释氏所见，较之吾儒，彼不可谓无所见，但却是从外面见得个影子，不曾见得里许真实道理。所以见处则仅高明脱洒，而用处七颠八倒，无有是处。儒者则要见得此心此理元不相离。[④]

朱熹认为心（思想）除自然属性、情感作用外，还先验地具有道德理性，这是人之为人之性。此性含之于心，当心（心官，报身）起用时，心不仅有自

---

① （宋）黎靖德编：《朱子语类》卷九五，《张子之书一》，第七十七条，北京：中华书局，1986 年。

② 以上见（宋）朱熹撰，陈俊民校编：《朱子文集》卷三〇，《答张敬夫第十书》，台北：德富文教基金会，2000 年。

③ （宋）黎靖德编：《朱子语类》卷一二六，《释氏》，北京：中华书局，1986 年。

④ （宋）朱熹撰，陈俊民校编：《朱子文集》卷五九，《答陈卫道》，台北：德富文教基金会，2000 年。

然之思的妙用，且能思其所当思，有知是、知非之良知妙用。[①] 朱熹述说：

> 吾以心与理为一，彼以心与理为二，亦非固欲如此，乃是见处不同。彼见得心空而无理，此见得心虽空而万理咸备也。虽说心与理一，不察乎气禀物欲之私，是见得不真，故有此病。《大学》所以贵格物也。[②]

可见在心性上儒佛之不同，不在心性本身，而在于心性的内容。

基于上述认识，朱熹就大胆地肯定佛教的心性观点。朱熹述说：

> 因举佛氏之学与吾儒有甚相似处，如云："有物先天地，无形本寂寥。能为万象主，不逐四时凋。"又曰："扑落非他物，纵横不是尘。山河及大地，全露法王身。"又曰："若人识得心，大地无寸土。"看他是甚么样见识。今区区小儒，怎生出得他手！宜其为他挥下也。[③]

由此，朱熹通过对佛氏心性的认识建立起自己的理学心性思想体系。例如慧能说："万法尽在自心，从自心中顿见真如本性。"[④]朱熹说："天命之性，虽极微妙，然其实只是人心之中许多合当做底道理而已。""性无形质而含之于心。"[⑤]两者说法相同而内容不同。再如慧能说："自性能含万法是大，万法在诸人性中。"[⑥]朱熹说："万事万化皆自此中（按：指天命之性）流出，而实无形象之可指，故曰无极耳。"[⑦]慧能说："心量广大，犹如虚空，无有际畔，亦无方圆大小，亦非青黄赤白，亦无上下长短。"[⑧]朱熹说："人之一心，虚灵洞澈。""人之本心，其体廓然，亦无限量。"朱熹述说：

> 人之一心，本自光明，不是死物，非有按排造作，只是不动着他，即此知觉炯然不昧。但无喜怒哀乐之偏，思虑之为之扰耳。当此之时，何尝不静？不可必待却无知觉，然后谓之静也。[⑨]

这些说法都是从释氏语录中脱胎出来的，只是将"清净""不着境"等改

---

① 参见金春峰：《朱熹哲学思想》，台北：东大图书公司，1998 年，第 387 页。

② （宋）朱熹撰，陈俊民校编：《朱子文集》卷五九，《答陈卫道》，台北：德富文教基金会，2000 年。

③ （宋）朱熹撰，陈俊民校编：《朱子文集》卷五九，《答陈卫道》，台北：德富文教基金会，2000 年。

④ 《坛经》第二，《般若品》。

⑤ （宋）黎靖德编：《朱子语类》卷六〇，《孟子十 · 尽心上》，北京：中华书局，1986 年。

⑥ 《坛经》第二，《般若品》。

⑦ （宋）朱熹：《朱子文集》卷四五，《答廖子晦第一八书》。

⑧ 《坛经》第二，《般若品》。

⑨ （宋）黎靖德编：《朱子语类》卷一二六，《释氏》，北京：中华书局，1986 年。

成“光明”“非有按排造作”“炯然不昧”而已。

朱熹对释氏“明心见性”“心静见理”等公开吸取，为我所用，就是为了从心性根源上攻倒佛教。这种“入室操戈”的内攻法，击中对方的要害，此后释氏再也不能占儒学的上风，而且日益式微。朱熹与释氏关于心量、心体、心性等论说，二程等诸理学家是没有的。因此，说理学吸取、消化了佛学，主要是朱熹。知名学者陈寅恪所谓“新儒家即继承此种遗业而能大成者”，应该主要是指朱熹。[①]

此外，朱熹心性论之基本命题，即心体即性、性即理、人心道心等二分法，是与释氏的“一心开二门”联系着的。《大乘起信论》述说：

> 显示正义者，依一心法有二种门。云何为二？一者心真如门，二者心生灭门。是二种门，皆各总摄一切法。此义云何？以是二门不相离故。心真如门者，即是一切法界大总相法门体，所谓心性不生不灭。一切诸法唯依妄念而有差别，若离心念，则无一切境界之相。是故一切法从本以来，离言说相，离名字相，离心缘相，毕境平等，无有变异，不可破坏。唯是一心，故名真如。

这就是说，有二种心：真如之心与生灭分别缘起之心。前者是心之本体，即真如、佛性。此真如、佛性，在朱熹体系中即真心、本心、道心、心之本体、性。它是超越的绝对，不生不灭。后者生灭门，则是分别之心，缘起之心。在朱熹体系中，这种生灭门即思虑营为以及种种情感、欲念之心。朱熹有时称之为人心。这两种心，不即不离，故称“一心开二门”。虽然在中国佛教史上《大乘起信论》的真伪及其作者有争论，但其是中国化佛教禅宗最主要典籍。

朱熹说唐代著名佛教理论家宗密的《圆觉经略疏》“前三卷好”，就指这三卷的“一心开二门”思想。[②] 宗密述说：

> 论中初唯一心为本源，二依一心开二门。一者心真如门，谓心性不生不灭。二者心生灭门，谓依如来藏与生灭合，名阿梨耶识。三依此识（按：指阿梨耶识）明二义：一觉义，谓心体离念等；二不觉义，谓不如实知真如法一，不觉心起等。[③]

---

① 冯友兰：《中国哲学史》，附录《审查报告三》，上海：商务印书馆，1934 年。

② （宋）黎靖德编：《朱子语类》卷一二六，《释氏》，北京：中华书局，1986 年。

③ （唐）宗密：《圆觉经略疏》卷二。

此处所谓"觉",与朱熹"明明德"之觉,"俄而有觉"之觉,良知之觉,皆源于天理之觉相当。"不觉",与朱熹所谓源于人欲之心之觉相当。朱熹思想的核心命题理一分殊论,是根源于佛教华严宗、禅宗的理事观的。朱熹述说:

> 万理虽只是一理,学者且去万理中,千头百绪都理会,四面凑合来,自见得是一理。……圣贤之学,非老氏之比。老氏说通于一,万事毕,其他都不说。少间又和那一都要无了,方好。①

这与法眼文益说的如出一辙:"大凡佛祖之宗,具理具事。事依理立,理假事明。理事相资,还同目足。若有事而无理,则滞泥不通;若有理而无事,则汗漫无归。欲其不二,贵在圆融。"②

(三)外来文化中国化模式的创立

佛教于汉代由印度传入中国,它与中国儒、道由依附、对立,经过近1000年,到唐宋时代中国化,并被儒学吸取和消化。在唐代,华严宗、禅宗等中国化成功,仍是佛教,而宋代新儒学却把佛学变为自己的组成部分,就像吃营养剂强身一样。佛教中国化有两种形式:一是自身的中国化,即中国佛教宗派的确立;二是佛学融合中国传统文化,即儒、释、道融合。这是中国文化发展史上的重大事件。当代史学家陈寅恪说:"佛教于理性之学(metaphysics)独有深造,足以救中国之缺失。""宋儒若程若朱,皆深通佛教者,既喜其义理之高见详尽,足以救中国之缺失,而忧其用夷复夏也。乃求得而两全之法,避其名而居其实,取其珠还其椟。采佛理之精粹以之注解四书五经,名为阐明古学,实在吸取异教。声言尊孔辟佛,实则佛之义理已浸渍濡染,与儒教之传宗合而为一。""自得佛教之裨助,而中国之学问立时增长元气,别开生面。"③

清人全祖望谓"两宋诸儒,门庭经路半出于佛、老"④。清人童能灵述说:

---

① (宋)黎靖德编:《朱子语类》卷一一七,《朱子十四·训门人五》,第四二条,北京:中华书局,1986年。

② (五代)文益:《宗门十规论》第五。

③ 吴学昭:《吴宓与陈寅恪》,北京:清华大学出版社,1992年,第10～11页。

④ (清)黄宗羲、全祖望:《宋元学案》卷一七,《横渠学案》,北京:中华书局,1986年,第662页。

> 朱子平生论禅学，较之二程、张子，尤悉切透。盖以其好早而又久且笃，能知其底蕴也。后世或疑诸大儒未尝深究禅理之妙，误矣！[①]

后人有的把朱熹等知佛误为信佛，这是论及朱子学以儒学融合释、道之学不该回避的问题。在理学家的言论思想中，有些词语、概念、范畴、命题、观点等与释、道之说同，难以说明谁源谁流。正如朱熹所说的，“佛学之与吾儒，虽有略相似处，然正所谓貌同心异，似是而非”[②]。因此，需要提出一个研究这个问题的基本原则。对于朱熹等以儒学融合释、道之学，除了那些明显来源或启发于释、道之学外，是否可以这样理解：他们在把儒学与释、道之学比较优劣过程中，对释、道之学进行批判，不自觉地、无形中就提高了自己，认识到自己有关观点的弱点之所在，以及把对方之合儒学的部分吸收过来，有的反其意而取之，从而充实丰富了自己。在与释、道之学的比较中，朱熹有个总的观点，或者说有个出发点，这就是他所反复讲到的：

> 释言空，儒言实。释言无，儒言有。……释氏虚，吾儒实。释氏二，吾儒一。释氏以事理为不紧要而不理会。[③]

> 熹详老氏之言有无，以有无为二。周子（敦颐）之言有无，以有无为一。正如南北水火之相反。[④]

朱熹认为释氏把事理置于心外，心与事理分开为二。故其心虚无；而儒者则心与事理为一，心中有事理，故其实有。一般来说，朱熹谓“释氏便只是说空，老氏便只是说无，却不知道莫实于理”[⑤]。朱熹基于这种实虚、有无观，在儒、释、道三教的相互比较中，知己知彼，以彼启己，取彼补己，或者反其意而用之。

这里有个非常重要的宋学思维方式问题。要想用儒学融合释、道之学，就必须对释、道进行研究，读其书，明其义。在这方面，游酢、朱熹等福建理家学者做得最为成功。游酢就是因知禅而受到冷落的。当时胡五峰甚至说：“定夫为程门罪人。”[⑥]此是冤案。综观现存游酢所有著述，没有一句赞

---

① （清）童能灵：《子朱子为学次第考》卷一。

② （宋）黎靖德编：《朱子语类》卷一二六，《释氏》，北京：中华书局，1986 年。

③ （宋）黎靖德编：《朱子语类》卷一二六，《释氏》，北京：中华书局，1986 年。

④ （宋）朱熹：《朱子文集》卷三六，《答陆子静六》。

⑤ （宋）黎靖德编：《朱子语类》卷九五，《程子之书一》，北京：中华书局，1986 年。

⑥ （清）黄宗羲、全祖望：《宋元学案》卷二六，《豸山学案》，北京：中华书局，1986 年，第 994 页。

扬佛教禅学的，而批判佛教的倒有不少。游酢述说：

佛书所说，世儒亦未深考。……需亲自此地，方能辨其同异。不然，难以口舌争也。[①]

朱熹述说：

今金溪学问真正是禅，钦夫、伯恭缘不曾看佛书，所以看他不破。只某便识得他。试将《楞严》《圆觉》之类一观，亦可粗见大意。释氏之学，大抵谓若识得透，应千罪恶，即都无了。然则此一种学，在世上乃乱臣贼子之三窟耳！[②]

这就是所谓“不入虎穴，焉得虎子”。游酢、朱熹等福建理学家把佛学之合理部分吸收消化，成为儒学的组成部分，如吃营养剂强身一样。游酢、朱熹等是以儒学融合释、道之宋学思维方式的主要确立者。

世界上各个国家和地区都以自己的民族文化为精神支柱和生活方式，各个文化系统之间，也以友善或暴力的方式相互交流。能否正确地对待外来文化，吸取和消化外来文化充实和提高自己，是考察其是否有生命力的标志。在这方面，朱熹等闽学学者做得最为成功。陈寅恪述说：

新儒家不忘其本民族之地位，既融成一家之说以后，则坚持夷夏之论，以排斥外来之教义。此种思想上之态度，自六朝时亦已如此。虽似相反，而实足以相成。从来新儒家即继承此种遗业而能大成者。窃疑中国自今日以后，即使能忠实输入北美或东欧之思想，其结局当亦等于玄奘唯识之学，在吾国思想史上既不能居最高之地位，且亦终归于歇绝者。其真能于思想史上自成系统，有所创获者，必须一方面吸收输入外来之学说，一方面不忘本来民族之地位。此二种相反而适相成之态度，乃道教之真精神，新儒家之旧途径，而二千年吾民族与他民族相接触史之所昭示者也。[③]

陈氏把“新儒家之旧途径”看成是本土文化对待外来文化的一般模式，过去、现在和将来都是基本如此。今后西方文化传入中国以至东方，也只有采用这种形式才能生存和发展下去；否则不仅存在不下去，强制实行还起破坏作用。

---

① （宋）朱熹：《伊洛渊源录》卷九，《游察院》。

② （宋）黎靖德编：《朱子语类》卷一二四，《陆氏》，北京：中华书局，1986年。

③ 冯友兰：《中国哲学史》，附录《审查报告三》，上海：商务印书馆，1934年。

八、朱熹的自然科学

（一）自然科学的特点

理学，用现代的学术概念理解，包括许多学科，其中主要是哲学。哲学是世界观，是人对整个世界（自然、社会和思维）的最一般观点，这种观点是比较完整、系统的思想体系。因此，在朱熹的理学思想体系中，包含有丰富的自然科学内容。

在朱熹时代，中国文化由内圣成德之成熟，开始外王事功，治国平天下。中国人的认识开始面向自然界，认识自然规律。如北宋末年的沈括（1031—1095），在讲到乐律时说："古人以为难知，盖不深索之。听其声，求其义，考其序，无毫发可移。此所谓天理也。"[①]这就是要认识事物的内在规律。中国古代哲学的主要倾向是天人合一，即主客观是不可分割地联系在一起的，而朱熹则沿着先秦荀子所说的"凡以（可）知，人之性；可以知，物之理"[②]的方向，提出合天地万物而言只是一理，格物而穷理。这就把主客观置于认识与被认识的对列关系。朱熹述说：

> 致知，是自我而言；格物，是就物而言。若不格物，何缘得知。而今人也有推极其知者，却只泛泛然竭其心思，都不就事物上穷究。如此，则终无所止。[③]

这就把主客观对列起来，使其形成认识与被认识的关系，是近代西方发展起来的科学思维，是近代知识学意识。

格物是《大学》中提出来的，原是指格心，提高道德修养。把自然界作为格物的主要内容，是理学家们明确提出来的。朱熹说："天地中间，上是天，下是地，中间有许多日月星辰、山川草木、人物禽兽。此皆形而下之器也。然这形而下之器之中，便各自有个道理。此便是形而上之道。所谓格物，便是要就这形而下之器，穷得那形而上之道理而已。""上而无极、太极，下而至于一草、一木、一昆虫之微，亦各有理。一书不读，则阙了一书道理；一事不穷，则阙了一事道理；一物不格，则阙了一物道理。须着逐一件与他理会

① （宋）沈括：《梦溪笔谈》卷五，《乐律》。

② 《荀子・解蔽》。

③ （宋）黎靖德编：《朱子语类》卷一五，《大学二・经下》，北京：中华书局，1986年。

过。"朱熹又述道：

> 虽草木亦有理存焉。一草一木，岂不可以格？如麻、麦、稻、粱，甚时种，甚时收，地之肥，地之硗，厚薄不同，此宜植某物，亦皆有理。[①]

由此可见，对客观自然界的认识，是朱子学格物致知论中的主要内容。

理一分殊是理学本体论的骨架。他们认为天地之心只是个生，人、物之所以生生不穷者，以其有生。既然天地以生物为心，那么人、物得之必以之为心。整个天地之心是个大宇宙，一人一物之心是个小宇宙。天地之生万物，一个物里便有个天地之心。人心之理与万物之理都是由天地之理分殊出来的，这就是朱熹说的，"万物皆有此理，理皆同出一源。但所居之位不同，则其理之用不一。如为君须仁，为臣须敬，为子须孝，为父须慈。物物各具此理，而物物各异其用。然莫非一理之流行也"。在一理与万殊的关系上，朱熹强调由万殊认识一理。"圣人未尝言理一，多只言分殊。盖能于分殊中事事物物、头头项项，理会得其当然，然后方知理本一贯。不知万殊各有一理，而徒言理一，不知理一在何处。"朱熹述说：

> 万理虽只是一理，学者且要去万理中千头百绪都理会，四面凑合来，自见得是一理。不去理会那万理，只管去理会那一理……只是空想象。[②]

这种由分析到综合的方法，是近代自然科学的方法，朱熹等理学家们用于研究自己哲学的主要手段。

此外，朱熹在对儒家经典的研究上，也应用了大量自然科学的材料。如其《楚辞集注》，其中就有许多自然科学的见解：

> 天之形，圆如弹丸，朝夜运转。其南北两端，后高前下，乃其枢轴不动之处。其运转者，亦无形质，但如劲风之旋，当昼则自左旋而向右，向夕则自前降而归后；当夜则自右转而复左，将旦则自后升而趋前。旋转无穷，升降不息，是谓天体，而实非有体也。地则气之渣滓，聚成形质者。但以其束于劲风旋转之中，故得以兀然浮空，甚久而不坠耳。……其曰九重，则自地之外，气之旋转，益远益大，益清益刚。究阳之数，而

---

① 以上见(宋)黎靖德编：《朱子语类》卷六二，《中庸一·第一章》；卷一五，《大学二·经下》；卷一八，《大学五·独其所谓格物致知者》，北京：中华书局，1986 年。

② 以上见(宋)黎靖德编：《朱子语类》卷一八，《大学五·独其所谓格物致知者》；卷二七，《论语九·里仁篇下》；卷一一七，《朱子十四·训门人五》，北京：中华书局，1986 年。

至于九，则极清极刚，而无复有涯矣。[①]

这里有许多天体结构方面的天才见解。

在朱熹等福建理学家的著述和言语中，关于自然科学的深刻见解和用自然科学成果来论证其理学观点，随处可见。理学确实体现出对自然、社会和思维最一般的最高概括，使其理学具有十分突出的自然科学特征。

（二）自然科学的实践和成就

基于其时代的自然科学的发展水平和其个人的天资才能，朱熹从幼年时对自然科学就很有兴趣。朱熹曾说："某自五六岁，便烦恼道：天地四边之外是什么物事？见人说四方无边，某思量也须有个尽处。如这壁相似，壁后也须有什么物事。其时思量得几乎成病。"[②]

朱熹少年时代随父朱松居建瓯，其环溪精舍附近有沙溪。枯溪有沙，取幔亭紫霞褥之义，称紫霞洲。据民国《建瓯县志》卷七《名胜・画卦亭》所载："紫霞洲，在府城中和坊，宋淳熙间郡守韩元吉辟北园以增，府治浚池导泉作亭临之，号紫霞洲，盖取幔亭紫霞褥之义。""《通志》谓，故老相传，宋朱熹尝卜居于紫霞洲，构亭于其左，匾曰'溪山一览'。考之祝穆所著《方舆胜览》，载紫霞洲并不言熹尝居之。穆于熹为表侄，此无所载，窃意熹子在所构而相传之误也。今其址不可考。"此事黄榦在《勉斋集》卷八《朱子行状》亦有记载：朱熹8岁时，"尝从群儿戏沙上，独端坐以指画沙，视之，八卦也"。后在此沙洲竖画卦亭以纪念。民国《建瓯县志》卷七《名胜・画卦亭》又记述：

> 《文公年谱》云：八岁时尝坐沙上画八卦。今书院久废，沙上尚有片碣大书"朱文公坐沙画卦处"。又《尤溪县志》作六岁画卦馆前洲沙上，七岁随韦斋去尤，寓建之环溪精舍。按：文公生于尤溪郑氏义斋，尤溪本沈溪，以王审知言更为尤溪，故文公小字沈郎。是二处俱有画沙遗踪矣。清郑修楼七律一首："千年草木有仪型，旧是当年画卦亭。半亩烟痕助天碧，一峰树色为闽清。即今日月明如许，想见乾坤梦独醒。愧到先贤读书地，白头片刻略惺惺。"道光壬辰，许秋史拟建亭，王广文家王与为绘图，不果行。民国十七年（1928），就遗址建亭。翁鹤年撰碑记：

---

① （宋）朱熹：《楚辞集注・天问》。

② （宋）黎靖德编：《朱子语类》卷九四，《周子之书・太极图》，北京：中华书局，1986年。

昔宋朱文公少时随父韦斋先生侨寓城南环溪精舍,坐沙画卦于此。有碑署云:朱子坐沙画卦遗址。相传后人建画卦亭,以表景仰,迄今七百余年,碑碣犹存。

溪沙,当地人叫沙洲,因称其为画卦洲。后建有画卦亭,现仅遗存刻有"朱文公坐沙画卦处"的碑碣一块。亭之颓废不知何年月。现在亭、碑不复存,仅见一长草的沙土堆和河滩沙洲坪。

图 4-32 朱熹少年画卦图

(乐爱国供图)

朱熹到了晚年,在"庆元党禁"最严厉的宁宗庆元三年(1197),已 68 岁,到福建古田杉洋避难,还设立夜观星象的聚星台。因避祸,其题词署名"茶仙"。此聚星台于 20 世纪 80 年代初发现。[①] 古田杉洋是朱熹门人林择之、林扩之等的家乡,聚星台、引月池、蓝田书院是朱熹等研究天文学等自然科学的基地。

朱熹幼时提出天文学问题,应该说是出于好奇心、求知欲。但是幼时的问题却一直困扰着他,促使了他后来出于自然科学情结而深入研究自然界的问题,把自己的哲学思想建立在更为坚实的基础之上。朱熹晚年对于"理先气后"的认识有所变化,较多地强调"气",显然与其自然科学的研究有关。

基于对自然界有深入的认识,朱熹在创立自己的哲学思想体系过程中,强调观察各种自然现象,运用观察所获得的材料,反驳或提出各种见解。特别是他用阴阳说来解释各种自然现象,这是中国古代自然科学家普遍运用的一种方法。他运用类推,得出新知的自然科学方法,建立起自己哲学的格物致知论。朱熹的自然科学研究,对闽学思想体系的建立起了很大的作用。

综观朱子学的自然科学研究,就其自然科学本身来说,取得了诸多方面的成就。

① 《蓝田书院遗址再现朱熹题刻》,《福建日报》1981 年 3 月 18 日。

1.天文学

朱熹在天文学上的突出贡献是明确提出了以“气”为起点的宇宙演化学说。朱熹述说：

> 天地初间只是阴阳之气。这一个气运行，磨来磨去，磨得急了，便拶许多渣滓。里面无处出，便结成个地在中央。气之清者便为天，为日月，为星辰，只在外，常周环运转。地便只在中央不动，不是在下。①

这是对天地生成的典型表述，表达出了一幅宇宙演化的图景。朱熹认为“太极”乃生物之初，阴阳结合是生长的基础。万物所生皆是如此，如牛羊草木，皆有牝牡，一为阴一为阳，始能生化万物。他把以易学阴阳原理为基础的生化观用于宇宙论，提出一个具有物理机制的天地生成图式，以元气旋转解释天地的生成。

在朱熹看来，地处于宇宙之中央，天包着地。他说：“天以气而依地之形，地以形而附天之气。天包乎地，地特天中之一物尔。天以气而运乎外，故地搉在中间，隤然不动。”②宇宙中气的运转使得地能够悬空于宇宙中央。朱熹的解释克服了以往天文学家关于宇宙结构学说的弱点，把传统的浑天说发展到一个新的水平。

朱熹的宇宙运行结构说，具有物理机制的动力学系统。如果把“地在中央”改为“太阳在中央”，它就是其后500年才出现的笛卡儿（René Descartes，1596—1650）关于宇宙形成的“以太漩涡假说”，也与其后700年才提出的康德（Immanuel Kant，1724—1804）关于宇宙形成的“星云假说”相类似。

此外，朱熹还解释了日月五星的运行方向、轨道与速度，月亮有盈亏，日食与月食，地球的北极与南极，各行星的不同亮度，日月运行轨道的变化，诸如此类的天文现象。据《宋史·天文志》所载，“朱熹家有浑仪，颇考水运年度”。浑仪，是中国古代测量天体方位的重要仪器。这是研究朱熹天文学思想的重要文献。在《朱子语类》中，记述黄义刚所闻：

> 安卿问北辰，曰：“北辰是那中间无星处，这些子不动，是天之枢纽。北辰无星，缘是人要取此为极，不可无个记认，故就其旁取一小星，谓之

① （宋）黎靖德编：《朱子语类》卷一，《理气上·太极天地上》，北京：中华书局，1986年。

② （宋）黎靖德编：《朱子语类》卷一，《理气上·太极天地上》，北京：中华书局，1986年。

极星。……"义刚言:"楼上浑仪可见?"曰:"是。"……又曰:"南极在地下中处,南北极相对。天虽转,极却在中不动。"义刚问:"如说'南极见,老人寿',则是南极也解见。"曰:"南极不见,是南极边自有一老人星。南极高时,解浮得起来。"①

这里明确讲朱熹家有浑仪。由此可见,朱熹对天文学有很深入的研究。

朱熹特别强调"涵养天机",把天文与人文紧密地结合在一起。在《朱子语类》中,记载了他的一段很有名的话:

"为政以德"者,不是把德去为政,是自家有这德,人自归仰,如众星拱北辰。北辰者,天之枢纽。……众星于北辰,亦是自然环向,非有意于共之也。②

这段话具有重要价值。这就是朱熹到处讲的要"涵养天机",实事求是,按客观事物的规律办事。

图4-33 朱熹墨迹"涵养天机"

图4-34 中国古代浑天仪

2.地 学

对于大地形成和地表变化,朱熹提出自己的独到见解。他说:"天地始初混沌未分时,想只有水火二者。火之滓脚便成地。今登高而望,群山皆为波浪之状,便是水泛如此。只不知因甚么时凝了。初间极软,后来方凝得硬。……水之极浊便成地,火之极清便成风霆雷电日星之属。"③这是主张地球水成说,与西方18世纪水成说很相似。当时德国地质学家维尔纳(Abraham Werner)认为地球最初是由原始的海洋浸没,岩石原是海中的水

---

① (宋)黎靖德编:《朱子语类》卷二三,《论语五·为政篇上》,北京:中华书局,1986年。

② (宋)黎靖德编:《朱子语类》卷二三,《论语五·为政篇上》,北京:中华书局,1986年。

③ (宋)黎靖德编:《朱子语类》卷一,《理气上·太极天地上》,北京:中华书局,1986年。

经过化学沉淀而形成的结晶体。这与朱熹的说法差不多。至于地表的构造,朱熹据沈括所说的“山崖之间,往往衔螺蚌壳及石子如鸟卵者,横亘石壁如带。此乃昔之海滨。今东距海已近千里,所谓大陆者,皆浊泥所湮耳”[①]。朱熹进一步指出:

常见高山有螺蚌壳,或生石中,此石即旧日之土,螺蚌即水中之物。下者却变而为高,柔者变而为刚。此事思之至深,有可验者。

今高山上多有石上蛎壳之类,是低处成高。又蛎须生于泥沙中,今仍在石上,则是柔化为刚。天地变迁,何常之有?[②]

朱熹这里讲的,被科学家评价很高。如英国科学史家梅森(Stephen F. Mason)认为“朱熹这段话代表了中国科学最优秀的成就,是敏锐观察与精湛思辨的结合”。[③]

据《朱子语类》记载:“问:天地会坏否?”“生第一个人时如何?”朱熹述说:

不会坏,只是相将人无道极了,便一齐打合,混沌一番,人物都尽,又重新起。……(人)以气化。二五之精合而成形,释家谓之化生。如今物之化生甚多,如虱然。……造化之运如磨,上面常转而不止。万物之生,似磨中散出,有粗有细,自是不齐。又曰:天地之形,如人的两碗相合,贮水于内。以手常常掉开,则水在内不出;稍住手,则水漏矣。[④]

朱熹关于天地坏否的观点,似是循环论,亦有佛教的世劫论。[⑤] 但是他是从事物自身的发展上来立论的,是从天地本身寻找原因的,与传统的观点相比较是有新意的。朱熹在武夷山期间,反复观察武夷山架壑船棺,他说:“柩中虽骸,外列陶器,尚皆未坏。……前世道阻未通,川壅未决时,蛮俗所

① (宋)沈括:《梦溪笔谈》卷二四,《杂志一》。

② (宋)黎靖德编:《朱子语类》卷九四,《周子之书·太极图》,北京:中华书局,1986年。

③ (英)斯蒂芬·F.梅森著,周煦良等译:《自然科学史》,上海:上海译文出版社,1980年,第75页。

④ (宋)黎靖德编:《朱子语类》卷一,《理气上·太极天地上》,北京:中华书局,1986年。

⑤ 佛教认为,世界有成有毁,循环不已。成毁一次叫一劫,要经过无数万世。南朝梁宝唱所编《经律异相》论述三界运动过程成、住、坏、空四劫。《法界安立图》云:“成而即住,住而续坏,坏而复空,空而又成,连环无尽。……虚空无量,故世界无边;大化无成,故劫运无已。”

居。”此说很有科学性，值得考古学家参考。民国时的许多知名学者认为此是近代科学精神。①

此外，朱熹通过实地考察，发现《禹贡》中有关南方地理的论述与实际“全然不合”，并认为研读《禹贡》必须以当今实际的地理为依据，并对如何研读该书提出了自己的看法。②

3.堪舆学

堪，指天道；舆，指地道。汉颜师古引张晏语说：“堪舆，天地总名也。”③后来把堪舆作为天地的代称，引申为堪为高有风处，舆为低有水处，形成术数家选择墓地、宅基等相地的一种学问。堪舆学对阴宅墓地和阳宅人居地的选择原则是背山傍水，以山为屏蔽。山角偏上处，前有水流，视野开阔宽平，或有林木郁郁，道路畅顺。中国属北半球，最好面南背北。如在山地，最好有似双手环抱胸口的山。其内布局要方正，大门与房门要错开，等等。一般视治堪舆为封建迷信，其实它里边含有深刻的生态环境自然美学的思想。

朱子学家在堪舆学上有相当的研究。朱熹选择祖先墓地、自己墓地和武夷精舍、考亭住宅等，皆从堪舆学上反复研究过。现在看，除了其浓厚的迷信思想外，其生态环境自然美学思想十分突出，很有环境科学的性质。例如，朱熹对北京自然环境的分析：

> 冀都是正天地中间，好个风水。山脉从云中发来，云中正高脊处。自脊以西之水，则西流入于龙门西河；自脊以东之水，则东流入于海。前面一条黄河环绕，右畔是华山耸立，为虎。自华来至中，为嵩山，是为前案。遂过去为泰山，耸于左，是为龙。淮南诸山是第二重案，江南诸山及五岭，又为第三、四重案。④

在朱熹看来，北京作为皇家驾驭全国的所在是最好的位置。北京位于华北平原与蒙古高原、东北松辽平原之间，西北是燕山山脉，西南是太行山脉，东边是渤海湾。北京的西、北、东三面都有天然屏障，只有南面是华北平原，其地形似半封闭的海湾。作为国都，正是扼居庸以制胜，拥燕云以驭夏，内跨中原，外控朔漠。这样的地理环境，充分地体现出中国传统思想天人合

---

① 以上参见乐爱国：《“朱熹家有浑仪”略考》，《朱子研究》2004年第1期。

② 参见乐爱国：《朱熹理学与科学》，《朱子学与21世纪国际学术讨论会论文集》，西安：三秦出版社，2001年，第334～342页。

③ （汉）班固：《汉书》卷八七，《扬雄传》。

④ （宋）黎靖德编：《朱子语类》卷二，《理气下·天地下》，北京：中华书局，1986年。

一、天人感应、制天命而用之的思想。

最佳的人居环境，是天人合一。在这方面，朱熹选择其云谷晦庵草堂最为典型。朱熹对门人说：

某尝登云谷，晨起穿林薄中，并无露水沾衣。但见云烟在下，茫然如大洋海，众山仅露峰尖。云烟环绕往来，山如移动，天下之奇观也。①

这里的人居环境是“天下之奇观”。朱熹述说：

云关须早筑，基址要坚牢。栽竹行教密，穿池岸欲高。乘春移菡萏，带雪寻萧椮。更向关门外，疏泉斩乱蒿。

堂成今六载，上雨复旁风。逐急添茆盖，连忙毕土功。桂林何日秀，兰径几时通？并筑双台子，东山接水筒。②

朱熹原拟终老此山，他认为这里是颐养天年的最佳地方，“山之林薄当交加深茂，水石当益幽胜，馆宇当交完美。耕山钓水，养性读书，弹鼓缶，以咏先王之风，亦足以乐而忘死矣”。朱熹还说：

（云谷）处地最高，而群峰上蟠，中阜下踞，内宽外密，自为一区。虽当晴昼，白云坌人，则咫尺不可辨。眩忽变化，则又廓然，莫知其所如往。③

这样的生态环境，山水俱全，又自成一区，符合堪舆学的原则：“真龙所住，去而复留。空占云头，万云拱挹，富贵千秋。”④

在朱熹时代，科学的发展还不可能精确地测定自然环境的海拔、地势、土壤、水质、风力、风向等，只能利用堪舆学的一些观点分析居住环境的天人地关系，从而得出一些科学观点。⑤

此外，朱熹对农作物的种植、兴修水利等还提出许多科学见解，在论及朱熹的经济思想中已略有讲到。

---

① （宋）黎靖德编：《朱子语类》卷二，《理气下·天地下》，北京：中华书局，1986 年。

② （宋）朱熹撰，陈俊民校编：《朱子文集》卷六，台北：德富文教基金会，2000 年。

③ 朱熹：《朱子文集》卷七八，《云谷记》。

④ 《朱子全书》卷二六，黎舜臣《岳麓答问》。

⑤ 参见林振礼：《朱熹新探》，北京：中国广播电视出版社，2004 年，第 169～171 页。

九、朱熹的文学

(一)文学理论

中国古代的文学观发源于《尚书·舜典》之“诗言志,歌永言”,孔子说:“诗可以兴,可以观,可以群,可以怨。迩之事父,远之事君。”[①]这是说,在孔子看来,诗是表现人的意志思想的,寓之于伦理纲常。后来北宋周敦颐提出:

> 文,所以载道也。轮辕饰而人弗庸,徒饰也,况虚车乎?文辞,艺也;道德,实也。……不知务道德而第以文辞为能者,艺焉而已。[②]

周敦颐把文与道对立起来。程颐沿着这个方向,认为作文害道,文能“玩物丧志”[③]。

由此,儒家一般认为工文艺非儒,把文艺看成是雕虫小技,为儒者所不齿。

朱熹综合各方面的观点,在周敦颐“文以载道”说的基础上,提出“道本文枝”的观点:“文皆是从道中流出,岂有文反能贯道之理?文是文,道是道,文只如吃饭时下饭耳。若以文贯道,却是把本为末,以末为本。”朱熹述说:

> 道者,文之根本;文者,道之枝叶。惟其根本乎道,所以发之于文,皆道也。三代圣贤文章,皆从此心写出,文便是道。今东坡之言曰:“吾所谓文,必与道俱。”则是文自文而道自道。待作文时,旋去讨个“道”来入放里面。此是它大病处。[④]

在朱熹看来,“今人不去讲义理,只去学诗文,已落第二义。……今便学得十分好,后把作甚么莫道更不好”。[⑤] 文道是合一的,文道不能分割,文是从道中流出来的。道是根本,文是枝叶,道比文更为重要,道是决定的因素。他的这一主张给予文学以一定的地位,从而完善并修正了此前理学家的文道观。

朱熹认为写文章在于“主乎学问以明理,则自然发为好文章。诗亦然”。

---

① 《论语·阳货》。

② (宋)周敦颐:《通书·文辞》。

③ (宋)程颢、程颐:《二程遗书》卷二。

④ (宋)黎靖德编:《朱子语类》卷一三九,《论文上》,北京:中华书局,1986年。

⑤ (宋)黎靖德编:《朱子语类》卷一三九,《论文上》,北京:中华书局,1986年。

朱熹述说：

> 贯穿百氏及经史，乃所以辨验是非，明此义理，岂特欲使文词不陋而已？义理既明，又能力行不倦，则其存诸中者，必也光明四达，何施不为！发而为言，以宣其心志，当自发越不凡，可爱可传矣！[①]

十分显然，朱熹的文道观带有至为浓厚的理学气息，强调了只要明理文章自然就好。

朱熹最主要的文学著作是《诗集传》《韩文考异》《楚辞集注》等，这些不朽著作，蕴含着朱熹的文学思想。

朱熹在《读唐志》中，不仅对古今文人做了个总的评价，还讲明了自己的道本文枝的文学观点。朱熹述说：

> 道德文章之尤不可使出于二也。夫古之圣贤，其文可谓盛矣，然初岂有意学为如是之文哉！有是实于中，则必有是文于外，如天有是气，则必有日月星辰之光耀；地有是形，则必有山川草木之行列。圣贤之心，既有精明纯粹之实，以旁薄充塞乎其内。则其著见于外者，亦必自然条理分明，光辉发越而不可掩。盖不必托于言语，著于简册，而后谓之文。但自一身接于万事，凡其语默动静，人所可得而见者，无所适而非文也。……孟轲氏没，圣学失传，天下之士背本趋末，不求知道养德，以充其内，而汲汲乎徒以文章为事业。

接着，朱熹列举了包括庄子、屈原、司马迁在内的战国至西汉许多重要的学术家和文学家，称他们虽然“先有实而后托之于言”，但是“唯其无本而不能一出于道，是以君子犹或羞之”。至于宋玉、司马相如等，“则一以浮华为尚，而无实之可言矣”。东汉至唐，则称：“东京以降，讫于隋、唐，数百年间，愈下愈衰。则其去道益远，而无实之文亦无足论。”竟似不值一谈。说到韩愈以道统自任，则讥其“敝精神縻岁月，又有甚于前世诸人之所为者”，而且“未免裂道与文以为两物”。至于欧阳修，“考其终身之言，与其行事之实，则恐其亦未免于韩氏之病也”。最后发出：“呜呼，学之不讲久矣！习俗之谬，其可胜言也哉！”[②]意思是后来人皆是道德不纯正，文章都没有什么价值。

---

① (宋)黎靖德编：《朱子语类》卷一三九，《论文上》，北京：中华书局，1986年。

② 以上见(宋)朱熹撰，陈俊民校编：《朱子文集》卷七，台北：德富文教基金会，2000年。

朱熹基于"道德文章之尤不可使出于二"的基本观点，十分强调文意的理性原则。朱熹述说：

> 熹闻："诗者，志之所之，在心为志，发言为诗。"然则诗者，岂复有工拙哉！亦视其志之所向者高下如何耳。是以古之君子，德足以求其志，必出于高明纯一之地，其于诗固不学而能之。至于格律之精粗，用韵属对，比事遣辞之善否？今以魏晋以前诸贤考之，盖未有用意于其间者，而况于古师之流乎？近世作者，乃始留情于此，故师有工拙之论。而葩藻之词胜，言志之功隐矣！①

朱熹论王维说："雪里芭蕉，他是会画雪。只是雪中无芭蕉，他自不合画了芭蕉。人却道他会画芭蕉，不知他是误画了芭蕉。"②沈括说："予家所藏摩诘（王维）画《袁安卧雪图》，有雪中芭蕉。此乃得心应手，意到便成。故造理入神，迥得天意。此难可与俗人论也。……此真为识画也。"③朱、沈同论王维之"雪里（中）芭蕉"，朱重意，沈重术，是文论不同，而不是圣俗之异。

当然，朱熹亦十分重视文之表达情感。如其在《跋唐人暮雨牧牛图》中述说：

> 虽不识画，而知此画为真牛也。彼其前者，却顾而徐行；后者，骧首而腾赴，目光炯然。真若相语以雨，而相速以归者。览者未必知也。④

这就是说，绘画和作文，似是而非，真假难分才有意境，才有渲染和想象，才是好的作品。

清著名的福建理学家蓝鼎元，对"文以载道"有深入的论述。他认为"文所以明道也，必有益于天下、国家，为世道人心所不可缺者，然后为之。如以辞华而已，何贵有是文哉"！蓝鼎元提出"文以气为主"的观点。蓝鼎元述说：

> 善养浩然之气，则发为文章，正大雄厚，无靡曼邪僻之习。高者闻天，深者入渊，迅疾如风雷，镇重如山岳。而议论和平，近情切理，节奏闲雅，谐协宫商，斯可谓之文矣。然非读书穷理以养其气者，不能也，故

---

① （宋）朱熹撰，陈俊民校编：《朱子文集》卷三九，《答杨宋卿》，台北：德富文教基金会，2000 年。

② （宋）黎靖德编：《朱子语类》卷一三八，《杂类》，北京：中华书局，1986 年。

③ （宋）沈括：《梦溪笔谈》卷七，《书画》，四部丛刊本。

④ （宋）朱熹撰，陈俊民校编：《朱子文集》卷八三，《跋唐人暮雨牧牛图》，台北：德富文教基金会，2000 年。

曰："文以气为主。"[①]

蓝鼎元的这种观点，是从孟子的善养"浩然之气"那里来的。其与朱熹的意思一样，是指人们的正义感，勇往直前。

（二）文学创作

1.诗　词

《朱子文集》前10卷和《朱子文集·续集》卷一，是朱熹诗词集，总共诗1230首，词19首。其诗词创作从19岁始，至71岁卒，有50多年。据文学史家研究，其诗词创作分为早期（1148—1165，19～36岁）、中期（1165—1194，36～65岁）、晚年（1194—1200，65～71岁）三个时期。[②]

朱熹的诗词宗《诗经》、《离骚》，自谓"作诗须从陶、柳门中来"。朱熹最早（1151）的诗作，即谓"欲识渊明家，离离疏柳下。中有白云人，良非遁世者"[③]。朱熹在《诗集传序》中述说：

> 人生而静，天之性也；感物而动，性之欲也。夫既有欲矣，则不能无思；既有思矣，则不能无言；既有言矣，则言之所不能尽。而发于咨嗟咏叹之余者，必有自然之音响节奏而不能已焉。此《诗》之所以作也。……诗者，人心之感物而形于言之余也。心之所感有邪正，故言之所形有是非。惟圣人在上，则其所感者无不正，而其言皆足以为教。其或感之之杂，而所发不能无可择者。则上之人必思所以自反，而因有以劝惩之，是亦所以教也。[④]

这是朱熹讲《诗经》的宗旨，也是其自己作诗的宗旨。朱熹的诗，在传统诗的基础上进一步创新，具有十分显著的特点。

福建理学家蓝鼎元提出情、理、气三个方面相结合的诗词理论，充实了朱熹的思想。蓝鼎元述说：

> 诗以道性情，必真挚而后工焉。有一字不从肺腑中流出，非诗也。

---

① （清）蓝鼎元：《棉阳学准》卷四，《闲存录》，蒋炳钊、王钿点校：《鹿洲全集》，厦门：厦门大学出版社，1995年，第500页。

② 参见杨国学主编：《武夷文学研究》，北京：中国戏剧出版社，2006年，第153～188页。

③ （宋）朱熹：《朱子文集》卷一。

④ 以上见（宋）朱熹撰，陈俊民校编：《朱子文集》卷七六，《诗集传序》，台北：德富文教基金会，2000年。

诗必有义理，惟深于道者能知之。……凡作诗文，必有情、有理、有气。三者缺一不可也。读圣贤书，当句句返求诸己。思我必能行之，思我必如何而后可以行之，切实体验方为有得。

蓝鼎元认为无理无义的诗，浮谈无用，诗“可以觇人品，验德性，所谓仁义之人，其言蔼如也。忠臣孝子，端人正士，才能志节，福泽勋名，未有不隐跃流露于诗文之间者”[①]。

朱熹在同安任职时的诗作，多是描写自然景观和官余心境的。例如：

幽谷溅溅小水通，细穿危石认行踪。回头自爱晴岚好，却立滩头数乱峰。

官署夜方寂，幽林生月初。闲居秋意远，花香寒露濡。故国异时节，欲归怀简书。聊从西轩卧，尘思一萧疏。[②]

这两首诗大概是朱熹作于其二十三四岁之时。诗中时空不断转换，远近、动静、声色协调，已有哲理诗的气息。

高宗绍兴三十一年(1161)，在对金朝战争中，宋朝大胜，朱熹情不自禁，接连撰写了数首诗，抒发自己盼望恢复中原的迫切愿望。如朱熹述说：

胡马无端莫四驰，汉家元有中兴期。旃裘喋血淮山寺，天命人心合自知。

汉节荧煌直北驰，皇家卜世万年期。东京盛德符高祖，说与中原父老知。[③]

孝宗乾道三年(1167)八月，朱熹往湖南长沙访张栻，同登衡山，双方唱酬，辑成《南岳唱酬集》。在返回途中所撰写的诗，又辑成《东归乱稿》。这段时间，是朱熹诗作的高潮。朱熹谓，“予与择之陪敬夫为南山之游，穷幽选胜，相与咏而赋之，四五日间，得凡百四十余首。……自与钦夫别，遂偕伯崇、择之东来。……首尾二十八日，然后至于崇安。始尽胠其橐，掇拾乱稿，才得二百余篇”。前后合起来，有三四百篇。其中有曰：

披风兰台宫，看雨百常观。安知此山云，对面隔霄汉？群阴匝寰

---

① (清)蓝鼎元：《棉阳学准》卷四，《闲存录》，蒋炳钊、王钿点校：《鹿洲全集》，厦门：厦门大学出版社，1995年，第500页。

② 以上见(宋)朱熹撰，陈俊民校编：《朱子文集》卷一，《涉涧水作》，台北：德富文教基金会，2000年。

③ (宋)朱熹撰，陈俊民校编：《朱子文集》卷二，《闽二十八日之报喜而成诗七首》之一、五，台北：德富文教基金会，2000年。

区，密雪渺天畔。峨峨雪中山，心眼清凄欲断。吾人爱奇赏，遽发临河叹。我知冱寒极，见晛今当洋。不须疑吾言，第请视明旦。蜡屐行雁行，篮舆或鱼贯。

十载相期事业新，云何犹叹未成身？流光易失如翻水，莫是因循误得人。十年湖海一身轻，归对黎涡却有情。世路无如人欲险，几人到此误平生。[①]

此外，这个时期也有词作，如《忆秦娥·雪梅二阕奉怀敬夫》之一：

梅花发，寒梢挂着瑶台月。瑶台月，和羹心事，履霜时节。野桥流水声呜咽，行人立马空愁绝。空愁绝，为谁凝伫，为谁攀折？[②]

这首词，触景生情，寄托了作者对国家民族的忧患意识。词中"和羹心事"，就是表达报效国家的愿望。可是环境冷酷犹如冰霜，无人欣赏，更无人援手。词人与好友张栻一样，空有一腔报国热情，却无人理会，只能感叹奈何。

朱熹到长沙访张栻回崇安后的10多年里，绝大部分时间都在闽北从事学术活动。在为《诗经》作注的《诗集传》中，朱熹继郑樵之后，力诋《诗序》，尽破汉儒毛、郑诸旧说。他提出了许多新的见解，如谓"凡诗之所谓风者，多出于里巷歌谣之作。所谓男女相与咏歌，各言其情者也"[③]。这就把《国风》原是民歌的面目揭示出来了。

朱熹诗词中最为人称道、最脍炙人口的是《观书有感》二首。其曰：

半亩方塘一鉴开，天光云影共徘徊。
问渠那得清如许？为有源头活水来。
昨夜江边春水生，艨艟巨舰一毛轻。
向来枉费推移力，此日中流自在行。[④]

对于这两首诗作的情景"源头"，陈荣捷别为考释说：

---

① 以上见(宋)朱熹：《朱子文集》卷二；卷七五，《东归乱稿序》；卷五，《风雪未已决策登山用敬夫春风楼韵》；卷五，《次韵伯崇自警二首》之一；《宿梅溪胡氏客馆观壁间题诗自警二首》之一。

② 《晦庵词》，转引自杨国学主编：《武夷文学研究》，北京：中国戏剧出版社，2006年，第165页。

③ (宋)朱熹撰，陈俊民校编：《朱子文集》卷七六，《诗集传序》，台北：德富文教基金会，2000年。

④ (宋)朱熹：《朱子文集》卷二。

全诗两首合而观之，中心思想为“中流自在”，不事安排。所以如此，乃因寻得源头，自然活水滔滔而来。洪波教授以为“方塘悟道”，等于王阳明之“龙场悟道”，非过言也。是以历代各地立“活水亭”“半亩方塘亭”“天光云影亭”“得源亭”“溯源亭”、“源头活水坊”，以纪念朱子。各地纪念心切，遂以此地方塘为《观书有感》诗之方塘。其志可嘉，史实则讹。言及悟道，乃朱子一生之事。照上面第一节“源头”所言，朱子终身以次觉悟天理。是则“中流自在”，非一时一地之事。谓此诗为1166年作，固为学者所公认。谓此诗乃此时参究中和旧说之心情，亦是一般学者之意见。两者均是理之当然。然太注重作诗之年，则忽略诗之本意。若谓此诗只限于此时之心情，其后便觉不同，岂非此诗以后不适用耶？朱子晚年乃有此意。盖每次觉悟后又有新觉悟，源头活水，来也不穷。此观书所以有感也。[①]

陈荣捷同意张高评的以下观点：“《观书有感》二首，亦以形象之描绘为基础，而提炼哲学意味，以象征博学知书，能使思虑清明，学问精深，能发挥无比力量，为朱子道问学而尊德性之一贯主张。”[②]

朱熹撰写了50多篇赞美武夷山水的名篇，如《天柱峰》《大隐屏》《大小藏峰》《升真洞》《宿武夷观妙堂》《游武夷答袁枢》《同吴公济游武夷》《武夷精舍杂咏》等，其中最著名的是于孝宗淳熙十一年(1184)撰写的《九曲棹歌》，前有序歌1首，共10首。

(一)武夷山上有仙灵，山下寒流曲曲清。
欲识个中奇绝处，棹歌闲听两三声。
(二)一曲溪边上钓船，幔亭峰影蘸晴川。
虹桥一断无消息，万壑千岩锁翠烟。
(三)二曲亭亭玉女峰，插花临水为谁容？
道人不作阳台梦，兴入前山翠几重。
(四)三曲君看驾壑船，不知停棹几何年？
桑田海水今如许，泡沫风灯敢自怜。
(五)四曲东西两石岩，岩花垂露碧㲯毶。

① 陈荣捷：《论朱子〈观书有感〉诗》，《朱子学国际会议论文集》，台北：“中央研究院”中国文哲研究所，1993年，第19页。

② 张高评：《宋诗之传承与开拓》，台北：文史哲出版社，1990年，第489页。

金鸡叫罢无人见，月满空山水满潭。
（六）五曲山高云气深，长时烟雨暗平林。
林间有客无人识，欸乃声中万古心。
（七）六曲苍屏绕碧湾，茆茨终日掩柴关。
客来倚棹岩花落，猿鸟不惊春意闲。
（八）七曲移舟上碧滩，隐屏仙掌更回看。
却怜昨夜峰头雨，添得飞泉几道寒。
（九）八曲风烟势欲开，鼓楼岩下水潆洄。
莫言此地无佳景，自是游人不上来。
（十）九曲将穷眼豁然，桑麻雨露见平川。
渔郎更觅桃源路，除是人间别有天。[①]

《九曲棹歌》10首，相对独立，又相互关联，浓缩了山水辉映、美不胜收的武夷精华，表达出了诗人陶醉于武夷仙境时的由衷喜悦。

到了光宗绍熙二年（1191），朱熹离漳州知府任，回闽北，定居于建阳考亭。绍熙四年（1193）十月，朱熹被任命为焕章阁待制兼侍讲。只有46日，即被解职回到建阳。随之，以伪学罪首落职罢祠，将近10年的时间，朱熹的政治地位浮沉天上地下。这期间，他撰写的诗词和题辞，充分地反映出其心境：

从容乎礼法之场，沉潜乎仁义之府，是予盖将有意焉，而力莫能与也。佩先师之格言，奉前烈之遗矩，惟暗然而日修，或庶几乎斯语。绍熙元年孟春良日，熹对镜写真题以自警。[②]

苍颜已是十年前，把镜回看一怅然。履薄临深谅无几，且将余日付残篇。[③]

富贵有余乐，贫贱不甚忧。谁知天路幽险，倚伏互相酬。请看东门黄犬，更听华亭清唳，千古恨难收。何以鸱夷子，散发弄扁舟。鸱夷子，成霸业，有余谋。收身千乘卿相，归把钓鱼钩。春昼五湖烟浪，秋夜一

---

① （宋）朱熹：《朱子文集》卷九，《淳熙甲辰中春精舍闲居戏作武夷棹歌十首呈诸同游相与一笑》。

② （宋）朱熹撰，陈俊民校编：《朱子文集》卷八五，《书画像自警》，台北：德富文教基金会，2000年，第

③ （宋）朱熹：《朱子文集》卷九。

天云月，此外尽悠悠。永弃人间事，吾道付沧州。①

此引第二首题目为《南城吴氏社仓书楼为余写真如此因题其上庆元庚申二月八日沧洲病叟朱熹仲晦父》，可知其撰写于宁宗庆元六年(1200)二月。朱熹于是年三月初九日去世。回溯10年，即光宗绍熙元年(1190)，即是此引第一首《对镜写真题以自警》的撰写时间。此引第一首诗中第一、二两句，即指对镜写真自画像。后两句是写其在"庆元党禁"中的心境。第三首词题曰《水调歌头》，后人谓《沧洲歌》。朱熹很欣赏它，自己刻于沧洲精舍石壁上。其典故简释如下：沧洲，濒水处，意为隐居。倚伏，出自《老子》之"祸兮福所倚，福兮祸所伏"。东门黄犬，李斯助秦灭六国，定郡县制等，有大功；赵高诬斯谋反，腰斩于咸阳市中。斯常与子出门打猎，临刑出东门，对其子说："吾欲与若复牵黄犬，出东门逐狡兔，岂可得乎？"华亭清唳，西晋陆机为成都王司马颖大将军，在讨伐长沙王司马义时失败，为颖所杀时曰："欲闻华亭鹤唳，可复得乎？"鸱夷子，即春秋楚人范蠡，助越王勾践灭吴后从商而大富，改名鸱夷子。

2.散　文

朱熹的散文，从内容上分，一是叙事散文，多见于其游记、山水记、名物记、墓志铭、祭文等；二是论述事理的政论散文，其中有封事，也有书札、序跋等；三是研究文学的文论，包括序跋、书札，以及诗话等；四是阐发理学思想的哲理散文，见于其封事、奏折、书札、序跋，以及碑记、铭文等。其中真正称得上是文学散文的，主要是叙事抒情、政论和文论等三类。

朱熹在写作过程中，特别强调要有实际内容，持之有据，言之成理，旗帜鲜明，用语肯定。他说："作文字须是靠实，说得有条理乃好，不可架空细巧。大率要七分实，只二三分文。如欧阳公文字好者，只是靠实而有条理。"②这在朱熹的政论文中表现得最为突出。如其在《壬午应诏封事》中说：

为天下国家者，必有一定不易之计。而今日之计，不过乎修政事、攘夷狄已矣，非隐奥而难知也。然其计所以不时定者，以讲和之说疑之也。夫金虏于我有不共戴天之仇，则其不可和也，义理明矣。……今日讲和之说不罢，则陛下之励志必浅，大臣之任责必轻，将士之赴功必缓，官人百吏之奉承必不能悉其心力，以听上之所欲为。然则本根终欲何

① (宋)朱熹：《朱子文集》卷一〇。

② (宋)黎靖德编：《朱子语类》卷一三九，《论文上》，北京：中华书局，1986年。

时而固，形势终欲何时而成，恢复又何时而可图，守备又何时而可恃哉？其不可冀明矣。[1]

朱熹的这类文章，批评皇帝，不留情面；揭露奸佞，一针见血；报告民瘼，实事求是；建议措施，旗帜鲜明，具体明确。其文字简洁明了，感情强烈，理直气壮。朱熹真股肱之臣，惜错君不能用耳。

朱熹在写作实践中，十分强调文辞的技巧，认为“文字奇而稳方好”。他最喜欢韩愈等人的文章，认为“人要会作文章，须取一本西汉文与韩文、欧阳文、南丰文(读)”，因为“司马迁文雄健，意思不帖帖，有战国文气象”，“退之要说道理，又要则剧，有平易处极平易，有险奇处极险奇”，“韩文高，欧阳文可学。曾(南丰)文一字挨一字，谨严”。[2] 综观朱熹的文章，很有这些大文学家的特点。如其《西原庵记》全文说：

予少好佳山水异甚，而自中年以来，即以病衰，不克呈其志于四方，独闻庐阜之奇秀甲天下，而畸人逸士往往徜徉于其间，意常欲一往游焉，而未暇也。前年蒙恩试郡，适在此山之阳，乃间以公家职事得至其中。其岩壑幽深，水石奇怪，固平生所创见。而于岩壑水石之间，又得成纪崔君焉。乃信前所闻者之不诬也。君名嘉彦，字子虚，少慷慨有奇志，壮岁避地巴东三峡之间，修神农、老子术，东下吴越，从耕战之策。干故相赵忠简公，赵公是之。会去相，不果行。君自是绝迹此山，按陈令举所述图记，得西原庵故址，于卧龙瀑水之东，筑室居焉。耕田种药，仅足以自给，而四方往来之士，皆取食焉。其疾病老孤，无所与归之人，至者亦收养之。盖年逾七十矣，而神明筋力不少衰。予往造之，而君不予避也。一旦为予道说平生，相与太息。会予结屋卧龙，以祠诸葛丞相，世盖少识其意者，君独叹曰：“此奇事也。”相为经纪其事，以迄有成。两年之间，相见者不知其几，而君未尝一言及外事。予以是益嘉君之为人，而重叹其既老，无所复用于世也。淳熙辛丑闰月之晦，予既罢郡，来宿卧龙，君曰：“卧龙之役，夫子既书之矣，顾西原独未有记，复能为我书之乎？”予曰：“诺哉！”于是悉次其说俾刻焉。新安朱熹记。[3]

---

① (宋)朱熹撰，陈俊民校编：《朱子文集》卷一一，《壬午应诏封事》，台北：德富文教基金会，2000年。

② (宋)黎靖德编：《朱子语类》卷一三九，《论文上》，北京：中华书局，1986年。

③ (宋)朱熹撰，陈俊民校编：《朱子文集》卷七九，《西原庵记》，台北：德富文教基金会，2000年。

是篇全文仅400多个字，据实际情形叙述，从宏观到微观，先景后情，纵横交织，层次分明，内容丰富多彩。文字简约，境界奇约，显示出作者善于发现美，欣赏美，有深厚的文学素养。

3.书　画

朱熹早在20多岁时，就对金石文字有深湛的研究。他在《家藏石刻序》中述说：

> 予少好古金石文字，家贫不能有其书，独时时取欧阳子所集录，观其序跋辨证之辞以为乐。遇适意时，恍然若手摩挲其金石，而目了其文字也。既又怅然，自恨身贫贱，居处屏远，弗能尽致所欲得如公之为者，或寝食不怡竟日。来泉南，又得东武赵氏《金石录》观之，大略如欧阳子书，然诠序益条理，考证益精博，予心亦益好之。于是，始胠其橐，得故先君子时所藏与熹后所增益者，凡数十种。虽不多，要皆奇古可玩，悉加标饰，因其刻石大小施横轴，悬之壁间，坐对、循行、卧起怕不去目前，不待披筐箧、卷舒，把玩而后为适也。盖汉魏以前刻石，制度简朴，或出奇诡，皆有可观，存之足以佐嗜古之癖，良非小助；其近古刻石，本制小者，或为横卷，若书序，亦以意所便也。[①]

此序写于高宗绍兴二十六年(1156)八月，正是朱熹同安任满，接替者未到等批书之时，他27岁。朱熹自青年时即热衷于金石文字，至老不衰。

朱熹喜住山水佳处，爱游山水访古迹，自谓“平生罪我只春秋，更作嚣嚣万里游”，“群讥众诋不能忧”。[②] 他“天机活泼，常寄情于山水文字，南康之庐山，潭州之衡岳，建州之武夷、云谷，福州之石鼓、乌石，莫不流连题咏。……携樽酒，时饮一杯，竟日不倦。非徒效泥塑人以为居敬者”[③]。他的足迹遍于闽、浙、赣、湘、皖之名山、古刹、书院，大都有题词留名、书匾题榜、撰书楹联，借以抒发情感。此外，还为人撰书了大量碑文，以及著作手稿等。因此，朱熹留下了许多墨迹石刻、木刻、手稿等。

朱熹的遗墨真迹，除了历代流传下来之外，近年有大量的发现。笔者于20世纪80年代出版的《朱熹事迹考》之“墨迹和碑刻”“画像”等节中选载了一些。是书于2016年由商务印书馆出版增订本，增补三分之二。此外，笔

---

① (宋)朱熹撰，陈俊民校编：《朱子文集》卷七五，《家藏石刻序》，台北：德富文教基金会，2000年。

② (宋)朱熹：《朱子文集》卷五，《次韵别范伯崇二首》。

③ 民国《福建通志·列传》卷一二，《朱熹传》。

者于2021年由中国文史出版社出版《闽学志》。两书皆附其事迹图600多幅，当今所见朱子事迹图几殆尽。陈荣捷之《朱子新探索》中“朱子墨迹”“画人朱熹”“朱子联语”等，比较详细地列出朱熹墨迹目录名称。同时，近年出版了数本《朱子遗墨》。现据台北“中央研究院”中国文哲研究所出版的《晦翁翰墨》，现存朱熹墨迹主要有：

一、题刻：忠孝　忠孝节义　静神养气　寒竹风松　浮玉　天风海涛　蓝田书院　高明　鸢飞鱼跃　鸢飞鱼跃联　正气　枕流　逝者如斯　引月　空谷传声　题江嗣宗宿涵晖谷书院题咏

二、《易·系辞》

三、《易·系辞本义》稿

四、《论语集注》草稿

五、诗：《奉酬敬夫赠言并以为别》《城南唱和诗》《四季诗》《蓝田书院留诗》《张栻诗》

六、碑跋文稿札子：《刘子羽神道碑》《欧阳修集古录跋尾》《任公帖跋》《上时宰二札子朝散郎札子》

七、尺牍：《与南老帖》《中外帖》《编辑文字帖》《与允夫尺牍》《所居深僻帖》《生涯帖》《大桂中帖》《夏季帖》《深秋帖》《赐书帖》《向往帖》《三易裘葛帖》《六月五日帖》[①]

这里列出的是现存朱熹墨迹的一小部分，还有诸如书东晋陶渊明《归去来兮辞》及《黄中美神道碑》等。

朱熹书法艺术的特点，是与其哲学思想联系在一起的。朱熹在书法上重法度，强调整齐划一。清人黄锡藩说：“尝观朱子论书一则，有曰字被苏、黄写坏。”[②]苏轼、黄庭坚是宋代著名的书法家。他们的书法特点，是敢于打破前人的僵化格式，强调个人情感的自由抒发。朱熹在《题曹操帖》中述说：

余少时曾学此表，时刘共父方学颜书鹿脯帖。余以字画古今诮之，共父谓余：“我所学者唐之忠臣，公所学者汉之篡贼耳！”时余默然，亡以应。今观此谓天道祸淫不终厥命者，益有感于共父之言云。[③]

朱熹认为他由刘共父的批评始知书取法不可不端。朱熹在哲学上遵循

---

① 《晦翁翰墨》，台北：“中央研究院”中国文哲研究所，1992年。此外，还有武夷山朱熹研究中心编：《朱子墨迹》，上海：上海书店出版社，1990年。

② （清）黄锡藩：《闽中书画录》卷首，《跋朱子墨迹后》。

③ （宋）朱熹撰，陈俊民校编：《朱子文集》卷八二，台北：德富文教基金会，2000年。

孔孟之道，在书法上强调前人的格式，具有“苍郁沉深古雅，有骨有肉有韵”的特点。[①] 明人陶宗仪说：“朱子继续道统，优入圣域，于翰墨亦加之功。善行书，尤善大字。下笔沉着典雅，虽片缣寸衬，人争珍秘，不啻璠玙圭璧。”[②]从朱熹的墨迹可以清楚看出，此评至为确当。明人董仲可说：“紫阳夫子之道在天下，著书垂训之大，与一言一字流传人间，皆道之所存也。”[③]后人是把朱熹翰墨与其理学联系起来看的，“天下之人宝朱子翰墨，尊其道也”[④]。

朱熹还精通金石镌刻，上面已有讲到。

朱熹精通绘画，已为学者所认同，有谓“朱紫阳画，深得吴道子笔法”[⑤]。言之者必亲自看到朱熹绘画，而非道听途说。朱熹在《跋吴道子画》中曰：

> 顷年见张敬夫家藏吴画昊天观壁草卷，与此绝相类，但人物差大耳。此卷用纸而不设色，又有补画头面手足外，应亦是草也。……此卷断裂之余，所谓“天龙八部”者，亦不免为焦头烂额之客，岂三灾厄会仙圣所不能逃耶？是可笑也。吴笔之妙，冠绝古今。盖所谓不思不勉而从容中道者，兹其所以为画圣欤。季路所藏名画甚富，计无出于其右者。既以得观为幸，因记岁月于其后。[⑥]

《朱子语类》还有朱熹品评吴道子笔法：

> 秘书省画得唐五王及黄播绰、明皇之类，恐是吴道子画。李某跋之，有云“画当如莼菜”。某初晓不得，不知它如何说得数句恁地好。后乃知他是李伯时外甥。盖画须如莼菜样滑方好，须是个圆滑时方妙。[⑦]

由此可见，朱熹曾反复品评过吴道子画，所以“深得吴道子笔法”。对于朱熹精通绘画，其门人黄榦、李方子亦有肯定的论述：“文词字画，骚人才士，疲精竭神，常病其难。至先生未尝用意，而亦皆动中规绳，可为世法。”[⑧]“外至文章字画，亦皆高绝一世。盖其包涵停蓄，溥博渊泉，故其出之者自若其

① （清）黄锡蕃：《闽中书画录》卷一五，《流寓》；祝嘉：《书学史》，成都：成都古籍书店，1984年，第240页。

② （明）陶宗仪：《书史会要》卷六，《宋》。

③ （明）董仲可：《宋朱熹书翰文稿》，北京：文物出版社，1961年。

④ （明）董仲可：《宋朱熹书翰文稿》，附傅贵传：《题跋》，北京：文物出版社，1961年。

⑤ （宋）陈继儒：《太平清话》卷三，宝颜堂秘笈本。

⑥ （宋）朱熹：《朱子文集》卷八四，《跋吴道子画》。

⑦ （宋）黎靖德编：《朱子语类》卷一三八，《杂类》，北京：中华书局，1986年。

⑧ （宋）黄榦：《勉斋集》卷三六，《朱子行状》。

无穷也。”[①]

总之，朱熹精通绘画是无疑义的，有谓“画人朱熹”，不为过矣。[②] 朱熹的绘画作品，现流传有朱熹对镜写真自画像。《朱子文集》中有《六先生画像赞》《张敬夫画像赞》《吕伯恭画像赞》《陈明仲画像赞》《程正思画像赞》，据陈荣捷考证，“除吕像外，亦朱子所绘矣”。朱熹述说：

近作得六先生画像赞，谩录去。烦呈令舅一观，求其未当处。旦夕画成，当并以拜浼，早得刊定为幸耳。[③]

此自谓“旦夕画成”，《六先生画像》肯定为朱熹所绘无疑。

《朱子文集》有《聚星亭画屏赞》，其画屏亦可能是朱熹所绘。朱熹曰：

彼中亦有画手能以意作古人事迹否？此间门前众人作一小亭，旧名聚星。今欲于照壁上画陈太丘(实)见荀郎陵事，而无可属笔者，甚以为挠。今录其事之本文去，幸试为寻访能画者，令作一草卷，寄及为幸。但以两幅纸为之，此间却自可添展也。[④]

即云无可属笔者，又云自可添展，可知此画朱熹至少有添笔加工润色。

此外，朱熹曾画诸葛武侯像、模尹和靖像等。[⑤]

十、朱熹的美学

(一)美与美学

人们在社会生活中接触外界美的事物，有美的感觉和愉悦，产生美感。随着美和美感的发展，便出现审美意识集中表现的艺术，在长期艺术实践和研究的基础上，便形成诸种艺术。一般分五种艺术，即文学、声乐、表演、造型、建筑等。这些艺术中，皆以审美为核心，形成美学。

在福建理学的思想体系中，直接或间接地论述了美与美学的问题。

---

① (宋)李方子:《朱子事实》，转引自(明)戴铣:《朱子实纪》卷一。

② 陈荣捷:《朱子新探索》，台北:学生书局，1988年，第741页。

③ (宋)朱熹:《朱子文集》卷八五，《答方伯谟》第七书；陈荣捷:《朱子新探索》，台北:学生书局，1988年，第741页。

④ (宋)朱熹撰，陈俊民校编:《朱子文集》卷六四，《答巩仲至》第十七书，台北:德富文教基金会，2000年。

⑤ (宋)朱熹撰，陈俊民校编:《朱子文集》卷七九，《卧龙庵记》；卷八三，《跋尹和靖帖》，台北:德富文教基金会，2000年。

朱熹所谓美，是指美的外在表现形式和审美者的内在精神心态。朱熹述说：

美者，声容之盛也。①

声音的和谐、容貌的俊丽之美感，是由于声音、容貌美的对象与审美者的视听觉审美感官相互作用而产生的艺术美感、愉悦。充内形外之谓美。朱熹在讲到诗时说：

人生而静，天之性也。感于物而动，性之欲也。夫既有欲矣，则不能无思。既有思矣，则不能无言。既有言矣，则言之所不能尽。而发于咨嗟咏叹之余者，必有自然之音响节族（音奏）而不能已焉。此诗之所以作也。……诗者，人心之感物而形于言之余也。心之所感有邪正，故言之所形有是非。②

在朱熹看来，诗这种文学艺术美，是美的客观外在形式与审美者的内在精神状态的统一、合和。这里讲的诗的“正”“是”，就是诗的美感与愉悦。

朱子学有关于美与美学的论述，有美的本体、自然美、人格美、艺术美、美的鉴赏、审美教育等，形成朱子学的道德伦理美学的思想体系。

（二）美的本质

美的本质是善。“尽善尽美”“心灵美”已成为口头禅。理学家把精神美感与道德伦理的善联系起来，认为美的内在本质是“善”。朱熹在注释孔子的“尽善尽美”时说：“善者，美之实也。”③

在社会现实生活中，善就是美，美是以善这种伦理道德为内容的。精神上之所以体察到美感，就是因为体察到道德伦理的善。在朱熹看来，善与美有着内在的一致性，美不只是单纯的外在形式，而且是在感性形式中得到完满实现的内在之善。朱熹进一步说：

力行其善，至于充满而积实，则美在其中而无待于外矣。④

这是朱熹对《孟子》“充实之谓美”的诠释。就是说，个体通过自我的努力，去力行本身所已有的内在善性，使善性充分地表现出来，使自己具有高尚的精神品质和道德情操，使自己的自然形体由此而增光生辉。这种精神

① （宋）朱熹：《论语集注》卷二，《八佾第三》。

② （宋）朱熹：《诗集传·序》。

③ （宋）朱熹：《论语集注》卷二，《八佾第三》。

④ （宋）朱熹：《孟子集注》卷一四，《尽心章句下》。

品质与道德情操之美，虽内在于形体之中，无须依赖于外在的表露，但是也可以通过外发，而与事业或德业结合起来。审美者力行本身所具有的善性，使善性充满并积实于自己形体之内，具有高尚的道德品质和情操，人的自然形体由此而增光生辉。朱熹述说：

和顺积中，而英华发外。美在其中，而畅于四肢。发于事业，则德业至盛而不可矣。[①]

善与美有着内在的一致性，美不再是单纯的外在形式，而是在感性形式中得到完满实现的内在之善。这种善美把精神美和感性美结合起来了。

朱熹这里说的"善"，实际上超出一般对"善"字内涵的理解，涵盖了儒家道德伦理的诸个方面。如朱熹在注释孔子"里仁为美"时说：

里有仁厚之俗为美，择里而不居于是焉，则失其是非之本心。[②]

这是讲仁德是人与人之间关系美的内涵。朱熹述说：

不厌而文且理焉，锦之美在中也。[③]

平淡而不厌恶，简朴而有文采，温润而有纹理，锦衣之美就蕴含于其中，都是君子之道。在这里，朱熹并没有把色之美停留在给人们以感觉的审美愉悦上，而是把它与道（理）融合在一起，只有这种美的理（道）才是真正的、永恒的美，它是具体美的根据。朱熹在回答"衣锦尚"时说："如今学者不长进，都缘不知此理。"[④]美依赖于道（理）而存在。

以道德伦理标准论美，就能把精神美和感性美结合起来，形成神妙莫测的精神境界，是一种超越。在鉴赏艺术作品时，不光看一件艺术品所表现的形式美，而且要捕捉外在形式美所体现蕴含的那种不可言说、只可会意的神韵、意境。这种神韵、意境给人以无穷的回味，它不仅给人以精神美和感性美的愉悦，而且产生情感上的感通与共鸣，这就是朱子学艺术美创作中所追求的神。这种"神"，是壮美，崇高之美，出神入化之美，是超越道德伦理美的崇高精神境界。

福建理学家们的美学思想，是把外在形式的美、艺术创作者的道德情操与审美者精神状态三者资质融合为一，突出了道德精神在艺术美中的价值和作用。这是朱子学美学所具有的特点，它体现在朱子学文化领域的各个

---

① （宋）朱熹：《孟子集注》卷一四，《尽心章句下》。

② （宋）朱熹：《论语集注》卷二，《八佾第三》。

③ （宋）朱熹：《中庸章句集注》第三十三章。

④ （宋）黎靖德编：《朱子语类》卷六四，《中庸三》，北京：中华书局，1986 年。

方面。

(三)诗文与艺术美

一般来说,美的表达方式主要是诗文和艺术。

诗文即文与诗,可以理解为文采,即高超的表达方法。如诗有比兴、夸张、象征、隐喻,以及艺术有造型、声乐、表演、建筑,等等。如诗,朱熹述说:

> 诗者,人心之感物而形于言之余也。心之所感有邪正,故言之所形有是非。惟圣人在上,则其所感者无不正,而其言皆足以为教。其或感之之杂,而所发不能无可择者,则上之人必思所以自反,而因有以劝惩之。是亦所以为教也。①

诗是人的主观感受外物而激发出灵感,赋于言辞。感物有邪正、善恶,由此作为教化人们的手段,即所谓诗教。诗要起到教育的作用,必须使人感到愉悦,引起共鸣,心动神移,可喜可悲,或歌或泣,动情而接受其思想。这就是审美感受与意境。

朱熹主张质朴自然、平淡有味的风格美,反对华丽纤巧、刻意造作。这是朱熹的美学风格,也是福建理学审美的主流。朱熹述说:

> 古人文章,大率只是平说而意自长。后人文章,务意多而酸涩。如《离骚》,初无奇字,只恁说将去,自是好。后来如鲁直,恁地着力做,却自是不好。②

朱熹把平说、自然看成是大美,是美的至高境界。

平淡自然而有韵味是朱子学的美学风格。平淡中见美丽,说话中见韵味,可谓之平淡之美。这种审美意境,在平淡中超越平淡。朱熹述说:

> 陶渊明诗,人皆说是平淡。据某看,他自豪放,但豪放得来不觉耳。其露出本相者,是《咏荆轲》一篇,平淡底人如何说得这样言语出来。③

平淡而豪放之美,是朱熹美学的要旨。

朱子理学还特别强调"和"之美,即把各种因素有机地联系起来,相依不杂,相分不离,彼此制约,而构成一个统一的整体。朱熹述说:

> 和,便事事都要和,这里也恰好,这处也中节,那处也中节。若一处

① (宋)朱熹撰,陈俊民校编:《朱子文集》卷七六,《诗集传序》,台北:德富文教基金会,2000年。

② (宋)黎靖德编:《朱子语类》卷一三九,《论文上》,北京:中华书局,1986年。

③ (宋)黎靖德编:《朱子语类》卷一三九,《论文上》,北京:中华书局,1986年。

不和，便不是和矣。

朱熹认为“顺于自然，便是和”，“发见出平，无非自然”，这就是朱熹的平淡自然之美。

“和”是朱熹美学的最高境界，审美的理想。[①]

(四)山水美

自然美也是美的另一表达方式。

大自然是人们所欣赏美的对象。朱熹在解释孔子“知者乐水，仁者乐山。知者动，仁者静；知者乐，仁者寿”的时候，认为孔子从个体人格修养上来说明智者和仁者在资质上的特点，审视大自然的不同。据《朱子语类》记载：

问：“知者乐水，仁者乐山，是就资质上说，就学上说？”曰：“也是资质恁地。但资质不恁地底，做得到也是如此。这只说个仁知地位，不消得恁地分。资质好底固是合下便恁地，若是资质不好，后做得时，也只一般。”[②]

朱熹释“乐”为喜好。“喜好”就是美的一种表达方式。既从“资质”上区别智者和仁者，就寓有人们对自然山水喜好的差异。智者之所以喜好水，认为水美，是由于水具有动的特性，知者达于事理，而周流无滞，有似于水，故乐水。朱熹以孔子水的“逝者如斯夫”的动态结构，比喻智者通达事理，似水的川流不息，畅通无滞。“且看水之为体，运用不穷，或浅或深，或流或激”，揭示出水的川流不息与智者的通达事理的资质相互对称。仁者之所以喜好山，认为山美，是由于山具有静的特性。山之安静笃实，观之尽有余味。敦厚笃实，岿然安静的山，犹如仁者宽厚稳重、贫贱威武不移为资质。仁者与山两者构成了对应，“仁者安于义理，而厚重不迁，有似于山，故乐山”[③]。这样，便在智者、仁者与自然山水之间找到了某种样态上、特性上的沟通或会通点，构成一种相互对应的美。

以此类推，人们之所以会喜好某种自然对象，是由于自然对象的形态、

① 以上见(宋)黎靖德编：《朱子语类》卷二二，《论语四·学而篇·礼之用和为贵章》，北京：中华书局，1986年。

② (宋)黎靖德编：《朱子语类》卷三二，《论语十四·雍也篇·知者乐水章》，北京：中华书局，1986年。

③ (宋)朱熹：《论语集注》卷三，《雍也第六》。

特性引起人们的共鸣、同感或愉快、爱好,并把自然现象作为寄寓自己的情操、忧思、理想的对立物。朱熹述说:

> 仰山庙极壮大,亦是占得山川之秀。寺在庙后,却幽静。庙基在山边。此山亦小,但是来远。到此溪边上,外面群山皆来朝。寺基亦好。[①]

这是讲山与水结合之美。诸生皆言某庙为灵,而朱子却从美学观点考虑。智者、仁者的乐,并非一种事功上的满足和喜好,而是人对自然山水美的喜好和感受。这种喜好和感受,是一种内在的精神上的感应。[②]

生态美学是人的一种生存观。"天之造化"之自然赋人形神,"地之涵养"之文化启人心智,人立于天地之间,与自然合而为一,在自然中体会生存的"真意",追求"天人合一"的境界。朱熹在武夷山书院、精舍讲学,一有闲暇便携友去观光踏青,游山历水。此外,朱熹还到处"寄情于山水文字"。据记载:

> 自号紫阳,箪瓢屡空。然天机活泼,常寄情于山水文字。南康之庐山,潭州之衡岳,建州之武夷、云谷,福州之石鼓、乌石,莫不流连题咏。相传每经行处,闻有佳深壑,虽迂途数里,必往游。携樽酒,时饮一杯,竟日不倦。非徒效泥塑人以为居敬者。[③]

据《朱子语类》记述:"梅雨,溪流涨盛,先生扶病观曰:'君子与大水必观焉。'"[④]朱熹更有诗句云:"知君便有刀头意,莫忘仙洲涧底泉。"[⑤]如此亲近山水,足见其平生于山水之心,欣赏山水之美。遇山水佳处"莫不流连题咏"。朱熹赋诗赞美武夷山的诗篇很多,诸如《九曲棹歌》《天柱峰》《武夷漫题》《武夷精舍杂咏》《次韵傅丈武夷道中》等50多首。宋叶绍翁说:"考亭先生于武夷……亦有山水风流。"[⑥]朱熹如此痴迷于山水,按他自己的说法就是可以为此"足以乐而忘死"[⑦]。"乐"首先在于在山水中,摆脱了生命的束

---

① (宋)黎靖德编:《朱子语类》卷三,《鬼神》,第八十条,北京:中华书局,1986年。

② 参见张立文:《朱熹思想研究》,北京:中国社会科学出版社,2001年,第393~395页。

③ 民国《福建通志·列传》卷一二,《朱熹传》。

④ (宋)黎靖德编:《朱子语类》卷一〇七,《朱子四·内任·杂记言行》,北京:中华书局,1986年。

⑤ (宋)朱熹:《朱子文集》卷六,《次清湍亭韵两首》。

⑥ (宋)叶绍翁:《四朝闻见录》卷四,《庆元党》。

⑦ (宋)朱熹:《朱子文集》卷七八,《云谷记》。

缚——死，这是一种超越自身的自由而带来的喜悦美感，本身具有浓厚的审美意味。“乐”更在于能在山水中，感悟到“理”的存在。朱熹认为合天地万物而言，只是一个理。“理”是朱熹理学的核心。朱熹又述道：

> 未有天地之先，毕竟也只是理。有此理，便有此天地。若无此理，便无此天地。无人无物，都无该载了。有理便有气，流行发育万物。[①]
>
> 宇宙之间，一理而已。天得之为天，地得之为地，而凡生于天地之间者，又各得之以为性。[②]

这种“天人合一”境界，是最崇高、最神圣的大美，只有自己与山水、天地融合为一才体察得到，是最崇高、最神圣的人格境界。

（五）审美教育

福建理学学家借助于美的形式与手段进行形象化的、情感性的美学教育活动，其主要途径和方式是诗教、乐教、礼教、艺教、山水教等。其目的是以美为方式，以美引善，既培养人们的审美能力，更主要是借助美的感染、融化，使其进入善的领域，达到最崇高、最神圣的人格境界。

朱熹对孔子“志于道，据于德，依于仁，游于艺”释之说：

> 游者，玩物适情之谓。艺，则礼乐之文。射、御、书、数之法，皆至理所寓，而日用之不可缺者也。朝夕游焉，以博其义理之趣，则应务有余，而心亦无所放矣。此章言人之为学当如是也。盖学莫先于立志，志道，则心存于正而不他；据德，则道得于心而不失。依仁，则德性常用而物欲不行；游艺，则小物不遗而动息有养。学者于此，有以不失其先后之序、轻重之伦焉，则本末兼该，内外交养，日用之间，无少间焉。而涵泳从容，忽不自知其入于圣贤之域矣。[③]

朱熹的审美教育是化育之道，是兴于诗，立于礼，成于乐，是“天地之教”，统之则为“游于艺”。“游于艺”之“艺”，是“六艺”。此有两种说法：一是指“六经”，即《诗》《书》《礼》《乐》《易》《春秋》；二是指六种技艺，即礼、乐、射、御、书、数。据这里朱熹的意思，应主要是指“六艺”。而“六经”中的诗、礼、

---

① （宋）黎靖德编：《朱子语类》卷一，《理气上・太极天地上》，北京：中华书局，1986年。

② （宋）朱熹撰，陈俊民校编：《朱子文集》卷七〇，《读大记》，台北：德富文教基金会，2000年。

③ （宋）朱熹：《论语集注》卷四，《述而第七》。

乐则应包括在内。朱熹认为六种技艺是小学工夫，“游于艺”，就是兴于诗，立于礼，成于乐。朱熹所讲的这种从小学开始的人格修养的过程，就是美育教育的过程。

按当今观点，如果说在“志于道，据于德，依于仁，游于艺”之间，“游于艺”具有时间或操作上的先行性，那么在兴于诗、立于礼、成于乐之间，则不是简单的时间次序之先后，而是存在着化育层次的不断深入。这些思想主要体现于朱子学家的“四书”注解之中。

人格美育教育是一种情感愉悦中的化育，这是它与其他教育方式的最大的不同之处，也是其化育之方的根本精神。朱熹述说：

> 章句以纲之，训诂以纪之，讽咏以昌之，涵濡以体之。察之性情隐微之间，审之言行枢机之始，则修身及家，平均天下之道，其亦不待他求而得之于此矣。[①]

既学且修，身心且养，从而达到审美教育的目的。

十一、朱熹的历史学

（一）史学的综合性

中华民族历代的文化精神和生活方式，通过汉字这一传播媒介充分地记录表达出来，形成浩如烟海的典籍。对这些典籍，前人分为经、史、子、集四大类。经是指以孔子为代表的儒家典籍，史是指反映历代国家历史、典章制度、土地等的文献，子是指历代学者的诗、文的汇集，集是指类书、丛书等百科全书式的古代典籍的汇集。这些古代典籍，反映出中华民族文化传统的各个方面，是中华民族文化传统的结晶。

古人治学不细，把诸学科都纳入经学的范围内。清代学者提出史学最具有综合性，认为它涵盖了中国古代的所有学术领域，因为每个学科都需要首先考察历史发展，而且中国古代典籍都可以运用于历史的研究中。清代学者章学诚提出“六经皆史”的著名论断，得到著名学者龚自珍、章炳麟等的赞同。[②] 他们认为六经是夏、商、周三代盛时各朝专官的掌故，是当时典章

---

① （宋）朱熹：《诗集传·序》。

② 参见（清）章学诚：《文史通义》卷一《易教》，卷三《经解》，卷六《史德》；（清）龚自珍：《古代钩沉论》卷二；章炳麟：《国故论衡·原经》。

政教的历史记录，并非圣贤们为了垂教立言而故意编造出来的。

朱熹也是把经学、史学联系在一起的，提出“穷经观史以求义理”，“多读经史，博通古今”，“经史阁”等，认为“士无不通之经，无不习之史，皆可为当时之用矣”。[①] 史学是朱子学整个学术思想的基础。

朱熹学术思想的各个方面，其理论的提出，几乎都与他的史学分不开，他的四书学、易学、诗经学、尚书学、礼学、春秋学、孝经学等，都蕴含有历史学。当时没有学科划分，朱熹结合时代的需要，通过对诸经的训解阐释而提出自己的新思想。《朱子语类》卷一四至卷九二都是直接讲朱熹的史学，占整个黎靖德编《朱子语类》的一大半。其余的内容也与史学有密切联系。朱熹的其他著作，大多是对儒家经书、史学的注释和阐发，如著名的《四书章句集注》，以及《四书或问》《周易本义》《易学启蒙》《诗集传》《古今家祭礼》《仪礼经传通解》《孝经刊误》等。《朱子文集》中的诸多书信答问，大量的是与当时的众多学者讨论史学的问题，而《朱子文集》中的杂著，大部分内容也是对史学的论述。朱熹在对经书的阐述基础上发挥其历史观。

福建理学的史学思想，主要是通过阐述儒家典籍，根据儒家典籍中的观点和材料，评价、编纂历史。

（二）正统论

西汉董仲舒提出夏为黑统，商为白统，周为赤统，“三统”循环的五行相生相胜的君权神授的历史观。[②] 后来班固明确宣称：“汉承尧运，德祚已盛。断蛇著符，旗帜尚赤，协于火德，自然之应，得天统矣！”[③]将刘汉说成是上承三代的正统王朝。

朱熹在继三代为正统的基础上，提出自己的正统论。朱熹说：“只天下为一，诸侯朝觐狱讼皆归，便是得正统。”大权是否归一，是正统的首要标准。据此，宋前只有周、秦、汉、西晋、隋、唐六个统一王朝称得上正统，其他难以归正统之列。对此，有两种情况。朱熹述说：

> 有始不得正统，而后方得者，是正统之始；有始得正统，而后不得者，是正统之余。如秦初犹未得正统，及始皇并天下，方始得正统。晋

---

① 依次见《朱子语类》卷一三九，《论文上》；《朱子文集》卷五〇，《答潘叔恭四》；卷八五，《同安县学经史阁上梁文》；卷六九，《学校贡举私议》。

② 参见（汉）董仲舒：《春秋繁露·五行相生》。

③ （汉）班固：《汉书》卷二，《高帝纪·赞》。

> 初亦未得正统，自泰康以后，方始得正统。隋初亦未得正统，自灭陈后，方得正统。如本朝自太宗并了太原，方是得正统。①

这是讲正统之始。至于正统之余，是指正统王朝分裂，或偏安一地，如东晋、蜀汉。在这两种情况之外，便是无正统可言，称之为僭国或篡贼。

上引朱熹还指出，“三国当以蜀汉为正统”。朱熹处于赵宋偏安江南，为蜀汉争正统实为赵宋争正统，以正名分，用伦理纲常来评判历史。

朱熹正统论的内在根据，是“以经为本”。他反复强调：“为学之序，为己而后可以及人，达理然后可以制事。故程夫子教人先读《论》《孟》，次及诸经，然后看史，其序不可乱也。”“示谕学校曲折，具悉雅志。今时教官，能留意如此者，诚不易得。然更在勉其学业，虽未能深解义理，且得多读经史，博通古今，亦是一事。不可只念时文，为目前苟简之计也。”他又述道：

> 示谕今学者兼看经史，甚善甚善。此间来学者少，亦欲放(仿)此接之。但少通敏之姿，只看得一经，或《论》《孟》已无余力矣。所抄切己处，便中得数段见寄，幸甚。然恐亦当令多就经中留意为佳。盖史书闹热，经书冷淡。后生心志未定，少有不偏向外去者，此亦当预防也。②

在朱熹看来，史著与经书等都是为了辨验是非，阐明义理；史著文词多寡、辞采优劣不是史著好坏的标准，贯穿义理与否才是标准；史臣著史的职责(即史著的作用)在于规劝帝王弘扬德业，扬善弃恶，振兴国家。基于这种认识，朱熹对“苏黄门作《古史序篇》……于义理大纲领处，见得极分明，提得极亲切”，认为于世有补而大加褒扬。③

在朱熹看来，历史上的凶吉存亡、为戒为法的“粲然之迹，必然之效”，都“莫不具于经训史册之中”。④ 以此来讽劝帝王读经看史，辨析义理，改邪归正，励精图治。这种劝善惩恶之意，折射出朱熹要求编纂史著时要体现这一内容，而使史著发挥更大的社会作用。

---

① (宋)黎靖德编：《朱子语类》卷一五，《朱子二・论自注书》，北京：中华书局，1986年。

② 以上见(宋)朱熹撰，陈俊民校编：《朱子文集》卷三五，《答吕恭伯》；卷四〇，《答潘公叔四》；卷三三，《答吕恭伯四七》，台北：德富文教基金会，2000年。

③ (宋)黎靖德编：《朱子语类》卷一三四，《历代一》，北京：中华书局，1986年。

④ (宋)黎靖德编：《朱子语类》卷一三五，《历代二》，北京：中华书局，1986年。

（三）秉笔直书

著名的史学理论家章学诚说："史，所贵者义也，而所具者事也，所凭者文也。……譬人之身，事者其骨，文者其肤，义者其精神也。"[①]这里的义，是指思想意识、学术观点，即古人所说的史德。史学家著述，要实事求是，不能以主观的好恶去歪曲历史。义（史德）是治史的精神，再加事（掌握历史事实）、文（写作能力、文采），就能撰写出好的史书来。中国古代把历史著述看成是实录。有史德才能实录，就是善恶皆不隐的直书。班固在评价司马迁《史记》时谓，"其文直，其事核，不虚美，不隐恶，故谓之实录"[②]。

朱熹继承发扬了中国古代秉笔直书的史学传统。在朱熹看来，"史"是具有鉴戒作用的，应该"善善恶恶，是是非非，皆著存得在那里"[③]，否则难以垂训万世。只有像孔子那样据实著史，才是可以为鉴为戒的。因此，朱熹甚有感触地评论东晋陶侃之事，其引吴澥所著《辩论》说：

> 庾氏世总朝权，其志一逞，遂从而诬谤之耳。秉史笔者既有所畏，何所求而不得哉！……今晋史欲诬士行，而乃以梦寐之详，是其难明，殆又甚于闺房哉！[④]

朱熹赞同吴澥的这种史观。

朱熹的这种著史不为权贵所左右的观点，据实而书，是与后来章学诚在《文史通义》中讲的"史德"完全符合的。[⑤]

（四）主要史著

朱熹的主要史学著述，有《资治通鉴纲目》《伊洛渊源录》《八朝名臣言行录》，保存于《朱子文集》中的历史人物年谱、行状、传记和其他史学专题论文，以及《朱子语类》中的有关言论等。

1.《资治通鉴纲目》59 卷

是书撰编于孝宗乾道八年（1172），朱熹 43 岁。其基础是司马光的《资

---

① （清）章学诚：《文史通义》卷三，《史德》。

② （汉）班固：《汉书》卷五六，《董仲舒传》；（汉）班固：《汉书》卷六二，《司马迁传》。

③ （宋）黎靖德编：《朱子语类》卷一三四，《历代一》，北京：中华书局，1986 年。

④ （宋）朱熹撰，陈俊民校编：《朱子文集》卷二，《乞加封陶威公状》，台北：德富文教基金会，2000 年。

⑤ 参见汤勤福：《朱熹史著编纂思想》，《上饶师范学院学报》（朱子学专刊）1987 年第 2 期。

治通鉴》《通鉴目录》《举要历》和胡安国的《资治通鉴举要补遗》。朱熹在《资治通鉴纲目序》中述说：

> 尝过不自料，辄与同志因两公四书，别为义例，增损檃栝，以就此编。……岁周于上而天道明矣，统正于下而人道定矣，大纲概举而监戒昭矣，众目毕张而几微著矣。是则凡为致知格物之学者，亦将慨然有感于斯，而两公之志，或庶乎其可以默识矣。[①]

参与是书编撰的有门人赵师渊等人。怕自己与参与编撰的门人离开其动机与目的，朱子特地亲手制订了19章137条的详细"凡例"。其大要是明正统，斥篡贼；立纲常，扶名教；法《春秋》，除史弊。在这里，明正统是根本，因为从义理的角度看，如果法统不正，也就失去了是非得失的标准。朱熹把这部史著纳入其理学体系之中，使历史事实"会归于一理"，即归于天理的裁断，为"致知格物之学者"，读之"慨然有感于斯"。

《资治通鉴纲目凡例》的19章137条，订得具体，什么事该书，什么事不该书，什么事又该怎么书，都有规定。这实际上是在一字定褒贬，并非直载当时之事。《资治通鉴纲目》不追求史实是否真正可靠，而是在用理学家的义理观来评价历史。

2.《八朝名臣言行录》24卷

包括《五朝名臣言行录》10卷(即太祖、太宗、真宗、仁宗、英宗五朝自赵普至苏洵等55位名臣，附5人)、《三朝名臣言行录》14卷(即神宗、哲宗、徽宗三朝自韩琦至陈师道等44位名臣)。朱熹在《八朝名臣言行录序》中述说：

> 予读近代文集及纪事之书，观其所载国朝名臣言行之迹，多有补于世教。……掇取其要，聚为此录，以便记览。[②]

可见是书是从义理的角度上衡量的。书中所选的近百名名臣，都是关系宋朝各个时期历史发展的关键性人物，他们的言行是与宋朝的政治盛衰息息相关。所以读这部书既能知道名臣的为人和政治态度，又能通过他们的言行看出宋朝政治的盛衰。

《八朝名臣言行录》，以人系事，荟萃群言，又注明出处，条理清楚，叙次明白。这种编纂方法，后世有仿效与接续，出现明沈应魁编的《名臣言行录

---

① (宋)朱熹：《朱子文集》卷七五，《资治通鉴纲目序》。

② (宋)朱熹：《朱子文集》卷七五，《八朝名臣言行录序》。

新编》、编者不详的《皇明名臣言行录》、明徐咸编的《近代名臣言行录》等。这类书虽然还构不成一个系列，但说明朱熹在这方面是有开创性的。

3.《伊洛渊源录》14 卷

是书记录二程及其弟子的学术史，编写始终都与吕祖谦进行商量。朱熹在给吕祖谦的信中述说：

> 欲作《渊源录》一书，尽载周、程以来诸君子行实文字，正苦未有此及永嘉诸人事首末。因书士龙（按：指薛季宣），告为托其搜访见寄也。……《渊源》《外书》，皆如所喻。但亦须目下不住寻访，乃有成书之日耳。①

编纂是书的动机与目的是说明圣贤之用，义理之正，标明二程思想为理学正宗，着重探讨二程以前诸儒对二程学说形成的影响源远流长。书中除了详细记述二程及程门弟子中比较著名的学者的言行以外，对程门弟子言行无大影响的亦俱录姓名，以志当年程门学说之盛。

《伊洛渊源录》在编纂体例上首创以事状、遗事与言论合编的形式，使读者既能从中了解当时著名学者的生平事迹，也能了解到他们的言论和学术思想。这种编纂体例，既启发了元代编修《宋史》时将“道学”与“儒林”分别列传，也影响了后世张伯行《伊洛渊源续录》、谢铎和薛应旂《考亭渊源录》、朱衡《道南源委》等学派史著作，周汝登《圣学宗传》、孙奇逢《理学宗传》及黄宗羲《明儒学案》等学案体史籍的编纂。

---

① （宋）朱熹撰，陈俊民校编：《朱子文集》卷三三，《答吕伯恭》，台北：德富文教基金会，2000 年。

第五章

南宋后期的福建理学

南宋后期的福建理学，朱熹门人及其他理学家进一步充实发扬理学，使福建理学逐步成为福建文化的主流，并使其向省外传播，逐步成为国家的主体文化思想，以至整个东亚文明的表征。

朱熹一生几乎都在福建从事学术著述和讲学教育活动。他在福建各地鼓励书院、学堂的设置，著书立说，编辑教科书，拟定学规，提倡易风俗的社会教育，培养了大批知识分子。因此，在朱子学诸学系中，福建朱子理学学派最为强大。朱熹门人，福建籍最多。

在"庆元党禁"期间，朝廷宣布朱子学为"伪学"，朱子学派为"伪党"，严加禁止。当时避祸离去的朱熹门人，大多数是外省来的，闽籍门人很少离去，福建理学学者大有人在。福建籍朱熹门人董铢对欲避祸离去者喻以义理，使诸生翕然以定。闽籍朱熹门人傅伯成为太常侍，在朝廷力言朱子学不可视为伪学，公开大胆抗争，是福建理学学者的典型。门人蔡元定被牵连，贬徙道州(今湖南道县)，同门刘砥、刘砺兄弟馈赠特厚，同门詹元善调护之。朱熹卒于"庆元党禁"最高潮时，然闽人不以时论左右，会葬者几千人，门人范念德为铸钱司主管，偕乡人受业者冒严寒，徒步百里参加会葬。此足以说明朱子理学学者的党派性。黄榦在讲到"庆元党禁"时还有许多传播理学的朱熹门人时述说：

> 闽中则有潘谦之(柄)、杨志仁(复)、林正卿(学蒙)、林子武(夔孙)、李守约(闳祖)、李公晦(方子)，江西则甘吉父(节)、黄去私(义勇)、张元德(洽)，江东则李敬子(燔)、胡伯量(泳)、蔡元思(念诚)，浙中则叶味道(贺孙)、潘子善(时举)、黄子洪(士毅)。[①]

朱熹卒后，福建籍朱子门人为维护和传播闽学而努力。他们弘扬师说，

---

① (宋)黄榦:《勉斋集》卷一六，《复李贯之兵部》。

攻讦异端，羽翼朱门，不为权势所左右。他们首先为恢复朱熹的名誉而努力。基于当时宋王朝政治形势的变化和需要，在朱熹门人的积极活动下，特别是由于其门人刘爚等人的请求，党禁解除，恢复了朱熹的名誉。此后，朱熹的头衔急剧加高，其学说逐步成为国家的主体文化思想。于是闽籍朱子学者更加活跃，朱子学派从思想和组织上趋于更加完善，其发展有不可遏止之势。

当时，福建理学学者尊黄榦为领袖。南宋袁桷述说：

> 朱子门人当宝庆（1225—1227）、绍定（1228—1233）间，不敢以师之所传为别录，以黄公勉斋在也。……顾门户异同，从不出勉斋之口，抑且当勉斋之存，使人不敢竞门户。①

此可视为福建理学学者的严密组织性。黄榦在福建籍朱熹门人中，居于领袖地位是当时所公认的。南宋黄震述说：

> 晦翁既没，门人闽中则有潘谦之、杨志仁、林正卿、林子武、李守约、李公晦。……门人号高弟者，遍于闽、浙与江东，独勉斋先生强毅自立，足任负荷。同门有误解，勉斋一一辩明。②

除黄榦外，朱子学派中被称为“领袖朱门”的是蔡元定及其子蔡沈，“蔡氏父子兄弟祖孙，皆为朱学干城”③。清孙奇逢述说：

> 程门弟子多贤，朱门似为少让。以今观之，季通（蔡元定）、仲默（蔡沈），若桥若梓，殆所称千人之英、万人之杰者乎！直卿（黄榦）叙道统。……其余诸子，各能自立，以发明师说，尽无逊于程门。④

孙氏之《理学宗传》，重道统之传承而忽视对朱子学之有重大发展者，因此不提“卫师门最力，多所发明”⑤的陈淳，以及詹体仁、真德秀等。这些人中，除私淑弟子真德秀外，其余都是朱熹的及门弟子，他们是初期福建理学学派中的中坚学者，在中国理学发展史上享有重要地位。

---

① 转引自（清）黄宗羲、全祖望：《宋元学案》卷六三，《勉斋学案》，北京：中华书局，1986年，第2017页。

② （宋）黄震：《日钞》卷三，转引自（清）黄宗羲、全祖望：《宋元学案》卷八六，《东发学案·东发日钞》，北京：中华书局，1986年，第2892页。

③ （清）黄宗羲、全祖望：《宋元学案》卷六七，《九峰学案》，北京：中华书局，1986年，第2138页。

④ （清）孙奇逢：《理学宗传》卷一六，《宋儒考》。

⑤ （清）黄宗羲、全祖望：《宋元学案》卷首，《序》，北京：中华书局，1986年，第5页。

由于闽籍朱熹门人为维护和传播朱子学而努力，福建理学进一步巩固和发展起来。

朱子学体大蕴深，单独个人难以全面继承和发展，其后学只能分别从不同方面继承和发展。但是这就必然孕育着朱子学的分化趋势，这在以后的发展中就更为明显。

对于朱熹门人之研究，有明戴铣之《朱子实纪》卷八《朱子门人》、明宋端仪之《考亭渊源录》卷六至卷二四、朝鲜李朝李滉之《宋季元明理学渊源录》卷一至卷八、清张伯行考订明朱衡之《道南源委》卷三至卷四、清黄宗羲等之《宋元学案》、清蓝鼎元之《棉阳学准・道学源流》诸卷等最为综合。对这些著述进行全面研究综合，撰写成专著，最权威者是今陈荣捷之《朱子门人》一书。据陈荣捷考证，朱熹门人有籍贯的登门求教、明言奉侍、自称弟子者，即所谓正式门人，有 488 人，分别属于福建、浙江、江西、湖南、安徽、江苏、四川、山东等。其中福建籍 164 人，约占总数的三分之一，且多为朱子学的中坚和骨干。①

对于福建籍朱熹门人，刘树勋主编的《闽学源流》有较详细的研究，认为福建籍朱熹门人共有 176 人(此数字与上述陈荣捷等人的研究有所不同)，并分闽南、泉州、漳州 25 人，闽北南剑州建宁府、邵武郡 85 人，闽东福州、兴化军及闽西汀州 66 人 3 个地区。列出其姓名和事迹概况，很值得参考。②

此外，杨金鑫的《朱熹在福建的门人》认为，福建籍朱熹门人 184 人，并把所查考的姓名和所属府州详细列出，具体如下：

福州府 35 人

闽县七人：黄榦(直卿，号勉斋)、黄东(仁乡)、郑文遹(成叔，号庸斋)、郑昭先(景绍)、曾逢震(诚叟)、唐晔、肖长夫。

侯官六人：陈孔夙(仁仲)、陈孔硕(肤仲)、潘植(立之)、潘柄(谦之，称瓜山先生)、林宪卿(公度，号存斋)、郑性之(信之)。

长乐四人：刘砥(履之，号存庵)、刘砺(用之，号在轩)、陈枅(自修)、陈梦良(与叔)。

古田十二人：蒋康国(彦礼，称鼎山先生)、林用中(择之)、林允中(扩之)、林夔孙(子武)、林大春(熙之，号造斋)、林充之、林师鲁(号云谷)、林好

① 陈荣捷：《朱子门人》，台北：学生书局，1982 年，第 1～5 页。

② 刘树勋主编：《闽学源流》，福州：福建教育出版社，1993 年，第 579～580 页。

古、程若中(宝石,号槃涧)、程深父、余隅(占之,号克斋)、余范(彝孙)。

连江一人:林谟(丕显)。

永福三人:林学蒙(正卿)、林学履(安卿)、林仁实。

闽清二人:许俭(幼度)、陈士直(彦忠)。

兴化府 25 人

莆田十九人:郑可学(子上,号持斋)、黄士毅(子洪,号壶山)、方士繇(伯谟)、方大壮(履之,称履斋先生)、方符(子约)、方耒(耕道)、方禾(耕叟)、方壬(若水)、方铨(平叔)、陈守(师中)、陈定(师德)、陈宓(师复,号复斋)、陈宇(允初)、陈址(廉夫)、林得遇(若时)、林成季(井伯)、傅公弼(梦良)、傅敬子、傅毅诚(诚子)。

仙游六人:傅诚(至叔,号雪涧)、余元一(景思)、朱鲁秋、朱滚、朱沅(叔元)、朱季绎。

泉州府 17 人

晋江六人:傅伯成(景初)、张巽(子文,称锦溪先生)、杨至(至之)、杨履正(子顺)、高禾(颖叔)、林峦(顺之)。

南安二人:黄谦、李亢宗(子能)。

惠安一人:刘镜(叔光)。

同安七人:王力行(近思)、许升(顺之,号存斋)、许子春(景阳)、柯翰(国材)、徐元聘(号芸斋)、陈育仲、林汝器。

永春一人:陈易(俊之)。

漳州府 8 人

龙溪七人:陈淳(安卿,称北溪先生)、王遇(子合,称东渊先生)、宋闻礼(叔履)、李唐咨(尧卿)、黄学臬(习之)、石洪庆(子余)、朱蜚卿(即飞卿)。

漳浦一人:杨仕训(尹叔)。

延平府 7 人

南平一人:张显父(敬之)。

将乐二人:邓絅(卫老)、邓邦老。

顺昌四人:廖德明(之晦,号槎溪)、余大雅(正叔)、余大猷(方叔)、游敬中(连叔)。

建宁府 57 人

建安六人:范元裕(益之)、游倪(和之)、叶湜(子是)、曹晋叔、王春卿、李德之(秉文)。

瓯宁一人：童伯羽(蜚卿，称敬义先生)。

建阳二十九人：蔡渊(伯静，号节斋)、蔡沈(仲默)、蔡沆(复之，又名知方)、刘爚(晦伯)、刘炳(韬仲)、刘炯(季明)、刘子寰(圻父，号篁栗翁)、刘子晋、刘定夫、刘叔文、刘季文、刘确、刘淳叟、范念德(伯崇)、熊以宁(称敬轩先生)、丘膺(子服，文公称老友)、陈旦(明仲)、周明作(元兴)、马任仲(号得斋)、吴居仁(温父)、吴雉(和中)、吴权(和仲)、吕胜己(季克，号渭川居士)、魏孝伯(应仲)、魏恪(元作)、魏椿(元寿)、游开(子蒙)、游九言(讷夫，号默斋)、陈履道。

崇安十五人：刘瑾(怀甫)、刘坪(平甫)、刘学雅(正之)、刘学裘(传之)、刘学古、刘学博(实之)、翁易(粹翁，称竹林先生)、江默(德公)、詹体仁(元善)、詹渊(景宪)、陈范(朝弼)、丁尧(复之)、胡大时(季随)、欧阳光祖(庆嗣)、刘成道(择之)。

浦城六人：杨与立(子权，称铅山先生)、杨道夫(仲思)、杨骧(子昂)、杨若海、张彦清(叔澄)、叶文炳(晦叔)。

邵武府 26 人

邵武十九人：何镐(叔京，称台溪先生)、善佐(佐卿)、梁琢(文叔)、吴寿昌(大年)、吴英(茂实)、冯允中(作肃，号见斋)、黄寅(直翁)、黄瀚(仲本，号复斋)、黄孝恭(裕)、俞闻中(梦达)、任希夷(伯起)、李东(子贤)、上官谧(安国)、叶武子(成之)、丘珏(玉父)、刘炎(潜夫)、饶干(廷老)、饶克明、连嵩(嵩卿)。

建宁一人：刘刚中(德言，号琴轩)。

光泽六人：李方子(公晦，一字正叔)、李文子(公谨)、李闳祖(守约，号纲斋)、李相祖(时可)、李壮祖(处谦)、黄谦(德柄)。

汀州府 1 人

长汀一人：杨方(子直，号淡轩老叟)。

福宁府 8 人

福安五人：杨复(志仁，称信斋先生)、杨楫(通老，号悦堂)、林堤(正夫)、高松(国楹)、黄榦(尚质)。

宁德三人：陈骏(敏中，称仁斋先生)、郑思(师)孟(齐卿，称存斋先生)、龚郯(昙伯，号南峰居士)。[①]

---

① 杨金鑫：《朱熹在福建的门人》，《闽学通讯》1989 年第 13 期。

对朱熹门人的研究，已成为福建朱子之学研究的重大课题。湖南师范大学杨金鑫做过综合考析，抄录在下面，以窥全貌。杨金鑫《朱熹在福建的门人》述道：

> 朱熹于乾道诸儒中，其年最寿，讲学独久，门人极多。他的门人究竟有多少呢？南宋爱国诗人陆游（1125—1210）在为朱熹门人方伯谟（名士繇，一字伯休，福建莆田人）撰写的《墓志铭》云："朱公之徒数千百人。"（《渭南文集》卷三十六）其中以蔡元定（字季通）、蔡沈（字仲默）、黄榦（字直卿）、陈淳（字安卿）四人为其门人的代表。其门人之众，实为孔子以后所罕见。宋黎靖德编辑的《朱子语类》序中罗列《语类》的记录者97人。明代戴铣所编《朱子实纪》卷八"朱子门人"，列朱熹门人中号称高弟而有著作者68人，录有问答后见称许者71人，姓字爵邑仅存者180人。明代宋端仪著《考亭渊源》卷六以下皆朱熹门人。清代朱彝尊著《经义考》卷二百八十三至二百八十五，表列朱熹传易、传诗、授礼弟子，举其姓名、职衔、里籍。清代张伯行改订明代朱衡（1512—1584）之《道南源委》卷三、卷四包括朱熹门人若干，又附朱熹门人无事实可考者共19人，均限于福建。清代万斯同辑之《儒林宗派》，其中第九卷朱子学派，系朱熹建安派和建阳派数代传授表，第十卷表列"朱子门人"，包括各地区407人。明清之际黄宗羲编纂的《宋元学案》全宋80个学案，晦庵学案占了17个，《晦庵学案》末附有晦庵门人表。清代王梓材、冯云濠合编的《宋元学案补遗》，在这个基础上增补了朱熹门人若干人。
>
> 在国外，研究朱熹门人的著作也逐渐增多。据美国陈荣捷教授介绍，较早的有朝鲜李滉（称号退溪，1501—1570）著《宋季元明理学通录》九卷，其中卷一至卷八为朱门诸子。近年来，日本田中谦二著《朱门弟子师事年考》（京都《东方学报》1973年第44期，第147～128页；《东方学报》1975年第48期，第261～357页），考订了弟子师事朱熹的次数与年期。国际著名朱子学家、美国哥伦比亚大学教授陈荣捷著《朱子门人》（台湾学生书局1982年3月新版），广采《朱子文集》《朱子语类》《宋史》《朱子实纪》《考亭渊源录》《万姓统谱》《经义考》《道南源委》《儒林宗派》《宋元学案》《宋元学案补遗》《朱子年谱》等材料，将朱熹门人的姓名、里籍、官职、事迹等详为列出，是当前研究朱熹门人最为详细的著作。
>
> 拙作（杨金鑫）《朱熹与岳麓书院》（华东师范大学出版社1986年8

月版)第六章,根据朱熹后裔第十六代孙朱钰编撰的《朱熹及门姓氏》的记载,将有姓氏、居里可考之及门受业者 442 人,一一列出,其中福建 184 人,江南(江苏)33 人,浙江 63 人,江西 76 人,湖广 12 人,河南 4 人,四川 5 人。此外,居里未详者 66 人。朱熹称为老友不在弟子之列者 1 人(建阳蔡元定),私淑之徒者 1 人(浦城真德秀),受教未及门者 9 人(建阳熊克、熊节、熊刚大、宋慈、游九功、叶采、蔡谟、刘应李、熊禾),叛徒 2 人(遂昌胡纮、晋江傅伯寿)。朱熹门人来自福建的最多,次则江西、浙江、江南(江苏)、湖广、四川、河南,可以说当时他的门人遍布全国。[①]

杨氏这里讲的大多是福建籍朱熹门人,都是著名的福建理学家。清张伯行述说:

昔孔子之徒三千,而斯道赖以昭著。朱子门下知名之士如黄(榦)、陈(淳)、蔡(元定、沈)、刘(爚)辈,亦不下数十余人。故其著述最富,问答最多,而理学因之大明。[②]

在福建理学的发展史上,福建籍朱子门人有"朱子传之蔡西山(蔡元定)、九峰(蔡沈)、黄勉斋(黄榦)、陈北溪(陈淳)、李果斋(李方子)诸先生,而浦城真西山(真德秀)又朱门之私淑也,有宋闽儒甲于天下"[③]之称。在福建朱子学的创立过程中,朱熹和门人对一些问题反复商讨,使福建理学理论成熟。朱熹门人对福建理学的创立做出了重大的贡献。清代蓝鼎元对朱熹门人对朱子学的贡献有段综合说明。他述说:

朱子门人,以蔡西山、九峰父子及黄勉斋、陈北溪为最。季通……所著《律吕新书》,发千古之蒙昧。三子惟仲默闻道最早,文公以《书传》嘱之。《洪范》之数,久失其传,季通未及著论,曰:"成吾书者,沈也。"仲默阐发幽微,不愧父师之托。《书传》已立学宫;《洪范皇极》秩然有天地万物各得其所之妙,非浅学所能窥测也。勉斋明睿端庄,造诣纯笃,朱子所望以传道,而勉斋卒能得其传。北溪发明正学,力排异端,《道统》《学统》诸篇,似道似学之辨,《字义详讲》《四书口义》诸书,深切著明。朱子谓"南来吾道,得一安卿",非阿好也。他如廖子晦之学有根据,刘

① 杨金鑫:《朱熹在福建的门人》,《闽学通讯》1989 年第 13 期。

② (清)张伯行:《正谊堂文集·续集》卷五,《答冉永光检讨》。

③ (清)蓝鼎元:《鹿洲初集》卷六,《送谢古梅太史还闽序》,蒋炳钊、王钿点校:《鹿洲全集》,厦门:厦门大学出版社,1995 年,第 109 页。

子澄之切己力行，郑子上之议论精密，方宾王之亲切有序，李果斋之大本有见，李敬子之直谅朴实，陈才卿之肃然自乐，徐子融之志趣操守，辅汉卿之不为俗学声利所移，晏亚夫之进学意气，余正叔之见道稳实，皆一时高明之士，史迁所谓附骥尾而行益显者乎！西山真子，私淑紫阳，当韩侂胄指斥伪学，禁锢善类之余，独慨然以斯文自任，而正学复明于世，所著《大学衍义》，有功于天下，后世甚伟。临邛魏鹤山，亦毅然自奋于摧废之后，立朝惓惓，以周程张朱诸君子易名，为请尊其统而接其传。其为学，即物以明义，反身以求仁。[①]

蓝鼎元这里讲到蔡元定、蔡沈、黄榦、陈淳、廖子晦、刘子澄、郑子上、方宾王、李方子、李敬子、陈才卿、徐子融、辅汉卿、晏亚夫、余正叔、真德秀、魏鹤山等 17 位朱熹门人，并概括出他们的不同思想特点，都是福建理学思想体系的有机组成部分。蓝鼎元是清代有代表性的朱子学家，其《棉阳学准》可作为一部福建理学发展纲要来看待。

第一节　蔡元定

一、“蔡氏父子兄弟祖孙，皆为朱学干城”

蔡元定是朱熹最接近的朋友和学生，蔡元定之父和子与朱子学关系都很密切。清人全祖望说：“蔡氏父子兄弟祖孙，皆为朱学干城。”[②]所谓“干城”，即捍卫者。蔡元定的父亲蔡发和儿子蔡渊、蔡沆、蔡沈，皆对朱子学的确立和发展起过一定的作用。蔡发，字神与，对理学有很深的造诣。朱熹在《跋蔡神与绝笔》中记载了蔡元定对朱熹所说的蔡神与的思想学术和教诲蔡元定的情况。其曰：

(蔡神与)既长，博学强记，高简廓落，不能与世俗相俯仰。去游四方，闻见益广，遂于易象、天文、地理三式之学无所不通，而皆能订其得失。中年乃归，买田筑室于武夷之阳。其间屡遭盗贼水火之变，而浩然不以屑意，杜门扫迹，专以读书教子为事。元定生十年，即教使读《西

① (清)蓝鼎元：《棉阳学准》卷五，《道学源流》，蒋炳钊、王钿点校：《鹿洲全集》，厦门：厦门大学出版社，1995 年，第 517 页。

② (清)黄宗羲、全祖望：《宋元学案》卷六七，《九峰学案》，北京：中华书局，1986 年，第 2138 页。

铭》。稍长，则又示以程氏《语录》、邵氏《经世》、张氏《正蒙》等书，而语之曰："此孔孟之正脉也，尔其勉旃。"晚岁属疾，手书此纸，以付元定。[1]

蔡神与卒前"手书此纸"，即蔡神与绝笔，其最终的文稿。据清人全祖望所记，蔡元定对蔡发所教导的"孔孟正脉"是"深涵其义"[2]的。蔡元定三个儿子蔡渊、蔡沆、蔡沈皆为朱熹门人，其中蔡沈对朱子学特别有贡献。我们在这里主要评述蔡元定和蔡沈。

图 5-1.1　理宗皇帝为蔡元定御题"西山"

图 5-1.2　理宗皇帝为蔡沈御题"庐峰"

云谷山又称庐峰。南宋宝祐三年(1255)，理宗皇帝御题"西山""庐峰"，表彰蔡元定著《律吕新书》、蔡沈著《书经集传》等。是御书由蔡沈之子蔡杭[3]刻石于云谷山岩上。蔡元定在西山建"庐峰精舍"治学。"西山"，在莒口镇东山村，每字1米见方，上款为"乙卯赐蔡抗"，下款为"宝祐丙辰(1256)十月朔，太中大夫参知政事臣蔡抗刻石"，末行为"理宗皇帝御书"。"庐峰"石刻亦在莒口镇东山村，每字1米见方，上刻"理宗皇帝御书"，上款为"乙卯赐蔡抗"，下款为"宝祐丙辰(1256)十月朔，太中大夫参知政事臣蔡抗刻

---

① (宋)朱熹撰，陈俊民校编：《朱子文集》卷八三，《跋蔡神与绝笔》，台北：德富文教基金会，2000年。

② (清)黄宗羲、全祖望：《宋元学案》卷六二，《西山蔡氏学案》，北京：中华书局，1986年，第1978页。

③ 蔡杭(1193—1259)，又改名蔡抗，字仲节，号久轩，谥文肃，福建建阳人，蔡沈次子。宋理宗绍定二年(1229)进士，授迪功郎，任浙江丽水县主簿，累官同知枢密院事、参知政事。朱熹门人，用力于致知诚正之本，讲治国平天下之道，学识宏深，才德优良。著有《久轩集》。

石”。[1]

二、蔡元定的生平著述

蔡元定，字季通，因登西山绝顶，忍饥读书，学者称西山先生，建宁府建阳县人。生于南宋高宗绍兴五年(1135)，卒于宁宗庆元四年(1198)，终年64岁。

图 5-2.1　康熙皇帝御赐蔡元定“紫阳羽翼”匾

图 5-2.2　蔡元定像

蔡元定少受学于其父蔡发，博览二程、张载、邵雍之书，年24岁往学于朱熹。[2] 蔡元定晚朱熹5岁，他初见朱熹时，朱熹扣其学，大惊曰：“此吾老友也，不当在弟子列。”蔡元定一生未做官，始终从学于朱熹，“遂于对榻，论讲诸经奥义，每至夜分。四方来学者，熹必俾先从元定质正焉”。他是朱熹门人领袖。直至宁宗庆元二年(1196)，因伪学党禁，蔡元定以布衣编管湖南道州。临行时，朱熹及从游者送别，还与蔡元定共同讨论道教典籍《参同契》。蔡元定临行时态度无异于平时，而送行坐中有流涕者，朱熹却说：“友朋相爱之情，季通不挫之志，可谓两得矣！”[3]蔡元定至道州后，还和朱熹书信往来。蔡元定死于道州后，朱熹在祭文中述说：

> 呜呼季通，而至此耶！精诣之识，卓绝之才，不可屈之志，不可穷之

---

① 建阳蔡氏宗亲联谊会编：《建阳蔡氏当代精英》，建阳：建阳蔡氏宗亲联谊会，2003年。

② 参见《蔡氏九儒书》卷二。

③ (元)脱脱等：《宋史》卷四三四，《蔡元定传》，北京：中华书局，1985年。

辩，不复可得而见矣！[①]

这段话是朱熹对其徒蔡元定人品和学问的高度评价，由此也可以看出朱蔡的深厚友情和密切的学术关系。朱熹在《与刘孟容书》中述说：

交游四十年，于学无所不讲，所赖以祛蒙蔽者为多。不谓晚年乃以无状之迹，株连及祸，遂至于此。闻之痛怛，不知涕泗之流落也。[②]

由此可见，蔡元定在朱子学派中的作用。

蔡元定与朱熹的著作关系，据记载：

熹疏释"四书"，及为《易诗传》《通鉴纲目》，皆与元定往复参订。《启蒙》一书，则属元定起稿。[③]

朱熹在《答蔡季通》中曾提及"《启蒙》修了未？早欲得之"[④]。朱熹又谓，"季通平生著述多谦让，寄寓于熹书集中"[⑤]。现在行世的朱熹《易学启蒙》，实为蔡元定起草的。是书蔡元定起草后，"晦庵复删润之，始克成书"。此是翁易记载。翁易，字粹翁，建宁府崇安县人，蔡元定的门人。此外，"'六经'、《语》、《孟》、《学》、《庸》之书，先生（按：指朱熹）与之（按：指蔡元定）讨论讲贯，则并驰其功焉"[⑥]，即朱熹的《四书章句集注》等书，也是朱熹在与蔡元定反复讨论的基础上写成的。总之，朱蔡在学术上是有亲密无间的合作关系的。

蔡元定的著述有《律吕新书》2卷、《葬经今文》（又名《地学古经》）1卷、《发微论》1卷、《皇极经世指要》3卷、《大衍详说》2卷、《西山公集》1卷等。

三、蔡元定的理学思想

蔡元定的哲学思想兼有义理和象数，具有明显的道家倾向。在福建理学学者中，蔡元定是属于象数派的理学家。

蔡元定的老师朱熹不像二程那样置象数于不顾，蔡元定遵循朱熹的学术方向，重视研究象数学。据记载：

---

① （宋）朱熹撰，陈俊民校编：《朱子文集》卷八七，《又祭蔡季通文》，台北：德富文教基金会，2000年。

② （宋）朱熹撰，陈俊民校编：《朱子文集》卷三七，台北：德富文教基金会，2000年。

③ （元）脱脱等：《宋史》卷四三四，《蔡元定传》，北京：中华书局，1985年。

④ （宋）朱熹撰，陈俊民校编：《朱子文集》卷四四。

⑤ 《蔡氏九儒书》卷首，（宋）翁易：《蔡氏诸儒行实述》。

⑥ 《蔡氏九儒书》卷首，（宋）翁易：《蔡氏诸儒行实述》。

> 濂溪、明道、伊川讲道盛矣。因数明理，复有一邵康节出焉。晦庵、南轩、东莱讲道盛矣，因数明理，复有一蔡西山出焉。孔孟教人言理不言数，邵蔡二子欲发诸子之所未发，而使理与数灿然于天地之间，其功亦不细矣。①

蔡元定强调"因教明理"，谓"天地之间有理必有数，二者未尝相离，《河图》《洛书》与危微精一之语并传"。②

蔡元定通过阐述邵雍的《皇极经世书》，发挥其道家倾向的象数学思想。《皇极经世书》是邵雍的代表作。是书共12卷，第1～6卷中50篇和其各种图像，皆以《周易》64卦说明世界的治乱；第7～10卷讲"吕律声音"，称为内篇；第11、12卷为《观物外篇》。全书大旨均借易卦推衍，形成象数学的思想体系，具有浓厚的神秘主义和宿命论色彩。

蔡元定对邵雍的《皇极经世书》做了深入的研究。据记载：

> 西山先生始终以《易》疏其说，于是微显阐幽，其说大著。学者由蔡氏而知《经世》，由《经世》而知《易》，默而通之可也。③

> 西山蔡氏著为《经世指要》一书，足以尽乎五十篇之义(按：指邵雍《皇极经世书》中除十四篇《观物内外篇》的篇数)，而晦庵朱子谓其于康节之书，推究缜密矣。故今不复具载康节全书，但取蔡氏《指要》诸图，列于内外十四篇之首。④

> 《纂图指要》(按：指蔡元定《皇极经世指要》的第一部分)所疏最为醒畅，较邵伯子之说(按：指即邵伯温之《皇极经世书》注释)更优。故各图说一以西山为主。⑤

由上可知，蔡元定极重视《易》之图像和数。他说："数即理，理即数，在天为五行，在地为五行，在人为五常。"他相信气数之说，有所谓"闽中气数已极，欲分一二子孙别居荆湖间，以为遗种之计"。⑥ 数是气数、命运。他说：

---

① (清)黄宗羲、全祖望：《宋元学案》卷六二，《西山蔡氏学案》，北京：中华书局，1986年，第2000页。

② 《皇极经世指要》卷一。

③ (宋)黄瑞节语，引自明嘉兴徐必达编：《邵子全书》卷二四附录。

④ (明)胡广语，引自《皇极经世全书解》卷首，《总论》。

⑤ (清)王植：《皇极经世全书解·例言》。

⑥ (宋)蔡元定：《西山集·答江咨功书》。

"穷达始知皆有命。"[①]"得失荣辱屈伸往来,天之命也。"[②]

蔡元定的象数学中有许多辩证法因素。他述说:

> 天下之事变化无穷……凡物旨有对(按:矛盾)……太极判而为阴阳,阴阳之中又有阴阳,出于自然,不待智营而力索也。……一动一静之间,《易》之所谓太极也。阴阳之中又各有阴阳,刚柔之中又各有刚柔。主乎动静,所谓太极也。……理必有对待,数之自然也。[③]

蔡元定的乐论也反映了他的象数学的道家观点。中国古代音乐中有十二律,即十二个音调。蔡元定把十二天干合上十二律,把一年中的十二个月也加以配合,子、寅、辰、午、申、戌六个时辰称阳辰,配上黄钟、太簇、姑洗、蕤宾、夷则、无射等六个音律为阳律;丑、卯、巳、未、酉、亥六个时辰为阴辰,配上林钟、南吕、应钟、大吕、夹钟、仲吕等六个音律为阴律。阳律又称为律,阴律又称为吕。六个阳律称六律,六个阴律称六吕。蔡元定把音乐的十二律与一日的十二个时辰、一年的十二个月相比附。他述说:

> 黄钟生十一律(按:黄钟本身为一律,再派生出十一律,共为十二律),子、寅、辰、午、申、戌,六阳辰,皆下生。丑、卯、巳、未、酉、亥,六阴辰,皆上生。其上以三,历十三辰者,皆黄钟之全数。其下阴数以倍者(即算法倍其实),三分本律而损其一也。阳数以四者(即算法四其实),三分本律而增其一也。六阳辰当位自得。六阴辰则居其冲,其林钟、南吕、应钟三吕在阳则用倍数,方与十二月之气相应。盖阴之从阳,自然之理也。[④]

蔡元定把音律分为阳律与阴律,进而说,"阴之从阳,自然之理",从而得出臣子服从君主、儿子服从父亲、妻子服从丈夫的封建伦理道德观点。蔡元定的这种观点来源于汉代象数学派的音乐理论。蔡元定根据汉代京房(道家人物)六十律中有六个变律的理论,在十二律之间加了六个变律,称为变黄钟、变林钟、变太簇、变南吕、变姑洗、变应钟。这六个变律的插入,可以使从每一个律开始"旋相为宫"时,在计算音程方面更加便利。京房附会八卦变为六十四卦,把十二音律变为六十音律。蔡元定也附会太极生两仪,两仪

---

① (宋)蔡元定:《西山集·自咏》。

② (宋)蔡元定:《西山集·春陵临终告诸生》。

③ (宋)蔡元定:《皇极经世指要》卷一。

④ (宋)蔡元定:《律吕新书》第三,《黄钟生十一律》。

生四象，四象生八卦，八卦变为六十四卦。他述说：

> 黄钟独为声气之元，虽十二律八十四声，皆黄钟所生。然黄钟一均，所谓纯粹中之纯粹者也。[①]

从这些观点可以看出蔡元定在学术上的道家倾向。

图 5-3　蔡元定陵墓

图 5-4　西山陵园

第二节　黄　榦

一、黄榦的生平著述

黄榦，字直卿，号勉斋，学者称勉斋先生，福建长乐人，后徙居闽县（今闽侯）。生于南宋高宗绍兴二十二年（1152），卒于宁宗嘉定十四年（1221），终年 70 岁。清世宗雍正二年（1724），从祀孔子庙。黄榦父黄瑀官至监察御史。黄榦历任浙江嘉兴酒库、浙江临川县令、江西新淦县令、湖北汉阳知州、安徽安庆知府等。黄榦为官多有政绩，特别是对朝廷向金人退让求和进行激烈的批评，坚决主张抗战，并在汉阳、安庆任内招募壮勇，巡城视防，反击金兵的侵掠，得到时人的赞赏。黄榦在为官时，修城、赈饥、听讼诸务纷杂，而崇儒讲学未尝少辍。他在安庆筑城期间，早上五更坐堂布置本日筑城事，随后处理政事及与僚佐讲究边防利病，之后出衙门督视城役，晚上入书院讲论经史。天天如此，直至去任为止。

---

① （宋）蔡元定：《律吕新书》第八，《八十四声图》。

图 5-5　黄榦

图 5-6　勉斋书院遗址

据记载：

调监嘉兴府石门酒库……改知新淦县。……所至以重庠序，先教养。其在汉阳，即郡治后凤栖山为屋，馆四方士，立周、程、游、朱四先生祠。……知安庆府，至则金人破光山……安庆以备战守。……巡城视役，晚入书院，讲论经史。……金人破黄州、沙窝诸关……独安庆按堵如故。……遂归里，弟子日盛，巴蜀、江、湖之士皆来，编礼著书，日不暇给。[①]

黄榦是朱熹的女婿，与朱熹最为亲密，从 25 岁起至朱熹卒，始终跟朱熹学习。“晦翁倡道东南，士之游其门者无虑数百人，独勉斋先生从游最久，于师门最为亲切。”[②]对于黄榦跟朱熹受学的过程，《宋史》本传记载：

父殁，榦（按：时年 25 岁）往见清江刘清之。清之奇之……因命受业朱熹。时大雪，既至而熹他出，榦因留客邸，卧起一榻，不解衣者两月，而熹始归。榦自见熹，夜不设榻，不解带，少倦则微坐，一倚或至达曙。……尝诣东莱吕祖谦，以所闻于熹者相质正。……熹与榦书曰：“吾道益孤矣，所望于贤者不轻。”后遂以其子（按：第三女）妻榦。……监台州酒务。丁母忧，学者从之讲学于墓庐甚众。熹作竹林精舍成，贻榦书，有“他时便可请直卿代即讲席”之语。及编《礼书》，独以丧祭二篇属榦。稿成，熹见而喜。……病革，以深衣及所著书属榦，手书与诀曰：

---

① （元）脱脱等：《宋史》卷四三〇，《黄榦传》，北京：中华书局，1985 年。

② （清）张伯行：《正谊堂文集》卷七，《黄勉斋文集序》。

"吾道之托在此，吾无憾矣！"讣闻，榦持心丧三年。[①]

因此，黄榦最能获得师传，对朱子学领悟最深，"具体而微者也"；对于朱熹的著作，"纂集考订之功居多"，"文公早知其足任吾道之托；而先生（按：指黄榦）果能不愧负荷"。[②] 黄榦在讲到自己学习朱子学的体会和如何继承、传播朱子学时述说：

> 《大学》……且守师言，就本领上看尤为有味也。明德只得如章句所说，然其间亦难看，更以格字、致字、诚字、正字、修字与明字相参见得分晓，方理会得先生旨意。[③]
>
> 人不知理义，则无以自别于物。周旋百出，自少至老，不过情欲利害之间，甚至三纲沦、九法斁，亦将何所不至。[④]
>
> 其为学也，穷理以致其知，反躬以践其实，居敬者所以成始成终也。……其为道也，有太极而阴阳分，有阴阳而五行具。禀阴阳五行之气以生，则太极之理各具于其中。天所赋为命，人所受为性，感于物为情，统性情为心，根于性则为仁义礼智之德，发于情则为恻隐羞恶辞逊是非之端，形于身则为手足耳目口鼻之用，见于事则为君臣父子夫妇兄弟朋友之常。求诸人则人之理不异于己，参诸物则物之理不异于人。贯彻古今，充塞于宇宙，无一息之间断，无一毫之空阙。……先生之于道，可谓建诸天地而不悖，质诸圣贤而无疑矣。……其可见之行，则修诸身者，其色庄，其言厉，其行舒而恭，其座端直。……[⑤]

黄榦为学最守师说，每每称"具持师说""先师言之详矣"等。他忠实于朱熹的思想，最得朱子学之真，所以他在朱子学上的贡献是最大的。

黄榦的著述有《周易系辞传解》1卷、《仪礼经传通解续》29卷、《孝经本旨》1卷、《论语注语问答通释》（又名《论语通释》）10卷、《勉斋先生讲义》1卷、《朱侍讲行状》1卷、《勉斋诗钞》1卷、《晦庵先生语续录》46卷、《黄勉斋先生文集》8卷、《勉斋集》40卷等。

---

① （元）脱脱等：《宋史》卷四三〇，《黄榦传》，北京：中华书局，1985年。

② （清）张伯行：《正谊堂文集》卷七，《黄勉斋文集序》。

③ （宋）黄榦：《勉斋集》卷三，《与胡伯量书》。

④ （宋）黄榦：《勉斋集》卷三，《复杨志仁》。

⑤ （宋）黄榦：《勉斋集》卷八，《书朱子行状后》。

二、黄榦的有体有用论

在朱熹的哲学中,“太极”是主要哲学范畴。黄榦把“太极”看成是宇宙的本体。他说:“有太极分阴分阳,有阴阳而五行俱,太极二五妙合而人物生。”[①]黄榦认为先有太极然后分出阴阳二气,有阴阳二气就产生金、木、水、火、土五种材料,太极、阴阳、五行结合就产生人与物。在这里,黄榦不同意理学家的传统说法,即认为太极生两仪,两仪生万物。黄榦提出,道(即太极、理)之体是二,不是在二之前加上一个一。这是黄榦的一个大胆创见,是对理学,也就是对朱子学的一个新的解释。黄榦述说:

> 至于道生一,一生二,二生三,三生万物,则老氏之所谓道,非吾儒之所谓道也。……一阴一阳之谓道,道何尝在一之先?而又何尝有一而后有道哉!易有太极,易即阴阳也。太极何尝在阴阳之先?……尝窃谓太极不可名状,因阴阳而后见。一动一静,一昼一夜,以至于一生一死,一呼一吸,无往而非二也。因阴阳之二而反以求之太极,所以为阴阳者,亦不出乎二也。如是则二者,道之体也。非其本体之二,何以使末流无往不二哉![②]

黄榦基于这种“非其本体之二,何以使末流无往不二”的观点,坚持并发挥了朱熹的一分为二的辩证法思想。黄榦明确指出,天下的事物都是一分为二的,没有只有一而没有二的,道就是一阴一阳,即一分为二的运动。太极中包括阴阳两方面,所以能生出两仪。其他诸如一动一静、一昼一夜、一生一死、一呼一吸等,都是一分为二的表现,因而总括世界的“道”也是一分为二的。正因为事物都有二,所以“物各有始终;未有有始而无终,有终而无始者”,“无物不变”。[③]

黄榦还具体分析了太极、阴阳、五行相结合而产生人和万物的情况。他述说:

> 万物统体一太极,此天下无性外之物也;一物各具一太极,此性无不在也。……自性观之,万物只是一样的;自道观之,一物各是一样。[④]

在黄榦看来,万物从本体上说只是一太极,此太极就是性,因此天下无

① (宋)黄榦:《勉斋集》卷三,《圣贤道统传授总序说》。

② (宋)黄榦:《勉斋集》卷三,《复杨仁志》。

③ (宋)黄榦:《勉斋集》卷三,《复杨仁志》。

④ 《勉斋集》卷三,《复叶味道》。

性外之物；从性上说，万物都是一样的。黄榦和朱熹一样，认为太极体现为万物，一物有一太极，一物有一性，所以万物又不一样，表现为千差万别的事物。

太极就是性。那么性又是什么呢？黄榦也和朱熹一样，通过太极和理的关系，把性和理等同起来。黄榦述说：

> 性即理也，自理而言则属乎天，以人所受而言则属乎人矣！属乎人者，本乎天也。故曰万物统体一太极，天下无性外之物，属乎天者也；一物各具一太极，性无不在，属乎人者也。[①]

黄榦把万物之性、人之性都看作是“理”，人与万物都离不开理，是理产生的，都体现了理，而理又属于天，所以又叫作“天理”。而万物之理又在人性中，所以又属于人。一切归于天理，是理学家的共同特点，是福建朱子学者的共同特点。黄榦也讲有物有则，但是他讲的是人的伦理道德关系。黄榦述说：

> 有物有则。……有物者，就人身上有耳、有目、有手、有足、有君臣、有父子之类而言也。有此等物，便有此等当然之则，如耳聪、目明、手恭、足重、君仁、臣忠、父慈、子孝之类是也。然此当然之则，固无物不体，而此理之妙，实根于人性之本然。惟人之生各禀此有常之性，所以应事接物，皆好此美德而不容已也。所谓美德，即所谓物之则也。[②]

黄榦认为，人有这些“事物”，就有这些事物之则，即君仁、臣忠、父慈、子孝之类的伦理道德关系。甚至说人之耳、目、手、足都有道德原则，即耳目为了明五常之理。

不仅如此，黄榦还用道之体用关系来说明理一分殊。他述说：

> 道（按：理、太极）之在天下，一体一用而已。体则一本，用则万殊。一本者，天命之性；万殊者，率性之道。天命之性，即大德之敦化；率性之道，即小德之川流。……语大莫能载，是万物统体一太极也；语小莫能破，是一物各具一太极也。[③]

黄榦指出，道有体用两个方面。体者一本，是万殊之本，它盛大而无所不包，是统体万物之太极（理一之理），没有比它更大的东西；用者万殊，是体

---

① （宋）黄榦：《勉斋集》卷七，《中庸总论》。

② （宋）黄榦：《勉斋集》卷三，《复叶味道》。

③ （宋）黄榦：《勉斋集》卷七，《中庸总说序》。

之分，太极体现在万物之中，成为万物之理，好像千支万派的川河，尽管在那里流行。如果说，在朱熹那里是强调理（即太极）如何演化万物的世界图式，偏重于抽象理论的论证，那么在其门人黄榦那里，则是强调用"力行"伦理道德的修炼来体现理，偏重于理（即太极）的应用方面。这也是黄榦对理学的重要贡献。

在黄榦的宇宙观中，关于鬼神的解释也是继承朱熹的，而朱熹是继承张载的。黄榦和朱熹一样，用"气"的散开流行来解释所谓"鬼神"。他述说：

> 祭祀鬼神……祖考之气虽散，而所以为祖考之气，未尝不流行于天地之间。祖考之精神虽亡，而吾所受之精神，即祖考之精神，以吾受祖考之精神，而交于所以为祖考之气。神气交感，则洋洋然，在其上、在其左右者，盖有必然而不能无者矣。[①]

黄榦认为，祭祖能神气交感。人死后气散在太空，流行于天地之间，即是鬼神。这种解释，应该是无神论的。

黄榦基于他的理的体用思想，认为日用常行，到处都是理。他述说：

> 形而上则超乎事物之表，专指事物之理而言也。洒扫应对事虽至粗，然其所以然者，便是至精之理。……不但至大之事方有形而上之理，虽至小之事亦有之理，故曰理无大小也。[②]

因为理体现在日用常行中，本来一些高深难释的哲学范畴，黄榦用人们日常生活中的一些问题去解释，就十分明白了。例如他说："无妄之谓诚，不欺其次矣。无妄便是诚者之天道，不欺便是诚者之人道。""人之所以至于仁，则以为无私而皆当理也。"[③]从思孟学派以至程朱，一般都把诚理解为万物的本体，黄榦则释为无妄、不欺，即不假、不偏。忠诚老实就叫作诚。黄榦把"仁"说成是"无私而皆当理"，也是一种通俗而新颖的解释。

但是，黄榦把虚无缥缈的"理"降到人们的日常生活中，并不是用客观实际来改造理，而是用客观实际就范理，削足适履，使人们行为限制在封建统治者所制造的理的范围之内。他认为，道有大道、小道，而大道是管小道的。黄榦所谓大道，即理学家讲的道，主要指封建的三纲五常。他所谓小道，指农圃、医卜等人对于具体事物的知识，亦即具体事物之理。黄榦所谓大道管

---

① （宋）黄榦：《勉斋集》卷三，《复李贯之兵部》。

② （宋）黄榦：《勉斋集》卷六，《论语通辑》。

③ （宋）黄榦：《勉斋集》卷六，《论语通辑》。

小道，就是要求每个掌握“小道”的人都要无条件地服从孔孟之道。黄榦述说：

> 小道之不可致远者。圣人之道，自修身而齐家治国平天下，与夫参天地、赞化育，无适而不通也。农圃医卜之属之道，施之目前，浅近不为无益。然求其如圣人之道，无所不通，则不可也。[①]

黄榦的哲学思想是为当时社会服务的。

三、黄榦的认识论

在认识论上，首先，黄榦提出“物格知至”的命题。他认为“物格”是指天下万事万物的道理都能够推想得明白透彻，“知至”是指人们的知识富足，没有什么不知道的。人们的认识达到这样的程度，则“此心之理，炯然不昧”，因为“心便是性，性便是心”[②]。又由于性即理，心中具有万事万物之理，“物格知至”就能达到心中之理全然明白。

其次，黄榦提出“穷理致知”的命题。[③] 黄榦认为认识的对象不是了解世界某一部分事物的现象，而是领会（探索）整个世界事物之理，穷理就是穷尽天下万事万物之理。但是天下事物之理多至不可胜数，尽我们毕生精力也不能件件都穷得，因而必须用功致知才行。致知是指从已知之理推及未知之理，只要已知之理积累很多，就可以穷尽未知之理。黄榦说：“万物之理各是一样，故须穷理致知而万事万物之理方始贯通。”[④]人们的知识的确有许多是从推理得来的，黄榦的这种思想是有一定的合理性的。

再次，黄榦提出“主敬致知，两事相为经纬”的命题。他述说：

> 致知持敬，两事相发。人心如火，遇木即焚，遇事即应。惟于世间利害得丧，及一切好乐见得分明，则此心亦自然不为之动，而所为持守者始易为力。若利欲为此心之主，则虽是强加控制，此心随所动而发，恐亦不易遏也。便使强制得下，病根不除，如以石压草，石去而草复生矣。此不可不察也。[⑤]

在黄榦看来，致知能更好地持敬，持敬也能更好地致知。致知与持敬不

---

① （宋）黄榦：《勉斋集》卷六，《论语通辑》。
② （宋）黄榦：《勉斋集》卷三，《复杨志仁》。
③ （宋）黄榦：《勉斋集》卷三，《复叶味道》。
④ （宋）黄榦：《勉斋集》卷三，《复杨志仁》。
⑤ （宋）黄榦：《勉斋集》卷三，《复胡伯量》。

能相互分离，它们是统一的、互相促进的两个方面。在这里，黄榦把认识论和道德修养结合在一起了。致知是见理，这是认识论；持敬是存心，这是道德修养。他说："道问学所以致知，而尽乎道体之细。""尊德性所以存心，而极乎道体之大。"又述道：

> 自性观之，万物只是一样；自道观之，一物各是一样。惟其只是一样，故但存此心而万事万物之理无不完具。惟其各是一样，故须穷理致知而万事万物之理方始贯通。以此推之，圣贤言语更相发明，只是一义，岂不自博而反约哉！[①]

由此可见，黄榦的认识论不是建立在社会实践上，而是讲体察圣贤言语。

复次，黄榦提出"默认实体"的修养认识原则。他述说：

> 致知非易事，须要默认实体，方见端的。不然，则只是讲说文字，终日诧诧，而真实体段不能识。故其说易差，而其见不实，动静表里，有未能合一。[②]

黄榦认为，人的感觉器官容易受外界事物蒙蔽，因而闻见之知不可靠，而只有义理为心之主的德性之知才可靠。这就需要人们用义理之心去默识体认天理，方才对万事万物的理有所认识。若是一知半解，专从文字上去认识圣贤书上所讲的天理，终日高谈阔论，而真实体段原不曾识。其见不实，其说易差，与动静表里未能合一者，皆谈不上致知。

最后，黄榦提出"致知力行"的认识论原则。他述说：

> 君子之中庸，小人之反中庸，皆生于气禀之清浊、物欲之多寡而有异也。故必知之明，行之力，而终之以勇，而后气禀物欲不能以累其固有而无不善也。[③]

"天下之理无不实，欲人实用其力以全天理之实"[④]，黄榦认为只讲致知不行，而要力行，而且力行要勇往直前，才能确实体会到天下万事万物之理，才能成全天命所赋予人的善性。黄榦的认识论是道德实践论，他的认识目的是完善人的道德品质。不过他所讲的致知，离不开力行，而且要勇往直前的力行，是有其合理因素的。

---

① (宋)黄榦:《勉斋集》卷三,《复叶味道》。
② (宋)黄榦:《勉斋集》卷四,《答陈泰之》。
③ (宋)黄榦:《勉斋集》卷七,《中庸总说》。
④ (宋)黄榦:《勉斋集》卷七,《中庸总说》。

由上可见，在黄榦看来，人的认识对象是天理所赋予的善性，认识的途径是内心体认善性；认识的方法是持敬（即心中时时保持善德）。这是一种从思想到思想的唯心认识论。

四、黄榦的人性论

黄榦的人性论是和其认识论联系在一起的。他说："性即理也，自理而言，则属乎天；以人所受而言，则属乎人矣。属乎人者，本乎天也。"①

在黄榦看来，理体现于物叫物理（物化），体现于人叫人性。人性是天命所给的，是上天以阴阳五行的理，交付于人。人得此理，修成仁、义、礼、智、信的美德，就是性。所以善是人之所固有的。人所固有而无不善，即性就是心，"心之明便是性之明"。心性不能分为二物，"心便是性，性便是心"，"心之能为性情主宰者，以其虚灵知觉也"。②

黄榦把人性区别人心与道心。他述说：

> 人心发于形气之私，道心原于性命之正。……虽上知（按：指圣人）不能无人心。……以喜怒哀乐为人心者，以其发于形气之私也；以仁义礼智为道心者，以其原于性命之正也。人心道心相对而言，犹《易》之言器与道，孟子之言气与义也。人心既危而易陷，道心复微而难明，故当精以察之，则喜怒哀乐之间皆见其有当然之则。又当一以守之，使之无一念而不合乎当然之则，然后信守其中而不失也。③

黄榦认为人心是人身上发出来的，虽圣人不能无人心，如圣人也有喜怒哀乐、饥食渴饮之类。道心是从纯粹的天命之性发出来的，虽小人不能无道心，如小人亦有仁义礼智之类。道心是至善的，而人心则可善可不善。道心易受形气之私所蒙蔽，故微妙而难显现。人心易受形气之私所支配，若放任自流，必定危害社会和自身安全，所以人心易危而易陷。因此，人们要当心，使喜怒哀乐适得其中，即符合于仁义礼智。

那么如何保持人性之善呢？黄榦认为，首先要戒惧谨独。人们时时刻刻要小心谨慎于善，"防其所未然，而察其所以然"。其次，要知仁勇。知善力行，见善勇往直前。因为善与不善"皆生于气禀之清浊，物欲之多寡而有

① （宋）黄榦：《勉斋集》卷七，《中庸总说》。

② （宋）黄榦：《勉斋集》卷三，《复杨志仁》。

③ （宋）黄榦：《勉斋集》卷四，《复李公晦》。

异也。故必知之明，行之力，而终之以勇，而后气禀物欲不能以累其固有而无不善也”①。最后，要诚，即事事真实无妄，依理而行。

五、黄榦的道统论和朱子理学传播

黄榦对朱子学的一个重要贡献是论定朱熹的道统地位。黄榦认为朱熹是集儒家道统之大成。黄榦阐发了理学家的道统说，他认为道出于天，表现为天地万物和人事的变化；圣人能传天之道，故有道统。黄榦说：“此道之原元出于天者然也。圣人……继天立极，而得道统之传。”②

黄榦列出道统的传授次序：尧、舜、禹、汤、文王、武王、周公、孔子、颜子、曾子、子思、孟子、周敦颐、张载、二程、朱熹。黄榦述说：

> 自周以来，传道之责、得道之正者不过数人，而能传斯道彰明较著者一二人而止耳。由孔子而后，曾子、子思继其微，至孟子而始著。由孟子而后，周、程、张子继其绝，至先生(按：指朱熹)而始著。……先生出，而自周以来，圣贤相传之道，一旦豁然，如大明中天，昭晰呈露。③

黄榦把“传承道统”看成是朱熹的最大成就，并谓“先师文公之学，具见‘四书’，而其要则尤以《大学》为入道之序”。具体来说，黄榦概括为四句话，即“居敬以立其本，穷理以致其知，克己以灭其私，存诚以致其实”④。

在朱熹门人中，黄榦最忠于朱子学。他对其他学派，如当时盛行的陆九渊开创的心学派、邵雍开创的象数学派、陈亮开创的经世致用学派等，采取折中调和的态度。黄榦述说：

> 先生之道初无粗精，惟其合乎天理。当于人心者，是其所以为道也。所谓执中者，正以其事事无适而非中也。⑤

对于陆九渊开创的心学派，黄榦就采取“执中”的态度。黄榦说：“尊德性所以存心，而极乎道体之大；道问学所以致知，而尽乎道体之细。”⑥当时陆氏门人只讲尊德性，而朱氏门人则只讲道问学。黄榦认为两者都有片面性，应把两者结合起来才正确。

---

① (宋)黄榦：《勉斋集》卷七，《中庸说序》。

② (宋)黄榦：《勉斋集》卷三，《圣贤道统传授总序说》。

③ (宋)黄榦：《勉斋集》卷八，《朱子行状》。

④ (宋)黄榦：《勉斋集》卷三，《圣贤道统传授总序说》。

⑤ (宋)黄榦：《勉斋集》卷六，《论语通辑》。

⑥ (宋)黄榦：《勉斋集》卷三，《复叶味道》。

黄榦在中国哲学史上的重要地位是传播和推广朱子学，清张伯行述说：

> 观其（按：指黄榦）所以自厉与教人者，确乎其至实，懔乎其至严，见道明而守道笃。如此真可谓不负师传者。文公（按：指朱熹）尝谓，南轩之亡，吾道益孤，所望于直卿者不轻。及作竹林精舍成，贻先生书，有他时便可请直卿代即讲席之语。较程子于龟山、和靖（按：指杨时、尹和靖守师说最醇，为其师所信赖）等，其倚赖有倍重者也。……巴蜀江湖之士，皆来受学。推衍文公之道，以传诸奕世，其功不亦大乎！先生文集凡若干卷。……其义理精深，未易窥测。文章亦宏达，与文公气象不异。学者读其书，亦可知所师承矣。①

朱熹死后，其门人遍于闽、浙、赣、皖等省。他们对朱子学议论纷陈，但是黄榦在世时，皆莫敢将其所记朱子语录传播出去，惟恐错衍师说而得罪黄榦。

一般说来，初传之朱子理学大都出于黄榦之门。清人黄百家述说：

> 黄勉斋榦得朱子之正统，其门人一传于金华何北山基，以递传之于王鲁斋柏、金仁山履祥、许白云谦，又于江右传饶双峰鲁。其后遂有吴草庐澄，上接朱子之经学。可谓盛矣！②

此叙朱子理学由宋而元的流播，路线分明。黄榦知江西临川（今抚州）事时，金华何基从父命而师事黄榦。王柏、金履祥均学于何基，而许谦学于金履祥。此金华四先生，乃黄榦之四传。朱子理学之盛行于浙江，黄榦之力也。黄榦为江西新淦县令时，其地饶鲁为其弟子。饶鲁之学为其弟子程若庸、吴澄所继承，此为朱子理学盛行于元代江西的源流。荆湖、川豫以北朱子理学的传播，亦渊源于黄榦。黄榦知湖北鄂州汉阳军，“奔走诸关，与江、淮豪杰游”，“其在汉阳，即郡治后凤栖山为屋，馆四方士，立周、程、游、朱四先生祠”。归里后，“弟子日盛，巴蜀、江、湖之士皆来”，夜以继日与讲论经理。③ 可知黄榦门人广传理学于两江、两湖和四川。窦默避元兵逃至德安，县守以程朱性理之书予之。元兵伐宋，入德安，姚枢得俘虏赵复，知其为理学家，携之归燕（今北京），使其在太极书院讲学，门徒百余人。朱子理学因之始传于北方。姚枢在北方刊朱熹《论孟或问》《小学》等书。其后，姚枢居

① （清）张伯行：《正谊堂文集》卷七，《黄勉斋先生文集序》。

② （清）黄宗羲、全祖望：《宋元学案》卷八三，《双峰学案》，北京：中华书局，1986年，第2813页。

③ （元）脱脱等：《宋史》卷四三〇，《黄榦传》，北京：中华书局，1985年。

辉州(今河南辉县)苏门,河南沁阳许衡至,尽录程朱传注以归。许衡以传朱子理学为己任,于是朱子学在北方遂成独尊之势。由上可见,黄榦明显是朱子理学盛行于元代全国的桥梁。

第三节　蔡　沈

一、蔡沈的生平著述

蔡沈,字仲默,隐居九峰,学者称九峰先生,是蔡元定第三子。蔡元定的次子蔡沆出继表兄虞氏,所以蔡沈仍以仲字排行。蔡沈生于孝宗乾道三年(1167),卒于理宗绍定三年(1230),终年64岁。

蔡沈一生未应科举,也未曾做官。在"庆元党禁"时期,朱熹许多门人怕受牵连而离去,而蔡沈却始终学习和阐发、宣扬朱子学。蔡元定被谪湖南道州时,蔡沈的长兄蔡渊在家奉母,而他自己事父去道州。蔡元定死于道州,蔡沈护丧以还。蔡沈的朋友真德秀在《九峰先生墓表》中述说:

图5-7　蔡　沈

> 初,伪学之兴,文公以党魁黜,聘君(按:指蔡元定)亦远谪舂陵(按:指道州),君徒步数千里以从。九嶷之麓,最楚粤穷僻处,山川风物,悲凉惨怆,居者率不能堪。君父子相对,以礼义相怡乐。

由此可见,蔡氏父子不屈服于压力,可谓"不降其志,不辱其身"[①]。这是理学家为道捐躯的精神,是假道家所做不到的。

蔡沈从小就从学于朱熹,"熹晚年欲著《书传》,未及为,遂以属沈"[②]。蔡沈在《梦奠记》中记载了他和朱熹的一些关系。他述说:

---

① 《论语·微子》。

② (元)脱脱等:《宋史》卷三四三,《蔡沈传》,北京:中华书局,1985年。

庆元庚申(按:庆元六年,1200)三月初二日丁巳,先简附叶味道来约沈下考亭。……是夜,先生看沈《书集传》,说数十条,及时事甚悉。精舍诸生皆在,四更方退,只沈宿楼下书院。初三日戊午,先生在楼下改《书传》两章,又贴修《稽古录》一段,是夜说《书》数十条。……初八日癸亥,精舍诸生来问病,先生起坐曰:"误诸生远来,然道理只是恁地,但大家倡率做些坚苦工夫,须牢固着脚力,方有进步处。"时在坐者林子武夔孙、陈器之埴、叶味道贺孙、徐居父寓、方伯起、刘择之、成道、赵惟夫、范益之元裕及沈。……初九日甲子五更,令沈至卧内。先生坐床上,沈侍立,先生以手挽沈衣令坐,若有所欲言而不言者。……气息渐微而逝,午初时刻也。……先君殁舂陵时,谓沈曰:"先生老矣,汝归师事之。"未逾年,先生殁。数奇命薄,学未有闻,而父师俱往。抱无涯之悲,饮终天之恨,几何不窘苦而遂死也。①

这段话很能说明蔡沈与朱熹的密切关系。在朱死后,蔡沈极力维护朱熹及其学说。蔡沈在朱子学的发展过程中起了重要作用。

同时,蔡沈还继承和发展了其父蔡元定的学说。据记载:

《洪范》之数,学者久失其传,元定独心得之。然未及论著,曰:"成吾书者,沈也。"沈受父师之托,沈潜反复者数十年,然后成书,发明先儒之所未及。②

在蔡沈的思想中,不仅有朱熹的理,而且有邵雍、蔡元定的术数,构成有自己特色的术数学的理学思想体系。这就是说,蔡沈的学说是在朱熹思想的基础上,有很大的变革。明人陈真晟评之曰:

蔡九峰(蔡沈)之学,未得为醇,只观其自序,乃以穷神知化与独立物表者并言,亦可见矣。若物之表,果有一独立者,则是庄(子)、列(子)之玄虚,康节谓老子得《易》之体,正亦同此。是皆于体用一原、显微无间之旨,见得不彻底故也。③

陈真晟认为,体用割裂、理物分开是蔡沈哲学的主要特点。

蔡沈在师事朱熹的过程中,用数十年的时间专习《尚书》。他用邵雍的《皇极经世书》中的所谓"先天数学"来分析《尚书》中的《洪范》篇,著《书经集

① 转引自(清)王懋竑:《朱子年谱》卷四下。

② (元)脱脱等:《宋史》卷四三四,《蔡沈传》,北京:中华书局,1985年。

③ (明)陈真晟:《陈剩夫集》卷二,《答何椒丘》。

传》《洪范皇极》两书，建立起自己的哲学思想体系。这两部书在一定程度上分别反映出其师朱熹和其父蔡元定的学术思想，在中国后期封建社会中有重大的影响。其中《书经集传》，曾和朱熹的《周易本义》《诗集传》》及胡安国的《春秋传》等并列为科举的根据，遂成为元、明、清三代学者的必读课本。《书经集传》像朱熹的《四书章句集注》一样，用简明的文字诠释经典，阐发朱子学的义理，特别论证封建社会的三纲五常；《洪范皇极》像蔡元定的《皇极经世指要》阐发阴阳、刚柔一样，通过 81 个范畴论证天地、阴阳、理气、体用、动静，以至接触到自然界动物、植物等自然现象。前者是一部理学正统派主要讲义理的著作，后者是一部理学象数派主要讲自然现象的著作。这两部书比较全面地反映蔡沈的哲学思想。

蔡沈著述有《书经集传》6 卷、《洪范皇极》5 卷、《至书》1 卷、《九峰公集》1 卷等。

二、蔡沈的数理论

蔡沈世界观的最高范畴是“数”，他认为天地万物是由“数”创造的。他说：“天地之所以肇者，数也；人物之所以生者，数也。”[①]这就是说，天地的兴起和人物的产生都在于“数”，“数”是世界万物的本原。

那么“数”怎样创造天地万物呢？蔡沈认为太极生阴阳（天、地），阴阳生五行（水、火、木、金、土五种物质），五行生万物。这样天地万物产生的过程都离不开“数”：太极一，阴阳二，五行五；一生二，二生五，五生天地万物。这就是所谓数生天地万物。在数生天地万物过程中，阴阳之二是重要的一环。蔡沈述说：

阴阳，非可一言尽也。以清浊言，则清阳而浊阴；以动静言，则动阳而静阴。以升降言，则升阳而降阴；以奇偶言，则奇阳而偶阴。[②]

例如蔡沈用阴阳消长来解释一岁的气候变化过程。他述说：

一数之用，一岁之运也。九数之重，八节之分也。一、一，阳之始也；五、五，阴之萌也。三、三，阳之中也；七、七，阴之中也。二、二者，阳之长；四、四者，阳之壮。五则阳极矣。六、六者，阴之长；八、八者，阴之壮。九则阴极矣。一、九首尾为一者，一岁首尾于冬至也。盖冬至二卦

① （宋）蔡沈：《洪范皇极·内篇中》。

② （宋）蔡沈：《洪范皇极·内篇中》。

而余则一也。[1]

这里蔡沈的说法尽管是神秘主义的，但其意是企图说明一年气候变化的发展过程。蔡沈又述道：

体天地之撰者，易之象；纪天地之撰者，范之数。数者始于一，象者成于二。一者奇，二者偶也。奇者，数之所以行；偶者，象之所以立。……先君子曰："《洛书》者，数之原也。"余读《洪范》而有感焉。[2]

蔡沈是根据邵雍和蔡元定的术数思想来解释天地万物的化生的。他们的错误就在于把从客观事物的数量关系中抽象出来的数绝对化和神秘化，作为脱离物质的东西，成为创造天地万物的本体。

蔡沈还把天地万物的变化和多样性都归结为"数"的表现。他述说：

始于一，参于二，究于九，成于八十一，备于六千五百六十一。八十一者，数之大成也。天地之变化，人事之始终，古今之因革，莫不于是著焉。[3]

蔡沈认为在数字当中，"一"是最根本的。数始于"一"，因三画而成卦，数成于"三"。例如乾卦(☰)代表天，坤卦(☷)代表地。因在《周易》中，阳是主进的，进到九，就达到极点，转变为阴。因此数终于"九"。用九九推进法，成于八十一。天地万事万物分为八十一大类，这是数的小成，是万事万物的最小数。八十一者又按九九推进法，得出六千五百六十一。这个数目可以代表万事万物的数目，所以它是数的大成。天地的变化，人事的变化，古今的变化，都可以通过数来说明。蔡沈用九九推进法，机械地规定事物的数目。在蔡沈的数字系列中，最重视一和九。他说："一者数之原也，九者数之究也。"[4]因此，他把世界很多事物凑成九个数字。蔡沈又述道：

分天下为九野，别地为九州，制人为九行。九品任官，九井均田，九族睦俗，九礼辨分，九变成乐，八阵制兵，九刑禁奸，九寸九律，九分造历，九筮稽疑，九章命算……[5]

这些归纳都是为九这个数字拼凑起来的，有的是很牵强的。其实在中国历史上用其他数字如三、五、七等，也可以罗列一系列名物出来。不过照

---

① (宋)蔡沈：《洪范皇极·内篇中》。

② (宋)蔡沈：《洪范皇极·序》。

③ (宋)蔡沈：《洪范皇极·内篇中》。

④ (宋)蔡沈：《洪范皇极·内篇中》。

⑤ (宋)蔡沈：《洪范皇极·内篇下》。

蔡沈的"以九为究",还可以提出江分九派,宫有九门,地有九泉,天有九重,姓有九族,官有九牧,学术有九流等。关于其中的"九筮稽疑","稽疑"两字取自《洪范》,是谓考察疑点,用卜筮来解决问题之意。此外,除了"八阵制兵"是生硬不一致的例外,他没有用九军来代替八阵。总之,蔡沈的这一系列"九"是毫无意思的,我们只要懂得他企图把世界上千差万别的事物归结为"数"就够了。蔡沈认为世界统一于精神性的"数",就像认为世界统一于物质一样。

不仅如此,蔡沈还把"数"看成是天地万物的规律。他述说:

> 物有其则。数者,尽天下之物则也。事有其言。数者,尽天下之事理也。[①]

这就是说,万物万事都有自己的规律,"数"就是事物的规律;万事万物都有自己存在的理由,"数"就是事物存在的理由。

蔡沈也讲太极(理)、气,但他的太极(理)、气被限制在数的范围之内,提出"知数即知理","因理以知数,因数以明理"[②],"数即理,理即数","气之即行,理无不在"等命题。蔡沈把数看作是无所不包的大间架,可以容纳微小和至大的各种事物。他说:"理之所始,数之所起。微乎微乎,其小无形;昭乎昭乎,其大无垠!"又述道:

> 有理斯有气,气著而理隐。有气斯有形,形著而气隐。人知形之数,而不知气之数;人知气之数,而不知理之数。知理之数,则几矣。动静可求其端,阴阳可求其始,天地可求其初,万物可求其纪,鬼神知其所幽,礼乐知其所著。生知所来,死知所去。《易》曰:"穷神知化,德之盛也。"[③]

蔡沈的哲学体系是:数贯串于理(太极)生气、气生形(天地万物)之中,"知理之数,则几矣"[④]。蔡沈述说:

> 冲漠无朕,万物具矣。动静无端,后则先矣。器根于道,道着器矣。一实万分,万复一矣。[⑤]

蔡沈这段话很重要,可说是其哲学思想的概括。冲是虚之意,漠是空之

---

① (宋)蔡沈:《洪范皇极·内篇下》。

② (宋)蔡沈:《洪范皇极·内篇中》。

③ (宋)蔡沈:《蔡九峰筮法》。

④ (宋)蔡沈:《蔡九峰筮法》。

⑤ (宋)蔡沈:《洪范皇极·内篇上》。

意。无朕，指没有征兆。在“冲漠无朕”时，万物之理已经存在。这就是程颢所谓的“冲漠无朕，万象森然已具”①。“动静无端”，也是出自程颢，意指一阴一阳，循环往复没有起始，也没有终止。“器根于道”，就是器根于理，是从程颢的“有理则有器”来的。“一实万分，万复一矣”，是程颐的说法。程颐曾谓，“万物皆是一理，至如一物一事虽小，皆有是理”②。朱熹在《中庸章句集注》中复述程颐的话：“其书（按：指《中庸》）始言一理，中散为万事，末复合为一理。”“一实万分”，原出于周敦颐的《通书》，即“二气五行，化生万物。五殊二实，二本则一。是为万一，一实万分”。由上可见，蔡沈的哲学是对程朱理学的阐发。理学家的根本原理，通过朱熹的师承和蔡元定的家教，被蔡沈全部接受下来了。蔡沈还述说：

> 朱子曰：“太极者，本然之妙也；动静者，所乘之机也。太极，形而上之道也，阴阳，形而下之器也。自形而下观之，则动静不同时，阴阳不同位，而太极无不在焉。自形而上者观之，则冲漠无朕，而动静、阴阳之理已悉具于其中矣。”③

蔡沈释太极亦同理。蔡沈又述道：

> 有理斯有气，有气斯有形，形生气化而生生之理无穷焉。天地细缊，万物化醇，男女构精，万物化生。化生者塞，化醇者赜。复土之陵，积水之泽，草木虫鱼，孰形孰色。无极之真，二五之精，妙合而凝，化化生生，莫测其神，莫知其能。④

蔡沈这段话是朱子学本体论的精确表述。这是程朱理学的精髓。不过我们在这里要特别注意的是，蔡沈的本体论和朱熹等人的本体论所不同的，就是增加了“数”这个范畴。蔡沈讲了一大堆太极、理、气、器，最后化生万物的还是数的关系。蔡沈的哲学体系是把“数”作为出发点和基础的。在世界万物的演化过程中，始终贯串着数的关系。

此外，在蔡沈的体系中，心也占有十分重要的地位。蔡沈过分夸大心的作用，认为理出于心。蔡沈关于理出于心的命题，应该说是远离了朱熹的思想。蔡沈述说：

> 人心至灵，虚明之顷，事物之来，是是非非，莫不明也。少则昏矣，

---

① （宋）程颢、程颐：《河南程氏遗书》卷一五。

② （宋）程颢、程颐：《河南程氏遗书》卷一五。

③ （宋）蔡沈：《洪范皇极·内篇上》。

④ （宋）蔡沈：《洪范皇极·内篇上》。

久则愈矣，又久则弃之矣。无他，形器之私弱之也。人能超乎形器，外于物欲，达其初心，则天下之理得矣。……人之一心，实为身主，其体则有仁、义、礼、智之性，其用则有恻隐、羞恶、辞让、是非之情。方其寂也，浑然在中，无所偏倚，与天地同体，虽鬼神不能测其幽。及其感也，随触随应，范围造化，曲成万物，虽天地不能与其能。[①]

很显然，蔡沈关于心的思想，是颇受陆九渊的心学所影响的。

在蔡沈的哲学体系中，有浓厚的辩证法思想。例如蔡沈肯定天地万物是发展变化的，他说“周流不穷，道之体也”。这就是说，天地万物的无穷变化，就是道的变化。蔡沈又说：“静不能以不动，动不能以不静。”蔡沈认为世间没有绝对动或静的东西，动静总是相互联系的，因而任何东西都是变化的。天地万物的变化有两个阶段，即“变者化之渐，化者变之成”。在这里，蔡沈把“变”看成是渐变，把“化”看成是突变。这样，蔡沈不仅承认天地万物是变化的，而且是发展的。不仅如此，蔡沈还找到天地万物变化发展的原因，即阴阳的对立统一关系。蔡沈述说：

幽明屈伸（按：指阴阳交错）以成变化者也，是故阳者吐气，阴者含气。吐气者施，含气者化。阳施阴化而人道立矣，万物繁矣。[②]

蔡沈的结论是：“非一即不能成两，非两则不能致一。”[③]这就是说，没有统一就没有矛盾两个方面的对立。反过来，没有对立的两个方面也就没有统一。蔡沈的这些说法是正确的。

三、蔡沈的认识论

蔡沈的认识论是先验论。他认为万事万物的道理在“我”心中，因此，认识不必接触外世事物，只向内心寻找就可以了。他述说：

数由人兴，数由人成，万物皆备于我，咸自取之也。[④]

这就是说，“数”的道理由人去掌握，万物的道理都在我心中，都可以自取而不必到心外去寻求。蔡沈提出“人心至灵，虚明之顷，事物之来，是是非非，莫不明也”[⑤]，正确地看到心有认识事物的能力，但把这种认识能力夸大

① （宋）蔡沈：《洪范皇极·内篇中》。
② （宋）蔡沈：《洪范皇极·内篇中》。
③ （宋）蔡沈：《洪范皇极·内篇中》。
④ （宋）蔡沈：《洪范皇极·内篇中》。
⑤ （宋）蔡沈：《洪范皇极·内篇中》。

了，绝对化了。他述说：

止者，心之所以至也。人心之灵，事事物物莫不各有至善之所而不可迁者。[①]

说人心可以认识各种事物的永远不变的绝对真理（至善），显然是违反常识的。

那么怎样在内心寻求世界万物的道理呢？蔡沈认为只要尽性就行，即所谓“尽性则见道见理”。人的本性是懂得万事万物道理的，只是由于物欲的蒙蔽而对万事万物的道理认识不清楚。如果能去除物欲，尽复自己的本性，则万事万物的道理就可以得到了。蔡沈认为，要尽性见理，关键在于对圣人的教导要有一片诚心，即是所谓“敬”。他说：“敬者，圣学始终之要。未知则敬知之，不敬则心无管摄，颠倒眩瞀，安能所知，有所行乎？”[②]

蔡沈认为圣人是天生的，生而知之，先知先觉。他又述道：

天地者，万物之父母也。万物之生，惟人得其秀而灵……而圣人又得其最秀而灵者，天性聪明，无待勉强，其知先知，其觉先觉。[③]

蔡沈这种先验主义的认识论，是其本体论的必然论。

蔡沈还认为，人的认识贵在真知真见。他述说：

人非无知也，而真知为难；人非无见也，而真见为难。义之质人所知也，而犯义者多；礼之文人所见也，而越礼者众。以其知之非真知，见之非真见尔。……而能行则真知真见。……为其所为，不为其所不为。[④]

这就是说，义和礼是道德规范，是人的行为准则，它规定了各类人应该做什么而不应该做什么。如果仅仅懂得它的内容和表现形式，而不能实行它，那不算真知真见。只有懂得它而又能实行它，才算真知真见。

四、蔡沈的伦理道德学说

蔡沈和朱熹一样，继承了孟子的性善论，认为原始的人和物是禀阴阳二气而产生的。由于所禀阴阳二气之不同，便有人和物之区别。蔡沈述说：

万物之生，惟人得其秀而灵，具四端，备万善，知觉独异于物，而圣

① （宋）蔡沈：《书经集传》。
② （宋）蔡沈：《书经集传》。
③ （宋）蔡沈：《书经集传》。
④ （宋）蔡沈：《洪范皇极·内篇上》。

人又得其最秀最灵者。人性聪明无待勉强，其知先知，其觉先觉，首出庶物。[①]

在这里，蔡沈不仅区别人与物，还区别圣人和凡人，显然是无稽之谈。所谓四端，就是指仁、义、礼、智四种封建道德品质。蔡沈认为，人一生下来就具有这四种道德品质。他述说：

天之降命而具仁、义、礼、智之理，无所偏倚，所谓衷也。人之禀受而得仁、义、礼、智之理，所谓性也。[②]

这就是说，理是天降的，具有仁、义、礼、智四端，不偏不倚产生了人，因而人具有四端，这便是人之性。在这里，蔡沈特别强调不偏不倚的衷（中）。他述说：

中者，心之理，而无过不及之差者也。旧章者，先王之成法；厥度者，吾身之法度。皆中之所出者。……喜怒好恶皆出于私而非中矣，其能不乱先王之旧章乎？……其能不改吾身之法度乎？[③]

蔡沈认为四端无所偏倚皆中才行。蔡沈还对四端做了具体说明。他述说：

恻隐之心，仁之端也；羞恶之心，义之端也；辞让之心，礼之端也；是非之心，智之端也。[④]

蔡沈认为人具备了这四端，一切言行都可以是善的，即所谓"具万善"。也就是说，在人的本性中有万善。由上可见，蔡沈是主张孟子的性善说的。

既然人的本性是善的，那么为什么还有恶呢？蔡沈认为那是由于人的气禀所差和物欲所致。他说："气禀……中者少而偏者多也，此天下善恶之所由出。"[⑤]蔡沈认为，天下人的善恶之分都是由于气禀不同引起的。气禀好的人很少，气禀偏的人却多。气禀好的人则善，气禀偏的人则恶。此外，人的善恶还与物欲多寡有关，物欲多者必恶，物欲少者则善。他述说：

人惟私欲之念动摇其中，始有昧于理而不得其所止者。安之云者，顺适乎道心之正而陷于欲之危。

五者（按：指君臣、父子、夫妇、兄弟、朋友）之理出于人心之本然，非有强而后能者。自其拘于气质之偏，溺于物欲之激，始有昧于其理，而

---

① （宋）蔡沈：《书经集传》。

② （宋）蔡沈：《书经集传》。

③ （宋）蔡沈：《书经集传》。

④ 《孟子·告子上》注。

⑤ （宋）蔡沈：《洪范皇极·内篇中》。

不相亲爱，不相逊顺者。[1]

蔡沈的物欲，即理学家所谓的人欲。只有去物欲（人欲），人的四端善性才能呈现出来。蔡沈说："本原之地纯乎天德而无一毫人欲之私。本原澄澈，然后用人处己而莫不各得其当。"这就是说，只要去欲有理，天生下来的"本原"善性就会表现出来。至于如何去欲存理，蔡沈提出敬和义。他述说：

道者……不出敬与义之二言。盖敬则万善俱立，怠则万善俱废。义则理为主，欲则物为之主。[2]

蔡沈认为专心致知于理则是敬，依理而行则是义，只要沿着理、义这个方向修身养性，就能明天理和灭去人欲。此外，去欲存理，还需要圣人的教化才行。蔡沈述说：

圣人之法有教则民心无恶。……好生之德入于民心，则天下之人无不爱慕感悦，兴起于善，而不犯于有司也。[3]

这就是说，施法不如治心，只要圣人对民进行去欲存理的教育，就能使去恶从善，"不犯于有司"，天下就太平了。

五、蔡沈的历史观

蔡沈的历史观是其世界观的推演。蔡沈说："则，有物有则之则。君臣之义，父子之仁，夫妇之别，长幼之序，朋友之信是也。"使哲学伦理化，把物则解释为人伦关系，这是蔡沈哲学的一个特点。蔡沈把其哲学直接运用于社会历史领域中，构成了他的天命论的历史观。

蔡沈的天命论思想特重，他认为天地万物皆出于天。他说："洪范九畴原出于天，禹能治水之性，地平天成。故天出书于洛，禹则之，以为洪范九畴。"这里"洪范九畴"即指天地万物。蔡沈基于这种天命论，认为帝王是天理和社会万善的体现。他述说：

臣民之使事虽有贵贱之不同，至于取人为善，则初无贵贱之间。盖天以一理赋之于人，散为万善。人君合天下之万善，而后理之一者可全也。

天之聪明，无所不闻，无所不见。无他，公而已矣。人君法天之聪

① （宋）蔡沈：《书经集传》。
② （宋）蔡沈：《书经集传》。
③ （宋）蔡沈：《书经集传》。

明，一出于公，则臣敬顺而民亦从治矣。[①]

在这里，蔡沈虽然把帝王说成是受天命而治理臣民，是天理的体现者。但是他认为帝王要治理臣民，首先帝王自己要具备完善的道德品质，“人君合天下之万善”，完全出于公心，这样使“臣敬顺而民亦从治”。这种观点在当时历史条件下是有可取之处的。

对于社会治乱的原因，蔡沈完全归之于人心的邪正，首先是帝王之心的邪正。他述说：

二帝三王之治本于道，二帝三王之道本于心。得其心，则道与治固可得而言矣。何者？精一执中，尧舜禹相传之心法也；建中建极，商汤周武相传之心法也。曰德曰仁曰敬曰诚，言虽殊而理则一，无非所以明此心之妙也。至于言天，则严其心之所自出；言民，则谨其心之所由施。礼乐教化，心之发也；典章文物，心之著也。家齐国治而天下平，心之推也。心之德其盛矣乎！

二帝三王，存此心者也；夏桀商纣，亡此心者也；太甲成王，困而存此心者也。存则治，亡则乱。治乱之分，顾其心之存不存如何耳！[②]

在蔡沈看来，尧、舜、商汤、周武王之所以把天下治理得好，就在于他们有善心，有义理之心。心正，就有正确的认识。有了正确的认识，就有正确的行动，因而天下就治。相反，夏桀、商纣王之所以搞乱天下，以至亡国祸身，就是因为他们没有发善心。心不正则认识不正。错误的认识必然产生错误的行动，因而天下大乱。由此可见，社会的治乱是由帝王心的邪正造成的。在这里，就劝说帝王去邪就正这点来说，在当时也是有一定意义的。不仅帝王之心要去邪就正，蔡沈还把这种思想扩展到一般意义上。

蔡沈不懂得历史的发展有其不以人的意志为转移的客观规律，也不懂得社会的治乱在于政治措施是否符合社会发展的要求，是否能使劳动人民有比较安定的经济生活，是否能缓和阶级矛盾和发展生产，而空谈什么善心存与不存。这就无限夸大心之作用。

上述蔡沈的天命论的历史观主要是其在《书经集传》中所表现出来的。此书是蔡沈在朱熹原有的一部分解说基础上完成的。朱熹在嘱咐蔡沈整理《尚书》的信中述说：

---

① （宋）蔡沈：《书经集传》。

② （宋）蔡沈：《书经集传·序》。

年来病势交攻，困悴日苦。……看此气象，是不久于人世者！……最是书说未有分付处，因思向日喻及《尚书》，文义通贯犹是第二义，直须见得二帝三王之心，而通其所可通，毋强通其所难通。……千万更拨置来此议定纲领，早与下手为佳。[1]

蔡沈出色地完成了朱熹所交给的任务。在《书经集传》中，蔡沈不仅用浅近简明的文字注释了《尚书》，还有不少独出新义。清人陈兰甫述说：

近儒说《尚书》，考索古籍，罕有道及蔡仲默《集传》者矣。然伪《孔传》不通处，蔡传易之，甚有精当者。[2]

蔡沈的《书经集传》特别值得注意的是，它精确地解释了孔孟之道。上引朱熹在信中叮咛嘱咐的，“直须见得二帝三王之心”，就是朱熹传授孔孟之道的宗旨。程颢说《中庸》一书是“孔门传授心法”，朱熹在《中庸章句序》中把“人心惟危，道心惟微。惟精惟一，允执厥中”作为尧、舜、禹、汤、周公、孔子相传授的心法。蔡沈在《书经集传》中紧紧继承这一理学传统。所谓“心法”，就是德、仁、敬、诚。质言之，就是封建社会的三纲五常。

第四节 陈　淳

一、陈淳的生平著述

陈淳，字安卿，又字功夫，号北溪，学者称北溪先生，福建龙溪（今漳州）人。生于南宋高宗绍兴二十九年（1159），卒于宁宗嘉定十六年（1223），终年65岁。陈淳一生未应科举，亦未做官，长期从事讲学教育和学术研究活动。政治上主张抗元，晚年授予泉州安溪主簿，未上任而卒。

陈淳早年在乡村从事训蒙儿童的教育活动，晚年到外地讲学。据记载：

居乡不沽名徇俗，恬然退守，若无闻焉。然名播天下。世虽不用，而忧时论事，感慨动人。郡守以下皆礼重之，时造其庐而请焉。嘉定九年，待试中都，归过严陵郡守郑之悌，率僚属延讲郡庠。淳叹陆学张王（张大旺盛之义），学问无源，全用禅家宗旨，认形气之虚灵知觉为天理

---

① （宋）朱熹撰，陈俊民校编：《朱子文集》卷一〇，《与蔡沈》，台北：德富文教基金会，2000年。

② （清）陈澧：《东塾读书记》卷二。

之妙，不由穷理格物，而欲径造上达之境，反托圣门以自标榜，遂发明吾道之体统、师友之渊源、用功之节目、读书之次序为四章，以示学者。①

图 5-8 陈淳画像

陈淳初见朱熹时，正是居乡训蒙的时候。以后还是“训蒙”，宁宗嘉定五年(1212)，赵汝谠任漳州知府，招陈淳“处以宾师之位”，“泉(州)、莆(田)之间学子问道踵至”。嘉定九年(1216)，待试中都杭州，学徒“远及川蜀，争投贽谒”。返漳州时，路过严陵，郡守请他讲学，他讲了道学体统等四个问题，严厉批判了陆九渊学派的心学，维护了朱子学说。其后又到泉州讲学。讲学生涯，直到病死。②

陈淳是朱熹的高弟门人。在朱熹的门人中，陈淳为最晚出者之一。陈淳两次师事朱熹，一是在光宗绍熙元年至二年(1190—1191)朱熹任漳州知州期间。《宋史》本传述说：

(陈淳)少习举子业，林宗臣见而奇之，且曰：“此非圣贤事业也。”因授以《近思录》(按：朱熹编)。淳退而读之，遂尽弃其业焉。及朱熹来守其乡，淳请受教，熹曰：“凡阅义理，必穷其原，如为人父何故止于慈，为人子何故止于孝。其他可类推也。”淳闻而为学益力，日求其所未至。熹数语人以“南来，吾道喜得陈淳”。门人有疑问不合者，则称淳善问。③

对此，清人张伯行有比较详细的记述。他述说：

北溪陈先生赋姿淳朴，颖悟过人，自少即高自期许，不同流俗。嗣得考亭夫子所编《近思录》读之，确然深信而不疑，第以无由亲炙为憾。

① (元)脱脱等：《宋史》卷四三〇，《陈淳传》，北京：中华书局，1985 年。

② (宋)陈淳：《北溪大全集》卷一〇，《郡斋录后序》，漳州：北溪书院，2014 年，第 138 页。

③ (元)脱脱等：《宋史》卷四三〇，《陈淳传》，北京：中华书局，1985 年。

阅十年，而考亭夫子出守其乡，遂录自警诗以贽，殊恨相见之晚。因训以凡阅义理，必须寻究根源。先生日求其所未至，而于下学上达之序，人心道心之微，莫不从其根底而辨之详，讲之审。朱子尝称其善问，而以吾道得人为喜。是以学日进而道益明，阐明正学，排斥异端。著有《道学体统》等篇，似道似学二辨，不可谓非见道之切、卫道之严，而克自振拔者矣。无如功不及竟，而斋志以殁。然道以人传，人以学显，先生为朱门高弟。①

朱熹于光宗绍熙元年(1190)四月至漳州，陈淳因病于十一月方拜见朱熹。以训蒙牵绊，不得日侍。朱熹于次年四月二十日离任时，陈淳送至同安而后别。这次陈淳师事朱熹前后有 4 个月的时间。

图 5-9　陈淳拜师画

二是在朱熹临终前 1 年，即宁宗庆元五年(1199)十一月中旬，陈淳与其岳父李唐咨同抵建阳考亭，次年一月初五日拜别而归，有 3 个月的时间。《宋史》本传述说：

> 后十年(按：宁宗庆元五年，1199)，淳复往见熹，陈其所得。时熹已寝疾，语之曰："如公所学，已见本原，所阙者下学之功尔。"自是所闻皆要切语，凡三月而熹卒。淳追思师训，前自裁抑，无书不读，无物不格。日积月累，义理贯通，洞见条绪。……其语学者曰："道理初无玄妙，只在日用人事间。但循序有功，便自有见。所谓下学上达者，须下学工夫到，乃可以事上达，然不可以此而安于小成也。"②

---

① (清)张伯行：《正谊堂文集·续集》卷三，《北溪先生文集序》。

② (元)脱脱等：《宋史》卷四三〇，《陈淳传》，北京：中华书局，1985 年。

陈淳遵循朱熹关于凡阅义理必穷其原的教导，其“所学，皆由切实致功寻求根柢而出”[①]。

在朱熹门人中，陈淳虽最为晚出，但在福建朱子学派中却占有重要地位。清全祖望述说：

沧洲诸子，以北溪陈文安公为晚出。其卫师门甚力，多所发明。然亦有操异同之见而失之过者。[②]

全氏这段话简要地说明了陈淳在福建朱子学派中的地位，颇为中肯。陈淳尊师太过，门户之见太深，其诋毁他人之学太甚。例如，陈淳竭力为朱子学辩护，攻击陆九渊的学说。他述说：

陆学从来只有尊德性底意思，而无道问学底工夫。盖厌繁就简，忽下趋高者。其所精要处，乃阴窃释氏之旨而阳托诸圣人之传……最是大病处。[③]

陈淳认为陆学学问源无，全用禅家宗旨，认形气之虚灵知觉为天理之妙，不由穷理格物而欲径造上达之境，反托圣门以自标榜。[④] 陈淳述说：

今世有一种杜撰等人（按：指陆九渊心学派），爱高谈性命，大抵全用浮屠“作用是性”之意，而文以圣人之言，都不成模样。据此意，其实不过只是告子“生之谓性”之说。此等邪说，向来已为孟子扫却。今又再拈起来，做至珍至宝说，谓人之所以能饮能食，能语能默，能知觉运动，一个活底灵底，便是性。[⑤]

近世儒者，乃有窃其形气之灵者，以为道心，屏去“道问学”一节工夫，屹然自立一家，专使人终日默坐以求之。稍有意见，则证印以为大悟，谓真有得乎群圣千古不传之秘。[⑥]

陈淳对陆九渊的批评太过了。清人全祖望在《宋元学案》中引一段陈淳答郑节夫书，然后做按语，谓“此数语太过”，此是指陈淳说陆学“与道暗合案

---

① （清）张伯行：《正谊堂文集·续集》卷三，《陈北溪文集序》。

② （清）黄宗羲、全祖望：《宋元学案·序录》，北京：中华书局，1986年，第2220页。

③ （宋）陈淳：《北溪大全集》卷三一，《与姚安道》。

④ 参见（宋）陈淳：《严陵讲义·道学体统》。

⑤ （宋）陈淳：《北溪字义·性》。

⑥ （宋）陈淳：《北溪字义·似道之辨》，张加才：《诠释与建构：陈淳与朱子学》附录，北京：人民出版社，2004年。

之实不相符”。[①] 公平地说，陆学的修养论与孔子的修养论不合，而与孟子的修养论相合，即陆学与圣门有相合处。陆学、朱学与圣门都有相合和不相合处。陈淳是从门户之见攻击陆学的。此外，陈淳诋毁陈亮为“主论过卑者”，“陷学者于功利之域”[②]。其实，陈亮所排挤的还是陆九渊，和陈淳有着共同的论敌。还有当时吕祖谦、张南轩和朱熹齐名，被称为“东南三贤”。吕、张、朱三人同德同业，未易轩轾，而陈淳却有意贬吕、张而提高朱。他述说：

> 南轩学已远造矣，思昔犹专门固滞（按：指圆守性无善恶之说），及晦翁痛与反复辩论，始翻然为之一变，无复异趣（按：指张因朱而变）。（东莱）少年豪才博览，藐视斯世无足与偶，何暇窥圣贤门户（按：指东莱留心文辞）。及闻南轩一语之折，则愕然回，释然解，乃屏去故习……道紫阳，沿濂洛以达邹鲁（按；指吕由张以达朱）。[③]

由上可见，陈淳是专以朱学之优比他学之弱，陷于片面性。

在朱熹门人中，陈淳被认为是多有发明和创见者。陈淳学术纯正，造诣精深，得朱熹之真传。

陈淳著述有《中庸大学讲义》1 卷、《北溪字义》（又名《四书性理字义》）2 卷（附《严陵讲义》1 卷）、《竹林精舍录》、《郡斋录》、《周易讲义》1 卷、《陈北溪文集》8 卷、《筠谷濑口金山所闻》、《北溪语录》、《读春秋篇》、《礼解》、《女学》、《启蒙初诵》、《训童雅言》、《北溪大全集》54 卷等。2014 年，漳州北溪书院整理影印四库全书本《北溪大全集·北溪字义》合刊。

二、陈淳的太极、理气、道器说

陈淳遵照朱熹的教导，认为理是世界的本体，是世界的最高主宰，它体现在世界万事万物之中。陈淳述说：

> 二气流行，万古生生不息，不成只是空个气，必有主宰之者，曰理是也。理在其中，为之枢纽。故大化流行，生生未尝止息。[④]

这就是说，理是自然界运动变化的枢纽和主宰。

---

① （清）黄宗羲、全祖望：《宋元学案》卷六八，北京：中华书局，1986 年，第 2231 页。

② （宋）陈淳：《严陵讲义·道学体统》。

③ （宋）陈淳：《北溪大全集》卷一二，《严陵学徒张吕合五贤祠说》。

④ （宋）陈淳：《四书性理字义·命》。

对于道，陈淳述说：

道流行天地之间，无所不在，无物不有。……若《易》所谓一阴一阳之谓道，孔子此处，是就造化根源上论。[①]

陈淳这里讲的道，其意义与理相同，都是从本体论上看的。

但是陈淳在分析具体问题时，有时又把道和理区分开来。他述说：

道与理，大概只是一件物。然析为二字，亦须有分别，道是就人所通行上立字，与理字对说。则道字较宽，理字较实，理有确然不易底意。故万古通行者，道也；万古不易者，理也。[②]

陈淳把"道"作为天地变化和人生行动的原则，把"理"作为事物的本性和原则，而本性和原则都是万古不变的。陈淳认为，"道，犹路也。当初命此字，是从路上起意。人所通行，方谓之路。一人独行，不得谓之路"。这种人们万古通行的路，是什么样的路呢？陈淳述说：

道之大纲，只是日用间人伦事物所当行之理。众人所共由底，方谓之道。大概须是就日用人事上说，方见得人所通行底意亲切。[③]

从"道是当行之理"看，陈淳所谓道理，实际上就是朱熹所说的理，不过陈淳把朱熹原来不可捉摸的理通俗化了，认为"道理初无玄妙，只在日用人事间"[④]。正因为道理在"日用人事间"，它是万古不变的，因此它"无一毫之妄"，是客观存在的。陈淳述说：

天道流行，自古及今，无一毫之妄。暑往则寒来，日往则月来。春生了便夏长，秋杀了便冬藏。元亨利贞，终始循环，万古常如此，皆是真实道理为之主宰。如天行一日一夜一周而又过一度，与日月星辰之运行躔度，万古不差，皆是真实道理如此。又就果木观之，甜者万古甜，苦者万古苦；青者万古常青，白者万古常白；红者万古常红，紫者万古常紫；圆者万古常圆，缺者万古常缺。一花一叶，文缕相等对，万古常然，无一毫差错。……都是真实道理，自然而然。此《中庸》所以谓"其为物不二，其生物不测"，而五峰亦曰"诚者，命之道乎"，皆形容得亲切。[⑤]

在自然界里，日月星辰的运行，四季的变化，草木花果的甜苦青红，文缕

① (宋)陈淳：《北溪大全集》卷八，《北溪语录》。

② (宋)陈淳：《四书性理字义·理》。

③ (宋)陈淳：《四书性理字义·道》。

④ (宋)陈淳：《北溪大全集》卷八，《北溪语录》。

⑤ (宋)陈淳：《四书性理字义·诚》。

等对，元亨利贞的循环不息，是自然而然、万古不差、真实无妄的。陈淳把这种真实无妄的道理叫作“诚”。他认为“诚字后世多说差了，到伊川方云无妄之谓诚，字义始明。至晦翁又增两字，曰真实无妄之谓诚，道理尤见分晓”[①]。这样，由思孟学派开其端的“诚”这个范畴，到陈淳这里，含义更为明确了。不过，这个“诚”实际上是上帝的代名词。

气化流行，生成万物，在自然界是如此，在人类社会的贵贱、贤愚也是如此。陈淳述说：

> 得气之清者不隔蔽，那理义便呈露昭著。如银盏中满贮清水，自透见盏底银花子甚分明，若未尝有水然。……或清浊相半，或清底少，浊底多，昏蔽得厚了，如盏底银花子看不见。欲见得，须十分加澄治之功。[②]

人似银盏子，气之清、气之浊相半。气之清少浊多，决定人的贤愚，决定盏的银花子看得分明与否。以至尧、舜“贵为天子，富有四海……享国皆百余岁”。这都是天命决定的，都要归于天命。陈淳回答问题时说：

> 问：天之所命，果有物在上面安排分付之否？曰：天者，理而已矣。古人凡言天处，大概皆是以理言之。程子曰：夫天，专言之则道也，“天且弗违”是也。又曰：天也者，道也。《论语集注》“获罪于天”，曰：“天即理也。”《易本义》：“先天弗违，谓意之所为，默与道契。后天奉天，谓知理如是，奉而行之。”又尝亲炙文公说：“上帝震怒。”也只是其理如此。天下莫尊于理，故以帝名之。观此亦可见矣。故上而苍苍者，天之体也。上天之体以气言，上天之载以理言。[③]

从陈淳这段话可以看出，他是一个自然神论者。这种主宰一切的理，不是人格的神，而是“绝对观念”。

陈淳和朱熹一样，认为太极即是理。他说：“太极只是总天地万物之理而言，不可离天地万物之外而别为之论。”但是，陈淳对太极本体的解释却和朱熹有很大的不同。陈淳用“浑沦”解释理，带有明显的二元论色彩。他又述道：

> 太极只是理，理本圆，故太极之体浑沦。以理言，则自末而本，自本

---

① （宋）陈淳：《四书性理字义·诚》。

② （宋）陈淳：《四书性理字义·命》。

③ （宋）陈淳：《四书性理字义·命》

而末，一聚一散，无所不极其至。自万古之前，与万古之后，无端无始，此浑沦太极之全体也。自其冲漠无朕，与天地万物皆由是出。及天地万物既由是出，又复冲漠无朕，此浑沦无极之妙用也。[①]

朱熹不把太极当作一独立物，而把太极当作理之极至；陈淳则把太极当作一物，产生天地万物之物。所谓浑沦，就是像云雾一样，茫茫之为浑沦。“总而言之，只是浑沦一个理，亦只是一个太极；分而言之，则天地万物各具此理，亦只有一个太极。”[②]显然，陈淳所谓浑沦之太极，是吸取了张载的唯物主义的“太虚即气”之说的。张载谓“气聚散于太虚，犹冰凝释于水，知太虚即气”[③]。陈淳把太极释为似茫茫云雾，犹张载谓气聚散于太虚。陈淳明确指出，理（太极）是不能离开气的。他述说：

其实理不外乎气。盖二气流行，万古生生不息，不成只是空个气，必有主宰之者，曰理是也。……以理言者，非有离乎气，只是就气上指出个理，不杂乎气而为言耳。[④]

在理气的关系上，陈淳虽谓以理为主，但他认为理在气中，理通过气而体现出来，这就把理和气合而为一了。陈淳述说：

天只是一元之气，流行不息如此。即这便是大本，便是太极。万物从这中流出去，或纤或洪，或高或下，或飞或潜，或动或植，无不各得其所欲，各具一太极去。个个各足，无有欠缺。亦不是天逐一去妆点，皆自然而然，从大本中流出来。[⑤]

如果说在朱熹那里是把气作为产生世界万物的中间环节，那么在其门人陈淳那里似乎要把气作为直接产生世界万物的本原了。因此，陈淳哲学和朱熹相比较，具有明显的唯气论倾向。

陈淳还论述了道和器的关系问题。他述说：

形而上者谓之道，形而下者谓之器。自有形而上者言之，其隐然不可见底，则谓之道。自有形而下者言之，其显然可见底，则谓之器。其实道不离乎器，道只是器之理。人事有形状处，都谓之器，人事中之理便是道。

---

① （宋）陈淳：《北溪大全集》卷八，《北溪语录》。
② （宋）陈淳：《四书性理字义·太极》。
③ （宋）张载：《正蒙·太和篇》。
④ （宋）陈淳：《北溪大全集》卷八，《北溪语录》。
⑤ （宋）陈淳：《四书性理字义·一贯》。

道非是外事物有个空虚底，其实道不离乎物。若离物，则无所谓道。且如君臣有义，义底是道，君臣是器。……若就事事物物上看，亦各自有个当然之理。且如足容重，足是物，重是足当然之理。手容恭，手是物，恭是手当然之理。如视思明，听思聪，明与聪便是视听当然之理。……以类而推，大小高下，皆有个恰好底道理，古今所通行而不可废者。①

"道不离乎物"等说法，似乎像是唯物主义。但是他所讲的道和器的关系，不是指客观事物及其规律之间的关系，而是封建人伦和封建道德之间的关系，是耳、目、手、足和视、听、言、动的封建规范之间的关系。

三、陈淳的无鬼神思想

既然世界万物都是从气或太极（理）这个"大本中流出来"的，人的生死也应该如此。陈淳述说：

夫死生无二理，能原其始而知所以生，则反其终而知所以死矣。盖无极之真，二五之精，妙合而凝。乾道成男，坤道成女，二气交感，化生万物。此天地所以生人物之始也。人得是至精之气而生，气尽则死。得是至真之理所赋，其存也顺吾事，则其没也安死而无愧。始终生死，如此而已。自未生之前是理气，为天地间公共之物，非我所得与。既凝而生之后，始为我所主，而有万化之妙。及气尽而死，则理亦随之一付之大化，又非我所能专有，而常存不灭于冥漠之间也。今佛者曰："未生之前，所谓我者固已具；既死之后，所谓我者未尝亡。所以轮回生生，于千万亿劫而无有穷已。"则是形溃而反于原，既屈之气有复为方伸之理，与造化消息辟阖之情殊不相合。②

在这里，陈淳用理气分合来解释所谓"鬼神"，来解释生死问题，用以驳斥佛教的所谓三世轮回之说，是有其合理因素的。

此外，陈淳还用气的运动变化（"屈伸往来"）来解释鬼神问题。他述说：

程子曰："鬼神者，造化之迹也。"张子曰："鬼神者，二气之良能也。"说得皆精切。造化之迹，以阴阳流行著见于天地之间者，言之良能，言

① （宋）陈淳：《四书性理字义·道》。

② （宋）陈淳：《北溪字义·似道之辨》，张加才：《诠释与建构：陈淳与朱子学》附录，北京：人民出版社，2004年，第332页。

二气之往来，是自然能如此。大抵鬼神只是阴阳二气之屈伸往来。自二气言之，神是阳之灵，鬼是阴之灵。“灵”云者，只是自然屈伸往来恁地活尔。自一气言之，则气之方伸而来者，属阳，为神。气之已屈而往者，属阴，为鬼。如春夏是气之方长，属阳，为神；秋冬是气之已退，属阴，为鬼。其实二气只是一气耳。

天地间无物不具阴阳，阴阳无所不在，则鬼神亦无所不有。大抵神之为言伸也，伸是气之方长者也。鬼之为言归也，归是气之已退者也。自天地言之，天属阳，神也；地属阴，鬼也。就四时言之，春夏气之伸，属神；秋冬气之屈，属鬼。又自昼夜分之，昼属神，夜属鬼。就日月言之，日属神，月属鬼。又如鼓之以雷霆，润之以风雨，是气之伸，属神。及至收敛后，帖然无踪迹，是气之归，属鬼。以日言，则日方升，属神；午以后渐退，属鬼。以月言，则初三生明，属神。到十五以后，属鬼。如草木生枝生叶时，属神；衰落时，属鬼。如潮之来，属神；潮之退，属鬼。凡气之伸者，皆为阳，属神；凡气之屈者，皆为阴，属鬼。古人论鬼神大概如此，更在人自体究。[①]

陈淳这两段话是对中国古代无鬼神论思想的阐发，是无神论思想，在当时历史条件下产生一定的社会作用，是应该肯定的。

四、陈淳知行并进的认识论

陈淳的认识论是和其世界观紧密联系在一起的。陈淳述说：

天地间，同此一理，同此一气。理所以统乎气，而人心又为之主，随其所属大小。但精诚所注，理强而气充，自然有相感通，有若血脉之相关者。[②]

陈淳明确划分了认识的客体（对象）和认识的主体之间的界限。认识的客体（对象）是理、气，认识的主体是人的“心”。陈淳认为，认识的主体是能够认识客体的，即所谓“有相感通”，并且“人心又为之主”，就是“心”能能动地去认识客体，人的主观认识能力是无限的。陈淳述说：

此心之量极大，万理无所不包，万物无所不统。古人每言学，必欲

① （宋）陈淳：《四书性理字义・鬼神》。

② （宋）陈淳：《示学者文・用功节目》。

其博，孔子所以学不厌者，皆所以极尽乎此心无穷之量也。[1]

所谓“尽乎此心”，就是“须是尽得个极大无穷之量，无一理一物之或遗，方是真能尽得心”。陈淳还论述了心的活动的“至灵至妙”。他说：“虽万里之远，一念便到。虽千古人情事变之秘，一照便知。”在这里，陈淳讲的是人的心理活动和思维活动。心的无穷广大和心的活动至灵至妙，这是人所特有的心理活动和思维活动。陈淳还有一段很精彩的论述，描述了人的心理活动和思维活动的多种情况。他述说：

合数者而观，才应接事物时，便都呈露在面前。且如一件事物来接着，在内主宰者是心；动出来或喜或怒是情，里面有个物，能动出来底是性；运用商量，要喜那人，要怒那人是意；心向那所喜，所怒之人是志。喜怒之中节处，又是性中道理流出来，即其当然之则处是理。其所以当然之根原处是命。一下许多事物都在面前，未尝相离，亦灿然不相紊乱。[2]

陈淳这些话是讲对待一件物时心、情、性、意、志、理、命等的呈露和其相互关系。这种对较复杂的心理活动和思维活动的论述虽然是不确切的，但它反映了当时的科学发展水平，是把自然科学的成果应用于哲学认识论的一个尝试，是难能可贵的。

在陈淳的认识论中，特别强调格物穷理。陈淳认为认识必须通过格物才能穷理，如果舍去格物工夫，就不能穷理。他述说：

遂扫去格物一段工夫，如无星之称，无寸之尺。默然存想，稍得彷彷，便去悟道，将圣贤言语来手头作弄，其实于圣贤言语不甚通解。[3]

由此可见，陈淳把格物作为认识具体事物取得知识的开端。

陈淳所谓格物，就是力行。由于陈淳强调格物就是力行，他把格物致知改为致知力行，此即简称知行。陈淳述说：

圣门用功节目，其大要亦不过曰致知力行而已。致者，推之而至其极之谓；致其知者，所以明万理于心而使之无所疑也。力者，勉焉而不敢怠之谓；力其行者，所以复万善于己而使之无不备也。知不致，则真

---

① （宋）陈淳：《四书性理字义·心》。

② （宋）陈淳：《四书性理字义·意》。

③ 转引自（清）黄宗羲、全祖望：《宋元学案》卷六八，《北溪学案》，北京：中华书局，1986年，第2222页。

是真非无以辨，其行将何所适从？必有错认人欲作天理而不自觉者矣。行不力，则虽精义入神，亦徒为空言，而盛德至善竟何有于我哉？……然二者亦非截然判先后为二事，犹之行者目视足履，动辄相应。盖亦交进而互相发也。故知之明则行愈达，而行之力则所知又益精矣。①

在这里，陈淳特别强调致知和力行并进，深刻指出"知之明则行愈达，而行之力则所知又益精"。陈淳还明确指出：

致知力行二事而已，当齐头着力并做，不是截然为二事多先致知了然后行，只是一套底事。……行之不力，非行之罪，皆知之者不真切，须到见善真如好好色，见恶真如恶恶臭，然后为知得亲切，而谓知之至。则行之力即便在其中矣。②

二者亦非截然判先后为二事，如车两轮，如鸟两翼，实相关系。盖亦交进而互相发也。故心之明则行愈达，而行之力则所知又益精矣。③

在朱熹那里是知先行后，提出"义理不明，如何践行"。就是只有先明白了义理（即知），才能做出合乎义理的事，才能以义理为标准来判断行的是非。陈淳提出知行"当齐头着力"，"如车两轮，如鸟双翼"，是向气学认识论靠近。这是朱熹认识论的一个重要分化趋势。

至于陈淳所谓力行的内容，不是科学实践，而仍然是理学家所规定的封建道德践履。陈淳说："其所以为致知力行之地者，必以敬为主。"④陈淳的认识论特别强调主敬工夫。这是程朱理学的共同观点。陈淳述说：

程子谓"主一之谓敬，无适之谓一"，文公合而言之，曰"主一无适之谓敬"，尤分晓。⑤

在理学家那里，"敬"亦叫"持敬"或"居敬"。就是主一，心思集中。人在做任何一件事，心都要集中于那件事上。这是理学家的一般认识方法。陈淳说："所谓敬者无他，只是此敬常存在这里，不走作，不散漫，常恁地惺惺，便是敬。"例如，做事的时候，心思就集中在这件事上，不把第二件、第三件来参插，这就是主一，就是不二、不三。"无适"，就是"心常在这里，不走东，不走西，不之南，不之北"，集中一处，排除其他趋向。总之，所谓主敬，就是无

① （宋）陈淳：《严陵讲义·用工节目》。

② （宋）陈淳：《北溪文集》卷二六，《答陈伯澡一》。

③ （宋）陈淳：《示学者文·用功节目》。

④ （宋）陈淳：《示学者文·用功节目》。

⑤ （宋）陈淳：《四书性理字义·敬》。

事时敬在心上，集中注意力，使心不受外界的物质引诱；有事时敬在事上，处理事物合乎封建道德标准。陈淳述说：

> 《礼》谓“执虚如执盈，入虚如有人”，只就此二句体认持敬底工夫，意象最亲切。[①]

这就是说，就像手捧着一个盛满了水的器皿，如果心不在这里，走一步就会倾泼出来的。一定要心常在这上面，谨慎小心地捧着，不论走到哪里都不会倾泼出来。又如走进一间空房，里面没有人，但也要“此心常严肃，如对大宾”。这里陈淳讲的“持敬”最为明白易懂。

由上可见，陈淳所谓“持敬工夫”，是对内心世界天理的体验工夫，是对封建道德的牢固持守，不许“须臾有间”“毫厘有差”。[②] 正因为如此，陈淳特别强调按圣贤书讲的人伦道德关系作为人的行为准则。他述说：

> 读圣贤书……特与人事日用间，以其言一一切身体之。一一见得，确然不可移易为吾身中事。[③]

这就是说，在“与人事日用间”，即处理人与人之间的关系，处处合乎封建道德标准。

陈淳的居敬与佛家和道家的主静不同，并不是与外界隔绝，闭门静坐，也不是不思不虑。陈淳述说：

> 圣门工夫，自有次序，非如释氏妄以一超直入之说，欺愚惑众。须从下学方可上达，须从格物致知，然后融会贯通而动容周旋可以无阻。……（陆学）厌繁就简，忽下趋高者……阴窃释氏之旨，阳托诸圣人之传。[④]

> 静坐之说……道家……打坐为功，只是欲醒定其精神魂魄，游心于冲漠，以通仙灵为长生计。尔佛家……只是欲空百念，绝万想，以常存其千万亿劫不死不灭底心灵神识，使不至于迷错个轮回超生路头。……圣贤之所谓静坐者，盖持敬之道……收放心，涵养本原而为酬酢之地尔，不终日役役，与事物相追逐。……心不能无思，所思出于正，乃天理之形。……思其所不当思，则为坐驰。……欲终日默坐无所思，便自忽然有悟处，宁有是理哉！

---

① （宋）陈淳：《四书性理字义·敬》。

② （宋）陈淳：《四书性理字义·意》。

③ （宋）陈淳：《北溪大全集》卷一〇，《问目》。

④ （宋）陈淳：《北溪大全集》卷三一，《与姚安道》。

陈淳认为，陆九渊之学就是佛家的主静，“江西之学，不读书，不穷理，只终日默坐澄心，正用佛家之说”。①

五、陈淳对人心、道心、天理、人欲、仁的阐释

陈淳所谓“心”，是指心的知觉作用。陈淳是从哲学意义上讲心的，也就是讲人的神明。他所讲的心，不同于生理学上的心脏，是思想。

在朱熹那里，认为心属气而具理，没有把心看作一物。陈淳把心看作一物。他述说：

> 心者，一身之主宰也。人之四肢运动，手持足履，与夫饥思食，渴思饮，夏思葛，冬思裘，皆是此心为之主宰。如今心恙底人，只是此心为邪气所乘，内无主宰，所以日用间饮食动作皆失其常度，与平人异。理义都丧了，只空有个气，仅往来于脉息之间未绝而已。大抵人得天地之理为性，得天地之气为体。合理与气合，方成个心，有个虚灵知觉，便是身之所以为主宰处。然这虚灵知觉，有从理而发者，有从心而发者，又各不同。②

陈淳强调心的重要性，主要是为说明心是主而不是客，但心能认识客。如果认识正确，就会有正确的动机和行为，它就是道心。反之，如果认识错误，就会产生不正确的动机和行为，它就是人心。陈淳述说：

> 心之虚灵知觉，一而已。其所以为虚灵知觉，由形气而发者，以形气为主，而谓之人心；由理义而发者，以理义为主，而谓之道心。若目能视，耳能听，口能言，四肢能动，饥思食，渴思饮，冬思裘，夏思葛等类，其所发皆本于形气之私，而人心之谓也。非礼勿视，而视必思明；非礼勿听，而听必思聪；非礼勿言，而言必思忠；非礼勿动，而动必思义。食必以礼而无流歠，饮必有节而不及乱，寒不敢袭，暑毋褰裳等类。其所发皆原于理义之正，而道心之谓也。二者固有脉络，粲然于方守之间而不相乱。③

陈淳认为人心里固有理，这种理不依赖于客观世界而独立存在。性就是天理，它是至善的。从性流出来的是道心，从物欲触发的是人心。道心是

---

① （宋）陈淳：《北溪大全集》卷一一，《答西蜀史杜诸友》。

② （宋）陈淳：《四书性理字义·心》。

③ （宋）陈淳：《北溪字义·似道之辨》，张加才：《诠释与建构：陈淳与朱子学》附录，北京：人民出版社，2004年，第332页。

全善的，而人心则是有善有恶。“从理上发出来的”，就是正确的行为和动机，亦即是仁、义、礼、智之心，就是道心。“从形气上发出的”，就是不正确的行为和动机，即饥思食、渴思饮之类的心，就是人心。道心对于饮食，要从理上考虑当不当饮食，如不食嗟来之食。陈淳和朱熹一样，坚决反对佛家的“停思绝想”的困来即眠、饥来则食的禽兽式的生活。至于佛家“无君臣父子等大伦”，更是极其荒唐的。陈淳谓“心本活物，如何使之绝念不生？必欲绝之，死而后可”。陈淳在这里充分地估计人生的价值。在朱熹那里，注重在善恶上解释人心、道心，而陈淳则是注重在出发点上解释人心、道心，以感官的天然倾向为人心，以伦理的天然倾向为道心，更注重于与外部世界的接触。因此，陈淳发展了朱熹关于人心、道心的思想。

在陈淳看来，出于人自私目的是人心，出于义理目的是道心。人心总是自私的，它是鮠廆不安的。道心总难免遭受人心的蒙蔽，不易充分显露出来。封建道德修养的目的，在于努力使道心处于支配的地位，而使人心服从道心的支配。这就是说，只有明理才能去欲。陈淳述说：

> 人有淡然不逐物欲者，而亦不进天理。盖其质美而未学，所去者止其粗而未及精，止其显而未及隐。其不复天理处，便是人欲之根尚在。潜伏为病，未能去之净尽，而犹有阴拒天理于冥冥之间。[①]

因此，陈淳全面论证了天理和人欲的问题。

何谓天理？何谓人欲？陈淳认为天理就是天命。他述说：

> 唐陆宣公谓：“人事尽处，是谓天理。”盖到人事已尽地头，赤见骨，不容一点人力，便是天之所为。此意旨极精微，陆宣公之学，亦识到此。……天以全体言，命以其中妙用言。其曰“以理言之，谓之天”，是专就天之正面训义言，却包命在其中。其曰“自人言之，谓之命”，命是天命，因人形之而后见。故吉凶祸福自天来，到于人然后为命。乃是于天理中，截断命为一边，而言其指归尔。若只就天一边说，吉凶祸福，未有人受来，如何见得是命。[②]

天理就是天命。那么天命是什么呢？陈淳从字义上加以解释。述说：

> 命，犹令也，如尊命、台命之类。天无言做，如何命？只是大化流行，气到这物便生这物，气到那物又生那物，便是分付命令他一般。命

① (宋)陈淳:《北溪大全集》卷一〇,《问目》。

② (宋)陈淳:《四书性理字义·命》。

> 一字有二义，以理言者，以气言者。……天命即天道之流行，而赋予于物者也，就元、亨、利、贞之理言……则谓之天命。气却亦有两般，一般贫、富、贵、贱、寿、夭、祸、福……就受气之短、长、厚、薄不齐上论，是命分之命。又一般如孟子所谓“仁之于父子，义之于君臣，命也”之命，是又就禀气之清浊不齐上论，是说人之智愚、贤否。[①]

陈淳认为各种义理，“其根原所自来，莫非天命自然，而非人所强为”。如“孝”，就是天命所自然。陈淳述说：

> 天之生人，决不能天降而地出，木孕而石产，决必由父母之胞胎而生。天下岂有不由父母胞胎而生之人乎？而其所以由胞胎而生者，亦岂子之所必能，而亦岂父母所能安排计置乎？是则子之于父母，信其为天所命，自然而然，人道之所不能无。俯仰戴履，自此身有生以至没世，不能一日而相离。如欲离之，必须无此身而后可。然人岂能无此身，岂能出乎天理之外哉？既不能无此身，不能出乎天理之外，是则决不能一日而相离；既不能一日而相离，则决不可以不竭尽，决不可空负人子之名于斯世。决然在所当孝，而决不容于不孝。[②]

再如夫妇之伦是天理(天命)。他述说：

> 天之生人，独阴不生，独阳不成，必阴阳合德，然后能生成。是夫妇亦天所命，自然如此也。然乾道成男，坤道成女，其分固一定而不可乱。则夫夫妇妇之所以当别，亦岂自外来乎？[③]

夫妇关系是“天所命”，乾(天)为夫，坤(地)为妇，乾健而坤顺，应该夫支配妇，妇受夫支配。夫为妇纲，其“分”一定不可变。再如兄弟关系也是“天理”(天命)。陈淳述说：

> 天之生人，虽由父母之胞胎，决然不能一时群生而并出，必有先者焉，有后者焉。是兄弟，亦天所命，自然如此也。思乎此，则兄弟之所以当友，亦岂是外来乎？[④]

总之，封建制度所规定的一切，陈淳都认为是天之所命，是天命决定的，不是人为的，因而是“合理的”，不可改变的。正因为天理体现在人们的伦理纲常中，也就在人们的日常生活中。陈淳述说：

---

① (宋)陈淳：《四书性理字义·命》。

② (宋)陈淳：《北溪大全集》卷五，《孝根原》。

③ (宋)陈淳：《北溪大全集》卷一五，《君臣夫妇兄弟朋友根源》。

④ (宋)陈淳：《北溪大全集》卷一五，《君臣夫妇兄弟朋友根源》。

> 圣贤所谓道学者，初非有至幽难穷之理，甚高难行之事也，亦不外乎人生日用之常耳。盖“道”原于天命之奥，而实行乎日用之间。在心而言，则其体有仁、义、礼、智之性，其用有恻隐、羞恶、辞让、是非之情。在身而言，则其所具，有耳、目、口、鼻、四肢之用。其所与，有君臣父子朋友夫妇兄弟之伦。在人事而言，则处而修身齐家，应事接物。出而莅官理国，牧民御众，微而起居言动，衣服饮食；大而礼乐刑政，财赋军师。凡千条万绪，莫不各有当然一定不易之则，皆天理自然流行著见，而非人之所强为者。自一本而万殊，而体用一原也。合万殊而一统，而显微无间也。上帝所降之衷，即降乎此也；生民所秉之彝，即秉乎此也。以人之所同得乎此而虚灵不昧，则谓之明德，以人之所共由乎此而无所不通，则谓之达道。尧舜与途人，同一禀也；孔子与十室，同一赋也。圣人之所以为圣，生知安行乎此也；学者之所以为学，讲明践履乎此也。……是岂有离乎常行日用之外，别自为一物，至幽而难穷，甚高而难行也哉！①

人在封建社会里所应该做的一切都是天命决定的，不可改变的。因此，天理并不神秘，人人都可奉行，而且一定要奉行。

奉行天理，就必须灭去人欲。前面已经讲到，陈淳把“饥思食，渴思饮，冬思裘，夏思葛等类”②，看作是人欲。这是将人的生理所需的物质欲望看作是人生不可避免的罪恶。陈淳反对佛教，实际上他又采取了佛教的禁欲主义。陈淳所肯定的正是封建礼教的神秘性和残酷性。陈淳要求人们克己去私，不逐物欲，刨掉人欲之根，使人之心纯是天理之公，而绝无一毫人欲之私。

陈淳认为，战胜了人欲，恢复了天理，就叫作仁。陈淳说：“仁只是……此心纯是天理之公，而绝无一毫人欲之私。”③陈淳对仁的解释比朱熹更为明确。朱熹给仁的定义为“心之德而爱之理”。陈淳却认为仁离不开爱，但不能以爱释仁。他说：“爱虽不可以名仁，而仁亦不能离乎爱也。”仁离不开知觉，但不能以知觉释仁。陈淳说：“仁者，固能知觉，而谓知觉为仁则不可。若能转一步观之，只知觉处，纯是天理，便是仁也。”又述道：

---

① （宋）陈淳：《严陵讲义·道学体统》。

② （宋）陈淳：《北溪字义·似道之辨》，张加才：《诠释与建构：陈淳与朱子学》附录，北京：人民出版社，2004 年，第 332 页。

③ （宋）陈淳：《北溪大全集》卷九，《北溪语录》。

象山教人终日静坐，以存本心，无用许多辩说劳攘。此说近本又简易直捷，后进易为竦动。若果是能存本心，亦未为失。但其所以为本心者，只是认形气之虚灵知觉者。以此一物甚光辉灿烂，为天理之妙，不知形气之虚灵知觉，凡有血气之属，皆能趋利避害，不足为贵。此乃舜之所以人心者，而非道心之谓也。今指人心为道心，便是告子生之谓性之说，蠢动含灵皆佛性之说，运用搬柴无非妙用之说。故慈湖专认心之精神为性，指气为理，以阴阳为形而上之道。论天、论易、论道、论德、论仁、论义、论理、论智、论诚、论敬，忠信万善，只是此一个浑沦底物，只此号不同耳。夫诸等名义，各有所主，混作一物，含糊鹘突，岂得不错？①

仁者，以万物为一体，但不能以与万物一体释仁。陈淳述说：

仁者，固与万物为一，然谓与万物为一为仁则不可。若能转一步观之，只于与万物为一之前纯是天理流行，便是仁也。②

此外，陈淳还指出，仁者克己，但不能以克己为仁；仁者公，但不能以公释仁，等等。那么到底什么是仁？陈淳认为知觉纯是天理，行事纯是天理便是仁。

第五节　真德秀

一、真德秀的生平著述

真德秀，字实夫，改字景元，更字希元，号西山，学者称西山先生，福建浦城人。真德秀生于宋孝宗淳熙五年(1178)，卒于理宗端平二年(1235)，终年58岁。真德秀弱冠举于乡，登宁宗庆元五年(1199)进士。历官江东转运副使、泉州知府、福州知府、潭州知府、中书舍人、礼部侍郎、参知政事、户部尚书、翰林学士等。真德秀为官20余年，“立朝不满十年，奏疏无虑数十万言，皆切当世要务，直声震朝廷。四方人士诵其文，想见其风采。及宦游所至，惠政深洽，不愧其言，由是中外交颂。都城人时惊传倾洞，奔拥出关，曰：‘真直院至矣！’果至，则又填塞聚观不置。”③

---

① (宋)陈淳：《北溪大全集》卷九，《北溪语录》。

② (宋)陈淳：《四书性理字义·仁义礼智信》。

③ (元)脱脱等：《宋史》卷四三七，《真德秀传》，北京：中华书局，1985年。

真德秀在朝廷一段时间，正值奸臣史弥远擅政。他不与之同流合污，因而受排斥打击。后来，史弥远又用爵禄拉拢名士，真德秀亦不为名利失节。他对同僚刘爚说："吾徒须急引去，使庙堂知世亦有不肯为从官之人。"于是遂力请去，离开朝廷，出任地方官。由此可知，真德秀具有正直不阿的道德品质。真德秀主张闭关息民、强兵足食以抗金。他认为金人不可怕，金人必亡，不必向其屈膝求和，只要君臣上下团结一心，必有进取。为此，真德秀请朝廷修垦田之政。他述说：

图 5-10　真德秀

自扬(州)之楚(州)，自楚之盱眙(州)，沃壤无际，陂湖相连，民皆坚悍强忍。此天赐吾国以屏障大江，使强兵足食为进取资。[①]

真德秀为官常用"廉仁公勤"四字督察自己和勉励部下，做官之方是遵循其老师詹体仁(朱熹学生)所讲的"尽心平心而已，尽心则无愧，平心则无偏"[②]。

他任江东转运副使时，当时旱、蝗灾极为严重，其所属太平、广德两州尤甚。真德秀与留守宪司大讲荒政，亲自到广德、太平两州救荒，发廪赈给，并裁判不关心民间疾苦的贪官污吏。真德秀任泉州知府时，"番舶畏苛征，至者岁不三四，德秀首宽之，至者骤增至三十六艘。输租令民自概，听讼惟揭示姓名，人自诣州。泉多大家，为闾里患，痛绳之。有讼田者，至焚其券不敢争。海贼作乱，将逼城，官军败衄。德秀祭兵死者，乃亲授方略，擒之。复遍行海滨，审视形势，增屯要害处，以备不虞"[③]。真德秀同情民困，有荒救荒，无荒则督促生产。他曾设立惠民仓、社仓、慈幼仓和置义田等，使百姓在青黄不接和灾荒时得到一些救济。真德秀勤于政事，"或劝啬养精神，德秀谓

① (元)脱脱等：《宋史》卷四三七，《真德秀传》，北京：中华书局，1985 年。

② 明嘉靖《建宁府志》卷二五，《真德秀传》。

③ (元)脱脱等：《宋史》卷四三七，《真德秀传》，北京：中华书局，1985 年。

无以惠民,仅有政平讼理,事当勉耳"[①]。

真德秀的学术渊源于朱熹,是朱熹的再传。在"庆元党禁"时期,朝廷宣布朱子理学为伪学,许多理学家遭到迫害,如蔡元定流放道州而死,理学名儒的书籍禁绝,故朱熹许多门徒害怕牵连而离去,隐匿。但是真德秀不为时论所动,不怕牵连,慨然以斯文自任,讲理学,行理学。未能亲炙朱熹而私淑朱熹,为朱熹的私淑弟子。据记载:

> 西山真先生去文公未远,其学一以文公为宗。自韩侂胄以伪学锢善类,禁绝近代大儒之书。先生独慨然以斯文自任,讲习而服行之。使正学复明于世者,先生之力居多。……先生之学卓然有体有用,得孔孟之心传,可以继文公后而成一代大儒也。[②]

韩侂胄死后,真德秀出任参知政事(副宰相),提出解除学禁,大力提倡程朱理学。真德秀的学术如同他的政绩一样,为人所肯定,在南宋末和元代,真德秀已著名。到了明代,真德秀的学术益加得到重视,特别是他的《大学衍义》,为帝王所称道。据明人夏良胜所记,明太祖朱元璋问宋濂帝王之学何书最要,宋濂答以读真德秀之《大学衍义》。于是朱元璋命侍臣将《大学衍义》书于庙堂两庑壁间,时睇观之。[③]

到了明英宗正统年间,真德秀即从祀府文庙。

真德秀的学说出自朱熹,且墨守朱熹。一般说来,他没有跳出朱熹学说的范围,但亦有发展。清人雷鋐说:"先生(按:指真德秀)未得亲事朱子,与朱子门人游,明体达用莫之先焉。故曰朱子之学私淑而得其宗者,先生也。"又述道:

> 先生《大学衍义》一书,历代奉为金鉴,深山穷谷亦多流布。……古圣大经大法,精义微言,洎历代典章制度,损益因革得失。学者不博究经史子集,考其宜古宜今之别,措之于用,必扞格而难行。是书(按:指《读书记》)纲领条贯,无所不备,学古议事择精语详,不致径约而入于寡陋,亦不泛滥而失其统纪。故曰是盖格物致知之谱也。先生处为大儒,出为名臣,其学术事业具载是书,与《大学衍义》互相发明。考之于学,合则正,离则邪;施之于政,得则治,失则乱。先生尝有言曰:如有用我,

---

① 清乾隆《泉州府志·真德秀传》。

② (宋)真德秀:《西山文钞》卷首,(清)张伯行:《西山文钞序》。

③ 参见(明)夏良胜:《夏氏文集·大学衍义序》。

执此以往。疑专为经世宰物之方，顾于人心天命源流尤详密焉。[①]

真德秀曾言《读书记》为“人君为治之门”。全祖望说：“西山之望，直继晦翁。”[②]真德秀在宣传朱熹学说方面起了很大作用，是朱熹后学中较有影响的人物。他的学说是朱子学正宗，是正统的有代表性的福建朱子学者。

真德秀著述有《四书集编》29卷、《真西山仁政类编》10卷、《清源文集》25卷、《经武要略》10卷、《文章正宗》30卷续集12卷纲目1卷、《真西山文集》55卷、《真西山文钞》8卷、《真西山题跋》3卷、《大学衍义》43卷、《心经》1卷、《正经》1卷、《读书记》61卷、《社仓本末》1卷、《真西山先生诗集》3卷、《宋真西山先生温陵遗墨》2卷、《真西山先生谕僚属文》1卷、《谕告文》1卷、《真西山先生教子斋规》1卷、《真西山政训》1卷、《真西山全集》（又名《西山真文忠公全集》）183卷等。

浦城仙阳有西山故居，又称西山精舍，是真德秀讲学活动之所，始建于南宋嘉定十四年（1221），清咸丰八年（1858）毁于火，清同治八年（1869）在原址重建。西山精舍规模较大，门额塑有“鸢飞”“鱼跃”匾。门厅壁上刻有真德秀的格言：“存心以公，律己以严，莅事以勤，抚民以仁。”正厅悬挂清康熙十四年（1675）御书“力明正学”匾。真德秀于宝庆二年（1226）回浦城闲居6年，在西山精舍教授弟子，著书立说，《大学衍义》就是这个时候撰写的。

二、真德秀的世界观

真德秀世界观的主要范畴是太极和理。真德秀对这两个范畴的阐释基本上和朱熹是一致的，认为太极就是理。理是天下最可贵的，故叫作太极。他述说：

所谓无极而太极者，岂太极之上别有所谓无极哉！特不过谓无形无象而至理存焉耳。盖极者，至极之理也，穷天下之物可尊可贵，孰有加于此者，故曰太极也。世之人以北辰为天极，屋脊为屋极，此皆有形而可见者。周子恐人亦以太极为一物，故以无极二字加于其上，犹言本无一物，只有此理也。自阴阳而下则丽乎形气矣，阴阳未动之先只是此

① （清）雷鋐：《经笥堂文钞》卷上，《真西山先生读书记序》。

② （清）黄宗羲、全祖望：《宋元学案》卷八一，《西山真氏学案》，北京：中华书局，1986年，第2695页。

图 5-11　浦城仙阳真德秀创办的西山精舍

理，岂有物之可名邪？[①]

真德秀把太极规定为无物而有理，是对朱熹释太极为“无形而有理”的进一步发挥，是符合理学家关于太极的含义的。

无物而有理，就是理在物先，理是抽象的精神性的本体。真德秀说：“浑然全体之理，无声臭之可言，无形象之可见。”[②]“百行万善只是一理。”在真德秀看来，理是一个道理，是自然界和社会上各种事物的道理。不过他对理的内涵的规定性，主要是指道德性命。他说：“道德性命者，理之精也。”[③]又述道：

理者何？仁、义、礼、智、信是也。人之有是理者，天与之也。[④]

在真德秀那里，理虽然包含有自然万物之道理，但主要是指人的行为之理。他把封建社会的道德规定看成是理的主要内容，作为人的规定性，如谓“君使臣以礼，臣事君以忠，二者皆理之当然，各欲自尽而已”[⑤]。这种对理的内涵的规定是理学思辨方法的产物。真德秀又说：“人与日用事物间处处当理，然后为道，不可以日用事物为道。”[⑥]真德秀这几句话很值得注意，反映出他的理学思想的本质。在真德秀看来，人之“日用事物”之理在“日用事

① (宋)真德秀：《四书集编》卷七，《论语集编》。

② (宋)真德秀：《四书集编》卷八，《孟子集编》。

③ (宋)真德秀：《真西山文集》卷三〇，《西山答问》。

④ (宋)真德秀：《真西山集》卷三二，《代刘季父浦城县庠四德四端讲义》。

⑤ (宋)真德秀：《四书集编》卷七，《论语集编》。

⑥ (宋)真德秀：《真西山文集》卷三〇，《西山答问》。

物”之先，不是人通过“日用事物”得出“日用事物”之理。理在事物之先，这是真德秀的基本观点。

理是事物的道理，真德秀把这种道理看成是事物的准则，或规定性。他述说：

> 理未尝离乎物之中，知此则知有物有则之说矣。盖盈乎天地之间者莫非物，而人也物也，事亦物也。有此物则具此理，是所谓则也。以人言之，如目之视，耳之聪，物也。视之明，听之聪，乃则也。君臣父子，夫妇长幼，物也。而君之仁、臣之敬、子之孝、父之慈、夫妇之别、长幼之序，乃则也。则者，准则之谓，一定而不可易也。①

这里有两层意思：一是“理未尝离乎物”，即理在物中。这句话似乎和上引“本无一物，只有此理”是不一致的。其实他是在理产生物的前提下来讲理和物的关系的，不能据此来判断他有气论倾向。真德秀说：“衣食作息，视听举履，皆物也。其所以如此之义理准则，乃道也。”②在理和物的关系上，真德秀特别强调理在物中，理是物的道理，“有此物则具此理”，是有合理因素的。二是把理看成是事物“一定而不可易”的准则，就是事物中本质的和稳定的东西，或者叫作事物的法则、规律。真德秀这种对理的阐释显然是和朱熹有所不同的。

真德秀和朱熹一样，改造阴阳五行之气，使其纳入自己的思辨哲学体系之中。以形气释阴阳五行，是真德秀世界观的一个特点。首先，他把世界上万事万物都归结为阴阳。真德秀说：“天地造化，四序（时）流行，而其实不过一阴一阳而已。”又述道：

> 天地虽大，万物虽多，其所不能违者阴阳而已。……阖辟之循环，往来之更代，此天地之性也。荣必易之以瘁，盛必继之以衰，有终则有始，有杀则有生，此万物之情也。③

真德秀认为阴阳矛盾运动贯穿在一切事物之中，没有矛盾就没有世界。正由于阴阳矛盾运动具有普遍性，因此各种具体的矛盾运动都是可以用阴阳来理解的。他述说：

> 立天之道曰阴与阳，立地之道曰柔与刚，立人之道曰仁与义。是知

---

① （宋）真德秀：《大学衍义》卷一，《帝王为治之序》。

② （宋）真德秀：《真西山文集》卷三〇，《西山答问》。

③ （宋）真德秀：《四书集编》卷一〇，《论语集编》。

天地之道不两则不能以立。……自二而一，则统之有宗，会之有元矣。故曰五行一阴阳，阴阳一太极，是天地之理固然也。[①]

“不两则不能以立”，“自二而一”，就是没有对立就没有统一，没有矛盾就没有事物。真德秀这种思想，是他从《周易》中吸取过来的。他说：“学《易》则明吉凶消长之理，进退存亡之道。”[②]此易评较为准确。

此外，真德秀进一步指出，事物的对立统一关系是客观存在的，是不依人的主观意志为转移的。他述说：

有天地则有万物，其巨细多寡高下美恶之不齐，乃物之情而实天之理也。物各付物，止于其所，吾何加损于其间哉。……欲一天下之物而泯其一定之分，其弊岂不甚矣哉？[③]

因对立统一关系是“物之情而实天之理”，“欲一天下之物而泯其一定之分，其弊岂不甚矣哉”，就是说违背客观事物的辩证法是要受到惩罚的。由上可见，真德秀对阴阳的深刻分析和运用，含有较丰富的辩证法思想，是其世界观中最有价值的部分。

那么阴阳怎样表现为万事万物的呢？真德秀认为阴阳是通过五行表现为万事万物的。他述说：

五行者，天地之所以养乎人者也。其气运乎天地而不息，其财用乎世间而不匮，其则赋于人而为五常。以天道言之，莫大于此，故居九畴之首。[④]

这里所谓“其则赋于人而为五常”，就是“人禀五行之秀以生，故其为心也，未发则具仁、义、礼、智、信之性以为体，已发则有恻隐、羞恶、恭敬、是非、诚实之情以为之用。盖木神曰仁，则爱之理也，而其发为恻隐；火神曰礼，则敬之理也，而其发为恭让；金神曰义，则义之理也，而其发为羞恶；水神曰智，则别之理也，而其发为是非；土神曰信，则实之理也，而其发为忠信。是皆天理之固然，人心之所以为妙也”。[⑤] 他述说：

人之五常本于天地之五行，五行运于天，而人得之以为性。木仁、

① (宋)真德秀：《四书集编》卷一〇，《论语集编》。

② (宋)真德秀：《真西山文集》卷三〇，《西山答问》。

③ (宋)真德秀：《四书集编》卷九，《论语集编》。

④ (宋)真德秀：《四书集编》卷一三，《论语集编》。

⑤ (宋)真德秀：《真西山文集》卷三〇，《西山答问》。

火礼、金义、水智、土信各有攸本，故自昔言性者日五常而已。[1]

在真德秀看来，阴阳五行的矛盾运动表现为元气的流行。他说："元气之流行于天地之间，无一处之不到，无一时之惑息也。""天只是一气流行，万物自生自长自形自色，岂是逐一妆点得如此。"[2]但是，阴阳五行之气之所以运乎天地之间而形成万物，是由于理的支配。真德秀述说：

> 阴阳二气流行于天地之间，来往循环终古不息，是孰使不然哉？理也。理之与气未尝相离，有是理则有是气。[3]

真德秀是在理产生气的前提下，认为理和气是相互依赖、不可分离的。有理必有气，有气必有理；无理也无所谓气，无气也无所谓理。理在气中，理寓于气，是通过气来表现的。实际上，仍然是先有理，后有气，物质性的气是由精神性的理决定的，派生出来的。在真德秀的思想体系中，阴阳五行之气是理产生世界万物的中间环节。

关于道和器的关系，在真德秀的哲学体系中也占有一定地位。道与器最早是《周易》中提出来的，即"形而上者谓之道，形而下者谓之器"[4]。真德秀基于二程的道与器未尝相离的观点，对道与器的关系做了比较详细的阐述。他述说：

> 器者，有形之物也；道者，无形之理也。明道先生曰："道即器，器即道，两者未尝相离。"盖凡天下之物，有形有象者皆器也，其理便在其中。大而天地，亦形而下者，乾坤乃形而上者。日、月、星、辰、风、雨、霜、露，亦形而下者，其理即形而上者。以身言之，身之形体，皆形而下者。曰性曰心之理，乃形而上者。至于一物一器，莫不皆然。且如灯烛者器也，其所以能照物，形而上之理也。且如床桌器也，而其用理也。天下未尝有无理之器。无器之理，即器以求之，而理在其中。如即天地，则有健顺之理；即形体，则有性情之理。精粗本末，初不相离，若舍器而求理，未有不蹈于空虚之见，非吾儒之实学也。所以《大学》教人以格物致知，盖即物而理在焉，庶几学者有着实用力之地，不致驰心于虚无之境也。[5]

---

① （宋）真德秀：《四书集编》卷一〇，《论语集编》。

② （宋）真德秀：《四书集编》卷一〇，《论语集编》。

③ （宋）真德秀：《大学衍义》卷五，《天性人心之善》。

④ 《周易·系辞上传》。

⑤ （宋）真德秀：《真西山文集》卷三〇，《西山答问》。

这里有两个值得注意的问题：一是真德秀的道就是他所谓的理，即“道者无形之理”[①]，“道者，天理之自然”[②]。他又说：“道只是当然之理而已，非有一物可玩弄而娱乐也。”[③]他述说：

道者，事物当然之理。……吾之所谓道者，君臣、父子、夫妇、兄弟、朋友当然之实理也。……志于道者，心存于义理也。[④]

二是真德秀从道和器的统一中去认识道和器的对立。从器的角度看，道（理）只有通过器才能体现，有器，其道理才有安顿处；从道（理）的角度看，道（理）产生器。

真德秀基于其理与气、器、物之不可分割的关系，进一步认为理是实在的，不是虚无的。他述说：

形而上者理也，形而下者物也。有是理故有是物，有是物则具是理，二者未尝相离也。方其未有物也，若可谓无矣，而理已具焉，其得谓之无邪？老氏之论既失之，而为清淡者又失之尤者也。若吾儒之道则不然。天之生物无一之非实，理之在人亦无一之非实。故立心以实意为主，修身以实践为贵，讲学以实见为是，行事以实用为功。[⑤]

实是对虚讲的。佛老以万象为空虚，故曰世界空虚。真德秀述说：

释氏之言，偶与圣贤相似者多矣。但其本不同，则虽相似而实相反也。其学以空虚为真，以理为障，而以横纵作用为奇特，故与吾儒之论正相南北。[⑥]

真德秀从理与物“未尝相离”得出理也是实有的，因而世界是实有的。

由上可见，在真德秀的哲学体系中，太极、理、道是相通的，是指精神性的本体；气、器也是相通的，是指具体的物质。理（太极）、道和气、器的关系，相当于精神和物质的关系，不过这种关系是头脚倒置的，是精神产生物质的。

为了说明精神性的理（太极、道）产生世界万物，理学家提出“理一分殊”。“理一分殊”来源于佛教华严宗的“理事无碍”“一即一切”的命题。据

---

① （宋）真德秀：《真西山文集》卷三〇，《西山答问》。

② （宋）真德秀：《四书集编》卷二〇，《孟子集编》。

③ （宋）真德秀：《真西山集》卷三〇，《西山答问》。

④ （宋）真德秀：《四书集编》卷九，《论语集编》。

⑤ （宋）真德秀：《大学衍义》卷一三，《异端学术之差》。

⑥ （宋）真德秀：《真西山文集》卷三〇，《西山答问》。

《朱子语类》记载："行夫问：'万物各具一理，而万理同出一源。此所以可推而无不通。'"曰："……释氏云：'一月普现一切水，一切水月一月摄。'这是那释氏也窥见得这些道理……一个一般道理，又是一个道理。恰如天上下雨：大窝窟便大窝窟水，小窝便有小窝水，木上便有木上水，草上便有草上水。随处各别，只是一般水。"[①]真德秀的理一分殊论是在朱熹对此论说的基础上提出来的。他述说：

> 夫子之理，浑然而泛应曲者。譬如天地之至诚无息而万物所得其所也。……至诚无息者，道之体也，万殊之所以一本也；万物各得其所者，道之用也，一本之所以万殊也。以此观之，一以贯之之实可见矣。……一以贯之，只是万物一理。……一本是统会处，万殊是流行处。在大道言之，一本是元气之于万物，有昆虫、草木之不同，而只是一气之所生。万殊则是草木、昆虫之所待，而生一个自是一个模样。在人事言之，则一理之于万事万物，有君臣、父子、兄弟、朋友动息洒扫应对之不同，而只是此理之所贯。万殊则是君臣、父子、兄弟、朋友所当于道者，一个自是一个道理，其实只是一本。……所谓众理者，本一理也。以是而贯通之，则天下事物之多，皆不外乎是而无不通矣。[②]

真德秀是用体用一元论来解释理一分殊的。总合天地万物之理，只是一个理，分开来，每个事物都各自有一个理，但都是一个根本的理的体现。根本的理是本体，每个事物各具有的理是万殊，都是根本的理的作用和运用，而且是根本的理的整体的缩影。根本的理和万殊的理都是道，体用都是道，因此是体用一元。这就是真德秀所说的"至诚息者，遣道之体也，万殊之所以一本也；万物各得其所者，道之用也，一本之所以万殊也"的意思。真德秀述说：

> 天下之理一而分则殊，凡生于天壤之间者，莫非天地之子而吾之同气者也，是之谓理一。然亲者吾之同体，民者吾之同类，而物则异类矣，是之谓分殊。以其理一，故仁爱之仁无不遍；以其分殊，故仁爱之施则有差。若以亲亲之道施于民，则亲疏无以异矣，是乃薄其亲；以仁民之道施于物，则贵贱无以异矣，是乃薄其民。故于亲则亲之，于民则仁之，

---

① （宋）黎靖德编：《朱子语类》卷一八，《大学五》。

② （宋）真德秀：《四书集编》卷一四，《论语集编》。

而于物则爱之。合而言之,则皆仁;分而言之,则有序。[①]

一理和万殊的关系包含有一般和个别、一和多的辩证法。真德秀提出各个万殊都完美无缺地分别体现了一理,用之于分析社会上的伦理道德现象,是很深刻的,是福建朱子学家共同观点。

在鬼神问题上,真德秀也有比较深刻的见解。无鬼神论是真德秀世界观中的一个重要方面。真德秀和朱熹一样,企图摆脱世俗鬼神迷信的观点。世俗一般认为"人死有鬼、有知,能害人"。对鬼神论的批判,汉代唯物者王充认为,"鬼神,阴阳之名也,阴气逆物而归,故谓之鬼;阳气导物而生,故谓之神。神者,伸也"[②],用阴阳二气解释鬼神,是汉代以前唯物者的一般观点。理学家因袭了唯物主义的这种观点,并有所发挥。朱熹认为,"鬼神,通天地间一气而言,灵魂主于人身而言。方气之伸,精魄固具,然神为主。及气之屈,魂气虽存,然鬼为主,气尽则魄降而纯乎于鬼矣!故人死曰鬼"。[③]既然鬼神是气,而气是物,因而鬼神无知,不害人,不主宰自然和社会。真德秀进一步把鬼神解释为阴阳二气化生世界万物的自然现象。他述说:

神者,气之伸;鬼者,气之屈。气之方伸者,属阳,故为神;气之屈者,属阴,故为鬼。……山、泽、水、火、雷、风……只是阴阳二气而已。阴阳二气流行于天地之间,万物赖之以生,赖之以成。此即所谓鬼神也。今人只塑像、画像为鬼神,及以幽暗不可见者为鬼神,殊不知山峙、川流、雨润、雷动、风散及分明有迹之鬼神。伊川曰:"鬼神者,造化之迹。"又曰:"鬼神,天地之功用。"横渠曰:"鬼神,二气之良能。"[④]

真德秀强调,"鬼神,造化之迹。虽非不已,然非穷理之至,有未易明者。……元气之运,浑然无迹,而春生秋杀,默然寓于其中"[⑤]。

真德秀认为鬼神是自然界生灭变化的一种状态。生、灭(杀)就是伸屈,就是阴阳二气所表现出来的自然物的生长、衰弱和春来寒往等的运动,因此根本没有人格的造物主。这就揭穿了世俗鬼神迷信的神秘外衣。真德秀的鬼神论是无神论的,在当时的历史条件下是应该充分肯定的。

真德秀还用无鬼论的思想对有鬼论进行了批判。首先,他认为神仙方

---

① (宋)真德秀:《大学衍义》卷一二,《吾道源流之正二》。

② (汉)王充:《论衡·论死篇》。

③ (宋)黎靖德编:《朱子语类》卷六三,《中庸二》。

④ (宋)真德秀:《真西山文集》卷三〇,《西山答问》。

⑤ (宋)真德秀:《四书集编》卷一〇,《论语集编》。

士的长生不死说是无稽之谈。他述说：

> 春夏不能常春夏，而有秋冬；旦昼不能常旦昼，而有暮夜。阖辟之循环，往来之更代，此天地之性也。荣必易之以瘁，盛必继之以衰，有终则有始，有杀则有生，此万物之情也。人在天地之间，是亦物耳。而为神仙之学者曰："吾能长而不死。有是理乎？呜呼！尽之矣！愚复何言哉！"①

真德秀认为荣瘁、盛衰变化是不依人的主观意志为转移的客观规律，有生必有死，没有主宰人的命运的人格神，因此神仙方士企图长生不死是不可能的。其次，真德秀批判了谶纬迷信之说。他认为，"六经者，先王之格言。而谶纬者，宋世之邪说。……新莽之居摄也，假称符命以惑众听，因此行其篡窃之谋"。他述说：

> 三纲五常，礼之体，三代（夏、商、周）相继皆因之而不能变。其所损益，不过文章制度小过不及之间。而其已然之迹，今皆可见。则继今以往，或有继周而王者，虽百世之远，所因所革也不过此，它但十世而已乎！圣人所以知来者，盖如此，非若末世谶纬术数之学也。②

理学家把哲学伦理化，其目的是宣扬"明天理，去人欲"，他们必然反对迷信邪说。因此，真德秀的结论是"专用力于人道之所宜，而不惑于鬼神"③。

三、真德秀博文约礼的认识论

上面已经讲到，以朱熹为代表的福建理学家的世界观是理借助于气派生天地万物的。在他们看来，重要的问题是要再返回到理，认识理。那么如何从千差万别的事物返回到理呢？真德秀提出要在"博文约礼上用功"。这是真德秀异乎寻常的提法，是对理学的一个贡献。真德秀述说：

> 学者当于博文约礼上用功。……博文者，言于天下之理无不穷究，而用功之广也；约礼者，言以礼检束其身，而用功之要也。博文者，格物致知之事也；约礼者，克己复礼之事也。内外、精粗二者并进，则此身此心皆与理为一，从容游泳于天理之中。④

---

① （宋）真德秀：《四书集编》卷一一，《论语集编》。

② （宋）真德秀：《大学衍义》卷三五，《谨言行》。

③ （宋）真德秀：《四书集编》卷九，《论语集编》。

④ （宋）真德秀：《真西山文集》卷三〇，《西山答问》。

在真德秀看来，格物致知是认识的手段和方法，克己复礼是认识的标准和目的，把认识的手段、方法和认识的标准、目的结合起来，就能达到身心和理为一，即主观和客观得到统一，完成认识的任务。

(一)格物致知

“格物致知”源于《礼记·大学》。宋代理学家把“格物致知”作为认识论的中心命题。他们认为“格物致知”就是即物穷理，即通过接近事物的认识方法而达到认识理的目的。

对于“格物致知”，理学家们有不同的说法。在朱熹那里，认为“知在我，理在物”[①]，把主体和客体区分开来。真德秀对认识的主体和认识的客体的观点与朱熹有所不同。首先，他认为，事物之理在人的本性之中，即在人的心中，主体和客体是合而为一的。他述说：

> 孟子曰：“万物皆备于我。”此言理之本然也。大则君臣父子，小则事物细微，其当然之理无不具乎于性之内也。[②]

他认为“此心本来虚灵，万理具备，事事物物皆所当知”，[③]这就是说，万理具于人的本性之中，“事事物物皆所当知”。因此，所谓“格物”，即接近事物，只是启发内心所具之理的手段，主要花在自己的身心之上。但是这并不完全是心学家所谓的只在身心上做工夫。在真德秀看来，人先天具有的理是人的“本然之知”，亦即“良知”[④]，不是义理之至极。因此人须以先验的理去推求事物之理，以此来扩充心中之理，使其达到义理之至极。真德秀所说的事物之理，并不是指客观事物的规律，而是指现实社会人的伦理道德关系和仁、义、礼、智、信的义理。这就是说，真德秀要人们通过现实社会的人伦关系来领悟仁、义、礼、智、信等封建道德规范。

其次，理也在事物之中。真德秀述说：

> 天下之理固根于心，亦未尝不形见于事物。为学之方固当存养其德性，而亦不可不省察事物。[⑤]

在这里，真德秀又把认识的主体和客体区分开来了。在格物致知问题

---

① (宋)黎靖德编：《朱子语类》卷一五，《经筵讲义》。

② (宋)真德秀：《真西山文集》卷三〇，《西山答问》。

③ (宋)真德秀：《大学衍义》卷二九，《操存省察之功》。

④ (宋)真德秀：《四书集编》卷七，《孟子集编》。

⑤ (宋)真德秀：《四书集编》卷一四，《论语集编》。

上，真德秀杂有心学（陆学）的成分。

在真德秀看来，理主要在人的心中，如果人的心中之理没有放逸、散失，就是一种“中”的状态。真德秀述说：

> 其理散于事事物物之间，莫不有当然一定之则，不可过不可不及是所谓中也。……其体则极天理之正，是名大中；其用则酌时措之宜，是名时中。①

这种“中”“大中”“时中”，就是指做事要符合理，不要有左的或右的错误。在这种情况下，就要“常存此心”，或叫作守心，使心不要放逸、散乱。真德秀述说：

> 人受中以生，全具天地之理，故其为心又最灵于物。……今为学之要，须要常存此心。……所谓本心，即所谓仁也，便当存之养之，使之不失，则万善皆从此而生。②

这种守心，并不是不格物，也需要格物才能致知。但这种格物致知，首先要把用功放在自己的本心上，即启发自己内心的直觉，使内心所具有之理表露出来。这在圣人尤其如此。真德秀说：“圣人之心至虚至明，浑然立中万理毕足。一有感触，则其应甚速而无所不通。”所谓“一有感触，则其应甚速而无所不通”，就是一接触到事物内心所具有的事物之理就会立即显现出来，像人们照镜子一样。不仅圣人如此，对一些有道德修养的人也是如此。但是“今人多是气质偏了，又为物欲所蔽，故昏而不能尽知。此圣贤所以贵乎穷理”③。由于人心被物欲所蔽，所以人们在行动上就必然不符合道德的要求。真德秀说：“言虽发于口，实出于心，内有蔽陷离穷之病，则外有诐淫邪遁之失。”④因此，必须去蔽穷理。真德秀述说：

> 心者，人之神明所以具众理而应万事者也；性则心之所具之理，而天又理之所从以出者也。人有是心，莫非全体，然不穷理则有所蔽而无以尽乎此心之量。故能极其心之全体而无不尽者，必其能穷天理而无不立者也。⑤

这种除物蔽以穷理，真德秀叫作收放心或养德性。他述说：

---

① （宋）真德秀：《大学衍义》卷一，《帝王为治之序》。

② （宋）真德秀：《真西山文集》卷三〇，《西山答问》。

③ （宋）真德秀：《大学衍义》卷一一，《吾道源流之正一》。

④ （宋）真德秀：《四书集编》卷一九，《孟子集编》。

⑤ （宋）真德秀：《大学衍义》卷五，《天性人心之善》。

善推其所为，此心之充拓也；求其放心，此心之收敛也。……心一而已，由义理而发，无以害之，可使与天地参。由形气而发，无以检之，至于违禽兽不远。[①]

德性谓得之于天者，仁、义、礼、智、信是也。收放心，养德性，虽曰二事，其实一事。盖德性在人本皆全备，缘放纵其心不知操存，自致贼害其性。若能收其放心，即是养其德性，非有二事也。[②]

由此可见，收放心必须格物致知。

此外，上面已经提到，理未尝不在物中。欲知物中之理，更须格物。真德秀特别指出，人有格物致知穷理的能力。他述说：

心即理，理即心。……学者诚能尽心于此，则可以不惑于彼。……道正之，则心正而身修矣。[③]

这就是说，心中充满着理，心具有知理的能力。在真德秀的著述中比较详细地阐述了格物致知穷理的一系列问题。我们综观真德秀的有关论述，有下列几个方面。

第一，由具体到抽象。真德秀认为认识事物之理，要按照由具体到抽象的顺序，循序渐进，就可以达到目的。对此他提出三点：一是循迹知理。理虽无形而难知，但必有迹可循。真德秀说："事物之理虽若无形而难知，然其发见之已然，则必有迹而易见。"[④]这是讲透过现象认识本质。真德秀又述道：

浑然全体之理，无声臭之可言，无形象之可见，何以知其操然有条若此。盖是理可验乃就他发处验得。物必有本根而后有枝叶，见其枝叶而知其必有本根。性之理虽无形，而端绪之发则可验。故由其恻隐，所以必知其有仁；由其羞恶，所以必知其有义；由其恭敬，所以必知其有礼；由其是非，所以必知其有智。使其本无是理于内，则何以有是端于外；所以有是端于外，必知有是理在内。[⑤]

这是讲从事物的外在形式认识事物的内外内容。二是由末而知本。真

① (清)黄宗羲、全祖望：《宋元学案》卷八一，《西山真氏学案》，北京：中华书局，1986年，第2707页。

② (宋)真德秀：《真西山文集》卷三〇，《西山答问》。

③ (宋)真德秀：《大学衍义》卷一，《帝王为治之序》。

④ (宋)真德秀：《大学衍义》卷一，《帝王为治之序》。

⑤ (宋)真德秀：《大学衍义》卷一三，《异端学术之差》。

德秀述说：

> 其分之殊而理则一，学者当循序而渐进，不可厌末而求本。……无大小者理也，有序者事也。正以理无大小而无不在，以教人者不可不由其序而有所遗也。盖由其序则事本末巨细无不各得其理，而理之无大小者莫不随其所在而无所遗。不由其序而舍近求远，处下窥高，则不惟其所妄意者不可得，而理之全体固已亏于切近细微之中矣。此所以理无大小而教人者尤欲由其序也。[①]

三是由常知变。真德秀认为为学（认识）必先知经（常），知经而后可以语权（知变）。他述说：

> 经，常也；权；变也。常者一定之理，变者随时之宜。遇事之常，则但当守一定之理；遇事之变，则不得不小有移易以就夫权。权与经不可无辨。……然天下之理，惟其当然而已。当经而经，当然也；当权而权，亦当然也。则权虽异于经，而以其当然则亦只是经。为学必先知经，知经而后可以语权，不知经而语权未有不流于变诈者也。[②]

由上可见，在真德秀的认识论中，包含有由个别到一般的认识论辩证法。

第二，持敬以立其本。真德秀把诚敬看成是知理之本。他说："为学之大本，敬与致知而已矣。……非存心无以致知，而存心者又不可以不致知。"[③]

真德秀认为敬与知是相辅相成的。知而不敬于义理，必无所得；敬而不知，必流于释氏之虚静。[④] 他认为理学的持敬不同于释氏的虚静。释氏的虚静是人心中"只见到空荡荡的物事"，而理学的持敬则如明鉴止水。"此心当如明鉴止水，不可如槁木死灰。鉴明水上，其体虽静，而可以鉴物。是静中涵动，体中藏用，人心之妙正是如此。"[⑤]在真德秀看来，水镜之明虽未照物，而能照理，无时不存，此即"静中涵动，体中藏用"。心之奥妙也正在这里。内心持敬专一，虽未思虑，而神明昭彻，其理已具。以此应接事物，便会得心应手，事事中理。真德秀把一些偏离封建道德的行为都看成是害敬。

---

① （宋）真德秀：《四书集编》卷一，《论语集编》。

② （宋）真德秀：《大学衍义》卷三五，《谨言行》。

③ （宋）真德秀：《真西山文集》卷二五，《蔡仲觉名字说》。

④ 参见《真西山集》卷三〇，《问学问思辨乃穷理工夫》。

⑤ （宋）真德秀：《真西山集》卷一八，《讲筵卷子·大学修身在正其心章》。

他述说：

敬者，德之聚。仪狄之酒，南威之色，盘游弋射之娱，禽兽狗马之玩，有一于兹，皆是害敬。[①]

只有诚敬才行。真德秀又说："格物致知自属穷理工夫。……戒谨慎独者，敬也。主静亦敬也，学者倘能居敬以立其本而又穷理以致其如，则学问之道无遗蕴矣。"[②]

真德秀解释敬为主一无适，是本于程朱。他述说：

程子曰："涵养须用敬，进学在致知。"盖穷理以此心为主，必须以敬自持，使心有主宰，无私意邪念纷扰，然后有以先穷理之基本。心既有所主宰矣，又须事事物物，各穷其理，然后能致尽心之功。欲穷理而不知持敬以养心，则思虑纷纭，精神昏乱，于义理必无所得。知以养心矣，而不知穷理，则此心虽清明虚静，又只是个空荡荡的物事，而无许多义理以为之主，其于应事接物必不能皆当。释氏禅学正是如此。故必以敬涵养，而又博学、审问、慎思、明辨以致其知，则于清明虚静之中，而众理悉备。其静则湛然寂然而有未发之中，其动则泛应曲当而为中节之和。天下义理，学者工夫，无以加于此者。自伊川发出，而文公又从而阐明之。《中庸》尊德性、道问学章与《大学》此章（按：学问思辨章），皆同此意也。

学者用功，须当主于一。主者，念念守此而不离之意也。及其涵养既熟，此心湛然，自然无二无杂，则不待主而自一矣。不待主而自一，即所谓诚也。敬是人事之本，学者用功之要，至于诚则达乎天道矣。此又诚敬之分也。所谓主一者，静时要一，动时亦要一。平居暇日来有作为，此心亦要主于一；应事接物有所作为，此心亦要主于一。此是静时敬，动时敬。静时能敬，则无思虑纷纭之患，动时能敬，则无举措烦扰之患。如此则本心常存而不失。为学之要，莫先于此。[③]

这就是说，要陶冶内心精神，使其不受外部事物的引诱和影响，使精力全部集中在封建道德的修养和践履上。

那么"持敬工夫"从何入手呢？真德秀认为首先要对理产生崇敬畏惧心

---

① （宋）真德秀：《真西山集》卷四，《奏议》。

② （宋）真德秀：《真西山文集》卷三〇，《西山答问》。

③ （宋）真德秀：《真西山文集》卷三〇，《西山答问》。

情，收敛身心，使不失规矩，不逾法度。他说："敬奚所自始？自戒谨恐惧始。"[①]又述道：

> 持身以敬，则凛如神明在上，而无非僻之侵。……理义常为之主，而物欲不能夺矣？[②]

这就是说，用先验的心中之理推求事物之理，持敬就是以信仰来确认这种先验之理。

第三，学习。真德秀认为要认识理，还必须学习。首先他指出，人们的学问知识水平是不同的。真德秀说："人性皆善，而觉有先后，后觉者必效先觉者所为，乃可以明善而复其初也。"[③]在这里，真德秀所谓先知先觉，后知后觉，并不完全说是人有生知，而主要是指人们的学问有高低。学问低的人要向学问高的人学习，这点应该是合理的。人们之间学问知识的水平不同，因此，学习是十分必要的，是认识理的一个重要途径。真德秀认为任何人都要学习，圣人也要学习。他述说：

> 圣人虽是生知，何尝不学。如入太庙每事问，吾十有吾而志于学，便是学也。一物之中皆具一理，就那物中见得个理，便是上达。上达者，道德性命之理也，如大而化之之谓圣。[④]

真德秀虽说圣人（这里指孔子）是生而知之的，但生知的圣人也要学习，实际上就否定了生知。不过他说研究物理在于懂得道德性命之理是不完全对的。圣人、凡人都要学习，就是说学习至为重要。真德秀述说：

> 人而不学则无以知其所以为人之理，无以能其所以为人之事，固不足以谓之为人矣。然学而不习，则表里扞格而无以致其学之之道；习而不时（按：指不经常），则工夫间断而无以成其习之之功。……学而时习之，则心与理相涵而所知者益精。[⑤]

真德秀还特别指出，学习"只空思索"是不行的，必须"倚所做事上体察"，才能真正学到东西。他述说：

> 读书便是学习，须缓缓精思其中义理方得。且如做事亦是学，须思量此事道理是如何？只凭埋下头做，不思这事道理则昧而无得。若只

---

① （宋）真德秀：《真西山文集》卷三三，《刘城伯字说》。

② （宋）真德秀：《真西山文集》卷四，《论初政四事》。

③ （宋）真德秀：《四书集编》卷一〇，《论语集编》。

④ （宋）真德秀：《四书集编》卷一三，《论语集编》。

⑤ （宋）真德秀：《四书集编》卷一〇，《论语集编》。

空思索又不倚所做事上体察，则心终是不安稳，须是事与思互相发明。[①]

读书是学习，做事也是学习，思要联系实际思，而不能空思。真德秀这种学用结合的思想方法在当时是有积极意义的。不过他所说的学习，要在“所做事上体察”，是指践履封建伦理道德。

第四，循着事物的已然有常之迹认识其理。真德秀述说：

天虽高，星辰虽远，然求其已然之迹，则其运有常。虽千岁之久，其日至之变，可坐而得，况于事物之近。若因其故而求之，岂有不得其理者。[②]

这就是说，根据事物的过去推知其现在，根据事物的现在推知其未来，即循着事物的规律认识事物。

上面论述的真德秀关于认识论的几个问题，是有可取之处的。真德秀还提出“惟学可以明此心”[③]，把学、敬、用结合起来，形成一定的唯心主义认识论体系。

（二）克己复礼

通过格物致知达到致知穷理，使心与理一，言行须遵循此理和检验此理，心中要常存此理，就要约礼——克己复礼。真德秀述说：

仁者，入之所以为人之理也。然仁，理也；人，物也。以仁之理合于人之身而言之，乃所谓道者也。……《中庸》所谓率性之谓道是也。[④]

“率性之谓道”，就是在人的言行中遵循着理，要做到非礼不动。真德秀说：“非礼不动，此所谓敬也。敬则意诚心正在其中矣。……天下之理，一则纯，二则杂。纯则诚，杂则妄。修身不一，善恶杂矣；尊贤不一，邪正杂矣。”[⑤]真德秀又说：“仁者，心与理一，心纯是道理。……仁者，理即是心，心即是理，有一事来必有一理而应之。要克己复礼，若能克去私意，纯是天理，自然是仁。”心与理一还要克己复礼，就是因为人有私欲之累，会违礼而害仁。真德秀述说：

---

① （宋）真德秀：《大学衍义》卷三五，《谨言行》。

② （宋）真德秀：《大学衍义》卷三五，《谨言行》。

③ （宋）真德秀：《真西山集》卷四，《奏议》。

④ （宋）真德秀：《四书集编》卷一五，《论语集编》。

⑤ （宋）真德秀：《大学衍义》卷一，《帝王为治之序》。

人受天地之中而生，而仁、义、礼、智之性具于其心。仁虽专主于爱而实为心体之全德，礼则专主于敬而实天理之节文也。然人有是身则耳、目、口、体之间不能无私欲之累，以违于礼而害夫仁。故要克己复礼为仁。欲其克去自己之私欲而复于天理之本然。[①]

可见“克去己私，复还天理便是仁”，真德秀认为人心中之理，具有无限的威力，它会克去人之私欲。这就是说，理论是能指导行动的。真德秀述说：

诚能即先儒之说深穷其旨而力行之，则一心可以宰万物，一理可以贯万事，而圣门之功用在我矣。[②]

真德秀强调：“人心虚灵包得许多道理。……虽有气质昏底亦可克治。”[③]他认为只要能在行动中按程朱理学去做，就能宰万物，贯万事。真德秀这种观点是错误的，极大地夸大了程朱理学的作用。

由上可见，克己复礼就是践履封建道德规范，就是知行一致。真德秀把知行一致看得特别重要，认为是认识论的精粹（“精义”）。他述说：

古者学与事一，故精义所以致用。……后世学与事二，故求道者以形器为粗迹，而图事者以理义为空言。……自圣门言之，则洒扫应对即性命道德之微，致知格物即治国平天下之本，体与用未尝相离也。[④]

在真德秀看来，“今所知所行为一致，讲贯乎此，则必践履乎于此，而不坠于空谈无实之病，庶乎其可矣”。[⑤] 知的目的是行，知而不行是空，空洞的理论是没有用处的，是毫无意义的。真德秀述说：

人所以求多闻者，是为立事而已。学必施于事然后为有用之学，不然则所闻虽多，果何为哉？[⑥]

在真德秀看来，“有闻则必尊，不徒闻而已也；有所知则必行，不特知而已也。”学贵自用，只有知而能用、能行，才算真知。真德秀说：“反身而诚只是个真知，真实知得则滔滔行将去，见得万理与我为一。”[⑦]在用的问题上，

① （宋）真德秀：《四书集编》卷一二，《论语集编》。
② （宋）真德秀：《真西山文集》卷三〇，《西山答问》。
③ （宋）真德秀：《真西山文集》卷三〇，《西山答问》。
④ （宋）真德秀：《真西山文集》卷一五，《铅山县修学记》。
⑤ （宋）真德秀：《真西山文集》卷三〇，《西山答问》。
⑥ （宋）真德秀：《大学衍义》卷二，《尧舜禹汤文武之学》。
⑦ （宋）真德秀：《大学衍义》卷二，《尧舜禹汤文武之学》。

真德秀特别强调要彻底,不能三心二意。他述说:

言格物致知,必穷得尽,知得至,则如梦之觉。若穷理未近,见善未明,则如梦之未觉。……好善必实然好之,如饥必食,渴之必饮。恶恶必实然恶之,如水之不可入,火之不可焰。[①]

有是事者也必有是效,亦天理之自然也。然或先计其效而后为其事,则其事虽公而意则私,虽有成功,亦利仁之事而已。若夫仁者,则先为其事而不计其效,知循天理之自然而无欲利之私心也。董子所谓仁人者,正其谊不谋其利,明其道不计其功,正谓此耳。……有一毫利之心便是私欲。[②]

在真德秀看来,依理而行,成败、利钝在所不计,即该做的就做,不要考虑后果。真德秀是反对功利主义的。特别值得注意的是,真德秀提出衡量一个人是否知行一致,是要看其在关键之时的表现,或者说看在关键之时能否杀身以成仁。他述说:

终良不为仁,乃是存心养性底细密工夫,然犹是平居暇日之事,不可以急而至者。至于造次急遽之时,患难倾覆之际,若非平时存养得已熟,至此鲜有不失其本心者。……心纯理即是不违仁,杂以私利便是违仁。[③]

只有在"造次急遽之时,患难倾覆之际"才能真正看出一个人是否知行一致。这就是真德秀所谓的"君子穷理而贵果断,不徒多思"。真德秀的这种思想是比较深刻的。[④]

总之,在真德秀看来,学用不仅要达到一致,而且要达到融会贯通的地步。他提出要以孔子的学生颜渊为榜样,"颜子深知义理之无穷,惟恐一善之不尽。故虽能而肯问于不能,虽多肯问于寡,以求尽于义理之无穷而已"[⑤]。如见君即忠,见友即义,不是被动的,而是自觉的。

(三)格物致知和克己复礼互相发明

真德秀认为格物致知和克己复礼是相互联系,相互推动发展的。他

---

① (宋)真德秀:《真西山文集》卷三〇,《西山答问》。

② (宋)真德秀:《四书集编》卷一〇,《论语集编》。

③ (宋)真德秀:《四书集编》卷一四,《论语集编》。

④ (宋)真德秀:《四书集编》卷一四,《论语集编》。

⑤ (宋)真德秀:《四书集编》卷一四,《论语集编》。

述说：

> 博学是致知，约礼是践履。……博文乃道问学之事，是欲尽知天下事物之理，约礼乃尊德性之事。两事须是互相发明：约礼工夫深，则博文之工夫愈明；博文工夫至，则约礼之工夫愈密。[①]

在真德秀看来，格物致知是积累知识的过程，就是人们通过接物、读书，弄通圣贤之道，所以叫作道问学；约礼，克己复礼，就是对于通过格物致知所获得的圣贤之道，不仅要牢牢地掌握住，还要体现在言行中，所以叫作尊德性。这"两事须是互相发明"。真德秀又说："士之于学，穷理致知而已。理必达于用，用必原于理，非混融贯通不足以话学之成。"[②]

虽然真德秀讲的是封建伦理道德的学习、修养和履行，但他这种学用一致的思想，学用要"混融贯通"的思想，显示其抽象思维的水平是有一定高度的。真德秀述说：

> 尽性、知性而知心，所以造其理也。存心、养性而事天，所以履其事也。不知其理，因不能履其事，然徒造其理而履其事，则亦无有诸己矣。[③]

在知行合一的问题上，真德秀在理学家中达到了一个高峰。

四、真德秀对性、情、诚的界说

（一）先天性善论

在人性问题上，真德秀和其他理学家一样，主张性善。但是理学家对于性善的界说却与以往有所不同，即从性即理的观点出发。真德秀说："性善之说，程朱尽之。其曰性即理也，乃自昔圣贤之所未言，万世言性之标准也。"[④]在理学家看来，性即理，这是研究人性善的标准和出发点。

真德秀认为天生人，予之以天地之理以为性和天地之气以为质。前者为人性，后者为人形。他述说：

> 人物之生，同得天地之理以为性，同得天地之气以为形。其不同

---

① （宋）真德秀：《四书集编》卷一四，《论语集编》。

② （宋）真德秀：《真西山文集》卷三六，《跋刘弥邵读书小记》。

③ （宋）真德秀：《大学衍义》卷五，《天性人心之善》。

④ （宋）真德秀：《大学衍义》卷五，《天性人心之善》。

者，独人于其间得形气之正而能有以全其性。物则不能。[①]

例如能知觉运动者只是气，知觉运动之理方是性。他又述道：

> 性者人之所得于天之理也，生者人之所得于天之气也。性，形而上者也；气，形而下者也。人物之生莫不有是性，亦莫不有是气。然以气言之，则知觉运动，人与物若不异也；以理言之，则仁、义、礼、智、信之禀，岂物之所得而全哉？此人之性所以无不善，而为万物之灵也。[②]

人和物区别在哪里呢？先秦的荀子认为在于人能知，理学家认为人具有天地之理以为性。此赋人之五常和能遵循五常。这是人和物根本区别之所在，这是讲人性之来源问题。真德秀认为，"天地赋我以此形，与我以此性。形即与禽兽不同，性也与禽兽绝异。何谓性？仁、义、礼、智、信是也。惟其有其五者，所以方名为人。我便当力行此五者，以合符天之所与"[③]。在真德秀看来，人性是天赋的。他所谓的天，即他所说的理。因此，真德秀在人性来源问题上，是先验论的。

理创造世界万物，予人以善性。"继继而出，莫非至善，在人则曰性。理无不善，性岂不善哉。"真德秀又述道：

> 性非有物，只是一个道理之在我者耳！故性之所以为体，只是仁、义、礼、智、信五字，天下道理无不出于此。……所谓性者。[④]

> 性果何物哉？曰五常而已尔。仁、义者，五常之纲领也。……事亲从兄，天性之自然而本心发见之尤切者。……仁、义者，人心之所同，而所以贼之者利也。学必审乎义、利之分，然后不失其本性之正。[⑤]

人之五常之性是天所禀赋的。这种先天赋予人的善性，真德秀叫作良知（本然之知）、良能（本然之能）。他说："善出于性，故有本然之能，不待学而能；本然之知，不待虑而知。观人之幼而爱亲，长而敬见，则可知矣。"[⑥]这就是所谓"天性人心之善"。真德秀又述道：

> 天之所以与人者，莫非纯粹至善之理。此所谓天地之性也。人之受之则所质之气不同，或清而纯，或浊而杂，故其性亦随而异。此所谓

---

① （宋）真德秀：《大学衍义》卷五，《天性人心之善》。

② （宋）真德秀：《大学衍义》卷二九，《操存省察之功》。

③ （宋）真德秀：《真西山集》卷三〇，《西山答问》。

④ （宋）真德秀：《大学衍义》卷二九，《操存省察之功》。

⑤ （宋）真德秀：《真西山文集》卷三五，《孟子要略序》。

⑥ （宋）真德秀：《大学衍义》卷三五，《谨言行》。

气质之性也。天地之性则无不善,气质之性则有善不善焉。[①]

天地之性纯然是善,气质之性也不一定完全不善,根据人的禀受不同,受之清而纯者亦可为善,“人之德性本无不备,而气质所赋鲜有不偏”。把人的气质之性也分为有善有不善,在理学家中是一个新提法。真德秀述说:

性者,人所禀于天以生之理也。浑然至善,未尝有恶。人与尧舜初无少异,但众人汩于私欲而失之。尧舜则无私欲之蔽而能充其性尔。……仁、义不假外求,圣人可学而至。……性,即理也。天下之理原其所自未有不善,喜怒哀乐未发何尝不善;发而中节,即无往而不善;发不中节,然后为不善。[②]

真德秀所谓性善,是指人之喜怒哀乐未发之时,人之心“有喜怒哀乐之未发也,浑然一性而已。无形无象,万理毕具”[③]。这是人人所共同的。人之初,性本善,虽尧舜与凡人都是一样。真德秀又述道:

气质之性固有美恶之不同矣,然以其初而言,则皆不甚相远也。……天地之所以生物者,理也。其生物者,气与质也。人物得是气质以成形,而其理之在是者则谓之性。然所谓气质者,有偏正、纯驳、昏明、厚薄之不齐。故性之在是者,其为品亦不一。……然其本然定理则纯粹至善而已,所谓天地之性者也。[④]

真德秀这里所讲的是对孔子的“性相近,习相远”的进一步发挥。不过真德秀偏重于说明由于气质“有偏正、纯驳、昏明、厚薄之不齐”,“其为品亦不一”。这就是说,人之初只是性相近,而不一定完全性相同。

(二)性发而为用谓之情

真德秀认为,人之性和人之情是紧密地联系在一起的。“仁、义、礼、智,性也,恻隐、羞恶、辞让、是非,情也。有是性则有是情。”真德秀又述道:

仁、义、礼、智皆真实而无妄者也。仁则是温和慈爱底道理,义则是个断制裁割底道理,礼则是个恭敬撙节底道理,智则是个分别是非底道理。凡此四者,具以人心乃是性之本体。方其未发,漠然无形象之可

---

① (宋)真德秀:《真西山文集》卷三五,《孟子要略序》。

② (宋)真德秀:《真西山文集》卷三五,《孟子要略》。

③ (宋)真德秀:《真西山文集》卷三〇,《西山答问》。

④ (宋)真德秀:《四书集编》卷一二,《论语集编》。

见。及其发而所用(按:体的表现、作用),则仁者为恻隐,义者为羞恶,礼者为辞让,智者为是非。随事发见,各有苗脉不相淆乱,所谓情也。[①]

由此可见,人之性和人之情是体和用的关系,情是性的表现和作用。因此要使性之善充分地表现出来,发挥其作用,就要尽性。尽性可以成尧舜。真德秀述说:

人之有生虽与物同,而备二气于身,根五常于心,则复与物异,故必如尧舜之善而后可谓尽性。仁、义、礼、智之端有一亏缺,则以人跟物其间相去者几希。夫人受此性于天,犹其受任于朝也。一理弗循,谓之违天;一事弗治,谓之旷官。旷官可愧也,违天独无愧乎?[②]

在这里,真德秀把人受性于天比作臣任职于朝,由此推论循守仁、义、礼、智、信的封建道德是人的不可或违的天职,否则即欺慢于天,"为人而慢天地,必有雷霆之诛"[③]。因此,"仁、义、礼、智之端有一亏缺",都不算尽性。四端都要充分地表露出来,而且"其德性之美出乎自然不待用力,所谓性之者"[④]。这就是说,尽性露情是自然而然地流出,完全出于自觉。

(三)言行一致于理即诚

真德秀把诚理解为理之真,"诚者,天理之真","诚者,理之在我者皆实而无伪,天道之本然也。思诚者,欲此理之在我者皆实而无伪,人道之当然也"。[⑤] 天与人之本性为诚,但由于人事之物欲干扰而非诚。故要思诚,要力求诚。真德秀把诚的内涵规定为无妄、不欺,悠久不息。他述说:

诚者,无妄也,不欺也,悠久不息也。尽此三者,而诚之体具矣!何谓无妄?纯乎真实而不杂以虚伪是也;何谓不欺?戒谨其所不睹,恐惧其所不闻是也;何谓不息?始终惟一时乃日新是也。此三者,有一之未至焉,则去诚远矣。[⑥]

真德秀这种对诚内涵的规定准确而通俗易懂,是对理学的一个贡献。

"无妄、不欺,悠久不息"之谓诚,何以见得?那就要从行为上看。真德

---

① (宋)真德秀:《大学衍义》卷二九,《操存省察之功》。

② (宋)真德秀:《真西山文集》卷二七,《迩言后序》。

③ (宋)真德秀:《真西山文集》卷四〇,《泉州劝教》。

④ (宋)真德秀:《大学衍义》卷二九,《操存省察之功》。

⑤ (宋)真德秀:《真西山文集》卷三二,《思诚箴》。

⑥ (宋)真德秀:《真西山文集》卷五,《上皇子书》。

秀又把诚和其认识论联系起来，认为言行一致于理即诚。这种说法在理学中也是十分新颖的。

真德秀认为，“心无不尽（按：指尽于理）之谓忠，言与行无不实之谓信，尽得忠与信即是诚。……人于忠信上着力，忠信无不尽，则诚在其中矣”；“有忠而后有恕，忠犹形也，恕犹影也。学者用力于忠恕，尽己尽人之间，无一不极其至。久之，亦可以造（到）至诚矣”。[①] 因此，诚是治身、治家、治国的根本，“诚存则身正，身正则家治，推及天下犹运之掌也”。[②]

五、真德秀循理复善的道德论

理学家反复强调圣贤的千言万语都是为了教人明白“明天理，灭人欲”这个道理。朱熹谓“惟有天理而无人欲，是以圣人之教，必欲其尽去人欲，而复全天理”[③]。因此，真德秀恪守朱熹所教导：“学者须是革尽人欲，复尽天理。”[④]

真德秀认为天即理，“天者，理而已矣”[⑤]。真德秀把唯理论转变为天命论。在真德秀看来，万物之自然之理就是天命。他述说：

> 天命即天道之流行而赋于物者，乃事物所以当然之故也。……知天命，穷理尽性也。……天道运行赋于万物，莫非至善无妄之理而不已焉。是则所谓天命者也，物之所得是之谓性，性之所具是之谓理。其名虽殊，其实则一而已。理也，性也，命也，即非二物，然也不能无小分别。盖理以事别，性以人殊，命则天道之全，而性之所以为性，理之所以为理者也。[⑥]

真德秀认为天命体现为两个方面，即物和人。天命体现为事物，即为理，如“四时行，百物生，莫非天理发现流行之实”；天命体现为人，即为性，如谓“万物受命于天以生而得其理之体，故仁、义、礼、智之体根于心而为性。其即生也，则随其气之运，故废兴厚薄之变，惟所命而莫逃”。事物和人的本

---

① （宋）真德秀：《四书集编》卷一三，《论语集编》。

② （宋）真德秀：《大学衍义》卷二九，《操存省察之功》。

③ （宋）朱熹撰，陈俊民校编：《朱子文集》卷三六，《答陈同甫》，台北：德富文教基金会，2000 年。

④ （宋）黎靖德编：《朱子语类》卷一三，《力行》，北京：中华书局，1986 年，第 225 页。

⑤ （宋）真德秀：《四书集编》卷二七，《孟子集编》。

⑥ （宋）真德秀：《四书集编》卷二八，《孟子集编》。

质都是天命，是不变的，而其具体遭遇则是可变的，而且是命定的。真德秀述说：

> 命者，天理流行付与万物之谓也。然其形而上者谓之理，形而下者谓之气。自其理之体而言之……万古不易。自其气之运而言之，则消息、盈虚之变如循环之无端而不可穷也。[①]

因此，“人物之生吉凶、祸福，皆天所命。……君子修身以候之，所以顺受乎此也”，“人事之中便是天理”。[②] 真德秀这些说教，是叫人安于现有的社会阶级地位和本分，就是遵循天命，循其天理。

但是每个人都有物（人）欲，如耻衣食之恶，而物（人）欲与天理不能两立。真德秀说：“志于道者，心存于义理也。耻衣食之恶者，心存于物欲也。理之与欲不能两立。……欲作好人则不可望快活，要快活则做不得好人。”[③]真德秀把天理和人欲的对立，概括为道心和人心的对立。他述说：

> 道心者，义理之正也；人心者，血气之私也。正者易晦，而私者难公，大舜所以有危微之戒。[④]

在真德秀看来，“人心者，人欲之谓也；道心者，天理之谓也”[⑤]。因此，“人欲尽处，天理流行，随处充满，无少欠阙”。[⑥]

在明天理克去人欲问题上，真德秀并不完全主张禁欲主义，他肯定了有些利欲是合理的。他述说：

> 好勇、好货、好色之心皆天理之所有，而人情之所不能无者。然天理人欲同行异情，循理而公于天下者，圣贤之所以尽其性也；纵欲而私于一己者，众人之所以灭其天也。二者之间不能以发（按：极短时间）而共。[⑦]

真德秀认为人们所必需的利欲，其实也本于天理。“义者，天理之所宜；利者，人情之所欲。……性者，人所受之天理；天道者，天理自然之本体。其

---

① 以上见（宋）真德秀：《四书集编》卷一〇，《论语集编》。

② （宋）真德秀：《四书集编》卷一〇，《论语集编》。

③ （宋）真德秀：《四书集编》卷一〇，《论语集编》。

④ （宋）真德秀：《真西山文集》卷三六，《跋虞复之春秋大义》。

⑤ （宋）真德秀：《西山文钞》卷二六，《明道先生书堂记》。

⑥ （宋）真德秀：《四书集编》卷一二，《论语集编》。

⑦ （宋）真德秀：《四书集编》卷二七，《孟子集编》。

实一理也。”[①]因此，“循天理则不求利而自无不利”。欲求利者不得利，不求利者而得利，这在现实生活中是不乏其例的。这是真德秀总结出来的处世哲学，从理论思维的角度看，是具有辩证法因素的。

如何做到循天理“复其善”呢？真德秀提出三个方面。

第一，对“理”要有崇畏心理。“凛如神明在上”，则“物欲消尽，纯乎义理”。[②]

第二，教育。真德秀述说：“然苟有以反之，则虽不善者可复而善。反之之道……由治己而言则有学，由治人而言则有教。”[③]对统治者来说，去欲通过学习就行；对于广大劳动者来说，则必须进行教育，包括法律制裁。真德秀认为教育的作用非常大，他说：“人性皆善，而其类有善恶之殊者，气习之染也。故君子有教，则人皆可以复其善。”[④]这段话是真德秀对孔子“有教无类”的解释。真德秀认为有善与恶两类人，通过教育使恶人皆可以恢复善性，由此所有人都善，那么就无类了。这种解释似与孔子原意不合，但别开生面，增添了新的内容，值得注意。真德秀基于这种有教无类的思想，提出“圣贤施教，各因其材。……其分不同，故所施不能无差等，所以理一分殊者也”[⑤]。通过教育，把各个分殊皆“复其善”，就归于一理了。这是真德秀把其世界观用于教育上。

第三，环境的影响。真德秀述说：“人之性，固有笃于善而易为风化所移者。然不移者寡，而移之者较多。故必令善兄弟而后能宽裕而不变。若不善之兄弟，本自薄恶，上又教之，则交相为病，当愈深矣。”[⑥]真德秀认为，环境的影响也可以使人皆“复其善”。这是理学家所宣扬的治于人的理论根据。

当时的封建统治者要求人们“灭人欲”，但是他们自己是不会真正灭尽人欲的。上面已有引到，“由治己而言则有学”，最多只是装装样子。当时，真德秀曾任理宗经筵侍读，一再劝说理宗灭去人欲。但据《宋史·理宗本纪》所载，理宗“嗜欲既多，怠于政事。……经筵性命之讲，徒资虚谈”。可见

① (宋)真德秀:《四书集编》卷一二,《论语集编》。

② (宋)真德秀:《真西山文集》卷四,《论初政四事》。

③ (宋)真德秀:《大学衍义》卷五,《天性人心之善》。

④ (宋)真德秀:《四书集编》卷九,《论语集编》。

⑤ (宋)真德秀:《大学衍义》卷一二,《吾道源流之正二》。

⑥ (宋)真德秀:《大学衍义》卷五,《天性人心之善》。

封建统治者并未受"灭人欲"的限制，受害的只能是没有任何权力的广大劳动者。

六、真德秀的社会政治思想

真德秀不仅在哲学上卓有成就，还是著名的政治家。他从政二十余年，奏疏数十万言，以陈述政见，并多有政绩。其名声响彻朝内外，所到之处观者如市。因此真德秀的社会政治思想是很丰富的。

真德秀生活于南宋末年，当时社会极为动荡不安，朝廷正需要一种精神支柱，把人民从思想上和政治上统一起来。真德秀的哲学思想正是适应这种社会需要而产生的。

首先，关于君臣问题。在君主专政的社会中，臣民受着封建法律严格的约束，必须绝对服从君主，而君主本人却超出法律之外，不受任何管束。君主可以为所欲为，"一心可以兴邦，一心可以丧邦，只在公私之间尔"[①]。但是真德秀提出，对待天命，包括君主在内的所有人，都必须绝对服从。真德秀在任宋理宗经筵侍读过程中，反复劝君"修德以格天"，"祈天永命"。他述说：

> 帝王当尊者莫如天，所当从事者莫如敬。……夫天道甚明，不可欺也。天命惟艰，不易保也。昧者徒曰"高高在上，不与人接"，而不知人君一升一降于事为之间，天之监视未尝不一日在此也。[②]

在这里，真德秀把董仲舒的天人感应论引入其理学中，无怪乎真德秀谓"西汉儒者惟一仲舒，其学纯乎孔孟"[③]，推崇备至。当然，真德秀不是重复董仲舒的天为人格神那一套。真德秀认为天之所以能主宰万物，是因其本身蕴含着秩序万物的理。真德秀把理规定为封建纲常秩序，又把封建纲常关系归之于天，从而显示出封建纲常秩序的神圣尊严。如果损害这种天理，社会国家就不能维持。君是受天命来执行纲常的，是国家的体现。真德秀述说：

> 君者，神人之主。君为贵，社稷次之，而民又次之，乃其常也。而孟子顾反言之（按：孟子曰"民贵君轻"），何哉？战国之时，视民如草芥，不

---

① （宋）真德秀：《大学衍义》卷一，《帝王为治之序》。

② （宋）真德秀：《大学衍义》卷二八，《事天之敬》。

③ （宋）真德秀：《大学衍义》卷二八，《事天之敬》。

知兴废存亡皆由此出，故其言若此。[1]

这样，真德秀把孟子的一点反君主专制的思想也去掉了，十分露骨地为君主专制辩护。

但是，真德秀并不鼓吹君主为所欲为，他认为朝廷要政治清明，首先要正君心。真德秀述说：

朝廷者，天下之本；人君者，朝廷之本。而心者，又人君之本也。人君能正其心，湛然清明，物莫能惑，则发号施令，罔有不臧，而朝廷正矣！[2]

真德秀根据当时纲常废弛、士气衰颓的情况，劝导君主以身作则，对当时地主阶级占统治地位的国家是有积极意义的。其次，真德秀劝说君主要依理而行。他述说：

道，即理也。天下之大，同此一理。人君所为，循理则治，悖理则乱。故曰治之在心，一理可以贯万事……一心可以宰万物。[3]

这就是说，社会治乱决定君主是否依理而行。这就把君主的行为限制在天理的范围之内。此外，真德秀还认为"人君行事当以古人为师，若自任己意不师古昔，而能长治久安者，无是理也"。恢复三代的政治思想，也是理学家的一般政治主张。

关于臣和君的关系，以及臣怎样从政，真德秀也提出一些主张。他述说：

以道事君者，不从君之欲。……道者，正理也。大臣以正理事君，君之所行有不合正理者，必规之拂之，不苟从也。道有不合则去之，不苟留也。或谓不合则去，毋乃非事君之意乎？曰此所以为爱君也。君臣之交于道合，非利之也。[4]

在君臣的关系问题上，真德秀不主张绝对服从，而要以"正理"处理君臣关系，要"君臣之交于道合"。因此，真德秀提出处理政务要"随事而顺理，因时而处宜"[5]，"处事之方，不过本于义理而参之以时与势而已"[6]。

---

① （宋）真德秀：《大学衍义》卷一，《帝王为治之序》。
② （宋）真德秀：《大学衍义》卷一，《帝王为治之序》。
③ （宋）真德秀：《大学衍义》卷一，《帝王为治之序》。
④ （宋）真德秀：《大学衍义》卷一，《帝王为治之序》。
⑤ （宋）真德秀：《大学衍义》卷一，《帝王为治之序》。
⑥ （宋）真德秀：《大学衍义》卷三五，《谨言行》。

此外，真德秀提出为官要以身作则。他述说：

始吾患隶于己者之不忠也，故立朝不敢不以父事吾君；患长吏者之不仁也，故居官不敢不以子视吾民。尝以掾属其府矣，其情不吾定，吾患焉，故为长吏必思有以通下情；当以监司临所部矣，其令不吾行，吾病焉，故虽帅一道，而于使者之命未尝忽。私居而挠公府，吾尝不平之，故于其所属，不敢以毫发干焉；大家而侵细民，吾尝不直之，故于乡党邻里，虽无以厚之，而亦不敢伤之也。①

某愿与同僚各以四事自勉，而为民去其十害。何谓四事？曰律己以廉（按：指有一点贪污便为大恶），抚民以仁（按：指有一毫之惨刻非仁），存心于公，莅事以勤（按：指当官者一日不勤，其下必有受其弊者）是也。何谓十害？曰断狱不公，淹延囚系，惨酷用刑，泛滥追呼，招引告讦，重叠催税，纠罚取财，纵吏下乡，低价买物是也。②

这里，真德秀提出的为民四事、十害，虽是不可能做到，如所谓“抚民以仁”“存心于公”等，都是欺人之谈。但是作为封建地主官吏，他能提出这些问题确是难能可贵的。

其次，施仁政，收民心。真德秀从其性善论出发，认为行仁政是天理决定的。真德秀述说：

天地造化无他作为，惟以生物为事。观夫春夏秋冬，往古来今，生意同流，何尝一息间断，天地之心于此可见。万物之生既从天地生意中出，故物物皆具此理（按：指有仁的本性），何况人为至灵，宜乎皆有不忍人之心也。然人有是心而私欲间断，故不能达之以用。惟圣人全体本心，私欲不杂，故有此仁心，便有此仁政。自然流出，更无壅遏，天下虽大，运于此心而有余矣。③

真德秀认为“圣人全体此心随感而应，故其所行无非不忍人之政也”④。施仁政，是真德秀在长期从政中的经验总结。他懂得人心的向背关系到事业的成败，国家的兴亡，因此他提出收人心要做好四件事。真德秀述说：

天下之事，非一家之私，何惜不与众共之（按：指要公议）。此收人心之一事也。赏罚适平，则人莫得而议。今有功罪同而赏罚异者，朝廷

① （宋）真德秀：《真西山文集》卷二五，《矩堂记》。

② （宋）真德秀：《真西山文集》卷三四，《谭州谕同官咨目》。

③ （宋）真德秀：《大学衍义》卷二七，《田里戚休之实》。

④ （宋）真德秀：《大学衍义》卷二七，《田里戚休之实》。

之于天下，当如天地之于万物，栽培倾覆，付之无心，可使一毫私意于其间哉。此收人心之二事也。当乾淳(按：南宋孝宗乾道、淳熙年号)间，有位于朝者以馈及门为耻，受任于外者以苞苴入都为羞。今馈赂公行，熏染成风，恬不知怪。果若使息天下之谤，莫若反其物，罪其人，则心迹暴白。此收人心之三事也。治世气象，欲其宽裕，不欲其迫促，昔已言之。故籍有讥呵之人，讥呵则已过矣，甚至于流窜焉，杀戮焉，都城之民，握手相戒。宜开密网，达下情。此收人心之四事也。[①]

在这里，真德秀提出要与众共议国家大事，赏罚分明，反对行私舞弊，使民有衣食，等等，都有十分深刻的见解。真德秀不愧是封建社会中一个有远见的政治思想家。

第六节 吕大奎

一、吕大奎的生平著述

吕大奎，一名大圭，字圭叔，号朴乡，南宋末泉州南安县大丰山下西朴兜(乡)三源村人，学者称朴乡先生。生于南宋理宗绍定三年(1230)，卒于元世祖至元十六年(1279)。北宋著名的政治改革家吕惠卿的四代裔孙，理宗淳祐七年(1247)进士(张渊微榜一甲第三名)，历任潭州提举司、潮州教授、袁州福州通判、漳州知府、兴化军知军、秘书阁修撰、行尚书吏部员外郎兼国史编修实录检讨副官、崇政殿说书、朝散大夫等。任职期间，官清政慈，深得人心，如常以自己的俸米抵贫困之家的赋税等。

南宋恭宗德祐二年(1276)，吕大奎在执行公务中路过家门，被其降元的部属泉州市舶使蒲寿庚伙同知州田子真拘捕，逼迫他签署降元表，封他充任元朝官吏。他凛然严词拒绝。蒲寿庚拟杀害他，正好他的门人任蒲家总管，偷偷地放走了他。他化装逃往海岛，蒲寿庚等派兵追捕，后被杀害，年仅50岁。其在诗中曰：

此日江山倍有情，怒涛万顷一书生。

① (宋)真德秀：《真西山文集》卷四，《论初政四事》。

丹诚欲挽东流水，古渡安平恨不胜。[①]

吕大奎是朱熹的三传弟子，受学于朱熹高弟陈淳的弟子潜轩王昭复。此后尽弃词章，专务理学，得朱熹真传，理学造诣高超，号称温陵截派。吕大奎居乡授徒数百人，泉州地区理学学者多为其弟子。元孔令俊所建同安大同书院，吕大奎配祀朱熹。文天祥赠其"朱后文先""无愧君亲"匾额，同安大同书院赠其"理学名臣"匾额。吕大奎的门人、同安丘葵赞曰：

泉南名贤，紫阳高弟。造诣既深，践履复至。

致身事君，舍生取义。所学所守，于公奚愧。[②]

吕大奎的著述，泥封一室，元兵到达时毁之，多散佚。吕大奎散佚的主要著述《春秋集传》的内容，大都在今存《春秋或问》和其附《春秋五论》之中。流传下来的其他著述还有《春秋要旨》、《论语集解》(20卷)、《论孟集解》、《易经集解》、《学易管见》、《莆阳拙政录》等，皆难以见到。今据其《春秋或问》(20卷)和其所附《春秋五论》(1卷)研究其思想，此二书收入于《四库全书》之中。

二、吕大奎的理学思想

吕大奎主要围绕天道与性命的问题，以朱熹的思想为指导，通过对儒家典籍的注释和论述，把自己的理学思想呈现出来，形成自己的理学思想文化体系。吕大奎述说：

为其能明天理，以正人心也。周辙东，王政息，政教失，风俗坏，修道之教不立，而天命之性、率性之道，几若与之俱泯泯昧昧而不存者。[③]

这是吕大奎研究《春秋》的宗旨。吕大奎的门人文公书院堂长何梦申述说：

(吕大奎的)《集传》《或问》二书，盖本文公之说而发明之。有《五论》以开其端，有《集说》以详其义，又有《或问》以极其辨难之指归，而《春秋》之旨明白矣。噫！夫子之心，至文公而明；文公之论，至先生而备。先生亦有功于世教矣。梦申预闻指教，不敢私秘，与朋友谋而锓诸

① (清)李清馥：《闽中理学渊源考》卷三三，《侍郎吕朴乡先生大奎》，北京：商务印书馆，2018年，第428页。

② (清)李清馥：《闽中理学渊源考》卷三三，《侍郎吕朴乡先生大奎》，北京：商务印书馆，2018年，第428页。

③ (宋)吕大奎：《春秋或问》附录，《春秋五论》，北京：商务印书馆，2017年，第212页。

梓，庶几广其传矣。[①]

上面讲到，现在研究吕大圭的理学思想，主要是据其关于《春秋》的注释和论述。此处所讲即其《春秋或问》《春秋五论》的思想。

吕大圭特别强调朱熹等理学家的“为己之学”，把成就“内圣成德和外王事功”作为核心价值注释和论述《春秋》。这就是朱熹及其后学一脉相传的“治心之学”。吕大圭明确指出：“《春秋》之作何为也？曰：《春秋》者，扶天理而遏人欲之书也！”[②]《春秋》是史书，而吕大圭把整个《春秋》概述为明天理遏去人欲，全从道德伦理学上立论。因此，其春秋学是很有特点的。

吕大圭在《春秋五论》中述说：

> 《春秋》，鲁史尔。圣人从而修之，则其所谓扶天理而遏人欲者何在？曰：惟皇上帝，降衷于下民，若有恒性，而绥猷之责，则后实任之。尧、舜、禹、汤、文、武，达而在上，所以植立人极，维持世道，使太极之体常运而不息，天地生生之理常发达而不少壅者，为其能明天理以正人心也。……君臣之道不明也，上下之分不辨也，夷夏之辨未明也，长幼之序未正也，义利之无别也，真伪之溷淆也。诸侯僭天子，大夫僭诸侯，而世莫知其非也。……孔子虽圣，不得位，则绥猷修道之责，谁实尸之？然而不忍绝也。于是以其明天理、正人心之责而自任焉。六经之书皆所以垂世教也，而《春秋》一书尤为深切。[③]

吕大圭认为，圣人作《春秋》，就是尧、舜、禹、汤、文、武等圣圣相传的“植立人极，维持世道”，“以其明天理、正人心之责而自任”的。

吕大圭进一步指出，要用“君臣之义、上下之分、夷夏之辨”，来说明“扶天理于将萌，遏人欲于方炽”之时。吕大圭述说：

> 鲁史所书其于君臣之义，鲁史所书其于上下之分，或未辨也，而吾圣人则一正之以上下之分。夷夏之辨有未明者，吾明之；长幼之序有未正者，吾正之；义利之无别也，吾别之；真伪之溷淆也，吾明之。其大要则主于扶天理于将萌，遏人欲于方炽而已。此正人心之道也。故曰：“禹抑洪水而平天下，周公兼夷狄、驱猛兽而百姓宁，孔子成《春秋》而乱

① （宋）吕大圭：《春秋或问》附录，《春秋五论》卷末，《春秋或问跋》，北京：商务印书馆，2017年，第211页。

② （宋）吕大圭：《春秋或问》附录，《春秋五论》，北京：商务印书馆，2017年，第212页。

③ （宋）吕大圭：《春秋或问》附录，《春秋五论》，北京：商务印书馆，2017年，第212页。

臣贼子惧。”[1]

此说很有新意，是言之人之所未言者，应加以注意。

吕大奎还把天理、人欲与是非联系起来，认为“是非善恶”倒置，是“天理不明，人心不正”的根源。吕大奎述说：

> 人性之动，始于恻隐而终于是非。恻隐发于吾心，而是非公乎天下。世之盛也，天理素明，人心素正，则天下之人以是非为荣辱。世之衰也，天理不明，人心不正，则天下之人以荣辱为是非。世之所谓乱臣贼子恣睢跌荡，纵人欲灭天理者，岂其悉无是非之心哉？故虽肆意所为，莫之或制，而其心实未尝不知是非，而恶夫人之议己。此其一发未亡之天理，不足以胜其浸淫日滋之人欲，是以迷而不复，为而不厌，而其所谓自知其是非，终自若也。则其心未尝不欲紊乱天下之是非，以托己于莫我议之地。[2]

在吕大奎看来，是非根于恻隐之心，有了恻隐之心，则天下之人以是非为荣辱，天下为公，就能以天理而灭去人欲。吕大奎述说：

> 是故唐虞三代以上，天理素明，人心素正，是非善恶之论素定，则人之为不善者，有不待刑罚加之，刀锯临之而自然若无所托足于天地间者。世衰道微，天理不明，人心不正，是非善恶之论几于倒置，然后乱臣贼子始得以自容于天地间，而不特在于礼乐征伐之无所出而已也。孔子之作《春秋》也，要亦明是非之理，以诏天下与来世而已。是非者，人心之公理，而圣人因以明之，则固自有犁然当乎人心者。……此其扶天理、遏人欲之功，顾不大矣乎？……此固《春秋》一书所以有功于万世也。[3]

吕大奎以唐虞三代为例，当时人心是非善恶素定，人皆为善，人们不待刑罚而天下太平。因此，恻隐、是非是能以天理而灭去人欲的。这是《春秋》所以有功于万世的地方。

吕大奎对《春秋》的研究中，反复引用胡安国的《春秋传》，他特别赞同胡安国关于“春秋大义”的观点。春秋大义是中国文化的基本精神，旨在明辨是非、邪正、善恶、褒贬，其本质是个人与社会国家的行为规范。吕大奎说

---

① (宋)吕大奎:《春秋或问》附录,《春秋五论》,北京:商务印书馆,2017年,第212页。

② (宋)吕大奎:《春秋或问》附录,《春秋五论》,北京:商务印书馆,2017年,第213页。

③ (宋)吕大奎:《春秋或问》附录,《春秋五论》,北京:商务印书馆,2017年,第213页。

《春秋》为"天子之事"[①]，那么，天子之事是什么呢？汉司马迁《史记·孔子世家》述说：

夫《春秋》，上明三王之道，下辨人事之纪，别嫌疑，明是非，定犹豫，善善恶恶，贤贤贱不肖，存亡国，继绝世，补敝起废，王道之大者也。

司马迁谓《春秋》讲的是"存亡国，继绝世"的"王道之大者"，就是人们常说的"普天之下莫非王土"，是国家的统一，是"大一统"。吕大奎深研《春秋》，深知"春秋大义"的意义价值，特别在行为上践履《春秋》之义。元程端学述说：

大奎抗节遇害，其立身本末，皎然千古，可谓深知《春秋》之义。其书所谓明分义、证名实、著几微，为圣人之特笔者，侃侃推论，大义凛然，足以维纲常而卫名教，又不能以章句之学锱铢绳之矣。[②]

程端学(1278—1334)，浙江鄞县(今宁波市)人，著《春秋本义》《春秋三传辨疑》等，其对吕大奎的春秋学的评论是很确切的。吕大奎毕生用功于《春秋》，可谓深知《春秋》之大义。吕大奎大节不夺，皎然千古，其立身本末，确为圣人之特笔、后人之榜样。

吕大奎在《春秋或问·隐公》卷二中述说：

胡氏曰：戎狄举号，外之也。天无所不覆，地无所不载，天子与天地，参者也。《春秋》，天子之事，何独戎狄乎？曰：中国之有戎狄，犹君子之有小人，内君子、外小人为泰，内小人、外君子为否。《春秋》圣人倾否之书，内中国而外四夷，使之各安其所也。无不覆载者，王德之体；内中国外四夷者，王道之用。是故以诸夏而亲戎狄，致金缯之奉，首顾居下，其策不可施也。以戎狄而朝诸夏，位侯王之上，乱常失序，其礼不可行也。以羌胡而居塞内，无出入之防，非我族类，其心必异，萌猾夏之阶，其祸不可长也。为此说者，其知内外之旨，而明于驭戎之道。

吕大奎十分强调，"《春秋》，天子之事"。引文中所谓"外"，意为区别，就是中国与夷狄的区别。这种区别，犹如君子与小人的区别，是道德伦理的问题。夷狄有君子之行，有道德伦理，即可成为"中国"。反之，君子有小人之行，无道德伦理，即可成为夷狄。《春秋·公羊传》中有曰：

曷为外也？《春秋》内其国而外诸夏，内诸侯而外夷狄，王者欲一乎

① (宋)吕大奎：《春秋或问》附录，《春秋五论》，北京：商务印书馆，2017年，第213页。

② (宋)吕大奎：《春秋或问》附录，《春秋五论》，北京：商务印书馆，2017年，第226页。

天下。曷为以外内之辞言之？言自近者始也。[①]

汉何休解释说："内其国者，假鲁以为京师也。诸夏，外土诸侯也。谓之夏者，大总下土言之辞也。"夷狄有君子之行，可视为诸夏，而诸夏有小人之行，"似夷狄差醇"，即可视为夷狄。[②]

在中国历史上，《春秋》大一统，春秋大义，就是中国、诸夏与夷狄之区别（外）的标准，不是地域或种族，而是文化高低。"中国"不仅是地域概念，更为重要的是文化、文物的概念。《公羊传·隐公七年》谓"不与夷狄之执中国"，何休注曰："中国者，礼义之国也。"此处引文中，"中国"四库本作"四方"，"尊中国"四库本作"安列国"，"戎狄"四库本作"和亲"，"驭戎"四库本作"驭外"，就是视中国为各民族的大一统的文化体系。[③] 清末刘师培述说：

吾观《春秋》一书，于所传闻世内其国而外诸夏，于所闻世内诸侯而外夷狄，于所见世内外远近若一。故公羊见言，有所谓大一统者，有所谓王者无内外者。……故中国夷狄之分，视其进化之程度。[④]

今人冯友兰说：按照儒家的"中国"观，"华夏"与"夷狄"的区别一直是从文化意义上来强调的，中国人最关切的是文化的延续和统一。[⑤] 孟子就坚信进步的文化能够改变落后的文化，而落后的文化不能改变进步的文化。《孟子》说："吾闻用夏变夷者，未闻变于夷者也。"夷狄行为有礼义道德便以"中国看待"，而诸夏行为无礼义道德便视为夷狄。大一统即"大中国"。"中国"是中华各族人民共同追求的目标，凝聚的纽带，理想的象征。在中国历史上，汉民族以外的少数民族也是坚信《春秋》大一统观念的。十六国时羯人后赵石勒拟迁都洛阳，对徐光说："朕若逢高皇，当北面而事之……朕遇光武，当并驱于中原，未知鹿死谁手？朕当在二刘之间耳！"[⑥]石勒自谓似二刘，逐鹿中原而统一中国，俨然是中国的主人。

吕大奎的春秋学，还体现在其于《春秋》三传有深刻的论述，认为其内容各有侧重。吕大奎述说：

窃常思之，《左氏》熟于事，而《公》《穀》深于理。盖《左氏》曾见国

---

① 《春秋公羊传·成公十五年》。

② （汉）何休：《春秋公羊经传解诂·隐公十五年》。

③ 参见陈登原：《中国文化史》，北京：商务印书馆，2014年，第3～8页。

④ 刘师培：《左盦集》卷八。

⑤ 冯友兰：《三松堂全集》卷六，郑州：河南人民出版社，1989年，第169～170页。

⑥ （唐）房玄龄：《晋书》卷一〇四，《石勒载记》。

史，故虽熟于事，而理不明。《公》《穀》出于经生所传，故虽深于理，而事多谬。二者合而观之，可也。然《左氏》虽曰“备事”，而其间有不得其事之实。《公》《穀》虽曰言理，而其间有害于理之正者，不可不知也。盖《左氏》每述一事，必究其事之所由，深于情伪，熟于事故，往往论其成败而不论其是非。习于时世之所趋，而不明其大义之所在……圣人作经，本以明其理也。自传者学不知道，妄为之说，而是非易位，义利无别。……尝以为三传要皆失实，而失之多者莫如《公羊》。何、范、杜三家各自为说，而说之谬者，莫如何休。……而何休则曲为之说，适以增《公羊》之过耳！故曰：范宁，《穀梁》之忠臣；何休，《公羊》之罪人也。①

以上是吕大奎对《春秋》三传的评论。后世《四库全书·春秋五论提要》评论道：

大旨于三传之中，多主《左氏》《穀梁》，而深排《公羊》，于何休《解诂》斥之尤力。考三传之中，事迹莫备于《左氏》，义理莫精于《穀梁》，惟《公羊》杂出众师，时多偏驳。何休《解诂》，牵合谶纬，穿凿尤多。大奎所论，于三家得失，实属不诬。……所著五论，一曰《论夫子作春秋》，二曰《辨日月褒贬之例》，三曰《特笔》，四曰《论三传所长所短》，五曰《世变》。程端学尝称：“《五论》明白正大，而所引《春秋》事，时与经意不合。”今考《或问》之中，与经意亦颇有出入，大概长于持论而短于考实。

吕大奎的春秋学，是福建乃至中国理学史上的重大成果。正如袁桷所说，其是对于《春秋》研究“最有功者也”，有待我们进一步深入研究。

① (宋)吕大奎：《春秋或问》附录，《春秋五论》，北京：商务印书馆，2017年，第222～224页。

第六章

元代的福建理学

南宋王朝是与北方的金朝对峙而存在的。后来蒙古族的元朝崛起于漠北，宋朝联蒙攻金，于1234年灭金。1270年，蒙古又灭宋。蒙古灭宋后，其首领忽必烈任用汉化契丹人耶律楚材，并经宋降蒙古的儒生窦默、姚枢、许衡、刘秉忠等人策划，取《周易》“大哉乾元”之义，改国号为元。在元朝统一中国的八九十年中，利用儒家的封建政治制度来统治全国。元朝贵族统治者对广大人民的统治尤其残酷，横征暴敛，赋役极重。他们还故意制造民族歧视，把全中国民人分为四等：第一是蒙古人，第二是色目人（西北少数民族地区人），第三是汉人（原在金朝统治下的北方汉族人民），第四是南人（原在南宋统治下的汉族人民）。元朝贵族统治者对汉人和南人极为仇视。福建是南人居住的主要地区之一，福建人受元朝的剥削压迫最为严重，反抗元朝统治也最为激烈。这种社会环境对朱子理学具有深刻的影响。

元朝贵族统治者除了政治上利用汉族的封建政治制度外，在思想上也利用传统的儒学。早在铁木真、窝阔台时代，耶律楚材就劝其用“孔子之道”来治理中国。窝阔台封孔子后代为“蒙古衍圣公”，敕修文庙，制备礼乐法器。铁木真下诏褒扬孔学。宋朝遗留下来的一批理学家，如窦默、姚枢、赵复、许衡、刘因、吴澄等都被请到朝廷，有的任国子监丞，专门传授儒学，他们被称为元代大儒。在儒学当中，元朝统治者又特别提倡朱子理学。由于统治者的大力提倡，朱子理学很快由福建地区发展到全国。清皮锡瑞在《经学历史·经学积衰时代》中叙述：

> 朱学统一，惟南方最早。金、元时，程学（按：指二程洛学及其后继者朱子学）盛于南，苏学（按：指宋时蜀学苏洵、苏轼、苏辙父子之学）盛于北。北人虽知有朱夫子，未能尽见其书。元兵下江、汉，得赵复，朱子之书始传于北。姚枢、许衡、窦默、刘因辈翕然从之。

南宋理宗端平二年（1235），蒙古军伐宋，入湖北德安，其军中有大将杨惟中及其幕僚姚枢，受诏于俘虏中求儒者，得赵复等数十人归燕京（今北京），建太极书院，选取程朱著作及其他诸经传注 8000 余卷，请赵复教授其中，从者百余人，于是北方始知朱子理学。赵复自谓为朱熹私淑弟子，尽力传播朱子之学。同时，姚枢因不肯受贿，弃官居河南辉州（今辉县）苏门，传赵复之学，授刊朱子理学；许衡由河北程县到苏门，与姚枢相讲习，尽录朱子著作以归河北，在河北传播朱子学，朱子学由此在北方广为传播。

黄榦在江西的嫡传弟子何基（字子恭，号北山），入元形成金华学派。黄榦传朱子学于何基，何基传学于王柏（字会之，号鲁斋），王柏传学于金履祥（字吉父，号次农），金履祥传学于许谦（字益之，号白云山人），因而朱子学在江浙、安徽大盛。此金华四先生的成就，明章一阳的《四书正学渊源》指出在于"孔孟未发奥得朱注而朗于日星，朱注未尽意义又不得四先生阐明殆尽"，并有谓"朱子之道至许公（谦）而益尊"。《宋元学案》记曰：

> 勉斋之学，既传北山，而广信饶双峰亦高弟也。双峰之后，有吴中行（吴中，字中行，号准轩）、朱公迁（字克升，号明所）亦铮铮一时。然再传即不振。而北山一派，鲁斋、仁山、白云既纯然得朱子之学髓，而柳道传、吴正传以逮戴叔能、宋潜溪一辈，又得朱子之文澜，蔚乎盛哉。[①]

黄榦又传朱子之学于江西饶鲁（字伯舆，号双峰），饶鲁再传于程若庸（字逢原，号徽庵）、吴澄（字幼清，号草庐）等。饶鲁、程若庸、吴澄在江西、两湖多弟子，通过他们在这些地区广为传播朱子学。李燔（字敬子，号弘斋）是朱熹门人，魏了翁（字华父，号鹤山）是朱熹的再传弟子，李燔、魏了翁及其弟子在川陕传播朱子学。朱熹门人遍及全国，他们对朱子理学在各地的传播起了重要作用。朱子理学原盛于福建，在元初由闽而至江、浙、皖、赣、两湖、两广、冀、鲁、晋、豫、川、陕，至元仁宗时（1312—1320），朱子理学遍于全国。

在朱熹弟子及其续传弟子的大力传播下，不少儒士推崇朱子学。元朝像南宋末年朝廷一样褒奖朱子学，因此整个元朝都是朱子理学的天下。元仁宗皇庆二年（1313），诏令科举法，规定：考试第一场科目为明经、经义二问，皆由朱熹所定的"四书"出题，立论不能超出朱熹《四书章句集注》的范围。经义一道，《周易》用朱子《周易本义》，《诗经》用朱子《诗集传》，《尚书》用蔡沈《书经集传》，《春秋》用"三传"，以胡安国《春秋传》为主，《礼记》以古注为主。五经三传为朱子学者的著作。由此，《四书章句集注》、五经三传成

---

① (清)黄宗羲、全祖望：《宋元学案》卷八二，《北山四先生学案》。

为法定教科书，是元、明、清三代学者的必读课本。于是此后数百年，文官考试皆不出朱子学界限。朱子学遂成为中国封建社会后期的官方哲学，支配中国思想文化数百年，并传到日本、朝鲜，对日、朝思想文化的发展也有深刻的影响。

朱子理学在元代全国盛行，著名学者辈出，如许衡（字仲平，号鲁斋，河南沁阳人）、刘因（字梦吉，号静修，河北容城人）、吴澄（字幼清，号草庐，江西抚州人）号称元代三大儒。此外，还有姚枢（字公茂，广西柳城人）、赵复（字仁甫，湖北德安人）、窦默（字子声、汉卿，山东肥城人）、郑玉（字子美，号师山，安徽歙县人）等人。但是元朝多数理学学者，只知株守朱子学的权威，没有什么新的发展。他们的理学思想不纯，名义上宗朱子之学，实际上杂有陆学（心学）。他们为蒙古族统治者服务，还自称在行圣道。其中许衡做官心切，忽必烈一召就去，说是“不如此，圣道不行”，召为国子祭酒，议事中书省，拜中书左丞；刘因摆了点臭架子，称病不应忽必烈召，说是“不如此，圣道不尊”，擢右赞善大夫；吴澄做了国子监丞，迁翰林学士，进太中大夫，并为经筵讲官。

由于朱子理学的盛行，相比之下似乎福建理学不如其他地方。当时福建理学的主要学者如陈普、熊禾、吴海等，没有居于全国领导地位。其实，从学术思想上看，当时福建理学并不落后于全国理学。一些主要的福建朱子学者之所以未居于全国地位，主要是因为他们不仅不肯做官于朝廷，有的还积极进行反抗，因而不仅得不到朝廷的褒扬，还受诬蔑和打击。他们隐姓埋名，深居山林，从事教育和学术活动，为士人罕知。他们忠实于朱熹的思想，是真正的福建理学学者。当时，福建理学人才济济，除下面将要评述的陈普、熊禾、吴海等外，知名者还有丘葵（字吉甫，同安人）、韩信同（字伯循，宁德人）、欧阳光（字以大，长乐人）、黄镇成（字元镇，邵武人）、刘有定（字能静，莆田人）、张复（字伯阳，建瓯人）、黄清老（字子肃，邵武人）、林广发（字明卿，龙溪人）、陈旅（字众仲，莆田人）、雷杭（字彦舟，建瓯人）、陈自新（字贡父，宁德人）、李应龙（字玉林，光泽人）、郭堂（字德基，长乐人）、郑仪孙（号翠屏，建瓯人）、敖继公（字君善，长乐人）等。他们大都一生从事朱子学的研究，各自著作数种。

元代福建理学同当时全国的朱子理学相比，有着自己的鲜明特点。

第一，元代福建理学学者大多数不肯到朝廷做官，为蒙古族统治者服务。陈普、熊禾在南宋末年曾任过地方官，入元后，朝廷几次征召不出，甘受贫困，宁可饿死。郑仪孙宋亡后，隐居山林不仕。敖继公中进士后，归里务农。丘葵力辞元官。吴海生活在元朝末年，也未曾出来仕元。

第二，元代福建理学学者务实学，强调“躬行”。他们认为道并非超出于人事之外，道即在人事之中。他们讲学和著述的内容务求切近，反对好高骛远。他们强调道德实践的重要性，把“躬行”看成是精义理。他们激烈抨击当时一些空谈心性的理学学者，明确提出研究理学的目的是封建道德实践。他们把朱熹关于“知行相须互发”的观点，发挥为要重视“躬行”的实学。

第三，元代福建理学学者大都潜心于“五经”注疏。他们视注疏“五经”为务本之学，多自幼即为之。由于他们不想仕元，不随流俗，因此他们所注疏的“五经”有自己的特点，以经注发挥朱子学思想，有功于后学。例如熊禾是元朝的经学家，他除《仪礼》外，《诗》《书》《易》《春秋》《周礼》《礼记》《孝经》《论语》《孟子》《尔雅》等皆有注疏。他采用集疏，以朱子之说为主，融合诸家之精华，阐发自己的理学观点。据不完全统计，元代福建理学学者有关经书的注疏达一百多种。

第四，元代福建理学学者从不同方面阐发朱子之学。例如，陈普跟随朱熹推崇周敦颐的《太极图说》，他通过讲解《太极图说》来说明自己的哲学观点，阐发了理学。熊禾在注疏儒家经典中，全面阐发了朱熹的思想。吴海对朱熹的“主敬”说有较深的研究，特别重视道德践履。明人朱衡论说：“吴朝宗（吴海）……善守程朱门户，勿为异说所惑，是均有传道之功。”[①]吴海身体力行，凡朱熹之“明体达用之学，修己治人之术，罔不一一体验于身心之间。而犹歉然不敢自持也，乃颜其读书之室曰闻过斋”[②]。

下面我们选择最有代表性的元代福建理学学者陈普、熊禾、吴海等加以评述，以窥一斑。

第一节　陈　普

一、陈普的生平著述

陈普，字尚德，号惧斋，所居有石堂山，自号石堂，学者称石堂先生，福建

① （明）朱衡：《道南源委》卷首，《凡例》。

② （元）吴海：《闻过斋集》卷首，张伯行：《闻过斋集序》。

宁德人。生于南宋末理宗淳祐四年(1244),卒于元朝仁宗延祐二年(1315)。陈普是朱熹三传弟子,即朱熹传辅广传韩翼甫传陈普。陈普一生笃信朱子学,为阐发和传播朱子学而奋斗终身。南宋灭亡,蒙古贵族入主中原,陈普愤愤不乐,誓不为元官,不为蒙古贵族服务。元朝三使辟官为闽省教授,他坚拒不应诏,为时人所称赞。

陈普一生专门从事讲学和学术活动,长期教学于建阳云庄书院、福州鳌峰书院等。他学问极为渊博,不仅精通朱熹性命义理之学,还精通"四书六经"等儒家经典,而且对声律、天文、地理、算术等也有很精湛的研究。

陈普开门授徒讲解朱子学,反复强调性命、道德、五常、诚敬等问题。他以专心致志于朱子学为己任。陈普述说:

> 性命、道德、五常、诚敬等,皆在"四书六经"中,如斗极、列宿之在天,五岳、四渎之在地。舍此不求,更求何事?[①]

陈普坚持朱子学,力护门户之见。他认为朱学和陆学是对立的、不可调和的,朱学正确而陆学错误,竭力伸朱排陆。他述说:

> 普读书不多,于象山、平山未能悉其表里。姑据来示一二,则其于思孟程朱之大义,已有胡越参辰(按指对立两端)之拟。……《诗》、《书》、《易》、《礼》、"四书",微周程朱,学者至于今犹夜行耳。……陆学多犯朱学明辨是非处。[②]

陈普认为陆学违背儒家正统,是欺世盗名之学。

陈普的著述有《四书句解钤键》、《学庸指要》、《周易解》、《尚书补微》、《浑天仪论》、《咏史诗断》、《仪礼注释》10卷、《孟子纂图》2卷、《四书集解》9卷、《石堂先生遗稿》1卷、《朱子武夷棹歌注》1卷、《石堂先生遗集》22卷等。

二、陈普的理学思想

陈普本体论的基本范畴是理和气。他认为,理是世界万物的本原,理通过阴阳二气产生世界上形形色色、千差万别的事物。在陈普论说世界本原的过程中,理学家常用的无极、太极、道、则、性等都有提到。陈普认为,这些范畴实际上都是从不同角度来解释理的。

首先,陈普认为理是事物道理之极至,故又叫太极,且"无极太极只是一

① (宋)陈普:《石堂先生遗集》卷一二,《答上饶游翁山书》。

② (宋)陈普:《石堂先生遗集》卷一二,《答上饶游翁山书》。

个”。陈普述说：

先儒明理之书必求洞彻。……天下之物，其形体、性情、位分、度数，凡如此如彼者，皆是道理当然，所以千古万古无一毫变易。盖理止此上，不可得而易也。止此谓之极，无以复加，谓之太极，不过道理之总名尔。物有去来、生死，而此道常在人间，耿耿人心目中。所以圣人提出，濂洛画出。其所提出画出，只是一个所以为物者已。思之而见，察之而得。然则形迹、声臭可以耳目闻见者，故谓之无极。无极太极只是一个，非有二也。[①]

太极就是指理之极至，无极就是指极至的理之上没有别的东西了，因此无极、太极是一个，非二个。事物之理是不变的，应该如此，永远如此，是不能变易的，如对君永远要忠等。陈普强调理之至极不可变易，就是为了说明封建社会的三纲五常、人伦道德是永恒不变的，神圣不可侵犯的。

其次，陈普认为理是事物之则、之性。陈普述说：

有物必有则，有形必有性。则，各有所至；性，各有所极。物与形出于气，而则与性，即太极之各具于物者，与物未尝相离。然必别提出状之于物上者。物有去来生死，其则其性乃道理之本体，无时而不在也。故放须别作一处。盖欲使之见，其则之必如是，知其性之常如此。[②]

在陈普看来，理是事物的当然之则与其所以然之故(性)。理表现在物上为则为性。事物之则之性在事物之上，与事物不相脱离，但又与具体事物相区别。理之所以能创造事物，在于先有各种事物的各种形式(即各种规定)，如房屋的建筑必先有图样，然后才能与质料(即气)结合而成实际的事物。由于各个事物之则之性不同，才有千差万别、形形色色的不同事物。因此不同事物之理(即则、性)又是各个不同事物相互区别的标志。

以上两点是陈普关于理的界说。由此可见，陈普对于理的解释比之前的理学家更为明白易懂，特别是其中关于理与物未尝相离的思想，含有一定的朴素唯物主义成分。

关于理与气的关系，陈普也有比较详细的论述。他述说：

物与形出于气。……故文公云，非有以离乎阴阳，明阴阳而指其本体不杂乎阴阳而言。盖形气以理为一，然形气须作形气说，道理须作道

① (宋)陈普:《石堂先生遗集》卷一二,《答谢子祥无极太极书》。

② (宋)陈普:《石堂先生遗集》卷一二,《答谢子祥无极太极书》。

理说。既须各说，则须画个有形有气者在下，无声无臭者在上。形气是所为者，道理是所以为者。便自分大小、尊卑，一上一下皆然之理也。非独如此，道理本是作一处。……物皆理所当为，则物固小而理至大，物自沉而理至浮，物自后而理自先。①

这就是说，理是创造世界万事万物的本体。“本体者，所以生之谓也。”这里所谓“则须画个有形有气者在下，无声无臭者在上”，是指周敦颐画的太极图：无形的理（太极）在上，有形的阴阳五行之气和人、万物在下。

陈普通过解释周敦颐的太极图，全面阐明了无极、太极，理、气、阴阳、五行、人、物等的相互关系。陈普认为“详看周子本文，最上圈是太极，不可以闻见，故曰无极而太极。意谓太极不可以形气言也，盖虽无而实有也。缘后之儒者将太极作一块混沌之气，故立此二字以示人，使人知其为理而非气”。这就是说，理是精神性的本原，理生阴阳五行之气。陈普接着述说：

第二圈（按：指周敦颐太极图）是半白半黑，是阴阳二气，不可以太极言。但其圈之大之圆，与上圈（按：此“上圈”即指代表理或太极的那圈）同，则又见其不相离（按：理生气后，理气不相离）之妙。中一小圈，谓太极（按：作为本体的理），即在阴阳（即：指阴阳二气）中，常生常死常有常无，谓自中央一个分开作二个（按：指一理生阴阳二气），只是头上一大圈。但取在其中常为主（按：指理为气之主），非又别有一个小底。故文公云：中〇（按：上文讲的“中一小圈谓太极”）者，其本体也。本体即上文。本体大小不同，本非有异，亦犹五行下一个小圈，见二五之合为一者，又是大弥六合，小不满一掬之义。画出成此一个，亦是妙处，非有意为之也。②

陈普认为理生阴阳五行之气，理与阴阳五行之气的精微凝合而成人与万物，两端（按：指男女、雌雄、牝牡）的胚胎。它们是繁殖人与万物的种子。他述说：

图下二圈，只是一体一太极。男女圈义深最当，看男女，非指人之男女，谓天地之生，气化之初。合下只有两端，一阴一阳，一牝一牡，人之男女，草木禽兽之雌雄牝牡皆在其中。横渠（张载）所谓阴阳两端立

① （宋）陈普：《石堂先生遗集》卷一二，《答谢子祥无极太极书》。

② （宋）陈普：《石堂先生遗集》卷一二，《答谢子祥无极太极书》。

天地之大义，亦此意也。①

陈普认为人和万物两端的胚胎既成，就能繁衍无穷。究其最终的根源，在于“理”。理是生物之本体。陈普继续述说：

二体（按：指两端的胚胎）既成，则形感之生散为万殊，犹一男一女分为子孙支庶百代不知其极。又含一意，谓生物或有穷时，而乾道坤道之生常不息，只要天在地在，则人物皆无忧。此理又当意会，难以言之详也。文公本体二字最好，谓物与太极不相离，而别提出画出者，以其所以生而言也。本体者，所以生之谓也。②

陈普对周敦颐太极图的解释基本上是符合原意的，从中也反映出他自己的思想。

在陈普看来，理不仅是产生世界万物的本体，而且是可以认识的。他认为理“思之可见，察之而得”，但是理只“可以心见，而不可以耳闻”。这就是说，只有通过对理的产物或表现形式“形迹声臭”进行“耳闻目睹”才能认识理，即通过感性知觉，然后进行理性分析，才能认识理。用陈普的话说，就是要从小处着手，大处着眼，不能光空谈大道理。陈普述说：

先立其大则必略其小，而迷于下学上达之途矣，且有小德出入之弊。近日有磨砺大节，至其平居则放言纵欲，致犯清议者，此说开之也。③

“下学上达”是孔子讲的，“下学”是指日用寻常之学，“上达”是指天、性命之学。陈普反对只空谈天理、性命。陈普又说：“学者虽不可安于小成，而不求造道之极至，又不可骛于虚远而又不察切己之实。”④

陈普认为陆象山（九渊）的“先立乎其大”之说就是空谈大道理，“先其大者，不若先其近者之为切也”。陈普讲的由“察切己之实”而“求造道之极至”，即达到做圣贤的大目标，虽讲的是人的道德修养，但这种从感性到理性、从具体到抽象的认识方法应该是对的。⑤

不仅如此，陈普主张认识事物要采取分析的态度，不能一刀切，即不能简单地肯定或否定。陈普述说：

---

① （宋）陈普：《石堂先生遗集》卷一二，《答谢子祥无极太极书》。

② （宋）陈普：《石堂先生遗集》卷一二，《答谢子祥无极太极书》。

③ （宋）陈普：《石堂先生遗集》卷一二，《答上饶游翁山书》。

④ （宋）陈普：《石堂先生遗集》卷一二，《答上饶游翁山书》。

⑤ （宋）陈普：《石堂先生遗集》卷一二，《答上饶游翁山书》。

“五经”传注岂可无，但视其是与非是矣，岂宜一切屏之（按：屏即摒弃，丢开之意）。倘若高洋斩乱丝，不问其是非、曲直，但与之一剑哉！[①]

在陈普看来，不仅要进行分析，更为主要的是力行，认识是否正确，就要看能否行得通，要把知和行结合起来。陈普述说：

《论语注》中所谓力行而不学文，则无以考圣贤之成法，识事理之当然，而所行或出于私意。又曰子夏之言（按：指力行即学），其意善矣。其流之弊，将或至于废学。必若上章夫子之言（按：指力行与笃学并进），然后为无弊也。[②]

陈普认为不力行而致知，则致知做不到；不致知而力行，则是盲目地行动。因此，他提出在道德修养上持敬和观理互为因果，即所谓“不知众理之妙而无以穷之，则褊狭固滞而无以尽此心之全”[③]。

第二节 熊禾

一、熊禾的生平著述

熊禾，字位辛，又字去非，号勿庵、勿轩、退斋，学者称勿轩先生，福建建阳人。生于南宋理宗淳祐七年（1247），卒于元仁宗皇庆元年（1312），南宋度宗咸淳十年（1274）进士。熊禾是朱熹的三传弟子，即朱熹—辅广—刘敬堂—熊禾。熊禾在宋官至汀州司户参军，多有政绩。入元后，誓不仕。他在元朝生活33年，始终批元颂宋，特别是表彰宋儒，自称“宋之义士，元之顽民”。熊禾隐居福建崇安武夷山，筑洪源书堂、武夷书堂，晚年主持建阳鳌峰书院。前后

图6-1 熊禾

① （宋）陈普：《石堂先生遗集》卷一二，《答上饶游翁山书》。

② （宋）陈普：《石堂先生遗集》卷一二，《答上饶游翁山书》。

③ （宋）陈普：《石堂先生遗集》卷一二，《答上饶游翁山书》。

30多年，从事讲学、著述和刻书，研究传播朱子学和其他儒家典籍。明宪宗成化后，在建宁府鳌峰书院设祠祭熊禾。熊禾在理学、经学和教育上卓有贡献，不仅是元代著名理学家，还是著名的经学家和教育家。

熊禾道德品质高尚，在学术上成就卓越，为后人所赞扬。清人陈祚康评说：

> 学有德行、经术、艺文之殊为真儒者，不必皆能兼也。……合德行、经术、艺文而一者，惟熊去非一人而已。[①]

熊禾竭力推崇朱熹，认为朱熹是孔子第二。他说："朱文公，百世之师，即今夫子。徽国公（按：即朱熹）千年之墓，视昔孔林。公之文，如日丽天；公之神，如水行地。"[②]又述道：

> 孔孟后千五百余载，道未有如文公之尊。……朱子倡明斯道。……"四书"（按：指朱熹《四书章句集注》）衍洙泗之传，《纲目》（按：指朱熹《资治通鉴纲目》）接《春秋》之笔。当今寰海数州之内，何人不读其书。[③]

熊禾强调，"微夫子'六经'，则五帝三王之道不传；微文公'四书'，则夫子之道不著，人心无所为主"[④]。

熊禾把朱熹章句集注"四书"和孔子整理"六经"并列，俨然视朱熹为孔子之后第一人。这种评价，为尔后朱熹在儒家中的崇高地位奠定了基础。

熊禾之所以预见到朱熹在中国封建社会后期中的崇高地位，是因为他认识到朱子学的中心思想是维护"三纲五常之道"。他述说：

> 周东迁而夫子出，宋南渡而文公生。世运升降之会，天必拟大圣大贤以当之者，三纲五常之道所寄也。[⑤]

熊禾揭示了朱子学的本质。熊禾认为朱子学关系到国家的兴衰，用之则治，违之则乱。他述说：

> 文公之学，圣人全体大用之学也。本之身心则为德行，措之国家天下则为事业。其体则有健顺、仁义、中正之性，其用则有治教、农礼、兵刑之具。……文公嘱之门人黄氏榦，且曰："如用之，固当尽天地之变，

---

① （清）陈祚康：《全闽道学总纂·熊禾》。

② （宋）熊禾：《熊勿轩先生集》卷四，《重建朱文公神道门疏》。

③ （宋）熊禾：《熊勿轩先生集》卷四，《重修武夷书院疏》。

④ （宋）熊禾：《熊勿轩先生集》卷二，《考亭书院记》。

⑤ （宋）熊禾：《熊勿轩先生集》卷二，《考亭书院记》。

酌古今之宜，而又通乎南北风气，损文就质以求其中可也。”[1]

熊禾认为，朱子学是治国治民大法，“秦汉以下天下所以无善治者，儒者无正学也；儒者所以无正学者，‘六经’无完书也。‘六经’无完书，则学不可得而讲矣；儒者无正学，则道不可得而明矣”[2]。秦汉以下，因为没有像朱子学这样的治国治民的大法，所以无善治。熊禾认为后世王者必取朱子学而用之。熊禾又述道：

> 晦庵先生……其学足以为天地立心，生民立极，为往圣继绝学，开万世太平。其立德、立功、立言，未有大于此者矣！[3]

熊禾站在国家的立场上，准确地认识到朱子学对国家的重大作用。不出熊禾所料，朱子学遂成为中国封建社会后期占统治地位的主体思想。

熊禾立志要像黄榦那样阐发朱子学，他认为，“文公之学惟勉斋黄氏独接其传，问学操行一出于正，且其羽翼‘四书’‘三礼’之功为大”[4]。他要以继朱子学绝续为己任。熊禾述说：

> 朱子于《诗》《书》二经，训义已具，独“三礼”通解犹未完书，而《春秋》则仅发其旨要……尚有望于后之人。余知非其任而窃有志焉。文公殁且百年，门人传习寖益失真，余以为文公之学不行，文公之道不传也。昔游浙中，尝因受业敬堂刘先生，得闻文公晚年所以与勉斋黄先生、潜室陈先生论学之要旨，然后乃知文公之学，其体全体，其用大用，与世之所言，第以资诵说者固不同也。[5]
>
> 考亭夫子集其大成，平生精力在《易》、《诗》、“四书”，《仪礼》未完书，开端而未竟，九峰蔡氏犹未大畅厥旨。“三礼”虽有通解，而勉斋黄氏、信斋杨氏粗完《丧》《祭》二书，其授受损益精意尚无能续。若《春秋》则不过发其大义而已。余虽与君讲求十有七年，《易》《诗》《书》仅就绪，《春秋》更加重纂，则皇帝王霸之道，抑或粗备。“三礼”乃文公与门人三世未竟之书，君当分任此责，以毕吾志。[6]

这是熊禾在其主持的鳌峰书院内与其门人说的。熊禾在《送胡庭芳后

---

① （宋）熊禾：《熊勿轩先生集》卷二，《考亭书记》。

② （宋）熊禾：《熊勿轩先生集》卷一，《送胡庭芳后序》。

③ （宋）熊禾：《熊勿轩先生集》卷四，《祀典议》。

④ （宋）熊禾：《熊勿轩先生集》卷四，《祀典议》。

⑤ （宋）熊禾：《熊勿轩先生集》卷一，《送胡庭芳后序》。

⑥ （宋）熊禾：《熊勿轩先生集》卷一，《送胡庭芳后序》。

序》中还说，这是朱熹“所俟于来学乎，当吾世不完，则亦愧负师训多矣”。熊禾未食其言，他用二三十年的工夫，孜孜不倦，致力于儒家经典。他为学以朱熹诸书是信是行。熊禾述说：

道之兴废，莫大于文献。……“六经”“四子”（按：指孔子、孟子、子思、曾子之书）与夫“十七史”等书，幸赖伊洛、考亭诸大儒参互讨论统纪已一。当吾世不亟刊定，何以质往圣不谬，启百世以俟来哲不惑？[①]

熊禾用朱子学阐释儒家经典，继承和发展了朱熹的思想。

熊禾明确宣称，自己哲学的党性原则是维护朱子学，维护朱子学的核心思想——三纲五常。熊禾述说：

宋道学大明，伊洛、考亭之集盛矣。一时借誉饰虚之人，稍经炉鞴灰尽烟灭。惟同门同志之士，不以穷达，皆能尊其道、信其学不变。宇宙间三纲五常之道尚有所系而不坠者，谓非道学之效不可也。……余在鳌峰山中，与二三同志有求仁约，方将尚友天下，闻叠山门人王君道可欲刊此录，亟鼓舞成之，且以寄余之志云。[②]

在这里，熊禾不仅道出程朱理学的本质，并充分肯定其对于维护封建统治的重大作用。他要以继承和维护朱子学为己任。

对于熊禾在朱子学中的学术地位，学者的评价很高。清张伯行述说：

勿轩熊先生受业于朱子之门人辅氏（按：非受业于辅氏，而是辅氏之门人）。……穷研“四书”以及诸经，务为有体有用之学。……衍紫阳之正脉，作诗云：“斯文一缕千钧日，我辈三经五典身。”其担当斯道为何如哉！……若先生者，为朱子之功臣欤！[③]

元许衡说：“熊勿轩先生为文公考亭（按：即朱熹）阙里人，虽未及门受业，其真才实学、著书立言，实有功于文公也。”[④]

由上可见，熊禾不仅是福建朱子学发展史中的一个里程碑，在全国朱子学发展史上也占有重要地位。

熊禾的著述有《勿轩诗集》1 卷、《文公要语》3 卷、《周易集疏》2 卷、《勿轩易学启蒙图传通义》7 卷、《三礼考略》2 卷、《春秋通解》1 卷、《注解朱文公先生小学集注大成》6 卷、《熊勿轩先生集》6 卷、《勿轩集》8 卷等。

---

① （宋）熊禾：《熊勿轩先生集》卷二，《闲乐堂记》。

② （宋）熊禾：《熊勿轩先生集》卷一，《跋交信录序》。

③ （宋）熊禾：《熊勿轩先生集》卷首，张伯行：《熊勿轩集序》。

④ （宋）熊禾：《熊勿轩先生集》卷首，许衡：《熊勿轩集序》。

二、熊禾天地一气、天道循环、阴阳相推和人能胜天的思想

在福建理学学者当中，熊禾更多地吸取张载“太虚即气”的命题。熊禾说：“天地间一气而已，生生而直遂者（按：指充实的物）皆阳（气）也，而其虚处即阴（气）。”[1]又述道：

洪荒之世，气浮而为天者，不过茫茫一太虚耳，固未有度数之分也。……（气）质凝为地者，亦不过一块土耳，固未有疆理之别也。[2]

在熊禾看来，世界的本原是太虚，太虚即气，因此天地间皆气。阳气生物，固曰实，而阴气为虚也。基于这种阳实阴虚论，熊禾提出虚直的世界观。他述说：

平生爱“虚直”二字，辄以为奉，虚曰心，直曰节也。兼内外，贯体用，君子可比得焉。……阴一而常虚，阳一而常直（按：指实）。……固君子之学以静为本，不静无以为动，不虚无以为直也。顾其物理亦何所往而不如是哉！[3]

熊禾把这种虚直的世界观用于自己的社会生活中。他认为自己不仕元朝，甘于贫困，默默无闻地隐居山林，是虚。但自己著述讲学，有益于后世，却是实。

熊禾的世界观中很少讲到理，有时在讲道时附带提到理。熊禾认为道或理不在事物之外，而在事物之中。因此，在熊禾哲学中，道或理似乎不具世界本原的含义。他认为道或理是事物的自然规律，人能顺乎自然，其乐无穷。熊禾述说：

宇宙间无一物非道，则亦无一处非可乐。泰山之登，沂水之浴，夫子岂好游者，要其胸中自有乐地。故随其所寓，自然景与心会，趣与理融，无所不自适也。[4]

熊禾讲得比较多的是道。在熊禾看来，道除了具有事物的自然规律的含义之外，还具有人生应行之路的含义。在这个意义上，他把世界观和伦理道德观点结合起来，提出道具有立德、立功、立言的含义，认为此“三者皆非有得于道不可”。熊禾述说：

---

① （宋）熊禾：《熊勿轩先生集》卷三，《虚直轩记》。

② （宋）熊禾：《熊勿轩先生集》卷四，《帝尧万世之功论》。

③ （宋）熊禾：《熊勿轩先生集》卷三，《虚直轩记》。

④ （宋）熊禾：《熊勿轩先生集》卷一，《跋文公再游九日山诗卷》。

> 古者建学，立师教学为先，而其所学则以道德功言为重，而道其总名也。太上立德，其次立功，其次立言，是三者皆非有得于道不可。立德者道，之本也；立功者，道之用也；立言者，所以载道之文也。……学者言必根于理，文必称行。……道者，天下通行之道。[①]

熊禾认为自然和社会都是有规律的，即"皆有其自然之理，当行之路"[②]。圣贤是根据事物的规律"立教养之法的"，而未掺杂"一毫私欲于其间"[③]。熊禾这种客观主义的观点是有合理之处的。

在熊禾的世界观中，最有价值的部分是关于世界变化发展的思想。他认为"天道循环，无往不复"[④]，"天道有往必复之几，地气无郁而不伸之理"[⑤]。这就是说，世界上的一切事物都是变化发展的，没有静止不动的东西。熊禾述说：

> "易"字从日从月，日中有一为奇，阳数；月中有二为偶，阴数也。合日月为"易"。故观图书（按：指河图、洛书）迭出，可见天地自然之"易"。"易"之作虽则乎图、书，而其为义，尤莫蓄于日月。盖易者阴阳之道，卦则阴阳之物，爻则阴阳之动也。然有交易、变易之义，在天则一动一静互为其根，所谓日月运行，一寒一暑是也。分阴分阳，两仪立焉，所谓天地设位卑高以陈是也。在《易》书则一阴一阳，各有定位，所谓刚柔立本，八卦相错是也。一刚一柔叠相推荡，所谓两仪生四象，四象生八卦是也。是故天地之运，古今之变，人事之吉凶悔吝，物类之得失忧虑，与夫性命之理，幽明之故，死生之说，鬼神之情状，莫不于是乎尽矣。……天地之间莫非太极阴阳之妙，非独以图书而作也。[⑥]

在这里，熊禾虽然讲了许多神秘主义的话，但其中谓"一动一静互为其根""一刚一柔叠相推荡""天地之间莫非太极阴阳之妙"等，是辩证法的思想。

熊禾世界观中有天命论，却不是宿命论。他主张遵天命，尽人力。他说："为之君者有拨乱之志，为之臣者有尽忠之节。人事既尽，能以天道为定

---

① （宋）熊禾：《熊勿轩先生集》卷四，《祀典议》。
② （宋）熊禾：《熊勿轩先生集》卷四，《商鞅徙木立信论》。
③ （宋）熊禾：《熊勿轩先生集》卷四，《商鞅徙木立信论》。
④ （宋）熊禾：《熊勿轩先生集》卷五，《鳌峰书院祭先圣文》。
⑤ （宋）熊禾：《熊勿轩先生集》卷四，《洛阳新建同文书院疏》。
⑥ （宋）熊禾：《熊勿轩先生集》卷五，《易卦说》。

命，故能臻兹大业。……后世得人之国则绝人之祀，不知天道昭明，祸亦反踵。”[①]熊禾关于人定胜天，命自我立的论述是值得重视的。他述说：

孔子罕言命，又曰不知命无以为君子。孟子不谓命，又曰得之有命，然则将孰从？盖命有二，以性言则理一而已，以气言则分有万之不齐。智愚贤否一类也，富贵贫贱寿夭一类也。以理制数，以性御气，愚可明，柔可强，勤之可以不匮也，仁义之可以得天爵也，修养之可以延年也，为善之可以获福也，孰谓其不可变乎！是故君子但当言理，不当言数；但当论性，不当论命。当然在我，适于在天。敢问三代盛时，家有受田，阡陌未裂，阴耗之星夫何居？里有公选，科目未兴，科甲之星夫何丽？[②]

熊禾是把天命看成理，不是人格神。理是事物之道理，或规定性，只要人们按照事物之理或规定办事，如“修养之可以延年也，为善之可以获福也”，那么“愚可明，柔可强，勤之可以不匮也”。这就是说天命是可以改变的，自己的命运是自己掌握的。由此可见，熊禾先承认天命，其后是又否认天命的。

三、熊禾全体大用的认识修养论

熊禾的认识论和其世界观一样，具有较多的合理因素。他认为客观事物是可以认识的，人的认识是对客观事物的反映。例如天文历法不是天地产生前就有的，也不是天地一开始就有的，而是人们长期观察天地四时的变化而逐渐形成的。熊禾述说：

黄帝颛顼虽云造历，盖未详也。至尧帝始命羲和分掌天地四时，于是推步之法愈密。日月星辰之丽于天者，始则而象之岁分为四时，又分为十二月，又分为三百六十日。因其气盈朔虚，又为置闰以应周天之度，于是天道可得成矣。[③]

这就是说，天文历法是人们根据日月星辰的变化而逐渐认识的，不是上天赐给，或圣人头脑里空想出来的。这种讲法是符合科学思想的。

熊禾认为朱子学就是致用之学，是道德事功之学。在熊禾看来，朱子学

① （宋）熊禾：《熊勿轩先生集》卷四，《虞君思辅少康复国论》。
② （宋）熊禾：《熊勿轩先生集》卷一，《赠熊云岫挟星术远游序》。
③ （宋）熊禾：《熊勿轩先生集》卷四，《帝尧万世之功论》。

的体系就是有体有用，而且体全用大。他述说：

立德者，道之本也；立功者，道之用也；立言者，所以载道之文也。言学而无见于道，则不足以为学；言道而无得乎道之全体，则亦不足以为道矣。是故一善之德亦可以言立德，一时之功亦可以言立功，一语之有关于世教亦可以为立言，而皆无见乎道体之全，则亦不足与乎道统之正矣。……一切无用之虚文，悉以罢去，学问必见之践履，文章必施之政事，使圣人全体大用之道复行于世。[①]

正由于朱子学是体全用大，是致用之学，因此必须学用结合，即儒道与吏治为一，讲学与论政为一，德权与笃行为一。熊禾述说：

天有四时无非教也，古人立教法天而已。天之道元、亨、利、贞，其体也；春、夏、秋、冬，其用也。在人则仁、义、礼、智其体也，而其所以为用者，岂独无所事哉！闻之师曰："农象春，礼象夏，刑象秋，兵象冬。"此人事之四时而教化之所寓也。未仕而学校则学此者也，已仕而官府则行此者也。儒道吏治其有二乎哉！……以经求德行教人，至农田、礼乐、刑政、兵防之类，亦使之人治一事，世称为明体适用之学。……晦庵先生之教，其体全体，其用大用……讲学论政之本者矣！[②]

在这里，熊禾所谓的"立教法天"，把人事说成是出于天的安排，把仁、义、礼、智说成是出于元、亨、利、贞，把农田、礼乐、刑政、兵防说成出于春、夏、秋、冬，这些显然是天人合一的唯心主义世界观。但是熊禾这一段话的中心思想是在于说明体用一致，学用结合。这种学以致用的观点是应该充分肯定的。

熊禾基于其学以致用的思想，反对不关心社会国家的空谈，强烈抨击和蔑视为科举而不关心世事的儒生下士。熊禾述说：

下士儒生且负一日长技于万人场屋之战，其不为武夫健儿所揶揄者几希！虽然文在天地间犹一日，"六经"何可废也！武亦儒者一事耳。……使人通一经治一事，边防、水利之类靡所不讲。关、洛大儒为往圣继绝学，而孙吴、韩信兵法亦未尝不通，此有体有用之学也。[③]

熊禾明确提出，研究理论的目的在有功于世和自身的道德修养。他自

① （宋）熊禾：《熊勿轩先生集》卷四，《祀典议》。

② （宋）熊禾：《熊勿轩先生集》卷二，《晋江县学记》。

③ （宋）熊禾：《熊勿轩先生集》卷一，《跋谢春堂诗义后》。

己就是如此做的。熊禾说:“余弱冠读《大学》,玩索有得,始喟然叹曰:‘学在是矣!’自此益穷研‘四书’以及诸经,务为明体达用之学。每病今世之学者,议论徒多而践履益薄,词华虽工而事功益不竞。”[①]因此,熊禾特别主张知行统一,实事求是。他述说:

余壮而读书,颇识《大学》知行之要,益求实事,不竞虚文。勉焉自力于躬行,切亦有志于世故。[②]

熊禾学以治业的思想是应当肯定的。

在认识的方式上,熊禾发挥了朱熹的主敬说。他述说:

若以敬为宅心之要,盖心存则众理具,而万事之纲举矣,非心存之外别有所谓敬也。……圣贤之学不讲,人心失其所为主,理乖事谬,世道随之。……万事具万理,万理在万事,而其妙蓄于人心,一物不体则一理息,一理息则一事废。敬者,贯万事,统万理而为万物之主宰者也。致知所以明是心也。敬者,所以存是心而勿失也。[③]

熊禾把敬看得特别重要,认为“心生生不穷者,道也。敬则生矣,生则恶可已也。怠焉则放,放则死矣。此千古圣贤传授心法之妙,学者深体而屡省之也”[④]。这就是说,只有敬才能生道,才能存道。因此,它是学者特别要“深体而屡省之”的。

但是熊禾所强调的学以致用,主要是指封建伦理道德的践履。熊禾认为“人之为人,以其存心惟仁与义”[⑤],仁和义是人区别于他物的标志,因此,人的道德践履就是为了存心中的仁和义。在仁和义的伦理道德中,熊禾又特别强调行孝,他认为“孝则行仁之本”。他述说:

行以《孝经》为先,自天子至于庶人一也。……凡礼乐、刑政之具一也,是以孝为本。则斯道也,固天性之自然,人心之固有。……以二帝三王之心为心者,仁人之心也。学所以求仁,而孝则行仁之本也。[⑥]

熊禾还说:“《孝经》乃德之大者。”[⑦]他认为践履孝道是人天性之自然,

---

① (宋)熊禾:《熊勿轩先生集》卷五,《谢乡举论学》。
② (宋)熊禾:《熊勿轩先生集》卷五,《谢贡举启》。
③ (宋)熊禾:《熊勿轩先生集》卷一,《敬斋铭箴跋》。
④ (宋)熊禾:《熊勿轩先生集》卷一,《敬斋铭箴跋》。
⑤ (宋)熊禾:《熊勿轩先生集》卷四,《鳌峰书院祭先圣文》。
⑥ (宋)熊禾:《熊勿轩先生集》卷一,《孝经大义序》。
⑦ (宋)熊禾:《熊勿轩先生集》卷一,《江氏族谱序》。

是人心所固有。人的道德行为，礼乐、刑政皆要以孝为本，二帝三王之心即仁人之心，亦即行孝之心。在熊禾看来，所谓知行一致，就是知《孝经》以立心，修身齐家治国平天下，化民成俗。

在践履伦理道德上，熊禾还宣扬无物欲而乐道的思想。他述说：

> 人生苟不以外物为累，则虽羹藜饭糗，莫非珍馔，粗绘大布何异衮冕，而荜门圭窦又皆吞风吐月之大厦也。……嵇山之隐，陋巷之居，虽以四海九州之富，纡朱怀金之贵，而不以易其所乐者哉！[①]

在熊禾看来，知道行道之所以比物质享受更为重要，是因没违背封建道德原则，使良心愉悦。熊禾基于这种"不以外物为累"的思想，誓不仕元，甘受贫困，宁可饿死。因此，熊禾的无物欲而乐道的思想，并不完全都是禁欲主义的。

此外，熊禾还强调践履伦理道德要心悟躬践，他认为"凡病必有治，治必有要，不独医为然"。人的思想病即道德上的欠缺，也是可以医治的，而道德修养是有其要旨的。"自治治人之道"的要旨在于"药灵丸不大，棋妙子无多，心悟躬践"[②]，即在于心中真正领悟和实行。

四、熊禾的历史观

熊禾的社会历史观基本上是遵循朱熹的天理观，不过他又引进了周敦颐的思想。熊禾认为，"人心道心为千万世治乱兴亡之机"[③]，因此，他特别推崇《春秋》为圣人"传心"治世要典。熊禾说："《春秋》者，圣人史外传心之要典，万世人主善恶之龟鉴也。笔削之精微，义理之浩瀚……能裨世之复治也。"[④]熊禾把圣贤之心作为决定历史的出发点，其社会历史观是先验的。

在社会生活中，熊禾认为既要尽人事，又要遵天命。他述说：

> 人事既尽，能以天道为定命，故能臻兹大业。……一代之兴，则先代子孙宾于王家，与国同其休戚。古人之虑，盖深远矣。后世得人之国则绝人之祀，不知天道昭明，祸亦反踵。[⑤]

熊禾有时相信感应，认为吉祥之物（祥瑞）不会出现于无德人之前。他

① (宋)熊禾：《熊勿轩先生集》卷二，《曝背龛记》。
② (宋)熊禾：《熊勿轩先生集》卷一，《四时治要方序》。
③ (宋)熊禾：《熊勿轩先生集》卷一，《史纂通要序》。
④ (宋)熊禾：《熊勿轩先生集》卷一，《蔡氏春秋后序》。
⑤ (宋)熊禾：《熊勿轩先生集》卷四，《虞君思辅少康复国论》。

说："四灵之物莫灵于龙。……孔甲淫乱失道，义德已衰，岂有灵物出于其时，或者有异物肖龙状者？故得豢之，若以为真龙，吾则不信矣。"①熊禾的这种祥瑞观点是一种天人感应论。由于具有祥瑞观念，他相信阴阳家的气运说。他述说：

阴阳家一途，诚诣其极，则有裨于生人则亦甚大。何也？其取精于天地者为多也。……陈同甫(按：指陈亮，浙江永康人)尝言楚、蜀、闽越日衰之气，必有乘丽用之者，及今验矣。②

陈亮是南宋著名的气论思想家。陈亮认为世界万物的本体是气，他把这种观点推论到社会历史，认为社会历史的变化发展也是由气起主宰作用的。因为气是运动变化的，有盛有衰，因而国家民族的命运也有盛有衰，乘日衰之气者必败。熊禾抛弃陈亮的元气自然论，而单取其错误的气运说的社会历史观，认为由于南宋据楚、蜀、闽、越之一隅，得到的只是日衰之气，因而必然要灭亡。熊禾还进一步述说：

今之阴阳家有能发泄神州已旷之地气，以培植昭代方兴之人才者乎，天地生人有望也。吾里有牧堂蔡先生知之，三世之间生西山、节斋、九峰、觉轩、久轩五贤。③

蔡牧堂，即蔡发，为蔡元定之父，蔡元定之父和子五人皆是著名的理学家，熊禾认为这是由于气运所致。他还举历史上的例子，如中州在三代时文化极盛，后来衰落了；"东晋之末正气久郁于偏方，时有元魏之兴文教，诞敷于诸夏，遐观一时文物之盛"④，后来又衰落了，而现在又兴盛起来。不过熊禾的气运说与阴阳家有所不同。在熊禾看来，天运地气，即使乘日衰之气，也不是不能挽回的，如果谁积善好义，还能挽回之。这就是说熊禾的气运说并不完全是宿命论。熊禾述说：

人主一心攻之者众，或以声色，或以货利投吾之欲。千条万端，大抵亲贤臣，远小人，则阳明胜而天理用事，此其所以治而兴也；亲小人，远贤臣，则阴浊肆而人欲用事，此其所以乱而亡也。⑤

很显然，熊禾还是十分强调事在人为的，并不完全是气运决定论者。因

---

① (宋)熊禾：《熊勿轩先生集》卷四，《孔甲豢龙论》。

② (宋)熊禾：《熊勿轩先生集》卷一，《赠地理吴竹涧序》。

③ (宋)熊禾：《熊勿轩先生集》卷一，《赠地理吴竹涧序》。

④ (宋)熊禾：《熊勿轩先生集》卷五，《鳌峰书院祭先圣文》。

⑤ (宋)熊禾：《熊勿轩先生集》卷一，《史纂通要序》。

此，熊禾特别强调朝廷的用人问题，主张用人唯贤，反对用人唯亲。他述说：

> 主于贤则有德是视，固不间亲；主于亲则未必皆贤，且妨天下之贤路矣。信矣，立贤无方（按：选拔人才不论其出身）为不易之中道（按：最恰当的办法）。[①]

熊禾认为不注意发现人才就会埋没人才，因为“岩穴之士怀才抱德者多矣，往往以不知见弃”[②]。熊禾尖锐地批评当时的科举制度不能真正选拔人才。他述说：

> 持衡者徒较其词章，操管者徒志于爵位。……有司怀触讳之疑，语生辄忌。举子有患失之虑，气馁可知。以此取士，何以得人才；以此入官，何以扶世道。[③]

此外，熊禾还强烈反对豪强兼并土地。他说：“举天下农桑大利，上不在国，下不在民，而悉归于兼并豪强之家。……耕夫织妇终岁丝丝而计，粒粒而数，有不得以遂其一日之温饱者矣。……不能制民之产，虽朝讲夕究，徒为空言；月要岁成，亦无益于实政也。”[④]

熊禾正视“耕夫织妇终岁丝丝而计，粒粒而数，有不得以遂其一日之温饱者”的现实，主张用“制民之产”的办法去解决。这种同情受苦受难的劳动者的具有人民性的思想，在当时地主阶级统治者中是难能可贵的，是十分深刻的。

第三节　吴　海

一、吴海的生平著述

吴海，字朝宗，因尊崇孔孟，自号鲁客，或叫鲁生。又因喜人规过，名其斋曰闻过，学者称闻过夫子，福建闽县（今福州）下渡人。生于元英宗至治二年（1322），卒于明太祖洪武十九年（1386）。吴海生活于元朝末年，但仍誓不仕元。吴海的朋友王翰任官元朝，吴海劝其死节，后果死节。吴海“平生刚

① （宋）熊禾：《熊勿轩先生集》卷四，《汤执中立贤无方论》。

② （宋）熊禾：《熊勿轩先生集》卷四，《汉主不拜啬夫论》。

③ （宋）熊禾：《熊勿轩先生集》卷五，《谢贡举启》。

④ （宋）熊禾：《熊勿轩先生集》卷一，《农桑辑要序》。

直，终身隐钓，未尝求知于人。然非其人，则亦莫能知也”[①]。吴海一生过着清寒的教育和著述生活。他述说：

> 吾幼好学，长而弥笃。攀前修之逸驾，返往圣之遐躅。既孜孜以求道，屡颠沛而不易。……志慕仲尼。……吾之内忧，乃感莘野而怀伊尹，仰西山而思伯夷（按：指怀有亡国之恨）。[②]

时元朝虽已实行统治多年，吴海仍不仕元，这在当时知识分子里是十分突出的。明人王称述说：

> 先生以刚明仁勇之资，充圣贤诚正修齐之学。不幸生非其时，视当时有不可为者，于是卓然长往，终身不污一命。……其著作，言切而理当，气充而笔严。……濂洛载道之言，而以文之有益于世者，仅于先生得之。[③]

因此，吴海的人品和学识极得后人的称颂，认为他“刚直不偶，处于山林之下，味圣贤之书，学周程张朱之学，而独嗜为古文。其悲欢忧悦，感时愤事，未尝不寓之于此。故必关乎世教，而流连光景之辞一不苟为。盖有意于圣贤之文者也。……闽自文公之后，复有如此之人、如此之文也”[④]。

像汉代的董仲舒尊儒罢百家一样，吴海是尊程朱而罢其余。吴海述说：

> 道之不明，学之害也；学之不纯，书祸之也。……诸子百氏，外家杂言，异端邪说……无益于身心，不资于家国，非有补于教化风俗治道，徒为多矣，其偏蔽邪曲足以湮正理。……杨墨佛老诸书，“六经”之贼也；管商申韩诸书，治道之贼也；遗事外传，史氏之贼也；芜词蔓说，文章之贼也。窃意上之人，有王者作，将悉取其书而焚绝之。然后读书者得以专其力于圣贤之言，精其志于身心之学，玩其意于家国得失成败之数，考其实于古今治乱兴亡之迹。如是则学正而道明，而书有益于世。……宋道学诸儒之遗言不禁。[⑤]

由此可见，吴海的学说是纯正的朱子学。吴海研究学问皆据朱熹著作，认为“其寸纸片墨流落人间，自当为世所宝”[⑥]。吴海是朱熹学说的真正继

---

① （元）吴海：《闻过斋集》卷首，徐宗起：《闻过斋集序》。

② （元）吴海：《闻过斋集》卷一，《答问》。

③ （元）吴海：《闻过斋集》卷末，王称：《闻过斋集跋》。

④ （元）吴海：《闻过斋集》卷首，张维康：《闻过斋集序》。

⑤ （元）吴海：《闻过斋集》卷四，《书祸》。

⑥ （元）吴海：《闻过斋集》卷二，《跋罗源黄氏所藏朱文公手帖》。

承者，是福建理学史上的一个关键性人物。清人蔡衍鎤评说：

> 朝宗吴先生，闽人也，生于元季，隐居不仕，而气质光明，学识醇正，为当世诸名公所推重。……先生平昔所学者，周程张朱之道，故凡一言一行，无非出于大中至正。……闽学之倡也始于龟山（杨时），其盛也集于朱子，其末也振于西山（真德秀）。又二百余年，而始有剩夫陈氏、翠渠周氏、虚斋蔡氏。向非有先生（按：指吴海）之辟邪崇正，傺然挺出于绝续之间，何以继已往而启将来哉！[①]

吴海之学即朱子之学，蔡衍鎤认为吴海是福建理学的继往开来者。从吴海的朱子学之“醇正”来看，蔡氏此评并不过分。研究福建理学，吴海的学说是值得特别注意的。

吴海的著述有《闻过斋诗集》1卷、《命本录》2卷、《闻过斋集》8卷等。

二、吴海的道理读书论

吴海的哲学思想，对理学中的一些范畴一般都有涉及。首先，关于理，吴海认为“天不言所出者理”[②]，“理出于天而具于人之心”。这就是说，一切事物都有自然之理，这是天意安排的，所以叫作天理或天命。同时，吴海还用道来释理，认为道是事物当然之理。吴海述说：

> 道者，人伦日用事物当然之理，乃天下古今人物共行之路。……气禀有不齐……必资学而后能。[③]

因吴海曾谓“天下古今治乱，时世不同，而人心无不同者，理一而已”[④]，所以“天下古今人物共行之路”，也就是“一理”。吴海还说“道之与事，固未尝相远也”。[⑤] 质言之，理是事物的道理，是人们行为的准则。正因为理是事物的道理和人们行为的准则，人们必须依理而行才行。吴海述说：

> 安莫于理，理出于天而具于人心。物必有则，事必有宜，大而民生伦纪之间，细而日用动静之际……必也审择而处之。顺理则安，逆理为危。[⑥]

---

① （元）吴海：《闻过斋集》卷首，蔡衍鎤：《闻过斋集序》。

② （元）吴海：《闻过斋集》卷五，《祭关以弘文》。

③ （元）吴海：《闻过斋集》卷三，《慎德斋记》。

④ （元）吴海：《闻过斋集》卷二，《送龙江书院山长序》。

⑤ （元）吴海：《闻过斋集》卷三，《遗安堂记》。

⑥ （元）吴海：《闻过斋集》卷三，《乌稗堂记》。

例如，他说要使“其子孙昌大，则天理自然之极也。此言诚使为善者劝，为恶者戒”，[①]至于“为文而不根于理，则更无足观矣”。[②]

吴海所谓事物之天理，其主旨在于说明封建社会的三纲五常是符合天理的，人们都依纲常而行，天下就太平了。他说：“因天地之道以立人之道，因天地之利以立人之利。”[③]

用天道（理）附会人道（理），是理学家的共同特点。吴海述说：

> 天下古今治乱时世不同，而人心无不同者，理一而已。……欲使民回心而向道，士虽穷而不舍义，虽死而不为乱，则教之事也。……见诸儒必劝之以笃学力行，尊文公、程氏之道，勿为流俗所变。见父老子弟，必勉之以孝悌忠信，事上不悖。有问政者，亦将告知曰民安则正理。安民在于富之，使民有所赖焉。[④]

“民安则正理”，这是吴海讲理的核心思想。不过，他说“安民在于富之，使民有所赖”，是对的。这种思想是对元末社会动乱，人民疾苦现实情况的反映，是难能可贵的。此外，吴海还讲到思当理而行谓之大孝，“欲孝者，惟在乎思乎？思承欢之无从而情意以至享，思闻之不复而臻至以自修为善必果，思以为亲荣，见恶必避惧以为亲辱”[⑤]。

依理而行，就要知理，认识理。在认识论上，吴海很少讲格物致知，他是讲学（读书）以致知。他所讲的知的过程是：“学则致知，知则知所择。”这就是说，通过读书学习，使知道得更多，但要有选择，要选择所知中之正确的部分，加以牢固地掌握住（“知则知所择”）。显然，这种所知是无源之水，是唯理论的认识论。吴海述说：

> 天下人物之理，君臣父子之义，齐家治国平天下之道，正身修己之法，莫不昭然具在于书，必读之而后有以识事理之当然。……书不可不读，而读之固当有法。盖不读非圣之书，则异端邪说不得以乱吾之聪明，而志定虑专无他歧之惑。讽诵习熟循序渐进，则无欲速不达，舍近求远之病。优游涵泳，沉潜玩索，则不徒口耳而有自得之实。朝夕孳孳无有间断，则温故知新而有日进之益，骤觉忽喜小得勿足，则人自己干

---

① （元）吴海：《闻过斋集》卷二，《跋罗源黄氏所藏朱文公手帖》。

② （元）吴海：《闻过斋集》卷二，《赠顺昌县徐理官序》。

③ （元）吴海：《闻过斋集》卷三，《潮州三皇庙记》。

④ （元）吴海：《闻过斋集》卷二，《送龙江书院山长序》。

⑤ （元）吴海：《闻过斋集》卷三，《潮州三皇庙记》。

而有必成之效。……自一话一言莫非切己，心存而默识，身体而力行。极其至也，虽圣可几也。……予尝病夫人之读书而设心以利者，又不若不读之愈也。①

吴海的这种以读书(学)为认识起点的思想，是以圣贤之书为绝对真理为前提的。他所谓圣贤之书，主要是指孔孟和程朱理学的著作。他述说：

自孟子没而圣人之道不明，异端权谋术数之言横流于天下，洋溢充斥千数百年不能止。逮宋周程朱夫子出，而继往圣，开来学。②

在吴海看来，除孔孟之外，就是程朱了。孔孟、程朱之道著于书，都是绝对真理。吴海述说：

圣贤之道著于书，学者不能身体而力行，徒以空言目之，口耳相传虽多无益。顾学者莫先于立志，志即定，然后即物以穷理，存心而致知，力行以求至，惟曰孜孜无少间断，则入道有方，进德有序，圣贤可驯致。苟有一毫为利近名之心，则非己之学矣！③

在这里，吴海把“格物穷理”改为“即物穷理”是个好提法。不过吴海所谓“即物穷理”，实际上是由理及物。“力行以求至”，即要真正实践封建的伦理道德规范。

此外，吴海还特别强调学习要不断深化。不断深化的动力是由学知不足，由教而知困。吴海说：“学然后知不足，教然后知困。夫知不足也，知困也，然后能自反也，自强也，是教学相长也。”④只有知不足、知困，才能知“自反”“自强”，就是自己知道再学习。这种反复学习使知不断深化的过程，吴海叫作“教学相长”。在知之“自反”“自强”的问题上，吴海关于“知过必改”的思想特别值得注意。吴海述说：

海自始知学窃有志于圣人之道。……然平日所为，鲜能不悖于理……人之有过，鲜能自知，知而必改，其躬乃治。⑤

在封建社会的士大夫中，是很少有知过必改的。认为他自己“平日所为，鲜能不悖于理”，即一定会有过错的，而且他决心知过必改，要以身(躬)作则。吴海把知过必改看得特别重要，认为“改者天下之大善也”。他述说：

---

① (元)吴海:《闻过斋集》卷三,《读书室记》。

② (元)吴海:《闻过斋集》卷三,《皁林乡学记》。

③ (元)吴海:《闻过斋集》卷三,《皁林乡学记》。

④ (元)吴海:《闻过斋集》卷二,《送林生赴延平学正叙》。

⑤ (元)吴海:《闻过斋集》卷八,《闻过斋箴》。

为学之道，精知而力行之。知有不逮，继可以进行，有所失则改之，以至于无可改，岂不为大善乎？……知之诚难。知之精，在乎穷理而已。[①]

吴海认为要日日改之，“以至于无可改”。这种思想确实是难能可贵的。在吴海看来，“至于无可改”就是“知之精”，“致知穷理”了。当然，吴海所谓“至于无可改”的思想是形而上学的，因为人的认识是矛盾发展的过程，是知与不知、正确与错误的矛盾不断出现和不断解决的过程。因此是不可能“至于无可改”的。

吴海还指出教对知的重要性。上面已经引到，吴海提出“教然后知困”与“教学相长”，此外吴海还提出“教以身不以言，教者治之本”[②]。吴海述说：

教，治之本也；学校，风化之原也。教之道德以淑其心，教之生产以立其业，教之礼仪以正其俗。……民知教则良心生，教立则善人众。大家既服，小民视之而化，风俗无不美。[③]

在吴海看来，教之所以极端重要，就是因为教能出贤才，“小民视之而化”。贤才为政能立国，因此“教，治之本”，“事实无难者，顾难得其人。……为政在任贤才也，不欲杂小人”。[④]

吴海有关世界观和认识论的思想中，还有些观点是值得提及的。例如对堪舆说，吴海述说：

地理之说不可为无。……后世技术之流张其说，以自神人而祸患吉庆纷纷然起，慕利签福者往往深信为所欺卖，说愈炽而人情愈疑，理愈晦而人事愈谬。[⑤]

吴海认为后世堪舆学家把地理之说加以夸大，至神秘化，是不对的。再如吴海述说：

自古及今，天下之事莫不有其机。得其机者事半而功倍，不得其机者事倍而功半。况有至于不可为者，亦由屡失其机耳。[⑥]

---

① （元）吴海：《闻过斋集》卷三，《改轩记》。

② （元）吴海：《闻过斋集》卷二，《赠闽县学教谕叙》。

③ （元）吴海：《闻过斋集》卷二，《送宁化训导叙》。

④ （元）吴海：《闻过斋集》卷二，《送王潮州序》。

⑤ （元）吴海：《闻过斋集》卷二，《葬书叙》。

⑥ （元）吴海：《闻过斋集》卷二，《送燕经历入京叙》。

这是讲抓住事物变化的重要性。

三、吴海五常之德和唯德胜欲的思想

在吴海的著作中，对德有比较详细的论述。吴海吸取先秦韩非关于“德者得于内”的观点，而又加入天命论。他述说：

德非自外也，得之于天，我固有之也。故自吾之爱亲慈子而推之，以及人之老幼，吾食而闵人之不食，吾衣而念人之无衣，已安而不忍人之危。若其恻隐之情出于天性，随寓而发，非以纳交要誉于人，求报冥冥于天也。然天道无感而不应，人道无施而不酬，顾为德者不可以是没心而已。……恩惠及人，德之余也；孝弟、忠信、仁爱、诚实蓄于身，德之本也。……天降民德，五常具全。[①]

“天降民德，五常具全”，他把“孝弟、忠信、仁爱、诚实蓄于身”作为“德之本”。这种对德的阐释，新颖通俗，对封建专制制度是有实际意义的。同时，吴海还把德分吉德、凶德，以便进德有所择，在修养过程中要求慎德。他述说：

理出于天而具于人之心。至善而无恶、纯一而不杂者为吉德，肆情而荡、逐物而不返，暴逸败悖者为凶德。……学则致知，知则知所择，慎得致确，确则任所守。此慎德之要也。[②]

在吴海之前的一些学者中，一般释德为褒义，只有德与不德之分。吴海提出凶德，其内含是指不德，即德之贼。

对于理学家所必讲的天理与人欲的矛盾，吴海提出“惟德胜欲”加以解决。吴海述说：

天下之物皆有味而皆无味，惟道无味而深有味。所谓至味，君子淡而不厌是也。……人惟德而不胜欲而为世味所夺，故失其自然。有能洗心濯虑，使方寸湛然，理义以为之主则道充。……觉天下之物为无味，而独沉酣于理。[③]

“有能洗心濯虑，使方寸湛然”，就是使德胜欲。吴海述说：

善，人所固有，生而莫不善。天地之性为性也，而为情也未始不善

① (元)吴海：《闻过斋集》卷三，《五德堂记》。

② (元)吴海：《闻过斋集》卷三，《慎德斋记》。

③ (元)吴海：《闻过斋集》卷三，《淡轩记》。

也。耳目鼻口累乎欲，视听言动出乎己。物我相行，万事相感，利害相权也。日用酬酢之间有不得其正焉，斯其为不善也。反之，而善非取于外也，存其固有者而已矣。[①]

“而善非取于外也，存其固有者而已矣”，就是上引“德非自外也，得之于天，我固有之也”。在吴海看来，人之本性是善的，因此应该完全是吉德。但人的物欲为不善，是凶德。因此，人欲是与人的德性相矛盾的。吴海又述道：

心有所系，皆役于物者也。役于物者，顾无时而乐。求之即即，必持之戚戚；得之扬扬，必失之依依。欲少者天机深，嗜欲多者天机浅。[②]

这就是说，欲多理则少，无欲理则全。吴海又说：“天下之福，恒生于无欲，而祸每起于贪，贪者无厌。无厌则不知止，不知止故祸必恒随之。然自古及今，相接于目前而不戒，岂人情不安福乐得祸哉？由不能止其贪耳。”[③]

吴海认为由于人们贪得无厌，祸必恒随之，因此对人们进行教育是十分必要的。他述说：

世学不明，风俗益薄，人之道将不立于天下。……读书养心以成德。……人道，故人所当尽。有不能者，现于感应之间，亦可以劝矣。而又不察，则禽兽微物固犹有人心者，其可不自愧乎？[④]

吴海十分强调社会风化教育，以使知道贪之无愧，与禽兽无异。吴海述说：

唯君子能全其性，分所有而无私欲之蔽。日用之间浩乎天理之流行，事至物来，应之不穷，随寓而安。……观阴阳之变，万物之化，古今往来，治乱相寻，至人所以酬酢万变者（按：乐于道，依理而行）也。[⑤]

在这里，吴海的阶级本质十分明显地表露出来了。他认为因贪得无厌而必须进行风化教育者，只是广大劳动者，至于那些君子，则“能全其性，分所有而无私欲之蔽”，是不需要进行风化教育的。

此外，在吴海的伦理思想中，关于父子、兄弟等的相互关系还值得一提。吴海述说：

---

① （元）吴海：《闻过斋集》卷三，《祠堂记》。
② （元）吴海：《闻过斋集》卷三，《悠然轩记》。
③ （元）吴海：《闻过斋集》卷三，《知止轩记》。
④ （元）吴海：《闻过斋集》卷二，《本录序》。
⑤ （元）吴海：《闻过斋集》卷三，《独乐千古轩记》。

古者，宗法行于天下，宗族有所统一，人心有所联寓。故孝弟隆而习俗美，先王之治易易然。……恩固赖于相成，而道实原于自致。子焉自致其孝，无怨乎父之不慈；父焉自致其慈，无疾乎子之不孝；兄焉自致其友，无责乎弟之不恭；弟焉自致其恭，无恤乎兄之不友。致于己而不望于人，则其道易成也。[①]

在吴海看来，伦理关系是双方的，若绝对服从一方，则协调的伦理关系就建立不起来。吴海强调伦理关系“原于自致”，即出于自觉而不能强制。吴海的这种观点是出于孔子本来的意思，后世绝对服从的论说是违反孔子思想的。

① (元)吴海:《闻过斋集》卷二,《吴氏世谱叙》。

第七章

明代前期的福建理学

元朝将近一个世纪，由于政治腐败，人民疾苦达到了极点，终于爆发了全国性的农民大起义。在农民大起义中，以朱元璋为首的一支发展壮大起来。1368年，朱元璋在南京称帝，国号为明。同时，攻克北京，元亡，消灭西北、西南割据势力，统一中国。朱元璋推翻元朝建立明朝，在中国又恢复了汉族地主阶级的统治。朱明王朝统治中国至1644年，达276年之久。明朝国势在成祖永乐年间(1403—1424)达到了顶点，到了世宗嘉靖年间(1522—1566)由盛趋衰，一般史家以嘉靖年间为界，称此前为明代前期。

从理学在明代的发展来看，与其相对立的王阳明学说恰恰兴起于嘉靖初年。此后理学在明代由独盛而稍衰，使明代朱子理学的发展形成两个不同时期。据记载：

> 原夫明初诸儒，皆朱子门人之支流余裔，师承有自，矩矱秩然。曹端、胡居仁笃践履，谨绳墨，守儒先之正传，无敢改易。学术之分，则自陈献章、王守仁始。宗献章者，曰江门之学，孤行独诣，其传不远。宗守仁者，曰姚江之学，别立宗旨，显与朱子背驰，门徒遍天下，流传逾百年。其教大行，其弊滋甚。嘉隆而后，笃信程朱，不迁异说者，无复几人矣！①

此述明代学术分野最为明白、确当。本章所论述的是明代前期福建理学，时间大约有一个半世纪。

朱元璋起于布衣，懂得农民的一些疾苦，采取了休养生息、奖励垦荒、发展生产的政策，在明初，社会经济很快发展起来。随着中国东南沿海日益成长的商品经济发展，逐渐出现资本主义萌芽的势头。朱元璋鉴于汉、唐、宋、元失国的教训，整理朝政，制《皇明祖训》，规定“后世有言更祖制者，以奸臣

① (清)张廷玉等:《明史》卷二八二,《儒林传序》,北京:中华书局,1974年。

论”,并把一切军政大权都集中到皇帝手里,建立起高度集权的专制制度。随着经济的繁荣和政治的统一,明代前期国势空前强大。

同时,明代前期朝廷还进一步加强思想统治。他们继元之后,仍把孔孟正统的程朱理学作为统治思想。特别是由于朱元璋和朱熹同姓,因而比元朝更加提倡、推崇朱子学。他们袭用了唐宋以来的科举制度,国家考试仍遵元仁宗时所定条例,以朱子学为主要内容。朱元璋更把经义的体裁严密规定为八股,作为去取的标准。据记载:

> 科目者,沿唐宋之旧,而稍变其试士之法,专取四子书及《易》《书》《诗》《春秋》《礼记》五经命题试士。盖太祖与刘基所定。其文略仿宋经义,然代古人语气为之,体用排偶,谓之八股,通谓之制义。三年大比,以诸生试之直省,曰乡试。中试者为举人。次年,以举人试之京师,曰会试。中试者,天子亲策于廷,曰廷试,亦曰殿试。分一、二、三甲以为名第之次,一甲止三人,曰状元、榜眼、探花。……“四书”主朱子《集注》,《易》主程《传》、朱子《本义》《书》主蔡氏传及古注疏,《诗》主朱子《集传》《春秋》主左氏、公羊、穀梁三传及胡安国、张洽传,《礼记》主注疏。永乐间,颁《四书(大全)》《五经大全》,废注疏不用。其后,《春秋》亦不用张洽传,《礼记》止用陈澔《集说》。①

这是由国家规定科举考试以程朱学派的“四书”“五经”注解为主。到了永乐年间(1403—1424),胡广奉敕编纂《五经大全》《四书大全》《性理大全》,专供科举取士之用。特别是其中的《性理大全》70卷,主要选取宋儒周敦颐的《太极图说》《通书》,张载的《西铭》《正蒙》,邵雍的《皇极经世书》,朱熹的《易学启蒙》《家礼》,蔡沈的《洪范皇极》等。这样,由于皇帝极力提倡程朱理学,朱子学更加盛行。明末陈鼎述说:

> 我太祖高皇帝即位之初,首立太学,命许存仁为祭酒,一宗朱子之学。令学者非“五经”、孔孟之书不读,非濂洛关闽之学不讲。成祖文皇帝,益光而大之,令儒臣辑“五经”“四书”及《性理全书》,颁布天下。饶州儒士朱季友,诣阙上书,专诋周、程、张、朱之说。上览而怒曰:“此德之贼也。”命有司声罪杖遣,悉焚其所著书,曰:“无误后人。”②

因此,明代在嘉靖初年王学盛行以前,思想界是程朱理学一统天下。

---

① (清)张廷玉等:《明史》卷七〇,《选举志二》,北京:中华书局,1974年。

② (清)陈鼎:《东林列传》卷二,《高攀龙传》。

由于明代前期朱子学的独盛，其著名学者辈出。清人蓝鼎元说："有明一代，惟薛敬轩、胡敬斋、罗整庵三人得朱子之正传。今《读书录》《居业录》《困知记》诸书具在，可以正异学之非。"[①]《明史》也述说："明初……曹端、胡居仁笃践履，谨绳墨，守儒先之正传。"[②]除曹端（字月川，山西河津人）、胡居仁（字叔心，江西余干人）、罗整庵（字允升，名钦顺，江西泰和人）外，还有宋濂（字景濂，浙江潜溪人）、王祎（字子元，浙江义乌人）、方孝孺（字希直，浙江宁海人）、薛瑄（号敬轩，山东河津人）、吴与弼（号康斋，江西崇仁人）等，皆为明代前期朱子学大儒。他们"守儒家之正传，无敢改易"，又有谓"此亦述朱耳，彼亦述朱耳"[③]。在科举盛行的年代，他们不图猎取功名，潜心理学，继续保持朱熹的重修气节，不重功名的精神。特别是方孝孺，仗义不屈，为明成祖诛其十族，其风烈尤为著名。当然，也有些朱子学者并不尽然，而为功名所驱使。

在明代前期，福建和全国一样，理学极为盛行，福建理学学者忠实地阐发朱子学说。例如林瀚（字亨大，闽县人），学行纯正，以朱子学为宗，在朝正直无私，不以皇帝和宰辅颜色行事，不计利禄，为世所敬重；林玭（字廷珍，侯官人），以朱子易学倡教东南，学务穷理，笃于躬行；郑守道（字用行，侯官人）著《太极图说解》《大学解》，旨精秘具，全是朱子学风格，有功于后学；等等。

明代前期福建理学学者以精湛研究"四书"、《易经》闻名全国。其著作有几百种，数量之多，居全国第一，仅晋江一地，研究《周易》著名者有数十家，著作达八九十种。明代全国研究《周易》者首推晋江，而泉州以蔡清、陈琛、苏濬三家为最。蔡清著《易经蒙引》，陈琛著《易经通典》，苏濬著《易经儿说》，皆为研究易学之杰作。蔡清之《易》精而密；陈琛之《易》高而朗；苏濬之《易》，渊源蔡清，而其超广洞达，气象绝类陈琛。此三人之易学理论相为表里，其共同特点是羽翼和发挥朱子学。

明正德（1506—1521）、嘉靖（1522—1566）年间，陈献章、王阳明心学兴起，广泛传播之时，福建朱子学者绝大部分不为异端所惑，挺身而出，奋起捍卫朱子学。例如，马森（字孔养，侯官人），提出理学必须以朱子学为宗，不可动摇，陆王心学非理学之正脉，不可接受；孔端仪（字子明，莆田人），著《考亭

---

① （清）蓝鼎元：《棉阳学准》卷五，《道学源流》，蒋炳钊、王钿点校：《鹿洲全集》，厦门：厦门大学出版社，1995 年，第 518 页。

② （清）张廷玉等：《明史》卷二八二，《儒林传》，北京：中华书局，1974 年。

③ （明）黄宗羲：《明儒学案》卷一〇，《姚江学案》，北京：中华书局，2008 年。

渊源录》，力排王学，言行举止一依朱熹；卢一诚（字诚之，福清人），坚持朱子立场，拒绝参加阳明学社；童世坚（字克刚，连城人），受业于王阳明，归而笃信朱子学，谓王学不若朱学有把握；杨道昭（号天游，建阳人），与王学学者王心斋、王龙溪等反复辩论，激烈抨击阳明学说，称颂朱子之学；周瑛（字梁石，漳浦人），以朱熹居敬穷理之说批评王学驱陈白沙心学；方良永（字寿卿，莆田人），谓言心学者不知其妄，等等。

在明代前期福建朱子学者之中，最著名者为陈真晟、周瑛、蔡清等。清雷𬭎评论说：

> 有明开基，尊朱子学以定一宗。纲纪聿修，风教懋著，家无异说，士鲜歧趋，百年之间真儒递出。厥后，习尚颓败，正气消磨，挟策吟哦者驰骛词章，学专训诂者拘泥章句。姚江王氏起而矫之，倡为心学，以号召后进，不追求朱子之正宗，而诋为朱子之流弊，声势气焰，耸动一时。遂至凭臆见作聪明，跌荡绳墨，滔滔如狂澜不可复挽。当是时，正学不绝如丝，而深山穷谷之士熏染未深，犹知有朱子之学，实赖虚斋（蔡清）先生《易（经蒙引）》《四书蒙引》流播传诵。其辨析之精，捍卫之严，阳儒阴释之说自不得以汩之。[①]

这里讲到明代前期学术发展概况，特别强调蔡清在福建理学发展中的重要作用。关于陈真晟、周瑛等在福建理学发展中的重要作用，清代雷𬭎指出："吾闽自有宋诸大儒后，代有传人，明中叶如陈剩夫（真晟）、蔡虚斋（清）确守朱子，以津梁后学。"[②]清代张伯行《鹿洲初集旧序》进一步指出："道南一脉，代有传人。……漳浦高东溪、陈剩夫、周翠渠（瑛）、黄石斋（道周）诸先生，皆卓然直立，增光宇宙。"

我们在本章中着重论述陈真晟、周瑛、蔡清等三人的生平著述和理学思想。

第一节　陈真晟

一、陈真晟的生平著述

陈真晟，字晦德，又字晦夫，号剩夫，又自号漳南布衣，学者称剩夫先生、

① (清)雷𬭎:《经笥堂文钞》卷上,《蔡虚斋先生文集序》。

② (清)雷𬭎:《经笥堂文钞》卷下,《童寒泉墓志铭》。

布衣先生，福建漳州镇海卫（今龙海）人。生于明成祖永乐九年（1411），卒于宪宗成化十年（1474），终年64岁。志载："初治举子业，赴乡试，闻有司防察过严，无待士礼，耻之弃去，由是笃志圣贤之学。读《大学或问》，见朱子重言主敬知敬为《大学》始基。又得程子主一之说，专心克治。"①任漳平县学教谕，讲学龙岩。晚年定居于漳州玉洲，卒葬江东董坑。弘治十四年（1501），漳州知府彭桓垒石建造乌浔桥，于桥西官道旁立墓道碑以志表，铭曰："大明阙下两上书请补正学泉南布衣陈先生墓"。嘉靖四年（1525），兵备佥事谢汝仪在文公祠之东倡建镇海卫乡贤祠，并祀陈真晟和门人周瑛，惠安张岳为碑记曰："布衣陈公、翠渠周公二先生同时产于镇海，皆以学行有闻于天下，二公盖为圣贤义理之学者。……镇海故戎垒，自二先生后，人始知学。……独二先生之学，粹然本于考亭（朱熹）无议也。"②

陈真晟出身贫苦，有谓其为"卖油佣"。据清初李颙（字中孚，号二曲，山西人）所记载：

> 陈真晟……父为打银匠，携之执业，主人密为防。真晟年十一，语父曰："何业而蒙盗贼之防乎？"劝父舍之。问卖油有所得？曰："日余二壶。"喜曰："此足备养矣。"货油至书舍，闻讲有子孝悌章，大悦。明日，又闻弟子入则孝出则悌，益喜。入请其师曰："小人愿受学，日以余油为贽。"师曰："诺。"复告曰："我本以卖油代父之业，备日养耳！专一于学，则累我父，须每旦一受讲，日仍卖油。"师从之。逾年，学大进。③

这里，李颙称颂陈真晟贫贱起家，自学成才。

陈真晟的上祖陈安宓是黄榦高徒，宋末元初的朱子学家；高祖陈址幼是元代理学家。陈家有朱学传统，陈真晟青年时代师从著名朱子学家唐泰（号东里，长泰人）学《易》。唐泰通晓"五经"，尤精于《易》，著《思诚斋易学》。陈真晟学习刻苦，卓有成就。他私淑明初著名的理学家胡居仁，得胡氏之穷理方法。门人周瑛述说：

> 先生之学无师承，自读《中庸》《大学》始。初读《中庸》，做存养省察工夫。继读《大学》，专从事于主敬穷理。先生本原澄澈，义理精明，有所本也。……先生学不自足，闻江西吴聘君名，欲往质之。④

① 清乾隆《海澄县志》卷一一，《人物·列传》。

② 明万历《漳州府志》卷三三，《镇海卫·文翰志》。

③ （清）李颙：《二曲全集·观感录》。

④ （明）周瑛：《周翠渠诗文集·祭布衣陈先生文》。

明人陈琐述说：

> 剩夫先生大本端正……其时泉（州）漳（州）人多习于老氏之学。……先生厌老氏之学而思欲以出之，自后妖妄之说不入于耳。一日，疾炙不自知，巫者投之以符。先生强嚏曰："死生有命。"却之。……尝请命而习攻金，尽得其资，复自悔曰："此非君子养心之术也。"遂废。……先生不顾自家，惟以保宗恤族为务。……宗戚贫者不能学，必教其子孙，使成材，不论邻里贫富贵贱，必教其子弟，使之有德，未尝计以私焉。……先生平生勤无休息，虽一饭之顷，霜雪之役，未尝释卷。……先生学业积力久，大有了悟。读《论语》则悟圣道一贯之旨，读《易通》则悟天地万物之本，读《西铭》则悟理一分殊之原。得存养于《中庸》，得扩充于《孟子》，得圣学始终之要于《大学》。乃以知行二字为用功之纲，以敬之一字为用功之要。静以此敬，涵养其心；动以此敬，持守其身。以此敬而立体，以此敬而致用。盖心身动静一于敬也。先生平生动必以礼，行必以义，不沽名而钓誉，当言则言，当为则为，无所顾虑。尝曰："宁自见毁于世俗，毋一得罪于圣贤。"……先生之学，全体大用之学也。[①]

据《明史》本传记载："陈真晟学无师承，独得于遗经之中。"在读书人热衷于科举仕宦的社会风气中，陈真晟却一反潮流，"不以科举为事"[②]，"不图做官，安贫乐道。其所著书，无非示人以朱学之梯航"[③]，遂成为明代福建著名的理学家。

陈真晟的著述有《程朱正学纂要》、《正教正考会通》、《心学图说》、《执古辨》、《陈真晟布衣存稿》(9 卷)、《陈剩夫粹言》(不分卷)等，卒后其乡人林祺辑编《陈剩夫文集》15 卷(包括《程朱理学纂要》《正教正考会通》等)，清康熙二十四年(1685)仪封张伯行序而刻之，正谊堂全书初刊。诗文选集《陈剩夫先生集》4 卷，收录张伯行原序，清同治间正谊书院刻刊，上海商务印书馆收入丛书集成初编出版。另有校正本《布衣陈先生集》4 卷，清光绪间津河广仁堂刊刻，内容与正谊堂全书本有所不同。

---

① （明）陈真晟：《陈剩夫集》卷四，陈琐：《布衣陈先生行实》。

② （明）陈真晟：《陈剩夫集》卷首，林雍：《陈真晟行实》。

③ 雷鋐：《漳平县学朱子祠记》。

二、陈真晟的思想体系

陈真晟的思想是对朱熹理学的阐发。对朱熹和其他理学家已经论述过的问题，如无极、太极、理、道等一些作为世界本原的范畴，陈真晟都做了进一步的概括。例如他说："一生二，而二生四，四分为八。一者，本也；八者，末也。"①意即太极生两仪，两仪生四象，四象生八卦。"一"就是太极（理），产生万物的本原；"八"就是有形体的具体事物，是形而下者，它对于形而上者的太极来说，是末。在陈真晟看来，这些都是不言而喻的真理。

陈真晟一生用力于程朱理学的本源之地，即理、气、心、性等诸范畴的相互关系，使其成为更加切实致用的严密思想体系。这是陈真晟对朱子学的重大贡献。清张伯行述说：

> 明布衣陈剩夫先生奋起南服，而有以得程朱正学之奥。盖其专用力于本源之地（按：指理气心性）。今观二图及圣要四说，可以知其功力之所在。②

此评至为切当。

陈真晟认为程朱理学的本质是心学，即治心之学。把程朱理学的本质概括为治心之学，是符合程朱理学的实际的，是非常准确的。这是陈真晟对朱子学的一个重大发掘。陈真晟述说：

> 伊川先生无恙时，门人尹和靖以是书（按：指《程氏遗书》）而奉质。先生曰："某在何必读此书，若不得某之心，所记者徒彼意耳。"……岂不以学者未知传心之要而滞于言语之间。……不可不先得朱子之心。欲求朱子之心，岂有外于《大学或问》所详居敬穷理之工夫乎！③

"居敬穷理"，就是治心。朱子学就是适应宋元明各朝治人心的需要而不断完善和发展的。为了阐发朱子学就是心学，陈真晟著《心学图说》，在他的其他著作中也多言心学。

但是陈真晟的心学，与心学派的心学是不同的，心学派的心学是把心作为宇宙的本体，作为万事万物的根源。陈真晟认为天命之理具于人心，要存心致知笃行，即所谓本源之地。陈真晟的心学和心学派的心学之不同，清人

---

① （明）陈真晟：《陈剩夫集》卷二，《自题九骨扇》。

② （清）张伯行：《正谊堂文集》卷七，《陈布衣文集序》。

③ （明）陈真晟：《陈剩夫集》卷二，《上当道书》。

张伯行深刻地评说:“陈布衣先生之书多言心学,近世立言之士谓心学,异端之教也。……吾儒之用功则不然,以穷理为端,以力行为务,体之于心,而实推之于家国天下而无不当。至语其本源之地,不过曰此心之敬而已。……先生之言心,不过谓其活变出入无时,非主敬无以操持之也,可与异端之虚无寂灭同日语哉?”[①]可见陈真晟言心与心学派言心,字句相同而实质不同,正如孔子、老子皆言道德,其含义各异;子思、陆九渊皆言尊德性,其本质不同;韩愈、朱熹皆言道统,而途径背驰。陈真晟的心学与心学派的心学是根本不同的,前者为认识论和道德修养论,后者为本体论。

陈真晟的思想体系是以心为要。他述说:

先讲求夫心要。心要既明,则于圣学工夫已思过半矣。盖其心体是静坚固而能自立,则光明洞达作得主宰。所以一心有主,万事有纲,圣学之所以成始成终之要得矣,然后可依节目补小学、大学工夫,而其尤急务则专在于致知诚意而已,皆不外乎一敬以为之也。再假以一二年诱掖激励,渐摩成就之功,则皆有自得之实矣。[②]

陈真晟认为明白了心要,就会懂得把各个方面联系成为一个体系。他认为性之本原在天,法天即复性,复性需主敬,一动一静在于理,此即致知诚意之事。陈真晟的思想体系是:“天命之理具于人心,是谓之(善)性(五常之性)。性为利欲所惑”,“法天之当然是性之复”[③];“复性需主敬,敬以直内,义以方外,义即知行,此即所谓一动一静在于理也”。质言之,就是天理—善性、复性—敬(存心)、义(知行)。陈真晟述说:

敬以直内,义以方外,此二者学《易》之要也。以始学言之,存心致知之道亦在乎是。此朱子之说也。盖主敬即存心,择义即致知。道体极乎其大也,非存心则无以极其大;道体极乎其微也,非致知则无以尽其微。静而不能极夫道之大,动而不能择乎道之微。则虽曰学《易》,亦买椟还珠而已矣。何有于至精至变至神哉!……君子之学,欲其足踏实地,务实功,不徒耀乎虚文则可贵也。[④]

陈真晟强调:“静焉而涵养致知,动焉而慎独诚意,使交养互发之机自不能已,则美在其中。畅于四肢,发于事业,美之至也。然则因外美而益充内

① (清)张伯行:《正谊堂文集》卷七,《陈布衣文集序》。

② (明)陈真晟:《陈剩夫集》卷一,《二补正学》。

③ (明)陈真晟:《陈剩夫集》卷一,《心学图说》。

④ (明)陈真晟:《陈剩夫集》卷二,《题余经魁诗卷后》。

美，发而为至美。”①

由此可见，陈真晟的思想就是主敬存心（穷理）和知行并进两个方面，这两个方面是紧密联系在一起的。明郑普述说：

先生其学而业正学，以主敬为入门，以致知诚意为功程。……凡教皆以身言行，威仪静作有则。……为文章雄健理胜有正气。……其学惟以治心修身为事。……道外无人，人外无道。……深得经书之旨。②

郑普把陈真晟的思想体系概括为“治心修身”四字，是十分确当的。

陈真晟认为“治心修身”，程朱最得要法，要以程朱之学为入门要道。他说：“程朱之学，入道有门，进道有阶，升堂观奥，皆有明辙，惟此最为要法。诚不可不先讲而力求者也。”③

三、陈真晟的主敬穷理和知行并进论

陈真晟认为要穷物之理，必须涵养此心，能主敬才行。他述说：

义理之聚于物，犹蚕丝之聚于茧，至精深微密者也。今欲紬绎之于茧为易，盖引其绪（按：指圣贤微言绪论）以出于外者也。于物理为难，实游其心以入于内者也。故苟非先养此心，使有刚锐精明纯一之气，则安能入其微，步其精以诣其极，随其表里精粗之处无不到，而脱然尽得其妙于吾胸中乎？妙有不尽得，则虽曰紬绎犹未紬绎也。如一物有十分道理，已绎到八九分，则一二分绎不得。此一二分，正其所谓精妙者也。精妙既不能绎，则其所绎者八九分，皆其粗者耳。得其粗，昧其精，虽谓之全未纳绎亦可也。且但一物不能绎，则物物皆不能绎，譬如印板，但印出一张糊模，则张张皆糊模，心粗之病，何以异此。此必然之理也。苟如此而欲望深于道，殆难矣，矧道不惟精深，而为一广大者也。故不能析之极其精，则不能合之尽其大。所谓物有未格，则知有未至者此也。然之所以合之者，又须此心先有广大之量，然后能之也。故先儒曰：“入道莫如敬，未有能致知而不在敬者。”又曰：“涵养须用敬，进学则在致知。”所谓敬者，岂非涵养此心，使动而穷夫理，则有刚锐精明纯一之气；静而合乎理，又有高明广大之量者乎。凡此皆有真实工夫，做到

① （明）陈真晟：《陈剩夫集》卷四，《题内翰郑廷纲随侍行乐图》。

② （明）陈真晟：《陈剩夫集》卷四，郑普：《布衣陈先生传》。

③ （明）陈真晟：《陈剩夫集》卷二，《答耿斋周轸举人书》。

至处，所谓圣学者。[1]

陈真晟认为认识事物，就像引蚕丝一样，把蚕丝引出来容易，而深入去了解其物理就不容易。因为不能把物理从物中拿出来，只能体察、思考才行。因此，要穷物理，必须首先涵养此心。只有“先养此心，使有刚锐精明纯一之气”，才能“入其微，步其精以诣其极，随其表里精粗之处无不能，而脱然尽得其妙于吾胸中”。否则只能得其现象（粗），得不到本质（精、精妙，即道、理）。在这里，陈真晟认识到思想理论对认识的指导作用，是有其合理因素的。但是他把这种思想看成是主敬，就是所谓“涵养此心”，是从主观到客观的认识论。

在陈真晟看来，“主敬穷理修己乃圣学之要”[2]，是为学的根本。他述说：

> 敬之一字，圣学之所以成始而成终者也。为小学者不由乎此，固无以涵养本原，而谨夫洒扫应对进退之节，与夫六艺之教。为大学者不由乎此，亦无以开发聪明、进德修业，而致夫明德新民之功也。是以程子发明格物之道而必以是为说焉。……学者诚能用力于此……将自有其足以为致知力行之地，而可以及乎天下国家矣。[3]

陈真晟把主敬的内容概括为四点。清张伯行说：“先生取圣要四说系于法天之图，曰主一无适，曰整齐严肃，曰常惺惺法，曰其心收敛不容一物。”[4]其中所谓“常惺惺法”，就是时时警觉。此是陈真晟采用北宋谢良佐“主敬是常惺惺怯”之说。谢良佐这种说法得到朱熹的赞赏。这四点均合朱熹的说法。这四点的核心是“专用心于心”[5]。“专心克治”，把精力都集中到封建的伦理道德关系上。对此，明人林雍有所解释。他述说：

> 陈真晟读（朱熹）《大学或问》，见朱子博采主敬之说……及求之所以为敬，见程子以主一释敬，以无适释一，始于敬字见得亲切。往往实下工夫，推得此心之动静而务主于一。静而主于一，则动有所持而外诱不能夺矣。……意有善恶，若发于善而一守之，则所谓恶者退而听

---

① （明）陈真晟：《陈剩夫集》卷二，《答耿斋周轸举人书》。

② （明）陈真晟：《陈剩夫集》卷一，《敕谕大略》。

③ （明）陈真晟：《陈剩夫集》卷一，《推朱子兼补之说》。

④ （清）张伯行：《正谊堂文集》卷七，《陈布衣文集序》。

⑤ （明）陈真晟：《陈剩夫集》卷一，《一立明师》。

命矣。[①]

由此可见，主敬的境界就是“客念不复作”“外诱不能夺”“发于善（按：五常之善）而守之”。陈真晟述说：

今之学者皆言居敬多，只是泛泛焉若存若亡，而无主一无适之确，则是未尝居程子之敬也；皆言穷理，亦只是泛泛焉务读书多而无即事穷理之精，则是未尝穷程子之理也。不入其门，安得观其堂奥？未嗑其肉，安得味其精髓？尊德性……为穷理之本；道问学……为尽心之功。巨细相涵，动静交养。[②]

陈真晟提出的这种用静坐养心之法以达格物穷理，于朱子学是有所发展的。

陈真晟认为，主敬的最大功用是可以复性。他述说：

天心动静之本然，是性之原也。……君子法天之当然，是性之复也。圣人亦天心之自然者也。……复性之说，经传详矣。……君子知之，又能主敬以体之，以尽其法天之功效也而有序焉。盖始则主敬，使一动一静互为其根，即致知诚意之事是圣学之要也。……自始至终则皆不离乎敬焉，如是则法天之功至。[③]

陈真晟的复性说是受唐人李翱的复性说影响的。李翱认为，性是人的先天内在的本质，是善的，外在的情欲蒙蔽了先天的善性，要用“勿虑勿失”“寂然不动”的方法克服情欲，便可以复性。陈真晟以主敬来复性，与李翱以“勿虑勿失”“寂然不动”来复性是相似的。

陈真晟还指出，“居敬而穷理，使二者交相养互相发”[④]，二者是相互促进的。

此外，陈真晟还提出，穷理还可以通过多读书和即事穷理。陈真晟私淑胡居仁，得胡氏之读书穷理之法。陈真晟说：“读书得之虽多，讲论得之尤速，思考得之最深，行事得之最实。儒者便即事物上穷究。”[⑤]由于涵养不够，陈真晟未能达到胡氏读书即事穷理之水平。

陈真晟认为主敬所穷之理和读书、即事所穷之理，此理是否为真理、真

---

① （明）陈真晟：《陈剩夫集》卷首，林雍：《陈真晟行实》。

② （明）陈真晟：《陈剩夫集》卷三，《复宪副何乔新书》。

③ （明）陈真晟：《陈剩夫集》卷一，《心学图说》。

④ （明）陈真晟：《陈剩夫集》卷二，《与翠渠周氏书》。

⑤ （明）陈真晟：《陈剩夫集》卷二，《书答》。

知，还必须验之以行。他认为能行才算真知。明人林雍述说：

先生又常语人曰："人于此学，若真知之，则行在其中矣！"盖以知之真，则处善安，循理乐，其行甚顺。然而气禀有偏胜，嗜欲有偏重，二者用事，甚顺而易者反为逆而难矣。此圣门论学于博学、审向、慎思、明辨之后，又加以笃行也。[①]

这就是说，知了并不等于能行，因为人的气禀有偏胜。"陈真晟之学，以知行并进为宗旨。"[②]

四、陈真晟的社会政治思想

陈真晟基于其治心之学的思想，提出学校教育的重要性。他说："三代所以盛者，学校兴，师道立，而心学正教明于天下也。后世虽有学校之设，然专以科举俗学为教，殊不知俗学益盛，则心学益废。此自然之理，而先儒亦每以为论者是。"[③]

陈真晟强调，当时虽有学校，"然专以科举俗学为教"，"则心学益废"，危害甚大。他述说：

正学其道必本于人伦，明乎物理。……其要在于择善修身，至于化育天下，自乡人而可至于圣人之道。……（现今）科举虽曰考理学以取贤才，而其实累贤才而妨正学，使后生晚进奔竞浮薄，而士风大坏者，科举实为之也。……科举不罢，则正教不可得而行也。[④]

因此，陈真晟提出当时学校教育必须从内容到形式进行彻底改革。

陈真晟基于其程朱理学即治心之学，提出学校必须真正进行程朱理学的教育。他曾向明英宗朱祁镇进呈他的《程朱正学纂要》，他提出"所谓圣学者，程朱之学也"[⑤]。当时学校虽用程朱之书，但由于八股取士，教育士子"不过使之勤记诵训诂攻举业而已"，而实际上没有进行治心的教育。陈真晟述说：

臣卑鄙至愚，固不敢拟迹先儒，然窃愿学程朱万一之学，而实无图富贵之心者也。……臣窃以为时政得失固所当言，而风化者时政之本

---

① （明）陈真晟：《陈剩夫集》卷首，林雍：《陈真晟行实》。

② （清）李颙：《二曲全集・观感录》。

③ （明）陈真晟：《陈剩夫集》卷一，《正风教疏》。

④ （明）陈真晟：《陈剩夫集》卷一，《程朱正学纂要・程氏学制》。

⑤ （明）陈真晟：《陈剩夫集》卷二，《答周公载》。

也。其得失则尤所当先言。[1]

士习不正，民风不淳，三代盛治未能全复。盖由学校虽用程朱之书，然不过使之勤记诵训诂攻举业而已，而于身心正学之教，则实未尝举行故也。[2]

陈真晟提出的当时科举考试的弊病是对的，是有眼光的。他认为宋元以来，学校虽用程朱之书，但科举取士仍用隋唐旧制，这实际上是视圣贤正学为无用。他认为圣贤之道自孟子以后千有余年晦而不明，自周、程、张、朱出，此学才大明。但自朱熹死后，此学又复晦。因此，他提出科举要用程朱理学，圣贤之学才能由晦而复明。当他看到学校颁行敕谕教条有合程朱教法时，喜曰："此学校正教也。"[3]

陈真晟采敕谕中要语，参以程氏学制、吕氏乡约、朱氏贡举私议，作《正教正考会通》。他把考文与考德结合起来，而且认为德比考文更为重要。这是极有见解的思想。他把考德与考文各分为几等，考德：上上等，即能主敬穷理修己者，就是已经自觉践履封建道德的；上中等，即能求以主敬穷理修己者，就是正在努力去践履封建道德的；中上等，即性行端洁，居家孝悌，廉耻礼逊，见善必行，闻过必改者；中中等，即通明学业，晓达治道者；下上等，即能习经书（学而不实践者）；下中等，即唯记诵旧文，务口耳之学（道德品质极差、不务正学者）。考文：上等，考德名在下之中（下等），则考文虽上亦降；中等，考德名在上之中，中之上（中等），考文虽中亦取，考德名在上之上（上等），则考文虽下必取；考德名在中之中，下之上（下等，即为学不务修身者），则专考其文，然亦不得魁选。[4] 由上可见，陈真晟在教育问题上，始终重德教。这是符合朱熹思想的。

在社会历史观点上，陈真晟主张复古礼，也就是复先王古制。他述说：

世人言执古贵乎通今，执古而不通今，犹执一也。此言不然，夫所谓古者，即先王之制著于礼经者是也。所谓今者何礼也，岂非流俗之弊习于性成者乎？姑以丧礼言之，古者以不饮酒食肉为礼，今人必以饮酒食肉为礼。如执古则不能以通今，通今则非所谓执古，岂一人真有两个

---

① （明）陈真晟：《陈剩夫集》卷一，《乞召对疏》。

② （明）陈真晟：《陈剩夫集》卷一，《上程朱正学纂要疏》。

③ （明）陈真晟：《陈剩夫集》卷三，《答周公载》。

④ 参见（清）黄宗羲：《明儒学案》卷四六，《诸儒学案·布衣陈剩夫先生真晟》，北京：中华书局，2008年。

口，其一则执古，又其一则通今乎？抑只是一个口，但遇酒食则通今，及醉饱之后则执古，斯谓可贵乎？愚意古礼用意着力执之犹不能及，多得罪于先王，况今乃以执古为非，以通今为是，则其伤礼败俗宜无不至，又岂可胜言乎！吁！孔子执古释君而从下，犹为时之所讥；孟子行古礼尚为王欢所怒，况某以区区而欲执古孔孟之礼，其为所讥毁宜也。然则宁百见毁于世俗，不可一得罪于先王。[①]

陈真晟正确地认为古今制度不一，执古不能通今，通今不能执古。但是他认为古者为好，今者为差，今不如古。他这种颂古非今是不符合历史实际的，是唯心的历史观。这是多数朱子学者共同的毛病。

此外，在陈真晟的历史观点中还有不少宿命论和神秘主义的东西。例如他说："气运之说有之。……宋元之盛运，天实启之，而宋元拒弃不受者也。盖天若无意于斯世，必不生程朱，既生程朱意，必有在也。"[②]他述说：

夫子之道一本而万殊，夫子之貌一实而万分。所谓际天所覆，极地所载，凡有血气者莫不尊亲。……此深山士子欲心未动，良心未丧，未有功名利禄动摇其心，未有记诵词章破坏其体，大可教也。[③]

理学家无不遵天命，把孔子神圣化，陈真晟也不例外。

五、学者对陈真晟思想的评价

陈真晟是明代前期最有影响的福建理学家，他使福建理学发展到一个较高的水平。当时，朱子学的异端、明代心学的先驱者陈献章，也说"布衣先生，余雅敬慕久矣"[④]。明陈琐引述当时著名学者的评论说：

陈白沙以天下第一品流人物目之，周畏斋以灵芝醴泉目之，程御史以世间出真儒目之。[⑤]

清代福建著名理学家陈祚康在《全闽道学总纂》中称陈真晟为明代前期福建理学者第一人。陈真晟在福建理学发展史上占有重要地位是公认的。

学者认为，陈真晟思想得程朱理学之真传。明张元桢（东白）《赠行诗》曰：

---

① （明）陈真晟：《陈剩夫集》卷四，《执古辨》。

② （明）陈真晟：《陈剩夫集》卷二，《上当道书》。

③ （明）陈真晟：《陈剩夫集》卷四，《跋余经魁诗卷后》。

④ （明）陈真晟：《陈剩夫集》卷四，《挽陈先生诗汾》。

⑤ （明）陈真晟：《陈剩夫集》卷四，陈琐：《布衣陈先生行实》。

自程朱以来，惟先生得其真。彼吴(按：指吴与弼)、许(按：指许谦)二子，盖亦有未是处。

此评甚为公允，因为吴、许二人虽崇拜朱熹思想，但有所偏离，不若陈真晟纯正。因此，就连陈真晟的论敌陈献章，也认为其学为真正的朱子学。陈献章说："多谢泉南翁，神交愿倾倒。……漳南陈先生曰布衣者，其学以子朱子为宗。"[①]元明学者在朱子前加个"子"字，以至尊敬。

清黄宗羲述说：

陈剩夫先生……务为圣贤践履之学。……先生之学，于康斋(按：指吴与弼)似近，于白沙(按：指陈献章)差远。[②]

学者认为，陈真晟对朱子学有很大的发展。清代著名学者蓝鼎元述说：

理学宜祀者……明陈布衣真晟。……真晟学问纯粹，尝诣阙上书，请补正学。上《程朱正学纂要》，作心图二，一著圣人心与天同运，次著学者心法天之运，与周子《太极图说》相发明。又作《正教正考会通》，规制详密。[③]

明代理学家郑纪述说：

今日程朱，又几五百年矣。先生在戎伍之中，忧道学之计，以穷理为入门，以主敬为实地，指画心图，而阴阳动静之理明。敷陈王道而经邦济世之术著，闽之后生小子得以觉迷途而归正学者，先生之赐也。先生虽不得游夫程朱之门，亦可谓私淑其道者矣。[④]

一般认为，陈真晟把程朱之学概括为治心之学，以主敬贯穿于其学的始终，以笃行为学之目的等，是其对福建理学的发展。明代著名的理学家刘宗周述说：

一者诚也，主一敬也。主一即慎独之说，诚由敬入也。剩夫恐人不识慎独之义，故以主一二字代之。此老学有本领，故立言谛当如此。[⑤]

学者认为，陈真晟的思想在社会上起了很大的作用。明人林雍述说：

---

① (明)陈献章：《白沙子全集·诗赠陈剩夫先生》。

② (清)黄宗羲：《明儒学案》卷四六，《诸儒学案·布衣陈剩夫先生真晟》，北京：中华书局，2008年。

③ (清)蓝鼎元：《鹿洲初集》卷一，《上车学宪请补漳浦县乡贤书》，蒋炳钊、王钿点校：《鹿洲全集》，厦门：厦门大学出版社，1995年，第28页。

④ (明)郑纪：《郑氏文集·祭布衣陈先生文》。

⑤ (明)刘宗周：《蕺山文集·祭布衣陈先生文》。

先生教人以礼，感人以德。……先生超今而诣古，不为流污，不为俗染。①

有的学者认为，由于陈真晟倡导朱熹《家礼》，而使社会风气始正。自陈真晟起，而儒风始正。明黄直述说：

先生之时，有康斋吴公倡道于江右，白沙陈公倡道于岭南。公皆与同时，未见公与之相师友，以上下齐议论。则公之学术，其渊源虽不可知，然公当海内竞趋功利之时，独能安于布衣，从事躬行之学，卓然自立门户，为天下豪杰之所尊仰。则公诚可谓一世之高士也矣。②

由上可见，在同时代的诸学者中，陈真晟的理学思想具有领先的地位。

第二节　周　瑛

一、周瑛的生平著述

周瑛，字梁石，初号蒙中子，别号翠渠，学者称翠渠先生，福建漳州镇海卫（今龙海）人。生于明宣宗宣德五年（1430），卒于武宗正德十三年（1518），终年89岁。原籍兴化莆田县连江里（今莆田黄石镇），其父周举（字尚哲）以知州戎籍调戍镇海卫居焉，生子周瑛、周环、周顼三人。周瑛年十四，依叔父周从归居莆田，往返莆漳间，故向称莆田人。代宗景泰四年（1453）举人，宪宗成化五年（1469）成进士，历官广德知州，南京礼部郎中，抚州、镇远知府，四川右参政、右布政使等。卒祀莆田、镇海卫乡贤祠，子周大谟亦是理学名臣。

周瑛一生为官多年，较能秉公办事。他在总结自己的从政经验时述说：

以理处物（按：指事），是谓之义；以心（按：指私心）处理，是谓之利。……求仁惟公为近。惟公之至，斯理之尽。③

周瑛认为，为官办事要公，公即理，亦即仁、义。周瑛所谓的“公”，是统治阶级的整个阶级利益，而他所谓的“私”，是指某些人的利益。因此，他说要施仁义于君子，即统治阶级；“以猛待小人”，即对危害和反对其统治的人

---

① （明）林雍：《林雍诗文集·祭布衣陈先生文》。

② （明）黄直：《黄氏文集·祭布衣陈先生文》。

③ （明）周瑛：《翠渠摘稿》卷四，《抚州府正义堂铭》。

要进行镇压。周瑛述说：

(孔子)宽猛相济之道……晦翁谓此说未尽道理，因自谓欲以宽待君子，以猛待小人。瑛得其说而推行之。自入仕以来，奉以周旋。[①]

周瑛是根据朱熹的政治思想施政的。这种施政原则是封建官吏所应遵循的。此外，周瑛认为损害民族利益的官不能做。刘静修、吴草庐仕元是事夷狄，是不知《春秋》大义，学孔孟违孔孟之教。宋非桀纣之暴，元非汤武之仁，元灭宋是掠夺，非正义，为官不能助暴。由于为官有一定原则，多有政绩，周瑛为时人所敬仰。

周瑛为学，拜陈真晟为师，得朱子学真传。他述说：

尝以书抵剩夫云：人有古今，心无古今。……平日颇知畏天命，凡事每自检于心，以求合于天，而人有不及知者。惟人不及知而暗于天，则恒自曰此吾学之得也。[②]

周瑛认为天命即理，合于天即明于天理。因此，有人谓"周瑛为理学之精粹，朱学之名臣"[③]。明人周志渠亦说："理学名臣翠渠(周瑛)公……天不欲使紫阳道脉历再世而斩，故祖(按：指周瑛)得以续其传。"[④]周瑛的学问极为渊博，他"幼习举子业，即不安于俗学，自'六经''四子'(按：'四书')以及天文律历、字画、方外之书，无所不究，辨析精微，以洞见本原为极致"[⑤]。周瑛工翰墨，笔迹为艺林珍重。

周瑛与心学派陈献章是多年的老朋友，周瑛所学之朱熹著述，还是从陈献章那里抄来的。周瑛说："瑛因献章得钞《朱子语类》书四十本，凡百四十卷，乃门人退录其师之言。平生朱夫子教人，本末尽在是矣。"[⑥]但是，陈献章心学是尊陆贬朱之学，周瑛极力反对陈献章的心学，批判他学术不正，是禅学，规劝其改过。同僚和好友中信奉陈献章心学者，亦规劝其放弃陆学而转向朱子学，致使陈献章极为不满。明代学者何乔远《名山藏》载记：

其时白沙陈公之学盛行，名公卿咸为折节，翠渠周公辞而辟之。非白沙为禅学者，周翠渠也。

---

① (明)周瑛：《翠渠摘稿》卷五，《复高都宪五宜翁书》。

② (明)周瑛：《翠渠摘稿》卷八，《自撰蒙中子圹志》。

③ (明)冯具区：《科场备用》。

④ (明)周瑛：《翠渠摘稿》卷首，周志渠：《翠渠摘稿序》。

⑤ 清康熙《漳浦县志·人物》。

⑥ (明)周瑛：《翠渠诗文集·上剩夫师书》。

对于周瑛的学问、人品性格和施政之方，时人也有比较概括的评论。明代学者杨廉评价说：

读书以穷理而非务博，作文以明道而不专于求工。心朗徹而月霁，气舒畅以春融。其政事也，虽居今世而每有古意；其进修也，虽在眉寿而时有新功。想其寤寐之际，思维之中，不龟山则豫章，非延平必晦翁。其所探也为甚远，其所得也为已丰。然第知其志之有在，而莫窥其学之所终。[①]

周瑛的著述有《字学纂要》(《书纂》5 卷，音释 1 卷)、《周翠渠诗文集》(《翠渠类稿》22 卷)、《翠渠摘稿》(8 卷)、《翠渠摘稿选》(3 卷)、《翠渠续稿》(不分卷)、《政本政均》(2 卷)、《祠山杂录》(1 卷)、《教民杂录》(又名《广孝慈录》1 卷)、《莆阳拗史》，纂修《弘治兴化府志》(54 卷)、《正德漳州府志》(34 卷)等。

二、周瑛一本万殊的世界观

周瑛认为，形成天地万物的本原是太极(理)，由太极(理)，产生气之阳动阴静而成天地。他述说：

天地何始？曰自太极生阴阳(两气)，始阳动而阴静，阳清而阴浊。其动而清者日旋于外，积一万八百年而天成焉。天成，日月星辰备矣。其静而浊者月聚于内，积一万八百年而地成焉。地成，山岳河海备矣。[②]

这种认天地是由阳清阴浊之气运动发展而来的，而且天为日月星辰，地为山岳河海，是具有气论因素的。天地形成后，天地又通过气产生万物。气化有“伸缩盈虚，错综杂糅”之不同，便产生天地间形形色色的不同事物。周瑛述说：

天地生物，气化不齐，伸缩盈虚，错综杂糅。故其偏孜乖戾之甚，必生而为毒螫馋噬之物。盖非天地欲生此物也，气之所至不得不生也。……天地生万物，人为贵，故王者养万民亦以人为主。若夫水土之产，昆虫草木鳞介之属，皆为人之用，不可与人论轻重也。[③]

---

① (明)杨廉:《杨廉诗文集·祭翠渠公文》。

② (明)周瑛:《翠渠摘稿》卷五,《天地说》。

③ (明)周瑛:《翠渠摘稿》卷四,《柳子宥蝮蛇辩》。

在周瑛看来，天地产生万物不是随意的，是要受气的制约的。天地所生万物之中包括人，人是万物之中最高贵者。在这里，周瑛把民为贵进一步解释为王者要以民为主，是有创新的。

周瑛基于其天地通过气产生物和人的思想，提出人死后复归气，复归天地，因此人死后是没有鬼神的。周瑛述说：

人之生也，洎乎其气耳。气聚而生，气散而死。散而未尽，而祟兴焉。盖气尽而死者，魂归于天矣，魄归于地矣，祟何从兴。……气未尽而死者，魂升而沉，魄降而滞。……死而为怪，气未尽也。然则无鬼者其常也，有鬼者其暂也。虽曰暂有，终化而为无，君子谓之无鬼可也。①

由于周瑛没有鬼神思想，把自己的死看得非常淡薄，认为死是自然现象，任其自为，不必悲观。他在生前就自撰《圹志铭》，深刻地论述了生死为气聚散，可以等闲生死。其自撰《圹志铭》曰：

自为铭曰：气聚吾生兮，气散我死。聚散常事兮，吾何悲？人授吾地兮，壶山之颠。屹立万仞兮，摩于青天。中有灵湫兮，我其司汝。鞭笞灵物兮，为云为雨。愧无非泽兮，遍于八荒。愿借杯勺吟，以泽我故乡。②

在这里，周瑛愿自己死后其灵魂化气为青天，为云降雨露八方，泽故乡。周瑛的这种思想境界是比较高的。

这种由太极（理）通过气产生物和人的宇宙生成论，周瑛概括为一本与万殊、体与用的关系。这种关系就是理和物的关系。周瑛认为理产生万物后，理在物中，是物之必然，物之当然之则。物之理隐蔽在物中，又能通过物表现出来。周瑛把这种关系叫作体用一元。周瑛述说：

求其理谓求其自然与当然，又以自然当然求其所以然。积累既多，自然融会通贯，而于所谓一本者或自得之矣。一本固非学者所敢言，然闻之《中庸》有曰："喜怒哀乐之未发，谓之中。"又曰："上天之载，无声无臭。至矣。"此譬如谷种，虽曰块然，而根苗花实皆象于此。又如鸡卵，虽曰浑然，而羽毛嘴爪皆具于此。及其发见于行事，在圣人则体用一贯（按：因圣人气质全正，行事全是天理），在学者未免差互。盖在己者有所拘蔽（按：指气质有欠缺），故所发不无偏重之殊；在外者有所摇夺

① （明）周瑛：《翠渠摘稿》卷八，《鬼说》。

② （明）周瑛：《翠渠摘稿》卷八，《自撰蒙中子圹志》。

(按:指有物欲干扰),故所施不无迁就之异。然而既见本原,则于处善亦安,循理亦乐。至于患难事变,虽以死易生,亦甘心为之矣。此圣学之大略也。①

这一段话集中反映出周瑛的世界观。周瑛认为一本散为万殊,万殊归为一本,就是世界上千差万别的事物都离不开天理。就人来讲,圣人由于气质全正,行事全是天理多,一般人由于气质有偏和物欲干扰,不能事事符合天理,但可以通过改造使之符合天理。这就是周瑛的体用一元论。

由于体用一元,理和物是紧密联系在一起的,因此所谓无,不是如佛家的"真无"(什么也没有),而是"虽无而实有"。周瑛述说:

> 僧曰:吾所谓静与儒同,静无而动有也。予曰:是恶得同,儒于静言无,虽无而实有也。惟其实有,是以见诸用也。天高地下,万物散殊,不可改易。子谓无则真无耳。②

这就把儒与佛区分开来了。

周瑛基于其体用一元的观点,进一步提出"天人为理一而已矣。人能顺理则合于天矣,人能顺理则天与之矣。故以人赉天而天无不应者,其几在此也"③。"几"是周瑛哲学中的一个范畴。周瑛述说:

> 天下之事有几有势有形。几,善恶也;势,轻重也;形,治乱也。几动则势趋,势趋则形就。是故几动于善,则其势趋于善矣。……④

由此可见,他把善看成是事物变化发展的关键或动力。周瑛又说:"黄石翁识得一几字,子房用之以佐汉祖,卒定天下。盖几发乎此,应乎彼者,吉凶存亡系之矣。"⑤周瑛认为"几"是"吉凶存亡系之矣"! 掌握住"几"之善,就能天人一致。周瑛述说:

> 予少读书,见史传论福庆于人必归于有德。如尝疑之,晚潜心世故,玩志天人,始知感应之理甚微(按:指微妙,包含深意)。盖天人相去虽远,而其理未尝不一(按:天道与人道皆出于一理),而其气未尝不相同。其理一而其气相通,而感应之机在我矣。包氏自其先世以来,皆积德行善至于乡邦……今三子伯仲皆举甲科。……予观包氏福庆之隆,

---

① (明)周瑛:《翠渠摘稿》卷四,《题嘉鱼李氏义学》。
② (明)周瑛:《翠渠摘稿》卷四,《题嘉鱼李氏义学》。
③ (明)周瑛:《翠渠摘稿》卷四,《题姜氏双槐堂》。
④ (明)周瑛:《翠渠摘稿》卷一,《赤城论谏录序》。
⑤ (明)周瑛:《翠渠摘稿》卷四,《观冒有恒太守所藏黄石公像》。

而知天人感应之机不爽也。诸君退省于其私，以为修德保家之惩劝。[①]

在周瑛看来，"汉董子言观天人相与之际可畏……其为报毫发不爽。天心好善而恶恶，人立心造行务须凑合天心。今日为善，明日为善，始终为善，与天同旋，则天与之矣。今日为恶，明日为恶，始终为恶，与天背驰，则天弃之矣。天之所与，其兴也勃然；天之所弃，其败也欻然。……知其可畏，则不驱迫而趣于善矣"[②]。周瑛讲的天人感应，与汉代董仲舒的天人感应论有很大的不同。周瑛对董仲舒的天人感应论进行了新的解释。在董仲舒那里，天是人格神，天用谴告和灾异来处罚人事，是由天到人。而在周瑛，则是强调人力可以感天，重视人为，是由人到天。如周瑛又谓，"天下事常以贤者胜，以不贤者败。九折坡易破车而使王良御之无虑，巫峡水善覆舟而使三老渡江必济"[③]。这就是强调事在人为。周瑛又述道：

瑛谓汉董仲舒言正朝廷以正百官，正百官以正万民，然后阴阳调，风雨时，诸福之物可以毕致。公孙弘言人主和德于上，百姓和德于下，则心气形声皆和，而天地之和以应。二子学虽有纯驳，然后世谈天人者未尝敢非之。……湖东君子尽心民事，风雨以时，此为得所应也。[④]

其实，周瑛所谓天人感应，实际上是一种顺天理（按：事物道理）而从事的思想。人们做事不能从主观愿望出发，要按事物的道理办事，才能成功。他说："世固有直道事人而为人所弃者，有枉道事人而为人所取者。然为人所弃者，而天（按：道德理想）喜之，为人所喜者而天厌之。一得天，一得人，轻重何如耶！"[⑤]这就是说，"直（按：遵循）道事人"，不能"枉（按：违反）道事人"，要按照客观事物的规律办事。在这里，含有某些主观和客观相一致的因素。

周瑛在天人关系问题上，其思想中含有董仲舒的天人感应论成分有时十分浓厚。如谓"人心才动感天知，谁道天高人可欺？暗漏屋中神亦格，高明家里鬼常窥。是非有路终须审，祸福无门只自祈。点检人间兴废事，毫厘应付不差移"[⑥]。周瑛又述道：

---

① （明）周瑛：《翠渠摘稿》卷一，《贺包封君以六十受恩命序》。

② （明）周瑛：《翠渠摘稿》卷四，《题资善堂屏门》。

③ （明）周瑛：《翠渠摘稿》卷二，《赠倪廷瞻知怀庆府序》。

④ （明）周瑛：《翠渠摘稿》卷一，《湖东春意诗序》。

⑤ （明）周瑛：《翠渠摘稿》卷四，《题如此轩》。

⑥ （明）周瑛：《翠渠摘稿》卷七，《天人感应吟》。

> 夫道莫正于孔子，而人之为学莫先于孔子。孔子曰死生有命富贵在天，所以教人定心志也。又曰言寡尤，行寡悔，禄在其中矣，所以教人修人事以应天命也。汉董仲舒对江都王曰正其义不谋其利，明其道不计其功。论者以舒为学得孔门正路，以其知圣贤所用心也。今方建学校以讲明孔子，将欲使学者翕然趋之，顾乃祀怪诞无稽之神，而导以奔走利禄之路其可乎！[①]

周瑛是用天人感应来论证封建纲常制度的。他述说：

> 夫纲常者，天道也。福与寿，天所与也。人能培植纲常以顺乎天，则天畀以福寿固不待称祝愿望而后至也。……凡盖者宜有赐于后，福泽必延于其家。柯山之椒和气郁蒸，他日必有忠臣孝子出于其间，而纲常之庆益降，邦家之光未艾也。请书是以待之。[②]

周瑛认为："林员外俊所上封事……其言忠慎闿切，所论惜财最为今日要务。……其诚意恳切，天实临之。闻疏入，天即为变，岂适于耶，抑诚有所感而然耶？传载周公反风止雨，事未必皆适于也，其理微矣！……能使民无争心，则词讼自满足矣；能使民怀耻心，叫盗贼自息矣。……有善互相劝勉，有恶互相劝戒。……上之人皆以此为迂。"[③]

上引周瑛的这两段论述，与董仲舒的天人感应论没有多大差别。

三、周瑛的认识论

周瑛的认识论是在与其老友心学派陈献章的论争中不断发展和完善起来的，它涉及认识论的许多方面，使福建朱子学的认识论达到一个较高的水平。

首先，周瑛把认识的客体和认识的主体区分开来，并且肯定主体是可以认识客体的。周瑛强烈抨击主体自我认识的观点，反诘谓："今夫静坐（按：内省）不相与讲学穷理，果足以立天之大本乎？果足以行天下达道乎？"这就是说，静坐是不能认识世界之本原的。周瑛述说：

> 孟子曰万物皆备于我矣，此言人心无外也。不即物以穷理，其所静此心之体乎？故自性情之微，以及形骸之粗；自食息之末，以及纲常之

① （明）周瑛：《翠渠摘稿》卷八，《文昌祠说》。

② （明）周瑛：《翠渠摘稿》卷一，《寿山福海图序》。

③ （明）周瑛：《翠渠摘稿》卷五，《奉王司马书》。

大；自六经之奥，以及天地万物之广，皆不可不求其理。[1]

这里周瑛引用孟子的“万物皆备于我”，意为心（认识的主体）能认识事物之理（认识的客体），心外之物理皆可认识。心外之物诸如人之性情食息，人和物之形骸，社会之纲常，“六经”之旨，天地之万物等，这些都是人的认识对象，这些对象之理都是可以认识的。因此，认识就是从客体实际出发，实事求是，不能以幻为真，也不能以真为幻。周瑛述说：

天下事有实体可据者是谓之真，无实体可据者是谓之幻。世有以幻为真者，亦有以真为幻者。以真为幻，此妙识也，妙识入于无，故不有其有；以幻为真，此俗识也，俗识胶于有，故不知夫所谓无者。然此二者为说皆非也。……君子之于天下也，不杂物以自高，不婴物以自病，以天下之理应天下之事，其中廓如也。[2]

“以天下之理应天下之事”，周瑛这句话具有较高的认识论学术价值。此外，周瑛还曾谓“诗有景有情有事，景真情真事真便是佳作”[3]，就是主张反映客观实际的诗是好作品。这些说法都具有主观要反映客观的认识论思想。

其次，主体要认识客体，要先排除主观成见，以心虚照万物。用周瑛的话说，就是“明月照万物，而物无不照。……月无客心焉。无客心，即所谓虚。虚者，天之道也”[4]。为什么先要排除主观成见呢？周瑛又述道：

水不静则不能鉴物，心不静则不能烛理。盖静则虚，虚则明；动则挠，挠则暗。是静虚其义理之窟乎，动挠其义理之障乎！[5]

周瑛的认识论是吸取了道家的“虚静”思想的。把排除主观成见作为认识事物的前提是有其合理因素的。周瑛又说：“气平则貌温，心虚则理明。自今以往，吾当养吾气而使之平，庶不害于温；廓吾心而使之虚，庶不害于明。”[6]

周瑛又把这种虚心叫作洗心。他述说：

夫易，天遭也。其有迹可见者，曰蓍曰卦曰爻。盖圆而神者蓍之德

---

① （明）周瑛：《翠渠摘稿》卷四，《题嘉鱼李氏义学》。

② （明）周瑛：《翠渠摘稿》卷三，《壶中丘壑记》。

③ （明）周瑛：《翠渠摘稿》卷四，《读陈节判缨诗集》。

④ （明）周瑛：《翠渠摘稿》卷三，《续骚亭记》。

⑤ （明）周瑛：《翠渠摘稿》卷五，《自警说》。

⑥ （明）周瑛：《翠渠摘稿》卷三，《温明堂记》。

也，方而知者卦之德也，易以贞者六爻之义也。此三者，洁净精微之至也。圣人以此洗心，退藏于密。盖寂焉而莫窥其体，有感焉而莫测其用，隐之至也。学者要必先有以探阴阳之蕴，通神明之德，窥见天下之至隐，以其洁净精微之教，洗吾秽浊杂乱之私。然后用神以合蓍，用知以辨卦，用易以贞以合六爻之变，而于天道无不合矣。是圣人所谓洗心者不待洗而洗也。学者洗心要必有以洗之而天道乃得也。①

周瑛认为，通过洗心，排除主观成见才能真实认识事物。

最后，在主体认识客体问题上，即如何致知穷理上，周瑛提出许多方面，归纳起来，有下列几点：

(1)主敬。周瑛反对陈献章的主静说，认为学当以敬为主，居敬则心存，然后可以穷理。周瑛说："始学之要，以收放心为先务。收放心，居敬是已。盖居敬则心存，聪明睿智由此出，然后可以穷理。穷理者，非静此心而理自见也。盖亦推之以极其至焉耳。"②学要以收放心为先务。收放心则是居敬，居敬则心存，聪明睿智皆由此出，由此穷理。周瑛述说：

惟居敬则心常惺惺，始可以穷理；惟穷理则君子小人决择精审，而不至于混淆者。……居敬穷理知所本哉。③

周瑛认为，只有居敬才能使心时常警觉，这样才能穷理。

(2)读书。周瑛十分强调读书穷理。他认为"天下事见于载籍而其理具于心，求诸心，考诸载籍则体用备"④。周瑛说："天道备于圣人，圣人心术于此，《易》《诗》《书》《礼》《乐》《春秋》皆书之大者。读书则有以探圣人心术精微之蕴而天道可得，以是而亘三纲，以是而秩五常，以是而酬庶物。天地所以位，万物所以育，皆是物也，恶可不读书！"⑤

在周瑛看来，读书致知即格物致知。他又述道：

读书将以穷理也，将以修行也，将以济时也。读书而不穷理，自愚也；穷理而不修行，自诬也。可以仕而不仕，绝物也；不可任而任，徇物也。自愚非智也，自诬非实也，绝物非仁也，徇物非义也。凡此皆非所

① (明)周瑛：《翠渠摘稿》卷三，《洗心亭记》。

② (明)周瑛：《翠渠摘稿》卷四，《题嘉鱼李氏义学》。

③ (明)周瑛：《翠渠摘稿》卷三，《考功司题署记》。

④ (明)周瑛：《翠渠摘稿》卷二，《送黄郎中还南都序》。

⑤ (明)周瑛：《翠渠摘稿》卷三，《石崖书室记》。

谓读书也。[①]

(3)慎行。在周瑛看来,"《大学》论治国平天下之道本于正心诚意,而又本于格物致知,此所以明为纲领之道也"[②]。因此,穷理就是提高人的道德修养,但道德修养要在平时的行为中表现出来,离开行为讲道德修养是空谈,是毫无意义的。周瑛述说:

> 时时检点其身心,自虑念之微,以达于事。为之蓄,务合于道义。间有不合,如被秽在躬,力祛去之乃止。……学不过欲得此心而已(按:指学为了道德修养,使此心纯正),不可以外天理人事以求之也。处人事以合天理,则此心得矣。若厌人事而慕高虚,恶积累(按:指道德修养要逐渐积累)而求超脱,皆非学也。……古人书而诵读之,考其迹,以求其心,涉于万以会于一,以此而毕圣贤体用之学。[③]

在周瑛看来,穷理的标志要看其行为如何,"考其迹,以求其心","处人事以合天理,则此心得矣"。只有知行一致,才是"圣贤体用之学"。尽管周瑛讲的是践履封建伦理道德,但从其理论思维的形式来看,是有合理性的。

周瑛还特别指出,所穷之理如不在行为中体验,就有可能把道义当成功利,走到邪路上去。他认为"经生闭户探讨,出而与事接,往往抵牾。间有走四方,习知天下事者,引而置诸烦剧,皆有获。予始知人才虽俊美而学虽工,不历试诸难,终不足与理天下事也"[④]。周瑛还述说:

> 子之为学,亦慎其所趣哉。盖趣吾心于道义,则以道义归焉;趣吾心于功利,则于功利归焉。此二者王霸所自分也,而所以趣之者以志为主。然学之弗博,择之弗精,守之弗固,则此志不知所主,固有舍夫道义之正,而趣夫功利之私者矣。子其慎之乎![⑤]

周瑛强调,还必须对自己的行为时时检点,即所谓谨独,就是在自己闲居独处之时也要谨慎地遵守道德原则。周瑛说:"张子(按:指张载)谓达天德便可以语王道,其要只在谨独。所谓天德者,是理得于心,纯粹至善无一毫人欲之私也。独知之地不能致谨,则人欲间之矣,何可以语王道。王道是

---

① (明)周瑛:《翠渠摘稿》卷三,《莲溪书屋记》。

② (明)周瑛:《翠渠摘稿》卷五,《上王冢宰书》。

③ (明)周瑛:《翠渠摘稿》卷一,《送林蒙庵序》。

④ (明)周瑛:《翠渠摘稿》卷二,《送黄郎中还南都序》。

⑤ (明)周瑛:《翠渠摘稿》卷四,《题族子叔高勿斋册》。

治道之至纯者也，由天德而出者也。”[1]又述道：

> 人不能无过，但不幸不闻过。过而得闻，闻而能改，则复于无过。……无心失理为过，有心悖理为恶。……处人之道不过于处己。……处己之外无复处人之道。[2]

周瑛的这种“闻过能改”“改复无过”的命题，是一种既往不咎的思想，在现实生活中是有积极意义的。

（4）由用及体、由体及用，一以贯之。此即今所谓由此及彼，由表及里的认识方法。周瑛认为致知穷理是循序渐进和反复无限的过程，“天下事即其小可以占其大，据其始可以据其终”[3]，“学者求之万，其一乃可至”[4]，此即由用及体，同时还由体及用。这种体用一贯，反复深化的思想，是有合理因素的。周瑛述说：

> 人心无外，圣人静有以立天下之大本，动有以行天下之达道。由体及用，一以贯之，自余为学，皆由博以及约。博古者万殊也，约者一本也。求诸万殊而后一本可得，既得一本，则所谓万殊者，亦可推此以贯之矣。[5]

周瑛主张先由万殊至一本，是符合人的认识顺序的，因而是有合理因素的。

四、周瑛的社会政治思想

周瑛认为，社会历史的发展有其内在规律。这个规律就是“几动则势趋，势趋则形就”，形就为表现出来的治乱。他提出几、势、形三个范畴。周瑛述说：

> 天下之事，有几有势有形。……势趋于善，善重则恶轻，及其至也而治成焉；势趋于恶，恶重则善轻，及其至也而乱成焉。夫治乱形也，然不生于形而生于势。轻重势也，然不生于势而生于几。有善恶是为形势之先，治乱之本也。当时群贤论事，或在治平之后，或在草昧之初，或在存亡危急之秋，其所言事虽有大小，要皆有以审夫几也。夫几动乎于

① （明）周瑛：《翠渠摘稿》卷五，《杂说》。

② （明）周瑛：《翠渠摘稿》卷五，《复林孟和进士书》。

③ （明）周瑛：《翠渠摘稿》卷二，《锦江赠别诗序》。

④ （明）周瑛：《翠渠摘稿》卷六，《送陈白沙归南海》。

⑤ （明）周瑛：《翠渠摘稿》卷四，《题嘉鱼李氏义学》。

心间不容发，非天下之大智不足以知此，非天下之大勇不足以用此。故气运不我与，明良不相值，坐失此几者亦多矣。此君子以豪杰之士，又不能不叹其建功立业之为难也。①

在这里，周瑛提出的几、势、形三个范畴是论述社会发展的关键和环节的。周瑛认为，善是社会治乱发展的关键。在周瑛看来，几是善恶的矛盾运动，历史的治乱就是由善恶的矛盾运动而决定的。治乱是形，治乱之形生于势；轻重之势生于几，几表现为善恶的矛盾运动。因此善恶之几为治乱之本。周瑛这种抛开社会的经济条件，以道德观念的善恶来作为社会治乱的决定因素，是一种先验史观。

在上引周瑛的这段论述中，他还提到“气运不我与”。周瑛认为，善恶之几也是气运问题。周瑛说：“以数百年之事功而成于一旦，十数人之集事，同出于一心。谁之力也？御史之力也。人谓事关于气运，果然哉！……学校由气运而兴，则人才当应气运而出。”②周瑛认为事业的成败在于气运。他根据这种气运说，还用季节的变化和五行来解释社会现象。周瑛述说：

天顺庚辰：正月一日，天薄雾，日色微黄，有霰霏霏而下堂涂，檐瓦不受，而苑内诸树皆白。未几人告忠国公石亨反状。上收其从子定远侯彪斩之，继而亨亦下锦衣卫狱死。其说曰：皆木青也。木属少阳；贵臣之家。三阳之月，万物皆暖矣。木性反寒而的阴协之，故霰下堂涂，檐瓦不受，而苑树皆白。此贵臣蒙显戮之象也。当时贵显莫如亨与彪，而取祸之道亦莫盛于亨与彪，是以当之。③

周瑛认为，救治当时社会腐败之道是复纲纪。他所谓纲纪，就是指当时朝廷应该施行的各种制度和臣民应服从的准则。周瑛说：“天下之弊深矣，考其故，非一朝一夕贮积也。为天下谋者当思所以致弊之源，而拟所以救弊之道，然后可渐而理也。致弊之源曰失纪纲是也，救弊之道曰复纪纲是也。纪纲存则弊消，天下治安；纪纲失则弊滋，天下病矣。盖纪纲之于国家，犹脉之于人也。人病而脉不病，可不药而愈；人不病而脉病，此华（佗）扁（鹊）所以却望而走焉者。今日纪纲何如哉?！盖其失也非一朝一夕之故，而其所以复之者，亦岂一朝一夕所能哉！”④在这里，撇开社会的经济基础，而把上层

---

① （明）周瑛：《翠渠摘稿》卷一，《赤城论谏录序》。

② （明）周瑛：《翠渠摘稿》卷三，《莆城辟郡学记》。

③ （明）周瑛：《翠渠摘稿》卷五，《五行类征说》。

④ （明）周瑛：《翠渠摘稿》卷二，《壶山赠言序》。

建筑的东西作为决定社会治乱的根本,显然是错误的。

在周瑛看来,失纲纪主要是由于当时人伦道德败坏。"三代之学皆所以明人伦也",后世教化不明,"一旦遇有变故,往往臣弃其君,子弃其父。纲常不立,人道大坏,使夫英雄豪杰之出,虽极力营救而不可收拾以归于尽"①、"圣学不明而纲常之道坏。……人道一失则夷狄矣,再失则禽兽矣。反夷狄、禽兽以归人道"②。那么如何恢复纲纪或纲常呢?周瑛认为要恢复人的善性,"五伦均出于天赋"③,人要遵循封建道德的原则才符合人性。周瑛述说:

> 人性之中万善俱足,其近者曰孝曰友曰悌,此三善者皆自人性中来。而所以推行之者,则孝又是友与悌之本也。予尝观夫世之人矣,凡爱父母深者,于兄弟之情恒笃;爱父母浅者,于兄弟之情恒薄。其有不知爱父母者则于兄弟漠如也。……天道好善而恶恶,喜顺而恶逆。④

周瑛强调,在人伦道德中最根本的是孝。再者,节、义也很重要,"节义者,人道之大闲也。节、义立,人道定矣"⑤。因此,周瑛当时提出要加强道德教育:"学校以风化为首,风化以节义为先。吾教兹土,不能使人重节义,尚可置而不问乎!嗟夫!世之为学校官者不过集诸生于堂,序订其疑义,校其文字,使取科第以为成绩。至于人为善或为不善,孰问焉!君往矣,异日有怀念君者,必曰是能助人为学者也,是能侃侃仗义而不属于细事者也。"⑥周瑛深刻地指出了当时科举取士的弊病,指出学校教书要教人,智育和德育并重。这种思想是有合理因素的。但是周瑛所提出的德教,就是要培养无欲顺命的人。周瑛述说:

> 龙可豢,麟可縶,凤凰可以网罗取。予尝求其故矣。盖麟凤与龙皆灵物也,然有形焉。有形则有欲,有欲则人得而制之矣。若夫有形而无欲,恶得而制之哉!……孔子有形无欲,恶得而制之哉!……孔子有形无欲,则于富贵贫贱死生寿夭皆夷视之。……非惟孔子,凡知为学而能自绝于欲者莫不皆然。……能制物而不制于物……无欲即顺命。……

---

① (明)周瑛:《翠渠摘稿》卷二,《赠张廷厚分教济宁序》。

② (明)周瑛:《翠渠摘稿》卷一,《徐氏贞节挽诗序》。

③ (明)周瑛:《翠渠摘稿》卷二,《金兰真意序》。

④ (明)周瑛:《翠渠摘稿》卷二,《棣萼怀春序》。

⑤ (明)周瑛:《翠渠摘稿》卷一,《一室双贞诗序》。

⑥ (明)周瑛:《翠渠摘稿》卷一,《赠王司训书满序》。

高牙大纛，坐立庙堂，吾非薄此不为也，是有命焉，吾恶得而存之；箪瓢陋巷，裘褐不完，吾非爱此乐为也，是有命焉，吾恶得而去之。[①]

把无欲释为顺命，是欺人之谈。

此外，周瑛还提出从政要爱道重于爱官，要以尽心行教为大。他述说：

> 夫人一心包藏天地，酬酢庶类，居一官而不知此官之政，是于此心为未尽；知而不能自致于物，是为不能举其职；不能举其职而不奉身以求退，则是爱官重于爱道。皆非也。道者，万世之公也；政者，一时之宜也。苟有一益于民，后世必有能举而行之者矣。[②]

周瑛特别指出，要爱道重于爱官，从政要有益于民，当官要为民着想，“政无善恶，安民者为善政；法无当否，便民者为良法”[③]。

第三节 蔡 清

一、蔡清的生平著述

蔡清，字介夫，因为其学主虚，匾其斋曰“虚”，遂号虚斋，学者称虚斋先生，福建晋江县曾井铺（今泉州市鲤城区曾井巷）人。生于明代宗景泰四年（1453），卒于明武宗正德三年（1508）。明宪宗成化二十年（1484）进士，历官吏部稽勋主事、礼部祠祭主事、南京文选郎中、江西提学副使等职。明万历间追谥文庄，清世宗雍正二年（1724）从祀府文庙。

图 7-1 蔡 清

蔡清为官颇能关心民间疾苦，有政绩，得到时人称颂。明代福建理学家林希元说：“（蔡清）官辙所至，如建如严

① （明）周瑛：《翠渠摘稿》卷二，《超然宴处诗序》。

② （明）周瑛：《翠渠摘稿》卷一，《修镇远府志序》。

③ （明）周瑛：《翠渠摘稿》卷五，《寄太守鹤洲兄书》。

如杭，以及南京，随杖履者，常百余人。”[①]蔡清针对当时的土地兼并，曾上疏曰：

> 今士民之贫者无立锥之地，而宦官厕养，至有宅舍拟于公侯，金银动以万计。此皆万民膏血所萃也。朝廷锱铢而取于民，以为士马之资者，多充牣于庸将之家，转运于权幸之门。于是兵弱不能卫民，虏骑一至而边民身家一扫空矣。[②]

蔡清在从政期间，反对豪强兼并土地和贪官污吏。他给自己提出：凡利于国家和人民的事才做，要给国家和人民做出大事业。但是蔡清仅活到56岁就病逝了，他在临死时与亲友说：

> 吾平生志慕古人。古人如贾谊、诸葛孔明辈，皆年未四十，做出许多大事业。今吾年过五十，而功业不建，上负天地，中负朝廷，下负祖宗。此吾所以羞也。[③]

蔡清给自己提出做官的原则是：“一身之利无谋也，而利天下者则谋之；一时之利无谋也，而利万世者则谋之。”[④]当然，蔡清作为一个封建官吏，这种原则是不可能真正做到的，但他能有这种思想并提出这种原则，是难能可贵的。

蔡清平时直言行事，不计较个人得失，不趋炎附势。例如《明史》本传记载蔡清任江西提学副使时的一件事：

> 宁王宸濠骄恣，遇朔望，诸司先朝王，次日谒文庙。清不可，先庙而后王。王生辰，令诸司以朝服贺，清曰：“非礼也。”去蔽膝而入（按：不穿朝服而入），王积不悦。会王求复护卫，清有后言。王欲诬以诋毁诏旨，清遂乞休。王佯挽留，且许以女妻其子，竟力辞去。[⑤]

蔡清认为先朝王后朝文庙不合礼制，朝服是臣见君之礼，不能用于见王。因蔡清得罪于宁王宸濠，有一天宸濠宴诸司，蔡清亦与之。宸濠嘲笑蔡清“不能作诗”，而蔡清应之曰：“平生与人无私（诗）。”此可见蔡清不畏权贵。此外，蔡清乐施，常给人衣食，并谓“此天地间物，当与天地间人共之”[⑥]。蔡

---

① （明）蔡清：《蔡文庄公集》卷七，林次崖：《虚斋先生行略》。

② （明）蔡清：《蔡文庄公集》卷一，《管见上堂尊》。

③ （明）蔡清：《蔡文庄公集》卷七，林次崖：《虚斋先生行略》。

④ （明）蔡清：《艾庵密箴》。

⑤ （清）张廷玉等：《明史》卷二八二，《儒林·蔡清传》，北京：中华书局，1974年。

⑥ （明）蔡清：《蔡文庄公集》卷七，林次崖：《虚斋先生行略》。

清性好游山玩水，暇日常与师友出游，裹粮数百里，或经月而返。①

蔡清自幼好学，少年至侯官(今福州)，从学于当时著名的理学家林玭，跟其学易学，尽得其精旨。据记载：

蔡清……少走侯官，从林玭学易，尽得其肯綮。……(清)谓《易》五经之首，生命之蕴，故尤尽心焉。毫分缕析，不遗余力，而深造独诣，有发前人所未发者。……至今天下言《易》者，皆推晋江。成弘间(按：成即成化，明宪宗年号；弘即弘治，明孝宗年号)，士大夫谈理学，惟清尤为精诣云。②

蔡清从林玭学《易》的同时和之后，精治"六经"、程朱理学等主要典籍。又据记载："(清)肆力六经子史，及周程张朱性理之书，靡不熟读精究。……存心不肯小就，直欲穷极底奥。折中群言，而上继朱子，于前人盖不多数。"③

蔡清一生还积极进行教育活动。他在从政期间，如任江西提学副使时，修《白鹿洞学规》，以德行道义教授学者；告病家居时，设讲堂于泉州水陆寺，学徒众多。据记载，蔡清的门人遍于全国，"有志之士，不远数千里从之。出其门者，皆能以理学名于时"④。闽人陈琛、林希元、王宣、易时中、林同、蔡烈，以及赣人舒芬、夏良胜和鲁人赵录等，皆为蔡清门人。这些人《明史》均有传，皆是著名的理学学者，有著述行于世。

蔡清一生大部分时间都在进行学术研究，其成就学者评价极高。明林俊述说：

温陵(按：指泉州)蔡介夫虚斋……其学以"六经"为正宗，"四书"为嫡传，(宋)四儒(按：指周程张朱)为真派。平生精力尽用之易、四书蒙引之间，阐发幽秘，梓学宫而行天下。其于《易》深矣，究性命之原，通幽微之故。其有以见夫天下之赜象。⑤

明苏濬述说：

《蒙引》二篇(按：指《易经蒙引》和《四书蒙引》两书)，实翼注疏，俾

---

① 清光绪《福建通志》卷三八。

② 明嘉靖《泉州府志・明列传》。

③ 明嘉靖《泉州府志・明列传》。

④ 明嘉靖《泉州府志・明列传》。

⑤ (明)蔡清：《蔡文庄公集》卷首，林俊：《虚斋先生文集序》。

宇内文学掌故之士，得由委以会原。条分而缕析，若提梦，梦者而觉之。①

清吴日炎述说：

使学者知有传注不谬于他歧，则《蒙引》之力为多……四方老师宿儒，其祖习而传述之，无以相易也。圣道所以复明，人心所以不死，端由于此。②

由这些评论，可见蔡清《蒙引》的性质及其学术价值。

蔡清的学术研究，是在朱熹思想的指导下进行的。他“尝谓吾平生所学，惟师文公而已……吾为《蒙引》，合为文公者取之，异者斥之，使人观朱注，玲珑透彻，以归圣贤本旨而已”③。因此，蔡清的学说是朱子学。对此，清人李光地评之曰：

虚斋先生崛起温陵，首以穷经析理为事，非孔孟之书不读，非程朱之说不讲。其于传注也，句读而字议，务得朱子当日所以发明之精意。盖有勉斋、北溪诸君子得之于口授而讹误者，而先生是订。故前辈遵岩王氏谓：自明兴以来，尽心于朱子之学者，虚斋先生一人而已。④

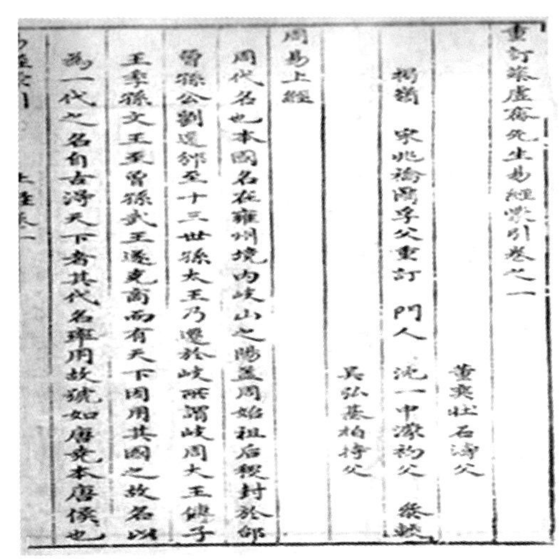

重訂蔡虛齋先生易經蒙引卷之一

周易上經

周代名也本國名在雍州境內岐山之陽蓋周始祖后稷封於邰曾孫公劉遷邠至十三世孫太王乃遷於岐所謂岐周大王傳子王季孫文王至曾孫武王遂克商而有天下因用其國之故名以爲一代之名自古得天下者其代名率用故號如唐堯本唐侯也

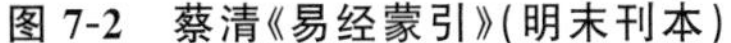

图 7-2　蔡清《易经蒙引》(明末刊本)

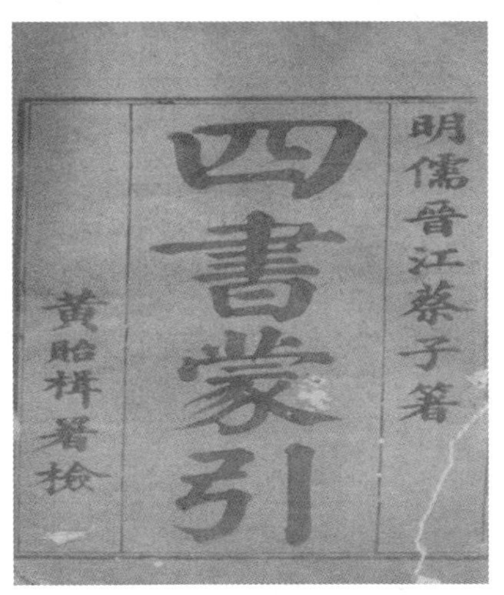

图 7-3　蔡清《四书蒙引》(清光绪刊本)

① (明)蔡清：《蔡文庄公集》卷七，苏濬：《虚斋先生性理要解序》。

② (明)蔡清：《蔡文庄公集》卷首，吴日炎：《蔡文庄公集序》。

③ (明)蔡清：《蔡文庄公集》卷七，林次崖：《虚斋先生行略》。

④ (明)蔡清：《蔡文庄公集》卷七，李光地：《重修文庄公祠序》。

把蔡清推为明代朱子学者第一人，是明清两代学者公认的。例如明人林希元曾谓："入国朝来，理学之工者蔡虚斋……仆读虚斋之书老矣，但觉其汪洋渊澳，尚未得其门径。"[①]由此可见，蔡清是明代著名的朱子学者。蔡清于朱子学，不仅用力阐述，而且在与心学派论辩中有很大的发展，把福建理学推进到一个较高的水平。

蔡清的著述，现存有《易经蒙引》(12 卷)、《四书蒙引》(15 卷，别附 1 卷)、《蔡虚斋粹言》、《虚斋三书》(3 卷)、《性理要解(2 卷)、《蔡虚斋文集》(5 卷)、《蔡文庄公集》(8 卷，末附 3 卷)等。

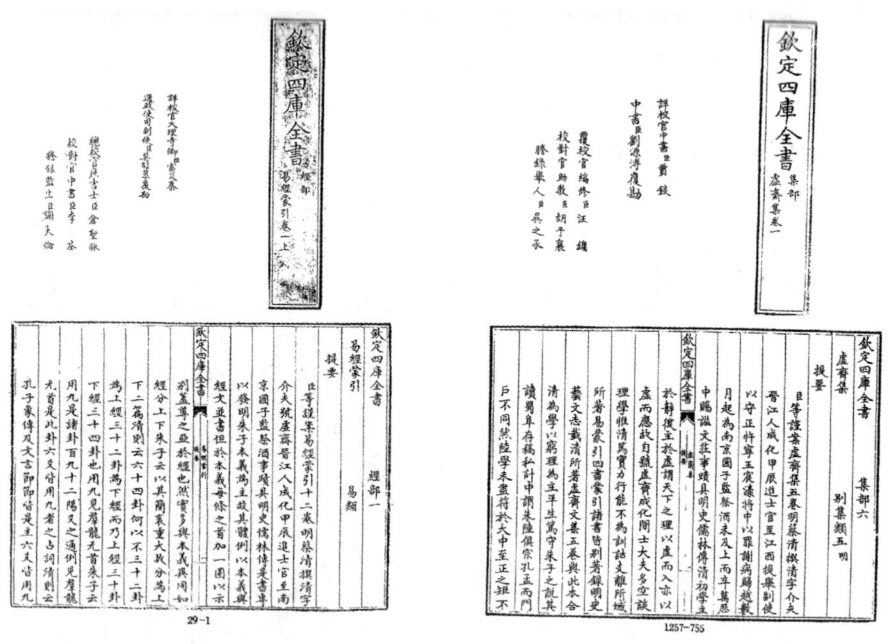

欽定四庫全書　經部　易經蒙引卷一上

欽定四庫全書　經部一
易經蒙引　易類
提要
臣等謹案易經蒙引十二卷明蔡清撰清字
介夫號虛齋晉江人成化甲辰進士官至南
京國子監祭酒事蹟具明史儒林傳是書專
以發明朱子本義為主故其體例以本義與
經文並書但於本義每條之首加一圈以示
別蓋尊之亞於經也然實多與本義異同如
經分上下朱子云以其簡袠重大故分為上
下二篇清則云六十四卦何以不三十二卦
為上經三十二卦為下經而乃上經三十卦
下經三十四卦也用九見羣龍无首朱子云
用九是諸卦百九十二陽爻之通例見羣龍
无首是此卦六爻皆用九者之占詞清則云
孔子彖傳及文言節節皆是主六爻皆用九

29-1

欽定四庫全書　集部　虛齋集卷一

欽定四庫全書　集部六
虛齋集　別集類五　明
提要
臣等謹案虛齋集五卷明蔡清撰清字介夫
晉江人成化甲辰進士官至江西提學副使
以守正忤寧王宸濠將中以罪謝病歸越數
月起為南京國子監祭酒未及上而卒萬歷
中賜謚文莊事蹟具明史儒林傳清初學主
於靜復主於虛謂天下之理以虛而入亦以
虛而應故自號虛齋成化間士大夫多空談
理學惟清篤實力行能不為訓詁支離所域
所著易蒙引四書蒙引諸書皆別著錄明史
藝文志載清所著虛齋文集五卷與此本合
清為學以窮理為主平生篤守朱子之說其
讀蜀阜存稿私計中謂朱陸俱宗孔孟而門
戶不同然陸學未盡符於大中至正之矩不

1257-755

图 7-4　《易经蒙引》四库全书提要　　图 7-5　《虚斋集》四库全书提要

二、蔡清理气无有先后的本体论

在蔡清的世界观中，和其他朱子学者一样，作为世界本原的范畴仍然是理。但是，蔡清认为朱熹关于理先气后、理生气的说法是不妥当的，应该是

① (明)林希元：《林次崖先生文集》卷三，《与吴思斋书》。

理气合一，无有先后。蔡清述说：

尽六合，皆气也。理则是此气之理耳。先儒（按：指朱熹）必先有理而后有气，及理生气之说，愚实有未所详。①

在这里，蔡清暗指朱熹理先气后、理生气之说是出于周敦颐无极而太极之误。这段话对研究蔡清的世界观颇为重要。蔡清就是以理气合一、无有先后的原则建立起自己的世界观体系的。蔡清的世界观具有明显的二元论倾向。

（一）理、道、太极

在蔡清的世界观中，他对理如此规定：

实有是物，则实有是气；实有是气，则实有是理。盈天地间一气耳。机之屈伸往来而不已焉，此即理之所在也。无物不有，无时不然，所谓一阴一阳之谓道是也。②

在蔡清看来，实有（物）是气，气（即物）中“机之屈伸往来”，就是理，就是“一阴一阳之谓道是也”。也就是说，理是事物中“屈伸往来”“一阴一阳”的道理。质言之，理是事物的道理。事物和关于事物的道理是不能混淆的，前者是客观存在的东西，后者是关于客观存在的东西的观念。蔡清述说：

所谓一阴一阳之谓道者，其曰非有以离乎阴阳也，即阴阳而指其本体，不杂乎阴阳而为言耳。此正《易本义》所谓阴阳迭运者气也，其理则所谓道。盖阴阳非道，阴阳所以迭运之理则道也，非他也。③

这里，“阴阳而指其本体”，是说从各种事物的阴阳关系中概括出来的共性（本体）就是道；“不杂乎阴阳而为言”，是说不要把“道”（即“理”）与各种事物的阴阳之气混同起来。阴阳是客观存在的气（事物），不是关于客观存在的气的道理，所以“阴阳非道”“阴阳所以迭运之理则道”。这就是说，理是气的道理。“非他”，即不是在气之外或之上还有一个先于气而独立存在的永恒的理。在这里，蔡清的分析是深刻的，其理论思维是有一定高度的。由于“盈天地间一气”，因此理“无物不有，无时不然”，“大凡气之所在，理即随之”。④ 从这种意义上说，理是永恒的，“理之所在，万古不易。理既如此，予

---

① （明）蔡清：《太极图解》。

② （明）蔡清：《四书蒙引》卷五。

③ （明）蔡清：《太极图解》。

④ （明）蔡清：《蔡文庄公集》卷二，《寄梅一之书》。

之笔亦不能不惟理之命”[1]。这里值得注意的是，蔡清一方面要坚持理和气不能分割，在气之外或之上没有一个先于气而独立存在的永恒的理；另一方面，又不敢公开违反其祖师朱熹所提出的理是永恒的、“万古不易”的说法。蔡清提出所谓理是永恒的、“万古不易”的，是在“盈天地间一气（物）”、理“无物不有，无时不然”的意义上讲的。在这里，蔡清把理学家的理向气论方向推进了一大步。“一阴一阳之谓道”，就是理。可见，在蔡清的世界观中，理和道基本上具有相同的含义。

关于理和太极，蔡清说：“太极云者，只是理之尊号也。盖贯万理而一之也，所谓之大原也。”“太极……只是贯乎阴阳五行之中，而实超乎阴阳五行之表……无声无臭，而实造化之枢纽，品汇之根。”他又述道：

> 阴阳动静之中有太极焉，此即所谓阴阳一太极也。所谓非有离乎阴阳也，即阴阳而指其本体不杂乎阴阳而为言者也。……太极者，其本体也……动生于静，静生于动。一动一静互为其根，命之所以流行而不已也。此盖太极之本体也，是岂离于一阴一阳乎！抑岂杂于一阴一阳乎！所谓道之体用不外乎阴阳，而其所以然者，则未尝倚于阴阳。[2]

蔡清认为太极贯穿于阴阳五行之气当中，阴阳一动一静互为其根，即太极之本体。质言之，太极就是理的尊号。这就是说，太极就是阴阳五行之气的理或道理。

太极就是理，并不是说太极与理的含义未有不同。在蔡清看来，太极是最高最完整的理。

第一，太极是极至之理。蔡清述说：

> 太极（按：周敦颐太极图最上一层）○，今强读曰虚圈子。此所谓无极而太极也。曰无极，言初无个极也。曰而太极，言实则为莫大之极也。[3]

蔡清对“无极而太极”的解释与其他理学家所遵循的解释有所不同。对周敦颐“无极而太极”的解释，公认为符合原意，最有权威者是朱熹。朱熹认为所谓“无极而太极”，就是“无形而有理”。蔡清这里却认为太极为莫大之极，在太极之上无有极了，太极是理之极至。

---

① （明）蔡清：《蔡文庄公集》卷四，《惠夫字说》。

② （明）蔡清：《太极图解》。

③ （明）蔡清：《太极图解》。

第二，太极是至广大，尽精微，最中正之理。蔡清述说：

极字所从来，本是指屋极。故极字从木。今以理之至极而借此以名之，犹道本是道路之义，今亦以此理为人之所当行而借名之耳。太字是大字加一点，盖大之有加焉者也。既曰极矣，而又加以大，盖以此理至广至大至精至微至中至正。一极字犹未足以尽之，故加太字于极之上，则至矣尽矣，不可复加矣。《易》赞乾曰刚健中正纯粹精者，亦此意。彼则其词备，此则其词绚也。[①]

蔡清这种对太极的解释甚为新颖、独到，前人从未有此之说。总之，太极是“理之至极”“理至广至大至精至微至中至正”，太极是理之“至矣尽矣，不可复加矣”。

在蔡清看来，道、太极都是理，是从不同角度来说明理的含义的。

（二）气、器、阴阳五行

跟理、道、太极分别相联系的气、器、阴阳五行等范畴，在蔡清的世界观中也有相类似的含义。

上面在讲理时已涉及气。气这个范畴在先秦时是指一种极微的物质，蔡清认为“实有是物，则实有是气。……盈天地间一气耳”[②]。蔡清十分明确地肯定气是实有的东西，是物质。蔡清说：“理为精，气为粗，所谓形而上，形而下也。……太极为本，二气为末也。”粗、末都是指具体有形迹的事物，是形而下的，人们可以感触到的东西。在蔡清看来，气的具体内容就是指阴阳五行，即所谓“二五（按：指阴阳五行）均气”。[③]

在蔡清的世界观中，器也是指有形迹的具体东西。蔡清述说：

盖泥于器而不杂于器，乃所谓道也。形而下者谓之器，器者各适其用。形而上者谓之道，道者实妙其全。[④]

蔡清认为，器是有形有象的东西，比如器具是泥做的，但泥并不等于器具。用泥做成的东西就是器，做器之理是道。在这里，蔡清的器和朱熹的器有所不同，朱熹认为“凡有形有象者皆器”[⑤]，而蔡清则认为做器的原料（如

① （明）蔡清：《太极图解》。
② （明）蔡清：《四书蒙引》卷五。
③ （明）蔡清：《太极图解》。
④ （明）蔡清：《太极图解》。
⑤ （宋）朱熹：《朱子文集》卷三六，《答陆子静》。

泥)不是器,器是制成品。但就器是指有形有象的具体东西来讲,朱、蔡的观点是一致的。总之,在蔡清看来,器是和气相通的。

在中国古代哲学家中,已有人用阴阳概括自然界两种对立和相互消长的物质力量,用日常生活中习见的水、火、木、金、土五种具体物质(五行)来说明各种事物的起源。蔡清利用这一气论传统,直接把阴阳五行归结为气,作为产生世界万事、万物的直接原因和元素。

蔡清也和其他理学家一样,把这种本来是解释自然现象的阴阳五行学说用于社会历史,如谓"立人之道曰仁曰义,一阴一阳也。盖凡接一切人,应一切事,皆当以仁为主"①。蔡清认为天地万物以阳为主,立人之道则以仁为主。他还引宋代著名的朱子学家蔡沈的话说:"在天惟五行,在人惟五事。以五事参五行,天人合矣。八政者,人之所以因乎天;五纪者,天之所以示乎人。皇极者,君之所以建极也。三德者,治之所以应变也。稽拟者,以人而听于天也。庶征者,推天而证之人也。福极者,人感而天应也。"②

用阴阳五行附会社会上的人伦政治关系,是福建理学家的一般观点,蔡清当然也不例外。

(三)理(太极、道)与气(阴阳五行、器)

基于上述,在蔡清的世界观中,理与气、太极与阴阳五行、道与器的关系,相当于精神与物质的关系。在蔡清看来,这种关系不分先后,是主体(本体)与体、用的关系。由于"本体之为主体,兼有体用也",它们是紧密联系在一起的。蔡清述说:

> 分理与气,则理为精,气为粗,所谓形而上,形而下也。太极者,二气之本体;二气者,太极之分支。是太极为本,二气为末也。所以无彼此者,盖精而本者,实包举乎粗而末者。其粗而末者,实皆精而本者之所在耳,故曰无彼此也。明阴阳一太极也,然五行一阴阳处,即便是阴阳一太极处。……二五均气,太极对阴阳则有理气之分也。③

最后一句"太极对阴阳则有理气之分",意即为"本体之为主体,兼有体用"。蔡清认为理和气只是精粗、本末、体用的关系,它们之间是"无彼此"之

---

① (明)蔡清:《蔡文庄公集》卷四,《自箴十四条》。

② (明)蔡清:《河洛私见》。

③ (明)蔡清:《太极图解》。

分的，是密切联系着的。在蔡清看来，这是研究理气关系的前提和基础。

在蔡清看来，理和气之所以不分彼此，就是因为理是气的道理，理是从气中概括出来的。蔡清进一步认为理又是通过气表现为万物的，“人、物借气而生”①。这里值得注意的是，蔡清是说人与物是凭借气而生的，不是别的原因。在蔡清看来，“盖天下之有不能以自有，而所谓无者有其有也”。蔡清认为并不是无中生有，所谓无本身就是有。他述说：

水以澄而清，夫水本清也。初何浊之可澄，谁而挠之，或自动而所之者非其他，于是乎有浊耳！然使浊者复得片时之静，则浊滓自沉而还归于清矣。用是以观澄之方，其无出于静之者乎。②

就是说，水之所以由浊而清，就是因为本来是清的。由此可推，所谓由无到有，也是因为“无者有其有也”，无也是有的一种状态。就理一分殊来说，所谓万物各具一太极，其实是“浑然太极之全体，无不各具于一物之中”。蔡清述说：

浑然太极之全体，无不各具于一物之中。……各一其太极者，比如日月之光辉一也，或在水，或在庭，或在屋，同一日月之光辉也。以水得之而为水之光，庭户得之而为庭户之光，屋瓦得之而为屋瓦之光。要之，则初无二光也，同受一日月之光。③

具体来说，太极生阴阳五行之气，也是一种从有到有（即物到物）的过程。蔡清述说：

木气布为春，万物以生；火气布为夏，万物以长；金气布为秋，万物以敛；水气布为冬，万物以藏；土气则寄旺于四序之间，万物之生长收藏者以成。……五行之变至于不可穷，然无适而非阴阳之道，至其所以为阴阳者，则又无适而非太极之本然也。④

所谓“太极之本然”，就是说太极本来就是有，即太极本来就在物中。蔡清又述道：

天地之所以造化万类者，春夏秋冬四时也。而究其所以为夏为秋为冬者，实一春之气贯通，特有伸缩之异耳，元非可以判然异体观也。譬之水，春发其源也，夏秋冬则皆此源之流行灌注异坎而同宗者也。由

① （明）蔡清：《蔡文庄公集》卷二，《与柴墟储静夫书》。

② （明）蔡清：《太极图解》。

③ （明）蔡清：《太极图解》。

④ （明）蔡清：《太极图解》。

是言之，春之于造化，其所职无限大乎！然人知夏秋冬之出于春，而不知春之所从出者冬也。夫冬，其春之所藏也。呜呼！亦妙矣。尺蠖之屈以求伸也，龙蛇之蛰以存身也。向使天地之气一于发舒，而无冬以敛藏之，则元气将有时而竭，虽天地，亦不能久。其所以为天地者矣，《传》（按：指《易传》）不云乎？不专一不能直遂，不翕聚不能发散。故太极之用所以行，则先阳动……太极之体所以立，则先阴静。①

这就是说，太极体现在气中，阴阳五行之气为动静和春夏秋冬的关系，“一春之气贯通，特有伸缩之异”，各种自然现象就发生了。在这里，尽管蔡清的说法不是科学的，但他力图用物质现象来说明物质现象，是有其合理因素的。

蔡清认为世界上的事物之所以不同，就在于构成它们的阴阳五行之数多寡不同。他说：“古人欲分别阴阳造化之殊，故以水火木金土为言耳！自一至十之数，特言奇偶之数多寡耳，非谓次第如此也。”在蔡清看来，至于人和物之所以不同，就是因为人受天地之正气，而物则是受天地之偏气。前者为气之精美部分，后者为气之渣滓部分。他述说：

朱子曰：且如人头圆象天，足方象地，平正端直以受天地之正气，所以识道理，有知识。物受天地之偏气，所以禽兽横生，草木头生向下，尾反在上。物之间有知者，不过只通得一路，如乌之知孝，獭之知祭，犬但能守御，牛但耕而已。人则无不知，无不能，人所以与物异者此耳。又曰只一个阴阳五行之气滚在天地中，精英者为人，渣滓者为物，精英中又精英者为圣为贤，精英之中渣滓者愚不肖。②

在这里，蔡清有谓人头圆象天，足方象地，精英中又精英者为圣为贤，精英之中渣滓者愚不肖。他关于通过物质性的气产生人和物的表述，也有其合理的因素。蔡清还指出，构成人的有气和理。气生形，理生神（即性）。他说：“形既生矣，神发知矣，此人之所同也。所谓虽上智不能无人心，虽下愚不能无道心。”③尽管蔡清也讲人有上智下愚之分，但他认为上智和下愚都是由气和理构成的，同出一源。这就减少了上智的神秘性和优越性。

蔡清基于人和物皆借气以生的思想，提出“亡者所藏也，在大气之内”④

---

① （明）蔡清：《蔡文庄公集》卷六，《藏春窝记》。

② （明）蔡清：《太极图解》。

③ （明）蔡清：《太极图解》。

④ （明）蔡清：《蔡文庄公集》卷二，《与柴墟储静夫书》。

的无神论命题。他述说：

> 孔子曰："其气发扬于上"，其气不必谓是阴阳之气，亦不可谓是鬼神之气。盖此其气字是指物之气，朱子引来以形容体物不遗。若祭义，夫子答宰我曰：物生必死，死必归土，是之谓鬼。骨肉毙于下，阴为野土，其气发扬于上，为昭明。盖以形毙为鬼，而以其气……触人凄怆者为神，又自作一例论也。①

蔡清不仅自己认为无鬼神，而且用无鬼神论来理解孔子和朱熹的有关论述。蔡清的无鬼神论含有物质不灭的思想，是有唯物论的。

三、蔡清的辩证法思想

在蔡清论述理与气的关系过程中，特别是在他对阴阳五行的论述中，不时迸发出朴素辩证法思想，是其哲学中最有价值的部分。

首先，蔡清认为本体(理、太极、道)本身为二。蔡清说："一动一静，一昼一夜，以至于一生一死，一呼一吸，无往而非二也。因阴阳反以求之，太极之所以为阴阳者，亦不出于二也。非其本体之二，何以使末流无往而不二哉！"②在蔡清看来，之所以有阴阳之二，就是因为阴阳这个二的本体是二。这就是说，不是一生二，而是因为一之中本来就有二。这种坚持对立面贯串于事物发展过程的始终的思想是深刻的。蔡清又述道：

> 天下无无对之物，凡物理所仗皆有两歧，如是非、善恶、得失、吉凶之类。虽一动息，一语默之微，皆有之。其大则如人才之一消一长，纪纲之一弛一张，家国之一理一乱，一安一危。两者盖常对立焉。③

在蔡清看来，不仅对立面贯串于事物发展过程的始终，而且天下事物都有对立面。"天下无无对之物"这个命题，是非常深刻的。正是由于天下一切事物的始终有对立面，在本体这个"一"中始终有二，"一"中隐藏着对立势力，因此"一"的作用和发展趋向无限。蔡清述说：

> 一之时义大矣哉！天向一中分造化，天此一也；人从心上起经纶，人心亦此一也。天下之达道五，所以行之者一也。一所以成己也。凡为天下国家有九经，所以行之者一也。一又所以成物也。自古圣贤论

① (明)蔡清：《四书蒙引》卷三。

② (明)蔡清：《太极图解》。

③ (明)蔡清：《蔡文庄公集》卷四，《介庵记》。

学，其要不出于敬之一字，而究其所以为敬者无他，亦惟主一而已耳。《书》曰："德惟一，动罔不吉。"[①]

在这里，蔡清为说明"一"的作用而凑集起来的例子，有的是不确切的，但其中心思想是说明由于"一"中有对立面，因而有很大的发展趋势。

其次，蔡清认为事物中对立着的两个方面具有同一性。蔡清说："朱子曰：水质阴而性阳，火质阳而性阴。愚谓水内明，阴中有阳……火内暗，阳中有阴也。……所以然者，非以阴根阳、阳根阴而何？"[②]在这里，蔡清把朱熹关于事物之质和性对立的思想改造为对立着的两个方面是相互包含的。蔡清又述道：

阴也，其根则阳；阳也，其根则阴。（阴阳）二者互藏其宅也。诚以太极之全体无间可破，特自其体之全而别其分之殊，岂可谓是二者判然不相关者哉！[③]

这里，蔡清所讲的"二者互藏其宅"，"自其体之全而别其分之殊"，就是指对立着的两个方面是互相依存和互相包含的，即对立着的两个方面各以对方为自己存在的前提，具有同一性。这一思想是十分深刻的。

再次，蔡清认为对立着的两个方面是相互对抗的，以相克而相成，由此推动着事物运动变化。他提出，由于阳气左旋，阴气右旋，因而事物不断运动变化。蔡清说："《洛书》之数，其四连九为老阳，二连七为少阳者，以左旋也，阳之从其方也；其三连八为少阴，一连六为太阴者，以右旋也，阴之从其方也。"蔡清认为阳气左旋，阴气右旋，两者相遇（斗争）而使事物运动变化，从而成物（发展）。蔡清不仅看出对立面的相互对抗性，而且看出对立面的相互对抗性对事物发展具有决定作用。蔡清又述道：

阴根阳，阳根阴者，如此盖二气之分实一气之运。……向非其一本之故，则何以异形、异势而相求相合，有知其所以然者哉！又五行亦共宗也，故能相生而相克以相成也。[④]

在蔡清看来，由于对立着的阴阳两个方面互相依存（根），而且同处于一个统一体（气）中，因此它们"异形、异势而相求相合""相生而相克以相成也"。蔡清的这种说法是符合客观事物辩证法的。蔡清述说：

---

① （明）蔡清：《蔡文庄公集》卷四，《序宗一字说》。

② （明）蔡清：《太极图解》。

③ （明）蔡清：《太极图解》。

④ （明）蔡清：《河洛私见》。

朱子曰：阳动而阴随之，所以言变合。朱子又曰：阳变阴合，初生水火。水火气也，流动闪铄，其体尚虚，其成形犹未定。次生木金，则确然有定形矣。水火初是自生，木金则资于土。愚谓阳变而生阴之水，阴合而生阳之火。然水太阴也，则又交于阳而生少阴之木。火太阳也，则又交于阴而穿乎土，以生少阳之金。此皆以质而语其生之序。①

在这里，蔡清力图用物质的原因来说明事物的变化发展，是有朴素唯物主义的。蔡清用阴阳五行的生变来代替朱熹的"阳动而阴随之"的形而上学观点，尤为难能可贵。在阴阳五行问题上，蔡清比朱熹细致多了。蔡清又述道：

欲知河图之配八卦，先须定却水火木金方位，然后将数与卦分贴，则庶几明白。如水太阴居北，火太阳居南，木少阴居东，金少阳居西，于是以数配之。盖一变生水而六化成之，一六皆在北为太阴也；二化生火而七变成之，二七皆在南为太阳也；三八木，则在东为少阴；四九金，则在西为少阳。明明白白，似无可疑。但四九以老阳之数而居少阳之位，二七以少阳之数而居老阳之位，为不尽合。然此就可以明阳之道主动而通变，与阴之守静者不同，是亦造化自然之理矣。是于河图之中，又自有阴静阳动之妙，岂人为哉！亦岂人为所能到哉！②

这里的"河洛"是指《河图》《洛书》。《河图》《洛书》中的所谓北南东西方位以数相配，都是无稽之谈，没有必要花笔墨去讲它。值得注意的是，蔡清用"阳之道主动而通变，与阴之守静者不同，是亦造化自然之理矣"和用这种"阴静阳动之妙，岂人为哉！亦岂人为所能到哉"来说明客观事物的运动变化是不以人的意志为转移的。

最后，蔡清的朴素辩证法还表现在强调人的主观能动性上。他认为事在人为，事业的成功与否，往往出于人的主观努力如何，人谋可以回天命。他说："先贤谓人谋，孔臧亦可回天命……故人当自尽人谋。人谋者，亦孔子所谓务民之义也。"③蔡清又述道：

（樊）崇欲建大功而议所立，不先尽人谋，别贤否，而一听诸神，谓探符（按：俗谓抓签）为至公。如此者，万无不败之理。今人用探札（符）定

---

① （明）蔡清：《太极图解》。

② （明）蔡清：《河洛私见》。

③ （明）蔡清：《蔡文庄公集》卷二，《与柴墟储静夫先生书》。

嫌疑者尚多，此其鉴矣。噫！（汉）光武（刘秀）按赤符以王梁为大司空，又欲以谶文用孙咸为大司马，亦曰殆哉！[①]

蔡清在这里不仅发挥了主观能动性的辩证法，而且批判了天人关系的神秘主义，阐述其无神论观点。

四、蔡清的虚静认识论

蔡清认为天地万物不论多么神秘，皆是可以认识的。他述说：

经（按：指《周易》）中一画一字中涵天人之秘，亦乌可以易言？但却自为条项，可以逐一理会。又象者，材也；爻也者，效天下之动者也。既曰材曰动，则有迹可寻矣。[②]

这里所谓“有迹可寻”，即是可以认识的。

那么怎样认识呢？蔡清提出虚静的认识方法。关于蔡清建立在其虚静论之上的认识论，明人林希元做了分析。他述说：

（蔡清）谓天下之理以虚而入，亦以虚而应。……先生之学，其用功之要则专求诸心……（蔡清谓心）善用之则穷天地之秘，搜圣贤之蕴，达古今之变，而无所不之也。故其为学必定此心于静密，以立之本；运此心于思索，以致之用。庸能剖析义理于毫厘，折中群言，归于一致。[③]

蔡清为学，初主静，认为“天地人物把柄皆在静上……心当静极天机现”[④]。后又主虚，认为“天下之理以虚而入，亦以虚而应”。虚静论是蔡清哲学中的中心内容，是对朱子学的一个重大发展。在蔡清看来，周程张朱的超凡入圣的道理就可以用虚静概括。蔡清说：“周子之几，超凡之梯；张子之豫，作圣之据；程朱之敬，立身之命。敬以立身，实地斯存；豫以作圣，吾计始定。几以超凡，一跃入关。名三实一，静虚动直。”[⑤]

蔡清的虚静认识论，是一种知行统一的认识论。他曾提出八字要诀来概括，即“学宜养正性，持正行，‘虚心涵泳，切己体察’八字要诀”[⑥]。这八个字的中心思想，是讲知行是统一的。

---

① （明）蔡清：《蔡文庄公集》卷四，《探符之妄》。

② （明）蔡清：《蔡文庄公集》卷二，《寓杭州上琼山邱祭酒先生书》。

③ （明）蔡清：《蔡文庄公集》卷七，林次崖：《虚斋先生行略》。

④ （明）蔡清：《蔡文庄公集》卷一，《寄张廷实书》。

⑤ （明）蔡清：《艾庵密箴》。

⑥ 明嘉靖《泉州府志·明列传》。

(一)认识在于虚,虚乃实储

蔡清认为天下事物之理要被人认识,首先人的思想要虚。这有五个方面的含义:

其一是排除障碍。蔡清说:“人心本是万理之府,惟虚则无障碍。学问工夫,大抵只是要去其障碍而已。……故吾妄意虚之一字就是圣贤成始成终之道。”[①]蔡清所谓心中无障碍,就是认识事物不带任何成见,不带框框,空以待物。蔡清把虚说成圣贤成始成终之道,就是“始则虚以入之,终则虚以出之”[②]。

其二是静中求虚。静即扫去烦嚣之意,使心中安静。此静即虚,利于识物。蔡清述说:

> 静之一字……又止是虚而已。盖居常一念及静字,犹觉有待于扫去烦嚣之意,惟念个虚字,则自觉安便。目前纵有许多劳扰,而里面条路元自分明,无用多费力而亦自不至懈惰也。[③]

其三是心不骛外,也不入于禅定。蔡清说:“静亦须虚,方是静本色。不然,形静而心骛于外,或入于禅者何限。”[④]

其四是谦虚、虚心。蔡清述说:

> 虚心顺理,毋激毋随。凡弊事,先去其太甚者,使爱孚于下,而敬不失其上。久之,无不可为之事矣。[⑤]

其五是体察。蔡清说:“为学之道,待人接物之方,皆在圣贤书中,须切己体察,方看得道理透彻。”[⑥]

从蔡清关于虚的五个含义看,蔡清的虚和佛教的净心不仅是不同的,而且虚是为更好地使心不净,以便使万理乘虚而入。清人杨瞿崃述说:

> (蔡清)谓天下之理以虚而入,以虚而应。故必定此心于静密,以立之本,而可运此心于思索,以致之用。先生何尝不言虚,当时后世无得

① (明)蔡清:《蔡文庄公集》卷二,《与黄德馨书》。

② 明嘉靖《泉州府志·明列传》。

③ (明)蔡清:《蔡文庄公集》卷二,《与黄德馨书》。

④ (明)蔡清:《蔡文庄公集》卷二,《与黄德馨书》。

⑤ (明)蔡清:《蔡文庄公集》卷一,《赠郑温卿宰邹平》。

⑥ (明)蔡清:《四书蒙引》卷五。

以禅教诋者,则其养正性,持正行,虚心涵泳,切己体察,有以孚信于天下也。[①]

可见蔡清所谓心虚,决不是心中净无所有,而是心中纯是理,正如他自己所讲的:"山居不欠薪,舟行不欠水,更有便于是,人心不欠理。吁呼!人心兮不欠理。我欲仁,斯仁至。"[②]蔡清的虚是"虚乃实储"[③],虚就是把所应具之理都储藏起来,以备应用。

(二)认识在于静,静为动主

理学家一般都认为人性是善的。至于要保持这种善性不为外欲所动,则众说纷纭。蔡清认为欲识事物之理,明事物之变改,则要静。蔡清述说:

> 静之时义大矣哉!贯三才(按:指天、地、人),皆主于静也。……(人)失于主静,则势利之来自外者。既得以动而挠之,而情欲之发于中者,又自动而失其所之,于是乎源头浊矣。……万物变故虽千态万状,交至沓来于吾前,而吾之本真莹然者……无他,静而已矣。……或曰动静相生,若子之说,将遂无劫矣乎!曰:非也,以静而动,动而主于静焉。夫主于静而动,则动而无动矣。是说也,吾得诸《易》。[④]

> 人之所以为人者,心也。心之为心也,寂然不动,感而遂通天下之故。寂者其静,感者其动,而静者其主也,故喜怒哀乐之未发,谓之中。中也者,天下之大本也,百行万善皆由此出……心之性情,人人同具,无古今圣凡贵贱之别,能者当益勉,而不能者亦当企而修焉者也。……理一也,君能湛然静居以存其喜怒哀乐未发之本体,由是行于家也,父子笃,兄弟睦;行于乡也,朋友信,长幼顺。[⑤]

要保持人之本性,只有主静。主静就能不失人之"本真(性)"。这就是性根于静之意。人不失其本性,就是人的心中虚而全理。这就是说,只有静才能虚。因此,蔡清认为静是虚魄的要领。他说:"虚而一尽矣,最要静,愈静愈灵。……天地所以长久者,以其气运于内而不泄耳!故仁者静而寿,天

---

① (明)蔡清:《蔡文庄公集》卷八附录,《栖霞续稿》。

② (明)蔡清:《艾庵密箴》。

③ (明)蔡清:《蔡文庄公集》卷首,雷铉:《虚斋像赞》。

④ (明)蔡清:《蔡文庄公集》卷四,《静之字说》。

⑤ (明)蔡清:《蔡文庄公集》卷六补遗,《藏春窝记》。

下事断非浮躁者所能完也！”[①]

蔡清所谓静，含有人心不要浮躁之意，心要安稳。静还有“节欲定神”之意。他述说：

> 静则生明，方寸之府，天朗日晶，坐照来物，物无遁情。……人心本天地之至精，惟节欲定神以养之而不为外物所闭，则自还其虚灵。不然，云雾涨空，虽泰山在前，对之如蒙。[②]

蔡清把静看作是认识事物的根本前提，否则“虽泰山在前，对之如蒙”。十分明显，蔡清的这种“坐照来物”的认识论，是一种静观的被动的认识论。但是蔡清却说：

> 程先生每教人静坐，李先生亦教人静坐，以验夫喜怒哀乐之未发时气象为何如？如此法可以养心，可以养气，可以照万物而处之各得其宜，实得造化之机。培夜气，引旦气，善用其气，造化在我而已矣。[③]

这就越发离奇，离开了朱子学，回到杨时、李侗的道南学。他认为静“实得造化之机”，“造化在我而已矣”。这又从朱子学的认识论滑到神秘论。

蔡清又认为要真正做到静，还必须和虚联系起来。他说：“畜德宜豫，静之一字，更须于动中验之。动而不失其静，乃为得力。反复体验，又止是虚而已。”[④]

在蔡清看来，如果不把静和虚联系起来，那么静就会流于佛家的禅定。至于如何把静和虚联系起来，蔡清提出于动中求静，以静制动。这样才不会形静而心骛于外，静与心没有分开，静和虚才会统一起来。

（三）知行统一，言行一致

蔡清认为由静致虚，天下之理由虚而入，入而储之，虚乃实储。人在正常情况下，空虚的心中理要装得满满的才行。因为他所说的理，主要是指封建社会的纲常关系。在封建社会里，一个人不仅要懂得纲常关系，而且要随时实践它，这样才算是一个有道德的人。否则，心便感到不安，感到无理主宰。蔡清说：“凡心之所不安，便是天理之所不许。不若听命于理，图得心安

---

① （明）蔡清：《蔡文庄公集》卷四，《自箴十四条》。

② （明）蔡清：《蔡文庄公集》卷四，《静生明铭》。

③ （明）蔡清：《艾庵密箴》。

④ （明）蔡清：《蔡文庄公集》卷二，《与黄德馨书》。

之为利也。"[①]因此，心中有道义，心才安，才不会感到扪心有愧(不安)。蔡清又述道：

> 以六经为入门，四子(按：孔子、曾子、子思、孟子)为标准，而反身用力，本之静虚之地。所谓真道德性命，端向此中有得焉。久之，涵养深至，日改而月以化，庶几慥慥君子。[②]

蔡清强调，"读书只为利，是亦商人而已矣。古昔圣贤所树立，明并日月照天地，非义一毫绝胸中，方能充养浩然气，才能做得人间事。……以宇宙为家，道义是安"[③]。"以宇宙为家"，就是心中有理。在蔡清看来，所谓圣人生而知之，就是以宇宙为家，其心中所充满的全部是理，不杂人欲。蔡清说："朱子曰：惟君子然后知义理之所必当为，与义理之必可恃，利害得失既无所入于其心，而其学又足以应物之变。"[④]蔡清又述道：

> 惟圣人者又得夫秀之精一。……精则不杂而理欲之界限明，所以生而知之，不思而得也。一则不二而天理之宰制定，所以安而行之，不勉而中也。"精一"二字……此借用言天资。[⑤]

蔡清认为圣人和君子，心中之理达到纯而饱和状态，非理不能入，输出(用、行)自如，能"应事物之变"。这就是蔡清所谓的"以虚而应"的意思。

蔡清非常重视理性认识对人的行为活动的重要作用。他认为只有道德修养纯熟，即所谓"浑然一理无所偏倚，然后应事方不差错"。蔡清述说：

> 冬闲敛藏凝固，然后春来发生有力。所以冬暖无霜雪，则来岁五谷不登，正以阳光发泄之故也。人之一心亦是如此，须是平居湛然虚静，如秋冬之秘藏皆不发露，浑然一理无所偏倚，然后应事方不差错，如春夏之发生，物物得(其)所。若静时先已纷扰，则动时岂能中节？故周子以主静为本，程子以主敬为本，皆此理也。[⑥]

正由于理性认识有重要作用，所以"一念之善则天神地祇祥风和气皆在乎此，一念之恶则妖星厉鬼凶荒札瘥事略皆在乎此"[⑦]。"(蔡清)尝曰：吾居

---

① (明)蔡清：《蔡文庄公集》卷二，《与方面谢先生书》。

② (明)蔡清：《四书蒙引》卷三。

③ (明)蔡清：《蔡文庄公集》卷一，《自警诗》。

④ (明)蔡清：《艾庵密箴》。

⑤ (明)蔡清：《太极图解》。

⑥ (明)蔡清：《太极图解》。

⑦ (明)蔡清：《艾庵密箴》。

闽南，一念及燕北，其神即在燕北；吾居燕北，一念及闽南，其神即在闽南。此可见天地之神在我。善用之，则穷天地之秘，搜圣贤之蕴，达古今之变，而无所不之也。”[①]蔡清在这里无限夸大了理性认识的作用，陷入了神秘主义。

蔡清主张知要见于行。他说：“程子曰：君子之志，所虑岂止其一身，直虑及天下千万世。”他述说：

> 若是真学问文章，须见于威仪之际，与夫日用之常；若是真道德性命，须见于治家之法，与夫当官之政。不然，徒皇皇于多故，而在身无受用之实，在心无洒落之趣，真是博学之小人，而词章之儿竖尔，危哉！[②]

这就是说，学问要用于立身处世才算真学问。蔡清强调说：“穷理力行以致用，学之为道，何以加此！”[③]这里，蔡清与其他朱子学者一样，特别强调致知穷理和道德修养是为了治身。

对于蔡清知行统一的思想，清人雷鋐有深刻的评论。他说：“蔡虚斋先生，明代真儒。性根于静，理会于虚。静为动主，虚乃实储。《密箴》有警，《蒙引》有书。知行不二，出处无殊。”[④]蔡清自己述说：

> 德之威人也，重矣哉！诚之鉴物也，豫矣哉！是皆不劳而得者也。君子贵知务。[⑤]

蔡清特别指出，“人之真，常见于饮食言动之微，因仍造次之间。故君子慎独，除邪之根也。不然，毕露矣！”蔡清所谓“慎独”，就是用真正的行为来检验是否真知，如他谓“验之以事……检验之功，有一之未至，将不逃人于明目之一照”。[⑥]

在行的问题上，蔡清提出要从眼前事做起，要脚踏实地去做，才是行的根本。他说：“长注念于远大，而实地则在乎目前。夫惟能践实地于目前，是以垂声光于绵绵，而上可报乎君亲师，与夫先圣先贤。”[⑦]在知行一致的问题上，蔡清强调知是为了行。他述说：

> 每读书时辄有欲取而用之之心，则亦何必多为也。然既有此心，则

---

① (明)蔡清：《蔡文庄公集》卷七，林次崖：《虚斋先生行略》。
② (明)蔡清：《艾庵密箴》。
③ (明)蔡清：《蔡文庄公集》卷四，《书戒五条》。
④ (明)蔡清：《蔡文庄公集》卷首，雷鋐：《虚斋像赞》。
⑤ (明)蔡清：《太极图解》。
⑥ (明)蔡清：《蔡文庄公集》卷四，《自箴十四条》。
⑦ (明)蔡清：《蔡文庄公集》卷四，《自箴十四条》。

又自不容不多矣。[①]

他认为“穷理致知在于行。吾尝见有胸富万卷，笔下如流，而实于其身不得几字受用去，则学其不可择术哉”[②]。知不仅是为了行，行也可以助知，行可以得到知。蔡清述说：

> 程子曰：安有箕踞而心不慢者。愚尝因是而得夫心迹相符之说。知圣人之常不正不坐，则知其心之安于正。此心迹相符之理，正可以相形观也。[③]

在行（实践）中接触到无数的具体事物，就可以从具体事物中体会到理。蔡清说：“缘理著数，圣人也；即数明理，君子也。忽君子之所明，而妄意圣人之所不议，是长禅定之标，而树妙闻之帜也。”[④]蔡清强调知行一致，他把自己的知行一致论解释为体立而用行。他述说：

> 天下未有体不立而用独行者。故昔者朱子解仁之义云：仁者心之德，爱之理。心之德以体言，爱之理以用言。必先言之德而后言爱之理者，体立而后用有以行也。[⑤]

“体用一元”本来是本体论的范畴，蔡清用于认识论，提出知行为“体用一元”，更能说明知行的密切关系。

总之，在蔡清的知行一致论中，不仅强调知是为了行，而且就行对知的作用也做了说明。蔡清关于知行关系的思想中是有合理因素的。

五、蔡清整顿纪纲和均田平赋的社会政治思想

在蔡清关于当时社会政治问题的见解中，有两个主张是值得提及的，即整顿纪纲和均田平赋。

所谓纪纲，是指封建国家的政治法律制度和伦理道德关系。蔡清认为“纪纲为国家之命脉”[⑥]。蔡清把封建的人伦道德解释为人的本质，人们必须维持这种人伦道德关系。他述说：

> 盈天地间皆物也，人亦物也。夫人亦物也而乃独有以贵于凡物，而

① （明）蔡清：《蔡文庄公集》卷一，《寄张廷实书》。

② （明）蔡清：《四书蒙引》卷四。

③ （明）蔡清：《蔡文庄公集》卷四，《圣人心安于正论》。

④ 转引自（明）蔡清：《蔡文庄公集》卷首，苏濬：《虚斋先生性理要解序》。

⑤ （明）蔡清：《蔡文庄公集》卷四，《惠夫字说》。

⑥ （明）蔡清：《蔡文庄公集》卷一，《管见上堂尊》。

充其量则至与天地参，而凡物又皆在其度内者独何也？呜呼！岂非以其有伦也欤哉？夫伦者，序也。……父子以亲序，君臣以义序，夫妇以别序，长幼以礼序，朋友以信序，此则人之所以为人者也。故人必得其所谓序者，而后可称为人。①

在蔡清看来，人们只有维持这种人伦道德秩序，社会才安定。

在整顿纪纲问题上，蔡清根据自己关于"学圣人者必自治心始"的思想，首先提出君主要明理正心。蔡清述说：

而纪纲根本所在，则又在于人主之一心。故心正则百事可正，理明而后其心可正，讲学而后理可明。……不患夷狄之不服，而患朝廷之不治；不患万事之不理，而患君心之不明。②

蔡清认为君主必须通过明理来正心，而明理又必须通过讲学才行。在这里，蔡清夸大了君主读书明理正心的作用。蔡清述说：

人主不但当以日讲经筵，凡深宫燕居之际，终身造次之顷，皆当时时诵服，不少遗忘，务使其言浸渍融化于一心，而时出迭见于应物之间，然后有得，而天下事皆可无俟多言矣。③

在君主专制的封建社会中，君主是天子，是上天授命来管理地上万民的，因而是天生明理正心的，是绝对真理的化身。而蔡清公开反对这一点，确是十分大胆的。

其次，蔡清提出性、道、教以扫除一切"于世无益而有损"的私欲。他述说：

夫学不博不能约。……但其中自有真伪之辨耳。真者根于性，率于道，而符于教；伪者性、道、教，外物也。宇宙之所以立，人物之所以生生不绝者，以此性、道、教三者在耳。凡在此三者之中，则世所不可无，亦自不能无者。若出于外类，皆人之私智所为，于世无益而有损，尽可一扫除之，或摘其近正而实者姑存之而已。④

蔡清所谓性、道、教，就是《中庸》的"天命之谓性，率性之谓道，修道之谓教"。蔡清把这三者看成是人不可缺少的，如果具备了这三者，宇宙赖以立，天下就太平了。此外，蔡清还提出"节欲"，认为"寡欲之人，德业日新，气正

---

① (明)蔡清：《蔡文庄公集》卷四，《宗序宗一字说》。

② (明)蔡清：《蔡文庄公集》卷一，《管见上堂尊》。

③ (明)蔡清：《蔡文庄公集》卷一，《管见上堂尊》。

④ (明)蔡清：《蔡文庄公集》卷二，《复林居鲁书》。

而神全”[①]。“寡欲”就是节欲。节欲不是无欲，人有欲是人之本性，人不能无欲。正因为人不能无欲，所以变化气质（限制欲）是不容易的。蔡清说：“进取功名易，变化气质难。痛须加猛省，莫负好衣冠。”[②]蔡清的节欲论比周敦颐、朱熹的无欲论好得多。

蔡清提出的均田平赋思想，是其从同情农民的立场出发的。蔡清述说：

> 吾良民旦夕疲筋骨，曾无卓锥之产者何限！各处之无征田粮，洒派贫民又何限！……豪右巧计潜据者又何限！……贫民则虚受不根之害此何理哉！[③]

蔡清在长期从政和居乡中，认识到豪强地主兼并土地的严重性，他呼吁“丈量田亩”，提出“裒多益寡，称物平施”，“限民明田”，“量减寺院多余田亩，分给贫民为业”，“截长补短，授田以民”等措施。他认为“均田平赋……此其所大利者民也官也”。[④] 蔡清的这些思想是十分可贵的。

图 7-6 位于泉州府文庙西侧的蔡清祠

六、蔡清对朱熹学说的继承、捍卫和发展

蔡清是朱子学发展史上的重要学者，他的学说出现于朱子学的发展由独盛到稍衰的转变时刻。蔡清是在与明代前期心学派的论战中逐步形成自己的朱子学思想体系的。因此蔡清不仅继承了朱熹的学说，还捍卫和发展了朱熹的学说。清人蔡廷魁述说：

---

① （明）蔡清：《蔡文庄公集》卷一，《床顶陷》。

② （明）蔡清：《艾庵密箴》。

③ （明）蔡清：《蔡文庄公集》卷一，《民情四条答当道》。

④ （明）蔡清：《蔡文庄公集》卷一，《民情四条答当道》。

文庄公崛起于明，远寻坠绪，殚毕生心力，著易、四书《蒙引》，阐孔孟之微言，发明濂洛关闽之正学，刊学宫而播天下，至今学士文人确守其说毋变。钩深括奥，振落扶衰，文庄公岂非紫阳（按：朱熹）功臣哉！[①]

这里，蔡廷魁用"钩深括奥，振落扶衰"来评价蔡清学说的历史地位，甚为确当。蔡清的学说是明代前期福建朱子学说发展的高峰和总结，在福建理学发展史上确实具有继往开来、振落扶衰的作用。

蔡清的学说是真正的朱子学。明代著名学者丘濬称其为"学醇而行洁"[②]。清人吴日炎说："虚斋先生……其议论大旨要必理不悖于程朱，功必先乎实践。"[③]历代学者包括和蔡清同时代的学者在内，一般公认蔡清的学说"不悖于程朱"。后人读蔡清的《易经蒙引》《四书蒙引》，知其"亲炙私淑，尊崇之不异朱子"[④]。明代詹仰庇述说：

朱熹发明圣贤之旨，而（蔡）清又发明朱氏之言。……其言皆身心性情之实功而不事口耳，皆天下国家之实用而不为玄虚。……朱熹有功于圣人，而（蔡）清则有功于朱氏。[⑤]

詹仰庇认为蔡清的学说是儒家思想发展中的一个重要阶段，蔡清是朱熹之后第一人。

蔡清的生活年代，正是明代陈献章心学盛行的时代。心学派把朱子学说视为异端。在反击心学派的众多朱子学者中，蔡清最为突出。蔡清抓住当时心学派的两个要害进行驳斥。

其一，心学派认为心即理。万理具于吾心，吾心即是万理。陈献章说："君子一心，万理完具。事物虽多，莫非在我。"[⑥]蔡清认为理在心外，不是心即理。"尽六合皆气也，理则是此气之理耳。……天下之理以（心）虚而入。"[⑦]"理"从外而入于心，蔡清明确肯定理不在心中而在心外。朱熹认为理在心外，心学派认为理在心中。蔡清捍卫了朱熹的学说。

其二，心学派陈献章认为，读书穷理不如静坐。蔡清针对陈献章提出的

---

① （明）蔡清：《蔡文庄公集》卷首，蔡廷魁：《蔡文庄公集序》。

② （明）蔡清：《蔡文庄公集》卷首，苏濬：《虚斋先生性理要解序》。

③ （明）蔡清：《蔡文庄公集》卷首，吴日炎：《蔡文庄公集序》。

④ （明）蔡清：《蔡文庄公集》卷八附录，（清）杨瞿崃：《栖霞续稿》。

⑤ （明）蔡清：《蔡文庄公集》卷七附录，《咫亭詹先生请谥疏稿》。

⑥ （明）陈献章：《白沙子全集》卷二，《论前辈言铢视轩冕尘视金玉》。

⑦ （明）蔡清：《太极图解》。

“学穷攘则无由见道，故观书博识不如静坐”[①]的命题，批之曰：

前辈云：皋、夔、稷、契何书可读？盖此数公者，虽未尝读书，亦未尝不穷理也。……使皋、契生今世，吾知其不能不读书。[②]

这是从认识方法和道德修养方法上批判心学派。朱熹的认识方法和道德修养方法，是“即物穷理”“读书穷理”。心学派从其“理在心中”出发，认为认识方法和道德修养方法只能是“反求诸心”“存心养性”。他们教人静坐，何必读书。他们说，古人皋、夔、稷、契等人品质都很好，当时有什么书可读？蔡清认为理在心中，人只有做读书穷理等工夫，才能使心中想的符合于理。在蔡清看来，心学派的致命弱点是离开了儒家道统，不能识理，不能致用。蔡清述说：

陆学之未尽符于大中至大之矩，使当日得究其用，恐于开物成务之实，终必有疏处。苟其疏也，则其所自受用，亦恐其不觉而近于佛老。此朱子之于陆氏所以每欲周旋以补其欠而不得苟同焉者也。噫！千圣相传家法，类皆自博至约，而一敬以成其始终。陆学固不可谓不主敬者，而稍坠于径约。既失之径约，则其心宜不周于细微，而其弊容可遏乎？……此正统所以卒独归之朱子，而陆氏所就，独未免为偏安之业也。[③]

蔡清批判心学派的目的就是维护朱子理学的权威地位。

蔡清不仅批评了心学派，还对当时及以往的朱子学者没有真正继承朱子学说做了评论。他述说：

文公折中众说，以归圣贤本旨。至宋末诸儒，割裂装缀，尽取伊洛遗言以资科举。元儒许衡、吴澄、虞集辈，皆务张大其学术，自谓足继道统，其实名理不精，而失之疏略。本朝宋潜溪、王华川诸公，虽屡次辨其非文人，其实不脱文人习气，于经传鲜有究心。国家以经术取士，其意甚美，但命题各立主意，众说纷纭。太宗皇帝（按：明成祖朱棣）命诸儒集经书大全（按：指《五经四书大全》），不分异同，混取成书，遂使群言无所折中。[④]

---

① （明）陈献章：《白沙子全集》卷三，《与贺克恭黄门》。

② （明）蔡清：《蔡文庄公集》卷四，《书戒五条》。

③ （明）蔡清：《蔡文庄公集》卷四，《读蜀阜存稿私记》。

④ （明）蔡清：《蔡文庄公集》卷七附录，林次崖：《虚斋先生行略》。

这是蔡清对南宋末年以来朱子学发展过程的总结。蔡清谓宋末朱子学者“尽取伊洛遗言以资科举”，元代朱子学者“名理不精，失之疏略”，当时朱子学者“于经传鲜有究心”，等等。这些批评抓住了以往朱子学者的主要弊病。

对蔡清捍卫朱子学的巨大功绩及其学说的特点，清代学者雷鋐做了详细的评述。他述说：

> 有明开二百七十年之基，尊朱子以定一宗，曲礼治法亦多本之朱子。纲纪聿修，风教懋著，家无异学，人鲜歧趋，百年之间真儒迭出。自时厥后，习尚秃败，正气消磨，挟策吟哦者驰骛辞章，名为讲学，亦徒拘泥章句训诂之末，无得乎身心性命之归。姚江王氏起而矫之，倡为即心即理，以号召后进，不返求朱子之正宗，而诋为朱子之流弊。声势气焰耸动一时，遂至凭臆见作聪明，废除传注，糟粕六经，荡跌绳墨，滔滔如狂澜不可复挽。当是时正学不绝如丝，深山穷谷之士犹知有朱子之学者，实赖虚斋先生。易、四书《蒙引》流播既广，其辨析之精，捍卫之严，阳儒阴释之说(按：指心学)自不得以泊其中。……其研极《河》、《洛》、象、数、卦、爻之奥皆切体乎！念虑伦物之地，盖所谓庸言庸行，慥慥之君子。……斯乃朱子之真传嫡派也，宜乎公论，久而愈彰……直与薛文清(瑄)公相比肩，他儒犹有逊焉。……其解经析理有功圣学。……其躬行实践，立朝莅官，持身居家，一言一动必合乎道，固显示后人以入圣之阶梯。……先生学贯天人，道赅体用，而其用力严切尤自其少《密箴》一册始。①

由此可见，蔡清不仅是福建朱子学中的主要学者，而且在全国理学发展史上也占有重要地位。

上引清雷鋐的评论，也指出蔡清发展了朱子学说。上面引用的所谓蔡清的学说“不异朱子”，并不是说他没有对朱子学说有所发展。蔡清对朱熹的学说既尊崇又不拘泥，他不满意于以往朱子学者的旧说，曾说有创新精神“方是真学问者”②。蔡清把朱子学推向一个新的阶段。

蔡清对朱子学的发展是全面的。蔡清把朱熹的“理先气后”说改为“理气一致”说等。除上面讲到者之外，蔡清还述说：

---

① (明)蔡清:《蔡文庄公集》卷首，雷鋐:《蔡文庄公集序》。

② (明)蔡清:《蔡文庄公集》卷二，《与郭文博书》。

朱子之说，亦有未当者。忠恕不宜分贴一贯，曾子本意是谓忠恕一理贯天下之道而无余者也。故曰有一言而可以终身行之者其恕乎。[①]

蔡清对于《大学》的看法，与朱熹有所不同。他以为“知止”二节和“听讼”一节，为释格物致知之义。蔡清认为《大学》格物传混入经文之中，未失，不必补传，朱熹补传应去掉。

蔡清对于《周易》的看法与朱子亦有所不同。如朱熹认为其简帙重大，故分为上下两篇，而蔡清则认为何不以三十二卦为上经，三十二卦为下经，而非上经三十卦，下经三十四卦也。“用九，见群龙无首”，朱子云“用九”是诸卦百九十二阳爻之通例，“见群龙无首”是此卦六爻皆用九者之占词。蔡清则认为孔子《象传》及《文言》皆是主六爻皆用九者，而朱子《周易本义》却不主此说。蔡清又说若依朱子之说，则于用九下又当添六爻皆用九者，知至至之，知终终之。朱子说上句知字重，下句终字重，蔡清则认为此未必是本文之意。本文下句一知字，岂偶然哉，岂姑以对上句而无所当哉？

此外，蔡清对儒家道统的解释也和朱熹有所不同。蔡清述说：

所谓道统之传者即《大学》之道也，所谓允执其中者，亦止至善也。仁义礼智之性，道心之正，气质之禀不齐，所以人心惟危也。精则察夫二者之间而不杂者，格物致知也。一则守其平心之正而不离者，诚意正心修身也。以天下之大圣，行天下之大事，不过如此。是乃所以齐家治国而平天下者也。盖昔者伏羲神农黄帝尧舜禹汤文武周公以是传之孔子，孔子以是传之曾子，而及思孟，元(原)无二物也。[②]

朱熹释道统真传用十六字，即《尚书·大禹谟》所谓“人心惟危，道心惟微。惟精惟一，允执厥中”。在这里蔡清不仅对“十六字诀”的解释与前人不同，并且引进了“格物致知”“诚意正心”等。

① (明)蔡清:《蔡文庄公集》卷二,《与郭文博书》。

② (明)蔡清:《蔡文庄公集》卷二,《与黄德馨石仲殷书》。

第八章

明代后期的福建理学

史学家根据中国古代社会经济的发展规律以及商品经济的成长和转变标志，一般以明世宗嘉靖年间（1522—1566）为界，把明代分为前后两个时期。从明代理学的历史发展看，也恰恰是在嘉靖年间之后，王阳明心学学说盛行，其标志是王阳明《朱子晚年定论》一书的出现，使朱子学一时低落。明代后期朱子学的深度和广度，均与其前期产生很大的不同。明林希元述说：

弘治、正德以前，文气类皆深厚雄浑，如太羹、玄酒之为味，黄钟、大吕之为音。自嘉靖以后，气则渐漓，求解如前或寡矣。①

自时（按：指嘉靖）厥后，杂学兴而正学（按：指程朱理学是真正的孔孟之道，称为正学，其他为杂学或异端）废……程朱义理之学辍而不讲，学术于是大坏。学术既坏，人才何自而出！治道何得而致！②

本章所论述的就是约嘉靖之后的明代福建理学。明朝灭亡于 1644 年，其后期差不多有一个世纪。

明代到嘉靖年间盛极而衰，此后江河日下，一代不如一代。朝廷由宦官掌权，如武宗时（1506—1521）的刘瑾、熹宗时（1621—1627）的魏忠贤等，均独揽朝政。他们掌权时卖官鬻爵，贪赃枉法，搜刮民财，特务横行和使用酷刑，特别是魏忠贤，结党营私，为所欲为，无恶不作，在其活着时即遍地建生祠，谓其功德大于孟子，应与孔子并坐。宦官专政，演成阉党和东林党的矛盾。依附宦官的称为阉党，如魏秉谦、魏广微、崔呈秀、阮大铖等。在江苏无锡东林书院聚集了一批学者，如顾宪成、杨涟、左光斗、高攀龙、钱一本、薛敷教、史孟麟、于孔谦等，称为东林党。他们抨击朝廷的腐败政治，忧虑国家的危机，因而被阉党通缉捕杀。阉党和东林党的斗争，一直延续到明代末年。

---

① （明）林希元：《林次崖先生文集》卷七，《批点四书程文序》。

② （明）林希元：《林次崖先生文集》卷七，《送张净峰郡守提学浙江序》。

一些东林党人是反对王阳明学说的。顾宪成谓当时的异端学说是由王阳明导致的。但是顾宪成是王阳明的三传弟子,他不完全否定王阳明学说。东林党人是朱学和王学的折中派,只是认为王学比朱学毛病较多,如在朱学“修道”和王学“悟道”的问题上,提出“修而后悟”的调和论命题。

由于朝廷政治腐败,豪绅地主大量兼并土地,皇帝常把大量土地赐给贵族、宦官,如神宗一次就赐给他的儿子福王两百万亩土地。大量农民失去土地,如吴中农民有田者仅十分之一。农民不仅要向地主大量交租,还负担名目繁多的沉重赋税。因此,民不聊生,危机四伏,阶级矛盾十分尖锐。到了神宗万历九年(1581),宰辅张居正提出改革措施“一条鞭法”(统一税法),缓和了一些阶级矛盾。但不久,不仅一切复旧,还变本加厉,发展到“人相食”的地步。明朝后期,全国各地农民起义不断爆发,英宗正统十三年(1448),福建沙县发生了以邓茂七为首的佃农抗租抗税起义。邓茂七自称“铲平王”,反映出农民平均土地的要求。武宗正德年间(1506—1521),河北文安县发生了以刘六、刘七为首的农民大起义。最后,在思宗崇祯年间(1628—1644),便爆发了席卷全国的以李自成、张献忠为首的农民大起义,推翻了朱明王朝。李自成领导的农民起义提出“均田免粮”口号,对当时的政治思想家产生了深刻的影响。

明代后期尽管政治腐败,但经济还是有一定的发展的。这期间,原产于美洲的甘薯和烟草由菲律宾的吕宋传入福建,对福建以至全国的农业生产有一定的影响。其他粮食作物的生产也有很大的提高,手工业生产超过了前代水平。随着农业和手工业生产的提高,商品经济进一步发展起来。江南出现20多个以商品交易为中心的大城市,如泉州、福州、广州、宁波等对外贸易的港口,商品远销日本、南洋等地。由于商品经济的繁荣,在江南,资本主义的生产关系较广泛地出现,如苏州出现许多以织绸为业的“机户”。“机户”占有生产资料,剥削机工的剩余劳动,是早期资本家;机工靠出卖劳动力为生,是早期雇佣工人。他们之间是资本主义的生产关系。当时城镇人民反税监、反矿监的斗争,是资本主义生产关系在政治上的反映,是中国历史上的新现象。同时,西方传教士如意大利的利玛窦等人来到中国,他们和名臣徐光启、李之藻等人交往,传播西方自然科学知识和资产阶级思想。基于这种历史条件,产生了一些具有启蒙思想、追求个性解放的知识分子。他们企图从程朱理学一统天下的禁锢中跳出来,王阳明学说便是在这种情况下出现的。

王阳明(1472—1529),名守仁,浙江余姚人。他早年遍读朱熹著述,笃信格物穷理之学。后来“悟道”,认为必须“反省内求”才能认识真理。他在南宋陆九渊“心即理”学说的基础上,提出“致良知”“知行合一”的命题,形成所谓陆王心学。原来作为国家正统思想的朱子学是格物以穷理(“修道”),王阳明提出发挥心中之良知即达理(“悟道”),似佛教禅宗的顿悟。王阳明的“致良知”“知行合一”特别强调主观思想的作用。王阳明教授弟子非常注重启发其个性发展。其后,以王阳明的大弟子王艮为首的泰州学派,把“致良知”作为自由思想的武器。这种自由思想不断发展,到了明末的李贽,公开以“异端”自居,提出“咸以孔子之是非为是非,故未尝有是非”[①],对传统儒家思想和假道学进行了大胆揭露,被统治者以“敢倡乱道,惑世诬民”[②]的罪名迫害致死。

明代心学的先驱者是陈献章,至王阳明总其成。以王阳明为首的心学派攻击朱子学。在1514—1515年,王阳明从《朱文公文集》之34书中各抄一段,辑成《朱子晚年定论》一书,论定朱熹晚年改变其说,即其晚年思想向陆九渊心学转化,以此证明他和朱熹同调。王阳明在序中述说:

> 及官留都,复取朱子之书而检求之,然后知其晚岁固已大悟旧说之非,痛悔极艾。至以为自诳诳人之罪,不可胜赎。世之所传《集注》《或问》之类,乃其中年未定之说。自咎以为旧本之误,思改正而未及。而其诸《语类》之属,又其门人挟胜心以附己见。固于朱子平日之说,犹有大相缪戾者。而世之学者局于见闻,不过持循讲习于此。其于悟后之论,概乎其未有闻,则亦何怪乎?予言之不信,而朱子之心无以自暴于后世也乎?予既自幸其说之不谬于朱子,又喜朱子之先得我心之同然。且慨夫世之学者,徒守朱子中年未定之说,而不复知求其晚岁既悟之论,竞相呶呶,以乱正学,不自知其已入于异端。辄采录(按:指朱熹与友人书)而裒集之,私以示夫同志,庶几无疑于吾说,而圣学之明可冀矣![③]

到了1518年,《朱子晚年定论》刻刊。1572年,谢廷杰刻《王阳明全集》,把《朱子晚年定论》附于卷三《传习录》下之后,前有门人钱德洪引言,后

① (明)李贽:《藏书·世纪列传总目前论》。

② 《明实录》。

③ (明)王守仁:《王阳明全集》卷三,《传习录》下。

有门人袁庆麟跋。于是《朱子晚年定论》在社会上广泛传播。由于王阳明才情足以牢笼一时，文章事业足以震耀后世，《朱子晚年定论》引起强烈反响，形成巨大风波，成为明代后期思想意识领域中论辩的中心问题之一。一些学者为该书所惑，而与朱子学为难，攻朱护王者有王门刘宗周、李绂等，攻王护朱者有顾璘、罗钦顺、陈琛、林希元、张岳、陈建、冯柯、孙承泽、陆陇其、阮元等。他们指出，王阳明的《朱子晚年定论》是断章取义和把朱熹中年之书误为晚年，其目的是援朱入陆和阳儒阴禅。王学与朱学之争打破了原来朱学一统天下的局面，使当时的思想界出现了不同派别。除了坚定的朱学派和王学派外，还有朱王折中派——他们大都出于王门，如东林党人。佛教禅宗复兴，他们把王学的“悟道”和禅学的“顿悟”混合起来。当时官方正统哲学是朱学，而朝廷和地方大多数官员属于王学派，因此官样文章是朱学，而实际施行的却是王学。当时，神宗皇帝就属于王学派，他曾表示为其太子物色教师，要以心中良知本性高低为标准。

和朱熹同时相对立的陆九渊兄弟之心学，未传入福建。福建的心学主要渊源于王阳明和陈献章。王阳明学说产生后，逐渐传入福建，在福建传播王学最力者首推耿定向(1524—1596，字在伦，号天台，湖北黄安人)。他认为，心即道，即事即心，良知为现现成成，无人不备。耿定向在穆宗隆庆(1567—1572)、神宗万历(1573—1619)年间，任福建巡抚。他在福建开办学堂，教授门徒，积极宣扬王学，使王学在福建发生了一定的影响。例如，当时福建学者何乔远、李贽分别在《名山藏》《藏书》中指责福建朱子学者蔡清、陈琛、林希元、张岳等人为迂狂不通。

明福建莆田彭韶(1430—1495)在《荐举陈献章疏》中述说：

> 声望风采，郁为国华。《大学》所谓“性善以为宝”是也。窃见广州府新会县监生陈献章，心术正大，见识高明，涵养有素，德性坚定，立志学于古人，荣辱不足以介意，诚高世之儒也。……沉潜圣贤之书，实窥体要；洞达事物之理，有见精微。才虽未试，行则可保。……顾于醇儒，反不见用。非惟臣等之心诚切不安，亦恐国家不及收用，坐失惟善之宝也。伏见天顺年间，英宗皇帝闻抚州民人吴与弼，文行高古，特加礼聘，处以官僚。……今献章年力盛强，大非与弼之比，伏乞圣明以礼征召，

量处以在京儒职事，则必有以补助圣德，风动士类矣！[①]

明中叶以前，福建朱子学与全国理学的步调基本上是一致的。明中叶以后，全国朱子学急趋下坡，可以说奄奄一息，而福建朱子学仍十分盛行，而且在与王学论辩中有很大的发展。清人李光地述说：

> 时则姚江（按：指王阳明）之学大盛于东南，而闽士莫之尊，其挂阳明弟子之录者，闽无一人焉。此以知吾闽学者守师说，践规矩，而非虚声浮焰之所能夺。[②]

清人陈科捷亦谓，“吾闽人士仍守朱子家法，终明世无为王氏学者”[③]。这和蔡清、陈琛、林希元、张岳等人积极捍卫朱子学是分不开的。当王阳明学说一出现，福建朱子学者就奋起与之对抗，使其在福建没有市场。李光地又述道：

> 吾闽僻在天末，然自晦庵朱子以来，道学之正为海内宗。至于明兴科名，与吴越争雄焉。[④]

“与吴越争雄”，就是福建文化与古为吴越之地的江浙文化并驾齐驱，也就是福建朱子学者批判和抵制王阳明学说。

明代后期最有代表性的福建朱子学者为陈琛、林希元、张岳，他们恪守朱子学最力。这三人是同郡（福建泉州府）、同年（同榜进士），志趣学识相同，以道义相许，经常在一起讲《易》、论道、谈文、说诗。明著名学者王慎中述说：

> 丁丑榜得士，吾泉最有名，史笋江公于光、林次崖公希元、张净峰公岳与紫峰先生，并以经学为海内巨公。[⑤]

像这样的同郡同年、志同道合、学称一时的学者实为难得。明郭棐《粤大记》记：“公（按：指张岳）丁丑举进士，与陈琛、林希元同究心性理学，以程朱为宗，时目为泉州三狂。”他们三人以朱学为宗，力排王学，捍卫和发展了朱子学，时称为“泉州三狂”。明蔡献臣述说：

> 明正德丁丑榜，吾泉最号得人，学宪公琛、襄惠公岳，而大理寺丞次

---

① （明）彭韶：《荐举陈献章疏》，（清）涂庆澜：《莆阳文辑》，福州：福建人民出版社，2009年，第29页。

② （清）李光地：《重修文庄蔡先生祠序》。

③ （明）陈琛：《陈紫峰先生文集》卷首，陈科捷：《紫峰文集序》。

④ （清）李光地：《重修文庄蔡先生祠序》。

⑤ （明）王慎中：《陈紫峰传》。

崖林公希元也。三先生皆邃于经学,以文章气节名一时,而作用不同,际遇亦异,其为学士所宗而称我明人物第一流则一。[①]

陈琛、林希元、张岳继明代前期蔡清等人之后,在明代后期的福建朱子学者中最有影响。清人李光地述说:

自明兴以来,尽心于朱子之学者,虚斋先生一人而已。自时厥后,紫峰陈先生、净峰张先生、次崖林先生,皆以里闬后生受学而私淑焉。泉州经学遂蔚然成一家言。[②]

陈琛、林希元、张岳已形成了完整的福建理学思想体系。

明代最有名的著作为"三易",就是指蔡清的《易学蒙引》,陈琛的《易学通典(浅说)》,林希元的《易学存疑》。这些著作代表了一个时代的学术水平。此外,他们还有和"三易"相类似的"三书",也是当时有名的著作。清雷鋐述说:

前明中叶,姚江大倡新学,吾闽恪守程朱,以有蔡虚斋先生持之,而林次崖(希元)与陈紫峰(琛)两先生继之,《蒙引》(按:指蔡清《四书蒙引》)、《浅说》(按:指陈琛《四书浅说》)、《存疑》(按:指林希元《四书存疑》)三书,久衣被天下。[③]

"三书""三易"分别是陈琛、林希元、张岳等人的代表作,是对朱熹《四书章句集注》《周易本义》的阐发,在朱子学的发展史上占有重要地位。

对陈琛、林希元、张岳等人在明代福建以至全国的学术地位,以及他们各自的学术特点,清人陈科捷有比较概括的说明。他述说:

学术事功出于一原,固不容歧而二之也。吾泉务实学……明之中叶,有虚斋蔡文庄公出,尽心正学,蔚为一代儒者之宗。陈、林、张、史(笋江)四先生继之,道以大明。然惟紫峰先生独亲受业虚斋,引为畏友。诸先生皆所谓私淑斯人者也。次崖之四书、易经《存疑》,与虚斋之《蒙引》、紫峰之《浅说》,并为学者所尊尚。而限于位,欲有所建立而不能。……净峰著有边功,而不能一日安于朝廷之上。今读其书,亦可以见其体用之所存。先生学行出处,详于净峰。[④]

由上可见,陈琛、林希元、张岳、黄道周等都是明代后期最主要的福建理

① (明)蔡献臣:《清白堂稿》卷四,《林次崖先生文集序》。

② (清)李光地:《重修文庄蔡先生祠序》。

③ (清)雷鋐:《经笥堂文钞》卷上,《林次崖先生文集序》。

④ (明)陈琛:《陈紫峰先生文集》卷首,陈科捷:《紫峰文集序》。

学家。

此外，尽管这个时期福建朱子学十分强盛，阳明学在福建没有形成学术派别，但是阳明学在福建也出现几个理学家代表人物，如莆田人马明衡，泉州人王慎中、李贽等。

第一节　陈　琛

一、陈琛的生平著述

陈琛，字思献，因结庐于紫帽峰下，号紫峰，学者称紫峰先生，福建晋江县陈埭人。生于明宪宗成化十三年（1477），卒于世宗嘉靖二十四年（1545）。武宗正德十二年（1517）进士，历官刑部、户部、吏部主事和淮安税监等。

陈琛为官时提出革除时弊的主张，遭到腐败官僚集团的反对。因此，他决意不做官，先后被任命为贵州、江西提学佥事而力辞不受，"居家扫却一室，偃卧其中，长吏莫得见其面"[①]。方志对陈琛的仕宦生涯和晚年事迹有比较详细的记载。其曰：

> 授刑部山西司主事，谓古人仕不废学，剖决纷琐之暇，必沉潜经史，以养道心德意，而时出其意于法律拘束之外。……每语同僚曰："理刑之道，当以诚实恻怛之意为之。审实求生，惟急于致刑辟，则人有不得其死者矣。"……差监淮安舟税，凡小舟不入闸者，悉弛其征。……转吏部考功郎，清曹无事，请业者踵至，随其浅深高下告之，皆有得。……辞官归，扫却一室，偃仰其中，静观天地万物之变，以及古今兴衰治乱，世态之炎凉向背，或由然发笑，或喟然太息，不以告人，人亦莫能测也。兴趣所至时，纵行田野间，与农夫野叟谈叙风俗旧故、桑麻节候为乐。发为诗歌，往往自在脱洒。乡有利病当兴革者，言于有司。……与人交，蔼然可亲，愈久而人愈钦慕。……张襄惠岳论其人（按：指陈琛）曰："有避世之深心而非玩世，无道学之门户而有实学。"世称确论。[②]

陈琛资禀朗迈，对政治生活极为淡泊，于世情无所倚涉："在南京时，署中无事，出则与同志诸公谈道赋诗，入则扫榻读书。其于世味纷华泊如

---

① （清）张廷玉等：《明史》卷二八二，《儒林·陈琛传》，北京：中华书局，1974 年。

② 清康熙《泉州府志·陈琛传》。

也。……东湖云：'先生之诗各有理趣，各足意味，可与朱程性理诗并传。'"[①]

陈琛受教于朱子学家蔡清，是蔡清的得意门生。蔡清待陈琛，犹如朱熹待蔡元定。据记载：

> （琛）初受学于故史李聪。一日，文庄（按：指蔡清）得其文于聪所，嗟异久之。聪引琛禀学于文庄，文庄瞿然曰："吾不敢为之师，得为友是矣！"屈行辈与为礼。琛固辞，乃师事焉。[②]

蔡清在督学江右时，请陈琛偕行。由此，陈琛尽得蔡清所传。蔡清曾对陈琛说："吾所发愤沉潜辛苦而仅得者，以语人常不解。子已尽得之，今且尽以付子矣。"[③]

蔡清死后，在学问、道德、行谊等方面，"所谓无愧师门，琛一人而已"[④]。陈琛年谱记述：

> 先生二十岁……卓有志于圣贤之学，题其柱云："发愤三年，须是不炉不扇；把持一敬，莫教愧影愧衾。"《程子遗书》《朱子文集》皆摘抄成卷，朝夕潜玩。……先生二十五岁，受业于虚斋先生之门。《易经通典》《四书浅说》出，学者评论：虚斋《蒙引》得圣学之精深，间有意到而言或未到，及其所独到，可以发晦翁之所未发。先生《浅说》得圣学之光大，意到则言无不到，及其所独到，又可以发虚斋之所未发。《蒙引》可以易笺注，《浅说》可以备讲读。……学《易》不可一日无《易传》（按：指程颐《伊川易传》）、《本义》（按：指朱熹《周易本义》），亦不可一日无《蒙引》《通典》。《通典》之有功于《蒙引》也，犹《本义》之有功于《易传》也。盖《易传》言乎其体也，《本义》则推其体而致之用也；《蒙引》言乎其详也，《通典》则约其详而反之要也。均之羽翼圣经，有功来世。……先生四十一岁，会试礼部……尹公襄得先生卷，以为造诣精深，出举业蹊径之外。靳公批其卷云：学识才气俱出人意表……四书、易义说理精详，论雄深雅健，变态自然，已超时文一格。五策随触而发，议论卓绝。……儒者体用之学。[⑤]

---

① （明）陈琛：《陈紫峰先生文集》卷首，（明）陈敦履、陈敦豫：《陈紫峰先生年谱》。

② 清乾隆《泉州府志·陈琛传》。

③ （清）张廷玉等：《明史》卷二八二，《儒林·陈琛传》，北京：中华书局，1974年。

④ 清同治《福建通志·人物》。

⑤ （明）陈琛：《陈紫峰先生文集》卷首，陈敦履、陈敦豫：《陈紫峰先生年谱》。

由此可见，陈琛才高过人，从小立志治朱子学，为学“独守朱子家法”[①]。陈琛的著作阐明和发展了朱子学。毋德纯说：

> 公尝受学虚斋，慨然以斯文自任。故其言皆根极性命之旨，如太极，鸢鱼（按指鸢飞鱼跃，意为尽物性）、主静、用敬，固非高而弗道，论事明而畅，说理简而达。……蔡元定、九峰，真西山、杨龟山、熊勿轩及陈紫峰、林次崖、张净峰诸贤，或以道学，或以气节事功著名。然皆闽产也，而晋江尤为豪俊之薮。……公一其人，允若虚斋所称道。[②]

毋德纯是明代人，他的评论反映了陈琛在当时的学术地位。陈琛对程朱理学进行了全面深入的研究，综合各家思想的特点于其一身。陈琛的朋友张岳也曾谓“其为学，先得大旨，宏阔流转。初若不由阶序而其工夫细密，意味悠长，远非一经专门之士所能企及。其渊源承受之功不可诬也”[③]。在陈琛同时代人张岳等看来，陈琛在福建理学发展史上起了承上启下的作用。此外，明人丁自申对陈琛学说的社会作用也做了概括说明。丁自申述说：

> 先生诸作本孔孟之学术，程朱之义理，而出以自然之文章，固不当与文人题品。然其推岳倒海之气，媚泽辉山之精，卓乎成一家言。[④]

丁自申认为陈琛是个思想家，他的著作所阐明的是社会政治问题和世界观问题，不能把他的著作视为一般文艺消闲小品。不过陈琛的文字表达能力也是为学者所公认的，有人谓陈琛“读书每沉潜玩索，能得意于文辞之表，笔力光动流转不可端倪，语浅而根诸深，语深而敷诸浅。险而安，常而伟，枯能使润，离能使合，约能不遗，肆能不乱，而卒归于性理道德”[⑤]。陈琛的文学在当时也有名声，他的著作文字优美，实际上是具有哲理的文学作品。

陈琛积极从事教育活动。他设讲席于泉州学宫，后又结庐紫帽峰下授徒，门人遍于全国。明成子学述说：

> 泉南陈先生结屋紫帽峰下，乐道著书挥远世，故人士环集如云。其必行谊修洁，于论议有足资者，遂千里裹粮往从之。……先生曰：“鸢飞

---

① （明）陈琛：《陈紫峰先生文集》卷首，陈科捷：《紫峰文集序》。

② （明）陈琛：《陈紫峰先生文集》卷首，毋德纯：《紫峰文集序》。

③ （明）张岳：《小山类稿选》卷一六，《江西提学佥事紫峰陈先生墓志铭》。

④ （明）陈琛：《陈紫峰先生文集》卷首，丁自申：《紫峰文集后序》。

⑤ 清乾隆《泉州府志·陈琛传》。

鱼跃之为性，一篑九仞之为学。”[1]

陈琛年谱记述：

> （陈琛）三十二岁设讲席于邑学宫。先生日登讲座，先用乡谈，次用正音，不事艰深隐僻，只就圣贤口头语而以胸中所自得者发之，随才而授道理。[2]

陈琛的教育方法有独到之处，他提出顺性而教，为学要积累。陈琛的教育思想是很值得研究的。

陈琛是明代后期著名的理学家，当时“士大夫无贵贱大小称理学者，必曰陈紫峰”[3]。对于陈琛的道德、学问、文章，明代著名学者林希元有较全面的评论。他述说：

> 紫峰少以才名望乡国，学子出其门，往往掇巍科，登显仕。礼部再试，名动缙绅公卿，皆欲虚位以让。使士于进取，不数年，公辅可立致，而紫峰乃恬然自守，足不及公卿之门。……势利斗进，无所入于其心。其光明卓伟，孰敢望而及？是故紫峰道德之士也。……紫峰，虚斋夫子高弟子也。[4]

明丁自申亦述说：

> 先生文章道学统同一贯，性情道德涵养一原，气节音韵融浑一真。其遗教流风可使愚者明，懦者立，山斗之仰，永系于士类，当不浅也。[5]

林希元、丁自申的评论显然是言过其实，但也能在一定程度上说明陈琛学说的历史地位。

陈琛的著述有《四书浅说》13 卷、《易经浅说》（又名《易经通典》）8 卷、《正学编》1 卷、《陈紫峰先生文集》13 卷等。

二、陈琛理贯于气、阴阳互主、五行互换的思想

在陈琛的世界观中，理是通过一而和太极、虚、道、天联系在一起的，它们具有相类似的含义，是产生世界万物的本原。陈琛说：“理非有物也，当然

---

① （明）陈琛：《陈紫峰先生文集》卷首，成子学：《紫峰文集序》。

② （明）陈琛：《陈紫峰先生文集》卷首，陈敦履、陈敦豫：《陈紫峰先生年谱》。

③ （明）张岳：《小山类稿选》卷一六，《江西提学佥事紫峰陈先生墓志铭》。

④ （明）林希元：《林次崖先生文集》卷九，《赠陈紫峰先生南归序》。

⑤ （明）陈琛：《陈紫峰先生文集》卷首，丁自申：《紫峰文集序》。

而已矣！气有参差杂糅，而所谓当然者，则皆万古而不易也。”[①]“天下之理，莫非自然。”[②]在陈琛看来，理不是具体事物，是事物中“万古而不易”，当然或自然的东西。陈琛述说：

至一者，理也。物皆有二，惟理则无二，故谓之理一；以其至一不二，而物莫与对，故又谓之太极也。……理以一而得太极之尊。[③]

由于理是至一，因而理又是太极。同时由于一即虚，因而虚也和理有相同的含义。陈琛述说：

一而虚者天也，故万物资始焉。二而实在地也，故万物资生焉。……凡无形者皆虚。虚者神也，实在器也。是故地与人皆器也，而天之神至矣！[④]

陈琛这里有个较重要的思想，就是不管一还是虚，以至理，皆是天。在陈琛的世界观中，天和理具有相同的含义，是世界万物的主宰。这种主宰，陈琛称之为神，但不是人格神。他述说：

道者，中而虚者也，是故谓之神。夫神也者，宰万物而莫之名者也。圣人因而名之曰道。[⑤]

理或天主宰世界万物的职能叫神，又叫作道，因而理又和道联系起来。

在上述陈琛的理、一、太极、虚、道、天等这些类似的范畴中，最根本的是理和天，或者合之曰天理，是主宰世界万物的本体。陈琛说：“理尊于气而为气之主，理惟一而不二，则气当听命于理。”[⑥]又述道：

天者，其阴阳之宰乎！地者其质也，人物者其化也。是故阴阳阖辟，动静相因，而变化无穷焉。[⑦]

这就是说，天理是阴阳二气的主宰，地是阴阳二气的质料，人和物是阴阳二气变化的结果。天理就是通过阴阳二气而使世界生生无穷的。

天理主宰世界万物，天理首先主宰的是气。陈琛述说：

大气之运有分限节度焉，分限节度者气之数也。气数用事不慊人

① （明）陈琛：《陈紫峰先生文集》卷一二，《圣人所由惟一理》。
② （明）陈琛：《陈紫峰先生文集》卷七，《寿方矫亭先生序》。
③ （明）陈琛：《陈紫峰先生文集》卷一二，《圣人所由惟一理》。
④ （明）陈琛：《陈紫峰先生文集》卷一三，《正学编》。
⑤ （明）陈琛：《陈紫峰先生文集》卷一三，《正学编》。
⑥ （明）陈琛：《陈紫峰先生文集》卷一二，《圣人所由惟一理》。
⑦ （明）陈琛：《陈紫峰先生文集》卷一三，《正学编》。

意者甚多，盖理有当然，而气数不尽合夫当然也。然是理尊严正直自在不移，而气数者虽暂悖之，久则亦必复其常，而不能出于范围之外焉。使或气数自用而一不听命于理，则生生之意斩绝无余，而人类之灭久矣。①

在陈琛看来，如果气离开理的主宰，世界就没有变化发展（"产生"）了。但是"万物之生，有变者焉，有不变者焉。变者器（按：指具体事物）也，不变者道（按：指理）也"②。道（理）之所以不变，就是因为它是主宰者，是造物主。这是陈琛哲学中最糟粕的部分，也就是理学家之所以为理学家的共同弱点。器（具体事物）之所以变化，就是因为阴阳五行造成的。在陈琛的哲学中，阴阳占有十分重要的地位。他曾指出，"握阴阳姤之机"，是儒者区别于佛、老的标志。他述说：

无见于天地之大全，乃以枯槁寂寞为佛、老氏不传之妙，儒者握阴阳姤之机，于喜、怒、哀、乐未发之际而默有以处之。③

像陈琛这样的理学家能够从世界观上指出儒、佛、道的区别，在朱子学发展史上还是第一人。我们抛开陈琛的不变的理不讲，仅就其论述阴阳五行之气演化世界万物的过程来看，其中充满着朴素辩证法思想。这是陈琛哲学中最精华的部分，也是其哲学的一个特点或优点。

陈琛认为对立面的统一和斗争是事物的普遍现象。由于阴阳五行之气的对立斗争和融合，便产生世界万物。陈琛述说：

天下无无对之物，盖皆阴阳五行为之也。阴阳有交易，有变易。交易则其对待之体而显然有对者也。变易则其流行之用一动一静，一阖一辟而互为其根，亦未尝不以两而相也。若五行，则五其数而不对矣。然以质而语其生之序，则水木阳也，火金阴也；以气而语其行之序，则木火阳也，金水阴也。土则寄寓于四者之间。故时有春夏秋冬，位有东西南北，要皆一阴一阳，彼此互换，谁谓五行之数而非阴阳之对乎？故以言乎天地之造化，则阴阳尽之矣。以言乎民生之气质，则刚柔尽之矣。……有反斯有对，对必反其为；有对斯有仇，仇必和而解。盖亦纷纷然其不一矣。然不一之中有至一焉，至一者默寓于不一之内，而不一

① （明）陈琛：《陈紫峰先生文集》卷六，《赠江西少参陈柏崖先生序》。

② （明）陈琛：《陈紫峰先生文集》卷一三，《正学编》。

③ （明）陈琛：《陈紫峰先生文集》卷六，《赠潘东崖先生南归序》。

者斯一矣。[①]

陈琛这段话的辩证法思想是比较深刻的。

第一,对立面的统一关系存在于一切事物之中,"天下无无对之物","天地之造化,则阴阳尽之矣"。

第二,事物的对立面既有同一,又有斗争,"有反斯有对,对必反其为;有对斯有仇,仇必和而解"。陈琛还认为"无相互则非阴阳矣"[②]。这里所谓"和而解",并非完全是矛盾的调和论,因他所说的"和而解"是"对必反其为"的结果,应该是指对立面的互相转化。"要皆一阴一阳,彼此互换",就是指对立面的互相转化。阴阳两个对立面的地位可以互换(转化),是陈琛的新说法。理学家的传统说法是阳尊阴卑,阳主阴次,这种尊卑、主次的地位是不会互换的,以此说明封建社会的君臣、父子、夫妇等纲常关系是永恒不变的。陈琛述说:

> 一阴一阳者,道之体也。阳中有阴、阴中有阳者,物之用也。吾见阴阳之偏胜者矣,未有独阴而独阳者也。……阴阳互宅,道之体也;阴阳互主,道之用也。[③]

陈琛认为矛盾的两个方面是不平衡的,"未有独阴而独阳者也"。这里所谓"阴阳互主",就是指阴阳主次、尊卑的位置可以相互转化。具体地说,就是阴也可以为矛盾的主要方面,也可以占据主要地位。陈琛又述道:

> 物数之理有乘除,命途之运有顺逆。吉凶悔吝,吉一也。而凶悔吝,居其三焉。……自古及今,未有皆利而无害。全福而无祸者也,盖有之矣,不多见也。然祸福相为倚伏。古之英雄豪杰,进德于逆意之境,而收功于困败之余者何限。[④]

此外,陈琛把对立面的相互联系和转化概括为交易和变易两个范畴,也是值得注意的。

第三,提出"五行之数"是"阴阳之对",五行"要皆一阴一阳,彼此互换",用阴阳对立统一关系理解五行问题,抛弃传统的五行"生克"观点。陈琛又述道:

---

① (明)陈琛:《陈紫峰先生文集》卷一二,《圣人所由惟一理》。

② (明)陈琛:《陈紫峰先生文集》卷一三,《正学编》。

③ (明)陈琛:《陈紫峰先生文集》卷一二,《圣人所由惟一理》。

④ (明)陈琛:《陈紫峰先生文集》卷九,《与友人书》。

自昔圣贤言命，或以理言，或以气言。而以气言者，又有所禀所赋之不同。术家以人生之年月日时，五行之生克制化，逆定夫人之吉凶祸福。余不以为然，谓其不自夫有生之初论也。然间有甚验不爽者，岂其亦以气之所赋者言欤！①

陈琛之所以不用传统的“生克制化”观点来分析五行之气，就是因为“生克制化”被术家利用来说明人的吉凶祸福，把它神秘化了，因而不能更好地说明阴阳五行之气演化世界万物的问题。陈琛的这种观点是合理的。

第四，一般寓于个别之中，个别包括一般。这就是陈琛所说的“纷纷然其不一（按：指形形色色的世界万物）矣。然不一之中有至一（按：指理、道）焉，至一者默寓于不一之内，而不一者斯一矣”。陈琛的这种说法是深刻的。

陈琛基于他的“一”和“不一”即一般和个别的辩证法观点，对理学家的理一分殊论做了新的解释。陈琛述说：

太极一物也，而有两体焉。……理非有万也，以事物有万而此理无乎不在。故既曰一理，而又曰万理，其实则一以贯之而无余矣。②

用“一以贯之而无余”解释理一分殊，在理学家中颇为新颖独到。所谓“一以贯之”，就是“一不能不散于万，万不能不归诸一者理也”③。用“一以贯之”解释“理一分殊”，含有明显的一般与个别的辩证关系。本来意为“月印万川”的理一分殊论，把一与万等同起来，却是形而上学的。

陈琛还用一和不一、一理和万殊的关系批判佛、道和神仙方士。陈琛认为“吾道之有而无”“吾道之寂而感”，因而世界是有的，出世是不可能的，佛、道、神仙方士的那种空寂、虚无之说是行不通（“塞”）的。陈琛述说：

老氏之为道也，宗于无。然吾道之有而无，不可得而弃也。佛氏之为道也，宗于寂。然吾道之寂而感，不可得而遇也。是故老氏以无为鼓天下，而天下终治于有为；佛氏以出世诱天下，而世终不能出。夫然后二氏之说塞矣。有耳目人心者，犹不悟而堕焉，亦可悲矣。④

神仙者之有无，余疑之久矣。《参同》秘诀，亦尝万遍千周，而毕竟无告我者，岂丹台玉室不登吾心耶！抑理有常然，天无别界，而自古之所谓神仙者皆谬妄耶？吾皆不得而知也。……至虚通微之谓神，超尘

① (明)陈琛：《陈紫峰先生文集》卷六，《赠黄汝为序》。

② (明)陈琛：《陈紫峰先生文集》卷一二，《圣人所由惟一理》。

③ (明)陈琛：《陈紫峰先生文集》卷一三，《正学编》。

④ (明)陈琛：《陈紫峰先生文集》卷一三，《正学编》。

绝俗之谓仙。[①]

“理有常然，天无别界”，是说理是自然而然的，在现实世界之外没有一个“至虚通微”“超尘绝俗”的神仙世界。因此，“世终不能出”，“天下终治于有为”。陈琛这种不信神仙、立足于现实的思想，在当时是有积极意义的。

陈琛基于其对立面的统一和斗争是事物的普遍现象的观点，必然认为事物的变化发展是不平衡的，是变化多端的。他认为事物的变化发展不能一帆风顺，要经过困难和曲折。他述说：

天地之道就乎万物也，亦多端。鼓之以雷霆，润之以风雨，物于是乎生矣。凄焉而为秋之霜，凛焉而为冬之雪，则响之生且茂者，于是乎敛华就实而各得其性命之成。然则人之生世，其可不备尝辛苦乎？雪霜万里之途，固有志者之所必践也。[②]

陈琛认为变化多端是天地变化的规律（“天地之道”），事物就是在天地复杂的变化中产生和灭亡的，社会上的人也是如此。在这里，陈琛有个很重要的思想，就是人生活在社会上要奋斗，要经过“雪霜万里之途”。陈琛强调指出，有志者必须经过艰苦的历程才能成功。在封建士大夫阶层中，陈琛这种思想是难能可贵的。这反映出陈琛世界观中的积极向上精神。

陈琛认为天地生灭变化有一定的秩序，天地虽无始无终，但应从气说起。他认为天地间充满了气，“盈天地间，阴阳而已矣。阴阳者，天中正之道也。是故无阴阳则非天地矣”[③]。阴阳是理生万物的第一步。陈琛述说：

有阴阳而后有五行，而后有万物。五行者质之始也，三皇者人之始也。[④]

理产生世界万物的秩序是：先有阴阳，而后五行，而后物和人。阴阳对立统一关系是动力，五行是质料。由五行之气这种质料产生的有形世界万物分两个方面，即物和人。陈琛认为人与物同源于阴阳五行之气，“人与物一也，人之所以异于禽兽者几希，何也？得其正而常者人也，得其异而偏者物也。故中正之道存乎人者，所以自别于禽兽者也。可不思乎”？[⑤] 而在人

---

① （明）陈琛：《陈紫峰先生文集》卷六，《湖边旧隐序》。

② （明）陈琛：《陈紫峰先生文集》卷六，《赠太守庄青岸序》。

③ （明）陈琛：《陈紫峰先生文集》卷一三，《正学编》。

④ （明）陈琛：《陈紫峰先生文集》卷一三，《正学编》。

⑤ （明）陈琛：《陈紫峰先生文集》卷一三，《正学编》。

之中有上智和下愚之分，上智是得山川之秀气，“人得山川之秀气者心灵”[①]。尽管陈琛的这些说法是无稽之谈，但他企图从物质性的原因寻找人与物，以至人们之间的智力差别，比天命论、生知论要好得多。在气生物和人的问题上，陈琛还提出两个问题。其一是气生人和物有限，因而有偏，此盛则彼弱。陈琛述说：

元气之生物有限，天心之爱人亦至。夫人物之生，均一气也。磅礴郁积为力，亦难彼此剩除，不能两大。故吾泉人之谚有曰：“荔枝盛红，稼穑为空。”盖言地力有限，不能以多及也。[②]

其二，人的道德好坏和性情刚柔是由仁气、义气之多寡而决定的。他述说：

天地四方之气，合而二之，仁义而已矣。仁气盛于东南，故东南之人多温厚；义气盛于西北，故西北之人多严厉。阴阳刚柔彼此对立，非谓西北尽无柔仁而东南尽无刚义也。东夷西夷固有豪杰诞生而不限于风气者。但大概言之，则彼此分数不无轻重多寡之偏耳。夫唯仁义之禀有偏，则仁义之用或过。仁义固皆美德，过则各有其弊焉。此所以又有变化气质之说也。然亦难矣，吾观四方士夫能不为气质所使而以刚柔仁义斟酌其中，而施之政者几人哉！……君其能变化气质而不囿于山川风气之偏者与！余曰君固不囿于山川风气也，而实于山川风气有得焉。君光（州）人也，光属河南，于天下为中土。盖东南西北之极而刚柔仁义之会也，谓君之美无得于天与之秀，而尽归诸学问人事之力，则先儒气质用事之说为不然乎！虽然，亦不可专主气质也。[③]

陈琛这种用人所处的地理环境不同来说明人的道德品质的差异，显然是唯心主义的观点。但是他企图用人的社会环境来解释人的心理活动，用人在同周围自然环境长期适应中所形成的性格上差异来说明人的道德品质，是有某些合理因素的。陈琛这种地理环境决定论同近代西方资产阶级哲学中的地理学派相比，要早四五个世纪。

三、陈琛学以至仁和事在人为的认识论

在陈琛的认识论中，学习占有十分重要的地位。他认为学习是获得知

① （明）陈琛：《陈紫峰先生文集》卷七，《寿陈微庵先生序》。

② （明）陈琛：《陈紫峰先生文集》卷八，《松涧记》。

③ （明）陈琛：《陈紫峰先生文集》卷六，《赠太守易嘉言之重庆序》。

识的根本,“作文立政皆当以识为先,而识则本于学。学术疏陋则识见浅近,而于文与政两无一得”[①]。陈琛所谓“作文立政”,是指人的学问和实际工作能力。人的学问高下和实际工作能力强弱,是由其学习决定的。从认识论来讲,陈琛和其他理学家一样,认为人的认识对象是理。那么怎样认识理呢?陈琛认为主要通过学习就行。陈琛说:“会天下之理于吾心,君子之学备矣。”[②]在陈琛看来,人学习的全部内容就是认识理。在学习问题上,陈琛有与众不同之处,他是从认识论的意义上来讲学习问题的。陈琛述说:

学也者,所以觉其知而要诸正也。学之事,知行而已矣。[③]

知行问题是认识论的主要问题,陈琛把学习规定为知行,就是把学习规定为认识论的主要问题。陈琛所说知行,知之“要诸正也”,行也是履行诸正。所谓正,就是指正学。朱子学者认为程朱理学是真正的孔孟之道,其他学说为异端,因此他们把程朱理学称为正学。陈琛述说:

正学者,征诸古而证诸今者也。圣贤之道,正道也,其学正学。道不歧也,学而歧焉,失其正也。予有感于今也,故将以古道而正其学,以古学而求其道,欲其归诸正而已。[④]

这就是说,圣贤之道(程朱理学)是绝对真理,它适用于古今,因而它是人们学习的全部内容,是人们认识的对象。由此可见,陈琛的认识论是唯理主义的认识论。

陈琛把学习规定为知行,就是把用也作为学习的主要内容,把学用结合起来了。他指出,知行的本体是仁。陈琛述说:

仁者,心也,知行之本体也。学而至于仁焉,则人之道贯矣。[⑤]

陈琛认为知理和行理全在于心,而心知理和行理以仁为最高目标,“学而至于仁焉,则人之道贯矣”。在陈琛看来,所谓仁,就是做一个有高尚道德修养的人。孔子言“仁”,包括恭、宽、信、敏、惠、智、勇、忠、恕、孝、悌等内容,并以“己所不欲,勿施于人”“己欲立而立人,己欲达而达人”为实行的方法。孔子就是从伦理道德上对“仁”进行规定的。陈琛把这种仁叫作“德性之

① (明)陈琛:《陈紫峰先生文集》卷六,《赠兴化府节推钟侯考绩诗序》。

② (明)陈琛:《陈紫峰先生文集》卷一三,《正学编》。

③ (明)陈琛:《陈紫峰先生文集》卷一三,《正学编》。

④ (明)陈琛:《陈紫峰先生文集》卷一三,《正学编》。

⑤ (明)陈琛:《陈紫峰先生文集》卷一三,《正学编》。

知”,他认为“德性之知乃真知也。……由德性之知而达于无所不知”[1]。陈琛述说:

道也者,一天人之理也;仁也者,齐物我之体也;心也者,统内外之机也。是故天地合一存乎道,物我合一存乎仁,内外合一存乎心。人之不知天人之一者,以其利碍之也;人之不知物我之一者,以其私隘之也;人之不知内外之一者,以其闻见蔽之也。[2]

陈琛认为:“孔子之好古敏求,所以求尽此心之全体者也。故内外备谓之圣人。”[3]在陈琛看来,致力于内心修养和用心于致知应物是一致的,即心合内外。心合内外离不开学,“人其可以无学乎哉?有学则有识,有识则有养,有养则人为好人,而居官则为好官,随所居而无所不宜”[4]。达到了心合内外就是仁,就是“一天人之理”,就是知行一致,也就是“内外备谓之圣人”。陈琛还把这种心合内外说成为“存心制行之善”。他述说:

呜呼,仁岂易言哉!虽然,以全体言仁则仁固不易,但举其存心制行之善而大概言之,则天下未尝无仁人也。乐恬退而不慕显名,喜施与而不殖货利,此岂非仁中事乎![5]

陈琛把“仁”看得至为重要,认为是仁把心和理联系起来的,即把认识论和其世界观结合起来。陈琛述说:

一善足以该天下之理曰仁,一物足以统天下之善曰心。盖心活物也,仁生理也。心之与仁合而为一可也,分而为二亦可也。……人之生也,无极太极吾其性,二气五行吾其体。心亦生于气也,但气之精爽者耳。精爽则虚,虚则灵,既虚且灵,故众理具焉。众理在心为性,而性则有仁义礼智信,而专言之则仁也。夫仁无知觉而心则有知觉,仁无出入而心则有出入,仁无善恶而心则有善恶。盖仁即理也,心则合理与气也。[6]

陈琛无限夸大了仁的作用,提出“仁,生理也。庭草交翠,阳之动也。此

---

① (明)陈琛:《陈紫峰先生文集》卷一三,《正学编》。
② (明)陈琛:《陈紫峰先生文集》卷一三,《正学编》。
③ (明)陈琛:《陈紫峰先生文集》卷一三,《正学编》。
④ (明)陈琛:《陈紫峰先生文集》卷七,《赠钱立斋述职序》。
⑤ (明)陈琛:《陈紫峰先生文集》卷七,《寿武翁制师序》。
⑥ (明)陈琛:《陈紫峰先生文集》卷一二,《心如谷种》。

濂溪先生作图之本也。故万物得所，谓之春一。夫失所，谓不足以尽仁”[1]。这就是把仁由人的伦理道德范畴推广到世界万物，推广到自然界，认为万物各得其所谓之仁。这就极大地夸大了人的主观认识的作用，陷入唯心主义的先验论。

由此可见，在陈琛看来，所谓认识理，实际上就是求仁，做一个有高尚封建道德修养的人，“夫善求仁者，求其心而已；求其心者，求其有主而已矣。是故心得其主而圣贤之学尽之矣”[2]。“心有主”，就是心主于一。陈琛在心主一的问题上，全面阐明和发展了朱熹的思想。第一，主一就是主敬。“求仁者，莫要于敬。敬者，心之警也，时而警焉。”[3]在朱熹和其他理学家那里，主敬主要是指对人的内部精神的陶冶，力避外物引诱。而在陈琛这里，却释敬为警，主敬为时时警惕之意，也就是佛家所谓“常惺惺”。陈琛述说：

> 心有主谓之敬。是故有主则警，警则昏惰不得而乘之矣；有主则虚，虚则思虑不得而汩之矣；有主则定，定则外物不得而诱之矣。……以敬为心之主宰者是二其心（按：指分为心和敬）者也，以整齐严肃而一其心者是制其心者也。夫敬者，心之警惕而志之精明者也，夫何二之有？……心之敬则常惺惺矣，心之虚则不容一物矣。[4]

陈琛所谓“心之虚则不容一物”，是指心中没有任何私心杂念，专等正学而入。在这里，陈琛吸收了佛教的禅定思想，提出“整齐严肃而一其心”，就是使思想收敛集中，不使外物引诱。

第二，主一就是主虚。陈琛主张开阔其心，使心空虚，然后就能一心具万理。陈琛述说：

> 人之一身最微也，而是心之主于身者为最大。日月星辰之照耀，皇王帝霸之铺舒，阴阳鬼神之盛衰，草木花实之盈悴，自人物之所始，穷天地之所终，与夫区处人物之分，经纬天地之具，靡不有以穷其理而极其所以然。然则人心之大，又岂有外乎哉？有外之心皆人之自限，而非其本然也。先儒有言：开之恢然见四海，闭之暗然不睹垣墙之里，心本大而或限于小者奈何？亦曰开之而已耳！……学者之所以开廓其心……

---

① （明）陈琛：《陈紫峰先生文集》卷九，《与张克轩大尹书》。

② （明）陈琛：《陈紫峰先生文集》卷一三，《正学编》。

③ （明）陈琛：《陈紫峰先生文集》卷一三，《正学编》。

④ （明）陈琛：《陈紫峰先生文集》卷一三，《正学编》。

盖心大则百物皆通。……灵台湛虚而万理出矣。[1]

在这里，陈琛正确地指出了主体是能够认识客体的。心能“自人物之所始，穷天地之所终，与夫区处人物之分，经纬天地之具，靡不有以穷其理而极其所以然”以及“心大则百物皆通”等说法，充分地估计到人的主观认识的能动作用，是有合理因素的。不过陈琛是在唯心主义的基础上来讲主观认识的能动作用，其出发点和最终目的是错误的。

第三，主一就是主静。陈琛认为主虚必须主静，由静致虚。他所谓主静，就是内心无欲。无欲则虚，这就是陈琛所谓的“主静无欲，则其所谓一也。无欲者，诚也。……孟子曰：‘养心莫善于寡欲。’由寡入无，可谓一之方也”[2]。陈琛述说：

天下之至静者，莫如山。而山之北则为时之冬，盖阴之极而静之至也。夫学须静也，能静则能动矣。静之所造有浅深，则动之所中有多寡，而全无得乎静者，一步不可行也。[3]

陈琛对静的解释，是根据周敦颐在《太极图说》中提出的人的天性是静的，因而应该是无欲的，并掺杂了佛、道寂静无为的思想。由上述三点可见，陈琛把制心看成是最为艰难的事。陈琛述说：

万事皆由一心，而处人先须求己。天下之可喜可欲可悲可愕，足以昏惑人之心志者何限！固有气雄九军，力盖一世而不能自制其心者。制心之难，甚于降龙伏虎。[4]

在认识论上，朱子学家往往把问题都集中在认识的主体上。陈琛认为“制心之难甚于降龙伏虎”。陈琛作为地主阶级的思想家，把人心的背离看成如洪水猛兽。这反映了当时统治阶级的恐惧心理。

陈琛认为为学要不断积累，即他所谓“一篑九仞之为学”[5]。为学不断积累，就是知和行并进的过程。陈琛主张知行并进，知行相互促进，反对知行合一。他述说：

知行并进，其学之两轮乎！偏之则颇，阙之则颓，合之则窒。世有略于知而专于行者矣，然而晦昧于偏执，僻泥于不达。是故吾以知其颇

① (明)陈琛:《陈紫峰先生文集》卷八,《隘轩记》。

② (明)陈琛:《陈紫峰先生文集》卷一二,《圣人所由惟一理》。

③ (明)陈琛:《陈紫峰先生文集》卷八,《北山记》。

④ (明)陈琛:《陈紫峰先生文集》卷八,《剑溪草堂记》。

⑤ (明)陈琛:《陈紫峰先生文集》卷首,成子学:《紫峰文集序》。

也。世有冥于知行，任意恣情者矣，然而逾轨败度，触机而陷阱焉。是故吾以知其颓也。世有谓知即行，行即知而合之者矣，然而推之不应，动而愈滞。是故吾以知其窒也。[①]

陈琛认为知行如车之两轮，“偏、阙、合”都不行，特别是合之则“推之不应，动而愈滞”，知和行都没有（“窒”）了。在这里，陈琛批判了王阳明的知行合一论。陈琛把知而不行者看成是鹦鹉学舌，只是记诵文句，毫无意义。陈琛述说：

今之所谓知者，亦探索记诵而已矣。夫鹦鹉之能言也，以其声之应于人也，人言之则不应。是故以记诵而为知，则其所不知者亦多矣。其诸鹦鹉之类也夫。[②]

由于把行作为认识的主要组成部分，陈琛就必然重视实用。他认为衡量一个人是否有才，就看其学能否适用，那些高谈阔论的人，尽管讲得头头是道，但终无可取。陈琛述说：

才不可齐，但取其适用，如工师用木，栋梁榱桷皆在所取，惟无用者弃之。世之高谈阔论，小廉曲谨，煦煦为仁，孑孑为义，援之以政则不达者，吾无取也。文章之士，吾亦以奇花异卉爱之。然或不适于大小之用，虽爱之，而竟弗之重，以其无益于人，不若荑稗有秋之为有益也。[③]

陈琛所谓适用，就是据所学之天理，顺天理而行，以天理作为检验自己行为的标准。陈琛述说：

有天理外之人情，有天理内之人情。人情在天理则顺，人情至所以顺天理也，不可避偏颇之讥；人情在天理外则拂，人性亦所以顺天理也，不可逃矫激之议。[④]

顺天理而行事，就是按事物之理和封建伦理道德规范行事。陈琛认为“违乎亲者，不肖之子也；违乎天（理）者，不肖之人也。故曰‘惠迪吉，从逆凶’。《易》曰‘自天祐之，吉无不利’”[⑤]。陈琛又述道：

圣贤能全其心性之用，故与天地合其德；圣贤能全其耳目之用，故与日月合其明。圣贤能全其四肢之用，故与四时合其运。是故圣贤非

① （明）陈琛：《陈紫峰先生文集》卷一三，《正学编》。
② （明）陈琛：《陈紫峰先生文集》卷一三，《正学编》。
③ （明）陈琛：《陈紫峰先生文集》卷六，《时轩文集序》。
④ （明）陈琛：《陈紫峰先生文集》卷一二，《答谕语叶公问章》。
⑤ （明）陈琛：《陈紫峰先生文集》卷一三，《正学编》。

能异乎人者也，能顺乎天者也。[①]

陈琛先把人的道德属性归之于天，然后再提出人要顺乎天理，以天理为目标或标准，使人的行为和天理一致，达到天人合一的境界。

由于陈琛重视实用，他强调事在人为。他认为人的才能有先天的资质又有后天的人为，他强调后天的人为。陈琛述说：

人之强弱通拙甚有不同，而才之限自天者，果不可强之而使有也。然而诸葛武侯又有言曰："非学无以广才。"则才虽得于天，而成之亦未尝不由夫人。[②]

陈琛对人才的看法是合理的，才的高下主要是由后天的学习和实践的深浅决定的。陈琛对施政的看法也是如此。他说："儒者何尝以兵为讳哉！盖学有本末，识有大小，得其本而见其大。本之身而施之政，则钱谷甲兵何者非吾分内乎！不得其本而惟孙吴之说是务，固儒者之所不取也。"[③]陈琛认为如果学得其本，就能见其大；掌握了本的人施政，在经济上和军事上都能做得较好。这就是主张事在人为。陈琛这种观点基本上是对的。但是陈琛对本的看法和其他理学家一样，是错误的，即认为社会伦理道德是本，其他是末。陈琛又述道：

世之论天者，皆曰天无心于荣辱祸福于人，特人之所值有幸不幸耳。余谓天虽无心而有定理，凡君子必得荣福，而小人卒不免于祸且辱。……宋章惇殁未久，其子孙羞认其坟茔。……福莫大于长存，祸莫惨于无后。谁谓君子不善取福于天而天果皆不定，而人之荣辱祸福，果皆出于偶然也。[④]

由此可见，尽管陈琛还没有摆脱天命论，但他敢于冲击天命论的束缚，提出按着天的"定理"行事，人能胜天。陈琛这种事在人为的思想，在当时历史条件下是应该肯定的，是有积极意义的。

四、陈琛的社会历史观

在陈琛的历史观中，最为突出的是用元气解释社会历史现象。陈琛这

① (明)陈琛：《陈紫峰先生文集》卷一三，《正学编》。

② (明)陈琛：《陈紫峰先生文集》卷七，《赠叶仕尧尹新兴序》。

③ (明)陈琛：《陈紫峰先生文集》卷七，《赠柴侯仲和序》。

④ (明)陈琛：《陈紫峰先生文集》卷六，《笋江陈氏族谱序》。

种思想，一方面是继承了以往理学家的观点，吸取了道家的精气说；另一方面，又是对唯物主义元气说的歪曲。陈琛述说：

> 余尝阅古今英伟奇杰之生，知天地间有至清之气，周流运转，无处无之。第其积而发之于人也，先后迟速异耳。……吾闽与蜀及岭南百粤（按：指在汉以前），则又夷之极远而不数者也。迨汉而唐而宋，以迄于今，则兹数邦人物之盛何如哉！岂非天地至清之气磅礴郁积，至久而始大发欤！[①]

在陈琛看来，"乾坤清气运转无常，方其气之未到也，土燥石顽人粗物恶，虽以吴越富庶之国，亦不与中国（按：指中原）会盟。及其气之已到也，山岳为之明媚，川泽为之光辉，虽以闽广荒僻之墟，亦号海滨邹鲁"[②]。他述说：

> 造化清灵粹美之气，始发西北而渐盛于东南，如水之行，自高而下。大江以南之地荆楚吴越，高于瓯闽，而岭南百粤又处吾闽越之下。故自唐以来，闽中人物之盛比江浙为差缓，而广之人物，则迨今日而始骏之入闽。昔人谓南士不可作相。……不知元气潜移默转，概执秦汉以前之风气论吾江南人也。……元气之运，自高而下。[③]

陈琛认为天地间有一种至清精灵粹美之气周流运转无常，运转到哪里，哪里就会山岳为之明媚，川泽为之光辉，因而就会有英伟杰出人物出现。在陈琛看来，秦汉以前闽粤沿海之所以落后于中原，就是因为至清精灵粹美之气，"始发西北而渐盛于东南，如水之行，自高而下"。尽管这种观点是错误的，但他认为社会历史是发展的，而且从社会的自然条件寻找社会发展的根源，比那些以三代为最好社会的复古主义的天命论的理学家要高出一筹。陈琛又述道：

> 男之性健，女之性顺，此性之化于天者也。山居多朴，水居多慧，南方之柔，北方多强，此性之化于地者也。水之性仁，金之性义，火之性礼，水之性智，土之性信，此性之化于五行者也。[④]

陈琛的这种地理环境决定人性的观点是与其上引元气决定论联系在一起的。陈琛认为地理环境的差别，性质的差别，可以影响人的性情。这种观

① （明）陈琛：《陈紫峰先生文集》卷六，《河桥清饯图诗序》。

② （明）陈琛：《陈紫峰先生文集》卷六，《赠柳州府太守陆君节之序》。

③ （明）陈琛：《陈紫峰先生文集》卷七，《赠徐恕轩教谕从化序》。

④ （明）陈琛：《陈紫峰先生文集》卷一三，《正学编》。

点是错误的，人的性情主要是由人的社会环境决定的。

陈琛攻击王安石变法。陈琛说："王氏介甫……以祖宗法度为弊政而矫之新，以诸贤节行为流俗而矫之新。然而至今之人，犹知有王介甫，或讥笑而怒骂之者，将久久而未衰。"①

在上引陈琛的元气论的历史观中，他认为秦汉以后的社会历史比秦汉以前进步，社会历史是发展的。但是在这里，陈琛又认为"祖宗法度"不能变，"诸贤节行"不能改等，显然是前后相矛盾的。剥削阶级的一些思想家，由于从自己的阶级利益出发来说明一些社会历史现象，因而不可能坚持客观性和科学性，也常常容易陷入自相矛盾的境地。

第二节　林希元

一、林希元的生平著述

林希元，字茂贞，号次崖，学者称次崖先生，福建同安县翔风里（今属厦门翔安区）人。生于明宪宗成化十七年（1481），卒于世宗嘉靖四十四年（1565），终年 85 岁。武宗正德十二年（1517）进士，历官南京大理寺评事、南京大理寺丞、钦州知府、云南佥事等。坐以考察不谨，罢官归里，长期从事于教学和著述活动。

金沙书院在林希元主持期间，最为兴盛。该书院原是金沙公馆，是葡萄牙人住的地方，中国东南沿海实行海禁后，葡萄牙人离去，改为金沙书院。此在清乾隆《海澄县志·书院》中有记载，原址已无遗迹。据学者考证，金沙书院地址在距青礁慈济宫 5 公里左右，今海沧区后井村，由此表明厦门等闽南地区是海上丝绸之路的重要枢纽地。值得特别注意的是，明进士喻时所绘《古今形胜之图》，于明嘉靖二十四年（1545）十月，由金沙书院林希元重刊，然后传入欧洲。这是中国最早传入欧洲的中国地图，成为欧洲人所绘中国地图的母本。②

林希元"经南北内外升沉之仕途，随事求是，随分尽职，不以利害得失夷

① （明）陈琛：《陈紫峰先生文集》卷七，《寿方矫亭先生序》。

② 《最早传入欧洲的中国全图"厦门造"》，《厦门晚报》2015 年 7 月 2 日。

险动其心,所见卓然不可夺也”[①];“希元慷慨鲠直,有俯视流俗,担当宇宙之气,而才识练达”。林希元极鄙视厚颜无耻的官僚和假道学家,他曾作《面皮歌》,题曰:“刘见斋分巡自称面皮薄,不会做无廉耻事。深契予心,歌以自慰。”由此可见林希元的人品性格。

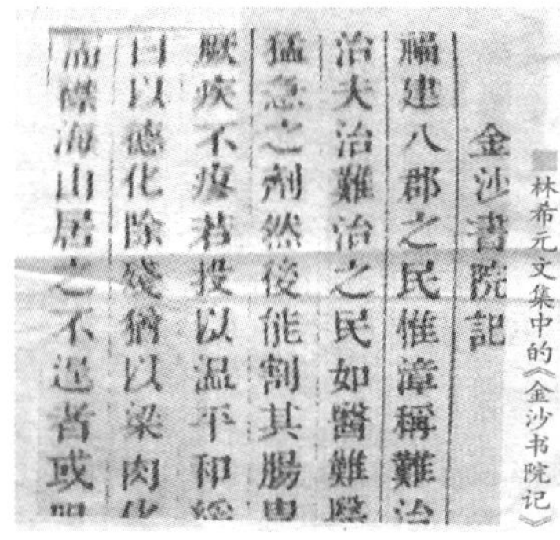

金沙書院記

福建八郡之民惟漳稱難治
治夫治難治之民如醫難
猛急之劑然後能制其腸
厥疾不瘳若投以温平和
曰以德化除殘猶以粱肉
而樸海山居之不逞者或

图 8-1　明喻时绘《古今形胜之图》和林希元《金沙书院记》　（方碧勇供图）

林希元学术精湛,“居家手不释卷,晚年益究义理,精微之极。参订诸儒所定格物致知之说,附以己见。……所著书……皆足羽翼朱子,学者师之”[②]。

林希元的学问有体有用,在明代很有声誉,有谓“先生学而大儒,入而名卿,出而良吏,殁而言立”[③],而且对后世也有很大的影响。清人陈鸿亭(胪声)有比较全面的评价。他述说:

(林次崖先生)学得宗旨,诠经释传,述圣道以启后人,而又慷慨敷陈,激昂时事。至于欲复疆土,壮国体(按:指越南莫登庸叛乱,林希元任钦州知州主张出兵征讨),颠蹶而不诲,论学问则非坐谈性命之空虚,语事功则非挥霍才情之纵斥。如次崖先生,斯有体有用之儒称焉。……至究心经传,阐孔孟之微言,发明濂洛关闽之正学,为朱子之真传

① (明)林希元:《林次崖先生文集》卷首,雷鋐:《林次崖先生文集序》,厦门:厦门大学出版社,2015 年,第 6 页。

② 清乾隆《泉州府志·林希元传》。

③ (明)林希元:《林次崖先生文集》卷首,蔡献臣:《林次崖先生文集序》,厦门:厦门大学出版社,2015 年,第 2 页。

的派者。……所著《易经存疑》《四书存疑》，实与同郡蔡虚斋先生《蒙引》后先继起，并传于世。本朝《周易折中》及《凡辑》一书（按：皆是清代朱子学名著）者，皆多所称引。至今文人学士确守其说。圣道赖以常明，人心赖以不死，其为功岂不伟哉！①

这就是说，林希元的事业悉从德性学问中来，因此其学为有体有用之学，在福建理学中有自己的特点。

关于林希元理学思想的学术特点，其本身和历代学者多有论述，归纳起来有如下几个方面。

（一）学有宗祖，亦须发明

林希元认为为学的出发点是认识事物的本原之理，这就必须以程朱理学为宗祖。他说："潜心向理，宗祖程朱，有深造独得之妙。近世易简、佛经之说，举不能惑，可谓笃信好学矣。"②这就是说，做学问首先要有个出发点和基础，这个出发点和基础就是程朱理学。只有"笃信好学"程朱理学，有了正学标准，才不会为假学、异说所惑。有了为学的出发点和基础，然后再折中他说，加以发明。林希元本人就是这样为学的。明蔡献臣述说：

先生力学刻苦，自草茅中即锐然有当世之志。其学专主程朱，而折中于王顺渠（王道）、欧阳南野（欧阳德）之间，不尽名己见，尤不喜阳明良知新说。今《四书存疑》《易经存疑》，海内家传户诵，与蔡文庄（蔡清）《蒙引》等矣。……其他诗若文，雄劲典质，俱发其中之所欲言，而大指不背于紫阳（朱熹）。③

林希元反对把朱熹的一切说法都看成是不可改动的绝对真理。例如他就不同意朱熹改动《大学》经传，主张应恢复《大学》古本。林希元述说：

或者谓朱熹命世大儒，万世所宗，所定之书似无容更改。臣窃谓不然，夫义理无穷，非一人之言所能尽，亦天地所秘，未肯一时尽泄于人也。……《大学》一书，已经程朱所定，近世诸儒（如蔡清）又取而更正

① （明）林希元：《林次崖先生文集》卷首，陈胪声：《林次崖先生文集序》，厦门：厦门大学出版社，2015 年，第 8 页。

② （明）林希元：《林次崖先生文集》卷八，《赠掌教李拙修奖励序》，厦门：厦门大学出版社，2015 年，第 309 页。

③ （明）林希元：《林次崖先生文集》，蔡献臣：《林次崖先生文集序》，厦门：厦门大学出版社，2015 年，第 1～2 页。

之,诸儒岂贤于程朱哉！以义理非一人之所能尽,天地之秘至是而始泄也。……执朱子之说而不欲更改者,固非学者求是当仁之诚,亦岂朱子所望于后学之意哉！[①]

这里,林希元所谓"义理无穷,非一人之言所能尽,亦天地所秘未肯一时尽泄于人",是非常正确的。在林希元看来,一个人的学说之所以不能为"万世所宗""无容更改",一方面是因为义理无穷,一个人受社会、生理等条件的限制,不能毫无遗漏,全部认识;另一方面是因为人的认识对象(天地)是在不断变化的,在某一个时期不可能全部呈现出来被人们认识。又谓执朱子之说而不欲更改,亦非"朱子所望于后学之意",也是切题之言。历史上的一些真正思想家,都不会把自己的学说作为凝固不变的教条,叫后人来尊奉的。再如林希元对朱熹关于理气关系、理一分殊等问题表示怀疑。他认为:"理气两字,实难体认。先儒理堕气中之说诚可疑,执事之辩是也。然理一分殊之论,区区辗转深思,竟未见着落,更俟请教。"[②]

理气关系、理一分殊是朱熹关于世界图式的骨架,林希元仍敢于怀疑。林希元指出:

道理有所发明。缘这道理无穷,不是一人能见得尽,亦不是一家事,拾遗补漏,固前辈所望于后人也。然紫阳之学,占得地步大,未可轻议,其遗缺处要亦千百之一二耳。元所以不能尽同于彼者,亦拾遗补漏,效忠前辈之意,非敢故为异同也。[③]

在林希元看来,朱熹的学说可以改动、发展,其他人的学说更应该如此。任何前人的学说都可以加以发展,"拾遗补漏,固前辈所望于后人",也是后人"效忠前辈之意",这些说法都是很好的。历史上凡是真正的学者确实大都希望后人对其学说有所发展。

(二)反对标新立异,又不持门户之见

林希元竭力反对以王阳明为首的心学派,积极维护朱子学。当时,朝廷

① (明)林希元:《林次崖先生文集》卷四,《改正经传以垂世训疏》,厦门:厦门大学出版社,2015年,第165页。

② (明)林希元:《林次崖先生文集》卷五,《复罗整庵冢宰书》,厦门:厦门大学出版社,2015年,第192页。

③ (明)林希元:《林次崖先生文集》卷五,《与王蘖谷中丞书》,厦门:厦门大学出版社,2015年,第190页。

任命陈琛为江西督学，而陈琛无意于此职，林希元从卫道的角度上劝陈琛就任。林希元并致书陈琛说："近时一种新学害道不细，江西尤甚，直须极力磨洗一番。所望于执事者自是不轻，当勉于一行，不可失此机会也。"林希元还与张岳书曰："今道术大为天下裂。江西又有一种新学，迷误后生，非有许大识见力量，莫之克正。"[①]他对张岳说：

阳明之学近来盛行江右，吉安尤甚。此惟督学者能正之。前曾以语思献(陈琛)，竟置空言。今执事想不待予赘也。……罗整庵不就吏部之召，家居惟杜门著书，此圣贤事也。所作《困知记》，于道理尽有发明处。其攻阳明处尤多，故刻之岭南。[②]

林希元之所以极力反对王阳明心学派，并不完全出于门户之见，主要是认为王阳明故弄异同，标新立异，以毁正学。林希元认为王阳明心学是："有驰志高远，超脱凡近，遗外传注，目程朱为支离，喜谈象山易简之学。听其言，若姬孔复生；考其行，则乡党自好者不肯为。……此惑世诬民之巨奸，圣门之大盗，反不如志富贵声利者之任情。"[③]正因为林希元对待异己学说不完全从门户之见出发，他对"朱陆之辩"有比较客观的看法，认为其本质是一致的。林希元述说：

朱陆之辩，近日纷纷，皆所谓矮人看场者。来教谓恐未实着力是也，譬之金，朱子如百炼之金，陆子锻炼之功或未至。要之，皆真金也。今人则以铜而包金者耳，何以论金哉！本朝大儒薛敬轩(薛瑄)而后，吾取胡敬斋(胡居仁)焉，此伊洛正脉也。[④]

在朱子学者中，像林希元这样比较客观地评价异己学说者是少有的。特别是在朱子学派和阳明学派论争最激烈时期还能如此，不能说不是一种科学的态度。林希元咏诗曰：

朱陆异同凭谁辩，达人自可废筌蹄。

---

① (明)林希元：《林次崖先生文集》卷五，《与张净峰提学书二》，厦门：厦门大学出版社，2015年，第206～207页。

② (明)林希元：《林次崖先生文集》卷五，《与张净峰提学书》，厦门：厦门大学出版社，2015年，第205～206页。

③ (明)林希元：《林次崖先生文集》卷八，《送芳洲洪子之任南都序》，厦门：厦门大学出版社，2015年，第289页。

④ (明)林希元：《林次崖先生文集》卷五，《与舒国裳修撰同年书二》，厦门：厦门大学出版社，2015年，第168页。

固知反鉴难求照，不遇南针孰指迷。
元晦工夫终有本，九渊易简竟无倪。
后生努力须时及，流火炎炎又向西。[①]

在这里，林希元有个很重要的思想，就是要向前看不要往后看，不要过于计较过去的门户之见，后生要把有限的精力放在努力做出新的成就上，不要让宝贵的时光很快流逝过去。

（三）以传求经，非以经注我

林希元认为为学在于明道，圣人之道载诸经，历代学者的传注皆是对经的阐释，因而要通过传注而了解经中的圣人之道。林希元述说：

> 圣人之道载诸经，备诸考亭。蔡子之书则攻坚发微，而考亭是翼也。……圣人作经以明道，贤人因经以作传，学者以传而求经。传注，圣人所不废也。支离之说起于陆子，而非圣人之所予也。夫陆氏自处太高，观其六经注我之言，则正经犹在所忽，况传注乎！然非学者之所及也。[②]

在这里，林希元提出不同意陆九渊的"六经注我"，实际上是否定朱熹以及后学一脉相承的研究经书的方法。朱子学者研究经书异于汉儒的注经。汉儒注经，大抵比较注意经书的原意，注意文字的训诂和名物的考证。朱子学者研究经书，一般着重在阐述经书的义理，并加以引申发挥，其意往往超出经书之外，实际上是把经书纳入自己的理学轨道。这种研究方法，实际上就是"六经注我"。林希元反对"六经注我"，就会回到汉儒的研究经书方法。在这里，有一个非常值得注意的问题，就是林希元的学术思想似乎是由宋元明理学过渡到清代汉学（朴学）的一个中间环节。

（四）以道论史，稽实待虚

林希元是一个哲学家，非常重视抽象理论的指导作用。他提出"善穷经者必以事，善观史者必以道"的命题。林希元说："紫阳崛起，兴悲道丧，续笔获麟。《纲目》（按：指朱熹的《资治通鉴纲目》）一出，尽洗群史之谬，万世是

① （明）林希元：《林次崖先生文集》卷一八，《和郡守方西川九咏》，厦门：厦门大学出版社，2015 年，第 692 页。

② （明）林希元：《林次崖先生文集》卷七，《重刊四书蒙引序》，厦门：厦门大学出版社，2015 年，第 242 页。

非，于焉一快。”林希元非常赞赏朱熹以道论史的史学观点。在“五经”当中，《周易》是纯粹的哲学著作，它所讲的是最抽象、最一般的运动规律。林希元认识到，“《易》效天下之动”[①]。林希元从其“稽实以待虚，托一以该万”的学术思想出发，认为《周易》贯串于其他“四经”之中，是其他“四经”的根本。林希元述说：

《易》岂易言哉！夫“五经”之有《易》，犹众水之有海也。海不可列于众水，《易》可以列于“五经”哉！夫何《诗》《书》《礼》《乐》《春秋》皆经也，然章自为意，句自为义。《易》则不然，稽实以待虚，托一以该万，以六十四卦，三百八十四爻，冒天下之道，岂与诸经比哉！圣人以辞而说《易》，犹人以舟而涉海。涉海者乘长风，破巨浪，穷力之所至，谓之见海则可，谓尽海之观则未也。说《易》者拟形容象物宜，穷意之所至，谓之见《易》则可，谓尽《易》之蕴则未也。是故易可象而不可言，可言而不可尽。圣人其犹病诸，况其下者乎！[②]

林希元认为《周易》之道不仅贯串于其他“四经”之中，而且贯串于万事万物之中，即他所谓“圣人作《易》，以冒天下之道，只一卦一爻，于万事万物盖无不该”[③]。

（五）学者不在名位，而在积学致用有所成就

林希元认为学者不在于名位，而在于寻求学术成就。他非常蔑视那些以学术谋名利的人，谓“今世学者……遂逐于富贵声利之途，终日营营，官不高富不极不止也”。[④] 他又述道：

士君子读书求名，积学致用，有所成就，斯已矣。显晦在乎所遇，官之崇卑不论也。庄周之吏漆园，荀况之令兰陵，二子之贤，卿相何足以

① （明）林希元：《林次崖先生文集》卷七，《宋元史发微序》，厦门：厦门大学出版社，2015年，第254～255页。

② （明）林希元：《林次崖先生文集》卷七，《重刊易经蒙引序》，厦门：厦门大学出版社，2015年，第243页。

③ （明）林希元：《林次崖先生文集》卷五，《复罗整庵冢宰书》，厦门：厦门大学出版社，2015年，第192页。

④ （明）林希元：《林次崖先生文集》卷八，《送芳洲洪子之任南都序》，厦门：厦门大学出版社，2015年，第289页。

待之？而止一令一吏者，所遇然也。而二子安之，彼岂以崇卑动念哉！[①]

林希元自己就是这样做的。清人沈德潜于《林次崖先生文集序》评说："林次崖先生自少……笃志圣贤之学。……其不欲以道学名，故独得道学之真，而发之于经济，亦有其实也。"

综上所述，林希元的学术特点很值得研究，由其学术特点规定的治学方法至今还有很多可以借鉴的地方。

林希元的著述有《更定大学经传定本》1卷、《四书存疑》12卷、《易经存疑》12卷、《批点四书程文》7卷、《太极图解》1卷、《荒政丛言》12卷、《南国谈兵录》13卷、《读史疑断》2卷、《考古异闻》1卷、《古文类钞》4卷、《怀兰集》2卷、《三苏文粹》4卷、《大理寺志》11卷、《嘉靖永春县志》9卷、《嘉靖钦州府志》9卷、《钦州政略》9卷、《自鸣稿》3卷、《林次崖奏议》2卷、《林次崖先生文集》18卷等。

二、林希元的宇宙演化论和天人以气相通论

林希元和其他理学者一样，仍然是把理和太极作为哲学的最根本范畴，但是林希元对理和太极关系的说明与其他朱子学者有所不同。他说："理始于太极。太极，素也。素也者，万物之本也。"[②]在林希元看来，理开始于太极，太极是万物之本。这似乎是在理之先，或之上有个太极。林希元把世界的本原看作是太极，理始于太极。林希元又述道：

经载道，史载事，古有是言也。然道不外事，事不外道。《诗》《书》载尧、舜、禹、汤、文、武、周公之迹，《易》效天下之动，非事乎？《春秋》书二百四十二年之行事，定天下之邪正，立百王之大法，非道乎？故善穷经者必以事，善观史者必以道。[③]

林希元这里所谓道，就是指理。这就是说，道（理）和事物是不能分开的，道（理）是在事物之中的。太极是世界万物的本原，道（理）是事物之中的

① （明）林希元：《林次崖先生文集》卷八，《赠龙岗侯先生教谕容县序》，厦门：厦门大学出版社，2015年，第301页。

② （明）林希元：《林次崖先生文集》卷一一，《居素说》，厦门：厦门大学出版社，2015年，第447页。

③ （明）林希元：《林次崖先生文集》卷七，《宋元史发微序》，厦门：厦门大学出版社，2015年，第254页。

道理，它们是有所区别的。林希元认为太极是通过阴阳五行演化为世界万物的。他述说：

天地之初，曰有太极。太极动静、阴阳始生。两仪既立，复分为五。水、火、木、金，终之以土。五行既生，造化始备。天高地下，于焉定位。天有四时，春、夏、秋、冬。日、月、星、辰，往来感通。地有四维，东、南、西、北。山峙川流，大者岳渎。人有四等，士、农、工、商。艺业各异，伦理俱同。物有四等，动、植、飞、潜。品类散殊，万有不穷。[①]

元气不仅产生天地万物，以至社会伦理道德，就连人的富贵贫贱、智愚寿夭也是根源于元气的。林希元述说：

中古以降元气既漓。聪明富贵者未必寿，寿者未必聪明富贵。故颜子屡空而夭亡，盗跖横行而寿考。其德位名寿之并得，吾见亦罕矣。间有聪明富贵而兼寿考者，非家运之隆，所禀得元气之淳，则节欲养性，积德行义，得摄生之道。非偶然也。[②]

在这里，林希元试图用物质性原因来说明人的寿夭贵贱，否定了天命论和宿命论。

总之，在林希元看来，太极是通过阴阳五行演化世界万物的，这个生生无穷的过程就叫作理。这就是说，理是事物的道理，太极是事物的本原。

林希元的宇宙演化论，始终贯串了阴阳五行的对立统一关系，包含了比较丰富的朴素辩证法思想。首先，他认为“圣人作《易》，以冒天下之道，只一卦一爻，于万事万物盖无不该”[③]。这就是说，一切事物的内部都包含有阴阳对立统一关系，它是事物运动变化的根据。正因为这样，事物的运动变化出现各种复杂的情况。例如林希元认为事物的变化发展是不平衡的。他述说：

天地之于物也，春以生之，夏以长之，形形色色，声声臭臭之类，缤纷充满于南离之虚。人见其功用之大也，不知二气细缊相摩相荡，鼓之以雷霆，润之以风雨，暖之以日月，纵闭之以阴阳，彼造化者为力亦劳

① (明)林希元：《林次崖先生文集》卷一二，《训蒙四言》，厦门：厦门大学出版社，2015年，第472～473页。

② (明)林希元：《林次崖先生文集》卷七，《卞鹤皋荣寿编序》，厦门：厦门大学出版社，2015年，第261页。

③ (明)林希元：《林次崖先生文集》卷五，《复罗整庵冢宰书》，厦门：厦门大学出版社，2015年，第192页。

矣。使如是而不已焉，则造化不至于穷乎！于是韬敛闭藏而逸之以秋冬，然后劳逸相成，动静相生，而元气不敝。化工生生而无穷，造化之微理盖如此。[1]

这就是说，由于阴阳二气“细缊相摩相荡”，“劳逸相成，动静相生”，使世界万物生生无穷，产生形形色色的事物。其次，他提出“积久说”，说明量变与质变的关系。林希元认为事物的变化发展过程，是先由量的积累再到质的转变。林希元述说：

事积久而后成，物待时而后遇。为九仞之山者，平地积土，篑篑而累之，寸寸而高之。弗程限，弗论功，日久而山成矣。未有今日启手，而数日遂成山者。此积久之说也。[2]

林希元在这篇文章中还举出许多事例（如栋材成长），这说明事物的量变到一定程度会引起事物质变，事物质的变化是由量变的不断积累造成的。所以他特别提出，“未有今日启手而数日遂成山者”。林希元的这些说法是有一定道理的。

林希元不仅把气作为太极产生世界万物的中间环节，还提出天人以气相通的观点，试图用元气论来解释神秘主义的天人感应论。林希元认为天人是紧密地联系在一起的。他述说：

天人有感通之理，顾其人何如耳？曰：“天之于人远矣！何感通之易乎？”曰：“一气散为万类，天地、人物、山川、鬼神，其分虽殊，其气一也。呼吸有以相通，故本末有以相应。今夫阳燧方诸之于日月，何其远也。然取水火而即应，岂非其气之同与？”[3]

这就是说，天人是通过气联系在一起的。他试图用物质性的原因来说明天人感应论者的神秘观点，是应该肯定的。

在天人关系的问题上，林希元提出尽人谋而感天的命题。林希元所讲的天，不只是指自然界，也包括社会，是泛指客观世界。他所谓感天，主要是指通过人谋适应天的需要，或符合客观要求，从而达到主观和客观一致。但

---

① （明）林希元：《林次崖先生文集》卷八，《赠徐东溪三尹擢典宝序》，厦门：厦门大学出版社，2015 年，第 297 页。

② （明）林希元：《林次崖先生文集》卷七，《送郡侯俞蒲山宪副河南序》，厦门：厦门大学出版社，2015 年，第 283 页。

③ （明）林希元：《林次崖先生文集》卷八，《赠彭石坡邑侯祷雨有应序》，厦门：厦门大学出版社，2015 年，第 306 页。

是有时他也讲神秘人格性的天人感应论。这说明林希元在天人关系问题上的观点是混乱的。林希元述说：

天将开一世之治，必多生贤杰，共成一时之事功。……天人相为表里，否泰相为倚伏。天运不能外人而自成，世道不常泰而无否。故天将开泰，不能不资乎多才。奉运既开，则人才亦不为世数。得此实关于气运之通塞，生民之理乱，莫非苍苍者主之，非偶然也。[①]

这就是说，历史发展到一定阶段，就会出现适应于这个历史需要的贤杰人物，以"成一时之事功"。林希元这里含有"时势造英雄"的意思。林希元特别强调天决定人事，但社会上的人事不能脱离人谋，人谋会感天。对于尽人谋以感天，林希元主要提出两个方面。第一，诚则灵。林希元述说：

（同安大旱）邑侯瓶台谭公乃斋戒沐浴，率僚属、师生、耆民祷于皇天后土，雷霆风雨，岳渎诸神，曰：呜呼！郊多白骨……求处于昊天上帝。帝心感动，牒初发而夕阴云四布，雨连夜达日……四郊沾足，苗之青者咸秀，未播者尽播……天人交相感动，然必其分有以相属（按：指尽人力而为者诚能感天，或名分上应该做的才能感天），然后其气相通，其感相应。[②]

林希元认为："人有恒言，天人相为感通，余尝祈雨于钦（州）而信其然。今观于（朱）高明祈雨之卷而益信其然。……此积诚之所致也。……积诚能感乎天者。"[③]在这里，林希元又把天作为有意志的人格神。他把气作为天人联系（感应）的中间环节，这是林希元世界观中的糟粕。第二，人为可以回天。林希元述说：

孔夫子之言曰："仁者寿。"又曰："大德者必得其寿。"老氏则曰："无劳尔形，无摇尔精，乃可以长生。"二家之言若不同。盖孔氏主理，老氏主气。要之，理即气，气即理，其揆一也。或谓人之修短系于天，非可以人为。予窃疑焉，今夫烛燃之密室，则久耐；燃之通衢，八风摇铄，则倏忽而尽矣。今夫水，注之坚石则恒存，注之坤地，干土消食，则倾刻而没

---

① （明）林希元：《林次崖先生文集》卷七，《送虚江俞君擢广东都阃序》，厦门：厦门大学出版社，2015年，第285页。

② （明）林希元：《林次崖先生文集》卷八，《贺谭瓶台邑侯祷雨有应序》，厦门：厦门大学出版社，2015年，第304～305页。

③ （明）林希元：《林次崖先生文集》卷一二，《题高明朱尹祈雨有应册》，厦门：厦门大学出版社，2015年，第466～467页。

> 矣。以此观之，则人可回天。修炼家有延年接命之说，不可谓妄。参之孔老之言，若合符节。然其事甚难，必绝思虑，去嗜欲，离烟火，然后可以语延年接命之事。然绝思虑，去嗜欲，离烟火，而所得止于年寿，又吾儒之所不为也。故愚尝谓：与其炼神养气而为神仙，不如修身养性而为圣贤。[①]

林希元这里所谓人可以回天，是指人通过提高德仁品质和加强修炼决心，“绝思虑，去嗜欲，离烟火”，就可以延寿天年。尽管林希元讲的是儒家的道德修养和道家的炼神养气，是老生常谈，但他却是用理气加以解释，排除了神秘观点。特别是林希元在这里提出一个重要思想，即不做长生不老的神仙，要做于社会有用的圣贤。这是一种积极向上的精神。

三、林希元于物求理、躬行为先和依可而行的思想

（一）心是心，道是道

林希元在反对王阳明等人的“心即理”“致良知”的观点中，提出“心是心，道是道，不是一物”的命题。这就是说，主观和客观、认识的主体和认识的客体是有本质区别的，不能把它们合而为一。林希元述说：

> 心是人之神明，乃一身之主。道是人所当行之理，而具于心。心是心，道是道，不是一物。……夫心有善恶，道无善恶。心有放逸，道则系于心。……心是吾心，物是外物。物理具于吾心，人当即心以求物，如何即物以求心？如其说，将即鸟兽草木以求人心乎？甚不可晓，反复深思，未得其解。若分析物外两字为二，谓从物从外去求心，似可通。但物外两字相连，便是事物之外，如区区分析，终是牵强。自古圣贤亦未有为此说，为此学者忆阳明《传习录》，非朱子解《大学》“止于至善”为事理当然之极云。至善是心之理，曰事物当然之极，是义外也。……夫阳明之说，蒙昧不通，厚诬圣贤。[②]

林希元认为就物来说，物之理（道）可以具（系）于人心，但物之本身是在人心之外的。物之理（道）在物之中，由于“物是外物”，物之理（道）亦外理

---

① （明）林希元：《林次崖先生文集》卷九，《贺分教玉田邓先生寿序》，厦门：厦门大学出版社，2015年，第364～365页。

② （明）林希元：《林次崖先生文集》卷五，《彭城复马宗孔同年书》，厦门：厦门大学出版社，2015年，第173页。

(道)。这就是说,物和物之理,在未被人认识时,是在心之外的。就心来说,"心是吾心",心和心外之物不同,因此不能即物之求心。"心有善恶","心有放逸",一句话:心有能动作用,心可以知物理(道),"方寸渊中森万象,虚灵窟里长新知"[①]。总之,林希元把客观和主观、认识的客体和认识的主体区分开来,并且认为后者可以认识前者。这样,林希元就正确地提出了认识论的出发点和基本前提问题。

林希元在论述主体和客体的关系时,有时夸大了主体的作用,夸大了天资,承认有生而知之者。如他谓"考亭(按:朱熹)之学,其得于天者,敻异诸人。谓非生而知之,不可也"[②]。

(二)万物之理具于心,必求诸物

林希元基于其道是道、心是心的观点,进一步提出:"万物之理皆具于心,必求诸物,物通则心通矣。"[③]这就是说,理在物中,必须即物求理。遍观林希元的著述,怎样即物求理,大概有如下两个方面。

其一,致知在格物。通过接近事物而达到认识事物,这是理学家的一般认识方法。不过林希元的格物致知与其他朱子学者有所不同。林希元述说:

> 致知在格物,物格而后知至。至善是事理当然之极,此理则具于心,非外物也。……阳明以朱子事理当然之极之语,是认吾心之理为外物,非厚诬乎?今以曾子之释至善言之,曰:"为人君止于仁,为人臣止于敬。"夫君臣父子之类,皆物也。……可以证阳明之说之谬。[④]

林希元认为致知必须格物,通过接触事物,把人心中所具事物之理启发出来。林希元特别强调事物之理具于人心,人心中之物理非外物本身。王阳明的错误就在于"认吾心之理为外物",因此即心求理(物)就够了。对于

---

① (明)林希元:《林次崖先生文集》卷一八,《和郡守方西川九咏》,厦门:厦门大学出版社,2015年,第692页。

② (明)林希元:《林次崖先生文集》卷七,《重刊大同集序》,厦门:厦门大学出版社,2015年,第252页。

③ (明)林希元:《林次崖先生文集》卷五,《彭城复马宗孔同年书》,厦门:厦门大学出版社,2015年,第173页。

④ (明)林希元:《林次崖先生文集》卷五,《彭城复马宗孔同年书》,厦门:厦门大学出版社,2015年,第173页。

林希元致知必须格物的思想,清人雷鋐有所评论。其曰:

> 余尝谓《存疑》(按:林希元《易经存疑》及《四书存疑》)中剖析格物致知之义,使姚江见之,亦必俯首而自悔。今更得《次崖先生文集》读之,益知其用力格致之功为甚深。[①]

所谓"其用力格致之功为甚深",是指林希元格物之功达到了一种"随事求是"的程度,即贯串于其从政和日常生活中,办事从实际出发。雷鋐又述道:

> 论兵论将论屯田论边患,审时度势,按切情事,如聚米画沙,皆可坐言而起行。然则谓先生所重偏在知乎,非也!知之真,故行之果。先生仕历内外南北升沉,随事求是,随分尽职,不以利害、得失、夷险动其心,所见卓然不可夺也。先生尝自恨不获及虚斋(蔡清)门,而与紫峰(陈琛)相切磋。其论当世诸儒,薛文清(瑄)后独推胡敬斋(居仁)……与张净峰(岳)书,以阳明之学盛行江右为忧……与学子言,则务令反求诸身心,不必争之于口舌。[②]

在雷鋐看来,由于林希元强调致知在格物,而获得真知灼见,"知之真,故行必果",在论兵从政上"审时度势,按切情事,如聚米画沙"。雷鋐否定了那种认为林希元重知轻行的观点。

其二,明理必读书。林希元把读圣贤书也看作是即物求理。他认为不一定要直接接触客观事物,读书即能明理。林希元述说:

> 张良、孔明,汉之名臣也。其所行之事,有不能不起人之疑者。吾子请穷论以告我,是亦格物穷理之学也。[③]

这就是说,由于书中阐明历史事实和客观事物,因此读书即能懂得历史和事物之理。林希元又说:"理之于经,譬金之矿、玉之璞、珠之蚌。"[④]又述道:

---

① (明)林希元:《林次崖先生文集》卷首,(清)雷鋐:《林次崖先生文集序》,厦门:厦门大学出版社,2015年,第6页。

② (明)林希元:《林次崖先生文集》卷首,(清)雷鋐:《林次崖先生文集序》,厦门:厦门大学出版社,2015年,第6页。

③ (明)林希元:《林次崖先生文集》卷一二,《季考诸生策问三道》,厦门:厦门大学出版社,2015年,第459页。

④ (明)林希元:《林次崖先生文集》卷七,《重刊四书蒙引序》,厦门:厦门大学出版社,2015年,第242页。

> 道在生民，如日用饮食不可离也，百姓日用而不知。圣人修道以立教，六经所以作也。……汉儒专门授受，字疏句释勤矣。然业专训诂，微言奥旨，郁而不彰。[①]

在林希元看来，圣贤之书尽是理，读经可明理。林希元初步认识到直接经验和间接经验的问题。书本中所阐明的道理，对读者来说是间接经验，而对作者来说则是直接经验，是格物致知之理。

林希元基于他的读经明理思想，对圣贤论学的方式做了说明。他认为圣贤在论学时，有的先讲上达（天命、性命、本体等世界观问题），有的先说下学（日用常行、道德修养、治国平天下等具体问题），论述方式有所偏重。林希元述说：

> 圣贤论学，有自学者用功之始时言者，有自学者用功之终时言者。自学者用功之始时言，则下学工夫独详，而上达处略；自学者用功之终时言，则详于上达，而下学独略。今以《中庸》《大学》二书明之，《大学》则曰格物致知、诚意、正心、修身、齐家、治国、平天下，分作八件，如此其详悉。《中庸》只曰戒惧、谨独，初无许多话说，何其略也。盖《大学》……成人之学，乃学者用功之始时事。故于下学工夫不得不详。《中庸》则是工夫垂成之日，故不须复说下学底事，只说戒惧、谨独，教人存养省察也。……《中庸》说下学虽略。……此书之所主是上达事，故以开卷结卷见本意。[②]

林希元对圣贤论学方式的这种说明，是对朱熹所云“先读《大学》，以定其规模；次读《论语》，以立其根本；次读《孟子》，以观其发越；次读《中庸》，以求古人之微妙处”[③]的进一步补充，对学者具有重要的指导意义。

（三）躬行实践为先，识见言论次之

在知和行的关系上，林希元不同意朱熹先知后行的说法，明确提出行先后知。林希元述说：

---

① （明）林希元：《林次崖先生文集》卷七，《易经存疑序》，厦门：厦门大学出版社，2015年，第246页。

② （明）林希元：《林次崖先生文集》卷六，《与林国博论格物大学问疑书》，厦门：厦门大学出版社，2015年，第208～209页。

③ （宋）黎靖德编：《朱子语类》卷一四，《大学一·纲领》，北京：中华书局，1986年，第249页。

> 自古圣贤之言学也，咸以躬行实践为先，识见言论次之。故傅说告高宗曰："非知之艰，行之惟艰。"子贡问君子，子曰："先行其言，而后从之。"圣贤之重行也如此。故世之论人物者，亦惟即其行履之优劣，而为评品之高下，知识文辞弗与焉。今世君子则惟知识文词是尚，而行实不论矣。故听其言，若伊周孔孟复出；考其实，则市人不如。忧世君子，未尝不于是三致叹焉！[①]

林希元这种重行的思想是在与王学"致良知"说论战中得出来的。他认为"工于文者，未必明于理"，"近世学术大坏，后生尚词华而略理"。[②] 这就是说，王学未能真正明理，因为他们言行不一致。因此，林希元把王学学者视为假道学。他述说：

> 今之为道学者，平日不闻穷究实践之功，一旦出来，便巍然以孔孟自任，前无古人。其徒之相唱和者，亦不闻穷年积累之力，偶然会合，数语相投，便谓颜曾复出。……其所谓道学者，皆虚伪不情。[③]

林希元基于其知行关系问题，进一步把认识论和人的道德修养结合起来。他认为考察一个人是否真正明理，首先要看他是否体现在行动中。他强调个人道德修养的重要性，提出"先自治而后治人"，"其身正，不令而行"的命题。他述说：

> 明德、亲民是两事，故曰物有本末，事有终始。……是两事也。先自治而后治人，不易之理也。故曰其身正，不令而行。……阳明说道理乖戾处最多，然未有若此之甚者。[④]

林希元认为王学的乖戾处是多方面的，其中最主要的是颠倒了明德亲民的关系，不懂得"先自治而后治人"是"不易之理"。在林希元看来，要个人的道德修养达到纯熟，把封建的伦理道德关系自觉地体现在行动中（"不令而行"）。

---

① （明）林希元：《林次崖先生文集》卷七，《困知记序》，厦门：厦门大学出版社，2015年，第271页。

② （明）林希元：《林次崖先生文集》卷七，《重刊蔡虚斋先生批点四书程文序》，厦门：厦门大学出版社，2015年，第247～248页。

③ （明）林希元：《林次崖先生文集》卷五，《与程举人默书》，厦门：厦门大学出版社，2015年，第181～182页。

④ （明）林希元：《林次崖先生文集》卷六，《与林国博论格物大学问疑书》，厦门：厦门大学出版社，2015年，第210页。

在道德修养上，林希元特别强调养心的重要性。他认为"人生天地间，只是自己身心要理会得透透彻彻，停停当当，勿为邪说所胜所惑，是第一件事"。林希元还述说：

田园连阡，牛羊被野……曾可恃乎？夫惟心田不在地，不在天，而在方寸间。其小不盈一掬，其大满乎六合，无经界，无沟洫，耕不春，耨不夏，收不秋。仁义以为种，不资乎稻粱；敬恕以为耕，不资乎耒耜。省察克治，去稂莠也，礼乐诗书以灌溉也。不计其获而其获不可计，不计其利而其利不可量。[①]

在林希元看来，人心有无限的能动作用，它"无经界，无沟洫"，如果"省察克治，去稂莠"，充满礼乐诗书之理，其作用不可计量。

林希元认为养心之要是心诚意正。他述说：

古之语学曰诚。诚也者，不二之谓也。……诚则不二，是故一可以消百伪。古之语道曰正。正也者，不偏之谓也。……正则不偏，是故一正可以消百邪。二者所以去心之害也。[②]

在这里，林希元把诚正释为学道，学通了圣贤之道，行为就能遵循着这一正确的方向，从而避免一切邪恶。这是林希元把诚正看作是"去心之害"的理由所在。在"去心之害"上，林希元不同意笼统地讲无欲，而同意孟子的寡欲。他述说：

自学问将成之时言，故不复及穷理，而直言涵养如《中庸》之言戒惧、谨独耳。周子所谓无欲，亦是学问垂成时事。……朱子谓其话头高急难凑泊，常人如何使得无欲。故伊川只说一个敬者，正有见乎此也。孟子所谓寡欲，这欲字与周子说欲字微不同。盖指男女饮食之类，在人不可已者言，故曰寡。若是私欲一毫不可有，何得言寡也。[③]

在这里，对孟子的寡欲做了新的解释，认为寡欲还是有欲，如"男女饮食之类，在人不可已者"，这种欲是人生存所必需的，不能没有。这就是说，人不可无欲，但可寡欲。林希元肯定了人的生存价值，对理学家的"去人欲"思

① (明)林希元：《林次崖先生文集》卷一二，《一田翁对》，厦门：厦门大学出版社，2015年，第464～465页。

② (明)林希元：《林次崖先生文集》卷八，《送举人邓池宪之教政和序》，厦门：厦门大学出版社，2015年，第292页。

③ (明)林希元：《林次崖先生文集》卷六，《与林国博论格物大学问疑书》，厦门：厦门大学出版社，2015年，第209页。

想有所发展。在这里，林希元对周敦颐的无欲也做了新的解释，认为无欲即无私欲。对此，林希元进一步述说：

凡事只论道理，不问利害。……今人作事，只是以一团私意包笼将去，更不论道理何如？上下交相助，以济其私，号之以忠厚。此是人心世道一大变，不知流弊将何如也？可惧！可惧！①

林希元认为凡事要遵循着一定的道理，完全按"私意"是"人心世道一大变"的根源。这种思想反映了地主阶级对当时动荡不安的社会现实的恐惧心理。

上面已经讲到，林希元最注重言行一致，以身作则。他以自己为例说明变化气质的重要性。林希元述说：

大抵人气质最害事，圣贤只说德性变化，看来还是赋禀上占得分数多。元平生只是偏急，寻常都不见，遇事便发，旋发旋悔，竟不能祛除。尝读薛敬轩（瑄）《读书录》，谓余性偏于急，又易怒，因极力变化，是知人性固有相似者。然薛公（瑄）能一变圣道，元犹夫人，为之奈何？尚赖同志君子时加磨切尔。②

林希元谓自己本性难改，决心以大儒自期，并希望"同志君子时加磨切"，批评指正。我们抛开林希元所谓气质变化的内容不讲，就其这种批评与自我批评的精神而言，在封建士大夫中是难能可贵的。对此，林希元的朋友张岳有所记述。他述说：

南京大理评事次崖……评刑之暇，退坐是亭，默验天理流行之机，亦有与之相契者。乃取交翠之语名之，法濂溪也。夫濂溪之学，已极于明通公溥之妙矣，而日用之间即事即物，所以体验涵泳此心者。……次崖读古人书，慕圣贤之道，优游不舍，务反诸躬。其评狱大理也，每以洗冤泽物为己责，亦有濂溪意思。③

这是理学家所谓即物体验的道德修养方法。对于这种修养方法，林希元做得是比较好的。

---

① （明）林希元：《林次崖先生文集》卷五，《与舒国裳修撰同年书一》，厦门：厦门大学出版社，2015 年，第 167 页。

② （明）林希元：《林次崖先生文集》卷五，《与张净峰提学书二》，厦门：厦门大学出版社，2015 年，第 206 页。

③ （明）张岳：《小山类稿选·交翠亭记》。

(四)依可而行,因人而宜

认识的目的就是要掌握事物之理,然后依理而行,即严格按事物的规则办事。人的行为不能偏离事物的规则,林希元把这种事物的规则和人受规则的制约,叫作"可"。"可"是林希元哲学的一个重要范畴。林希元述说:

> 可者,善事善物而惬于心,参诸天而不愧,质诸人而无非,是故谓之可。有物有则,可之本也;强恕而行,可之方也。礼仪三百,威仪三千(按:指理的分殊),可之散见也。曰中,曰善,曰时,曰义,可之别名也。可则圣,否则狂;可则得,否则失;可则兴,否则崩。故君子之于天下也,可而已矣。……夫可,事理之极,众会之通,王道之中,生人之止也。[1]

从其"有物有则,可之本也;强恕而行,可之方也"可知,林希元所谓"可",包含有主观和客观两个方面的意义。林希元又述道:

> 圣贤言语千变万化,各有所由。固有相同处,亦有不同处。必欲比而同之,则惑矣。譬之医家用药,或攻其表,或攻其里,或补其血,或补其气,或血气并补,俱是随各人身上病痛,处方不得相同。[2]

林希元认为立言处事要依据情况的变化而变化,不能千篇一律,就像医家因病施方一样。林希元这种思想含有某些朴素辩证法的因素。

四、林希元的人生观、历史观和社会伦理学说

林希元提出比较积极的人生观,他认为一个人要对社会有贡献才有意义,如果"使生无益于时,无益于后。则虽长生久视如侯门安期生之属,亦与草木同腐者等耳"[3]。在林希元看来,对社会有贡献主要表现在从政上。他提出"士生天地间,学与仕而已。学所以求其仕也,仕所以行其学也"[4]。对学与仕,以及为人处世,林希元概括四句诀。他述说:

---

① (明)林希元:《林次崖先生文集》卷一〇,《可亭记》,厦门:厦门大学出版社,2015年,第397页。

② (明)林希元:《林次崖先生文集》卷六,《与林国博论格物大学问疑书》,厦门:厦门大学出版社,2015年,第209~210页。

③ (明)林希元:《林次崖先生文集》卷七,《卞鹤皋荣寿编序》,厦门:厦门大学出版社,2015年,第261页。

④ (明)林希元:《林次崖先生文集》卷七,《重刊四书蒙引序》,厦门:厦门大学出版社,2015年,第242页。

正志以立本，积学以致用，知几以行道，执让以居美。四者缺一，不可以立于天下。故志正而学不至，虽有其本，非用也。用利而几不达，虽有其道，弗行也。道行而让弗逮，虽有其美，弗居也。[①]

这四句诀可以说是林希元的世界观、认识论和人生观的概括。他的人生观是以其哲学思想为基础的。

理学家大都崇尚三代之治，林希元曾把弘治以前明朝之强盛称为“治道骎骎近于古昔”[②]。但是林希元认为历史是发展的，一盛一衰，衰而又盛，相因无穷，古变为今，而今不能复为古。林希元述说：

古之文不能不变而为今，犹今之时不可复而为古也。时既不可复古，文乃不欲为今，其可得乎？盖文章根乎元气。元气之行于宇宙间也，一盛一衰，衰而又盛，相因于无穷。文章以之，故三代之文至战国而衰，汉兴复盛。汉之文至南朝而衰，唐兴复盛；唐之文至五季而衰，宋兴复盛。……文之制则随时以变，而各适万用。盖世道与时变迁，圣人因时立政。故帝王礼乐不相沿袭……文无古今，适用则贵。[③]

由于世道与时事变迁，施政要因时而立。由于时代不同了，帝王之“礼乐”（政治制度）也不能完全沿袭旧的，要根据新的历史情况重新制定。“文无古今，适用则贵”这句话是正确的。由此，林希元提出“世道随时而迁变，帝王因时而制治”[④]这一确切的命题。

林希元继承了由张载提出、朱熹加以发展的“民胞物与”的泛爱社会伦理学说。他从“同类之人与吾比肩而皆天地所生”出发，提出“己之欲，人皆同之”，“推己之心，以及人”的命题，要求爱一切人如爱同胞手足一样，进一步扩大到仁者浑然与物同体。这种泛爱的社会伦理学说在一定程度上是同情人民疾苦的。林希元认为要爱人必须破除私欲之累。他述说：

人以一身生天地间，其间同类之人与吾比肩，而皆父母于天地。虽

---

① （明）林希元：《林次崖先生文集》卷八，《送钟天庆理副考绩之京序》，厦门：厦门大学出版社，2015 年，第 323 页。

② （明）林希元：《林次崖先生文集》卷七，《送张净峰郡守提学浙江序》，厦门：厦门大学出版社，2015 年，第 277 页。

③ （明）林希元：《林次崖先生文集》卷七，《古文类抄序》，厦门：厦门大学出版社，2015 年，第 249～250 页。

④ （明）林希元：《林次崖先生文集》卷九，《赠郡侯西川方公朝觐序》，厦门：厦门大学出版社，2015 年，第 326 页。

父母于天地，而形骸各异。形骸既异，则人己于是乎分。人己虽分，其母于天地一也。圣人不以形骸之异视斯人也……故视天下无非我，而以一心之仁，常涵濡灌溉乎天下。故曰仁者浑然与物同体。仁者与物同体，而人每不能者，何也？私欲累之也。盖人有血气形骸之躯，则有耳目口鼻四肢之欲，人同此心，则同此欲；人同此欲，则必求遂。求之不遂，则争于是乎起。夫人并起而争欲，则自私自利，而伤同仁之体矣。……然自私自利者，人之情也，安能使之同其欲哉！圣人于是有术焉。……于是恕之说立焉。盖以己之所欲度乎人，知人之所欲同乎我，必不敢自私。而推之人，则己之欲人皆同之，仁于是乎在矣。是皆本心之明而觉其如此。……圣人所以转移人心，其妙莫过于此，故曰可谓为人之方也已。嗟夫！使天下之人皆从事于恕，而推己之心以及人……天下治矣。[①]

林希元充分阐明了人皆有欲，是人之情，“以己之所欲度乎人，知人之所欲同乎我”。这是林希元高于朱熹一筹的地方。不过林希元和朱熹及其他朱子学者一样，竭力夸大德教的作用，而在德教中又特别强调恕的作用。

林希元基于其人皆有欲是人之情的思想，提出尽性的治民学说。他说：

牧民如树蔬果，违其性则颠，伤其气则瘁，培养亏则弗荣。静以康之，仁以生之，政以惠养之，牧之道无出此矣。[②]

这是一种尽性论的人性论。同时，林希元还进一步认为为政要为民着想，提出“凡有利于民者，攘臂为之，虽难弗避；弗利于民者，极力避之，虽小弗为”[③]。他揭露和激烈抨击当时的贪官污吏。林希元述说：

海寇自癸卯（按：嘉靖二十二年，1543）秋，元以济国之难，悉心经画，于今三年矣。当道莫之省，而生民之害日甚，姑付之无可奈何而已。……今贪官、污吏、豪右，害民滋甚，此大盗也。[④]

---

① （明）林希元：《林次崖先生文集》卷一一，《罗子号推吾说》，厦门：厦门大学出版社，2015年，第445～446页。

② （明）林希元：《林次崖先生文集》卷八，《赠陆子知邹序》，厦门：厦门大学出版社，2015年，第300页。

③ （明）林希元：《林次崖先生文集》卷八，《送郡侯熊北潭考绩序》，厦门：厦门大学出版社，2015年，第319页。

④ （明）林希元：《林次崖先生文集》卷五，《与周崦庵廉宪书》，厦门：厦门大学出版社，2015年，第205页。

林希元这种“贪官污吏害民甚于大盗”和唐代柳宗元的“苛政猛于虎”的思想是一脉相承的，这是封建社会的进步思想家对处于水深火热中的广大劳苦人民的无限同情的呼吁。林希元还进一步指出：

> 夫政在于去害而兴利。……民有三害，有四利。三害曰里甲（按：贪官）也，奸吏（按：污吏）也，豪侠（按：恶霸）也。四利曰农桑也，储积（按：主要是积粮备荒）也，工商也，学校也。[①]

林希元这种为官清廉、为民着想的思想，在当时极端腐败的士大夫阶层中，确实是难能可贵的。

林希元和其他朱子学者一样，极端重视教育。他认为培养人才，朝廷善用人才是治理天下的根本。林希元说：“治教之隆否在人才，人才之臧否在学校。师儒之责，良亦重矣。故曰师道立，则善人多；善人多，则朝廷正而天下治。”[②]又述道：

> 上天生才不齐，有才者不必有德，有德者不必有才。长于学者或短于政，长于政者或短于学。古先圣王立贤无方，才德学政咸得其用。……国初用人犹有古意，孝廉、贤良、人才、明经与岁贡并进，时称得人。自进士开科，用人之路始狭，生民之祸亦始于此。……宋太宗曰：“科举取士，非敢望拔十得五，只得一二亦可以为致治之具。”斯名言也！予恐一二犹未能得耳！今每科进士不下三百余人，其间德业闻望卓然命世者有几？其误国殄民者岂少乎！故愚谓欲增科甲之额，不如广仕进之路。[③]

在林希元看来，教育要以纲常教育为主要内容。他认为，“三纲五常，人道之大。人若失此，禽兽无异。……尊奉三纲，信奉五伦。克尽私欲，教化斯行。祸乱不作，天下和平”。[④] 对于朝廷的用人，林希元提出《新政八要》，指出：“用人行政之大端，其曰息内臣机务以拔祸根，罢内臣镇守以厚邦本。”

---

① （明）林希元：《林次崖先生文集》卷七，《送朱平川节判擢知高明县序》，厦门：厦门大学出版社，2015 年，第 284 页。

② （明）林希元：《林次崖先生文集》卷八，《赠龙岩学博贺君奖励序》，厦门：厦门大学出版社，2015 年，第 309 页。

③ （明）林希元：《林次崖先生文集》卷九，《送惠安陈蛟池邑侯入觐序》，厦门：厦门大学出版社，2015 年，第 329 页。

④ （明）林希元：《林次崖先生文集》卷一二，《训蒙四言》，厦门：厦门大学出版社，2015 年，第 472 页。

对此，清人雷鋐评曰："呜呼！当日能用斯言……国事何至于此。"[①]林希元的教育思想值得进一步研究。

图 8-2 坑内林希元陵墓 （吴稳水供图）

第三节 张 岳

一、张岳的生平著述

张岳，字维乔，号净峰，学者称净峰先生，福建惠安人。生于明孝宗弘治五年(1492)，卒于世宗嘉靖三十一年(1552)。正德十二年(1517)进士，历官广西提学佥事、广东提举、廉州知府、江西提学佥事、广西巡抚、兵部右侍郎、御史掌院事等。

张岳自幼好学，以大儒自期。其学不喜欢王守仁，以朱熹为宗。张岳以朱熹为榜样，为人不趋炎附势。他在22岁时省试第一名，见镇守太监长揖不拜，引起太监大怒。旁人为之担心，而他自己却若无其事。他与同乡人陈琛、林希元同寓僧寺，闭门读书，潜心朱熹理学。三人共赁一驴，或迭相骑，或联袂走入市场，时称为"泉州三狂"。林希元谓其"性悟而善记"，"日读一寸书"。[②] 林希元还说："净峰少有异质，自知为学，即以孔孟程朱为宗。日

① (明)林希元：《林次崖先生文集》卷首，雷鋐：《林次崖先生文集序》，厦门：厦门大学出版社，2015年，第6页。

② (明)林希元：《林次崖先生文集》卷八，《赠张净峰郡守考绩序》，厦门：厦门大学出版社，2015年，第317页。

从事于穷理修身之要，再经忧患磨砺，益熟而造诣益深。”[①]张岳26岁时成进士，自后学术日深，明代学者林缵振的《海云舒集》说：“净峰号称真儒，源流所究，盖得于余干之胡（居仁）、河东之薛（瑄），而有以溯夫紫阳之传。”明代著名学者王慎中述说：

予观御史中丞张净峰公文集，叹绝学（按：空前绝后之学，指孔孟程朱之学）之在此，而慨其道之不大行。然其功烈之震曜，德义之彰明，则卓然一出于学术。……公平生嗜书，自少至老，未尝一日舍书以间断。其在兵间，卷不去手，潜思力索，弥久不倦，与独观大意，所读之方异矣。故能笃信固守，不为异术小道所乱，而免于不纯之弊也。就其文观之，气象宏裕而敢发时见，法度谨严而豪纵有余。[②]

张岳学术湛深，理学精粹。文章亦工，其文为正德、嘉靖两朝第一，然不以文士自命。张岳文治武功，所至登绩。诗其余技，其诗多寓哲理，如谓“理深物有悟，兴极感相因”“宛宛西飞日，余光照客裳”“江空流月华，白石光凌乱”“幽篁迷旧溪，回磴距飞辙”“轻风万里阴，落日一江烟”等，非熟精文选理者，不能作也。[③] 张岳的文章学问“遂首八闽。文章如风樯阵马，闪电驰飚，何其雄也；脱脱春华，崇尚本根，何其邃也”[④]。此外，张岳对佛教经典也有很深入的研究，如他任廉州知府时，“日取佛书，读之，录其要而藏之，曰：‘予良悦是，于官府政令多安其旧。’……语人曰‘吾性好静’”[⑤]。当时张岳被朝廷贬官，性情郁结，故求佛理而喜静。张岳为官廉洁忠直，反对普遍存在的贪污行贿之风。当时，贪污行贿之风盛行，下级官行贿上级官，地方官行贿朝廷官，特别是行贿当朝宰辅（宰相）严嵩父子十分严重。张岳不仅不通相府一币，而且揭发严嵩父子与酉阳宣抚使冉元通贿事，因而引祸，几乎至于死，但仍不改变其清廉本色。张岳曾任廉州知府，此地出产珍珠，廉民多盗珠池。张岳任知府四年，未尝入一珠，其廉洁奉公如此。明人林希元评论

① （明）林希元：《林次崖先生文集》卷七，《送张净峰郡守提学浙江序》。

② （明）王慎中：《遵岩集》卷八，《张净峰公文集序》。

③ 明嘉靖《泉州府志·张岳传》。

④ （明）吴文华：《苍梧重刻净峰文集选序》。

⑤ （明）林希元：《林次崖先生文集》卷八，《赠张净峰郡守考绩序》，厦门：厦门大学出版社，2015年，第317页。

说："其志在于行道，非苟食人禄者。"[①]

张岳为官多有政绩，方志载："遇事能断，莅官严而有法。及延见细民，则煦煦若小邑令。常思为国家建数百年之业，不沾沾功名。廉、沅、柳、德、庆、琼、江右，无不尸祝。"[②]张岳当过这些地方官，皆有政绩，得到这些地方士民钦敬。

此外，张岳竭力主张反击安南（越南）进犯我边界，提出加强边防，以保边民的安全。他说："彼国（按：指当时的越南）以虚利诱我边民……边民累岁蒙骚扰之害。……尽吾所以保境息民者而已。"[③]这反映出张岳的爱国主义精神。

张岳的著述有《小山类稿选》20 卷（附辑录 1 卷）、《交事纪闻》1 卷、《嘉靖惠安县志》13 卷、《恭敬大训》（辑）100 卷、《圣学正传》、《载道集》、《更定礼记》、《三礼经传》、《太元集注》、《名儒文类》、《宋名辅事业》、《交议古文典》、《古文类选》、《历代兵鉴》、《古文典要》、《宋名臣奏议》、《家世遗事》、《净峰稿》46 卷等。

二、张岳在与心学派论辩中对朱子学的全面阐发

张岳的学术活动时期，正是王阳明学说方盛之时。明武宗正德十三年（1518），张岳 27 岁，王阳明的《朱子晚年定论》刻刊流行，轰动思想界。此后，许多学者名士和达官贵人只知有王阳明而不知有朱熹，王阳明心学一时压倒朱熹理学。这时，张岳步行数百里，特地到浙江绍兴会见王阳明，持程朱遗说与之辩论。王阳明当面指责朱熹学说，而张岳却反诘曰："朱子何可毁也！"[④]此后，还与王阳明等心学派书信往来论难。朝廷执政张孚敬尊信王阳明学说，授意巡抚、御史借事故意与张岳为难，企图压服张岳放弃朱子学。王阳明弟子、御史聂豹用官势压迫张岳接受王阳明学说，张岳不畏强权，不为时论所左右，始终坚持朱子学，坚决反对王阳明心学派。明人骆日升《镇粤楼特祀碑》述说：

> 时良知之学满天下，而独襄惠公（张岳）弗是也。尝见文成公辩论

---

① （明）林希元：《林次崖先生文集》卷八，《赠张净峰郡守考绩序》，厦门：厦门大学出版社，2015 年，第 317 页。

② 明嘉靖《泉州府志·张岳传》。

③ （明）张岳：《小山类稿选》卷八，《答林次崖钦州》。

④ 明嘉靖《泉州府志·张岳传》。

往复，不肯诎。文成高足弟子双江聂语公："公诚豪杰，顾无奈旧闻缠扰，何也？"公笑曰："吾尊吾所闻足矣。"

当时人认为张岳和罗钦顺一样，是抨击王阳明心学派的主要学者。明人郑世威述说：

泰和罗钦顺、惠安张岳，也称贤士大夫，皆与王守仁同时讲学，两尝指击其说。[①]

在张岳看来，"阳明平生好为虚诞，彼盖大言以炫耀于其徒耳"[②]。张岳认为由于王阳明等"认人物为理，以人心为道心，以气节为天性，生心发事，纵横作用，而以良知二字饰之。此所以人欲横流，其祸不灭于洪水猛兽者此也。辨不识心体，团合知行，混诚正于修养治平，而以心字笼罩之。其相倡和为此者，皆气力足以济其邪说者也。……此风不息，不知将何止极也"[③]。张岳把当时社会风气的败坏归之于王阳明学说的盛行，因此认为要昌明程朱正学，必须批判王阳明学说。张岳"在江右（按：任江西提学佥事）也，后生喜新说（按：指王阳明学说）而忽传注（按；指朱熹《四书章句集注》等），诸老患之。净峰至，痛革其弊，士气为变，诸老快焉"[④]。张岳一方面在行动上抵制王阳明学说的传播，另一方面从理论上加以批驳。张岳在与王阳明心学派论辨中全面阐发了朱子学。

（一）主张理得之于意诚，反对以私假（术）求之

王阳明继承和发展了陆九渊"心即理"的世界观，认为人心是宇宙的本体，心这个本体是无所不包的。王阳明说："人者，天地万物之心也；心者，天地万物之主也。心即天，言心则天之万物举之矣。"[⑤]王阳明把自然界和人类社会的一切事物以至各种道德规范都说成是心所派生的，把心作为"贯内外，彻幽显，合天人"的本体。张岳针对王阳明学说的唯我论，指出理是客观的，不是主观随意的，"百物所需，皆天理也，只不可分一片心去那上头计

① （明）张岳：《小山类稿选》卷八，《恭介奏议》。

② （明）张岳：《小山类稿选》卷八，《与姚明山学士》。

③ （明）张岳：《小山类稿选》卷七，《与黄泰泉书》。

④ （明）林希元：《林次崖先生文集》卷八，《赠张净峰郡守考绩序》，厦门：厦门大学出版社，2015年，第317页。

⑤ （明）王守仁：《王文成公全书》卷六，《答季明德》。

较"[①]。张岳述说：

> 昔夫子之教，以求仁为先。仁即心也，心即理也。此心所存，莫非天理，默而成之，而仁不可胜用矣。……圣门之教，因人成就……皆就日用最亲切处指示人下手工夫。……所谓圣门之学也，无他，只是有此实事、实功而已矣，夫岂在别寻一个浑沦之体，以为贯内外，彻幽显，合天人，使人爱慕玩弄，而后谓之心学也哉。……礼者理也，理者性也，性者心也。心存则性存，而礼在其中矣！……理本自然，人不可私意求之尔。……心也，性也，天也，一理也。[②]

这里所谓"浑沦之体"，即指王阳明以心为本体。"人不可私意求之"，就是指理不依人的私意为转移。张岳认为理是客观的，不是主观随意的。张岳进一步指出，理是通过气产生世界万物的，"万物皆得造化之气以生"。张岳述说：

> 有理则有气，有象则有数，盈天地间皆象也。因象起数，皆可显造化之体，惟其所起有偏全，故其显于是者时有不神尔。譬之万物，皆得造化之气以生，而有正者偏者通者塞者。谓偏且塞者造化之气不在，是不可也。[③]

在理通过气产生世界万物的问题上，张岳掺杂了象数派理学家的观点，企图用以说明一理和万物之间的关系。张岳在阐述一理通过阴阳二气产生万物的过程中，迸发出不少对立面转化的辩证法思想。张岳述说：

> 《易·大壮》自一阳积至四阳，阳之气壮矣。以四阳而去二阴，甚易也。圣人必为之戒曰："君子用罔，贞厉。"罔，无也。言阳不可恃其壮盛而蔑二阴也。故事常成于兢惕，而患或生于忽略。夫盛者易衰也，进者必退也。自大壮而进为夬，夬者，剥之反对也。一反则为剥矣，天下之理，其反复往来，岂有常哉！[④]

在这里，张岳比较深刻地阐明了"盛者易衰""进者必退"的物极必反的思想，指出理和事物不是固定不变的，"天下之理，其反复往来，岂有常哉"！

张岳基于事物是不断变化发展的思想，提出人必须根据客观必然性办

① （明）张岳：《小山类稿选》卷一八，《杂言》。
② （明）张岳：《小山类稿选》卷六，《答聂双江巡按》。
③ （明）张岳：《小山类稿选》卷一一，《太玄集注序》。
④ （明）张岳：《小山类稿选》卷八，《与夏桂洲阁老书》。

事。他说："难易者，势也；近久者，时也；裁而处之者，义也；化而行之者，道也。道义听安，命则立焉。故曰不知命无以为君子。"[①]这就是说，要根据事物的发展趋势和时机办事才能成功（"命则立焉"）。在这里，张岳所谓命，就是天命或天理，是指事物的变化发展规则。张岳述说：

子思之言曰："天命之谓性，率性之谓道，修道之谓教。"而又申之喜怒哀乐之未发谓之中，发而皆中节谓之和。夫以性道之广矣、大矣，无不备也。而指其亲切下手处，示人不越乎喜怒哀乐、已发未发之间。所谓戒惧者，戒惧乎此而已；所谓谨独者，谨独乎此而已。至孟子又发出四端之旨。……学者只依此本子做去，自有无限工夫，无限道理。固不必别寻一二字，以笼络遮盖之也。[②]

张岳运用子思《中庸》中的这段话的意思是：人的本性是天命决定的，顺着这种天赋本性的行为就合乎道，遵循（修即循）这个原则的行为就算作教化。人在喜怒哀乐未发之前有一种精神实体，它是天下的根本，体察到了它，人就达到了圣人的境界，天下也就可以得到治理了。宋朝的一些理学家都十分注意这个"未发之中"，是他们一脉的"相传旨诀"[③]。子思这种思想，就是《中庸》所谓"反求诸其身"，叫人明白和保持这种天赋的道德本性（"尊德性"）。如何达到这种要求呢？子思没有讲出具体的办法。在这里，张岳却说："所谓戒惧者，戒惧乎此而已；所谓谨独者，谨独乎此而已。"这就是对自己的行为，在别人看不见、听不到的地方，也要谨慎警惕。质言之，就是戒惧、谨独。在张岳看来，只要戒惧、谨独，"自有无限工夫，无限道理"，就是人必须依天命（理）而思而言而行，按其必然性办事。张岳这里所谓"固不必别寻一二字，以笼络遮盖"，是指王阳明提出"致良知"来欺世惑众。张岳的这种思想，从认识论上说，是一种内省直观的先验论。

所谓依理而行，就是要真正做到"理是意诚"。因为"理定者词自畅，义理虽是，而诚意未著，亦未能感人"[④]。在道德修养上，张岳特别强调去私去假（术）。他述说：

虚斋（蔡清）先生密箴凡五十条，岳最爱"劝君莫用半点私，若用半点私，终无人不知；劝君莫用半点术，若用半点术，终无人不识"一条。

① （明）张岳：《小山类稿选》卷一二，《赠郑太学子荣还曲江序》。

② （明）张岳：《小山类稿选》卷六，《与郭浅斋宪副书》。

③ （宋）朱熹撰：《朱子文集》卷四〇，《答何叔京书》。

④ （明）张岳：《小山类稿选》卷一八，《杂言》。

往年守合浦，尝大书于后堂屏风，出入观省。夫君子之不敢用私、用术，非恐人之知识而后不为也。……二者之病，私尚易见，而术之为祸尤烈。自古挟私欺人，至用以欺天下后世。机杼翕张，居之不疑，久则沿习成风，人亦莫之怪矣。洪水猛兽之灾，何以异此。[①]

张岳这里讲的去私、去假（术），尽管其内容是指封建地主阶级的公和实，是为维护封建统治服务的，但是在尔虞我诈的腐败封建统治者中，却出现大声疾呼要去私、去假（术），认为“挟私欺人，至用以欺天下后世”，实与“洪水猛兽”无异的思想，在当时确实是难能可贵的，是有积极意义的。

（二）主张致知只有格物，反对致良知

当时王学和朱学争论的又一主要问题，是如何致知（获得知识）的问题。王阳明等认为由于主观的心是宇宙万物的本原，致知就是“明本心”“致良知”。良知原出于《孟子》，是指一种不学而能、不虑而知的天赋道德观念。在王阳明看来，良知即天理，致即行。人们只要除去私欲蒙蔽，依照良知做去，即能致知。王阳明反对朱子学的格物致知，他在《传习录》中，认为“天下之物本无可格者，其格物之功，只在身心上做”。张岳坚持朱子学的格物致知学说，认为只有通过学习和接触事物（格物），启发内心所具有的理，才能获得知识（致知）。张岳述说：

所喻物则云云，此是文公教人下手穷理工夫。十分亲切处，真能见得事事物物上各有义理，精微不差。则所谓人心道心，气质天性，亦各有着落，以为省察存养之端。今之学者差处，正是认物为理，以人心为道心，以气质为天性，生心发事，纵横作用，而以良知二字饰之。此所以人欲横流。……若老释外事物以求理，其学虽差，要于虚空中实有所见，岂若今人之恫疑虚喝，其高者入于奸雄，以下殆类为俳优。[②]

在张岳看来，王阳明的致良知，是认物为理，不是格物穷理，不在事物中求理，比释、老在事物之外求理更坏，是“恫疑虚喝，其高者入于奸雄，以下殆类为俳优”。由此可见，张岳对王阳明学说是深恶痛绝的。

在理学家看来，人先天地具备万事万物之理，理体现在人身上是性，此性被人的气质物欲所蔽，只有通过格物致知才能去蔽穷理。格物的内容是

---

① （明）张岳：《小山类稿选》卷一二，《蔡文庄艾庵密箴序》。

② （明）张岳：《小山类稿选》卷七，《与黄泰泉书》。

多方面的。综观张岳的论著，他主要阐发了应事接物以穷理和读书以穷理。他认为这两个方面是“古人切己之学也。由此而学之，则为君子。背此而学之，虽有学焉，犹不学也，亦陷于小人而已矣”①。

张岳认为学问下手工夫只在日用行事间，不必他求，“古人学问只就日用行事上实下工夫。所谓格物者，只事物交接念虑发动处，便就辨别公私义利，使纤细曲折昭晰明白，足以自致不疑，然后意可得而适，心可得而正适”②。张岳述说：

喜怒哀乐未发时最好体验，见得天下之大本。真个在此，便须庄敬持养。然必格物穷理以充之，然后心体愈明，应事接物，毫发不差。若只守个虚灵之识，而理不明，义不精，必有误气质做性，人欲做天理矣。此圣贤之教，格物致知所以在诚正之先。③

这里，张岳所谓“只守个虚灵之识”，是指王阳明的“致良知”。

张岳认为理体现在人身上即是性，人之本性就具备万事万物之理，被气质所蔽，只有通过格物去其蔽才能致知，“为学之道以心地为本，若真所谓心者，而存养之则其本体固自正。然非体察精密、义理明晰，有以备天下之故，于寂然不动中而曰心得其正者，未之有也”④。张岳述说：

所谓一者，何也？天之理也。典礼命讨皆天也。其体则具于心，是故必视听言动之皆由于礼，然后可语典礼命讨之皆出于天。体验之未精，培养之未厚，本原之地反而求之，有不胜夫蔽且杂也。而欲和衷懋政，以一天下之动，不几于自诬其天也。⑤

由此可见，张岳所谓格物穷理，是通过格物来启发人内心所具有之天理，也就是他所谓“万事万理，只要就此体认”⑥。不过张岳也讲只有出游各地，广泛接触外界事物，才能知宇宙间事。张岳述说：

不远游，不足以知宇宙之大。而宇宙内事，与其深思博考于一室也，孰若足迹四达，心同之力俱远，然后能尽无穷之变乎？⑦

① （明）张岳：《小山类稿选》卷一八，《草堂学则》。

② （明）张岳：《小山类稿选》卷六，《答聂双江巡按书》。

③ （明）张岳：《小山类稿选》卷一八，《杂言》。

④ （明）张岳：《小山类稿选》卷六，《答参赞司马张甬川书》。

⑤ （明）张岳：《小山类稿选》卷一四，《一斋记》。

⑥ （明）张岳：《小山类稿选》卷一八，《杂言》。

⑦ （明）张岳：《小山类稿选》卷一二，《赠王与乔南归序》。

张岳这里讲的仍然是通过接触事物启发内心所具之理，不是唯物主义的感觉经验论。

张岳认为通过读圣贤书，明义理，亦能启发人心中所固有之义理。因此，读书明义理就是格物，就是格物穷理。他述说：

且如读书讲明义理，亦是吾心下元有此理。知识一时未开，须读古人书以开之。然必总其当读，沉潜反复，使其滋味浃洽。不但理明，即此就是存养之功，与俗学之支离浮诞者全不同，岂有使之舍切己工夫，而终日劳于天文、地理，与夫名物度数以为知哉！无是事也。①

张岳认为"吾心下元有此理。知识一时未开，须读古人书以开之"。前面已经讲到，张岳和其他理学家一样，把封建的三纲五常作为天命(理)，而这种天命(理)写在圣贤的书上。因此读(接触)圣贤书，也是格物，也是即物穷理。这就是朱熹所说的"读书便就文字上格"②。正因为张岳把封建的三纲五常作为致知穷理的对象，他反对"终日劳于天文、地理，与夫名物度数以为知"。很显然，张岳所谓"读书明义理"，绝不是认识和改造客观世界的问题。

张岳针对王阳明的自创新见，特别强调读书明义理，要墨守古人之说。张岳述说：

三代而下，数圣人之经，秦火之后，人自为说，至程朱始明矣。虽其言或浅或深，或详或略，然圣人遗意，往往而在，学者不读之则已，如其读之也，岂可不深造而致其详？详读古人之书，而有得其深浅详略之所存。意有未安，姑出己见为之说，期于明是理以养心而已矣，不在创意立说，以骇人耳目也。有是心而言又未或当，其自蔽也甚矣。③

王阳明在主持贵阳书院时，提学副使席书(字元山)问其对朱陆之辨的看法，"(阳明)先生不语朱陆之学而告之以其所悟"，以"知行本体答之，谓朱陆异同，各有得失，无事辩诘，求之吾性本自明也"④。可见王阳明对朱陆之辩不感兴趣，把全部精力放在集中自创新见上。上引张岳的"创意立说，以骇人耳目"，就是对王阳明而发的。在张岳看来，学程朱之说者有两种人，要有针对性：一种是心不正的人，这种人以私意曲解，因此首先必须"明理养

① (明)张岳：《小山类稿选》卷六，《答聂双江巡按书》。

② (宋)黎靖德编：《朱子语类》卷五，《大学二》。

③ (明)张岳：《小山类稿选》卷六，《答聂双江巡按书》。

④ (明)王守仁：《王文成公全书》卷三二，《年谱》。

心”；一种是心正的人，这种人被气质蒙蔽，因此首先必须解蔽。

张岳不仅把学习的范围限于读圣贤书，而且提出主要学习程朱理学，使之“信得及做得”，“有所持循据守”。张岳述说：

> 信得及做得，是日积月累，滋味深长，外面许多浅俗见解，自然渐觉轻小矣。此学不讲已久，今聚八郡之士，终日群居，若不就日用最亲切处，指示下手工夫，使之有所持循据守，以交相劝勉，渐次有得。①

张岳这里所谓“浅俗见解”，是指程朱理学以外的阳明心学和其他异端学说。张岳不仅把学习的范围限于程朱理学，甚至提出只读朱熹的《四书章句集注》。他述说：

> 读书不必博览，先将《学》《庸》《语》《孟》，端坐叠足，澄心易气，字字句句，反复涵泳，务使意旨昭晰，滋味泛溢，反之吾心，实有与之相契合处。②

张岳这里所谓“四书”，就是指朱熹的《四书章句集注》。

张岳把读书以穷理和应事接物以穷理看作是为学的两个不可分割的方面，缺一不可。如果“以记问缀述为事，虽使圣贤训典充腹盈耳，犹不得谓之善学”。③ 这就是说，徒记圣贤言语不算真正穷理，必须体现在应事接物的行为上才行。张岳把这两个方面的关系概括为有体有用的关系。他述说：

> 读书穷理以充拓其体，应事接物以发挥诸用。……仁者此心之本体也，心而无仁则非心矣。……学者内知所存心矣，又必致谨乎此（按：指事亲教长应事接物），使一身之动咸中节文，则心体之存乎内者益以纯固矣。此内外交相养之法。惟实用其力，渐见功效者，然后有以深信其必然，非空言所能喻也。④

张岳认为仁是人心之本体，心无仁则非心。要有心，必须严格按照封建伦理道德关系应事接物（“使一身之动咸中节文”）。这就是“内外交相养之法”。但是王学却只是“空言”“克去私欲以求交乎心之体”，不是通过应事接物来体现心之仁体之存的。因此，张岳强烈抨击王学的格物穷理即是克去己私的观点。由于王学提出心即理，故格物不是向外应事接物，而是向内克去私欲。张岳述说：

---

① （明）张岳：《小山类稿选》卷六，《答聂双江巡按书》。

② （明）张岳：《小山类稿选》卷六，《答聂双江巡按书》。

③ （明）张岳：《小山类稿选》卷一八，《草堂学则》。

④ （明）张岳：《小山类稿选》卷一八，《草堂学则》。

来教云：格物者克去己私，以求复乎心之体也。岳为（按：张岳认为）一部《大学》，皆是欲人克去己私，以求复乎心之体也。但必先辨乎公私之所在，然后有以克而复之。此其节节相承，脉络相因，吾学之所定叠切实，异于异教之张皇作用者，只这些子。[①]

朱学派和王学派争吵体和用的先后，似水火不相容，其实他们都是为了传播封建纲常（《大学》之道），只是朱学教人先读圣贤之书，弄清封建伦理道德关系，再体现在行动上，即所谓“道问学”；王学教人守住先天固有的伦理道德准则，凭“良知”去行动即所谓“尊德性”。他们异途而同归。他们之间喋喋不休的长短之争，并没有多少意义。

此外，张岳和其他理学家一样，认为致知穷理还必须主一。张岳提出主一，主要有四个方面。一是主敬。张岳述说：

圣贤教人为学，紧关在一敬字，至程朱发明之，可谓极其亲切矣。今考其言，既曰主一无适，又必曰只整齐严肃，则心便一……为贯通万事之实体，其于敬之一字。[②]

张岳所谓“敬”，即警惕之意，就是警惕自己的心思不要他适，不要分散，全部精力都要集中在封建的伦理关系（即“贯通万事之实体”）上。二是主虚。张岳说：“心不可无主，尤不可以有私主。天理自然，何容私之有？须是虚心以待事物之来。”[③]这就是说，封建的伦理道德关系是心之主，此外皆为“私主”。因此，“虚心以待”，封建的伦理关系自来。三是主静。张岳认为因理为心之所固有，“静观天下之理而自得之”[④]，即把内心之理启发出来，默识天下之理。张岳述说：

心之体固该动静，而静其本体也。至静之中，而动之理具焉，所谓体用一源者也。先儒每教人主静。[⑤]

张岳认为心静才能心定，定便觉得清明。他述说：

心才定，便觉清明。须静时多，动时少。虽动也，而心未尝不静焉，方是长进。[⑥]

---

① （明）张岳：《小山类稿选》卷六，《答聂双江巡按书》。

② （明）张岳：《小山类稿选》卷一八，《杂言》。

③ （明）张岳：《小山类稿选》卷一八，《杂言》。

④ （明）张岳：《小山类稿选》卷八，《一齐记》。

⑤ （明）张岳：《小山类稿选》卷一八，《杂言》。

⑥ （明）张岳：《小山类稿选》卷一八，《杂言》。

在动静的关系上，张岳认为静是绝对的，动是相对的，动是静的表现，是静的一种状态，即他所说的虽动“未尝不静”。张岳的这种说法是违反事物辩证法的形而上学观点。四是主诚。张岳认为“诚自不妄语始，学从求放心来”[①]。他又述道：

所谓诚者，无他，只是一味笃实，向里用功。此心之外，更无他事。工夫专一，积久自然成熟。与夫卤莽作辍，务外自欺者，大有间矣。[②]

所谓“一味笃实，向里用功”，就是他所说的把“务外自欺”的做法收起来，“学从求放心来”，即把分散的心收敛凝聚于一境——封建伦理道德关系上。

（三）主张知行为二，反对以知代行的知行合一

针对朱熹提出的“知先行后”论，王阳明提出“知行合一”论。王阳明认为知就是行，行就是知，二者没有本质区别，“知之真切笃实处即是行，行之明觉精察处即是知，知行工夫本不可离，只为后世学者分作两截用功，失却知行本体。故有合一并进之说”[③]。王阳明的知行合一，是把行合于知。知决定行，是其知行学说的基础，“知是行的主意，行是知的工夫，知是行之始，行是知之成”[④]。张岳针对王阳明的以知代行的知行合一论，提出知行为二的观点。他述说：

近时所以合知行于一者，若曰必行之至然后为真知，此语出于前辈，自是无弊。惟其曰知之真切处即是行，此分明是以知为行，其弊将使人张皇其虚空见解，不复知有践履。凡精神之所运用，机械之所横发，不论是非可否，皆自谓本心天理，而居之不疑。其相唱和而为此者，皆气力足以济邪说者也，则亦何所不至哉！此事有关世运，不但讲论之异同而已。[⑤]

张岳认为王阳明的知行合一，是以知为行，是使人们完全陷于虚空之中，不复知有践履，一切言行均以本心天理为准。这种观点不仅在理论上是极端错误的，而且“有关世运”，在实践上是极端有害的。张岳对王阳明知行

① （明）张岳：《小山类稿选》卷一八，《杂言》。

② （明）张岳：《小山类稿选》卷一八，《杂言》。

③ （明）王守仁：《王文成公全书》卷二，《答友人问》。

④ （明）王守仁：《王文成公全书》卷一。

⑤ （明）张岳：《小山类稿选》卷八，《答张甬川书》。

合一论的批判是比较深刻的。

张岳在与王阳明当面辩论时，以明德、亲民为例，集中探讨了知行问题。王阳明认为明德之功在于亲民，明德即亲民，由此可知知即行，行即知，知行合一，可见后人把知行分两事（即知不是行，行不是知）是不对的。张岳指出，知行就是两事，如戒惧、慎独（属知）时并未与民亲，亲民之本在明德，二者是有区别的。张岳述说：

> 良知之言发于孟子，而阳明先生述之，谓孝弟之外无良知，前无是言也。……明德、亲民之说，往岁谒阳明先生于绍兴。……先生曰："古人只是一个学问，至如明明德之功只在亲民，后人分为两事，亦失之矣。"……某曰："如此则学者固有身不与物接时节……先生谓明德工夫只在亲民，不能无疑。"……某曰："非谓明德工夫只在亲民，必如老先生之言，则遗却未与民亲时节一段工夫。"[①]

这里所谓"遗却未与民亲时节一段工夫"，即指缺一段格物致知工夫。在张岳看来，人在戒惧、慎独时，只有知，没有行（即没有亲民），因此知与行是有区别的。张岳认为"知处贵透彻，行处贵着实"[②]。张岳这种说法是有合理因素的。

（四）主张天意即人心，反对以人心为道心

上面已经讲到，张岳认为当时"人欲横流"，社会不安定的根源是由于王阳明"以人心为道心，以气质天性，生心发事"造成的。[③] 在张岳看来，只有使人知礼义，社会才能安定，"人之所以为人者，礼义也"[④]，"三纲五典所以系天常立人极者，虽匹夫匹妇莫不知其当然"[⑤]。

张岳和其他理学学者一样，常用天地的灾变说来警告皇帝，以维护封建统治阶级的长远利益。不过这里值得注意的是，张岳所谓天意是指人心。皇帝顺天意即要顺人心。张岳说："帝王举动，当顺乎天意，观天意者验之人心而已。……陛下何苦违众志以拂天意乎？"[⑥]在张岳看来，天意反映了人

---

① （明）张岳：《小山类稿选》卷八，《与郭浅斋宪副书》。

② （明）张岳：《小山类稿选》卷一八，《杂言》。

③ （明）张岳：《小山类稿选》卷八，《与黄泰泉书》。

④ （明）张岳：《小山类稿选》卷一八，《草堂学则》。

⑤ （明）张岳：《小山类稿选》卷七，《答邵端峰提学书》。

⑥ （明）张岳：《小山类稿选》卷一，《谏南巡疏》。

心，上天出现的灾异是人心向背的表现，是上天警告其在地上的天子“没有修德于民”。这就是说，社会的治乱全在于君主（天子）德行的好坏。张岳述说：

> 天子者，天地之子也。天子不克肖乎天地，则必出灾异以谴告之。不修德以回其怒，行且亡之矣。今也凶荒相仍，盗贼充斥，地震于下，龙斗于上，其所以儆戒陛下者至矣。①

张岳这种灾异谴告说，完全是汉代董仲舒的天人感应论的翻版，不是新东西。但是张岳把问题提得这么尖锐，把“凶荒相仍”“盗贼充斥”“地震于下，龙斗于上”等都归罪于天子，并谓天子“不修德以回其怒，行且亡之矣”，却比董仲舒高出一筹。

正因为张岳强调君主（天子）必须服从人心，他反对夸大人的主观意志的作用。他认为社会历史的变化发展有不依人的意志为转移的必然趋势。他述说：

> 天下之治，新故损益之相推。其理势有必然者，独怪缙绅气习一旦变更如河决堤，坏无所底止。此理似不可知，因时变之激使然与！于斯时也，欲以一人一郡，独力转回于其间，非迂则诞。②

因此，张岳认为要顺应事物客观趋势办事。他述说：

> 圣贤之道，天则具于心而时措从宜以适于用，未尝不方也，而亦未尝不圆也。故学者之所以持身应变，岂必于其方圆之迹云乎哉！③

在这里，张岳提出了既要守常，又要从权，要随时应变。张岳这种思想含有朴素辩证法的因素。

（五）主张用才，反对用术

张岳基于其社会治乱全在于君主的观点，他给君主提出治世之方，其中之一就是劝君主要爱惜人才。他述说：

> 明主之于人才，其长养成就之也，如天地之于万物，甘苦大小皆有以全其生，其因才录用之也。如匠师之于众木，寻尺锯削务有以尽其用。故世无不用之才，才无不当之用。此所以能兼总群略，鼓舞一世，

---

① （明）张岳：《小山类稿选》卷一，《谏南巡疏》。

② （明）张岳：《小山类稿选》卷一二，《赠郡守洞阳顾侯入觐序》。

③ （明）张岳：《小山类稿选》卷一二，《赠大参孙公毅庵序》。

其遗风余烈犹可以为后世法。①

张岳认为“世无不用之才，才无不当之用”，全在于明主“因才录用”。他特别强调人才尽用，不仅有功于当时，而且为“后世法”，具有深远的影响。

张岳特别强调要用真才实学者，反对把“术”当成才。因此，张岳把才能和道德品质联系起来，说明道德修养的重要性。张岳述说：

> 昔唐虞三代之论官与圣门师弟之论学，莫不以心术为先，其心术苟正矣。才之所运有大小迟敏，内之所受有浅深疏密，未至者可勉而至也，终不足以病其心术。②

在张岳看来，才有“大小迟敏”“浅深疏密”，不论才之大小、迟敏、浅深、疏密，皆可勉而至，但绝对不能把心术误当为才。张岳对“心术”深恶痛绝，认为术是私、是假，必须坚决反对。这是他针对当时官场小人得势，社会风气败坏而发的。

第四节　马明衡

一、马明衡的生平著述

马明衡，字子莘，号师山，福建莆田人。生于明孝宗弘治四年(1491)，卒于明世宗嘉靖三十六年(1557)。其父马思聪(1462—1519)，字懋闻，号翠峰，明孝宗弘治十八年(1505)进士，任象山县令。其子马朝龙，字从甫，太学生。父与子皆当时名士，闻名于学界。马明衡幼年随父就学，后从兴化同知朱海学毛氏《诗》，文学名声位于诸生之上。明武宗正德九年(1514)中进士，授南京太常博士。在南京期间，问学于王阳明、湛若水等，王阳明曾给马明衡书曰：

> 良知之说，往时亦尝备讲，不审迩来能益莹彻否？明道云：“吾学虽有所受，天理二字，却是自家体认出来。”良知即是天理，体认者实有诸己之谓耳，非若世之想象讲说者之为也。近时同志莫不知以良知为说，然亦未见有能实体认之者，是以尚未免于疑惑。盖有谓良知不足以尽天下之理，而必假于穷索以增益之者，又以为徒致良知未必能合于天

---

① (明)张岳：《小山类稿选》卷二，《江省人才疏》。

② (明)张岳：《小山类稿选》卷一三，《赠竹泉龚君之河南少参序》。

理，须以良知讲求其所谓天理者，而执之以为一定之则，然后可以率由而无弊。是其为说，非实加体认之功而真有以见夫良知者，则亦莫能辨其言之似是而非也。莆中故多贤，国英及志道二三同志之外，相与切磋砥砺者，亦复几人？良知之外更无知，致知之外更无学。外良知以求知者，邪妄之知矣；外致知以为学者，异端之学矣。道丧千载，良知之学久为赘疣，今之友朋知以此事日相讲求者，殆空谷之足音欤？[①]

王阳明谆谆教导马明衡要学习掌握心学的核心思想致良知。

马明衡与王门学者路迎、林达、黄宗明等交游，其学大进。因上疏谏言帝隆大礼于所生而辍成典于昭圣，情文相违，谗言四起。嘉靖帝大怒，逮下镇抚司拷讯，卒罢黜为民。据《兰陔诗话》记载：

嘉靖三年(1524)，兴国太后诞辰举行朝贺，慈寿皇太后诞辰有旨免朝。子莘上言："暂免朝贺，若出皇太后，中间必有因事拂抑之怀、往来存没之感；若出圣意，则母子之情有隆无已，岂忍辍此盛礼哉！"朱侍御淛亦上言："皇太后亲挈神器以授陛下，母子之情，天日在照。今乃旬月之间，一举一罢，彼此相较形迹太分，何以慰母心而隆孝治？"疏入，永陵震怒，命捽二人至庭诘问，将置之死。蒋文定膝行泣救，乃免。子莘与父翠峰称"双忠"。田按：子莘《初春即事》诗云："疏谬自甘明主弃，孤狂宁受世人怜。"可以见其志矣！[②]

《明诗纪事》为清末陈田编，"田按"为陈田按语。陈田(1849—1921)，字松山，贵阳进士。明郑泰枢说："公尝从阳明王公游，得理学正宗。当忠节公(按：指马明衡父马思聪)殉烈时，阳明公撰文祭奠，情辞悲切。"[③]可见马明衡与王阳明关系至为密切。

马明衡归乡后，以读书授徒为事。其间30多年与王阳明书信往返，王教其良知之学，其深得阳明学旨意。《明史》之马明衡传曰：

闽中学者率以蔡清为宗，至明衡受业于王阳明，闽中有王氏学，自明衡始。

---

① 王守仁：《与马子莘书》，王传龙、何柳惠编校：《莆田马氏三代集》，武汉：武汉大学出版社，2018年，第69～70页。

② 陈田：《明诗纪事·马明衡》，王传龙、何柳惠编校：《莆田马氏三代集》，武汉：武汉大学出版社，2018年，第103页。

③ 郑泰枢：《马忠节、师山二公遗诗序》，王传龙、何柳惠编校：《莆田马氏三代集》，武汉：武汉大学出版社，2018年，第6页。

此是指闽中学者直接学于王阳明。马明衡卒，王阳明有哭其诗文。实际上，在马明衡之前，闽中就有阳明学流传，如耿定向任职福建期间，传播阳明学。

马明衡著述，原有《尚书疑义》6卷、《礼记集解》、《春秋见存》、《周礼通义》、《子莘集》等，现仅存《尚书疑义》《子莘集》，余皆佚。今有王传龙、何柳惠编校的《莆田马氏三代集》，内有《尚书疑义》及其诸多诗文（含《子莘集》），涵盖了现今所搜集到的马明衡全集。

二、马明衡的心学思想

马明衡接受王阳明学说，认为心之本体即天理。马明衡述说：

理者，天也。在天则为天之理，在人则为人之理。尽人之理以合天之理。

……学者能求之吾心，根本已具。则以之而用于世，又岂有他道哉！五行之生成，虽有阴阳先后之次，然其意在乎审其性以别其用，要宜于民、顺乎天而已矣！圣人之治天下，聪明睿智虽无所不周，然未尝不用天之道、因地之利。盖道理本自合一，圣人惟无所违，故感通无间，至于位天地、育万物亦惟此理之极耳。[①]

理即天，是其基于其心即理。这是马明衡心学思想的前提。他在《尚书疑义》序中述说：

自后世观圣人之事必得圣人之心。不得圣人之心，而徒于迹焉求之，是犹盲者观天地、日月、风雷之变，不眩惑而失常者，未之有也。夫事者，势之所趋而至焉者也；心者，理之所极而安焉者也。势之所趋而至，则有万其无穷；理之所极而安，则至一而不变。由其不变以达其无穷，然后可以得圣人之心、观圣人之事，而圣人之道始克有于我矣。

十分显然，马明衡把心看成是事物的主宰。他又述道：

虽远在千万世之下，皆显然可见圣人之心。若同堂合席，皆以天下为一家、中国为一人，合之万世而无弊，通之百代而可行，是非有怪异高远、不可晓之事也。学者若能以是为心，随其力量，见诸行事，是即尧舜也。若得时遇主，则以是道赞其君，是即致君于尧舜也。圣贤千言万语

① 马明衡：《尚书疑义》卷四，《周书・洪范》，王传龙、何柳惠编校：《莆田马氏三代集》，武汉：武汉大学出版社，2018年，第248～249页。

教人，只是如此。[①]

在马明衡看来，心是本体，不仅主宰万事万物，还主宰历史。心是世界万物的本体。心是通过感觉器官接触外物，再通过知规定感觉的方向。由此，把心的作用扩大，外物即是心，从而“天地万物之声（色、味等）非声也，由吾心听，斯有声也”[②]。如果把阳明学看成是心的外化，是对他们思想的歪曲，不是讲哲学。阳明学是用哲学概念论证其心学的。

马明衡自设问答，进一步说明心与理的关系：“或曰：‘子之论则善矣，然亦何据？’曰：‘据诸吾心与理而已。万古之迹已不可传，诸儒之论已不可稽，若又不据吾心与理，是又安所折中乎？……子之心即舜之心也，子之理即舜之理也。求子之心与理得其安，则舜之心与理可识矣，其又非足据之大者乎！’”[③]

马明衡认为，不能把物理与吾心判为二，在事事物物上穷理不能明吾心之明德。心与理是一，不能是二，心与理是合一的。

对于天理与人欲，马明衡运用心学的观点，有深入的研究。他说：“‘人不易物，惟德其物’，此极是挈紧之言。盖不以物观物而以德观物，则睹是物者思其德，而皆务于修德矣；不以德观物而以物观物，则睹是物者爱其物，而皆竞于玩物矣。此实天理人欲之分，成败之几皆决于此。孟子谓‘先生以义说秦楚之王，秦楚之王说于义，以利说则说于利’，一字之间而治乱兴丧由之，圣贤致谨于几微之间每如此。”[④]

他又述道：

人心即人欲，道心即天理。人欲易肆故危，天理难持故微。所以易危而难存者，惟人怠惰气荒而戒惧之意不立。故时常昏昧，私意任其横流。故必戒惧之意常存，精明不昧，不使一毫私意得以萌动容留其间，而又终始如一，无有间断，不惑他歧，则此心纯乎理之发而无往非中矣。谓之允执者，诚心而固守之，而天下莫有违焉。夫子一以贯之，不过此

---

① 马明衡：《尚书疑义》卷一，《虞书·尧典》，王传龙、何柳惠编校：《莆田马氏三代集》，武汉：武汉大学出版社，2018年，第156页。

② （明）钱德洪、王汝中：《王阳明先生年谱》，扬州：广陵古籍刻印社，2000年。

③ 马明衡：《尚书疑义》卷一，《虞书·舜典》，王传龙、何柳惠编校：《莆田马氏三代集》，武汉：武汉大学出版社，2018年，第167页。

④ 马明衡：《尚书疑义》卷四，《周书·旅獒》，王传龙、何柳惠编校：《莆田马氏三代集》，武汉：武汉大学出版社，2018年，第258页。

理。此数言者,实为万世道学之祖,而尊德性、道问学、博约、知行、格致、诚正,后儒纷纷之说愈多愈惑,则以词说为之蔽也。若实用其力,反而求之吾心,如何而为精,如何而为一,亦何难明? ……此便是惟精日用之间,只是一个道理,一个工夫。万事只是一事,万心只是一心,更无他事,更无他心,此便是惟一。学者能即诸心而求之,则尧舜何远哉?①

在这里,马明衡以心为基础,说明人心与道心、天理与人欲问题,是其心学的基本观点。

对于宋儒的知行先后,马明衡用知行合一予以批评。他述说:

知行先后之说,将古人紧切之言特地扯放宽来,似觉最为害道。且宋儒知行二字缠倒一生,盖不于心体上求自得而惟于文义上费分疏,年时有限而词说无穷,亦甚足厌。是非独立说之过,亦传习诵说之徒务持胜心,有以乱之也。……盖人心体,自其灵明处而言,谓之知;自其笃实处而言,谓之行,道理须说此两字始尽。然灵明者,必笃实;笃实者,必灵明。譬如火燃,其光照处可谓属之知,其实有此光而无虚妄处谓之行。然火必实火而后能光明,而其能光明者又安有不实? 光与实又安可分为二耶? 天地间凡事可说得此两个道理,非但心体为然。然真实不可分为二,故亦有单说知而行在,单说行而知在,有并说知行,而道理皆无不足。盖道理活泼,岂可缠绵? 故愚为统论:道理可安知行二字于其间,《中庸》"或生而知,或学而知"是也。若说工夫次第先后,则不必以知行胶于其间。《大学》首章言知而不及行,《中庸》首章言行不及知矣,是盖虽不必言而知行道理自寓其间,不患其或遗也。②

在这里,马明衡把阳明学知行合一说表达得至为明白,知行是同时的。他认为宋儒在这个问题上缠倒一生,就是离开了心而空谈知行,单从字面上空谈,走入了迷途。

马明衡进一步用知行合一说分析道德伦理问题。他述说:

知行与学字自此始发,故宋儒诸公于此便要扯来作宗主,以"学于古训"至"匪说攸闻"为说知字如此之重,遂谓今人只管说治心、修身,若不见这道理,心如何地治,身如何地修? ……夫仁、义、礼、智,非由外铄

---

① 马明衡:《尚书疑义》卷一,《虞书·大禹谟》,王传龙、何柳惠编校:《莆田马氏三代集》,武汉:武汉大学出版社,2018 年,第 181~182 页。

② 马明衡:《尚书疑义》卷三,《商书·说命中》,王传龙、何柳惠编校:《莆田马氏三代集》,武汉:武汉大学出版社,2018 年,第 224~225 页。

> 我，固有之矣。善知其为善，恶知其为恶，父知其当慈，子知其当孝，君知其当仁，臣知其当忠，虽至小人皆能知之，极至如盗贼，亦岂不知？本心之明昭如日月，所谓人性之善也，惟不能胜于情欲之私，是以冒为之而不顾。大人君子本心分数所存又多，虽至于节目之详，或亦不能无待论究，亦须依本心之明者，只管精明、只管奋励学将去，中间未尝不论究也。论究，所以精明、奋励此心也，盖以精明、奋励此心为主。……即为之穷理，即为之格物致知也。[①]

在马明衡看来，知是社会的道德伦理规范，行是社会道德伦理的践履。要用知指导行，用行来实现知。其知行合一的基础是良知，即孟子所说的“不学而知者，其良知也”[②]。仁、义、礼、智、信五德是天赋予的，并不是后天从外边学进来的。

第五节　王慎中

一、王慎中的生平著述

图 8-3　泉州府文庙的王慎中塑像

（张帆供图）

王慎中，字道思，号遵岩、南江、遵岩居士，晋江安海人。其先世于元朝末年由今河南光州固始迁来。生于明武宗正德四年（1509），卒于明世宗嘉靖三十八年（1559），葬晋江紫帽山下。王慎中以上数世为儒商，其父王纪对王慎中从小就进行严格的儒家思想教育，教其读《孝经》《论语》等儒家经典。11 岁时，拜师理学家陈琛的弟弟进士陈让。后又师事大理学家蔡清的高徒易时中。名师出高徒，王慎中于嘉靖五年（1526）进士及第。王慎中历任户部主事、礼部员外郎、江阴令、山东提学佥事、江西

① 马明衡：《尚书疑义》卷三，《商书・说命下》，王传龙、何柳惠编校：《莆田马氏三代集》，武汉：武汉大学出版社，2018 年，第 225～226 页。

② 《孟子・尽心上》。

布政使参议、河南参政等。嘉靖八年(1529),与同在礼部诸名士唐顺之、李开先、屠应埈等相与讲习,学识渊博,时称"嘉靖八才子"。嘉靖十年(1531),王慎中任广东主考官,亲自录取林大钦为榜首解元。嘉靖十二年(1533),朝廷选拔翰林馆职,内阁大学士借此拉拢王慎中,结党营私,要求其谒见。王慎中断然拒绝,宁失职而不失身,由此进不了翰林院,降至吏部考功员外郎,以至贬出都门,改江西参政等。王慎中在离京前,曾上书王廷相尚书:

> 某颛蒙孤陋,百无所能,顾独有志于学。……十年于兹,因故守旧,无所加于少之锱铢,不揣私心,常愿得事当世之大人君子,一出其门,亟几席之末论,以发蒙广陋,庶毕其志。是以引领口足,欲自通于明公之门下者,盖蓄积于中久矣。及顾其颛蒙孤陋也,宜无所受教于门下之余席,愧而不敢进,中之所蓄积者,蕴而为忧悲。往者得罪去国,知必长弃永摈,无复登朝之期,于时而不冒昧一见焉,是终不得见矣。蕴而为忧悲者,又当成久疾。至于一旦填沟壑,抱无穷之恨也。故敢冒昧通谒门下,反辱明公赐之坐而语之谆谆。不以大官卑小官,不以前辈怠后生,其所以慰藉而诲谕之者多。圣贤之微言,公之所独得而某所不能与者。奉而辞去,忘其谪窜之穷,而慨然以得闻大人君子之论,以淑此身,而毕往志为莫大之遇。①

王廷相是当时知名的气学理学家。王慎中只讲崇拜其学问,要向其学习,而不讲自己被贬官之事,无哀求、求助之辞,足见其磊落之人格。

嘉靖二十年(1541),王慎中得罪大学士夏言,落职回籍。这时王慎中才33岁。王慎中后半生居家,主要从事文学研究和文化教育活动。

王慎中离开官场后,曾游历全国多处,诸如淇水、太行、苏门、百泉等山水名胜之地,对其思想的发展有很大的促进作用。

王慎中学术思想宗阳明学,文学尚唐宋散文,被称为唐宋派主要人物。

王慎中著述有《遵岩集》25卷、《玩芳堂摘稿》等。有很多诗文作品散佚,应进行辑佚和研究。

二、王慎中的心学思想

王慎中是文学家,其文学理论是在王阳明心学思想的影响下形成的。王慎中接触阳明心学,主要是在他任江西布政使参议期间。江西为理学名

---

① (明)王慎中:《遵岩集》卷二二,《上王濬川尚书》。

区，在这时期，王慎中与主要的王阳明后学欧阳德、聂豹、邹守益、陈九川、罗念庵等人一起研习阳明学。明世宗嘉靖十五年(1536)，王慎中在南京户部、礼部任职，又与王阳明最主要的后学王畿等交往论学。王畿，字汝中，号龙溪，浙江山阴(今绍兴)人。他与钱德洪共同协助王阳明指导后学，整理王阳明著述，是当时最主要的阳明学家。《明史》本传谓王畿，“闻其言，无底滞，守仁大喜”，“阳明学派，以龙溪、心斋(王艮)为最得其宗”。[①]

在阳明学者中，王畿最擅长文学。这便与王慎中相投机，有共同语言。王畿的门人萧良榦在《王畿文集序》中述说：

> 世之为文者，雕心镂肝，服藻裾华，锻炼于体裁，饤饾于词句，以为文在是。譬之剪彩刻楮，非不煜煜可观而生意索然，终瘁已尔。盖文与道歧而文始裂矣。龙溪先生，非有意于为文者也，其与人论议，或有所著述，援笔直书，罔事思索，繁而不加持，复而不为厌，非世文章家轨则。要其发挥性真，阐明心要，剔精抉髓，透入玄微，其一段精光有必不可得而泯灭者。[②]

这段话对当时华而不实的文坛进行了尖锐的批评，谓其“雕心镂肝，服藻裾华”。其根本原因是文道分离。阳明心学的核心是“知行合一”“致良知”。王畿按照阳明学的思想，文章风格以“援笔直书，罔事思索，繁而不加持，复而不为厌”为原则。就是写出的文章，情感思想自由抒发，没有条条框框的束缚。王畿心学的这一文学革新思想，是当时文学革新派文论的依据。

王慎中在王畿阳明心学思想的指引下，其文论思想发生了实质性的变化。李开先在《遵岩王参政传》中述说：

> (王慎中)在留都闲简之区，益得肆力问学，与龙溪王畿讲解王阳明遗说，参以己见，于圣贤奥旨微言，多所契合。曩惟好古，汉以下著作无取焉。至是始发宋儒之书读之，觉其味长，而曾(巩)、王(安石)、欧(阳修)氏文尤可喜。眉山兄弟，尤以为过于豪而失之放。以此自信，乃取旧所为文，如汉人者悉焚之。但有应酬之作，悉出于曾、王之间。唐荆川见之，以为头巾气。仲子(按：慎中)言“此大难事也，君试举笔自知之”。未久，唐亦变而随之矣。[③]

---

① (清)张廷玉等：《明史》卷二八三，《王畿传》，北京：中华书局，1974年。

② (明)王畿：《龙溪先生全集》卷首，萧良榦：《王畿文集序》。

③ (明)李开先：《遵岩王参政传》，《李开先全集·闲居集之十》。

由此可见，王慎中基于其接受王阳明“致良知”的心即理的世界观，摆脱了过去文论的束缚。王慎中在给唐顺之的信中述说：

以余之诵习部句，忽闻诸君之论，亦能谬言其梗概而窃知一二。……知《大学》之所谓致知者，信在内而不在外，系于性而不系于物，而龙溪君之言为益可信矣。①

这里，王慎中谓“信在内而不在外，系于性而不系于物”，是明确的阳明学“致良知”的心即理的世界观，以此指导自己的文学思想。

三、王慎中与唐宋古文运动

王慎中是当时著名的文学家。明中叶的散文形成一种模拟秦汉文章的风气，宣示不读秦汉以后之文，形成所谓“古文运动”。王慎中极为推崇唐宋八大家之一的曾巩，强调以文言志，达性情、叙义理，反对华而不实。王慎中的《海上平寇记》是其代表作，此文是为俞大猷写的。他写对俞大猷的印象：“温慈款悫，似个儒生。”但是打起仗来，却是桴鼓鸣，箭雨落，士卒变色落魄。王慎中进一步述说：

(俞大猷)顾意色壮，张扬矜奋。重英之矛，七注之甲。鸷鸟举而虓虎怒，杀人如麻，目睫曾不为之一瞬，是何其猛厉孔武也！②

这是王慎中描写俞大猷的军事才能。文中还有俞大猷的治军方略，爱护士卒，预言他将必有大用。文章脍炙人口，大气磅礴。此后俞大猷誉满士林，成为名将。

对于王慎中的古文学思想，《明史》有所记载：

慎中为文，初主秦汉，谓东京下无可取。已悟欧、曾作文法，乃尽焚旧作，一意师仿，尤得力于曾巩。顺之初不服，久亦变而从之。壮年废弃，益肆古文，演迤详赡，卓然成家，与顺之齐名，天下称之曰王、唐，又曰晋江、毗陵。家居，问业者踵至。③

王慎中的古文论著对后来有很大的影响。在清代方苞等桐城派古文运动倡导者的论著中，其主张师法大都可以在王慎中的论著中找到类似的例子。后世的古文学者论著，其笔法很多是王慎中等定下的基调。

---

① (明)王慎中：《遵岩集》卷二二，《与唐荆川》。

② (明)王慎中：《遵岩集》卷三，《海上平寇记》。

③ (清)张廷玉等：《明史》卷二八七，《文苑·王慎中传》，北京：中华书局，1974年。

第六节　李　贽

一、李贽的生平著述

图8-4　李　贽

李贽，原名载贽，字宏甫，号卓吾，别号温陵居士，福建泉州人。生于明世宗嘉靖六年（1527），卒于明神宗万历三十年（1602）。明嘉靖三十一年（1552）中举人。因困乏，不再上公车（考进士）。授河南辉县教谕，迁南京、北京国子监博士，南京刑部员外郎等。50岁时，出任云南姚安知府。越3年，辞官到湖北黄安讲学，依黄安友人耿定理生活。耿定理死后，移居麻城龙湖，筑芝佛院以居。生活靠和尚深有侍奉。龙湖僻静，外人罕至，偶尔有友人来见。李贽居此，读书、著作，生活很安适。他写了《石潭即事》诗，抒发他的愉快心情。其中一首曰：

> 十卷《楞严》万古心，春风是处有知音。即看湖上花开日，人自纵横水自深。[①]

李贽隐居龙湖20年，大部分著作是在这段时间里完成的。

据《明神宗实录》卷三六九载，朝廷在礼部给事中张问达疏劾李贽罪状批曰：

> 得旨：李贽敢倡乱道，惑世诬民，便令厂卫五城，严拿治罪。其书籍已刻未刻，令所在官司尽搜烧毁，不许存留。如有徒党曲庇私藏，该科道及各有司访参奏来并治罪。

对此，顾炎武评之曰："愚案：自古以来，小人之无忌惮，而敢于叛圣人者，莫甚于李贽。然虽奉严旨，而其书行于人间自若也。"[②]被朝廷以敢倡乱道投入狱中，横加迫害，于万历三十年（1602）二月在狱中用剃刀自刎而死。

李贽的性情，其《自赞》曰：

---

① （明）李贽：《焚书》卷三，《石潭即事》。

② （清）顾炎武：《日知录》卷一二。

> 其性褊急，其色矜高，其词鄙俗，其心狂痴，其行率易，其交寡而面见亲热。其与人也，好求其过而不悦其所长；其恶人也，既绝世人，又终身欲害其人。志在温饱，而自谓伯夷、叔齐；质本齐人，而自谓饱道饫德。分明一介不与，而以有莘借口；分明毫毛不拔，而谓杨朱贼仁。动与物迕，口与心违。其人如此，乡人皆恶之矣。昔子贡问夫子曰："乡人皆恶之，何如?"子曰："未可也。"若居士，其可乎哉！[①]

此为自嘲，而其实际行为不一定完全如此，却也说出自己的性格特点。李贽还说：

> 余唯不受管束之故，受此磨难，一生坎坷，将大地为墨，难尽写也。为县博士，即与县令、提学触；为太学博士，即与祭酒、司业触。司礼曹务，即与高尚书、殷尚书、王侍郎、万侍郎尽触也。……最苦者为员外郎，不得尚书谢、大理卿董并汪意。……又最苦而遇尚书赵。赵于道学有名，孰知道学益有名，而我之触益又甚也。最后为郡守，即与巡抚王触，与守道骆触。……此余平生说大略也。[②]

李贽的学术思想属于阳明学下的泰州学派。泰州学派以王艮为代表，因其是江苏泰州人。王艮，原名银，字汝止，号心斋。38 岁拜师王阳明。王阳明服其聪慧，能传其学，取银之艮，为其更名为王艮。其学"往往驾师说之上"[③]，王阳明谓"吾党今乃得一狂者"[④]。李贽曾与阳明学的核心学者王畿、罗汝芳等论学，甚为推崇他们的学识。师事王艮之子王襞，为泰州学派的传人，或谓其为阳明学左派。

李贽著述有《焚书》6 卷、《续焚书》5 卷、《藏书》68 卷、《续藏书》27 卷，《易因》、《李温陵集》数卷等。

二、李贽的道学思想

一般谓李贽是反道学思想，其实"反道学"也是一种道学思想，他是反假道学。李贽主张心是世界的本体，不同意"理生气"的观点，认为"天下万物皆生于两，不坐于一。……惟是阴阳二气、男女二命耳。初无所谓一与理也，而何太极之有"？他述说："岂知吾之色身洎外而山河，遍而大地，并所见

① （明）李贽：《焚书》卷三。

② （明）李贽：《焚书》卷三，《豫约·感慨平生》。

③ （清）张廷玉等：《明史》卷二八三，《儒林·王艮传》，北京：中华书局，1974 年。

④ （明）王艮：《心斋集》卷五。

之太虚空等，皆是吾妙明真心中一点物相耳！……山河大地即清净本源。”[1]李贽强调心外无物，“人之是非，初无定质；人之是非人也，亦无定论。……无定质则此是彼非，并育而不相害；无定论，则是此非彼，亦并行而不相悖矣”！[2]

李贽是在批判道统中论述自己的道学思想的，他认为“道之在人，犹水之在地也；人之求道，犹掘地而求水也”[3]。他反对道在事外，言“盖与世推移，其道必尔”[4]，就是道随着事物的变化而变化，因道在事中。在他看来，道无不在人，人无不载道。如果说，秦汉以来千数百年，“人尽不得道，则人道灭矣，何以能长世也”。谓到宋才得到道统之传，则“何宋室愈以不竟，奄奄如垂绝之人，而反不如彼之失传者哉”！[5] 李贽的结论是：根本没有所谓道统，是道学家捏造出来的好自尊大的旗帜，是对古人的诬蔑。

李贽进一步揭露、嘲笑假道学家的虚伪行径。他述说：

> 阳为道学，阴为富贵。被服儒雅，行同狗彘然也。夫世之不讲道学而致荣华富贵者不少也，何必讲道学而后为富贵之资也？此无他，不待讲道学而自富贵者，其人盖有学有才，有为有守，虽欲不与之富贵，不可得也。夫唯无才无学，若不以圣人讲道学之名要之，则终身贫且贱焉，耻矣！此所以必讲道学以为取富贵之资也。[6]
>
> 平居无事，只解打恭作揖。终时匡坐，略于泥塑。以为杂念不起，便是真实大圣大贤人矣。其稍学奸诈者，又搀入良知讲习，以阴博高官。一旦有警，则面面相觑，绝无人色，甚至互相推委，以为能明哲。盖因国家专用此等辈，故临时无人可用。[7]

这是刻画当时儒林的真相，入木三分！

李贽反对道学家的明全天理、去尽人欲之说。他述说：“穿衣吃饭即是人伦物理，除却穿衣吃饭，无论物矣”[8]；“夫私者，人之心也。人必有私，而

---

① (明)李贽：《焚书》卷四。

② (明)李贽：《藏书·世纪列传总目前论》。

③ (明)李贽：《藏书》卷三二。

④ (明)李贽：《焚书》卷三。

⑤ (明)李贽：《焚书》卷三。

⑥ (明)李贽：《焚书》卷二，《三教归儒说》。

⑦ (明)李贽：《焚书》卷四，《因记往事》。

⑧ (明)李贽：《焚书》卷一。

后其心乃见。若无私,则无心矣"[①];"趋利避害,人人同心。是谓天成,是谓众巧"。[②] 李贽由人人同心,进一步论述真心,揭露伪心。他发挥王阳明的良知说,提出著名的童心说。他述说:

夫童心者,真心也。若以童心为不可,是以真心为不可也。夫童心者,绝假纯真,最初一念之本心也。若失却童心,便失真心;失却真心,便失却真人。人而非真,全不复有初矣。童子者,人之初也;童心者,心之初也。夫心之初,何可失也!然童心胡然而遽失也?盖方其始也,有闻见从耳目而入,而以为主于其内而童心失。……夫既以闻见道理为心矣,则所言者皆闻见道理之言,非童心自出之言也。言虽工,于我何与,岂非以假人言假言,而事假事文假文乎?盖其人既假,则无所不假矣。由是而以假言与假人言,则假人喜;以假事与假人道,则假人喜;以假文与假人谈,则假人喜。无所不假,则无所不喜。[③]

童心说是李贽道学思想的核心,是对王阳明良知说的进一步发挥。读书穷理,原只是为保持童心,复为真人。"童心"是做人辨明是非的标准。

由此可见,王阳明心学是李贽思想的重要渊源。李贽所谓的"童心",与阳明学家罗汝芳所说的"赤子之心",应是同一意义。

三、李贽的不以前人是非为是非论

李贽在龙潭芝佛院供奉孔子,他在《题孔子像于芝佛院》中述说:

人皆以孔子为大圣,吾亦以为大圣。皆以老、佛为异端,吾亦以为异端。人人非真知大圣与异端也,以所闻于父师之教者熟也;父师非真知大圣与异端也,以所闻于儒先之教者熟也;儒先亦非真知大圣与异端也,以孔子有是言也。其曰"圣者,吾不能",是居谦也;其曰"攻乎异端",是必为老与佛也。儒先臆度而言之,父师沿袭而诵之,小子朦胧而听之。万口一词,不能破也;千年一律,不自知也。不曰"徒诵其言",而曰"已知其人";不曰"强不知以为知",而曰"知之为知之"。至今日,虽有目,无所用矣。余何人也,敢谓有目?亦从众耳。既从众而圣之,亦

---

① (明)李贽:《藏书》卷三二。

② (明)李贽:《焚书》卷一。

③ (明)李贽:《焚书》卷三。

> 从众而事之。是故“吾从众”，事孔子于芝佛之院。[①]

在这里，李贽用讽刺的笔调抨击对孔子的崇奉，不以孔子之是非为是非，揭露当时社会中信仰的虚伪形象。在《藏书》里，李贽肯定了荀卿的地位应该摆在孟子之前。他说：荀与孟同时，“荀卿更通达而不迂，不晓当时何以独抑荀而扬孟也”？应该把孟、荀改排为荀、孟。[②] 李贽又贬低程颐和朱熹的地位，把他们列入“行业儒臣”与“文学儒臣”，不予以“德业儒臣”的地位。

李贽还批评儒家的经典。对“六经”、《论语》、《孟子》等经书，抱着轻蔑的态度，说这些书不过是当时弟子的随笔记录，有头无尾，得后遗前，大半非圣人之言。就算有圣人之言，也只是一时的因病发药，不是“万世之至论”。他指出“‘六经’、《语》、《孟》乃道学之口实，假人之渊薮”，是假道学家的思想根据，与他提倡的纯真的“童心”是不能相比的。[③]

孔子和儒家典籍的思想，是中国文化的基本内容，历来都是加以正面论述，而李贽却扫荡宿闻宿见，不以前人之是非为是非，独出心裁，发前人所未发。这显然是李贽胆大妄为之言，是道别人不敢道、掩耳不敢闻的。李贽后来被朝廷逮捕入狱致死，自己也是预先意识到的。李贽曾说自己胆大妄为：

> 天幸生我大胆，凡昔人之所忻艳以为贤者，余多以为假，多以为迂腐不才，而不切于用。其所鄙者，弃者，唾且骂者，余皆以为可托国托家而托身也。其是非大戾昔人如此，非大胆而何！[④]

李贽所谓大胆，非以尽抹前人之是非为大胆，是前人之是非有不合于己者。顾泾阳说：“李卓吾大抵是人之非，非人之是，又以成败为是非而已。”[⑤]

李贽思想的特点，在于扫荡伪善的宿闻宿见，不以前人之是非为是非。他述说：

> 前三代吾无论矣，后三代汉唐宋是也，中间千百余年，而独无是非者，岂其人无是非哉？咸以孔子之是非为是非，故未尝有是非耳。然则余之是非人也，又安能已！夫是非之争也，如岁时然，昼夜更迭，不相一也。昨日是而今日非矣，今日非而后日又是矣。虽使孔子复生于今，又

---

① (明)李贽：《续焚书》卷四。

② (明)李贽：《焚书》卷三二，《荀卿传》。

③ (明)李贽：《焚书》卷三，《童心说》。

④ (明)李贽：《温陵集》卷二，《答耿中丞》。

⑤ (明)顾泾阳：《泾皋藏稿》卷五，《柬高景逸》。

不知作何如非是也，而可遽以定本行赏罚哉！[①]

很明显，李贽强调是非有时间、时代性。在李贽看来，孔子之是非，是孔子时代之是非；今日之是非，应该异于孔子时代之是非。孔子时代之是非，不可能尽合于今日之是非。今日之是非，是今之时代之是非，两者不可能是相同的。

李贽之是非论，可从两个方面说：一是"是非的自我性"。李贽在论到司马迁时述说：

观班氏父子讥迁之言，谓真足以讥迁矣，不知适以彰迁之不朽耳。夫所谓作者，谓其兴于有感，而志不容已；或情有所激，而词不可缓之谓也。若必其是非尽合于圣人，则圣人既已有是非矣，尚何待于吾也！夫按圣人以为是非，则其所言者乃圣人之言，非吾心独得之言也。言不出于由衷，情非由于所激，则无味矣。有言者不必有德，又何贵于言也！[②]

这是说，圣人有是非，司马迁亦有是非；司马迁之是非，不妨谬于圣人。必以孔子之是非为是非，而求其不谬，是忘却自我。人而忘我，则世无孔子，吾将遂失之为人之依凭。这是无道理的。李贽说："夫天生一人，自有一人之用，不待取给于孔子而后足也。若必待取足于孔子，则千古以前无孔子，终不得为人乎！"[③]孔子是人，我也是人，一人有一人之用，我不待取给于孔子而后跟，则我之地位，其崇高盖无异于孔子，哪是必以孔子之是非为我之是非呢！而况孔子时代之是非，不能尽合于今日；今日之是非，固当自我而是非。

二是"是非在我而不在人"。是人之非，非人之是，是非在我而不在人。人之是者，我亦以为是则是之，我以为非则非之；人之非者，我亦以为非则非之，我以为是则是之。因此，是非在我，这就是李贽的是非结论。

综观李贽的著述，其对历史人物之是非大致有如：忠诚——张良、诸葛亮、裴度、韩琦。经世——魏相、魏徵。循良名臣——张释之、杜延年、卓茂、房琯。直节名臣——屈原、汲黯、李固、杜乔。德业儒臣——荀卿、孟轲、邵雍、周敦颐。行业儒臣——陆贽、范仲淹、司马光、朱熹。贪贼——蔡京、贾似道。残贼——张汤、裴延龄。奸贼——李林甫、卢杞、秦桧。逆贼——董

① （明）李贽：《藏书·世纪列传总目前论》。

② （明）李贽：《藏书·司马迁》。

③ （明）李贽：《温陵集》卷二，《答耿中丞》。

卓、王敦、安禄山。千古一帝——秦始皇。千古英雄——项羽。奸臣篡夺——晋司马氏。智谋——吕不韦、李园。忠诚、直节、智谋——张良。才力——李斯。善择佳偶——卓文君。吏隐——冯道。对于这些历史人物，早就有比较一致的是非论，而李贽的是非却与一般的是非大不相同。李贽有自己的是非论标准。例如，李贽论卓文君说：

方相如之客临邛也，临邛富人如程郑、卓王孙等，皆财倾东南之产，而目不识一丁。令虽奏琴，空自鼓也，谁知琴心？其罗列宾席者，衣冠济楚，一何伟也！空自见金而不见人，但见相如之贫，不见相如之富也。不有卓氏，谁能听之！然则相如，卓氏之梁鸿也。使其时卓氏如孟光，必请于王孙，吾知王孙必不听也。嗟夫！斗筲小人，何足计事，徒失佳偶，空负良缘，不如早自抉择，忍小耻而就大计。《易》不云乎同声相应，同气相求。同明相照，同类相招。云从龙，风从虎。归凤求凰，安可诬也！[①]

其论冯道说：

冯道自谓长乐老子，盖真长乐老子者也。孟子曰："社稷为重，君为轻。"信斯言也，道知之矣。夫社者，所以安民也；稷者，所以养民也。民得安养而后君臣之责始塞。君不能安养斯民，而后臣独为之安养斯民，而后冯道之责始尽。今观五季相禅，潜移默夺，纵有兵革，不闻争城，五十年间，虽经历四姓，事一十二君，并耶律契丹等，而百姓卒免锋镝之苦者，道务安养之力也。[②]

由此可见，"人皆以文君为淫奔，卓吾独称其善择佳偶；人皆以冯道为贪顽无耻，卓吾独称其能以安养百姓为务。此在吾人今日读之，已不复河汉其言，而在三百年前随脚跟陋儒读之，岂有不骇而却走耶！然使卓吾无此等是非，即不足以为卓吾，而卓吾之学说，亦无由成立。故卓吾尝自谓其所是非者，皆其精神心术所系，法家传受之书，不可轻易改移者"，"顾氏不知其非非是是，皆几经斟酌而后定，而徒以是人之非，非人之是，又以成败为是非讥之，岂不陋欤！……儒家思想定于一尊之时，先民旧说，往往为依草附木者利禄之资。而新学说之产生，亦往往被此辈摧折无余，而复窃其名曰卫道。卫道者愈多，而学术之推进愈缓矣。吾草此文，不能不致慨于今日之中国学

① (明)李贽:《藏书·文学儒臣·司马相如》。

② (明)李贽:《藏书·吏隐·外臣冯道》。

术界，犹有不少三百年前之卫道人也”![1]

对于李贽的思想，明著名佛学家袾宏有段评论：

> 卓吾超逸之才，豪雄之气，吾重之。然可重在此，可惜亦在此。夫人具如是才气，而不以圣言为量，常道为凭，镇之以厚德，持之以小心，则必好为惊世矫俗之论以自愉快。试举一二，卓吾以世界人物俱肇始于阴阳，而以太极生阴阳为妄语。盖据《易传》有天地然后有万物，而以天阴地阳、男阴女阳为最初之元本，更无先知者。不思易有太极是生两仪，同出夫子传《易》之言。而一为至论，一为妄语何也？乃至以秦皇之暴虐为第一君，以冯道之失节为大豪杰，以荆轲聂政杀身为最死得所。而古称贤人君子者，往往反摘其瑕类，甚而排场戏剧之说，亦复以《琵琶》荆钗守义持节为勉强，而《西厢》拜月为顺天性之常。噫！《大学》言好人所恶、恶人所好，灾必逮其身，卓吾之谓也。惜哉！……卓吾负子路之勇，以不持戒素而事宰杀，不处山林而游朝市，不潜心内典而著述外书，即正首丘，吾必以为幸而勉也。虽然，其所立遗约，训诲徒众者，皆教苦行清修，深居而简出，为僧者当法也。苏子瞻讥评范增，而许以人杰。予与卓吾亦云。[2]

这段对李贽的综合评价，是比较确切的。

第七节　黄道周

一、黄道周的生平著述

黄道周，字幼平，号石斋，学者称石斋先生，谥忠烈，福建漳州镇海卫铜山（今东山铜陵）人。生于明神宗万历十三年（1585），清世祖顺治三年（1646）殉节。明熹宗天启二年（1622）进士，天启、崇祯朝任翰林编修、詹事府詹事等。在南明弘光朝，任礼部尚书，后又拥立朱聿键于福州，位居相辅，以兵部尚书的身份率兵抗清。失败被俘，不屈，殉节于金陵（今南京）。

黄道周家境贫困，无力延师，幼年多出于家教。7岁读书，过目成诵，

---

① 黄云眉：《李卓吾事实辨正》，《金陵学报》第2卷第1期，1933年。

② （明）袾宏：《竹窗三笔·李卓吾》，上海：有正书局，1914年，第17页。

"凡数年，自经传子籍，旁及诗、赋、声律、铅汞、阴阳之学，无不耽精元览焉"[①]。年十九、二十，关心国事，"献《时事策》，以干藩臬"，"往阙下，上书不果"，"知王道之难行"。随之著《易本象》8卷，试图"明天人之际"。不久，东林党人周起元被阉党迫害下狱。黄道周"在家倾凑，得数千金，随众捐助"，进行营救。天启六年(1626)，母病故，在家守墓，撰《三易洞玑》。书成，"辞墓出山"，返都。[②]

崇祯十年(1637)，升任少詹事，充经筵讲官。次年，《孝经集传》成。崇祯十四年(1641)，因解学龙荐人才，疑其结党，黄道周牵连入狱。他在狱中上书所言："臣通籍二十载，历俸未三年。"[③]黄道周是封建时代的正直士大夫，严操守，重气节，刚直敢言，所陈时政切中时弊，"公卿多畏而忌之"。而崇祯帝刚愎自用，难以任贤从谏。时代决定了黄道周的悲剧命运。后谪广西，不久平反。居家，撰《坊记集传》《表记集传》等。弘光元年(1645)五月，南京陷落，弘光朝覆灭。七月，他率领部下和门人1000多人抗清，战败，被俘。不屈，次年三月，就义于南京东华门外，时年62岁。

图8-5　黄道周

黄道周在学术方面无师承。他除居官外，一生精力主要从事著述、讲学，"海内从之问业者"达几千人，史称"学贯古今"。他著述宏富，约40种，近200卷，数百万言。以论《易》较多，受北宋理学家邵雍的影响，注重象数。黄道周的思想体系比较复杂，在理学思想方面，基本上倾向于朱子学，也调

---

① (明)黄道周:《黄漳浦集》卷首，洪思:《黄子传》。

② (明)黄道周:《黄漳浦集》卷首，《漳浦黄先生年谱》。

③ (明)黄道周:《黄漳浦集》卷首，《漳浦黄先生年谱》。

和朱、陆，如他在《朱陆刊疑》一文中述说：

> 用子静以救晦翁，用晦翁以剂子静，使子静不失于高明，晦翁不滞于沉潜，虽思、孟复生，何间之有？[①]

在《子静直指》一文中，又以为“阳明全是濂溪学问，做出事功”[②]。他在自然观、认识论等方面对理学传统都有所背离。

黄道周的著述有《石斋十二书》(196 卷)、《黄道周集》、《乾坤正气集·黄石斋先生集》(16 卷)、《黄石斋未刊稿》(1 卷)、《黄漳浦集》(50 卷，年谱 2 卷)等。黄道周的著作，现在通常能见到的汇编本有《石斋先生经传九种》和《黄漳浦集》。

二、黄道周的世界观

黄道周学问渊博，尤喜研讨《易》学。“上推天道，下验人事”，精于天文历数。在他所著《博物典汇》一书中，他总结了以往天文、历象和历代典章制度的知识。此书后人评价很高。蔡方炳述说：

> (此书)萃三书(《通典》《通志》《文献通考》)之至精，补三书之未及。约而该，博而有要。[③]

黄道周的自然观主要来自《周易》《洪范》《月令》等中的阴阳五行说以及东汉张衡的浑天说。黄道周认为，气是构成世界的基本要素。他述说：

> 阴阳者，天地之气；五行者，天地之质。气质具而性命行乎其中。[④]

他把阴阳二气和金、木、水、火、土“五行”看作是构成天地万物的物质元素。他还强调作为阴阳二气的“太极”乃是天地万物的本原。他述说：

> 盖天以二气、五行化生万物。……性命之原本于太极。[⑤]

他认为：“太极与阴阳，总是一个。”[⑥]黄道周把“太极”看作是阴阳二气，是据《周易》的“易有太极，是生两仪”观点的。所谓“两仪”，就是由“太极”所生成的天地，也就是黄道周所说的“阴阳者，天地之气”。他强调有了阴阳之气，才有天地的形成和人类万物的产生，才出现“时有寒暑”“日有昼夜”等自

---

① (明)黄道周：《黄漳浦集》卷三〇，《朱陆刊疑》。

② (明)黄道周：《黄漳浦集》卷三〇，《子静直指》。

③ (明)黄道周：《博物典汇》卷首，蔡方炳：《重订博物典汇序》。

④ (明)黄道周：《石斋先生经传》，《洪范明义·叙畴章》。

⑤ (明)黄道周：《石斋先生经传》，《洪范明义·方箕章》。

⑥ (明)黄道周：《榕坛问业》卷一四。

然界的变化，以及“积成自然，序数可别”的变化规律。[①] 这说明黄道周的本体论的基本观点是“气”（“太极”）。黄道周正是在以“气”为宇宙本体的基础上，接受了张衡的浑天说，并运用浑天说的观点来解析地球和天上其他星球不坠的原因。他赞同后期浑天说，把大地看作是个宇宙空间的圆球理论。他述说：

天之形状如鸡卵，地居其中，天包地外，犹卵之裹黄。圆如弹丸，刚气围合，包络凝固不散。大地孤悬虚空而无坠陷于此，天上之星辰河汉悬空不坠，亦以此。[②]

黄道周的这种观点，已经突破了张衡关于地球“载水而浮”[③]的浑天说，继承和发展了宣夜说和后期浑天说的观点，认为地球和其他星球之所以不坠，是由于它们都悬浮于空气之中，“刚气围合，包络凝固不散”。他又进而用张载“地在气中”而不坠的观点来说明浮悬于空中的其他星球。[④]

三、黄道周的易学思想

黄道周认为治《易》要“推明天地，本于自然”[⑤]。《易》理是对日、月、天地等自然界及其变化规律的认识，因而治《易》就得如实反映日、月、天地的自然形态及其变化规律，否则就不能成为真正的易学。他述说：

凡易，本于日月，与天地相似。其有不准于天地、本于日月者，非易也。天地之用，托于日、月，日运南北以为寒暑，月行迟疾以为朔望。气周象躔，或盈或虚，各以其节。积久而合，纤毫秒忽不可废也。[⑥]

黄道周之所以强调治《易》要“本于日月”“准于天地”，是因为“天地悬象，莫大于日月”，有了日月，才有水、火、山、泽、风、雷等自然物的产生和变化，所以他根据古训，把“易”说成是“日月之谓也”。他述说：

天地悬象，莫大于日月。有日月而后有水火，有水火而后有山泽，有山泽而后有风雷。水火生于日月，风雷发于山泽。日月不明，山泽不

① （明）黄道周：《榕坛问业》卷六。

② （明）黄道周：《博物典汇》卷一。

③ 《浑天仪图注》。

④ （宋）张载：《正蒙·参两篇》。

⑤ （明）黄道周：《黄漳浦集》卷二〇，《大象十二图序》。

⑥ （明）黄道周：《黄漳浦集》卷二九，《易象正序例》。

灵。故易者，日月之谓也。[①]

他认为，“易”就是日月的自然之理，是对太阳、月球的作用和其变化规律的表述。因此，治《易》者当然要以“天道为经”“日月为本”[②]。对于那些轻视自然之道的“世之谈《易》者”，黄道周认为只是“略举阴阳、粗明气象而已”，并批评这些人“专谈理义以为性命”[③]的倾向。

四、黄道周的人性论

黄宗羲在《明儒学案》中对黄道周的人性论曾有评论，说他“深辨宋儒气质之性之非”[④]。这说明黄道周的人性论与传统理学家的人性论有同有异，有自己的特点。

在人性的本源问题上，黄道周认为人性源于天，性自天命，以至把人性和“天命”完全等同起来，谓“性是天命”[⑤]。这和程颐所谓“在天谓命，在义为理，在人为性”的观点，以及朱熹说的“天地之性”为“天命之性”的说法是一致的。这种说法抹杀了人性的社会性。黄道周吸取了《孟子》“诚者，天之道也；思诚者，人之道也”，以及《中庸》“诚者，天之道也；诚之者，人之道也”的观点，认为天命之性的道德内容，来源于“诚”，并得出了“诚是性之本体，至诚是明诚之极功”的结论。[⑥] 黄道周把“诚”看作天命之性的本体，突出天命之性的道德内容。这说明黄道周和其他理学家一样，企图贯通天人，想从本体论中寻求封建道德合理性的依据。不过，这样他就违背了自己在自然观上不信天命鬼神而重客观自然规律的观点，陷入了理学家思诚、立诚的窠臼。

黄道周认为从根本上讲，天命之性是至善的。他根据《周易》“继之者善也，成之者性也”的观点，把天赋的“善性”看作是万物的根源。他述说：

宇宙圣贤总是善念做起，这个善念在天为明命，则曰不已；在人为至诚，则曰无息。无息不已，正是恒处。故《易》曰继善成性。

《易》云“继之者善，成之者性”，善继天地，性成万物。继天立极，是

---

① (明)黄道周:《黄漳浦集》卷二〇,《大象十二图序》。

② (明)黄道周:《黄漳浦集》卷二九,《易象正序例》。

③ (明)黄道周:《黄漳浦集》卷二九,《易象正序例》。

④ (清)黄宗羲:《明儒学案》卷五六,《诸儒学案下四》,北京:中华书局,2008年。

⑤ (明)黄道周:《榕坛问业》卷一〇。

⑥ (明)黄道周:《榕坛问业》卷一一。

性根上事；范围曲成，是性量上事。善是万物所得以生，性是万物所得以成。①

他强调天命之性的“善”是绝对、永恒的，因为“性是天命，生是物质，物质虽凋，天命不死”。黄道周反对宋代理学家把“性”分为“天命之性”（或称“天地之性”）和“气质之性”，以及他们企图从先天气禀的不同中去寻找由“善”变“恶”的根源。他坚持天性皆善，认为人之所以变“恶”或“愚”，皆是后天的习染不同所致。他说：“皆是习，岂是性。”他述说：

气有清浊，质有敏钝，自是气质，何关性上事。如火以炎上为性，光者是气。其丽于木而有明暗、有青赤、有燥湿，是质，岂是性？水以润下为性，流者是气。其丽于土而有轻重、有晶淖、有甘苦，是质，岂是性？②

在黄道周看来，“猿静狙躁、猫义鼠贪、豸直羔驯、雁序雉介，此皆是质上事，不关性事”③。黄道周从天性皆善的观点出发，认为即使像桀、纣这样残暴昏庸的君主，其本性“其初亦近于尧、舜，此处便是性善”。正因为人的天性皆善，即使古代贤君如尧、舜者，也决不能说他们“无禹、皋护持，必至于桀、纣也”。这是由于“继善成性，是天命合人的道理；继志述事，是人道合天的道理”。黄道周述说：

学者一切以周、孔为师，参稽于《学》《庸》，沉浸于《语》《孟》。得其间十行、百行，自做得善人。④

就是说，要贯通天人，继善成性，就不会被恶习所染而由“善”变为“恶”。黄道周如此强调天性皆善，其目的就是上引黄宗羲所说的“深辨宋儒气质之性之非”。

---

① （明）黄道周：《榕坛问业》卷一四。

② （明）黄道周：《榕坛问业》卷一七。

③ （清）黄宗羲：《明儒学案》卷五六，《诸儒学案下四》，北京：中华书局，2008年。

④ （明）黄道周：《黄漳浦集》卷三〇，《子静直指》。

第九章

清代初期的福建理学

整个清代理学学术思想大致可以分为三个时期:清初朱学与王学之争,朱学占上风,朱子学复兴;清中季乾嘉时期汉学与宋学(主要是朱子学)之争,汉学占上风,考据学复兴;清末西学(新学)与中学(旧学)之争,这期间福建理学的传衍已接近尾声,只是在咸丰同治之际,一度出现回光返照的"同治中兴"。

1644年,清军入关,打败了刚占领北京推翻明朝的李自成农民起义军,以北京为首都,建立起大清帝国。清朝从入关至1911年灭亡,有268年之久。清朝建立至雍正年间(1723—1735),历经顺治、康熙、雍正三朝,将近一个世纪,称为初期,是其巩固和发展时期。本章就是论述这个时期的福建理学。

清朝采取不少减轻人民负担的措施,如实行明朝废而不行的"一条鞭法",农民只纳一项地税,税率也比较轻,其他各项明朝所实行的苛捐杂税,全部豁免。特别是明末农民大起义冲击了各种地主庄园,使农民又有机会和土地结合,产生大批自耕农和中小地主,缓和地主和农民的一些矛盾,有利于农业生产的恢复和发展。

清代的社会经济,是农业和家庭手工业相结合的自然经济。清政府由于害怕沿海人民和海外通气进行反抗,采取严格的闭关政策。明代中后期已经兴起的工场手工业和海外贸易,在清初没有得到发展,初期的资本主义萌芽遭到窒息,中国资本主义的发展道路被阻断了。

清朝统治者在文化教育和学术思想领域实行高压和利诱并用的政策。他们禁锢一切自由思想,连王阳明的"致良知"也被认为有点危险,遭到禁止。对于知识分子,大兴文字狱,进行屠杀,并株连不少人,最著名的是吕留良狱。吕留良是著名的理学家,提出"华夷之辨"大于"君臣之伦",实际上是不承认清朝的统治。当时清朝统治者认为要进行统治,就要用儒家思想;要用儒家思想，就必须用程朱理学，但又害怕程朱理学中的“民族大义”。因此就借着吕留良案，大兴文字狱，妄图扼杀程朱理学中的相关思想，把程朱理学作为他们统治的思想工具。同时，设立博学鸿词科来招揽明朝遗留下来的名士，除黄宗羲、顾炎武、傅山、李颙、万斯同等誓死不应诏外，大都上了钩。恢复明代八股取士，招揽热衷于功名利禄的知识分子，使其醉心于学而优则仕。大规模编纂书籍，既可以拉拢知识分子，又可以修书扬名。

例如康熙二十九年（1690），编纂《大清会典》1800 卷；康熙四十三年（1704），编辑《佩文韵府》443 卷；康熙五十二年（1713），编纂《渊鉴类函》450 卷、《朱子全书》66 卷；康熙五十四年（1715），编辑《性理精义》12 卷；康熙五十五年（1716），编辑《康熙字典》242 卷；康熙五十八年（1719），编纂《骈字类编》140 卷。雍正四年（1726），编成《古今图书集成》1 万卷。自康熙早年之大规模编纂至乾隆三十八年（1773）编纂《四库全书》，总计 30 多种，从而使一些学者忙于编纂，无暇顾及政治，实现了清初思想意识领域的相对稳定。

清朝统治者总结元朝以来的统治经验，认识到朱子学是最好的思想武器。清朝从建国至末年德宗光绪三十一年（1905），仍沿用元明以朱熹所定“四书”及其注释为国家考试和学校教育的基本课本。清圣祖康熙皇帝《朱子全书序》曰：

> 朱子注释经，阐发道理，没有一字一句不明白精确，归于大中至正。……集大成而绪千百年绝传之学，开愚蒙而立亿万世一定之归。

这就是说，朱子学是最正统的儒学，是治国安民的主导思想。因此，康熙皇帝强调要把以朱子学为代表的理学贯串于实际生活中，提出“凡所贵道学（即理学）者，必在身体力行，见诸实事，非徒托之空言”。他又述道：

> 日用常行，无非是理，自有理学名目，而彼此辩论，朕见言行不相符者甚多。终日讲理学，而所行之事，全与所言背谬，岂可谓之理学？若口虽不讲，而行事皆与道理吻合，此即真理学也。[①]

康熙皇帝自谓，他从 8 岁开始就精心研究朱熹所注《大学》《中庸》，甚至愉快并终身研读儒家经典。他在位 61 年，殿召名儒讲经，有时讲经还在上朝以前，始则隔日一讲，后则每日俱讲，甚至盛夏和在西南叛变时，亦讲习不辍。自称“读书五十载，只认得朱子一生所作何事”。在康熙十年（1671），他派二程后裔为“五经”（《尚书》《诗经》《易经》《礼记》《春秋》）筵席。康熙二十

① 《清实录·大清圣祖仁皇帝实录》第五，康熙二年八月。

四年(1685),于周敦颐后裔亦复如是。他谓数十年来得宋儒之实据,远胜于从前汉唐诸儒。康熙五十一年(1712),以朱子有功圣道,特进木主于十哲之下,升朱熹配祀文庙十哲之列(以往只把朱熹放在文庙两廊)。康熙五十三年(1714)和康熙五十四年(1715),先后谕敕李光地编纂《朱子全书》《性理精义》《周易折中》等,阐明性理,颁行全国,以广流传。此外,还编纂《理学真伪论》《孝经衍义》《诗经传说汇纂》《书经传说汇纂》《春秋传说汇纂》《性理精义》等,用朱子学统一天下言论和思想。康熙皇帝对不同的朱子学派曲躬包容,都予以肯定。清陈庚焕谓:"我圣祖(康熙)仁皇帝,表彰发明朱子之学,转益尊显,折中垂法,且永永无斁。"[①]清蓝鼎元述说:

> 圣祖(康熙)仁皇帝升朱子从祀于孔门十哲之班,尊崇极至,千载无匹。学者知尊朱子,而一以居敬穷理为宗,内外本末交相培养,虽日挞而求其为陆王之学,不可得矣。而佛老之悖谬昭彰,三尺童子能知之。其不为所惑,又无足论也。[②]

清人昭梿亦述说:

> 仁皇帝夙好程朱,深谈性理。虽宿儒耆学,莫能窥测。尝出《理学真伪论》以试词林,又刊定《性理大全》《朱子全书》等书。特命朱子配祀十哲之列,故当时宋学昌明,世多醇儒,非后世所能及也。[③]

由于康熙皇帝对朱熹最为尊崇,天下士子莫不奉为准绳。在康熙皇帝的大力提倡下,清初乃朱子学之天下,控制了社会意识的各个领域。

清初朱子学之盛行,也是中国学术思想发展的必然结果。清初朱子学的复兴,可以说是对王学的反动。前面讲到,明中叶以后,王阳明学说盛行,使朱子学衰落。王阳明学说与佛教禅宗直接结合,其末流极端空疏和诞妄。他们以禅宗所谓"不立文字""明心见性""顿悟成佛"为指导,提出"何必读书,然后为学""满街皆是圣人""放下屠刀,立地可以成佛"。他们蔑视礼法和经典,夸大主观的作用,成为狂禅。清陆陇其述说:

> 王氏之学遍天下,几以圣人复起,而古先圣贤下学上达之遗法,灭裂无余。学术坏而风俗随之。其弊也,至于荡轶礼法,蔑视伦常,天下之人,恣睢横肆,不复自安于规矩绳墨之内,而百病交作。至于启(熹宗

---

① (清)陈庚焕:《惕园初稿》卷五,《闽学源流说》。

② (清)蓝鼎元:《棉阳学准》卷五,《道学源流》,蒋炳钊、王钿点校:《鹿洲全集》,厦门:厦门大学出版社,1995年,第518页。

③ (清)昭梿:《啸亭杂录》卷一,《崇理学》。

天启)、祯(思宗崇祯)之际,风俗愈坏,礼义扫地,以至于不可收捡。其所从来,非一日矣。[①]

清顾炎武也述说:

今之学者,偶有所窥,则欲尽废先儒之说而驾其上。不学,则借"一贯"之信,以文其陋;无行,则逃之性命之乡,以使人不诘。[②]

这是说王阳明学说在明末清初学术界的恶劣影响。明末清初的一些学者大都把明朝的灭亡归罪于王学末流的腐败学风。顾炎武又述道:"以一人而易天下,其流风至于百有余年之久者,古之有矣。……其在于今,则王伯安(按:王守仁)之良知是也。"[③]清李元度亦说:"论者谓明之灭亡,不亡于朋党,不亡于寇盗,而亡于学术,意以此归罪于阳明。"[④]因此,清初大多数学者感到王学非抛弃不可。他们由于抛弃王学而返回朱学,王学盛而复衰,朱学衰而复盛,是势所必然。

再则,由于"明之季年,王学末流滉洋恣肆或流为狂禅"[⑤],维护自由,荡轶礼法,不满强权的思想家和反清志士多为王学的崇拜者。自程朱理学与陆王心学对抗以来,在朝者懂得扬程朱而抑陆王,诚属最佳策略之运用。因此,清初扶朱抑王,宣扬朱学胜于王学,是当时统治阶级所需要的。

清初全国著名朱子学家辈出,东有陆陇其(字稼书,浙江平湖人)、陆世仪(字道威,号桴亭,江苏太仓人)、张履祥(字考夫,号杨园,浙江桐乡人),中有李颙(字中孚,号二曲,陕西周至人)、张伯行(字孝先,号敬庵,河南仪封人)、汤斌(字孔伯,号荆岘,河南睢州人),北有孙奇逢(字启泰,号夏峰,河北容城人),南有李光地(福建安溪人)、蔡世远(福建漳浦人)、蓝鼎元(福建漳浦人)、童能灵(福建连城人),等等。

清初朱子学者有的以董仲舒的"罢黜百家,独尊儒术"自拟,提出要罢黜朱子学以外的一切学说,独宗朱子学。陆陇其述说:

今之论学者无他,亦宗朱子而已。宗朱子为正学,不宗朱子即非正学。董子云:"诸不在六艺之科,孔子之术者,皆绝其道,勿使并进。然

---

① (清)陆陇其:《陆稼书先生文集》卷一,《学术辨》上。

② (清)顾炎武:《日知录》卷一八。

③ (清)顾炎武:《日知录》卷一八。

④ (清)李元度:《先正事略》卷三〇。

⑤ (清)陈庚焕:《惕园初稿》卷五,《闽学源流说》。

后纪可一，而法度可明。”今有不宗朱子者，亦当绝其道，勿使并进。①

清钱林《文献征存录》说：“专以朱子为宗，异于朱子，即谓为异端。”陆世仪攻击王学不遗余力，其卫道之精神最炽，实为朱学之干城。清唐鉴说：“陆世仪为学以格致诚正修齐治平为程，以居敬穷理、省察克治为工夫。谓其只提敬字，便觉此身举止动作如在明镜中。”②清张伯行说：“人称陆先生为朱子以来之第一人，吾不知也。但内圣外王之道，‘六经’、‘四子’、周程张朱之书，思之辨之。既已有素，不可谓非正学之干城也。”③

汤斌被称为当时最完美的朱子学家。清代学者方苞在《请以汤斌从祀文庙札子》中谓：“汤斌实学躬行，与陆陇其相匹，而立朝大节，则尤彰显。故五十年来，学者咸称汤陆。或谓讲学之书虽宗朱子，而亦间取陆王。”④汤斌学宗朱子，又能吸取陆王的优点来发展朱子学。

李光地一尊朱子学，论学以志、敬、知、行为序，又好治经术，于历数亦精。其学问所向，与朱子同。

李颙虽说尊奉王学，却反对王学的空疏风尚。他主张“取二程、朱子及康斋（吴与弼）、敬轩（薛瑄）、泾野、整庵（罗钦顺）之书玩索，以尽践履之功”⑤。李颙教人切己反躬，其学与陆王心学迥异，而与程朱理学相吻合。他虽出阳明学，实为朱子学。

孙奇逢初宗陆王，晚倾慕朱熹理学，潜心于宋朝濂洛诸儒。孙奇逢的门人魏莲陆、耿介、张沐，颜元的门人李恕谷，皆笃守其师说，趋向朱子学。张履祥开始向刘宗周问学，倾向于王学，其后宗程朱。王夫之虽反对理学，但也称颂朱熹。张尔岐好谈理学，兼治经术，其学以程朱为宗。当时大官僚而兼以程朱理学著名者，除汤斌、李光地、张伯行外，还有魏象枢（刑部尚书）、魏裔介（大学士）、熊赐履（大学士）等人。由上可知，清初朱子学极为盛行，清初学者尊奉朱子学的十有八九。

随着清初全国朱子学乘明末王学衰落而兴起的趋势，福建学者几乎百分之百尊崇朱子学。清初福建朱子学与全国相比，尤为盛行。究其原因，大致有三个方面。一是由于朝廷对福建理学特别大力提倡。康熙皇帝每与福

① （清）唐鉴：《清学案小识》卷一，《传道学案·平湖陆先生》。

② （清）唐鉴：《清学案小识》卷二，《太仓陆先生》。

③ （清）张伯行：《正谊堂文集》卷七，《思辨录辑要序》。

④ （清）方苞：《望溪先生集外文》卷二，《请以汤斌从祀文庙札子》。

⑤ （清）李元度：《先正事略》卷二七。

建朱子学者李光地谈《易》，辄至子夜，诸侍从皆枕以待。乾隆皇帝称福建为理学之乡。康熙朝有个巡抚叫德舒，他在奏议中说："闽省人民往往创立会名，联合声势，刊伪印，散伪札，妄悖猖狂，蛊惑人心。"这就是说，朝廷之所以表彰福建朱子学者，是在于要钳制人民的思想。二是由于张伯行的大力提倡。河南仪封人张伯行平生笃信朱子学，来福建任巡抚后，提倡朱子学不遗余力，极力表彰福建朱子学家，编辑刊行朱子学者著作五六十种，如《濂洛关闽书》19卷，并立鳌峰书院等作为宣扬朱子学的阵地，聘请著名福建朱子学家做院主和教授，培养大批福建朱子学者。清陈庚焕述说：

仪封（按：指张伯行）抚闽，倡兴实学，九郡（按：清时福建分为福宁、福州、兴化、泉州、漳州、汀州、建州、延平、邵武九府）之士，翕然向风。[①]

可见张伯行在福建推广朱子学，其影响是深远的。三是福建是朱子学的故乡，有阐扬朱子学的传统。陈庚焕又述道：

自宋以来，闽士蔚兴，与中州埒。道南一脉，远绍洙泗，举濂洛关之统，悉荟萃于闽。至今天下之士宗闽学焉。[②]

这就是说，南宋以来，福建朱子学（闽学）集中了濂关之学精华，它有雄厚的理论基础和大量的坚定学者，因此，"澜倒风靡而闽谨守绳墨，鲜有濡迹"[③]，"至今天下之士宗闽学焉"。说明当时福建理学影响了全国，为全国理学所宗。

清初福建理学者为了复兴朱子学，纠正明中叶以来王阳明学派给学术界所造成的流弊，特别重视下列几个方面：

第一，读书。自王阳明倡导致良知，使学者蔑视读书，其末流养成束书不观和游谈无根的习气。福建朱子学者反对这种学风，深以不读书为耻，特别是古代圣贤之书，认为读圣贤书是格物致知的第一要义。他们提出"经学即理学"，非常重视古本经典，例如李光地不同意朱熹改本《大学》和增加《大学·格物致知传》，而仍用古本《大学》。由于他们大力提倡读圣贤书，当时福建有知识的人，以至村塾蒙师，无一不读朱熹的《四书章句集注》等著作。有许多人通过读圣贤书达到仕宦的目的，当然也有不少朱子学者淡于仕进。

第二，敦实。他们反对王学轻忽践履和空疏不实，反对言行不一和不讲

---

① （清）陈庚焕：《惕园初稿》卷五，《闽学源流说》。

② （清）陈庚焕：《惕园初稿》卷一五，《拟重修福州文庙碑》。

③ （清）陈庚焕：《惕园初稿》卷五，《闽学源流说》。

求经济民事，注重躬行，为官强调事功和政绩，颇能关心国计民生，特别强调道德实践和检身。他们不是空谈心性的假道学者，一些隐居者大多有益于乡里。他们不是为做学问而做学问，是为政治而做学问，或者是为清朝政府服务，或者是为反对清朝政府。像蓝鼎元、蔡世远、李光地等人，最喜欢谈论古今成败、地理阨塞和其他典章制度。他们注重反身切己之教。李光地劝人注重日用寻常。詹明章（字莪士，海澄人）、李梦箕（字季豹，连城人），一以朱熹教导为准，隐居自乐，不求闻达，困难中仍精进为学。他们动则绳以理法，而使那些不修小节，不矜细行，有私无公的人望而生畏。

第三，卫道。他们大都以卫道者自居。他们只承认程朱理学是正统，视汉学为破碎，认定陆王心学为异端和狂禅，坚决反对王学而卫护朱学。他们把反对程朱理学看成是大逆不道，宁说周孔错，不说程朱非。蔡世远等人协助张伯行刊行程朱著作，就是出于卫道。还有郑文炳（字慕斯，莆田人）、何瀚（字居济，闽县人）、蓝鼎元、童能灵等，皆以卫道自命。但是这派有些人往往计功名，违背朱熹重道德修养的精神。

第四，尚节义。他们抗直敢言，为官能廉正不阿，遇事以礼。清初的福建朱子学者大都是爱国的。例如，李光地，他是从整个封建统治者的利益着想的，是从祖国的统一出发的。

第五，传道。他们极力把朱子学传遍福建各地，以至全国各地，如童能灵（连城人）在闽西，郑文炳（莆田人）在兴化，陈绰（福安人）在闽东，蔡日光（平和人）在闽南，林赞龙（侯官人）在闽中，金荣镐（建宁人）在闽北，他们在省内各地传播朱子学，使朱子学从未有过这样的深入传播。在外省传播朱子学的福建学者，如龚景瀚（闽县人）在关中各地，李光地（安溪人）在京师和直隶河南各地，蔡世远（漳浦人）在江浙，蓝鼎元（漳浦人）在广东、台湾，阮旻锡（同安人）在河南、山东，林嗣环（安溪人）在海南，黄志璋（晋江人）在广西、两湖，林之濬（惠安人）在云南、贵州，朱兆纲（惠安人）在山西、安徽，吴鸿锡（晋江人）在四川等，他们使朱子学传遍全国各地。福建朱子学者在省内外传播朱子学是为当时的社会服务，而不是空谈。总之，福建朱子学者的这些情况，形成了他们弃虚尚实的学术特点。

此外，清初福建朱子学还有两种倾向。一是多数学者只阐发、证明前人的旧说没有发明新意，从而使福建朱子学日趋衰落。二是也有一部分学者基于王学的冲击，深深感到拘于前人的旧说，不能适应新的形势。他们思想比较解放，敢于改动宋元明朱子学者的守旧观点，认为朱熹讲的话、做的事不一定都对，有些是错误的。那些与朱熹言行相违背的不一定都是异端，有些还是正确的。因此，清初一些福建朱子学者的观点与朱熹的说法不合。如清代朱学家雷鋐所说的："即尊朱子之学者，亦有以知止合听讼为一节，以为格物传不待补云云。"[①]他们大都以朱熹的《格物致知传》为非，而赞同王阳明"《大学》复古本说"。他们认为朱熹以《大学》的总纲（第一章）为经，以下诸章为传，是不对的。说《大学》的经是孔子之意，而曾子述之；其传十章，则曾子之意而门人记之，实属武断；朱熹调整《大学》章次，并补《格物致知传》，近乎臆造；等等。这说明有些福建朱子学者不完全守朱熹之旧，而是有些创新的。

清初福建最主要的理学学者是谁？清代学者陈庚焕认为是蔡世远、蓝鼎元。他述说：

> 虽求其毅然自任，如蔡梁村（世远）、蓝鹿洲（鼎元）诸公，固不多见。而老师宿儒闻其风者，类多敦厚端谨，重名检耻佻薄，耳目濡染数十年之衰，亦足见闽风之近古，而闽学之未始不可兴矣。[②]

清代著名学者梁启超认为是李光地、蔡世远。他述说：

> 福建，朱晦翁侨寓地也，宋以来称闽学焉。……康熙间，则安溪李晋卿光地善伺人主意，以程朱道统自任，亦治礼学、历算等等。以此跻高位，而世亦以大儒称之。……雍正间，则漳浦蔡闻之世远，亦以程朱学闻于时。[③]

梁启超对李光地有偏见，所谓"善伺人主意"，"以此跻高位"，但是也不完全抹杀他的学术成就。

清代学者雷鋐认为是李光地、蔡世远、童能灵。他作《童能灵传》记述云：

> 吾闽自有宋诸大儒后，代有传人，明中叶如陈剩夫、蔡虚斋确守朱子，以津梁后学。近世之李晋卿（光地）……蔡闻之（世远）……童寒泉（能灵）……以朱子为指归……所造日深以邃。

根据上述学者的看法，并检阅清初福建朱子学者的著作，我们以李光地、张伯行、蓝鼎元、蔡世远、童能灵等的思想为代表进行论述。

---

① （清）雷鋐：《经笥堂文钞》卷下，《平州试院与诸生论格致传义》。

② （清）陈庚焕：《惕园初稿》卷五，《闽学源流说》。

③ 梁启超：《近代学风之地理分布》，吴松等点校：《饮冰室文集点校》，昆明：云南教育出版社，2001 年，第 4 册，第 154 页。

第一节　李光地

一、李光地的生平著述

图 9-1　李光地

李光地，字晋卿，号厚庵，别号榕村，学者称厚庵先生，又称榕村先生，福建安溪人。李光地是朱熹老师李侗的后代，其上祖自延平(南平)迁至安溪。李光地生于明思宗崇祯十五年(1642)，卒于清圣祖康熙五十七年(1718)。康熙九年(1670)进士。殿试拟第一，以制策一字错误，置第五。试诏令第一，选庶常。时诏诸翰林，各献所学，李光地进《河洛图说》，复拔第一。李光地历官翰林院庶吉士、乡试同考官、侍读学士、内阁学士、礼部侍郎、掌院学士、经筵讲官、方略馆总裁、通政司通政使、兵部侍郎、直隶巡抚、吏部尚书、文渊阁大学士、一统志馆总裁等。

以往人们对李光地的评价不好。全祖望说，他出卖朋友陈梦雷以求官；父亲死了，贪做官不肯奔丧；临死姘头带着所生的儿子来承受家产。[①] 钱穆说："光地实小人，富贵煊赫不足以掩其丑，全谢山(祖望)称其'早年卖友，中年夺情，暮年则居然以外妇之子来归，足称三案'。"[②]梁启超说"光地善伺人主意"，"以此跻高位"，"贪作官"[③]。据陈梦雷说，李光地在耿精忠叛乱时，主动从逆，把陈的请清兵进攻之策据为己有，不仅匿其真相，还暗中加罪于陈。[④]

这些加于李光地头上的不白之冤应该给予"平反"。第一，卖友，无此

---

① (清)全祖望:《鲒埼亭集·李文贞遗事》。

② 钱穆:《中国近三百年学术史》，北京:中华书局，1984 年。

③ 梁启超:《清代学术概论》，北京:中国人民大学出版社，2004 年，第 108 页。

④ (清)陈梦雷:《陈梦雷文集》，《劾李光地疏》、《与李光地绝交书》；(清)彭鹏:《劾李光地疏》，(清)涂庆澜:《莆阳文辑》，福州:福建人民出版社，2009 年，第 65 页。彭鹏提出十条"李光地不可留用"的理由。

事,“梦雷附逆逮京师,下狱论斩。光地乃疏陈两次密约状,梦雷得减死戍奉天”[①]。第二,“贪作官”不肯奔丧,不符合事实。其父死,已归奔丧;其母死,“请奔不许,在京守制”,“继请假九个月,过家治丧,不允”。[②] 皇帝不准他回籍奔丧,不能怪他,并且以国事为重,无可指责。第三,所谓养姘头,更是捕风捉影。李光地平生生活检点,并无声色之好。第四,所谓陈梦雷劝李光地不要从耿,并将耿之虚实和请清兵进攻之策告李,而事后李匿其真相并加罪于陈,是陈梦雷诬告。事实是“(康熙)十二年,耿精忠反……精忠遣人招之,(光地)力拒”[③]。李光地了解到耿之虚实和向清朝献策,并非出自陈梦雷。而陈梦雷为了洗刷自己的罪过和复官,打击别人抬高自己。我们不能据陈梦雷一面之词而贬低李光地。康熙皇帝始终信任李光地,说明陈梦雷讲的并非真实。第五,所谓“善伺人主意”,“以此跻高位”,李光地并非一副奴隶相,李光地以程朱道统自任,不是迎合康熙皇帝,而是出仕前已定的学术方向。“(李光地)父兆庆,笃嗜正学……购六经、性理、蒙、存诸书,以课光地。(光地)讲诵数年,充然有得,敛衣冠,谨坐起,非程朱不敢言。”[④]李光地当大官是靠他的才学和勤勤恳恳工作,而不是迎合康熙皇帝得来的。对李光地“三案”,今人许苏民已加以考证,为之辩冤。[⑤]

李光地帮助康熙皇帝平定了耿精忠、郑经等人的割据势力,实现了国家统一,采取了有利的政策,促进了国家的繁荣和发展。

李光地品学兼优,业绩显著。少无声色之好,衣食裁取粗给,经年不奏丝竹,门馆寂寥,无有私谒。从政10余年,公诚懋著,矢念不欺。他在督学时,考核旗籍,不徇私情。他说:“黉序名额,学臣所司,非学臣所有,未敢徇情以邀私好也。”[⑥]李光地曾疏劾云南布政使张霖假设诏旨,贩鬻私盐,得银百六十余万两,结果朝廷把张霖论斩。李光地为政廉洁,并与贪官污吏做斗争。因此,同列多忌之者。

李光地关心民瘼,在任直隶巡抚时,皇帝经常出游其地,扈从嚣沸,民苦供亿,他请从宽简省,以纾民力。当时,漳河、子牙河、永定河等水患严重,他

---

① 赵尔巽等:《清史稿》卷二六二,《李光地传》,北京:中华书局,1977年。

② (清)李清馥:《榕村谱录合考》。

③ 清光绪《泉州府志·李光地传》。

④ 清光绪《泉州府志·李光地传》。

⑤ 参见许苏民:《李光地传论》,厦门:厦门大学出版社,1992年。

⑥ 清光绪《福建通志·李光地传》。

数疏皇帝拨款治理;他亲勘原委,督定工程,一年即见成效,为民造福。他建议放松海禁,使沿海万民更生。

李光地爱惜人才,扶植善类。《狱中杂记》的作者、桐城贡士方苞,"坐戴名世狱论死,上(康熙帝)偶言及侍郎汪彬卒后谁能古文者,光地曰:'惟戴名世案内方苞能。'苞得释,召入南书院"。[①] 江宁知府陈鹏年忤两江总督阿山,坐事论重辟,李光地言其诬,鹏年遂内召。江苏巡抚张伯行被两江总督噶礼诬告解官,李光地疏通,诏罢噶礼,复张伯行官。翰林院庶吉士徐元梦被株连论死,李光地举其才,得释。被李光地救拔和扶植之人,并非私党,有的还是反对他的。他这样做不是谋私,而是为了培植国本。他自入词馆至登宰辅(宰相),推举和救拔的人才有朱轼、杨名时、陆陇其、赵申乔、张伯行、刘炎、陈鹏年、文志鲸、方苞、冉观祖、徐元梦、陈瑸、徐用锡、魏廷珍、李绂、蔡世远、张昺、张瑗、梅文鼎、惠士奇、秦道然、王兰生、何焯、庄亨阳、刘谦等,皆为名士。

李光地热爱家乡,凡是有益于民的事业,他都竭力赞助。他出钱修通漳平至安溪的大道。他请假在籍时,修复泉州学府、安溪考亭书院,兴建榕村书屋,提供资金,为之制定规约,亲自课训弟子。乡中有困难者,他都尽力帮助。经常向省、府、县官建议,做好家乡之事。李光地对福建,特别是闽南经济文化的发展起了一定的作用。

李光地重视教育事业。他曾访谒过江西铅山鹅湖书院、福建武夷仁智书院等,分别为之纪文、诗赋。他当地方官时,拨款修建学堂,选拔优秀教学人士。闲暇亲临讲学,追随请教者甚多,曾助许多人士在学术上获得成就,为地主阶级培养了不少知识分子。故有谓:"本朝(按:指康熙朝)诸名公,称善育才者,必以光地为首。"[②]清初蔡世远就是李光地的门生,蔡世远谓李光地"嘉惠后学,诚宏且远"[③]。

李光地力学过人,虚心请教,知识渊博。29岁殿试时,富鸿基称其"忠诚君子,天下才"。38岁任内阁学士,此职"主于赞画枢机,分载文献"。李光地好学至老益笃,曾问音学于顾炎武,问历算于梅文鼎,皆尽其要。与人论学,有一言之合,即改己说而从之。尝自言为学,初入馆,与德子谔、徐善

① 赵尔巽等:《清史稿》卷二六二,《李光地传》,北京:中华书局,1977年。

② (清)徐世昌:《清儒学案》卷四一,《安溪学案下》。

③ (清)蔡世远:《二希堂文集》卷一,《四书朱子全义序》。

长相切磋，学乃一变；中岁得杨宾实、张长吏，学又一变；至晚岁，学问又进。李光地学问精博，以朱子为依归而不拘门户之见。他深究天人之际，熟悉经义性理，旁及历算、图书、象数、乐律、韵谱以至道术、兵符，得其蕴奥。渊博的学问使他成为能左右康熙皇帝的大学者。

由于李光地有好的品质、学问和政绩，所以康熙皇帝对他的恩遇比诸臣更隆。康熙皇帝谕大学士等曰："李光地自任直隶巡抚以来，每年雨水调顺，五谷丰登，官吏兵民无不心服。"李光地去世时，康熙皇帝在热河，闻之深为悯悼，谕部臣曰：

> 李光地久任讲幄，简任纶扉，谨慎清勤，始终如一。且学问渊博，研究经籍，讲求象数，虚心请益。知之最真无有如朕者，知朕亦无有过于李光地者。[①]

李光地深得康熙皇帝之信任，可见其业绩之显著。

李光地整理和编撰的著述有《周易通论》4 卷、《周易观象》12 卷、《尚书解义》1 卷、《洪范新旧说》2 卷、《诗所》8 卷、《朱子礼纂》5 卷、《春秋毁余》4 卷、《大学古本说》1 卷、《中庸章段》1 卷、《中庸余论》1 卷、《中庸四记》1 卷、《读论语札记》2 卷、《读孟子札记》2 卷、《礼记述注》28 卷、《注解正蒙》2 卷、《古乐经传》5 卷、《榕村韵书》5 卷、《韵笺》3 卷、《离骚经注》1 卷、《九歌注》1 卷、《参同契注》3 卷、《阴符经注》1 卷、《握奇经注》1 卷、《韩子粹言》2 卷、《古文精藻》2 卷、《大司乐释义》2 卷、《榕村讲授》3 卷、《星历考原》6 卷、《榕村语录》30 卷、《榕村语录续集》20 卷、《榕村全集》40 卷、《榕村续集》7 卷、《榕村别集》5 卷、《卜书补义》1 卷、《等韵便览》1 卷、《日讲春秋解义》64 卷、《周易直解》12 卷、《李厚庵（光地）先生稿》4 卷、《四书六经解说》33 卷、《周易折中》23 卷、《音韵阐微》18 卷、《月令辑要》25 卷、《朱子全书》66 卷、《性理精义》12 卷等，结辑有《李文贞公全集》150 卷、《榕村全书》197 卷等。

二、李光地为复兴朱子学而努力及其学术方法论

李光地是朱熹的崇拜者，有谓"光地学博而精，以朱子为依归"[②]。李光地说："孔子之生东迁，朱子之在南渡。天盖传以斯道，而时不逢。"[③]把朱子

---

① 赵尔巽等：《清史稿》卷二六二，《李光地传》，北京：中华书局，1977 年。

② （清）徐世昌：《清儒学案》卷四〇，《安溪学案上》。

③ （清）李光地：《榕村全书·榕村集》卷一〇，《进读书笔录及论说序记杂文序》。

与孔子相提并论，认为朱子即当今之孔子。因此，人们认为李光地是清初主持“正学”的中坚人物。清唐鉴述说：

安溪李先生光地……谈经讲学，一以朱子为宗。其所以学朱子者，曰诚，曰志敬，曰知行。[①]

李光地说：“若大义，一惟程朱是据。”他把各家学说与朱子学做了对比，得出朱子学高明无弊的结论。他说：“程朱二子，生于千数百年之后。……二氏（按：指佛、道）之道寝息，而孔子之道渐著。”[②]他又述道：

朱子之学，守章句，践规矩，故其学于诸家为无弊也。象山之学，见之者慈湖，闻之者姚江。由其言，“六经”不可作也，文、武之道尽矣。虽后有贤圣，而焉师乎？[③]

李光地为清初理学名臣。他一生致力于朱子学，为在清朝振兴理学做了不懈的努力。

李光地积极向朝廷推荐朱子学。早在康熙十九年（1680），李光地假满由籍返都，帝问他在家作文若干，他回答说：

臣（按：李光地）……近不背程朱，远不违孔孟。诵师说，守章句，佩服儒者，摒弃异端。[④]

康熙二十五年（1686），李光地被授为翰林院掌院学士，值经筵兼充日讲起居注官，经常和康熙皇帝研究朱子学。他劝康熙皇帝大兴朱子学。特别是在康熙四十四年（1705）后，李光地影响康熙皇帝更深，史称日召入殿，切磨性理，君臣相得。据记载：

左右圣祖（按：指康熙皇帝）者，孝感（按：指熊赐履）、安溪（按：指李光地），后先相继……而资赞助者，安溪为独多。[⑤]

李光地在编纂《朱子全书》过程中，每卷稿成，进呈御裁，相互商议。有如复奏曰：

本月十五日，蒙皇上发问《朱子全书》，首册次册凡四本。臣等祇受捧读……仰见皇上展阅精详，无微不到。臣等校雠言数十过，不能及也。所有校毕第三册，相应一并呈进。内有论祭祀神示一目，臣等切思

---

① （清）唐鉴：《清学案小识》卷六，《守道学案·安溪李先生》。

② （清）李光地：《榕村全书·榕村集》卷一〇，《大学古本私记序》。

③ （清）李光地：《榕村全书·榕村集》卷一，《诸儒》。

④ （清）李光地：《榕村全书·榕村集》卷一〇，《进读书笔记及论说序记杂文序》。

⑤ （清）徐世昌：《清儒学案》卷四〇，《安溪学案上》。

上篇有祭祀祖考神示，则此篇之意已危之矣。……仅拟改为杂论祭祀鬼神，未知可否？旁贴浮签，统候圣裁。[1]

李光地进呈康熙皇帝的札子有数十篇。查考台北广学社出版的古香斋《朱子全书》目录，其类目次第，康熙皇帝有从李光地之说者，亦有不从其说者。君臣这样深入地商议朱子学问题，足见李光地影响康熙皇帝之深。

正因为李光地在朱子学上影响康熙皇帝至深，于康熙五十二年(1713)、五十四年(1715)先后谕敕李光地编纂清代巨著《朱子全书》《性理精义》。此两书在一系列大部头典籍中较为晚出。其他典籍的编纂皆非一人，而反映清初统治思想的《性理精义》的编纂只委命李光地。此亦见李光地之朱子学思想在康熙皇帝眼中的地位。

李光地根据康熙皇帝提倡程朱理学的宗旨，摘录《朱子语类》140 卷和《朱子文集》100 卷中的精华，以类排比，分成 19 门，成《朱子大全》66 卷。依李光地意，是书名为“大全”，乃因朱熹一生之微言大义皆备于此。是书编成后，用“御纂”的名义颁行全国。《性理精义》乃是赓续《朱子全书》而作，是在明人胡广等编纂的《性理大全》的基础上选录、增益而成的。康熙皇帝在《性理精义》序文中有谓：“《性理大全》择焉不精，乃命李光地省其品目，撮其体要。”《性理精义》共 12 卷，卷 1 是周敦颐的《太极图说》《通书》，卷 2 选录张载的《西铭》《正蒙》，卷 3 选录邵雍的《皇极经世书》，卷 4 选录朱熹的《易学启蒙》，卷 5 选录朱熹的《家礼》，卷 6 选录蔡元定的《律吕新书》，卷 7、8 辑录为学之方，卷 9 辑录论性命，卷 10 辑录论理气，卷 11、12 辑录论治道。全书篇幅为《性理大全》的八分之一。在《性理大全》中，朱熹的地位已经显要，因为采用朱熹的言论比其他理学家多。而《性理精义》采用的朱熹的言论比其他理学家更多，如在为学、性命、理气、治道等部分，都十分明显地表现出来。[2] 在《性理大全》中，朱熹两个门人蔡元定的《律吕新书》、蔡沈的《洪范皇极·内篇》都被选录，而在《性理精义》中则只保留前者。其取舍理由是前者能代表朱熹的观点，后者成书于朱熹死后，与朱熹的观点多所不合。十分明显，李光地所编纂的《性理精义》是以朱熹的思想为线索的。这一方面反映出朱子学在清初的崇高地位，另一方面也有力地说明李光地倾慕朱熹，为在清朝振兴朱子学而努力。

---

① (清)李光地：《榕村全书·榕村集》卷二八，《复发示〈朱子全书〉目录及首卷札子》。

② (清)李光地：《性理精义》卷七，《学类一》。

李光地虽主朱子学，但是又不像一般朱子学者那样墨守门户之见，一味指责他人的学说或学派为非，否认别家的学术成果。李光地提出一个很有价值的见解，即认为在学术理论上不论哪家，有错误要批评，有优点要学习。他述说：

其踸程说，何也？曰以其为其夫子之言也。夫徒以言出夫子而不敢疑之也，又乌能言？[①]

李光地不同意“元明以来诸儒仅守朱说”[②]，认为朱子之言不能无疑。他对程朱理学和陆王心学持比较客观的公允态度。

李光地对朱子学笃信而时有不同。李光地的易论极为有名，他最有学术成就的著作是《周易折中》。这部大部头的著作是受康熙皇帝之命而撰写的。在这部书中，他对汉宋以来的诸家易论之优兼收并容，不病异同，而一切支离幻渺之说咸斥不录，成一家之言。他与朱熹在易论上颇有出入，他指出，朱熹否认王弼不应该调整《周易》经传次序的合理性而复古本经传，是不对的。他遵从王弼所调整的《周易》经传，不用朱本《周易》。但是他又认为自己对《周易》的解释与朱熹是一致的。李光地述说：

《易》，言理是也。然本画卦，系辞之初，则主于卜筮以明民，非如他书直阐其理，直述其事者也。[③]

李光地这种说法与朱熹易说完全一致，他认为朱熹有功于《易》卜筮说。他的易论与朱熹易论有异而无背，只是发其所未备。李光地于《尚书》重考证，不据理悬揣，较符合朱熹实事求是的治学观点。李光地对《诗经》见解与朱熹差不多，不主训诂名物，而主涵泳，文句得其美刺之旨而止。

李光地不同意朱熹认为《大学》错乱而需要加以调整、更改的观点，特别是不同意朱熹认为《大学》格物致知有经无传，而为其补传的做法。他认为《大学》中格物致知有传，不需要为它补传。他认为《大学》宜复古本，古本《大学》无误。他还认为《大学》宜以“知本”为格物第一义，不同意朱熹把《大学》中的格物之格训为“至极”，物训为“事”，认为格物应训为“知本”。在他看来，所谓“物有本末”，贵于格之而知其本，本“天下国家也，自身也”。但是李光地承认朱熹对《大学》内容解释的正确性，认为是“圣人复起，不能易

---

① （清）李光地：《榕村全书·榕村集》卷八，《尊朱要旨》。

② （清）李光地：《榕村全书·榕村集》卷一〇，《大学古本私记序》。

③ （清）李光地：《周易通论·易教》。

焉”[①]。

李光地对陆王心学，总的说来是持否定态度，但亦有部分肯定。李光地说：“陆子静（九渊）只在吾道上说得过些，王阳明（守仁）方可谓之诐淫邪遁。子静只是贤之之过。……明儒无及宋儒者，即姚江（按：指王阳明）亦不如象山（按：指陆九渊）甚远。”[②]李光地对陆象山间有尊重之意，而对王阳明则批评更多，但也有所肯定。他述说：

> 姚江之言曰：《大学》只是诚意，诚意之至，便是至善；《中庸》只是诚身，诚身之至，便是至诚。愚谓王氏此言，虽曾（参）、思（子思）复生，必有取焉。然他言说不能发明此者，而多为溷乱。其言明德亲民也，则以亲民为明德工夫；其言致知诚意也，则以格物为诚意工夫。夫以格物为诚意工夫，似乎未悖也。然以为善去恶为格物，则谬矣。其谬之又谬者，曰无善无恶心之体。此则于圣门传授全失宜乎！其学大弊而不可支也。[③]

李光地认为《大学》“象山所造高明”，“余姚王氏古本之复其号则善”[④]，可以做他的老师。但是李光地不同意陆王对《大学》内容的解释。像李光地这样敢于对陆王学派的合理因素加以肯定，敢于指出朱熹学说的错误，在福建理学学者中还是少见的。

李光地认为，虽他在某些观点上与朱熹有些不同看法，但这些看法只是小的枝节问题，至于根本的观点，则是一致的。因为朱子之学得其大者为孔孟之传，这个根本立场是不能背离的。李光地的根本立场是站在朱熹一边，是在此基础上调节朱子学派与其他学说的矛盾。

三、李光地的理气人性论

李光地的思想涉及许多方面。他恪奉朱子学，研求经术义理，尤深究天人性命之精微，以及兵、农、礼、乐之经纬。他于律吕、音韵、历算等，亦被称为有得。李光地和朱熹一样，认为理是世界的本原。当时，有人提出朱熹理气先后说是把理气一物析为二物，是对理的界说不明确。李光地认为这种

---

① （清）李光地：《榕村全书・榕村集》卷六，《大学篇》。

② （清）李光地：《榕村全书・榕村语录》卷二〇。

③ （清）李光地：《榕村全书・榕村集》卷六，《大学篇》。

④ （清）李光地：《榕村全书・榕村集》卷一〇，《大学古木私记序》。

看法是不对的，不能对朱熹之说有怀疑，“虽无时，不得不有先后。知此谓之知道，明此谓之明理”。李光地说：“朱子之论理气也，曰理先气后。”[①]在李光地看来，天地间都可归结为理气，理是主要的，气是理的作用或表现。

李光地反对陆王学派把理和心等同起来，认为“心之即理”是陆王之弊。他谆谆于心理之辩。他说：“象山谓‘即心即理’，故其论《太极图说》也，谓阴阳便是形而上者。此则几微毫忽之差，而其究卒如凿枘之不相入也。近日姚江之学，其根源亦如此，故平生于心理二字往往混而为一。”[②]他又述道：

> 王说之病，其源在“心之即理”。故其体察之也，体察夫心之妙也，不体察夫理之实也。心之妙在于虚，虚之极，至于无。故谓无善无恶心之本，此其本旨也。其所谓心自仁义，心自恻隐善恶辞让是非，是言之以孔孟之言，非其本趣也。是故遗书史，略文字，扫除记诵见闻，以是为非，心尔，非道尔。夫书史文字，记诵见闻，不可去也。书史文字，无非道也；记诵见闻，无非心也。[③]

李光地反对陆王把心与理等同起来，并不否认心的作用。李光地对心的作用做了充分肯定，他说：“气者，理之所乘也，无非心也。”[④]在这里，李光地又说到心对气的重要作用。十分显然，李光地的哲学体系是吸取了心学派的某些因素的。李光地还通过理和气的关系，把理和天、命、道、太极联系起来。李光地述说：

> 气也者，何也？阴阳、动静、明晦、出入、浮沉、升降、清浊、融结，盈乎天地之间。……所以然者，谓之天，谓之命。……孔子谓之道，谓之太极。程子、朱子谓之理。[⑤]

李光地认为理和天、命、道、太极具有相同的意义，都是世界万物的主宰或本原。在李光地看来，天地间理和气是紧密地联系在一起的。理是气之本，没有无理之气；气是理之用，没有无气之理。气运而不息，穷则变，变则通，从而出现世界上形形色色的事物。李光地认为由于气在不停地变化，因而气有偏有中正。气不偏而中正，即理之全，气偏而不正（中）则理之不全。李光地述说：

---

① （清）李光地：《榕村全书・榕村集》卷八，《尊朱要旨》。

② （清）李光地：《榕村全书・榕村集》卷七，《通书篇》。

③ （清）李光地：《榕村全书・榕村集》卷八，《知行》。

④ （清）李光地：《榕村全书・榕村集》卷六，《孟子篇》。

⑤ （清）李光地：《榕村全书・榕村集》卷八，《尊朱要旨》。

> 阴阳之气有中偏，故有亏全。阳有精粗，故有清浊；阴有粹驳，故有邪正。有精之精者，精之粗者；粹之粹者，粹之驳者。有多寡也，故又有厚薄。亏全者，全体之中偏也；清浊、邪正，一体之中偏也。厚薄，中者之中偏也。①

在这里，李光地讲了由于阴阳二气有精粗、粹驳、多寡，因此产生气之正（中）偏的各种情况。李光地又说："理统其全，气据其偏。全乎理者，中气也。过乎中，不及乎中，则谓之偏气。杂糅不齐之气，而理不受焉。理者，当然也。过焉，不及焉，可谓之当然乎？"②

中国传统的儒家思想贵中，认为只有中才能有常，即具有永久性。李光地认为理于气之所以尚全而恶偏，是因为理全为善，从而仁义礼智信五常之性具备。凡人本来皆具五常之性，只是因为气偏而五常之性不显。李光地述说：

> 气之推移有中偏，故有精粗，有粹驳。夫非无仁也，得仁之偏者也，仁之驳者也，则不知其为仁也；夫非无义也，得义之偏者也，义之粗者也，则不知其为义也。中则合仁与义，抑且粹然仁矣，粹然义矣。降而中（等）人焉，偏于仁，不足于义，非仁之至也。偏于义，不足于仁，非义之至也。降而庸恶（下等人）焉，岂无所谓爱？不得谓之仁，是无义也，并与仁而失之者也。降而盗贼焉，岂无所谓果，不得谓之义，是无仁也，并以义而失之者也。降而禽兽焉，岂能无所贪，而去仁也远矣，岂能无所决，而去义也远矣。③

这就是说，人与物之别，人的等级之别，全在于气之偏正和理之中正。理本身是无差别的，理之有别是气之偏正的表现。"人之五性偏则万事隳"，隳即毁坏。李光地说："万事隳，非理性本然也，气之偏者为之也。理则全而不偏，惟中者近之，故论道者贵中。"④人是理与气相结合的产物，得气不过亦无不及即不得谓之中。中则理之全，五常之性具备。因此，儒家最为推崇适中、中庸，认为"中庸之为德也，其至矣乎"⑤，即中庸是最高的道德，因为它具备了仁义礼智信五常之性。

---

① （清）李光地：《榕村全书·榕村集》卷八，《尊朱要旨》。

② （清）李光地：《榕村全书·榕村集》卷八，《尊朱要旨》。

③ （清）李光地：《榕村全书·榕村集》卷八，《尊朱要旨》。

④ （清）李光地：《榕村全书·榕村集》卷八，《尊朱要旨》。

⑤ 《论语·雍也》。

人具备五常之性，就是人的本性都是善的，只是有时掩于气之偏，才有不善。李光地述说：

或曰：气则既偏矣，于性善乎何有？曰：人受天地之气以生，虽其偏之极矣，而理未始不全赋焉，而性未始不全具焉。特其掩于气之偏，故微而不能自达，或感而动，或学而明，或用而觉，然后微渺之端绪可得而见焉。要皆其所本有，而非其所本无也。……若物则不然，得气之偏者甚矣，甚则缺于理而蔽于性。……虽然，其偏不能自反者，人则制之；其美不能自达者，人则遂之。收其利，远其害，于以当理而若性一也。……能尽人之性，则能尽物之性，赞化育而与天地参矣。[①]

在李光地看来，陆王学派由于把心和理等同起来，排除理和气的关系，从而得出心无善恶的结论。李光地指出，王阳明把"心理二字，往往混而为一。晚岁遂有心无善恶之说"。李光地认为人是理与气生，不管气之偏正，"而理未始不全赋焉，而性未始不全具焉"，有时"掩于气之偏，故微而不能自达"，"要皆其所本有，而非其所本无也"。这就是说，人的本性是善的，尽管一时显现不出来，但经过努力，可以人人为善。人本性是善还是无善恶，是朱学和王学争论的根本问题之一。李光地说："象山之学，亦言志，亦言敬，亦言讲明，亦言践履。所谓与朱子异者，心性之辨耳。"[②]

李光地认为陆王学派的"心无善恶"说就是根源于其"心即理"的理论，因此"心性之辨"是朱子与陆王两家的根本分歧所在。

由上可见，李光地的人性论就是建立在其理气之偏正说之上的，"喻诸五常焉，有仁有义有信有智，不相无之谓性焉"。因此，他认为陆王学派的"心即性"是异端学说。"人心性危，果心之即性，则何危之有？即心即性，异氏（禅学）之言也。……心不与性合。"[③]

接着，李光地根据朱熹的天命之性和气质之性的观点，分析了陆王学派所说的心之无善恶问题。李光地述说：

知心性之说，则知天命、气质之说。何以故？曰：知人则知天。夫性无不善，而及夫心焉，则过也，不及也，杂糅不齐，于是乎善恶生焉。天命无不善，而及夫气焉，则过也，不及也，杂糅不齐，于是乎善恶

① （清）李光地：《榕村全书·榕村集》卷八，《尊朱要旨》。

② （清）李光地：《榕村全书·榕村集》卷七，《通书篇》。

③ （清）李光地：《榕村全书·榕村集》卷八，《尊朱要旨》。

生焉。[1]

在这里，李光地继承和发展了朱熹的人性论。他和朱熹一样，认为由于人体现了理或天命，才懂得仁义礼智信，而人的本性是善的，这就是仁义礼智信的理（或天命）体现在人身上，因而“知人则知天”。理体现在人身上时要同人所禀受的气相结合，就构成人的所谓气质之性。在朱熹那里，认为气有清浊，“禀得精英之气，便为圣为贤”，“禀得衰颓薄浊者，便为愚不肖”[2]。在李光地这里，禀得气有偏正（中），而“善恶生焉”；禀得气有过或不及，杂糅不齐，从而天命之性（理）亦过或不及（不全），“于是乎善恶生焉”。显然，李光地对朱熹的人性论进行了修改，考虑到气质之性对天命之性的作用，强调了后天的社会活动对人本性的影响。

四、李光地的道德修养认识论

李光地基于其人性论观点，提出自己的道德修养认识论。李光地生平论学要旨，以志、敬、知、行为序。他述说：

> 立志所以植其本也，居敬所以持其志也，穷理所以致其知也，躬行所以蹈其实也。……四事者一时并用，非今日此而明日彼。故欲行而不知，则怅怅然其何之？求知而不敬，则心昏然而不能须臾；敬而非志，则又安得所谓日强之效也。且志而非敬，则此志何以常存？敬而非知，则措其心于空虚之地；知而非行，则理皆非在我而无实矣。然四者相须并进，而其序既有先后，则得效亦有难易浅深。故夫子曰“吾十有五而志于学”，志已立矣；“三十而立”，盖敬始成也。自“不惑”“知天命”“耳顺”，而知始精，又至“从心不逾矩”，而行始熟。先儒以为因其似以自名，为学者立法是已。古学校之教亦然，始视离经辨志，观其志之何如也。继视敬业乐群，察其能敬与否也。又视博习亲师，论学取友，则知学问思辨之日新。卒乃知类通达，强立不返，则知力行之有成矣。然此四者循环迭用，日月有日月之功，终身有终身之验，圣人有圣人之效，学者有学者之益。虽一日服行，朝暮之间，亦可以旋变。又如志于道，亦立志之谓也；据于德，亦持敬之谓也。依于仁者，真知允蹈乎天理之中；

---

① （清）李光地：《榕村全书·榕村集》卷八，《尊朱要旨》。

② （宋）黎靖德编：《朱子语类》卷四，《性理一》。

游于艺者，则义精仁熟之事也。[①]

李光地这段论述是对朱熹居敬穷理之说的阐发，在《榕村语录》中此类论述甚多。李光地之所以一再强调志、敬、知、行的次序，是为校正明中叶以来颇滋流弊的王阳明知行合一说。李光地强调知先行后，指示学者以此为用功之要，知在行前，而知之先，又须有志、敬工夫。志、敬、知、行四个环节是紧密地联系在一起的，而立志是为学的开端和根本。他说："立志以端其本。至于能静则心不为物动，能安则心不为物危。"[②]在李光地看来，为学要先有奋斗目标。这种预先树立为学的奋斗目标，就是所谓立志。李光地的这种观点，实际上是说认识必须以一定的世界观作为指导。这种观点是有合理因素的。李光地述说：

> 朱子谓致知不以敬，则昏昧纷扰而无以定理义之归；力行不以敬，则颓坠放肆而无以践理义之实。……敬与知行混合而为一。……敬义知行，如视足履，一时并用，有此则有彼。初无独任之时，敬虽稍先于义，知虽稍先于行，然正如目之于足，几微毫发之间。[③]

"敬"是讲精力要集中，并要时时警惕，一定要按所立之志致知力行。敬贯串于知行的始终，志和敬是联系在一起的，在知行过程中具有重要意义。

对于知和行的关系，李光地反复强调要坚持朱熹的先知后行说。李光地说："朱子之学曰知先行后。……知行之序，性命之理，不可易也。"又说："朱子曰：知者，学之始；行者，知之终；主敬者，学之所以成始成终也。……知行兼之矣。……有敬与行对，而知在其中；有敬与知对，而行在其中。"[④]李光地明确讲要知先行后，知始行终，这种秩序是不可改易的。此外，他还强调知之诚，"体天地万物之性于身者，诚之至也"。所谓"体天地万物之性于身"，就是把事之道、心之性、天之命体之于身。他说："诚者，实也。在事之谓道，在心之谓性，在上天之载之谓命。"李光地认为"体天地之性而能尽事理精微之极者，圣人也"，这就是孔子所教导的"通古今之谊，知天知人以善其道"[⑤]。

李光地认为知人自身的本性是最根本的知。因此，他把朱子以穷理知

---

① (清)李光地：《榕村全书·榕村集》卷八，《尊朱要旨》。

② (清)李光地：《榕村全书·榕村集》卷六，《大学篇》。

③ (清)李光地：《榕村全书·榕村集》卷七，《中庸篇》。

④ (清)李光地：《榕村全书·榕村集》卷八，《尊朱要旨》。

⑤ (清)李光地：《榕村全书·榕村集》卷七，《中庸篇》。

至改为“知本”知至。他述说：

何谓知至？知本之谓也。……身者，本也。……所谓诚其意者，至此谓知本。……欲诚其意，所以先致其知。……朱子以穷理言格物致知，盖其重也。今第以知本当之，可乎？曰夫穷理而至于知本，然后其理穷；致知而至于知本，然后其知至。曰朱子言知至者，全体大用无不明。今第曰近道而已，何也？曰小知则已近大知，则弥近知之至，则将与道为一矣。朱子所言极致之地。……性者，善而已矣。物之性犹人之性，人之性犹我之性，知其性善之同，而尽之之本在我。此所以为知性明善也，此所以为知本也。①

李光地这段论述不仅修改了朱子的穷理知至，还对“知至”的内容提出了新的界说。朱熹认为“知至”即“全体大用无不明”，而李光地则认为知至为“近道而已”。所谓“近道”，即“小知则已近大知，则弥近知之至，则将与道为一”。显然，李光地和朱熹的说法是有矛盾的。但是李光地却说他与朱熹是一致的，即所谓“穷理而至于知本，然后其理穷；致知而至于知本，然后其知至”。李光地关于知本的思想，含有浓厚的主观唯心主义因素。这说明以朱熹为代表的客观唯心主义思想体系，明中叶以来，在陆王心学的冲击下，有倾向主观唯心主义的趋势。李光地又述道：

理义充于心，而沛然其无所疑，浩然其无所畏，即欲以事物摇惑之而不能。……学问之道无他，求其放心而已。此操存涵养之要……所谓心者皆仁义之心。……失其本心也，良心也。本心也，即仁义之心也。……求其放心，非体验无以发其端，非充广无以尽其实，非操存涵养，亦无以为体验充广之地也。操存涵养，体验充广，皆学问之道，皆所以求其已放仁义之心而已。②

在这里，李光地把学问之道归结为“求其已放仁义之心而已”，几乎是在复述孟子的认识论。所谓“求放心”，就是寻求失去了的仁义之心。这样，认识也就成了向内追求自我道德完善的神秘过程，排除了对客观物质世界的认识。不仅如此，李光地还进一步认为义理是根于心，心生物即生义理。他说：“义理者，心之所固有，而心能生之物也。心固生物，然不以其所固有者而充之长之，未有能生者也。”李光地认为只要正心诚意，就可以治国平天

① （清）李光地：《榕村全书·榕村集》卷八，《尊朱要旨》。

② （清）李光地：《榕村全书·榕村集》卷六，《孟子篇》。

下。他说:“究极事物以致其知。……知至然后能诚意,以正心修身,而家国天下可得而治也。”[①]

总之,在李光地的认识论中,把耳目感官和心的作用分割开来,他要求人心只能用于反省思考,达到存心养性就行了。李光地承认有生而知之者,如说“皇上生知”。由此可见,其认识论是先验论的。

此外,对于社会历史,李光地认为天生烝民,有物有则,此则是常而不会变的。他所说的永恒不变的则,是指封建社会人的伦理道德关系。他说:“三代之学,皆所以明人伦也”[②],“圣人之教,所以见人极,而万世不能易者”[③]。李光地把封建制度看成是永恒不变的。

第二节 张伯行

一、张伯行的生平著述

张伯行,字孝先,号恕斋,晚号敬庵,河南仪封(今兰考)人。生于清世祖顺治八年(1651),卒于清世宗雍正三年(1725)。清圣祖康熙二十四年(1685)进士,累官至礼部尚书。康熙四十五年(1706),张伯行被任命为江苏按察使,是巡抚的下属,任内尽力革除弊端,整顿吏治。因居官政绩卓越,被朝廷任命为福建巡抚,并赐“廉惠宣猷”匾额。张伯行的政绩主要在福建和江苏。张伯行为官20多年以清廉刚直称。

张伯行在福建巡抚任上,曾上疏请求免除台湾凤山、诸罗等县因灾而欠的赋税。当时福建灾荒米贵,他要求朝廷动用国库的五万金购买湖广、江西等地米,平价出售给福建民众。福建盛行祀瘟神,他下令毁掉瘟神偶像,改祠堂为义学,祀朱子等理学家。福建有买卖贫苦人家的子女,致使很多女子逃至寺庙,削发为尼,民间多尼姑。张伯行下令赎回,家境贫困者,由官府出钱办理。[④]

张伯行特别重视民众的疾苦,广设社仓,救民于青黄不接时之饥荒。例

① (清)李光地:《榕村全书·榕村集》卷八,《尊朱要旨》。

② (清)李光地:《榕村全书·榕村集》卷一〇,《礼学四际约言序》。

③ (清)李光地:《榕村全书·榕村集》卷一〇,《中庸章段序》。

④ (清)张伯行:《正谊堂文集》卷五,《饬禁婚嫁丧葬华奢示》,上海:商务印书馆,1936年,第59页。

如，他在《再奏设立社仓并附条例折》中述说：

伏见历代以来，天下郡县皆有仓谷，所以广储备荒，厚民生，重邦本。……臣前奉旨巡赈，备见我皇上轸念民瘼，无微不照。好生之德，直于天地同其复载！臣仰体仁，备深感激。因思历代备荒之政，有所谓社仓者，出之于民，仍用之于民。下足以备荒，上亦不费帑藏。乃经国之良法，救民之善政。揆之于今，诚可举行。盖劝民出粟，设立社仓。一迁荒岁，则比闾之民自相计议而散之。朝开仓午得食，于民甚便。[①]

其所附条例18条，详细规定了“捐输”方法，如谓“社仓捐输之法，论地土之多寡，家道之贫富，量为捐输，分上中下以为捐输之多少。则事得其平，而人心自服矣”，“一社之中，有武断乡曲、游手好闲、不事生产者，公同摈弃，不许入会。如有改恶从善者，同社之人能保其自新，亦令入会，以励将来”，“米粮出入，听社正等公同酌议，有事不得干预此事，亦不得因端借用。如有此事，许社中人公鸣之。上司以因公挪用参处”，等等。

张伯行督抚福建，为政清廉，兴教为先，“为民如慈母，训士若良师”。他在九仙山(今于山)创建鳌峰书院，并建藏书楼，大量搜罗先儒著作，倡导讲明朱程理学，培养大批人才。康熙帝赠其匾曰“三山养秀”，誉其为“天下清官第一”。清雍正元年(1723)，擢礼部尚书，雍正帝赐匾“礼乐名臣”。雍正三年(1725)75岁卒，雍正帝追赐太子太保，谥清恪。清光绪初年从祀文庙。

张伯行的著述有《正谊堂文集》(附续集)、《濂洛关闽书》(19卷)、《伊洛渊源续录》、《道统录》、《居济一得》、《小学集解》、《续近思录》、《学规类编》、《性理正宗》、《广近思录》、《濂洛风雅》等，主持编辑刊刻大型的《正谊堂全书》55种。

二、张伯行创办鳌峰书院和刊布正谊堂全书

张伯行在福建最为著名的功绩，是创办鳌峰书院和刊印大型的《正谊堂丛书》。鳌峰书院在建阳、福州各有一处。在建阳，唐僖宗乾符年间(874—879)，建阳熊秘在建阳崇泰里熊屯创建鳌峰书院。熊氏后人知名者，宋有熊克，宋末元初有熊禾，等等，大都是理学家。在福州，北宋时有个叫陈诚之的书生，在九仙山(今于山)麓结庐读书，因其独占鳌头高中状元，又因此山有

① (清)张伯行:《正谊堂文集》卷三，《再奏设立社仓并附条例折》，上海:商务印书馆，1936年，第34～38页。

巨石形如“鳌头”，其书室名曰“鳌峰书堂”，时人称其所居为“鳌峰坊”。这就是福州“鳌峰”的来历。宋嘉定十二年(1219)，黄榦曾借于山嘉福寺以课诸生。黄榦逝世后，其弟子建鳌峰精舍以祀之。据记载：

> 理宗宝庆三年丁亥(1227)，诸生祠先生于鳌峰精舍，即嘉福僧舍旧日从游之地。瓜山潘柄与门人杨复、陈宓等众议，儒、释难与共处，遂卜其地于鳌峰之址不远，先生平日读书息游之所。诸生捐金，得提于李氏之旧宅，东至龟石祠，西至池南至妙严，北至陈给事(宅)。规模形胜，仿武夷、白鹿之意存焉。①

黄榦学友建昌李燔为之撰写《鳌峰精舍祠堂记》，此文载《勉斋集·附集》。此是鳌峰书院的开端。黄榦弟子仅在福州就有200多人，知名者如杨复、陈宓等。到了明代，高瑶父子在此建鳌峰书室，在此读书，发扬黄榦思想。

清圣祖康熙四十六年(1707)，福建巡抚张伯行创建鳌峰书院。他说：“予自丁亥岁，奉命抚闽，仰体圣天子养育人才至意，建鳌峰书院，以延英俊之士。作藏书楼，贮经、传、史、集数千卷。命书生课业之暇，日纂录古圣贤嘉言、善行。予总其成，简裁汰之。窃思朱子之后，名儒辈出，其议论风旨足以启祐来学者亦夥矣。”②张伯行又述道：

图9-2　张伯行创办的福州鳌峰书院

> 不佞欲与士之贤而秀者，讲明濂洛关闽之学，以为之倡，既表彰先儒遗书以行于世，乃捐俸购屋九仙之麓，为鳌峰书院。前建正谊堂，中祀周、程、张、朱五夫子。后为藏书楼，置经、史、子、集若干橱。楼东有园亭、池堂、花卉、竹木之胜，计书舍一百二十间。明窗净几，幽秀弘敞。士之来学者，日给廪饩，岁供衣服。无耳目纷营之累，而有朋友讲习之乐。藏焉，修焉，息焉，游焉，于斯为宜。然有志圣贤之学，必身体

① (宋)郑元肃：《勉斋年谱》，《勉斋集》附录。

② (清)张伯行：《正谊堂文集》卷八，《小学衍义序》，上海：商务印书馆，1936年，第2册，第98页。

而力行之，非徒为口耳诵说之资已也。周、程、张、朱五夫子之书昭然具在。君相之所以为治，师儒之所以为学，毕具于中。诚使平心逊志，研究其义理之所以然，会之于心，验诸日用行事之间，措之家国天下之大，则孔、曾、思、孟之心传，与皋、夔、稷、契之事业，其庶几乎！[①]

图 9-3 张伯行撰《正谊堂文集》

图 9-4 张伯行编撰《濂洛关闽书》

鳌峰书院是官学。书院仿效朱熹考亭书院例，在书院设五子祠，祀周敦颐、程颢、程颐、张载、朱熹，以及黄榦等。以朱熹的《白鹿洞书院揭示》为学规，以朱熹的《四书章句集注》、张伯行所编的《学规类编》等为教材。历任书院山长的有蔡璧、蔡世远、陈正朔、孟超然、陈寿祺、林春溥等，皆著名理学家。著名的理学家童能灵、陈庚焕、梁章钜，以及林则徐、陈化成等，皆出于此书院。

张伯行创建鳌峰书院，在讲学的同时，搜辑宋明名儒文集，刊布大型丛书"正谊堂全书"。对于编辑刊行的缘起，张伯行述说：

刻先儒遗书，使九闽之士知吾之所言者，乃程朱之道。程朱之道，即孔孟之道，非予一人之私也。何意刻书之始，即有为予言者曰："是书不必刻也！凡刻书必审乎时之所好尚。是书人必不观，人必不读，刻之何为？"予曰："予只知是书之当刻而已，至于人之观与不观，读与不读，非我之所能知也。"今书已刻成，或又为予言曰："始吾以为必不观，必不

① （清）张伯行：《正谊堂文集》卷九，《鳌峰书院记》，上海：商务印书馆，1936 年，第 2 册，第 111～112 页。

读也。今果然矣！刻者自刻，而不观不读者自若也。”予曰：“彼之不观不读者，以彼之学非为己，而未闻道也。设有有志于古人为己之学，欲闻圣贤之大道者，舍是书曷以哉！”①

张伯行强调，“予抚闽三载，尝以理学、文章、经济，集诸生讲明之。凡先贤之书，皆次第付诸剞劂。”②

清圣祖康熙五十二年(1713)，张伯行在《恭进濂洛关闽书表》中述说：

奏为恭进《濂洛关闽书》仰祈睿鉴裁定，以重儒宗，以光文教事。臣窃惟二帝三王之道，得孔、曾、思、孟以大其传。五经、四子之书，至周、程、张、朱以而阐其奥，微言大意，炳如日月之常照。继往开来，垂诸宇宙而不朽。盖自汉唐以下，代有群言，而考其说，惟在词章训诂之间。即如董、韩之徒，亦多正论，而究其归，尚昧夫诚敬知行之本。自濂溪著《太极图说》，默契道源，迨横渠作《西铭》《正蒙》，研精理窟。二程承周子指授，发明尤畅，精义散见于遗书。朱子集诸儒之大成，纂述倍详。至理旁罗于《语类》，要本皆本乎身心体验之实，而非徒口耳诵说之资。此濂洛关闽，其渊源直上接洙泗者也。但全书浩博，尽读则记识弗强，且义蕴精微，浅尝而旨趣未晰，不由纂辑诠解，固虑后学以繁奥而难求。若非钦定颁行，又恐前言因日久而废坠。钦惟我皇上聪明天纵，敦敏成性，德成化神，四海颂太平天子，仁育义正，万方歌有道圣人。五经、四子之书，既兼综而修贯，周、程、张、朱之学复加意表彰。……为此谨将臣集解《濂洛关闽书》恭呈睿览，伏冀圣裁，并请亲赐佳名，御制大序，将见龙章焕彩，遐迩共沐钧陶，睿藻扬辉，今古咸沾德化。自此家传户诵，均仰圣明之教泽无穷。抑且俗易风移，共览先儒之学卓有效矣。臣无任瞻天仰圣，激切屏营之至，谨奉表恭进以闻。③

《正谊堂全书》收录宋明理学文献和张伯行自己的著述，以立德、立功、立言、气节、名儒粹语、名儒文集等6部为编目。自宋以来，理学名著基本上都收录在内，清陆世仪的《思辨录辑要》等名儒的著述赖以流传和保存。原

① (清)张伯行：《正谊堂文集》卷六，《答同年陈宫詹书》，上海：商务印书馆，1936年，第1册，第67页。

② (清)张伯行：《正谊堂文集》卷七，《杨椒山文集序》，上海：商务印书馆，1936年，第2册，第85页。

③ (清)张伯行：《正谊堂文集·续集》卷一，《恭进濂洛关闽书表》，上海：商务印书馆，1936年，第3册，第173～174页。

刊仅成55种，其中名儒文集收录20多种。清同治五年(1866)，左宗棠来闽任职，访得44卷，乃设立正谊堂书局，厘订重刊，增张伯行所著10余种和原书未收录者《杨大洪先生文集》《海刚峰先生集》等，增至68种525卷，于同治九年(1870)刊成。清康熙间张伯行原刊《正谊堂全书》大部分散佚，现存有清同治五年(1866)正谊堂左氏重刊本、同治九年(1870)左氏续刊本两种，上海商务印书馆收录丛书集成初编，于1935—1937年印行。

三、张伯行的理气心性论

张伯行以弘扬程朱理学为己任，并批判陆王心学，反对佛学。特别是他把朱子学应用到社会实际生活之中，强调主敬践履。著名学者高斌述说：

> 希心顿悟默，浸淫于新会、姚江之学者，多有之矣！于此有墨守程朱，心之身之，以助流圣化，昭示来兹者。吉光片羽，为有识所珍传，应不在昌黎之下。大宗伯张清恪公，自幼即志于圣学，积有年所，成进士，累官中外，声施烂焉。余久钦慕其人，顾未得一接颜色。近得其《正谊堂文集》读之，乃弥其所学之正，所得之深，足以信今而传后无疑也。盖公之生平，笃信子朱子，表彰不遗余力，大要尤谓“居敬以立其本，穷理以致其知，返躬以践其实”。紫阳一脉，所以直接尼山者在是。故公之学问本末，一以是三者为的。凡献之大廷，嘉惠来学，无非直抒所心得，其有少有异于是者。辞而辟之，毋少借焉。则是集之传，其裨益于世道人心，视昌黎为何如耶！青天白日，人共快其清明。凤凰芝草，世共知为美瑞。余请即昌黎之言，以为是集必传之券！[①]

高斌以唐韩愈比之张伯行，评价至高，还谓“泰山北斗之仰必归昌黎，则以尊位孔孟”，“方今圣圣相继，正道昌明，海寓承学者，类之宗仰濂洛关闽，以溯邹鲁之渊源”，甚至谓张伯行“不在昌黎之下”。事实正是如此。张伯行的儒学思想，全是程朱理学，而且有很深入的论述发挥。

对于程朱理学的重要范畴“无极而太极”，张伯行阐释得十分确切，通俗易懂。张伯行述说：

> 无极，犹言无形也。太者，大者无以加之称。太极者，理之至极而无以复加者也。言上天之载，无声无臭，无形迹可求也。而至极而无以

---

① (清)张伯行：《正谊堂文集》卷首，《高斌序》，上海：商务印书馆，1937年，第1册，第1页。

复加之理即寓乎其中焉。所谓无此形状而有此道理耳。[①]

张伯行认为:“此周子默契道体之本原,即图其象而又虑人之不知其说也,故为此言以明之。”[②]周敦颐说:“无极而太极。太极动而生阳,动极而静;静而生阴,静极复动。一动一静,互为其根。分阴分阳,两仪立焉。”张伯行所释周敦颐的《太极图说》,完全符合周敦颐的意思。

张伯行对“无极而太极”的解释是跟朱熹的说法相一致的。朱熹认为,“无极而太极”,不是说太极之外还有无极。无中自有此理,又不可将无极便作太极。“无极而太极”,此“而”字轻,指无次序。无次序即无时间之先后,不是无极之后别生太极,太极之上先有无极。“以其无器与形,而天地万物之理无不在是,故曰‘无极而太极’。以其具天地万物之理,无器与形,故曰‘太极本无极’也。是岂离乎生民日用之常,而自为一物哉。”[③]张伯行依照朱熹意思,认为太极是理之至极而无以复加,至极无以复加之理寓乎太极之中,即其所谓无此形状而有此道理。

张伯行进一步指出,太极即理之至极。张伯行述说:

> 三才(按:天、地、人)同此一理,天得之为天,地得之为地,人得之为性,三纲五常皆此理之流行,于宇宙间无往不在。虽有消息盈虚之数,而循环终始,究无顷刻之停。盖天地无终穷,则君臣、父子、夫妇之道,仁、义、礼、智之理,亦无终穷,而人之所不可须臾离者也。是故儒者明此理而得之,释氏不明此理而失焉。[④]

这是张伯行对朱熹理之观点的解释。朱熹说:“宇宙之间一理而已,天得之而为天,地得之而为地,而凡生于天地之间者又各得之以为性,其张之为三纲,其纪之为五常,盖皆此理之流行,无所适而不在。若其消息盈虚,循环不已,则自未始有物之前以至人消物尽之后,终则复始,始复有终,又未尝

---

① (清)张伯行:《濂洛关闽书》卷一,《周子·太极图说》,上海:商务印书馆,1937年,第1册,第3页。

② (清)张伯行:《濂洛关闽书》卷一,《周子·太极图说》,上海:商务印书馆,1937年,第1册,第3页。

③ (宋)朱熹撰,陈俊民校编:《朱子文集》卷八〇,《邵州州学濂溪先生祠记》,台北:德富文教基金会,2000年。

④ (清)张伯行:《濂洛关闽书》卷一三,《朱子》,上海:商务印书馆,1937年,第3册,第203～204页。

有顷刻之或停也。”[①]

张伯行遵照朱熹的“天之所以为天者理而已，天非有此理不能为天，故苍苍者即此道理之天”的教导，把古代的尊天上升到讲理，天不外是苍苍之形体，天得理之为天，天意是理。这就摒弃了西汉董仲舒的天是有意志的宗教神秘主义的天人感应论。天即理，是张伯行哲学的本色。由此，他把人们对天的认识上升到哲学本体论的高度。

理学家们认为，理与气是紧密地联系在一起的，它们是不离不杂的。他们用太极说论述理的意义与理气关系。张伯行述说：

> 太极者理，阴阳者气，盈天地间无一时一物非理与气之所为，妙用而不穷。仰观天文，俯察地理，远求诸物，近取诸身，圣人之所以触处会通而超然默契于其心也。[②]

这就是说，天地间皆阴阳之气。由于太极理气阴阳“触处会通而超然默契于其心”，张伯行进一步论述了心。他述说：

> 心不在则视不见，听不闻，故感于物者心也。既有所感，而喜、怒、哀、乐触之而动不能自遏者，情也。情根于仁、义、礼、智之性，而宰乎至虚至灵之心，惟主敬存诚，以一心为万物之宰，则其动也发皆中节，而人欲净尽，天理流行矣。[③]

人的心(感官)接触到事物，就出现情，情根乎性，性为心之主宰，心正则中节。在这里，张伯行正确地论述了理学的重要思想：心、性、情三分和心统性情。他们认为，觉是心之理，性即理。心是气之灵，能知觉，有动静，而其所以知觉所以动静的所以然之理，则是性。因此，心既不是性也不是理。性不是心，也不是情。心与情皆属气，只有性才是理。性是纯善的理。情是气之变，即气之发。心、性、情三分，即性是理，心是气之灵，情是气之发或之变。据《朱子语类》记载：“问心性情之辨，曰：‘程子(颐)云：心譬如谷种，其中具生之理是性，阳气发动是情。’推而论之，物物皆然。”[④]张伯行述说：

---

① 转引自(清)张伯行：《濂洛关闽书》卷一三，《朱子》，上海：商务印书馆，1937 年，第 3 册，第 203 页。

② (清)张伯行：《濂洛关闽书》卷一三，《朱子》，上海：商务印书馆，1937 年，第 3 册，第 205 页。

③ (清)张伯行：《濂洛关闽书》卷一三，《朱子》，上海：商务印书馆，1937 年，第 3 册，第 204 页。

④ (宋)黎靖德编：《朱子语类》卷五，《性理二》，北京：中华书局，1986 年。

有生之初，性与气俱。特性则仁、义、礼、智之德无乎不善，而气则清浊、厚薄之禀每多不齐。世人纷纷之论，大率以气之故而疑乎性，抑知生质虽异，而义理则同。第未尝合而论之，则为以见其同异之实耳。程子尝曰："论性不论气，不备；论气不论性，不明。"此之谓也。①

张伯行强调，人的道德仁、义、礼、智是建立在心、性、情之上的。张伯行用《易》之元、亨、利、贞来说明之。张伯行述说：

人之为心，其德亦有四。在天为元，人得之为亨，人得之则有慈祥之德，而为仁；在天为利，人得之则为裁制之德，而为义；在天为亨，人得之则为秩叙之德，而为礼；在天为贞，人得之则有明睿之德，而为智。理固各足，蕴亦不同，而仁道之大则无所不包。义者，仁之宜也；礼者，仁之灿也；智者，仁之辨也。若夫有是德，则有其情之发用。而仁之施为爱，礼之著为恭，义之处为宜，智之务为别，事随所值，意亦专属，而恻隐之心则无所不贯。恻隐动而不能已于恭，恻隐动而不得不准其宜，恻隐动而不敢不精其别。人之为心如是，人之为仁同乎天地也。②

这就是说，人之为心其德有四，即仁、义、礼、智，而仁无所不包。其发用，则为爱、恭、宜别之情，而恻隐之心无所不贯。所以天地之心曰乾元坤元，则四德之体用不待悉数而足，人之妙则曰仁人之心也。总之，性是理，心是气之灵，情是心气之发或之变，此便是心、性、情三分。仁只是性，只是理，恻隐之心与爱之情则属于气。谓"仁者，心之德、爱之理"，表示仁不是心、不是爱，只是"爱之所以然的理，而为心所当具之德"。这样，仁只是一个形而上的抽象的理，而不再是具体的活泼泼的生生之仁。仁这个理，必须通过心知之明的静涵后方能为心所具；仁这个德，亦须通过心气之摄具此理，方能成为心自身之德。这就是说，德由理而转成，理不寓于心则不能成德。

四、张伯行的道统说

儒家有个传道之统，即道统，是儒家学说的重要组成部分。它起源于孟子，谓圣人之道由尧、舜、禹、汤、文、武、周公先后传至孔子，"孔子，圣之时者

---

① （清）张伯行：《濂洛关闽书》卷一三，《朱子》，上海：商务印书馆，1937年，第3册，第205页。

② （清）张伯行：《濂洛关闽书》卷一三，《朱子》，上海：商务印书馆，1937年，第3册，第206页。

也。孔子之谓集大成”[①]。因此，他倾慕孔子。孟子的道统观念并未产生共识和肯定，把道统观念落实于儒家的行为之中的是西汉董仲舒。他说：“道之大原出于天，天不变道亦不变。是以禹继舜、舜继尧，三圣相受而守一道，亡救弊之政也。”[②]之后，由于佛学盛行等原因，儒家道统中断。唐代的韩愈以复兴儒家道统为己任。他述说：

> 夫所谓先王之教者，何也？博爱之谓仁，行而宜之之谓义，由是而之焉之谓道，足乎己无待于外之谓德。……吾所谓道也，非向所谓老与佛之道也。尧以是传之舜，舜以是传之禹，禹以是传之汤，汤以是传之文、武、周公，文、武、周公传之孔子，孔子传之孟轲。轲之死，不得其传焉。[③]

韩愈并说道由他而粗传，虽灭死万万无恨。

真正发扬儒家道统的是程朱理学家们，他们绕过韩愈直承孔孟。首先是程颐，提出他的哥哥程颢把不传圣学发扬起来。朱熹述说：“河南程氏两夫子出，有以接乎孟子之传。……圣经贤传之指，灿然复明于世，虽以熹之不敏，亦幸私淑而与有闻焉。”[④]黄榦进一步指出：“由孟子而后，周、程、张子继其绝，至先生（按：指朱熹）而始著。”[⑤]这就明确把朱熹纳入道统之中，成为当时道统的重要环节和终结。朱熹的道统说与往圣不同的重大贡献，是明确把道统内涵落实于现实社会生活之中，认为圣圣相传之道的具体内容是：“圣贤千言万语，只是教人明天理，灭人欲。”[⑥]

张伯行在上述道统说的基础上，特别强调朱熹的观点，围绕着朱熹的道统说而展开论说儒家道统的实际价值意义。张伯行反复强调，儒家道统以濂洛关闽之学为核心，朱熹集诸儒之大成。张伯行述说：

> 尧、舜、禹、汤、文、武、周公之为君为相，孔、曾、思、孟、周、程、张、朱之为师为儒，一也。一者何？曰道也。尧之授舜，止于“允执其中”者，道惟一中也。舜之授禹，推之曰“惟危惟微，惟精惟一”者。圣凡之相去，善恶之分途，直判其几以相示，亦道之不容有二也。自是道行于上

---

① 《孟子·万章下》。

② （汉）班固：《汉书》卷五六，《董仲舒传》。

③ （唐）韩愈：《韩昌黎全集》卷一一，《原道》。

④ （宋）朱熹：《大学章句集注·大学章句序》。

⑤ （宋）黄榦：《勉斋集》卷三六，《朱子行状》。

⑥ （宋）黎靖德编：《朱子语类》卷一二，《持守》，北京：中华书局，1986 年，第 207 页。

为三代之盛治，道行于下为邹鲁之真传。猗欤盛哉！然而孔孟没，微言绝，自秦以迄汉唐，茫茫坠绪，绵延如线，盖亦盈虚消息之理固然欤！宋兴，而周子崛起于南服，二程子倡道伊洛之间，张子笃志力行关中，学者与洛人并。迨至朱子，讲学闽中，集诸儒之大成，而其传益广。于是世之言学者，未有不溯源于濂洛关闽，而以为邹鲁之道在是，即唐虞三代之道在是也。[①]

张伯行的道统说立足于程朱时代，认为真正把儒家道统发扬光大的是程朱理学家们。

在张伯行看来，孔孟之后，秦以迄汉唐，道统失坠，两宋周、程、张、朱把它复兴起来，朱熹在闽中"集诸儒之大成，而其传益广"。

张伯行指出，由两宋周、程、张、朱复兴起来的道统，突出"主敬穷理、下学上达之功"，修身、齐家、治国、平天下。张伯行说："吾儒之道，尧、舜以来相传之道也，尧、舜、禹、汤、文、武、周公、孔子、孟子之相传，惟是有物有则，生人不易之常理。……吾儒之道之所以可贵者，将用以修身、齐家、治国、平天下。"[②]张伯行又述道：

先儒书具在学者心验而体之，于周子可以会一理之通，而振俗学之卑陋。于张子可以穷万物之故，而识体性所自来。于程子、朱子可以得主敬穷理、下学上达之功，而不为诐淫邪遁所淆惑。故凡圣之蕴，表彰光大于先儒者。[③]

张伯行的道统说，重在"四书六经"。张伯行述说：

前人不能留其身以见后人，后人不能隔其世以见前人。求如洙泗之间，师弟唱和于一堂，何可得哉？然古今之道一而矣。散者宁不可聚，离者宁不可合，汇而集之，继而续之，自尧、舜、禹、汤、文、武、周公、孔子、孟轲，皆可相见于"四书六经"之中，何独于朱子《小学》之书而不

---

① (清)张伯行：《濂洛关闽书》卷首，《原序》，上海：商务印书馆，1937年，第1册，第1页。

② (清)张伯行：《正谊堂文集》卷六，《与陈玉立书》，上海：商务印书馆，1936年，第6册，第76页。

③ (清)张伯行：《濂洛关闽书》卷首，《原序》，上海：商务印书馆，1937年，第1册，第1页。

然哉！[①]

孔子言述而不作，此道统所传也。故自孔子以来，接其统者皆以善述为德业。孔子删定纂修，六经赖其表彰，是孔子善述尧、舜、禹、汤、文、武、周公之道者也。孟子曰：杨墨之道不息，孔子之道不著。又曰：由舜至于汤，由汤至于文王，由文武至于孔子，而皆赖有见之闻之，是孟子之善述孔子，以善述尧、舜、禹、汤、文、武、周公之道者也。程子表彰四子书，朱子因为集注，是程、朱之善述孔、孟以善述尧、舜、禹、汤、文、武、周公之道者也。今人不务述而务作，而其所作者，或非尧、舜、禹、汤、文、武、周公之道，岂其才识学问远过乎孔、孟、程、朱，而其所作者能高出乎尧舜、禹、汤、文、武、周公之道之上者乎？夫尧、舜、禹、汤、文、武、周公之道卒不可易，而才识学问又未必如孔、孟、程、朱，乃不务述而务作，亦见其惑也。是孔子所谓不知而作者也，是程子所谓无用之赘词也，则亦何意之有哉！[②]

张伯行的道统说，强调批判异端，与异端之区别。他述说：

黄勉斋曰：由孔子而后曾子，子思继其微，至孟子而始著。由孟子而后，周、程、张子继其绝，至朱子而始著。信斯言也。韩昌黎谓孟子之功不在禹下，余亦谓朱子之功不在孟子下。盖当孟子时，邪说诐行，溺于人心如杨墨之害仁害义，告子之食色言性，乡愿之同流合污，皆悖先圣之而驰也。……若朱子时，则世学不明，异端之蜂起尤甚，学老氏者谈道德而遁入虚无，学浮屠者谈心性而流于寂灭，他若王苏之夸诞险诐，陆子之顿悟近禅。凡为吾道之害者，几乎沦肌浃髓，不可救药。朱子大声疾呼，辞而批之。日有孜孜，心良苦矣。……殆善道孟子之心，亦即先后朱子之心者欤！夫朱子之表彰圣学，羽翼斯道，合周、程、张子而集其大成。其在经书传注，制举家当无不习而识之。[③]

张伯行的主敬穷理，即格物致知。张伯行说："程朱格物说，自天地万物之理，身心性命之故，以及名物象数之变，无不究其所当然，穷其所以然，所

① （清）张伯行：《正谊堂文集》卷八，《小学衍义序》，上海：商务印书馆，1936 年，第 2 册，第 98～99 页。

② （清）张伯行：《正谊堂文集》卷九，《述而不作论》，上海：商务印书馆，1936 年，第 2 册，第 115～116 页。

③ （清）张伯行：《濂洛关闽书》卷一三，《朱子序》，上海：商务印书馆，1937 年，第 3 册，第 201 页。

谓细大不遗，本末具举，建诸天地而不悖，百世以俟圣人而不惑者也。”[①]张伯行又述道：

> 夫格物者，穷理之谓也。朱子论为学工夫，曰：“主敬以立其本，穷理以致其知，反躬以践其实。”此三者，乃为学之切要工夫。今以格物为宗旨，予意若不主敬以立其本，是无本之学，而学为杂学矣。若不反躬以践其实，是无用之体，而体为虚体矣。圣贤之学，由本以及末，明体以达用，内圣外王，备于一身，用行舍藏，运于一心，而谓一格物遂足尽圣贤之工夫乎？而谓一格物遂足满圣贤之分量乎？程子曰：“涵养须用敬，进学则在致知，是格物之前尚在主敬之功。”又曰：“学之道，必先明诸之所往，然后力行以求至。薛文清公曰：“读书不体贴向自己身心上做工夫，虽读尽古今天下之书，亦无益也。”是格物之后又有实践之功，安得以一格物尽之哉？主敬以立其本，穷理以致其知，反躬以践其实，圣人复起，不易其言。别立宗旨奚为也。[②]

“主敬以立其本，穷理以致其知，反躬以践其实”，此三句是程朱理学的核心思想，张伯行进行了反复地论述。

第三节　蓝鼎元

一、蓝鼎元的生平著述

蓝鼎元，字玉霖，别字仁庵，号鹿洲，学者称鹿洲先生，福建漳浦人。生于清圣祖康熙十四年(1675)，卒于世宗雍正十一年(1733)。雍正元年(1723)，科举拔贡。历官广东普宁知县、潮阳知县、广州知府、内阁一统志馆编修等。

蓝鼎元一生经历曲折，对其思想和行为有深刻的影响。他少孤家贫，依寡母许氏日课女红度日，市番薯种菜以为糜。读书山中，月携白盐一罐做菜，没有蔬菜和肉食，同学揶揄，作《白盐赋》以自励。后来，蓝鼎元在谢绝巡

---

① (清)张伯行：《正谊堂文集》卷九，《论学》，上海：商务印书馆，1936年，第2册，第118页。

② (清)张伯行：《正谊堂文集》卷六，《与毛心易书》，上海：商务印书馆，1936年，第1册，第78页。

抚张伯行召用时对自己的家庭说得十分感慨。他在给张伯行的信中述说：

> 某幼丧父，赖祖父母及寡母辛苦提携以至今日。大父今年八十有九，大母年八十有二，日薄西山，此境岂能多得？又某有弟已长而未婚，有妹已长而未嫁，加以先君之柩，历年既多，未归于土。每当苦雨凄风，肝肠寸裂。自侍执事以来，细观先儒之书，窃闻圣贤之道，其最切者父慈子孝兄友弟恭。今也有九旬之祖父母、垂白之寡母而不能养，有久停之柩而不能葬，有愆期之弟妹而不能婚嫁，自逃于八百里之外，以博丰衣鲜食，纵使学问财力推倒一时，执事亦何取于此等人，而欲进之于道耶？某虽不肖，颇知义利之辨，岂肯妄受人怜，有所希冀？……今征召再三，恐执事不知所以违命之故，将责以自暴自弃之罪。故敢竭其愚衷，惟执事鉴谅焉。①

这段话可以反映出蓝鼎元家庭的一般情况，也可以反映出蓝鼎元的思想品质：在困难的情况下乐于行孔孟之道，重义而轻利。蓝鼎元未应张伯行的征召后，在家11年，其间因家乡经常闹饥荒，加上官吏横行，剥削无度，他家及其他劳动人民生活艰苦，其曾作《饿乡记》加以揭露。他在17岁时，至厦门观海，并泛舟循福建沿海而北至浙江舟山群岛，又乘风返南，沿南澳、海门而归。自谓此行得到许多见识，极为有益。

蓝鼎元为官清廉，有谓之包公复生。他任广东普宁及潮阳知县、广州知府时，经常出巡所辖各地，奖励生产，察民疾苦。此二县一府以前积累讼案甚多，蓝鼎元一一加以调查，从速办理积案，纠正冤案；惩办罪犯主谋之尤者，对于小犯或胁从者则反复加以开导，使其改过自新。人称其治狱严而峻，翕然悦服。蓝鼎元因办案正直无私，得罪了上级贪官污吏，后来被诬告革职回乡。蓝鼎元曾随福建总督郝玉麟入台湾平乱，并参与治理台湾规划，指出台湾之隐患将是日本、尚兰，提醒当政者密切注意。他的爱国之心和卓越的见识是极可贵的。

蓝鼎元的家庭有朱子学传统，曾祖父蓝毅叟、祖父蓝继善、父亲蓝斌，皆博学多识，笃信程朱理学。蓝鼎元自幼承受家教，博览诸子百家，究心性理之学。后居家奉养祖父母、寡母11年，杜门读书，凡理气、心性、礼乐、名物、兵略行阵等诸问题无不探求。蓝鼎元从政期间，官余与诸生切究学问，对海

① (清)蓝鼎元：《鹿洲初集》卷首，《行述》，蒋炳钊、王钿点校：《鹿洲全集》，厦门：厦门大学出版社，1995年，第18页。

内外之山川风土，各民族之生活习俗，特别是东南海疆，都十分熟悉。世宗雍正三年(1725)，蓝鼎元献所作《青海平定诗》3篇、《河清颂》4篇，一时名噪天下。蓝鼎元雅意著述，风云月露不以染其笔端，而见忠义节义必记录之。清人旷敏本述说：

> 鹿洲经济之儒，文章之匠也。其志在乎世道人心，其心系乎生民社稷。……予读《棉阳学准》，幸濂洛真传犹在今日，知鹿洲之自任斯道者重也。[①]

蓝鼎元一心向往程朱理学，一有闲暇，即读程朱及朱子学派黄榦、陈淳、真德秀、蔡清、陈真晟、林希元等人的著作。沉潜玩味，反复不厌。蓝鼎元以朱子之学为的，以第一等人物为期。他说："朱子得孔孟之正传，开万古之聋聩"[②]；"圣贤之道，备于朱子"[③]。他又述道：

> 程朱之功尤为大备，千秋正学，至此如日月中天。学者不崇尚程朱，则邹鲁之戾人也。[④]

蓝鼎元对朱子推崇备至，他的学术是纯正的朱子学。他述说：

> 为治而不本六经，必流为刑名法术，杂霸小补之治；为学而不本六经，必流为异端邪说，支离固陋之学。故自古今以来名为儒者，无不以穷经为要。……说经之家汉儒为最，至宋而指归乃定。[⑤]

蓝鼎元认为由程朱而溯至孔孟，六经是为治为学之本。汉儒有传经之功，宋儒有传道之实，两者皆不可否定。蓝鼎元和蔡世远一样，已具有某些崇汉学、尚考证的学风。

对于蓝鼎元的事功和学问，学者有好的评论。清代著名理学家张伯行任福建巡抚时编纂程朱学派各家著作，蔡世远推荐蓝鼎元为编辑。蔡世远

---

① (清)蓝鼎元：《鹿洲初集》卷首，旷敏本：《鹿洲初集序》，蒋炳钊、王钿点校：《鹿洲全集》，厦门：厦门大学出版社，1995年，第2～3页。

② (清)蓝鼎元：《棉阳学准》卷三，《闲存录》，蒋炳钊、王钿点校：《鹿洲全集》，厦门：厦门大学出版社，1995年，第491页。

③ (清)蓝鼎元：《鹿洲初集》卷四，《杨龟山先生文集序》，蒋炳钊、王钿点校：《鹿洲全集》，厦门：厦门大学出版社，1995年，第85页。

④ (清)蓝鼎元：《棉阳学准》卷一，《同人规约》，蒋炳钊、王钿点校：《鹿洲全集》，厦门：厦门大学出版社，1995年，第463页。

⑤ (清)蓝鼎元：《鹿洲初集》卷一四，《经学考》，蒋炳钊、王钿点校：《鹿洲全集》，厦门：厦门大学出版社，1995年，第281页。

说："蓝生确然有守，毅然有为，经世之良材，吾道之羽翼也。"[①]真是推许备至，由此可知时人对蓝鼎元的一般看法。

蓝鼎元的著述有《东征集》6卷、《平台纪略》1卷、《棉阳学准》5卷、《鹿洲初集》20卷、《鹿洲公案》2卷、《修史试笔》2卷、《鹿洲奏议》1卷、《女学》6卷、《鹿洲文录》3卷、《潮州海防记》1卷、《琼州记》1卷、《论平台湾生番书》1卷、《论边省苗蛮事宜书》1卷、《论南洋事宜书》1卷、《历代名臣传》35卷、《鹿洲全集》43卷等。今有《鹿洲全集》(全二册)，蒋炳钊、王钿点校本，由厦门大学出版社于1995年出版。

二、蓝鼎元的世界观

蓝鼎元和其他理学家一样，认为天地间充满着理和气。无理天之不能产生，无气天地不能运行，"天地之间，理与气焉尽之矣。无理不生，无气不行"[②]；"天地民物，一理一气，至诚感通，如影随形"[③]。理和气如形影，是不能分开的，理气是紧密地结合在一起的。蓝鼎元提出理产生天地民物，又承认理和气像形和影一样，同时存在。因此蓝鼎元的世界观含有一些二元论的因素。

蓝鼎元正是由于认为理和气一样存在于天地民物之中，而提出道在人伦日用之间。他认为，"圣贤之道，原非高远，不外纲常伦纪、日用常行之事。不为不肖，则可以为圣贤"[④]。他又述道：

> 道非高远，即在人伦日用之间，臣忠子孝，兄友弟恭，夫妇居室，朋侪洽比，一举一动，皆有当然不易之则。夫谁能出吾道之范围乎！饥而食，渴而饮，人人皆然也。而食所当食，饮所当饮，即道也。异学以窈冥昏默、虚空影响言道，似人生纲常伦纪之外，别有凭虚仿佛之一物，是以终日言道而无可捉摸，言悟道而归于惝恍。……道者日用事物当行之理，皆性之德，而具于心，无物不有，无时不然，所以不可须臾离

① (清)蔡世远：《二希堂文集》卷七，《上仪封张先生书》。

② (清)蓝鼎元：《棉阳学准》卷四，《闲存录》，蒋炳钊、王钿点校：《鹿洲全集》，厦门：厦门大学出版社，1995年，第499页。

③ (清)蓝鼎元撰：《鹿洲初集》卷四，《河清颂序》，蒋炳钊、王钿点校：《鹿洲全集》，厦门：厦门大学出版社，1995年，第82页。

④ (清)蓝鼎元：《棉阳学准》卷一，《同人规约》，蒋炳钊、王钿点校：《鹿洲全集》，厦门：厦门大学出版社，1995年，第462页。

也。……圣贤未尝难学，人人皆可以勉而能，而特不许浮伪者之矫托于其间，若外谈仁义而势利，若烈火之焚心，貌似笃诚而胸怀若鬼蜮之变幻，此等为吾道之害，有甚于释老异端。[①]

从蓝鼎元谓“道者日用事物当行之理”可知，他的道和理的含义基本上是一致的，具有规律和本质的意义。蓝鼎元在讲到理和历数的关系时，就是讲理是历数之理，犹如上引道是日用事物当行之理一样。蓝鼎元述说：

历有理有数，古今明历数者不少，而明历理者极难。朱子亦曰：“历不能无差。”今之学历者，但知历法，不知历理。盖舍理以求数，虽穷极微秒，必有不能尽合者。君子用历，亦究其理而已。数学，灵台（按：官名）掌之，非有大人之事者所暇及也。[②]

此段最后两句的意思是说，治理国家在于政教，所以要知理。数学则是专门家的事，不是执政者之事。蓝鼎元在这段中所讲的理，和上面引文中的道具有相同的含义。

由于气和理一样，充满于天地之间，气分阴阳，因而阴和阳充满于天地之间。蓝鼎元说：“天地之间，阴与阳焉尽之矣。无一物而无阴阳，亦无一事而无阴阳”[③]；“阴阳有盛衰无绝续也。……《易》曰‘七日来复’，亦以物极必反也。分阴分阳者，程子所谓天地万物之理，无独必有对也。”[④]

蓝鼎元把阴阳对立统一和转化的关系运用于分析具体事物上，认为矛盾一方会克治另一方，扶正必须去邪，“天下之祸，常发于细微而困于所忽”。蓝鼎元述说：

稂莠不除，反害嘉禾；槎蘖不剪，终成斧柯。……治心去私克己，而后天理复焉。譬诸治国屏邪远佞，而后正士昌焉。……虎狼在野，凡人操戈而逐之；蜂虿（蝎）入袖，壮夫为之动色。天下之祸，常发于细微而

① （清）蓝鼎元：《鹿洲初集》卷六，《送谢古梅太史还闽序》，蒋炳钊、王钿点校：《鹿洲全集》，厦门：厦门大学出版社，1995年，第110页。

② （清）蓝鼎元：《鹿洲初集》卷一四，《历代历法考》，蒋炳钊、王钿点校：《鹿洲全集》，厦门：厦门大学出版社，1995年，第291～292页。

③ （清）蓝鼎元：《棉阳学准》卷四，《闲存录》，蒋炳钊、王钿点校：《鹿洲全集》，厦门：厦门大学出版社，1995年，第499页。

④ （清）蓝鼎元：《棉阳学准》卷五，《太极要义》，蒋炳钊、王钿点校：《鹿洲全集》，厦门：厦门大学出版社，1995年，第519页。

困于所忽，不可不慎与。[①]

蓝鼎元这里所讲的是统治经验的总结，是比较深刻的，含有一定的辩证法思想。

蓝鼎元的世界观还含有天人感应论的成分。他在给蓝荆璞的信中述说：

> 舟中起雷，本非灾异，乃此舟竖桅时，桅井不净所致耳。……君子遇灾而惧。……鄙意雷者，震也。震，东方也。震动震叠，皆非安静，恐东方有兵事将劳吾兄。是故舟中起雷，乃威震东方，声闻四海之象，兄其建勋业于台湾乎？[②]

在这里，蓝鼎元一方面正确地指出了“舟中起雷，本非灾异，乃此舟竖桅时，桅井不净所致耳”；另一方面，为了鼓励蓝荆璞治台事业，又宣扬天人感应论，所谓“君子遇灾而惧”。蓝鼎元又述道：

> 圣王用民必顺，故天不爱其道，地不爱其宝，人不爱其情。是以有膏露醴泉、器车图马、凤麟龟龙之瑞。……曰：“圣王能修礼以达义，体信以达顺，此顺之实也。”可知天瑞之来，必由人事，礼义信顺，即为稀世之嘉祥。惟其有之，是以应之。自古及今，未有无其实而能征其应者。……天下太平，符瑞来至者，以王者承天顺理，调和阴阳。……一气感召，同体相关。是以精诚所格，上通帝载。[③]

蓝鼎元由天人感应论得出“一气感召，同体相关”，试图能够达到“天人合一”。

三、蓝鼎元的认识论

蓝鼎元运用他的天地民物是理气相结合的观点来说明人性问题。他认为“仁义礼智信为吾性中所自具之理”。例如关于仁的看法，他述说：

> 仁者，生人之理也。此理与生俱来，岂容一日去之。一日不仁，则生理灭绝。纵使幸生，亦不可谓之人。……故求仁者，当常存此心，必

---

① （清）蓝鼎元：《鹿洲初集》卷一〇，《除庭草记》，蒋炳钊、王钿点校：《鹿洲全集》，厦门：厦门大学出版社，1995 年，第 202 页。

② （清）蓝鼎元撰，蒋炳钊、王钿点校：《鹿洲初集》卷二，《与荆璞家兄论舟中起雷书》，蒋炳钊、王钿点校：《鹿洲全集》，厦门：厦门大学出版社，1995 年，第 45 页。

③ （清）蓝鼎元撰：《鹿洲初集》卷四，《河清颂序》，蒋炳钊、王钿点校：《鹿洲全集》，厦门：厦门大学出版社，1995 年，第 82～83 页。

不可使有一息之不仁。[①]

在蓝鼎元看来，人由于有了理，才具有仁、义、礼、智、信等道德品质。人由于有了气，才能够语言动作和思考营为。由于仁、义、礼、智、信等这种理是天赋予人的，所以叫天命之理。理体现在人身上时，要同人所禀受的气相结合，构成人的气质之性。以天命之性和气质之性为基础，蓝鼎元提出人心和道心，天理和人欲的关系问题。蓝鼎元认为心的本体，是先天具有的，没有受到物欲牵累的，即天命之性，是理的体现，没有不善的。所以感物而动便产生合乎天理的仁、义、礼、智、信等道德行为，便是道心；感物而动受到物欲的牵累便产生不道德的行为，便是人心。蓝鼎元述说：

何谓人心，虚灵知觉者是也；何谓道心，所以主宰此虚灵知觉之义理是也。朱子曰："如人知饥渴寒暖，此人心也；恻隐羞恶，此道心也。"又曰："如喜怒，人心也；喜所当喜，怒所当怒，道心也。"[②]

蓝鼎元认为道心和人心的界限就在于人的思考动作是满足于"饥渴寒暖"等欲望，还是服从于仁、义、礼、智等天理。"理在吾心，不假外求。吾暗室屋漏，事事无愧于心"，这样，蓝鼎元又提出天理和人欲的问题。蓝鼎元述说：

自然而然者为天理，私意而为者为人欲。理欲之别，则公私二字尽之。朱子曰："饮食之间，亦有天理人欲焉。"则以饮食者，天理也；欲求美味，人欲也。[③]

蓝鼎元把天理和人欲的区别归结为公与私，是对程朱"天理、人欲"含义的通俗解释。不过蓝鼎元所讲公与私的含义与今天所讲的是不同的，如谓"忠者，天下大公之道"。蓝鼎元又述道：

忠之一字，乃学者大本领，所以异于人者。故事君必忠，一出言而必思忠，为人谋不敢不忠。凡使在己之心，无一毫之不尽也。……朱子

---

① (清)蓝鼎元:《棉阳学准》卷四,《闲存录》,蒋炳钊、王钿点校:《鹿洲全集》,厦门:厦门大学出版社,1995年,第506页。

② (清)蓝鼎元:《棉阳学准》卷三,《闲存录》,蒋炳钊、王钿点校:《鹿洲全集》,厦门:厦门大学出版社,1995年,第486页。

③ (清)蓝鼎元:《棉阳学准》卷一,《同人规约》,蒋炳钊、王钿点校:《鹿洲全集》,厦门:厦门大学出版社,1995年,第468页。

曰:“忠者,天下大公之道,恕所以行之也。”[①]

蓝鼎元认为“圣贤不肖之分,天理人欲而已矣。循天理则日进于高明,徇人欲则日沦乎污下”。因此,蓝鼎元反复说明人们必须如程子所谓“存天理,遏人欲”。他述说:

存天理,遏人欲,入圣之门也。学者循是而求之,时时处处实用其存养省察之功,使人欲净尽,天理流行,是亦圣人而已矣。[②]

天理存则人欲亡,人欲胜则天理灭。朱子所谓未有天理人欲夹杂者。学者须于此处体认省察之,自然当然之天理则存守而勿失,自私自利之人欲则遏绝而不留。[③]

十分显然,蓝鼎元这些说教的中心目的就是要维护封建宗法等级制度。因为“圣贤之道,其最切者,父慈子孝,兄友弟恭”,人们只要按照孝、悌、忠、信和仁、义、礼、智等纲常伦理各安其分,就是符合天理。这就是理学家常常讲的“饿死事小,失节事大”的迂腐说教。

对于如何存明天理,克尽人欲,蓝鼎元提出“克己复礼,克己则无欲而静,复礼则循礼而安”。在蓝鼎元看来,这种克己复礼的工夫,就是所谓“主敬”,“主敬则天理常存,而人欲不能入”。蓝鼎元又述道:

内圣外王之学,不外一敬。……主敬则天理常存,而人欲不能入……朱子曰:“儒者之学,大要以穷理为先。”此言居敬中实事,而吾道异端所以判也。异学求心而不求理,是以其流为清静寂灭。圣学在格物穷理以致其知,是以泛应曲当。至于从心所欲,不逾矩,故知居敬穷理,圣贤彻始彻终之钧旨(按:蓝氏有时把此旨称为实学)也。居敬以立其本,穷理以尽其实,有交修并进,而无先后者也。居敬则此心有主,必穷理以充之;穷理则此心益明,必居敬以纯之。敬至而穷理始精,理明而居敬愈固。二者缺一不可,而分为两事者,亦非也。[④]

---

① (清)蓝鼎元:《棉阳学准》卷一,《同人规约》,蒋炳钊、王钿点校:《鹿洲全集》,厦门:厦门大学出版社,1995年,第467页。

② (清)蓝鼎元:《棉阳学准》卷四,《闲存录》,蒋炳钊、王钿点校:《鹿洲全集》,厦门:厦门大学出版社,1995年,第499页。

③ (清)蓝鼎元:《棉阳学准》卷一,《同人规约》,蒋炳钊、王钿点校:《鹿洲全集》,厦门:厦门大学出版社,1995年,第468页。

④ (清)蓝鼎元:《棉阳学准》卷四,《闲存录》,蒋炳钊、王钿点校:《鹿洲全集》,厦门:厦门大学出版社,1995年,第498～499页。

蓝鼎元的认识论是以主敬为核心的。他把“穷理”看成是“居敬中实事”;“敬也者,传心之要而出治之本也”。他把主敬看成是“吾道异端所以判”,即相互区别的标志。而且他对主敬在穷理中之所以具有重要作用也做了多方面的进一步说明。

蓝鼎元认为“居敬则此心有主”。所谓“此心有主”,就是使“身心不敢放纵”,或者能“收放心”,把心中已散失的仁、义、礼、智寻找回来。蓝鼎元述说:

> 朱子曰:“敬止是整齐收敛,使身心不敢放纵而已矣。”世人看得敬字太拘苦,如擎拳曲跽,摄心坐禅,皆非所谓敬也。[①]

蓝鼎元特别强调主敬与佛教的“摄心坐禅”有原则不同。佛教的坐禅是一种修行方法,是通过静坐敛心,寂冥静默,达到脱离世俗的超脱境界。主敬是“随时随处以天理为准绳,无须臾之敢忽,无一毫之敢肆”,就是主一,即以天理为一。蓝鼎元述说:

> 居敬非幻冥昏默,如异端坐禅入定之谓也。随时随处以天理为准绳,无斯须之敢忽,无一毫之敢肆。静而处暗室屋漏之中,罔弗敬也;动而应天下国家之务,罔弗敬也。[②]

在蓝鼎元看来,主敬或主一,就是“静而处暗室屋漏之中”,“动而应天下国家之务”,都要以天理为一。蓝鼎元还指出,“学莫大于涵养,常存理义之心,使邪僻不得而入。视听言动无非礼”,就是事事时时都要以天理为一,都要谨慎地遵守封建道德原则,符合做人的标准。对于“居敬则此心有主”,蓝鼎元和清初福建其他朱子学家一样,特别强调“养浩然之气”。

蓝鼎元认为“居敬以立其本”,所谓“立其本”,就是主敬是圣学之要,它能立“万事之根本”。蓝鼎元说:“敬之一字,为一心之主宰,万事之根本,圣学彻始彻终之要。有志入道者,其必自兹始乎。”[③]在蓝鼎元看来,在读圣贤书的过程中,只有贯串主敬,即“句句反求诸己”,才能“立其本”。蓝鼎元说:“读圣贤书,当句句反求诸己,思我必能行之,思我必如何而后可以行之。切

---

① (清)蓝鼎元:《棉阳学准》卷一,《同人规约》,蒋炳钊、王钿点校:《鹿洲全集》,厦门:厦门大学出版社,1995年,第467页。

② (清)蓝鼎元:《棉阳学准》卷四,《闲存录》,蒋炳钊、王钿点校:《鹿洲全集》,厦门:厦门大学出版社,1995年,第498页。

③ (清)蓝鼎元:《棉阳学准》卷一,《同人规约》,蒋炳钊、王钿点校:《鹿洲全集》,厦门:厦门大学出版社,1995年,第467页。

实体验，方为有得。”他述说：

> 学者立志圣贤，则一举一动自不敢与圣贤相违背。日积月累，由粗而精，由勉强而自然，何圣贤之不可几及哉！……义利之分，人生大关，圣凡分途，实由于此。……学者先于此地，见之明，守之固，然后可与言圣贤之学。[①]

这就是说，要学以致用，知行结合，处处以圣贤言论相对照，不相违背。这就是蓝鼎元特别强调的在读书穷理中“彻始彻终”贯串主敬或主一。在这里，所谓“日积月累，由粗而精，由勉强而自然”，是蓝鼎元对知行过程的详细说明。蓝鼎元又述道：

> 居敬则此心有主，必穷理以充之；穷理则此心有物，必居敬以纯之。敬至而穷理始精，理明而居敬愈固。[②]

“心有物，必居敬以纯之”，就是理性认识对感觉材料要进行去粗取精、去伪存真的加工整理过程。这个过程就是“实用其力于身心性命之地，察识体验于人伦日用之间，以圣贤之绝业，转移世道人心”[③]。蓝鼎元又述道：

> 身心性命非空谈也，所以端其本而裕其末，清其源而洁其流也。明此者谓之明体，达此者谓之达用。体明而后用达，故君子常勉之焉。[④]

蓝鼎元把主敬归结为知和行的过程，再用本和末、体和用来说明知和行的关系。十分明显，蓝鼎元和朱熹一样，是主张先知后行的，认为在认识上道理明白了，就会指导人们去行动。

对于体察和实行圣人之道，蓝鼎元特别强调要“诚”，认为“作圣之功以存诚为第一事”[⑤]；“惟诚可以生明，惟勤可以补拙。其遇事，一以忠信为主，不然苟且务外以徇人。深求乎理之所以然，而静其所当然”。在蓝鼎元看来，之所以“惟诚可以生明”，就是因为诚可以“深求乎理之所以然”。蓝鼎元

---

① （清）蓝鼎元：《棉阳学准》卷一，《同人规约》，蒋炳钊、王钿点校：《鹿洲全集》，厦门：厦门大学出版社，1995 年，第 462 页。

② （清）蓝鼎元：《棉阳学准》卷四，《闲存录》，蒋炳钊、王钿点校：《鹿洲全集》，厦门：厦门大学出版社，1995 年，第 499 页。

③ （清）蓝鼎元：《鹿洲初集》卷四，《杨龟山先生文集序》，蒋炳钊、王钿点校：《鹿洲全集》，厦门：厦门大学出版社，1995 年，第 86 页。

④ （清）蓝鼎元：《棉阳学准》卷四，《闲存录》，蒋炳钊、王钿点校：《鹿洲全集》，厦门：厦门大学出版社，1995 年，第 503 页。

⑤ （清）蓝鼎元：《棉阳学准》卷一，《同人规约》，蒋炳钊、王钿点校：《鹿洲全集》，厦门：厦门大学出版社，1995 年，第 466 页。

述说：

诚，实而已矣。真实无妄，则尽乎诚之义矣。……所谓诚，止欲人事之皆实，无为虚假，无为伪妄。……不敢欺己，不敢欺人之意。……无妄之谓诚，不欺其次矣。无妄便是诚者天之道，不欺便是诚者人之道。①

"诚"，原是一种道德观念，指的是一种完美无缺"至善"的精神境界。战国时期的子思把"诚"说成是世界本体、万物的创造者。理学家把高不可攀的"诚"拉到人间，强调"存诚以致其实"。蓝鼎元述说：

朱子之学……以《大学》为入道之序。居敬以立其本，穷理以致其知，克己以灭其私，存诚以致其实。所以集周程（按：理学）之大成，绍鲁邹（按：孔孟之道）之嫡统，前圣后贤之道该括全备。②

在这里，蓝鼎元把居敬穷理、克己存诚并提，把"诚"看成是朱熹思想体系的最后一个阶段，即道德实践。同时，蓝鼎元也对朱子学做了高度的概括。

四、蓝鼎元的社会政治思想

蓝鼎元把历史的过程和社会的治乱归结为气数天命。蓝鼎元述说：

（汉）光武似有可为，惜其时真儒不出。此亦气数之薄也。昭烈（刘备）得孔明，是可与有为之主而又得真儒相辅者。惜乎！天不祚汉。③

蓝鼎元所谓的"气数"，是指气运、命运、天命，来源于朱熹。朱熹认为自然和社会的事物"若木生于山，取之，或贵而为栋梁，或贱而为厕料，皆其生时所禀气数如此定了"④，一切都由"气数"决定。蓝鼎元讲的"气数"，曾谓"富贵贫贱存没者，气数之命也"，是一种宿命论的概念。

在蓝鼎元的社会历史观中，也有一些合理的见解。

第一，蓝鼎元相信事君如事天，君臣相助于理。他说："事君如事天，天

---

① （清）蓝鼎元：《棉阳学准》卷一，《同人规约》，蒋炳钊、王钿点校：《鹿洲全集》，厦门：厦门大学出版社，1995年，第467页。

② （清）蓝鼎元：《棉阳学准》卷五，《道学源流》，蒋炳钊、王钿点校：《鹿洲全集》，厦门：厦门大学出版社，1995年，第515页。

③ （清）蓝鼎元：《棉阳学准》卷四，《闲存录》，蒋炳钊、王钿点校：《鹿洲全集》，厦门：厦门大学出版社，1995年，第504页。

④ （宋）黎靖德编：《朱子语类》卷四，《性理一》，北京：中华书局，1986年。

即理也。理在吾心，不假外求。吾暗室屋漏，事事无愧于心，则可以对天。可以对天，则可以事君”；“君子有臣，欲其相助理也。……臣不知爱其君，不殚竭忠诚以亲爱于其君，尚得谓有人心哉。”[①]

第二，蓝鼎元提出施政必须仁爱，顺其欲而除其害。他说：“夫仁，莫大于爱民，爱民莫若顺其欲而除其害。”这里讲的“爱民莫若顺其欲”，是蓝鼎元对统治阶级的经验总结。他说：“苗、瑶、僮、黎，均属朝廷赤子，当与汉民一例轸恤教化。”[②]不要歧视少数民族，应与对待汉族人民一样，对少数民族人民加以“仁爱”。蓝鼎元的这种民族平等的思想，是难能可贵的。

第三，反对科举制度，提出教育“莫先于明正学”。蓝鼎元述说：

> 科举之学，固是人生不可少之一端，虽孔孟生于今日，不能不应科举。但以科举文章遂尽一生之事业，则醯鸡蜗牛，渺乎小耳。[③]

蓝鼎元认为当时教育的宗旨、为学的目的完全是应对科举，以此作为人的一生事业，是非常渺小的。他提出教育必须以“化民成俗”“兴贤育才”为宗旨。蓝鼎元述说：

> 正风俗，必先正人心，息邪说，距诐行。贤才不可多得，当培养而玉成之。然则化民成俗之方，兴贤育才之道，莫先于明正学。[④]

在蓝鼎元看来，通过明正学(孔孟之道)，正人心，正风俗，“息邪说，距诐行”，从而达到天下太平。这是一种教育为政治服务的教育思想。

第四，立法必诚必信。言必践，禁必伸，讼必自达其情，执法铁面无私。蓝鼎元述说：

> 立法之初，必诚必信，凡文告号令，必实在可行者才出之，无朝三而暮四。言必践，禁必伸，万万不可移易。……听讼时平心霁色，使村哑朝艾咸得自达其情。得情时铁面霜威，使狡猾财势俱无所施其巧。[⑤]

---

① (清)蓝鼎元：《棉阳学准》卷四，《闲存录》，蒋炳钊、王钿点校：《鹿洲全集》，厦门：厦门大学出版社，1995年，第497页。

② (清)蓝鼎元：《鹿洲初集》卷一，《论边省苗蛮事宜》，蒋炳钊、王钿点校：《鹿洲全集》，厦门：厦门大学出版社，1995年，第39页。

③ (清)蓝鼎元：《棉阳学准》卷一，《同人规约》，蒋炳钊、王钿点校：《鹿洲全集》，厦门：厦门大学出版社，1995年，第462页。

④ (清)蓝鼎元撰：《鹿洲初集》卷一〇，《棉阳书院碑记》，蒋炳钊、王钿点校：《鹿洲全集》，厦门：厦门大学出版社，1995年，第195页。

⑤ (清)蓝鼎元：《鹿洲初集》卷二，《与吴观察论治台湾事宜书》，蒋炳钊、王钿点校：《鹿洲全集》，厦门：厦门大学出版社，1995年，第47页。

在君主专制的封建社会中，所谓法必诚必信，是不可能的，广大被压迫人民根本就没必伸的机会。蓝鼎元的这种思想，显然是受到已传入的西方法学思想的影响。

第五，主张对外开放，提出严防资本主义国家的侵略。蓝鼎元述说：

> 南洋诸番不能为害，宜大开禁网，听民贸易，以海外之有余，补内地之不足。此岂容缓须臾哉！昔闽抚密陈，疑开禁卖船与番，或载米接济异域，恐将来为中国患。……迂谫书生，坐井观天之见……统计天下海岛诸番，惟红毛、西洋、日本三者可虑耳。[①]

蓝鼎元这种对外开放的思想是有远见的。当时的清朝统治者害怕东南沿海居民和海外交通商贩，采取严格的禁海政策，从而使中国初期资本主义的发展中断了。蓝鼎元似乎看出了这个问题。他指出，要把中外贸易和资本主义的侵略区别开来，“听民贸易，以海外之有余，补内地之不足”，“载米接济异域”等，促进民间通商贸易的发展。

五、蓝鼎元对异端学说的批判

蓝鼎元以朱子学为准，辟陆王，斥佛老。蓝鼎元的门户之见极深，他视异端之学说如仇敌，势不两立。蓝鼎元指出：“（有人）与吾道为敌，诋诽程朱。诸生既知濂洛关闽之旨趣，不为释老异端、金溪（按：指陆九渊）、姚江（按：指王阳明）所摇惑。”[②]蓝鼎元述说：

> 异端之学，贼吾道者也，故君子辟之。非好立门户，树帜角争，实恐一入迷途，终身不可救药。况千秋道统明晦绝续，所关甚大，不得不为防闲，即孟子所谓“予岂好辩，予不得已也”。……佛老之为异端，三尺儿童皆知之，而尊奉信从乃出于高明之士，则明知而故犯之也。……今则有阳儒阴释之学，近似乱真，窃圣贤之名，以阐释迦、达摩之宗旨。……倘作于金溪，而盛于姚江……姚江事业，素所欣慕；讲学之差，无能护短。[③]

---

① （清）蓝鼎元：《鹿洲初集》卷三，《论南洋事宜书》，蒋炳钊、王钿点校：《鹿洲全集》，厦门：厦门大学出版社，1995年，第54～55页。

② （清）蓝鼎元：《棉阳学准》卷一，《同人规约》，蒋炳钊、王钿点校：《鹿洲全集》，厦门：厦门大学出版社，1995年，第469页。

③ （清）蓝鼎元：《棉阳学准》卷一，《同人规约》，蒋炳钊、王钿点校：《鹿洲全集》，厦门：厦门大学出版社，1995年，第464页。

蓝鼎元以维护孔孟程朱一脉相承的“千秋道统”为己任，认为“所关甚大”，必须“立门户，树帜角争”。蓝鼎元所谓异端之学，就是指陆王心即理和佛老空寂之说。

蓝鼎元比较深刻地揭示出朱陆争辩的实质，认为朱熹主居敬穷理，身体力行，因而是重践履的实学。陆九渊主虚静养神，病传注诵习，因而是不假修为的空寂之学。蓝鼎元述说：

> 朱子之学，居敬以立其本，穷理以致其知，身体力行以践其实。自学者视之，若不胜其劳者。而象山专务虚静，完养精神。病传注诵习之支离，以为不立文字，不假修为，可以造道入德。①

蓝鼎元的这种说法比前人深刻得多。但是蓝鼎元却不懂得，陆九渊认为“心即理”，以心为本体，是属于先验论的。朱熹认为“性即理”，以理为本体，是属于气论的。当然，它们是相通的，并无本质的区别。

对于王阳明的文章事业，蓝鼎元谓他少年时曾十分倾慕，甚至愿做其私淑弟子。后来研究了王阳明的“良知”说，知其违反圣贤之说，于是归依程朱。蓝鼎元述说：

> （吾）少时读阳明用兵平贼之文，心窃慕之，恨不得生同时，犹愿居私淑之列。闻前辈有辟之者，则怫然曰：“文章事业如阳明，岂可轻议？”后闻良知之说，始疑圣贤之学似不如是，反求之程朱。②

“良知”说是王阳明的主要哲学命题，认为“良知”这种不学而能、不虑而知的天赋道德意识就是天理，人们只要除去私欲蒙蔽，依照“良知”做法，便自然合乎封建制度所要求的道德标准。蓝鼎元认为王阳明这种“良知”说是与圣贤格物穷理、致知力行相对立的，因而是必须反对的。

在人心和道心的问题上，蓝鼎元特别分析了程朱理学和陆王心学的区别。蓝鼎元述说：

> 孟子之先立其大，曰：“心之官则思，思则得之，不思则不得也。”陆氏则曰：“不可思也，心不可泊于一事也。”……象山假孟子以欺人。③

---

① （清）蓝鼎元：《棉阳学准》卷三，《闲存录》，蒋炳钊、王钿点校：《鹿洲全集》，厦门：厦门大学出版社，1995 年，第 487～488 页。

② （清）蓝鼎元：《棉阳学准》卷三，《闲存录》，蒋炳钊、王钿点校：《鹿洲全集》，厦门：厦门大学出版社，1995 年，第 492 页。

③ （清）蓝鼎元：《棉阳学准》卷三，《闲存录》，蒋炳钊、王钿点校：《鹿洲全集》，厦门：厦门大学出版社，1995 年，第 487 页。

在这里，蓝鼎元正确地指出了陆九渊和孟子关于心的不同内涵。在孟子看来，人之心是思维器官，因此"思则得之，不思则不得也"。在陆九渊看来，心是道，是理，是宇宙，没有什么东西在心之外。因此认识就是认识本心，自存本心，心"不可思也，心不可泊于一事也"。如果心对外物进行思维，就破坏了他的主观唯心主义的哲学体系。蓝鼎元根据对陆九渊和孟子关于心的内涵的不同理解，提出程朱是以道心为人心的心学，陆王是以养人心而去道心的心学，二者根本不同，名同实异。蓝鼎元述说：

> 圣贤所以别于异端，其惟心学乎！"人心惟危，道心惟微"，千载心学之祖也。圣贤以道心为人心之主，异学养人心而弃道心。故虽皆以心学为名，而是非邪正相似而实不同者在此。[①]

在蓝鼎元看来，"主于义理者，惟恐义理不明……故必读书穷理以致其知。……主于知觉者，则止欲全其知觉，惟恐心泊一事思一理，或扰其昭灵寂静之神。……象山之瞑目静坐，收拾精神，白沙之虚灵万象，阳明之良知，皆误以人心为道心者也"[②]。他述说：

> 或曰："陆子言心，本于孟子；陆子言求心，本于孟子求放心。可以为异学乎？"曰："否！孟子所言，仁义之心也；陆子所言，昭昭灵灵之心也。孟子求放心，必曰学问之道，是教人读书穷理，主敬求仁者也。陆子以闭目静坐为求放心，是教人屏事物，绝思虑，废语言文字意见，即心是道，明心见性者也。言似同而旨不同。"[③]

在这里，蓝鼎元指责陆王心学为"明心见性"的禅学。其实，在人心和道心的问题上，孔孟程朱和陆王没有很大区别，而蓝鼎元却认为程朱和陆王的对立是绝对的，在二者的对立间"无中立之理"。他述说：

> 按禅学乱儒之罪，当以象山为造意，阳明为凶手。……凡学者欲调停朱陆，皆阳朱而阴陆者也。谓阳明有合于朱子，皆宗王而背朱者也。

---

① （清）蓝鼎元：《棉阳学准》卷三，《闲存录》，蒋炳钊、王钿点校：《鹿洲全集》，厦门：厦门大学出版社，1995 年，第 486 页。

② （清）蓝鼎元：《棉阳学准》卷三，《闲存录》，蒋炳钊、王钿点校：《鹿洲全集》，厦门：厦门大学出版社，1995 年，第 486～487 页。

③ （清）蓝鼎元：《棉阳学准》卷三，《闲存录》，蒋炳钊、王钿点校：《鹿洲全集》，厦门：厦门大学出版社，1995 年，第 487 页。

是非无中立之理。[①]

“谓阳明有合于朱子”，是指王阳明《朱子晚年定论》谓朱陆早异晚同，由此说明王阳明与朱熹晚年所定论的观点相同。所以蓝鼎元认为凡“谓阳明合于朱子”的观点“皆宗王而背朱”。蓝鼎元所谓程朱和陆王势不两立，其实并非如此，他们争论的是谁更能维持封建社会的安定，更能麻痹人民的反抗意志，是争思想统治权。对于唯物主义思想和反抗封建统治的进步意识，他们是共同反对的。

蓝鼎元攻击佛老亦不遗余力。他认为佛教违反封建伦理纲常关系，“自愿出家无十分之一也”，曾极力动员僧尼还俗。蓝鼎元述说：

> 男欲婚而女欲嫁，虽在圣贤，必不能易。……文王发政，必先鳏寡，内无怨女，外无旷夫，斯盛王之治尔！士君子居宰相之位，则必思燮理阴阳；任民牧之官，则必图移风易俗，岂得以为迂远而不切事情哉！[②]

蓝鼎元在任潮阳知县期间，看到其地原祀文丞相的大忠祠佛像堂皇，即骂僧人潜移佛像踞占忠臣宅，亟命撤去，复把文丞相（天祥）像移中堂。

第四节　蔡世远

一、蔡世远的生平著述

蔡世远，字闻之，因世居梁村，别号扪斋，学者称梁村先生，或扪斋先生，福建漳浦人。生于清圣祖康熙二十一年（1682），卒于世宗雍正十一年（1733）。康熙四十四年（1705），蔡世远举于乡；康熙四十八年（1709），进士及第。历官庶吉士、礼部右侍郎、分校乡会试、经筵讲官、文武殿试读卷、校阅文艺各差使等。蔡世远为官颇能关心百姓疾苦，他改庶吉士时，从京城请假回乡探亲。至浙江，闻家乡漳州饥甚，便大发恻隐之心，乃告贷乡人在浙者，并劝捐输买米数千石，请浙江巡抚弛口禁，先由海运归平粜。[③] 其时，漳浦常被海盗侵扰，蔡世远在籍，练乡兵以卫之。总督满保入台湾平乱，蔡世

---

① (清)蓝鼎元:《棉阳学准》卷三,《闲存录》,蒋炳钊、王钿点校:《鹿洲全集》,厦门:厦门大学出版社,1995 年,第 492～493 页。

② (清)蓝鼎元:《鹿洲初集》卷一,《与友人论浙尼书》,蒋炳钊、王钿点校:《鹿洲全集》,厦门:厦门大学出版社,1995 年,第 35～36 页。

③ 清光绪《漳浦县志·人物·蔡世远传》。

远与其友好,致书请求戒将士毋妄杀人。及平复,再致书,请求选贤任能治台,奖励垦荒,加强民兵合作以防日本、荷兰等国入侵。满保总督从之。清代台湾之治,蔡世远有一定的贡献。

蔡世远祖辈有理学传统。始祖蔡元鼎以理学著名于世,六祖蔡大壮尝得朱子学家周瑛主敬穷理之传,五祖蔡宗禹也是理学家。父亲蔡璧学宗朱子,曾为福建罗源县教谕,后主讲于全国第一流的福州鳌峰书院,传播理学不遗余力。蔡世远少承家学,接受朱子学教育。稍长,受业于朱子学家张伯行,师徒对吏疵民疾,言无不尽。因此,蔡世远的理学思想根深蒂固。蔡世远博览经史,读书务求心得,敦践履,别义利,终归修身齐家治国平天下,发为文章,直抒胸臆,一出于心,旨要于诚。蔡世远立志要在学问和事业上为国贡献,特命其所居之室为"二希堂",以时时提醒自己为此奋斗终身。他自记曰:

> 学问未敢望朱文公(按:指朱熹),庶几真希元(按:指真德秀)乎?事业未敢望诸葛武侯(按:指诸葛亮),庶几范希文(按:指范仲淹)乎?[①]

"二希",意以真希元、范希文之学治事业。

蔡世远积极从事教育事业。他曾接替其父主讲于数百年来以传授理学而著名的福州鳌峰书院。他为学生立约,告以为学、修身、待人之方,教书又教人。他在《鳌峰讲义》述说:

> 以循序体察为致知之方,以敦本立诚为力行之要。与人言,必以上一等人为的,成就者众。

"以上一等人为的",其意为:一指要尊敬人,如对待长辈那样;二指要向品德比自己高的人学习。蔡世远办学十分强调品德和事业教育:对教师"严加别择,察其品行之贤否以为去留,则教易施而得人之效速",对学生"以激其向道之心","所重似不在举业"。[②] 蔡世远认为俗儒溺时文,希富贵,不自计树之。此至为鄙陋,无足以论。读书只供作文,讲学不务躬行,皆为可耻。他讲学近而引之身心,发言处世皆竭诚而致行。他教育学生要以立志为始,以复性为归,一以理为准。他联系实际,深悯世俗之汩没于势利,或溺于辞章,其高明者又为王阳明顿悟之学所误。他大声疾呼,如救焚拯溺。他极力鼓励学者奋发有为,为国立功。蔡世远忠诚于封建地主阶级的教育事业,传

---

① (清)蔡世远:《二希堂文集》卷末,雷鋐:《二希堂集跋》。

② (清)张伯行:《正谊堂文集》卷六,《与蔡闻之》。

播理学不遗余力。蔡世远讲学，听者恒千百人，为国家培养了许多人才。

蔡世远在其他场合也极注意品德和事业教育。如他请假回家期间，“遵行古礼，训饬族人，激劝交至。是亦施于有政之意也”①。

蔡世远的著述有《朱子家礼辑要》1卷，《古文雅正》14卷，《合族家规》1卷，《先儒遗书汇编》5卷，《性理精要》3卷，《扪斋初集》6卷，《历代名儒传》8卷，《历代循吏传》，《历代名臣传》35卷、续编5卷，《二希堂文集》12卷等。

二、蔡世远敦本立诚的志气论

史称蔡世远是一个有理想、有气节、为人正直、为社会做了好事的人，和蔡世远同时的蓝鼎元述说：

> 梁村（蔡世远）好为古文词……谈竟日，各恨相见晚。……察其行，则天性孝友，族党籍籍然称之。意气磊落，胸中无城府，见义若嗜欲，不顾前后。盖梁村位置高，固不徒以文人自命者。……又时与评论古今人物，揭其可法、可师、可憎、可骂之状，梁村不尽发之文不止。……其学行超卓。……读所未读之书，上自濂洛关闽，下逮许薛胡罗，梁村皆有以得其要而会其归。无意于为文，而文日进乎道。……梁村虽闭户家居，不肯向人妄投一刺。②

“不肯向人妄投一刺”，就是今天所讲的不走“后门”。蔡世远的老师张伯行谓其“忠信正直，学足以达其言，识足以致其志。其著书原本所说，一要于诚”③。时人称其学必先义利之辨，自少立志未尝一言欺人。为官俸禄之外，未尝受人一钱。清唐鉴述说：

> 先生（按：指蔡世远）穷理精密，律身谨言，识量深宏，节操坚定。退而居家，进而在朝，所行皆有益于人之事，所言皆有益于人之言。④

蔡世远是封建士大夫中节操志气比较高尚的一个。他曾参与御纂《性理精义》，并以经术学行之士辅导诸太子，是高宗乾隆皇帝的老师，有功于朝廷，深得皇帝的信任。乾隆皇帝曾御制怀旧诗赠之，称为“闻之先生”。但是蔡世远并不就此机会谋取高官厚禄，例如蔡世远以父死回籍，逾假还都，朝

---

① （清）张伯行：《正谊堂文集》卷六，《与蔡闻之》。

② （清）蓝鼎元：《鹿洲初集》卷四，《蔡梁村扪斋初集序》，蒋炳钊、王钿点校：《鹿洲全集》，厦门：厦门大学出版社，1995年，第87～88页。

③ （清）张伯行：《正谊堂文集》卷六，《与蔡闻之》。

④ （清）唐鉴：《清学案小识》卷五，《翼道学案・漳浦蔡先生》。

廷刚好发布新令，规定翰林、科道假满逾期即休至。有人劝他向吏部说明，以谋爵位，蔡世远说："吾闻古者受爵而让，未闻投牒以自申也。况吾实为假归，焉可诬乎？"[①]此可见蔡世远品德高尚，不慕升官发财。

蔡世远认为一个人要有正气和节操，要有向上奋发的精神。他述说：

血气之气不可有，义理之气不可无。……见理明而浩然之气胜也。……世之学者，苟能不慑于卑贱，收其心，养其气，于以入圣贤之奥不难矣。[②]

"浩然之气"是战国时孟子的用语，《孟子·公孙丑上》谓"我善养吾浩然之气"，指的是一种主观的精神作用。南宋爱国者文天祥的《正气歌》谓"天地有正气，杂然赋流形……于人曰浩然，沛乎塞苍冥"。蔡世远和文天祥一样，用"浩然之气"来说明人的一种正直向上的高尚道德品质。

蔡世远指出，一个人要有远大的志向，要立志为国为民做出贡献。蔡世远的勉己励人之言曰：

必勉之，使为天下所不可少之人，匪徒为天下不可少之人，又当为一代不可少之人；匪徒为一代不可少之人，又当为千百代所不可少之人。志锐守坚，损其所甚利，而追其所必至，自然日进于高明，臻于光大。[③]

"志锐守坚，损其所甚利，而追其所必至"，就是人要树立大志向，要有个奋斗目标。为了国家（"天下"）利益，不计较个人得失，勇往直前，要有不达到目的决不罢休的牺牲精神。蔡世远又述道：

年富力强，何事不可为？只直捷要学圣人。夫求为博雅，则限于资；荣显富厚，则限于命。惟直捷要学圣人，可以操之自我。眼前立大志向，定大规模，随所读之书，自体心验；随所行之事，迁善改过。开其学识，使益宏裕；养其德器，使益坚定。[④]

蔡世远认为圣人远大高深，要成为圣人不容易，但学圣人的所作所为是必须的。蔡世远提出"取朱子之书，体究实践不遗余力，则亦朱子"[⑤]。

蔡世远认为立志要敦本立诚，强调为人要忠信不欺，"若有一念不实，不

---

① 郑贞文：《闽贤事略·蔡世远》。

② （清）蔡世远：《二希堂文集》卷一，《居业录序》。

③ （清）蔡世远：《二希堂文集》卷八，《与雷贯一书》。

④ （清）蔡世远：《二希堂文集》卷八，《寄宁化五峰诸生书》。

⑤ （清）蔡世远：《二希堂文集》卷八，《寄宁化五峰诸生书》。

但鬼神不可欺，天下后世更不可欺也”[①]。他认为：“澄本清源，惟在义利一关。此最难得之。义即天理，利则人欲，当认得透彻，断得斩截。”[②]蔡世远又述道：

> 今世之病，大半在于势利，词章其后焉者也，禅学又其后焉者也。士子束发受书，凡父所以教其子，师所以教其弟者，不过以拾科第、取利禄为急务，身心性命有如外物。甚或攀缘趋附，以为进身之阶。幸而得志，则以掠禄固位，肥身保家为长策。其有能卓然自立成一家之言，以垂不朽者有几人哉？[③]

在蔡世远看来，势利之心最坏。此类人无一好处，比心学、禅学等异端者更坏。他们人品学术之差，有误天下后人。

三、蔡世远的躬行复性说

蔡世远学宗朱熹，“深醇平实”。他把朱子学看作孔孟之学，认为“朱子之学不明，而‘四书’之意亦因以晦”[④]。清代著名的理学家张伯行称蔡世远“以倡明绝学为己任”，就是说蔡世远的思想与孔、孟、程、朱是一脉相承的。张伯行在给蔡世远的信中说：“今日正学不明，能深任斯道以绍承家学者，非年兄昆仲而谁！”[⑤]蔡世远的学说以立志为始，以孝悌为基，以读书穷理、体察克己躬行为要。蔡世远把朱子学看成是有用之学，他指出，不能说理学家只会空谈性命，无益于国，如果使程朱得大用，宋朝可大兴；南宋指朱熹为伪学，国家就衰落。朱子学家鲁斋之在元，略见施用，有经邦定国之功。明朝一尊朱子学，成化、弘治（1465—1505）之际，“风俗淳茂，国以富强。后人不尊朱子学，学术漓而政纪亦坏”。

蔡世远强调学以致用，他的学说以复性为宗旨，强调道德实践。他认为为学是使人使己“复其性之本然”而已，所谓复性，就是要恢复自己的天赋本性。蔡世远提出复性之要有三个方面。他述说：

> 其要有三：曰主敬，曰穷理，曰力行。不主敬，则无私之体何以澄之；不穷理，则以天下古今当然之则何以考之；不力行，则所谓道听途说

---

① （清）唐鉴：《清学案小识》卷五，《翼道学案·漳浦蔡先生》。

② （清）蔡世远：《二希堂文集》卷八，《寄宁化五峰诸生书》。

③ （清）蔡世远：《二希堂文集》卷一，《学规类编序》。

④ （清）蔡世远：《二希堂文集》卷一，《居业录序》。

⑤ （清）张伯行：《正谊堂文集》卷六，《答蔡闻之》。

而已，何由有以复其性之本然哉。[①]

在蔡世远看来，在这三个方面中主敬最为要紧。“学者苟能纯主敬之功，穷理力行”，就可以“复其性之本然”[②]。蔡世远又述道：

程子论学之切，莫要于主敬，曰主一之谓敬，无适之谓一。又曰只整齐严肃，则心便一，一则自无非辟之干。然此际加功最难，过于矜持，则苦而难久；稍宽缓，又便怠弛。惟立志既坚，躬行又力。用谢氏（按：指谢良佐）心常惺惺之法，常自提撕敛束，自然坐立不至放佚，心体不至昏怠。以此穷理，心极清明；以此克己，气极勇决。更日加涵养，德成而学就，所谓彻终工夫也。[③]

在这里，蔡世远把程朱的主敬释为“立志既坚”，“彻终工夫”，是比较通俗切题的。在蔡世远看来，树立了坚强的志向，再在自己的行动中始终贯彻这种志向，“常自提撕敛束”，就能达到“复性”的目的。他说：“学者患于无志，有志矣，又苦不能笃实；笃实矣，又苦不能晓事。”[④]蔡世远以力行为贵。在他看来，有了志向，没付之于行，是毫无意义的。蔡世远又述道：

不加体察躬行之功，徒夸闳博雕镂之用，先儒之所羞称也。言不能以足志，文不能以行远，亦大雅之所弗尚也。……名之曰雅正者，其辞雅，其理也正也。[⑤]

蔡世远提出，《朱子全书》有无限道理，读时句句要切己体会，行事时要刻刻对照实践。[⑥]“凡讲学不在辨别异同，贵能自得师其知，得一事便行其事。”[⑦]当然，蔡世远所讲的“行”，是践履封建伦理道德。他曾说“文虽佳，非有关于修身经世之大者，不录也”[⑧]。蔡世远十分欣赏朱熹的《家礼》，认为“文公《家礼》最切日用，未有学道之人而不行礼者。此时得行即行，不可有待也”[⑨]。因此，蔡世远针对闽中习俗相沿失礼之处，作《朱子家礼辑要》，以供学者履行。

---

① （清）蔡世远：《二希堂文集》卷一，《学规类编序》。

② （清）蔡世远：《二希堂文集》卷一，《学规类编序》。

③ （清）蔡世远：《二希堂文集》卷八，《寄宁化五峰诸生书》。

④ （清）蔡世远：《二希堂文集》卷八，《与雷贯一书》。

⑤ （清）蔡世远：《二希堂文集》卷一，《古文雅正序》。

⑥ （清）蔡世远：《二希堂文集》卷八，《寄宁化五峰诸生书》。

⑦ （清）蔡世远：《二希堂文集》卷八，《与李巨来同年书》。

⑧ （清）蔡世远：《二希堂文集》卷一，《古文雅正序》。

⑨ （清）唐鉴：《清学案小识》卷五，《翼道学案·漳浦蔡先生》。

对于蔡世远的学说，他的门生雷鋐有全面的评述。雷鋐述说：

吾师漳浦蔡文勤公，由剩夫到北溪，而步趋朱子者也。每言朱子之道大而能博学者，未能遍观而尽职。然其要，不外居敬以立其本，穷理以致其知，返躬以践其实而已矣。人苟不自甘流俗，奋然以圣贤为必可学而至，实用力于此吾人焉。如履康庄大道，目登堂而入室，自不为歧途曲径所眩惑。[①]

清人蓝鼎元亦谓蔡世远"上自濂洛关闽，下逮许(衡)、薛(瑄)、胡(居仁)、罗(钦顺)，梁村皆有以得其要"[②]。清李元度《先正事略》曰：

先生(按：指蔡世远)教人，先之以格致诚敬之功，天人危微之别，而后继之以文。先生之文，溯源于"六经"，阐发周、程、张、朱之理，而道以韩、柳、欧、苏之法度。所谓蕴之为德行，行之为事业，发之为文章。

蔡世远评论文章是思想为第一，艺术为第二。他曾谓"文章虽佳，非有关修身经世之大者，不录也。……《战国策》者，多机知(智)害道之言也，荀、韩、庄、列不载者，斥异学也"[③]。蔡世远在文学方面也是强调躬行的。

由于蔡世远处于清代中叶乾隆汉学兴盛的前夕，其思想中已经反映出重视汉学的一些观点。例如蔡世远述说：

传经亦所以存道。……汉儒有传经之功，今儒有体道之实。……轻汉儒者以为继事训诂而少躬行心得之功，不知汉代经秦火，汉儒收拾于灰烬之余，赓续衍绎，圣人遗经赖以不坠。汉儒得收尊经之效……汉儒之功，其不可掩乎。[④]

蔡世远认为对汉儒和汉学不能一笔抹杀，如"汉儒有传经之功"，"汉儒得收尊经之效"。由于汉儒对先秦经典"赓续衍绎，圣人遗经赖以不坠"。蔡世远的这种经学观点是值得重视的。

---

① (清)雷鋐：《经笥堂文钞》卷上，《漳平县朱子祠记》。

② (清)蓝鼎元：《鹿洲初集》卷四，《蔡梁村扪斋初集序》。

③ (清)蔡世远：《二希堂文集》卷一，《古文雅正序》。

④ (清)蔡世远：《二希堂文集》卷一，《历代名儒传序》。

第五节　童能灵

一、童能灵的生平著述

童能灵，字龙俦，号寒泉，福建连城人。生于清圣祖康熙二十二年(1683)，卒于高宗乾隆十年(1745)。其家境贫寒，淡薄世荣，德行高尚，化及乡人者甚多。聪明好学，博闻强记。早年贡生，游学于福州鳌峰书院、泉州莲花峰。中年居崇安武夷山，晚年回乡冠豸山下讲学著述，应邀主讲于漳州芝山书院，卒祀乡贤祠。清童创祖述说：

> (能灵)为诸生四十余年，屡辞鸿博之荐，叠举优行，未赴成均，一惟优游泉石，坐卧书林。迹其生平，仔肩道义。结茅东郊，访学鳌峰，历游武夷，卒业冠豸山。默契道体，贯穿诸儒，穷尽物理而归宗性命。居恒著述，指不胜屈，大都生前自刻行世。①

童能灵家有理学传统，其先人多以理学名世，二世、七世、十世祖均为明理学家。其父以朱子学为宗，学识渊博。童能灵的学问出自家传，他读书博闻强记，精于经术性理，尤嗜朱子学。立言能综罗百家，贯穿诸儒，皆从苦心力索而得。清卢欣述说：

> (寒泉)先生之学，不趋时，不近名，一惟心性是求，恪守闽洛，根据图书(按：指《河图》《洛书》)。凡天象之精，岁法之密，乐律之微，伦常之实，无不于河洛数中默识心通，兼综条贯而知其当然。且得其自然，而悉其所以然，而易卦范畴(按：指《周易》卦象、《洪范》九畴)亦于先儒成说后自有领会。②

童能灵在很多方面阐发了朱熹的思想。例如他用《河图》《洛书》解释《周易》《大学》《中庸》《论语》等，用天人合一观点论说伦常纲纪，皆能发前人所未发。清代著名学者雷鋐说："寒泉之学，以朱子为指归。……其(著作)精神与古经传相凭依，如入洞壑，所造日深以邃。"③

童能灵的学说是纯正的朱子学。童能灵认为朱熹的学说是和孔子的学

---

① (清)童能灵：《冠豸山堂全集》卷二，《冠豸山堂文集附识》。

② (清)童能灵：《冠豸山堂全集》卷末，《冠豸山堂文集跋》。

③ (清)童能灵：《冠豸山堂全集》附录，《寒泉童先生墓志铭》。

说一脉相承的，他述说：

> 朱子之学，博文约礼，两造其极，而有以集诸儒之大成焉。……后之学孔子者，舍朱子谁其适焉？朱子既殁，学者奉为准绳。……学者将由朱子以达于孔子。①

童能灵对朱熹学说的这种看法，是朱子学者的一般看法。童能灵为学，“守程朱家法，不逾尺寸”②，是清代前期有代表性的朱子学家。

童能灵朱子学思想的一个重要方面是“严辨朱陆异同”③，他一反王阳明《朱子晚年定论》，认为朱陆早同晚异。童能灵述说：

> （朱子）二十八岁为许顺之作《存斋记》，专说求心之学焉。三十二岁《答汪尚书书》，自谓驰心空妙之域者十余年。三十五岁《答何京叔书》，谓因其良心发善之端，猛省提撕，使心不昧，即是做工夫底本领。又一书论鸢飞鱼跃，曰：日用之间，现此体之流行无间断处，有下工夫处。……四十四岁，门人廖子晦记其所闻曰：二三年前，犹自见得鹘突，近年方看得分晓。是岁《太极图解义》成，盖自此始有定论，而不复如前之屡悔矣。④

童能灵对朱熹的这些看法是比较符合实际的。童能灵还正确地阐明了程朱理学和陆王心学的演变过程。他述说：

> 朱子之学，近主周程而远宗孔孟。……陆子之学，虽极称孔孟而实内主禅宗。……明初学者皆墨守朱说，中叶王氏出，宗陆而毁朱，天下靡然从之。自正德、嘉靖迄于天启，崇祯之末，朱子之学几于晦矣。我朝（按：指清朝）崇尚正学，尤表彰朱子，圣祖（康熙）之世御纂《（朱子）全书》，升配十哲，示天下趋向。由此阐明者日益众，而人心学术皆定于一焉。⑤

这里童能灵所讲的“明初学者皆墨守朱说”，明中期以至末年，学者“宗陆毁朱”，清代前期“人心学术”皆以朱学为准，都是十分确切的。

童能灵的著述有《乐律古义》2卷，《子朱子为学次第考》3卷，《理学疑问》4卷，《冠豸山堂文集》3卷，《周易剩义》2卷，《留村礼意分释分节分说》3

---

① （清）童能灵：《子朱子为学次第考》，《自序》。

② （清）唐鉴：《清学案小识》卷九，《守道学案·连城童先生》。

③ （清）童能灵：《冠豸山堂全集》附录，《寒泉童先生墓志铭》。

④ （清）童能灵：《冠豸山堂文集》卷二，《朱陆渊源考》。

⑤ （清）童能灵：《冠豸山堂文集》卷二，《朱陆渊源考》。

卷,《冠豸山堂全集》27卷、附录1卷等。

二、童能灵的辩证法和无鬼神思想

从童能灵所说的"太极,非动静、阴阳也。其所以有动静而生阴阳者,则太极之为也"的话可知,他是把太极作为产生天地万物的本原的。童能灵又述道:

> 冲漠无朕,初无动静、阴阳之可言,而动静、阴阳之理已悉具于其中。此无极之所以为太极而非沦于无也。夫动静者,机也;阴阳者,气也。太极具动静、阴阳之理而冲漠无朕,则超然无气机之可言也。[①]

"冲漠"是虚寂的意思,"无朕"指没有征兆。这就是说,在"冲漠无朕"的时候,太极"无动静、阴阳之可言,而动静、阴阳之理已悉具于其中。此无极之所以为太极而非沦于无也"。在童能灵看来,这个先于天地万物的"太极"是虚无的"无极",之所以不能说它是"无",就是因为它有动静、阴阳之理具于其中。这就是童能灵本体论的出发点。童能灵的本体论包含有丰富的辩证法思想。

由于太极具动静、阴阳之理,因而太极就是理。童能灵和朱熹一样,认为太极即是理,"太极即(动静)阴阳之理"。童能灵述说:

> 天地古今一动一静常定而不易者,太极为之则也。太极者,理之一而不分。……不分之理即此分之理。就其分者统之,则固浑然一理耳。……太极所以必分之,实其理虽一,其分则殊者。……太极之为理,诚不外至实至正者而已。[②]

童能灵认为太极是理之未分状态,是"浑然一理",但是"万理皆起于未发之前,即所谓谓之中者,则一理之具万分明矣"。这就是说,太极是动静、阴阳之平衡状态(中),是万理的未发之前。童能灵述说:

> 一中必具两焉,乃动静、阴阳之所以一而两、两而一者也。一中具两,而两中之一又各具两焉,此万殊之所以各具一太极也。……人之所以过推太极为神妙者,以其在天地之先也。[③]

在这里,童能灵明确提出太极在天地之先,是产生天地的本原,并且提

---

① (清)童能灵:《冠豸山堂文集》卷一,《太极辨微》。

② (清)童能灵:《冠豸山堂文集》卷一,《太极辨微》。

③ (清)童能灵:《子朱子为学次第考》。

出“一而两、两而一”“两中之一又各具两”的深刻的辩证法思想。童能灵这里的“一”是指太极、理，“两”是指动静、阴阳。他用“一而两、两而一”的观点分析太极、理产生天地万物并非无中生有，虚中生实。童能灵述说：

> 惟分之为二，然后可定于一矣。世间有无、虚实、寂感之类，但知有之生于无，即知无之非无矣；知实之生于虚，则知虚之非虚矣；知感之生于寂，即知寂之非寂矣。若谓即无即有即虚即实即寂即感，既不分为二，亦不得极于一，是颟顸之见，谓之无知可也。[①]

童能灵用“一而两、两而一”的思想解释“有无、虚实、寂感”的关系，含有比较深刻的矛盾双方相互依存、相互包含的朴素辩证法思想。既然有生于无，那么无必然和有紧密地联系在一起，“即知无之非无”，无之中有有，因而天地万物的本体太极、理并非完全是虚无的。虚与实、寂与感也是一样。如果把有、无、虚、实、寂、感孤立起来看，“既不分为二，亦不得极于一”，认为有与无、虚与实、寂与感不是相互依存、相互包含的，那是颟顸之见。童能灵又述道：

> 理一分殊，有全体之理，有一分之理，有千分万分之一之理，如人物之所受于天者是也。天人固一理，然不能无大小多寡之不同也。故曰所得之理既尽，则是物亦尽而无有也。……理为万物之根柢矣。[②]

“理为万物之根柢”，就是理为万物的本体。总之，太极、理是童能灵哲学的最高范畴，是产生天地万物的本体。

那么理（太极）是怎样产生天地万物的呢？童能灵认为理（太极）是通过气产生天地万物的，即“天之中在地……地含天之中气，以胎孕万物”[③]，“阴阳者，气也”[④]，“气之分阴分阳而分五行，又递分万物”。童能灵述说：

> 气之所以聚而生（人或物），则理为之也。……理寓于气者，气实生于理也。……理即气之所以然也，故理为气之主焉。……气之分阴分阳而分为五行，又递分万物不相夺伦者。……何以有此节次耶？是皆有理焉为之主也。……气不自生，亦不自行，皆理为之也。……自人言之，五脏、五官、五事之属森然不乱，而万人如出一辙者……是理为

① （清）童能灵：《冠豸山堂文集》卷一，《中天河洛》。

② （清）童能灵：《冠豸山堂文集》卷二，《答清流伍鹤声》。

③ （清）童能灵：《乐律古义·候中气于地》。

④ （清）童能灵：《冠豸山堂文集》卷一，《太极辨微》。

之也。①

由此，童能灵提出“天地之间止此理气二者而已，此即古今学术之辨所由分也”的深刻见解。理和气的关系，实际上就是精神和物质的关系这个哲学的基本问题。是理产生气还是气产生理，是划分唯心主义与唯物主义的唯一标准。在中国哲学史上，各个时期的哲学家对理与气的关系问题做了不同的回答，从而决定了他们的哲学思想的不同派别。童能灵明确指出，“理为气之主”，“理即气之所以然”“气实生于理”。童能灵又述道：

> 以理言之，则为当然之则，所谓有物必有则是也。其具于人心，即在人之则而为性者也。人者，天地之性而万物之灵，故其性无所不绾。所谓万物备于我者，非独备其影象也，即万物之所以为物者绾于此焉。其为体也，浑然一理而万分具足。凡天地之道，圣人之蕴，措之为礼乐、刑政，垂之为《诗》《书》《易》象者，皆是理之所蟠际，即皆是性之所充周，而日用彝伦、视听、言动之间，须臾而离之，则是自失其则而不诚无物矣。是以圣人之教必使择之精而执之固，有以完其所以为性者焉。此其学固非可以一朝顿悟而一悟无余者矣。……以气言之，则气之粗者凝而为形，其精爽则为心，心之精爽至于神明。故其体虚而无物，其用灵而不恻。方其未用也，寂然而虚，及其既用也，亦寂然而虚。……以心为理，此势必眩于心而一于虚寂之见。②

“以心为理，此势必眩于心而一于虚寂之见”，“其学固非可以一朝顿悟而一悟无余者矣”两句，是批判陆王心学的。童能灵认为朱陆分歧焦点在于以物则为理还是以心为理。陆王以心为理，必崇尚佛教的虚寂说，流为顿悟之学。理是气(物)当然之则，是人之性，因而“其为体也，浑然一理而万分具足”；气是理派生的，“气之粗者凝而为形，其精爽则为心”。因此，童能灵是主张理先气后的。

对于理和气的相互关系，童能灵做了详细的分析，充分地表现出了其朴素的辩证法思想，是其哲学思想中最有价值的部分。在童能灵看来，理之所以能生气，就是因为“理有动静”，即理本身包含有动静、阴阳两个方面，因而理能为天地万物运动的根源。童能灵说：“理有动静……一体一用，一静一动，即一阴一阳之谓道，而不可以偏废也。若周子主静之说，则即程子所谓

① (清)童能灵：《理学疑问·性》。

② (清)童能灵：《冠豸山堂文集》卷二，《朱陆渊源考》。

不翕聚、不能发散者。朱子谓其势特重耳，非谓理但有静而无动也。”所谓朱熹重“势”，就是朱熹强调动静平衡状态，并不是主张“理但有静而无动”。童能灵认为动与静是一体一用的关系。他述说：

> 理与气本是二物，理在动静之中，本不倚于动静，但理又实为所以有动静者耳。……动极必复静，静极必复动，何也？行于动之中者实，而实无不正也，则自有定体焉。虽主于动，自不偏于动，而动极复静也。方其未静，而静之理已具于动之中，静之机亦已伏于动之中矣。立于静之中者正，而正无不实也，则自有发用焉。虽主于静，自不倚于静，而静极复动。方其未动，而动之理已具于静之中，动之机亦已伏于静之中矣。盖以机言之，一动一静固相为体用也；以理言之，实藏于正，正显于实，原有体用相含之妙焉。体用相含者，理之生生不息。然即其相含之中，则动静之机自有所不容已焉。[①]

在童能灵看来，理和动静的关系，是理“不倚于动静”，但理却是动静的根源。童能灵关于动静关系的见解发前人所未发，超过了先秦老子的有关论述。第一，动静无偏。在中国哲学史上，包括朱子学者在内，对于动静关系，一般都夸大静的作用，甚至把静看作是万物的本性，认为天地万物由静而动，最后又复归于静，从而得出静是绝对的，动是相对的，陷入形而上学的循环论（如《老子》第十六章）。在这里，童能灵提出“动极必复静，静极必复动”的命题，认为“静之机亦已伏于动之中”“动之机亦已伏于静之中”。童能灵虽未得出动是绝对的、静是相对的科学辩证法结论，却比静是绝对的、动是相对的形而上学循环论大大前进了一步。第二，一动一静相为体用。在中国哲学史上，特别是魏晋玄学家王弼，通过动静关系论证“以无为本”，得出“崇本息末”[②]即静体动用的结论。在这里，童能灵提出“一动一静固相为体用”，认为动静体用有“相含之妙”。童能灵也讲过“体立于静之中，用行于动之中，动静虽一机，而无两立之时。则体用虽一理，亦无全见之理也”[③]。不过这是从“动静虽一机，而无两立之时”的动静相长的意义上，为说明“体用相含者，理之生生不息”而发的，从而得出了动静之机（即原因）是绝对的、无限的这一辩证法结论。

---

① （清）童能灵：《冠豸山堂文集》卷一，《太极辨微》。

② （清）童能灵：《冠豸山堂文集》卷一，《老子略例》。

③ （清）童能灵：《冠豸山堂文集》卷一，《太极辨微》。

前面讲到，童能灵所谓动静，是指阴阳二气之动静。由于动静、阴阳无偏而相长，形成四时，万物生生不息，人物进退不断。童能灵述说：

> 立天之道曰阴与阳，而阴阳之象莫备于易(按：此易可理解为理)。东方之卦曰震，阳轧于阴而动也，雷乃发声，农方兴。于时为春，是为东作也。西方之卦曰兑，阳敛于用悦也，雷乃收声，百谷用成。于时为秋，其方在西，是曰西成也。南方之卦为离，阴丽于内，阳极于外，而阳德方亨，变化为云。于时为夏，其方在南，是谓南化也。北方之卦曰坎，阳皆于阴，阴包于阳，而阴阳互宅，交易推通。于时为冬，其方在北，是谓朔易也。凡此一阴一阳之道，流行而为四时者，对待而为四方，而万物始终焉，人事进退焉。①

在这里，童能灵用《周易》中的四个卦来说明自然界春夏秋冬四时的更替，是神秘主义的。但是他根据四时的更替来说明天地万物发生和人事进退的过程，其中有合理的因素。童能灵又述道：

> 《论语》曰："吾道一以贯之。"窃尝思，所谓一贯者……浑然一理也，故其散而万殊。虽各有兴而变化不同，所谓浑然全体者，未始不贯于其中焉。尝观于天，四时行焉，春生、夏长、秋收、冬藏，浑然全体也。所生之物虽飞潜动植，灵蠢万象，而莫不各有生焉、长焉、收焉、藏焉之全体贯于其中。非生非长，此物无自而来矣；非收非藏，此物亦无自而成也。而理不可见，数可推矣。……一部《周易》皆所以展太极(理)之底蕴也。其显而在人者，则心具五常。……天下之理虽其变万端，要不出五常之理也。②

这里，"理不可见，数可推矣"句中的"数"，是指根据四时变化的规律，推知出一定的道理；"天下之理虽其变万端，要不出五常之理也"句中"天下"，是指社会。总之，理是通过动静、阴阳二气产生天地万物和社会人事的。

在童能灵看来，理通过动静、阴阳二气产生出天地万物，理和天地万物是理一分殊的关系。理一分殊论本来是宋代理学家从佛教华严宗那里借用过来的，他们提出"一即一切，一切即一"的命题，认为特殊事物的理和作为事物本原的理是一样具足的，把一般和个别等同起来，陷入形而上学的泥坑。童能灵似乎看出了理一分殊中的这种弊病，他在论述理一分殊中，具有

---

① (清)童能灵：《冠豸山堂文集》卷一，《作讹成易论》。

② (清)童能灵：《冠豸山堂文集》卷一，《中天河洛》。

明显的一般个别的辩证法观点。上段引用的童能灵关于"飞潜动植，灵蠢万象"等具体事物，莫不各有生、长、收、藏等共性贯串于其中，就是对一般与个别辩证关系的具体说明。童能灵又述道：

> 一理之中有分殊在，而其分殊之处，适以成其为一理。不到一处，此物亦未得成也。且如仁者，人也。仁中固具有义、礼、智、信，而不见得仁即义、礼、智、信，皆无其源不谓之识人理也。不遍观义、礼、智、信，又不谓之识仁矣。须是就义、礼、智、信中皆见得仁，方知义、礼、智、信之为一，而仁之所以为人在是矣。[①]

在这里，童能灵不仅讲到个别包括一般，还讲到一般之中存在着个别("一理之中有分殊在")。他还以仁与义、礼、智、信的关系为例，说明一般与个别的关系。对仁与义、礼、智、信的具体内容，我们撇开不讲，就其以此分析一般与个别的关系是有辩证法因素的。在童能灵看来，"仁中固具有义、礼、智、信"，"不遍观义、礼、智、信，又不谓之识仁"。这就是说，一般存在于个别之中，是通过个别表现出来的。"仁即义、礼，智、信"，即一般是个别。说一般等于个别是不对的，一般只能是个别的一个部分或本质方面，不能是个别的全部。这种错误观点是其以理产生天地万物的本体论决定的。尽管如此，童能灵的理一分殊论比其他朱子学家的"一即一切，一切即一"观点前进了一大步。此外，童能灵还以元亨利贞与人由生至死的关系等来说明理一分殊。他述说：

> 天下之理，虽毫发之间，亦自万分具足。朱子曰：一卦一爻之中，又自有阴阳五行许多道理。又曰：元亨利贞，一岁有这四段，一日有这四段，即至一息之间，也有这四段。由此观之，则人之万分具足也明矣。盖竖言之，则一息亦具足；横言之，则一物各具足。此人之所以无歉于天地也。物得其偏，而人得其全。圣人则又得其清明纯厚而为全之全者，所以极其理之全量，便与天地参也。然与天地参处，亦只是功业耳。究之天下在而圣人已不复见矣，安能常在不灭乎？此最是明白处，不容妄生疑虑也。且理有横而具足者，使当就横看之；竖而具足者，便当就竖看之。以其分之不同也。故元亨利贞四德虽生而已矣，然自生至死，其间流行处，又自当分为四段也。分为四段，则人之有生而必有死者，可见皆理之为之也。大抵人生三十以前是元亨主事，三十以后利贞主

---

① (清)童能灵：《冠豸山堂文集》卷一，《中天河洛》。

事，至六十则甲子一周，而复从上元起矣。故十五以前为元而属仁，如孺子知觉未开，而生意醇气自然可爱。十五以后渐渐亨而属礼，始能入大学而教之以礼。又十五年至三十以后，则为利主事而属义。此时发强刚毅，无事不可为。到四十以后，则渐渐至贞主事而属智。故气味收敛退藏，而于事理则愈精，于意气则愈诚，不复少壮之豪举矣。六十以后或得气之厚者，则又从贞起元。此时虽历练老成，而意思又觉醇厚温柔，有孺子之象而为元为仁焉。由此又进，亦只此理渐渐运行。[①]

童能灵力图说明一分(具体事物)之理是具足全(本)体之理，无大小多寡之不同，错误地把个别和一般等同起来。在童能灵看来，理贯串于天地万物之中，“天以气聚为象，象之拟为形，而天理之自然具于其中矣”[②]，即理是天地万物的共同东西，或者说天地万物有共性理。这种观点是有辩证法因素的。此外，童能灵还提出万殊(具体事物)的差别也是矛盾，即谓“天下之一理同则一，别则对也”[③]，认识到差别就是矛盾。

在童能灵的本体论中，关于无鬼神的思想也是比较深刻的。童能灵的无鬼神思想在朱子学家中最为完备。

第一，生死乃气之凝散，鬼神是根本不存在的。童能灵认为“气之粗者凝而为形，其精爽则为心，心之精爽至于神明”[④]。童能灵说：“造化之妙，乃生理不穷，阴阳之气无一息不生。惟其常生，故死者必散；惟其必散，故生者不息。天地之间，只有生气迫塞，必无陈腐留宿之气。”有生必有死，死者气散，无有不散之气。在这里，童能灵用生死是对立统一的辩证法观点来论证无鬼神。他认为因为常生，故必有死散；因为死散，故生者不停。如果光生或者光死，只有生而无其气之必散，或者相反，人类就不可能常存，世界就失去平衡。因此，鬼神是根本不存在的。童能灵述说：

鬼神真在何处宅托，若有宅托之处，则……造化生生之妙生理生气何处空缺，独容此一点不化之魂魄？[⑤]

鬼神没有宅托之处，就是鬼神根本不存在。

第二，祭祀祖先是尽报本之礼，并非确认魂魄不散。童能灵述说：

---

① (清)童能灵：《冠豸山堂文集》卷二，《答清流伍鹤声书》。

② (清)童能灵：《冠豸山堂文集》卷二，《拟重修汀州府志序例》。

③ (清)童能灵：《冠豸山堂文集》卷一，《五伦说》。

④ (清)童能灵：《冠豸山堂文集》卷二，《朱陆渊源考》。

⑤ (清)童能灵：《冠豸山堂文集》卷一，《祭祀鬼神说》。

死者魂魄断无不散，则祭祀之礼无乃虚文，而子孙亦只是不忘其先，姑以尽吾心耳！又只是子孙有是报本之礼，而未必真有祖宗之气耳。[①]

第三，有鬼神论是为佛家轮回说张目。童能灵述说：

若容得许多死者之魂魄常在，以享其子孙祭祀，则天地竟是陈腐之物。而轮回之说，亦不得尽訾其妄矣。[②]

童能灵把有鬼神论和轮回说联系在一起是对的，是对南朝范缜"神灭论"的进一步阐发。

三、童能灵的三才统一说和伦理思想

童能灵基于其理是天地万物本原的思想，进一步提出这种先于天地万物之理"无出于图(河图)、书(洛书)之外者"[③]。童能灵根据古代《河图》《洛书》的传说编造出一套天、地、人的图式，用以推测自然界和人类社会的变化。按照童能灵的解释，《河图》《洛书》体现了天、地、人三才的统一。"三才"原出于《周易·系辞下》："有天道焉，有人道焉，有地道焉，兼三才而两之。"童能灵把《河图》《洛书》与"三才"附合在一起，是对朱熹"图书"说的创新解释，是其以前的理学学者所未有的观点。

童能灵认为"河图最小一层为天，次内为地，中数为人。天包地，地包人，人为天地心"，因此人能体现天。童能灵进一步解释说：

天之数叁为三十(按：《河图》外层数是三十)，地之数两为二五(按：《河图》次内层数是二个五)，人兼叁两而得三五焉(按：《河图》内层为三个五，兼有天数之三、地数之五)。以南北二五具地之两，而统于中一五，具天之叁也。盖人在天地之中，兼天地之理，而为天地之心，见于此矣。人为天地之心，此天命人心所以不二也。天之视听在民也，其求在我者，则君子畏天命。[④]

由此可见，童能灵的理学思想体系具有浓厚的象数学观点。他在讲到《周易》时，曾提出理、数、象综合说。童能灵说："《易》有理焉，有数焉，有象焉。理无体，以象数为体。是故舍象数而谈虚理，非《易》也。理有分殊而数

① (清)童能灵：《冠豸山堂文集》卷一，《祭祀鬼神说》。

② (清)童能灵：《冠豸山堂文集》卷一，《祭祀鬼神说》。

③ (清)童能灵：《周易剩义·序》。

④ (清)童能灵：《冠豸山堂文集》卷一，《中天河洛》。

著，数有奇偶而象分。一数具一象，如形之取影。”[①]童能灵的这些说法是符合朱熹易学思想的。童能灵认为在理、数、象的关系中贯穿了数，是以数为基础的。他述说：

> 既有易之数，自有易之序；既有易之序，自有十二辰之分。此不易之理也。今所为按序而分者，特每辰有各得之分而以其分言之耳。假令无各得之分，则寒暑应无节候，而生物无渐次，每日所生只应得此数也，何以成造化乎？今分布于每辰，既可见造律之本，亦即可以证易道之范围天地，而天行果不出于易理也。[②]

童能灵的易理是通过一系列的数（序也是数）来造化天地万物的。童能灵把从客观事物的数量关系中抽象出来的数绝对化和神秘化，把数看成是易理创造天地万物不可缺少的。童能灵是具有象数学特点的理学家。

童能灵在解释《河图》的天、地、人三层之后，又以每层中的点数附会《大学》的三纲八目，以说明人应有道德修养。他述说：

> 《河图》具《大学》纲领条目。……图之中五，内蕴五常，外赅五伦……此明明德之道也。其旁二五……彼此相对而回抱中五，与之为一……此则亲民之道也。至于合并中五，二五为三五，则中五得二五而通，二五得中五为归，此又明德亲民俱止于至善之道也。凡此图之中数三五，即《大学》三纲领所寓，外八数则为八条目之旨矣。一在北为物。一物必具一理……凡格物必格其所以一（理）处……二在南为知。知之必是与非为二。……分是非即致知。……三在左……虽一役二以成三，而意之所起，与意之所役，及意之所周而止处，皆……毋自欺也（诚意）。四在右……其数方……静之本也（正心）。……六具上下前后左右……上有父母，中有兄弟，下有妻子，修之者必于此等（修身）。……七具上下前后左右，而身立其间……一家之亲，父母兄弟妻子而已，齐家者必于是。……八具四方四维，而不自立于中者（治国）……九具四方四维，而自立于中者，九州之内共一主，此为天下之共主也（平天下）。[③]

《大学》的三纲领："明明德"，即修明天赋的德性；"亲民"，即管好臣民百

---

① （清）童能灵：《周易剩义·序》。

② （清）童能灵：《乐律古义·积数》。

③ （清）童能灵：《冠豸山堂文集》卷一，《中天河洛》。

姓;“止于至善”,即达到最完全的程度。八条目是:格物、致知、诚意、正心、修身、齐家、治国、平天下。三纲八目都是讲道德修养的。童能灵附会《河图》的点数,要人们按三纲五常那一套去修养,为“九州之内共一主”(即封建专制统治)服务。其用心可谓良苦矣。这也说明童能灵的朱子学具有象数学的特点。

此外,童能灵还用《河图》《洛书》解释人的心性问题。他述说:

> 《河图》为《洛书》之源。《洛书》之中五,本于《河图》也。在《河图》,则中五为天,为性之五常;在《洛书》,则中五为地中之天,为心具五常也。性者,太极也;心者,皇极也。太极无极,而皇极有体也。此为易范之源,而五音从此出焉。夫音生于气,气生于机。而机也者,心也(自注:机为心本。见朱子解太极及《阴符经考异》)。性具心中,心动而喜怒哀乐之情见焉。所谓五音之起,由人心生也。心静而为性,则未发之中寂然不动,所谓人生而静者也。然静而无静,而五音存焉矣。①

童能灵和朱熹一样,认为性即理(“性者,太极也”),性是心的本体(“心者,皇极也……皇极有体也”),“心包涵性”(“性具心中”)。皇(本意为帝王)意为大,极意为标准。古代帝王以为所施之政至正且中,可为法式,故称为皇极。童能灵述说:

> 性即理,性固是理,即须看得理之在人最为亲切,方见其为人之性也。盖人之生,气聚而生也。气之所以聚而生,则理为之也。②

所谓“理之在人最为亲切”,就是人不可脱离理。童能灵又述道:

> 性固是天理,然必就人生所禀言之,乃见性之所以得名也。不然,何不即谓天理,必别之曰性耶?谓之性,则如云水性寒、火性热之性。盖人但知有此生则有此性,不知须有此性始有生也,如水则必须有寒之性方凝而成水,火则必须有热之性方发而成火,人则必须有生之性方有此生而为人也。生之性即仁也,水之性寒,火之性热,人之性仁,皆一例也。③

“生之性即仁也”,意为仁、义、礼、智四端是人天生的本性。在童能灵看来,人通过尽量发挥心中恻隐、羞恶、辞让、是非之心(善端),就能得知先天

---

① (清)童能灵:《乐律古义・五音源于河图洛书》。

② (清)童能灵:《冠豸山堂全集・理学疑问》。

③ (清)童能灵:《冠豸山堂全集・理学疑问》。

固有的仁、义、礼、智四端本性,“情即恻隐四端”。童能灵述说:

情即恻隐四端。……虚斋蔡氏四端,即是喜怒哀乐之说有未妥。以恻隐属哀,以羞恶属怒,此处犹可通融看也。至论辞让、是非,则失其理条矣。……孟子所谓四端者,盖谓有此理则有此端,无此理必无此端。端之云者,其为念最初而其发甚微也。惟其最初,故又不大著现而微见端倪也。若转一后念,便须著现而不得为之端也。①

童能灵引孟子的所谓“四端者,盖谓有此理则有此端,无此理必无此端”,就是认为仁、义、礼、智四端本性是人们生而固有的。童能灵说:“践形尽性尽伦,只是一以贯之。如事亲事君,是伦在此,即性在此,而四体之用只在此。”②“四体”,即四肢。童能灵这段话颇为重要,是其对朱熹伦理哲学的精辟概括。

童能灵由四端进而论到五常,又把五常分属五伦。他特别撰写《五伦说》。清陈庚焕评说:

童氏《五伦说》,以仁、义、礼、智、信分属五伦,亦有条理。然性是浑沦一个,即一伦中莫不皆备。不独一伦,即任举一事,五者亦相须而成也。故心责虚,不可着一物。有偏着,则性被窒塞,何以能泛应曲当。③

那么童能灵是怎样把五常分属五伦的呢?他是用仁、义、礼、智、信五常对应解释父子、君臣、夫妇、长幼、朋友,从而得出五伦的。童能灵述说:

五伦本于五常也,盖五常有仁,仁之道生,生然后有父子焉;五常有义,义之道肖,肖然后有君臣焉;五常有礼,礼之道序,序然后有长幼焉;五常有智,智之道别,别然后有夫妇焉。五常有信,信者,人心之所由孚也。有信然后有朋友之交焉。④

五伦之首者为“父子仁”,因此童能灵特别对仁做了研究。童能灵和朱熹一样,释仁为“爱之理”,他述说:

朱子曰:“仁者,爱之理。”……必须将爱字与理字析开看,如何是爱?如何是理?然后合拢看爱字中如何见得有理,理字中如何见得有爱,方为确解。盖大凡谓之理,便只是当然之则,至中至者而已……使人不敢逾越。……爱乃根于是理而发。……理则至公。故视万物为一

① (清)童能灵:《冠豸山堂全集·理学疑问》。

② (清)童能灵:《冠豸山堂文集》卷二,《格致录》。

③ (清)陈庚焕:《惕园全集·约语追记》。

④ (清)童能灵:《冠豸山堂文集》卷一,《五伦说》。

体，自然无所不爱也。不知论仁须先论爱一层，然后到无所不爱一层。[1]

童能灵对朱熹“仁者，爱之理”的分析比前人深刻得多，发前人所未发。

童能灵把五伦看作是儒家伦理哲学的中心。他认为五伦概括了社会关系的各个方面，如果五伦不明，则“无父无君之说行”。无父无君，在封建社会是最大逆不道的。童能灵述说：

> 五伦，贯天人而该大道之全也。此之不察，则无父无君之说行。……仁、义、礼、智、信，而为天下之大本者也。[2]

所谓“天下之大本”，是指五伦为社会的根本。此外，童能灵还提出“以理言之，则五常即五行之性，五伦亦即五行之道”。童能灵用他的理一分殊论来论证五伦之间的相互关系。童能灵说：“五常，理一而分殊焉。五伦者，分之殊而理自一，是故五者不相离。……五伦之道交相错也，所宜随在而各尽也。然而其分自殊焉，各有所在也，不可以相易。”他述说：

> 五伦之道相值而相成。……其道必相值也，分必相维也，事必相通也。……日用之间，所接皆五伦之人，所事皆五伦之事，所言皆五伦之言。是故当读五伦之书，以求尽五伦之道。……人由五伦而生，由五伦而立者也。[3]

童能灵把世界观归结为伦理学，是其理一分殊论的实质。童能灵进而把五伦扩大到天地万物。童能灵述说：

> 五伦通于万物。……天地不出于五伦之外，万物咸归于五伦之中，何者？伦之分而五也，理一而分殊为之也。夫天地人物无二理也，而岂有二伦乎！……君臣者以相统而为伦也，父子者以相生而为伦也，长幼者以相次而为伦也，夫妇者以相配而为伦也，朋友者以相交而为伦也。天下之物无不相统、相生、相次、相配而相交者也，则无不有其为君臣者焉，为父子者焉，为长幼者焉，为夫妇为朋友者焉。……虎狼之父子，蜂蚁之君臣，雎鸠之夫妇。……麻之有牝牡，竹之有雌雄，此夫妇之伦也；木果之相传也以核焉，此父子之伦也。梓木生于山而众木皆向之，此君

---

① （清）童能灵：《冠豸山堂全集·理学疑问》。

② （清）童能灵：《冠豸山堂文集》卷一，《五伦说》。

③ （清）童能灵：《冠豸山堂文集》卷一，《五伦说》。

臣之伦也。[①]

童能灵把五伦由社会扩展至自然界的动植物各个领域，认为五伦也是自然界的根本关系，特别是蜂蚁、梓木与众木之君臣，从而进一步说明五伦是社会关系的根本。用社会伦理关系论证自然现象，是中国儒学思想的一个特点。

四、童能灵由心到心的认识论

在人性论上，童能灵以心之本体为性，尽心即知性；在认识论上，童能灵认心为物，即心为思维器官，它能认识万物。童能灵述说：

> 心是气之精爽，以其精爽之至，通极于性也。性即理，故心妙众理。……又须知心之物，只是气之精爽。……自是至精而通极于性，故知其性者便尽其心。性上见得一分，心之神明又开得一分也。[②]

童能灵谓心能妙(或俱)众理，并非说是众理在人心中。心即理，是说心有认识众理的能力。童能灵关于心的界说与陆王心学有原则上的不同，他们之间的界限是十分清楚的。童能灵又述道：

> 心者，气之精爽，盖只是气也。气之粗者凝而为形，其精爽则为心。气之精爽自能摄气，此心所以宰乎一身也。且既曰精爽，则迹无气之迹，而妙于气矣。顾只是气之精爽，非形而上之理也(自注：精爽犹言精灵也，精之至极则是灵明，故爽亦只是精之妙处。精字，实爽字。虚爽字，亦只是完得精字也)。……"心者，气之精爽"一言，便须断为形而下之器也。[③]

朱熹从未明确地把心看成一物。陈淳曾把心说成是一物，但其分析十分含糊。其他朱子学者多不论心。童能灵明确地认心为物，断心为"形而下之器"，心是认识器官，实发前人之未发，是对朱子学的重大发展。

不仅如此，童能灵还对心的认识事物的能力做了论证，提出"心者，人之神明"，充分肯定了心有认识事物的能动作用。童能灵把心的认识作用归结为三个方面。他述说：

> 心者，神明之妙，有三焉：一曰神速，不疾而速，不行而主也；一曰神

① (清)童能灵：《冠豸山堂文集》卷一，《五伦说》。

② (清)童能灵：《冠豸山堂全集·理学疑问》。

③ (清)童能灵：《冠豸山堂全集·理学疑问》。

> 通，贯幽明，通远近，无所隔碍也；一曰神变，应事接物，变化不测也。然惟通故速，速也是通，只是神通、神变二者而已。通与变是神处，而明在其中矣。[①]

童能灵这里归纳的三条心的作用，可以分为两个层次，第三点类似今天讲的感性认识，第一、第二点类似今天讲的理性认识。这两个层次是由浅入深、由表及里的发展过程。童能灵是主张认识事物的本质（义理）是要经过逐层深入的。童能灵又说："吾人致思义理，须历许多层数，或略去一层，即于其中曲折处未尽。异时伏下疑根，终作此理障碍。"[②]

童能灵认为认识事物如果不逐层深入，"或略去一层"，"异时伏下疑根"，即以后会出问题。这种观点是深刻的。对于认识第一个层次，即所谓感性认识，童能灵强调格物，亲自接触事物，他认为"物必格而后明，伦必定而后尽"[③]。当然，童能灵所谓"物"，不是客观事物，而是封建伦理道德关系。对于认识的第二个层次，即所谓理性认识，童能灵强调主敬。由于与外界的接触，人们获得大量的感觉认识，因而"心不得纯一，杂扰之念驱去复来"。

那么用什么办法来解决呢？童能灵强调主敬。他说："此心不得纯一，杂扰之念驱去复来。而求所以治之方……须是穷理主敬久之，则自然纯一矣。"[④]这里并不是说童能灵只主张在理性认识中才主敬。他和其他朱子学者一样，认为主敬贯串于整个格物穷理致知过程，不过在理性认识中主敬更为主要。童能灵又述道：

> 尹（和靖）氏之论敬，谓中心不容一物。谢（上蔡）氏之论敬，为常惺惺法。此要皆说得透露有精神，但少费力耳。程子曰整齐严肃，则心便一。一则无非辟之干，而言平正。而二家之说，皆涵盖焉。何也？心苦，一时自不容一物而常惺惺也。且程子从整齐严肃说来，更有把握，只须将容貌言语上有形象处整顿收敛得来，自然心已一也。若单从心上用力而求其不容一物而常惺惺，便未免太劳苦拘迫而难于持久。且或反致别生病痛而不自知者，此不可不定也。大抵朱子雅言亦是如此。

① （清）童能灵：《冠豸山堂全集・理学疑问》。

② （清）童能灵：《冠豸山堂全集・理学疑问》。

③ （清）童能灵：《子朱子为学次第考》。

④ （清）童能灵：《冠豸山堂文集》卷二，《答平和曾为谦》。

然此一处，亦足以见程子之言甚似孔子也。[①]

童能灵还特别提出要进行判断，即分清是与非，才能达到真知。他说："知之必是与非为二……分是非即致知。"[②]童能灵提出的"分是非即致知"的命题是深刻的。认识的目的就是要对认识对象得出肯定(是)或否定(非)的结论。童能灵认识到判断这种思维形式是理性认识所必需的阶段，这是其认识论中的合理成分。不过童能灵不懂得判断所得出的是或非不一定就是真实的，检验判断真假的标准只能是实践。

童能灵的认识论是以心为中心的。他以心为出发点，最后归结为治心，是从心到心的先验论。童能灵述说：

> 心者，万化之源，由心而著之于身，则为言行；由心而施之于事，则为政教。古人之学，必先有以治其心。治心之道奈何？曰：必欲其清，而不欲其浊也；欲其定，而不欲其扰也。……无欲则无贪，无贪则无妄，无妄则神明之地澄然，得其本体之常。而静亦清，动亦清；静亦定，动亦定。……由是内以检其身而枢机不失，外以施诸事而政教旁达焉。此澄心之功也。[③]

童能灵这里所谓无欲—无贪—无妄—神明，就是由心(主观)到心(主观)的过程。由此可见，童能灵的认识论在朱子学家中是比较低弱的。

---

① (清)童能灵：《冠豸山堂文集》卷二，《答长乐郑一志》。

② (清)童能灵：《冠豸山堂文集》卷一，《中天河洛》。

③ (清)童能灵：《冠豸山堂文集》卷二，《澄心堂碑记》。

第十章

清代中期的福建理学

清代至高宗乾隆(1736—1795)、仁宗嘉庆(1796—1820)年间,盛极转衰,史称中期,即所谓乾嘉时代。清代中期亦将近有1个世纪。本章就是论述清代中期的福建理学。

至嘉庆时代,人口急剧增加。乾隆六年(1741),全国人口仅一亿四千三百四十一万。至宣宗道光二十一年(1841),全国人口四亿一千三百四十五万,一百年间增加近两倍。[①] 人口的增加是这时经济发展的结果。但是人口急剧增加的同时,地主和富豪也加紧大量兼并土地。时人杨锡绂谓"田之归于富户者,大约十之六七"[②]。乾隆五十一年(1786)的上谕述说:

> 据毕沅奏:豫省连岁不登,凡有恒产之家,往往变卖糊口。近更有于青黄不接之时,将转瞬成熟麦地,贱价准卖。山西等处富户,闻风赴豫,举放利债,借此准折地亩。乃山西等处豪强富户,越境放债,贱准地亩。是富者日益其富,贫者日见其贫。及遇丰年,展转增加售卖,而中州元气,竟为隔省豪强兼并侵剥。将来豫省贫民日见流徙,田产皆为晋民所有,成何事体!

这里讲的是山西和河南的情况。其实全国都是一样的,时人钱维城述说:

> 今之富者田连阡陌,农民受其田而耕之,役使如奴隶;豪商大贾买贱卖贵,子母相权,岁或入数万金。今富者以数百万计。今以一家而有数千万家之产,则以一家而致失业数千百家也。[③]

由此可见,乾嘉时代农民破产、土地高度集中的一斑。同时,贪官污吏

---

① 参见谭丕模:《清代思想史纲》,长沙:岳麓书社,2011年,第66页。

② 《皇朝经世文编》卷三九。

③ 《皇朝经世文编》卷一一。

横行霸道，变本加厉。这样，急剧增加的农民又失去土地，沦为佃农而衣食无着，农民和地主的矛盾日益尖锐。以福建为例，当时佃农抗租斗争十分激烈。据时人德福所论说：

> 闽人业主、佃户，并无情意浃洽，彼此视为仇仇。佃户抗租为长技，收割之时，恃强求减。田主往乡下，畏其凶横，勉强依从。待佃户入城市，则拘禁于家，令其补完田租，始行放回，否则任意凌虐。佃户自顾孤掌，畏其势力，忍怒还租。窥业主下乡收租，佃户亦纠合众佃，成群相攒殴，或灌以秽物，恃众报复。相竞抗赖，颗粒不给，以至业、佃互相讦讼，经年不休。宁化县为尤甚，往往酿成人命。[①]

当时农民起义不断发生，如嘉庆元年(1796)河南白莲教起义、嘉庆十七年(1812)北方数省的天理教起义。福建的农民起义更为频繁和广泛，计有乾隆八年(1743)福建古田、闽清等地黄天瑞、罗惠能等准备起义，乾隆十三年(1748)福建瓯宁老官斋组织起义和福建宁化罗教组织拒捕夺犯斗争，乾隆十七年(1752)福建漳州以蔡荣祖为首的起义，乾隆三十四年(1769)福建古田、屏南萧日安等组织的起义，乾隆三十五年(1770)福建诏安以蔡乌强、李阿闵为首等准备起义，乾隆三十六年(1771)福建龙溪王天送等准备起义，乾隆五十二年(1787)福州、漳浦天地会响应台湾林爽文起义的斗争，乾隆五十七年(1792)福建泉州天地会反清斗争等。如果说清代初期的农民起义多在“反清复明”的口号下进行，那么清代中期的农民起义却是在“官逼民反”的口号下进行的，斗争的锋芒指向整个地主统治阶层。

前面讲到，清代初期对外采取严格的闭关政策，使中国资本主义的萌芽中断了。到了乾嘉时代，外国资本主义国家凭借强大势力叩打中国的大门，中国封建制度内部资本主义因素又在滋长。首先是农业生产富农经营方式的出现，即富农从地主手中承佃土地而转佃给农民。新的农业经营方式，给中国封建制度内部滋长起来的资本主义因素的发展提供了条件。其次，商人的势力发展甚快。这样，地主与农民的矛盾和地主与商人的矛盾交织在一起，社会矛盾复杂和尖锐，使地主阶级更加感到大祸临头。于是地主阶级为了巩固和进一步加强封建专制的统治地位，并且极力寻找新的统治思想。

再者是世界趋势和上述情况相辅而行。西方资本主义国家已进入产业革命时期，它们不允许中国这个庞大的商品市场“闭关自守”和自己发展资

① (清)德福所:《闽政领要》卷中,《风俗》。

本主义，于是使用军舰重炮和商品“重炮”，加上贵族、官僚、地主、商人所需要的鸦片“重炮”，一起向“天朝”闭关自守的大门轰击，以便西方资本主义势力逐渐伸到中国沿海，甚至内地。早在康熙五十四年(1715)，英国东印度公司与广东官吏订立了在广州自由通商的合同，中国方面成立了 13 个公行，管理对外商的贸易。由于英国等先进资本主义国家低廉商品大量输入中国，中国手工业和农副业随之解体，或者成为外国资本的附属物。特别是在乾嘉时代后期，中国封建统治者和外国侵略势力日趋勾结，阻遏中国民族资本主义的发展，使中国朝着半殖民地半封建的道路迈进。这样，中国的专制政权更加残酷粗暴地统治人民。处于东南沿海的福建，更加深受海盗式的外国资本主义的侵扰，陷入更加沉重的中外反动势力的剥削和统治之下。

因此，在乾嘉时代，统治者在思想文化领域进一步采取高压政策，残酷的文字狱不断发生。一些学者为了回避申论历史和接触现实，只好在故纸堆里讨生活，致力于经籍上的考据，继承汉儒只搞文物训诂的学风，出现汉学的复兴，形成了所谓汉学学派，或称考据学派。近人王缁尘述说：

> ……大兴文字之狱，士大夫对于义理政治，皆噤若寒蝉。清廷复大开博学鸿词科，收罗英俊之士，而所谓汉学者，遂由此而生焉。①

在王缁尘看来，“盖所谓汉学者，屏弃宋明人理学之思潮，而反之于两汉经术。因此立名者也”②。“汉学”是相对“宋学”而言的，“汉学”是作为“宋学”的对立物而称谓的。“宋学”是宋明理学的总称，主要是指程朱理学。程朱理学统治中国思想界已达五六百年，已明显地暴露出它的武断和空疏。尽管清代初期政府大力提倡程朱理学，但到了乾嘉时代，程朱理学的弱点更加暴露，它的权威日趋失坠。例如毛奇龄作《四书改错》，敢于大胆批判朱熹的《四书章句集注》。他述说：

> 四书无不错……然且日读四书，日读四书注，而就其注文以作八股，又无一不错。……真所谓聚九州四海之铁，铸不成此错矣！③

本来，“四书”和朱熹的《四书章句集注》是法定的教科书，是经典，是神圣不可侵犯的，现在却敢于怀疑，甚至批判，确实是一种大胆勇敢的精神。

---

① 王缁尘：《汉学师承记・评序》，见(清)黄宗羲等：《宋元明清四朝学案》第 4 册，上海：世界书局，1936 年。

② 王缁尘：《汉学师承记・评序》，见(清)黄宗羲等：《宋元明清四朝学案》第 4 册，上海：世界书局，1936 年。

③ (清)毛奇龄：《四书改错》卷一。

这种精神是根源于当时的社会现实。新的时代要求人们摆脱旧的传统思想束缚，考虑新的问题。当时一些学者认为程朱理学束缚人的思想，朱子学者皆是守旧势利之徒。由宋学回到汉学，在一定程度上是思想解放的表现，就是复古更化、拨乱反正，用昔否定今，通过否定之否定，实现思想解放。宋儒的学术思想也确实存在致命弱点，他们有的说经猜度臆说，没有把经书中的名物典制搞清楚，因而学者必须寻找新的学术方法。宋学固然主观穿凿，是替封建主义服务的学术，汉学也有附会曲解，同样也是为封建主义服务的。当时的社会条件还没有成熟到可以突破封建思想的羁绊，从宋学走向复兴汉学，仍旧是在封建主义经学的老框框里兜圈子。应该指出，离开宋学又回到汉学，表明思想学术走上了新的歧路。

乾嘉时代的汉学有吴派和皖派之分，“吴派源于惠周惕、惠士奇，而集成于惠栋。所谓祖孙三代皆为经师，最称名贵焉。承其流者则为钱大昕、王鸣盛、江声、汪中、余萧客诸氏，此为此派之中心人物。皖派得源于江永，成于戴震。承其流者则有金榜、孔广森、凌廷堪、段玉裁，王念孙、引之父子，以及清末之俞樾、孙诒让诸氏，皆为中心人物。是两派者皆远宗顾（炎武）、阎（若璩）二氏也。而黄宗羲氏一派则流衍于浙东，继黄而起者有万斯大、万斯同兄弟。以后则全祖望、邵廷采、邵晋涵、章学诚诸氏为中心人物。此派于经学、小学以外，兼治史学，亦稍参以义理之说，如宋元明诸《学案》，即出于此派之手也。已非纯粹的汉学家”①。乾嘉时代，汉学极为盛行，真可谓如火如荼。对于其学术流弊和学术价值，王缁尘亦有较深刻的说明。他述说：

> 至于流弊，亦可约言焉。盖以崇拜汉人之故，凡汉人之残词片语，皆视同瑰宝，而等汉人以外之经说如粪土。是则只问汉不汉，不论其义理之是非也。……然则汉学之价值究竟如何？曰：汉学家精研训诂，将久晦于古音、古义复明于世，而以古代之名物制度，亦多在考证，使后之得由之以通二千年前难解之古书。其于经典小学所用之心力，固大有功于学术者也。夫然，又安可以轻视之哉！②

这就是说，汉学在整理古籍上做出了巨大贡献。它重实证，强调客观、具体的研究，反对空谈和附会经说。方法比较精密，态度比较严谨。他们以

---

① 王缁尘：《汉学师承记 · 评序》，见（清）黄宗羲等：《宋元明清四朝学案》第 4 册，上海：世界书局，1936 年。

② 王缁尘：《汉学师承记 · 评序》，见（清）黄宗羲等：《宋元明清四朝学案》第 4 册，上海：世界书局，1936 年。

极大的功力对古代文献进行了细致的爬梳，剔去两千多年来对古代经籍的不少歪曲、误解，弄清了句读训诂，为整理和总结我国丰富的历史文化遗产打下了坚实的基础。通过他们的治学，形成了小学、校勘、目录、辑佚等这些研究古代历史文化不可缺少的方法。近人章太炎把考据学概括为“审名实、重佐证、戒妄牵、守凡例、断情感、汰华辞”等六大特点，是非常确切的。

在乾嘉时代，由于汉学几成一尊之局，朱子学自然衰落。清代著名的福建理学家阴承方述说：

> 今去朱子五百余年，士皆沉溺括帖之中，求其矢志圣学者，虽千万人，无一二焉。义理之不明，非一日矣。①

就福建理学而论也是如此，清代著名的福建朱子学家陈庚焕述说：

> (乾嘉以来，闽学)流风余韵，浸以销歇。间有诵法朱子者，或迂阔而无当，或浮慕而失真，甚或跖行孔语，身败而名裂。于是闾巷之间，以学相诟病。学者闻见既狭，溺声利者，务览记为词章。矜奇嗜博之士，则或沿西河(按：指汉学家毛奇龄)之余风，以攻击朱子为能事，而闽学微焉。②

当时全国第一流的学者大都治汉学，离开朱子学，因而朱子学在全国来说极为低沉。当然，这并不是说朱子学完全断绝。其实，当时尊程朱者大有人在。这可以从几个方面看。

首先，一些汉学家未尝完全薄程朱，他们中不少人门户之见并不太严，对朱熹学说评价采取比较客观的态度。清人皮锡瑞述说：

> 雍(正)、乾(隆)以后，古书渐出，经义大明。惠(栋)、戴(震)诸儒，为汉学大宗，已尽弃宋诠，独标汉帜矣。惠周惕、士奇，孙栋，三世传经。栋所造尤邃，著《周易述》《古文尚书考》《春秋补注》《九经古义》等书。论者拟之汉儒，在何邵公、服子慎之间。而惠氏红豆山斋楹帖云：“六经宗孔孟，百行法程朱。”是惠氏之学未尝薄宋儒也。戴震著《毛郑诗考证》《考工记图》《孟子字义疏证》《仪礼证误》《尔雅文字考》，兼通历算声韵。其学本出江永，称永学自汉经师康成后，罕其俦匹。永尝注《朱子近思录》，所著《礼经纲目》，亦本朱子《仪礼经传通解》。戴震作《原善》《孟子字义疏证》，虽与朱子说经抵牾，亦只是争辨一理字。《毛郑诗考

① (清)阴承方：《阴静夫先生遗文》卷下，《近思录集注序》。

② (清)陈庚焕：《惕园初稿》卷五，《闽学源流说》。

证》尝采朱子说。段玉裁受学于震，议以震配享朱子祠。又跋朱子《小学》云：“或谓汉人言小学谓六书，非朱子所云，此言尤悖。夫言各有当，汉人之小学，一艺也；朱子之小学，蒙养之全功也。”段以极精小学之人，而不以汉人小学薄朱子《小学》，是江、戴、段之学未尝薄宋儒也。宋儒之经说虽不合于古义，而宋儒之学行，实不愧于古人。且其析理之精，多有独得之处。故惠、江、戴、段为汉学帜志，皆不敢将宋儒抹煞。①

其次，一些理学家从卫道的立场出发，对汉学进行批判。姚鼐（字姬传，安徽桐城人）攻击戴震说：

> 戴东原言考证岂不佳，而欲言义理，以夺洛、闽之席，可谓愚妄不自量之甚矣！……不读宋儒之书，故考索虽或广博，而心胸常不免猥鄙，行事常不免乖谬。②

在这里，姚鼐对戴震不只是学术之争，还进行人身攻击。

最后，初期今文经学（公羊学）援引理学，在客观上维护了理学。在乾嘉时代，外国资本主义声势咄咄，将叩关而入，企图把中国变成它们的殖民地。关在象牙塔里的考据学者不得不抬头看看国内外的现实，因而经学中的今文学派又应运而起。他们根据西汉今文学派，用《春秋公羊传》或《春秋穀梁传》的“微言大义”，借题发挥，议论时政，便产生了所谓公羊学（今文经学）。今文经学家企图以阐扬“公羊学”中的专制和改制思想，为巩固地主阶级旧有的统治秩序做论证，不分古今，混淆汉宋。初期的今文经学家，如庄存与（字方耕，江苏武进人）等人，提出汉学和宋学兼容并包，在经学中引入程朱理学。例如庄存与在《春秋正辞·奉天辞》中引用二程的话，论证《春秋》，谓“人理灭矣，天运乖矣。阴阳失序，岁功不成矣。故不具四时”。这是用程朱理学解释天人感应论。理学和公羊学的结合，使今文经学增添了新的内容，这也为理学的继续存在找到了一条出路。

福建是朱子学的故乡，其后学是连绵不绝的。在汉学几成一尊之局的乾嘉时代，福建朱子学者仍死守朱子学残局。当时著名的福建朱子学家雷鋐仍坚持“朱子于天下古今事理，无不精究而详说之，故三代以下可折中于朱子”。此外，陈庚焕、孟超然等仍然以朱子学为主体，与汉学家针锋相对。当时的福建朱子学者认为程朱理学与孔孟之道无二，程朱说经比汉儒说经

---

① （清）皮锡瑞：《经学历史·经学复盛时代》。

② （清）姚鼐：《惜抱轩尺牍》卷五。

获得精深之旨更多。程朱是儒家正学，欲学孔孟，必学程朱。汉学家攻击程朱空言穷理，启后学空疏之陋，有一定道理，但程朱后学是实学，实用于道德修养和经世致用。程朱理学强调名节检身，动绳以理法，比汉儒不修小节，不矜细行，得已宽，便其私要好得多。经学家只注意名物训诂及种种干枯的考据，有支离琐碎之弊，不若程朱注重理义和经世，等等。不过乾嘉时代的福建朱子学者亦受汉学的影响，吸收汉学的某些积极因素。他们不空谈心性，大都在宋学的范围内兼采汉学。他们多从事考订整理程朱著作，把程朱理学和考据学结合起来。雷鋐、阴承方、孟超然、陈庚焕等都是主张用考证的方法研究程朱著作和其他儒学经典，也都反对宋儒变更经文，增损字句的做法。

乾嘉时代的福建朱子学者虽然没有多大创新，但死守朱子学残局，对朱子学进一步发展起了承上启下的作用，在朱子学的发展史上具有一定作用。在乾嘉时代，福建朱子学者主要有雷鋐、阴承方、孟超然、陈庚焕等。

第一节　雷　鋐

一、雷鋐的生平著述

雷鋐，字贯一，号翠庭，学者称翠庭先生，福建宁化人。生于清圣祖康熙三十六年(1697)，卒于高宗乾隆二十五年(1760)。世宗雍正十一年(1733)进士，历官通政司通政使、提学浙江学政等。

雷鋐为官颇为清廉，他曾提出“爱民生即所以为国计，不可分为两途”[①]的施政方针。他针对当时吏治的腐败，认为做官要依理而行，克己爱民才行：“使有官君子咸知警惕磨砺，则大纲小纪自然就理。先儒云道学政治不可使出于二，盖治天下国家而不先自治其心，则必不能无私，而爱憎取舍必不能大公而至正。”[②]

雷鋐认为国家的经济措施要根据社会的具体情况而定，不要生搬硬套历史上的旧制。如关于屯田，雷鋐述说：

今日言拔兵屯田，此书生纸上之谈也。然则赵充国、诸葛公非欤！

① (清)雷鋐：《经笥堂文钞》卷上，《与周抚军书》。

② (清)雷鋐：《经笥堂文钞》卷上，《复陈榕门前辈书》。

曰:汉时近古,文帝开孝弟力田之科,率农以礼义,无事则驱之为农,有事则调之为兵。唐府兵之法犹然。自府兵之法坏,兵农分为二。……自宋元而明以迄今,兵农之分益久,各习其力而不相通。田终不可屯矣……儒生往往援汉唐故事,是何其不识时务也。[①]

雷鋐这种要根据实际情况制定经济措施的思想是有合理因素的,应该加以肯定。

雷鋐的父亲雷鸣高笃信朱子学,雷鋐自幼承受家学,穷究义理。年十七肄业福州鳌峰书院,受学于著名的福建朱子学家蔡世远,"得造道入德之方"[②]。雷鋐对于其在鳌峰书院跟蔡世远学习的情况,曾述说:

鋐窃自念少汩于俗学,自至鳌峰,从漳浦(蔡)先生游,乃知吾儒自有身心切要之务,推而暨之家国天下。古圣贤教人之法不外乎此![③]

雷鋐为蔡门高弟,李光地的再传弟子。后来雷鋐至京都应考,主考官为宰相朱某,与之熟悉,但是雷鋐"不投公卿一刺(按:指不走后门),以陆平湖不敢见魏蔚州为比"[④]。他依靠自己的学问中进士,宰相评之为"践履笃实,才识明通",著名的桐城派古文家方苞称之为"第一流人物"[⑤]。雷鋐是一个品学兼优的学者,他曾说过要做一个有道德、有学问的人才有意义。雷鋐述说:

愧感人生百年瞬息间事,不特富贵如烂漫春花,随开随落。即诗文传世,亦只好音过耳!唯不怨不尤不愧不怍,方寸自有乐境,且一息亦足千古矣。[⑥]

对于雷鋐的道德学问,清唐鉴述说:

(雷鋐)生平出处,按之固已无一不合于道。所谓文章,则皆本其躬行所得者。而慰唁问答,解惑条指,发德辨奸,析事类情,以综王道之要,以会天命之精。斯言尽盖其大略云。[⑦]

梁启超说:"闽之学者,以安溪李光地、宁化雷鋐为最。""汀州雷翠庭鋐

---

① (清)雷鋐:《经笥堂文钞》卷下,《屯田说》。

② (清)唐鉴:《清学案小识》卷五,《翼道学案·宁化雷先生》。

③ (清)雷鋐:《经笥堂文钞》卷上,《竹山精舍记》。

④ (清)唐鉴:《清学案小识》卷五,《翼道学案·宁化雷先生》。

⑤ (清)朱梅崖:《梅崖居士文集》,《雷鋐文集序》。

⑥ (清)雷鋐:《经笥堂文钞》卷上,《答朱梅崖》。

⑦ (清)唐鉴:《清学案小识》卷五,《翼道学案·宁化雷先生》。

则继李(光地)、蔡(世远)治程朱理学。"[①]

雷鋐深入研究李光地所编辑的《性理精义》,以其中的为学之方、立志存养、省察居敬穷理、致知力行为准绳,反身之切务,一以朱子学为宗。他提出:"学者必从(胡敬斋)《居业录》入门,则途径分明,工夫切实。……敬斋先生似伊川。朱子谓学者必先学伊川,即此意也。"[②]雷鋐特别强调为学要以躬行为本,讲求道德实践。雷鋐把理学(道学)称为实学。他说:"其志超然于富贵利达之外,其讲明践履探原握要,历贫贱患难死生而如一。此之谓实学也。……按实而求之,即道学也,岂别有一艰深不可造之境哉!所患者,志不立而苟安流俗耳。"[③]他又述道:

> 讲学之书,先儒备矣,惟在心体而身验之。……孩提知爱,稍长知敬,此孟子指出人之本心所固有,使知察识而扩充。……不致知力行,日积月累,如何能践形尽性!……朱子之心,虚公广大,所以为百世儒宗。……读书则实究其理,行己则实践其迹,念念向前,不轻自恕而已矣。[④]

清人朱梅崖对雷鋐的学术有概括的说明。朱梅崖述说:

> 公之学,以躬行为主,以仁为归,以敬义为堂户,以人情事势为权衡,以"六经"为食饵,以文艺为绅佩,以奖引天下之事为藩墙,而于邪正之界,流渐之渍,析之尤精,防之尤豫。大要宗朱文公,而以薛文清、陆清献二公之书为谱牒。[⑤]

朱梅崖对雷鋐学说的评说反映出雷鋐的学术特点。雷鋐为学重经义,辨析学术源流,强调道德践履,一以朱子学为归。

雷鋐认为秦汉以后孔孟之道失传千余年,至朱熹再兴,"朱子倡明绝学,天下英杰萃于一门"[⑥]。因此"朱子之道与孔孟同揆,朱子之功与河岳并永"[⑦]。雷鋐说:"自汉唐以来,学术纷拿,赖濂洛数大贤开其蔀而辟其途,然

① 梁启超:《近代学风之地理分布》,吴松等点校:《饮冰室文集点校》,昆明:云南教育出版社,2001年,第4册,第154页。

② (清)雷鋐:《经笥堂文钞》卷上,《胡敬斋先生文集居业录合刊序》。

③ (清)雷鋐:《经笥堂文钞》卷下,《东林书院示诸生》。

④ (清)雷鋐:《经笥堂文钞》卷下,《鹅湖诗说》。

⑤ (清)朱梅崖:《梅崖居士文集》,《雷鋐文集序》。

⑥ (清)雷鋐:《经笥堂文钞》卷上,《与长汀赵邑侯书》。

⑦ (清)雷鋐:《经笥堂文钞》卷上,《漳平县朱子祠记》。

后道学之流绝而复续。至朱子辨之精，行之勇，守之严，其功比于孟子之崇王斥霸，辨杨墨，发明性善养气，殆所谓先后一揆者矣。其驳同甫三代汉唐之论，所以破功利也；指象山为明心见性之归，所以防异端也。”[①]雷铉又述道：

> 六百年来，朱子之书，学者靡不习之。……昔姚江宗主象山……不足窥朱子之门户……不复知朱子大本大原之所在。……朱子之尊德性，道问学，敬义夹持，下学上达，所以为万世儒宗者，其秘旨奥蕴胥在是矣……余急思与多士振兴正学。[②]

雷铉认为：“天下有正学斯有正人，盖天理所恃以常存，世道所赖以不坠者也。”[③]人杰地灵，“昔吾闽僻在边徼，至唐而文学渐兴，至宋而理学特盛，是则山川风气岂不有借于人耶”[④]？在雷铉看来，福建在文化上由落后变成昌盛，是因朱熹提倡孔孟之道的结果。雷铉述说：

> 天下事岂不在人哉？……因朱子之学，有明一代之治运。……山川风气曷分厚薄，在乎人而已。昔何以盛，今何日衰，则学与不学故也。[⑤]

雷铉正确地认识到朱子学是当时治理国家的最好工具。“山川风气曷分厚薄，在乎人而已”一语，是很有价值的。

在雷铉的时代，程朱理学和陆王心学是相互对立的。雷铉视陆王心学为禅学，但是又说陆王人品事功卓然千古，不能抹杀。雷铉述说：

> 世目象山为禅学，以象山教人闭目静坐不读书者，非也。《象山语录》多近禅，然未尝言不读书，亦罕(言)静坐。……其《文集》中并静坐二字无之。……(其)与傅圣谟云：已知者，力行以终之；未知者，学问思辨以求之。此与朱子教人无以异。……象山谓有子之言为支离，为私智杜撰。言子贡，非能知颜子。又云宰我、子贡、有若智足以知圣人，若责以大智望之，以真知圣人，非其任也。尤可怪者，言子羔、曾子皆为夫子所喜，于二人中尤属意子羔，不幸前夫子而死。按《左传》，哀公十五年孔子闻卫乱曰：柴也其来，由也死矣。明年夏四月己丑，孔子卒。子

① (清)雷铉：《经笥堂文钞》卷上，《竹山精舍记》。

② (清)雷铉：《经笥堂文钞》卷上，《朱子圣学考略节要序》。

③ (清)雷铉：《经笥堂文钞》卷上，《张清恪公年谱序》。

④ (清)雷铉：《经笥堂文钞》卷上，《竹山精舍记》。

⑤ (清)雷铉：《经笥堂文钞》卷上，《重修浦江县学记》。

> 羔后孔子而死不待言，安有博学、审问、慎思、明辨者，卤莽灭裂至此哉！盖象山所自得，在心即理。以此直接颜、曾，视子贡以下诸贤皆所不足。夫心即理，不必有人心道心之分，达摩所谓直指人心，见性成佛也。惟其然，遂信心自是，凭臆武断，无所顾忌。其与张辅之云：吾有知乎哉！此理岂容有知哉（按：指理在心中，不必向外认识）！答杨敬仲云：未尝用力而旧习释然，此真善用力者也。……（其）与似清云：何处转不得法轮，何人续不得慧命。宜乎！傅子渊猖狂放肆，诗偈类释子，象山最属意。……论古人贵择善而从，象山义利之辨终自服膺可也。然其气质果于自用。其学问，知理一而不析乎分之殊，遂起凌虚驾空之弊。其论子羔生死尚可颠倒，又何怪阳明辑《朱子晚年定论》，颠倒年之早晚哉！[①]

不少朱子学者认为陆象山不读书穷理，静坐如禅。雷鋐指出，这种传统批判是不符合实际的，是从表面看问题。雷鋐根据陆象山的著述，肯定其合理处。雷鋐指出，陆象山和王阳明相比，王阳明错误较多。雷鋐述说：

> 阳明之书，凡象山之合乎圣学者，则尽反之；象山之近乎禅学者，则尽张之。愚作《象山禅学考》，象山之学既举其端矣，至阳明则直曰：佛氏之本来面目，即圣门所谓良知。又云无所往而生其心，佛氏曾有是言，未为非也。又云道一而已，仁者见之谓之仁，智者见之谓之智。释氏之所以为释氏，老氏之所以为老氏，百姓之日用而不知，皆是道也，曾有二乎！此皆象山所未敢明目张胆言之者，然其根源则自象山以心即理为心学。故阳明亦心即理也。学者学此心也，求者求此心也。[②]

在雷鋐看来，王阳明“凡象山之合乎圣学者，则尽反之；象山之近乎禅学者，则尽张之”，即王阳明发展了陆象山学说的弱点。王阳明和陆象山共同的根本错误在于“心即理”。雷鋐指出，要把批判陆象山、王阳明的学术错误和肯定他们的人品事功区分开来。雷鋐述说：

> 或曰象山、阳明人品事功壁立万仞，后人岂易攀跻？愚曰：释迦、达摩皆绝大力量人，子视为泥塑木雕已乎？[③]

雷鋐认为对陆象山、王阳明的学术错误要批判，人品事功要肯定。

① （清）雷鋐：《经笥堂文钞》卷下，《象山禅学考》。

② （清）雷鋐：《经笥堂文钞》卷下，《阳明禅学考》。

③ （清）雷鋐：《经笥堂文钞》卷下，《阳明禅学考》。

雷鋐的著述有《读书偶记》3卷、《经笥堂文钞》2卷、《闻见偶录》1卷、《校士偶存》1卷、《励志杂录》1卷、《翠庭诗集》4卷、《经笥堂集》35卷等。

二、雷鋐的性、心、情统一思想

雷鋐在朱熹和其他理学学者的人性论的基础上，进一步论证了性、心、情的统一，有独到之处，发前人所未发。

在中国哲学史上，关于人的本性问题，孔子主张"性相近也，习相远也"，"唯上知与下愚不移"[①]；孟子主张"性本善"，仁、义、礼、智等道德观念为人所固有，"人皆可以为尧舜"[②]。显然，孔子与孟子的观点是有所不同的，孟子比孔子重视后天的道德修养。雷鋐却认为孔孟的人性论观点是一致的。雷鋐述说：

> 孔子性相近之言，实万世言性之宗旨；孟子性善之言，正是相近之实际。相近者，善之相近也。此万物为一体者，尧舜之仁也。今人乍见孺子入井而怵惕恻隐，可谓不与尧舜之仁相近乎！故曰性善也，扩而充之，人皆可以为尧舜也。必待扩充之力者，气质有不同也。孟子言性与孔子无二异也。[③]

在《孟子·告子上》里有这样一个故事：齐王坐在堂上，见堂下有人牵牛去宰，便说放了它吧，不忍心看它那恐惧发抖的样子。孟子由此得出恻隐、羞恶、辞让、是非是人的天赋道德观念，只要人把自己的天赋道德观念加以"扩而充之，人皆可以为尧舜"。

那么怎样扩充呢？雷鋐提出变化气禀问题。由此，雷鋐论述了人性的来源问题。上引孔子"性相近也，习相远也"，孟子"性本善"，以及荀子"性本恶"等，对性的来源都未说清楚。雷鋐根据《周易》和《中庸》的有关论述，提出性来源于阴阳之道。雷鋐基于《周易·系辞传》"一阴一阳之谓道，继之者善也，成之者性也"的说法，指出：

> 《易》之为易，交易变易尽之矣。……有交易而后有变易，如人之夫妇交，而后生男女也。……易有太极，是生两仪，两仪生四象，四象生八卦……泛指天理之理。……唯有理（太极）斯有气有象有数，未有无理

① 《论语·阳货》。

② 《孟子·告子下》。

③ （清）雷鋐：《经笥堂集》，《与李贯之》。

而生象数者。……周子太极动而生阳,静而生阴,正见理能生气。[1]

在雷鋐看来,“五行之生也,各一其性。…… 此乃《易》学之大纲领。……五行之气不同,故人之五性秉乎气亦有不同,而太极之理无不具”[2]。雷鋐述说:

> 言性命之书,无过《中庸》。……天以阴阳五行化生万物,气以成形而理赋焉。……人得秀而最灵,形生神发,五性感动而善恶分。……(人)性道虽同,而气禀或异,故不能无过不及之差。[3]

雷鋐所谓“有理(太极)斯有气”,“五行之气不同,故人之五性秉乎气亦有不同”,“五性感动而善恶分”,就是说,理是性之来源,性之来源虽同(“性道虽同”),但由于人的“气禀或异”,即有“过不及之差”,便有“善恶分”。人天生具有恻隐、羞恶、辞让、是非“四端”本性,是至善的。但由于人气禀有正(无过或不及)、偏(过或不及),便有“善恶分”。雷鋐述说:

> 直指仁、义、礼、智为人性,实发自孟子。盖《易·文言》言君子中庸,言至圣未尝统言人之性也。孟子就此指出人性之所以善,更指出恻隐、羞恶、辞让、是非之四端,真乃凿破混沌,开辟屯蒙,发前圣所未发。而养气之义,犹次之。至加一信字为五常。五常二字,见《乐记》。五常为仁、义、礼、智、信,见董子《贤良策》,又见《白虎通》。五常配乎五行,确不可易。信贯乎仁义礼智之中,故端只可言四。至于静中无端可寻,或逐求之虚寂,谓无善无恶心之体,不知天地之元气不息,人生之生理不灭。心如谷种,仁则其生之性。谷种中自具为苗为穗为实之理,待其发而后见。不待其发而后知此仁所以包乎义、礼、智也,乃不仁之人自戕其生理,并丧乎义、礼、智者。则气禀既杂,物欲乘之,天理、人欲判焉而相反。天理、人欲亦见《乐记》。人,化物也者,灭天理而穷人欲者也。其语甚精而密。此皆初学所耳闻目见,多忽而不察。故令诸生致思焉,更反身用力而自得之,庶不蹈于不仁之归也夫![4]

雷鋐认为在仁、义、礼、智、信五常中,仁是最为根本的。“仁则其生之性”,仁“包乎义、礼、智”。不仁之人,“气禀既杂,物欲乘之,天理、人欲判焉

---

① (清)雷鋐:《经笥堂文钞》卷下,《答诸生问毛西河语》。

② (清)雷鋐:《经笥堂文钞》卷下,《杭州试院示诸生》。

③ (清)雷鋐:《经笥堂文钞》卷下,《湖州试院与诸生论太极图说通书》。

④ (清)雷鋐:《经笥堂文钞》卷下,《金坛试院示诸生》。

而相反"。因此，诸生致思、力行的就是"不蹈于不仁"。雷鋐强调，"治天下不外庆赏刑威，一根于喜、怒、哀、乐。仁育义正，与天命呼吸，有天德乃可以行王道，不如此皆苟焉而已"[①]。雷鋐此处关于"天理、人欲"出于《乐记》的说明是很好的，值得注意。

此外，雷鋐还讲到仁是孝之至。雷鋐述说：

> 事亲如事天。……事人如事亲。……孝本乎人性，孝之德未尽，实性之理未明。此即所谓天地之性，人为贵。人之行莫大于孝也。……孝即仁之实，仁乃孝之至。……夫能充孝之量，爱亲者不敢恶于人，敬亲者不敢慢于人。至事天而明，事地而察，通神明而光四海，则民胞物与有外此者乎？……不愧屋漏，存心养性，立身行道之实功。……孝，此乃人生之命脉。亲亲而仁民，仁民而爱物。[②]

在雷鋐看来，孝和仁的关系，实际就是三纲和五常的关系。雷鋐用孝把三纲和五常统一起来，以至"存心养性""仁民而爱物""民胞物与"全在乎孝，是"立身行道之实功""人生之命脉"。就儒家孝、仁学说的发展来说，雷鋐的这些见解有独到之处，实发前人所未发。雷鋐把孝、仁和"民胞物与"联系起来，要求爱一切人如爱父母同胞手足一样，并进一步扩大到"视天下无一物非我"[③]。雷鋐的这些见解具有一定程度的同情人民疾苦的思想。

雷鋐和朱熹一样，认为天命之性和气质之性是道心和人心相对应的范畴，有时它们是可以互相顶替的。雷鋐述说：

> 是心即性也。人心之正者，道心为之主，即性宰乎气也；人心之偏者，道心之有蔽，即性汩于气而失焉也。非道心为一心，人心又为一心也。如饮食男女之欲，人心也，而道存焉；知道存，即道心也。知其为道，而肆焉，则危者愈危，微者愈微矣。故必道心为主，人心听命也。是知谓心即性也，非也。离心性而二之者，亦非也。[④]

雷鋐基于朱熹的"道心生于天理"，"道心"则"性命之正"的命题，得出"道心即性"的结论。雷鋐认为人只有一心，道心、人心只是一心，并非二心。在人心中存在着道心，"如饮食男女之欲，人心也，而道存焉"。雷鋐比较看

---

① （清）雷鋐：《经笥堂文钞》卷上，《真西山先生读书记序》。

② （清）雷鋐：《经笥堂文钞》卷下，《台州试院与诸生论孝经西铭》。

③ （宋）张载：《西铭》。

④ （清）雷鋐：《经笥堂文钞》卷下，《湖州试院与诸生论太极图说通书》。

重人们所必需的生活欲望。雷鋐述说：

> 人心之灵，莫不有知……因其已知之理而益穷之。……夫人心之灵，莫切于孩提知爱，稍长知敬。即此爱敬之心，推致而扩充之，则仁之实，事亲是也；义之实，从兄是也。且夫无欲害人之心，无穿窬之心，是人心莫不有知者也。充之则仁与义不可胜用。……推致其本心之明，以措之躬而施之事。①

雷鋐所谓“人心之灵，莫不有知”有两个方面的含义。一是指人心有认识事物的能力，即“因其已知之理而益穷之”，推及未知之理；一是指人心之本性，即先天地具有仁、义等人伦道德。在朱熹那里，认为人心是“形气之私”②，即人心是人欲。雷鋐关于人心、道心关系的解释，比程朱强调人心必须服从道心，道心必须战胜人心的观点前进了一步。

雷鋐由性、心进而讲到情。情是指人的喜、怒、哀、乐等情感，或心理作用。一般认为天理是心之性，性即仁、义、礼、智；性之发则为情，即恻隐、羞恶、辞让、是非之情。雷鋐述说：

> 前者问诸生：情一也，《中庸》以喜、怒、哀、乐言，《孟子》则以恻隐、羞恶、辞让、是非言，其不同何也？……今更与诸生言之：《中庸》之言浑而赅，《孟子》之言析而明。夫未发之中，已发之和，非必大贤以上始有之。此言性情之德，以明道不可离之意，是就人人所有者言，人人皆有未发之中，已发之和，特不能操存省察以致之耳。夫未发之中包仁、义、礼、智之性，已发之和即赅恻隐、羞恶、辞让、是非之情。所谓知，皆扩而充之，即是致中和。致字之注脚，操存省察乃能扩而充之，省察所以知扩充，操存又先一层，是愈说愈密耳。孟子因当时人利欲锢蔽已深，只就四端扩充上指点，未说到未发之中。他日言存其心养其性，则赅之矣。夫喜、怒、哀、乐似兼人心、道心，《孟子》四端则专以道心之发见言。然而《中庸》不重言喜、怒、哀、乐也，言喜、怒、哀、乐之未发耳，言喜、怒、哀、乐之中节耳。未发之中全是道心，中节则人心无非道心矣，且中节则喜、怒、哀、乐无非恻隐、羞恶、辞让、是非之心，可知矣。③

《礼记·中庸》中有谓“喜怒哀乐之未发，谓之中；发而皆中节，谓之和。

---

① （清）雷鋐：《经笥堂文钞》卷下，《严州试院与诸生论格致传义》。

② （宋）黎靖德编：《朱子语类》卷六二，《中庸一》，北京：中华书局，1986年。

③ （清）雷鋐：《经笥堂文钞》卷下，《江宁试院示诸生》。

中也者，天下之大本也；和也者，天下之达道也。致中和，天地位焉，万物育焉”，就是认为人在喜、怒、哀、乐未发之前有一种精神实体，它是天下的根本，操存、省察了它，人就达到了圣人的境界，天下也就可以得到治理了。这种操存、省察“未发之中”“已发之和”的问题，本来是闽中道南理学家杨时、罗从彦、李侗一派“相传指诀”。后来，理学家曾讨论操存、省察的先后问题。朱熹早年主张先省察，后操存，即人应该先在自己的思想中找寻善的苗头，然后紧紧抓住，加以培养扩充。后来他又主张“人自有未发时，此处便合存养，岂可必待发而后察，察而后存耶”？① 即认为人在喜、怒、哀、乐诸情“未发”时就要操存，不能等待“已发”时再去省察。上引雷鋐这一大段，除坚持朱熹的观点外，还指出操存、省察是逐步深入（“愈说愈密”）的过程。喜、怒、哀、乐兼人心、道心，“未发之中全是道心，中节则人心无非道心矣，且中节则喜、怒、哀、乐无非恻隐、羞恶、辞让、是非之心”，把“未发”“已发”与道心、人心联系起来。

三、雷鋐的修养认识论

雷鋐的认识论是内心的道德修养论。雷鋐认为认识（“致知”）就是通过格物、诚意、正心、修身而达到齐家、治国、平天下的目的。雷鋐述说：

> 致知之要，当知至善之所在，如父止于慈，子止于孝之类。……格物者，格此身心诚意以及天下国家之物。致知者，知所以诚意、正心、修身以齐家、治国、平天下而已矣。而知与意尤为交关切要处，即意中可好可恶之物，格之而知其当好当恶，务决去而求必得之。则诚意之功也，岂有两时两事之可分哉！②

致知是和诚意分不开的，或者说致知是诚意之功。在朱熹那里，格物之物还包括一些自然之物。而雷鋐却认为“格物者，格此身心诚意以及天下国家之物；致知者，知所以诚意正心修身以齐家治国平天下而已矣”，较多先验的认识论成分。雷鋐又述道：

> 明伦敬身，所谓立教者教此而已。夫人一身，内而心术之微，外而威仪之着，衣服饮食之节，是即诚正修齐之地也。五伦之亲，义序别信，

① （宋）朱熹：《朱子文集》卷三二，《答张敬夫书》。

② （清）雷鋐：《经笥堂文钞》卷下，《严州试院与诸生论格致传义》。

则齐家、治国、平天下之道已在是矣。格此谓之格物，知此谓之致知。[1]

就是说，格物致知即在人伦物理。在雷鋐看来，"齐家、治国、平天下之道"并不是指社会经济问题，而是指"五伦之亲，义序别信"。这就是要格之"物"，这就是认识的对象。这些"物"、认识对象早就先天地存在于人的内心之中了。十分显然，雷鋐的认识论是内省论。雷鋐基于其格五伦之物的观点，提出认识("致知")就是恢复人心中先天具有的三纲五常之性。他认为"朱子论格物，即孟子之言性"，"天下无性外之物"。[2] 雷鋐述说：

人伦庶物之理，皆具于心，非有出于性分之外，而不能无气拘而物蔽。圣经贤传皆载此理，以开牖后人之心思，即是以穷理验之日用行事之实，则知心与理无内外之隔，吾心之知自贯乎人伦庶物，而无显微之间。彼泛骛以求知，固易失于支离；凭臆想以求知，更易入于冥悟。若使此心憧扰不宁，又何以致知之地哉！程子云："致知在乎所养。"朱子云："非存心无以致知。"[3]

雷鋐认为人伦物理皆具于自心，"非有出于性(心)分之外"者，但是有"气拘(禀)而物蔽"，只要存心养性，使心中所固有之人伦物理不为外物所蔽，或者除物蔽，使心中所固有之人伦物理恢复出来，就是认识。因此，雷鋐提出复性说。他述说：

复性在于循理，循理在于尽分(按：指人的本分)，如忠之理无穷，而吾有分内，当尽之忠。随在尽分则理得，而性无亏矣。格物者，格此；力行者，行此。[4]

在"复性尽分"问题上，雷鋐特别强调立诚，"天命人心之根，体认真切笃挚，即古人立诚之学"[5]。雷鋐说："若夫明、诚两进，敬义交立，此则复性之要道，养浩然之气之全功也。"[6]雷鋐把"诚"看成是"克平"心中的"寇虱之本"[7]。所谓诚，就是真心诚意地在任何情况下都要遵循着社会的道德准则。

---

① (清)雷鋐：《经笥堂文钞》卷上，《小学纂注序》。

② (清)雷鋐：《经笥堂文钞》卷下，《湖州试院与诸生论太极图说通书》。

③ (清)雷鋐：《经笥堂文钞》卷上，《知行存养论》。

④ (清)雷鋐：《经笥堂文钞》卷下，《湖州试院与诸生论太极图说通书》。

⑤ (清)雷鋐：《经笥堂文钞》卷上，《与蔡巨源书》。

⑥ (清)雷鋐：《经笥堂文钞》卷上，《竹山精舍记》。

⑦ (清)雷鋐：《经笥堂文钞》卷上，《陆宣公全集笺注序》。

对于格物致知，雷鋐特别强调“学者须知行并进”[①]，学用结合，学是为了用。雷鋐述说：

古之学者，未有不知行并进者也。不离乎日用饮食，纲常民物，则曰下学。不创为新奇诡异，幽深玄渺，则曰正学。自孔孟至程朱，逮明之薛(瑄)、胡(居仁)一脉相传，如世系之有大宗小宗，其他旁门异趋，分之为庶孽，假之为螟蛉而已矣。……学者辨阳儒阴释，必从贱乞墦羞龙(垄)断始(按：先要有羞耻之心)。[②]

学以躬行，蹈道为务，岂曰吾徒知之而已哉！世固有与之语先王之道，泛论人物之是非得失，井然不淆。其措之躬，遗且悖矣。此能知而不能行，究非真知也。语先王之道，泛论人物之是非得失，井然而不淆者，其知尚未昧也。措之躬则遗且悖焉，是其知已有物以蔽之也。使就其井然不淆者相而致之，不为外物之所蔽，其本体之明，自不得而昏。[③]

在雷鋐看来，学是为了用，知和行是紧密地联系在一起的。知而不行之所以非真知，就是因为还会被外物所蔽；真知之所以依赖于行，就是因为在行中才能真正排除物蔽，从而达到真知。雷鋐关于知行关系的见解，就其理论思维本身来讲，是有深度的，是有合理因素的。雷鋐又以服毒药事实为例，进一步说明行不能先于知，行先于知是不可能的。雷鋐述说：

行先于知者，非也。……非先问津而适途，则适越而北辕矣。……毒药之必不可食，穿窬之必不可为。必食毒药为穿窬而后知其不可，则晚矣。然则何为而有先行后知之说？盖有激于俗学，口耳占毕仁义道德，人人言之而无能真知而允蹈之故也。且知行亦非截然分先后。陈北溪谓如目视足履最切当，人岂有目不视而能履者哉，亦岂有坐视数千里外而后履者哉！……就一事而观之，则知之为先，行之为后无可疑者。而合夫知之浅深，行之大小而言，则必先成乎小而后驯致乎大。[④]

在这里，雷鋐主要讲了两点：第一，行不能先于知，“先行后知之说”是俗学，是未有很好地理论分析；知行不能截然分为先后，如陈淳以目视足履明之至为切当。第二，所谓知行不分先后，是从知行的过程(“浅深”)上讲的。

① (清)雷鋐：《经笥堂文钞》卷上，《陆平湖年谱序》。

② (清)雷鋐：《经笥堂文钞》卷上，《陆平湖年谱序》。

③ (清)雷鋐：《经笥堂文钞》卷上，《知行存养论》。

④ (清)雷鋐：《经笥堂文钞》卷下，《绍兴试院与诸生论知行先后说》。

就某一具体事物的知行来讲，“知之为先，行之为后无可疑者”。雷鋐的这种分析是深刻的。从知行的过程（“浅深”）讲，知行不分先后，它们是相互促进的。雷鋐提出“知之真，故行必果”①，“学其真知实践力严慎独之功”②相结合。

雷鋐还用敬、义来分析知行关系。雷鋐认为“唤起真心，敬以直内之要；截断思念，义以方外之本”③。所谓“截断思念”，就是完全排除物蔽，言行皆依理而行。雷鋐特别分析了敬，认为“敬”就是持重、专一、警惕，就是把身心都集中于封建伦理纲常上。雷鋐说：“一刻不持重，便害德性；一刻不专一，便荒本业；一刻不警惕，便坠晏安。”④雷鋐认为“敬则欲寡而理明，寡之又寡以至于无，则静虚动直而圣人可学”⑤。这就是说，敬而一以至于静虚，则内外不分，达到知行融合的最高境界。雷鋐述说：

> 惟循理，则无内外精粗之判，不必舍外而求内，亦不至遗内而逐外。……其要惟是敬以直内，义以方外。学者用力，惟是敬以胜怠，义以胜欲。……譬之用药，岂必和平，要在对症，积热之病，必须凉剂。要自各有得力处。⑥

雷鋐在这里所谓“循理”，就是上面讲到的在静坐中体认喜、怒、哀、乐未发时之气象。“敬以胜怠”，就是通过敬（专一），使身心永远不怠地集中于封建的伦理纲常上；“义以胜欲”，就是通过义（依理而行），使行为遵循封建的伦理纲常。雷鋐说：“人心无形，出入不定，须就规矩绳墨上守定，使自内外帖然按此。”⑦此即“敬以胜怠，义以胜欲”之意。

第二节　阴承方

一、阴承方的生平著述

阴承方，字静夫，号克斋，福建宁化人。生于清圣祖康熙五十四年

---

① （清）雷鋐：《经笥堂文钞》卷上，《林次崖先生文集序》。
② （清）雷鋐：《经笥堂文钞》卷上，《刘蕺山先生遗集序》。
③ （清）雷鋐：《经笥堂集》，《与李贯之》。
④ （清）雷鋐：《经笥堂集》，《与李贯之》。
⑤ （清）雷鋐：《经笥堂文钞》卷下，《湖州试院与诸生论太极图说通书》。
⑥ （清）雷鋐：《经笥堂文钞》卷上，《答蔡葛山》。
⑦ （清）雷鋐：《经笥堂集》，《与李贯之》。

(1715)，卒于高宗乾隆五十六年(1791)。阴承方是清代中期福建著名的朱子学家，一生"以传道为本"[①]，以朱子为宗，教人以实学(按：道德实践之学)，其要在慎独。[②] 阴承方曾简述自己的生平：

余生平为学兢兢，以狷介自守，落其千金之产，以至于窭；为制义，又不肯随时俯仰，以至于穷。世俗往往鄙夷而讪笑之。[③]

对于阴承方的人品学问，学者评价较高。清阴明松说："其(静夫)学纯粹，品行敦笃。雷翠庭、朱梅崖、伊云林诸贤皆折节友之。……其遗文四卷，皆阐明经义、培植人心之言。"[④]宁化伊秉绶述说：

阴静夫先生……少孤而慧，借祖教养，博极群书……有国士之目。弱冠究心性之学，刻苦励行，言动一于礼法……操心纯，践履笃。……有问学者，先教以《小学》《近思录》。士竞习举子业，不能从。精医术，求必往视。[⑤]

阴承方认为朱熹的学说是集孔孟周程道统之大成，是天下万世儒者之的鹄。他说："(孔)夫子以圣学承尧舜以来道统，得天理民彝之正也。孟子没而学不传，至周程乃复续，而朱子集其大成。""夫子之教，本末始终具于《论语》、'学庸'(按：指《大学》《中庸》)、'十翼'(按：指《易传》)而注释，折中实赖朱子。"[⑥]又述道：

朱子之学，远宗孔孟，近扩周程，而集儒者之大成。不独乡邦后学当奉为模范，实天下万世儒者之的鹄也。[⑦]

阴承方把朱熹概括的认识论和道德修养论的四句话看成是朱子学的核心，是朱熹和陆象山分歧之本质所在。阴承方述说：

朱子之教，居敬以立其本，穷理以致其知，反躬以践其实，克己以灭其私。则于理之当然所以然无不明，而于情之或过或不及无不克矣。陆氏之教，谓持敬为杜撰，存诚为有考，只存一字，自可使人明得此理。

---

① (清)阴承方：《阴静夫先生遗文》卷上，《续师说》。

② (清)阴承方：《阴静夫先生遗文》卷首，伊秉绶：《阴静夫先生遗文序》。

③ (清)阴承方：《阴静夫先生遗文》卷下，《谢节母家传赞》。

④ (清)阴承方：《阴静夫先生遗文》卷末，阴明松：《阴静夫遗文跋》。

⑤ (清)阴承方：《阴静夫先生遗文》卷首，伊秉绶：《阴静夫先生遗文序》。

⑥ (清)阴承方：《阴静夫先生遗文》卷下，《松溪县学记》。

⑦ (清)阴承方：《阴静夫先生遗文》卷上，《书李生传后》。

即是主宰，则随其心之所存，皆自以为明，而于过与不及不复审矣。[①]

阴承方比较正确地揭示了朱陆分歧本质之所在。阴承方认为朱熹的这四句话概括了圣贤之学，“千古圣贤之学不越此者”。[②] 在阴承方看来，“学所以为圣贤也”，如果不能叫人做圣贤，那就称不上一种学问。他说：“余之学，固世俗以为赘疣者也。世俗之学能为时文，以取科举，即莫不自以为至矣，安问其外复有所谓学哉？”[③]

在阴承方看来，专教以取科第的世俗之学不能算学问。就其看出当时科举考试的弊病来说，阴承方的这种说法是对的。福建朱子学者大多数是主张改革科举考试制度的。

阴承方的著述有《丧仪述》2 卷、《阴静夫先生遗文》2 卷等。

二、阴承方由立本到笃行的体认思想

阴承方基于上引他关于圣贤之学（朱子学）即居敬立本、穷理致知、反躬践实、克己灭私的思想，在其著作中较多地论述了道德践履问题。阴承方提出由“立本”到“笃行”的体认论。他说：“主敬存诚以立其本，读书穷理以致其知，集义扩充以笃其行，省察克治以防其失。”[④]这四句话充实和发展了上引朱熹的四句话，前后相继，紧密相联，可以说是阴承方思想体系的总概括。

（一）主敬存诚以立其本

阴承方和其他朱子学者一样，把性和理等同起来，即人所具有的仁、义、礼、智等本性是天理在人身上的体现，通过主敬存诚，使天理常存而不为私欲所蔽。阴承方述说：

朱子谓主一是专一。无事则湛然安静而不鹜于动，有事则随事应变而不及于他。其义灼然明矣。今《四书明辨录》乃云：一字是一个天理，凡事主于天理而无私欲之适，是之谓敬。事则设有数事于此，皆是天理。心方立于此事，亦无妨遽适于彼事乎？将意绪纷纭，主宰无定，何能照察事之条理曲折而合于理乎？其为害于敬事之实功者甚矣。盖

① （清）阴承方：《阴静夫先生遗文》卷上，《书李生传后》。
② （清）阴承方：《阴静夫先生遗文》卷下，《送吴子涵碧游浙序》。
③ （清）阴承方：《阴静夫先生遗文》卷下，《送伊子墨卿会试序》。
④ （清）阴承方：《阴静夫先生遗文》卷下，《松溪县学记》。

虽数事并至，亦必权其缓急轻重者，急者重者在所先，缓者轻者在所后。应毕一事又及一事，身在于此，心亦在此。时时照察，然后所应各中其节，可云此皆天理，而可杂然乱应哉。[1]

在这里，阴承方提出两个值得注意的思想：第一，所云“凡事主于天理而无私欲之适，是之谓敬”，“身在于此，心亦在此”，是对主敬、存诚的言简意赅的解释。第二，提出主敬存诚也要有重点，要有轻重缓急，逐步深入，应毕一事再及一事。这些说法都有一定的合理因素。

阴承方进一步指出人心具万理，“敬是此心”[2]，心为主宰者，因此主敬关键是治心。“治心”是多数福建朱子学的主张。前面讲到，明代前期著名福建朱子学家陈真晟曾把程朱理学概括为治心之学，并著《心学图说》。阴承方的心学是和陈真晟的“心学图”一脉相承的。阴承方述说：

人之所以主宰一身发挥万变者，心而已矣。盖自天降生民，莫不予之以仁、义、礼、智之性，即莫不有虚灵不昧之心以载之。方其静也，寂然不动，浑然其中，而万事万物之理莫不森然而毕具。及其感通，则平接构乎伦类，动金石，格鬼神，弥纶天地，贯彻古今，而罔有遗焉。此乃人人之所同，神圣无增，庸愚无减，而罕有能充其量者，则不明治心之功故耳。夫有心而不治，则驰骛飞扬，俄倾之间，且不觉其身之所在。视不见，听不闻，食不知味矣，况于万变之事乎？甚至不火而热，不寒而冰，动静云为俱成幻妄，所谓不诚无物也。是则虽具人形，究与禽兽何异哉！[3]

阴承方把人心叫作“虚灵不昧之心”。他认为人“莫不有虚灵不昧之心”，此心载以先天赋予的仁、义、礼、智之性。心性在静时，寂然毕具万事万物之理。而其感通时，则表现为人的各种伦理道德行为和“动金石，格鬼神，弥纶天地，贯彻古今”的认识行为。值得注意的是，阴承方把心性的这种特点看成是“人人之所同”，圣凡等一，否定了圣贤和庸愚的心性差别。在阴承方看来，因为心性具有无限威力，如果不治心，任其“驰骛飞扬”，虽具人形，究与禽兽无异。

阴承方写了一篇很有名的体认朱子学的文章（其文亦似朱子），对于如

---

① （清）阴承方：《阴静夫先生遗文》卷上，《主一无适论》。

② （清）阴承方：《阴静夫先生遗文》卷上，《读陆稼书先生读朱随笔》。

③ （清）阴承方：《阴静夫先生遗文》卷下，《重刻治心录序》。

何治心，他提出“收其放心，养其德性。……主一无适，使其心常存。事至物来提撕警觉，渐循其则”①。把主敬和收放心联系起来论证治心问题，阴承方有独到之处，值得注意。

在主敬和收放心的问题上，阴承方用敬与礼的关系来说明。他认为主敬就是使身心集中于礼上，“使人之言动视听一于礼”，就能“不汩其性，不放其心”，否则就会“汩其性而放其心”。由于人心所固有的先验道德范畴仁、义、礼、智被物欲所诱惑、放逸、散失，必须寻找回来。求其放心，就必须把敬与礼结合起来。阴承方述说：

> 夫礼者，其本在于养人之性，而其用在于言动视听之间，使人之言动视听一于礼，则安有汩其性而放其心哉！不汩其性，不放其心，则凡起居出入、吉凶哀乐以寄其言动视听者，益按节合度而无所背。此显微无间，体用一原，内外一致之理也。……因其已经之物而穷其理。……张子以礼，程子主敬……互相备而交相发也。所谓敬者，主一而已。程子谓外整齐严肃则心自一，今使其外自不睹不闻之时，以及言动视听之见于出入起居，吉凶哀乐之际者，不敢参差废弛。则其心必不至憧憧往来，朋从尔思，而常惺惺矣，即所谓知礼成性者也。张子之教固不外于程子，而程子之旨亦可以赅乎张子矣。天下未有心不主敬，驰骛飞扬，不觉躯壳所在，而其事犹能合礼者。亦未有外不合礼，跛倚睇视，莫定虚灵所乡(向)，而其内犹能主敬者。未有心能主敬，而犹听其事之舛错者。亦未有外能合礼，而不本于内之收敛者。二夫子之言，又安得歧而二之乎?②

“知礼成性”应该是阴承方对理学心性论的高度概括。阴承方把“知礼成性”看成是显微无间、体用一原、内外一致之理，是符合理学的世界观和道德修养论，知和行相统一的思想的。阴承方还说，“以学者之用力言之，则礼者由用以溯体，即显以通微，制外以养中，其事明而切；敬者举体以该用，由微以达显，主内以摄外，其事简而精”③。在阴承方看来，达到体用一原、显微无间、内外一致的境界，是以礼为基础的。

---

① (清)阴承方:《阴静夫先生遗文》卷上,《礼敬策》。

② (清)阴承方:《阴静夫先生遗文》卷上,《礼敬策》。

③ (清)阴承方:《阴静夫先生遗文》卷上,《礼敬策》。

(二)读书穷理以致其知

福建理学家一般都把读书看作是格物穷理的第一要义。阴承方认为“主敬存诚以立其本”,要通过“读书穷理以致其知”。主敬存诚如果不读书穷理,只能流为禅家的静坐暗修,达不到治心立本之目的。阴承方批评陆象山忽视读书穷理。他述说:

> 详于涵养践履而略于穷理读书,其宗旨盖于陆象山。……穷理是细碎积累工夫,涵养是主宰本原工夫。……不穷理不可涵养。……明心体,默识本体,亦必穷理而后至。不然,将理欲何以判哉!……程朱为吾儒正宗,不敢有他途之归……尊信程朱也。①

阴承方认为读书如果没有明确的目的,也达不到读书穷理以至治心立本,因为治心立本并不容易。阴承方述说:

> 自古以来,能治其心者仍寡。读书者但取辞华以供时文之用,故于义理之实漠然,若与其心无相关也。且“五经”“四书”旨意散见各出,互有详略,初学骤难画一,虽《大学》《中庸》首尾完具而义理精深,文辞简奥,非杰出之姿莫能探讨。②

在阴承方看来,读书学习的目的就是在于做圣贤,从而达到治心立本。他说:“读书穷理以致其知。……凡平日属文与乎应试,皆发其身心所自得而不为空言。处则以此修己而教家,出则以此泽民而报国,庶几克全天理民彝(按:指人伦道德)。”③

阴承方这里所谓“凡平日属文与乎应试,皆发其身心所自得而不为空言”,是较为深刻的。“不为空言”,就是读书要做到真正理解,学以致用,要表现在自己的道德践履和从政行为上。阴承方还述说:

> 圣贤之学一而已,若大路然,不难知也,不难行也。……世俗读圣贤之言,往往盈耳充腹,而求其见之于行,则如捕风系影然。夫何故乎?良由志不立耳!夫志不立,则虽知理之当循,又以为不循亦无害也;虽知私之当去,又以为不去亦无妨也。……子朱子有言……志不立无着力处,诚哉!笃切之至训也。④

---

① (清)阴承方:《阴静夫先生遗文》卷上,《读汤潜庵先生集》。

② (清)阴承方:《阴静夫先生遗文》卷下,《重刻治心录序》。

③ (清)阴承方:《阴静夫先生遗文》卷下,《松溪县学记》。

④ (清)阴承方:《阴静夫先生遗文》卷下,《送吴子涵碧游浙序》。

这就是说，所谓立志，就是知理循理，落实到行为上。阴承方这种通过读圣贤之书而达到立志的说法是新颖的，有合理因素。阴承方和其他朱子学者一样，非常强调立志，认为立志是读书求学的关键。此外，阴承方还用为文要有正确的指导思想和材料来说明读书穷理、读书致知立志的问题。阴承方述说：

为文当立本储材，本不立则义蕴不纯，无以蓄理之原；材不储则波澜不广，无以尽事之变。立本必以五经、四书与宋五子(书)为主，储材则诸史百子及诸家之集皆是也。故储材当优游渐渍，随其日力之所至，不能急迫，惟立本不可不急耳。先将经书、五子潜心精究，身体力行，无稍间断，则本立矣。于是而发之于文，论言则是非取舍之咸宜，叙事则详略轻重之悉当。……虽波澜未广，无害其为载道之文。及其积而至于广焉，则所谓既有寒木又发春花，即为天地间至文矣。①

在这段中，阴承方讲了一个重要思想，即为文的党性(阶级性)原则。“文以载道”是朱子学家非常强调的命题，他们反对那些不反映地主阶级利益、不为地主阶级服务的种种议论和著述。

(三)集义扩充以笃其行

阴承方是主张知行一致的，反对行与言相违背。读圣贤书就要行圣贤事，按照圣贤书上所讲的严格要求自己，表现在自己的言论和行动之中。阴承方述说：

若夫小人儒，貌圣贤之貌，言圣贤之言，而制行则相反焉。依托朱子则诋陆王，依托陆王则诋朱子。及声闻既驰，富贵已得，弃其所依托如土龙刍狗焉。呜呼！此无忌惮之尤者也。②

我们撇开阴承方所讲的“圣贤之言”的具体内容不讲，其对那些学不致用、言行不一、理论上不坚定的人的描绘应该说是深刻的。阴承方的这种思想，是历代福建朱子学家的一贯主张。在日常生活中，像阴承方描绘的那样的政治理论上的“风派”是不乏其人的，应以这里阴承方所讲的作为借鉴。

阴承方所谓“笃其行”，并不都是指伦理道德践履，也包括治兵、治民、天文、地理、卜医、农圃、水利、算术等“当时之重务”。福建朱子学家大都关心

① (清)阴承方：《阴静夫先生遗文》卷下，《答王廷有书》。

② (清)阴承方：《阴静夫先生遗文》卷上，《学颜子之所学论》。

教化，也关心世务。阴承方述说：

> 凡事之关于民生日用者，虽纤琐赜繁，要皆道之所寓，而世务所不能缺，初非无用空言可比也。……圣人之经，原以载先王之道，自天地、鬼神之大以至卜医、农圃之微，靡有遗缺。学者果能心通其义，则于世务直举而措之耳。……治兵、治民之类固皆当世之重，而水利、算数之纤琐赜繁，又民生日用所难缺者。诚有以自擅于其间，何尝无补于斯世。①

这就是说，凡关民生日用者，从大到小，都是学者所践履笃行的内容。阴承方这里所说的"能心通其义，则于世务直举而措之"，就是所谓"集义扩充"，即学习圣贤之道要积累和全面理解，并在言论和行动中有所发挥。

（四）省察克治以防其失

在阴承方看来，"省察"即儒家讲的致察或察识，就是人应该在自己的思想中找寻善的苗头；"克治以防其失"，就是约束自己在任何情况下都要遵循圣贤所制定的伦理道德，以防其万一疏忽。这也就是阴承方所讲的"圣贤之学在于主敬穷理以致其中和"。阴承方述说：

> 学所以学为圣贤也，圣贤之学在于主敬穷理以致其中和焉。方其静也，事物未接，寂然不动，无偏无倚而知觉不昧。五性浑然，三才（按：指天、地、人）万物之理莫不毕备，则为有以致其中矣。及其动也，思虑始萌，七情乍发，应夫君臣、父子、夫妇、昆弟、朋友之伦，见乎视听、言貌、衣食、居游之际，临乎富贵贫贱、造次颠沛之间，莫不一一中其节而无稍紊焉，则为有以致其和矣。然而此非因循荏苒所可几也，常戒惧慎独，无事则心存于中，有事则心存于事，暇则精研乎经史子集，疑则质问于师友仁贤。其切于身心家国者，慎思明辨而无纤芥之淆，克己力行而无毫毛之伪，然后中和可致也。其用力之方，则子朱子答林伯和陈师德书揭其枢要（按：指枢要在于慎独）矣。②

阴承方这里所谓"致中和"，就是指人性本于天，当其没有表现出喜、怒、哀、乐时叫作"中"，表现出来而恰如其分叫作"和"。对伦理道德"克己力行而无毫毛之伪，然后中和可致"。达到致中和，即言行适理，静时万理具备，

① （清）阴承方：《阴静夫先生遗文》卷上，《经义治事策》。

② （清）阴承方：《阴静夫先生遗文》卷下，《送伊子墨卿会试序》。

动时凡事合理，也就是一切符合于伦理道德。阴承方认为其用力之方和枢要是慎独，即使在闲居独处的时候，也要能谨慎遵守伦理道德原则。阴承方在这段中对“戒惧慎独”和“致中和”的解释是通俗和全面的，值得注意。阴承方进一步述说：

尝窃论之，浑举中庸则包中和之义，自当兼言（按：指兼无过不及，不偏不倚二义解），若未发之中状性之德，亦但无偏无倚耳。一有偏倚，即为已发，尚何待过不及之可指乎！中之道既为即事即物至当之理，即已倚于事物，不得复为无偏无倚矣。[①]

在这里，阴承方用中庸解释“中和”。他认为“中和”之义包括在中庸之中，“中和”境界就是无过不及、不偏不倚，一有偏倚，即有过或不及。中庸就是指行事完全符合伦理道德而不偏离正轨。阴承方特别强调理本身是无偏倚的，实际事物则多少有偏倚而不纯粹。阴承方还曾谓“中字一般道理，以此状性之体段则为未发之中，以此形道则为无过不及之中耳”。这就是说，事物的本性（理）是适中的，而表现出来的则有不中。因此平时做到中庸并不容易。阴承方又述道：

解执中，专言无过不及。……反之于身，不睹不闻之前戒惧愈严，隐微幽独之际省察愈密，思虑未萌而知觉不昧，事物既接而品节不差。……此而为朱门授受之旨，此乃学问之枢要。[②]

这里是讲在思想方法上如何做到中庸。阴承方认为做到中庸的枢要是“慎独”，即“隐微幽独之际省察愈密”。

阴承方认为戒惧慎独的思想修养以认识论为基础，先认识理才谈得上思想修养，即穷理才能修身。阴承方说：“不从天理自然出发便是私欲。……自然从容中道方纯是道心也。……见得此理而存养下功处，与所谓纯是道心者，盖有间矣。然既察本原，则自此可加精一之功而进夫纯耳。……先识义理蹊径……非象山悟得本体之谓也。”[③]

阴承方这里所谓“象山悟得本体”，是指陆王心学把知当作行的知行合一论。把知当作行，就是把主一无适、戒惧慎独的行事方法和存理去欲的思想混为一谈。阴承方述说：

① （清）阴承方：《阴静夫先生遗文》卷上，《读陆稼书先生读朱随笔》。

② （清）阴承方：《阴静夫先生遗文》卷上，《读陆稼书先生读朱随笔》。

③ （清）阴承方：《阴静夫先生遗文》卷上，《读陆稼书先生读朱随笔》。

谋时心一于谋，战时心一于战，无非主一也。若夫存理遏欲，乃平时分别确守，何待至临事始云尔也。……阳明《传习录》云：好色则心在好色上，好货则心在好货上，可以为主一乎？此说盖承袭其意，是即阳明之徒也。[①]

阴承方认为主一无适、戒惧慎独是为树立存理去欲思想境界的一种手段。

第三节　孟超然

一、孟超然的生平著述

孟超然，字朝举，号瓶庵，福建闽县（今福州闽侯）人。生于清世宗雍正九年(1731)，卒于仁宗嘉庆二年(1797)。高宗乾隆二十四年(1759)乡试第一，次年登进士第，历官翰林院庶吉士、吏部郎中、广西典试、顺天乡试同考官、四川督学等。

孟超然从政廉正不阿，遇士有礼。他督学四川时，以蜀民父子兄弟异居者众，曾作《厚俗论》以箴其失。后来蜀民为之立“去思碑”。其他任职，亦政绩显著。[②]

在从政过程中，孟超然的主导思想比较守旧。在孟超然的时代，摆脱程朱理学传统思想束缚的变法要求已很强烈，孟超然从维护朱子学出发，强烈攻击历史上的王安石变法。孟超然述说：

王介甫祸宋当时及后世……王安石轻用己私，纷更法令，弃诚而怀诈，兴利而忘义，尚功而悖道。人但知安石废祖宗法令，不知其并与祖宗之道废之也。……安石学术之不善，尤甚于政事。政事害人才，学术害人心。三经、《学说》诬诋圣人，破碎大道，非一端也。……奸回（邪）误国者……安石、吕惠卿、蔡京、秦桧也。[③]

说王安石变法弃诚而怀诈，兴利而忘义，尚功而悖道，是朱熹以来的守旧派理学家一致的观点。孟超然特别指出，王安石不只是变祖宗之法，更严

---

① (清)阴承方：《阴静夫先生遗文》卷上，《主一无适论》。

② 赵尔巽等：《清史稿》卷四七九，《孟超然传》，北京：中华书局，1977年。

③ (清)孟超然：《孟氏八录·瓜棚避暑录》。

重的是废祖宗之道。并对王安石进行人身攻击，把王安石视同蔡京、秦桧等。这些都是无稽之谈。

孟超然自幼笃信程朱理学。他在42岁时以亲老辞官归隐，杜门不出，不与人事，潜心读书。后来巡抚徐嗣曾延请他主讲于福州鳌峰书院。孟超然在书院终日与门人谈经论艺。他立教以诚，鼓励自奋，从学者众，以至舍几不能容，一时称盛，培养了不少知识分子。清代著名的经学家陈寿祺就是其门人。陈寿祺述说：

> 蔡文勤（按：指蔡世远）倡正学于鳌峰，学士靡然向风，高足宁化雷翠庭先生得其传。……先生（按：指孟超然）乃诚比肩文勤诸贤无愧色也。[①]

孟超然卒后入祀鳌峰书院名师祠，长期为学徒所纪念。

孟超然博览群书，对书中所述之事都做细致考察。他曾谓："志书之谬不可胜举。……例如《福建通志》：卢一诚，字诚之，万历八年（1580）进士。历南京户部郎中，出知湖州。新建王守仁招入社讲学，谢不往，曰吾不能口诵程朱而心叛之也。岂有万历八年进士而王阳明招入社讲学之理？"[②]孟超然读书极为认真，每读一书，必有极精辟的批语。时人陈庚焕述说：

> 先生家藏书，丹铅殆遍。笔其所见所疑，纸尾眉间蝇头间错，多发同人所未发，有补于世教。所批《明儒学案》，识者谓其于正学、杂学之辨，剖析秋毫，尤有功于斯道。盖先生所可传者尚不独遗书八录已也。[③]

陈庚焕还说："先生家居，手不释卷，著述不轻示人，一介不苟，而好行其德，绝口不自言。……其所著多发前人所未发。"[④]

孟超然虽"于学无所不窥，而以朱子为归宿"[⑤]。孟超然的著述极力推崇朱熹的思想。其谓"《朱子全集》其精深博大，不可以涉猎竟也"[⑥]。孟超然述说：

> 近日与里中诸君往来，谈宴颇欢。然议论之次，与仆异者有二端。

---

① （清）陈寿祺：《左海文集》卷八，《孟氏八录跋》。

② （清）孟超然：《孟氏八录·瓜棚避暑录》。

③ （清）陈庚焕：《惕园全集·日记》。

④ （清）陈庚焕：《惕园初稿·孟瓶庵先生遗事》。

⑤ （清）孟超然：《瓶庵先生遗书》卷首，陈若霖：《瓶庵先生遗书序》。

⑥ （清）孟超然：《孟氏八录·晚闻录序》。

其一多不喜宋儒，其一多鄙薄八股也。……八股取士，士童而习之，以取科名，登仕籍。乃既得之后，辄自为敲门砖，毋乃不可。至于宋儒，又何可轻议！……宋儒之训诂，岂必千虑无一失？然而王制也。即今之为新说者，岂必千虑无一得？然而非王制也。先生所是著为令，士安得倡异说于王制之外乎？[①]

李于鳞云："视古修词，宁失诸理。"夫理失则词何用修，以此提倡天下士可乎？当时尚摹拟秦汉，故菲薄宋人。近之学者又不知秦汉唐宋之文为何物，而随声附和者，亦以宋学为不足为。呜乎！其益可叹也已。[②]

孟超然视八股取士为登仕籍的"敲门砖"，是很正确的。孟超然面对当时汉学盛行的情况，极力维护宋学的学术地位。他认为宋学在某些枝节上可能有所失，但是它是"王制"，是先王之道，是正统的孔孟之道，而汉学("新学")非王制。这是宋学和汉学根本区别之所在。其实，汉学也是宣扬王制，它注释的经书都是儒家经典。宋学和汉学的区别不在王制，而在治学方法之不同。十分显然，在这里孟超然是从门户之见出发的。

孟超然的著述有《孟氏八录》14 卷、《瓶庵居士诗文钞》8 卷、《使粤日记》2 卷、《使蜀日记》5 卷、《亦园亭全集》29 卷、《瓶庵先生遗书》15 卷等。

二、孟超然不信星命堪舆之说的世界观

孟超然基于其"阴阳自然之理也"，"天地一元之气只有水、火、木、金、土"[③]的世界观，提出"人之贵贱寿夭系于天(按：指自然之理)，贤愚系于人(按：指事在人为)，固无关预于葬"，不是天命决定的。孟超然认为星命堪舆之说的要害在于不相信人的作为。孟超然说："不求之心而求之相，不卜之行而卜之命，不要之德而要之葬，则惑矣。"[④]

孟超然这种事在人为的思想是可贵的。其实，那些迷信邪说是经不住实践检验的，一经实践，其原形即毕露。孟超然所撰述的《诚是录》《丧礼辑录》等数篇，就是为破除星命堪舆家的风水迷信思想的，是孟超然思想中有价值的部分，值得重视。

---

① (清)孟超然：《孟氏八录·瓜棚避暑录》。

② (清)孟超然：《孟氏八录·瓜棚避暑录》。

③ (清)孟超然：《孟氏八录·瓜棚避暑录》。

④ (清)孟超然：《孟氏八录·诚是录》。

孟超然对人的命运进行了新的解释。他反对星命学家的宿命论，提出“不伐其天机”的“安命之说”，认为顺其天理自然即是命。孟超然述说：

其由于定命者不可强，而世之所谓可强而致者，余又有所不能。此则余之所谓命也。熊公子善星命之学……余未尝以星命请公子为推。……余固不必推也。不见市者乎？日中以后，其赢缩大略可睹矣。淡然泊然于世无营，饥则食，饱则嬉，不伐其天机，此亦安命之说也。[①]

在孟超然看来，客观事物有一定的发展规律，如做生意者每日“赢缩大略可睹”。所谓“不伐其天机”，就是不要违反天时地利，遵循其发展规律。

孟超然认为“阴阳家立邪说以惑众为世患”，“举世惑而信之”。孟超然说：“今人葬不厚于古，而拘于阴阳禁忌则甚焉。……今之葬书，乃相山川冈亩之形势，考岁月日时之支干，以为子孙贵贱贫富寿夭贤愚皆系焉，非此地、非此时不可葬也。举世惑而信之。”他还强调，“不葬其亲者惑于堪舆家言，然未知其祸之烈”，其危害就在于把子孙贵贱、贫富、寿夭、贤愚皆系于葬地上，因而使之失其主观努力。孟超然因为堪舆阴阳家惑世太深，曾“奏乞焚天下葬书”。孟超然述说：

丧家尤甚。顷为谏官，尝奏乞焚下葬书。当时执政莫以为意。今兹著论（按：指其著《诚是录》诸篇，庶俾后之子孙葬必以时。[②]

在以神权为统治支柱的封建专制时代，叫朝廷焚葬书是根本不可能的。这也在一定程度上反映出孟超然为学献身的思想。

孟超然认为朱熹是反对风水迷信的。孟超然述说：

福建、江西之明地理者以为朱子笃信堪舆，不知韦斋公之葬，始或未善，则不得不迁（按：指朱熹改葬父墓）。而孝宗山陵用台史言，则明置之迫狭之所，水、石、沙砾之中，为人臣子于此诚有所不安者，岂笃信葬师之谓乎（按：指朱熹上疏极言不宜专用台史之说）？《尧山堂外纪》载：朱子为同安主簿日，民以有力得人善地者，索笔题云：“此地不灵是无地理，此地若灵是无天理。”[③]

对于朱熹两次迁韦斋墓、上书言孝宗山陵问题以及《尧山堂外纪》记载等是否因朱熹笃信堪舆，可以具体分析。但是朱熹思想中还是有相信堪舆

① （清）孟超然：《瓶庵居士诗文钞·书熊公子星命册后》。

② （清）孟超然：《孟氏八录·诚是录》。

③ （清）孟超然：《孟氏八录·诚是录》。

星命之处的，如为其妻刘氏和自己选择墓地等。这里，孟超然是从门户之见出发的。

孟超然还用实际例子来说明风水迷信之说是无稽之谈。特别是他举出晋代大堪舆卜筮家郭璞为王敦占卜不吉被杀，更是有力的证据。孟超然述说：

> 天下之言葬者皆宗郭璞，郭璞择地葬母而为王敦斩之。……吴雄不问葬地而三世廷尉，赵兴不恤忌讳而三叶司隶，陈伯敬动则忌禁而终于被杀。此说亦足以破流俗之拘挛矣。[①]

孟超然用正反两个方面的事实来说风水迷信不可信，还是比较有力的。

孟超然带头破除迷信，破陋俗。他曾谓，“我家葬未尝以一言询阴阳家，迄无他故。吾尝疾阴阳家立邪说以惑众为世患，于丧家尤甚”[②]。孟超然又述道：

> （其父死）去俗惑，初终不设乐师醮，不延僧道哭灵舆，饭舍时不易吉服。死之者不以僧道报亡，七七不作佛事，不祭冥王。朔奠不改，晦日不设酒。三年内不赴酒食之会，不贺人喜庆事。凡此者，皆反俗所为。[③]

孟超然以父丧破时俗，其目的是使人们“欲知葬具之不必厚，视吾祖；欲知葬书之不足信，视吾家”[④]。孟超然这种做法和思想是值得肯定的。

孟超然指出，破除风水迷信是为了加强伦理道德修养。像“濂浦林氏三世五尚书……子孙数传俱谨守名节，不附权贵，簪缨累代。谁曰不宜？若使如严分宜（嵩）父子揽权纳贿，江西杨廖蔡师如林，能使之不倾覆乎？呜呼！观此亦可以悟矣”[⑤]。因此，孟超然提出只要一切举动“合乎理”就可以了。孟超然对“早晚于祖宗神明前再拜焚香”也做了说明，认为是“收摄心之法”，“心境一收摄，觉吾身无不当敬之事”[⑥]。

---

① （清）孟超然：《孟氏八录·诫是录》。
② （清）孟超然：《孟氏八录·诫是录》。
③ （清）孟超然：《孟氏八录·丧礼辑录序》。
④ （清）孟超然：《孟氏八录·诫是录》。
⑤ （清）孟超然：《孟氏八录·诫是录》。
⑥ （清）孟超然：《孟氏八录·瓜棚避暑录》。

三、孟超然存心收放的修养认识论

孟超然的认识论和其他朱子学者的认识论一样，是内省体验论。他认为众理先天地具于人的心中，“人具七尺之躯，除了此心之理，便无可贵”[①]。心中所具之理，即恻隐、羞恶、辞让、是非四端本性。孟超然说：“是非之心人皆有之，反是者为失其本心。庄周之非尧舜犹为寓言，嵇康之薄汤武亦有微指。……李贽之讥濂洛、毛奇龄之薄程朱，皆可谓之失其本心者也。”[②]因此，在孟超然看来，所谓认识，包括两个方面的内容。

一是存心，就是使心不要失散。孟超然述说：

> 圣贤之学，惟以存心为本。心存故一，一故能通。通者澄然莹澈，广大光明，而群妄自然退。视听言动一循乎理，好恶用舍各中乎节。[③]

在孟超然看来，“暇时速须敛身心，或正容端坐，或思泳义理。事物之来，随事省察，务令动静有节；作止有常，毋使放逸。则内外本末交相浸灌，而大本可立，众理易明矣。此外别无着处”[④]。这就是说，人之先天固有的仁、义、礼、智道德本性，因有外界“物欲”诱惑，有放逸、散失的可能，必须存心、守心。

二是收放心。孟超然用《周易》复卦解释“收放心”，提出“思复知其在《易》损、益二卦之象”[⑤]，就是把散失的道德之心收复回来，使之符合天理。孟超然还提出“乾（卦）以畅，无咎；震（卦）以恐，致福”[⑥]，“爱道者以虚心为本”[⑦]等，以说明把散失、放逸的仁、义、礼、智道德之心寻找回来。

对于如何达到存心和收放心的目的，孟超然提出主敬致知穷理。他认为主敬致知穷理的过程就是存心和收放的过程。孟超然述说：

> 主敬者存心之要，而致知者进学之功。二者交相发焉，则知日益明，守日益固，而旧习之非，将日改月化于冥冥之中矣。[⑧]

---

① （清）孟超然：《孟氏八录·求复录》。

② （清）孟超然：《孟氏八录·瓜棚避暑录》。

③ （清）孟超然：《孟氏八录·求复录》。

④ （清）孟超然：《孟氏八录·晚闻录》。

⑤ （清）孟超然：《瓶庵居士诗文钞·克省录序》。

⑥ （清）孟超然：《孟氏八录·瓜棚避暑录》。

⑦ （清）孟超然：《孟氏八录·求复录》。

⑧ （清）孟超然：《孟氏八录·晚闻录》。

他又说道：

主敬致知，谨之于细微杂乱之域，而养之于虚间静说之中。[①]

他还说道：

日用之间以庄敬为主……由此益加穷理之功，以圣贤之言为必可信，以古人之事为必可行。[②]

孟超然认为，主敬为存心之要，致知为收放心(进学)之功，二者交发使用，则天理于心益固。在孟超然看来，这种主敬致知穷理的过程，是细微虚静、潜移默化的过程。孟超然的认识论提出不少合理的有价值的思想。

第一，孟超然认为认识要接触实际。他提出"体贴人情即是体认天理"，"境遇中千头万绪，皆是磨炼德性之资"等。

第二，孟超然认为要学习和思考。他提出为学四戒，主张"学须博乃可精"。其曰：

专守一家言者，隘也；泛涉而无归宿者，滥也；出言不知拣择者，秽也；务为夸大者，妄也。去此四病，乃可以言诗言文。[③]

孟超然所概括的隘、滥、秽、妄四字学戒，确为至言，值得借鉴。孟超然还提出静思的认识论。他说："学须静也，才须学也。非学无以广才，非静无以成学。"又述道：

读书寻思推究者为可畏。……读书只怕不寻思。盖义理精深，惟寻思用意为可以得之。[④]

孟超然把寻思、推究看作是读书学习的关键，认为"义理精深，惟寻思用意为可以得之"，是有合理因素的。

第三，孟超然认为认识要无偏见。他说："学者正欲胸中廓然大公，明白四达，方于致知穷理有得力处。"[⑤]"胸中廓然大公，明白四达"，就是思想上没有偏见，在认识事物时没有成见，不带旧框架。

第四，孟超然认为认识要持之以恒。他认为认识有个逐步深入和深化的过程，因此要持之以恒。他说："《易》曰积善，《孟子》曰集义。集也，积也，

---

① (清)孟超然：《孟氏八录・求复录》。

② (清)孟超然：《孟氏八录・晚闻录》。

③ (清)孟超然：《孟氏八录・瓜棚避暑录》。

④ (清)孟超然：《孟氏八录・求是录》。

⑤ (清)孟超然：《孟氏八录・晚闻录》。

从分寸而至于寻丈，从铢两而至于钧石也。”[①]他述说：

今日记一事，明日记一事，久则自然贯穿；今日辨一理，明日辨一理，久则自然浃洽；今日行一难事，明日行一难事，久则自然坚固。涣然冰释，怡然顺理，久自得之，非偶然也。[②]

在这里，孟超然讲了认识和修养要积累，要有量变和质变的过程。

第五，孟超然认为要躬行于应事接物之际。孟超然述说：

须以圣贤之言默证此心，而时时省察于应事接物之际。[③]

孟超然强调，“学者当有躬行之实，不当有讲学之名”[④]。在躬行中，孟超然特别强调要“慎独”。他认为“慎独，除邪之根也”[⑤]。

四、孟超然惩忿窒欲、迁善改过的道德修养论

孟超然基于其世界观和认识论，提出通过惩忿窒欲、迁善改过而变化气质的道德修养论。对于孟超然的这种道德修养论，清人唐鉴有所叙述。他述说：

嘉庆年间修《儒林传》，其门人上史馆书曰：“先生之学以惩忿窒欲、迁善改过为修身立命之本，异于章句小师。尝曰：变化气质，当学吕成公（按：指吕泾野）；刻意自责，当学吴聘公（按：指吴与弼）。又曰：谈性命，则前儒之书已详，不如归诸践履；博见闻，则将衰之年无及，不如返诸身心。”[⑥]

孟超然论述并践履了他提出的这种道德修养论。

孟超然和其他福建朱子学家一样，认为道德修养的根本问题是治心，治心之要是“惩忿窒欲，迁善改过”八个字。他述说：

“惩忿窒欲，迁善改过”八个字，是为学之要。所以修身立命者全在此。近分为四门，备载先儒之语，时时观览，可以治心。[⑦]

---

① （清）孟超然：《孟氏八录·瓜棚避暑录》。

② （清）孟超然：《孟氏八录·求是录》。

③ （清）孟超然：《孟氏八录·焚香录》。

④ （清）孟超然：《孟氏八录·瓜棚避暑录》。

⑤ （清）孟超然：《孟氏八录·求复录》。

⑥ （清）唐鉴：《清学案小识》卷九，《守道学案·闽县孟先生》。

⑦ （清）孟超然：《孟氏八录·焚香录》。

孟超然认为:“学治心之法,以惩忿窒欲为事。或冀持之,久久可以究养。”①

孟超然认为“治心”“究养”就是治本,“从事于惩忿窒欲、迁善改过之事……以培壅本根,澄清正本,为异时发挥事业之地,益光大而光明矣”。在孟超然看来,治本就是变化气质。对照圣贤教导,有过必改,就是变化气质。孟超然述说:

吕成公(按:指吕泾野)少卞急,一日诵《论语》“躬自厚而薄责于人”,平时忿懥,涣然冰释。朱子尝曰:学如伯恭(按:指吕祖谦),方是能变化气质。②

孟超然这里所讲的转变卞急(躁急)性格,就是变化气质。虽然人的本性(仁、义、礼、智)都是天理的体现,但天理要和人的气质相结合,必须使气禀由浑浊变成清明,愚不肖即为智贤。“躬自厚而薄责于人”,就是对己严,待人宽。自己严格履行伦理道德,以身作则,有利于影响别人。这就是道德修养的提高,气质的变化。

孟超然这种通过“惩忿窒欲,迁善改过”而变化气质的道德修养论,是与其世界观和认识论联系在一起的。孟超然以《周易》剥、复两卦和损、益两卦所包含的“阴阳消长之机”加以论证,他述说:

《易》言阴阳消长之机,莫著于剥、复(两卦)。《系辞》曰复以自知而不远之复,惟颜子能之。其次则困心衡虑为频复之厉,最下迷复凶矣。……吾不有自知者存耶?其往者或以为缘尘变灭然,吾不得而忘也;其来者或以为委心任运然,吾不得而听也。吾自知之思复,知其在《易》损、益二卦之象。《象》曰山泽之象深下、增高有损道焉,君子则以惩忿窒欲矣;风雷之象奋发、疾速有益道焉,君子则以迁善改过矣。惩窒、迁改惟日不足,其于复也,或庶几乎!③

孟超然把这种“阴阳自然之理”④用于道德修养上,就得出“惩忿窒欲,迁善改过”的命题。“惩窒、迁改惟日不足”,反复下去,就可达到变化气质的目的。

---

① (清)孟超然:《瓶庵居士诗文钞·答郑云门书》。
② (清)孟超然:《孟氏八录·求复录》。
③ (清)孟超然:《瓶庵居士诗文钞·克省录序》。
④ (清)孟超然:《孟氏八录·瓜棚避暑录》。

孟超然认为变化气质就是以天理战胜人欲，提倡思想斗争（“心境不宁”），即天理、人欲在思想上交战。孟超然述说：

朱梅崖先生说得极好，心境不宁正是理欲交战。纯乎天理者最乐，纯乎人欲者亦最乐。欲循理而未能去欲，是以不宁也。[①]

孟超然是要求达到“纯乎天理之乐”的。在孟超然看来，理欲不能同时存在，“欲循理而未能去欲”，是以“心境不宁”。孟超然又述道：

人之率然而动皆欲也，惕然而虑皆理也。欲动而虑止，则得失之分而安危存亡治乱之机也。[②]

在这里，孟超然用动、虑来区分欲、理，并提出“欲动而虑止”，“安危存亡治乱之机”，把所谓人欲看作如洪水猛兽。孟超然所谓“人之率然而动”，实际上是指人民起来造反，因而对统治者来说是“存亡治乱之机”。

至于“纯乎天理”的道德境界，孟超然提出“仁体事而无不在，故道德统贯以仁”[③]的命题。这就是说，“纯乎天理”的境界在道德行为上主要表现为仁。孟超然还提出仁和孝的关系，认为仁中有孝，只是未发露出来。他述说：

天下无性外之物，岂性外别有一物名孝弟乎？但方在性中，即但见仁义礼智四者而已。仁便包摄孝弟在其中，但未发出来，未有孝弟之名耳，非孝弟与仁各是一物。性中只有仁而无孝弟也，犹天地一元之气只有水火木金土。言水而不曰江河淮济，言木而不曰梧檟樲棘，非有彼而无此也。[④]

在这里，孟超然论证性与仁、孝的关系中，包含了一般和个别的辩证法思想。孟超然认为性是从仁（包括孝悌）、义、礼、智中概括出来的一般（共性），犹如气是从水、火、木、金、土和木是从梧、檟、樲、棘中概括出来的（共性）一样。但是孟超然所讲的仁、义、礼、智是天理在人身上的体现（人性），因而他所讲的性和仁、义、礼、智的一般和个别的关系，是无稽之谈。

孟超然由仁、孝推及爱，提出“正宜养其慈祥之心”的广爱论。孟超然说：“宋仁宗宫中便溺必避虫蚁，曹武惠王彬冬月不许修垣，恐发蛰以伤生命也。故一君一臣享禄位最久。……有位者犹戒（杀生），则无位而恣贪饕戕

① （清）孟超然：《孟氏八录・瓜棚避暑录》。
② （清）孟超然：《孟氏八录・求复录》。
③ （清）孟超然：《孟氏八录・焚香录》。
④ （清）孟超然：《孟氏八录・瓜棚避暑录》。

物命者，其罪过可知也。”他述说：

> 飞禽走兽之与人，形性虽殊而喜聚恶散，贪生畏死。其情则与人同，故离群则向人悲鸣，临庖则向人哀号。为人者既忍而不之顾，反怒其鸣号者有矣，胡不返己以思之！物之有望于人，犹人之有望于天地。物之鸣号有诉于人，而人不之恤。人之处患难、死亡、困苦之际，乃欲仰首叫号求天之恤，可乎？[①]

福建理学学者大都没有将爱作为道德修养的一个重要内容。孟超然受到传入中国的西方资产阶级“博爱”论和佛教思想的影响，提出广爱论。他认为要爱人和一切有生命的东西。他讲的宋仁宗、曹彬不杀生“享禄位最久”，是因果报应论。应该指出，孟超然所谓广爱是根本不可能的。在封建王朝统治下，只有阶级的爱，根本没有广爱。

孟超然对于他的道德修养论，是身体力行、以身作则的。孟超然的门生陈寿祺谓其有“笃实行道之功”“其学以省克寡过为本”[②]。孟超然曾发愤“惩忿窒欲，迁善改过”，做个道德完善的人。孟超然述说：

> 余思想始发愤，人生忧患，惩忿窒欲，迁善改过。何事不从苦中来，岂有初来论学便得乐境者！[③]

孟超然认为道德修养不要贪图快乐，要苦修。他说：“仆向日所谓未尝闻道者，知其无可如何而不能安之数命。……近年始稍有知识……见古人常以义理磨炼其身心而所谓动心忍性者，非苟然也。”[④]又述道：

> 每日检点身心，则过自少。……“惩忿窒欲，迁善改过”八个字，是为学之要。……早晚于祖宗神前再拜焚香，亦是收摄身心一法。……就圣贤着实用功处求之，如克己复礼，致谨于视听言动之间，久之自然纯熟。[⑤]

孟超然在这里讲了宗法和修养的关系。据记载，孟超然是言行一致的。孟超然“德性温粹，内行淳备，暗然真修，其笃实端严为远近所信。其家居托病杜门，名刺不入公府”。孟超然不贪钱财，曾有人请他向其门人、当时福建臬使王庆长说情办事，愿送十万两银子，他拒绝，并批评请情者。

---

① (清)孟超然：《孟氏八录·广爱录》。

② (清)孟超然：《孟氏八录·孟氏八录跋》。

③ (清)孟超然：《孟氏八录·瓜棚避暑录》。

④ (清)孟超然：《瓶庵居士诗文钞·答郑云门宫赞书》。

⑤ (清)孟超然：《孟氏八录·焚香录》。

孟超然极端鄙视那些言清行浊、言过其实的伪君子。例如孟超然在讲到湛甘泉时说：

> 湛甘泉讲学，当时以为儒宗，又享眉寿。余最恨其晚年序严分宜文集云："知天之所以为天，文之所以为文，则知钤山之文矣。"以八十岁老尚书，献媚同年宰辅至于此极哉！近读嘉靖十一年冯子仁恩应诏上疏，备指大臣邪正中云：礼部左侍郎湛若水聚徒讲学，素行未合人心。则知为侍郎日已不免人訾议矣。甘泉论学，以随处体认天理为言，吾不知其所言是何天理也？……明儒讲学者，余最不喜此人。[①]

此亦可从反面看出孟超然品德高尚。

总之，在朱子学家中，甚至在历代理学家中，孟超然论道德修养并身体力行最为充分。

五、孟超然对异端别学的批判和吸取

孟超然站在朱子学的立场上对异端别学进行了批判。他认为对异端别学不能诟骂，应该以理服人，那就必须首先弄明朱子学的本原在于天理。孟超然述说：

> 异端害正，固君子所当辟。然须是吾学既明，洞见大本达道之全体，然后据天理以开有我之心，因彼非以察吾道之正。如孟子论养气而及告子义外之非，因夷子而发天理一本之大。此岂徒攻彼之失而已哉！所以推明吾学之极致本原，亦可谓无余蕴矣。如此，然后能距杨墨，而列于圣贤之徒。不然，诜诜相訾，以喧气争胜负，是未免于前辈自敝之讥也。[②]

孟超然这种议论具有比较深刻的方法论意义。批判对方理论错误，就是认定自己的理论正确，是以自己的理论批判对方理论的，因此必须首先弄明白自己的理论主要内容是怎样的。孟超然对于王阳明学派各个学者的思想特点都做了归纳，指出其极弊是把佛学当成圣学。孟超然述说：

> 王文成曰致良知，而其徒罗近溪易之曰赤子良心，聂双江曰归寂，李彭山曰主宰，黄绾曰艮止，王心斋曰百姓日用，耿天台曰常知，李见罗曰止情，耿楚倥曰不容已，唐一庵曰讨真心，胡庐山曰无念，湛甘泉曰随

---

① （清）孟超然：《孟氏八录·瓜棚避暑录》。

② （清）孟超然：《孟氏八录·晚闻录》。

处认体天理。诸家各有语录，不可胜纪。要之，陈白沙静中养出端倪，为王氏之先驱。而焦竑、李贽之佛学即圣学，亦王氏之极流弊也。[①]

孟超然认为尽管王学学者的思想各有所特点，但他们不读书、不务实学、反对宋学（朱子学），是共同的。特别是“其后生小子束书不读，高心空腹。及稍有涉猎者，皆能道听途说，以宋学不足言，亦可羞也”[②]。其实，孟超然说陆王学者“束书不读”，也是不妥当的。我们在上面讲雷鋐时，雷鋐曾指出世人曰“象山教人静坐不读书者，非也”，并用事实说明了这个问题。

对于佛教，孟超然认为佛教思想与道德修养无关。孟超然以自己的亲身体会说明这个问题。他说：“有甲午哀痛之后，觉得万境皆空。自去年病困之后，觉得万缘皆淡。今思之，空空淡淡如何可了吾事，须是刻意补过，努力为善始得耳。”这就是说，佛教思想不能使人达到封建地主阶级所要求的思想境界。孟超然不反对研究佛理，但认为要防止受其所惑。他述说：

余观杨龟山先生集，为人作墓志，多称其晓通佛理，则知大勋德、大道学俱不免于旁通禅教。然其人皆有根柢本领，故知之不惑。明世士大夫不过剽窃绪余，于此道实亦无所见也。[③]

孟超然在这里讲了一个重要的方法论问题，即对于敌对学说也要研究它、懂得它，研究、懂得并不是相信它，而是可以更好地批判它和不为其所惑。此外，吸收敌对学说中的某些因素也不等于接受其教。孟超然述说：

二程子仁及禽兽。余尝劝人戒杀，而人多以为外氏之教。夫二程子，岂皈依佛教者乎？至于高谈道学而不免饕飧之饥者，亦可以鉴矣。[④]

孟超然戒杀广爱说，应该说是吸收了佛教的思想，但并不等于他相信佛教。孟超然认为佛教的主要问题是灵魂不灭说。在孟超然看来，在灵魂不灭问题上，庄子是佛氏的先驱。孟超然述说：

庄子《养生主》篇末云：指穷于为薪，火传也，不知其尽也。言薪虽尽，火自传无有尽时。盖人已死，则此生尽矣，而不知有不死者在也。所谓形往而神存也。《楞严经》佛告波斯匿王：大王，汝面虽皱，而此见精性未曾皱，皱者为变，不皱非变；变者受灭，彼不变者之无生灭

① （清）孟超然：《孟氏八录·瓜棚避暑录》。

② （清）孟超然：《叙古千文题后》。

③ （清）孟超然：《孟氏八录·瓜棚避暑录》。

④ （清）孟超然：《孟氏八录·广爱录》。

云。……庄子诚佛氏之先驱也。[①]

这就是说,佛学和道家(庄子属道家)的世界观是一致的。两汉之际的桓谭曾用烛火喻形神,有力地打击了谶纬迷信和讲求长生不老的神仙方术。但其烛火之喻却被后来的佛教徒钻了空子,他们用烛尽火传证明人死后可以转世,精神是不死的。南朝战斗的无神论者范缜看到了这个问题,用刀刃喻形神,避免了烛火之喻的缺点。孟超然把佛教的神不灭论和庄子的薪火说联系起来,就是基于以烛尽火传证明人死后可以转世的精神不死的观点的。尽管孟超然把佛教的神不灭论和庄子的薪火说联系起来不一定确切,但他企图从中国传统思想中寻找佛教某些思想的理论根源却是有合理因素的。佛教本来是外来的宗教,它之所以能在中国扎根成长,就是因为它与中国的传统思想相结合,特别是隋唐之后的禅宗,成为中国社会上层建筑的一部分。

孟超然对道家也是采取批判和吸取态度。孟超然反对道家的长生不老之说。他说:"唐御史李虚中好道士说,能以水银为黄金,服之冀不死。……受药法服之,下血死。余不知服食说自何世起,杀人不可计,而世慕为之益至,此其惑也。"[②]以水银(汞)为黄金是不可能的,服之长生不死更是无稽之谈。孟超然对此还有点科学态度,认为这是欺骗人的,但是对道家的一些思想,孟超然也有所吸取。一是对道家的重道德修养加以肯定和效法。例如孟超然述说:

以陶靖节、范文正、司马文正为法,而以内省不疚,日新无穷为乐。此其坚苦之思,澹泊之考,一游息而不忘,学古人进德,老而益懋,岂徒览止足之分,如老氏所云哉![③]

他认为,"时时具爱物之念,事事存惜福之思,信后人可继而已。……一曰慈,二曰俭,虽本老氏之言,未必非瞿昙宗旨也"[④]。在这里,孟超然肯定了道家的艰苦、淡泊、爱物、惜福的思想。二是吸收了五代道教学者谭峭有关于动物都有五伦的思想。孟超然复述谭峭的话说:

禽兽……有夫妇之配,有父子之性、生死之情。乌反哺,仁也;隼悯

① (清)孟超然:《孟氏八录·瓜棚避暑录》。

② (清)孟超然:《孟氏八录·瓜棚避暑录》。

③ (清)孟超然:《亦园亭全集·亦园亭记》。

④ (清)孟超然:《瓶庵居士诗文钞·与陈子荣书》。

胎，义也；蜂有君，礼也；羊跪乳，智也；雉不再接，信也。孰究其道，万物之中五常百行无所不有也。[①]

孟超然和谭峭一样，把三纲五常赋予普遍意义，认为禽兽也有五常。这种观点，几乎是朱熹以来的福建理学学者的普遍观点。[②]

孟超然认为一切异端别学都有个共同的调子，那就是宣扬善恶虚无。孟超然以先秦的告子、庄子和唐代禅宗创始人慧能为例来说明这个问题。孟超然述说：

告子云："不得于言，勿求诸心；不得于心，勿求诸气。"庄子云："过而不悔。"三十三祖慧能云："汝若欲知心，要但一切善恶都莫思量，自然得入清净。"此真一鼻孔出气也。[③]

在这里，孟超然所引用的告子、庄子、慧能的观点，都是基于否定人性善和宣扬善恶虚无论。

第四节 陈庚焕

一、陈庚焕的生平著述

陈庚焕，字道由，号惕园，福建长乐人，世居福州鳌峰坊。生于清高宗乾隆二十二年（1757），卒于仁宗嘉庆二十五年（1820），终年64岁。

陈庚焕"幼年承家学，立志即希古贤儒。操行敦笃，充养和粹"[④]。所谓"幼年承家学"，主要是其母的教导。据记载：

母夙尝儆之曰：朱子之书不可不读，然汝终日把在手里何益？朱子一生作多少事，汝事至难断而诚不足动人，虽朱子之言背诵如流，与汝何与？后贡士（按：指庚焕）投徒，尝述以勉后生。[⑤]

陈庚焕早年主要是"读《朱子全书》《性理大全》，心有感奋，遂专务实践，

---

① （清）孟超然：《孟氏八录·广爱录》。

② 参见高令印、陈其芳：《谭峭在唐宋哲学发展中的地位》，《福建论坛》1984年第4期。

③ （清）孟超然：《孟氏八录·瓜棚避暑录》。

④ （清）陈庚焕：《惕园全集》卷首，余潜士：《惕园全集序》。

⑤ （清）陈庚焕：《惕园全集·乡贤事实》。

不徒事文艺之学"[1]。后来就学于福州鳌峰书院，专门研究张伯行所刊印的程朱理学著作。清陈宗英说："先生读书鳌峰藏书楼(按：当时闽省最大的图书馆)，检张清恪(伯行)公所刊先儒书籍，精心研究，旁及天文、地理、乐律、兵刑、水利、河防、农桑、方技诸家言，无不博览节抄。所最深喜者，则二程与朱子之书。"[2]陈宗英又述道：

> 陈庚焕……其为学专以程朱为宗，著有《问学赘说》等篇，皆足以明性道，尤精史学……兼通天文地志之说。居家教学，主于身心切己，洵为学者所宗。[3]

自清代乾嘉以后，西方自然科学传入中国，促使当时许多学者研究自然科学。陈庚焕写了《地球考》(上中下)、《南北极赤道考》、《云汉考》等5篇论文。这说明他不是空谈心性，也是关心世事的。

陈庚焕文章行谊卓然，为闽中文献学者所钦。清余潜士述说：

> 惕园先生之文，文之有本者也。先生之学，以学为人……其为文也，言以足志，文以足言。盖悉本其为人者发。而为文大要，主于开悟人心，维持风教，棁薄以还淳，阐幽而辨惑。……先生学甚博，尤笃信乎宋贤五子之书，暗然修省务实学而耻为空言。与生徒谈经论史，随事诱掖，必使亲切体认诸其身。……先生尝谓吾……道在人生日用之常，伦纪之昭列，事物之应接。[4]

在陈宗英看来，"先生读孔孟之书，绍程朱之统，集诸大儒而折中之。不空谈性理，不驰骛文辞，经明而行修，学纯而养粹"[5]。

余潜士、陈宗英认为陈庚焕之学集孔孟、程朱诸大儒之说而折中之，"不空言心性"，"亲切体认诸其身"，"以学为人"，因之"学纯而养粹"。余、陈所概括的陈庚焕学说的这些特点，也是大多数福建朱子学者的一般特点。

陈庚焕著《性道图》《果核喻性》《五伦说》，显示出其理学思想的特点。他用通俗易懂的形式，以"行修"为线索，把理学的主要范畴贯串起来，形成一种以"行修"为特点的理学范畴体系。陈庚焕述说：

> 天人一理，天人一气。天，道所从出；命，天之所赋。性，心之所具；

① (清)陈庚焕：《惕园全集·乡贤事实》。

② (清)陈庚焕：《惕园全集》卷首，陈宗英：《惕园全集序》。

③ (清)陈庚焕：《惕园全集·乡贤事实》。

④ (清)陈庚焕：《惕园全集》卷首，余潜士：《惕园全集序》。

⑤ (清)陈庚焕：《惕园全集》卷首，陈宗英：《惕园先生行述》。

> 道，日用事物当行之理。理，在物为理；义，处事为义。德，行道有得于心。道之大原出于天。天有阴阳五行之理，乃有阴阳五行之气。天以阴阳五行化生万物，气以成形，理亦赋焉。性即理也，人物各循其性之自然，则其日用事物之间莫不各有当行之路。天，譬如朝廷。命，譬如敕命。性，譬如敕内所载职掌。情，譬如官吏施行。道，譬如照敕施行各有法律。理，譬如事事皆有成例。义，譬如照律例断案。德，譬如老吏律例烂熟胸中，不用检案。[①]

由此可见，陈庚焕的思想体系为天命—性情—道理—义德。这就是说，天命具于人心为性，性之发为情，发而符合事物道理（中节），则表现为处事有义，对人有德。这是道德型的思想体系。对天、命、性等，陈庚焕又进一步用一核和千万亿核之关系加以说明。陈庚焕述说：

> 果树之……千枝之叶……由一核所生……千万亿核者，皆彼一核所由生。初种之核，其犹所谓天地之心乎！其犹所谓仁者，天地生物之心，而人得之以生者乎？一核之各具一生理者，性也；一核之生理散而赋于千万亿核者，命也。千万亿核之生理皆原于此一核者，命之出于天者也。……圣人之尽其性而驯致于参天地赞化育者也。[②]

这就是说，理由天命赋予生物是性（生生之理即为性），性具而万物以至无穷，圣人能尽物之性。这里是讲理一分殊问题。最后一句是陈庚焕的生而知之论。

陈庚焕的世界观是为其政治论服务的。他明确指出，维护皇权就是维护天命，从而天下人才能安居乐业，有好日子过。陈庚焕述说：

> 天下的人多得很，人生一世事情也说不尽，只有五伦两个字可以包括。朝廷是个天，大家戴着天，才得好好地过日子。若不是靠着王法，那些横行霸道的人都要强抢强夺，不要说田房衣物等件保不住，就是父母兄弟妻子也不能相保了。所以君臣这一伦是第一件最要紧的，有了这一件才有那四件。普天下不论做官不做官，通是朝廷的臣子，大家都要依着朝廷的规矩法度，不要违条犯法，好好地做人，这才算顺了天。[③]

这段话把陈庚焕思想体系的阶级本质暴露无遗了。在陈庚焕时代，中

---

① （清）陈庚焕：《惕园全集·性道图》。

② （清）陈庚焕：《惕园全集·果核喻性》。

③ （清）陈庚焕：《惕园全集·五伦说》。

国封建制度已经到了最后阶段，最后一个封建王朝的统治基础已经动摇，中国即将进入近代。在这种历史条件下，陈庚焕还宣扬已被历代先进思想家批判得遍体鳞伤的天命论，说明中国封建地主阶级在政治和理论上都到了穷途末路。陈庚焕的思想体系反映了中国封建地主阶级守旧派对自己历史命运的恐惧心理。

陈庚焕的著述有《易堂隐德录》6卷、《惕园初稿》17卷、《尊闻录》1卷、《于麓塾读》1卷、《五经补义》1卷、《二十二史图说》1卷、《师门瓣香录》3卷、《约语追记》1卷、《约语补录》1卷、《庄岳谈》1卷、《谬言意言附识》1卷、《北窗随笔》1卷、《畜德随笔》1卷、《地球考》3卷、《南北极赤道考》1卷、《云汉考》1卷、《崇德同心录》3卷、《惕园全集》30卷、《惕园丛书》100卷等。

二、陈庚焕的天道理气说

陈庚焕哲学的最高范畴是天，认为"天，道之所由出"，"道之大原出于天"，"天，譬如朝廷"[①]。陈庚焕又述道：

> 夫道散万殊天地之间，万变而不可究诘，疑若至纷，且赜不可以骤通矣。然其大原之出于天。沿委溯源，由源达委，则不啻如川之流，脉络分明，分合千万里，而其始本无不通也。[②]

陈庚焕认为天是最原始的本原，天产生道，天通过"道散万殊天（按：此处为自然之天，非本原之天）地之间"，"道，日用事物当行之理"，"道，譬如（官吏）照敕施行各有法律"[③]。天与天地中万殊（各种不同事物）之间的脉络、分合如川之流，就是道，因而天与道的关系是源与委（端与末）的关系。

陈庚焕在讲到天和理的关系时，一方面，他把天和理等同起来，认为天即理，天之主宰即理气之主宰。陈庚焕说："天，天即理也。一气运行，以生物为心。帝，天之主宰曰帝，即理气之主宰。"另一方面，陈庚焕认为天理存在于事物之中，"在物为理"[④]，"一草一木具有至理"[⑤]，"理，譬如事事皆有成例"[⑥]。

---

① （清）陈庚焕：《惕园全集·性道图》。

② （清）陈庚焕：《惕园全集·无思而无不通为圣人论》。

③ （清）陈庚焕：《惕园全集·性道图》。

④ （清）陈庚焕：《惕园全集·性道图》。

⑤ （清）陈庚焕：《惕园全集·说莲下》。

⑥ （清）陈庚焕：《惕园全集·性道图》。

由上可见，在陈庚焕看来，道、理或合之为道理，是指天地万物的规定、法则或规律，“其大原之出于天”。

陈庚焕所谓天之主宰即理气之主宰，就是“天有阴阳五行之理，乃有阴阳五行之气。天以阴阳五行化生万物，气以成形，理亦赋焉”，即天是通过阴阳五行之气的道理来化生天地万物的。对于阴阳五行化生天地万物的过程，陈庚焕做了详细的论述，他述说：

> 阴，气静为阴；阳，气动为阳。阴，顺；阳，健。静极复动，动而生阳；动极而静，静而生阴。阳，元（生物之始）、亨（生物之通）；阴，利（生物之遂）、贞（生物之正而固）。木，其气发生不息；火，其气盛长分明。土，其气敦厚坚实，贯五行，分主四季。金，其气收敛斩截。水，其气流通澄定。[①]

陈庚焕通过动和静、健和顺、元亨和利贞的对立统一关系把阴阳和五行联串起来，企图用气之发生（木）、盛长（火）、收敛（金）、流通（水）和形成（土）来说明事物的产生和发展过程，含有一定的合理因素，具有某些辩证法成分。陈庚焕认为“天人一理，天人一气”[②]。这就是说，自然界（天）和社会（人）都是天（本原之天）通过阴阳五行之气化生的。对于自然界（天）的化生情况，陈庚焕述说：

> 鸟兽草木虽与我不同类……而其始则固天地一气所生，其见在又皆天地一气之所贯。则自天地视之，亦岂有二体哉！[③]

陈庚焕特别论述了人类社会的化生过程。他用五行附会五方、五时，从而得出五行即五德，社会上的伦理道德关系“其大原之出于天”。陈庚焕述说：

> 木，东方，春，仁（蔼然仁民爱物之心），恻隐。火，南方，夏，礼（秩然上下亲疏之序），恭敬辞让。土，中央，夏季，信（实仁实礼实义实智）。金，西方，秋，义（肃然收敛裁决之宜），羞恶。水，北方，冬，智（肃然辨别谋划之识），是非。[④]

如果说陈庚焕用阴阳五行之气来说明自然万物化生的过程还有一定的合理因素和辩证法成分的话，那么他用阴阳五行之气附会五德，则全是无稽

---

① （清）陈庚焕：《惕园全集・性道图》。

② （清）陈庚焕：《惕园全集・性道图》。

③ （清）陈庚焕：《惕园全集・一体近譬》。

④ （清）陈庚焕：《惕园全集・性道图》。

之谈，没有任何价值。这是陈庚焕哲学中最为糟粕的部分。

陈庚焕认为天地万物既有统一性，又有差别性，统一性在于它的理气性，差别性在于它得理气之偏塞或正通。陈庚焕述说：

> 天之生物，一气而已；天之降命，一理而已。气以成形，理以成性。性之理无形（按：指为何物未定），即随形气而中寓。因此一气之中，得其偏且塞，而性亦因偏且塞者，则为物；得其正且通，而性亦得以正而通者，则为人。[①]

在这里，陈庚焕讲了千差万别的世界万物是统一的，其统一基础是理气，理气贯串于世界万物之中。不过陈庚焕的这些说法不是新东西，都是理学家的老调重弹。

三、陈庚焕以好善为中心的认识论

陈庚焕认为像“天之帝（理）主乎万物”一样，“人之心（大脑）主乎人体”，“少有痛痒，此心无不立觉也”，“一念之动，即上帝（理）临汝”。这就是说，主体有认识客体的能力，世界是可知的。陈庚焕述说：

> 顿悟之见，果不足恃也。夫人生动静皆在天地一气中，天之帝主乎万物，譬则人之心主乎百体也。人属于天，譬则百体之皮肉属于心，少有痛痒，此心无不立觉也。人之心与天之心本无一息不相通，则一念之动，即上帝临汝，固无待日月照临，始足有悚也。然众人之心鲜知天人之合一。至于对青天而不惧，则几于无忌惮矣，况与有闻于天人合一之理者乎！[②]

陈庚焕这里所谓“天人合一之理”，不是汉人董仲舒式的天人感应论，是指主观能认识客观，主观和客观是可以相一致的。

这里必须特别说明的是，陈庚焕所说的人心认识对象天心（天命之理），主要的并不是天地万物，而是善与不善。在陈庚焕看来，所谓认识，就是认识道德的善与不善。陈庚焕述说：

> 天下大矣，天下之事难知难行者众矣，而孟子以好善一言蔽之。……人所以当大任，成大功，未有不由此者也。盖善量之无穷，而不可以一端竟也。……人无论智愚贤不肖，莫不各有所知，各有所能，

① （清）陈庚焕：《惕园全集·气禀说》。

② （清）陈庚焕：《惕园全集·识警》。

即莫不各有所善。天下之善,散在天下之人,以一人之耳目心思求之,诚有所不足。合天下之耳目心思以共求之,曷尝不有余?[①]

尽管陈庚焕把认识的范围限制在认识善,但是陈庚焕提出求善必须"合天下之耳目心思以共求之",就其抽象思维来说,是有合理因素的。

陈庚焕提出认识首先必须清虚其心,"清其心,毋以欲汩之;虚其心,毋以己与之"[②]。陈庚焕清虚其心的思想,具有两个方面的意义。第一,要保持心的洁净,有洁净的心才会有正确的认识。所谓洁净的心,就是认识不要带着成见,不要先入为主。陈庚焕述说:

心者,神明之舍。……明命之赫然,于是乎在上帝之临汝,于是乎式凭亦至严而不可亵矣。人于像设龛几之旁,未有敢加以污秽之物者,诚知其不可亵也。乃于神明所舍,顾使猥鄙之念憧憧往来,亵天之明,毋乃实甚。[③]

这就是说,认识不要带着成见,不要一味守旧,而要根据实际情况进行认识。陈庚焕所说"神明之舍"不能有"猥鄙之念憧憧往来",是比较深刻的。在陈庚焕看来,"儒生俗吏不识时务。识时务者,在乎俊杰。……稽以益求事理之明哲……居以博观时务之令通"[④]。在这里,陈庚焕提出"识时务""博观时务"等,就是说对事物的看法要随时不断改变,不能以老眼光看新事物,一味守旧。

第二,主静、主敬要适当,不能偏着于静,或着意矜持。陈庚焕述说:

心本虚灵,不可执滞,要常主静,若偏着静,则事物之条有不能顺应矣;要常主敬,若着意矜持,则跼蹐不宁而心反乱矣。[⑤]

陈庚焕强调,"运用之妙,存乎一心。必时时提掇光明,勿使滞,亦勿使放。不滞不放,则不偏矣"[⑥]。这是陈庚焕对主静、主敬的新见解。陈庚焕吸取道家的"虚"而剔弃其"无",认为人心虚而实有,而不是虚而空无。北宋理学家周敦颐曾在其《太极图说》中提出,未有天地之前的"无极"是静的,因而人的天性是静的和无欲的。由此,理学家用主静来保持人的无欲天性。

---

① (清)陈庚焕:《惕园全集·好善伏于天下论》。

② (清)陈庚焕:《惕园全集·问学赘说》。

③ (清)陈庚焕:《惕园全集·故纸随笔》。

④ (清)陈庚焕:《惕园全集·戆说赠黄道容》。

⑤ (清)陈庚焕:《惕园全集·约语追记》。

⑥ (清)陈庚焕:《惕园全集·约语补录》。

陈庚焕认为人心有认识事物的能力，不能人为地控制人心对事物的认识（“心本虚灵，不可执滞”）。要常主静，但不能“偏着于静”，如果“偏着于静”，就不能吸取新的东西（“事物之条有不能顺应矣”）；要常主敬，但不能“着意矜持”，即一味回避外物引诱，那就违反人的理性，使“心反乱矣”。因此，陈庚焕提出要达到“勿使滞，亦勿使放。不滞不放，则不偏”的主静、主敬境界。陈庚焕又述道：

> 人心方寸之中，空洞无物，而生意盎然中满。静则仁、义、礼、智、信五性悉涵此生意之中，动则恻隐、辞让、羞恶、是非之四端悉根此生意而发。推之亲亲、仁民、爱物，极之齐家、治国、平天下，厥施不穷，莫不本此虚中之生意，则与是核之芽于虚，不正同欤！老子有云：“三十辐共一毂，当其无，有车之用。”此为形而下之器。言者信然矣。若夫形而上之道，则其无也，其虚也；其虚也，其实理之所由中涵也。然则仁之虚也，直不滞于有耳，而岂沦于无哉！[①]

陈庚焕这段话是对朱子学主静、主敬之说的绝好阐释，充实和发展了朱子学，是对理学的一个贡献。

陈庚焕和其他理学家一样，认为认识事物离不开读书，读书是格物致知穷理的第一要义。陈庚焕述说：

> 读书此事，至易至难存乎人，非他人所能强也。果能如此开发聪明，长养才识，将来何事不可为。且目前亦可借以养心养生，可以不入匪僻，不生疾病，其为益又岂仅一端而已哉！[②]

陈庚焕认为，“读书要须反之身心、日用行事间，便可充广才识，将来便可大有为”[③]，“念书看书，就要把书上说的道理……就自己身上对照，件件这样看，天天这样看，看来看去，看得透亮……那偏私利欲底意见自然遮他不了”[④]，“学必见待道理，平易切实只在眼前。读书日用，事亲从兄，说话做事之间触处都是，庶不至有所粘滞板执，坠入窠臼”[⑤]。

陈庚焕关于学以致用，把读书与道德修养结合起来的论述，都是有一定

---

① （清）陈庚焕：《惕园全集·虚仁李说》。

② （清）陈庚焕：《惕园全集·与长子钟曦书》。

③ （清）陈庚焕：《惕园全集·书与从孙文龄》。

④ （清）陈庚焕：《惕园全集·谈五常》。

⑤ （清）陈庚焕：《惕园全集》卷首，陈宗英：《惕园全集序》。

的合理因素的。陈庚焕还曾谓“学曰以实心体验理,行实事”[①],是对读书学习的高度概括。

陈庚焕的认识论特别强调要善于向众人学习,向有经验的人学习。陈庚焕通俗易懂地说明了直接经验和间接经验的问题,提出学习间接经验的重要性。他说:“天下虽至大,其事变不可纪极。然而秦人善言秦,越人善言越,习于山者善言山,习于海者善言海。事无论隐显难易,人无论智愚贤不肖,莫不各有所知,各有所能。”又述道:

> 人不患不知,不患不能,患易视天下之善而自用之心胜。自谓己知,自谓己能,而不乐取人之所知所能,则虽有知者能者朝夕其侧,且不得一吐所知,一效所能矣,况其远焉者乎?……独以一人之耳目心思悬揣臆度,以赏无穷之变,不待智者而后知,其难矣!古之当大任,成大功者则不然。真知天下之善未易穷,必不敢以一己之意见与之也。故其聪明才智虽度越天下,而虚怀屈己以从天下之善,反若一无所知,一无所能者。其乐取于人,虽厮养走卒,妇人孺子,一天不获自尽也。……合天下之智以为智,合天下之能以为能,是天下之善不必吾知而无不知,不必吾能而无不能矣。则天下之理与事知之,处之又岂有毫发之不当哉![②]

在这里,陈庚焕提出不少值得重视的思想。其一,由于人们所处的时代和社会实践经验不同,“人无论智愚贤不肖,莫不各有所知,各有所能”,因此都是学习的对象和老师。其二,学习的最大之“患”在于“易视天下之善而自用之心胜”,即眼高手低,自高自大。因为这样就不可能“乐取人之所知所能”,就固步自封了。其三,要有“聪明才智虽度越天下,而虚怀屈己从天下之善,反若一无所知,一无所能”的精神,向人学习。其四,要“合天下之智以为智,合天下之能以为能”。陈庚焕提出的这些思想,我们今天还是可以借鉴的。

对知和行、学和用的关系,陈庚焕讲得更为深刻。第一,知和行、学和用相比,行、用更为重要。陈庚焕认为“学必求有用,无用之学,非学也”[③]。陈庚焕把“无用之学”看成是“非学”,是较为深刻的。陈庚焕又说:“学也者,将

① (清)陈庚焕:《惕园全集》卷首,陈宗英:《惕园全集序》。

② (清)陈庚焕:《惕园全集·好善伏于天下论》。

③ (清)陈庚焕:《惕园全集·约语追记》。

以修己教人，明道而经世也。理学之弊，失之迂；心学之弊，失之偏；文学之弊，失之浮与杂。其究也，则皆失之伪。殊途同归，均于无用，非徒无益而又害之。”陈庚焕把理学、心学和文学分别概括为迂、偏、浮杂，值得重视。他把不能修己教人、明道经世的无用之学看成是伪学，不仅无益，而且有害。陈庚焕还把“不行而言”，或者“言而不行”看成是“大言”（唱戏），如优、伶，“如僧转经”，是“学之贼”“学之弃”。陈庚焕述说：

> 善学者得其意，循序而致力焉，知行并进。……非知之艰，行之维艰。申公有言：为政不在多言，顾力行何如耳！论政固尔，学亦宜焉。否则不行而言，色取如优，大言如伶，譬彼穿窬，学之贼也；言而不行，如奴守财，如僧转经，譬彼道听，学之弃也。①

第二，践履不完全是道德实践，还包含有事功实践之内容。要经世和修身并重。陈庚焕说：“学须见诸实事，若作官者，必征诸实政。居高位而不能进贤，退不肖，为民兴利除弊，空谈学术性命，无益也。日用伦物之间事实行之，方是实学。”②他述说：

> 所谓经世，盖只是求其有用也。书生虽未有经世事，然经世之本在身，源在心，其端在一家一乡。读书而以之诚自治其身心，抵之以料理一家一乡之事，各得其理，方为有用。③

第三，强调行、用要贯彻认识过程的各个环节。陈庚焕述说：

> 以是心读圣贤之书，必返躬以体其实。以是心权天下之理，必随时以处其中。言道言教必本人伦而不为高论，言敬言静必切日用而不为空谈，毋事门户必折中于圣人，毋事安排必徐候其自得。如是以为学，则有体有用而无差；如是以为教，则易知易从而无弊；如是以为文，则明经之文足以适用……④

第四，特别强调行之以诚。陈庚焕说：“孔门之论学，必归诸人伦之大，行必尽诚。”⑤陈庚焕又述道：

> 学贵能行。朱子一生作多少事？汝事至不能断，而诚不足以动人，

---

① （清）陈庚焕：《惕园全集·问学赘说》。

② （清）陈庚焕：《惕园全集·约语追记》。

③ （清）陈庚焕：《惕园全集·与余耕村茂才潜士书》。

④ （清）陈庚焕：《惕园全集·问学赘说》。

⑤ （清）陈庚焕：《惕园全集·永福余而遂七十寿序》。

虽朱之书日把在手里，何益？[1]

陈庚焕特别强调“行必诚”，方志有谓，陈庚焕“学务实践，以程朱为宗，每日言动必簿记，以时时省察”。[2]

四、陈庚焕心性人天一体的伦理道德思想

陈庚焕在先秦孔孟认识论和心性说的基础上，进一步用心性解释天，给天以道德属性。陈庚焕述说：

> 孔子所谓博学、审问、慎思、明辨、笃行……《大学》所谓格物、致知、诚意、正心、修身，孟子所谓知性、尽心、存心、养性，所谓博学详说而反说约，孰非欲人辨其气禀之杂以全其所受之正者哉！[3]

陈庚焕从天人合一的神秘论出发，把世界观、认识论、人性论统一在其伦理道德论之上。

陈庚焕对心做了通俗的解释。前面讲到，陈庚焕把心看作是“神明之舍”。所谓“神明之舍”，“譬如官府衙门”[4]，而“心之神明，譬则舍中之主人翁也”[5]。陈庚焕又述道：

> 是神明者，固天之所降。而人所以与天通，所谓人为天地之心者也。[6]

在陈庚焕看来，所谓“神明”，就是指人的聪明才智，人的认识和体验事物的能力。这种能力是与生俱有的。因为人有这种能力，所以在宇宙的三大组成部分天、地、人中，人为核心。人心中之“主人翁”具有聪明才智，而它这种聪明才智表现在什么地方呢？陈庚焕认为其表现在具有仁、义、礼、智、信五常之性上，而五常之性是天命所授予的理，即天理。天理（五常）是“舍（心）中”之“主人翁”（神明）的“祖父”所给予的，是供其应万事之用的。对天、理、心、神明、五常之间的关系，陈庚焕有一段十分形象生动的说明。他述说：

> 程子曰：“心者，神明之舍。”然则心之神明，譬则舍中之主人翁也；

---

① （清）陈庚焕：《惕园全集·与余耕村茂才潜士书》。

② 民国《福建通志·儒林传》。

③ （清）陈庚焕：《惕园全集·气禀说》。

④ （清）陈庚焕：《惕园全集·性道图》。

⑤ （清）陈庚焕：《惕园全集·尽心近譬》。

⑥ （清）陈庚焕：《惕园全集·故纸随笔》。

> 性者心所具之理，譬则舍中之器物也；天者理之所从出，譬则舍中器物，本祖父所留贻也。心之所具之理，譬则主人翁之收其百器万物也；其以众理应万事，譬则以百器百物供百事之用也。[①]

对于“神明之舍”（心）中的“器物”五常（天理），陈庚焕用十分通俗易懂的形式做了详细的论述，在某些问题上发前人所未发，发展了朱子学的人性论。

陈庚焕认为人心中所固有之天理仁、义、礼、智、信五常是做人的规矩，一举一动都能遵循此规矩才是人，否则就不是人。也就是说，天理五常是人之所以为人的标志，是人的本质，是人与物的根本界限。陈庚焕述说：

> 天理良心，是做人的种子，做事的根子。……大家心上本来都有这个天理，故此碰着没理的事，自家心上自然打不过。……世上的事千头万绪，都有个道理，其实只在该不该上分别。……一举一动都有个规矩，依着规矩才像个人。要晓得这礼节规矩都是天地自然的道理，本来排定，并不是古来制礼的圣人自己诌出来，强派人依着他。……天然排定，一定要依着。[②]

陈庚焕强调，“人之有至性者，鲜不修洁而有礼。物亦有然……礼乐之兴，实由天作地制，非人所能强为也。彼老庄之以礼为忠信之薄，起人性之伪者，其亦不达礼乐之本矣”[③]。

陈庚焕对五常中每一常都做了解释。清人陈宗英谓：“先生言性，曰浑然全体；言仁，曰天理良心；言义，曰随时处中；言礼，曰一定规矩；言智，曰本来光明真面目；言信，曰诚是四者。”[④]在五常中，陈庚焕最重视仁，他把仁看作是天理良心。陈庚焕又述道：

> 所谓天理良心者，仁也。……今夫人一言之失，一行之愆，口虽不自言，其心未有隐隐不自安者也。此隐隐不自安者，非他……性之仁也。是心之施，则蔼然四达而不匮者，仁之爱也；有是心而秩然不紊者，礼之序也；有是心而截然有制者，义之宜也；有是心而灵觉不昧者，智之别也；有是心而诚确无伪者，信之实也。分言之，则有五；合言之，则统一于仁。以此理之自然出于天，是之谓天理；以此心之蔼然具此理，是

① （清）陈庚焕：《惕园全集·尽心近譬》。

② （清）陈庚焕：《惕园全集·谈五常》。

③ （清）陈庚焕：《惕园全集·说天下》。

④ （清）陈庚焕：《惕园全集》卷首，陈宗英：《惕园全集序》。

之谓良心。[①]

在这里,陈庚焕对天理良心做了解释。陈庚焕认为首先是心之仁,然后才有礼、义、智、信。故五常"合言之,则统一于仁"。五常之理原出于天,故叫作天理,"以此心之蔼然具此理,是之谓良心"。陈庚焕又述道:

> 仁,天地生物之心,而人得以生者。仁统言心之德,统四端,兼万善。仁礼义智,仁,偏言爱之理,恻隐、亲亲、仁民、爱物。礼,天理节文,人事仪则,恭敬辞让。义,心之制事之宜,羞恶。智,是非。[②]

陈庚焕还对仁中的亲亲、仁民、爱物的内容做了具体说明。陈庚焕述说:

> 亲亲,孝于父母,友于兄弟,睦于宗族,姻于亲戚。仁民,任于朋友,恤于乡里,保护良民,矜恤穷民,启迪愚民,惩创莠民。爱物,爱养以培之,撙节以用之,恻隐之心施于见闻之所及。[③]

总之,陈庚焕把仁看成是五常中最根本的,"统四端,兼万善"。他用仁把五常、四端贯串起来,形成他的封建伦理道德思想体系。

既然人们与生俱有的五常本性都是一样的,那么为什么有贤愚智不肖呢?陈庚焕认为这是由于人们的气质有昏明薄厚弱强之不同。这就要讲到人的气质之性和天命之性了。陈庚焕把人和物都是由理气合成的比作如糖和米屑合成糖果一样。糖之性甜,似理之性善。糖胜米屑则味甜,犹理胜气,则禀赋之质好。陈庚焕述说:

> 糖果为节物所首重。……余观是物而明气质之性焉。盖糖,性也;米屑,气也。炊屑成果,气以形成也。合糖于屑,气形成而理亦赋焉者也。既出于甑,则见米屑所成而不复见糖。气有质而理无形,道心之微也。糖之本甜,犹性本善。既杂于屑,则不能自全。其天味之完否?一因乎屑,气质之性有所囿人心之危也。糖与屑相济则甜美,赋质之纯者也。屑胜糖则味减,赋质之偏者也。……质美者无亏,尧舜性之者也……克治气质以复其初。……拘于气质,克治不力而漓其性。……殉于气质,自暴自弃而贼其性。[④]

---

① (清)陈庚焕:《惕园全集·仁说浅言》。

② (清)陈庚焕:《惕园全集·性道图》。

③ (清)陈庚焕:《惕园全集·性道图》。

④ (清)陈庚焕:《惕园全集·糖果喻气质之性》。

人之生也，既同得此正且通之气矣。而其质之所禀，昏明厚薄强弱之不齐，其等级差次至不可以数计，则又何也？盖即同此正且通之气，而其发也，始必厚而力（俗所谓气头）。及其长也，必薄而力减（自注：俗所谓气尾）。其精而上浮者，必清而明；其粗而下沉者，必浊而昏（俗所谓底面）。固有不能齐者矣。又况所谓昏明厚薄强弱者，又复相盈相摩滚，同混合于流行消息之中。其纷错杂糅又安可以究诘，惟圣人之生于纷错杂糅之中，独值其精粹不错者而禀之。自圣人而下，则皆随其所值之纷错杂糅而各禀以为质。则其昏明厚薄强弱之参差不齐，又何足怪哉！①

在这后一大段中，陈庚焕讲了两个值得注意的问题。一是用理气来解释人的同一性和差别性。二是指出人有等级差别的原因：（一）其气之发生作用的时间先后不同；（二）其气之精粗不同；（三）其气之互相摩擦运动的结果或精粹或杂糅不同。对此，陈庚焕还有一段精彩的比喻，他述说：

心，譬如官府衙门。心统性情，性具众理，譬如官府有是敕，敕内开载，事事皆其职掌。情应万事，譬如官府奉此敕，照敕行事，事事皆得施行。气质，譬如官之才调。气质有昏明薄厚强弱，昏，如官糊涂；明，如官晓事；厚，如官有心；薄，如官无情；强，如官出力；弱，如官畏事。②

陈庚焕这段话形象地说明了人之气质昏明厚薄弱强的具体情况。用所谓气质划分人的智力贤愚和能力的强弱是没有科学根据的，一些理学家的气质论都是令人难以理解的。在这里，陈庚焕用比喻的方式把人的气质说清楚了，使人懂得了，应该说这是陈庚焕对理学的一个贡献。顺便说及，用通俗易懂的形式阐明理学，便于人们接受，从而强化理学的社会作用，这是福建理学家的一个共同特点。

陈庚焕进一步从人伦关系上划分圣人、贤人、众人、小人。他以五常之中的仁为例，其曰：

圣人所以圣，循乎此不忍之心（按：仁心），无待勉强者也；贤人所以贤，全乎此不忍之心，无或亏蔽者也；众人所以终为众人，虽有此不忍之心，而狃于己私，牵于习俗，自谓不能者也；小人所以流为小人，非无此

① （清）陈庚焕：《惕园全集·气禀说》。

② （清）陈庚焕：《惕园全集·性道图》。

不忍之心，而梏于利欲，习于残忍，遂至于无复有萌焉者也。[①]

人得天地灵气，肚子里本来都是明白……有了私心，那个心就偏了。……人的灵性全在这一点心窍子里头……充满古今万事万物的道理。……这个心，不止圣贤是这样，经古来今，人人的心也都是这样。为的是众人的心全被那利欲偏私的意见在中间拦住把持着。[②]

陈庚焕把其所谓众人、小人的利欲偏私归之于“人心作主，道心无权”。陈庚焕说：“心不能与理为一，人心作主，道心无权。此是为气所性，习所染，故从天理本然上发者少，从私欲上发者多。”[③]在陈庚焕看来，心和理一致为道心，心和理不一致为人心。因此，存道心去人心就是存天理去人欲。

陈庚焕提出先认识天理，然后以天理去剖析道心和人心，变化气质，使道心常存，人心听命，依理而行，具备五常之德。陈庚焕述说：

学者即此寓于气中之理，辨其孰为受命于天，不杂于气之道心(仁义礼智信之本心是也)？孰为性杂于气，写形俱生之人心(耳目口鼻四肢之欲心是也)？辨之必审，是之谓惟精。养其理道之本心，使无少放逸而或动于血气。范其情欲之人心，使无少纵肆而害其本心。持之必坚，是之谓惟一。[④]

陈庚焕这里所谓“养其理道之本心”，就是使道心常存(即“无少放逸”)；所谓“范其情欲之人心”，就是使人心听命(即“无少纵肆”)；所谓“惟精”“惟一”，就是要体会和懂得人心、道心这种精微的道理，并在自己的行为中存道心去人心，存天理去人欲。

去人欲而存天理就是事天，遵循天理五常之德。陈庚焕提出畏天、循理、待人三个方面为事天之要。他说：“畏天，天生我为人，要我循道理。无理逆天心，那得天心喜。……循理，既做读书人，如何不循理。……待人，待人当如何？近情与近理，要诀只一言，将心比心耳。”[⑤]又述道：

待人谦下，处事和平，事事要体贴人情。随时检点，有错误便改正；随事留心，有疑难便商量。谨以持之，慎以出之，淡泊宁静以处之，读书

---

① (清)陈庚焕：《惕园全集·仁说浅言》。

② (清)陈庚焕：《惕园全集·谈五常》。

③ (清)陈庚焕：《惕园全集·约语追记》。

④ (清)陈庚焕：《惕园全集·气禀说》。

⑤ (清)陈庚焕：《惕园全集·童子摭谈》。

好问以广之。[①]

陈庚焕之所以把待人也作为事天之要，就是因为“人事尽，始可以言天”[②]，事人即为事天。

陈庚焕关于尽心、知性、知天、事天的命题，就是发挥人心中以仁为核心的五常之性，就可以认识人的本性。认识了人的本性，也就认识了天理。保存人的本心，培养人的本性，就是事天、畏天、循理、待人，是事天的最好形式。对尽心、知性、知天、事天，陈庚焕还有一段综合的说明。他说：

> 尽其心云者，主人翁于一家之事，知之无不明，处之无不当也。知其性云者，主人翁于一家之百器百物，莫不遍考其所藏，尽识其为用也。必尝遍考尽识于其家之所有，然后能时出所有，供百用而无阙，而人主人翁之职乃尽矣。此尽心所以必在于知性也。既遍考尽识于其家之所有，则是器是物所从来，皆有以知其为祖父所留贻，而非傥来外假，不甚爱惜之物矣。此知性所以既可以知天也。……养其性者，顺而不害，则器物之收藏取用必如法者也。夫如是，则所谓小心翼翼昭事上帝者也。……寅清祇畏(按：敬惕)，如临在上，非所以事天乎？[③]

由此可见，陈庚焕把心、性、天结合为一体，把世界观更加伦理化了，使朱子学更能为地主阶级的政治服务。

另外，陈庚焕还把这种心、性、天三者结合为一体的思想概括为“道之体用”，即知和行的问题。上面提到的陈庚焕讲的“惟精”和“惟一”，就是知和行。陈庚焕述说：

> 道之体用，穷理养心，使此理常明，此心常存。方寸之中纯是天理，都无人欲，活活泼泼、不偏不滞者，道之体也。及至举念、说话、做事都从此活活泼泼、不偏不滞的心里发出来，便自然有个好道理。再不至差了念头，说错做错，这便是道之用。……体既不明，用何由达。[④]

在陈庚焕看来，“道之体用”就是道的本体和作用。尽心、知性、知天，言性、言理，使心中“纯是天理，都无人欲”，就是道之体；“举念、说话，做事”都遵循天理五常，就是道之用。陈庚焕认为分析道之体用极端重要，“体用二

---

① (清)陈庚焕：《惕园全集·书与从孙文龄》。

② (清)陈庚焕：《惕园全集·与陈茂坚书》。

③ (清)陈庚焕：《惕园全集·尽心近譬》。

④ (清)陈庚焕：《惕园全集·与余耕村茂才潜士书》。

字剖析精明，故得其旨皆不蹈虚谈性命之讥，亦不流穿凿支离之弊”[①]。不过在体和用之中，陈庚焕把用看得更为重要。陈庚焕述说：

程朱以后，性理之书备矣，学者粗涉其书，即可拾其唾余。言性言理都不难，剖析精微惟五伦二字，必要认得实理，切实行到恰好地步。善乎！汤文正公汤斌有言：开口说太极不准，切实行五伦不易。[②]

反对空谈性理，把抽象的性理拉到人们的日常生活中来，强调用五常之德的践履体现性理，这是包括陈庚焕在内的清代福建理学家的共同特点。

五、陈庚焕调和不同学派的学术思想

在陈庚焕所处的清代中期，中国封建专制制度的基础已开始动摇，封建社会已到了它的最后阶段，其精神支柱程朱理学的弊病更加明显地暴露出来，使和其相对立的汉学盛行起来。尽管汉学不敢接触当前实际，但它主张“通经致用”，推崇汉儒的朴实学风，有点类似近代的科学方法。这种时代的学术特点，在陈庚焕的学术思想里突出地反映出来。在清代福建理学中，陈庚焕是最不持门户之见的一个。陈庚焕“学宗濂洛关闽，亦不狃门户”[③]，兼采各家之长，调和各个学派的矛盾。他说：“臣愚愿明诏中外，博征通儒，讨论诸家之说，采其精要合经意者，著为正义。其他说有可通义、别有属者，亦颇存录，以广见闻。”[④]又述道：

古今无二道，则天下无二学。……夫道若大路，殊途同归，归于一诚。学焉者，不外辨义利，端趋向，诚自治其心身，求有补于当世而已。……黄石斋（道周）有言：拾级循情，可至堂室，高者不造顶无归，深者不眩崖警坠。由其道，百世无弊，必元晦（朱熹）也。汤潜庵（斌）有言：欲求孔孟之道，而不由程朱，犹航断港绝潢而望至于海。夫忠端（道周谥号）不訾王学，而文正（汤斌谥号）瓣香实自文成，乃其持论如是，君子之言也。……立教者主于明道，故辨之者严；依附者主于取名，故争之也激。学者当从是以识渊源，勿错是以立门户。必如斯言，庶有志者知所依归，无蹈讲学家之流弊。[⑤]

---

① （清）陈庚焕：《惕园全集》卷首，陈宗英：《惕园先生行述》。

② （清）陈庚焕：《惕园全集·约语补录》。

③ （清）陈庚焕：《惕园全集·乡贤事实》。

④ （清）陈庚焕：《惕园全集·拟汉徐防论五经章句疏》。

⑤ （清）陈庚焕：《惕园初稿》卷五，《闽学源流说》。

陈庚焕主张要正确对待不同学派，给予实事求是的评价，不能因门户而攻击对方，就像明代黄道周、清代汤斌尊阳明学而不否定朱子学一样。陈庚焕提出对古人之说要抱质疑态度，如果“尊古人之说，不问当否，一概不敢致疑，印定眼目，随声附和，自谓信古，实诬古人”[①]。陈庚焕关于“尽信古，实诬古”的学术思想是较深刻的。因此，陈庚焕提出“不阿”“不诋”的学术方法，谓“阿前贤则愚，诋前贤则妄”[②]。

陈庚焕论学大旨是尊信程朱，但他对程朱理学也持历史的和分析的态度。这是因为要尊信朱子学的大旨，坚持朱子学的立场，不能随时潮全盘否认朱子学。这种治学的党性(阶级性)原则不能动摇。陈庚焕述说：

> 朱子所传，亦岂有他哉！固即孔子博文约礼之教，博学、审问、慎思、明辨、笃行之学，非一家之私言也。虽其诂经或未必尽周……然朱子固尝自言，己所著述，岁岁修改。易箦之先，丹铅未已，不封于旧见。日新而能迁，此正所以为朱子也。道者，天下之公。阿前贤则愚，诋前贤则妄，又何足投间抵隙，病吾朱子哉！[③]

在陈庚焕看来，之所以要坚持朱子学的大旨，就是因为朱子学是正学，是真正的孔孟之道。欲学孔孟必由朱子，否则就学不到孔孟之道。程朱的功劳就是在于恢复孔孟的真正面目。陈庚焕述说：

> 孔孟既远，斯道所寄不越言语文字之间，而异端曲学争鸣而薄蚀之，自汉唐数大儒而外，灼见贤圣之心者盖鲜矣。谈道者，如披沙见金，如碔砆之乱玉；求道者，如坠云雾，如立九达之衢，伥伥莫知所从适也。程朱出而摧陷廓清，爬梳剔抉以尽去其蔀障。如呼寐使觉，如追迷途者使之返，势不得不大声疾呼，广譬而审道之故，其言理特详。……所以揭知行之要，示进学之方。[④]

> 自有宋盛时海滨四先生(按：指北宋陈襄、陈烈、周希孟、郑穆)以躬行复古，倡率闽士，闽之学者盛埒中州，艳称者至方之邹鲁。及龟山杨时载道而南，三传至朱子，于是濂洛之学宗传所属，实专在闽。自时厥后，渊源所渐，遍于天下。……凡以濂洛之学有任者，莫不渊源于朱子。

① (清)陈庚焕：《惕园全集·故纸随笔》。

② (清)陈庚焕：《惕园全集·乡贤事实》。

③ (清)陈庚焕：《惕园初稿》卷五，《闽学源流说》。

④ (清)陈庚焕：《惕园全集·问学赘说》。

虽中更阳明之龃龉，近为西河（按：毛奇龄）所龁龁，终无得而蚀。[①]

陈庚焕强调，尊信朱子学不是墨守朱熹言论，朱子学要不断发展。陈庚焕认为死守朱熹之说者不是真正的朱子学家，是不符合朱熹本意的。陈庚焕述说：

> 朱子之书，未必无一字不错，易箦以前删改不辍，未尝封于旧见。读其书，阙疑可也。如必搜其未及删改者以为口实，存心已不忠厚，其学术大概可知，即其一生事业亦大概可知。[②]

陈庚焕指出，朱熹自谓《四书或问》无暇修改，后来说得都不相应。其他经说多出于 40 岁以前，与晚年《朱子语类》《朱子文集》所论亦多不同，易箦以前犹删改不辍，则未及改者亦众多。理唯其是正，不必墨守朱熹一经。[③]

这就是说，朱熹的早年著作有的不成熟，与其晚年著作多有不同，不必作为至论。就是其晚年著作，临终前他还在修改，说明也不是一字无错。在陈庚焕看来，朱熹的不少说法不一定妥当，如朱熹的妇女守节论即“非先王之礼”，“吾闽妇女习闻贞烈之事，竞耻为不贞不烈者，亦廉耻之风所渐摩者厚耳。然谓女子已许字即为夫妇，夫死女必守节，必死殉，非先王之礼也”[④]。

陈庚焕进一步指出，不仅朱熹的学说本身有不少问题，朱熹的后学问题更多。这是因为程朱之学是孔子之学，程朱能严格遵循孔子，而朱熹后学则流为“浮慕程朱而不溯源于孔子”。陈庚焕述说：

> 自宋元以来，谈理学者必宗程朱。……然尊程朱者众矣，求其真能心程朱之心，行程朱之行……者，代不数觏（按：遇见）。是非无故，夫程朱学孔子者也，浮慕程朱而不溯源于孔子，则其学隘而私矣。[⑤]

陈庚焕认为朱子学末流，把程朱早年未定之说以及其道听途说，或其听之而记不精，皆以程朱至论加以附会，以至“依附假托以为名”，挂羊头卖狗肉，使程朱之学失去了威信，糟蹋了程朱学说。这就是陈庚焕所说的“不善学者，执末遗本，徇名忘实”。陈庚焕述说：

> 不善学者，执末遗本，徇名忘实……又或并其初年未定之论（朱子

---

① （清）陈庚焕：《惕园初稿》卷五，《闽学源流说》。

② （清）陈庚焕：《惕园全集·约语补录》。

③ （清）陈庚焕：《惕园全集·书陈一斋先生谬言意言册后》。

④ （清）陈庚焕：《惕园全集·约语补录》。

⑤ （清）陈庚焕：《惕园全集·问学赘说》。

《集注》《文集》《语类》中本有未定之论，非如阳明所指也），与所谓记录（按：指程朱与门人弟子问答记录）之不精者，亦必一切附会而不衷。于是遂使程朱之说，反若迂拙而不厌于人心。至夫依附假托以为名者，则又所谓炫玉卖石，跖行孔语。其流弊尤不可究诘，而理学之名遂为天下裂，士之奇杰有志者，盖深耻之，遂多为象山、阳明之说所中而心学盛焉！[①]

在陈庚焕看来，正是由于程朱末流糟蹋了程朱学说，“理学之名遂为天下裂”，使陆王心学乘虚而入。陈庚焕把陆王心学盛行，程朱理学衰落归之于朱熹后学没有真正遵循程朱之学，有一定道理。这种首先从自身找问题，严于律己的方式，是对的。任何问题的发生，都是由于内外因结合造成的。当然，心学一时盛行、理学一时衰落有其深刻的社会历史根源。像陈庚焕这样的朱子学家，看出“理学之名遂为天下裂”，程朱理学在社会上没有市场，已到穷途末路，应该说还是比较有远见的。

陈庚焕提出尊程朱、排陆王，必须学好程朱之学，而对陆王之学也要有正确分析，不能据门户一味骂陆王。陈庚焕述说：

尊程朱者不反其本，徒嚣然陆王之是攻。学非足以窥程朱之藩篱而欲以撄陆王之锋，得乎哉？……（陆王）二先生疾诸儒之理障，务使学者屏除意见，以自得心理之同而措诸事业，则实有大过人者。阳明之气焰功烈，震耀千古，求之后儒，尤罕伦比。士之高明者，既激于俗学之陋，安得不折而入之？然其矫枉过正，因噎废食，牵其性真，矜其心得，自许太高，自信太过，使学者骛于高远，无所据依。而不屑范于中道，以酿末流之祸，实有难为贤者讳者。[②]

明王文成公（按：指王阳明）志节勋业之盛震烁古今，泰山北斗之仰，有心者百代同之矣。然其讲学右陆绌朱，近达摩之传衣，类宗杲所授记，至盛推达摩、慧能，而谓尧舜万镒，孔子九千镒。其他见于言语文字之间者，初未尝自掩讳，读其全集，当自知之，无待缕陈也。……文成诸公……直求之心……尽由于顿悟。[③]

陈庚焕提出要批判阳明学者造谣中伤、毫无根据地攻击程朱之学。陈

① （清）陈庚焕：《惕园全集·问学赘说》。

② （清）陈庚焕：《惕园全集·问学赘说》。

③ （清）陈庚焕：《惕园初稿·读明儒学案偶记下》。

庚焕述说：

昔闻阳明先生格庭竹之理七日致病，而疑之夫程子格物之说。……先生之言顾若此，每乃以身示法，俾学者知程子之说果不足信欤！厥后，罗近溪先生自云，昔读薛文清公书，人当扫去万起万灭之虑。……扫除之匝月，而病作几毙。……近溪之为是说也，每亦以身示法，俾天下后世知程朱之徒其学术足以杀人。如是而洪水猛兽之喻，于是益信欤！①

在陈庚焕看来，王阳明格庭竹之理七日致病，罗近溪扫去万起万灭之虑，匝月几死，证明了程朱格物之说不能"以身示法"而为非，是恶意攻击程朱学说。这是造成后世谓程朱以理杀人、视程朱理学为洪水猛兽的根本原因，是王学造谣惑众所引起的。

清代初期的朱子学家尊宋（学）而绌汉（学），清代中期汉学家尊汉（学）而绌宋（学）。陈庚焕认为两者都不对，都违背朱熹之意，不符合朱子学的思想，是从门户之见出发的。陈庚焕说："朱子称汉儒之功，而多主其说。此公心也。然汉儒于知道处，实不无可议，要不以相掩可也。后世尊宋者必绌汉，尊汉者必诋宋，则诚是私意矣。"②又述道：

从来经生家好为聚讼，不独汉世为然。近世儒者右汉儒者必摈宋，尊宋儒者必绌汉，二者交讥也。夫网罗废坠，摭拾义训，俾先圣遗文不归湮灭，汉儒之功诚不可诬。而阐发奥蕴，独得其真，俾群圣心传灿然复明于千载之下，则宋儒之功尤不可掩。宋儒所心得，固汉儒所未窥，而汉儒所专精，或宋儒所不暇，各有所长，亦有所短。宗其所是，讲其所疑，无不可者。③

在这里，陈庚焕关于汉儒、宋儒的学术特点和学术成就的分析是比较符合实际情况的。特别是陈庚焕提出的"各有所长，亦有所短。宗其所是，讲其所疑"的原则，是比较科学的治学方法。

陈庚焕基于其调和论的学术观点，认为理学、心学、文学是一致的，理是最根本的，而心和文是表现理的。陈庚焕提出"理学、心学门户之分，互持而不相下，皆非"④。

---

① （清）陈庚焕：《惕园全集·阳明格竹子近溪扫万虑辨》。

② （清）陈庚焕：《惕园全集·书陈一斋先生谬言意言册后》。

③ （清）陈庚焕：《惕园全集·拟汉徐访论五经章句疏序》。

④ （清）陈庚焕：《惕园全集·问学赘说》。

黄廷玉对陈庚焕自述中关于理学、心学、文学的见解，评论深刻：

一日，有以理学、心学、文学三说质者。尝曰：夫学一而已。理具于心，征诸事而载诸文，无二理也。学者即经史之文以穷理，反而求诸吾心，实而见诸行事，发为文章，无非是理，无二学也。自实学不明，乃有遗心与事以求理者，有外理与事以指心者；有徒托理以为文，而无与于心与事者；有专就文以言文，不顾理之所安心之所是者，皆学之失也。救是失，惟在一诚，诚立则心存。以是心读圣贤之书，必返躬以体其实。此是心权天下之理，必随时以处其中。言道言教必本人伦而不为高论，言敬言静必切日用而不为空谈，毋争门户必折中于圣人，毋事安排必徐候其自得。如是以为学，则有体有用而无差；如是以为教，则易知易从而无弊；如是以为文，则明经之文足以适用，论史之文足以达变，谈道之文足以觉世，有韵之文足以言志。即制举之文，亦足以不戾于时而无背于道。坐言起行，即经世之用，亦不外是矣。诚如是以为学，则何陋于言文？何病于言理？何讳于言心？又何三者之别哉？[①]

陈庚焕认为学一而已，人们把理学、心学、文学三者分开，是学之流失。他主张用理学把理学、心学、文学统一起来。

---

① （清）黄廷玉：《闽中文献录·陈庚焕条》。

第十一章

清代后期和民国初期的福建理学

清代自宣宗道光(1821—1850)、文宗咸丰(1851—1861)以后,进入衰败时期。道光二十年(1840)爆发的中英鸦片战争,使中国进入半殖民地半封建社会,是中国近代史的开端。此后又经文宗咸丰、穆宗同治(1862—1874)、德宗光绪(1875—1908)三朝,至溥仪宣统三年(1911)辛亥革命推翻清王朝,建立中华民国。清代后期将近有1个世纪。

清代中期中国资本主义的萌芽又活跃起来,但封建统治还是较为稳固的。到了道光年间,清王朝百孔千疮,国势江河日下。政治腐败,军备废弛,财政支绌。官吏贪污成风,赋税日益加重,高利贷剥削极为猖狂。官僚、地主、豪富兼并土地更为严重,大量农民破产流亡,农民反抗斗争更加频繁。整个清王朝的封建统治基础已经开始动摇,中国封建社会已到了它的最后阶段。就在这时,西方帝国主义列强妄图把中国变成它们的商品市场和原料基地的野心,受到清朝政府的闭关政策和中国自然经济的顽强抵抗,它们决定以毒品鸦片来打开中国的大门,输入中国的鸦片急速增加。鸦片"毒中国人,又竭中国之财"[①],烟毒泛滥激起了中国人民的普遍愤怒和强烈反抗。在统治阶级中,以福建侯官人林则徐为首的一派,从封建王朝的长远利益出发,主张严禁鸦片。道光皇帝鉴于"兵弱银荒"的危机,委派林则徐为钦差大臣,前往广州查禁鸦片。英国资产阶级用武力保护其鸦片走私,便发生了1840年6月开始的中英鸦片战争。正当林则徐领导的抗战节节胜利之时,道光皇帝在投降派"防民甚于防寇"论的影响下,决定向英国妥协,将林则徐革职,派琦善、奕山、奕经处理对英战争和交涉。结果,清军先后在广东、福建等地溃败。于是1842年8月,清政府向英国屈辱投降,同英国签订了中国历史上第一个不平等条约《南京条约》。从此,中国进入近代,中国社会的

① (清)黄爵滋:《敬陈六事疏》。

主要矛盾除原来的农民阶级和地主阶级矛盾之外，又增加了西方资本主义列强和中华民族的矛盾，中国逐渐沦为半殖民地半封建社会，中国人民肩负着反帝和反封建的双重革命任务。1911 年的辛亥革命推翻清王朝的封建统治，1912 年建立了中华民国。但辛亥革命失败后，中国依然处于封建主义、帝国主义的压迫之下，反封建、反帝国主义的革命任务并没有完成。中国人民在中国共产党的领导下，开展了新民主主义的革命斗争。

基于上述中国的社会历史，中国近代的思想斗争是以新学和旧学、西学与中学的形式展开的。毛泽东述说：

> 在五四以前，中国文化战线上的斗争，是资产阶级的新文化和封建阶级的旧文化的斗争。在五四以前，学校与科举之争，新学与旧学之争，西学与中学之争，都带着这种性质。①

在这里，毛泽东肯定了这个时期新学和旧学、西学和中学斗争的性质是资产阶级新文化和封建阶级旧文化的斗争。

宋元以来，以朱熹为代表的理学一直是历代王朝占统治地位的官方哲学。到了清代中期，鉴于朝廷“文网”（文字狱）太密，乾嘉考据学（汉学）盛行，压倒理学（宋学），逐渐形成一种脱离实际、知古不知今的学风，并受到朝廷的支持和提倡。因此清代中期在思想文化领域中是宋学和汉学占统治地位，是一片“万马齐喑”的沉寂气氛。鸦片战争后，严重的社会危机、民族灾难和人民群众反封建、反侵略的斗争，特别是经过 1851—1864 年的太平天国革命运动，西方资产阶级自然科学和各种思想学说逐渐输入中国，对中国近代思想文化产生深刻的影响。近人梁启超述说：

> 鸦片战役以后，志士扼腕切齿，引为大辱奇戚，思所以自湔拔。经世致用观念之复活，炎炎不可抑。又海禁既开，所谓西学者逐渐输入。始则工艺，次则政制，学者若生息于漆室之中，不知室外更何所有？忽穴一牖夕窥，则粲然者皆昔所未睹也。还顾室中，则皆沉黑积秽。于是对外求索之欲日炽，对内厌弃之情日烈。欲破壁以自拔于此黑暗，不得不先对于旧政治而试奋斗。于是以其极幼稚之西学知识，与清初启蒙期所谓经世之学者相结合，别树一派，向于正统派公然举叛旗矣。此则清学分裂之主要原因也。②

---

① 《毛泽东选集》（合订本），北京：人民出版社，1964 年，第 657 页。

② 梁启超：《清代学术概论》，北京：中国人民大学出版社，2004 年，第 194 页。

这就是说，在鸦片战争“大辱奇戚”的刺激下，经世致用之学复盛，并与刚传入中国的西学相结合，构成有如毛泽东所说的代表新兴资产阶级利益的新文化，与原有的封建阶级旧文化相对抗。其代表人物就是从封建统治阶级中分化出来的一部分较为开明的官僚和知识分子，如林则徐、龚自珍、魏源、康有为、章太炎等。他们在政治上要求改革弊政和抵抗侵略，在思想上反对宋学、汉学空谈性理，厚古薄今，脱离实际。他们为给自己的思想披上合法的中国传统外衣，其中一些人便利用“今文经学”作为工具。产生于西汉的今文经学，把《春秋公羊传》(今文经)的经义和当时的谶纬迷信相结合，牵强附会地任意解释经书的内容，为新兴的封建统治者服务，是当时的正统学派。今文经学，又称为公羊学。清代今文经学派主要利用公羊学中的专制和改制思想，借题发挥，议论时政。康有为、梁启超以今文经学为工具，宣传变法维新主张。于是清代后期今文经学大兴。清代后期和民国初期出现的新学和旧学、西学和中学之争，实际上是今文经学和宋学(程朱理学)、汉学(古文经学)之争。当时属于程朱学派的方东树、唐鉴、倭仁、曾国藩、辜鸿铭等，都是旧学、中学中的主要人物。从整个清代后期的思想文化界来说，今文经学(公羊学)占据时代思潮的主流，程朱理学不振，应该说已到了它的末日。但由于出现倭仁、曾国藩等“理学名臣”，曾出现所谓“咸同(即咸丰、同治年间)理学中兴”。在清代后期和民国初期，理学是为封建守旧派和买办地主资产阶级服务的。

在清代后期和民国初期，朱子学始终没有断绝。它顽强地存在着，并在社会上发挥重大作用，尽管它不再是中国社会思想发展的主流。一般来说，在近代中国，辛亥革命前统治阶级的官方哲学仍然是程朱理学，辛亥革命后官方的统治思想尽管不断在变化中，但是程朱理学仍然起着重要作用。因此，在整个近代中国，朱子学仍然具有广泛深刻的影响。

在近代中国，统治者仍然把朱子学视为有效的精神支柱。清德宗光绪皇帝像历代皇帝一样，十分推崇朱子学。他说：“朱子之学，圣贤之学也。其言以尧舜为宗，以孔孟为法，诚意正心，推而至于国家天下。”[①]光绪皇帝十分清楚地认识到，朱子学是巩固和加强封建统治的最好工具。同时，有不少官僚和学者极力宣扬朱子学。他们为维护朱子学的权威，反对汉学、公羊学。当时最有名的为方东树、唐鉴、倭仁、曾国藩、张之洞、胡林翼、左宗棠、

① (清)陈忱：《读史随笔》卷上，《论朱子与陈亮的学术》。

罗泽南等人。方东树是安徽桐城人，桐城学派的代表人物。方东树与龚自珍约略同时而稍后，死在龚自珍之后十年。方东树自谓“见人著书，凡与朱子为难者，辄恚恨，以为人性何以若是弊也”[①]。因此，“道光初，其焰(按指汉学)尤炽。先生忧之，乃著《汉学商兑》，辨析其非”[②]。道光年间，虽然公羊学兴盛起来，但汉学还有很大势力。方东树批判的虽然是汉学，但他是以程朱理学的卫道者面目出现的，重新提倡朱子学，因而方东树的言论在当时发生了重大影响。方东树在《汉学商兑序》中述说：

> 及至宋代程朱诸子出，始因其文字以求圣人之心，而有以得其精微之际。语之无疵，行之无弊，然后周公、孔子之真体大用，如拨云雾而睹日月。……全赖程朱出而明之，乃复以其谀闻驳辨，出死力以诋而毁訾之，是何异匹夫负十金之产，而欲问周鼎者也。是恶知此天下诸侯所莫敢犯也哉！

方东树在《汉学商兑》中指出汉学六大缺点，特别对汉学家所谓“由训诂以通义理”的观点进行了批判，谓“今汉学者，全舍义理而求之左验，以专门训诂为尽得圣道之传，所以蔽也”[③]。方东树的《汉学商兑》，时人梁启超评之为“清代一极有价值之书”，正值汉学“炙手可热之时，奋然与抗，亦一种革命事业也”。“后此治汉学者颇欲调和汉宋，如阮元著《性命古训》、陈澧著《汉儒通义》，谓汉儒亦言理学。其《东塾读书记》中有朱子一卷，谓朱子亦言考证。盖颇受此书之反响”[④]，甚至有谓方东树的《汉学商兑》“书出，汉学遂渐熄”[⑤]。果然，汉学在此不久以后就一落千丈，被公羊学所代替。方东树还著有《书林扬觯》，主张恢复程朱理学。在汉学和公羊学盛行、朱子学衰落时期，方东树推尊程朱理学，对维护朱子学起了重要作用，在朱子学史上占有重要地位。

唐鉴是湖南善化人，官至江宁布政使。《清史稿》本传谓他“生平学宗朱子，笃信谨守，无稍依违”。他著《清学案小识》，编造清代理学道统。他述说：

> 千古一程子、朱子而已矣。此数圣人、数贤人者，天以之成其天，地

---

① (清)方东树:《汉学商兑》卷首,《序》。

② (清)苏惇元:《方东树传》。

③ (清)方东树:《汉学商兑》卷中之下。

④ 梁启超:《清代学术概论》,北京:中国人民大学出版社,2004年,第50页。

⑤ (清)苏惇元:《方东树传》。

以之成其地。天地不变,此数圣人、数贤人不变也;此数圣人、数贤人不变,天地终古不变也。[①]

唐鉴还广招学徒,传播朱子学,倭仁、曾国藩、关廷栋等都曾登门问教,连咸丰皇帝也数次召他“赴阁进对”。倭仁是蒙古正红旗人,官至大学士。倭仁以程朱理学的卫道者自居,极力反对新学、西学。他认为:“立国之道,尚礼义,不尚权谋;根本之途,在人心,不在技艺。”[②]反对洋务派设同文馆和学习西方自然科学知识,成为守旧派的首领之一。曾国藩是湖南湘乡人,官至两江和直隶总督,因镇压太平天国革命有功,被朝廷封侯。他以孔孟程朱的正统继承者自命,为摇摇欲坠的清王朝“挽回厌乱之天心”。张之洞是河北南皮人,官至山西巡抚、两江总督,为清代买办地主资产阶级的代表。张之洞提出“读书宗汉学,制行宗朱子”;“我朝列圣,尤尊孔孟程朱,屏黜异端”;“中学为体,西学为用”[③]等,以维护清王朝的专制统治。

在清代后期和民国初期的福建,新旧思想的论争也十分激烈。一方面,以陈寿祺(闽侯人)、陈乔枞(闽侯人)、郭尚先(莆田人)、严复(闽侯人)、曾克耑(福州人)等为代表,治公羊学、西学,反对程朱理学。陈寿祺、陈乔枞父子由宋学至汉学,企图调和宋学与汉学。他们治西汉今文辑佚之学,以著名的福州鳌峰书院和浙江诂经精舍为据点,登台授徒,著书立说。他们著有《五经异义疏证》、《尚书大传定本》和《今文尚书经说考》等,宣扬公羊学,有功于今文经学。郭尚先官至侍讲学士,治经世有为之学,学问渊博。与林则徐为莫逆之交,议论时弊,要求改革国内政治,反对外国侵略;主张对外开放,学习西方科学技术,增强国力。哲学上反对天人感应论和鬼神说,提出物无有不对的辩证法思想。他著有《增默庵文集》8 卷。严复是中国第一个介绍西方学术思想和政治制度的学者,是西学、新学的主要人物。他宣扬达尔文“生存竞争”“自然淘汰”的观点,激发当时中国人挽救民族危亡的爱国意识,并向清王朝提出变法维新的要求。他提出为学要有实和用,斥责朱子学、汉学为无实、无用之学,并批判洋务派“中学为体,西学为用”的主张。其著有《侯官严氏丛刊》《严译名著丛刊》等。曾克耑接受严复的政治思想,反对程朱理学,著有《颂橘庐丛稿》、《曾氏家学》(是书于 1961 年在香港印行)等。

---

① 唐鉴:《唐确信公集》卷一,《学案后序》。

② 转引自《中国近代资产阶级资料丛刊》第一册。

③ 张之洞:《劝学篇》。

另一方面，以刘存仁（闽县人）、林春溥（闽县人）、陈庆镛（晋江人）、郑星驷（福州人）、辜鸿铭（厦门同安人）等为代表，坚持程朱理学，反对西学、新学，成为守旧派、洋务派的理论代表。例如郑星驷在学术上极力推崇孔孟程朱，著《崇孔辟邪录》，还治汉学，著《尚书一贯录》《春秋传分图便览》等。他在政治上属于封建顽固派，但他爱国爱家乡，家乡人爱戴他、怀念他。其著作汇编为《郑星驷著述》（福建省图书馆有其手抄本）。林春溥授翰林院编修，后主讲于著名的福州鳌峰书院 19 年。林春溥著有《春秋经传比事》《四书拾遗》《孔子世家补考》《孔门师弟年表》《孟子列传纂》《孟子外书补订》《开辟传疑》《古书拾遗》《开卷偶得》等，汇辑为《竹柏山房丛书》。林春溥学术以宋学为主，兼治汉学，析经性命义理和训诂考据并重，力图把宋学和汉学结合起来。他认为朱熹学说虽集诸儒之大成，并未到顶点，后人又把朱熹学说发展了。如朱熹的《四书章句集注》，“实萃汉唐以来儒之精华，故其书行而旧说尽废。……然圣贤之言精微广大，无所不包，绎之有不尽之。……义理无穷而后说常胜，势固然也”[①]。因此，他认为朱子学必须创新才行。这是近代福建理学学者的一大特点。林春溥在《开辟传疑》中提出“玄黄既判，未有人而先有物”的命题。林春溥又述道：

> 有天地然后有万物，有万物然后有人。人有血气性欲以相接则必争。故愚者常待命于智，而弱者常求庇于强，其智而强者因得结其辟而指挥之。如是者，盖往往而聚，遂各据其方，各长其世，和相安，怒相并，大小分合又各就其胜己者而听命焉。时则有大国小国而莫统于一。……后世统九州，敭六合而为皇帝。[②]

林春溥在这里讲国家的形成、社会矛盾的产生，认为社会国家的出现不是天意，也不是圣人之意，而是自然发展的过程，社会是不断进步的，是有合理因素的。

另外，民国著名的艺术家、佛学家李叔同（僧名弘一，浙江平湖人），中年出家后有 14 年的时间居住在福建，宣扬程朱理学，倡复朱熹文物。1933 年底，他在晋江草庵寺为寺内朱熹墨迹“勇猛精进”横匾加边题：“岁次癸酉，与传贯法师同住草庵度岁，书此以为遗念。”1935 年春，他在泉州开元寺温陵养老院恢复了两项朱熹遗迹：一是补书开元寺门口原朱熹墨迹对联，即“此

---

① （清）林春溥：《四书拾遗自序》。

② （清）林春溥：《开辟传疑序论》。

地古称佛国，满街都是圣人”，并题“寺门旧有此联，朱文公撰。久失，为补书之。戊寅春，沙门一音书。佛弟子叶慧眼重刻”。二是补题温陵养老院中“过化亭”匾额，并题说：

> 泉郡素称海滨邹鲁，朱文公尝于东北高埠建亭种竹，讲学其中。岁久倾圮，明嘉靖间，通判陈公重筑斯亭，题曰过化。后亦毁于兵燹。尔者叶居士青眼，欲复古迹，请书亭额补焉。余昔在俗，潜心理学，独尊程朱。今来温陵，补题过化，何莫非胜缘耶？逊国后二十四年，岁在乙亥，沙门一音书。时年五十有六。

李叔同在福建宣扬程朱理学和倡复朱熹文物，对民国年间福建理学有一定的影响。

清代后期和民国初期福建理学主要以陈寿祺、刘存仁、陈庆镛、严复、辜鸿铭等代表。此外，由朱子学而治汉学者以陈寿祺等为代表。陈寿祺等的学说，在一定意义上表明福建理学的终结。接下来是近现代学者对朱子学、新儒学等福建理学进行研究和阐扬，推陈出新，古为今用，为新时代的文化建设服务。本章分别加以论述清代后期和民国初期的福建理学。

第一节　陈寿祺

一、陈寿祺的生平著述

陈寿祺，字介祥，又字恭甫、苇仁，号梅修、左海、隐屏山人，福建闽县（今福州）人。生于清高宗乾隆三十六年（1771），卒于清宣宗道光十四年（1834）。博览群书，文词典丽，是著名理学家孟超然的门人。乾隆五十二年（1787），台湾林爽文聚众起义，清政府派福康安率军前往镇压。陈寿祺作《海外纪事诗》，给予献策。福康安平台后回闽，又作《上福嘉勇公百韵诗》，受到赞扬传诵，远近知名。

乾隆五十四年（1789），陈寿祺中举人。嘉庆四年（1799），进京应进士试，最初试卷被分房考官所遏，幸座师经学家阮元向主考大学士朱畦极力推荐，予以录取。此后成为阮元的得意门生，历任翰林院庶吉士、广东省乡试副考官、会试同考官、文渊阁校理、散馆编修、教习庶吉士等。

嘉庆十五年（1810），陈寿祺因父亲去世，丁忧归里。回家后，深悔对父母没有恪尽孝道，便决定留在家中侍奉母亲。孝服满后，陈寿祺到泉州主讲于清源书院,历时数年,以经学教授诸生。清宣宗道光二年(1822),陈寿祺丁母忧归里。服满,主讲于福州鳌峰书院。陈寿祺订立规章,整肃课程,厉行儒家的传统教育思想,如作《义利辨》《知耻说》《科举论》等文,传示诸生。数年中造就很多人才,其中有诗人张际亮、史学家王捷南、理学家梁文等。福州鳌峰书院在陈寿祺主持期间,有很大的发展。

陈寿祺关心家乡的建设和文化事业,如赈济福州贫民,兴修东湖、西湖、莆田木兰陂等。他还建议闽浙总督孙尔准、巡抚韩克均募款修缮福州贡院,增添房舍,加高围墙等。

陈寿祺热心宣扬福建的先贤和良吏。道光四年(1824),他联合士绅,呈请督、抚,将黄道周从祀府文庙,并为之刊行《黄忠端集》66 卷。福建布政使李庚芸居官清正,因对总督汪志伊、巡抚王绍兰的施政不满,遭诬陷迫害,自缢身亡。陈寿祺深为不平,动员生员林天光等向钦差呈诉,使李庚芸的冤案得到平反,汪志伊、王绍兰被罢官。

《福建通志》自乾隆三十三年(1768)修成续志以后,已过 60 多年未曾修纂,而康熙志和乾隆正、续两志又存在很多错误。陈寿祺关心修志工作,建议地方当局把修缮贡院的余款 2 万余缗作为修纂新志的费用。当局接受其建议,并请陈寿祺担任总纂。道光九年(1829),通志馆开局,历时 3 年。陈寿祺为通志立义例,并撰《形势》《山川》《儒林》《文苑》等部分。在编撰新志 3 年中,陈寿祺患病日渐严重,抱病修订稿本。道光十四年(1834),《重纂福建通志》即将完成之时,陈寿祺于是年二月二十日病逝于福州黄巷家中。陈寿祺主纂的道光《重纂福建通志》,原稿共 400 卷,其中《地理沿革志》《金石志》《方言志》《列传》,及陈寿祺自撰的《形势志》和《山川志》,都广征博采,丰赡翔实,堪称力作。有谓"此志地理沿革、山川、职官、选举各门,皆考订精采,非名手细心研究者不办,迥非雍正、乾隆二志所及。至各种列传之事迹翔实。由于采摭淹博,贯串精熟,剪裁得当"①。陈寿祺去世后,该志稿因纠纷,推迟至同治年间(1862—1874)才出版,且卷数有所减少,但仍有超出前志多多,甚为后世所推许。

陈寿祺的著述有《五经异议疏证》3 卷、《尚书大传定本》3 卷、《左海经辨》4 卷、《洪范五行传辑本》3 卷、《三家诗遗说考》3 卷、《礼记郑读考》4 卷等。此外,陈寿祺能文工诗,著有《左海文集》10 卷、《左海诗集》6 卷、《东越

① 陈衍:《石遗室书录》。

儒林文苑后传》2 卷等。

二、陈寿祺的宋学与汉学

为了论述陈寿祺的宋学与汉学的思想，先简略介绍经学问题。经学问题起于汉代，当时出现经今古文之争，逐渐形成两种不同的学术思维方法。梁启超述说：

> 清学分裂之导火线，则经学今古文之争也。何谓今古文？初，秦始皇焚书，六经绝焉。汉兴，诸儒始渐以其学教授。而亦有派别：《易》则有施（雠）、孟（喜）、梁丘（贺）三家，而同出田何；《书》则有欧阳（生）、大夏侯（胜）、小夏侯（建）三家，而同出于伏生。《诗》则有齐、鲁、韩三家，《鲁诗》出申公，《齐诗》出辕固，《韩诗》出韩婴。《春秋》则惟《公羊传》，有严（彭祖）、颜（安乐）两家，同出于胡毋生、董仲舒；《礼》则惟《礼记》，有大戴（德）、小戴（圣）、庆（普）三家，而同出于高堂生。此十四家者，皆汉武帝、宣帝时立于学官，置博士教授。其写本皆用秦汉通行篆书，谓之今文。……逮西汉之末，则有所谓古文经传出焉，《易》则有费氏，谓东莱人费直所传；《书》则有孔氏，谓孔子裔孙安国发其壁藏所献；《诗》则有毛氏，谓河间献王博士毛公所传；《春秋》则《左氏传》，谓张苍曾以传授；《礼》则有《逸礼》三十九篇，谓鲁恭王得自孔子坏宅中。又有《周官》，谓河间献王所得。此诸经传者，皆以蝌蚪文字者写，故谓之古文。两汉经师，多不信古文。……至东汉末，大师服虔、马融、郑玄皆尊习古文，古文学遂大昌。而其时争论焦点，则在《春秋公羊传》，今文大家何休著《左氏膏肓》《穀梁废疾》《公羊墨守》，古文大家郑玄则著《箴膏肓》《起废疾》《发墨守》以驳之。玄既淹博，遍注群经，其后晋杜预、王肃皆衍其绪，今文学遂衰。此两汉时今古文哄争之一大公案也。[①]

两汉的今古文之争，到宋明又演变为宋汉之争。经今文学与宋学接近，通过义理思辨，重在发扬经书中的微言大义，倾向于哲学；经古文学与汉学接近，通过考据、训诂，重在实证，主张六经皆史，倾向于史学。这两种学术思维方式相反相成，出现于清代学术思想里。清代中后期，近代中国现代化的思潮强烈，以朱熹为代表的宋学在多方面不大适应，而汉学，特别是今文经学公羊学派却适应了当时近代中国现代化的思潮，于是汉学便成为清代

① 梁启超：《清代学术概论》，北京：中国人民大学出版社，2004 年，第 194～195 页。

中后期学术思想的主流。

陈寿祺进京应进士试时，得到考官大经学家阮元的帮助，遂拜其为师。陈寿祺回闽探亲，路过杭州，适遇阮元任浙江巡抚。阮元便聘请陈寿祺主讲杭州敷文书院、诂经精舍等。这期间，他尽得阮元所传。陈寿祺的经学思想，直接得之于阮元的经学。谷颖认为："正是与阮元的这段密切的学术交往，阮元所倡导的复兴古学、重视训诂考据之学等对治经的作用等学术精神，不仅指导着陈寿祺在杭州期间的学术工作，而且深深地影响着他的学术追求，彻底改变了他的治学方法和学术倾向，最终走上了'解经得两汉大意，每举一义辄有折中'的专治汉学的道路。"[①]阮元（1764—1849）是当时著名的经学大师，著有《经籍纂诂》，校刻《十三经注疏》等。他认为"万世之学以孔孟为宗。孔孟之学，以《诗》《书》为宗。学不宗孔孟，必入于异论"。[②] 阮元说：陈寿祺解经"得两汉大意"；"立身于道义之中，而经学博通两汉，文章雅似齐梁，其学行卓凡传矣"。[③] 陈寿祺又与经学大师钱大昕、段玉裁等论学。段玉裁评其说："先生人品经术，皆不做第二流人"；"海内治经有法之儒为吾兄首屈一指"。[④] 陈寿祺本是孟超然的门生，信奉朱子学，具有深厚的理学思想。陈寿祺在鳌峰书院教学中，引导学员研习宋学，强调理学能正人心、拯流弊，特别发扬理学的道德伦理规范作用，以及经世致用的思想，适应当时的学术思想形势。陈寿祺在理学的基础上，进一步治经学，将理学、汉学、政史和诗词四学结合在一起，使教育更加适合社会发展的需要。

陈寿祺用汉儒治经学的方法，用汉学解释经义。陈寿祺精通今文，而于义理、名物又能融会贯通，成为有清一代知名的经学大师。福建自清初的李光地、官献瑶以来，多崇尚宋明理学。陈寿祺由理学转向汉学，宋学与汉学结合，在福建理学史上具有重要价值意义。由此，福建学界不再只限于朱子学。陈寿祺对闽中学术、文教影响很大，他在福建学术从固守理学到诸学并举的转变中起了很大的作用。

陈寿祺在清代嘉道年间，通研群经，对今文《尚书》、三家《诗》用功尤深。其治经成就体现在其辑佚《尚书大传》，疏证《五经异义》，撰著《左海经辨》

① 谷颖：《陈寿祺生平及著述考》，《长春师范学院学报（人文社会科学版）》2006年第9期。

② （清）阮元：《诗书古训序》。

③ 钱仪吉：《碑传集》卷五一。

④ （清）陈寿祺：《左海经辨》卷首。

等。陈寿祺的治经方法是稽核各经异同，考证古今经说，辨明今文家法，力追西汉，注重今古互相发明。陈寿祺执教于福州鳌峰书院，重经史，讲致用，敦教化，正学风。后来大经学家廖平从今文经学出发，认为陈寿祺“独取今文，力追西汉，魏晋以来无此识力”。[①] 治经分判古今，注重家法，与乾嘉考据学家的研究有很大的不同。梁启超述说：

> 今文学初期，则专言公羊而已，未及他经，然因此知汉代经师家法。今古两派，截然不同，知贾马许郑，殊不足以尽汉学。时辑佚之学正极盛，古经说片言只字，搜集不遗余力。于是研究今文遗说者渐多，冯登府有《三家诗异文疏证》，陈寿祺有《三家诗遗说考》，陈乔枞有《今文尚书经说考》《尚书欧阳夏侯遗说考》《三家诗遗说考》《齐诗翼氏疏证》。……然皆不过言家法同异而已，未及真伪问题。[②]

陈乔枞是陈寿祺之子，陈乔枞的作品是在陈寿祺指导下撰写出来的，父子俩的学术思想基本一致。

陈寿祺“讲家法而不争门户”的学术主张，很得到学者的赞赏。王先谦在《诗三家义集疏》中，多采陈寿祺的观点，其《序例》说：“穷经之士讨论三家遗说者，不一其人，而侯官陈氏最为详洽。”即指陈氏的《三家诗遗说考》。[③]

陈寿祺具有以倡实学、汉宋并重、诸学并举、经世致用为基本特征的新颖学风，陈寿祺的《重纂福建通志》就是经世致用的。基于陈寿祺学术的影响，福建人逐渐由科举仕途转向经世致用，为以后的林则徐、严复、辜鸿铭、张际亮等学习西学奠定了思想基础。陈寿祺的经学对后来廖平、皮锡瑞、康有为等经学思想有很大的影响。

对于陈寿祺的学派归属，章太炎指出：“陈氏父子从事西汉今文经学的辑校，只以古书难理，为之证明。本非定立一宗旨者，其学亦不出自常州。”[④]就是说不能把陈寿祺、陈乔枞父子俩的经学归入常州今文学派（即今文经学派）。这是从表面看问题，一般认为陈寿祺、陈乔枞应归入今文经学派，是著名的今文经学家。

清代嘉道年间学术思想的特点，是突出经世致用的思潮。当时不少学者诸如江藩、方东树等，抛汉学而取宋学。陈寿祺的汉宋兼采是当时汉学界

---

① 廖平：《知圣篇撮要》，《廖平选集》下册，成都：巴蜀书社，1998年，第619页。

② 梁启超：《清代学术概论》，北京：中国人民大学出版社，2004年，第197页。

③ （清）王先谦：《诗三家义集疏·序例》。

④ 支伟成：《清代朴学大师列传》卷首，长沙：岳麓书社，1998年。

的主流。

第二节　刘存仁

一、刘存仁的生平著述

刘存仁，字炯甫，又字念莪，晚号蘧园，福建闽县(今福州)人。生于清仁宗嘉庆七年(1802)，卒于清德宗光绪三年(1877)，终年 76 岁。道光二十九年(1849)举人。曾入林则徐幕府，为林所信任。历官甘肃渭源、永昌、平罗等县知县，甘肃秦州、直隶州知府，甘肃令等。晚年被聘为福州道南书院院长。

刘存仁是清代著名的经学家陈寿祺的门人。刘存仁一生笃信程朱理学，特别是在主持以宣扬朱子学为职志的福州道南书院期间，其理学思想臻至成熟。

刘存仁站在程朱理学的立场上，对古今学术进行了评述，认为宋代学术最为昌明。他述说：

> 宋世理学昌明，大儒辈出。《语录》《性理》诸编，圣学之阶梯，大道之途径。躬行实践，以求义理则甚精，以求经济则甚实。明体达用，厥功懋矣。[①]

刘存仁认为理学在宋代并不是空疏不实之学，而是“以求经济则甚实，明体达用，厥功懋矣”。刘存仁提出“道(按即理学)外无儒，儒外无道”[②]的观点，认为“通经学古”、治理学的人才是真正的学者，其学才是真正的儒学。他述说：

> 元史臣之撰宋史，始以道学、儒学等分为二传。后之言程朱之学者空疏无据，不复以通经学古为务。于是谈复古者用是为诟病，以考订为是，以训诂为功。其甚者，欲尽废程朱而宗汉，穿凿附会，琐细驳杂，而学愈晦，不知道外无儒，儒外无道。[③]

在刘存仁看来，当时治汉学(考据学)的人是程朱理学末流，也是程朱之

---

① (清)刘存仁:《屺云楼全集・劝学刍言》。

② (清)刘存仁:《屺云楼全集・屺云楼文钞》卷三,《上督学李铁梅阁学书》。

③ (清)刘存仁:《屺云楼全集・劝学刍言》。

学者,由此也可看出刘存仁的门户之见并不严。刘存仁从经世致用观点出发,对古今学术提出一些较为客观的看法。刘存仁的学术观点具有折中调和论的特点。他述说:

汉学、宋学两家互为胜负,其实门户之见未融,逞私心而轨于公道者也。汉承天学之后,递禀师承,其学者笃信师说,训诂相传,莫敢相异。其弊也,杂之以谶纬,乱之以怪僻。……宋世名儒辈出,摆落杂芜,独标精蕴,于圣人之旨为近。要之,汉学自有根柢,不得以浅陋讥之;宋学俱有精微,不得以空疏目之。故吾谓今日学者贯通汉宋之邮而得其要领,依声附影,随俗转移,无当也。①

这里所谓汉学,是指汉代的经学,不是指清代的汉学。刘存仁这种观点是比较符合实际而公允的。刘存仁认为清代的汉学(考据学)与汉代的经学是不同的,不能混为一谈。汉代经学"训诂相传,莫敢相异",根柢深厚;清代汉学"猎词华以博取科名","以外来之荣辱为欣戚"。刘存仁述说:

今世之学,猎词华以博取科名尔,而于心身性命之理,人伦日用之常置而不讲。……名心一炽,驰函纷华。得志则利禄汩没,失意则英华销损。以外来之荣辱为欣戚,于德性毫无所补。②

这里所谓"外来之荣辱",是与心内"性命之理"相对讲的。刘存仁把科名、利禄、失意等称为"外来之荣辱",把性命、道德之修养看成是内心反省工夫。因此,他强烈反对当时不讲道德实践的科举考试教育制度,认为科举制度的根本弱点是促使学者"熏心富贵",为"势利"而学,"不讲身体力行圣贤之理",科举制度"未见其与道合者"。刘存仁述说:

昔胡文定教授苏湖,设经义、治事两斋,当时因以学成者甚众。今日之庠序子弟,即异日之公卿,可不讲求所学?……俗学之害道者二:曰科举,曰文词。科举溺于势利,文词函于名声。然溺于文词者,若能深探其本,犹足以见道;科举则熏心富贵,未见其与道合者也。③

刘存仁认为孔孟之道"教人吃紧为人处,不外践履笃实"④。不尚"践履笃实"的学问,都是害道之俗学。刘存仁和其他理学学者一样,是非常重视道德实践的。

---

① (清)刘存仁:《屺云楼全集·劝学刍言》。

② (清)刘存仁:《屺云楼全集·屺云楼文钞》卷二,《与姚懋勤书》。

③ (清)刘存仁:《屺云楼全集·劝学刍言》。

④ (清)刘存仁:《屺云楼全集·屺云楼文钞》卷二,《与姚懋勤书》。

刘存仁对陆王学说不持门户之见，不因人废言。南宋时，在朱熹和陆九渊鹅湖之会上，朱曾指责陆为学“易简”，即不做“格物读书穷理工夫”而直接体验“心即理”。此后历代朱子学者大都坚持朱对陆的这种观点。刘存仁却肯定了“易简”的合理性。刘存仁述说：

> 天地之道，易简而已矣。易则易知，简则易从。易知则有亲，易从则有功；有亲则可久，有功则可大。可久则贤人之德，可大则贤人之业。易简而天下之理得矣。①

刘存仁认为天地的运动变化就是易简，通过易简方法，“天下之理得矣”。刘存仁对王阳明的主静说也做了肯定，认为是符合程子的动静之理的。刘存仁述说：

> 始悟程子静亦定，动亦定之理。嗣读阳明先生答伦彦式书，发挥透彻。其书云：循理之谓静，从欲之谓动。循理焉，虽酬酢万变，皆静也，濂溪所谓主静无欲之谓也。②

周敦颐、程氏都认为在未有天地之前的“无极”是静的，因而人的天性应该是“静”的和“无欲”的。王阳明认为静不是不动，循理无欲即谓静。只要是循理，“酬酢万变”亦谓之静。在刘存仁看来，王阳明的这种观点是和周敦颐的“主静无欲”一致的。

刘存仁提出“学所以成德”的史论相结合的学术标准。这种标准是经世致用的，是能够为当前的社会现实服务的。刘存仁述说：

> 学所以成德。……经以阐性命之精微，史以观古今之成败，舍经史以求获，势必不能。③

刘存仁把经看成是能够“阐性命之精微”的，即认为经是具有哲学意义的；史是总结“古今之成败”的，即认为是可以借鉴的。刘存仁的这种观点是合理的，而且是深刻的。刘存仁看重经史，就是因为经史能为当前现实服务。

刘存仁的著述有《诗经口义》2 卷、《笃旧集》18 卷、《屺云楼诗话》8 卷、《重刻闽县忠义孝悌传》2 卷、《劝学刍言》4 卷、《刘炯甫杂记》1 卷（附家书 1 卷）、《易学钩玄》1 卷、《课儿晬语》8 卷、《归田课孙录》4 卷、《宦海风涛集》2

---

① （清）刘存仁：《屺云楼全集·劝学刍言》。

② （清）刘存仁：《屺云楼全集·屺云楼文钞》卷八，《惕恐录杂记二十三则》。

③ （清）刘存仁：《屺云楼全集·屺云楼文钞》卷二，《文会规约序》。

卷、《自订年谱》4卷、《刘氏家谱》2卷、《论文肯綮》2卷、《屺云楼集(诗选)》24卷、《屺云楼诗余》1卷、《屺云楼文钞》12卷、《闽中耆旧诗钞》1卷等,清光绪四年(1878)辑刊《屺云楼全集》46卷,收录《诗经口义》2卷、《劝学刍言》4卷、《屺云楼文钞》8卷、《屺云楼诗话》4卷、《屺云楼诗选》28卷(初集8卷、二集8卷、三集12卷)等。

二、刘存仁的哲学思想和政治思想

在刘存仁的世界观中,天、性、理三个范畴具有相同意义。他认为"道之大原出于天,天则性,性即理也"①,因此天、性、理是一致的。他又说:"道之大原出于天,终日言性言理,而大原不知所以出,可乎哉!"②刘存仁这里讲的就是对北宋程颐所讲"心即性也,在天为命,在人为性"③的解释。性、理的大原是天,那么天是怎样的呢?刘存仁述说:

天何言哉?四时行焉,百物生焉,天以无心而成化也。④

由此可见,刘存仁的天具有一些客观物质的性质。他把天看成是客观事物变化的现象。"天以无心而成化",就是天是自然而然的,它是没有意志的。天既如此,天理寓于事物之中,即为事物之性。刘存仁所谓天即理、理即性,就是天、性、理统一于事物之中。

对于道,刘存仁也是力图到事物中去寻找。他认为道存在于人伦日用和诸文之中。刘存仁说:"道者何?日用所常行契,所敬敷之五教,尧舜……孔子相传之心法也,看来似高远,其实平庸,乃人伦日用所共由之道也。"⑤又述道:

道寄诸文,文者贯道之器,道与器二而一者也。制义代圣贤立言,必词依乎质,又当乎理充实完满而无一毫之亏。……用推道器合一之旨以质夫世之知言者。⑥

在这里,刘存仁把文章看成是载道(义、理)的器具(质)。刘存仁的文是指"代圣贤立言"和"世之知言者",即正确的文章。他认为这样的文章是载

---

① (清)刘存仁:《屺云楼全集·屺云楼文钞》卷八,《惕恐录杂记二十三则》。

② (清)刘存仁:《屺云楼全集·劝学刍言》。

③ (宋)程颢、程颐:《二程遗书》卷一八。

④ (清)刘存仁:《屺云楼全集·劝学刍言》

⑤ (清)刘存仁:《屺云楼全集·屺云楼文钞》卷三,《立志说示次泉六弟》。

⑥ (清)刘存仁:《屺云楼全集·屺云楼文钞》卷一,《刘石湖制义跋》。

道(义、理)的器具(质),是道(义、理)得以表现出来所依赖的质(器具)。刘存仁的这种说法是有合理因素的,是与马克思主义关于语言(包括文字)是思维外壳、是思维工具的观点相接近的。

上面论述的刘存仁的天、理、道,是其关于世界本原的范畴。对于世界万物是怎样从这些本原中产生出来,刘存仁提出“食色性也,阴阳理也。氤氲化醇,万物化生”的观点。刘存仁述说:

> 二气流行,寒暑循环。一气贯注,天地得之以立心,人物得之以立命。“惟精惟一,允执厥中”,一言而万理毕。……天地间人情物理,纷纭蕃变,理一以贯之。[①]

刘存仁认为阴阳“二气流行,寒暑循环”的过程,就是自然界(天地)和社会(人)产生的过程。他借用《尚书·大禹谟》中所说的“惟精惟一,允执厥中”来说明世界万物产生的情况。这就是说,阴阳二气流行,循环产生天地万物的道理是非常微妙的。这种精微和唯一的道理就是合乎中庸(不偏不倚)的要求,即“天地间万事万化,无不本诸中和”[②]。本来,“惟精惟一”是指“人心惟危,道心惟微”,即人心物欲危险和道心伦常微妙;“允执厥中”是指应该体会这种微妙和唯一的道理,使自己的言行符合中庸(不偏不倚)。原意是讲体察伦理道德问题,刘存仁把它解释成事物的产生、变化和状态,是确切的。

对于人能否认识天地万物,刘存仁做了肯定的回答。他认为主观和客观是会发生感应的,“夫感者物也,所以感之者,吾心之神也”;“心气和平,则事理亦通达矣”。刘存仁说:“凡事有一定道理。所谓方也,必此心清明,于道理上见得圆满充实,无一毫之欠缺,而后折中至当。顺事恕放,故曰知者不惑。”他进一步述说:

> 人心惟思为最虚最灵,万籁俱寂,胚胎未形,腾九天而入九渊,神妙变化,不可方物。思路绝而风云通。思之思之,鬼神亦将来告知,而况于人乎?《管子·内业篇》云:“思之而不通,鬼神将通之。非鬼神之力也,精气之极也。”故大而化之谓圣,圣而不可知之谓神。神者,妙万物而为言者也。穷神知化,德之盛也。是以鼓之舞之以尽神。故曰神而明之者存乎人,又曰知几其神。当其寂然不动,感而遂通,非天下之至

---

① (清)刘存仁:《屺云楼全集·劝学刍言》。

② (清)刘存仁:《屺云楼全集·劝学刍言》。

神,孰能与于此?夫感者,物也。所以感之者,吾心之神也。神与神遇而情生焉,有不知其情生文、文生情也。……学道之悟机,文章之化境尽在是矣。非真积日久,未能一旦豁然贯通。[①]

在这里,刘存仁讲到人心唯思,它要依赖由胚胎发展而来的物质器官,猜到了人的思维要有物质基础。他还详细讲了主观是能认识客观的。由于主观能认识客观,刘存仁提出“精神一到,何事不成”;“天下事,无不可为”[②]。

刘存仁把读书看作是认识事理的重要手段,极力主张“多读古书,且熟读古书,实心体验,虚心印证以圣贤之理,内证心德,外酌人情”[③]。他说:“能谨身循理……便是读书真种子……调神莫如明理,内体清明,自能勿药有善。”[④]又述道:

朱子曰:勿看杂书,恐分精力;勿说闲话,恐废光阴。……余谓无当于身心性命者,均谓之杂书,不特稗官野乘也;不切于伦常日用者,均谓之闲话,不特街谈巷议也。[⑤]

刘存仁把读书的目的看作是学习身心性命问题和明确伦理关系,因此读书只能读圣贤之书,一切无关身心性命和伦常日用者都不要读,读之既分精力又废光阴。在读书问题上,刘存仁还特别强调“以治生为急”,如述说:

先儒有言,读书以治生为急。讲学家多忽之,而不知平易近情,极有至理。……《孝经》云:“谨身节用,以养父母。”有味哉。[⑥]

刘存仁把维持人们生命和工作的物质生活需要,即所谓人欲,也包括在伦常日用中,故谓“读书以治生为急”。此论应为切实之言,非一般理学家之空谈心性、伦常。刘存仁述说:

贫虽非病,贫亦何尝不废学!以有用之精神,消磨于无名之浮费。……夫治生,非鸡鸣而起,孳孳为利之谓也。……经理失宜,一旦骤落,何所恃而不恐。……俯仰自给,而后乘暇日以读书,几见治生之为累哉!……安贫节用,治生之说也。治字极有经济,节字极有裁制,

---

① (清)刘存仁:《屺云楼全集·劝学刍言》

② (清)刘存仁:《屺云楼全集·劝学刍言》。

③ (清)刘存仁:《屺云楼全集·劝学刍言》。

④ (清)刘存仁:《屺云楼全集·屺云楼文钞》卷一,《答舅氏沈钝夫先生书》。

⑤ (清)刘存仁:《屺云楼全集·劝学刍言》。

⑥ (清)刘存仁:《屺云楼全集·劝学刍言》。

> 行而宜之之谓义。唯读书明理之君子能知之。……大抵人各有生，无贵无贱，各安其分，即各治其生。……居家多一分节用，便少一分劳心。告学者曰：为学浅一分世故，便深一分天机。利用以安身，崇德以广业，二者不相戾而相成矣。故曰治生为急。[①]

在这里，尽管刘存仁提出人们要安于现状，"人各有生，无贵无贱，各安其分，即各治其生"，但是他也认为如果人们起码的物质生活需要不能维持，就不能保证为学，修养都是空话，"贫虽非病，贫亦何尝不废学"。刘存仁要求"安贫节用"，"居家多一分节用"，要求经理得宜，即根据自己的实际情况安排自己的物质生活。此外，刘存仁还提出"为学浅一分世故，便深一分天机"，也是有合理成分的。

再者，刘存仁在读书识理上还提出养心、养生。他把"从习静始，从主敬入"看作是养心之"功"。在刘存仁看来，主敬就是"接人以和"。"接人以和"则"宅心以虚"，即心中全是天理而无人欲。刘存仁把心中没有邪念物欲看成是虚，如述说：

> 养心莫妙于观理，取圣贤格言浸灌涵濡，始知明教自有乐地，美在其中。……其功从习静始，从主敬入。……息心观理，可以通万物之情变。……持己以敬，接人以和，宅心以虚。[②]

刘存仁强调，"只是敬字好。余读朱子，提一敬字，醒人工夫极有把握。……静以养一心之身，动以观万物之变"；"学者以养生为第一义，精神强固，则志虑清明。《孟子》山木章可体会也"。[③] 显然，刘存仁的养生与治生的含义是不同的。所谓养生，就是要有为道的坚强意志（"精神强固"），志坚则志虑清明。志虑清明就是"宅心以虚"，心中全是天理。在这里，刘存仁吸收了道家思想。

刘存仁认为"行难"必须在"窒碍难行处见得道理圆满充实，方是理足"，这种说法是对的。刘存仁又述道：

> 人生不如意事十常八九，何能事事称意，必于窒碍难行处见得道理圆满充实，方是理足。……应事接物，到恰好最难。孔子之从心不逾矩，朱子不偏不倚之谓中。[④]

---

① （清）刘存仁：《屺云楼全集·劝学刍言》。

② （清）刘存仁：《屺云楼全集·屺云楼文钞》卷二，《送五弟晓农之福清序》。

③ （清）刘存仁：《屺云楼全集·屺云楼文钞》卷二，《送五弟晓农之福清序》。

④ （清）刘存仁：《屺云楼全集·屺云楼文钞》卷二，《送五弟晓农之福清序》。

在这里,刘存仁似有知易行难的思想。在他看来,就是依理而行,"应事接物,到恰好最难";达到"从心不逾矩""不偏不倚"的中和境界,就是应事接物恰到好处。

刘存仁承认古之圣贤是先知先觉的,有"扶世翼教""担荷宇宙之责"。他述说:

上之圣经贤传,先知觉后知,先觉觉后觉,有维持风教,担荷宇宙之责。不忍一夫之失所,大声疾呼。偕之中道,赞助元化,保合太和,用以扶世翼教,使之家喻户晓焉,所谓圣为天也。①

在这里,刘存仁的认识论和历史观是先验的。他把圣贤看成是"天",是依天命教化人的,因而圣贤对人们是"偕之中道,赞助元化,保合太和",即人们完全是圣贤培育起来的。如此一来,他就把他自己认识论的合理成分完全抵消了。

刘存仁基于上述其养心、养生的命题,提出"养生先养心,养心莫善于寡欲",把认识论和人性论结合起来。在他看来,因为"凡人受气各有所偏",要达到养心寡欲,就必须变化气质。刘存仁述说:

学者莫妙于涵养,必是变化气质处,昔人谓十年读书,十年养气,又曰半日读书,半日静坐。养莫如静,而静非顽空寂守之谓也。②

刘存仁认为读书和静坐就能变化气质。他述说:

静坐,盖静则收敛,见得道理出。……静中看喜怒哀乐未发时气象,晨起夜阑幽斋独坐,一尘不染,群动未萌。仅仅此一刻,是一人欲净尽,天理流行处。细会便知。③

在这里,刘存仁提出一个重要思想,即把"静中看喜怒哀乐未发时气象"的精神境界称作"人欲净尽,天理流动处",而不是指物质生活的需求。

在变化气质问题上,刘存仁特别强调存心养气。在他看来,存心为道心,道心发之气为道气,道气即为勇气。他说:"存诸心者为道心,则发诸气为道气。……孟子养气之说……人固当存其心,亦不可不致养其气。大将提百万之师,一鼓作气,置之死地而后生,试之危地而后存,气足以胜之也。"又述道:

---

① (清)刘存仁:《屺云楼全集·屺云楼文钞》卷二,《送五弟晓农之福清序》。

② (清)刘存仁:《屺云楼全集·屺云楼文钞》卷二,《送五弟晓农之福清序》。

③ (清)刘存仁:《屺云楼全集·屺云楼文钞》卷二,《送五弟晓农之福清序》。

> 道义而塞天地，其本归于不慊则馁。说理充实圆满，即放之则弥六合，卷之则退藏于密之意。……千古之忠臣志士孝子悌孙义夫节妇皆一气所弥纶鼓荡，亘万世，横四海，以维持不坏。①

在这里，刘存仁所谓气虽似气节之气，但他比之道义，是忠臣志士的勇气，“弥纶鼓荡，亘万世，横四海”，是无所畏惧的。地处中国东南沿海的福建深受西方资本主义列强的欺侮，更加激发起人民的爱国热忱。因此，这时的福建人特别强调要有勇气、志气。福建侯官人林则徐销毁英国鸦片烟的勇敢精神，就是其佼佼者。清代福建理学学者大都提倡志气、勇气，就是基于这种时代精神的。

刘存仁的政治思想是基于其哲学思想的。他在哲学上提倡养气，要有勇气，在政治上强调要坚决反对帝国主义的侵略。他特别强调要重视人民，要兵民连成一气才有力量。他说：“兵与民联为一气。迨至兵与民合，而气愈旺，守愈固，外匪闻风而胆落。此不战而击人之上策。”②

刘存仁反对清政府对外国侵略者太容忍的不抵抗主义。他述说：

> 张九公九世同居，召对日，书百忍字以进，后世传为美谈。……余窃谓忍字，不如公字好。……宋南渡之后，萎靡不振，甘心含忍，国日以蹙。坐守东南半壁，遣使屈服……邦国殄瘁。忍之为害大矣！③

这里就是暗示清政府对外国侵略者太容忍。刘存仁以南宋对金的容忍为例，来说明忍害之大，以激发广大人民和清政府中的爱国官员对帝国主义的侵略要坚决抵抗，决不容忍。

同时，刘存仁还提出一些变法主张和加强边防的军事措施。他虽属守旧派，但也看出当时社会需要变革。如其谓“有权在权者，所由适于变通之路也。……天地之道，穷则变，变则通”④。加强边防的军事措施也要变革，他说：“龚海峰先生坚壁清野之义，诚有可采。但南北异，宜变通，利用古书犹古方对症下药，知加减变通者为良医。”⑤

---

① （清）刘存仁：《屺云楼全集·屺云楼文钞》卷二，《送五弟晓农之福清序》。

② （清）刘存仁：《屺云楼全集·屺云楼文钞》卷四，《复倪粹卿书》。

③ （清）刘存仁：《屺云楼全集·劝学刍言》。

④ （清）刘存仁：《屺云楼全集·屺云楼文钞》卷五，《权说》。

⑤ （清）刘存仁：《屺云楼全集·屺云楼文钞》卷四，《复倪粹卿书》。

第三节 陈庆镛

一、陈庆镛的生平著述

陈庆镛，字乾翔、笙叔，号颂南，学者称颂南先生，福建泉州西门外塔后村(今属丰泽区北峰镇)人。生于清高宗乾隆六十年(1795)，卒于文宗咸丰八年(1858)，终年 64 岁。道光十二年(1832)进士，历官户部主事、给事中，翰林庶吉士，监察御史等。

陈庆镛极重视经世致用，他为政“留心经济，不汲汲为仕。凡军实之所储，度支之所出，边备之所防，河渠漕挽之所疏浚，输讲画条贯物，得要略而后止”。陈庆镛具有强烈的爱国主义精神，平生极注重平夷之策，反对外国侵略者。他曾向朝廷提出御寇之策：

> 盛京之奉天，直隶之天津，江苏之崇明，浙之定海，闽之厦门、福州，粤之虎门，山东之登州，备各战船十只，或四十二只，堵截要害，以俟其来者而应之，所向披靡。[①]

陈庆镛屡次上疏，建议朝廷在台湾加强武备，防止和抵抗英国等帝国主义者侵略。

陈庆镛坚决反对外国侵略者干涉中国的内政。他对卖国投降官吏深恶痛绝，曾谓“海疆多事以来，自总督、将军以至州县丞倅，禽骇兽奔”。陈庆镛不顾个人安危，上疏批评朝廷起用已治罪的琦善、奕经、文蔚等人是刑赏失措，致使皇帝复革琦善等人的官职，令其闭门思过。于是陈庆镛“直声震海内”[②]，以正直敢言的御史身份名世。

陈庆镛为学主张汉学和宋学并重。他以朱子学为宗，服膺宋儒，而又精研汉学，覃心于考据声韵文字之学。其治经务求实事求是，曾自题“六经宗孔孟，百行学程朱”的楹语。陈庆镛的门人何秋涛述说：

> 先生精研汉学，而服膺宋儒。尝谓：“汉宋之学，其要皆主于明经致用，其归皆务于希圣希贤。他人视为二，吾直见为一也。”惟斯数言，实

---

① (清)陈庆镛：《籀经堂类稿》卷一二，《苏鳌石亦佳室诗文钞序》。

② 赵尔巽等：《清史稿》卷三七八，《陈庆镛传》，北京：中华书局，1977 年。

后学之准的。[①]

图 11-1　道光皇帝赐陈庆镛“抗直敢言”匾，刻于泉州清源山

出处：福建省政协文史委：《福建摩崖石刻精品》，福州：福建人民出版社，2005 年，第 172 页。

何秋涛的这段评论是符合陈庆镛的学术实际的。陈庆镛认为汉学、宋学的共同点都主张明经致用，都推崇圣贤。如述说：

> 汉人多讲阴阳，而宋人则专主理数。《易》旨无穷，当合汉宋而通之。无门户之见，乃可以言《易》辞，言六爻，发挥旁通。……言象、言数较不如言理为密。……理为主，象次之，数次之。[②]

陈庆镛所谓“汉人多讲阴阳”，是指西汉董仲舒一派的“天人感应论”。天人感应论通过歪曲先秦阴阳五行学说，用阴阳五行把天与人沟通起来。陈庆镛认为《易经》的思想是极其丰富的，宋儒专讲《易经》中的理是不全面的，应吸取汉儒关于《易经》象、数的观点。陈庆镛这种反对门户之见的治学方法是有可取之处的。

陈庆镛是个理学家，但其于诸子百家无所不窥，学问却博杂。他提出对各种学说都应该兼收并蓄，如述说：

> 学为有用之文，则又本之《易》以导其源，本之《书》以充其识，本之《诗》以博其趣，本之《礼》以究其精微，本之《春秋》以考其得失，本之马、

---

① (清)陈庆镛：《籀经堂类稿》卷首，何秋涛：《籀经堂类稿序》。

② (清)陈庆镛：《籀经堂类稿》卷一二，《蒋慕生易说引》。

班、范、陈以助其波澜出入，本之管、韩、庄、列以极其苯蕼奥窔。[①]

陈庆镛认为凡是有用之文，都应该学习。他举出《易经》、《诗经》、《礼记》、《春秋》以及司马迁、班固、范晔、陈寿、管子、韩非、庄子、列子等诸子之书，都要学习。

对陈庆镛的人品性格、学问事功和启迪后学的情况，其门人龚显曾有一段较详细的记述：

吾师陈颂南先生……诵谏草者，咸舌挢不得下。海内名俊，想风望采，蹑履投刺，争以一瞻颜色为幸者，晷盖无虚。先生植品既高，文章学问又足牢笼百氏，震动时贤。于是有阮文达公元、孙先生经世为之师，何先生绍基、魏先生源、张先生穆、苗先生夔、赵先生振祚、朱先生琦、梅先生曾亮诸君子为之友，何先生秋涛为之徒，相与抠刷精思，切劘道谊。学益懋，品益高，而名亦益显。然后知执一卷奏议以重先生者，其不足以概先生而儩先生也。[②]

何绍基、魏源、何秋涛等是近代著名的学者，皆为陈庆镛的友徒，由此可知陈庆镛在当时学术界的地位。

陈庆镛的著述有《齐侯罍铭通释》2 卷、《籀经堂钟鼎文释题跋尾》1 卷、《说文释文校本古籀》1 卷、《三家诗考》2 卷，合集《籀经堂类稿》(24 卷，附考 2 卷)。

二、陈庆镛的哲学思想和政治思想

陈庆镛对于世界的本原问题没有明确的论述，由其谓“天命玄鸟降而生商，娥简狄吞乳子生契，刘媪感赤龙而生高祖。……圣乎则感生之说，不必以有父无父泥之”[③]可知，他是相信天命的，是有天命论思想的。

陈庆镛的哲学思想中最有特色的是器识论。陈庆镛所谓“识”有世界观之意，是为学为文的指导思想。他强调：

夫士先器识而后文艺，无其识，其词不足以达识。苟足以达矣，而或谓过高之论，或限以一丘一壑，拘于墟而不足以观河海之大也，局于

① (清)陈庆镛:《籀经堂类稿》卷一二,《彭仲山无近名斋文钞序》。

② (清)陈庆镛:《籀经堂类稿》卷首,龚显曾:《籀经堂类稿序》。

③ (清)陈庆镛:《籀经堂类稿》卷四,《生民首章鲁毛异同解》。

量而不足以仰泰山之高也，又何以称于其后及久而不衰。[1]

读叙谱状叔寿兄诸文，得其所以立爱之道焉；读赠言劝友慎交诸文，得其所以交游之道焉；读论经论史论子诸文，得其所以为学之道焉；读议兵、议律、议法、议钞弊，论海道诸文，得其所以行政之道焉。夫士先器识而后文艺，非其学之大不能见乎道之源也，非其议之高不能达乎政之本。有其学有其识，宜出而膺司牧之职，慰苍生之望。[2]

陈庆镛在这里提出的“先器识而后文艺”的命题是很深刻的。他认为学者首先要有一定的世界观、一定的理论为指导，这样写出来的文章才能“达识”，即具有高的思想境界。“见乎道之源”，“达乎政之本”，“称于其后及久而不衰”，才能不流于就事论事，经得起时代的考验。陈庆镛还特别强调，“有其学有其识，宜出而膺司牧之职，慰苍生之望”，就是见其文和其才，知其所能而为众望所归。这些议论表明他主张文艺要把思想摆在第一位，艺术摆在第二位。

陈庆镛以“器识”为中心，进一步提出明、论、辨以及精、广、妄、疏等为学诸范畴。他述说：

识足以达时事之宜，明足以破千古之蔀，论足以剪繁芜之失，辨足以息群喙之鸣，然后驰骤纵横，必求于是而后止。故治经贵精力也……治史贵广也。读未数行，辄评隙，失之妄；读一史未及他史，特下断，失之疏。[3]

在为学中，陈庆镛认为有“识”才能为当前服务，有“明”才能破千古之蔽（蔀），有“论”才能找出发展规律，有“辨”才能胜于别人。“识”“明”“论”“辨”都具备了，就能“驰骤纵横”；应心得手了，“治经贵精”“失之妄”，“治史贵广”“失之疏”。陈庆镛这种对为学之德和为学之方的概括是深刻的。

陈庆镛认为学者如果没有“器识”，为学既“不能入”，尤“不能出”，“不能入”和“不能出”二者是学之大患。他述说：

凡学之患，患于不能入，尤患于不能出。丛籍鳞次，手翻翻不辍，一辍辄遗。即偶有一二得心，而于古人回穴奥窔，终莫能晰。饾饤耳食，如是者不能入。又或累昔贤往事，钩稽条串，谓某也醇，某也肆，某郅

① （清）陈庆镛：《籀经堂类稿》卷一一，《郑云麓先生文集序》。

② （清）陈庆镛：《籀经堂类稿》卷一二，《彭仲山无近名斋文钞序》。

③ （清）陈庆镛：《籀经堂类稿》卷一二，《吕西村类稿序》。

雀……及执笔为之绚博……质之昔贤往事，龃龉不相合，如是者不能出。[①]

在陈庆镛看来，所谓“不能入”就是“手翻翻不辍，一辍辄遗”，一点也学不到手。即使偶然有一点心得，也不能分析，而且一耳进一耳出，很快就会忘掉。所谓“不能出”，就是学了不能用，虽讲得头头是道，均与原意不合，特别是眼高手低，自己不会执笔为文。这种对为学之患的刻画，真是绘声绘色。

陈庆镛特别强调为学处世都要务实，他命名自己的书屋为“实事求是斋”。他提出要随实应化，不能虚浮，不可拘泥于前人古人之言，“圣人不凝于物而能与世推移”[②]；“参伍错综，惟变所适，不可以孔子之言泥周公之言，更不可以周公之言泥文王之言”。[③] 陈庆镛还述说：

列子谓燕人而长于楚者，老而归于燕，过齐鲁之城社，或给以为燕也，愀然变容；过冢墓，以为先人之陇也，泫然流涕。及真见燕之城社、庐墓，悲心反减。今世之大家勋阀，往往援疏族之贵者显者联为谱系，傅会成书。相与叙及，辄曰我伯叔兄弟也，而于其真伯叔兄弟漠然，概不相关，是何异燕人之见绐者，据以为真而为有识者所窃笑哉。[④]

陈庆镛所举《列子》中的例子，就是强调务实，反对浮夸之言。尽管这些例子是非常幼稚可笑的，但它说明了一个认识论问题，即实事求是，从实际出发的问题。

陈庆镛把圣贤之道归结为仁、义、礼、智、信五伦，五伦即为道心，并对五伦做了言简意赅的解释。他对五伦和道心的解释有点独出心裁，值得注意。如述说：

圣贤之道无他，付诸心之谓仁，施诸当之谓义，止诸节之谓礼，达诸事之谓知，践诸实之谓信，全而合之之谓道心，得乎道之谓德。圣人之所为，不过君臣父子夫妇昆弟朋友，日用易知易从之事，如是焉已；众人之所为，亦不过君臣父子夫妇昆弟朋友与日用易知易从之事，如是焉已。孟子曰：“圣人，人伦之至也。”又曰：“人皆可以为尧舜。”尧舜与人

---

① (清)陈庆镛：《籀经堂类稿》卷一二，《吕西村类稿序》。

② (清)陈庆镛：《籀经堂类稿》卷一二，《蒋慕生易说引》。

③ (清)陈庆镛：《籀经堂类稿》卷一一，《苏紫溪先生易经儿说序》。

④ (清)陈庆镛：《籀经堂类稿》卷一二，《福州郭氏族谱序》。

同耳，尧舜无难知难从之事，而人则不如尧、不如舜者，道在迩而求诸远，事在易而求诸难。于是卤莽灭裂之言盈天下，张道益炽而离道益歧。[①]

陈庆镛认为圣人和众人之所为是一样的，皆为“君臣、父子、夫妇、昆弟、朋友与日用易知易从之事”，因此尧舜与人同耳。尽管这种“人皆可以为尧舜”的思想古已有之，但陈庆镛这里是为说明“道在迩而求诸远，事在易而求诸难”，是有现实意义的。陈庆镛提出要从自己日常生活和周围具体事物做起，就能达到所要求的思想境界。陈庆镛曾说：“儒者有闻过相规，见善相示，余常持此以论交。”[②]

陈庆镛曾建议朝廷要重视知识分子，这是很有远见的。他认为士为四民（士农工商）之首，得士心才能得民心。他述说：

三代之得天下也，得其民也；得其民者，得其心也。得民心莫先于得士心，士为四民之首。士心一失，则民心亦从而散矣。[③]

此外，陈庆镛还提出环境影响人才的问题。他述说：

吾闽固山水奥区，漳（州府）又环山抱海，瑰奇之气。士生其间者，故多嵚崎历碌，往往能以文章寿之其世，垂之无穷。[④]

陈庆镛这种观点是环境决定论，应当是有一定道理的。

第四节　严　复

一、严复的生平著述

严复，原名宗光，字幾道、又陵，自称天演宗哲学家，福建侯官（今福州）人。生于清文宗咸丰三年十二月（1854 年 1 月），卒于民国十年（1921）。严复 14 岁考入洋务派办的福州船务学堂，1876 年被派至英国留学。1879 年回国后，任北洋水师学堂总教习等职。他先后翻译了赫胥黎（T. H. Huxley）的《天演论》，亚当・斯密（Adam Smith）的《原富》，约翰・穆勒（John Mill）的《名学》、《群己权界论》，孟德斯鸠（Charles-Louis

① （清）陈庆镛：《籀经堂类稿》卷一一，《郭榴山易易录序》。
② （清）陈庆镛：《籀经堂类稿》卷一二，《张石洲烟雨归耕图引》。
③ （清）陈庆镛：《籀经堂类稿》卷一，《奏议》。
④ （清）陈庆镛：《籀经堂类稿》卷一一，《郑云麓先生文集序》。

Montesquieu)的《法意》,斯宾塞(H. Spencer)的《群学肄言》,甄克思(E. Jenks)的《社会通诠》,耶芳斯(W. S. Jevons)的《名学浅说》等。在这些译著中,严复写下许多按语、评注和夹注,对近代西方的进化论、经验论、唯物论、经济学、社会学等进行介绍和分析,对当时的中国文化哲学界产生了重大影响。同时,严复还在天津创办《国闻报》,撰写《论世变之亟》《原强》《救亡决论》《辟韩》等,宣传资产阶级变法。章太炎、鲁迅、毛泽东等的早期进化论思想,都受到严复翻译的《天演论》等书的影响,严复的思想起了巨大的启蒙作用。

图 11-2 严 复

二、严复的本体论

对于一般所谓物质,即中国古代所说的气,严复给予新的规定,称作"以太",即"最清气名伊脱(ether)者"[①]。他述说:

> 按中国所谓"气"者,非迷蒙腾吹、块然太虚之谓,盖已包举前指诸品而置名之,以与理、质二者鼎立对待矣。[②]

这种气包含有质与力,即物质与运动,它们不可分割地联系着,力是质之动因,即其谓"大宇之内,质力相推,非质无以见力,也非力无以呈质"[③]。

严复是中国最早的进化论倡导者。他说:"自达尔文出,知人为天演中一境,且演且进,来者方将,而教宗抟土之说,必不可信。"[④]所谓"教宗抟土之说",是指基督教在《圣经》中所说的上帝捏土造人的说教。这种说法违背了生物逐步进化的规律。依据物种起源理论,生物是同祖先的,"知有生之物,始于同,终于异"[⑤]。"异"是后来进化的分支。他说:"通天地人禽兽昆

---

① 赫胥黎:《天演论》,《真幻》按语。

② 约翰·穆勒:《名学》,《丙部》与夹语。

③ 赫胥黎:《天演论》,《自序》。

④ 赫胥黎:《天演论》,《察变》按语。

⑤ 赫胥黎:《天演论》,《察变》按语。

虫草木以为言，以求其会通之理，始于气，演成万物。”[①]严复顺便批评了朱熹的“理先气后”说。他述说：

> 朱子主理居气之说，然无气又何从见理？赫胥黎氏以理属人治，以气属天行，此亦自显诸用者言之。若自本体而言，亦不能外天而言理也。[②]

严复的这种批评是不伦不类的。朱熹是讲哲学，而严复讲的却是生物学。正因为严复是讲生物学，他又讲生命的物质基础。严复述说：

> 近代学者皆知太初质房为生之始，其含生蕃变之能皆于此而已具。但其事甚颐，难与未尝学者谈。[③]

“质房”就是现在所讲的细胞。近代学者认为，细胞是生命的最小单位。

三、严复的意实论

由贝克莱(George Berkeley)、康德(Immanuel Kant)开始的近代西方哲学，其认识论一般都认识到感觉，对感觉之外或之后如何，大都采取回避的态度。各种学派尽管说法不同，但大都在贝克莱、康德开创的这个框架内。严复输入西方思想，当然自己也自觉不自觉地接受之。他述说：

> 自特嘉尔(笛卡儿)倡尊疑之学，而结果于惟意非幻。于世间一切皆可以对待论者，无往非实。但人心有域，于无对待者不可思议已耳。此斯宾塞氏言学所以发端不可知、可知之分。[④]

这就是说，人心(感觉)所达不到之域，是不可思议的。此是借用佛语，所指的是康德所说之“物自体”。

严复把“天地元始，造化真宰，万物本体”看作是不可思议，与康德的“物自体”一样。严复以一块质坚、形圆、色赤的石头来论证他的“惟意”的观点。在他看来，石头的颜色、硬度、形状不是石头自身之属性，而是由我这个主观感觉所决定的。[⑤] 由此，严复便提出“意实”的观点。他述说：

---

① 严复:《原强》,《中国哲学史资料选辑》(近代之部),北京:中华书局,1962年,第358页。

② 赫胥黎:《天演论》,《论性》按语。

③ 严复:《原强》,《中国哲学史资料选辑》(近代之部),北京:中华书局,1962年,第360页。

④ 约翰·穆勒:《名学》,《甲部三篇》按语。

⑤ 赫胥黎:《天演论》,《佛法》按语。

> 心物之接，由官觉相，而所觉相，是意非物。意物之际，常隔一尘。物因意果，不得径同。故此一生，纯为意境。[①]

这就是说，主体“心”通过感官的作用与认识对象之“物”相接触时，获得了“意相”，即意实。由于认识主体不能超越“意相”的范围，所以“意相”不是物体自身所固有的表现，它与客观事物常常隔着一道障幕，人们认识到的只是事物的影子，而并不是事物自身。这样，人的感觉成为主客观之间的墙壁，把二者分割开来。

严复由“意实”出发，激烈抨击程朱、陆王之学“无实”。他述说：

> 周、程、张、朱，关、闽、濂、洛，学案几部，语录百篇……褒衣大袖，尧行舜趋，訑訑声颜，距人千里。灶上驱虏，折棰笞羌。经营八表，牢笼天地。夫如是，吾又得一言以蔽之，曰无实。……夫陆王之学，质而言之，则直师心自用而已。自以为不出户可以知天下，而天下事与其所谓知者，果相合否？不径庭否？不复问也。自以为闭门造车，出而合辙，而门外之辙与其所造之车果相合否？不龃龉否？又不察也。向壁虚造，顺非而泽，持之似有故，言之若成理。其甚也，如骊山博士说瓜，不问瓜之有无，议论先行蜂起，秦王坑之，未为过也。[②]

在严复看来，“无实”就“无用”。他是在否定旧学，而提倡新学。只有新学才有用，才能自强救亡。

四、严复的物竞天择论

严复所介绍的西方进化论思想，对当时的社会产生了极为深刻的影响。“自严氏之书出，而物竞天择之理，厘然于人心，中国民气为之一变。”[③]严复述说：

> 物竞、天择二义，发于英人达尔文，达著《物种由来》一书，以考论世间植物类所以繁殖之故。先是言生理者，皆主异物分造之说。……至咸丰九年(1859)，达氏书出，众论翕然。自兹厥后，欧美二洲治生学者，大抵宗达氏。[④]

严复选择翻译赫胥黎的《天演论》，吸收其中的自然科学思想以及“合

---

① 赫胥黎：《天演论》，《真幻》按语。

② 严复：《救亡决论》。

③ 章太炎：《述侯官严氏最近政见》。

④ 赫胥黎：《天演论》，《察变》按语。

群”、“恃人力”和“与天争胜”等观点。严复认为，进化虽然是自然的法则，但人力之作用并不是消极无为的。

图 11-3　严复故居

严复进化论的特点，是宣扬人们在进化中必须主动地同自然、社会环境进行斗争，人类才能前进。他述说：

> 人欲图存，必用其才力心思，以与是妨生者为斗。负者日退，而胜者日昌，胜者非他，智、德、力三者皆大是耳。[①]

因此，严复提倡人类要组织起来，壮大自己的力量，发愤图强，“恃人力与天斗”[②]。他述说：

> 不能爱则不能群，不能群则不胜物，不胜物则养不足。[③]
>
> 吾友新会梁启超之言曰：“万国蒸蒸，大势相逼，变亦变也，不变亦变也。变而变者，变之权操诸己；不变而变者，变之权让诸人。”[④]

由此，他强调只有变法图强，中华民族才能得救。那么如何图强呢？他述说：

---

① 赫胥黎：《天演论》，《最旨》按语。

② 赫胥黎：《天演论》，《最旨》按语。

③ 赫胥黎：《天演论》，《私物》按语。

④ 严复：《原强》，《中国哲学史资料选辑》（近代之部），北京：中华书局，1962 年，第 360 页。

盖生民之大要三，而强弱存亡莫不视此：一曰血气体力之强，二曰聪明智虑之强，三曰德行仁义之强。是以西洋观化言治之家，莫不以民力、民智、民德三者断民种之高下，未有三者备而生民不优。①

由此，严复强调从力、智、德三个方面对民人进行教育，才能增强国力。

第五节 辜鸿铭

一、辜鸿铭的生平著述

图 11-4 青年时期的辜鸿铭

辜鸿铭，名汤生，鸿铭是其字，别号汉滨读易者等，福建同安白礁（今属龙海）人。生于清文宗咸丰七年(1857)，卒于民国十七年(1928)，终年 72 岁。

辜鸿铭出生于马来亚，幼年学习于英国，21 岁时在英国获得文学硕士学位。后入德国莱比锡大学学工科，得土木工程学文凭。23 岁时到新加坡任职。他遍游英、德、法、意、奥诸国，通其政艺。他心向祖国，热爱中华文物，30 岁时回国。张之洞、周馥皆奇其才，历委办议约、浚浦等事。后又为清朝外务部员外郎、郎中，擢左丞等。五四运动前后，辜鸿铭任北京大学教授，是当时北大旧派学人中维护中国封建文化和伦理道德、维护程朱理学的代表人物。他虽思想上是保皇，但行动上没有参加保皇活动，袁世凯恢复帝制、溥仪复辟帝制均被邀请而未参加。新文化运动时期，他身穿蓝袍子、红缎马褂，梳着一条又白又细的长辫子，时人称他为奇人怪杰，思想极端守旧。对于五四运动虽不支持，也不反对；对于北洋军阀镇压五四运动，他是反对的。辜鸿铭曾应日本聘请，讲东方文化，在日本数年，做了大量的中日文化交流工作。

辜鸿铭对帝国主义侵略者横行中国极为愤慨，在八国联军进犯北京时，

① 严复：《原强》，《中国哲学史资料选辑》（近代之部），北京：中华书局，1962 年，第 376～377 页。

他用英文撰写《尊王篇》，指责帝国主义的罪行。他反对帝国主义侵略者干涉中国内政，认为"中国人民之所以与西人为难，其中至重大之事，盖因西人欲干预中国内政"。[①]

辜鸿铭回国后，致力于程朱理学的研究。《清史稿》本传述说：

> （辜鸿铭）穷"四书""五经"之奥，兼涉群籍，爽然曰："道在是矣！"乃译"四子"书（按：四书），述《春秋》大义及礼制诸书。西人见之，始叹中国学理之精，争起传译。汤生论学，以正谊明道为归。尝谓欧美主强权，务其外者也；中国主礼教，修其内者也。又谓近人欲以欧美政学变中国，是乱中国也。异日世界之争必烈，微中国礼教不能弭此祸也。[②]

辜鸿铭的思想大大落后于社会形势，在新文化运动时期，他还满口孔孟程朱、《春秋》大义。在近代中国的思想史上，辜鸿铭是个典型的守旧派。

对于辜鸿铭的生平事迹和学术思想，近代著名学者罗振玉述说：

> 我国有醇儒曰辜鸿铭……其早岁游学欧洲列邦，博通别国方言及其政学。其声誉已籍甚。及返国，则反而求之我"六经"子史，爽然曰："道固在是。"无待旁求，于是沉酣寝馈其中。……庚子都门乱作，国事危急，君乃以欧文撰《尊王篇》。……甲午战后，海内士夫愤于积弱，谋变法以致强。相见辄抵掌论天下事，汲汲如饮狂药，而君则静谧，言必则古昔称先王。……君以欧文倡导纲常名教。……君为卫道之干城，警世之木铎。[③]

辜鸿铭出生于外国，青年时代受教育和遍涉于西方先进国家，精通西方国家的自然科学和社会科学。但是中年返国以后却"沉酣寝馈"程朱理学，"言必则古昔称先王"，反对资产阶级的变法改良，反对资产阶级革命，倡导儒家的纲常名教。

辜鸿铭的这种思想演变过程，说明中国资产阶级文化的软弱性，它无法战胜封建主义的文化，只有无产阶级的新文化才能战胜它。同时也说明中国封建主义文化的顽固性，只有经过长期反复的深入批判，才能逐步改变。

辜鸿铭学博中西，足迹遍天下，在国外曾荣获博士头衔达 13 个之多，精通 10 多国语言文字，为国争光，驰誉国际。又毅然舍弃外国的优裕生活，返

---

① 辜鸿铭：《尊王篇释疑解祸论》，冯天瑜标点：《辜鸿铭文集》，长沙：岳麓书社，1985 年，第 9 页。

② 赵尔巽等：《清史稿》卷四八六，《辜鸿铭传》，北京：中华书局，1977 年。

③ 辜鸿铭：《读易草堂文集序》，《辜鸿铭文集》，长沙：岳麓书社，1985 年，第 1 页。

回祖国，撰写大量政论文章，批驳外国帝国主义对中国的侵略。深入研究中国文化，著述多种，用外文翻译我国古籍多种，把中华文化介绍给外国，于中西文化交流贡献很大。

辜鸿铭的著述有《张文襄幕府纪闻》上下卷、《读易草堂文集》内外篇、《蒙养弦歌》(英文本)1册。今人整理出版了《辜鸿铭文集》(岳麓书社，1985年)、《辜鸿铭文集》上下册(海南出版社，1996年)等。

二、辜鸿铭的政治哲学思想

辜鸿铭关于哲学本体论问题的直接论述不多，多是在政论和中西学比较论中讲到，亦可从中窥见其哲学思想之一斑。辜鸿铭述说：

> 夫人固知敬天，亦不为不善。……夫敬天之礼，岂有不重哉！……至于不畏天……可谓之小人之无忌惮也已。[①]

辜鸿铭认为自然和社会的事物由天主宰，人要敬天。辜鸿铭的“敬天”思想是儒家的天命论，是和历代福建理学家的敬天思想一脉相传的。一般认为盈于天地之间者皆物，其所以为物者，皆得于天之所赋，而非人之所能为。

在认识论上，辜鸿铭把学和道区别开来，主张学非道。辜鸿铭述说：

> 学，闻见也，非道也。然非学无以见道，昔颜子有言曰：“夫子博我以文，约我以礼。”[②]

辜鸿铭关于“非学无以见道”的命题是有合理因素的。他认为中国古代诗文都是有关“纲常伦理”的，“凡以诗之为教”，“足以感人之善心”。辜鸿铭述说：

> 袁简斋谓诗，论体裁不论纲常伦理，殊非笃论。诗，固必论体裁，然岂无关纲常伦理乎！惟诗贵有理趣而忌作俚语耳。近日士人教弟子读文读诗，惟期子弟能文能诗。此于诗教一道，已乖孔子迩之事父，远之事君之意。……次青先生谓凡以诗之为教，温柔敦厚，其善者足以感人之善心。……此皆诗教之义。[③]

这是程朱理学家的“文以载道”思想。

---

① 辜鸿铭：《广学解》，《辜鸿铭文集》，长沙：岳麓书社，1985年，第16页。

② 辜鸿铭：《广学解》，《辜鸿铭文集》，长沙：岳麓书社，1985年，第16页。

③ 辜鸿铭：《蒙养弦歌序》，《辜鸿铭文集》，长沙：岳麓书社，1985年，第19页。

辜鸿铭的时代，正是西方资本主义列强侵略压迫，促使中国人寻求变法图强的时代。在革新派和守旧派激烈论争的过程中，辜鸿铭基本上是站在守旧派一边的。他把西学和中学进行对比研究后，所得出的结论是孔孟程朱之学胜于西方之学。因此，他认为“近人欲以欧美政学变中国，是乱中国也。异日世界之争必烈，微中国礼教不能弭此祸也”[①]。由此，辜鸿铭提出自己的对内对外的政治思想理论纲领。他述说：

> 内政宜申成宪以存纲纪而固邦本，外事宜定规制以责功实而振国势。[②]

辜鸿铭的全部著述大都是围绕着他的这种政治思想纲领而论的。

辜鸿铭认为，当时中国的根本问题是内政不修。中国危难是由于“外患之所迫”和“内政之不修”两个方面造成的。他把“内政之不修”看成是主要原因。那么要修什么样的内政呢？辜鸿铭述说：

> 近日献策陈事者，皆以为中国处今日之时势，若不变通旧制则无以立国。然草野之愚以为国之所以不立者，或由外患之所迫，或由内政之不修。独是外患忧，犹可以为计。若内政不修，则未有能立国者也。惟修内政在存纪纲。[③]

在辜鸿铭看来，当时中国的根本问题是三纲五常废弛，修内政就是振兴三纲五常。他把三纲五常看成是立国的根本。

辜鸿铭进一步论证了为什么要以三纲五常为立国之本的问题。他认为，五常之先为仁、义，仁、义即立国之本。辜鸿铭述说：

> 仁以爱人，义以断事，发挥而光大之，庸讵不足使世界改恶迁善而息争解纷耶？吾故曰当兹有史以来最危乱之世，中国能修明君子之道，见利而思义，非特足以自救，且足以救世界之文明。[④]

辜鸿铭认为，“《春秋》尊王之旨，要在明义利之分，而本乎忠恕之教。义利之分明，故中国之士知君臣之相属以义也，非以利也。忠恕之教行，故中国士人知责己而不责人。责人犹不可，况家国有艰难，而敢以责其君父乎？”[⑤]

---

① 辜鸿铭：《上德宗皇帝书》，《辜鸿铭文集》，长沙：岳麓书社，1985 年，第 1 页。

② 辜鸿铭：《上德宗皇帝书》，《辜鸿铭文集》，长沙：岳麓书社，1985 年，第 1 页。

③ 辜鸿铭：《上德宗皇帝书》，《辜鸿铭文集》，长沙：岳麓书社，1985 年，第 1 页。

④ 辜鸿铭：《义利辨》，《辜鸿铭文集》，长沙：岳麓书社，1985 年，第 13 页。

⑤ 辜鸿铭：《上湖广总督张书》，《辜鸿铭文集》，长沙：岳麓书社，1985 年，第 7 页。

不仅如此，他还讲到“以孝治天下”。辜鸿铭述说：

> 康党之言以为皇太后训政，不合中国向来国制。其实此事无所窒碍，中国本以孝治天下，皇上自请训政，乃名正言顺之举。[①]

慈禧太后顽固专权误国，国人皆骂，而辜鸿铭却说太后训政是“以孝治天下”，“名正言顺之举”。在当时从国家不被外国列强瓜分的意义上说，维护慈禧太后也是维护国家。

辜鸿铭强调，中国不能变法，“今制度若屡更易，则纲纪必损；纲纪既损，邦本必坏。邦本既坏，又何以能立国耶？……王安石用事……徒事变法，而致纲纪紊乱，宋祀以亡”[②]。在辜鸿铭看来，变法会导致国家的灭亡。

辜鸿铭还进一步反驳新学、西学派的一些观点。他认为新学、西学派所提出来的一些变法主张不是什么新鲜东西，中国古已有之，都是不切实用的。

第一，关于议院问题。辜鸿铭述说：

> 范蠡去越，耕于海畔，致产数十万，齐人遂举以为相。此犹西洋今日公举富人入议院，秉国政之事也。[③]

辜鸿铭认为，西方的议院制度使国主无权，因而会使天下大乱，加速“世界末日”的到来。辜鸿铭述说：

> 西洋自议院盛，国主遂比诸饩羊，皆由国人也。孔子曰：“天下有道，庶人不议。”信哉！……西洋之乱，于斯已极！……世界末日！[④]

在辜鸿铭看来，问题的关键并不在于人民有没有权，而是在于国家有否遵循正确的道路。当然，辜鸿铭所谓“道”，是指三纲五常之道，是指孔孟程朱之道。

第二，关于报馆问题。辜鸿铭述说：

> 至于战国游说之士，创立权谋之说，争论时事。此则犹今日西洋士人开报馆论时事之风也。当时孔子忧民心之无所系，故作《春秋》，明尊主之旨。[⑤]

辜鸿铭尽管肯定中国战国游说之士似今日西方之报馆，但是认为它在

---

① 辜鸿铭：《尊王篇释疑解祸论》，《辜鸿铭文集》，长沙：岳麓书社，1985 年，第 9 页。

② 辜鸿铭：《上德宗皇帝书》，《辜鸿铭文集》，长沙：岳麓书社，1985 年，第 1 页。

③ 辜鸿铭：《上湖广总督张书》，《辜鸿铭文集》，长沙：岳麓书社，1985 年，第 7 页。

④ 辜鸿铭：《西洋议院考略》，《辜鸿铭文集》，长沙：岳麓书社，1985 年，第 24 页。

⑤ 辜鸿铭：《上湖广总督张书》，《辜鸿铭文集》，长沙：岳麓书社，1985 年，第 7 页。

当时就起着极坏的作用，是“创立权谋之说，争论时事”，“使民心之无所系”。至于西方的所谓报馆，其社会作用就更坏。辜鸿铭述说：

> 窃恐中国士人开报馆论时势之风渐盛，其势必至无知好事之辈，创立异说以惑乱民心，甚至奸民借此诽谤朝廷，要胁官长。种种辩言乱政，流弊将不可以收拾。[①]

因此，辜鸿铭认为西方的报馆制更不适合于中国，中国只适合尊王之义。他述说：

> 自是中国尊王之义存，故自春秋至今日二千余年，虽有治乱，然政体未闻有立民主之国，而士习亦未闻有开报馆之事。此殆中国之民所赖以存至于今日也。[②]

辜鸿铭的这种反对立报馆开民风的观点与当时严复等人的观点相对抗，发生激烈论争。

辜鸿铭认为，西学不适合中国的国情，不适合中国的民族性格特点。

第一，西人之考物和中国之格物不同。辜鸿铭述说：

> 西人之谓考物，即吾儒之谓格物也。……然吾儒格物必言天下家国，而不言阴阳五行者，其亦有深意存焉。《易传》言圣人制器以为民利用，此则谓教之以相生相养之道也。然吾圣人有忧天下之深，故其于阴阳五行之学，言之略而不详；其于制器利民之术，亦言其然而不言其所以然。盖恐后世之人有窃其术以为不义，而不善学其学以为天下乱者矣。故《传》曰：“作《易》者其有忧患乎？”今西人考物制器，皆本乎其智术之学。其智术之学，皆出乎其礼教之不正。呜呼！其不正之为祸，岂有极哉！其始曰敬天，其终也，势必至于不畏天。盖今西人之所以用其制器之术者，皆可谓之小人之无忌惮也已。而其所以得布此术于天下者，固言欲济民利用，然其实则智者欲得之以行其权利之术，愚者欲得之以肆其纵欲之心。是皆得以暴物为用。……西人之学，其礼教则以凶德为正，其行政则以权利为率，其制器则以暴物为用。是其学之为害亦甚矣。[③]

在辜鸿铭看来，西方人主权势，中国人重礼教，“欧美主强权，务其外也；

---

① 辜鸿铭：《上湖广总督张书》，《辜鸿铭文集》，长沙：岳麓书社，1985 年，第 7 页。
② 辜鸿铭：《上湖广总督张书》，《辜鸿铭文集》，长沙：岳麓书社，1985 年，第 7 页。
③ 辜鸿铭：《广学解》，《辜鸿铭文集》，长沙：岳麓书社，1985 年，第 16 页。

中国主礼教，修其内也”，因此西人之学不适合于中国。

第二，西方人先利后义和中国人先义后利的不同。辜鸿铭述说：

> 西人所欲输入吾国者，皆战争之原也。我国之文明与欧洲之文明异，欧洲之文明及其学说，在使人先利而后义；中国之文明及其学说，在使人先义而后利。……目前所恃以御侮而救亡者，独自以德服人之一理而已。……列强烈竞利之故，互相吞噬，穷极其残暴不仁之武力。而环顾世界中犹有一国焉，其人口四百兆，独能以君子之道自处而并欲以君子之道待人，未有不内愧于心，而敬之重之者。夫至敬之重之，而又从而侮之。此为事理之所必无，可断言也。我国御侮救亡之道，舍此岂有他哉。[①]

辜鸿铭这种不讲实力，只讲以德服人的说教，是儒家空谈心性的典型。他还曾谓“自来两国相争、衅端，多由彼此猜忌，不能深原其本意，以致兵连祸结”[②]，就是认为两国之间的战争是由于没有信义引起的。辜鸿铭又述道：

> 一切交涉，惟当以义为断，无诈无虞，自然信孚而交固。……我国自孔子以来，自有真实切用之国际法，在其言曰以礼让为国。又曰：“远人不服，则修文德以来之。”又曰：师出必以名。……孔子曰君子喻于义，小人喻于利。窃谓以小人之道谋国，虽强不久；以君子之道治国，虽弱不亡。[③]

这是辜鸿铭前期的思想，他对帝国主义者侵略本性的认识是极其肤浅的。辜鸿铭后期思想与此有很大的不同，对帝国主义者也是深恶痛绝的。

第三，西方人和中国人在政刑上有很大的不同。辜鸿铭述说：

> 西人政刑之病，亦本乎其礼教之弊，其书多言智术而不言道德，专重势利而不言义理。尝见西人《万国公法》一书，其首篇曰：粤自造物降衷，人之秉性莫不自具应享之权利。夫其所谓权利者，势也。……以权利相衡以定其名分也。权利之所在，则曰贤者，则曰君子；权利之所不在，则曰愚者，则曰不肖。夫如此而为天下，其亦危矣！……今西人之论治天下，其言皆多类此。故曰西人之政刑有不足法也。[④]

---

① 辜鸿铭：《义利辨》，《辜鸿铭文集》，长沙：岳麓书社，1985年，第13页。

② 辜鸿铭：《尊王篇释疑解祸论》，《辜鸿铭文集》，长沙：岳麓书社，1985年，第9页。

③ 辜鸿铭：《义利辨》，《辜鸿铭文集》，长沙：岳麓书社，1985年，第13页。

④ 辜鸿铭：《广学解》，《辜鸿铭文集》，长沙：岳麓书社，1985年，第16页。

第四，西方人多言敬天和中国人多言敬人的不同。辜鸿铭述说：

今西人之学，其道固有不足法，而其学又不可不知也。……西人礼教之书多言敬天，而不言敬人。夫人固知敬天，亦不为不善矣。《礼记》曰："郊社之礼，所以事上帝也；宗庙之礼，所以祀乎其先也。"此二礼之所以分者，盖商人知重敬天而不知重敬人也。……此与今西人之乱俗岂有小异哉！故周之兴，周之定礼乐必分郊社与宗庙之礼。分之者，所以并重也；并重之者，所以重敬人之礼也。夫敬天之礼，岂有不重哉！惟知重敬天而不知重敬人。此凡所谓为夷狄之教者，皆是也。而吾圣人周孔所为恶夫夷狄之教者，谓其必至于伪也，谓其必至于凶也，谓其易于为天下乱也。盖人徒知敬天，其用于事则必尚力重势而不崇德；不知敬人，则必不重人伦；不重人伦，则上下无以分；上下不分，则天下之乱其能已哉！彼耶稣曰爱人，释氏曰爱物，夫爱人爱物而不知爱亲，此岂非率天下之人以为伪乎！故《礼经》曰："不亲亲之德，谓之凶德也。"此则西人礼教之不足法也。[①]

上面介绍的是辜鸿铭关于中西学说比较的四个方面。辜鸿铭认为，这种比较是非常必要的，只有通过比较才能看出中学之优与西学之劣，"西人之学，其道固有不足法，而其学又不可不知也。……我不知西人之学，亦无以知吾周孔之道之大且极矣"[②]。

由上可见，辜鸿铭是坚持旧学、中学的顽固派。辜鸿铭的时代是剧烈变革的时代，他提出要以不变应万变，"恃天地不变之正气"，"剂人之万变"。辜鸿铭述说：

或问于余曰：世变剧矣，关怀时局，能无抱莫大之殷忧乎？欧西各国智术日益巧，制造日益精……一旦胁以谋吾，何恃而不恐？余曰：恃天地不变之正气而已……天地间有两事焉，亘古不变，而最足以发人深省，愈思而愈令人生畏敬之心者，日月星辰流行绝无舛错。此不变之在天者。芸芸万众，莫不知义之所在，宁死而不敢犯。此不变在人者也，即所谓天地不变之正气也。是即所谓道也。何谓道？曰：君臣、父子、夫妇、昆弟、朋友而已。何以行此道？曰忠与义而已。……芸芸万众，宁死而不敢犯之，忠义也，是即所谓道也。……我中国既有此道，即有

① 辜鸿铭：《广学解》，《辜鸿铭文集》，长沙：岳麓书社，1985 年，第 16 页。

② 辜鸿铭：《广学解》，《辜鸿铭文集》，长沙：岳麓书社，1985 年，第 16 页。

此天地不变之正气，吾何为而恐乎？……以吾之不变剂人之万变。[①]

在辜鸿铭看来，三纲五常之道不能变，此道与天"亘古不变"，因此天不变，道亦不变。尽管"欧西各国智术日益巧，制造日益精"，也不能变道而学之。这里充分体现辜鸿铭是一个顽固守旧派。

尽管辜鸿铭提出"以吾之不变剂人之万变"，但时代的巨变不可抗拒，使得像辜鸿铭这样的顽固守旧派也不得不有时讲几句"变"，如辜鸿铭曾说"凡西法之有益于国计民生者，莫不欲次第仿行。至其事有所不便者，则屏之不用"[②]。至于哪些可以仿行，辜鸿铭却没有具体说明。不过辜鸿铭在《上德宗皇帝书》中也提出一些改革弊政的措施。

一是提出以"清静无扰"治国。辜鸿铭述说：

清静无扰，为经国之大体。……为此民生凋敝之时，凡百设施，当以与民无扰为主，务去其害人者而已。……重伤民生，适足以致内乱。[③]

在动荡的近代中国，叫人民"清静无扰"是根本不可能的，或者说这种主张是为忧虑清王朝的统治基础根本动摇而发的。但是辜鸿铭看到当时"民生凋敝"，不能"重伤民生"，应"务去其害人者"，这是应该肯定的。

二是提出行政要有定制。辜鸿铭述说：

夫制度者，所以辅立纲纪也。盖凡所以经邦治国，定之者谓之制，行之者谓之政。行政若无定制，则人人可以行其私意。若既有定制，则虽人君，亦未便专行己意。故制度者，非特以条理庶事，亦所以杜绝人欲；杜绝人欲，即所以在纲纪也。[④]

辜鸿铭提出行政要有定制的目的，是防止"人人可以行其私意"，而且"人君亦未便专行己意"。在这里，实际上辜鸿铭又有君主立宪之意。

三是提出要重用人才和加强道德教育。辜鸿铭述说：

诚欲为君子之国，惟当勤修内政，加意人才，登用俊良，廓清积弊，使一切措施厘然当于人心，在朝在野，人人知礼让而重道德。……忠信以为甲胄，礼义以为干橹。干城之固，莫善于此。[⑤]

---

① 辜鸿铭：《正气集序》，《辜鸿铭文集》，长沙：岳麓书社，1985年，第20页。

② 辜鸿铭：《尊王篇释疑解祸论》，《辜鸿铭文集》，长沙：岳麓书社，1985年，第9页。

③ 辜鸿铭：《上德宗皇帝书》，《辜鸿铭文集》，长沙：岳麓书社，1985年，第1页。

④ 辜鸿铭：《上德宗皇帝书》，《辜鸿铭文集》，长沙：岳麓书社，1985年，第1页。

⑤ 辜鸿铭：《义利辨》，《辜鸿铭文集》，长沙：岳麓书社，1985年，第13页。

在辜鸿铭看来，朝廷重用了俊良，人们的道德修养提高了，国家就强盛起来。辜鸿铭认不清清王朝行将崩溃，即使用了俊良和加强了道德教育，也无法挽救。辜鸿铭固守孔孟程朱理学，是无法阻挡历史车轮前进的。

三、辜鸿铭最早提出和论述宋明新儒学

辜鸿铭认为“中国文明开始于夏代，发展于商代，全盛于周代”，而这三个阶段，分别以物质、道德及心和形上学知（智）为核心内涵。他述说：

> 据我的研究，中国的夏代，像西方的古埃及一样，是物质文明发展的时期。在夏代，正如我们大家都知道的，出了一个名叫禹的皇帝，他在兴修水利上获得成功。由此可以看出，当时有着相当发达的物质文明。在这时的埃及，则修建了金字塔和运河。再看看那个时代的绘画，就可以更加明了那个时代物质文明发达的程度。那以后，在商代，中国文明在道德以及心的方面，在形而上学的方面得到了相当的发展。周朝主要发展知（智）的方面。与此相同的是，在西方，犹太文明也在道德上得到发展，耶稣的《圣经》就是这个时代的产物。这本经典主要谈道德问题而很少论及智的问题，待到古希腊文明时代，智的文化得到相当的发展。巧合的是，在中国此时的周朝，智的方面发展也完成了第一阶段。……中国文明在进化的第一阶段——周代走向了完备，但这时的文明就像花朵那样，开蕾之后，就逐渐枯萎了。周代文明凋落的征兆就在于特别重视知（智）的方面，通俗的说法就是重脑而不重视心，就是人们只注重知事而忽视行事。如果拿现代中国和日本相比较的话，中国人只是口头饶舌，而懒得去做，日本人是口头上不怎么说，却认真地付诸行动。因此诸君不仅要知，而且还要去行动。日本人不仅口头上讲武士道，在实际行动上也讲武士道。[①]

在辜鸿铭看来，总的来说，中国文化发展的第一阶段即是先秦时期，此时期中国文化已经成熟了。周朝即春秋战国时期，由于“重知”而又凋落。

在战国之后，中国文化“朝着两个方向发展，一方面是老、庄学说的兴起，另一方面是礼仪的进步。即便现在的中国也是这样，学者称不上真正的学者，而是读诗文的艺人，一个劲地吵嚷不休。所谓‘礼’，就是艺术，它不仅

---

① 辜鸿铭：《中国文明的历史发展》，黄兴涛等编译：《辜鸿铭文集》下册，海口：海南出版社，1996年，第295～296页。

限于西方人通常所理解的艺术，只包括绘画、雕刻一类，还包括行为的艺术，活动的艺术”。[①]

辜鸿铭所说的礼，不完全是指仁义礼智信五德中之礼，而是其中的部分内涵，是指礼仪，为人处事的艺术，如今日讲对人要有礼貌。他认为只强调礼仪，其流弊即孔子所说的“礼云礼云，玉帛云乎哉”。[②] 辜鸿铭曾说：“跳舞是西洋人一种很要紧的礼仪，很像我们中国古代的进退左右的(跪拜)礼仪一般。”[③]又述道：

> 为了校正中国文明过于向知和礼仪方面发展的偏向，为了挽救中国文明，孔子想了不少办法，但都没有能成功。……孔子只留下了一幅建设一个文明大厦的蓝图，那就是“六经”。因为有这“六经”，我们就可以按原来的式样，重建文明的家园。但是目前在这方面，我们有负于孔子的重托。[④]

他认为“由于人们注意的重点转到智的方面，因而就出现了很多学者；由于这些人没有什么教养，所以可以称之为‘乱道之儒’。经这些乱道之儒、政治贩子、说客等辈的捣乱，最终毁灭了中国文明。最先认识到这些人是国家大害的人是秦始皇。秦始皇在看到他们的危险之后，就断然实行‘焚书坑儒’。不过，我如果生活在那个时代，或许也是被坑的一个。秦始皇认为当时的社会既不需要文化，也不需要学者，它需要的是法律。因此，他重用法家。依靠法律维持的文明并没有持续多久，秦始皇以官吏取代学者，致使他的事业归于失败。因此秦朝的统治不过二世就垮台了。有意思的是，秦始皇使分崩离析的中国合而为一。而恰好此时，欧洲兴起的马其顿帝国，将分裂混乱的希腊统一起来，但这个马其顿帝国也只经历了腓力二世和亚历山大一世，不过两代人就灭亡了”。[⑤]

---

① 辜鸿铭：《中国文明的历史发展》，《辜鸿铭文集》下册，海口：海南出版社，1996 年，第 295～296 页。

② 辜鸿铭：《中国文明的历史发展》，《辜鸿铭文集》下册，海口：海南出版社，1996 年，第 295～296 页。

③ 转引自震瀛：《记辜鸿铭先生》，伍国庆编：《文坛怪杰辜鸿铭》，长沙：岳麓书社，1988 年，第 153 页。

④ 辜鸿铭：《中国文明的历史发展》，《辜鸿铭文集》下册，海口：海南出版社，1996 年，第 296 页。

⑤ 辜鸿铭：《中国文明的历史发展》，《辜鸿铭文集》下册，海口：海南出版社，1996 年，第 297 页。

辜鸿铭进一步指出，汉高祖以武力征服了天下，尔后又想用武力来治理天下。当时的一位大学者谏议汉高祖，治理这样一个大帝国，必须借助道德的力量，也就是文化的力量，以文教化。汉高祖听从并实施了这位学者的建议，从而使一度在中国大地上消失的文明又重新回到中国。西汉的学者又把孔子留下的蓝图重新进行整理。由此，“我认为汉代的中国可以同欧洲罗马时代相提并论，与欧洲罗马帝国分为东西罗马的同时，中国的汉代也分为东汉、西汉两个时代”①。汉初最为兴盛的学问是“黄老学派”，同西方此时的斯多葛学派相对应。这派思想有一个缺陷，那就是它是教人们“无为”的，而不是教人们应该怎样做事。之所以如此，主要还是由于时人不能真正理解孔子思想的缘故，于是就促使儒者和侠士的大量出现。这种情况在司马迁的《史记》里得到了反映。后世把这些儒者称为“乱道之儒”。在西汉时期，孔子思想成为中国的国教，中国文化又有了转机。到了东汉时期，“人们对‘智’的东西不闻不问，却在‘心’方面下了很多工夫”。辜鸿铭述说：

> 为了弥补这个缺陷，便有了佛教哲学的兴起。因为佛教恰恰就在此时传入了中国。佛教所带来的“智”的东西，同孔子思想中“仁”的方面相结合，形成了一种新的思想。它使得中国进入了一个浪漫的时代，即三国时代。佛教给中国文明增添了不少色彩，但同时也招致了混乱。中国社会的政治就因此走向了堕落……这同现代中国被五个大国欺凌是同样的。②

辜鸿铭把南北朝、隋唐看成如西方的文艺复兴时代，中国出现文化的繁荣。他说：“在唐朝时代，中国的文明如同盛开的鲜花，繁盛到了顶点”；“唐代的文化是相当美丽、纤巧的，但也由于它太美丽、稚弱，所以它容易染上虫子。而这些虫子就开始了毁灭它的过程。那虫子就是‘文弱之病’。它导致了社会的堕落，尤其在男女关系方面非常混乱，甚至宫廷内出现了很多丑闻。以美人而闻名的杨贵妃就是这个时代的产物。因为这个杨贵妃，中国历史就进入了暂时的分裂时期”。③

---

① 辜鸿铭：《中国文明的历史发展》，《辜鸿铭文集》下册，海口：海南出版社，1996 年，第 298 页。

② 辜鸿铭：《中国文明的历史发展》，《辜鸿铭文集》下册，海口：海南出版社，1996 年，第 298～300 页。

③ 辜鸿铭：《中国文明的历史发展》，《辜鸿铭文集》下册，海口：海南出版社，1996 年，第 298～300 页。

接下来是宋明理学，辜鸿铭称此为“新儒学运动”，并且肯定此运动是从唐代韩愈开始的。他深刻指出：

为挽救流于文弱的中国文明，出现了推崇真正的孔子学说的学派，即“宋代儒学”。同欧洲相比，汉代儒学相当于古罗马的旧教，而宋代儒学则类似新教。众所周知，在欧洲出现了马丁·路德，经他的手创立了新教派。在中国起路德作用的是韩愈，由他发起了“新儒学”运动。……听说日本学者不像中国学者那样固执，我觉得很了不起。朱子的学说是“学而不思”，而王阳明的则是“思而不学”，日本的年轻人最好是先学而后思，既不要遵从王阳明的思想，也不要听信朱子的学说。①

把宋明理学称为“新儒学”，在近代恐怕是辜鸿铭最早，而且他把新儒学运动之始追溯至唐代韩愈，是很确切的。在这里，他也讲到了新儒学的思维方法的基本点，即以儒学为主干，吸取佛学中适用的东西。新儒学主要指朱子学，也提到阳明学。

辜鸿铭在《中国文明的历史发展》中说：“到了元朝，由于蒙古人的入主，中国人中大约有一半被蒙古化了……在今日中国，真正继承了中国文明精华的只有浙江和江苏两个省份。所以如此，主要是……宋朝同一帮贵族逃到浙江的杭州，这就使得纯粹的中国文明在这两个省内得到了保存。”②这里讲的是北宋末年以后的中国历史发展问题，指出由于在中国北方少数民族文化的南下，中国文化的重心由北方往南方转移，在南方江浙一带形成新的中国文化的重心。这在辜鸿铭的时代是新观点，它正确指出了中国文化学术的发展方向。

在宋明新儒学之后，接下来的发展是现代的新儒学，主要是由辜鸿铭之后的熊十力、牟宗三等建立起来的。对此，辜鸿铭当时已预示出现代新儒学的一般特点。他述说：

中国现在面临的问题是怎样从儒学的束缚中走出来，我认为可以依靠同西方文明的交流来解决这个问题。这倒是东西方文明互相接触所带来的一大好处。仅仅靠学讲外国话，住帝国旅馆，跳跳舞是无法领

① 辜鸿铭：《中国文明的历史发展》，《辜鸿铭文集》下册，海口：海南出版社，1996年，第300～301页。

② 辜鸿铭：《中国文明的历史发展》，《辜鸿铭文集》下册，海口：海南出版社，1996年，第276页。

> 会西方文明的。诸君不要只学其表面的东西，而要领会它的本质，想真正地登入文化的殿堂是相当不易的，而且不存在捷径。我个人或许知识浅陋，没有资格这样说，但我还是衷心希望诸君能继续我的事业，加深拓宽自己的学问，为世界文明的发展做出贡献。[①]

在这里，辜鸿铭深刻指出，引进西学以解决当今中国文化的困惑，正是现代新儒学的核心问题。2003 年，笔者在《简明中国哲学通史》的“现代新儒学”一节中，把辜鸿铭列为首位。我们所讲的是现代新儒学，而不是现代新儒家。“学”具有多元性，把辜鸿铭列为现代新儒学是无可非议的。

上述辜鸿铭关于中国文化发展的三大阶段说，跟今天学界大多数学者的观点基本是一致的。特别是辜鸿铭认为汉唐文化没有体现出中国文化的本质，其繁荣是虚假的。这种观点是非常深刻的。在中国文化史上，唐宋并称，一般认为这两个时代发展的水平最高。而就这两个时代来说，唐代的文学艺术、典章制度和国力居于当时世界之首，外国人称中国为唐，称中国人为唐人。而宋人心态柔弱，国力不强，逐步屈服于金人，最后退居东南一隅而灭亡。[②] 其实，就中国文化的实质而论，唐代后的五代十国，“篡弑相寻”[③]，内奸贰臣、无廉耻之士特别多。而南宋朝廷在大势已去之时，仍出现像文天祥、张士杰等这样众多的爱国志士。这不能不说与唐、宋分别传承下的文化意识所造就的文化素质不无关系。现代权威的史学家陈寅恪、邓广铭等谓“华夏民族文化，历数千载而演进，造极于赵宋之世”[④]，宋代文化“在中国整个封建社会历史时期之内，可以说是空前绝后的”[⑤]。可见，上述辜鸿铭的观点是抓住了中国文化的最深层意蕴，是陈、邓观点之源。

四、辜鸿铭提出并论述“良民宗教”

儒、佛、道是中国传统文化的主要内容，被称为“三教”。佛教、道教属于典型的宗教，那么儒教是否能成为宗教意义上的宗教呢？这个问题，至今学

---

① 辜鸿铭：《中国文明的历史发展》，《辜鸿铭文集》下册，海口：海南出版社，1996 年，第 301 页。

② 参见黄仁宇：《中国大历史》，上海：三联书店，1997 年，第 127～135 页。

③ （宋）欧阳修：《新五代史》卷六一，《吴世家·论》，北京：中华书局，1974 年。

④ 陈寅恪：《邓广铭宋史职官志考证序》，《金明馆丛稿二编》，上海：上海古籍出版社，1980 年，第 245 页。

⑤ 邓广铭：《谈谈有关宋史研究的几个问题》，《社会科学战线》1986 年第 2 期。

界还在论争中。一些学者认为儒家是宗教，与基督教、佛教等一样。辜鸿铭把儒家称为孔教，认为它是“良民宗教”。但是他所说的良民宗教，跟当今有些学者所说儒家是宗教的含义是根本不同的。论述良民宗教问题，辜鸿铭是从征服和控制情欲上说起的，他在《良民宗教》中指出，一切文明都起源于对自然的征服，即通过征服和控制自然界可怕的物质力量，使人类免受其害。辜鸿铭指出：

在这个世界上，除了自然力，还存在一种较自然力更可怕的力量，那就是蕴藏于人心的情欲。自然界的物质力量对人类所造成的伤害，是没法与人类情欲所造成的伤害相比的。毫无疑问，如果这一力量——人类情欲——不予以调控的话，那么不仅无所谓文明存在之可言，而且人类的生存也是不可能的。①

辜鸿铭认为人类心中所蕴藏的情欲是最为可怕的力量，如果不予以调控，不仅无所谓文明存在，而且人类的生存也是不可能的。人类文明是围绕着征服和控制“情欲”而演进和形成的。在人类文明发展过程中，形成征服和控制“情欲”的两种方式，即用物质力量或用道德力量，这便产生了不同的宗教。

因此，辜鸿铭论述了人类征服和控制情欲的历史。他述说：

在人类社会的始初阶段，人们不得不利用物质力量来压抑和克制内心的情欲。这样，原始人群就不得不受制于纯粹的物质力量。但是随着文明的进步，人类逐渐发现，在征服和控制情欲方面，还有一种比物质力量更加强大和更加有效的力量，名之曰道德力。②

在辜鸿铭看来，欧洲早期用物质力量征服和控制情欲是很成功的，所有其他民族皆没有达到他们那么高的物质文明。用物质力量只能压抑和克服情欲，不能从根本上解决问题。真正能有效调控情欲的是道德力，叫作道德力量。但是因为各个地区民族的历史文化传统的差异，其道德力量是有所不同的。就欧洲来说，过去是基督教。辜鸿铭述说：

在过去的欧洲，这种曾有效地征服和控制人们情欲的道德力是基督教。可如今这场血腥的战争已超越了它，它似乎已经表明，基督教作

① 辜鸿铭：《春秋大义·导论·良民宗教》，《辜鸿铭文集》下册，海口：海南出版社，1996年，第19～20页。

② 辜鸿铭：《春秋大义·导论·良民宗教》，《辜鸿铭文集》下册，海口：海南出版社，1996年，第19～20页。

> 为一种道德力量已经失去了效用。因缺乏一种有效的道德力去控制和约束人们的情欲，于是欧洲人民又不得不重新采用物质力量来维持社会秩序，恰如卡莱尔一语所道破的，目前的欧洲"是混乱加上一条来福枪"。这种为维持秩序而对物质力量的利用，导致了军国主义。实际上，在今日欧洲，军国主义是不必要的，因为它缺乏一种有效的道德力量。可是军国主义导致战争，而战争就意味着破坏和毁灭，这样欧洲人民便被逼迫到了这样的绝境。如果他摆脱军国主义，混乱就将破坏他们的文明；假如他们要持续军国主义，那么他们的文明又将经由战争的浪费和毁灭而走向崩溃。然而英国人说他们正决心打倒普鲁士的军国主义，基齐勒勋爵(Kitchner)相信他以三百万训练有素的军队是能够捣碎普鲁士军国主义的。可是在我看来，即使普鲁士军国主义真的就这样捣碎了，那么继之而起的不过是另一个军国主义——我们又不得不予以捣碎的英国军国主义罢了。而这样似乎就没有办法能摆脱此种恶性循环。[①]

这样，欧洲就陷入了物质力量—道德力量—物质力量的"恶性循环"，即美国爱默生(Ralph Emerson)所说的"以枪易枪"，陷入了"绝境"。由此看来，欧洲人调控情欲，又从道德力量回归物质力量。而现在的物质力量与早期的物质力量不同，用现在的物质力量调控情欲等于"以枪易枪"，产生军国主义。辜鸿铭述说：

> 欧洲人民如果真的想推倒军国主义，那么他们就只能以一种行动方式，即用爱默生所说的不以枪易枪，而只能以爱和正义的法则去做——实际上，就是诉诸道德力量。拥有一种有效的道德力量，军国主义就会变得没有必要，从而自行消亡。可是问题在于现在基督教作为一种道德力量已丧失其效用，在这种情况下，欧洲人民何处寻找这种取代军国主义的新有效道德力量呢？[②]

这就是说，西方根本没有能制服情欲的那种道德力量，西方文明本身不能解决自身的问题。于是西方人把视线转向东方，到中国文明中寻找这种道德力量。这种道德力量就是"良民宗教"。辜鸿铭述说：

---

① 辜鸿铭：《春秋大义·导论·良民宗教》，《辜鸿铭文集》下册，海口：海南出版社，1996年，第20～21页。

② 辜鸿铭：《春秋大义·导论·良民宗教》，《辜鸿铭文集》下册，海口：海南出版社，1996年，第21页。

我相信,欧洲人民会在中国——在中国的文明里找到它。中国文明中的这种使军国主义失去必要性的道德力量,便是“良民宗教”。可是人们会问我:“在中国不也存在战争吗?”的确,在中国是存在战争的,不过自从二千五百年以前孔子的时代开始,我们中国人就没有发生过像今天在欧洲所看到的那种军国主义。在中国,战争是一种意外事故(accident),可是在欧洲,战争则是一种必需(necessity)。我们中国人是会打仗的,但是我们并不指望生活在战争中。实际上,在我看来,欧洲国家最不能让人容忍的一件事,并不在于他们有如此多的战争,而在于他们每个人都总担心其邻居一旦强大到一定程度,就要来抢夺他和谋害他。因此,他自己便赶紧武装起来,或者雇用一个武装警察来保护他。这样,压在欧洲人民身上的便不是如此多的战争,而是不断地武装自己的需要,一种必须利用物质力量来保护他们自己的绝对的需要。①

这里辜鸿铭谓西方人“总担心其邻居一旦强大到一定程度,就要来抢夺他和谋害他。因此,他自己便赶紧武装起来,或者雇用一个武装警察来保护他”,是极为深刻的,是真正洞悉西方人的文化心理的。现在,美国等西方国家极怕中国等国家强大起来超越他们,到处无理闹事,其文化根源就在这里。

在辜鸿铭看来,欧洲人为摆脱这种“绝境”,只有运用中国的“良民宗教”——一种使军国主义失去必要性的道德力量。这里所说的“需要”,就是“情欲”。这种“情欲”,只能用中国的“良民宗教”——道德力量来调控。

辜鸿铭指出,中国文明的这种道德力量,即所谓良民宗教,就是公理和正义。它高于物质力量,能使人们无条件地服从道德责任感。辜鸿铭特别强调,“如果你能让全世界都承认公理和正义为一种高于物质力的力量及道德责任感,为人们必须服从的东西,那么利用物质力量维持社会秩序就会变得没有必要,而这个世界也就不会有什么军国主义了”。在这里,辜鸿铭把道德力量——良民宗教的内涵界定为公理和正义。辜鸿铭进一步指出,这种公理与正义就是人之本性中所具有的善,“首先使人类确信公理和正义的功效,使他们确信公理和正义乃是一种力量,实际上就是使他们相信善的力量。然而你将怎么实现这一点呢?好,我告诉你:要做到这一点,中国的良

① 辜鸿铭:《春秋大义·导论·良民宗教》,《辜鸿铭文集》下册,海口:海南出版社,1996年,第21页。

民宗教。在每个小孩刚能识字的时候，就教给他一句话：‘人之初，性本善。’”[1]。因此，我们中国人有良民宗教，所以每个人都并不感到有用物质力量来保护自身的必要。他甚至都不用警察，或用类似警察这种物质力量来维护自己的利益。在中国，一个人受他邻居正义感的保护，受他同事出于道德义务感的自觉自愿的保护。辜鸿铭述说：

> 今日欧洲文明的基本谬误，正根源于对于人性的错误认识，即根源于人性本恶的观念。因为这种错误的观念，欧洲的整个社会结构总要依赖于武力来维系。在欧洲，人们赖以维持社会秩序的有两样东西，一是宗教，再是法律。换言之，欧洲人民所以就范于秩序，主要依靠对上帝的敬畏和对法律的畏惧。这里畏惧本身就含有使用强权的意思。为保持对上帝的敬畏，欧洲人民不得不养活一大批奢侈而又游手好闲之辈，名曰教士。不说别的，仅就其所意味着的巨大奢侈而言，它最终就足以变成欧洲人民不堪忍受的重累。实际上，三十年宗教战争，就是欧洲人民意欲摆脱教士的举动。在摆脱通过敬畏上帝来维持秩序的教士之后，欧洲人民又试图通过畏惧法律来维持社会秩序。可是要保持对法律的畏惧，欧洲人又不得不养活另一个更加奢侈浪费和游手好闲的阶层，名曰军警。现在，欧洲人民又开始发现用军警来维持秩序，甚至于比用教士还具灾难性。事实上，正如同在三十年战争中欧洲人民想要摆脱教士一样，在目前的这场战争中，欧洲人民真正要做的，是要摆脱军警。可是如果欧洲人民欲意摆脱军警，那么摆在他们面前的选择，要么就是重新招回教士，以唤起人们对上帝的敬畏；要么就是去寻找另种别的东西，像敬畏上帝和畏惧法律一样，帮助其维持社会秩序。[2]

在这里，欧洲人又陷入了“恶性循环”：敬畏上帝—养活教士—畏惧法律—养活军警—招回教士，问题始终不能解决。

在辜鸿铭看来，欧洲人认为人性本恶，而中国人则认为人性本善。辜鸿铭述说：

> （中国文明）拥有欧洲人民战后重建新文明的奥秘。而这种新文明

---

① 辜鸿铭：《春秋大义·导论·良民宗教》，《辜鸿铭文集》下册，海口：海南出版社，1996年，第22页。

② 辜鸿铭：《春秋大义·导论·良民宗教》，《辜鸿铭文集》下册，海口：海南出版社，1996年，第22～23页。

的奥秘就是我所谓良民宗教。这种良民宗教的第一条原则，是要相信人性本身是善的，相信善的力量，相信美国人爱默生所说的爱和正义的法则之力量与效用。可是什么是爱的法则呢？良民宗教教导人们，爱的法则就是要爱你的父母。那么什么又是正义的法则呢？良民宗教告诫人们，正义的法则就是要真实、可信、忠诚，每个妇人必须无私地绝对地忠诚其丈夫，每个男人必须无私地绝对地忠诚其君主、国王或皇帝。在此，我想最后指出，这种良民宗教的最高责任，就是忠诚之责任(duty of loyalty)。忠诚不仅表现在行事上，而且蕴藏于内心，或如丁尼生所言："尊崇国王，仿佛国王就是他们的良心。良心就是他们的国王，打倒异教徒，捍卫救世主。"①

在这里，辜鸿铭的逻辑是由公理和正义就能相信善的力量，善即是人的本性，由善就能本能地爱而体现最高的道德责任感。东方文明断定人类本性善，就是承认人有内在的超越。而欧洲文明是断定人性是恶的，所以整个社会秩序要用武力来维系。具体讲，就是依赖外在的宗教和法律、警察。这是不可能解决问题的，只有中国的良民宗教才行。他述说：

中国的此种良民宗教，是一种不需教士和军警就能保证全国秩序的宗教。事实证明，由于拥有这种良民宗教，广大的中国人民，这个人口即使不比整个欧洲大陆人口众多，至少也和其不相上下的民族，在实际上和实践上，没有教士和军警，却始终保持着和平与秩序。凡是生活在中国的人都知道，那些教士和军警，在帮助维持公共秩序方面只起极其不明显的、微不足道的作用。在中国，只有最愚昧无知的阶层才需要教士，只有那最邪恶的罪犯阶层才需要军警。②

辜鸿铭强调，要唤起欧美人民注意，值此文明濒临破产的关头，在中国这儿，却存有一笔无法估价的、迄今为止不容置疑的文明财富。这笔财富不是该国的贸易、铁路，也不是该国的矿藏金银铁或煤之类。这笔文明的宝藏，正是中国人——那拥有良民宗教，且尚未遭到毁灭的真正中国人，"这真正的中国人，我说，他是一笔文明的财富，是因为他作为一个人，只花销这个世界极少，或几乎不花费什么，就能规规矩矩就身秩序"。辜鸿铭还警告那

① 辜鸿铭：《春秋大义·导论·良民宗教》，《辜鸿铭文集》下册，海口：海南出版社，1996年，第25～26页。

② 辜鸿铭：《春秋大义·导论·良民宗教》，《辜鸿铭文集》下册，海口：海南出版社，1996年，第24页。

些欧美人，不要去毁坏这笔文明的财宝，不要去改变和糟蹋那真正的中国人，不要“把他变成一种欧美人。也就是说，将其变成一种需要教士和兵警才能就身秩序的人”，“然而从另一方面想，如果能通过某种途径或手段，来改变欧美式的人，将欧美人变作不需要教士和兵警便能就身秩序的真正的中国人，那么可以预料世界将为此而摆脱一种多么沉重的负担”[①]。

辜鸿铭认为孔教与佛教、基督教的思想体系是根本不同的。首先孔教的“教”跟宗教的“教”的含义不是一个意思。他在《现代教育与战争》中述说：

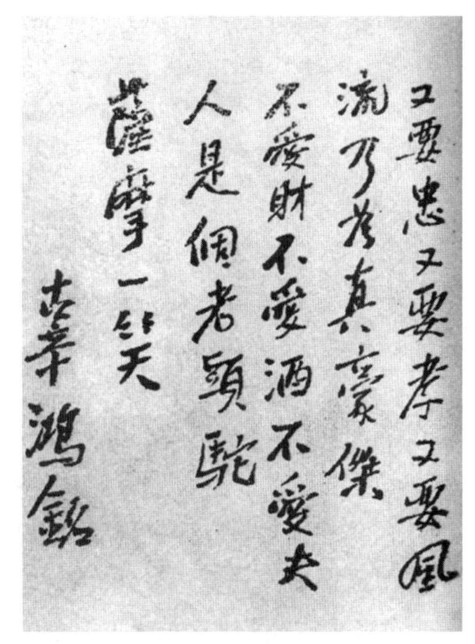

图 11-5　辜鸿铭手迹

> 在欧美，所有的基督教国家里，出现了教堂与学校、宗教与教育分道扬镳的局面。这种区别，即宗教和教育的非自然的分离，实际上成为今天欧洲民众精神上混乱状态的根源。而中国则不同。在此我想指出，中国文明中最特性的一点就是教育宗教与宗教教育不是截然分开的。中国的“教”字指的是授课、教育，同时也是宗教的名称。换言之，在中国，学校即教堂，教堂即学校。可是在欧洲，正如我说过的那样，宗教是宗教，教育是教育，教堂是教堂，学校是学校。事实上，对于教育与宗教的非自然分离，并没有什么特别的规定。就我所知，大不列颠的法律今天甚至连在国家资助的学校里阅读基督教圣经也禁止。法国人走得更远，在公学里，国家不但禁止讲授基督教，而且为了自己的需要，在公学里甚至又创造了一种名之曰“伦理”教的新宗教。[②]

---

① 辜鸿铭：《春秋大义·导论·良民宗教》，《辜鸿铭文集》下册，海口：海南出版社，1996 年，第 24 页。

② 辜鸿铭：《呐喊·现代教育与战争》，《辜鸿铭文集》下册，海口：海南出版社，1996 年，第 497～498 页。

在中国,宗教教育和学校教育是一致的,都是讲“终极关怀”,提高人们道德责任感,做正义和公正的事。教育人们做事要有高尚的动机,要有责任心。辜鸿铭在《春秋大义·中国人的精神》中述说:

“名分大义”,我将其译为有关名誉与责任的重大原则。儒教与其他宗教的本质区别也正在于此。在中文里,“教”也常用来指代别的宗教,如佛教、伊斯兰教和基督教。但是儒学则称为名教——名誉的宗教。孔子教诲中的另一个词是“君子之道”,理雅各将其译为“上等人的行为方式”。它最接近于欧洲人语言中的道德法则——照字面直译为君子法。实际上,孔子全部的哲学体系和道德教诲可以归纳为一句,即“君子之道”。孔子将这一思想编纂成典并使之成为宗教——国教。国教中最重要的思想就是“名分大义”——关于名誉与责任的原则,或许可以称之为“名誉大法典”。孔子在国教中教导人们,君子之道、人的廉耻感不仅是一个国家,而且是所有社会和文明的合理的、永久的、绝对的基础。除此之外,别无其他。我想诸位,甚至那些认为政治毫无道德可言的人也会承认,廉耻感对于人类社会是多么的重要。但是我不知道诸位是否都知道,为了使社会的每一部分都得以运转,廉耻感不仅是重要的,而且是绝对必要的。正如谚语所说:“窃贼亦有廉耻之心。”人丧失了廉耻,所有的社会与文明就会在顷刻间崩溃。[①]

在辜鸿铭看来,“名分大义”是儒教与其他宗教本质区别之一。与此相联系的,他认为另一个重大区别,是儒教为社会的宗教或国教。而其他宗教,则是个人的宗教,或称教堂宗教。辜鸿铭继续写道:

儒教与欧洲人心目中的宗教如基督教、佛教之间真正的不同在于:一个是个人的宗教或称教堂宗教,另一个则是社会的宗教或称国教。我说孔子对中华民族最大的贡献,是给予了人们真正的国家观念。孔子正是为了赋予人们真正的国家观念而创立了儒教。在欧洲,政治成了一门科学,而在中国,自孔子以来,政治则成为一种宗教。简而言之,孔子对中华民族最大的贡献,即在于他给了人们一个社会宗教,或称为国教。孔子的宗教思想反映在他晚年的一部著作中,书名为《春秋》。之所以如此取名,是因为该书揭示了国家治乱的根源——道德。国家

① 辜鸿铭:《春秋大义·中国人的精神》,《辜鸿铭文集》下册,海口:海南出版社,1996年,第45～46页。

的兴衰就仿佛季节中春与秋的变化。……在这部书中，孔子描述了腐败的国家、衰弱的文明所带来的苦难和不幸。指出问题的根源在于人们没有一个正确的国家观念，对自己的责任没有正确的认识——他们不懂得个人应该服从国家，忠于君主。[①]

辜鸿铭讲这些话的目的，是说儒教是国教，是政教合一的。国家通过教育，把以孔子为代表的儒家思想传授给人们，使之知"名分大义"，有廉耻，有道德责任感，思想行为就会符合正义和公道，国家社会就有秩序。辜鸿铭在《雅各宾主义的中国》中述说：

在欧洲，国家和教会是两个分离的机构，而在中国则合而为一。在欧洲，教会负责人民的道德，国家则主要负责维持秩序。而在中国，国家既要负责人民的道德，又要负责维持秩序，二者兼管。欧洲的教会得以促进人民道德的权威本源，是上帝，而在中国，国家得以促进人民道德的权威本源，是皇帝。因此，在欧洲，如果你破坏和取消了对上帝存在的信仰，维持民众的道德即便不是不可能，也将是困难的。同样，在中国，如果你攻击和取消了人民对皇帝的尊崇，你就等于破坏了中国人民的道德赖以存在的整个结构——事实上你破坏了中国宗教，它不是超越尘世的神道教，而是一种人间教，一种以中华帝国大清王朝为天堂，以皇帝为上帝——上帝的代理人的宗教。一旦破坏了这种宗教，你在中国要保持民众的道德，哪怕是一般水平的道德，也是不可能的。正是由于这个原因，我认为在中国对皇帝的忠诚是一种宗教，可以说，它是儒家国教（state religion）的基石，与欧洲的教会宗教（church religion）区别开来。正如在欧洲，殉道者因为信仰基督——上帝之子而万死不辞一样。在中国，殉道者则宁愿万死，也不放弃对于君主——天子和天使的忠诚。这一点从中国历史上可以得到证明。[②]

辜鸿铭特别指出，孔教，也就是中国宗教，它不是超越尘世的神道教，而是一种人间宗教，以国家为天堂，以皇帝为上帝。这种中国宗教就是要使民众有道，所以叫作良民宗教。而佛教、基督教则是超越尘世的神道教。欧洲实行政教分离，国家的学校教育离开宗教教育。其教育必然脱离道德，为军

---

① 辜鸿铭：《春秋大义·中国人的精神》，《辜鸿铭文集》下册，海口：海南出版社，1996年，第45～46页。

② 辜鸿铭：《中国牛津运动故事·雅各宾主义的中国》，《辜鸿铭文集》上册，海口：海南出版社，1996年，第288～289页。

国主义服务。辜鸿铭在《现代教育与战争》中述说：

> 现代学校里所教授的爱国主义宗教，这种宗教在欧洲许多国家中已排挤了基督教。现代学校、现代教育对爱国主义都传授了些什么呢？现代教育教导说，爱国主义意味着作为一个好的国家的好公民，每个人应完成自己的义务，应对自己的国王或皇帝效忠，应遵守法律，应按照自己的能力而不超出自己的可能生活，应偿还债务，应成为父母的孝子，应洁身自好，应早成家立业。[①]

辜鸿铭还说，“爱国主义不过是指为选举权呐喊，为本国政府鼓舌”、“维护祖国的声望”，不管是正义、公正还是相反。“如果可能的话，在任何情况下以体面的方式，攫取利益，为本国人民争取贸易及别的特权。现代教育最后还指出，爱国主义就是摇旗呐喊，抓住任何机会，高举火把参加游行。”辜鸿铭在《孔教研究之二》中进一步指出：

> “孝悌也者，其为仁之本与？”（人生之本为孝悌），在我看来，这也正是孔子学说与其它大的宗教思想体系，或真正的宗教如佛教和基督教的根本区别之所在。佛教和基督教的宗旨之一，是教导人们怎样成为一个好人。而孔子的学说则更进一步，教导人们怎样成为一个好的社会公民。佛教和基督教告诉人们，如果人们想成为一名好人，一名上帝之子，人们只需思索灵魂的状态及对上帝的义务，而不必思考现实世界。作为另一种学说的儒教，认为为了保持良好的心境，思考灵魂的状态是很有必要的，但同时还必须思考上帝把人类置于其间的人世，以根据上帝的意愿完成其功业。如果人们希望对上帝尽义务，那么同时也必须对人类尽义务，即孝悌之义务。事实上，本来意义上的宗教，如佛教和基督教是告诉人们，当人们作为公民居于斯世时，就不能成为好人。因此要想成为好人就要下决心离开现实世界，不再做一个公民。换言之，本来意义上的宗教如佛教和基督教是一种为人们谋划怎样隐迹于山林荒野，以及为那些在北戴河避暑的小屋里，不干别事，只对其灵魂之状态和对上帝之义务进行思索的人设立的宗教。孔子学说的精义却与此大相径庭。如果人们乐意，可以称之为宗教，也可以称之为道德体系，它告诉人们作为公民应如何生活，即是为那些卡莱尔说的“要

---

① 辜鸿铭：《呐喊·现代教育与战争》，《辜鸿铭文集》上册，海口：海南出版社，1996年，第499页。

纳税，付租金和有烦恼”的人所设的宗教。一言以蔽之，人们可以称这种孔教为一种良民宗教。[①]

辜鸿铭把佛教徒避世修行看作是享乐，而良民宗教孔教，“不是一种享乐的宗教，正因为它不是为那种狂热的圣徒而存在的。因此它也不是那些命运宠儿的宗教，作为这种宗教的教徒，是不可能在北戴河的避暑小屋安逸地度日的。我想在这里指出的是，遵循孔教的教义准则去生活要比遵循佛教和基督教的教义要难得多。如果想成为一名好的僧侣或基督徒，只需剃度，穿上袈裟，住进寺院或到北戴河去，静思其灵魂状态和对上帝之义务就行了。可是要想成为一名好的孔教弟子，就不仅要思索其灵魂状态和对上帝的义务，还要考虑对于人类的义务。要确实履行其责任、善行和彬彬之礼，要像对待岳母似的对待共和国总统。简而言之，儒教——孔子的学说，就是孝悌之宗教，它不是一种享乐的宗教”[②]。

在辜鸿铭看来，“良民宗教”是中国的希望，是人类的榜样。他述说：

中国的希望，在于麦嘉温博士说的中国人内心那种对于权威的尊崇，在于良民宗教！尽管我们在最近的两年半中经历了急剧的动荡，有着一个除了搜刮钱财、挥霍、发布条令和不断许愿之外，其实什么也没做的政府，但是在这样一个泱泱大国里，和平与秩序仍然被人民遵循。仅此一点，便令外国人大为惊异。面对这些事实，我们应该感谢的不是像许多外国人所想象的，是袁世凯的“敏锐智慧”或他的某位臣卒，而是中国的民众还没有丢掉他们内心对于权威的尊崇和良民宗教。简而言之，中国今日的希望不是袁世凯，而是孔子的良民宗教。在本文的开头，我引用过孔子的一位弟子的话，你们可以从中找到这种良民宗教的简明解释，并可将其要点归纳如下：首先，和平、秩序与安宁乃至国家本身的存在，不是依赖于法律和宪法，而是仰赖于中国的每个臣民都尽自己最大的努力，去过一种真正虔诚的生活，或时髦地说，一种道德的生活。其次，孝悌应作为道德生活或虔诚生活之本。再次，良民宗教的秘密是人们尽义务而不是争权利。人们不对权威表现出不信任和怀疑，而表现出对它的尊崇。孟子用一句话概括了这种良民宗教：“爱其亲，

① 辜鸿铭：《呐喊·孔教研究之二》，《辜鸿铭文集》上册，海口：海南出版社，1996年，第540页。

② 辜鸿铭：《呐喊·孔教研究之二》，《辜鸿铭文集》上册，海口：海南出版社，1996年，第541页。

畏其上，世永昌。”①

在这里，辜鸿铭把良民宗教解释得非常清楚，就是道德生活，而道德生活的核心是孝悌。《论语·学而》曰：“君子务本，本立而道生。孝悌也者，其为仁之本与！”朱熹注曰：“善事父母为孝，善事兄长为悌。”②儒家认为为人能做到“孝悌”，就不会犯上；不犯上，就不会发生逆理乱常之事。这样，社会秩序就会安定和谐。辜鸿铭所说的权威，就是指圣贤。尊崇权威，就是尊崇圣贤，就是向圣贤学习，人人都可以为尧舜。

辜鸿铭把良民宗教之道德责任感看成是中国文化的精髓，“它构成中国文明设计下的人类行为和社会秩序的基础”。对于这种道德责任感，辜鸿铭述说：

> 不是因为有任何外在的压力迫使他们这样做，也不是因为他们这样做能从中得到任何好处，而是因为这样做才对，不这样做即错。（也就是说，）他们这样做是出于那种对正确和错误的意识，那种道德责任感。因此，道德行为就是受（追求）正确的自由意志驱使，出自纯粹的道德责任感的行为。道德，就是对道德责任感的公认和服从。正是人类的这种道德责任感，不仅使得文明，而且使得人类社会的存在成为可能。③

这种道德责任感就是今天新儒家学者所讲的“终极关怀”。在儒家看来，一个人即使财产很多，那也是身外之物，他的内心还会空虚。唯一能克服内心空虚的，是在自己内在方寸之地树立生命的意义和价值。这就是辜鸿铭所说的“道德责任感”。现代人谈论道德伦理问题，往往是非此即彼，非彼即此，或者归为外在的党派、神祇。儒家认为这种道德责任感是发自自己内心的生命力，是人之所以为人的生命体现。这种道德责任感到科学、宗教或政治、经济里去找是寻找不到的，只能求诸己，即孔子所说的“为仁由己”。

辜鸿铭认为，正是人类的这种道德责任感，不仅使得文明，而且使得人类社会的存在成为可能。如果每个人都无视人类无所不在的这种道德责任感，那么他所寄生的那个社会，哪怕只存在一个时辰或一瞬都是不可想象

---

① 辜鸿铭：《呐喊·孔教研究之二》，《辜鸿铭文集》上册，海口：海南出版社，1996 年，第 545～546 页。

② （宋）朱熹：《论语集注》卷一，《学而第一》。

③ 辜鸿铭：《英译〈中庸〉序》，《辜鸿铭文集》下册，海口：海南出版社，1996 年，第 511 页。

的。再者，如果每个人都能完满地按照这种道德责任感来行事，那么他所在的那个社会将是一个完美无缺的社会，它不仅不需要警察，甚至连一切政府都不必要存在。因此，辜鸿铭认为中国文明是一个道德的、真正的文明。他述说：

> 我认为中国文明是一个道德的、真正的文明。首先，它不仅公认这种道德责任感，将其作为社会秩序的根本基础，而且还把使人们完满的获得这种道德责任感作为唯一的目标。因而在社会秩序、教育方法、统治方式和所有社会设施中都贯彻这一目标，旨在教育人们获得这种道德责任感。所有的那些习俗、风尚和娱乐，都只是通过激励和规划，使人们容易服从这种道德责任感。简而言之，在人类朝着他们进步的方向上面，中国文明树立了一种理想的目标，它不是要限制每个人的快乐，而是限制自我放纵，使每个人都得到幸福，"致中和，天地位焉，万物育焉"。[①]

辜鸿铭认为尽管当时中国陷于政治混乱和面临饥饿，但是政府仍在运行，人民仍然守法。这种内在的力量就是"来自中国人民强大的道德责任感"。辜鸿铭的结论是，中国人民的这种强大的道德责任感"从中国文明中来。因此，我认为中国文明是个奇妙的成功"[②]。

---

① 辜鸿铭：《英译〈中庸〉序》，《辜鸿铭文集》下册，海口：海南出版社，1996年，第511页。

② 辜鸿铭：《英译〈中庸〉序》，《辜鸿铭文集》下册，海口：海南出版社，1996年，第512页。

第十二章

结　论

福建理学不是福建历史上的一般学术思想派别，它与中国封建社会后期理学（新儒学）思潮相关联、共始终，是其核心部分。朱熹集宋代理学以至整个传统文化之大成，朱子学是中国封建社会后期政治、法律、道德、艺术、教育等上层建筑各个领域的指导原则，是国家的正宗思想。同时对日本、朝鲜和东南亚一些国家的思想文化有深刻的影响，已是世界性的学说。这个在历史上发挥巨大作用的朱子学原是由地域性的学派闽学，即福建理学发展和壮大起来的。当朱子学超出福建范围成为巩固封建统治秩序的强大精神支柱和具有世界意义之后，人们却忽视它在其故乡福建的发展情况。其实，南宋以至民国，福建理学代代相传，在完善和充实朱子学的思想体系上起了重要作用，对中国哲学做出了巨大贡献，在省内外以至国外都发生了巨大影响。

第一节　福建理学推动福建主流文化的新发展

一、福建理学促进福建文化的开发和其学农商相结合的特点

中国是一个疆域广阔、人口众多的国家。中国各地居民所处自然环境、民族特点和社会历史的差异，形成了中国各地区思想文化的不同特点和发展水平的不平衡。福建地处中国东南沿海，离全国的政治、经济和文化中心较远，与中原地区相比，相对比较落后。春秋时，越人的一支闽越族散居在今福建北部和浙江南部一带。据《周礼·夏官·职方氏》贾公彦疏："叔熊居濮如蛮，后子从分为七种，故谓之七闽。"此时正处于断发文身崖葬的阶段，与中原文化上的差距悬殊。据记载，秦始皇二十六年（公元前221）置闽中都。汉高祖封闽越国，另设县治，隶属会稽郡。相传越王勾践的后裔无诸受

封为闽越王，治东冶(今福州)。[①] 南朝陈武帝永定年间(557—559)置闽州。唐玄宗开元二十一年(733)置福建经略使，首次出现“福建”名称；唐代宗大历十二年(777)，用古闽中或闽称之。此前，今福建区域或属扬州、江州、东扬州，或称建安、晋安等。南宋时，福建行政单位有一府，即建宁府；二军，即邵武军、兴化军；五州，即南剑州、福州、泉州、漳州、汀州。府、军、州合之称为八闽。元惠宗至正十六年(1356)才设立福建省。“闽”字是门字内加虫字，在汉代许慎的《说文解字》里，闽字不是放在门部，而是放在虫部，意为此地多虫，即野兽多，不开化。唐代人还视闽为瘴疠地，蛮夷之邦。唐代以前到福建任职的官员多出于贬谪。[②]

中国的科举制度是从隋代开始的，至唐代全国普及。但是当时闽人由于读书人少，应科举考试的人屈指可数，以致中原人耻笑闽人未知学。唐中宗神龙元年(705)登第的长乐人薛令之，是福建第一个进士。唐哀帝天祐四年(907)的进士福建晋江人欧阳詹述说：

> 某代居闽越，自闽至于吴，则绝(无)同乡之人矣！自吴至于楚，则绝(无)同方之人矣！过宋由郑而周到秦，朝无一命之亲，路无回眸之相。[③]

说明当时福建文化落后，北上宦游之士极少。就是到北宋初年，北方人还视闽、浙等地“南人”文化水平低。如当时福建南安人刘昌言，虽官至同知枢密院地位，同僚仍

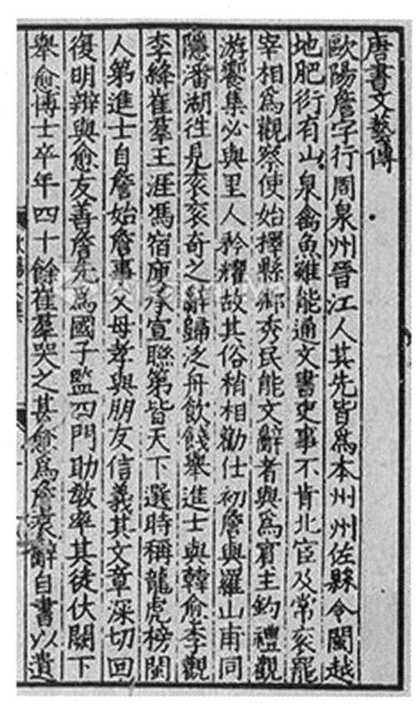
唐書文藝傳
歐陽詹字行周泉州晉江人其先皆爲本州州佐縣令閩越地肥衍有山泉禽魚雖能通文書吏事不肯北宦及常袞罷宰相爲觀察使始擇縣鄉秀民能文辭者與爲賓主鈞禮觀游饗集必與里人矜耀故其俗稍相勸仕初詹與羅山甫同隱潘湖往見袞袞奇之辭歸泛舟飲餞舉進士與韓愈李觀李絳崔羣王涯馮宿庾承宣聯第皆天下選時稱龍虎榜閩人第進士自詹始詹事父母孝與朋友信義其文章深切回復明辯與愈友善詹先爲國子監四門助教率其徒伏闕下舉愈博士卒年四十餘崔羣哭之甚愈爲哀辭自書以遺

图 12-1　欧阳詹开闽文宗

① (汉)司马迁：《史记》卷一一四，《东越列传》。

② 参见(清)段玉裁：《说文解字注》，郑州：中州古籍出版社，2006 年，第 673 页；陈庆元：《福建古代地方文学鸟瞰》，《福建学刊》1991 年第 2 期。

③ (唐)欧阳詹：《欧阳行周文集》卷三，《上郑相公书》。

耻笑他语带闽腔。[1] 福建的文化与全国文化的形势相比，不能不说落后了一大截。

至宋代，福建文化迅速昌盛起来，超迈而赶上全国的步伐。宋洪迈说：当时福建“冠带诗书，翕然大肆。人才之盛，遂甲于天下”，被称为“海滨邹鲁”，大有咄咄逼人、骎骎凌驾于中原之势。[2] 究其原因，除了两宋中州士人再次大量南迁、中国政治经济重心南移、闽地商品经济发达、航海对外贸易繁荣等外，就是游酢、杨时、朱熹及其后学极力提倡和发展理学（新儒学），创立道南学、闽学，极力兴办教育，培养出大批人才，使得僻处海隅的福建文化有彻底改观的历史机遇。

随着福建的经济开发和对中原开放，一些学者把发达的中原文化带到福建，进一步促进相对落后的福建文化发展起来，从而也促使经济日益发展。福建开发于汉代，其后有五种人入闽，即亡命者、流放者、避乱者、隐逸者、官吏将士。在晋代有八姓入闽，即陈、林、黄、郑、詹、丘、何、胡。福建有俗语曰：“陈林半天下，黄郑满街摆。”从东晋到五代，有王彬任建安太守，范缜任晋安（福州）太守，李崇任晋江郡守，林禄任晋安郡守，黄元任晋江郡守，王审知任闽王，以及大学士邱祚、韩偓避闽。唐和五代有很多文人流寓福建。这些都是北方人，他们把发达的中原文化带到福建来。朱熹的远祖就是和山东的孔孟同乡，后为避祸到江南，然后又到安徽、江西，最后定居福建的。南宋、元、清三朝，由于北方少数民族纵横中原，北方学者来闽北隐居治学增多。现在福建不少人的远祖是河南人。据福建崇安五夫里张氏族谱所载，他们的祖先是关中大理学家张载。同时，福建的学者也到外省，把外省先进的文化带回福建来。唐五代禅宗大师霞浦人灵祐、长乐人怀海、建瓯人慧海、莆田人本寂、福清人黄檗等，都到江西、浙江等地行脚传法。五代道教哲学家泉州人谭峭，游历河南、山西等地名山。最有名的就是北宋建阳游酢、将乐杨时到河南洛阳拜二程为师，把理学移植至福建。后由沙县罗从彦、南平李侗、建阳朱熹等把它发展起来，形成福建理学思想体系。

当朱子之学于宋元间超出闽浙赣范围而成为国家的正宗思想后，福建理学在其发源地福建仍继续发扬和光大。至明清时期，已具有十分丰富的学术文化内容，不仅充实和发展了朱子学，并成为福建文化的主流思想。而

---

① 参见朱维幹：《福建史稿》上册，福州：福建教育出版社，1985 年，第 247 页。

② （宋）洪迈：《容斋四笔》卷五。

且福建大部分地区的文化，与闽浙赣武夷山一带的文化一起，成为继北方中原地区文化重心之后国家新的文化重心。

中华民族文化的一般特征，是福建文化的主体部分，而它的区域性特点也是十分显著的，独呈异彩。福建理学思想依据社会地理环境和人情世故的特点而特具超前意识，把福建士人根深蒂固的学、农、商相结合的观念吸取进来，即物穷理，使其学萌生近代工商精神，成为福建理学的一大特征。南宋莆田人刘克庄《泉州南郭诗》曰：

闽人务本亦知书，若不耕樵必业儒。

惟有桐城南郭外，朝为原宪暮陶朱。

桐城，即泉州。原宪很会读书，是孔子学生中唯一的福建人。陶朱（范蠡）很会做生意，他辅助越王勾践兴越灭吴后，弃官从商而大富。在福建理学创始者和发展者的思想里，也反映出这种学、农、商相结合的观念。朱熹的父亲朱松，曾"下从算商之役，于岭海鱼虾无人之境"贩卖。[①] "文字钱"是朱熹经济收入中的来源之一，此是朱熹为人撰书文字酬劳金和"设书肆刊印书册所贸之钱"。[②] 张栻认为朱熹经营刻书售书之业，有损名誉。[③]

在福建，重商趋利已形成一种传统观念，被视为建家立业的必要手段。福建理学学者的思想继承和发扬了这种观念。这种颇具近代意识的经济观念，似乎萌发得比人文发达的中原地区早了很多。包括福建理学学者在内的一些官僚士绅都认为，"生意为求财之路，财物为养命之源。行货曰商，居货曰贾，皆所以为财也。礼义生于富足，财也安可少哉！"[④]据记载，福建一些地方，"子弟二十尚无足观，便当弃儒就贾，次则习艺，再则农耕"。[⑤] 中国古老的"崇本抑末"观念，在福建理学中被颠倒了。这与福建理学的超前意识是分不开的。

由上可见，福建理学思想贯串于福建文化的各个方面，是福建文化的核心部分，极大地促进了福建文化的发展。

---

① （宋）朱熹撰，陈俊民校编：《朱子文集》卷九七，《皇考朱公行状》，台北：德富文教基金会，2000年。

② （宋）朱熹撰，陈俊民校编：《朱子文集·别集》卷六，《与林择之六》。

③ （宋）张栻：《张南轩集》卷二一，《致朱元晦》。

④ （清）廖冀亨：《求可堂两世遗书》卷三，《求可堂家训》。

⑤ 民国《上杭县志》卷二三，雷赞明：《溟池遗训序》。

二、福建理学书院教育的兴盛

福建至宋代，文化迅速兴盛起来，福建理学学者极力推行书院制度和民间自由讲学是一个重要原因。以朱熹为代表的福建理学学者，大都十分重视教育事业，他们自建或复修精舍、书院，开展读书、讲学和著述等教育活动，培养人才。把教育培养人才和学术研究结合起来，这是福建理学书院活动的一大特色。

朱熹在世时，他亲自兴办了多处县学、精舍、书院，有门人五六百人。陈荣捷在《朱子与书院》中述说：

> 朱子个人与二十四所书院有关，其中包括三所精舍。若干种类是相跨的，例如朱子在这些书院中讲学，他也为这些书院题匾额。还有许多其他书院的关系，未记载或者隐没在地方志里，许多庙宇都建立起来祭祀他，还有许多祠堂的建立是为纪念他的来访。后来这些大多数的祠堂，都变成书院。戴铣在1506年所写的《朱子实纪》，他列举书院达二十八所。王先谦这位湖南大儒，在1888年所写的一篇文章，仅湖南一处，他举书院十所。除了一所以外，所有书院都在一种或他种方式与朱子有关。至少朱子有八位门人建立书院，其中尚有门人之父与门人之孙先后承建者。又至少有七人充任堂长。还有至少有六七人在书院中讲授，其中尚有一位门人有随游者数百人。还有至少三人很有名地在推行白鹿洞学规。朱子及其门人，在推行书院制度上，在宋代较之其他社团，更为积极与活跃，那是毫无疑问的。[①]

陈荣捷所述与朱熹有关的精舍、县学、书院等数字，因其资料不足，是最低限度的统计数据，已足以说明朱熹推行书院制度和民间讲学对文化的重大贡献。

众多的福建理学学者散居在福建各州县，创办官学和私学，以书院为据点，著书立说，登台授徒，接引后学。宋黄榦说："一日不讲学，则惕然以为忧。"[②]他们为历朝历代培养出大批人才，福建遂有"海滨邹鲁"之称，跟中国儒家思想的发源地山东邹县、曲阜相媲美。

在福建，不仅朱熹及其门人所建县学、精舍、书院历代延续并扩大起来，

---

① 陈荣捷：《朱子与书院》，（台北）《史学评论》1985年第9期。

② （宋）黄榦：《勉斋集》卷八，《朱子行状》。

而且纪念他们的祠堂、过化处等也大都改为书院，成为文化教育和学术研究的中心。这样，福建理学学者有关的书院或教育中心，遍布福建各州县以至乡里，形成南宋元明清时期福建全省的文化教育网。这是福建宋代以后文化兴盛的基础。尹德新等的《中国古代的书院制度》所辑的宋代书院 60 所中，闽北占 13 所。仅建阳一地就有云谷、庐峰、云庄、瑞樟、同文、环文、潭溪、鳌峰等数所。朱熹前后，闽北书院代代相沿，长盛不衰。清史贻直述说：

> 六朝时，自顾野王讲授其中(指武夷山)，文学以显。至宋赵清献筑吏隐亭于三曲，其后杨文肃、胡文定昌道于此。及朱子开紫阳书院，诸大儒云从星拱，流风相继。迄元明以至于今，而闽学集濂洛关之大成，则皆讲学于此山者，而山之名遂以甲于天下。①

在朱熹开武夷精舍前后，四方向道者云集，诸贤儒相继星拱，如蔡氏之咏归堂、南山书屋，游氏之水云寮，熊氏之洪源书院，真氏与詹氏筑室幔亭峰。且与朱熹前后主管(武夷)冲佑观者，共 24 人，皆当时名儒。到了元朝，有杜清碧以平川结思学斋、怀友轩，授徒讲学，名闻朝野。时有陈霍童居武夷，修明理学，从游者数百人。明清诸儒如王文成、李见罗、湛甘泉、邹东廓、唐荆川、罗念庵、黄石斋等，皆先后讲学于武夷山，为名山所托重。

再如福州一带，朱熹说："福州之学，在东南为最盛，弟子员常数百人。"②黄榦在福州附近的闽县办学，"弟子日盛，巴蜀、江、湖之士皆来。编札著书，日不暇给，夜与之讲论经理，亹亹不倦"。③ 在朱熹、黄榦等理学学者的影响和带动下，福州宋代有书院 54 所，其后元代、明代、清代又有很大的发展。福州每岁节院五日，各遣弟子入学，凡乡里各有书社，龙昌期咏福州诗云："是处人家爱读书。"程守师孟诗云："城里人家半读书。"又云："学校未尝虚里巷。"④真是一幅全城为学的兴旺景象。此外，漳州陈淳在闽南办学，"漳泉士人争相师之"，波及莆田等地，"郡守以下皆礼重之，率僚属延讲郡庠"。⑤ 这样，朱熹和门人及其后学所创之县学、精舍、书院遍布福建全

---

① (清)董天工：《武夷山志》卷首，史贻直：《武夷山志序》，北京：方志出版社，2007 年，第 7 页。

② (宋)朱熹撰，陈俊民校编：《朱子文集》卷八，《福州州学经史阁记》，台北：德富文教基金会，2000 年。

③ (元)脱脱等：《宋史》卷四三〇，《黄榦传》，北京：中华书局，1985 年。

④ (宋)梁克家：《三山志》卷四，《世俗类》，北京：方志出版社，2003 年。

⑤ (元)脱脱等：《宋史》卷四三〇，《陈淳传》，北京：中华书局，1985 年。

省，形成了一个文化教育的网络。

在中国古代，官学和私学相互补充，相互结合。到朱熹活动的南宋时期，士风萎缩，教育经费困乏，由于公立教育事业不能解决士风衰微的问题，更不能满足社会对教育的要求，于是私学进一步兴办发展起来。朱熹及其后学，以武夷精舍、考亭书院、福州鳌峰书院等为中心，把教学与学术研究结合起来，讲习理学，研究理学，恢复和发展儒学，振兴民族文化。因为他们大部分为官员，所办的书院有的具有公私立学校相结合的性质。

对此，朝鲜李朝李退溪述说：

图 12-2 李退溪创办的陶山书院

> 夫书院何为而设也？其不为尊贤讲道而设乎？自宋朝四书院之后，渐盛于南渡而大盛于元明之世。彼数代非无国学乡校而必更立书院者何也？国学乡校有科举法令之拘，不若书院可专于尊贤讲道之美意。故或因私立而国宠命之，或国命立之而择人教养也。若吾东方，则至当代而后始许立院，所谓因私立而国宠命者。窃仰圣朝之意，亦岂非慕数代之遗风而欲庶几云云。[①]

李退溪的时代相当于中国明代中叶。这是说南宋及其后的教育学校（国学乡校）具有公立和私立相结合的性质，并以此纠正科举法令之弊。福建理学学者把书院由原来官家统制更多地转向民间私学为主导。这是福建理学书院教育的又一大特色。

三、福建理学与福建雕版印刷业的兴盛

雕版印刷是我国对世界文化的三大贡献之一。马克思说：

> 火药、指南针、印刷术——这是预告资产阶级社会到来的三大发

① 李退溪：《拟与丰基郡守论书院事》，《增补退溪全书》第 1 册，首尔：成均馆大学大东文化研究院，1978 年，第 341～342 页。

明。火药把骑士阶层炸得粉碎,指南针打开了世界市场并建立了殖民地,而印刷术则变成新教的工具,总的来说变成科学复兴的手段,变成对精神发展创造必要前提的最强大杠杆。[①]

宋代的雕版印刷业,"其精杭为最,其多闽为最,蜀皆次之"[②]。福建历史上刻版印刷业兴盛于宋代,是与朱熹和历代福建理学学者紧密联系在一起的。

朱熹在书画和金石镌刻上都有很高的造诣,福建历史上刻版印刷业的发达是直接渊源于朱熹等福建理学学者的。朱熹在任福建泉州府同安县主簿的三四年中,抛弃县官陋俗,与下层人士接近,教授从事金石镌刻者,培养工艺人才,促进了泉州雕版印刷业的发展。据考察,泉州历代雕版刻工俱出于近郊涂门的田庵村,而其祖传的刻艺为朱熹所传授。[③]

宋祝穆说:"建宁麻沙、崇化两坊产书,号为图书之府。"[④]麻沙,即今麻沙镇。崇化,即今书坊。两地相距约 7 公里,离建阳县城约 30 公里,南宋时两地并称刻版印刷的中心。崇化较为偏僻,交通不便,刻版印刷业不如麻沙先进发达,所以"建本"只称"麻沙本"。南宋时,麻沙的刻版印刷业全闽最盛,匠户人口当以数千计。朱熹说:"建阳版本书籍行于四方者,无远不至。"当时泉州海船还把建本图书远销海外。因为建本图书在国内外享有极高声誉,麻沙、崇化两坊便有"图书之府"的美称,还有"小邹鲁"的雅号。[⑤]

对于闽北刻版印刷业之盛,南宋刘克庄说:"巍巍考亭,为宋阙里,两坊文籍大备。"宋末元初的熊禾说:"文公之文,如日丽天;书坊之书,独水行地。"这两桩盛事确实是有必然联系的。[⑥]

闽北刻版印刷业的兴盛,主要是基于经济和政治方面的发展。但是福建理学学者的直接推动作用,却是不能忽视的。他们在闽北所办书院、精舍,比比皆是。除有大量学徒外,还吸引来自各地众多的知名学者。由于福建理学的影响,闽北有良好的读书风气,如建阳是"明星在天灯影灿,满城书

---

① 转引自习近平:《为建设世界科技强国而奋斗》,新华社,2016 年 5 月 31 日。

② (宋)叶梦得:《石林燕语》卷八。

③ 吴坤:《泉州的木版镌刻和书坊》,《泉州文史资料》第 7 辑,1962 年 9 月,第 75 页。

④ (宋)祝穆:《方舆胜览》卷二。

⑤ (明)冯继科修,朱凌纂:(嘉靖)《建阳县志》卷五,《学校志·图书》。

⑥ (明)冯继科修,朱凌纂:(嘉靖)《建阳县志》卷五,《学校志·书院》。

声起夜半”[①]。此外，他们还提倡藏书，除私藏外，还在官府、书院办经史阁、小书楼等。建阳的同文书院，是朱熹为贮藏图书而建造的。朱熹说：“学于县之学者，乃以无书可读为恨。”[②]可见当时刻版印刷出来的书籍供不应求，这就给闽北的刻版印刷业提供了广大的市场。一些书院也有自己刻书出售，如建安书院刻《周易玩辞》16 卷；武夷精舍刻《小学》6 卷，封面题曰“武夷精舍《小学》之书”。朱熹还委托蔡元定为之刊行《中庸章句集注》《诗经集传》，委托蔡渊刊行《魏书》《参同契》等，[③]得到诸多师友的大力帮助。朱熹在《答何叔京三书》中说：“《诗传》欲改数行……幸付匠者正之，便中印一纸来。《中庸》必已了矣。”[④]书院刻书比坊间所刻之书在印刷和校勘上都质量较高，如《韩文考异》10 卷、《阴符经考异》1 卷等，在书院刻版过程中，朱熹乃亲自校勘。

书院内自行刻书是福建理学书院的传统。据记载，唐代的集贤殿书院“掌刊辑经籍”。[⑤] 朱熹之后的理学书院，可见大量刊刻先儒遗著，如清代福州的鳌峰书院刊刻 55 种，正谊书院刊刻 525 种。在明嘉靖《建阳县志·学校志》里有“书坊书目”，列书目 382 种。从中可以看出朱熹为书坊提供了许多书籍，请其刻印，其中有《近思录》、《小学》、《周易本义》等。朱熹的著作在闽北大量刊行，现存有多种刊本，如《论孟精义》34 卷、《五朝名臣言行录》1 卷、《资治通鉴纲目》59 卷等，难以区分是首刊还是重刊的。朱熹所编撰的《楚辞集注》，完稿后即交建阳书坊刊刻。此刻今已无从查找，但是《朱子文集》里有所记载。如朱熹在《答巩仲至书》中述说：

> 《楚辞》当俟面议。元本字亦不小，便可以小竹纸草印一本，携以见示。此间工匠工于剪贴，若只就此订证，将来便可上板，不须再写，又生一重脱误，亦省事也。[⑥]

朱熹名重，所著书籍销行较广，招致有的书坊私自翻印。如朱熹在《答

---

① (清)郑志路:《书灯田》,(清)张应昌:《清诗铎》,北京:中华书局,2022 年,第 35 页。

② (宋)朱熹撰,陈俊民校编:《朱子文集》卷七八,《建阳县学藏书记》,台北:德富文教基金会,2000 年。

③ 《朱子文集·续集》卷二,《答蔡季通六四》。

④ (宋)朱熹撰,陈俊民校编:《朱子文集》卷三四,《答何叔京三书》,台北:德富文教基金会,2000 年。

⑤ (宋)欧阳修等:《新唐书》卷一八,《百官志》,北京:中华书局,1975 年。

⑥ (宋)朱熹撰,陈俊民校编:《朱子文集》卷六四,《答巩仲至二》,台北:德富文教基金会,2000 年。

吕伯恭》中说："《论孟精义》为义乌人翻印，如劝说不止，乃状告之。"[①]

朱熹等理学家的大力倡导，有力地推动了福建的刻版印刷业。在南宋至清代，福建的刻版印刷业十分活跃，各方面刻书的很多，有官署刻、书院刻、寺院刻、书坊刻，也有家塾刻，先后出现许多刻书家，有的全家、全村、全镇以刻书为业。他们所刻印的书，在中国雕版史上占有很重要的地位，为后世的藏书家所重视。至今福州鼓山涌泉寺藏经阁还保存有明清时期的佛藏刻版，数量丰富，极为珍贵。对此，弘一法师有所述及：

> 昔年余游鼓山，览彼所雕《法华》《楞严》《永嘉集》等楷字方册，精妙绝伦。以书法言，亦足媲美唐宋，而雕工之巧，可称神技。虽版角少有腐阙者，亦复何伤，弥益古趣尔。又复查彼巨帙，有清初刊《华严经》及《华严经疏论纂要》、憨山《梦游集》等，而《华严经疏论纂要》为近代所稀见者。余因倡言印布，并以十数部赠与扶桑诸寺，乃彼邦人士获斯密宝，欢喜雀跃。遂为摄影镂版，报诸报章，布播遐迩。因是彼邦佥知震旦鼓山为庋藏佛典古版之宝窟。然鼓山经版虽驰誉于异域，而吾国犹复湮没无闻。[②]

弘一法师在鼓山所发现的《华严经疏论纂要》是极其珍贵的，日本《大正新修大藏经》中未有收录。这部佛学要典得以重新流布，应归功于弘一法师。特别是弘一法师认为"鼓山为庋藏佛典古版之宝窟"，"以书法言，亦足媲美唐宋，而雕工之巧，可称神技"，"楷字方册，精妙绝伦"，实际上是对福建历史上的刻版图书的一种评价。鼓山的佛藏刻版技艺，是继承了建本刻版传统的，所以才能达到如此高超的水平。

第二节 福建理学开辟中国理学发展的新领域

一、福建理学家的学术贡献

由于福建理学学者辈出，其著作极为丰富。据初步统计，福建理学学者所撰述的著作有数千部、28000多卷，其中哲学著作有800多部、2000余卷。这些著作大都阐述孔孟程朱思想，发扬儒家传统和理学精神。福建理学学

---

① (宋)朱熹撰，陈俊民校编：《朱子文集》卷三三，《答吕伯恭》第二八书。

② 弘一：《福州鼓山庋藏经版目录》卷首，《序》。

者的思想极为丰富，提出了许多有价值的观点，为全国思想文化的发展做出贡献。

在宋元明清时代，除了蔡清、林希元、李光地等部分理学学者高官厚禄外，大部分理学学者隐居不仕或仕途失意，主要从事于儒家学说的研究。他们对哲学的重要范畴，如理与气、道与器、一与多、一与两、知与行、理与欲、性与情、格物致知、生生不穷等，都有不同程度的深入探讨，充实和完善了这些范畴的内容。特别是他们扩大了儒学研究的范围，开阔了学术研究的新领域，具备了新的思想境界。例如，元朝莆田人陈旅，反对朱陆两家门户之见，主张互相取善，为学术派别和学术观点的融合提出了方向。明朝晋江人王春复提出"格物即是亲手习其事"的命题，把理学家的体验论改造为格物致知论。如果说在朱熹那里强调理是如何演化天地万物的世界图式，偏重于抽象范畴的论证，那么在其后继者福建理学家那里，则是强调用纲常伦理来体现理，侧重于道德修养。他们在伦理学、人性论方面突出地发展了理学思想，如黄榦的体用论、陈淳的知行论、真德秀的性情说、熊禾的全体大用论、吴海的气节论、陈真晟的心学图、蔡清的虚静论、陈琛的事在人为说、林希元的依可而行论、蔡世远的志气说、童能灵的三才统一说、孟超然的变化气质论、陈庚焕的好善论等，大都为朱熹言而未详而详之，或为朱熹之后的新论说。

在宋元明清时代，福建理学者人数亦居全国诸省之先。《宋史》的《道学传》和《儒林传》列福建 17 人，居全国诸省第一。明人杨应诏的《闽学源流》，记载从杨时到蔡清的福建理学人物有 195 人。明末清初的黄宗羲等的《宋元学案》，立案哲学家共 988 人，其中福建籍有 178 人，其他省浙江 157 人、江西 149 人、四川 142 人、湖南 141 人，都比不上福建。就《宋元学案》所立 92 个学案中，福建籍学者学案有 17 个，几乎占五分之一，也是全国诸省之首。清人张伯行增补《道南源委》，从杨时到黄道周，共列了 148 人。清人陈祚康编《全闽道学总纂》，从北宋到清道光前，共列福建儒学家 156 人。据我们初步研究，从宋朝至清末，福建有思想家 200 多人，称得上哲学家的有 10 多人。《宋史·文苑传》列福建 8 人，仅次于河南、江苏、四川、山东、江西，居第六位。《全宋词》辑录了 1000 多位词人，福建有 77 人，仅次于浙江、江西，名列全国第三位。据王应山《闽大记》所载，宋代福建进士有 5985 人，其中南宋的是 3482 人，比唐代 58 人多了许多。《宋史》列福建居宰辅地位的有 18 人，仅次于浙江、河南，居全国第三位。从战国末至清宣统三年(1911)，即辛亥革命推翻封建王朝止，先后从祀府文庙者共 152 人（近人郑丽生在《闽广记》中说，文庙从祀先儒闽人最多，达 135 人），其中生于宋以后者只有 54 人，福建 13 人。福建人从祀府文庙者之数，居全国各省首位。

宋以后，福建 13 个从祀府文庙人物是：朱熹，宋淳祐元年（1241）从祀，清康熙五十一年（1712）升祀十哲位。胡安国，明正统二年（1437）从祀。蔡沈，明正统二年（1437）从祀。真德秀，明正统二年（1437）从祀。杨时，明弘治八年（1495）从祀。李侗，明万历四十二年（1614）从祀。罗从彦，明万历四十二年（1614）从祀。黄榦，清雍正二年（1724）从祀。陈淳，清雍正二年（1724）从祀。蔡清，清雍正二年（1724）从祀。黄道周，清道光五年（1825）从祀。李纲，清咸丰元年（1851）从祀。游酢，清光绪十八年（1892）从祀。这些人物，都是福建的理学名家，其中朱子学家 6 人。他们学问渊博，经世致用，伦理道德修养高尚，事功气节为后人楷模，在籍被称为乡贤，有较高的名声。

二、福建理学家的著述丰富多彩

福建理学学者中不少人不是为科举仕途而学，他们治学大都超出“四书”和朱熹《四书章句集注》的范围。他们视野广阔，涉猎各种经书和古籍。在福建不同地区形成了不同的学风和特点，如晋江《易经》、莆田《尚书》、漳浦《诗经》，闻名全国，其著者大部分为朱子学家。

晋江解《易经》之著作，宋代有陈知柔的《易本旨》《易大传》《易图》，柯述的《否泰十有八卦义》，苏伯材的《周易解义》，蔡和的《易说》，郭缜的《易春秋解》，杨炳的《易说》，苏思恭的《易说》，吕中的《演易十图》，陈在中的《六十四卦赋》。明代有张廷芳的《易经十翼章图蕴义》，黄克复的《易备忘》，温良的《易经讲义》，李聪的《易经外义发凡剔要》，李逢期的《易经随笔》，蔡清的《易经蒙引》《太极图解》《河洛私见》，郑贤的《易说》，诸葛俊的《易经集说》，黄志清的《易说》，蔡存远的《周易正说》，陈琛的《易经通典》，项忠的《易说》，陈敦豫的《易经典引》，史于光的《易经正蒙》，邱瑗的《易说》，林文明的《易经草说》，林性之的《易经浅说》，蔡润宗的《易经正言》，黄光昇的《读易私议》，王宗澄的《易经儿说》，蔡元伟的《易经聚正》，赵建郁的《周易说》，史朝宜的《易说》，张汪的《易注》《易释》，翁尧英的《易传节解》《太极图说》，郭文焕的《易经注解》《太极图注释》《通书注解》，李贽的《九正易因》，许天琦的《易学管见》，孙振宗的《易学说约》，沈亨的《易解》《卦画图记》《太极解》，庄望槐的《系辞释言》，李士绚的《易说》，郭宗盘的《易学说海》，李廷机的《易经纂注》

《易答问》,苏濬的《易经儿说》《易经心说》《易经生生篇》,林养材的《易学臆说》,何炯的《易经纪闻》,杨启新的《易林疑说》《易经蒙注》,黄国鼎的《易经初解》,李光缙的《易经潜解》,杨瞿崃的《易经疑丛》,许凤滨的《易解》,洪猷的《周易翼义》,蒋际春的《易经记注》,李伯元的《易钵》,张维枢的《淡然斋易测》,洪启初的《易经管见》,林欲楫的《易经勺解》,林甫任的《易录》,郑之铉的《易经翼解》,林孕昌的《易史象解》《易史广占》,韦际明的《易解》,吴载鳌的《易勺》,黄阔中的《易义注解》,吴韩起的《易经说》,蔡鼎的《易蔡》《周易说意》,王承标的《易经得一集》。在清代,有王命岳的《杂卦牖中天》,陈迁鹤的《论易》,蔡方升的《易解参考》,丁莲的《易经萃解》,李基丰的《易经初进集解》,薛人龙的《周易说约》,谢䶮的《易经提要》,黄国仪的《易经集说》《大象集说》《周易牖中天》《录辞集说》《序卦集说》《说卦集说》《杂卦传集说》《易大传上下集》《反对象义》《采集易图说》《毛春庄易说》《章本清易说》《易经全图》《天然图》《易原》,吴映的《周易令辑》,蔡澄的《周易解题纪要》《变卦图说》,庄名夏的《周易象解》《易经精说》,施世湖的《参订陈紫峰易经浅说》,柯廷瓒的《易经发蒙》,柯廷璟的《周易解》,林滨海的《易系辞解》,释海印的《周易说》,等等。

莆田解《尚书》的著作,宋代有郑济的《尚书说》,方传的《尚书荼氏考》,黄力行的《尚书传》,黄艾的《尚书讲义》,林洪的《禹贡节要》,方公权的《尚书审定》。明代有郑彦明的《尚书说》,林澄源的《书经讲说》。

漳浦解《诗经》之著作,宋代有蔡元鼎的《诗经解》《辨类诗》,蔡藻的《诗经续解》,陈景肃的《诗疏》。明代有陈敬的《诗经讲义》,汪环的《诗经衍义》,王志道的《诗经疏》,黄道周的《诗序正》《诗撰》《诗表》,何楷的《诗经世本古义》。清代有蔡而烷的《葩选》,等等。

在这些注解撰述著作中,很大部分是发挥朱子学思想的,或者与朱子学思想有关。他们从不同角度阐发理学思想,形成了不同的学派,如理学正统学派(如南宋闽县黄榦、浦城真德秀,明代晋江蔡清等)、理学象数学派(如南宋建阳蔡沈、莆田林光朝等)、经世致用学派(如明代晋江王春复、晋江李廷机,清代庄亨阳等)、心学宋汉折中学派(如元代莆田陈祈,清代晋江陈庆镛等)、三教合一学派(如元代邵武黄镇成等),等等。

三、宋元以后的中国哲学思想史应以朱子学为核心

由于闽籍理学家李光地向皇帝极力推荐并实施朱子学,使其沿着中国

主体文化朱子学的方向治理国家。清康熙说："读书五十载，只认得朱子一生所做何事。"[①]他命李光地编纂《朱子全书》，御颁全国。康熙时代是清朝最辉煌的时代，是公认的中国哲学史上朱子学的天下。朱熹及其后学的理学集濂、洛、关等新儒学以至整个中国传统文化之大成，在经学、哲学（理学）、道德伦理学、政治学、经济学、教育学、史学、文学、美学、自然科学、宗教学等诸思想学术领域都达到了那个时代的最高水平，是我们取之不尽的资源源泉。

在近代学者撰写的中国哲学史和有关朱熹哲学的论著中，尽管大都肯定朱子学是中国封建社会后期的正宗思想，对朱熹的思想进行比较全面的阐述，但是对朱熹之后的朱子学发展，它在封建社会后期统治中国思想文化的七八百年过程中，其本身是怎样演变的，却很少论及。一般大都在论述朱熹思想之后，接下去便论述反对朱子学的哲学家，忽视朱子后学，因而看不出中国封建社会后期正正宗思想朱子学的发展线索和规律。其原因是多方面的，原因之一可能是认为就全国来说，朱子后学没有对朱子学做出重大的贡献。之所以出现这种观点，就是因为缺乏对历代和各地的朱子学家进行深入的研究。我们通过对历代福建理学进行初步探索，逐渐认识到不少福建理学者对朱熹思想体系的完善和充实做出重要贡献，如南宋的陈淳、蔡沈、真德秀，元代的熊禾，明代的陈真晟、蔡清、林希元、黄道周，清代的李光地、蓝鼎元等。《明史》有谓："闽中学者率以蔡清为宗……闽中有王氏学，自（马）明衡始。"近年来，阳明心学在福建的传衍及其与朱子学的纷争问题，引起了学界的新关注。[②] 这些都可以大大增进与充实中国哲学史的新内容。

第三节　福建理学彰显福建文化建设的软实力

一、由"海滨邹鲁"到"武夷中原"

早在北宋初年理学开创时代，闽中就有侯官（今福州）人陈襄（字述古，1017—1080）、陈烈（字季慈，1012—1087）、周希孟（字公辟，？—1054）、郑穆

① （明）戴铣：《朱子实纪》卷九，《褒典》。

② 参见王传龙：《明代福建阳明学对朱子学的批判与融摄》，厦门：厦门大学出版社，2022年。

(字闳中,1018—1092)并称"海滨四先生"。他们在朝廷、京城与中原儒学学者往来,为复兴与发展儒学而努力。清全祖望在《古灵四先生学案》中述及:"于时濂溪已起于南,涑水、横渠、康节、明道兄弟亦起于北,直登圣人之堂。古灵所得虽逊之,然其倡道之功,则固安定、泰山之亚,较之程、张,为前茅焉。"并谓:"宋人溯导源之功,独不及四先生,似有阙焉。"[①]"海滨四先生"早于北方的二程、张载先贤,在闽中系统地"倡明道学于天下"。朱熹评价他们是真正的孔孟之道,遂使闽中成为"海滨邹鲁"。清蒋垣《八闽理学源流》记述道:

> 朱子当时见诸儒辈出,大书"海滨邹鲁"四大字,匾于(福州)西关谯楼。则"海滨四先生"实振古人豪彦掺道化之始,以丕变旧俗,遂使闽邦荒裔得与圣人之居并传千古。[②]

朱熹为"海滨四先生"榜书,首开"海滨邹鲁"之说。"海滨"取之"海滨四先生"的"海滨",而"邹鲁"喻指四先生的思想乃大行孔孟儒学之道。此后,朱熹集儒学之大成,多用以比喻以朱子学为核心的中国东南沿海的理学思想与文化底蕴。广东新会陈献章白沙先生,是明代王阳明心学的先驱者。他吟咏道:"元气塞天地,万古常周流。闽浙今洛阳,吾邦亦邹鲁。"厦门金榜山"玉笏石"附近的高大岩石,曾有陈献章的"海滨邹鲁"题刻,1962 年厦门市人民政府公布为市级文物保护单位。遗憾的是,"海滨邹鲁"墨迹石刻在"文革"中为开采山石所破坏。清代学者张伯行亦谓"理学名区,独盛于闽,不惟比拟伊洛,直与并称邹鲁"。[③]

中国文化是中华民族的精神力量和生活方式。南宋末以来,朝野定论,中国主体文化思想的儒学其代表者前期是孔子,后期即朱熹,是后先相继的同等级的。而且,以孔子为代表的儒家典籍大都经过朱熹及其后学比较全面地整理和注释,研究孔子思想也就是研究朱熹等福建理学家的孔子思想。因此,中国传统文化的主体儒学被概括为"孔朱学"。南宋理宗诏说:

> 朕惟孔孟之道,自孟轲后不得其传。……朱熹精思明辨,折中会融,使《中庸》《大学》《语》《孟》之书本末洞彻,孔孟之道益以大明

① (清)黄宗羲、全祖望:《宋元学案》卷五,《古灵四先生学案》,北京:中华书局,1986 年,第 228 页。

② (清)蒋垣:《八闽理学源流》卷一。

③ (明)朱衡:《道南源委》卷首,张伯行:《道南源委序》。

于世。[①]

南宋度宗咸淳五年(1269),诏赐朱氏故里称“文公阙里”,与“孔子阙里”(曲阜)并称,春、秋行“泰坛之礼”。明代宗景泰六年(1455),“诏以朱熹建安九世嫡长孙梃世袭翰林院五经博士”,代代相传,延续至清末。明理学家戴铣在《优崇儒先祠嗣疏》中说:“孔子大圣,朱子大贤,道德事功,不甚相远。”[②]当代著名学者钱穆述说:

> 在中国历史上,前古有孔子,近古有朱子。此两人,皆在中国学术思想史及中国文化史上发出莫大声光,留下莫大影响。旷观全史,恐无第三人堪与伦比。孔子集前古学术思想之大成,开创儒学,成为中国文化传统中一主要骨干。北宋理学兴起,乃儒学之重光。朱子崛起南宋,不仅能集北宋以来理学之大成,并亦可谓其乃集孔子以下学术思想之大成。此两人,先后矗立,皆能汇纳群流,归之一趋。自有朱子,而后孔子以下之儒学,乃重获新生机,发挥新精神,直迄于今。[③]

孔子是山东泰山曲阜人,朱子是福建武夷山建阳人。正如闽籍学者蔡尚思为武夷山朱子学国际学术研讨会题词所说:“东周出孔子,南宋有朱熹;中国古文化,泰山与武夷。”我们应当站在这个高度上研究朱子学,研究福建理学史,并制定出各种有利的措施。

在朱熹 71 年生涯中,到省外累计仅 3 年,其生长、求学、学术、从政都在福建,闽北与闽南泉州、漳州被称为其“闽学开宗”和思想成熟之地。最后 10 年定居、逝世于建阳考亭。朱熹自称建人,其学被称为闽学、朱子学。朱熹所到之地叫“过化处”,都有朱子祠、书院,流传至今,几乎福建每县皆有。这是极其深厚的文化资源,是历代当地的文化教育中心和精神文明较为昌盛的地区。例如,厦门同安的朱子祠,其内的朱熹石刻像,拟为明代物,是现存朱子像之最早者,为无价之宝。建阳宏伟壮观的“考亭书院”牌坊,象征着朱子学、中国文化以至东方文化,象征着福建是朱子学的故乡,那里即是“南闽阙里”。当代国内外知名学者称朱子学是“东亚文明的体现”(日本岛田虔次语)、东亚现代化是“(新)儒家资本主义”(韩国金日坤语)、“亚洲价值观”(新加坡李光耀语)。朱熹在任漳州知府时,曾为创办的白云书院题撰一副

---

① (明)戴铣:《朱子实纪》卷九,《褒典》。

② (明)戴铣:《朱子实纪》卷九,《褒典》。

③ 钱穆:《朱子新学案》,成都:巴蜀书社,1986 年,第 1 页。

对联:“地位清高日月每从肩上过,门庭豁开江山常在掌中看。”这就是千百年来中国仁人志士长期的崇高追求和理想境界。

自孔子以来,直至北宋濂、洛、关等新儒学(理学)派别,国家的文化政治重心都在北方的中原一带。北宋真宗以降,江南闽赣士人高居朝廷相位者反超过半,表明中国文化政治重心日益迁移趋向东南,已非江南莫属。[①] 邵雍预言:“天下将治,地气自北而南;将乱,射南而北。南方地气至矣!”[②]于是福建学者游酢、杨时顺应历史的需要,到河南拜二程为师,立雪学成,“载道南归”,三传而至南宋朱熹,创立闽学。朱熹深研各种典籍,辨伪存真,认为《易》是卜辞,《诗》多讲男女情爱,《书》为伪书,《春秋》三传皆历史,《礼》是秦汉后作品,推倒两汉以来树立起的“五经”在国家上层建筑中的主导地位,用《大学》《中庸》《论语》《孟子》“四书”代替“五经”的权威,准确地指出“四书”才能真正体现出以孔子为代表的中国文化的内在本质。朱熹把“四书”们联成一体,并为章句解析,至大、至精、至密,发挥先圣之心殆无余蕴,形成集传统文化大成的理学思想体系。因此,朱熹的《四书章句集注》成为元明清时代儒学教育和科举取士的标准教科书。

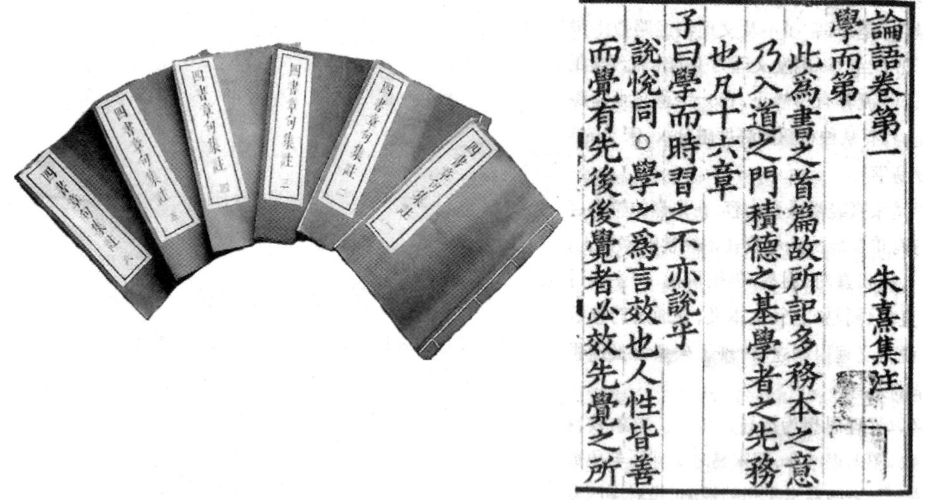

論語卷第一　朱熹集注
學而第一
此爲書之首篇故所記多務本之意
乃入道之門積德之基學者之先務
也凡十六章
子曰學而時習之不亦說乎
說悅同○學之爲言效也人性皆善
而覺有先後後覺者必效先覺之所

图 12-3　宋淳祐刊《四书章句集注》

图 12-4　《论语集注》首页

武夷山一带是中国文化三大形态儒、佛、道汇集之地。武夷山作为道教

① 参见陈正祥:《中国文化地理》,北京:三联书店,1983年,第22页。

② (宋)邵伯温:《邵氏闻见录》卷一九,北京:中华书局,1983年。

名山，闽籍道士白玉蟾在武夷山集道教之大成。以慧能为代表的中国佛教的主流禅宗，其兴盛时的"五宗七家"由粤、鄂转移到闽、浙、赣武夷山一带，"五宗七家"直接和间接的创始人三分之二是闽籍僧人，特别是闽籍僧人怀海创制适合中国佛教特点的"百丈清规"。两宋之际，大批有民族气节的爱国志士、学者退居武夷山一带，隐居治学。朱熹挚友张栻说："当今道在武夷。"[①]朱熹生活在武夷山60多年，进一步以儒学为主干融合佛、道之学，集濂、洛、关以至整个传统文化之大成。朱熹自豪地说："天旋地转，闽浙反居天下之中。"胡适释此语为"南宋的福建……变成一个文化的中心"。[②]

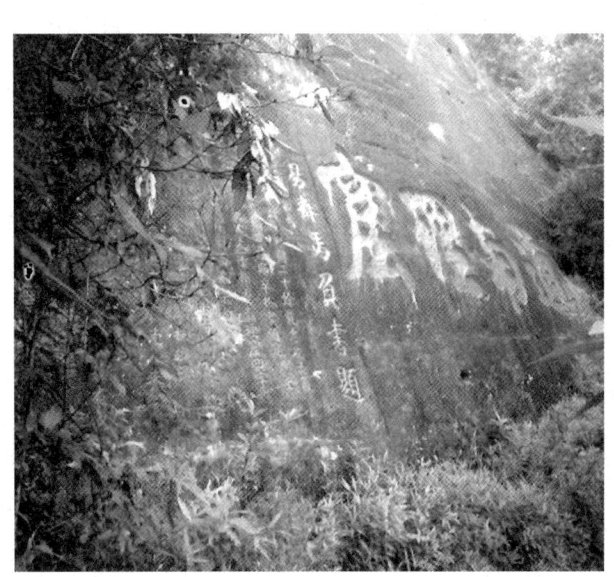

图 12-5　"道南理窟"石刻

孔子是圣人，立庙祀之。孔子后学卓越者，被尊为先贤，在文庙中陪祀。文庙从祀先贤多寡，反映出各地区思想文化教育水平的高低。宋后从祀文庙先贤全国共44人，福建有13人，几占全国的三分之一。南宋首府在临安（今杭州），成为国家的政治中心。国家的政治、经济、文化重心都由北方的中原一带转移到南方的武夷山一带，完成了中国古代社会由前期向后期的过渡。知名学者蔡尚思有谓："朱熹是先贤，武夷为名山；人地两相配，唯有此间全。"因此，可以把这一重大的历史文化现象概括为武夷中原或者武夷文化，以至福建文化，以表达国家的文化重心由北方的中原一带转移到南方的闽浙赣武夷山一带。

① (清)张伯行：《正谊堂文集》卷四，《伊洛渊源续录序》，上海：商务印书馆，1936年，第215页。

② 曾壁中：《闽省文化过去贡献与今后建设》，《福建文化》1935年第2卷第2期。

南方闽浙赣武夷山一带是南宋后中国文化重心这一学术观点的确立，是最现成最深广的取之不尽的文化建设资源。"海滨邹鲁"与"武夷中原"是中国文化发展史上承前启后特别重大两个的传奇现象，南宋以来继北方中原国家文化重心成为新的国家文化重心，中国主体文化的三大形态都汇聚于此。其源头活水是闽中学者游酢、杨时等的"道南"和"集大成者"朱熹，然后由此而全国而东亚，成为国家的正宗思想、东亚文明的体现、世界性的学说。

福建以朱子学为核心的主体文化建设资源丰富多彩，与孔孟之乡山东相媲美，是诸省之首，是全国以至全世界取之不尽的文化宝藏。武夷山五曲晚对峰石壁上有清乾隆年间状元马易斋的巨大墨迹石刻"道南理窟"，说明人们早就认识到福建理学思想的文化价值和意义。在文化需求高于物质需求的今天，主体文化资源丰富并对其加以研施，在学界称作"软实力"。福建有这种集中国主体文化思想之大成的朱子学乃至理学，是福建特别突出的文化软实力，对于推进福建文化建设和闽台文化交流有着特别重要的现实意义。

二、由闽中引领全国而契合时代

以朱熹为代表的闽学，是与濂、洛、关之学相并称的地域性理学派别，由于其理论价值和社会作用被统治者所认同，很快由初期活动的闽、浙、赣地区而发展至全国，成为控制整个国家社会意识形态的官方哲学和主体思想。

朱熹在世时，数百名朱熹门人分别来自福建、浙江、江西、安徽、湖南、江苏、四川、湖北、广东、河南、山西等地，他们大都返回原籍，在各地传播理学。清人黄百家在论到浙江崇德籍的朱熹门人辅广时曰：

> 所传之学，蜀则有魏鹤山了翁；闽则有熊勿轩禾、陈石堂普；吾东浙，自韩恂斋翼甫传子庄节性、余端臣再传，而有黄文洁震。逮自有明，传其学者不绝。[①]

辅广通过四川的魏了翁、浙江的韩翼甫及其子韩性、余端臣、黄震，把闽学传至四川、浙江。李燔除把闽学传给魏了翁外，还亲自在湖北、湖南、江西等地传播闽学。非福建籍的朱熹门人大都像辅广、李燔一样在各地传播朱

① （清）黄宗羲、全祖望：《宋元学案》卷六四，《潜庵学案·附录》，北京：中华书局，1986年，第2075页。

子学，在全国各地形成了不同的朱子学系，并汪洋澎湃以至国外。

在传播理学的过程中，朱熹门人黄榦以得朱熹遗命自任，以墨子辟杨墨自励，呼吁“卫道岂可以不严乎”。他讲学于江西庐山白鹿书院，“弟子日盛，巴蜀江湖之士皆来。编礼著书，日不暇给，夜与之讲论经理，亹亹不倦，借邻邦寺以处之”。[①]

全国各地初传之理学，大多出于黄榦之门。黄榦曾知江西临川（今抚州），浙江金华何基之父为临川主簿，命何基（字子恭）师事黄榦。黄榦“告以必有真实心地刻苦工夫而后可，先生悚惕受命”。金华王柏（字会之）往学于何基，何基授以“立志以定其本，居敬以持其志”，得黄榦“立志居敬之旨”。[②]金华金履祥从学于王柏，金华许谦又受学于金履祥。此所谓“金华四先生”皆出黄榦之门，“推源统绪，以为朱熹之世适”。[③] 理学金华学派由是盛行于浙江。黄榦为江西新淦县令时，其地饶鲁（号双峰）从其学。因此，“双峰亦勉斋（黄榦）之一支也，累传而得草庐（吴澄）”。清人全祖望述说：

> 草庐出于双峰，固朱子学也。其后亦兼主陆学。盖草庐又师程氏（按程若庸）绍开，程氏常筑道一书院，思合会两家。然草庐之著书，则终近乎朱。[④]

这就是说元代江西理学之源流，是以黄榦为纽带的。

入元，朱子理学在北方得以广为传播。赵复等人在燕京（今北京）太极书院讲授程朱所著与其诸经传注，门徒数百人。姚枢在北方刊朱熹《论孟或问》《小学》等书。姚枢居辉县（今属河南）苏门，河南沁阳许衡至，尽录程朱传注以归。[⑤] 清蓝鼎元《道学源流》述记：

> 孝感令谢宪子以伊洛性理之书授之，默自以为昔未尝学，而学自此始。适中书杨惟中奉旨招集儒、道、释之士，默乃北归，隐于大名，与姚枢、许衡朝暮讲习，至忘寝食。继还肥乡，以经术教授，由是知名。临邛魏鹤山（了翁），亦毅然自奋于摧废之后，立朝惓惓，以周程张朱诸君子

① (元)脱脱等:《宋史》卷四三〇，《黄榦传》，北京:中华书局，1985 年。

② (元)脱脱等:《宋史》卷四三八，《何基传》，北京:中华书局，1985 年;(清)黄宗羲、全祖望:《宋元学案》卷八二，《北山四先生学案》，北京:中华书局，1986 年，第 2075 页。

③ (明)宋濂等:《元史》卷一八九，《许谦传》。

④ (清)黄宗羲、全祖望:《宋元学案》卷九二，《草庐学案》，北京:中华书局，1986 年，第 3036 页。

⑤ (明)宋濂等:《元史》卷一五八，《姚枢、窦默等传》。

易名，为请尊其统而接其传。其为学，即物以明义，反身以求仁。[1]

清蒋垣概括闽中理学的传播情况曰：

朱门受业为多，最知名者黄榦、李燔、张洽、陈淳、李方子、黄颢、蔡沈、辅广等。而黄榦门人最多，潘柄、杨复、陈宏、何基、饶鲁皆其高弟。何基传之王柏，王柏传之金履祥，履祥传之许谦，饶鲁传之吴中行，中行传之朱公迁。时与朱熹同任道学者吕祖谦、张栻。祖谦受业于侯官林之奇，当时杨、胡、林、朱、黄、蔡之学盛行于江之东南。张栻，成都锦竹人。至光(宗)、宁(宗)间，魏了翁筑室白鹤山下，以所闻辅广、李燔之学授教生徒，由是蜀人尽知义理之学，则闽学传之西蜀矣。理宗时，杨惟中建周子祠，以二程、张、杨、游、朱六君子配。又姚枢隐于苏门，以道学自任，刊《小学》、"四书"，及蔡氏《书传》、胡氏《春秋传》，而闽学至于河溯矣。此八闽道学流传之大概也。[2]

清张伯行述道：

至考亭朱子、勉斋黄氏，师弟子之授受，朋友之讲习，奋然兴起者，如云汉之昭回，如江河之莫御。理学名区，独盛于闽，不惟比拟伊洛，直与并称邹鲁。而程子"道南"一语，遂符合如左券。噫嘻！闽滨东海，屹立武夷诸名胜，元气融液，人与地会，当吾世复有兴者。乌知后之视今，不犹今之视昔也。尔诸生景行前哲，能自振拔，以斯道为己任。吾见闽学之盛行，且自南而北，而迄于东西，不局于一方，不限于一时，源远流长，汪洋澎湃。道之所谓流动而充满、弥沦而布濩者，于是乎统贯于载道之人矣！[3]

张伯行十分深刻地论述了福建理学在全国和东亚的发展和传播，具有十分深刻意义的国际性的中国文化运动。

到了清初，福建人龚景瀚在关中、李光地在河北河南、蔡世远在江浙、蓝鼎元在广东台湾、阮旻锡在山东、林嗣环在海南、黄志璋在广西两湖、林之濬在云南贵州、朱兆纲在山西安徽、吴鸿锡在四川等，传播福建理学。

西方近代知识学的特点是主观与客观对列，主客观是认识与被认识的

---

① (清)蓝鼎元：《棉阳学准》卷五，《道学源流》，蒋炳钊、王钿点校：《鹿洲全集》，厦门：厦门大学出版社，1995年，第517页。

② (清)蒋垣：《八闽理学源流》卷二，《元朝》。

③ (明)朱衡：《道南源委》卷首，张伯行《道南源委序》，上海：商务印书馆，1936年。

关系，由此促进了西方人对客观世界的认识和改造。中国传统文化的核心是“天人合一”，即《易经》所说的天仁生人、物，地厚载人、物，因而人亦要仁慈、敦厚。这称作本天（地）道以立人道，立人道以合天（地）德。因主客观遵循着同一规律，主观认识客观不需要经过外在的实践就可以实现，此即中国古代哲学的重要内容“德性之知”，这是中国古代哲学认识论的重大特点。朱熹把主客观并列起来，从而萌发近代意识。朱熹强调：

> 盖人心之灵莫不有知，而天下之物莫不有理，惟于理有未穷，故其知有不尽也。……凡天下之物，莫不因其已知之理而益穷之以求乎其极。至于用力之久，而一旦豁然贯通焉，则众物之表里精粗无不到，而吾心之全体大用无不明矣。[①]

朱熹之后的理学家，沿着朱熹格物穷理这个方向往前发展，强烈要求外王事功。南宋末年至明清之际，朱子学超出福建范围，因集大成的思想体系不是某个后学所能继承的，而且“集大成”本身也必然要解体。朱子学在内涵和派别上向两个方向发展：一是经由南宋末年的真德秀、魏了翁，元朝的许衡、吴澄，明朝的吴与弼、陈献章等人，演变为以明朝王阳明为代表的心学；一是经由南宋末年的黄震、文天祥，元、明朝的刘因、薛瑄等人，演变为以明朝罗钦顺、王廷相为代表的气学。到了明朝中叶，罗钦顺与王阳明的论争就是这种分化的结果。最后，出现明清之际的启蒙思想家顾炎武、黄宗羲、王夫之三大儒等，力图向近代文明发展。宋末明这三四百年，中国社会和西方社会同步由中世纪（封建社会）向近代文明发展，就是今天所讲的中国现代化建设。孙中山接续明末清初开出近代文明的大方向。其新三民主义，又和毛泽东等的新民主主义、中国特色社会主义连接起来。中国的现代化是中国文化发展的必然结果，其源头活水是福建学者游酢、杨时等的“载道南归”和朱熹的格物致知论、自然科学精神。

厦门大学乐爱国教授承担教育部重大攻关课题“百年来朱子学研究精华集成”，其研究成果表明，民国时代的知名学者，诸如唐才常、谢无量、江恒源、吕思勉、陈中凡、辜鸿铭、李石岑、姚廷杰、胡适、牟宗三、朱谦之、周予同、吴其昌、高名凯、冯友兰、贺麟、熊十力，以及吕振羽、赵纪彬等，皆异口同声地认为，朱熹的格物致知论、自然科学观与近代科学精神相吻合。他们都试图从朱子学中疏导出中国现代化的理论与实践。这一思潮昙花一现，就被

---

① （宋）朱熹：《（宋）朱熹：《大学章句集注·格物补》。

“全盘西化”所湮没,未引起重视。[①]

福建理学对国内外学术文化交流起了重要作用,促进了福建历史上的对外开放。只有学术文化开放,福建经济才能繁荣发展,科学文化才能发达,人民的生活水平才能提高。没有对外开放,福建文化就难以发展。由于对外国开放,福建理学等中国传统文化就传到外国。朝鲜半岛退溪学、日本朱子学等是福建理学的分流,李退溪的思想被称为退溪学,是当今国际文化学术研究的热门课题。朱熹、李退溪等新儒学家,把孔孟儒学更加具体化,成为东方诸民族成就人生价值和人格升华的楷模,体现出中国儒学是东方文化的主要表征。福建理学超出福建,成为全国以至东方文化的主要表征,它于近代又传入西方,成为世界性的学说。明末,福清隐元禅师泛海到日本,是日本黄檗宗的创始人。他把福建理学带到日本,对日本朱子学的兴盛起了很大的作用。新加坡、马来西亚、菲律宾、越南等东南亚国家的一些佛教派别,大都是从福建去的华侨僧人创始的。他们传播佛教,同时也把福建理学带到这些国家。

东亚朝鲜半岛、日本和东南亚以及美国一些国家的学者对朱子学的传播和研究极为活跃,成立专门机构和撰写了大量著作,出现了很多著名的朱子学家。因此,我们必须深入研究福建理学,跟国外学者进行学术文化交流,提高我们的理学研究水平,增进与外国的友好关系。

新中国成立以来,对宋明理学(新儒学)特别是朱子学的研究已取得了很大的成绩,我们应当立足福建又面向世界,把中华民族最基本的文化基因与当代文化相适应、与现代社会相协调,紧密地结合着社会主义建设和国家文化发展战略,努力实现其创造性转化、创新性发展,才能不断地提升福建文化的软实力、影响力和竞争力。

三、由“为己之学”到“治心之学”

中国文化的内在本质是“为己之学”,即孔子所说的“古之学者为己”[②],什么是“为己之学”呢?朝鲜李朝李退溪解释说:

> 为己之学,道理为吾人所当知,德行为吾人所当行。近里着工,期

① 参见乐爱国等:《20世纪朱子学研究精华集成:从学术思想史的视角》,北京:经济科学出版社,2017年。

② (宋)朱熹:《论语集注》卷七,《宪问第十四》。

在心得而躬者是也。为人之学，则不务心得躬行，而饰虚循外，以求名取誉者是也。①

李退溪从言行一致上说明“为己之学”，至为深刻。

福建理学思想体系的出发点是天理论，福建理学学者所继承和发扬的是儒家的“为己之学”，朱熹及其后学发挥为“治心之学”，把成就“内圣成德和外王事功”作为核心价值。福建理学学者由躬行践履来展示自己的天理论思想体系，由“中和”的参究把握住制心的枢要，这就是遵循孔子的下学上达的“为己之学”，并进一步发挥为“治心之学”。

朱子学派的心学（心法）是认识论和道德修养论，是治心之学；陆王心学派的心学是本体论，是把心作为万物万事的根源。朱熹之后的理学学者大都恪守朱熹的心法。南宋末年的陈淳，“朝夕研穷，于以探心法之渊源，究性学之奥颐，靡不豁然贯通，而后矢之于口，笔之于书，无非日用平常之理”②；真德秀的《心经》和李退溪的心学，是恪守朱熹心法的典型。所谓心法，就是说人们的言行必须通过心，而此心非主敬无以操持之。朱熹门人黄榦在阐述朱熹的心法时指出：“进道之要多端，而刊落世间许多物欲外慕，一切荣辱得失利害皆不足道，只要直截此心无愧无惧，方见得动静语默皆是道理。”③此与佛教禅宗和陆王学派的心学不同。李退溪在《〈传习录〉论辩》中述说：

圣贤之学，本诸心而贯事物。故好善则不但心好之，必遂其善于行事，如好好色而求必得之也；恶恶则不但心恶之，必去其恶于行事，如恶恶臭而务决去之也。阴阳之见，专在本心，怕有一毫外涉于事物，故只就本心上认知行为一。④

真德秀指出：“圣人之心至虚至明，浑然立中万理毕足”；“今为学之要，须要常存此心。……所谓本心，即所谓仁也。便当存之养之，使之不失，则万善皆从此而生”。⑤ 他认为，“心即理，理即心”；“学者诚能尽心于此，则可

① （韩）李滉：《增补退溪全书》第4册，首尔：成均馆大学大东文化研究院，1978年，第251页。

② （清）张伯行：《正谊堂文集·续集》卷三，《陈北溪文集序》。

③ （清）张伯行：《正谊堂文集》卷七，《黄勉斋文集序》。

④ （韩）李滉：《增补退溪全书》第2册，首尔：成均馆大学大东文化研究院，1978年，第334页。

⑤ （宋）真德秀：《真西山文集》卷三〇，《西山答问》。

以不惑于彼……则心正而身修”。[①] 这种格物致知穷理，是把用功放在自己的本心上，即启发自己内心的直觉，使内心所具有之理表露出来。常存此心，此心即是圣人之心。理学的持敬则如明镜止水，“鉴明水上，其体虽静，而可以鉴物。是静中涵动，体中藏用，人心之妙正是如此”。[②] 明显与心学派的心如槁木死灰、全是空空荡荡迥然不同。

明初陈真晟著《心学图说》，把主敬存心（穷理）和知行并进两个方面结合起来，强调治心修身是朱子理学的入门要道。陈真晟认为，“居敬穷理”就是治心，“不可不先得朱子之心；欲求朱子之心，岂有外于《大学或问》所详居敬穷理之工夫乎”。[③] 朱子理学之言心，在于“以穷理为端，以力行为务，体之于心，而实推之于家国天下而无不当。至语其本源之地，不过曰此心之敬而已”。[④]

正如明理学家薛瑄指出：“孔子之道得孟子而愈尊，程子之道至朱子而始明。……理大无穷，气亦大无穷。”理气学说也涵括了治心之学。格物穷理，践履治心修养，能够“各正性命，各得性命之正”。[⑤] 因此，朱子学乃至理学是内圣外王的治心之学，具有很强的以文教化的功能，展现出福建理学的丰富多彩的文化内容和实用价值。全面阐释福建文化的核心思想，可以为加强福建文化建设指明正确的方向，对于加快福建文化强省建设，充实和提升传统文化软实力具有一定的现实意义，可以为弘扬社会主义核心价值观和繁荣社会主义先进文化提供丰厚滋养，为国家治理体系和治理能力现代化提供一定的历史借鉴。我们还有许多工作要做，还必须进一步发扬光大，古为今用，推陈出新，充实发展新时代中国特色社会主义新文化，以优秀的思想文化传统在道德伦理建设与构建和谐社会中发挥重大作用。

---

① （宋）真德秀：《大学衍义》卷一，《帝王为治之序》。

② （宋）真德秀：《真西山集》卷一八，《讲筵卷子》。

③ （明）陈真晟：《陈剩夫集》卷二，《上当道书》。

④ （清）张伯行：《正谊堂文集》卷七，《陈布衣先生文集序》，上海：商务印书馆，1936年，第92页。

⑤ （明）薛瑄：《读书续录》卷一一。

参考文献

一、史籍文集

(汉)董仲舒:《春秋繁露》,钦定四库全书经部。

(汉)班固:《汉书》,北京:中华书局,1962 年。

(汉)司马迁:《史记》,北京:中华书局,1982 年。

(梁)释慧皎:《高僧传》,北京:中华书局,1992 年。

(唐)房玄龄等:《晋书》,北京:中华书局,1974 年。

(唐)韩愈:《韩昌黎全集》,北京:中国书店,1991 年。

(唐)欧阳詹:《欧阳行周文集》(十卷),四部丛刊集部。

(五代)谭峭:《化书》,钦定四库全书子部。

(五代)沈汾:《续仙传》,明正统道藏。

(宋)蔡沈:《书经集传》(六卷),四书五经第六种,《四书五经》,北京:中国书店,1985 年。

(宋)蔡元定等:《潭阳蔡氏九儒书》,建阳:福建省建阳市蔡氏九儒学术研究会,2000 年。

(宋)陈淳:《北溪字义》,北京:中华书局,1983 年。

(宋)陈淳:《北溪先生大全集》(五十卷),宋淳祐八年(1248 年)龙江书院刻刊,钦定四库全书集部。

(宋)陈普:《石堂先生遗集》(二十二卷),明嘉靖十六年(1537)宁德训导闵文振辑刊。

(宋)陈襄:《古灵先生文集》(二十五卷),钦定四库全书集部。

(宋)程颢、程颐:《二程遗书》(《河南程氏遗书》,二十五卷),钦定四库全书子部。

(宋)程颢、程颐:《二程集》,北京:中华书局,1981 年。

(宋)高登撰,林祥瑞点校:《东溪集》,漳浦:中华高东溪宗亲联谊会,

2010 年。

(宋)胡安国:《春秋传》(三十卷),钦定四库全书经部。

(宋)胡安国:《(谢良佐)上蔡语录》(三卷),正谊堂全书,上海商务印书馆丛书集成初编。

(宋)胡寅:《崇正辨》(三卷),钦定四库全书子部。

(宋)黄榦:《勉斋集》(四十卷),钦定四库全书集部。

(宋)李昉:《太平御览》,北京:中华书局,1960 年。

(宋)李昉:《太平广记》,北京:中华书局,1961 年。

(宋)李侗:《李延平集》,正谊堂全书,上海:商务印书馆,1935 年,

(宋)李心传:《建炎以来系年要录》,北京:中华书局,1988 年。

(宋)黎靖德编:《朱子语类》,北京:中华书局,1986 年。

(宋)林光朝著,林祖泉校注:《艾轩先生文集》,福州:海峡文艺出版社,2018 年。

(宋)吕大奎:《春秋或问》,北京:商务印书馆,2017 年。

(宋)陆九渊:《陆九渊集》,北京:中华书局,1980 年。

(宋)陆游:《渭南文集》,钦定四库全书集部。

(宋)陆游:《剑南诗稿》,钦定四库全书集部。

(宋)罗大经撰:《鹤林玉露》,扬州:广陵书社,1983 年。

(宋)罗从彦:《罗豫章先生集》(十卷),正谊堂全书张伯行序刊。

(宋)罗从彦撰,林仟典点校:《豫章文集》(十七卷),钦定四库全书集部,沙县:政协沙县委员会文史委等,2004 年。

(宋)欧阳修等:《新唐书》,北京:中华书局,1975 年。

(宋)欧阳修:《新五代史》,北京:中华书局,1974 年。

(宋)沈括:《梦溪笔谈》,上海:上海古籍出版社,1987 年。

(宋)普济:《五灯会元》,北京:中华书局,1987 年。

(宋)邵伯温:《邵氏闻见录》,北京:中华书局,1983 年。

(宋)王柏编:《朱子系年录》,金华经籍志本。

(宋)魏了翁:《鹤山集》(一〇九卷),钦定四库全书集部。

(宋)熊禾撰:《熊勿轩先生文集》(八卷),明成化年间建阳熊斌刻刊,钦定四库全书集部。

(宋)熊禾:《熊勿轩先生集》(六卷),清福州正谊书院刻刊。

(宋)熊克:《中兴小纪》,福州:福建人民出版社,1985 年。

(宋)杨时:《杨龟山先生集》(四十二卷),清张伯行重订,福州正谊书院刻刊。

(宋)杨时:《杨时集》,福州:福建人民出版社,1993年。

(宋)叶采:《近思录集解》(十四卷),明建阳书房刻刊。

(宋)叶绍翁:《四朝闻见录》,北京:中华书局,1989年。

(宋)游酢:《游豸山先生集》(十卷),清同治三年(1864)建阳豸山书院刻刊。

(宋)游酢:《游定夫先生集》(八卷),清同治六年(1867)和州官舍刻刊。

(宋)游酢:《宋·游酢文集》,延吉:延边大学出版社,1998年。

(宋)赞宁:《宋高僧传》,北京:中华书局,1987年。

(宋)赜藏主:《古尊宿语录》,北京:中华书局,1994年。

(宋)张载:《张载集》,北京:中华书局,1978年。

(宋)张载:《张子全书》,朱熹注本,高安朱氏藏。

(宋)张载:《张子语录》,北京:中华书局,1986年。

(宋)真德秀:《西山先生真文忠公文集》(五十五卷),四部丛刊集部。

(宋)真德秀:《真文忠公读书记》(六十一卷),宋开庆元年(1259)福州学官刻刊。

(宋)真德秀:《真西山先生集》,正谊堂全书,福州正谊书院刻刊。

(宋)朱熹撰,朱杰人、严佐之、刘永翔主编:《朱子全书》,上海:上海古籍出版社,合肥:安徽教育出版社,2002年。

(宋)朱熹撰,陈俊民校编:《朱子文集》,台北:德富文教基金会,2000年。

(宋)朱熹:《论语集注》,《四书五经》,北京:中国书店,1985年。

(宋)朱熹:《孟子集注》,《四书五经》,北京:中国书店,1985年。

(宋)朱熹:《四书章句集注》,正谊堂全书,福州正谊书院刻刊。

(宋)朱熹:《中庸辑略》,正谊堂全书,福州正谊书院刻刊。

(宋)朱熹:《楚辞集注》,正谊堂全书,福州正谊书院刻刊。

(宋)朱熹:《延平答问》,正谊堂全书,福州正谊书院刻刊。

(宋)朱熹:《伊洛渊源录》(十四卷),正谊堂全书,福州正谊书院刻刊。

(宋)朱熹、吕祖谦:《近思录》(十四卷),正谊堂全书,福州正谊书院刻刊。

(宋)朱松:《韦斋集》(十二卷),四部丛刊续编集部明刊本。

(元)脱脱等:《宋史》,北京:中华书局,1985 年。

(元)王祯:《农书》,1937 年万有文库。

(元)吴海:《闻过斋集》(八卷),明洪武三十一年(1398)郑濬校刻,钦定四库全书集部别集类。

(明)蔡清:《蔡文庄公集》(十一卷),清乾隆七年(1742)泉州宗裔蔡廷魁校刊。

(明)蔡清:《四书蒙引》(十五卷,别附一卷),钦定四库全书经部四书类。

(明)蔡清:《易经蒙引》(十二卷),明嘉靖八年(1529)建阳书坊刻刊,钦定四库全书经部易类。

(明)蔡献臣:《清白堂稿》(十七卷),明崇祯年间刻,厦门:厦门大学出版社,2012 年。

(明)陈琛:《陈紫峰先生集》(十三卷),清乾隆三十三年(1768)刻,清光绪十七年(1891)校刊。

(明)陈献章:《陈献章集》,北京:中华书局,1987 年。

(明)陈真晟:《陈剩夫文集》(十五卷),清康熙二十四年(1685)张伯行序刊。

(明)戴铣:《朱子实纪》(二十三卷),明正德八年(1513)刻行,钦定四库全书史部。

(明)胡广:《性理大全》(七十卷),明永乐十三年(1415)刊行,钦定四库全书子部。

(明)黄道周:《黄漳浦集》(五十卷,卷首一卷,年谱二卷,目录二卷),清道光十年(1830)福州陈氏刻刊。

(明)李默:《紫阳文公先生年谱》(五卷),明嘉靖年间刻刊。

(明)李贽:《焚书·续焚书》,北京:中华书局,2011 年。

(明)李贽:《藏书》,北京:中华书局,1974 年。

(明)林希元撰,何丙仲校注:《林次崖先生文集》(十八卷),钦定四库全书集部别集类,厦门:厦门大学出版社,2015 年。

(明)刘宗周:《圣学宗要》(一卷),钦定四库全书子部。

(明)马思聪、马明衡、马朝龙撰,王传龙、何柳惠编校:《莆田马氏三代集》,武汉:武汉大学出版社,2018 年。

(明)丘濬:《朱子学的》(二卷),清康熙年间福州正谊书院刻刊。

(明)阮旻锡:《海上见闻录》(二卷),台湾文献丛刊第 24 种。

(明)王守仁:《王阳明全集》,上海:上海古籍出版社,2011 年。

(明)王守仁:《阳明全书》,四部备要集部。

(明)王守仁:《朱子晚年定论》,明正德十三年(1518)刻刊,收入《传习录》。

(明)王慎中:《遵岩先生文集》(四十二卷),清康熙五十年(1711)刻刊。

(明)谢肇淛:《五杂俎》,明万历四十四年(1616)如韦馆刻刊。

(明)薛瑄:《读书录》(二十四卷),明万历二十四年(1596)刻刊,钦定四库全书子部儒学类。

(明)张九韶:《理学类编》,钦定四库全书子部。

(明)张岳:《小山类稿选》(二十卷),钦定四库全书集部别集类。

(明)周瑛:《翠渠诗文集》(《翠渠类稿》,二十二卷),明弘治十六年(1503)刻刊。

(明)周瑛:《翠渠摘稿》(八卷),钦定四库全书集部别集类。

(明)朱衡:《道南源委》(六卷),康熙四十八年(1709)张伯行序刊,正谊堂丛书。

(清)蔡世远:《二希堂文集》(十二卷),清雍正十年(1732)漳浦县署刊,钦定四库全书集部别集类。

(清)陈鼎:《东林列传》(二十四卷),清康熙年间刻刊。

(清)陈庚焕:《惕园初稿》(十七卷),清咸丰元年(1851)刻刊。

(清)陈庚焕:《惕园全集》(三十卷),清咸丰元年(1851)刻刊。

(清)陈庆镛:《籀经堂类稿》(二十四卷),清光绪九年(1883)刻刊。

(清)陈寿祺:《左海文集》(十卷),清代诗文集汇编第 499 册。

(清)陈祚康:《全闽道学总纂》(三十八卷),清同治十二年(1873)福州陈氏刻刊。

(清)段玉裁:《说文解字注》,郑州:中州古籍出版社,2006 年。

(清)戴震:《孟子字义疏证》,北京:中华书局,1982 年。

(清)方东树:《汉学商兑》,方植之全集本。

(清)冯云濠、王梓材:《宋元学案补遗》,四明丛书本。

(清)顾炎武:《日知录》(三十二卷),清康熙三十四年(1695)建阳潘耒刻刊。

(清)黄宗羲等:《宋元明清四朝学案》(四册),上海:世界书局,1936 年。

(清)黄宗羲、全祖望:《宋元学案》,北京:中华书局,1986 年。

(清)黄宗羲:《明儒学案》,北京:中华书局,2008年。

(清)江藩:《汉学渊源记》,上海商务印书馆丛书集成初编史地部。

(清)蒋垣:《八闽理学源流》,福建省图书馆藏清传抄本。

(清)李光地:《榕村全书》(一百九十七卷),清道光九年(1829)李维迪刊。

(清)李光地等:《朱子全书》(六十六卷),钦定四库全书子部。

(清)李光地:《榕村全集》,钦定四库全书集部。

(清)李清馥:《闽中理学渊源考》,南京:凤凰出版社,2001年。

(清)李清馥:《道南讲授》(十三卷),榕村全书本。

(清)蓝鼎元撰,蒋炳钊、王钿点校:《鹿洲全集》(四十三卷),清光绪年间漳浦蓝氏刊,厦门:厦门大学出版社,1995年。

(清)雷鋐:《经笥堂文钞》(二卷),清道光十四年(1834)宁化县署刊。

(清)雷鋐:《经笥堂集》(三十五卷),清乾隆年间雷氏刊,宁化县文化馆藏。

(清)林春溥:《竹柏山房丛书》(七十六卷),清道光十五年(1835)福州刻刊。

(清)刘存仁:《屺云楼全集》(四十六卷),清光绪四年(1878)福州刘氏刻刊。

(清)龙炳坦:《朱子仕宦述略》(一卷),朱子讲学集要本。

(清)陆陇其:《读朱随笔》(四卷),正谊堂全书,福州正谊书院刻刊。

(清)孟超然:《孟氏八录》(十四卷),清嘉庆二十年(1815)亦园亭刻刊。

(清)孟超然:《亦园亭全集》(二十九卷),清嘉庆二十年(1815)亦园亭刻刊。

(清)皮锡瑞:《经学历史》,上海:商务印书馆,1932年。

(清)孙奇逢:《理学传心纂要》(八卷),钦定四库全书子部。

(清)孙奇逢:《理学宗传》(二十六卷),清康熙六年(1666)刻刊。

(清)唐鉴:《清学案小识》(十五卷),上海:商务印书馆,1935年。

(清)童能灵编:《子朱子为学次第考》(三卷),清乾隆年间冠豸山堂全集刊。

(清)童能灵:《冠豸山堂全集》,清光绪二十三年(1897)连城活字排印本。

(清)涂庆澜:《莆阳文辑》,福州:福建人民出版社,2009年。

(清)王夫之:《周易外传》,北京:中华书局,1977 年。

(清)王懋竑:《朱子年谱》,上海:商务印书馆,1937 年。

(清)王懋竑:《朱子年谱考异》,上海:商务印书馆,1937 年。

(清)王先谦:《荀子集解》,北京:中华书局,1988 年。

(清)吴任臣:《十国春秋》,北京:中华书局,2010 年。

(清)徐世昌:《清儒学案》(二〇八卷),北京:中国书店,1985 年。

(清)严复:《严复集》,北京:中华书局,1986 年。

(清)阴承方:《阴静夫先生遗文》(二卷),清嘉庆间宁化伊秉绶辑刊。

(清)雍正:《御选语录》,金陵刻经处清光绪四年(1878)线装本。

(清)永瑢、纪昀:《四库全书总目提要》,北京:中华书局,1965 年。

(清)章学诚:《文史通义》,长沙:岳麓书社,1993 年。

(清)张伯行:《续近思录》,正谊堂全书,福州正谊书院刻刊。

(清)张伯行:《小学集解》,正谊堂全书,福州正谊书院刻刊。

(清)张伯行:《濂洛关闽书》(十九卷),正谊堂全书,福州正谊书院刻刊。

(清)张伯行:《朱子语类辑略》,正谊堂全书,福州正谊书院刻刊。

(清)张伯行:《正谊堂文集》,上海:商务印书馆,1936 年。

(清)张履祥:《杨园先生全集》,北京:中华书局,2002 年。

(清)张廷玉等:《明史》,北京:中华书局,1974 年。

(清)郑杰辑,陈衍补订:《全闽诗录》,福州:福建人民出版社,2011 年。

(清)朱烈编:《紫阳朱夫子年谱》(二卷),清康熙二年(1663)刻刊。

(清)朱仕琇:《梅崖居士文集》(四十卷),清乾隆四十七年(1782)刻刊。

(清)朱钰编:《紫阳朱氏建安谱》,明万历年间刊,福建博物院藏。

(清)朱玉编:《朱子文集大全类编》(八册一一一卷),四部丛刊集部。

(清)朱泽沄编:《朱子圣学考略》(十卷),清乾隆年间刊。

冯天瑜标点:《辜鸿铭文集》,长沙:岳麓书社,1985 年。

黄兴涛等编译:《辜鸿铭文集》(上下册),海口:海南出版社,1996 年。

梁启超著,吴松等点校:《饮冰室文集点校》,昆明:云南教育出版社,2001 年。

赵尔巽等:《清史稿》,北京:中华书局,1977 年。

(韩)李滉:《增补退溪全书》,首尔:成均馆大学大东文化研究院,1978 年。

二、地理方志

(明)黄仲昭修纂:(弘治)《八闽通志》(八十七卷),明弘治三年(1490)刻本,福州:福建人民出版社,1991年。

(清)彭光藻修,王家驹等纂:(同治)《长乐县志》(二十卷),清同治八年(1869)刻本。

(清)朱世润撰:《程朱阙里志》,清雍正乙巳年(1725)重刊。

(宋)祝穆:《方舆胜览》,北京:中华书局,2003年。

(清)管声骏修,衷光烈纂:(康熙)《崇安县志》(八卷),清康熙九年(1670)刻本。

刘超然修,郑丰稔纂:(民国)《崇安县新志》(三十一卷),民国三十年(1941)崇安铅印本。

(清)谭抡修,王锡龄纂:(嘉庆)《福鼎县志》(八卷),清嘉庆十一年(1806)刻本。

(清)陈寿祺等纂:(道光)《重纂福建通志》(二百七十八卷),清同治十年(1871)正谊书院刻本。

沈瑜庆、陈衍修纂:(民国)《福建通志》(六百一十一卷),民国二十七年(1938)刻本。

(清)徐景熹修,鲁曾煜等纂:(乾隆)《福州府志》(七十六卷),清乾隆十九年(1754)刻本。

(清)朱珪修,李拔等纂:(乾隆)《福宁府志》(四十四卷),清乾隆二十七年(1762)刻本。

(清)曾光禧:《古田县乡土志略》,清光绪三十二年(1906)铅印本。

黄澄渊等修,余钟英纂:(民国)《古田县志》(三十八卷),民国三十一年(1941)铅印本。

(清)李麟瑞修,何秋渊纂:(光绪)《重纂光泽县志》(三十卷),清光绪二十三年(1897)增刻本。

(清)杨长杰修,黄联珏纂:(同治)《贵溪县志》(十卷),清同治十年(1871)刻本。

(明)朱世泽:《考亭志》,福州:海峡书局,2015年。

(清)崔铣修,陆登选等纂:(康熙)《建安县志》(十卷),清康熙五十二年(1713)刻本。

(明)夏玉麟等修,汪佃等纂:(嘉靖)《建宁府志》(二十一卷),明嘉靖二十年(1541)刻本。

(明)何孟伦修纂:(嘉靖)《建宁县志》(七卷),明嘉靖二十五年(1546)刻本。

钱江修,范毓桂等纂:(民国)《建宁县志》(四十卷),民国八年(1919)铅印本。

詹宣猷修,蔡振坚纂:(民国)《建瓯县志》(三十七卷),民国十八年(1929)铅印本。

(明)冯继科修,朱凌纂:(嘉靖)《建阳县志》(十六卷),明嘉靖三十二年(1553)刻本。

(清)柳正芳修,王维文纂:(康熙)《建阳县志》(八卷),清康熙四十二年(1703)刻本。

万文衡修,罗应辰纂:(民国)《建阳县志》(十二卷),民国十八年(1929)铅印本。

(清)周学曾纂修:(道光)《晋江县志》(七十七卷),清道光九年(1829)刻本,福州:福建人民出版社,1990年。

黄柏龄:《九日山志》,泉州:晋江地区文化局、晋江地区文管会,1983年。

(清)卢凤岑修,林春溥等纂:(道光)《罗源县志》(三十卷),清道光十一年(1831)刻本。

(清)吴宜燮修,黄惠、李畴纂:(乾隆)《龙溪县志》(二十四卷),清乾隆二十七年(1762)刻本。

(明)王应山:《闽大记》(五十五卷),福建旧方志丛书,北京:中国社会科学出版社,2006年。

(明)何乔远纂:《闽书》(一百五十四卷),明万历四十年(1612)修纂,福州:福建人民出版社,1995年。

(清)周亮工:《闽小记》,福州:福建人民出版社,1985年。

(清)陈云程:《闽中摭闻》(十二卷),清乾隆晋江陈氏刊本,台湾文献丛刊第216种。

王维梁修,廖立元纂:(民国)《明溪县志》(十三卷),民国三十二年(1943)铅印本。

戴希朱修纂:(民国)《南安县志》(五十卷),民国六年(1917)刻本。

(清)杨桂森修,应丹诏等纂:(嘉庆)《南平县志》(四十二卷),清嘉庆十五年(1810)刻本。

(清)王相修,昌天锦等纂:(康熙)《平和县志》(十二卷),清康熙五十八年(1719)刻本。

(宋)朱彧:《萍洲可谈》(三卷),上海商务印书馆丛书集成初编本。

(清)黄恬修,祖之望纂:(嘉庆)《浦城县志》(四十卷),清嘉庆十六年(1811)刻本。

(清)翁天祜、吕渭英续修,翁昭泰续纂:(光绪)《续修浦城县志》(四十二卷),清光绪二十六年(1900)刻本。

(清)宫兆麟、王恒修,廖必琦、林黉纂:(乾隆)《莆田县志》(三十六卷),清乾隆二十三年(1758)刻本。

(清)陈池养:《莆田水利志》,清咸丰间刻本。

(明)史于光修纂:(嘉靖)《泉州府志》(二十六卷),明嘉靖四年(1525)刻本。

(清)怀荫布修,黄任等纂:(乾隆)《泉州府志》(七十六卷),清乾隆二十八年(1763)刻本。

(清)黄任、郭赓武纂:(乾隆)《泉州府志选录》,清同治九年(1870)重刊铅印本,台湾文献丛刊第 233 种。

(宋)梁克家纂:(淳熙)《三山志》(四十二卷),北京:方志出版社,2003 年。

(明)韩国藩修,侯衮纂:(万历)《邵武府志》(六十四卷),明万历四十七年(1619)刻本。

(明)黄金修,廖芝纂:(嘉靖)《松溪县志》(十四卷),明嘉靖十六年(1537)刻本。

(明)谢肇淛:(万历)《太姥山志》(三卷),清嘉庆五年(1800)蔡园书屋刻本。

(清)甘国埇修,廖寿元纂:(康熙)《续纂泰宁县志》(不分卷),清康熙四十三年(1704)修刻本。

(清)曾曰瑛修,李绂纂:(乾隆)《汀州府志》(四十五卷),清乾隆十七年(1752)刻本。

(清)吴堂修,刘光鼎纂:(嘉庆)《同安县志》(三十卷),清嘉庆三年(1798)刻本。

林学增修，吴锡璜纂：(民国)《同安县志》(四十二卷)，民国十八年(1929)铅印本。

詹继良纂：《五夫子里志》(十五卷)，民国二十年(1931)崇安传抄本。

(清)董天工：《武夷山志》，北京：方志出版社，2007年。

葛韵芬修，江峰青纂：(民国)《婺源县志》(七十卷)，民国十四年(1925)刻本。

罗汝泽等修，徐友梧纂：(民国)《霞浦县志》(四十卷)，民国十八年(1929)铅印本。

罗汝泽修，徐友梧纂：(民国)《霞浦县志》(四十卷)，民国十八年(1929)排印本。

(清)胡启植修，叶和侃纂：(乾隆)《仙游县志》(五十二卷)，清乾隆三十五年(1770)刻本。

(明)马梦吉修，林尧俞纂：(万历)《兴化府志》(五十九卷)，明万历四十一年(1613)刻本。

(明)周瑛、黄仲昭修纂：(弘治)《重刊兴化府志》(五十四卷)，清同治十年(1871)重刊，福州：福建人民出版社，2007年。

(明)陈能修，郑庆云等纂：(嘉靖)《延平府志》(二十三卷)，明嘉靖四年(1525)刻本。

(清)傅尔泰修，陶元藻纂：(乾隆)《延平府志》(四十六卷)，清乾隆三十年(1765)刻本。

(清)刘宗枢、刘鸿略修纂：(康熙)《尤溪县志》(十卷)，清康熙五十年(1711)刻本。

卢兴邦修，洪清芳纂：(民国)《尤溪县志》(十卷)，民国十六年(1927)铅印本。

(清)陈汝咸修，林登虎等纂：(康熙)《漳浦县志》(十九卷)，清康熙三十九年(1700)刻本。

(清)陈汝咸修，(清)施锡卫续纂：(光绪)《漳浦县志》(二十一卷)，清光绪三十二年(1906)刊。

(明)陈洪谟修，周瑛纂：(正德)《漳州府志》(三十四卷)，明正德八年(1513)刻本。

(明)车鸣时修纂：(万历)《政和县志》(八卷)，明万历二十七年(1599)刻本。

(清)程鹏里修,魏敬中纂:(道光)《政和县志》(十一卷),清道光十三年(1833)刻本。

三、现代论著

蔡方鹿:《宋明理学心性论》,成都:巴蜀书社,1997 年。

蔡方鹿:《朱熹经学与中国经学》,北京:人民出版社,2004 年。

蔡茂松:《朱子学》,台北:大千世界出版社,2007 年。

蔡仁厚:《新儒家的精神方向》,台北:学生书局,1982 年。

蔡仁厚:《儒家心性之学论要》,台北:文津出版社,1990 年。

蔡仁厚:《哲学史与儒学论评》,台北:学生书局,2001 年。

蔡元培:《蔡元培哲学论著》,石家庄:河北人民出版社,1985 年。

蔡元培::《中国伦理学史》,北京:中国和平出版社,2014 年。

陈长根:《朱子行迹传》,福州:海潮摄影艺术出版社,2007 年。

陈大齐:《孔子言论通集》,台北:台湾商务印书馆,1982 年。

陈登原:《中国文化史》,北京:商务印书馆,2014 年。

陈国代:《朱子学关涉人物裒辑:拱辰集》,北京:大众文艺出版社,2008 年。

陈来:《宋明理学》,上海:华东师范大学出版社,2004 年。

陈来:《朱子哲学研究》,上海:华东师范大学出版社,2000 年。

陈立夫:《中国文化概论》,台北:正中书局,1987 年。

陈美东:《中国科学技术史》,北京:科学出版社,2003 年。

陈荣捷:《朱学论集》,台北:学生书局,1988 年。

陈荣捷:《朱子门人》,台北:学生书局,1988 年。

陈荣捷:《朱子新探索》,台北:学生书局,1988 年。

陈荣捷:《近思录详注集评》,台北:学生书局,1992 年。

陈天霖:《武夷山水》,福州:福建人民出版社,1980 年。

陈学恂主编:《中国教育史研究》,上海:华东师范大学出版社,2009 年。

陈寅恪:《金明馆丛稿二编》,上海:上海古籍出版社,1980 年。

陈支平:《福建族谱》,福州,福建人民出版社,1996 年。

陈正祥:《中国文化地理》,北京:三联书店,1983 年。

崔玉军:《陈荣捷与美国的中国哲学研究》,北京:社会科学文献出版社,2010 年。

邓艾民:《朱熹王守仁研究》,上海:华东师范大学出版社,1989 年。

丁传靖:《宋人轶事汇编》,上海:商务印书馆,1935 年。

董玉整主编:《中国理学大辞典》,广州:暨南大学出版社,1995 年。

杜维明:《现代精神与儒家传统》,北京:三联书店,2013 年。

范寿康:《朱子及其哲学》,北京:中华书局,1983 年。

方彦寿:《建阳刻书史》,北京:中国社会出版社,2003 年。

方彦寿:《朱熹考亭书院源流考》,北京:中国文史出版社,2005 年。

方彦寿:《朱熹书院与门人考》,上海:华东师范大学出版社,2000 年。

方彦寿等编:《朱子文化大典》,福州:海风出版社,2011 年。

方彦寿:《朱熹画像考略与伪帖揭秘》,上海:华东师范大学出版社,2013 年。

方东美:《原始儒家道家哲学》,台北:黎明文化事业公司,1983 年。

冯友兰:《中国哲学史》,上海:商务印书馆,1934 年。

冯友兰:《三松堂全集》,郑州:河南人民出版社,1986 年。

冯友兰:《中国哲学史新编》,北京:人民出版社,2001 年。

傅小凡、卓克华:《闽南理学的源流与发展》,福州:福建人民出版社,2007 年。

傅宗文:《沧桑刺桐》,厦门:厦门大学出版社,2011 年。

龚鹏程、杨树清:《发现紫阳夫子:台北朱子儒学传统》,台北:台北市文化局,2000 年。

高锦利主编:《福州古代人物著述录》,福州:海峡书局,2019 年。

高令印、陈其芳:《福建朱子学》,福州:福建人民出版社,1986 年。

高令印:《朱熹事迹考》,上海:上海人民出版社,1987 年。

高令印、蒋步荣:《闽学概论》,香港:易通出版社,1990 年。

高令印:《中国文化纲要》,厦门:厦门大学出版社,1997 年。

高令印:《游酢评传》,香港:中国翰林出版公司,2001 年。

高令印:《李退溪与东方文化》,厦门:厦门大学出版社,2002 年。

高令印:《简明中国哲学通史》,厦门:厦门大学出版社,2002 年。

高令印:《中国禅学通史》,北京:宗教文化出版社,2004 年。

高令印:《辜鸿铭与中西文化》,福州:福建人民出版社,2008 年。

高令印、薛鹏志主编:《国际朱子学研究的新开端:厦门朱子学国际学术会议论集》,厦门:厦门大学出版社,2015 年。

高令印、高秀华:《朱子事迹考》,北京:商务印书馆,2016 年。

何芳川主编:《中外文化交流史》,北京:国际文化出版公司,2008 年。

何绵山:《闽文化续论》,北京:北京大学出版社,2004 年。

侯外庐等主编:《宋明理学史》,北京:人民出版社,1984 年。

侯真平:《黄道周纪年著述书画考》,厦门:厦门大学出版社,1995 年。

黄家鹏:《黄榦传》,北京:团结出版社,2019 年。

黄家鹏:《朱子后学》,北京:团结出版社,2016 年。

黄俊杰、林微杰:《东亚朱子学的同调与异趣》,台北:台湾大学出版中心,2006 年。

黄仁宇:《中国大历史》,北京:三联书店,1997 年。

黄振良:《金门古迹导览》,金门县政府,2000 年。

贾丰臻:《中国理学史》,上海:商务印书馆,1936 年。

金春峰:《朱熹哲学思想》,台北:东大图书公司,1998 年。

金文亨主编:《莆田历史文化研究》,厦门:厦门大学出版社,1996 年。

建阳蔡氏宗亲联谊会编:《建阳蔡氏当代精英》,建阳:建阳蔡氏宗亲联谊会,2003 年。

姜立煌:《朱熹在五夫》,北京:作家出版社,2005 年。

蒋维乔、杨大膺:《宋明理学纲要》,上海:中华书局,1936 年。

柯兆利:《阳明学案》,香港:香港人民出版社,2005 年。

乐爱国:《朱子格物致知论研究》,长沙:岳麓书社,2010 年。

乐爱国:《20 世纪朱子学研究精华集成:从学术思想史的视角》,北京:经济科学出版社,2017 年。

李梦阳等编:《白鹿洞书院古志五种》,北京:中华书局,1995 年。

黎昕主编:《朱子学说与闽学发展》,北京:中国社会科学出版社,2015 年。

黎昕:《闽学研究十年录》,福州:福建人民出版社,2015 年。

林国平、邱季端:《福建移民史》,北京:方志出版社,2005 年。

林庆彰:《清初的群经辨伪学》,台北:文津出版社,1990 年。

林庆彰主编:《朱子学研究书目(1900—1991)》,台北:文津出版社,1992 年。

林拓:《文化的地理过程分析:福建文化的地域性考察》,上海:上海书店出版社,2004 年。

林振礼:《朱熹与泉州文化》,福州:福建人民出版社,1999 年。

林振礼:《朱熹新探》,北京:中国广播电视出版社,2004 年。

刘述先:《文化与哲学的探索》,台北:学生书局,1986 年。

刘述先:《论儒家哲学的三个大时代》,香港:香港中文大学出版社,2008 年。

刘述先等:《当代新儒家人物论》,台北:文津出版社,1994 年。

刘树勋主编:《闽学源流》,福州:福建教育出版社,1993 年。

廖平:《廖平选集》,成都:巴蜀书社,1998 年。

梁启超:《儒家哲学》,北京:中华书局,1980 年。

梁启超:《清代学术概论》,北京:中国人民大学出版社,2004 年。

骆婧等编:《闽南文化百问》,北京:中国文史出版社,2006 年。

龙驿延平编委会编:《龙驿延平》,福州:海峡文艺出版社,2008 年。

吕思勉:《理学纲要》,上海:商务印书馆,1931 年。

蒙培元:《理学的演变:从朱熹到王夫之戴震》,福州:福建人民出版社,1984 年。

闽北朱子后裔联谊会编:《考亭紫阳朱氏总谱》,南平:闽北朱子后裔联谊会,1999 年。

牟宗三:《心体与性体》,台北:正中书局,1993 年。

牟宗三:《宋明儒学的问题与发展》,上海:华东师范大学出版社,2004 年。

南怀瑾:《论语别裁》,台北:老古文化事业公司,1976 年。

粘良图编:《晋江历代人名辞典》,厦门:厦门大学出版社,2013 年。

潘渭水编著:《芝城拾趣》,建瓯:建瓯民俗学会,1993 年。

钱穆:《朱子新学案》,成都:巴蜀书社,1987 年。

钱穆:《中国近三百年学术史》,北京:中华书局,1984 年。

泉州市李贽学术研究会编:《李贽与东亚文化》,厦门:厦门大学出版社,2016 年。

邱汉生:《四书集注简论》,北京:中国社会科学出版社,1980 年。

阮雪清摄:《武夷之韵》,福州:海潮摄影艺术出版社,2003 年。

世界自然文化遗产武夷山编辑委员会编:《武夷山》,合肥:安徽科学技术出版社,1998 年。

谭丕模:《清代思想史纲》,长沙:岳麓书社,2011 年。

唐颐:《二十八个人的闽东》,福州:海峡文艺出版社,2011 年。

王驰等主编:《湖湘文化大观》,长沙:岳麓书社,2003 年。

王传龙:《阳明心学流衍考》,厦门:厦门大学出版社,2015 年。

王传龙:《明代福建阳明学对朱子学的批判与融摄》,厦门:厦门大学出版社,2022 年。

王明健主编:《泉州名人故居》,厦门:厦门大学出版社,2007 年。

韦政通主编:《中国哲学辞典》,长春:吉林出版集团公司,2009 年。

伍国庆编:《文坛怪杰辜鸿铭》,长沙:岳麓书社,1988 年。

武夷山市闽学分会编:《朱熹与武夷山》,武夷山:武夷山市闽学分会,1990 年。

武夷山朱熹研究中心编:《武夷胜景理学遗迹考》,上海:三联书店上海分店,1990 年。

武夷山朱熹研究中心编:《朱熹与中国文化》,上海:学林出版社,1989 年。

武夷山朱熹研究中心编:《朱熹与闽学渊源》,上海:三联书店上海分店,1990 年。

武夷山朱熹研究中心编:《朱子学新论》,上海:三联书店,1991 年。

武夷山朱熹研究中心编:《朱子学与 21 世纪国际学术研讨会论文集》,西安:三秦出版社,2001 年。

吴邦才:《考亭书院大观》,厦门:厦门大学出版社,2022 年。

吴士余等主编:《中国学术名著大词典》,北京:汉语大词典出版社,2000 年。

吴学昭:《吴宓与陈寅恪》,北京:清华大学出版社,1992 年。

吴展良编:《朱子学研究书目新编(1900—2002)》,台北:台湾大学出版中心,2005 年。

厦门台湾艺术研究所编:《厦门涉台文物古迹调查》,福州:福建美术出版社,2003 年。

厦门市同安区文化体育出版局编:《同安文物大观》,厦门:厦门大学出版社,2012 年。

肖满省:《蔡清评传》,厦门:厦门大学出版社,2013 年。

肖铮主编:《朱子百题》,厦门:厦门大学出版社,2018 年。

谢无量:《朱子学派》,上海:中华书局,1928 年。

许苏民:《李光地传论》,厦门:厦门大学出版社,1992 年。

徐复观:《中国人性论史》,台北:台湾商务印书馆,1969 年。

徐远和:《洛学源流》,济南:齐鲁书社,1987 年。

颜立水:《金同集》,北京:中国文联出版社,2005 年。

颜立水:《朱熹在同安》,厦门:鹭江出版社,2010 年。

颜立水主编:《同安古牌坊》,厦门:中共厦门市同安区委宣传部,2009 年。

姚进生主编:《道南学派研究》,厦门:厦门大学出版社,2015 年。

杨国学主编:《武夷文学研究》,北京:中国戏剧出版社,2006 年。

杨国学主编:《世界遗产武夷文化年鉴》,北京:中国社会科学出版社,2007 年。

杨慧杰:《朱子年表》,台北:牧童出版社,1981 年。

杨金鑫:《朱熹与岳麓书院》,上海:华东师范大学出版社,1986 年。

永春县文化馆编:《永春民间传说》,永春:永春县文化馆,1983 年。

余英时:《朱熹的历史世界》,北京:三联书店,2004 年。

俞宗建:《朱熹半亩方塘考》,杭州:中国美术学院出版社,2018 年。

殷海光:《中国文化的展望》,上海:上海三联书店,2002 年。

游梦雄主编:《游氏文化源流》,南平:南平市游酢文化研究会,2010 年。

张岱年主编:《中国儒学辞典》,沈阳:辽宁人民出版社,1988 年。

张帆:《王慎中评传》,厦门:厦门大学出版社,2013 年。

张加才:《诠释与建构:陈淳与朱子学》,北京:人民出版社,2004 年。

张立文主编:《朱熹大辞典》,上海:上海辞书出版社,2013 年。

张立文:《朱熹思想研究》,北京:中国社会科学出版社,2001 年。

张脉贤主编:《朱熹与徽州》,黄山:黄山市新安朱子研究会,2000 年。

张品端:《朱子学在海外的传播与影响》,北京:中国社会科学出版社,2019 年。

张品端:《朱熹思想论稿》,厦门:厦门大学出版社,2022 年。

张品端主编:《朱子文化和宋明理学》,厦门:厦门大学出版社,2016 年。

漳州市龙文区朱熹陈淳文化研究会编:《朱门高弟陈北溪》,漳州:漳州市龙文区朱熹陈淳文化研究会,2014 年。

政协福建省漳州市委员会编:《漳州名胜古迹》,福州:海风出版社,2005 年。

郑学檬:《中国古代经济重心南移和唐宋江南经济研究》,长沙:岳麓书社,1996年。

中共福建省委党史研究和地方志编纂办公室编:《闽学志》,北京:中国文史出版社,2021年。

中国社会科学院近代史研究所中华民国史研究室编:《胡适的日记》,北京:中华书局,1985年。

支伟成:《清代朴学大师列传》,长沙:岳麓书社,1998年。

周予同:《朱熹》,上海:商务印书馆,1929年。

周予同:《周予同经学史论著选集》,上海:上海人民出版社,1983年。

朱平安:《武夷山摩崖石刻与武夷文化研究》,厦门:厦门大学出版社,2008年。

朱剑心:《金石学》,上海:商务印书馆,1933年。

朱维幹:《福建史稿》,福州:福建教育出版社,1985年。

祝熹编著:《宋慈》,福州:福建人民出版社,2017年。

庄炳章:《泉州摩崖诗刻》,福州:福建人民出版社,1991年。

庄为玑:《古刺桐港》,厦门:厦门大学出版社,1989年。

(日)三浦国雄:《朱子》,东京:讲谈社,1986年。

(英)斯蒂芬·F. 梅森著,周煦良等译:《自然科学史》,上海:上海译文出版社,1980年。

四、报刊论文

蔡仁厚:《朱子学的特色及其时代意义》,《哲学与时代》,上海:华东师范大学出版社,2012年。

陈来:《宋明学案》,《光明日报》2007年12月3日。

陈来:《朱子学的时代价值》,《光明日报》2015年5月14日。

陈来:《朱熹观书诗小考》,《中国哲学》第7辑,北京:三联书店,1982年。

陈衍德:《宋代福建矿冶业》,《福建论坛》1983年第2期。

程民生:《宋代北方经济及其地位新探》,《中国经济史研究》1987年第3期。

程楷:《读朱熹"诗书"名联》,《朱子文化》2012年第3期。

邓广铭:《谈谈有关宋史研究的几个问题》,《社会科学战线》1986年第

2 期。

杜维明:《儒家哲学与现代化》,《论中国传统文化》,北京:三联书店,1988 年。

方克立:《要重视对现代新儒家的研究》,《天津社会科学》1986 年第5 期。

方征:《被遗忘的田澹》,《朱子文化》2006 年第 1 期。

冯增铨:《儒学在新加坡》,《孔子研究》1986 年创刊号。

高令印、陈其芳:《朱熹籍贯由鲁至闽考》,《齐鲁学刊》1983 年第 6 期。

高令印、陈其芳:《谭峭在唐宋哲学发展中的地位》,《福建论坛》1984 年第 4 期。

高令印:《闽学序说》,《东南学术》2017 年第 6 期。

高令印:《居闽五世,遂为建人——朱熹籍贯考辨》,《福建日报》2017 年10 月 30 日。

谷颖:《陈寿祺生平及著述考》,《长春师范学院学报(人文社会科学版)》2006 年第 5 期。

孔令宏:《朱熹思想对道教的影响》,《孔子研究》2000 年第 5 期。

李兆民:《明清福建理学诸家之概况》,《福建文化》1937 年第 4 卷第24 期。

林庆:《家训的起源和功能——兼论家训对中国传统政治文化的影响》,《云南民族大学学报(哲学社会科学版)》2004 年第 3 期。

刘剑康:《论中国家训的起源——兼论儒学与传统家训的关系》,《求索》2000 年第 2 期。

卢睿蓉:《美国朱子学研究发展之管窥》,《现代哲学》2011 年第 4 期。

蒙培元:《〈中庸〉的"参赞化育"说》,《泉州师范学院学报(社会科学版)》2002 年第 5 期。

饶祖天:《朱子学研究方法的新开拓》《上饶师范学院学报》(朱子学专刊)1987 年第 2 期。

任爽:《唐宋之际统治集团内部矛盾的地域特征》,《历史研究》1987 年第 2 期。

任继愈:《访问加拿大美国观感》,《中国哲学史研究》1981 年第 1 期。

容肇祖:《记正德本〈朱子实纪〉并说朱子年谱的本子》,《燕京学报》1935 年总第 18 期。

汤勤福:《朱熹史著编纂思想》,《上饶师范学院学报》(朱子学专刊)1987年第2期。

唐明贵:《游酢〈论语杂解〉的理学特色》,《孔子研究》2015年第3期。

王国轩:《二程与〈四书集注〉研究》,《中州学刊》1989年第1期。

王学典、孟巍隆:《西方儒学研究新动向——第七届世界儒学大会背景分析》,《光明日报》2015年9月21日。

韦政通:《“庆元党禁”中的朱熹》,《国际朱子学会议论文集》,台北:“中央研究院”中国文哲研究所,1993年。

席泽宗:《朱熹的天体演化思想》,《光明日报》1963年8月9日。

曾凡贞:《论中国传统家训的起源、特征及其现代意义》,《怀化学院学报》2006年第4期。

曾璧中:《闽省文化过去贡献和今后建设》,《福建文化》1935年第2卷第2期。

翟屯建:《新安朱氏与朱熹》,《安徽史学》1996年第4期。

张立文:《论罗从彦的内圣外王之道》,《孔子研究》2006年第5期。

周怀宇:《朱熹对游酢的学术总结与继承》,《朱子学刊》第16辑,合肥:黄山书社,2006年。

周建刚、张利文:《化自然以归人文——论周敦颐融道入儒的宇宙论思想》,《哲学研究》2012年第11期。

(马来西亚)符树存:《马来西亚朱子学研究的崛起》,《朱子文化》2006年第2期。

(马来西亚)赖顺吉:《期待华族文化的文艺复兴》,(吉隆坡)《星洲日报》1996年3月1日。

(马来西亚)朱祥南:《美里紫阳学会成立经过》,(马来西亚美里市)《紫阳学讯》1999年创刊号。

(美)安乐哲:《灵魂的反刍》,《汉学研究通讯》1985年第1期。

(美)狄百瑞:《新儒学在朝鲜的兴起》,《东方哲学研究》1985年第1期。

(日)三浦国雄著:《朱熹的墓》,《禅文化研究纪要》1988年第15号。

(日)吾妻重二著:《朱熹的事迹与有关资料》,《中国古典研究》1985年第30号。

后　记

我早年毕业于厦门大学历史学系，留校在哲学系任教，不久考取中国人民大学哲学系研究班，进入中国哲学史专业的殿堂。之后，仍回到厦门大学哲学系从事教学研究工作。在“批林批孔”运动中，我被下放到厦门集美农场“五七干校”劳动改造，派送到闽北武夷山实地批判“孔子第二”的朱子。当地人并不大了解朱熹有过什么功绩事迹，倒是发掘出一大批“朱子过化”的遗址踪迹、墨宝画像等，以此作为批判对象。于是我把这些田野材料视为至宝搜集起来，由此编撰出版《朱熹事迹考》一书，走上研究朱子学的道路，并反复走“朱子之路”，提出“福建朱子学”的命题。

中华民族主体文化思想儒学的代表者，前期是孔子，后期即朱熹，他们是后先相继的两个文化巅峰。因此，中华传统文化可以概括为“孔朱学”。朱子学即濂洛关闽之“闽学”，亦称考亭学派，是唐宋以来的新儒学流派。半个多世纪以来，我着眼于中国文化重心由“海滨邹鲁”到“武夷中原”转移这个历史际遇，从朱熹事迹考察辨析和著述义理诠释两个领域入手，开展朱子学（闽学）和宋明以来新儒学（理学）的研究，被学界称为“乃走一条新路”（陈荣捷语）。

朱子学是“为己之学”，我平生致力于朱子学的学习研究，深刻体会到它不仅能使学者增长文化学术知识，更能使学者随着学习研究的深入和年岁的增长，对人生意义价值和生命追求的境界逐渐提高，越来越感觉到自己在精神上是充实的，在思想上是富有的。我相继撰述《福建朱子学》（1986）、《朱熹事迹考》（1987）、《闽学概论》（1990）、《李退溪与东方文化》（1991，2002）、《中国文化纲要》（1997）、《王廷相评传》（1998）、《厦门宗教》（1999）、《游酢评传》（2002）、《简明中国哲学通史》（2002，2004）、《中国禅学通史》（2004）、《大众佛学读本》（2006，2010）、《朱子学通论》（2007）、《辜鸿铭与中西文化》（2008）、《朱子事迹考》（2016）、《闽学志》（2021）、《福建理学史》（2022）等著作，正在撰写和整理《亲历朱子之学50年实纪》《陈荣捷全集》《中国禅宗史讲义》等文稿。

理学是程朱学派道学和陆王学派心学的合称,福建理学不是历史上的一般闽中之学。它是与中国文化史上的理学思潮共始同终的,是中国理学史的核心部分。福建历史上有关理学的著述,如清代蒋垣的《八闽理学源流》、李清馥的《闽中理学渊源考》,大都是按人物事迹编写的纪传体史籍,对于系统研究福建理学史没有多大参考价值。研究中国文化,必须重在应用,不断开拓研究新境界。

完成《朱子事迹考》和《闽学志》的繁复修订后,深感闽学与福建理学的脉络及其关系辨析尚不甚明晰,于是构想撰写一部有系统有特色的福建理学发展史专著。因已至耄耋之年,体力衰迈,乃商与薛鹏志同志通力合作,发凡起例,举纲列目,纂为初稿,于2018年排出清样,进行了反复交流、修改和统稿。我们尝试以朱子闽学为主体,贯串道南学派、心学学派,上溯佛道儒学家,下承近代新学和新儒学,初步梳理出福建理学史的历史脉络。朱子后学理学家评述部分吸取早年和陈其芳合作《福建朱子学》的基础成果,原有附录理学大事纪年,因篇幅所限改编入《闽学志》(2021)之"大事年表"。然心有余而力不足,虽花费四五年时间,仍是捉襟见肘,挂一漏万,未成圆满体系。

本书列入十三五福建省重点图书出版规划项目,承蒙厦门大学出版社申请并获得国家出版基金项目资助。在撰著和出版过程中,得到中国人民大学孔子研究院张立文教授的多方指导,并乐为撰写大序,使本书大大增色。中国社会科学院陈进国教授,北方工业大学张加才教授,厦门大学国学研究院陈支平教授、朱人求教授、谢晓东教授等,以及厦门大学出版社的编辑章木良、韩轲轲、陈金亮、蒋卓群、英瑛、黄优良等同志予以多方面的帮助和大力支持,至为感激。

由于时间、精力和水平所限,书中不免存在疏漏舛误、稽考失当之处,敬祈方家有以教正。

高令印

2022年2月于厦门大学不贰室